2017（总第15期）
FUZHOU NIANJIAN

抚州年鉴

《抚州年鉴》编辑委员会　编

方志出版社
Publishing House of Local Records

图书在版编目（CIP）数据

抚州年鉴. 2017 / 《抚州年鉴》编辑委员会编. -- 北京：方志出版社，2017.12

ISBN 978-7-5144-2921-3

Ⅰ. ①抚… Ⅱ. ①抚… Ⅲ. ①抚州－2017－年鉴 Ⅳ. ①Z525.63

中国版本图书馆CIP数据核字（2018）第014654号

抚州年鉴（2017）

编　　者：《抚州年鉴》编辑委员会

责任编辑：李志瑜

出 版 人：冀祥德

出 版 者：方志出版社

地址　北京市朝阳区潘家园东里9号（国家方志馆4层）

邮编　100021

网址　http://www.fzph.org

发　　行：方志出版社图书经销中心

电话（010）67110500

经　　销：各地新华书店

印　　刷：湖南省越来越好印务有限公司

排版设计：斯盛文化·杨　伊　周　彤

开　　本：889×1194　　1/16

印　　张：30.75

字　　数：1022千字

版　　次：2017年12月第1版　　2017年12月第1次印刷

印　　数：0001～1000册

ISBN 978-7-5144-2921-3　　定价：280.00元

《抚州年鉴（2017）》编辑委员会

《抚州年鉴》编辑部

《抚州年鉴》撰稿单位主审（分管）领导及县（区）编辑室负责人

（大体按栏目顺序排列）

市直单位主审（分管）领导

市委办　赵　立
市人大办　罗海清
市政府办　王　武
市政协办　刘海滨
市纪委　赵荣贵
抚州军分区　杨秀伟
组织部　温　勤
宣传部　夏　俊
文明办　乔保安
统战部　张全明
政法委　王　俊
政研室　王云生
保密机要局　黄文彪
机关事务管理局　黄凡元
市接待办　申进东
农工部（农办）　徐文勤
直属工委　鄢新员
信访局　高晓英
党史办　陈志平
老干局　阙晋林
台办　陈克胜
党校　周泽南
档案局　吴建新
民族宗教局　刘凤林
人力资源和社会保障局　宋有志
旅发委　邱义林
编制办　李建平
无线电管理局　李　明
民革　黄港清
民盟　唐　化
民建　姜东兴
民进　刘菊娇
农工党　赵卫平
九三学社　邱志萍
工商联　姚光辉
总工会　傅晓林
团市委　邹　俊
妇联　付晓红
文联　梁　芳
社联　谢　红
科协　杨正荣
台联　徐明亮
残联　张文卫
侨联　黄德超
红十字会　娄红玲
人防办　黄文如
武警支队　蔡志勇
消防支队　陈文欣
公安局　周祥兴
检察院　胡京华
法院　胡嘉金
司法局　张　剑
农业局　蔡晓东
林业局　杨书斌
水利局　李忠东
廖坊水利枢纽管理局　陈　霞
廖坊水电厂　胡益章
农机局　黄志辉
农业开发办　何　东
扶贫和移民局　廖　燕
工信委　蓝师龙
国资委　纪　远
供电公司　刘立灿
交通局　陈　峰
公路局　刘其昌
市政务信息办　黄　斌
邮政公司　王　伟
邮政管理局　梁明昌
电信局　沈蔚锋
移动公司　张卫东
联通公司　何昌盛
商务局　尧水平
供销社　曾庆华
粮食局　翁福达
盐业公司　梁晓林
烟草局　万应发

中石化抚州分公司	王建平
建设局	李湘勇
规划局	李金龙
房管局	陈　菁
城管执法局	周平星
园林绿化局	罗小欣
财政局	艾文茂
国家税务局	葛开珍
地方税务局	黄　磊
发改委	陈　峰
投资公司	曾腊如
安监局	李剑平
工商局	黄厚祝
市场监管局	邬书成
药品监督局	李肇寿
国土资源局	罗光华
统计局	唐永文
调查队	花志兴
审计局	魏建平
金融办	刘龙飞
人民银行	杜正琦
银监分局	王来平
农发行	孙　凯
工商银行	陈红根
农业银行	许小勇
中国银行	刘瑞明
建设银行	饶会东
抚州农商银行	苏海东
邮政储蓄银行	彭华彬
九江银行	许　操
上饶银行	曹　平
寿保公司	谢　军
人保公司	吴根福
环保局	丁　文
气象局	周永辉
水文局	田承伟
教育局	袁旭光
文化广电新闻出版局	彭晓建
抚州日报社	赵　靖
江西新华发行集团抚州市公司	张　文
科技局	史晓全
卫计委	汤祖继
体育局	曾小天
民政局	涂建国
防震减灾局	李伟才

县（区）分管领导

临川区	杜晓良
南城县	张沥泉
黎川县	艾鹏华
南丰县	伍　珊
崇仁县	肖　明
乐安县	吴淑琴
宜黄县	余　娜
金溪县	饶源中
资溪县	傅武彪
广昌县	李　凯
东乡县	陈丰平
高新区	吴真发

县（区）编辑室负责人

临川区地方志办	魏会华
南城县地方志办	熊春玲
黎川县地方志办	余天禄
南丰县地方志办	黄应国
崇仁县地方志办	谢晓红
乐安县地方志办	袁加勤
宜黄县地方志办	余同贵
金溪县地方志办	李山冕
资溪县地方志办	帅建忠
广昌县地方志办	钟立新
东乡县地方志办	陈思东

编辑说明

一、本年鉴以马克思主义、毛泽东思想、邓小平理论、“三个代表”重要思想、科学发展观、习近平新时代中国特色社会主义思想为指导，坚持辩证唯物主义和历史唯物主义的立场、观点和方法，实事求是，全面、客观、系统记录抚州市经济和社会发展的基本情况，旨在发挥“存史、资政、育人”的作用。

二、本年鉴设类目、分目和条目。条目为基本记述单元。

三、本年鉴基本内容分为综合情况、动态信息和辅助资料三大部分。综合情况设特载、大事记、年度关注、概览等 4 个类目。动态信息设中国共产党抚州市委员会、抚州市人民代表大会、抚州市人民政府、政协抚州市委员会、中共抚州市纪律检查委员会、民主党派 · 工商联、群众团体、武装、法治、农 · 林 · 水、工业、工业园区 · 高新技术产业园区、交通运输、信息产业、贸易、市场建设·招商引资、财政·税收、金融·保险、经济管理与监督、城乡建设与管理、环境保护 · 自然观测、教育、文化艺术 · 新闻出版管理、新闻媒体、科技 · 卫生 · 体育、民政、居民生活 · 人口与计划生育、县区概况、人物 · 荣誉等 29 个类目。辅助资料包括主要统计资料和附录以及穿插于其他类目的相关资料。条目中涉及有关抚州经济和社会发展数据，以统计部门公布的数据为准。

四、本年鉴结构层次设置是为方便分类编辑和读者系统阅读，不反映严格的科学分类体系，机关、企事业单位等排序和层次并不表示其地位和规格。所载新任市领导指 2016 年新任市委、市人大、市政府、市政协领导人。县区主要领导名录在所属县区之后列一条目，市直单位领导人名录列于相关类（分）目末尾，便于查找。

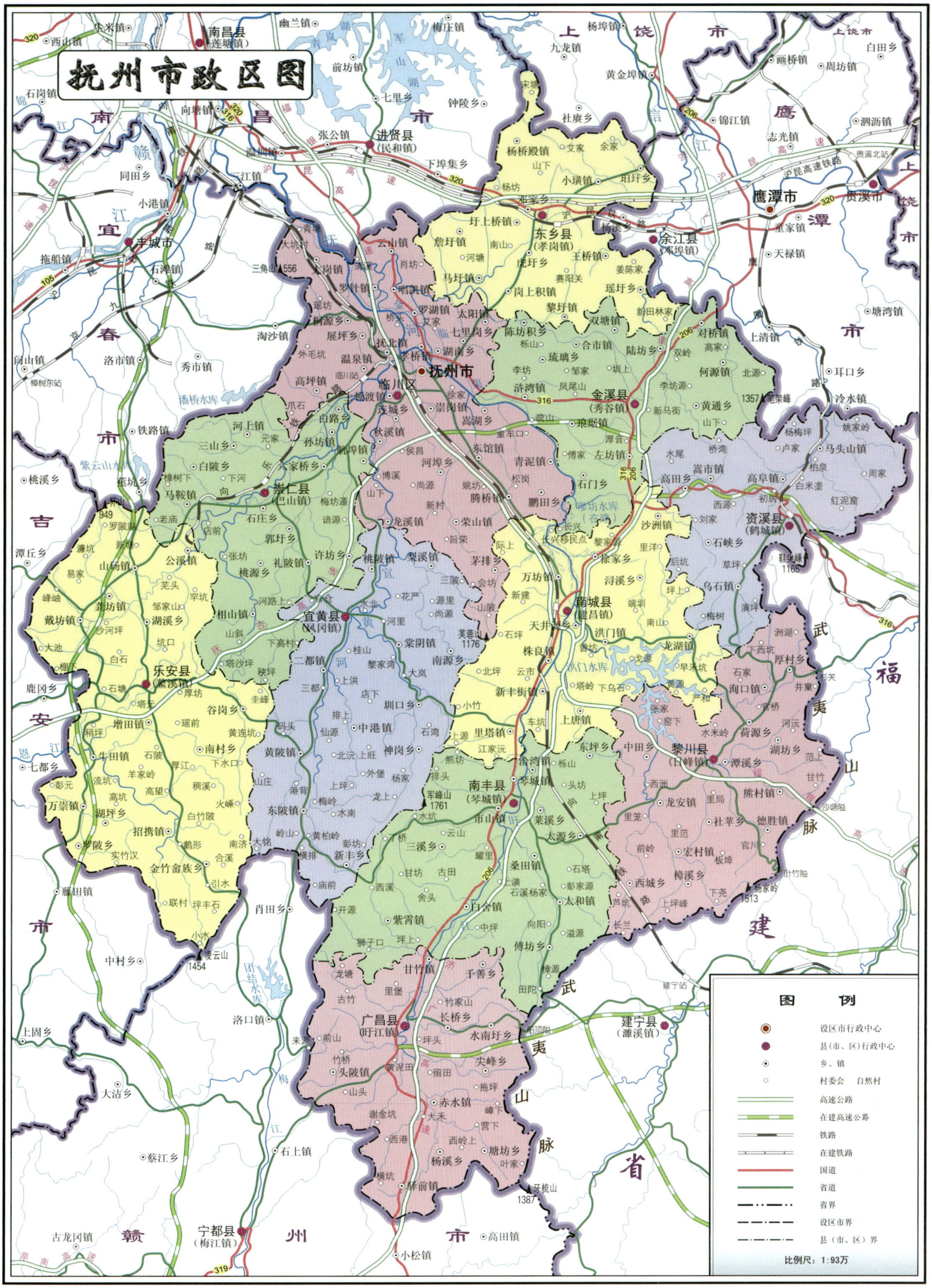

江西省地图发行站

审图号：赣S（2014）01号

抚州市城区图

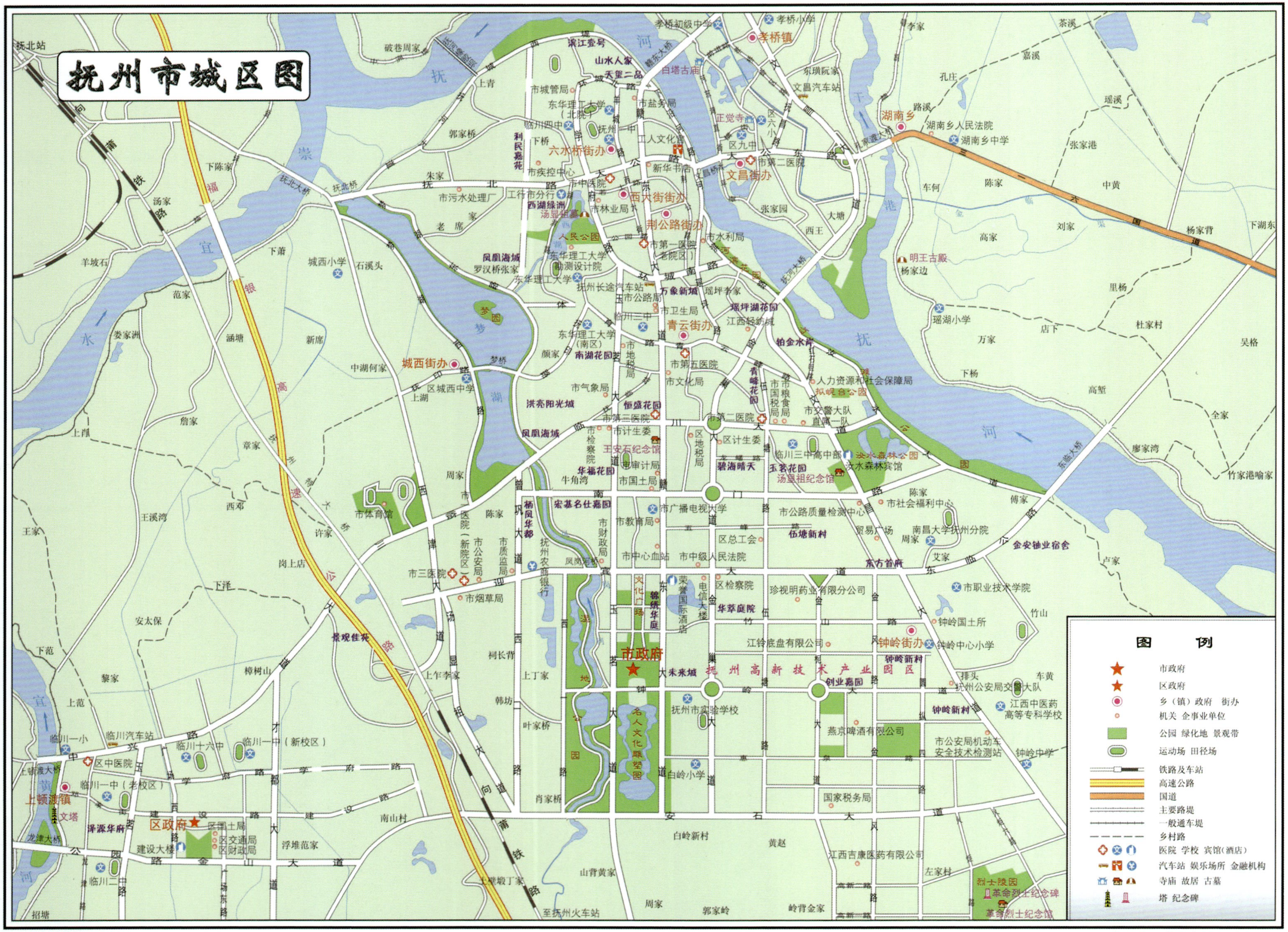

江西省地图发行站

审图号：赣S（2014）01号

抚州市旅游发展总体规划

（2013—2025）

2016 抚州数字

●全市实现生产总值1210.91亿元，工业增加值484.41亿元，占GDP比重40.0%。三次产业比由2015年的16.5:49.7:33.8调整为16.3:48.8:34.9；人均生产总值30259元；规模以上工业增加值完成394亿元，外贸出口总额118.85亿元，城镇化率46.65%。

●全年完成财政总收入171.62亿元，全年公共财政预算支出312.34亿元。

●全市粮食生产实现“十三连丰”，粮食总产量达296.64万吨。

●全市共安排新农村建设村点805个，共投入资金5.4亿元。

●全市工业园区开发面积50平方千米，工业园区完成主营业务收入1648.57亿元。

●全年完成固定资产投资1251.30亿元。

●全年完成工业投资629.56亿元；基础设施建设投资232.95亿元。

●全市社会消费品零售总额480.27亿元。

●全市进出口总值121.53亿元，实际利用外商直接投资3.24亿美元。

●全市共接待游客2960万人次，实现旅游收入260亿元。资溪县和南丰县被列入首批国家全域旅游示范区创建单位。乐安流坑、南丰桔文化产业集聚区被评为国家AAAA级旅游景区。流坑古樟林入选上海大世界吉尼斯之最，成为“中国第一古樟林”，广昌姚西景区获吉尼斯世界纪录认证，成为“世界最大莲池”。东乡花果山农业休闲区被评为省AAAA级乡村旅游示范点。在江西旅游产业年度博览会上，总奖牌并列全省第二。

●全市城镇化率由2015年的44.97%提高到46.65%，抚州市成功入选第三批国家新型城镇化综合试点。东乡县撤县设区正式获批。

●年末全市银行业金融机构本外币各项存款余额1645.64亿元，全市银行业金融机构本外币各项贷款余额为1131.81亿元；在全省率先推行过桥贷款制度，建立银行抽贷报告制度和问题企业贷款协调处置制度，发放小额贷款9.83亿元。

●全市教育经费投入达68.5亿元，市县开工建设教育重点工程38个、标准化建设项目1004个。临川、黎川、南丰、金溪、东乡、高新区顺利通过国家县域义务教育基本均衡评估认定。高考再创辉煌，全省理科状元花落抚州，37人录取清华北大。

●全年地方财政科技支出5.57亿元，争取国家科技计划项目14项，省级各类科技

计划项目45项，共获得项目资助资金2561万元。全年全市申请专利2450件，获得授权专利1746件；完成技术合同登记额3.98亿元，取得科技成果登记38项，20项优秀科技成果项目获2015年度市科学技术奖；抚州高新技术产业园区科技企业孵化器创业服务中心获批国家级科技企业孵化器。

●制定全市新农合统一补偿方案，新农合筹资标准由之前的人均90元增加到120元、大病保险筹资标准由23.5元提高到30元、意外伤害保险筹资标准由15.5元提高到20元；将参合人员在市级定点医疗机构的住院补偿比例由2015年的55%提高到60%。新农合政府补助标准提高到410元，全年有303.07万人参合，参合率达到99.46%。共有医疗卫生机构2334个，编制床位数12658张，机构编制人数17719人。

●2016年末，全市总人口为4001819人，比2015年末增加17132人。其中城镇人口1871053人，占全市总人口的46.65%。

●2016年全市城镇居民人均可支配收入27195元，增长8.5%；城镇居民人均消费支出为15791元，增长5.0%。农村居民人均可支配收入12447元，增长8.8%；农村居民人均生活消费支出7984元，增长6.6%。

●全市城乡居民基本养老保险和医疗保险制度实现全覆盖。完成城镇保障性安居工程42764套，改造农村危房6391户。

●全市扶贫对象减少4.4万人，东乡东源村、广昌羡地村等46个贫困村脱贫“摘帽”。省市财政投入专项产业扶贫资金1.2亿元、村庄整治扶贫资金5060万元，贫困群众生产生活条件明显改善。高标准建设移民集中安置点18个，完成扶贫搬迁任务4523人。

●全市22个水质监测断面水质良好，水质达标率100%，集中式饮用水水源地水质达标率100%。空气质量优良天数为339天，占总天数的93%。其中优134天，占总天数的36.7%，良天数为205天，占总天数的56.2%；轻度污染及以上天数为27天，占总天数的7.1%。PM10浓度均值为58微克/立方米，PM2.5浓度均值为37微克/立方米，均达到国家《环境空气质量标准》二级标准。

经济实力（一）

生产总值

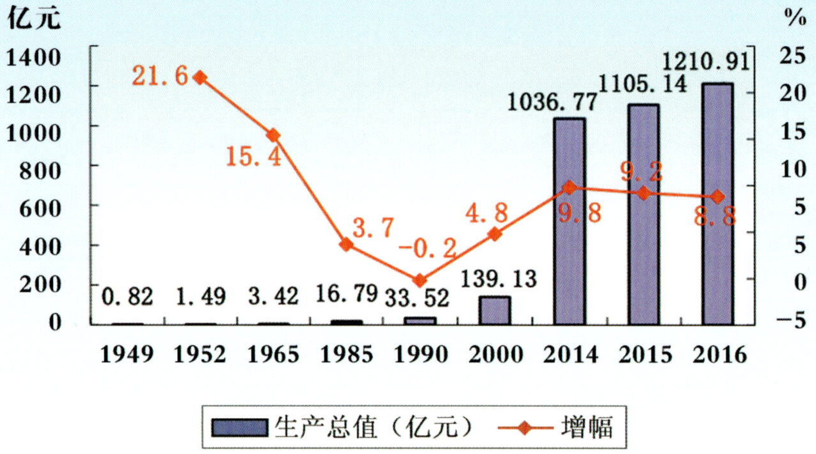

三次产业结构

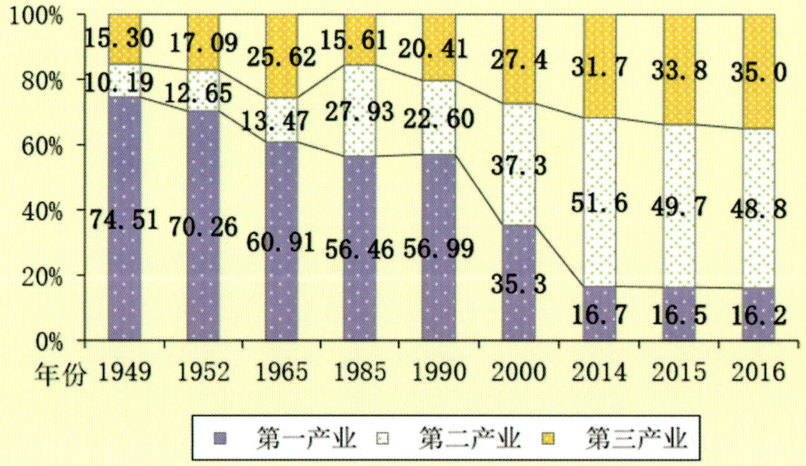

财政收支

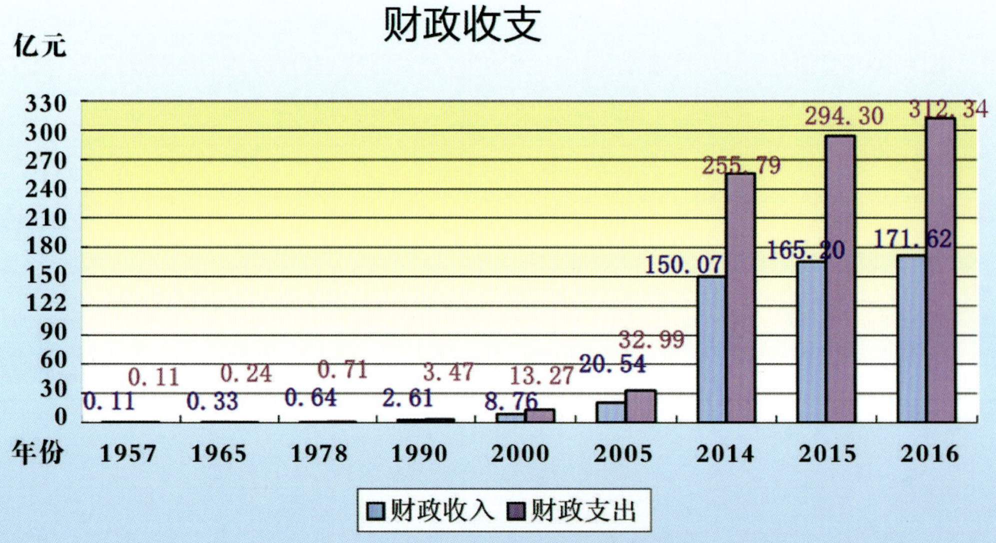

经济实力（二）

规模以上工业增加值

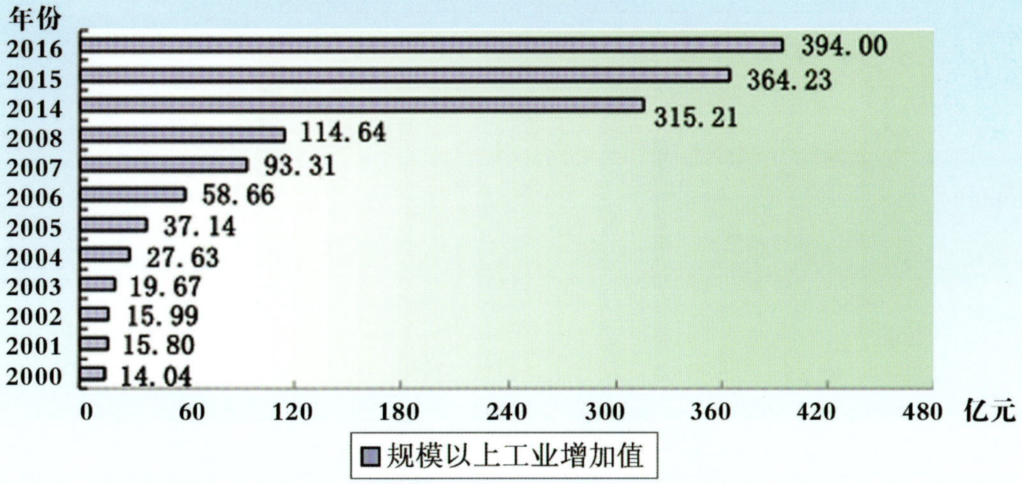

500万以上固定资产投资（万元）

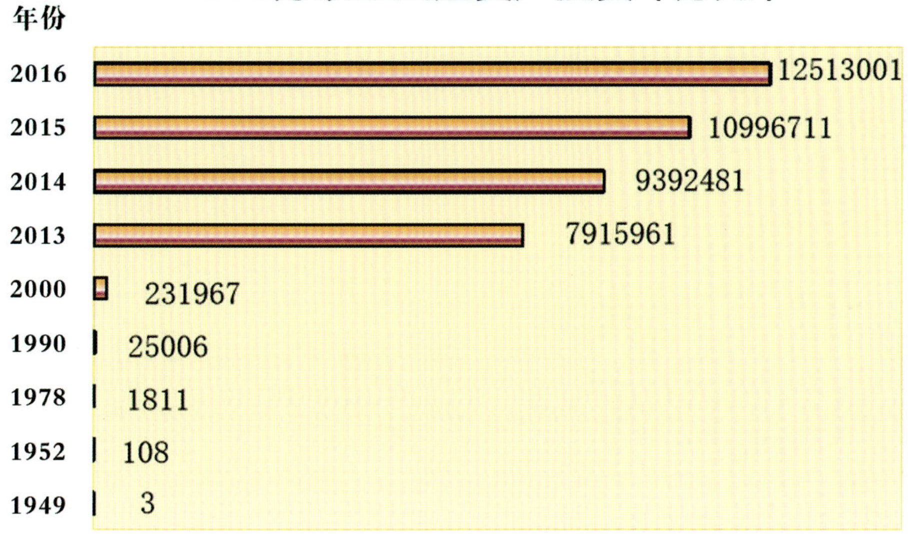

实际利用外资

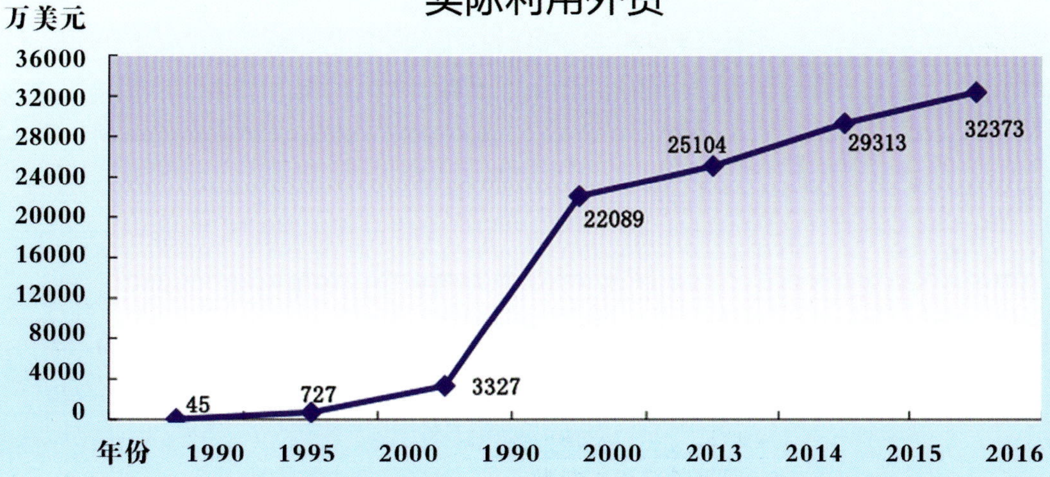

人民生活

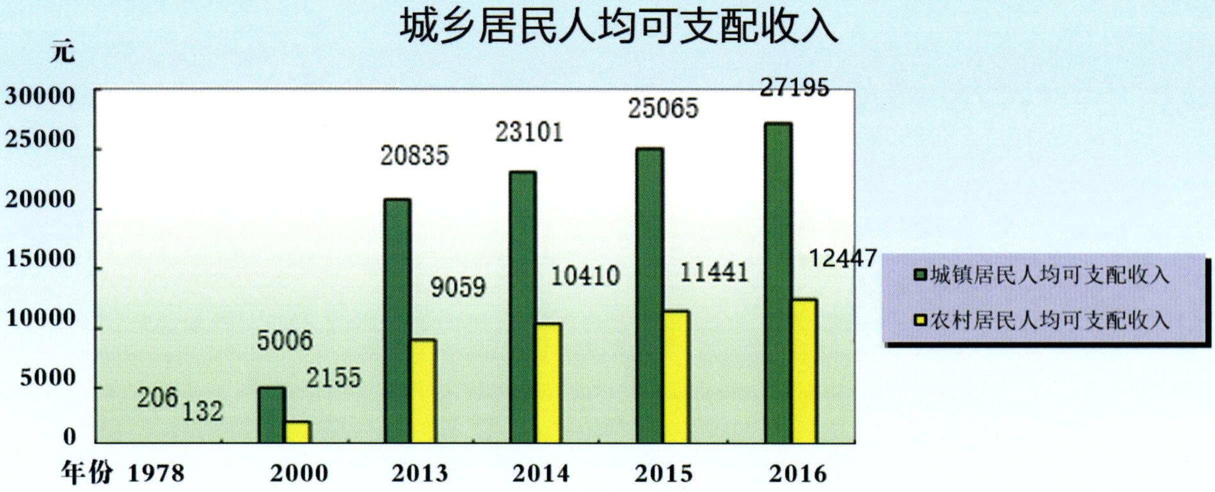
城乡居民人均可支配收入
元
30000
25000
20000
15000
10000
5000
0
206
132
5006
2155
20835
9059
23101
10410
25065
11441
27195
12447
年份 1978
2000
2013
2014
2015
2016
城镇居民人均可支配收入
农村居民人均可支配收入

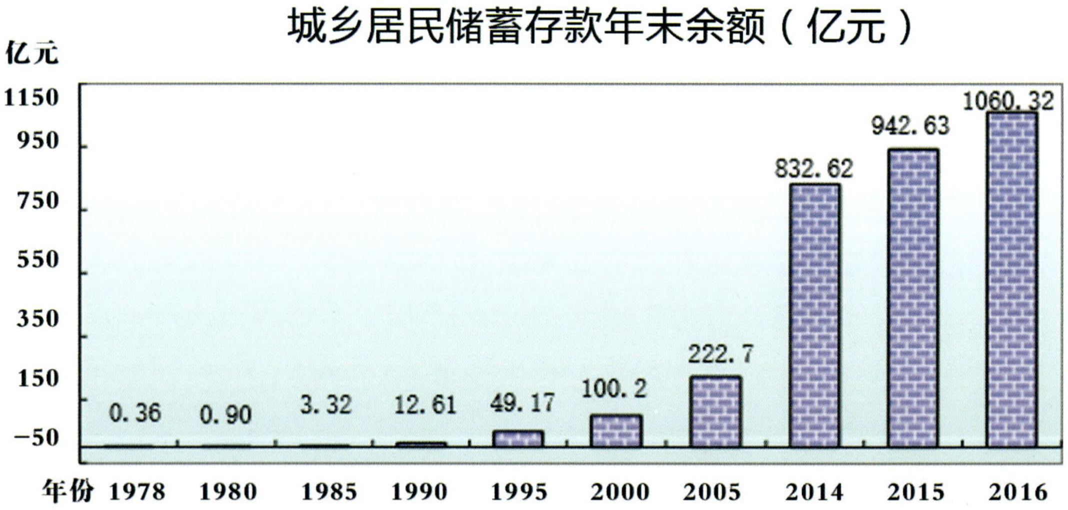
城乡居民储蓄存款年末余额（亿元）
亿元
1150
950
750
550
350
150
−50
0.36
0.90
3.32
12.61
49.17
100.2
222.7
832.62
942.63
1060.32
年份 1978
1980
1985
1990
1995
2000
2005
2014
2015
2016

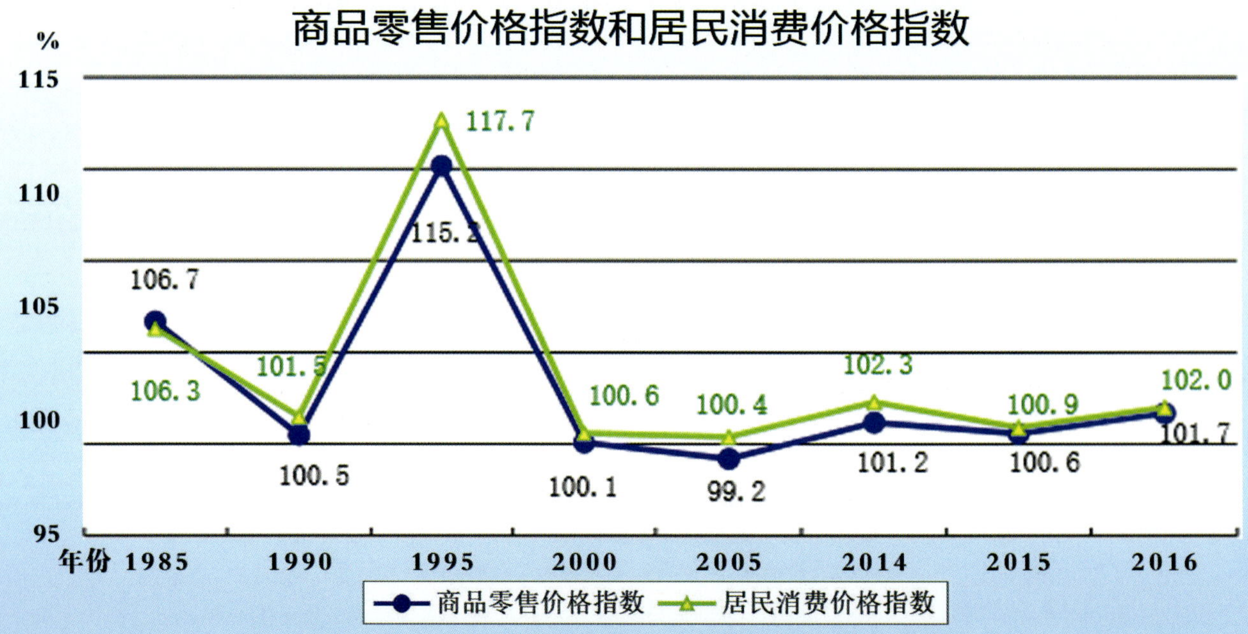
商品零售价格指数和居民消费价格指数
%
115
110
105
100
95
106.7
106.3
101.5
100.5
117.7
115.2
100.6
100.1
100.4
99.2
102.3
101.2
100.9
100.6
102.0
101.7
年份 1985
1990
1995
2000
2005
2014
2015
2016
商品零售价格指数
居民消费价格指数

重要会议

中国共产党抚州市第四次代表大会

市委书记肖毅主持抚州市委四届一次全体会议

市长张鸿星当选为市委副书记

2016 年 9 月 29 日，中国共产党抚州市第四届委员会第一次全体会议在市行政中心举行。肖毅受市第四次党代会主席团委托，主持中国共产党抚州市第四届委员会第一次全体会议。省信访局原信访督查专员、省换届选举督导组组长谢上海到会指导。全会以无记名投票方式，差额选举产生中共抚州市第四届委员会常务委员会委员和书记、副书记。肖毅、张鸿星、于秀明、王新有、刘海滨、李建林、李兰贵、谭小平、吴建春、韦萍、傅云当选为市委常委。肖毅当选为市委书记，张鸿星、于秀明当选为市委副书记。

市四届人大一次会议

市委书记肖毅发表讲话

新当选市长张鸿星代表新一届市政府领导班子讲话

新当选市人大常委会主任魏建锋代表新一届市人大常委会领导班子讲话

2016年11月1日至11月3日，抚州市第四届人民代表大会第一次会议在市行政会议中心举行。大会听取并通过了关于抚州市人民政府工作报告的决议、关于抚州市人大常委会工作报告的决议、关于抚州市中级人民法院工作报告的决议、关于抚州市人民检察院工作报告的决议。

市政协四届一次会议

新当选市政协主席黄晓波发表讲话

市政协四届一次会议联组讨论会

郑海云 摄

2016年10月31日至11月2日，中国人民政治协商会议抚州市第四届委员会第一次会议在市行政会议中心举行。黄晓波主持大会。会议听取和审议政协抚州市第三届委员会工作报告；听取和审议政协抚州市第三届委员会常务委员会关于提案工作情况的报告；选举产生政协抚州市第四届委员会主席、副主席、秘书长、常务委员；大会表决通过了政协抚州市第四届委员会第一次会议决议。

市纪委四届二次全体会议

市纪委书记刘海滨在抚州市第四届纪律检查委员会第二次全体会议上发表讲话

2017年3月17日，全市落实全面从严治党主体责任专修班在市行政会议中心举行。市委书记肖毅出席并作专题授课讲话。

2017年1月21日，中国共产党抚州市第四届纪律检查委员会举行第二次全体会议。市委书记肖毅出席并讲话。市委常委、市纪委书记刘海滨主持并代表市纪委常委会作题为《推动全面从严治党向纵深发展，为全面建成小康新抚州提供坚强纪律保障》的工作报告。会议还书面传达了省纪委十四届二次全会精神，审议通过了抚州市纪委常委会工作报告和全会公报。

本栏目图由市纪委提供

2017 年 8 月 31 日，抚州市召开深化“两个责任”落实暨监管系统部署会。

2016 年 4 月 22 日，全市“两学一做”学习教育动员部署会召开。市委书记肖毅出席并讲话，市委副书记、常务副市长于秀明主持。 （周虹 摄）

领导视察

2016年9月3日，中央政治局委员、国务院副总理刘延东在抚州考察。省委副书记、代省长刘奇，抚州市委书记肖毅，市委副书记、市长张鸿星等陪同。（陈强 摄）

2016年9月25日，全国政协副主席马飚考察金溪县竹桥古村。（陈强 摄）

2017 年 11 月 5 日下午，市委副书记、组织部部长王新有利用周末时间，深入挂点的东乡区江西美尔丝瓜络有限公司，向企业党员、职工群众宣讲党的十九大精神。（符勇　摄）

2016 年 11 月 21 日，市委常委、政法委书记李建林率市委政法委副县级以上干部深入“四进四联四帮”挂点村金溪县对桥镇横源村，调研指导脱贫工作。

本栏目图由市政法委提供

2016 年 1 月 30 日，市委常委、抚州军分区政委李兰贵慰问崇仁县郭圩乡陂下村贫困户。（杨志峰　摄）

2017 年 2 月 10 日，市委常委、秘书长谭小平深入挂点的抚州高新区走访调研工业企业，详细了解项目建设、发展和运营情况。图为谭小平在江西铜博科技有限公司调研。（戴光元　摄）

2016年10月18日，市委常委、副市长罗国良来到广昌县盱江镇，看望慰问老党员和困难党员，调研基层党建和脱贫攻坚工作。（万剑　摄）

2017年6月6日，市委常委、副市长董朝武率市工信委、市商务局口岸办负责同志深入银圣王洁具公司视察调研。（石飞翔　摄）

2017 年 5 月 16 日，市委常委、统战部部长韦萍深入南城县江西广明集团中医药材加工基地，调研中医药材种植加工产业。

本栏目图由市委统战部提供

2016 年 12 月 3 日，市委常委、宣传部部长傅云在东乡三中调研文明校园创建及未成年人思想道德建设工作。

本栏目图由市委宣传部提供

纪念汤显祖逝世 400 周年

JI NIAN TANG XIAN ZU SHI SHI 400 ZHOU NIAN

2016 年 9 月 3 日，中央政治局委员、国务院副总理刘延东（右八）考察抚州市汤显祖大剧院。江西省委副书记、代省长刘奇（右六），省政协主席黄跃金（右十）、副省长殷美根（右四）、省政府秘书长张勇（右三），抚州市委书记肖毅（右十三），市委副书记、市长张鸿星（右二）等一同在抚州市汤显祖大剧院观看剧目排练并与剧目演员合影。（陈强　摄）

2016 年 9 月 24 日，市委书记肖毅与英国莎士比亚出生地基金会运营副总裁菲利帕·罗林森共同为汤显祖、莎士比亚雕像揭幕。（李勐　摄）

2016 年 4 月 28 日上午，抚州市文化考察团在团长张鸿星市长的带领下，来到西班牙塞万提斯故乡阿尔卡拉市开展文化交流。阿尔卡拉市文化部长 Maria 和塞万提斯纪念馆馆长 Vea 热情地接待了考察团一行，并陪同张鸿星参观了塞万提斯纪念馆。

2016 年 4 月 22 日上午，中国驻英国大使馆支持的共同纪念汤显祖和莎士比亚逝世 400 周年研讨会暨“抚州文化活动周”启动仪式在英国斯特拉福德举行。张鸿星市长受邀参加莎士比亚纪念活动。

江西国际文化交流协会联合美国飞扬艺术中心，2016 年 8 月 28 日在硅谷飞扬艺术中心举行“美国纪念汤显祖逝世 400 周年硅谷座谈会”。抚州市副市长刘菊娇率团专程出席。

本栏目图由抚州市文化广电新闻出版局提供

抚州汤显祖国际研究中心成立　　　　　　（陈强　摄）

2016 年 9 月 6 日上午，2016 年汤显祖逝世 400 周年纪念活动暨第三届中国（抚州）汤显祖艺术节新闻发布会在汝水森林宾馆召开。

2016 年 9 月 24 日下午，2016 中国抚州汤显祖剧作展演暨国际高峰学术论坛在荣誉国际酒店开幕，国内外专家学者云集。　　（周虹　摄）

2016 年 8 月 30 日，为纪念汤显祖逝世 400 周年，中国人民银行发行“中国古代戏剧家（汤显祖）金银纪念币”一套。该套金银纪念币共 3 枚，其中金质纪念币 1 枚，银质纪念币 2 枚，均为中华人民共和国法定货币。

纪念汤显祖、莎士比亚、塞万提斯逝世400周年开幕　　（陈源茂　摄）

活动开幕

HUO DONG KAI MU

花车巡游

HUA CHE XUN YOU

本栏目图由抚州市文化广电新闻出版局提供

崇仁县
龙舞之乡

邯郸记
南柯记

孟戏之乡

南柯记
邯郸记
紫钗记
牡丹亭

四梦演出

SI MENG YAN CHU

《临川四梦》是汤显祖《牡丹亭》《紫钗记》《邯郸记》《南柯记》四部剧作的合称。因四剧皆有梦境，故称“临川四梦”。

歌剧《汤显祖》剧照　　（李辉煌　摄

2016年9月26日晚，在抚州市汤显祖大剧院上演的乡音版《临川四梦》之《牡丹亭》之《游园惊梦》选段。（李勇　摄）

2016年10月16日晚，乡音版（盱河高腔）《临川四梦》在国家大剧院戏剧场盛装上演《紫钗记》。

2016年9月26日晚，在抚州市汤显祖大剧院上演的乡音版《临川四梦》之《邯郸记》。　（李勇　摄）

2016年10月16日晚，乡音版（盱河高腔）《临川四梦》在国家大剧院戏剧场盛装上演《南柯记》。

目　录

特　载

大事记

年度关注

概　览

中国共产党抚州市委员会

抚州市人民代表大会

抚州市人民政府

政协抚州市委员会

中共抚州市纪律检查委员会

民主党派

社会团体

武　装

法 治

农·林·水

工　业

工业园区·高新技术产业园区

交通运输

信息产业

贸　易

市场建设·招商引资

财政税收

金融·保险

经济管理与监督

城乡建设与管理

环境保护·防灾减灾

教 育

文化艺术·新闻出版管理

新闻媒体

科技·卫生·体育

民　政

居民生活

县区概况

人物·荣誉

主要统计资料

附　录

基层风貌彩页

特　载

在全市领导干部会议上的讲话

市委书记　肖　毅

（2017 年 2 月 7 日）

经市委、市政府研究，今天召开全市领导干部会议，主要任务是进一步贯彻落实全省“两会”和全省经济工作会议精神，总结 2016 年全市经济工作，部署 2017 年全市经济社会发展等各项工作。

一、今年的工作任务、目标和重点

去年以来，我们先后召开了市第四次党代会、市“两会”和领导干部会议，以习近平总书记系列重要讲话精神和治国理政新理念新思想新战略，特别是对江西工作的重要要求为遵循，按照中央“五位一体”总体布局和“四个全面”战略布局，遵照省委、省政府决策部署，根据“十三五”规划，确定了未来五年发展思路、战略和布局。年前的市“两会”和今天的会议，又对今年的工作进行了全面部署。要全面落实今年的发展任务，首先要弄清楚为什么把“一个坚持、三项重点、四个排头兵”作为今年的工作重点。

一是基于对当前形势的研判，必须增强机遇意识。党的十八大以来，中央提出创新、协调、绿色、开放、共享五大发展理念，社会在转型，经济结构在调整，发展动力在转换，以“三去一降一补”为主要内容的供给侧结构性改革不断深化，国家批准江西为全国三个生态文明试验省之一，等等。这些都为抚州绿色崛起、跨越发展创造了千载难逢的重要历史机遇。所以我们要增强机遇意识，紧紧抓住这千载难逢的重要窗口期，审时度势，乘势而上，顺势而为，以习近平总书记治国理政新理念新思想新战略和对江西“新的希望、三个着力、四个坚持”重要要求为遵循，以省委书记鹿心社同志视察抚州时的讲话精神、省长刘奇同志参加抚州代表团审议时的讲话精神为工作要求，以新发展理念引领抚州发展、以生态文明建设统领抚州发展，坚持“融入南昌、对接海西、振兴苏区”的发展战略，坚持“一核两带四区”战略布局，坚持“南昌大都市副中心城市、江西对接‘21 世纪海上丝绸之路’桥头堡、全省生态文明示范市、全国历史文化名城”的发展定位，积极探索，改革创新，走出一条既发展经济又提升生态的发展新路。因此，我们要坚定发展定力，坚持既定的发展思路、发展战略，全面推进今年经济社会发展各项工作。今年全市 GDP 增长 9% 以上、财政总收入增长 5%、固定资产投资增长 14% 以上、规模以上工业增加值增长 9% 以上，这是市人代会通过的指标，也是必须要完成的基本任务。

二是立足抚州发展的现状，必须增强危机意识。省委书记鹿心社同志在省第十四次党代会报告中指出，发展不足仍然是江西的主要矛盾，欠发达仍然是江西的基本省情，相对落后仍然是江西的最大现实。这一分析和判断精辟深刻，同样适用于抚州。2016 年我市 GDP、财政总收入、固定资产投资绝对值均列全省第7位，人均GDP、人均财政总收入、人均固定资产投资分列全省第8、10、9位，抚州在全省“八九不离十”的尴尬局面仍然没有摆脱。我们要增强危机意识，清醒地看到抚州的差距和在全省的位置，抓住机遇，迎头赶上。因此，必须把项目带动、科技创新、脱贫攻坚作为今年三项工作重点，全力推进。

脱贫攻坚是党中央交给的政治任务，是中国共产党对全世界、全国人民的庄严承诺，必须保质保量、不折不扣地完成。今年全市脱贫4.5万人、贫困村退出92个、广昌县摘帽；2018年全市脱贫2万人、贫困村退出82个、乐安县摘帽。广昌、乐安两个国定贫困县，要以脱贫攻坚为中心，举全县之力打好脱贫攻坚战。尤其是县（区）委书记、县（区）长要担负起使命，履行好脱贫攻坚责任，坚决完成好这项政治任务。市直各单位同样要积极行动起来，参与到脱贫攻坚战之中，采取工作组的形式，重点深入乐安的贫困村开展帮扶，摸清真实情况，采取有效措施，精准施策，帮助乐安县按时脱贫。

项目带动，是因为全市基础设施不完善，投入不足，缺乏支柱产业、龙头企业。去年，全市固定资产投资1251亿元、列全省第7，增长13.8%、列全省第6；其中工业投资629.56亿元，同比增长1.8%，全省倒数第一，低于上年同期12.4个百分点，占全部投资的比重为50.3%；民间投资增长8.1%，比全省平均水平低1.7个百分点。这是很危险的，要引起我们的高度重视。要千方百计把投入抓上去，就必须狠抓项目的谋划、项目的争取和项目的实施，为抚州发展打基础、增后劲。抚州的投资来自哪里？绝大部分来自招商引资。数字是表象，透过表象看实质，在新的发展形势下，我们如何组织开展招商引资？如何让更多的社会资本投到抚州、投到工业领域来？就是要通过产业招商、以商招商、小分队招商，引进更多具有强大带动力的大项目好项目。

科技创新，作为三项重点之一，既是贯彻新发展理念的客观要求，也是实现绿色崛起、跨越发展的现实必然。通过科技创新，实现产业转型升级，发展新经济、新模式、新业态，推动数字经济、信息产业发展。在这方面，抚州有得天独厚的优势，这个优势就是人才。抚州才子遍布全球，其中很多青年才俊都在从事新经济。我们要千方百计发挥好这支队伍的作用，通过各种形式加强联络，让他们感受到家乡人的诚意，感受到我们是真正在做事。各部门各企业都要与高等院校、科研院所建立战略合作关系。政府部门要建立科技顾问制度，借脑发展。各部门要将这项工作落实到位，市科技局要抓好调度。要鼓励、帮助企业加大科研力度，建立国家工程中心、院士工作站以及各领域、各种形式的研发机构。要按照“不求所有、但求所用”的原则，引进学科带头人，占领技术前沿，增强产品竞争力，推动企业走向中高端。要打好全社会科技研发投入占GDP比重提升攻坚战，力争尽快达到全省平均水平。

项目带动、科技创新，是抚州绿色崛起、跨越发展的驱动两轮、腾飞双翼。大家一定要充分认识到项目带动和科技创新在抚州发展历史进程中的重要地位和极端重要性，抓紧、抓紧、再抓紧，抓实、抓实、再抓实，久久为功，一抓到底，定立奇功，必见大效。

三是面对全省的发展态势，必须增强竞争意识。当前，全省上下百舸争流、千帆竞发，去年江西发展速度位居全国前五、中部地区第一，继续保持在全国第一方阵。全省各地市千方百计加快发展，不断创造全省乃至全国先进。对此，抚州决不能落后，也不甘落后。面对以新经济为主的新一轮大发展浪潮，争当全省“四个排头兵”是抚州干部应有的精神风貌和历史担当。能不能赶上这一轮发展浪潮，就看我们能不能在区域经济发展、生态文明建设、文化强省、干部作风转变方面走在全省前列。这一工作要求，既是今年工作主攻方向，也是抚州工作的特色、亮点，是可以出彩的地方，更能够为抚州打基础、蓄力量。各县（区）、各部门一定要按照鸿星同志的部署，逐项抓好落实。

争当全省区域经济发展的排头兵。主要是从三个方面考虑：一是力争发展速度在全省领跑。从去年我市三项指标增幅列全省第一的发展势头看，我市已经具备了进一步提升发展速度的可能。要坚持求真务实，在不搞水分的情况下，以今年确定的基本指标为底数，开足马力，能发展多快就发展多快。特别是高新区要当好龙头，核心区的其他县（区）也不能满足于现有发展速度，必须自我加压，提速进位，奋力赶超。二是力争经济结构调整在全省领跑。2016年，我市大力培育以新业态、新技术、新模式为主要内容的新经济，引进了快乐时代科技、中国网库、金凤凰文化传媒等一批新经济企业。1—11月，我市高新企业主营业务收入增长19.63%，增幅居全省第一。博雅欣和、迪比科、德义半导体材料、金品铜科、海利不锈钢等一批高新技术企业通过科技创新的新项目，即将投入生产发挥主导作用。去年，我市申报专利3875件、增长58.2%，有效发明专利拥有量367项、列全省第4位，荣获全国专利系统先进集体；全市企业开发新产品165项，申报省重点新产品63项，涉及新材料、生物医药、电子信息和先进制造等领域。全年新增7家企业在“新三板”挂牌、52家中小企业在江西联合股权交易中心挂牌、2家企业在上海Q板挂牌。全市服务业增加值占GDP比重达34.9%，服务业对全市经济贡献率达42.7%。特别是我们新上了几个大项目，如与天津卓朗科技公司合作开发、投资30多亿元的云计算中心和大数据产业园项目已经开工建设。大迈集团投资40亿元生产20万辆汽车的项目有望在一季度正式签约。以这种势头发展下去，我市完全可以在发展新经济和高新技术产业方面有更大作为。三是力争产业集群发展在全省领跑。我市产业集群有一定的基础，形成了六大工业主导产业和十大农业特色产业，拥有3个省重点产业集群（高新区汽车及零配件、崇仁变电设备、金溪香料）和14个省级产业基地（高新区生物医药和汽车及零配件、金溪香料、崇仁变电设备、宜黄塑料、黎川日用耐热陶瓷和合成革、东乡变性淀粉、南城南丰农副食品加工、南城空压机和株良校具、广昌信息电子、乐安机械电子、临川有色金属加工）。只要我们坚定不移地抓好百亿企业培育工程，紧紧依靠现代科技和现代金融，始终坚持“三抓三靠”，区域经济发展一定可以走在全省前列。

争当全省生态文明建设的排头兵。中国已经迈入生态文明新时代。“明者因时而变，知者随事而制”，我们要进一步解放思想、更新观念，大力推进生态文明建设，全面推进重市场、重品质的绿色发展。抚州是江西的生态文明先行示范市，作为示范中的示范，我们要通过积极探索，为美丽中国“江西样板”提供具有抚州特色的可复制的经验。当前，要以入选国家新型城镇化综合试点和第三批国家低碳城市试点为契机，本着“重点突破、示范引领”的原则，扎实推进抚河流域生态保护与综合治理生态修复工程，抓好36个生态村镇示范点，高标准、高起点建设温泉生态文明示范样板区，力争在提升生态环境、构建绿色产业、加强制度建设和倡导绿色生活方式等方面发挥引领、示范作用。

争当文化强省的排头兵。前不久，中共中央办公厅、国务院办公厅印发了《关于实施中华优秀传统文化传承发展工程的意见》。这释放出一个强烈的信号：国家对传统文化越来越重视。我们要抢抓机遇，围绕创建全国历史文化名城，发挥文化优势，增强文化自信，以汤显祖文化为引领，推动优秀传统文化走向全国、走向世界、走进群众，重振抚州“文化之邦”的雄风。今年，要集中力量举办好中国汤显祖——英国莎士比亚国际戏剧节，继续唱好汤显祖大戏。有关部门要抓紧组建活动办，抓紧成立汤显祖基金会，迅速做好戏剧节各项筹备工作。要把抚州汤显祖国际研究中心的工作与社科联工作紧密结合起来，同时邀请国际国内专业机构来抚州研究、谋划全域文化产业的发展。发展文化，要坚持“立足特色、突出重点”的原则，坚决克服“遍地开花、多而不精”的现象，挖掘出本地最具代表性的特色文化资源，打响一张特色文化牌。把文化与旅游结合起来，实现文化产业发展的破题，促进传统文化古为今用。特别要加强历史古村落的保护与开发，以古村落的文化旅游带动全市域的旅游发展。文化强市不仅是文化繁荣，还要推进文化的保护、传承、与互联网的融合、产业的发展等。要建立健全机制，用好政府和市场“两只手”，推动文化产业发展。

争当全省干部作风转变的排头兵。做好抚州的工作，归根结底要靠人，靠各级干部的过硬作风和艰辛努力。抚州物华天宝、人杰地灵，我们不比别的地方差，素质也不比别人低，也不缺发展思路，我们很多谋划、创意都走在前列，但是在具体的落实上却总比别人慢半拍，一些工作迟迟没有进展，很多工作停留在文件上、报告里。为什么会这样？关键还是干部作风问题。当前，干部作风问题已经成为影响抚州发展的最大障碍。我到抚州工作快满两年了，通过工作接触了很多干部，发现了不少干部在能力、作风和素养方面的问题。有的在工作面前没有思路、没有点子；在新形势面前，束手无策、无从下手，没有操作能力。有的研究政策囫囵吞枣、一知半解，答非所问、文不对题；对下又唯我独尊，十分任性。有的工作蜻蜓点水，满足于典型，不愿做艰苦的推广工作。有的工作有布置，没有回音，一年到头没有一次汇报，也不知道干了什么。市科技局在这方面做得好，对布置的工作，能够很快地去落实，而且还很有成效。各级领导干部是抚州发展的中坚力量，抚州实现跨越发展要靠各级领导干部去推动。所以说抚州现在的问题，归根结底还是作风问题、落实问题。对此，必须引起高度重视，认认真真解决好干部队伍中存在的作风问题。

二、几个值得重视的问题

在做好今年各项工作的同时，有几个问题值得大家重视。

1. 关于改革问题。2月5日，省委全面深化改革领导小组召开了第11次全体会议。省委书记鹿心社同志主持并发表重要讲话。会议全面总结了过去一年全省全面深化改革工作，部署了2017年全省改革任务。总的原则是以习近平总书记治国理政新思想、新理念、新战略为引领，按照中央深改小组的改革部署，以供给侧结构性改革为主线，以问题为导向，围绕发展所需、群众所盼，紧紧抓住重点领域和关键环节，不断把改革引向深入，不断增强群众的获得感。会议还通报了2016年改革考评情况，并明确了全省改革重点。2017年抚州改革工作主要抓好三件事：一是认真落实中央、省委深改小组部署的改革任务，不折不扣、一件不落，而且把改革的台账销号、督导考评、信息报送等机制全面建立起来；二是以问题为导向，抓好供给侧结构性改革、农村集体产权制度、乡镇财税体制、“放管服”、公安警务、司法责任制、生态文明体制、社会治理体系、乡村卫生医疗体系、义务教育均衡化等重点领域和关键环节的改革。今年，要在全市推行金溪便民服务的改革经验；要改革建筑市场的管理机制，规范市场秩序。三是以7个专项改革为重点，凡涉及体制机制不适应、影响发展的领域，各部门和单位都要通过深化改革，理顺机制体制，破除发展障碍，释放更多改革红利。要大力宣传公安部门勇于改革、勇于创新的拼搏精神，全力支持公安警务大部制改革，成为全省、全国改革的示范和典型。

2. 关于差异化发展问题。根据市“十三五”规划“一核两带四区”战略布局，今年开始，对核心区的临川、高新区、东乡、崇仁、南城、金溪6县区与6个生态功能区县实行差异发展、分类考核。全市要集中经济发展要素，支持核心区推动现有产业转型升级，走向中高端，依靠现代科技和现代金融培育壮大新经济、新模式、新业态，成为主要经济产出区、高新企业聚集区、新经济发展示范区；这6个县区要选好主导产业，瞄准主攻方向，通过“三抓三靠”培育百亿企业、千亿产业。6个生态功能区要找到自己的优势和定位，抓发展不要盲目跟风，也不是无所作为，而要着力发展与之相适应的，以绿色农业、文化创意、休闲旅游、健康养生、现代物流、数字经济等为重点的生态经济。对此，从今年开始我们要落实分类考核制度，实行差异化发展和考核机制。对于核心区的6个区县，要重点考核主导产业、科技创新等情况；对作为生态功能区的其他县区，要重点考核生态建设和以绿色农业、文化创意、休闲旅游、健康养生、现代物流、数字经济等为重点的生态经济。这项工作请市委组织部、考核办会同有关部门加强调研，尽快制定出分类考核的办法。市工信委要在原有基础上，尽快完善可行的“飞地”政策。生态功能区的县也可以发展工业，但是工业必须符合生态功能区的要求；招商引资的项目可以落在自己的工业园区，也可以选择落在核心区的工业园区，实行税收分成。对市直单位的考核也要调整，重点考核市直单位工作业绩在全省的排名以及围绕中心推进重点工作和重大项目的情况。市发改委、市财政局要研究生态补偿机制，加大对生态功能区的财政转移支付。虽然我市财政还不宽裕，但我们可以先把机制建立起来，对生态功能区进行补偿。

3. 关于项目问题。前面已经讲了，这里再次提出来，是希望引起大家对项目的高度重视。一是要有项目意识。没有项目，就没有投入；抓到了项目，就抓到了投入。项目对抚州发展至关重要。请市委办公室牵头，对全市各地各部门争取项目情况进行梳理。对应该争到而没有争到的项目，主要负责同志要向市委常委会作出说明。二是要善于谋划项目。我们要到中央和省的文件、产业发展规划中找项目；到上级部门的工作总结和工作要点中寻项目；到招商引资中谈项目；到上下联络中去挖项目；到“双返双创”活动中去搜项目。三是要认真实施项目。一个项目实施好了，会带来更多的项目。千万不要搞钓鱼项目，更不能搞项目欺骗。在项目实施过程中，要及时汇报、反馈信息，争取上级主管部门的更大支持。示范性项目，要有特色、特点，创造经验。要抓基础设施项目、产业项目和民生项目。全市上下特别要注意的是，要把招商引资作为抓项目的重中之重，在全市迅速掀起大抓项目、抓大项目的热潮。

4. 关于新经济问题。物联网、人工智能、数字经济被誉为未来经济主导。当前，以新一代信息技术、智能制造、新能源、电子商务等为代表的新经济蓬勃发展。可以说，具有无限发展潜力的新经济时代已经来临。在市人代会上，我曾经说过，新经济具有核裂变的能量和突飞猛进的发展速度。新经济不嫌贫爱富，谁拥抱新经济，新经济就青睐谁；谁对新经济熟视无睹，新经济就远离谁。新经济打破了对传统路径的依赖，为欠发达地区实现跨越式发展提供了难得机遇。而且就新经济来说，目前我们都处在同一起跑线上，必须赶快行动，慢不得，更等不得。做好今年乃至今后一个时期的经济工作，必须顺应新经济发展的时代潮流，集中力量和资源，加快开发新技术、发展新产业、催生新业态、创造新模式，使新经济成为推动抚州科学发展、绿色崛起的重要力量。一是要充分利用中科曙光云计算中心整合全市政务资源，实现政务数据全集中、信息资源能共享、业务大协同的政务信息化。要加快智慧城市建设，协同推进智慧物流、智慧医疗、“天网”工程、智慧人保、智慧环保、智慧教育、智慧社区、智慧交通等子项目，提高数据应用率，全面提升市民的生活质量和水平，不断增强群众获得感。对机关无纸化办公，由市委办牵头，市政务信息办等部门参与，共同做好这项工作。二是要推动互联网与产业的融合。要大力发展新经济，培育壮大文化创意、休闲旅游、中医药、健康养生、现代物流、数字经济等六大战略性新兴产业。重点要抓好互联网新业态，千方百计发展以互联网、物联网、大数据为特征的数字经济。要积极引进和培育互联网金融、互联网传媒等新业态企业，推动互联网、云计算、大数据、物联网与传统产业结合，重点是加快推进抚州卓朗大数据中心、工业云、高分中心等一批重大项目，搭建创新创业平台，培育一批新经济龙头企业、示范园区。中国网库集团充分整合资溪面包产业供应链，打造中国（资溪）面包产业电子商务产业示范基地，助推资溪面包产业做大做强，这一经验做法值得全市各地学习借鉴和推广。三是要理顺信息化工作的机制体制。今年一季度前要把我市信息化工作机制体制全部理顺，信息化产业发展、互联网产业发展归口市工信委管理。

5. 关于特色小镇建设问题。特色小镇不是行政区划单元上的一个镇，也不是产业园区的一个区，而是按照新发展理念，聚焦新经济、新业态、新模式、新产业，融合产业、文化、旅游、社区功能的创新创业发展平台。各地在推进特色小镇过程中，要树立正确的政绩观，不能为了建设特色小镇而建设特色小镇，坚决防止盲目跟风，杜绝形象工程。现在全国各地特色小镇建设如火如荼，这里面有三个问题值得引起注意。一要明确区域定位。各地要坚决走出“把特色小镇当作行政区划”的概念误区，不仅建好基础设施，更要培育经济业态，防止把特色小镇简单建成新农村建设点。特色小镇选址应该考虑城区或近郊，这样才能吸引产业落地。二要明确投资主体。特色小镇建设是企业投资行为，不能由政府大包大揽，不能人为地造出一个特色小镇，否则就会缺乏生命力和活力，也难以为继。在推进工作时，要注意防止特色小镇房地产开发倾向，现在许多投资商打着搞特色小镇的旗号来投资，比如搞养老小镇、金融小镇，最后变成养老地产、金融地产，开发商把房子一卖，特色小镇就变成了空壳。三要注重产业支撑。没有产业的特色小镇是没有活力和生命的，也是不可持续的。要注重完善基础设施，研究企业落户优惠政策，加大产业项目招商，加大产业培育和扶持力度，形成产业链，使特色小镇永葆蓬勃生机与旺盛的生命力。

6. 关于农村环境整治和医养结合问题。一要着力整治农村环境。按照"整洁美丽、和谐宜居"的要求，抓好村庄规划、基础设施建设、污水垃圾处理等工作，各地各部门要重点抓好三项工作。一是坚持以规划为引领，以乡镇为单位，切实抓好整村规划，要体现抚州特色；二是以农村垃圾污水治理为突破口，按照"连线带面、整体推进"的工作思路，确保三年内全市所有宜居村庄整治到位；三是以建立红白理事会为主要抓手，推进农村精神文明建设，加大教育和引导力度，提高农民科学文化素质和文明素质，培育文明乡风和优良家风。二要着力完善村卫生医疗体制。目前，全市 1514 所村卫生计生服务室硬件建设已基本完成，但人员管理和运行机制还不健全，务必在今年 6 月底前全面落实，使村卫生计生服务室更好地发挥效用，保障农村居民的健康需求。同时，要将村卫生计生服务室和乡镇卫生院、社区卫生服务机构等基层医疗卫生机构统一纳入全市智慧医疗体系同步规划实施，加快"智慧健康小屋"建设，进一步融合养老服务，拓展增值服务，让基层能力建设插上"互联网+"、"物联网"的翅膀，让老年人、失能半失能等弱势人群享受到更加人性化、更加智能化的卫生保健服务。广昌县在推动医养结合方面先行一步，在总结经验的基础上要在全市推广。三要全面启动"两院"升级改造。"两院（乡镇卫生院、敬老院）"达标建设已列入 2017 年市委、市政府的重点工作任务，也是今年的重点民生工程，各地务必积极主动地抓好贯彻落实。

7. 关于旅游发展问题。一是在谋划推进旅游产业过程中要注意克服急躁冒进的思想。旅游业有一个培育成长、发展成熟的过程，不可能一蹴而就，各地各部门要以"功成不必在我、功成一定有我"的胸怀抓旅游，如果盲目上马旅游项目，就有可能造成旅游资源的破坏。二是要按照全域旅游目的地的概念去谋划。抚州没有名山大川，适宜发展体验式全域旅游。要强化"全市一盘棋"的思想，对全市进行全盘谋划、系统设计，以山水为载体，以文化为灵魂，把抚州建成体验式全域文化旅游知名目的地。三是抓紧旅游基础设施建设，大到进入景区的公路，小到指示牌、收费站、洗手间、休息区、购物区等配套设施，都要在规划时统筹考虑、同步推进。要坚持问题导向，按照哪里有问题就改哪里、缺什么就补什么的原则，积极跟进，不断完善。旅游业起步时要靠政府投资，完善景区基础设施，逐步培育旅游市场，待成熟之后就要依靠市场机制推动景区市场化运作。

抚州的科学发展、绿色崛起，需要凝聚方方面面的力量，需要发挥各行各业的作用。各地各部门都要围绕发展这个第一要务，在"一核两带四区"的战略布局中找准自己的位置，立足全局做好本职工作。要加强党的建设，强化党对经济社会发展各项工作的领导，不断增强全面建成小康新抚州的领导能力。要做好群团工作，充分发挥群团组织联系群众的桥梁纽带作用，推动全市各项事业全面发展。今年宣传工作要统筹把握"内宣""外宣"两个方面。内宣方面，就是要指导和推动各地各部门积极向上汇报工作，争取上级指导和支持。外宣方面，就是要围绕市委、市政府中心工作策划做好对外宣传，进一步提升抚州形象和影响力。要加强民主政治建设，凝聚方方面面的合力。要加强党风廉政建设和反腐败工作，着力构建"亲""清"新型政商关系，进一步巩固风清气正的政治生态。

三、狠抓各项工作落实

现在可以说，思路已经清晰，蓝图已经绘就，关键是狠抓落实。从去年一年的工作情况来看，再次证明，干部作风转变之日就是抚州振兴之时。去年，我市工作有起色、有变化、有发展的地方和单位，都是干部作风转变的结果，说明他们在谋事、想事、干事。但依然有很多工作还停留在思路上，工作刚刚起步，"小荷才露尖尖角"，有的还出现了"醒得早、起得迟"的问题。今年省生态文明建设报告中点了抚州两个项目，一是成为全省生态文明示范市，二是推进抚河流域生态保护与综合治理，这些项目都停留在大概念上，没有细分项目，这说明工作没有深入下去。汤显祖逝世 400 周年纪念活动，增强了信心、扩大了影响，但这种信心没有完全变成发展的干劲、抓工作的力量，抚州没有充分享用活动的外溢效应。我们提出了一些新思路、新项目，但没有得到很好的推进。这里有观念问题，有知识水平问题，有作风问题。大数据云计算、村级卫生室标准化建设以及乡村医疗体制建设有待加快，农村村容村貌整治、健康养老产业发展、古村落旅游开发、农业供给侧结构性改革等有待加强，"三抓三靠"发展产业不明显，抚州海关设立迟迟没有落地，等等。我们有许多具体工作没有跟上，一些工作推一推、干一干，不推不干。究其原因，还是干部思想观念落后、工作方法陈旧，缺乏竞争意识，说到底就是事业心、责任感不强的表现。春节期间，北京、上海等大城市搞得热热闹闹，南昌、赣州等省内城市也组织了很多活动，丰富了群众文化生活，聚集了人气。我们一些同志却早早收拾好工作准备过年去了，不在岗不在位，老百姓怎么看我们？"先天下之忧而忧，后天下之乐而乐""居庙堂之高则忧其民，处江湖之远则忧其君"，古人都有这种思想境界，共产党的干部更应该吃苦在前、享受在后。任何地方的变化和发展，都不是从天上掉下来的，都是靠苦干实干干出来的。全市上下要进一步解放思想，加强学习，转变作风，敢于担当，以强有力的保障措施确保各项任务真正落到实处、见到实效。

一要继续解放思想。解放思想永无止境，解放思想永远在路上。抚州历来有崇文重教传统，其中蕴含着独占鳌头、奋勇争先、勇争第一、吃苦耐劳、务实肯干等优秀品质，也裹挟着因循守旧、小成即满、小富即安、不思进取的观念。当前我们一些干部思想保守、思维僵化、思路老套，“等、靠、要”思想严重，在一定程度上影响了抚州跨越发展。解放思想就是要冲破传统观念藩篱，打破传统思维定式，创新工作举措，敢想敢干、敢闯敢冒、开拓进取、永争一流。自2015年8月全市开展解放思想“三问”大讨论活动以来，各地各部门围绕“抚州的差距在哪里、我们的历史担当是什么、应该怎么干”三个问题，相继开展了两个阶段20个课题的专题调研，形成了一批调研成果，促进了工作，推动了发展，取得了明显成效。今年，我们要围绕贯彻落实市第四次党代会精神，开展第三阶段解放思想“三问”大讨论活动。去年10月25日，市委专门下了文，对这项工作进行了布置。全市各级党组织要紧紧围绕市第四次党代会决策部署，紧扣第三阶段调研课题认真开展调研，破除体制机制和思想方面存在的突出问题，为全面建成小康新抚州提供坚强的思想保证。

二要广泛开展学习。当前，一些干部不喜欢学习、不认真学习，对抚州的历史文化都不熟悉，对新经济更是一知半解甚至完全不懂，还停留在原来的思维方式、原来的工作状态。这样怎么能适应现在的发展形势呢？按照今后干部队伍发展趋势，能力低、素质差的干部都要被淘汰。要提高能力和素质，就必须加强学习。当今时代，各种新技术、新模式、新业态、新产业如雨后春笋般层出不穷，如智能机器人、3D打印技术、VR虚拟现实技术，等等。面对新形势、新任务，各级干部如果不加强学习，能力就跟不上形势的发展。一方面，要“请进来”。市本级要立足抚州大讲堂这个平台，围绕新思想、新知识、新业态等，邀请专家学者、企业家授课。各县（区）和部门也要根据工作需要和岗位职能，采取举办培训班、研讨班等形式，组织干部认真学习理论知识和业务知识，不断提升干部的政治理论水平和业务工作能力。一方面，要“走出去”。各地各部门可以采取“走出去”的办法，组织干部到经济发达地区参观考察，解放思想、开阔视野。需要特别强调的是，外出考察学习要带着问题、带着思考，回来以后要报告考察结果、反馈考察成效，这样才能达到学习的目的。对于考察成果的运用，要纳入督查，不能让考察变成变相旅游。

三要严格督办制度。督办是推动工作的有效手段，全市都要实行严格的督办制度。要建立销号台账、工作反馈和报告制度。对重点工作和项目，要明确责任人和完成时间，敢督敢查敢碰硬，常督常抓，一督到底，务求落实。对屡督不改的，要通报批评，限期整改，直至组织调整甚至纪律处分，确保工作落实。市纪委、市委组织部和市“两办”等部门要及时研究制定年度督查方案，使督查工作制度化、规范化、经常化。同时，各级领导干部特别是市四套班子领导要发挥模范带头作用，定期深入一线，通过实地察看、现场办公或召开协调会等形式，深入了解工作和项目进展情况，推动解决工作中遇到的问题和困难。各地各部门要敢于担当，主动作为，派出精兵强将参与全市重点工作和项目建设，倒排工期，加快进度，确保工作落到实处。

四要立好干部导向。春节前，市委常委班子召开了民主生活会，会前征求意见，常委们互相谈心，会上开展批评与自我批评，反映了一个共性问题，那就是对那些不会为、不愿为、不敢为、无所作为的干部，不能“只打雷、不下雨”，要按照领导干部能上能下实施办法，结合一年来的工作情况，对实绩突出的干部，给予鼓励、褒奖或者重用，营造干事创业、奋勇争先的浓厚氛围；对为官不为的干部，该调整的调整、该转岗的转岗、该撤换的撤换、该免职的免职，绝不能影响工作。同时，要为担当者担当，为负责者负责，为改革创新者撑腰，大力营造敢于担当、大胆履职的良好环境。

同志们，求真务实、崇尚实干，是共产党人的优良品格。科学发展、绿色崛起，全面建成小康新抚州是我们这一代人的神圣使命。当前抚州最关键的就是落实、落实、再落实，希望各级领导干部在狠抓落实方面率先垂范，争当全市干部的榜样。全市广大干部要争当抚州的实干家，以高度的政治自觉勇挑历史重任，以功成不必在我的宽阔胸襟干事创业，高位谋势，精准发力，敢于担当，勇争一流，用一个个项目实绩、一桩桩民生实事、一项项发展业绩向人民交差，向党的十九大献礼。

政府工作报告

——在抚州市第四届人民代表大会第二次会议上

市长　张鸿星

（2017 年 1 月 11 日）

各位代表：

现在，我代表市人民政府向大会报告工作，请予审议，并请各位市政协委员和列席会议的同志提出意见。

一、2016 年经济社会发展回顾

2016 年，在省委、省政府和市委的坚强领导下，全市上下深入贯彻习近平总书记对江西工作的总体要求，坚持稳中求进的工作总基调，突出打好“三大攻坚战”，全力推进“13”工程，经济发展稳中有进、进中向好，社会事业全面进步，实现了“十三五”良好开局。全市实现生产总值 1210.9 亿元，增长 8.8%；财政总收入 171.6 亿元，增长 3.9%；一般公共预算收入 122.8 亿元，下降 3.2%；500 万元以上固定资产投资 1251.3 亿元，增长 13.8%；规模以上工业增加值 394 亿元，增长 9.5%；社会消费品零售总额 480.3 亿元，增长 11.6%；出口总额 18.02 亿美元，增长 9.12%；实际利用外资 4.3 亿美元，增长 13%；城镇居民和农村居民人均可支配收入分别达到 27195 元和 12447 元，增长 8.5% 和 8.8%。

——这一年，我们全力稳定经济增长，综合实力进一步提升。

积极发挥政策效应。全市各级坚决贯彻落实省稳增长的重大决策部署，落实省降成本优环境 80 条、新 20 条，市降成本优环境促转型 38 条和各县（区）出台的配套措施，为企业减负 46.68 亿元。出台市中心城区化解房地产库存 12 条，市中心城区商品房去库存成效排全省第二。制定“大众创业万众创新”27 条和“双返双创”30 条，激发了创新创业活力。同时，还出台工业转型升级三年攻坚计划、旅游产业跨越发展计划、养老服务业综合改革试点工作三年行动计划、加快推进物流业升级发展、推进生态文明先行示范区建设等一系列政策措施，均取得较好成效。

充分挖掘增长潜力。实施 280 个国家、省、市重点项目，完成投资 274 亿元。其中，资光、船广、东昌高速建成通车，东外环高速开工建设，昌抚城际铁路正在加快前期工作，鹰梅铁路纳入国家中长期铁路网调整规划，吉抚武铁路“十三五”内将动工建设，抚州机场建设已进入实质性启动阶段；500 千伏抚州—红都输电线路竣工。廖坊水利枢纽灌区二期工程正式开建。消费对经济增长贡献率进一步提高，限额以上消费品零售额增长 11.6%。出口持续有效增长，设立进出口扶持专项资金。加强和优化对外出口企业服务，进出口总值、出口总值分别增长 24.6%、24.2%。企业“走出去”步伐加快。新增 6 家对外投资企业和 5 家对外承包工程资质企业。中阳集团等一批企业开拓国际市场，开展项目合作成效明显。

大力培育发展动能。深入实施创新驱动发展战略。新增高新技术企业 31 家，高新技术产业产值、增加值分别增长 22.47%、10.5%。新增国家级企业技术中心 1 家、省级工程技术研究中心 3 家、省级“众创空间”6 家。江铃底盘技术中心被认定为国家企业技术中心。抚州高新区科技企业孵化器获批国家级孵化器、中小企业创业孵化基地被认定为全国创业孵化示范基地。抚州高新区荣获国家知识产权试点示范园区。大力推进“大众创业万众创新”。完善担保贷款、创业补贴等政策，发放创业担保贷款 9.8 亿元。“双返双创”活动成效显著，引进返乡投资 2000 万元以上项目 104 个，实际进资 31.69 亿元。柔性引进高端人才 306 人，其中，院士 8 人，长江学者 1 人。特别是引进崇仁籍中国工程院院士、复旦大学教授陈芬儿与博雅生物合作，建立院士工作站，并与复旦大学签约共建“复旦—博雅制药工程联合实验室”，成为我省科技创新、人才引进的先进典型。

——这一年，我们不断优化产业结构，产业转型步伐进一步加快。

工业结构加快调整。规模以上工业增加值、工业用电量增速均居全省第一。产业集聚不断增强，机电汽车、生物医药、电子信息、食品加工、建筑建材工业增加值分别增长13.1%、9.5%、7.3%、8.3%、10.7%。抚州高新区大力实施“百亿企业、千亿产业”培育工程，主营业务收入突破400亿元，增长12%。崇仁变电设备产业获批全国产业集群区域品牌建设试点，金溪香精香料产业被确定为全国林木香料生物产业基地。全市龙头企业不断壮大，纳入重点培育的10家龙头骨干企业完成主营业务收入294.3亿元，同比增长17.3%。迪比科新能源汽车动力电池三条新生产线、森鸿科技产业园、博雅欣和、海利不锈钢等一批新项目建成投产。广银铝业一期完成调试并试产。自立环保二期全面建成，新增产值30亿元以上。东乡荣成机械被评为全省发展升级示范企业。

服务业提质增效。旅游业赶超发展。全市旅游接待总人数、旅游总收入分别增长30%和40%，获评“中国特色乡村旅游目的地品牌”，入选“2016最美中国榜”。资溪大觉山景区通过国家AAAAA级评审，即将成为我市第一个AAAAA级景区。源野山庄成功创建国家AAAA级景区。资溪、南丰被列为首批国家全域旅游示范区创建单位。以临川溪山湖、南丰水南国礼园为代表的一批乡村文化生态旅游示范点精彩呈现。养老产业蓬勃发展。东乡银河家园医养中心、乐安综合性社会福利中心等一批养老项目加快推进。启动中医药产业振兴计划。“建昌帮”品牌回归南城，南城广明实业等中医药企业迅速壮大。物流业突破发展。新增AAA级以上物流企业8家，总数达10家。抚州海西综合物流园加快建设。抚州农产品综合物流园建设启动。电子商务加快发展。江西唯康电商产业园、南城百望电商双创孵化基地、资溪电子商务孵化园、黎川物流大厦等一批电商平台加快发展。黎川、广昌被列为全国电子商务进农村示范县。金融业稳步发展。金融机构贷款余额首破千亿大关，同比增长20.41%。新增7家企业在“新三板”挂牌、52家中小企业在江西联合股权交易中心挂牌、2家企业在上海Q板挂牌。趣店—快乐时代科技、盈盈易贷等金融新业态投入运营。

现代农业加快发展。粮食生产实现“十三连丰”。临川国家级现代农业示范园区加快建设，7个县获批省级现代农业示范园区。现代农业示范园区规划总面积达18.1万亩，已入园企业142家，实现产值160.45亿元。新增1家国家级龙头企业、5家省级龙头企业。新增33个无公害农产品、6个绿色食品、22个有机农产品、2个农产品地理标志登记保护产品。

——这一年，我们坚持统筹城乡发展，城乡面貌进一步改善。

城镇化水平不断提高。市中心城区建成区面积达到63平方公里，集聚人口53万人。城镇化率达46.5%，比上一年提高1.53个百分点。全面启动“多规合一”，城市总体规划纲要（2015——2030）修编通过评审。市中心城区实施重点城建项目34个，累计完成投资9.32亿元。万达广场即将建成开业。六条城市大道框架基本建成，南区自来水新厂即将投入使用。我市成功入选第三批国家新型城镇化综合试点。东乡县撤县设区正式获批。特色小镇建设全面起步。棚改工作进度加快，完成市县棚改征迁160万平方米，市中心城区13个棚改项目征迁进入尾声。

城市环境显著提升。实施市中心城区基础设施、市容环境、公共交通和停车场建设三年行动计划，城市功能更加完善。市中心城区绿地率、绿化覆盖率、人均公园绿地均居全省前列。以创建全国卫生城市为载体，下大力气整治城市环境，巩固“五车”整治成果，强力推进高速公路沿线广告整治、户外广告整治、交通运输超载超限整治、河道违法采砂专项整治，城市形象、市民文明程度进一步提升。市中心城区公共自行车系统一期投入使用。

农村生产生活条件持续改善。扎实开展687个新农村点建设，共投入资金4.8亿元，其中改水、改厕到位率均达95%以上，改路到位率100%。以黎川芦陂、宜黄戈坪为代表的生态示范村农村环境卫生综合整治效果明显，“脏乱差”现象大为改观。

——这一年，我们深入推进改革开放，发展活力进一步增强。

重点改革进展顺利。全力推进“放管服”改革。对政府投资项目前置手续及审批流程进行优化再造，首次将审批中介服务纳入管理优化范围。进一步加强政府建设项目监督管理，出台规范简化政府投资重点项目招投标管理规定。“双随机一公开”监管工作加快推进。南城、金溪在全省率先开展与群众密切相关的行政审批与便民服务事项下放到乡镇一级试点。党政机关公车改革顺利完成。商事登记制度全面推行，在全省率先颁发“五证合一”营业执照。农业农村改革扎实推进，农村宅基地和集体建设用地使用权确权登记颁证进展顺利。市级农村综合产权交易市场建成运营。国资国企改革不断深化，推进市属经营性国有资产集中统一监管。投融资体制改革稳步推进，市投资公司、文旅投、工创投、交建投资产做大，实力增强。率先在全省与省金控集团组建市金控集团，设立产业发展基金，基金总规模近200亿元。建立市级PPP项目储备库，入库项目27个，总投资279亿元。其中6个项目列为省级PPP示范项目，廖坊水利枢纽灌区二期工程入选财政部首批PPP示范项目。

区域合作步伐加快。昌抚合作示范区总体规划获省政府批复。昌抚城际铁路项目正在开展预可研报告编制等前期工作。昌抚“1+8”合作协议全面落地。《赣闽产业合作示范区规划》《江西向莆经济带“十三五”发展规划》获省政府批复。赣闽产业合作示范区一期工程完成控规设计，即将开工建设。向莆铁路全线开通货运取得积极进展。与海西地区城市建立经常性交流机制。

对外开放持续扩大。利用外资增幅居全省第一，现汇率增幅居全省第二。举办13场专题招商活动，开展产业定点招商、敲门招商、精准招商，签约项目155个，签约金额712.6亿元。其中过10亿元重大项目43个，投资35亿元的天津卓朗等一批重大产业项目落地建设。国检抚州检测中心完工。

——这一年，我们积极贯彻绿色发展理念，生态环境进一步优化。

绿色工程全面推进。《抚河流域生态保护及综合治理总体规划》编制完成，总投资370亿元的抚河流域生态保护及综合治理工程一期即将启动实施。完成抚河干流沿岸36个生态村镇示范点规划设计及前期准备工作，金溪洛城、崇仁官山等一批示范点初显成效。5个县纳入国家重点生态功能区。获批省级海绵城市试点。

绿色优势不断巩固。深入开展“净空、净水、净土”行动。PM10、PM2.5均值和环境空气优良天数占比均居全省前列。全市22个水质监测断面水质达标率100%，集中式饮用水水源地水质达标率100%。重点治理东乡北港河和乐安乌江鳌溪河，水质进一步改善。扎实推进农业面源污染整治，化肥用量实现零增长。全市域封山育林工作深入推进。资溪县创建国家生态县通过环保部验收。

绿色制度更加完善。在全省率先成立生态文明先行示范区建设研究中心。开展编制自然资源资产负债表试点、领导干部自然资源资产离任审计试点、探索绿色GDP核算体系等十项生态制度创新工作，为生态文明先行示范市建设提供制度保障。“河长制”“山长制”“路长制”启动实施。

——这一年，我们不断保障改善民生，人民福祉进一步增进。

脱贫攻坚深入推进。全市扶贫对象减少4.4万人，东乡东源村、广昌羡地村等46个贫困村脱贫“摘帽”。全市投入产业扶贫资金1.2亿元、村庄整治扶贫资金5060万元，贫困群众生产生活条件明显改善。高标准建设移民集中安置点18个，完成扶贫搬迁任务4523人。

民生状况持续改善。全面完成省政府下达的50件民生实事。就业形势保持稳定，新增城镇就业4.31万人，转移农村劳动力6.4万人。全市城乡居民基本养老保险和医疗保险制度实现全覆盖。完成城镇保障性安居工程42764套，改造农村危房6391户。

社会事业全面进步。成功举办纪念汤显祖逝世400周年系列活动，乡音版《临川四梦》在国家大剧院、清华、北大成功上演。由南丰县石邮村农民演员参演的《傩·情》晋京演出成功。抚州对外文化交流纳入中英高级别人文交流机制，与莎士比亚故乡斯特拉福德区建立友好城市关系。启动汤显祖作品进教材和多语种翻译工程。基础教育继续保持全省前列。6个县（区）被认定为全国县域义务教育发展基本均衡县。崇仁师范新校区建设加快，已通过省“升专”专家评审。临川二中三期、临川教育集团三所实验学校等教育重点项目加快推进。启动江西中医药高等专科学校“建院升本”工作。每个行政村建设1所标准化卫生计生服务室基本完成，一批标准化村级卫生计生服务室投入使用，深受群众赞誉。入选第二批国家级医养结合试点。市烈士陵园获批国家级烈士纪念设施。

社会保持和谐稳定。妥善化解社会矛盾，信访形势更加平稳。扎实推进“平安抚州”建设，严厉打击各类违法犯罪活动，社会治安秩序持续向好，公众安全感不断提升。安全生产态势总体良好。

国防动员和后备力量建设持续推进，国防教育、民兵基层、兵员征集、“双拥”共建等工作取得新的成效。

体育、卫生和人口计划生育、食品药品监管、市场与质量监管、行政司法、民族宗教、外事侨务、涉台事务、审计、粮食、烟草、统计调查、人民防空、防震减灾、气象、水文、档案、地方志、妇女儿童、老龄、残联、科协、红十字会、驻外联络等工作有了新的进步。

——这一年，我们加强改进政府自身建设，工作作风进一步转变。

扎实开展“两学一做”学习教育，认真开展“一回顾三检查”专题学习，狠抓问题整改。启动政府立法工作，出台首部政府规章。主动接受市人大常委会的依法监督和市政协的民主监督，办理市人大代表建议147件，市政协委员提案266件，满意率和基本满意率均达98%以上。加强政府系统党风廉政建设和反腐败工作，集中整治基层侵害群众利益不正之风和腐败问题，严肃查处了一批违法违纪典型案件。

各位代表，一年来工作成效的取得，是市委坚强领导的结果，是全市干部群众共同奋斗的结果。在此，我代表市人民政府，向所有为抚州改革发展稳定付出辛勤劳动、做出积极贡献的广大工人、农民、知识分子、干部职工，向驻抚部队指战员、武警消防官兵、公安干警，向全市人大代表、政协委员、各民主党派、工商联、无党派人士、各人民团体、中央和省驻抚各单位，向为抚州发展积极献计出力的老领导、老同志和海内外友好人士，向来抚州投资兴业、为抚州经济社会发展做出贡献的客商朋友，向所有关心、支持和帮助抚州发展的同志们、朋友们，表示衷心的感谢和崇高的敬意！

当前，我市经济社会发展还存在不少矛盾和问题，突出表现为：经济总量不大，产业结构不优，发展升级的任务很重；企业生产经营成本上升，部分企业效益下降或亏损，实体经济困难；传统产业支撑经济发展的能力下降，新兴产业拉动力不足，新旧动能接续转换不快；科技人才总量不大、层次不高，高层次领军人才、高端技术人才紧缺；市中心城区辐射带动力不强，县域经济总体实力有待提升，村级集体经济比较薄弱；保障和改善民生压力不小，群众收入偏低；转变政府职能、干部运用新理念新手段推动发展的能力需要进一步提升，发展环境还需优化等等。对此，我们一定认真对待，切实加以解决。

二、2017 年主要工作安排

2017 年是实施“十三五”规划的重要一年，是供给侧结构性改革的深化之年，做好全年工作，必须强化机遇意识，善于抓住经济社会转型发展的“窗口期”。一是要抓住以信息技术、智能制造、大数据、云计算、电子商务、大健康等为代表的新经济发展“窗口期”；二是要抓住“一带一路”、长江经济带、长江中游城市群、促进中部地区崛起等一系列国家重大区域战略“窗口期”；三是要抓住交通基础设施建设、创新驱动、现代农业、生态环保、棚户区改造、城市地下空间开发利用等宏观调控政策“窗口期”。我们要观大势、早谋划、早布局、早行动，抢占先机、赢得主动。

今年政府工作的总体要求是：全面贯彻党的十八大、十八届三中、四中、五中、六中全会和省第十四次党代会、市第四次党代会以及中央、全省经济工作会议精神，深入贯彻落实习近平总书记系列重要讲话精神和治国理政新理念新思想新战略，坚持稳中求进工作总基调，牢固树立和贯彻落实新发展理念，主动适应经济发展新常态，扎实推进供给侧结构性改革，紧紧围绕“一核两带四区”战略布局，以生态文明建设为引领，以项目带动为抓手，以科技创新为动力，以作风建设为保障，全力打好“三大攻坚战”，争当全省区域经济发展、生态文明建设、文化强省、干部作风转变的排头兵，奋力迈出“科学发展、绿色崛起，全面建成小康新抚州”的坚实步伐，以优异成绩迎接党的十九大胜利召开。

2017 年，全市经济社会发展的主要预期目标是：完成生产总值 1308 亿元，增长 9% 以上；财政总收入 180.2 亿元，增长 5%，其中一般公共预算收入达到 124.6 亿元，增长 1.5%；规模以上工业增加值 425 亿元，增长 9% 以上；500 万元以上固定资产投资 1442 亿元，增长 14% 以上；社会消费品零售总额 527 亿元，增长 11% 左右；出口总额 17.8 亿美元，增长 1% 左右；实际利用外资 4.7 亿美元，增长 10%；城镇居民人均可支配收入 29700 元，增长 8.9%；农村居民人均可支配收入 13650 元，增长 9.3%。

围绕上述目标，重点做好以下七项工作：

（一）深化供给侧结构性改革，全力稳定经济增长。

突出抓好“三去一降一补”。积极稳妥去产能。鼓励企业进行技改，促使产品升级换代，调整产业结构。稳妥处置“僵尸企业”，推动低层次的企业和产业转型升级。多措并举去库存。加大棚改货币化安置力度，用好、用足住房公积金，支持市民刚性和改善性住房消费，鼓励支持农民工和农民进城购房，培育和发展住房租赁市场。认真化解非商品房的房地产库存。坚定不移去杠杆。因企施策，切实降低企业杠杆率。完善金融征信体系，坚决遏制非法集资蔓延势头，建立健全金融不良贷款处置联动机制，防范区域性金融风险。规范政府债务管理，防范地方债务风险。千方百计降成本。继续深入开展降成本优环境专项行动，加大企业帮扶力度，着力振兴实体经济。落实税费减免政策，帮助企业降低人工、用电、用气、融资和物流等要素成本和制度性交易成本。健全政银企常态化对接机制，深入推进“百家银行进千企”政银企对接活动，争取实现政府倒贷基金县（区）全覆盖。瞄准问题补短板。坚决打赢基础设施提升攻坚战。加快推进抚州东外环高速、广昌至吉安高速、贵溪至资溪高速、廖坊水利枢纽灌区二期、温泉景区生态文明样板区、抚河流域生态保护及综合治理一期工程等重点项目建设。加快推进南昌至抚州城际铁路、南丰至瑞金城际铁路、吉抚武铁路、鹰梅铁路前期工作，争取早日开工。积极开展丰城—崇仁—宜黄—南城—南丰对接海西高速、抚州西外环高速研究论证工作，研究规划建设抚州至东乡、金溪、南城、崇仁的快速通道。加快抚州机场选址工作，推动南丰、资溪、乐安等县通用机场前期工作。加快实施国省道和农村公路升级改造。推进特高压项目前期工作和新一轮农网改造升级。在重大项目、重大资金、重大政策、重大改革、重大试点等领域争取国家和省更多支持。

加快推进重点领域和关键环节改革。深化行政体制改革。深化“放管服”改革。推进重点建设工程项目审批绿色通道建设，努力打造全省审批效率最高、服务最优的设区市。全面推行与群众密切相关的行政服务事项下放到乡镇一级。推行“互联网 + 政务”，加快网上审批系统建设。深入推进商事制度改革。清理规范行政审批中介服务，推进行业协会与行政机关脱钩。深入推进城管执法体制改革和乡镇综合行政执法改革。深化公安警务改革。大力推动体制机制改革创新，积极探索大部门、大警种制，加快推进警务要素重组、警务效能提升。深化财税体制改革。推进中期财政规划改革，完善县级基本财力保障机制，探索建立乡镇财政收入能力评估机制。推进预算决算公开，建立跨年度预算平衡机制，提高预算透明度。深化投融资体制改革。加快发展普惠金融，加大对小微企业和“三农”金融支持力度。发挥民间资本在社会投资中的主力军作用，梳理一批条件成熟的 PPP 项目向社会资本推出，每个县（区）集中力量推进实施 2 个以上示范项目。深化国资国企改革。进一步推进国有资产集中统一监管，加快剥离国有企业办社会职能。深化劳动人事分配制度改革，推进国有资本投资运营公司实体化转型改革，进一步支持做大做强市投资集团、工创投、文旅投、交建投等市属国有投资运营企业。

（二）加快新旧动能接续转换，推动产业向中高端迈进。

增强创新引领能力。加快推进创新驱动“5511”工程，力争新增高新技术企业 30 家，总数突破 120 家，高新技术产业增加值突破百亿元。加强科技创新平台建设。围绕主导产业和战略性新兴产业，加快推进科技协同创新体、众创空间等创新平台建设，争取数量和质量双提升。推动复旦—博雅制药工程联合实验室、德义半导体工程技术研究中心、迪比科公司与南昌大学技术创新战略联盟、南昌大学抚州研究院升级为国家级科技创新平台。强化创新政策支持。加快设立战略性新兴产业引导基金，严格落实财政科技投入稳定增长机制，积极采取财政补助、间接投入等方式，支持企业开展重大产业关键技术、装备和标准研发。完善科研项目经费管理和科技成果转移转化机制，探索建立适应创新要素流动的体制机制。大力实施人才强市战略。实施创新创业高层次人才引进计划，推行柔性引进等方式，加大人才引进和培养力度。鼓励科研人员在岗和离岗创业，激发各类人才的创新创造积极性。深入开展“双返双创”活动，大力实施项目回迁、人才回乡和资金回流“三大工程”，掀起新一轮创新发展高潮。

加快培育发展新动能。立足特色优势，聚焦重点精准发力，加快发展新产业、新业态、新模式，培育新的经济增长点。大力发展现代旅游业。构建“一区一带六极”旅游发展大格局，加快文昌里历史文化街区、临川温泉景区、麻姑山景区等重点景区建设，创建国家级房车露营基地1个、AAAA级旅游景区4个。大力发展电子商务。加强与国内知名电商企业合作，促进电子商务与实体经济、百姓生活深度融合。将金溪、乐安建成全国电子商务进农村综合示范县。支持各地依托产业优势建设产业互联网平台，形成行业采购、结算营运中心。大力发展大健康产业。瞄准健康医疗、养生养老、休闲旅游、中医药等重点方向，注重“研、产、购、医、养、游”融合发展，打造大健康产业基地。加快国家养老服务业综合改革试点市、全国医养结合试点市建设，推动养老与医疗、体育、教育、旅游等融合发展，打造一批医养、文养、汤养、禅养示范项目基地。大力发展现代金融业。加快培育金融市场主体，加大力度引进阜外银行和保险机构。积极稳妥推进互联网金融产业发展，努力创建全省互联网金融示范区。推动施美药业、志特新材料等企业在主板上市，博君农业赴澳洲主板上市，30家企业到江西股交中心等“新四板”挂牌。大力发展数字经济。依托抚州中科曙光云计算中心、卓朗云计算大数据中心等核心项目，推动大数据、云计算等新一代信息技术应用，打造全省大数据、云计算重点产业基地。大力发展文化创意产业。深化与中国传媒大学、中国戏曲学院等知名高校合作，加快文化产业规划编制。发展文化创意产业，全力创建国家级文化产业示范区。促进文化和旅游产业融合发展，推进文昌里历史文化街区、浒湾雕版印刷文化创意产业园等文化旅游基地建设。成立汤显祖戏曲文化基金会，启动乡音版《临川四梦》和音乐剧《汤显祖》全国巡演、全球巡演，加快大型实景剧《寻梦·牡丹亭》创排，推动实施好汤显祖作品进教材和多语种翻译工程，乘势而上把汤显祖文化的影响和热潮引向深入。

推动新旧动能融合发展。加快发展新经济，绝不是抛弃传统经济、放弃传统动能，而是用新经济思维全面改造提升传统经济。着力推动产业集群发展。围绕壮大机电汽车、生物医药、电子信息、建筑建材、食品加工和有色金属深加工等六大主导产业，支持各县（区）重点打造1~2个以上百亿产业，抚州高新区打造1个五百亿、2~3个以上双百亿产业，增强产业整体竞争力。培育壮大龙头骨干企业。大力实施百亿企业培育工程，重点培植博雅欣和、迪比科新能源、金品铜科、森鸿科技、海利不锈钢、德义半导体、自立铜业等龙头骨干企业，打造行业领域旗舰式、航母式企业，带动现有优势产业和产业集群快速发展。加快产业发展平台建设。重点推进向莆经济带、抚河生态文明示范带、昌抚合作示范区、赣闽产业合作示范区、抚州海西综合物流示范区、现代信息产业示范区和各县（区）工业园区建设。推进企业技术改造。加快实施技术改造“三百计划”，推进100个重点企业技术改造，实施100项重大技改项目，撬动200亿以上技改投资。

（三）坚持绿色发展道路，全力打造美丽江西的“抚州样板”。

巩固提升生态优势。大力推进抚河流域生态保护及综合治理一期工程建设，积极谋划二期工程建设，打造成全省生态样板工程。启动凤岗河、抚河浒湾至三江口段示范流域综合治理。深入实施全市域封山育林工程。推进三江湿地公园、汝水滨河公园建设，加快梦湖国家湿地公园、广昌抚河源国家自然保护区和东乡佛岭省级森林公园的创建工作。积极开展生态市、生态县、生态乡镇和生态文明示范基地创建活动。争取乐安、崇仁、金溪等县纳入国家重点生态功能区。深入开展“净空、净水、净土”行动，确保空气质量优良天数占比持续走在全省前列，确保抚河流域水质优良。加快生态云平台建设，促进生态环境数据信息的融合、共享、交换和综合应用，提升生态环境治理能力。认真做好中央环保督察组反馈问题整改工作。

推广绿色生产生活方式。发展低碳经济，争取第三批国家低碳城市试点。推动产业绿色低碳循环发展，引导、支持企业节能减排、清洁生产，大力发展节能环保产业。推动工业园区循环经济试点。发展生态循环农业，促进农业可持续发展。推进商业、物流、餐饮、住宿、旅游等行业低碳节能。完善节约用地考核评价机制，提高工业用地投资强度。推广绿色生活方式，倡导绿色出行、绿色消费。积极申报国家餐厨垃圾无害化处理试点城市。推行政府绿色采购，推广使用新能源汽车和公共自行车租赁系统。

完善生态文明制度体系。按照各地主体功能定位，建立健全对各县（区）有区别、有侧重的目标考核体系，使各地发展更符合生态文明、科学发展的要求。纵深推进“河长制”“山长制”“路长制”，完善市、县、乡、村、组五级责任体系。加快编制自然资源资产负债表，建立健全领导干部任期生态文明责任制度、自然资源资产和环境责任离任审计及生态环境损害责任终身追究制等生态文明制度体系。严格落实耕地保护制度，抓好土地开发整理，坚持落实耕地占补平衡。开展抚河源头生态补偿试点，推动建立跨区域的横向生态补偿制度和流域内的纵向生态补偿制度。健全生态环境保护市场化机制。完善土地、矿产、森林、湿地等资源有偿使用制度。探索开展林业碳汇交易试点和抚河流域排污权交易试点。推进生态文明领域地方立法，在条件成熟时出台《抚州市生态文明建设条例》。

（四）坚持统筹城乡发展，构建城乡一体化新格局。

推进国家新型城镇化综合试点建设。做大市中心城区。积极构建以市中心城区为核心的“一群一轴三带”新型城镇化发展空间布局，实施南拓东进西连北控战略，提升市中心城区能级和辐射能力。加快实施市民中心、文昌二桥、三纺夜市广场、快速公交系统等一批城建项目，完善城市功能，提高承载能力。加快促进临川和东乡两大城区融合发展，统筹城镇一体化发展。统筹产业一体化发展，提升抚州高新区、抚北工业园区、东乡经济开发区三大产业发展平台，注重平台间的企业协作和上下游产业链的构建；统筹东乡设区后交通设施、产业平台一体化发展。做强县域经济。推进省直管县改革试点，完善县（区）经济社会管理权限事项目录和配套政策，扩大县级经济社会管理权限。强化县城支撑作用，促进特色产业、优势项目向县城集聚。优化城镇体系格局。全面加强城乡统筹配套体制改革，重点推进城镇化建设投融资机制、城乡户籍制度、农村“三权”改革、农民工市民化机制等改革创新，推进城镇基本公共服务常住人口全覆盖。因地制宜规划建设特色小镇，重点推进临川温泉景区特色小镇集群、金溪香谷小镇等一批特色小镇建设。

推进现代农业强市建设。突出抓好农业供给侧结构性改革，提高农业综合效益和竞争力，培育农村发展新动能，推动我市由传统农业大市向现代农业强市转变。加快发展现代农业。以现代农业示范园区为载体，推动各类农业发展要素向园区集中，产业向园区集聚。大力发展绿色农产品精深加工业，培育和壮大一批产业关联度大、竞争力强、辐射带动面广的龙头企业，努力打造成全国绿色食品生产加工基地。大力发展农业新业态。积极发展多种形式适度规模经营，加快农业科技创新和推广应用。提升发展高效生态农业、休闲农业和特色精品农业，积极创建休闲农业或乡村旅游示范点，发挥三次产业融合发展的乘数效应，促进农民增收，提高农业综合效益。推进美丽乡村建设。大力实施“整洁美丽、和谐宜居”美丽乡村建设行动，突出村庄整治、环境美化、乡风文明、和谐平安四大重点，改善农村人居环境。重点抓好农民建房规划、建设、管理以及农村垃圾处理、农村水环境整治。与此同时高度重视农村精神文明建设，特别是切实治理好农村封建迷信、铺张浪费、大操大办、厚葬薄养、盲目攀比等突出问题。在条件成熟的地方，开展农村社区建设试点。加快推进以抚河沿岸36个生态村镇示范点为重点的生态村镇示范工程建设。创新农业农村发展机制。推动农村产权制度改革，积极推进农村集体经济组织产权制度改革、农村土地承包经营权、农村宅基地改革和农民住房财产权抵押担保贷款等试点。创新农村集体“三资”监管模式，维护农民群众的切身利益。

（五）推进全面开放发展，厚植内陆双向开放优势。

打造南昌大都市区副中心城市。全面落实昌抚一体化“1+8”协议，加快建设昌抚合作示范区。发挥比较优势，实现与南昌产业优势互补、合作共赢。在机电汽车、电子信息、新能源新材料等产业方面与南昌加强互补协作，在养生养老、休闲旅游、优质农产品基地建设等方面与南昌差异化发展，在抚河治理与生态保护方面与南昌协同推进，努力建设成为南昌生态绿色有机农产品供应基地和休闲旅游养生养老的后花园。

构筑江西对接“21世纪海上丝绸之路”桥头堡。争取赣闽合作陆地港落户抚州，推动与湄洲湾、福州港共建专属港区。推动向莆铁路全线开通货运班列，加快南丰公路口岸作业区建设。加快推进赣闽产业合作示范区一期和海西综合物流园建设，组织实施好《江西向莆铁路经济带“十三五”发展规划》，积极承接闽台产业转移，引导生产要素往向莆铁路沿线区域集聚。

加大双向开放力度。实施重大项目招商攻坚行动，着力引进世界500强、国内民营200强、行业龙头企业和央企、上市公司落户抚州。着力发展“飞地经济”，探索建立促进我市纳入生态功能区的县（区）产业发展、财力增长的新机制。建设全国知名商会永久会址城市，增强开放招商的活力和影响力。优化出口结构，大力支持生产型出口企业，培育一批有实力的出口骨干企业，形成外贸竞争新优势。深入实施“走出去”战略，鼓励有条件的企业跨国（境）发展。大力推进南丰蜜橘绿色生态农产品出口安全示范区建设。

（六）全力推进小康社会建设，使发展成果更加公平惠及人民。

坚决打赢脱贫攻坚战。紧紧围绕全年实现4.4万人脱贫、95个贫困村退出、国定贫困县广昌县摘帽的目标，加大精准脱贫力度。加强分类指导，注重精准施策，打好精准扶贫“组合拳”，坚持扶贫与扶智、扶志相结合，大力推进发展脱贫、保障脱贫、教育脱贫等扶贫工程。

加快发展民生事业。完善创业就业政策，积极扶持就业新形态，托底帮扶就业困难人员，新增城镇就业3.67万人以上、农村劳动力转移就业5.52万人以上。完善基本养老保险、基本医疗保险等社会保险制度，全面推进城乡居民基本医疗保险制度融合工作，健全社会保障体系。健全住房保障体系，加大棚户区、危旧房改造力度，新开工保障性安居房4500套，解决困难群众基本住房问题。

大力发展社会事业。深入推进

教育综合改革。加快临川教育集团转型升级，扎实推进集团三所实验学校建设。加快组建抚州职业教育联盟。全面实现县域义务教育发展基本均衡目标。支持东华理工大学提升发展，积极推进江西中医药高专“专升本”、南昌大学抚州医学院独立办学、崇仁师范学校升格为抚州幼儿师范高等专科学校。重点推进奥克斯抚州明州医院、市妇女儿童医院等一批重点项目建设。全面推进乡镇敬老院、卫生院“两院”标准化建设。实施全民健身计划，开展阳光体育运动。加快文化强市建设，争当建设文化强省的排头兵，全力打造全国历史文化名城。精心谋划和举办好2017年汤显祖、莎士比亚国际戏曲文化交流活动。加强公共文化基础建设。开展县、乡、村三级基本公共文化服务标准化、均等化建设，推进图书馆、文化馆、档案馆等文化场馆数字化建设。启动市级全媒体中心（市传媒中心）建设，在市中心城区及周边县区建设5座标准剧场。

维护社会和谐稳定。深化“平安抚州”建设，加强社会公共安全体系建设，加快天网、地网、信息平台等网络建设，健全网络舆情监测与反应机制，形成立体化防控体系。及时调处社会矛盾纠纷，提高信访处置能力。依法严厉打击危害人民群众生命财产安全的违法犯罪活动。实施最严格的食品药品监管，确保人民群众饮食用药安全。严格落实安全生产责任制，扎实做好安全生产工作，坚决遏制重特大安全事故发生。健全监测预防、灾害防御、应急救援体系建设，提高灾害应对处置能力。

适应军队改革大势，加强国防动员和后备力量建设，深化军民融合，提升双拥创建水平。

（七）加强政府自身建设，不断提高政府工作水平。

坚持依法行政，营造规范有序的法治环境。全力推进法治政府建设。深化行政执法体制改革，推行政府法律顾问制度和公职律师制度。强化行政执法监督，加大“双随机一公开”工作力度，推进随机抽查事项占比实现全覆盖。推进政务公开，及时回应社会关切。认真执行人大及其常委会决议决定，主动向人大及其常委会报告工作，加强重大问题与政协的民主协商。认真办理人大代表建议和政协委员提案。

坚持廉洁从政，营造风清气正的政务环境。坚决贯彻中央八项规定，着力解决“四风”问题和群众反映强烈的突出问题。严格落实全面从严治党主体责任和“一岗双责”，坚持把纪律和规矩挺在前面。强化对重点领域、关键环节、重要岗位权力运行的监督制约，以制度管权管人管事，着力扎紧制度的笼子。推动党风廉政建设向基层延伸，严肃查处基层群众身边的“微腐败”行为。依法加大行政监察和审计监督全覆盖力度，坚决打掉权力寻租空间，铲除滋生腐败土壤，确保权力在阳光下廉洁运行。

坚持求真务实，营造敢于担当的干事创业环境。健全完善抓落实的工作机制，把抓落实作为衡量工作成效的重要标准，积极营造崇尚务实、敢于担当的工作氛围，始终保持真抓实干的工作作风，让务实成为政府工作的作风导向，让担当成为广大干部的自觉追求，全力推动市委、市政府的决策部署落地生根。

各位代表！美好的蓝图需要我们用双手来描绘，幸福的生活需要我们用勤劳来创造。让我们紧密团结在以习近平同志为核心的党中央周围，在省委、省政府和市委的坚强领导下，凝心聚力，奋发进取，为实现“科学发展、绿色崛起，全面建成小康新抚州”做出新的更大贡献！

抚州市人民代表大会常务委员会工作报告

——在抚州市第四届人民代表大会第二次会议上

市人大常委会主任　魏建锋

（2017 年 1 月 12 日）

各位代表：

受市人大常委会委托，我向大会报告工作，请予审议。

过去一年的主要工作

2016 年，常委会在中共抚州市委的坚强领导下，以党的十八大和十八届三中、四中、五中、六中全会精神为指导，深入贯彻习近平总书记系列重要讲话精神，认真落实省第十四次党代会和市第四次党代会精神，围绕全市工作大局，依法履行职责，为促进“科学发展、绿色崛起，全面建成小康新抚州”作出了积极努力。

一、强化使命担当，推动市委决策落实

强力助推“三大攻坚战”实施。围绕打好“基础设施提升攻坚战”，组织开展昌抚一体化推进情况视察，推动昌抚“1+8”协议落实，不断深化区域合作，加快推进抚州全面融入南昌大都市区建设。围绕打好“产业升级攻坚战”，开展《关于加快推进抚州高新区发展升级的意见》落实和台资企业发展情况调研，支持和督促高新区继续发挥好在产业发展升级中的排头兵作用，促进台资企业转型发展。组织开展智慧林业建设情况视察，推动“互联网＋林业”建设，促进林业产业结构升级。以“促进乡村旅游发展，推动旅游扶贫”为主题，开展助推旅游强市建设系列活动，推动解决一些制约乡村旅游发展和旅游扶贫工作的重点难点问题。围绕打好“脱贫攻坚战”，听取和审议市政府关于脱贫攻坚工作情况的报告，为扶贫脱贫工作问症把脉，督促市政府加大精准扶贫力度，用足用好用活各项扶贫政策，推动我市 2018 年全面完成脱贫攻坚任务。开展了涉农专项资金整合情况调研，进一步推动政府有关部门完善相关政策，优化财政涉农资金供给机制，提高资金使用效益。

致力促进发展环境优化。降低企业成本、优化发展环境是省委和市委着眼于应对经济下行压力，促进经济平稳健康发展作出的一项重要决策。常委会围绕实施好这一重要决策，组织部分省、市人大代表开展了专题调研，在降低企业创新成本和融资成本、精准帮扶企业、提高行政服务效能等方面提出了有针对性的意见建议。市政府开展了以“降低企业成本、优化发展环境”为主题的专项行动，进一步抓好政策细化落实，做好联企帮扶服务，加大跟踪督查力度，帮助企业解决生产经营中的实际困难，增强企业信心，增强投资意愿。依法作出了设立抚州市“爱国卫生活动日”的决定，为推进我市创建“全国卫生城市”，进一步改善城市环境、提升发展软实力发挥了积极作用。

全力强化计划预算监督。主动适应经济发展新常态，提前介入市“十三五”规划编制工作，认真做好“十三五”规划的审查工作。在深入调研的基础上，听取和审议了市政府关于 2016 年上半年国民经济和社会发展计划执行情况的报告，提出了深入推进供给侧结构性改革、加快重大项目建设、全面深化区域合作等建议。认真贯彻新预算法，持续推进全口径预算审查，进一步规范和细化预算编制，提高预算的准确性和完整性。加强预算执行监督，听取和审议了市政府关于 2015 年市本级决算和 2016 年上半年预算执行情况的报告，审查批准了 2015 年市本级决算和 2016 年市本级预算调整方案、全市收入预算调整方案。加强审计工作监督，听取和审议了市政府关于 2015 年度市本级预算执行和其他财政收支的审计工作报告、审计查出问题整改情况的报告，推动审计查出问题整改落实，着力解决审计整改“宽、松、软”和屡审屡犯的老问题。

二、坚持法治引领，促进法治抚州建设

开展立法探索实践。致力夯实地方立法工作基础，依法设立市人大法制委员会，配齐配强法制委委员和立法工作人员。注重加强立法能力建设，组织人员参加全国人大立法法培训，举办了立法法专题讲座和立法工作培训班，到兄弟市人大考察取经，并选派工作人员到省人大跟班学习，有效提升了立法能力和水平。组建立法咨询专家库，选聘了29名立法咨询专家，借助“外脑”进一步加强立法工作。广泛征集立法建议项目，深入开展项目调研论证，按照地方立法权限要求，制定了抚州市人大常委会五年立法规划和2017年立法计划，报经市委常委会议审议通过后实施。切实规范立法程序，保障立法质量和效率，制定了立法计划编制办法、法规草案征求意见办法等相关制度，由法工委牵头起草的《抚州市立法条例（草案）》已在常委会会议上进行了初审和二审，依法提请本次大会审议通过。

强化法治宣传教育。法治宣传教育是法治建设的基础性、先导性工程。为全面总结“六五”普法工作，认真查找问题和不足，推动以更高标准、更严要求开展“七五”普法工作，常委会听取和审议了市政府关于“六五”普法规划实施情况和“七五”普法工作安排的报告，并作出了关于开展第七个五年法治宣传教育的决议，要求完善普法教育机制，落实普法责任，提升法治宣传效果，营造全社会自觉尊法学法守法用法的良好氛围。全面落实宪法宣誓制度，对人大及其常委会选举或决定任命的国家机关工作人员就职时组织开展宪法宣誓，激励和教育国家工作人员忠于宪法、遵守宪法、维护宪法。

保障法律法规实施。始终坚持问题导向，对环保法、职业教育法、江西省实施工会法办法贯彻落实情况进行了执法检查，在肯定成绩的同时，提出了有针对性的整改措施，促进政府及相关职能部门依法行政。配合全国人大常委会副委员长吉炳轩在我市开展道路交通安全法执法检查。加强规范性文件备案审查工作，制定了《抚州市人民代表大会常务委员会规范性文件备案审查工作程序规定》，对市政府报备的9件和各县（区）报备的22件规范性文件依法进行备案审查，向省人大常委会报备规范性文件6件。

加强司法领域监督。围绕促进司法体制改革，采取实地察看、听取汇报与座谈交流相结合的方式，对市中级人民法院和市人民检察院工作进行调研，督促和支持法、检“两院”落实司法改革各项举措，不断加强队伍建设，着力提高司法公信力，探索解决影响司法公正、制约司法能力的深层次问题，努力让人民群众在每一个司法案件中都感受到公平正义。组织开展了法院诉讼服务工作情况视察，提出了健全制度规范、优化人员配置、加强科技引领、完善服务功能等意见建议，推动诉讼服务中心建设成为密切联系群众、真诚服务群众的窗口、桥梁和纽带。

三、突出民生导向，回应人民群众关切

聚焦生态建设。秉持“像保护眼睛一样保护生态环境，像对待生命一样对待生态环境”的理念，听取和审议了市政府关于2015年生态环境状况和环境保护目标完成情况的报告，组织开展了我市PM2.5检测情况专题视察，对东乡河（北港）和乐安乌江鳌溪河污染整治情况以及土壤污染治理与修复工作进行了检查，推动市政府及有关部门深入开展“净空、净水、净土”行动，保护好我市的“天蓝水净、地绿山青”。以“防治农业面源污染，促进生态文明示范市建设”为主题，继续深入开展环保抚河行活动，通过明察暗访、突击检查、媒体曝光等方式，重点对农业面源污染、水库水环境整治、污水处理设施建设运行等情况进行检查采访和跟踪回访，督促市政府及有关部门落实环境监管责任，加大环境违法案件查处力度。2016年，环保抚河行主要成员单位共出动环境执法人员200余人次，查处环境违法案件11件，拘留4人，推动解决了一批群众反映强烈的环境污染问题。

关注食品安全。民以食为天。为保障人民群众“舌尖上的安全”，开展了学校食堂及学校周边商铺食品安全情况调研，针对安全隐患仍然较多、问题依然突出的实际，提出了政府高位推动、完善顶层设计、保障执法能力、落实食品生产经营者主体责任等意见建议，督促各级政府及有关部门进一步加强学校及周边食品安全监管和整治力度，有力保障了师生的食品安全。对市中心城区生猪产品质量安全监管情况进行调研，针对个别定点屠宰场建设和营运不规范、私屠滥宰严重、执法监管还不够到位等问题，提出了整改建议。市政府相关部门积极加以整改，采取规范主体资格、抓好重点整治、落实监管责任、强化行政执法等措施，有效保障了市场肉品质量安全。

倾情为民解困。常委会领导成员经常深入挂点县（区）、企业、扶贫联系点调研指导，了解基层群众所需所盼，实打实帮助解决困难和问题。坚持把人大信访作为听民声、察民情、解民忧的重要渠道，认真做好转办、交办和督办工作，全年共接待和处理群众来信来访263件次。深入开展“四进四联四帮”活动，加大了结对帮扶村基础设施建设力度，有效改善了村民生产生活条件。

四、优化服务保障，发挥代表主体作用

加强代表建议督办。采取及时交办、督办重点建议、听取审议专项工作报告等方式，对市三届人大七次会议上代表提出的建议办理工作进行跟踪问效。召开代表建议交办会，将市四届人大一次会议上代表提出的109件建议交由相关单位办理，引导承办单位主动与代表沟通联系，着力提高办理质量。

强化代表履职保障。认真抓好代表学习培训工作，组织部分省、市人大代表赴外参加上级人大举办的学习培训，提升代表履职能力。常态化邀请代表列席常委会会议，

参加执法检查、视察、调研和旁听法院庭审、参加检察院开放日等活动，畅通代表知情知政渠道。制定出台了《关于加强全市人大代表联络工作站建设的实施意见》，组织各县人大常委会分管领导集中参观临川区人大代表联络工作站建设，进一步加强对人大代表联络工作站建设的督促指导，巩固提升阵地建设成果。

抓好换届选举工作。常委会深入贯彻中央和省委、市委关于换届选举工作的部署，始终将坚持党的领导、充分发扬民主、严格依法办事贯穿于换届选举全过程，加强调研指导，开展业务培训，严肃换届纪律，协调解决换届选举中的重大问题，确保市、县、乡三级人大代表换届选举工作依法有序进行，代表结构得到进一步优化，素质得到进一步提高。召开全市县乡两级人大换届总结暨代表工作座谈会，对县乡两级人大换届选举工作进行了总结交流。

五、提升履职能力，加强人大自身建设

坚持正确政治方向。深入学习贯彻习近平总书记系列重要讲话精神及中央、省委、市委关于加强人大工作和建设的有关文件精神，扎实开展“两学一做”学习教育，不断强化政治意识、大局意识、核心意识和看齐意识，进一步坚定道路自信、理论自信、制度自信、文化自信。坚持党管干部和人大依法选举任免相统一，圆满完成了各项选举任务，确保了组织意图的实现。认真落实任前法律知识考试、任前了解、任前表态发言、颁发任命书等制度。一年来，常委会共决定任免人大机关工作人员9人次，任免市政府工作部门负责人51人次（含31名新一届市政府工作部门负责人），任免市法、检“两院”法律职务人员35人次，批准任命县（区）检察院检察长11人次。

推动人大工作创新。持续深化民主法制领域改革，认真抓好了“起草《抚州市立法条例》，编制五年立法规划和相关工作制度”“完善审计查出问题整改督办工作机制”“完善生态环境保护监督机制”等3项改革任务的落实。主动适应新形势、新任务对人大工作提出的新要求，修订了常委会组成人员守则，制定了关于进一步提高常委会会议质量的意见，不断强化常委会组成人员履职约束，着力提高常委会会议质量，推进常委会工作科学化、规范化、制度化。

注重优化履职环境。进一步加强与上级人大的联系沟通，积极配合其在抚开展履职活动。密切与“一府两院”的沟通协调，完善市人大专门委员会、常委会工作机构与市有关部门和单位对口联系制度。重视发挥全市各级人大整体功能，主动加强对县乡人大工作的指导和联系，以县乡人大换届为契机，推动解决了县（区）人大常委会工作机构设置不统一、人大机关编制偏少、乡镇人大主席兼职等长期影响和制约基层人大工作的难题，开创了基层人大工作新局面。

各位代表，过去的一年，常委会各项成绩的取得，是市委正确领导的结果，是常委会组成人员和市人大代表共同努力的结果，是市“一府两院”和社会各界大力支持配合的结果。在此，我代表市人大常委会表示衷心的感谢和崇高的敬意！

在总结成绩的同时，我们也清醒地认识到，工作仍然存在一些问题和不足，主要表现为：监督实效有待进一步增强，监督方式有待进一步改进，代表工作有待进一步创新，常委会自身建设有待进一步加强等。对此，我们将高度重视，认真研究，切实加以改进。

今年工作总体安排

2017年是党的十九大召开之年，是实施“十三五”规划承上启下的关键一年，做好人大工作意义重大。新的一年，市人大常委会工作的总体要求是：在市委的坚强领导下，深入贯彻习近平总书记系列重要讲话精神和治国理政新理念新思想新战略，坚持党的领导、人民当家作主、依法治国有机统一，紧紧围绕我市争当全省区域经济发展、生态文明建设、文化强省、干部作风转变“四个排头兵”目标，认真行使法定职权，充分发挥职能作用，为促进科学发展、绿色崛起，全面建成小康新抚州做出新贡献。

一、依法有效行使职权。一是推进立法工作

坚持党对立法工作的领导，强化“立法为民、立法惠民、立法靠民”的工作理念，深入推进科学立法、民主立法。不断完善人大及其常委会主导立法工作的体制机制，探索拓宽人大代表、社会公众参与立法的渠道，精细立法过程，提高立法质量。主动适应改革和经济社会发展的需要，充分发挥立法的引领和推动作用，认真抓好2017年立法审议项目的推进工作，加快本次会议通过后的《抚州市立法条例》报批工作，按程序和时限要求做好文明行为促进条例、城市道路车辆通行若干规定、住宅小区物业服务管理条例等立法审议项目的起草和审议工作。加强规范性文件备案审查，密切与政府备案审查工作机构的沟通协作，推动建立备案审查衔接联动机制。二是深化监督工作。进一步完善监督工作机制，既坚持用好听取和审议专项工作报告、开展执法检查等常规监督方式，又善于运用专题询问、满意度测评等刚性监督手段，不断增强监督实效。围绕保障经济平稳健康发展，听取和审议上半年计划、预算执行情况的报告，加强经济运行和预算执行监督，开展全口径预算审查监督情况调研；认真贯彻《江西省人大常委会关于进一步加强审计工作监督的决定》，听取和审议审计工作报告、审计查出问题整改情况报告并开展满意度测评。围绕推动产业转型升级，听取和审议科技创新工作情况的报告，推动科技创新战略落到实处；继续开展助推旅游强市建设系列活动，对旅游法和江西省旅游条例实施情况进行执法检查，大力推进我市旅游产业发展。围绕推动生态文明先行示范市建设，听取

和审议2016年度环境状况和环境保护目标完成、2016年中央环保督察组交办环境信访件处理落实、“河长制”实施等情况报告，听取湿地保护与建设情况的汇报；深入开展以“加强水源地保护，保障饮用水安全”为主题的环保抚河行活动，重点对饮用水水源地的保护和管理情况及备用水源地的建设和保护情况进行检查采访。围绕实现全面小康、促进社会事业发展，听取和审议依法管理宗教事务情况的报告，开展防洪法和江西省防洪条例、江西省实施老年人权益保障法办法的执法检查，对保障脱贫工作进行视察，对生态农业发展、农村土地确权颁证、防震减灾工作情况进行调研。围绕维护社会公平正义，听取和审议市中级人民法院执行工作情况的报告，组织部分常委会组成人员和市人大代表旁听法院案件审理；听取市检察院关于生态检察工作情况的汇报，对全市检察官上下交流任职、不良行为青少年教育矫正情况开展调研。三是做好讨论决定重大事项和选举任免工作。认真贯彻《江西省各级人民代表大会常务委员会讨论、决定重大事项的规定》，对全市带有根本性、全局性、长远性的重大问题，在深入调研、依法论证的基础上，及时作出决议决定。坚持党管干部与人大依法选举任免相统一，进一步完善工作制度，严格工作程序，提高选举任免质量。积极探索加强和改进对常委会任命人员的任后监督，确保人民赋予的权力始终用来为人民服务。

二、充分发挥代表作用

加强代表学习培训工作，举办市四届人大代表培训班，适时组织部分人大代表赴外地学习培训，提升代表履职能力和水平。扩大代表对常委会工作的参与，邀请代表列席常委会会议，参加立法论证、调研视察、执法检查等活动。完善常委会组成人员联系市人大代表、市人大代表联系原选举单位和人民群众的“双联”工作制度，充分发挥人大代表反映民意、汇聚民智、促进和谐、助推发展的重要作用。科学合理划分代表小组，努力探索小组活动方式，不断创新工作内容，实现代表小组工作规范化、常态化。按照“抓试点、建场地、有制度、常活动”的要求，推动各县（区）代表联络工作站建设，进一步扩大覆盖面，增强社会融合度和影响力。坚持提高代表建议质量和强化代表建议督办“两手抓”，进一步提高代表建议落实率、问题解决率和代表满意率，改变代表建议办理“被满意”的现象。加强人大代表建议办理信息化建设，探索运用信息化技术，促进代表建议办理提速增效。完善人大代表履职登记制度，建立人大代表履职档案，加大代表履职事迹的宣传力度，扩大代表的社会影响，提高代表履职积极性。

三、不断加强自身建设

始终坚持正确的政治方向，持之以恒地抓好政治理论学习，牢固树立党的观念、法治观念、大局观念和群众观念，严守政治纪律和政治规矩。严格落实全面从严治党主体责任和“一岗双责”，坚持以上率下，把纪律和规矩挺在前面，深入开展党风廉政建设和反腐败斗争。分期分批组织常委会组成人员和人大机关干部参加上级人大举办的各种业务培训，提高履职能力。进一步巩固“两学一做”学习教育成果，切实改进工作作风，不断加强机关干部队伍建设，努力提高服务保障水平。坚持以制度管人管事，对常委会和机关现有规章制度进行全面梳理和修改完善，增强制度的执行力。加强与上下级人大的联系和沟通，召开全市县（区）人大常委会主任座谈会和乡镇人大工作座谈会，指导和支持基层人大开展工作，提升人大工作整体水平。

各位代表，同舟共济扬帆起，乘风破浪万里行。让我们紧密团结在以习近平同志为核心的党中央周围，认真贯彻落实市第四次党代会决策部署，在市委的坚强领导下，坚定信心，振奋精神，扎实工作，为实现“科学发展、绿色崛起，全面建成小康新抚州”做出积极贡献，以优异成绩迎接党的十九大胜利召开！

在市政协四届二次会议闭幕大会上的讲话

政协抚州市委员会主席　黄晓波

（2017 年 1 月 12 日）

各位委员、各位同志：

政协抚州市第四届委员会第二次会议，在中共抚州市委的正确领导下，经过全体委员和与会同志的共同努力，圆满完成了各项议程，就要胜利闭幕了。

中共抚州市委、抚州市人民政府对这次会议高度重视。市委书记肖毅、市长张鸿星等领导同志出席了开幕大会和闭幕大会，与委员们相互交流，共商我市发展大计，特别是肖毅书记在会议期间，对 7 篇大会发言材料全部作出批示，充分体现了市委、市政府对政协工作的高度重视和大力支持，体现了肖书记、张市长等领导同志求贤重智、民主务实的工作作风。在此，让我们以热烈的掌声，表示衷心的感谢！

会议期间，委员们以饱满的政治热情和强烈的责任意识，认真审议了市政协常委会工作报告和提案工作报告，列席了市四届人大二次会议，协商讨论了政府工作报告和其他重要报告。大家围绕全市政治、经济、文化、社会和生态文明建设等方面的重要问题，深入协商议政，积极建言献策，提出了许多有价值的意见建议，展示了政协委员良好的精神风貌和较强的参政能力。会议始终洋溢着合作共事、民主协商的浓厚氛围，是一次凝心聚力、增进团结的大会，是一次思谋崛起，共促发展的大会。

刚刚过去的 2016 年，是我市在科学发展、绿色崛起的征程中攻坚克难、奋力前行的一年。这一年，市委、市政府牢固树立新发展理念，充分发挥文化、生态两大优势，突出打好产业升级、基础设施提升和脱贫攻坚“三大攻坚战”，全力推进“13”工程，发展的动能频频释放，跨越的步伐铿锵有声；这一年，我市成功举办了汤显祖逝世 400 周年纪念活动，深入开展了“双返双创”活动，得到了省委鹿书记的充分肯定。特别是通过唱响汤显祖大戏，把汤显祖这张闪亮名片，从汤翁故里推向了全国、推向了世界，“有梦有戏”正成为抚州享誉四方的城市标签；这一年，随着全面从严治党向纵深推进，“两学一做”学习教育、“四进四联四帮”活动的扎实开展，进一步净化了政治生态，锤炼了干部队伍，改进了工作作风，为加快抚州跨越发展提供了坚实保障。

过去的一年，也是我市政协事业承前启后、继往开来的一年。我们成功地召开市政协四届一次会议，开展了一系列卓有成效的履职活动，为四届市政协顺利开局打下了坚实基础。在新的一年里，全市政协组织和广大政协委员一定要牢记职责和使命，紧紧围绕市委、市政府提出的争当全省“四个排头兵”的新要求，尽职尽责，努力作为，奋力谱写“科学发展、绿色崛起，全面建成小康新抚州”的新篇章。

我们要增强大局意识，为争当全省“四个排头兵”凝聚共识。统一思想才能步调一致，凝聚共识才能齐心协力。省第十四次党代会、市第四次党代会描绘了江西和抚州未来五年发展的美好蓝图，吹响了决胜全面建成小康的进军号角。为贯彻落实省、市党代会精神，市委、市政府审时度势，立足市情判断，提出了“坚持以新发展理念谋划发展、以生态文明建设统领发展，以项目带动为抓手、以科技创新为动力、以作风建设为保障，努力争当全省区域经济发展、生态文明建设、文化强省、干部作风转变四个排头兵”的新目标和新要求。这既为我市进位赶超、勇创一流指明了发展路径，也为我们政协组织和广大政协委员汇聚力量、积极履职明确了努力方向。我们一定要自觉维护核心、服务中心，切实贯彻落实好市委、市政府的决策部署，始终与党委、政府保持方向一致、目标一致、工作一致，以奋发有为的精神和干事创业的激情，紧扣全面建成小康新抚州的美好目标，认真履行政协职能，在争当全省“四个排头兵”的伟大实践中建功立业，展现风采。要充分利用人民政协大团结、大联合的平台，发挥人民政协作为最广泛的爱国统一战线组织的政治优势，多做团结协作、增进共识的工作，多做沟通联谊、凝聚人心的工作，从更高的层次、更宽的领域、更广的渠道，凝赶超之心，聚进位之力，鼓拼搏之志，最大限度地把各阶层、各党派、各团体和各界人士的意志、智慧和力量凝聚到争当全省“四个排头兵”的伟大实践上来，形成齐心协力谋发展的强大合力。

我们要肩负责任担当，为争当全省“四个排头兵”献计出力。使命因担当而光荣，履职因有为而精彩。我们要进一步强化责任意识和使命意识，充分发挥政协人才荟萃、智力密集优势，主动对接市委、市政府中心工作，为助推抚州争当全省“四个排头兵”献计出力、奉献智慧。要围绕推进抚州文化产业发展多建睿智之言。抚州文化底蕴深厚、特色鲜明，争当全省文化强省的排头兵有基础、有优势、有底气。今年，我们要举全市政协之力，聚全体委员之智，围绕“发挥抚州文化优势，积极打造国家级汤显祖文化产业示范基地”“挖掘徐霞客游线资源，助推旅游产业发展”等课题，深入调查研究，开展咨询论证，形成一批思路清晰、分析透彻、对策建议切实可行的调研精品，进一步做好文化这篇大文章，推动优秀传统文化古为今用，发扬光大。要围绕打造生态文明建设“抚州样板”多献务实之策。立足生态优势，持续推进生态文明建设，是实现抚州科学发展、绿色崛起的必然选择。我们要围绕推进抚河流域生态保护与综合治理、构建生态文明制度体系、推进美丽乡村建设、推广绿色生产生活方式等工作重点，坚持问题导向，广泛协商讨论，汇集政协各界和广大群众的智慧，提出具有前瞻性、科学性、可操作性的意见建议，全力推动生态文明先行示范市建设，为打造美丽江西的“抚州样板”提供强有力的智力支持。要围绕推进区域经济发展广聚各界之力。加快我市区域经济发展，实现经济增长速度和经济结构调整走在全省前列，是我市在决胜全面小康进程中面临的重大而又紧迫的任务。全市各级政协组织和广大政协委员要积极参与，全力支持，紧紧围绕实施“百亿企业”工程、促进新经济与抚州产业的融合、加快科技创新步伐、完善基础设施建设等事关区域经济发展的重大问题，以政协特有的视角，多谋创新之举，多尽助推之力。政协经济界、工商联界、科学技术界的委员作为区域经济发展中的主力军，要努力发挥“中坚骨干”和“行业模范”作用，把宏观议大事与微观办实事结合起来，把建言立论与创新创业结合起来，积极主动地做好招商引资、产业升级、科技创新等工作，在抚州新一轮区域经济发展大潮中再创佳绩，彰显作为。

我们要切实转变作风，为争当全省“四个排头兵”夯实根基。作风建设关乎政协形象，关乎事业成败。面对经济发展的新常态，面对争当全省“四个排头兵”的新要求，面对全市人民的新期待，我们必须牢记“作风建设永远在路上”，大力倡导求真务实、改革创新、协商民主、严守纪律的好作风，不断筑牢政协履职根基。要弘扬实干精神。争当全省“四个排头兵”，建设小康新抚州，坐等等不来，空喊喊不来，必须靠实干得来。大家要走出机关、迈向基层，深入调研，解剖麻雀，及时撰写建议提案，积极反映社情民意，主动传递群众呼声，建有用之言，献务实之策。新一届市政协委员在今后的五年中，要继续做好“五个一”，即每年至少提一件提案、调研一个课题、献一条良策、反映一条社情民意、办一件实事。希望我们每一位委员牢记神圣使命，保持履职激情，倾力谋发展，真情惠民生，在履职为民的道路上留下我们委员深深的烙印，光彩的一笔，真正做到不负美好时代，不负政协委员的光荣称号。要提升协商水平。协商民主是政协履行职能的鲜明特征。我们要大力推进协商民主制度建设，努力做到协商内容靠制度来明确，协商程序靠制度来规范，协商成果靠制度来落实。要积极推进协商民主向基层拓展，向各类社会组织拓展，向现代网络拓展，努力做到在专题协商中“议大事”，在对口协商中“建真言”，在界别协商中“汇民智”，在提案办理协商中“见实效”，使协商工作更加生动活泼，更加经常有序，更加富有成果。要强化守则意识。没有规矩，不成方圆。政协是一个有章程、有纪律的政治组织。每一位政协委员都要加强自我约束，以更高的标准要求自己，严守宪法法律、政协章程和制度规范，心存敬畏，心怀感恩，知足知止，慎独慎微。不仅要懂政协、会协商、善议政，更要守纪律、讲规矩、重品行。要自觉践行社会主义核心价值观，充分发挥在各行各业的标杆作用、政协工作的主体作用、界别群众中的代表作用，真正树立和展示政协委员的良好政治形象。

各位委员、同志们，“雄关漫道真如铁，而今迈步从头越。”让我们紧密团结在以习近平同志为核心的中共中央周围，在中共抚州市委的正确领导下，在市人民政府的大力支持下，同心同德，群策群力，开拓进取，奋发图强，为实现“科学发展、绿色崛起，全面建成小康新抚州”而努力奋斗，以优异的成绩迎接党的十九大胜利召开！

现在，我宣布：中国人民政治协商会议抚州市第四届委员会第二次会议胜利闭幕！

本栏编辑　汪志强

大事记

1月

5日，省政府在抚州市召开支持抚州深化区域合作加快发展工作推进会。省长鹿心社讲话，省委常委、常务副省长毛伟明主持会议并讲话。同日，鹿心社考察抚州市产业发展情况。

7日，省军区政委杨笑祥到黎川、南丰县调研指导人武工作。

8日，市委常委班子召开“三严三实”专题民主生活会。市委书记肖毅主持，张鸿星、魏建锋、于秀明、吴伟柱、周小平、王新有、黄玉剑、李建林、李兰贵、谭小平出席会议；市人大常委会主任、市委政法委书记黄牡香，市政协主席谢发明列席会议；省纪委第五纪检监察室主任景有富和省委组织部有关领导到会指导。

11—13日，省人大常委会副主任、省总工会主席谢亦森率省总工会送温暖慰问组到抚州，走访慰问困难劳模和困难职工，并就抚州市2015年工会工作进行督查考核，听取对2016年省总工会工作的意见和建议。谢亦森还深入南丰走访慰问农村困难群众、敬老院孤寡老人、军烈属和困难企业职工。

11—13日，中央歌剧院2016年“深入生活 扎根人民”开场戏走进黎川县，并先后在湖坊乡红军广场、潭溪乡、县城明清老街、社会综合福利院巡演，大型音乐舞蹈史诗《复兴之路》音乐会在该县艺术剧院连续演出两场。

12—15日，抚州市先后在各县（区）开展“全市县域经济发展大巡察”活动，重点巡察各地产业、基础设施、民生工程等项目。

14日，省政协副主席、民建省委会主委孙菊生到广昌县走访困难群众和调研工业产业发展情况。

16日，全市经济工作暨扶贫开发工作会议在市行政中心召开。

16—17日，省政协副主席、民盟省委会主委刘晓庄到广昌县走访慰问困难群众，调研精准扶贫工作。

18日，市委召开2015年度县（区）党（工）委书记抓基层党建工作述职评议会。

18—19日，省政协副主席胡幼桃深入乐安县走访慰问困难群众，调研精准扶贫工作。

19—21日，政协抚州市第三届委员会第六次会议召开。市委书记肖毅在开幕大会上讲话，市政协主席谢发明作工作报告。会议审议通过市政协三届六次会议提案审查报告和大会决议。

20—21日，国家民委党组副书记、副主任李昭深入乐安县走访慰问困难群众，召开座谈会听取乐安县关于原中央苏区县振兴发展工作情况汇报。

20—22日，抚州市第三届人民代表大会第七次会议召开。会议审议通过关于政府工作报告的决议、关于抚州市国民经济和社会发展第十三个五年规划纲要的决议、关于抚州市2015年国民经济和社会发展计划执行情况与2016年国民经济和社会发展计划的决议、关于抚州市2015年市级总预算执行情况和2016年市本级预算的决议、关于抚州市人大常委会工作报告的决议、关于抚州市中级人民法院工作报告的决议、关于抚州市人民检察院工作报告的决议。会议接受黄牡香辞去市第三届人大常委会主任职务；会议选举魏建锋为市第三届人大常委会主任。

25—29日，江西省第十二届人民代表大会第五次会议在南昌召开。以市委书记肖毅为团长，市长张鸿星、市人大常委会主任魏建锋为副团长的抚州市代表团共48名代表参加会议。

30—31日，省委常委、统战部长蔡晓明在广昌县走访慰问困难群众，召开扶贫工作调研座谈会，听取广昌县实施脱贫攻坚工作情况汇报。

1月，资溪九龙湖湿地公园被国家林业局列入国家湿地公园试点。

2月

1日，中国侨联副主席李卓彬率中国侨联、中国农林水利工会和江西省侨联党组书记张知明带领的省“四侨”走访慰问组一行到抚州慰问金溪华侨农场职工。

同日，省人大常委会副主任冯桃莲深入南城县督查河道采砂整治情况。省政府副省长、省知联会会长谢茹在广昌县驿前镇坪背村走访慰问困难群众，开展精准扶贫工作调研。

3日，市委中心组举行集中（扩大）学习报告会，动员全市上下迅速进入工作状态，扎实推进依法执政，以法治建设推动科学发展、绿色崛起。

5日，南丰县被列入首批国家

全域旅游示范区创建单位。

7日，召开全市领导干部会议，进一步贯彻落实全省“两会”和全省经济工作会议精神，总结2015年全市经济工作，部署2016年全市经济社会发展各项工作。

同日，全市落实中央环保督察问题整改工作动员部署会议在市行政中心召开，会议传达省政府落实中央环保督察问题整改工作动员部署视频会议精神，研究部署抚州市整改工作。

8日，抚州市政府与工商银行江西省分行在汝水森林宾馆签订战略合作协议。市长张鸿星致辞；工商银行江西省分行行长倪百祥出席。

9日，市委书记肖毅率抚州市代表团赴赞比亚访问考察，推动抚州积极融入国家“一带一路”战略，开展国际交流合作，动员旅赞江西籍侨胞到抚州创新创业。12—17日，在圆满完成对赞比亚的访问任务后，代表团访问意大利和沙特，就新技术产业、文化、旅游等领域的合作进行深入沟通，进一步扩大抚州对外交流合作，加快对接国际发展格局，推动抚州大踏步走向世界。

16—17日，副省长、省公安厅厅长郑为文在抚州市调研公安警务改革、环境保护等工作。

18日，市长张鸿星在汝水森林宾馆会见以江西旅台同乡总会会长黄玠为团长的“赣籍青年台胞故乡行”参访团，双方就加强合作进行深入探讨和交流。

22日，市委书记肖毅、市长张鸿星在汝水森林宾馆会见北京创盈科技产业集团董事长易斌一行，双方就推进“建昌帮药业有限公司”上市及项目建设情况进行深入商谈。

同日，市长张鸿星在汝水森林宾馆会见在抚州考察的华江投资董事长、赞比亚华侨华人总会会长、赞比亚江西省同乡会名誉会长张键一行，双方就增进了解、促进合作进行深入交流。

23日，市委书记肖毅等市领导欢送抚州市第九批援疆干部人才赴疆。同日，市委书记肖毅、市长张鸿星在汝水森林宾馆会见中国华录集团董事、总经理张黎明一行，就加快双方合作进程，推动具体合作项目落实进行交流洽谈。

同日，智慧城市门户“我的抚州”APP上线启动仪式在市行政中心举行。市长张鸿星出席启动仪式并致辞。

29日，市委书记肖毅在汝水森林宾馆会见北京蓝时集团董事长詹天佑一行，双方就相关合作事宜进行广泛深入的交流与探讨，并在进一步加强沟通、开展合作等问题上达成共识。

2月，南丰县傩湖（仙人湖）公园通过国家林业局试点建设验收，正式晋升为国家湿地公园，成为全国首个丹霞地貌湿地公园。

3月

1日，市委书记肖毅在北京走访中国科学院国有资产经营有限责任公司，与该企业董事长吴乐斌，副总经理王琪、陈晓峰等举行座谈，双方就深化合作进行广泛而深入的交流，共同推动一些具体合作项目取得实质性进展。

2日，2016江西抚州（北京）经贸合作恳谈会在北京举行。市委书记肖毅出席并致辞，市长张鸿星主持。会上，抚州市与客商共签订合作项目21个，签约资金132.6亿元。

同日，市委书记肖毅、市长张鸿星在北京走访中国新型房屋集团有限公司，就新型环保节能房屋（PC）项目与中国建材集团党委副书记、董事、中国新型房屋集团董事长郝振华，中国新型房屋集团总经理吕富春等举行座谈，双方就PC项目的选址、原料、股权、示范工程等一些具体事宜进行友好洽谈和深入对接。

7日，市旅游投资发展有限责任公司联合阳光媒体集团共同打造的主题游园式实景演出——《寻梦牡丹亭》项目在阳光媒体集团举行签约仪式。

8日，抚州市庆祝“三八”国际劳动妇女节106周年暨“最美环卫女工”颁奖仪式在抚州职业技术学院演奏厅举行，赵青兰等12位环卫女工荣获“最美环卫女工”称号。

9日，市长张鸿星在汝水森林宾馆会见到抚州市考察的碧桂园集团江西区总裁于克佐一行，双方就推进碧桂园集团在抚州投资合作事宜交换意见。

9—10日，中国科学院院士谢华安一行深入宜黄县考察杂交水稻制种产业发展情况并召开座谈会。江西农业大学副校长贺浩华参加座谈会。

14日，市智慧农业及农村综合产权交易平台建设汇报会召开。市委书记肖毅出席并讲话，市委副书记、常务副市长于秀明出席。

15日，副省长李贻煌深入金溪、乐安两县调研。

17日，抚州军分区党委七届二次全体（扩大）会议召开，市委书记、军分区党委第一书记肖毅出席并讲话。

18日，全市重点项目建设工作推进会暨棚户区改造工作攻坚动员大会召开。

18—19日，意中交流协会主席朱裕华率考察团到抚州考察并举行座谈会。市委书记肖毅出席并致辞，市长张鸿星主持。协会部分意大利和国内企业家参加考察，并签订四项意向合作协议。

22日，由省政府主办，市政府和省文化厅承办的汤显祖逝世400周年纪念活动新闻发布会在北京人民大会堂举行。副省长殷美根讲话，省政府副秘书长刘晓艺主持，省文化厅厅长池红和市长张鸿星分别介绍纪念活动相关情况。

同日，副省长殷美根在北京人民大会堂江西厅会见英国驻中国大使馆文化教育处文化一等秘书马昌，希望双方加强文化交流合作，帮助宣传推介江西文化。市长张鸿星等参加。

23日，为期两天半的全市县级领导干部学习贯彻十八届五中全会精神、开展五大发展理念和“十三五”发展规划等教育培训研讨班圆满结束。

同日，全市公务用车制度改革

工作动员大会在市行政中心召开。

同日，省人大常委会副主任、党组副书记洪礼到崇仁县视察旅游休闲工作。

24日，市委书记肖毅，市长张鸿星在汝水森林宾馆会见以天津卓朗科技发展有限公司董事长张坤宇为团长的考察团一行，双方就相关合作事宜进行深入交流与探讨，在进一步加强沟通、开展合作等问题上达成共识。

25日，市委书记肖毅会见到抚州考察的新加坡驻厦门总领事池兆森一行，双方就进一步加强沟通、增进了解、深化合作进行深入交流。

同日，市委书记肖毅在汝水森林宾馆会见在抚州考察的江西省旅台同乡会总会会长黄玠一行。

29日，省铁投集团公司与抚州市铁路项目对接会召开。市委书记肖毅，省铁路投资集团公司董事长、党委书记熊燕斌，市长张鸿星讲话；市委副书记、常务副市长于秀明主持。

同日，“香港青少年红色之旅江西行”活动走进广昌县，参加此次活动的有来自香港40多所学校的200多名师生。此项活动是在国家旅游局支持和指导下，由香港国民教育促进会主办，省委统战部、省旅发委、国家旅游局亚洲旅游交流中心及香港福建同乡会等合办的。

3月，资溪县被国家旅游局列为首批国家全域旅游示范区创建单位。

同月，南丰县被国家中医药局评为全国农村中医药先进县，这是该县继2004年后再次获此殊荣。南丰县级综合医院、中医院均设有中医药科，乡镇卫生院全部设有中医药综合服务区，75.3%的村卫生所提供传统中医药技术服务，40.1%的村卫生室能提供中医饮片服务，中医药服务能力稳步提升。

4月

1日，抚州市与苏州大学举行战略合作签约仪式。市委书记肖毅、苏州大学校长熊思东出席并致辞，市长张鸿星与熊思东分别代表双方签署战略合作框架协议。

6日，全市“河长制”会议在市行政中心召开。会议审议“河长制”相关制度及工作规则，研究推进2016年“河长制”各项工作。4月8—9日，省人大常委会副主任、省总工会主席谢亦森深入抚州市调研信江流域抚州段“河长制”工作落实情况。4月19—21日，省人大常委会副主任、抚河省级河长冯桃莲率调研组深入抚州市，就抚河流域河湖保护管理工作进行调研，并主持召开抚河流域河长会议。12月8—9日，冯桃莲再次率调研组到抚州市，就抚河流域“河长制”工作落实情况、抚河流域治理情况进行调研。

6日，广昌县进行第四次白莲航天搭载育种试验，种莲历经12天的太空飞行，于4月18日返回地面。此次太空育种，是广昌县与中国航天科技集团公司航天育种研究中心合作，选送太空莲36号、京广180号等5个品种的白莲种子276粒共计500克，搭载中国自主研发的首颗微重力科学实验卫星——“实践十号”返回式卫星进行太空诱变育种。

同日，市政府与阿里巴巴集团在杭州举行农村淘宝项目签约仪式。市长张鸿星、阿里巴巴集团副总裁方建生见证签约。副市长韦萍与阿里巴巴集团农村事业部东南大区总经理樊伟俊分别代表双方签订农村电子商务建设合作协议。

8日，2016江西抚州（宁波）重点产业招商对接会在宁波市举行，市长张鸿星致辞。会上，举行24个项目的签约仪式，签约资金总额97.5亿元。

同日，市长张鸿星走访宁波美康生物科技股份有限公司、奥克斯集团等知名企业，与企业负责人就双方合作事宜进行友好洽谈。

9—10日，文化部党组书记、部长雒树刚率队到黎川县调研考察文化建设工作。副省长殷美根，国家文物局党组成员、副局长宋新潮随同。

11—12日，市委书记肖毅，市长张鸿星率抚州市党政代表团赴福建省福州市和莆田市学习考察。

12—13日，市委书记肖毅率队到厦门市开展招商引资活动，出席海峡两岸投资贸易对接会暨江西抚州对台产业合作推介会并致辞。厦门市委常委、副市长林文生，厦门市台办主任黄河明以及130余名闽台企业家应邀出席。会上，抚州市与客商共签订合作项目16个，签约资金49.08亿元。

13—14日，省委副书记刘奇先后深入金溪县、抚州高新区调研。

18日，市金融控股有限公司和抚州金控基金管理有限公司启动大会在市财政局举行。

19日，市委书记肖毅在汝水森林宾馆会见在抚州市投资考察的中国香精香料集团有限公司董事会主席、总裁王明凡一行，双方就相关合作事宜进行广泛而深入的交流，合力推进项目建设，实现互利共赢。

20—21日，全国人大常委会原副委员长周铁农到抚州市参观考察。省人大常委会副主任马志武，全国政协常委、民革中央监督委员会副主任、省政协原副主席陈清华随同。

22日，全市“两学一做”学习教育动员部署会召开。市委书记肖毅出席并讲话，市委副书记、常务副市长于秀明主持。

同日，为落实中国国家主席习近平2015年访问英国时提出的共同纪念莎士比亚和汤显祖，推动两国人民交流、加深相互理解的倡议，由中国人民对外友好协会、江西省人民对外友好协会、抚州市人民政府、英国斯特拉福德区、莎士比亚出生地基金会主办，中国驻英国大使馆支持的共同纪念汤显祖和莎士比亚逝世400周年研讨会暨“抚州文化活动周”启动仪式在英国斯特拉福德举行。出席此次活动的领导和嘉宾有：中国驻英国大使馆代办倪坚，中国人民对外友好协会副会长户思社；江西省外事侨务办公室副主任李雨强，江西省文化厅副厅长任永新；抚州市人民政府市长张鸿星；斯特拉福德区议会议长 Chris Saint、议会主席 Milk Gittus，莎士比亚出生地基金会终身理事 Richard Hyde、副总裁 Philipa Rawlinson，皇家莎士比亚剧团制作人 Griselda Yorke，英国利兹大学教授李如茹和 Steve Ansell 先生，以及中英两国媒体 70 余人。

24 日，省委常委、省军区司令员张晓明到东乡县考察人武工作。

25 日，由《中国化学快报》编委会主办，复旦大学化学系、江西博雅生物制药股份有限公司联合承办的《中国化学快报》高端论坛（2016）在抚州市举行。市委书记肖毅出席开幕式并致辞。《中国化学快报》主编、中国工程院院士钱旭红，复旦大学教授、中国工程院院士陈芬儿，中国医学科学院药物研究所研究员、教授郭宗儒等近 40 名专家学者莅临抚州出席论坛。

26 日，江西施美药业股份有限公司（证券简称：施美药业，证券代码：836706）在新三板挂牌上市。

同日，省政协副主席、九三学社江西省委会主委、省科协主席李华栋率视察组深入宜黄县调研“推动徐霞客游线文化旅游发展与精准扶贫”课题。

28 日，抚州市及东安县获江西省第五届文明城市称号。

29 日，全市生态村镇示范工程建设推进会在汝水森林宾馆召开。

4 月，南丰县荣获全省国有林场改革先进县称号。

5月

4 日，由市委宣传部、团市委举办的纪念五四运动 97 周年暨全市第二届“最美孝心少年”“十大青年创业先锋”、第九届“十大杰出青年”颁奖大会在市行政中心举行。

5 日，全市推进大众创业万众创新工作暨“双返双创”活动动员大会在市行政中心召开。市委书记肖毅主持并讲话，市长张鸿星作动员报告。会后，市委书记肖毅在汝水森林宾馆与参会的“双返双创”科技专家座谈，共谋抚州发展大计。中国工程院院士、复旦大学教授陈芬儿等20余名科技专家应邀出席。

6 日，牛田古樟林获上海大世界基尼斯纪录颁证仪式在乐安县举行，上海大世界吉尼斯总部理事王以德现场颁证，吸引来自全国 70 余家网媒记者的关注。同日，“乐游·乐安”——第八届全国网络媒体江西游活动在乐安县正式启动。省旅游发展委员会主任丁晓群，《江西日报》总编辑任辛、副总编辑王少君等出席启动仪式；副市长刘菊娇主持，市长张鸿星宣布活动启动。

10 日，全国政协委员、江西省政协原副主席刘上洋，全国政协常委、江西省政协原副主席、民革中央监督委员会副主任陈清华，省政协常委、副秘书长徐良平率调研组抵达抚州市，深入黎川县就贯彻落实国务院《关于支持赣南等原中央苏区振兴发展的若干意见》和省委、省政府《贯彻落实〈关于支持赣南等原中央苏区振兴发展的若干意见〉的实施意见》开展调研。

11 日，在率团参加完第 15 届赣港经贸合作活动后，市委书记肖毅率团到深圳市开展招商引资活动，出席 2016 江西抚州（深圳）重点产业招商推介会并致辞。会上，抚州市与客商共签订合作项目 26 个，签约资金 151.1 亿元。

同日，人社部党组成员、中央纪委驻人社部纪检组组长耿文清到抚州，就抚州市人社工作、党风廉政建设和反腐败工作进行调研。

15—17 日，全国政协常委、黑龙江省政协原副主席何小平深入乐安、黎川县，考察调研文化旅游产业发展情况。全国政协常委、江西省政协原副主席陈清华陪同调研。

16—18 日，省委副书记刘奇深入东乡、南丰、广昌和南城县等地调研。

17 日，市委书记肖毅在汝水森林宾馆会见中国人民对外友好协会文化交流部主任马小明、副主任季伟一行。18 日，马小明一行深入乐安县，做好 9 月下旬“驻华使馆文化官员和外国专家中国文化行”活动进行前期调研。

19 日，全市“四进四联四帮”活动年度总结表彰暨新一轮选派工作动员会在市行政中心召开。市委书记肖毅讲话，市长张鸿星主持，市委副书记、常务副市长于秀明宣读表彰决定。

同日，抚州市与福建省圣农实业有限公司举行年产 5 亿羽“肉鸡工程”及配套项目签约仪式。

20 日，国家防总长江委综合管理中心主任陈进一行深入乐安县督查指导防汛工作。

22—23 日，中国工程院院士、中国中医科学院常务副院长、中药资源中心主任黄璐琦率调研组深入抚州市就中医药产业发展情况进行调研，并在汝水森林宾馆召开座谈会。南京中医药大学副校长段金廒，中国医学科学院药用植物研究所所长孙晓波随同调研。市委书记肖毅讲话，市长张鸿星主持座谈会。

24 日，江西大唐国际抚州发电有限责任公司举行 2×1000MW 机组投产汇报会。省人大常委会副主任马志武讲话；法国电力集团董事长兼首席执行官乐维，中国大唐集团公司董事长陈进行共同为“江西省首座百万千瓦级机组电厂投产纪念牌”揭牌；法国电力集团副总裁、大中华区总代表马识路，中国大唐集团公司副总经理李小琳，法国驻武汉总领事马天宁，法国电力集团副总裁傅楷德，省能源局局长郑沐春出席；市委书记肖毅、市长张鸿星出席；中国大唐集团公司副总经理邹嘉华主持。

24—25 日，副省长李贻煌到黎川县开展降低企业成本、优化发展环境政策宣讲，并深入挂点联系企业实地调研。

25 日，市委书记肖毅、市长张鸿星分别会见到抚州市投资考察的香港铜锣湾集团董事局主席陈智一行，双方就相关合作项目建设事项进行沟通交流，在共同推动项目建设、进一步拓展合作空间等方面达成共识。

同日，阿里研究院发布“2015 年电商扶贫十佳县”排行榜，广昌县以排名第六的成绩跻身其列，江西省唯有该县入榜。

26—27日，省政协副主席钟利贵深入乐安、宜黄县，开展降低企业成本、优化发展环境政策宣讲调研，实地走访乐安县部分企业，了解企业生产经营情况与困难问题。市领导于秀明、吴伟柱、魏建新、刘菊娇先后陪同。

26—27日，省政协副主席、民进省委会主委汤建人赴广昌县开展农村资源禀赋情况调查暨“1%工程放飞足球梦想·六一关爱农村留守儿童”活动。

30日，国家文物局党组副书记、副局长顾玉才率调研组到宜黄县调研文物保护工作。市委书记肖毅等看望顾玉才一行。5月31—6月3日，全国文物行政执法人员（江西片区）培训班在宜黄县举行。

30—31日，省政协党组副书记、副主席姚亚平率宣讲组深入南丰开展“降低企业成本、优化发展环境”专项行动调研和政策宣讲。

31日，全国卫生城市创建工程调度会在市行政中心召开。

5月，东乡县获“2011—2016年全国法治宣传教育”先进县。

6月

1日上午，抚州市动物园开工奠基仪式在崇仁县源野山庄举行。预计2017年夏季正式对外营业，由此填补了抚州市无动物园的空白。

1—2日，省长鹿心社先后深入崇仁、宜黄、乐安3县调研降成本优环境专项行动开展情况。在宜黄县考察工业园区，深入到乐安县增田镇石陂蔬菜基地、丰信科技、广雅食品、流坑古村及牛田古樟林等地调研。

4—5日，省委常委、宣传部部长陈俊卿率调研组到资溪大觉山景区、全龙面包培训基地，就文化和旅游产业发展进行调研。24日，陈俊卿再次深入宜黄县考察非物质文化遗产传承保护工作，到崇仁看望慰问老党员宁宏昌，向他致以崇高敬意和节日问候。

13日，全市村容村貌综合整治工作推进会在市行政中心召开。

14—15日，省委常委、省纪委书记周泽民深入宜黄、南丰县，就全省推广公务消费一体化监管、农村集体“三资”监管、开展集中整治和查处基层侵害群众利益不正之风和腐败问题等工作进行调研。

21日，寻梦牡丹亭项目规划设计工作汇报会召开。

同日，市长张鸿星走访国家开发银行江西分行，与行长吴守华就双方进一步加强沟通，深化政银合作，实现互利共赢进行座谈交流。7月15日，双方就“十三五”开发性金融合作举行签约仪式。

24日，江西抚州对台招商推介会在抚州荣誉国际酒店召开。

28日，全省“降成本、优环境”专项行动暨“百家银行进千企”（抚州站）政银企对接会举行。

30日，市委召开全市庆祝中国共产党成立95周年大会。市委书记肖毅讲话，市长张鸿星主持，市委副书记、常务副市长于秀明宣读《关于表彰全市优秀共产党员、优秀党务工作者和先进基层党组织的决定》。

同日，市四套班子领导到抚州市烈士陵园，举行“弘扬革命传统，传承红色基因——祭扫烈士陵园”纪念活动。市委书记肖毅领诵入党誓词，市长张鸿星主持。

6月，南丰县人民法院被最高人民法院确定为家事审判方式和工作机制改革试点单位，全省共有4个县（区）法院入选。9月，家事审判法庭挂牌成立。

7月

6日，市委书记肖毅、市长张鸿星率队走访省教育厅，就支持抚州市教育事业改革发展问题，与省委教育工委、省教育厅负责人座谈商讨。省委教育工委书记黄小华会见并讲话；省委教育工委副书记、省教育厅厅长叶仁荪等参加会见。

6—9日，由新华社、《人民日报》《法制日报》《民主与法制时报》《江西日报》《新法制报》等主流媒体组成的2016年“和谐平安赣鄱行”新闻采风团一行走进抚州，采访报道抚州市社会治安综合治理创新典型，深度挖掘各县（区）基层政法单位的好经验好做法。

7日，“寻梦·汤公故里抚州行”——纪念中国戏剧家汤显祖逝世400周年全国摄影作品征集，暨“寻找赣东的红军足迹”——纪念长征胜利80周年摄影采风活动启动仪式在乐安县流坑举行。中国摄影家协会理事、《中国摄影报》总编曾星明和市委副书记于秀明共同为活动启动揭牌，来自全国各地的300多名摄影家和摄影爱好者参加启动仪式。

7—9日，抚州市党政代表团赴浙江省杭州市和桐乡市学习考察特色小镇建设、文化旅游、信息产业、健康养老产业和城市建设与管理等工作。

9日，广昌县姚西景区成功挑战“世界最大莲池”吉尼斯世界纪录。在经过一系列的认证流程后，吉尼斯世界记录大中华区官方认证官Maggie Lou女士代表吉尼斯记录当场宣布：最大的莲池面积为1.08平方千米。

10日，市委书记肖毅、市长张鸿星走访上海音乐学院，探访《汤显祖》剧组，了解原创音乐剧《汤显祖》的进展情况，与上海音乐学院党委书记、院长林在勇，副院长杨燕迪、张显平等院领导座谈会。

同日，市委书记肖毅、市长张鸿星在上海走访亲和源股份有限公司，与该企业总裁张昊岩举行座谈，双方就深化合作进行交流，共同推动一些具体合作项目取得实质性进展。

11日，市委书记肖毅、市长张鸿星率队走访复旦大学，双方就博雅生物与复旦大学有关合作事宜进行交流，达成共识。复旦大学常务副校长、中国科学院院士包信和，副校长、中国科学院院士金力，中国工程院院士陈芬儿出席座谈会。

13日，抚州市与中国华融资产管理股份有限公司举行战略合作协议签约仪式。市委书记肖毅、中国华融董事长赖小民出席并致辞，市长张鸿星主持；市委副书记、常务副市长于秀明，中国华融副总裁王文杰分别代表双方签署协议。

20—21 日，省人大常委会副主任、民革江西省委会主委马志武率调研组在广昌县调研指导精准扶贫工作。

22 日，中央第四环境保护督察组深入宜黄县开展督察。27 日，督察东乡县。

22—23 日，吉布提共和国驻华大使阿卜杜拉·米吉勒一行到抚州市考察，双方就进一步加强沟通、增进了解、深化合作进行深入交流。市委书记肖毅会见，市长张鸿星与阿卜杜拉·米吉勒签订《关于推动中华人民共和国江西省抚州市与吉布提共和国吉布提市建立友好城市关系备忘录》。

27 日，省委副书记、代省长刘奇深入乐安县和崇仁县企业、农村调研。

28 日，省委常委、政法委书记周萌深入金溪县走访慰问驻训部队。

30 日，市委书记肖毅在汝水森林宾馆会见在抚州考察交流的中国商务广告协会会长李西沙一行，双方就加强文化创意产业合作事宜进行深入交流和洽谈。

7 月，崇仁麻鸡荣获 2016 年度国家级农产品地理标志示范创建样板称号。

8月

2 日，抚州市首家市级院士工作站——江西博雅生物制药股份有限公司院士工作站揭牌仪式举行。

3 日，国务院副秘书长、国家信访局局长舒晓琴赴抚州看望慰问基层信访干部，就加强和改进信访工作进行调研。省委常委、常务副省长毛伟明陪同。

4 日，副省长谢茹深入南丰县、抚州高新区，就全省科技创新大会精神贯彻落实及企业科技创新情况进行调研。

5 日，全市领导干部会议召开。市委书记肖毅主持并讲话；市长张鸿星总结上半年经济工作，部署下半年经济工作；市委副书记、常务副市长于秀明总结上半年群团、综治工作，部署下半年相关工作；市委常委、市纪委书记吴伟柱总结上半年党风廉政建设和反腐败工作，部署下半年相关工作。

10 日，市委书记肖毅在汝水森林宾馆会见在抚州市考察调研的原中国航天工业总公司总经理、国家航天局原局长刘纪原，中国航天科技集团公司运载火箭技术研究院研究员、运载火箭技术专家、中国工程院院士龙乐豪等一行，双方就加强航天育种等科技合作事宜进行交流和洽谈，达成广泛共识。11 日，江西抚州航天科普院士专家工作站、江西抚州航天育种示范基地、江西广昌白莲航天育种示范基地授牌仪式在汝水森林宾馆举行。12 日，专家组一行赴广昌县考察调研。

10 日，超限超载、户外广告清理、河道采砂专项整治行动调度会在市行政中心召开。市长张鸿星讲话；市委副书记、常务副市长于秀明主持。

13 日，市委书记肖毅在汝水森林宾馆会见在抚州市考察调研的中国传媒大学副校长廖详忠一行，双方就加强“市校”合作事宜进行交流与洽谈。

14 日，中共抚州市委三届十三次全体（扩大）会议召开。传达贯彻省委十三届十三次全体（扩大）会议精神，传达省纪委有关问题通报，审议并表决通过《关于召开中国共产党抚州市第四次代表大会的决议》。会议决定：中国共产党抚州市第四次代表大会于 9 月底召开。市委书记肖毅主持并讲话，市委副书记、市长张鸿星宣读《关于召开中国共产党抚州市第四次代表大会的决议（草案）》。

同日，全市脱贫攻坚推进大会召开。市委书记肖毅讲话，市长张鸿星主持，市委副书记、常务副市长于秀明部署下一步脱贫攻坚工作。

同日，全市开放型经济工作暨重大招商活动签约项目落地情况调度会在市行政中心召开。

16—17 日，抚州籍才子、美国休斯敦医学院心血管研究中心主任耿永健，中国民营科技实业家协会副理事长、全国健康医疗养老专业委员会主任、全国大健康移动物联服务平台创办人、万源企业董事长张晓菘一行在抚州考察。

19 日，由绿地控股集团江西房地产事业部常务副总经理任虎率领的绿地集团考察团一行深入临川区温泉景区考察，并与抚州市就进一步加强合作进行座谈。市长张鸿星等陪同考察并出席座谈会。

21 日，“全景看赣鄱 精彩视昌河”2016 年全国重点网媒江西行活动赴资溪县采访报道。来自全国各地近 50 名网络媒体记者先后到九龙湖风景区、面包产业园和大觉山景区采风。

22 日，“美丽中国：风景这边独好”江西（抚州）行大型采访见面会在汝水森林宾馆举行。市委书记肖毅介绍抚州情况，市长张鸿星出席。

24 日，资溪县一亩茶园入选农业部“互联网 +”百佳实践案例。

24—25 日，全国人大常委会副委员长吉炳轩率领全国人大常委会道路交通安全法执法检查组到抚州市，就《中华人民共和国道路交通安全法》执法情况进行专题调研。全国人大内务司法委员会副主任委员秦光荣，全国人大常委会委员、全国人大法律委员会副主任委员李连宁，全国人大常委会委员、全国人大内务司法委员会委员张涛，全国人大内务司法委员会内务室主任于建伟，公安部交通管理局副巡视员李泽军和省人大常委会副主任谢亦森随同调研。

25 日，市委书记肖毅、市长张鸿星在汝水森林宾馆会见华润集团有限公司党委副书记、副董事长、总经理罗熹一行，双方就深化全方位、多领域、深层次合作进行交流，进一步夯实合作共赢基础。

30—31 日，国务院扶贫办副主任郑文凯率国务院扶贫办督查组深入广昌、乐安县调研精准脱贫攻坚工作。

31 日，抚州市科学技术协会第二次代表大会在市行政中心召开。市长张鸿星讲话；中国工程院院士、复旦大学教授陈芬儿出席。

8月下旬，广昌至吉安高速公路（广昌段）项目建设正式拉开序幕。广吉高速是国家公路网沈海高速第七条联络线福建莆田至湖南炎陵中的一段，主线起于船广高速广昌南枢纽，终于石吉高速泰和北枢纽，在广昌县境内全长23.67千米，经盱江、头陂两个乡镇。

9月

3—4日，中共中央政治局委员、国务院副总理刘延东到江西考察指导科技、医疗、教育、文化等方面工作，看望慰问老区干部群众和两位百岁老红军。国务院副秘书长江小涓、科技部副部长徐南平、国家卫生计生委有关负责人随同；省领导鹿心社、刘奇、黄跃金、李炳军、朱虹、龚建华、谢茹、殷美根等分别陪同。市委书记肖毅、市长张鸿星等在抚州陪同。

11—12日，中国科学院党组成员、秘书长邓麦村率领绿色城市产业联盟考察团在抚州市考察调研。

13日，全市“两违”集中整治工作动员部署电视电话会议在市行政中心召开。市长张鸿星讲话，市委副书记、常务副市长于秀明主持。

14日，纪念汤显祖逝世400周年座谈会在北京召开。中共中央政治局委员、中央书记处书记、中央宣传部部长刘奇葆讲话，文化部党组书记、部长雒树刚等出席，市委书记肖毅代表汤显祖家乡发言。

同日，云计算大数据中心项目签约仪式在抚州高新区管委会举行。市长张鸿星致辞。

17日，由100余位企业家组成的长江商学院校友考察团深入抚州市考察。

同日，由省政府主办的“汤显祖杯”2016第七届环鄱阳湖国际自行车大赛（抚州站）在市文化广场举行开幕仪式。市长张鸿星宣布开幕。

18日，中共抚州市委三届十四次全体会议在市行政中心召开，圈选产生抚州市出席省第十四次党代会代表候选人预备人选。

21日，中共抚州市委三届十五次全体会议召开，审议拟提交市第四次党代会讨论的有关事项。市委书记肖毅主持并讲话。张鸿星、于秀明、魏建锋、王新有、李建林、李兰贵、谭小平、魏建新、罗国良、董朝武、刘海滨、傅云等出席。

21—22日，省委常委、常务副省长毛伟明深入东乡县，就工业经济运行情况、城市建设等进行实地调研。

22日，廖坊水利枢纽灌区二期工程开工动员会召开。省委常委、常务副省长毛伟明讲话；市委书记肖毅主持，市长张鸿星致辞。

23日，省委副书记、代省长刘奇在抚州会见前来参加共同纪念汤显祖、莎士比亚、塞万提斯逝世400周年活动的智利、西班牙、英国、美国、泰国等国家驻华使馆文化官员及外国专家“中国文化行”代表团一行。中国人民对外友好协会秘书长李希奎，省委常委、宣传部部长陈俊卿，省人大常委会副主任、省总工会主席谢亦森，省政府副省长殷美根，省政协副主席汤建人，省政府秘书长张勇，市委书记肖毅、市长张鸿星等参加会见。

同日，省委常委、宣传部部长陈俊卿在汝水森林宾馆分别会见以斯特拉福德区议会议长克里斯托弗·圣为团长的英国莎士比亚故乡代表团，中国戏曲学院原院长、中国戏曲学会汤显祖研究分会会长周育德等12名汤学专家。市委书记肖毅、市长张鸿星参加会见。副省长殷美根在汝水森林宾馆会见以西班牙工商联第一副主席、马德里大区工商联主席胡安·巴勃罗·拉扎罗为团长的西班牙塞万提斯故乡代表团。省政府副秘书长刘晓艺、市委书记肖毅、市长张鸿星等参加会见。

24日上午，纪念汤显祖、莎士比亚、塞万提斯逝世400周年活动开幕式在市行政中心南广场隆重举行。全国政协副主席马飚出席并致辞，省委副书记、代省长刘奇致欢迎词；省委常委、宣传部部长陈俊卿，省人大常委会副主任、省总工会主席谢亦森，省政协副主席汤建人、胡幼桃，中国人民对外友好协会秘书长李希奎，文化部部长助理于群，教育部原副部长章新胜，中国戏曲学院原院长周育德和市领导肖毅、张鸿星、于秀明、魏建锋、谢发明、黄晓波等市四套班子领导以及中宣部、文化部、中国剧协、省直各单位、兄弟市等有关领导出席。副省长殷美根主持开幕式。出席开幕式的外国嘉宾有厄瓜多尔驻华大使博尔哈，吉布提驻华大使米吉勒，智利驻华大使贺乔治，英国驻华大使馆区域合作参赞罗克，西班牙驻华大使馆公使衔参赞、副馆长歌华麓，西班牙驻华大使馆文化参赞明格斯，美国驻武汉总领事馆总领事周重山，英国驻广州总领事馆代总领事梅凯伦，泰国驻华使馆二等秘书龙国伟等驻华使馆外交使节以及英国斯特拉福德市市长肖特、西班牙塞万提斯纪念馆馆长艾娃等莎士比亚、塞万提斯故乡代表团成员和来自美国、加拿大等地的国际友人。

同日，中国人民对外友好协会秘书长李希奎，市委书记肖毅，英国莎士比亚出生地基金会对外交流项目经理尼可拉斯·富尔彻，西班牙马德里大区艺术文化旅游局副局长尤西比奥·博尼亚·桑切斯，中国戏曲学院原院长、中国戏曲学会汤显祖研究分会会长周育德共同启动仪式球，标志着抚州市汤显祖纪念馆新馆正式开馆。厄瓜多尔驻华大使、吉布提驻华大使、智利驻华大使、西班牙驻华使馆公使等，来自莎士比亚故乡斯特拉福德、塞万提斯故乡阿尔卡拉的代表团成员和美国、加拿大等国家的国际友人及国内外专家学者、社会团体代表、社会各界人士代表共400余人参加仪式。

同日，社会各界人士代表在位于市人民公园的汤显祖墓地瞻仰先贤，谒陵寄思，敬献花篮并默哀凭吊。市长张鸿星，中国戏曲学院原院长、中国戏曲学会汤显祖研究分会会长周育德，中国艺术研究院戏曲研究所原所长、研究员王安奎，国内外汤学研究专家和学者，英国莎士比亚故乡和西班牙塞万提斯故乡的外宾，江苏南京、浙江遂昌、广东徐闻和江西大余等有关地方代表，社会各界人士及媒体记者共计300余人参加。

同日，2016中国·抚州汤显祖剧作展演暨国际高峰学术论坛在荣誉国际酒店开幕，国内外专家学者云集。开幕式上，世界自然保护联盟主席、教育部原副部长章新胜致辞。市长张鸿星致欢迎辞。周育德作为专家学者代表致辞。

25日，由英国驻广州总领事馆和抚州市政府共同主办的“当莎士比亚遇见汤显祖——纪念莎士比亚与汤显祖逝世四百周年”文化交流活动，在临川一中大礼堂举行。教育部原副部长章新胜发表演讲。市长张鸿星、英国驻华大使馆区域合作参赞罗克致辞，英国驻广州总领事馆代总领事梅凯伦介绍“永恒的莎士比亚”项目及相关推广活动，斯特拉福德区议会议长克里斯托弗·圣表达与抚州加深合作的愿景，爱德华六世国王学校校长和临川一中校长分别介绍学校的国际交流情况。

同日，“三翁小镇”项目座谈会在市政府常务会议室召开。市长张鸿星讲话；英国斯特拉福德区议会议长克里斯托弗·圣为团长的莎士比亚故乡代表团，西班牙工商联第一副主席拉扎罗为团长的塞万提斯故乡代表团受邀参加座谈会。

同日，汤显祖、莎士比亚、塞万提斯三位伟大的文学巨匠，跨越时空与文化，以戏剧表演的方式“邂逅”在舞台中央。当晚，纪念汤显祖逝世400周年剧目展演晚会在东华理工大学大礼堂举行。晚会上，英国利兹大学携手西班牙Portacones舞蹈团，分别带来的实验话剧《梦南柯》及舞剧《塞万提斯“墨汁与足跟”》成就这一“邂逅”。中国人民对外友好协会秘书长李希奎，市长张鸿星，市政协主席谢发明观看演出。

26日，纪念汤显祖逝世400周年剧目乡音版《临川四梦》在汤显祖大剧院上演。

同日，2016中国·抚州纪念汤显祖逝世400周年国际高峰学术论坛专家、学者文化考察团深入乐安县水南古樟林和流坑村参观考察。

28—29日，江西省第十二届人民代表大会第六次会议在南昌召开，会议议程为补选江西省人民政府省长。市委书记肖毅，市长张鸿星，市人大常委会主任魏建锋等抚州市省十二届人大代表参加会议。

29日，中国共产党抚州市第四届委员会第一次全体会议在市行政中心举行。肖毅受市第四次党代会主席团委托，主持中国共产党抚州市第四届委员会第一次全体会议。省信访局原信访督查专员、省换届选举督导组组长谢上海到会指导。全会以无记名投票方式，差额选举产生中共抚州市第四届委员会常务委员会委员和书记、副书记。肖毅、张鸿星、于秀明、王新有、刘海滨、李建林、李兰贵、谭小平、吴建春、韦萍、傅云当选为市委常委。肖毅当选为市委书记，张鸿星、于秀明当选为市委副书记。

30日，是全国第三个烈士纪念日。当天上午，抚州市举行向烈士纪念碑敬献花篮仪式。市委书记肖毅、市长张鸿星、市人大常委会主任魏建锋、市政协主席谢发明、市政协党组书记黄晓波等市四套班子领导和驻抚州部队官兵、市直部门干部、社会各界群众、少先队员共500余人出席仪式，共同缅怀人民英雄、祭奠革命先烈。市委副书记、常务副市长于秀明主持仪式。

同日，围绕汤显祖及其研究与宣传，市委书记肖毅接受凤凰卫视专访。

9月，江西省首家国家级生猪网上交易市场在东乡县正式开市。

10月

9日，省委常委、统战部部长蔡晓明率队深入广昌县开展“孝满莲乡”系列活动。省人大常委会副主任马志武、副省长谢茹，省政协副主席李华栋、汤建人、刘晓庄、郑小燕、孙菊生以及省统一战线系统广大成员、省直帮建单位和省直高校有关负责人参加活动。

11日，水利部水利建设进展督查组到东乡县督查廖坊水利枢纽灌区二期工程建设进展情况。

12日，国家烟草专卖局副局长赵洪顺深入宜黄县调研。

13—14日，市长张鸿星率领市直有关部门主要负责人，赴京走访中国华录集团、中城建第五局、中国环保集团、中国新型房屋集团、中国医药集团等央企，谈合作、寻支持、谋发展，推动央企项目在抚州落地生根、开花结果。

15日，市长张鸿星在南昌万达文化酒店分别会见出席第十四届赣台会的全国台企联副会长、台湾致公党主席、沃华国际投资控股集团有限公司总裁陈柏光一行，宜黄县禅庭景观生态农业有限公司董事长陈胜枝一行，旺旺中时传媒集团《旺报》总编辑王绰中一行，中国国民党荣誉副主席蒋孝严一行。双方就增进了解、促进合作进行深入交流。

16日晚，乡音版（盱河高腔）《临川四梦》在国家大剧院上演。中共中央政治局委员、中央书记处书记、中央宣传部部长刘奇葆，全国政协副主席马飚，全国人大常委会原副委员长周铁农一同观看演出，并给予高度赞誉。观看演出的还有中央有关部委领导以及吉布提、智利、英国、厄瓜多尔等国驻华使馆外交使节。省委书记鹿心社，省委常委、省委秘书长朱虹，省委常委、宣传部部长陈俊卿，省人大常委会副主任魏小琴，副省长尹建业、殷美根和市领导肖毅、张鸿星、魏建锋、谢发明、黄晓波等也观看演出。

17日，市委书记肖毅、市长张鸿星率队走访中国传媒大学，受到中国传媒大学党委书记陈文申、副校长廖祥忠的欢迎，并举行座谈会。双方围绕文化产业发展及市校战略合作达成共识。

18日，乡音版《临川四梦》唱响清华大学。市委书记肖毅，清华大学校务委员会副主任、原副校长谢维和等观看演出。20日，乡音版《临川四梦》在北京大学百周年纪念讲堂，为莘莘学子呈现400年前原汁原味的汤翁戏曲艺术魅力。文化部党组成员、部长助理兼办公厅主任于群，教育部基础教育二司司长郑富芝，北京大学党委副书记叶静漪，市委书记肖毅，与北大学子一同观看演出。

20日，中国华录集团投资合作对接会在汝水森林宾馆召开，市长张鸿星主持会议。会议就中国华录集团在抚州投资项目及下一步投资合作内容进行洽谈。

21日上午，江西省变电设备产业博物馆开馆仪式在崇仁县工业园区举行。下午，江西省变电设备行业协会成立大会在崇仁县工业园区管委会举行。中国电器工业协会变压器分会会长、沈阳变压器研究院院长刘杰，中国电力科学院高压所变压器室主任高飞，江西省社会组织党工委副书记王永，市委常委、副市长董朝武出席。22日，首届中部地区变电设备产业高峰论坛在市行政中心举行。市长张鸿星出席开幕式并讲话。中国电力科学院副院长高克利、沈阳变压器研究院院长刘杰，以及国家电网等国家、省、市单位领导和来自全国各地的变压器技术专家，江西变电设备行业协会成员单位人员260余人参会。

24日，省委常委、省委秘书长朱虹到抚州，专题调研汤显祖文化遗产保护开发工作。

同日，前国家领导人董必武长子、原北京军区空军大校董良羽夫妇，原驻港部队副司令员、总参军训和兵种部副部长董文久一行，到流坑古村回乡省亲、参观考察。

27日，南昌大学校长周创兵率队到抚州，就产学研合作、教育合作、医疗健康服务、旅游规划、文化产业及智力库建设等，与抚州市进行科技合作会谈对接。市委书记肖毅、市长张鸿星参加会谈。

同日，市长张鸿星在汝水森林宾馆会见中国邮政储蓄银行副行长邵智宝一行，双方就相关合作事宜进行交流。

28日，全市承接深圳、东莞、上海等地产业转移工作调度会在抚州高新区召开。市委书记肖毅讲话，市长张鸿星主持。

同日，江西海利二期年产5万吨磨砂板生产项目开工仪式在抚州高新区举行。

31—11月2日，政协抚州市第四届委员会第一次会议召开。

10月，资溪县乌石镇新月畲族村被国家民委命名为第二批中国少数民族特色村寨。

10月，经国务院批准，南丰县被正式纳入国家重点生态功能区。

11月

1—3日，抚州市第四届人民代表大会第一次会议召开。

2日，市委书记肖毅，市委副书记、市长张鸿星在汝水森林宾馆会见东莞铭普光磁股份有限公司董事长杨先进一行，双方就现代信息产业方面的相关合作事宜进行交流与探讨。

4日，全市纪念汤显祖逝世400周年活动总结大会举行。市委书记肖毅讲话，市长张鸿星主持，市委副书记于秀明宣读市委、市政府《关于抚州市纪念汤显祖逝世400周年活动工作表现突出单位和个人的通报》。

7日，由北京舞蹈学院青年舞团和江西南丰县石邮村傩班联合主演的非物质文化遗产原创作品《傩·情》，首次走进国家大剧院，演绎一段精彩的“人傩情未了”，赢得现场观众阵阵掌声。

8日，市长张鸿星在汝水森林宾馆会见英国科学院与欧洲科学院院士、剑桥大学社会人类学教授艾伦·麦克法兰及其夫人一行，商谈文化交流合作有关事宜。

同日，博雅制药与复旦大学共建联合实验室签约仪式在汝水森林宾馆举行。市长张鸿星和复旦大学副校长、中国科学院院士金力分别致辞；复旦大学化学系教授、中国工程院院士陈芬儿等出席。

19日，音乐剧《汤显祖》新闻发布会在上海美琪大戏院举行。市委书记肖毅，上海音乐学院党委书记、院长林在勇等出席。由抚州市委、市政府与上海音乐学院共同创作的音乐剧《汤显祖》在上海美琪大戏院开唱。全国人大常委会副委员长、民进中央主席严隽琪，省政协主席黄跃金，上海市人大常委会副主任姜斯宪、郑惠强、吴汉民，文化部艺术司原司长、文化科技司司长于平观看演出。

21日，中信建投证券执委会委员、中信建投金融控股有限公司总经理、中信城市发展股权投资基金董事长胡斌率中信集团部分骨干企业考察团一行到抚州考察，并举行座谈会。市长张鸿星主持会议。双方就加强城建、医疗、中医药、旅游、养生养老、农业、金融等领域的合作进行交流。

25日，全国工商联副主席谢经荣率全国“万企帮万村”精准扶贫行动提质增效专题调研组深入乐安县，就村企结对帮扶工作进行调研。

26日，教育部原副部长、世界自然保护联盟理事会主席、生态文明贵阳国际论坛秘书长、中国环境与发展国际合作委员会委员章新胜，北京大学政府管理学院常务副院长、天合公益基金会理事傅军一行应邀到抚州，就抚州市生态文明示范区建设提供决策咨询，并商谈相关合作事宜。市委书记肖毅出席座谈会并讲话。

27日，2016全国知名商会原中央苏区（抚州）行开幕式举行。省政协副主席、民建省委会主委、省促进非公有制经济发展领导小组副组长孙菊生，中央统战部五局局长、中国光彩事业促进会副会长兼秘书长张天昱讲话；市委书记肖毅致辞，市长张鸿星主持。

29日，2016抚州市首届旅游商品博览会开幕式在资溪县举行。市委书记肖毅授旗，市长张鸿星致辞。

同日，省长刘奇到资溪县圣农食品有限公司、资溪面包文化产业园、一亩茶园有限公司等地实地调研。

29—30日，由拉丁美洲通讯社、墨西哥电视台、葡萄牙卢萨通讯社、美通社、韩国中央日报、韩国首尔新闻，以及人民日报海外版、中央电视台、中国国际广播电台、环球时报、人民网等媒体的40余名记者组成的“2016外媒看江西”大型采访团在抚州市采访。30日下午，市长张鸿星在汝水森林宾馆接受采访团记者采访。

11月，南丰县洽湾村被列入第四批中国传统村落名录。

同月，在第十四届中国国际农产品交易会展会暨第十二届昆明国际农业博览会上，南丰县选送的“果劲”南丰蜜橘荣获金奖。

12月

1日，抚州民进组织成立十周年纪念大会在市行政中心召开。省政协副主席、民进省委会主委汤建人，市委书记肖毅分别讲话。

6日，中英高级别人文交流机制第四次会议在上海举行。市委书记肖毅等应邀参会。

8日，省人大常委会副主任冯桃莲率抚河省级河长调研组在东乡调研。

8—9日，省委书记鹿心社在抚州调研。省委常委、省委秘书长刘捷随同。

9日，第六届江西艺术节在江西艺术中心隆重开幕。乡音版（盱河高腔）《临川四梦》作为开幕式精选优秀剧目上演，省领导孙新阳、毛伟明、赵力平、周泽民、谢亦森、冯桃莲、谢茹、钟利贵、李华栋、刘晓庄、孙菊生，以及省直有关单位负责人和市领导肖毅、张鸿星、于秀明、魏建锋、黄晓波等观看演出。

11日，2016乐跑中国·大觉山半程马拉松赛在资溪县大觉山景区开幕，3000余名国内外马拉松爱好者参赛。

12日，第一届全国文明家庭表彰大会在京举行。广昌县千善乡黄阳云家庭获第一届全国文明家庭荣誉，受到习近平总书记的亲切会见。13日，市委书记肖毅在市行政中心会见载誉归来的黄阳云。

13日，美国德克萨斯大学医学院及休斯敦医学中心内科教授、世界江西同乡会副主席、美国德克萨斯大学医学院风湿免疫研究室主任、世界硬皮病临床和科研协作网副主席周晓冬一行到抚州，开展科技合作对接活动。市委书记肖毅致辞。

16日，市委书记肖毅、市长张鸿星在汝水森林宾馆会见中航工业昌河飞机工业有限责任公司副总经理许伟一行，双方就发展通航产业、飞行驾校培训等方面合作事宜，进行交流与探讨。

同日，市长张鸿星在汝水森林宾馆会见浙江精工建设集团总裁屠成富一行，就温泉小镇、“三翁”小镇合作开发等事宜进行商谈。

18日，市委书记肖毅、市长张鸿星在汝水森林宾馆会见在抚州投资考察的北大青鸟青瑞聚信投资基金管理有限公司相关负责人周杰，双方就抚州医养结合建设项目进行广泛交流与探讨，在进一步加强沟通、开展合作等问题上达成共识。

20日，由中国文艺评论家协会、中国戏曲学院、抚州市人民政府主办的“杜丽娘返乡省亲晚会”在汤显祖大剧院盛装上演，10位“杜丽娘”相聚汤翁故里同台共舞。这是抚州市首次把表演汤显祖《牡丹亭》具有代表性的10个剧种汇聚一台，为观众带来戏曲文化的饕餮盛宴。省委常委、宣传部部长赵力平，市委书记肖毅、市长张鸿星、市政协主席黄晓波观看演出。

同日，全市科技创新大会召开。市委书记肖毅讲话，市长张鸿星主持；中国工程院院士、复旦大学教授陈芬儿，科技部有关负责人等到会指导。与抚州市开展科技战略合作的复旦大学、苏州大学、中科院国科控股、美国休斯敦医学教授专家团等发来贺信。

20—21日，省委常委、宣传部部长赵力平率调研组，到南丰县调研文化传承与挖掘、加强意识形态和农村精神文明建设等工作。

21日，2016年国际戏剧大师汤显祖文化传播研讨会在汝水森林宾馆举行。市长张鸿星、中国文艺评论家协会副主席路侃、中国戏曲学院党委书记龚裕分别讲话。

28日，全市普法依法治市工作领导小组会议在市行政中心召开，学习贯彻第十三次全省法治宣传教育工作会议精神，总结全市“六五”普法工作，研究部署“七五”法治宣传教育工作。

12月，资溪县获评2014—2016年全国计划生育优质服务先进单位。

同月，东乡县入选“第一批国家级农村职业教育和成人教育示范县”；获江西省2016年度利用省外资金先进县称号，在全省二类县中排名第一；获“2013—2015年度全省加快工业发展加速工业崛起先进单位”。

本栏编辑　黄志刚

年度关注

抚州市举办汤显祖逝世400周年主题纪念活动

2015年英国伦敦时间10月21日，中国国家主席习近平在伦敦金融城市政厅发表题为《共倡开放包容共促和平发展》的重要演讲，指出“在漫长的历史进程中，中国人民和英国人民都创造了灿烂的文明，对人类文明进步产生了深远影响……我相信，每个读过莎士比亚作品的人，不仅能够感受到他卓越的才华，而且能够得到深刻的人生启迪。中国明代剧作家汤显祖被称为‘东方的莎士比亚’，他创作的《牡丹亭》《紫钗记》《南柯记》《邯郸记》等戏剧享誉世界”。提议“汤显祖与莎士比亚是同时代的人，明年是他们逝世400周年。中英两国可以共同纪念这两位文学巨匠，以此推动两国人民交流，加深相互理解”。

2016年9月24—26日，共同纪念汤显祖、莎士比亚、塞万提斯逝世400周年活动在汤显祖故乡——江西省抚州市隆重举行。9月24日上午9时纪念活动开幕，来自莎士比亚故乡斯特拉福德、塞万提斯故乡阿尔卡拉的代表团到抚州参与纪念，这是全球第一次共同纪念这三位文学巨匠。全国政协副主席马飚，江西省委副书记、省政府代省长刘奇，中国人民对外友好协会秘书长李希奎，文化部部长助理于群，教育部原副部长章新胜，江西省委常委、宣传部部长陈俊卿等国家有关部委、江西省委、省政府领导人出席纪念活动开幕式。出席这次纪念活动开幕式的还有厄瓜多尔驻华大使、吉布提驻华大使、智利驻华大使、西班牙驻华使馆公使等，以及来自莎士比亚故乡斯特拉福德、塞万提斯故乡阿尔卡拉的代表团成员和美国、加拿大等12个国家的国际友人和国内外专家学者、社会团体代表、社会各界人士代表共6000多人（其中，有119名外宾，241名知名汤学，102家中央、省市媒体323名记者），近30万名群众参加活动。根据《抚州市2016年纪念汤显祖逝世400周年暨第三届中国（抚州）汤显祖艺术节总体工作方案》安排，汤显祖逝世400周年纪念活动共计44项。

开幕式上，数千人组成的戏剧主题花车在主干道开展巡演，汤显祖、莎士比亚、塞万提斯笔下的戏剧人物悉数登场，用现代歌舞、传统戏剧等多种方式演绎经典传奇。活动期间，与会嘉宾开展了拜谒汤墓、汤显祖纪念馆新馆开馆暨莎士比亚、塞万提斯展区开展、2016中国抚州汤显祖剧目展演暨国际高峰学术论坛、第三届中国（抚州）汤显祖艺术节、“中国文化行”座谈会等十多项活动。数十名外宾畅谈中国文化、数百名专家高峰思想碰撞、数千人花车戏剧巡演、数万人热情追捧汤翁的空前盛况。特别是来自莎士比亚故乡斯特拉福德的英国朋友和来自塞万提斯故乡阿尔卡拉的西班牙朋友，不仅带来了精心演绎的汤显祖戏剧、具有浓郁西班牙风情的弗拉明戈舞蹈，而且英国驻广州总领事馆和抚州市政府在临川一中还共同主办“当莎士比亚遇见汤显祖”文化交流活动，在汤显祖纪念馆新馆开辟莎士比亚、塞万提斯展区，集中展示莎士比亚、塞万提斯一些珍贵展品。抚州市与斯特拉福德区还签订了进一步加强友好交流合作备忘录。

为贯彻落实好习近平总书记的重要讲话精神，在中共江西省委、省人民政府直接领导下，在中央有关部委、省直有关部门的大力支持下，中共抚州市委、市人民政府紧紧抓住共同纪念汤显祖、莎士比亚、塞万提斯逝世400周年这一契机，举全市之力，精心组织、周密安排，认真组织了一系列共同纪念活动，广泛宣传中国优秀传统文化，积极开展中外文化交流活动，唱响汤显祖这出大戏，增强文化自觉和文化自信，实施中华文化传承工程，推动中英文化交流。充分展示汤翁艺术的独特魅力，充分展示中国文化的传统韵味，充分展示抚州人民的精神风貌，唱响汤显祖这出大戏，向世界讲好中国故事，极大地增强了抚州人民的自豪感和自信心，纪念活动取得了圆满成功。得到刘延东、刘奇葆等中央领导同志的充分肯定和广大干部群众的高度称赞。江西省第十四次党代会报告高度评价“汤显祖逝世400周年纪念活动精彩纷呈”。

一、推动汤显祖研究与宣传，唱响汤翁文化品牌

掀起“汤学研究热”。以共同纪念活动为契机，在组建汤显祖国际研究中心的基础上，开展了一系列有影响、有深度的理论研讨活动，把汤显祖研究与宣传推向了一个新高度。在北京，2016年9月份、10月份分别在文化部、光明日报社、清华大学举办了纪念汤显祖逝世400周年座谈会、乡音版《临川四梦》剧目座谈会、“走进汤翁”——纪念汤显祖逝世400周年专题讲座，在京城掀起了一股“汤显祖研究热”。中央政治局委员、书记处书记、中宣部部长刘奇葆同志出席了文化部纪念座谈会，并在讲话中充分肯定了汤显祖的历史地位，称赞他和莎士比亚“一个是东方的艺术高峰，一个是西方的艺术高峰”，强调“汤显祖成为中华文化的标志性符号”“是历史的，也是当代的；是高雅的，也是大众的；是老派的，也是维新的；是民族的，也是世界的”。在上海，2016年12月举行了跨越时空的对话——中英纪念汤显祖莎士比亚逝世400周年研讨会。中央政治局委员、国务院副总理刘延东出席并讲话，文化部党组书记、部长雒树刚致辞。会上，中英两国戏曲专家围绕汤显祖和莎士比亚开展了富有建设性的文化交流。在江西抚州，分别于9月及12月连续举办了两场专题理论研讨活动。9月份举办的2016中国（抚州）汤显祖剧作展演暨国际高峰学术论坛研讨活动，中国戏曲学院原院长周育德等220多位境内外顶级汤学专家参加。12月份举办的2016国际戏剧大师汤显祖文化传播研讨会由中国文艺评论家协会、中国戏曲学院、抚州市人民政府联合主办，中国文艺评论家协会副主席路侃、中国戏曲学院党委书记龚裕等60位多名戏曲专家参与研讨。研讨会上，抚州市与中国戏曲学院签订了战略合作框架协议。

展示汤翁戏曲艺术的独特魅力。为进一步扩大《临川四梦》影响，抚州市在保留汤剧剧作独特韵味的同时，注重艺术传承和艺术创新，组织创作了乡音版盱河高腔《临川四梦》，还原了400年前的《临川四梦》；与上海音乐学院合作，创排了具有中国风范的音乐剧《汤显祖》。2016年10月16—20日，乡音版《临川四梦》在国家大剧院、清华大学、北京大学巡演时，在京城刮起了一股“抚州文化风”。中共中央政治局委员、中央书记处书记、中宣部部长刘奇葆，全国政协副主席马飚，全国人大常委会原副委员长周铁农等3位国家级领导同志，56位副部级以上领导和央企领导及吉布提、智利、英国、厄瓜多尔等国家的驻华外交使节前去观看，受到中外观众的交口称赞。刘奇葆观看演出后给予了高度评价。他指出：“这台戏浓缩了《临川四梦》最精彩部分，裁剪得当，通过汤显祖自己的心路历程，把《临川四梦》串起来，用乡音来表现，很亲切，很有意义，也很新颖。雅和俗都演出来了，雅俗共赏，乡音好听，别有一番风味。”国家大剧院院长陈平说：“没想到一个小戏种、一个地级市能演得那么好，出乎意料。”10月17日，光明日报社还专门组织了评论座谈会，与会专家表示乡音版《临川四梦》是一次非常了不起的艺术创新，走出了一条传统文化传承的新路子。11月中旬，音乐剧《汤显祖》在上海连演五场，一票难求。全国人大常委会副委员长、民进中央主席严隽琪等领导观看演出后对音乐剧《汤显祖》给予充分肯定。12月20日，与中国文艺评论家协会、中国戏曲学院共同主办了“杜丽娘返乡省亲晚会”，首次把表演汤显祖《牡丹亭》具有代表性的10个剧种汇聚一台，交流了经验，推动了传统剧目的创新。

弘扬地方传统优秀文化。结合这次纪念活动，抚州市加大了对国家级非物质文化遗产的传承挖掘力度，将11个县区原生态的传统优秀文化与当代观众的新要求结合起来，分别打造各具特色的傩舞之乡、孟戏之乡、宜黄戏之乡、采茶戏之乡、狮舞之乡、畲舞之乡等。在“共同纪念”活动开幕式举行的戏剧巡演中，3000多名演员以花车巡演的方式充分展现具有地方文化特色的罗汉灯、傩舞、手摇狮、孟戏、宜黄戏，原生态民俗文化的独特魅力，吸引了数十万群众。通过原生态民俗文化的展示，使大家充分领略了中国优秀传统文化的独特魅力。与北京舞蹈学院联合研创的非遗舞剧——《傩·情》于2016年11月在国家大剧院成功上演，这是被誉为“中国古代舞蹈活化石”的傩舞第一次舞进国家最高文化殿堂；2015年底南丰傩舞获第十二届中国民间文艺“山花奖”民俗表演奖，2016年抚州采茶戏《牡丹亭·游园惊梦》登上央视戏曲频道，抚州的优秀文化之花在纪念活动的带动下全面绽放。

二、推进中外文化交流与合作，向世界讲好中国故事

大力实施“文化走出去”战略。充分利用“共同纪念”活动这一千载难逢的机会，积极探索利用传统文化讲好中国故事的新路子。在2015年12月组团到英国进行文化交流活动的基础上，2016年，抚州市又先后组织文化交流团参加了在美国、英国、西班牙、澳大利亚等国家举办的纪念活动，在当地掀起了一股中国抚州文化风。尤其是2016年4月，与中国对外友协、英国斯特拉福德区议会、莎士比亚出生地基金会，在英国莎士比亚出生地斯特拉福德共同主办了“共同纪念汤显祖和莎士比亚逝世400周年研讨会暨‘抚州文化周’”。会上，抚州市与斯特拉福德区正式签订了缔结友好城市关系协议，向莎士比亚出生地基金会赠送了莎士比亚和汤显祖合体青铜雕像，放置在莎士比亚故居，作为中英文化交流的见证。同时，在英国莎士比亚故居花园、小镇街上、英国利兹大学剧场等地先后演出了十多场汤显祖经典剧目《牡丹亭》和《紫钗记》，在斯特拉福德图书馆举办了5天汤显祖图片展，受到了当地游客和英国大学师生的热烈追捧，在莎翁故

乡掀起了“汤显祖热”。

积极邀请外国朋友到抚州进行文化交流。2016年9月23—26日在抚州举行的共同纪念汤显祖、莎士比亚、塞万提斯逝世400周年系列活动开幕式及汤显祖纪念馆开馆仪式等系列纪念活动中，12个国家的外交使节、文化交流团体（其中包括厄瓜多尔驻华大使博尔哈、吉布提驻华大使米吉勒、智利驻华大使贺乔治三位驻华大使）近200人参加纪念活动。特别是英国莎士比亚家乡斯特拉福德区，派出了以区主席为团长的高规格代表团参加了抚州市纪念活动。在纪念活动开幕式上还举办了“当莎士比亚遇见汤显祖”“外交使节中国文化行”等系列中外文化交流活动，英国利兹大学演出了以他们视觉演绎的汤显祖剧目《南柯记》——“梦南柯”，西班牙文化交流团表演了风情浓郁的弗朗明戈舞《堂吉诃德》片段，东华理工大学和临川一中分别表演了莎士比亚剧目《仲夏之夜》和西班牙舞蹈。“共同纪念”活动得到了中外来宾的高度赞誉。西班牙驻华使馆官员在观看临川一中的表演时，热泪盈眶，竖起了大拇指连声称赞“太美了，太美了！没想到你们的西班牙舞跳得那么地道”。英国驻华使馆区域合作参赞罗克看完东华理工大学学生的演出后，高兴地说：“你们表演很精彩，英语说得很标准。”活动期间，抚州市还与英国斯特拉福德区、西班牙阿尔卡拉市就文化、教育、旅游、经贸等领域开展交流与合作达成一系列协议，并在汤显祖纪念馆开设了莎士比亚、塞万提斯展区。抚州市、斯特拉福德区、阿尔卡拉市三方还决定在抚州市临川区温泉镇建设以三位文学巨匠旧居及家乡风貌为主要内容的“汤翁”“莎翁”“塞翁”——“三翁小镇”，作为中、英、西三方文化交流永久地址。纪念活动进入了中英高层人文交流机制，上升到国家层面。2016年12月6日，中央政治局委员、国务院副总理刘延东和英国卫生大臣杰里米·亨特在上海共同主持召开中英高级别人文交流机制第四次会议，其中一项重要内容就是商定进一步推动汤显祖故乡抚州与莎士比亚故乡斯特拉福德建立友好城市关系，以加深双方交流与合作，这标志着抚州对外文化交流纳入中英人文高层交流机制，为推动汤显祖更好地走向世界打开了更广阔的空间。目前，正在积极筹备将于2017年9月中旬举办的“汤显祖国际戏剧节”，纪念中英建交45周年，突出中英文化交流，融入“一带一路”战略。

2016年9月24日，汤显祖纪念馆新馆开馆暨莎士比亚、塞万提斯展区开展仪式在抚州市汤显祖纪念馆举行。中国人民对外友好协会秘书长李希奎，抚州市委书记肖毅（右二），中国戏曲学院原院长、中国戏曲学会汤显祖研究分会会长周育德，及英国、西班牙外宾等共同启动新馆开馆仪式球。

三、加强对外宣传报道，提升抚州知名度和影响力

聚焦报道在英国莎士比亚故乡的“抚州热”。2016年4月，抚州市组织文化交流团在英国举办“抚州文化周”，中央电视台、人民日报、人民网、新华每日电讯、光明日报等国内外重点媒体均在第一时间报道了文化交流的盛况。其中，中央电视台新闻频道、英语频道连续播出抚州市代表团在莎翁故乡开展共同纪念汤显祖、莎士比亚逝世400周年活动稿件。

聚焦报道开幕式掀起的“共同纪念热”。2016年9月，纪念活动进入“抚州时间”，共有100多家中外媒体300多名记者参与报道，编发各类原创稿件300多篇。中央电视台《新闻联播》《新闻直播间》《中国新闻》栏目以及人民日报、新华每日电讯、光明日报、经济日报、中国日报、中国青年报等重量级媒体都作了浓墨重彩报道。抚州市还充分利用微信、微博、客户端、微信公众号及现场直播、知识问答、H5、VR等新媒体、新手段营造氛围、扩大影响。腾讯新闻、江西发布、凤凰江西等72个能搜索到的微信公众号发布了开幕盛况信息，阅读数300多万次。新华社客户端的“纪念汤显祖知识问答”得到108万名读者的点击，9月24日当天的图文直播阅读量近32万人次。江西手机报在头条制作的活动专题（包含相关新闻33条），点击200多万人次。

聚焦报道乡音版《临川四梦》晋京演出掀起的“汤翁热”。人民日报、新华社、中央人民广播电台、中央电视台、光明日报、人民网、新华网等60多家主流媒体150多名记者到现场采访报道，刊发、播出各类原创新闻稿350多篇，近千家媒体转发。中央电视台戏曲频道还进行了现场录播，腾讯视频、YY网通过手机版进行了现场直播。《临川四梦》、汤显祖成为媒体热词和人们热议的话题。2016年10

月18日晚，乡音版《临川四梦》在清华大学演出，除现场2200人观看外，还有近10万人在线观看、热议。仅腾讯直播当晚的跟帖即有6000余条。很多网友在观看直播后纷纷在网上留言"美轮美奂""汤翁戏曲，震撼亚洲，惊艳世界"。这些留言充分表达了人民群众对中华民族传统文化的自信和自豪。

四、充分挖掘和发挥独特文化优势，带动经济社会发展

以共同纪念活动为契机，抚州市全面贯彻习近平总书记治国理政新理念新思想新战略，加快科学发展、绿色崛起步伐。

推动文化旅游产业发展。围绕打造全国历史文化名城和"中国戏都"的目标，挖掘历史遗存，激活传统文化，带动文化和旅游产业。一方面，加强与北京大学、清华大学、中国传媒大学、中国戏曲学院等知名高校合作，做好文化产业规划编制等工作，全面规划文化产业的发展。以戏剧文化为引领，推动汤翁戏剧艺术进校园、进教材，建立剧本创作基地、设置临川四梦传承班、组建汤显祖艺术剧团、玉茗堂剧社等，把抚州打造成集写戏、看戏、演戏、评戏为一体的中国戏剧文化集聚地。另一方面，以汤显祖旧居汤家山建设为突破口，通过对汤显祖出生地、祖坟群、玉茗堂等遗迹遗址进行全面修缮改造，建设中国戏曲博物馆、戏剧大师工作室、戏剧文化体验区、中国戏曲学院实训基地、复排盱河高腔《牡丹亭》、拍摄电视剧《汤显祖》等，全面推进文昌里历史文化街区建设，使之成为全市文化旅游产业发展的示范工程。2016年，全市文化产业主营业务收入292.54亿元，同比增长23.7%；全市共接待游客2960万人次，实现旅游收入260亿元，同比分别增长40%、42%。大觉山景区成功创评为国家AAAAA级旅游景区，抚州获评为"中国特色乡村旅游目的地品牌"，列入第三批全国新型城镇化综合试点市。资溪县、南丰县被列为首批国家全域旅游示范区创建单位。

推进生态文明示范市建设。紧紧抓住江西省被列入全国首批生态文明试验区的机遇，以山水为载体，以文化为灵魂，以建设河湖流域生态保护与综合治理先行区、绿色崛起示范区、生态文明体制机制创新区、绿色生活倡导区为抓手，着力打造美丽江西"抚州样板"。重点推进抚河流域综合治理示范区、温泉生态文明样板区、抚河干流沿岸36个生态村镇建设。其中投资1600亿元的抚河流域生态保护与综合治理工程，是河湖流域水生态治理示范项目，被列为省部共建重点工程。通过加快生态文明示范市建设，抚州的生态优势得到进一步巩固和提升。目前，全市森林覆盖率达到65.6%，比全省高2.5个百分点。抚州继2015年被评为省级文明城市、全国"50强氧吧城市"第一名后，2016年又被评为全国健康城市，并入选"2016最美中国榜"，获批为全省生态文明先行示范市。

推动经济社会发展。举办共同纪念活动，文化搭台，项目跟进，经济唱戏，有效促进了全市的经济社会发展。2016年，抚州市成功入选全国新型城镇化综合试点市和第三批国家低碳城市试点。在全省率先建成"全光网城市"。汽车及零配件、生物医药、建筑建材、有色加工、食品加工、电子信息等产业转型升级，走向中高端；中医药、健康养老、文化创意、休闲旅游、数字经济、现代物流等六大新兴产业蓬勃发展。投资15亿元，与中科曙光合作开发的政务云计算中心正式运行；投资45亿元，与天津松江资本、天津卓朗科技公司合作开发的大数据产业园项目全面启动建设。一年来，全市引进互联网金融、互联网传媒等新经济企业100多家，实现业务收入突破100亿元。积极融入、主动对接"一带一路"。全年新增对外承包工程资质企业5家，赣东路桥集团建设的埃塞俄比亚奇达公路项目竣工，中阳建设集团投资的赞比亚江西产业园项目顺利推进，抚州江铃皮卡、崇仁变压器等生产线将进驻赞比亚首都卢萨卡市，抚州企业"走出去"迈出实质性步伐。

2016年，全市实现生产总值1211亿元、增长8.8%，财政总收入171.6亿元、增长3.9%（消化了财政收入部分历史问题，调减财政收入增幅6.1%，影响GDP增长0.4%），固定资产投资1251.3亿元、增长13.8%；全市规模以上工业增加值、全社会用电量、工业用电量三项指标增幅列全省第一；进出口总值、出口总值增幅列全省第二；外商直接投资实际使用金额增长10.44%，增幅列全省第三。同时，抚州社会和谐稳定，政治生态风清气正。维稳工作规范化建设经验在全国、全省推广；全市党风廉政建设社会评价名列全省第一；省委考察组开展的全省选人用人"一报告三评议"测评中，抚州市"市委干部选拔任用工作""市委书记执行干部任用条例""年度新选拔任用的干部"等三项指标的总体评价均位列全省设区市第一。市县乡换届工作，得到中央组织部换届风气专项督查组和省换届风气巡回督查组的充分肯定。抚州，正凭借文化的凝聚力、影响力和创造力，以昂扬向上的姿态阔步前进。

本栏编辑　汪志强

概览

经济社会发展综述

抚州市位于江西省东部，辖2区9县和1个国家高新技术产业开发区，总面积1.88万平方千米，其中，市中心城区建成区面积60.10平方千米，城镇化率46.65%。年末实有耕地面积24.53万公顷，林业用地面积132.40万公顷，森林覆盖率和城市绿地率、绿化覆盖率分别为65.6%、42.05%和45.81%。总人口4001819人，其中，城镇人口1871053人，人口自然增长率7.40‰。2016年，全市实现生产总值1210.91亿元，比2015年增长8.8%。其中，第一产业增加值197亿元，增长4.0%；第二产业增加值591.34亿元，增长8.9%；第三产业增加值422.57亿元，增长11.2%。三次产业比由2015年的16.5 ∶ 49.7 ∶ 33.8调整为16.3 ∶ 48.8 ∶ 34.9。全市全部工业增加值484.41亿元，比2015年增长9.2%，占GDP比重40.0%。规模以上工业增加值完成394亿元，增长9.5%。主要工业产品布2.46亿米，纱1.36亿千克，农用氮、磷、钾化学肥料3202.6万千克，塑料制品3.47亿千克，变压器13548840千伏安，铜材4.92亿千克，中成药6271万千克。全市农林牧渔业总产值356.45亿元，比2015年增长4.0%。主要农业产品粮食总产量29.66亿千克，甘蔗2.02亿千克，油料6014.8万千克，烤烟2133.1万千克，茶叶256.2万千克，棉花312.2万千克；肉类总产量3.48亿千克；水产品产量1.96亿千克。生猪当年出栏270.87万头，年末存栏167.38万头；家禽年末数2977.58万只。经环保部核定，化学需氧量，氨氮、氮氧化物和二氧化硫分别比2015年下降0.7%，0.66%、0.14%和0.61%。全市22个水质监测断面水质良好，水质达标率100%，集中式饮用水水源地水质达标率100%。空气质量优良天数为339天，占总天数的93%，5个县被纳入国家重点生态功能区。财政总收入171.62亿元，比2015年增长3.9%。其中，税收收入143.93亿元，增长1.7%；公共财政预算收入122.80亿元，下降3.2%。全年公共财政预算支出312.34亿元，增长6.0%。全市城镇居民人均可支配收入27195元，增长8.5%；消费性支出15791元，增长5.0%。农村居民人均可支配收入12447元，增长8.8%；消费性支出7984元，增长6.6%。新增城镇就业4.31万人；完成城镇保障性安居工程42764套，改造农村危房6391户；全市扶贫对象减少4.4万人。

（饶国旺）

自然环境

【地理】 **区域位置** 抚州市地处北纬26° 29′ ~ 28° 30′、东经115° 35′ ~ 117° 18′之间。东邻福建省建宁县、泰宁县、光泽县、邵武市，南接江西省赣州市石城县、宁都县，西连吉安市永丰县、新干县和宜春市的丰城市，北毗鹰潭市的贵溪市、余干县和南昌市的进贤县。南北长约222千米，东西宽约169千米，总面积18798平方千米，占全省总面积的11.3%。

地势地貌 市境内东、南、西三面环山，中部丘陵与河谷盆地相间。地势南高北低，渐次向鄱阳湖平原地区倾斜。地貌以丘陵为主，山地、岗地和河谷平原次之。海拔500米以上的山地占总面积的30%，海拔100~500米之间的丘陵占50%，海拔低于100米的岗地和河谷平原占20%。市内最高峰——军峰山海拔1761米。

山脉 市境内山脉集中分布于东部和南部，山体走向为北东—南西向，主要有东部武夷山和南西部雩山，二者在平面上构成北东向斜“川”字形地貌框架。武夷山脉位于抚州市东部，沿赣闽省界向南延伸，为盱江和闽江的分水岭。主要有笔架山、出云峰、昌坪山、杨家岭、会仙峰、九头峰等海拔千米以上的山峰10余座。雩山山脉分布在市南西部，主要有大王山、芙蓉山、相山、血木岭等，其中市内最高峰军峰山位于该山脉中。

河流 全市有抚河、信江、赣江三大水系，大小河流470条。水流方向除赣江水系乌江外，均由南向北汇入鄱阳湖。

1. 抚河水系。抚河古称盱江，又名汝水，贯穿抚州市中南部，是流入鄱阳湖区主要支流之一，为全省仅次于赣江的第二大河流。抚河干流总长348千米，流经境内长271千米，多年平均径流量为78.9亿立方米，流域面积为16439平方千米。抚河主要支流有盱江、临水、黎滩河、东乡水等10余条。

2. 赣江水系。市内赣江水系主要河流在乐安、广昌两县境内，流域面积为1422平方千米，有青田水、南村水、鳌溪水、潭港水、招携水、牛田水、湖坪水、柯树水。

3. 信江水系。市内信江水系河流分布在东乡、金溪、资溪三县，流域面积为1560平方千米，有泸溪水、黄通水、旸田水。此外，还有直接流入鄱阳湖的润溪河，其发源于东乡县北部愉怡乡眉毛尖，全长21千米，市内流域面积为116.2平方千米。

气候 市境内属南方湿润多雨季风气候区，气候湿润，雨量充沛，光热充足，四季分明，植物生长期长。全市年平均气温在17.06~18.44℃之间，最热月7月平均气温为27.64~29.85℃之间，最冷月1月平均气温为5.20~6.80℃。历年极端最高气温42.2℃，极端最低气温-13.2℃。年平均降水量1740.7~2003.3毫米，集中雨季在4—6月，年平均降水日为162.6天。年平均日照时数为1585.5小时。风向全年平均以静风为主。由于地形复杂，气候多变，旱涝、风雹、雷电和低温天气常有发生。

【土地资源】 2016年年底，全市土地面积18798平方千米，占全省总面积的11.3%。其中耕地34.21万公顷，全市人均占有耕地0.088公顷；牧草地0.38万公顷；林地120.39万公顷；居民点及工矿用地7.23万公顷；交通用地2.40万公顷；水域面积9.19万公顷；园地8.53万公顷；未利用土地13.73万公顷。

全市土壤总面积为173.65万公顷，土壤类型分为红壤、黄壤、山地草甸土、紫色土、红黏土、新积土、粗骨土、潮土和水稻土9个土类及15个亚类、65个土属、200个土种。

1. 红壤。全市红壤面积为132.22万公顷，是全市面积最大的一类土壤。红壤大多数土层深厚，是发展果、茶、桑、油茶以及用材林和经济林的主要土壤资源。

2. 黄壤。全市除南城、东乡县外，其他县（区）均有分布，总面积为3.5万公顷。黄壤有机质丰富，肥力高，是发展主要用材林的重要土壤资源。

3. 山地草甸土。位于南丰、宜黄县军峰山和崇仁县相山等海拔1200米以上的高山平坦缓坡地段，面积190公顷。

4. 紫色土。主要分布于南城、广昌、南丰县海拔150米左右的丘陵地区，面积为5万公顷。紫色土适宜喜钾、钙植物的生长。

5. 红黏土，面积为530公顷。

6. 新积土。零星分布于全市大小河流主航道两侧的河漫滩，面积为200公顷。

7. 粗骨土。分布于崇仁县三山乡丘陵地区，面积为3.53万公顷。部分植被较好的地段，表层土较厚，土壤有机质较丰富，是发展油茶生产的良好土壤资源。

8. 潮土。是近代河流冲积物经人工开垦耕作而形成的一种旱作土壤，分布于抚河及其支流沿岸的河阶地及冲积平原，面积为0.85万公顷。潮土土壤深厚，土质疏松，养分丰富，是各种经济作物、蔬菜、果树，尤其是柑橘种植的良好土壤资源。

9. 水稻土。广泛分布于全市各县（区），尤以抚河平原和丘陵沟谷分布集中，是市内最主要的耕作土壤，面积为31.6万公顷。水稻土复种指数高，生产利用强，是种植水稻、棉花、红薯、西瓜、花生、甘蔗、油菜等多种经济作物的优良土壤。

【矿产资源】 市内矿产资源丰富，有金属矿产20多种，非金属矿产30多种。主要有有色金属（含贵金属）、稀有金属、黑色金属、稀土矿产、瓷土矿产、建筑材料及冶金辅助矿产等，以稀有金属铀、有色金属铜、瓷土矿和建筑材料矿产为优势。已探明储量的矿床有265处，内有大型矿床3处，中型9处，小型253处。已开采利用的有铜、铀、瓷土、金、钨、煤、稀土、萤石、石墨、建筑材料等。

【能源资源】 市内能源资源主要有水能、光能、风能等。

水能 市内水能理论蕴藏量为70.246万千瓦（其中，抚河57.90万千瓦，信江流域5.496万千瓦，赣江流域6.73万千瓦，润溪河0.12万千瓦），占全省水能蕴藏量的10.29%。水能可开发量为49.14万千瓦，折合年可开发电量19.66亿千瓦小时。

光能 市内全年平均日照总时数为1585.5小时，太阳辐射总量为102.4~112.2千卡/平方厘米，以南丰县为最大，东乡次之，资溪最少。全市属短日照地区，昼夜变化较小，年内太阳辐射总量不低，有利于长短日照作物生长和太阳能的开发利用。

风能 市内一年内以静风天数最多，年平均风速仅1.1~3.0米/秒，东乡、南城、金溪偏大，为2.2米/秒。南城年均风速达3.2米/秒，为全市最大，可供开发利用。

能源矿 全市有煤炭产地32处，分布在市内8个县（区）。主要分布在崇仁相山—礼陂—谙源、东乡刘家岭—小璜—詹墟、乐安濂坑—仲溪—洞口、南城鲲塘—上唐—庄上、南丰池渡和沙岗等地，均为小型规模矿床。累计探明储量为827万吨，仅占全省的0.7%左右。

【水资源】 市内水资源十分丰富，总量达249.23亿立方米。

地表水资源 地表水资源来自降水，全市年平均降水量322亿立方米，多年年平均降水量在1700毫米左右，资溪县年平均降水量最大，为1900毫米；临川区年平均降水量最小，为1600毫米。4—6月降水量约占全年降水量的50%。降水部分为植物、土壤和地表水蒸发所消耗，部分形成径流。全市地表水资源为181.11亿立方米，人均占有水量6300立方米左右。

地下水资源 全市地下水（浅层）资源可动量初步估算为51.86亿立方米，平均地下流量模数为22.6万立方米/年平方千米。市内地下水类型包括松散岩类孔隙水、碎屑岩裂隙孔隙水、基岩裂隙水。前两类富水性强，水质污染程度低，是生产、生活主要供水源。后类富水性差，水质亦不理想，不宜作供水源。

【植物资源】 市内植物起源古老，植物资源丰富，种类繁多，可提供物质原料的资源植物生产潜力大。全市有高等植物3000余种，其中，木本植物109科322属1018种（含亚种、变种及少数栽培种）。在木本植物中，有优良速生树种26科55种。有伯乐树、香果树、水杉、南方红豆杉等20种树种被列为国家级保护树种，香榧、江南油杉、罗汉松、赤皮稠、美毛含笑、沉水樟等45种树种被列为省级保护树种。

用材植物 主要有人工栽培和野生两种。人工栽培的有毛竹、杉木、马尾松、火炬松、湿地松、柳杉、池杉、水杉、樟树、橡树、拟赤杨、木荷、苦槠、枫树、杨树、泡桐等。野生的有台湾松、樟树、伯乐树、杜英、重阳木、黄檀、花榈木、红豆树、甜槠、南岭栲、大叶青岗、东南石栎、麻栎、蕈树、枫香、枫杨、黄樟、红楠、楝树、紫树、银鹊树、湘椴、青檀、榆树、香椿、南方红豆杉、香槐、朴树、铁冬青等。

经济植物 木本油料类植物有油茶、油桐、乌桕、梾木、油橄榄、樟树、香桂、山苍子、木姜子、吴茱萸、花椒、柏树、桉树、松树；木本淀粉类植物有板栗、槠类、栎类、茅栗、锥栗；木本纤维类植物有桑、榆、朴、山油麻、椴树、糙叶树、竹类、梧桐、棕榈；食用果类植物有柑橘、橙、柚、桃、李、柿、板栗、枣、梨、杨梅、猕猴桃、山楂、无花果、葡萄等。

观赏植物 主要有柏树、苏铁、银杏、雪松、罗汉松、夹竹桃、黄杨类、蜡梅、杜鹃花类、香榧、绣球、玉兰、含笑、芙蓉、白兰花、合欢、茶花、桂花、石榴、蔷薇花、绣线菊等。

药用植物 市内木本药用植物有160余种，主要有银杏、木通、厚朴、红茴香、肉桂、阴香、杜仲、皂荚、黄檗、木槿、辛夷、元花、五加、常春藤、山茱萸、朱砂根、女贞、络石、紫珠、枸杞、钩藤、忍冬、羊蹄甲等。

【动物资源】 市内生态条件较好，为野生动物提供了良好的栖息场所。动物资源中有哺乳类、鸟类、两栖类、爬行类、鱼类、软体动物、浮游动物等。全市属国家一类保护动物有7种，分别为华南虎、金钱豹、云豹、梅花鹿、金猫、黄腹角雉、白颈长尾雉。属国家二类保护动物37种，有猕猴、黑熊、豺、大灵猫、小灵猫、水獭、穿山甲、水鹿、鬣羚、大鲵、虎纹蛙、鸳鸯、白尾鹞、白鹇、红腹锦鸡、斑头鸺鹠鸟、雕、普通夜鹰、蓝翅八色束鸟等。属省级保护动物62种，有狐、貉、果子狸、食蟹獴、黄鼬、豹猫、平胸龟、赤鹿、绿头鸭、灰胸竹鸡、白鹭、火斑鸠、大杜鹃、蓝翡翠、灰喜鹊、红嘴相思鸟、大拟啄木鸟、家燕等。属《濒危野生动植物国际贸易公约》保护的有银环蛇。全省仅抚州市特有的动物有黑熊、红腹锦鸡。

哺乳类 全市有华南虎、黑熊、豹、鹿、猕猴、大灵猫、小灵猫、金猫、狐、貉、穿山甲、刺猬、豺、水獭、鬣羚、狼、梅花鹿、水鹿、野猪、果子狸、花面狸、食蟹獴、黄喉貂、黄鼬、野兔、花鼠等。

鸟类 全市有鸟类206种，主要有黄腹角雉、白颈长尾雉、白鹇、红隼、苍鹰、凤头鹃隼、松雀鹰、大拟啄木鸟、金腰燕、家燕、黑枕黄鹂、喜鹊、红嘴相思鸟、鹧鸪、凤头麦鸡、八哥、云雀、麻雀、金雕、白鹭等。

两栖类动物 全市两栖类动物有28种，主要有大鲵、蝾螈、崇安髭蟾、中华蟾蜍、中国雨蛙、虎纹蛙、棘胸蛙、日本林蛙、大树蛙、饰纹姬蛙等。

爬行类动物 全市爬行类动物有42种，主要有银环蛇、眼镜蛇、尖吻蝮、黑肩锦蛇、王锦蛇、灰鼠蛇、乌梢蛇、竹叶青、水蛇、平胸龟、乌龟、中华鳖、壁虎、石龙子、蜥蜴等。

鱼类 全市有鱼类125种，其中鲤科种类最多，计74种。主要经济鱼类有鲤鱼、鲫鱼、草鱼、鳙鱼、鳊鱼、乌鱼、鲶鱼、黄颡（又名黄芽头）、鱼白、鲴鱼、鳜鱼、黄鳝、泥鳅以及引进的罗非鱼、河鳗、河蟹等。

软体及底栖动物 有经济价值的软体及底栖动物市内主要有三角帆蚌、褶纹冠蚌、椭园背角无齿蚌，背角无齿蚌，园田螺、环棱螺等。

历史简况

【汉代以前】 早在新石器晚期抚州就有人类活动，在临川抚北镇磨盘山、上顿渡镇桃子山寨、温泉镇虎形岭、桐源乡翁坊村金钟，乐安鳌溪镇寨上、南村乡破脑上、龚坊镇浯塘甲山、万崇乡成坊排上等地，考古发现石斧、石镞、石锛、石矛、石刀、纺轮、器脚和陶器以及铁质蹄形鼎腿、铁釜和铁剑等残片。在临川上顿渡镇乐家寨、罗家寨，青泥镇脊山；乐安山砀镇山砀村营盘边、鳌溪镇林头湾肖坊坑等地发掘出商、周及至春秋战国时期铁斧、铁口锄、陶器和原始瓷等器物。不少遗址的土城、城墙、城门、城壕遗址尚存，表明在春秋战国时期这里就有人口聚居。

据中国最早的地理著作《禹贡》记载，夏商时期天下分九州，抚州区域属扬州。春秋战国群雄崛起，抚州地域始属吴国。此后，逐步壮大起来的越国于公元前473年灭吴国，抚州归属于越地。据于今湖南湖北的楚国不断向东扩张，于公元前306年楚王熊商又灭越国，抚州区域被纳入楚国版图。到秦王政二十四年（前223年）时，强大的秦国灭楚国，抚州区域归属于秦。两年后秦国灭齐，统一中国，分天下为36郡，抚州属九江郡。九江郡治设在今安徽寿县，管辖的范围相当于现在的安徽、河南淮河以南、湖北黄冈以东和江西赣北、赣中、赣南。九江郡下面设有若干个县，其中一个县叫余汗，就是今天上饶市的余干县，抚州属余汗县管辖。

先秦时期，抚州是百越族的活动范围。据《汉书·地理志下》臣瓒注曰："自交趾至会稽七八千里，百越杂处，各有种姓。”明确指出江南大部分地区在春秋战国之际属于古代越族聚居之地。抚州处于交趾（今越南境内）至会稽（今浙江绍兴）的中段，这里的原住居民是古越族中一支，叫“干越”，干越是众多越族中的一个方国。唐代颜师古注《汉书·货殖列传》曰：“干越，南方越名也。”是活动于江西的古代越族的一支。朱维幹在《福建史稿》中更明确指出：“干越在今天的赣东。”

秦始皇统一中国后，一部分越人逐渐与当地汉人融合，但多数越人则避居山区，成为“山越人”。由于越人已进入农业经济阶段，其中部分越人与汉人交往较多，汉越差别渐少，所以一旦进入汉人占优势的居民中很快就融合了，这也是史籍中未留下这些越人移民踪迹的原因。“山越人”自东汉以来即被称为“深林远薮、椎髻鸟语之人”（《后汉书·度尚传》）。对山越的酋长，史书称为宗帅、大帅、渠帅、名帅、强宗骁帅（《三国志·吴志》）。他们统率的人数，少则数百人，多则万人。东汉末年孙权据有江南后，不断对山越人进行剿抚，并且毫不例外地将俘虏的山越成年男子编入军队，壮大东吴军事力量。《三国志》卷六十《吴书·贺齐传》记载：建安十八年（213年）豫章东部民彭材、李玉、王海等又起，有众万余，贺齐率兵镇压，“拣其精健为兵，次充县户”；《三国志》卷五二《吴书·张昭传》记载：建安十八年，“（孙）权征合肥，命昭别讨匡琦。又督领诸将，攻破豫章贼帅周凰等于南城。”“南城”即南城县，“豫章东部”就是现在的临川区域。直到两晋南朝时，山越人才慢慢融合为汉民族，赣东境内的一些少数民族如畲、瑶、苗等都是山越人的后裔。

抚州地区由于土地未得到深度开发，在西汉以前未设县级以上行政机构治理，是个远离封建统治中心的区域。西汉王朝建立以后，才开始设有县级行政机构。汉高祖四年（前206年），英布因在楚汉争霸中战功赫赫，受封为淮南王。淮南王国领有衡山、九江、庐江、豫章4郡，豫章郡治设在今南昌市，管辖18个县，这是江西地区最早设立的一批县，南城县是其中之一。南城县治设在现在南城县东南的石下，硝石街河对岸，1960年洪门水库大坝合龙拦洪后，硝石街及南城古县治被淹没，已寻不到踪迹。西汉南城县所辖范围大体包括今南城、资溪、黎川、南丰、广昌、宜黄、崇仁、临川、金溪9县之全部及乐安大部、东乡南部、宁都北部。今东乡一部分属余干县、乐安一部分属新干县。后来随着人口的逐步增加，东汉永元八年（96年），分豫章郡的南昌县南部和南城县西北境，设置临汝县，县治设在今抚州市城西街道办事处附近。临汝县治因临水（宜黄河）和汝水（抚河）环绕，故名临汝县，到隋朝开皇九年（589年）才正式改名为临川县。南城县管辖今南城、南丰、广昌、黎川、资溪5县地域，临汝县管辖今临川、崇仁、宜黄、金溪及乐安、东乡之大部地区。此后，赣东地区两县分治局面维持了160余年。

【魏晋南北朝】 三国时，偏居江东的孙吴政权，为加强与曹魏、蜀汉的抗衡，确立“保江东”“观成败”战略方针，对江东进行全面开发和治理，其中一个重要举措就是将山越人驱逐出山，以增加孙氏政权所控制的人口，即所谓“分部诸将，镇抚山越”。在派兵驱赶山越人出山的同时，大量设置郡县加以治理，并于吴太平二年（257年）在赣东地区设立临川郡，郡治设在临汝县。

古代地方政权实行州、郡、县三级管理，“郡”相当于现在的设区市。在设立临川郡的同时，分南城县东南部另置东兴、永城、南丰3县。分临汝县西南部置西平、新建、西城、宜黄、安浦5县。临川郡管辖临汝、西平、新建、西城、宜黄、安浦、南城、东兴、永城、南丰10县。县的数量与现在抚州市管辖的县区相差无几，其中临汝（临川）、南城、南丰、宜黄4个县名沿用至今。这种情况一直延续到南朝的梁普通三年（522年），其间县名和辖区虽略有变动，但变化不大。

郡、县行政机构的增设，反映了人口的增加。在生产力发展水平不高的古代社会，人口多寡是一个地区社会经济发展的风向标，“人丁兴旺”折射出经济繁荣，而“人口锐减”则反映经济的衰败。秦汉时期各级政府即建立人口统计制度，人口数据来源于地方郡县的“上计”。所谓“上计”，是指每年年终下级向上级，地方向中央上报当地的户口、垦田、赋税收入及治安状况，中央通过上计掌握各地情况，并据此对各级官员做出升迁或贬黜处理。现存人口数据历史文献，最早见于西汉平帝元始二年（公元2年），但只有全国、州、郡三级数据，缺少县级人口数据。当时豫章郡管辖18个县，共有人口67462户，351965口，每县平均19554口。而南城县相对于赣中以北地区，土地辽阔，还有相当多的土著居民（主要是越人）尚未纳入国家编户，实际人口当不少于此数据。

随着土地逐步得到开发，尤其是郡县机构的大量设立，北方南来为官任职及征战南方的军士日增，滞留不返的汉人也越来越多，如东汉陈留人廖国祥，桓帝时任临汝知县，任期满后定居临川龚溪；三国时庐江安丰人丁奉，曾升任右大司马、左军司，后因得罪吴主孙皓，被徙居于临川，成为临川丁氏鼻祖。即使是居于长江之滨的人也纷纷迁往南方腹地，如晋代武昌人郭翻，为名门之后，其伯父郭讷任广州刺史，父亲郭察任安城太守。郭翻辞州郡之征辟，举家隐居于临川。西晋永嘉之乱后，南方相继建立东晋和宋、齐、梁、陈五个王朝。这些王朝凭借长江“天堑”的屏障，在较长时期内处于相对稳定的局面。然而北方割据政权仍兵祸联结，以至于“中州士女避乱江左者十六七”。据谭其骧《晋永嘉丧乱后之民族迁徙》一文记载，自永嘉至元嘉年间，北人南渡达90万人。尽管主要集中迁徙于今江苏、安徽、湖北、四川、山东黄河以南地区，但迁居江东的人也不少，明朝正德

《建昌府志》说：“永嘉东迁，衣冠多所卒止，其后文物颇盛”。晋太康初年（281年）的人口数据正好印证其言不虚，此时临川郡有人口8500户，这是抚州首次有确切人口数据的记载。按中国传统一家5口人计算，应当在4.25万人以上。统计人口是政府行为，摸清人口底数，目的是征粮纳税，分摊徭役。然而，晋代世家豪族隐占人口，避税逃役已成为史学界共识，他们拥有的佃客、部曲、僮仆、奴婢倍于郡县编户。因而官府统计的在籍户口，远低于实际人口。至南朝宋大明八年（464年），临川郡人口增至8983户，64805人。

梁普通三年（522年），武帝萧衍将临川郡的新建、西宁、巴山3县及豫章郡的丰城县、庐陵郡的兴平县划出，成立巴山郡，郡治设在今乐安县公溪镇古城。这样，抚州地区实行两郡共治。临川郡管辖临汝、南城、西丰、宜黄、安浦、南丰、东兴、永城、定川等9县；巴山郡辖新建、西宁、巴山、广丰、新安、兴平、丰城等7县。

抚州地区还曾设立过省级行政机构。陈永定元年（557年），陈霸先废梁敬帝自立，建立陈朝政权后，分江州设立高州，管辖巴山、临川、安成、豫宁4个郡，州治设在今乐安县公溪镇古城。“州”相当于省级政权，但高州存在的时间不长，至陈天嘉四年（563）就被废除，仅存在过7年，临川、巴山两郡仍然隶属于江州管辖。

隋唐以前，抚州的经济文化发展状况，由于受遗存下来的史料所限，很难确切地描绘其规模状况，但可以大致勾勒发展轮廓。长期生活于此的土著居民——越人，过着饭稻羹鱼、火耕而水耨的生活，以至于“无冻饿之人，亦无千金之家”，而“越人善种稻”，至今东乡县岗上积镇仍保留一片野生稻，南丰县因常产嘉禾，得名嘉禾县。北人南迁带来了先进的农耕技术，尤其是铁农具和耕牛的使用，带动了经济的发展，1986年，乐安县村民在建房取土时发现钱币窖藏，出土自汉至清各代铜钱86公斤，约1万枚。其中有两汉的五铢钱4枚、剪轮五铢钱7枚、私铸五铢钱1枚，新莽货泉1枚。

水利是农业的命脉，东汉时期，江南也开始大规模兴建陂塘闸坝，推广蓄水排灌技术。陈留郡（今河南开封东南陈留镇）人廖国祥，字硕补，延熹年间任临汝知县，建宁二年（169年）弃官，卜居临川龚溪，捐资拦河筑陂，灌田千顷。不久，所筑之陂被洪水冲溃，他又捐资重修，历时年余始成。临川乡民为纪念他的建陂之功，立陂王庙祭祀他。据明代谭纶所作的《古陂王庙记》载：龚溪现属宜黄县，此堰叫“巨蛇堰”，堰成见巨蛇横水而渡。农业的发展促进了蚕桑事业的兴盛，抚州地区一年中蚕可四五熟，妇女勤于纺织，有夜浣纱而旦成布者，俗称“鸡鸣布”。

抚州经济地位的上升和“控带闽越”的特殊地理位置，成为六朝时期尤其是梁陈之际各种政治势力拉拢争取或排斥打压的对象，但不管是拉拢还是打压，均催生抚州本土雄杰人物以群体的方式登上历史舞台，无不仕至州牧，南城周迪，临川周续、周敷，乐安黄法氍等均在廿四史之一的《陈书》中列有其传，名垂青史。

抚州雄杰人物崛起于南朝梁末侯景之乱。梁正平元年（548年）8月，侯景在今安徽寿县举兵反梁。梁武帝下诏讨伐，各地纷纷起兵响应。周续起兵临川，周迪筑城于今金溪石门公塘，周敷控制着南城县，黄法氍聚兵于今樟树市，熊昙朗驻兵今乐安公溪。552年，临川内史萧毅攻占南昌，把临川郡让给周续。不久周续部下争权，杀周续归附周迪。周迪出身贫寒，担心难以驾驭周续的部属，遂带领部属投名门望族周敷麾下，凭借周敷的信任，队伍不断发展壮大。

抚州酋豪为陈霸先建立陈朝基业立下显赫战功，先后剿灭了进犯赣东的湘州（今长沙）刺史王琳，豫章刺史熊昙朗等反陈势力。具有政治眼光的周敷、黄法氍皆入朝接受封赏，唯独周迪不谙封建统治游戏规则，顾恋家乡根据地，不出临川半步，使陈朝统治集团很不放心，将他调出临川，出镇湓城（今九江），令其儿子入朝为人质。周迪大为恐惧，暗中与素有反陈野心的缙州（今浙江金华）刺史留异、闽州（今福州）刺史陈宝应翁婿结成联盟。陈天嘉元年（562年）春，陈文帝令江州刺史吴明彻与黄法氍、周敷率兵围攻周迪，周迪溃败，妻儿悉被擒获，他独身逃到建安（今福建建瓯）求助陈宝应。陈宝应资助他兵众，留异也派儿子留忠臣带兵随他返回赣东。南城、东兴、永城3县民众感念当年周迪保境安民有功，积极响应，力量迅速壮大。陈文帝命章昭达为都督率兵攻打周迪。周敷也随军出征，被周迪设计擒杀。为避敌锋芒，周迪遣散部属，游走于山谷间，受到临川百姓的掩护。陈天嘉（565年）7月才被临川太守骆牙俘斩。

抚州酋豪得以善终者只有黄法氍，他一生南征北战，官运亨通，封义阳郡公，官至豫州刺史，坐镇安徽寿县，都督豫、建、光、朔、合、北徐六州军事。黄法氍是南朝时期官位最高、地位最显赫的江西人物，官职仅次于东晋太尉陶侃。

【隋唐五代】 隋朝开皇九年（589年），隋文帝杨坚平定陈朝，统一中国，洪州总管府杨武通奉命安抚临川士民。隋朝政府为改变以往“民少官多，十羊九牧”的怪状，将东汉末年以来的州、郡、县三级政区制度改为州、县二级政区，废除临川、巴山两郡，设置抚州，取安抚赣东民众之意，“抚州”之名始于此。同时，大量裁撤、合并县级行政机构，由南朝梁时赣东地区17个县，缩减为临川、南城、崇仁、邵武4个县，抚州管辖范围远至今福建省的光泽、邵武、建宁、泰宁、将乐、顺昌。

隋大业十二年（616年）十二月，鄱阳操师乞、林士宏起义，攻克南昌城，占领九江至广东番禺大片地域。十三年，林士宏在南康郡城（今赣县）称楚皇帝，抚州属楚政权。但楚政权寿命很短，唐高祖李渊取代隋朝，于武德五年（622年）平定林士宏，将抚州纳入唐朝版图。

鉴于隋朝县域版图过大，治理困难，重新设置县域治理范围，抚州管辖临川、南城、崇仁、宜黄、邵武、永城、东兴、将乐等8县，其中永城、东兴均在今黎川县范围内。贞观元年（627年），唐高宗李世民分天下为十道，抚州属江南道。开元二十一年（733年），唐玄宗李隆分江南道为江西东、西两道，抚州属江南西道，“江西”之名始于此。

自三国孙吴政权对江南地区进行全面开发，经过400多年的发展，整个南方地区生产力水平逐渐超越北方，国家经济重心也随之南移，对其赋税依赖性越来越强，唐代著名诗人韩愈曾说“当今赋出于天下，江南居十九”。在生产力不发达的古代社会，人力资源就是生产力，唐初武德年间（618—625年），抚州只有7354户，40685人，到天宝年间（742—755年），增加到30605户，176394人，净增3倍多。短短百余年人口自然增长不会这么快，其中有不少是北方南迁之民。唐王朝按户口多寡、事务繁简定州县等级，3万户以上为上州，2万户以上为中州，抚州定为“上州”。上州的管理机构规格高，官员品秩高，地方上为朝廷输送的赋税也多。刺史为从三品，别驾为从四品，长史、司马都是从五品。

唐代中后期，中国历史上经历安史之乱和黄巢农民起义两次大的社会动荡，加速了北方士人南迁的步伐。“三川北虏乱如麻，四海南奔似永嘉”（李白《永王东巡歌》）、“记得街西邻舍否，投荒南去五千余”（吕融《和峡州冯使君题所居》）。安史之乱对长江以南影响不大，反而成为北方难民南迁的接纳地；黄巢农民起义军席卷长江南北十余省，“只有江西东南部（即上饶以南，赣水以东），侥幸没受黄巢的冲击。于是东晋永嘉以后迁移到河南西南部，江西东中部、北部和安徽南部的客家，到这时候就有一大部分迁移到上面所说的乐土”（罗常培《临川音系·叙论》）。

唐朝末年中央政权旁落，地方割据势力兴起，抚州先后隶属于吴、南唐两个割据政权。当北方地区仍是战火连天之时，治理江南的吴、南唐则采取招抚流散、保境息民、轻徭薄赋、劝励耕织等措施，发展生产。尤其是南城人危全讽任抚州刺史27年，对外结交豪强，保境安民，招徕商旅；对内安抚士民，劝课农桑，修州衙、筑城池，兴儒学、弘佛教，经济文化得到快速发展，使抚州成为远近闻名的鱼米之乡和商贾云集之地。唐人张保和在《抚州罗城记》中写道：“临川古为奥壤，号曰名区，翳野农桑、俯津阛阓，北接江湖之脉，贾货骈肩；南冲岭峤之支，豪华接袂。”刁尚能在《唐南康太守汝南公新创抚州南城县罗城记》中说：南城“人繁土沃，桑耕有秋。学富文清，取舍无误，既状周道，兼贯鲁风。万户鱼鳞，实谓名邑。”抚州呈现出“既完且富，行者如归”的繁荣景象，吸引了大批中原人士竞相投奔，北方世家大族相继南来，定居抚州。如晏殊曾祖晏延昌“徙其籍于临川”；王安石曾祖王永泰“游览山川，慕其地之善，遂徙寓于此，故为临川王氏之祖”；乐史之父乐璋“游仕江左，为抚州临川丞，籍居临川”，后弃官居家，移居于宜黄霍源；临川周氏，原本金陵（今南京）宦族，“唐末由金陵徙临川”。四川阆州人吴守德，娶蜀国主孟知祥之女，封宣城公，孟知祥死后，朝政多由孟知祥旧人把持，骄恣不法，吴守德遂于明德三年（936年）63岁高龄时，带领三个儿子举家东下，定居于临川石井，12年后又带领长子吴纶、三子吴绍再迁南丰县梓口，吴守德“有孙十八人，曾孙七十七人，玄孙三百人”，其孙辈再从南丰扩展至金溪、宜黄等地。金溪陆氏，始迁祖是唐昭宗时宰相陆希声的孙子陆德迁，五代时为避战乱，从吴郡吴县（今江苏）迁徙到金溪县，定居于延福乡青田里（今陆坊乡陆坊村），陆德迁有6个儿子，子孙不断繁衍，成为远近闻名的大族，到南宋时养育出理学大师陆九渊兄弟。乐安流坑董氏祖先，也是在唐末战乱时由安徽皖南迁至宜黄，在宜黄繁衍3代之后，于南唐时期一支北徙鄱阳海口（今属德兴县），一支西迁乐安县流坑村，遂成一大宗族。徐幕贞曾任广东寿州长史，后唐清泰二年（935年），辞职隐居金溪县琉璃乡蒲塘村。广昌揭氏，也是“兄弟遭五季之乱，遂散处诸郡”，先从北方迁袁州（今宜春），再转迁广昌。迁入抚州的士族中，很多都是有一定经济实力的望族，本身就有较高的文化素养和深厚的家学传承，经过数代人的孕育和积淀，终于迎来两宋人文荟萃、名贤辈出的空前盛况，造就了“临川才子”的千古美名。

【宋代】 宋朝开宝八年（975年），南唐灭亡，赣东之地纳入宋朝版图，赣东地区被抚州和建昌军两个行政机构分而治之。抚州管辖临川、崇仁、宜黄、金溪4县，建昌军管辖南城、南丰2县，尽管元朝改为“路”，明、清两朝改为“府”，但这种分而治之的局面维持近千年，直至封建王朝灭亡。所不同的是，随着人口的增加，经济社会的发展，县级行政机构设置日臻完备：南宋绍兴八年（1138年），分南城县东南5个乡另置新城县（今黎川县），分南丰县南部3个乡另置广昌县。绍兴十九年（1149年），分崇仁县西南3个乡及吉州永丰县云盖乡另置乐安县。抚州辖临川、崇仁、宜黄、金溪、乐安5县。建昌军辖南城、南丰、新城、广昌4县。

宋代，抚州封建经济文化达到鼎盛。首先是人口繁盛。王安石在《抚州通判厅见山阁记》中说：“抚之为州，……为地千里，而民之男女之万数者五六十，地大人众如此。”当时赣东地区是抚州与建昌军分而治之，“五六十万人”是对抚州所辖5县的概括，不包括建昌军管辖的4县。与王安石同一时期的元丰初年（1078年），官方数据显示，抚州、建昌军有人口27.57万户，52.21万人。但宋代官方人口统计数据有一缺陷，即仅统计交纳赋税和服劳役的男丁，妇女、儿童、老人一概不统计。其次是对丘陵、山地的开垦。从唐、五代到宋朝，垦种范围不断扩大，面积日益增加，垦辟的地点逐步向山区发展。王安石将家乡农民耕种情况概括为“山耕而水莳”。第三是普遍兴修水利工程。北宋嘉祐四年（1059年），临川知县谢卿材重新修筑千金陂等9陂。到南宋淳祐十一年（1251年），抚州知府叶梦得“筑陂长三百丈，浚渠长二十丈”，增强了抚河的防洪灌溉能力。不独官方主持修建水利，民间也有兴修水利之良举，如临川吴赍之女，25岁时丧夫，独居于黄池陂，负责管理陂堰事务，每年都要率领农夫千余人修治堤堰以蓄水灌田，事迹被载入《江西通志·列女传》。在官府、民间的戮力同心下，山塘陂堰遍及四野。第四是改进耕作技术，通过深耕达到增产目的。陆九渊说他的家乡金溪“率多旱田，耕必三犁，秋乃可望常岁”。他比较了别处禾穗“每穗谷多不过八九十粒，少者三五十粒而已”。而金溪禾穗“每穗少者尚百二十粒，多者二百余粒，每一亩所收比他处一亩，不啻数倍”。在种植水稻的同时，抚州知州黄震还大力推广小麦种植。除粮食作物之外，还着力发展经济作物。在文人墨客笔下，临川各地“翳野农桑”“一年蚕四五熟”。著名诗人陆游曾任江南西路茶盐公事，在临川他看到“纤纤女手桑叶绿”“村虚卖茶已成市，林薄打麦惟闻声”。种茶饮茶、种桑养蚕遍及城乡。朝廷主修的《中兴会要》录有抚州所属临川、崇仁、宜黄、金溪4县产茶叶2.17万斤，反映了当时的生产状况。此时，临川的“鸡鸣布”（当晚开机拂晓鸡鸣时织成）名噪全国。宋代中期，临川已种植木棉用来纺纱织布。临川人艾可信曾写《木棉》诗描述家乡妇女纺织棉布情形：“收来老茧倍三春，匹似真棉白三分。车转轻雷秋纺雪，弓弯半月夜弹云。”临川盛产苎麻，捻麻和织夏布是历代抚州妇女的家务劳动。临川莲花寺尼姑织出的“莲花纱”名满京都，“都人以为暑衣，甚珍重。莲花寺尼四院造此纱，撚织之妙，外人不可得，一岁每院才织近百端，市供尚局”（朱彧《萍洲可谈》卷二），供不应求。

农业多种经营使临川白浒窑和南丰白舍窑瓷器、滑薄纸、牛舌纸、茶杉纸、夏布、棉布、毛笔、花炮等物产成为集市大宗商品，催生了一大批工匠商贾。抚州商贾成为江右（江西）商帮的主力军，一直延续到近代。宋淳熙年间，临川布商陈泰将巨款散贷给崇仁、乐安、金溪乃至吉安等地农民，以定购其夏布产品，这种“订单农业”在国内尚无先例。

经济发展为临川文化奠定坚实的基础。初唐大诗人王勃写下“邺水朱华，光照临川之笔”的名句，但当时临川本土的才子并不多。中唐以后国家经济重心南移，临川在江南西路乃至全国的地位不断上升，加之邻近南昌，交通便利，信息灵通，“人杰地灵”优势初露端倪。晚唐五代大量北方仕族迁入，进一步浓化了抚州人的仕进意识，兴学重教风靡城乡，州县办有官学，民间办有私塾，兴鲁书院、临汝书院、峨峰书院、槐堂书院等知名书院不下10所。临川之地“为父兄者，以其子与弟不文为咎；为母妻者，以其子与夫不学为辱”。于是“地无城乡，家无贫富，诗书之声，尽室皆然”。从此域内便人文荟萃，俊彩星驰。封建时代，科举是人才脱颖的主要渠道。两宋时期抚州地区考取文进士1430名，有状元1名，榜眼4名，探花1名。抚州不但人才众多，而且有杰出成就和深远影响的巨星泰斗交相辉映。宰相有晏殊、王安石2人，副宰相有曾布、陈彭年、元绛、王安礼、邓润甫、吴居厚、董德元、罗点、包恢、陈宗礼10人。在中国文学史上，“临川之笔”熠熠生辉，两宋期间全国有词人876人，其中抚州籍有46人，晏殊、晏几道父子是构筑宋祠大厦的顶梁柱；谢逸、谢薖、汪革、饶节均为“江西诗派”首领，领一代风骚而为后人推崇。在中国医学历史高峰上，抚州人捷足先登。陈自明是中国最早的妇产科专家，所著《妇人大全良方》直到清代仍被视为“妇科圣典”。晋代“书圣”王羲之曾在临川“临池学书，池水尽黑”。其“以精力自致”的进取精神与唐朝抚州刺史颜真卿的书法精神一道，滋润着抚州一代代书法英才，以致书林富茂，可言者众。晏殊“元献擅豪翰，其迹杂见《群玉堂帖》中”（《忆史会要》）。王安石书法名播朝野，“荆公书清劲峭拔，飘飘不凡，世谓之横风疾雨”（张邦基《墨庄温录》）。丹青妙手驰名海内，临川陈容以擅画虎著称于世，其传世杰作《九龙图》被清代乾隆皇帝视为奇珍。据《江西古今书目》记载，有宋一代，由临川人著述的经史子集书籍流传至今的有176种，数千卷，不愧为“文献之邦”。

宗教是文化的重要组成部分。南朝宋文帝元嘉八年（431年），谢灵运任临川内史时，在临川兴鲁坊宝应寺设翻经台，与沙门范惠严、顾慧观共同翻译成36卷南本《涅槃经》。宝应寺因谢灵运和《涅槃经》的缘故，历数百年至唐代仍香火旺盛，在此传道弘业者不乏高僧大德。唐大历四年（768年）三月，江西观察使在此主持盛大传戒法会，前来参加法会的僧尼共357人。唐末五代，抚州佛道兴盛，诸宗竞秀，大德纷至，寺院大量涌现。五代时本寂在宜黄曹山寺创立曹洞宗；文偃参学于金溪疏山寺，创立了云门宗；文益受抚州刺史危全讽之请，住持临川崇寿院（院址在今抚州市第一人民医院）。“海参之众，常不减千计”，由此创立法眼宗。德韶在临川拜谒文益，豁然开悟，后为吴越国师。高丽（今朝鲜）僧慧炬得法于文益临川道场，归国后大扬法眼宗风，得赐国师之号。法眼宗被佛教界人士称为“汝水之灯”，抚州被誉为“天下禅河中心”。南城麻姑山、乐安华盖山是宋代道教名山，有5位皇帝颁敕令加封南城麻姑，4位皇帝封华盖山仙神“真君”尊号。此外，抚州地区高道辈出，产生道法精深、开宗立派、名显朝野的著名道士。南丰道士王文卿以天人感应和内外合一为基础，融合内丹与符箓，创立道教“神霄派”。被宋徽宗延聘至京，赐馆于九阳总真宫，任命为凝神殿侍宸，拜授金门羽客，主管天下教门公事，成为统领道教的领袖人物。临川县吏饶洞天创立“天心派”，名闻江湖。

【元代】 地方行政机构设省、路、州县三级，在抚州地区设抚州路、建昌路两路，升南丰县为南丰州，直属于江西行中书省。抚州路管辖临川、金溪、崇仁、乐安、宜黄5县，建昌路管辖南城、广昌、黎川3县。至元二十七年（1290），抚州地区有人口32.58万户，177.45万人，这是自晋代有人口数据记载以来的最高值。

元初蒙古人入主中原，采取民族歧视政策，汉人受到极大的抑制，南城程钜夫向元世祖忽必烈建议开科选考江南才士，以弥合民族矛盾，得到朝廷采纳，并受命前往江南搜访贤才效力于朝廷。吴澄得以受聘于翰林直学士，被誉不“国之名儒”，与许衡并称“南吴北许”；元代“儒林四杰”之一的虞集，主修《经世大典》880卷；地理学家朱思本绘制的《舆地图》，精确度“方位不爽毫厘”，是中国制图史上杰出创造；骨科名医危亦林使用乌头、曼陀罗为麻醉药，比日本医圣华冈青州早450年，创立的悬吊正骨法比英国达维斯（Daris）早600多年；医学家席弘辨穴施针，有起死回生之效，所著《席弘家针灸书》《席弘赋》传于后世。

【明代】 地方行政机构设省、府、县三级，抚州地区分抚州、建昌两府治理。经过长期开发利用，到明代抚州地区已是“土狭民稠”，加上土地兼并日趋严重，失地农民纷纷流徙他处。明洪武二十四年（1391年），抚州地区在籍人数171.49万人，比元至元二十七年减少近6万，到明正德七年（1512年）每况愈下，只有在籍户25.48万户、81.48万人。两百年间人口大量减少，并非天灾人祸所致，也不全是豪门大户欺隐户口，而是大量的外流。许多失去土地而无谋生手段的农民流徙于官府统治力量薄弱的地区，终于在临川东北部的东乡酿成大乱。嘉靖版《东乡县志》在论述东乡治乱的根源时说：“临川地大民庶，治久乱生。东乡敝民恃远，玩官自作不靖，或逃赋而成风，或盗窃以为业，或凶年而攘谷，或犯罪而拒追。间至公庭多获轻贷。彼知官府畏激变之祸，务姑息之政，愈益骄纵，无复顾忌，转相师效而至于大乱焉。”朝廷不得已，在镇压农民起义的同时，割临川东北部地设立东乡县，万历六年（1578年）又分南城县东北境都另置泸溪县（今资溪县），至此，抚州市11个县的设置固定下来。大多数丧失土地的农民则凭着一两门手艺或少量资本外出谋生。明清时期景德镇瓷业“五府十八帮”中，“抚州府”“抚州帮”人数仅次于景德镇当地人。这些工匠、商人在当时被称为“作客”。抚州作客遍及全国与东南亚。抚州乡贤艾南英曾感慨：“随阳之雁犹不能至，而吾乡之人都成聚于其所”。万历年间，云南官员王士性曾派人到云南全省及周边地区巡视发现，不仅云南省内居民“十有五六”原籍抚州，连缅甸、越南一带部落中酋长、头人也大多抚州人。他不由得惊叹“作客莫如江右（江西），江右莫如抚州”。在贵州，外省商人数量也以抚州为最。他们把家乡棉布、夏布、瓷器、药材、木竹、茶叶、纸张和大米贩销到贵州，又贩购当地水银去四川销售，再从四川采购山货贩运到江浙等地。崇祯年间，云南、贵州两省抚州籍商人多达3000余户。

抚州地区经济的发展，促使其成为朱明宗室的封藩之地。明太祖朱元璋为加强中央集权，强化君主专制，吸取唐宋宗藩势微，帝室孤立，危难之时无所藩屏的教训，施行郡县制与分封制相结合的统治体制，既设立官府分治百姓，又建立藩国拱卫朝廷。终明之世，朱明宗室曾有两支封藩于南城县。第一支是仁宗朱高炽的第六子朱瞻坰封为荆王，宣德四年（1429年）来到封地南城。荆王在南城待了17年，后被一条大蛇趟进王府给吓跑了，迁往蕲州（今湖北省蕲春县）。第二支是宪宗朱见深的第四子朱祐槟封为益王，弘治八年（1495年）来到南城县。益王后裔在南城经历七代八王150年，是江西宁、淮、益三王府中时间最长，危害最深的一支。但它建立的“良医所”，设立的“惠民和剂局”，对建昌帮药业的形成产生重大影响，以至于以医药经营四方者与日俱增，基本垄断福建西北部、江西东南部地区40多个县的中药业市场，持续时间长达300年。

经商获利反哺于家族，加快了抚州教育文化的发展，进一步固化了“才子之乡”美名。

有明一代抚州、建昌两府通过科举考试中文进士者441人，其中状元、榜眼各两名，“比之两宋，有过之无不及”（李绂《临川县志》序）。陈际泰、罗万藻、章世纯、艾南英博学多才，所作时文风靡一时，是誉满江南的“四大才子”。汤显祖创作的“临川四梦”，被誉为“东方的莎士比亚”，联合国教科文组织将其列为100位世界文化名人之一，是中华民族文化的骄傲。在哲学领域有启蒙思想先驱罗汝芳、崇仁学派创始人吴与弼，军事方面有主持国家兵事30年的抗倭名将谭纶，龚廷贤被万历皇帝赐匾“医林状元”、李梴为江西十大名医之一；诗词、散文名家何乔新、徐良傅，天文学家吴英、吴昊；吴溥是世界最早百科全书——《永乐大典》副总裁；史学家徐奋鹏撰著《古今治统》传至日本，被视为“资治之妙药，兴国之良方”。画家吴宏以擅长画山水竹石名噪海内，是“金陵八大家”之一；明朝开科状元吴伯宗译著的《回回历》成为中国重要的历书，吴英、吴昊父子通天文星数之学，新造浑天仪，经纬度与天象不差毫厘，发展了中国天文观测事业。抚州佛教在明代发展达到高潮，名寺高僧众多，崇仁人宗泐掌管全国佛教事务，南城人行保被列为“天下高僧十一人”，崇仁人慧经在黎川寿昌寺躬耕力田，成为曹洞宗中兴祖师。此外，抚州地区还有一批鲠介之士，刑部尚书舒化上书谏阻皇帝利用厂卫特务对百官罗织罪名，陷害忠良；御史邱兆麟秉性刚直，多次违忤魏忠贤愤而辞官；临川更有一批爱国之士，为了民族利益，虽九死而不悔。朱均旺经商日本，当他得知日本军事统治者丰臣秀吉阴谋侵略朝鲜、中国时，冒着生命危险偷渡回国，将情报送达朝廷，明朝政府及时出兵朝鲜，击败日本侵略军。明末清军入关，揭重熙、傅鼎铨、艾南英、曾亨应等人高举抗清义旗，募兵饷，招兵员，给清军予有力打击，兵败被俘，誓死不降。

【清代】 清代朝廷诏令“以（康熙）五十年（1711 年）丁册为常额，滋生人丁，永不加赋”，进一步刺激了人口增长。到乾隆四十七年（1782 年），抚州地区人口达到 61.79 万户，261.88 万人，咸丰元年（1851 年）增至 66 万户，302.95 万人，达到封建社会时期抚州人口的顶峰。明朝中后期开始资本主义萌芽，夏布、造纸、药业、酿酒等手工业得到较大发展，为商人队伍的发展壮大创造了货源基础。直至清代中期，湖南、湖北大部地区手工业和商业还十分落后。抚州商人便成群结队去开办作坊，经营店铺，以至当地流传着“无抚（州人）不成市”。在通往福建、广东道路上，抚州商人络绎不绝。广东潮州、惠州所需鱼苗、棉布大多由抚州人贩运过去。在广西，抚州盐商、药商、木材商最为活跃。临川人李宜民在广西经营盐业数十年，成为富甲一方之巨商。金溪商人把书店开到北京、南京、安庆、芜湖、汉中、衡阳、长沙等地，乾隆三十四年（1769 年）李文藻的《琉璃厂书肆记》中说：书肆除陶、谢为苏州人外，“其余皆江西金溪人也。正阳门东打磨厂，亦有书肆数家，尽金溪人卖新书者也。”河南、河北、山东乃至内蒙古、新疆等北方广大区域也遍布抚州工匠、商人足迹。清代时，“陕西岳州人打鱼，江西抚州人卖鱼”成为当地风俗。

清代 300 多年，建立极端专制的封建统治，虽然沿袭科举旧制，但在文化思想上实行严酷的控制，大兴文字狱，许多人把读书入仕视为畏途，给抚州的仕进文化带来消极影响。清代抚州地区考中文进士 558 名，虽然比明代的 443 人略有增加，但仅为两宋时期进士的 39%。

鸦片战争后，中国进入半殖民地、半封建社会，人民遭受帝国主义和国内封建统治者双重剥削和压迫。抚州社会经济状况江河日下：土地兼并更为严重，70% 以上土地被官僚、地主占有，咸丰五年（1855 年）至同治三年（1864 年）10 年间，太平军与清兵交战于赣东一带。兵灾战乱连年不断，且双方都向百姓“借饷”征粮。地方官府更借“剿贼”之名横征暴敛以肥私。区内除田赋、人头税外，官府摊派还有措捐、借捐、亩捐、米捐、船捐、堤捐等 20 余种，百姓投诉无门。

【民国】 1911 年辛亥革命推翻了封建帝制，建立中华民国，撤销府的建制，地方行政机构实行省、道、县三级制，原抚州、建昌两府所属 11 个县均隶属于江西省豫章道。1927 年国民党推翻北洋政府，建立国民政府，废除道的建制，由省直隶县，改县公署改为县政府，知事改称县长。体制、名称虽改，社会经济仍无发展，工业空白，农业几无进步，水稻亩产 90 千克左右，土地仍集中在少数地主、富农手中。据解放初期土地改革时调查，临川县地主人均占有耕地 1.02 公顷，而贫农仅 0.11 公顷，雇农则只有 0.04 公顷，且多为旱地或山排田。在帝国主义、封建主义、官僚资本主义压迫下，社会矛盾日益激化。受五四爱国运动影响，抚州进步青年学生秘密传播马克思主义，于 1926 年 11 月在北伐军中的共产党员的指导下，成立第一个党组织——中共临川支部干事会。抚州在共产党的领导下，开展了轰轰烈烈的工农运动，党组织也得到极大的发展，半年时间内，在抚州东北部的临川、东乡、南城、金溪、宜黄共建立 26 个党支部，有 650 名党员。当大革命失败以后，在国民党白色恐怖镇压下，抚州东北部党组织艰难发展之时，在红军的帮助下，革命烈火却在南部的乐安、宜黄、南丰、广昌以及东部的黎川、资溪、金溪、东乡等地熊熊燃烧起来，建立了革命根据地。土地革命战争时期，抚州 2/3 的区域建立了党的组织和苏维埃政权组织，临川、乐安、广昌、资溪等地建立了中心县委，黎川县还建立了中央苏区五省之一的闽赣省委、省苏维埃政府。红军第四次反“围剿”胜利后，抚州党员人数达到 9653 人。抚州是中央苏区第二、四、五次反“围剿”的主战场，抚州人民为革命的胜利作出重大贡献和牺牲，有姓名可查的革命达 9070 人。

由于“左”倾路线领导者推行错误的军事路线，致使第五次反“围剿”失败，1934 年 10 月，红军被迫实行战略转移——北上抗日，国民党军对抚州苏区革命群众大肆屠杀。1935 年 8 月，留下坚持斗争的闽北红军独立师分兵向敌后挺进，开辟游击新区。在以资溪为中心的资溪、光泽、贵溪地开展广泛的游击斗争，建立中心区、中心县委，一直坚持到抗日战争第二次国共合作，率领 110 名游击队战士改编为新四军 3 支队 5 团 2 营，开赴抗日前线。

1932 年夏，国民党为便于对江西革命根据地“围剿”统一指挥，将江西省划分为 13 个行政区，临川、金溪、资溪、东乡及贵溪、余江 6 县属第七行政区，区长官公署驻临川；南城、黎川、崇仁、南丰、宜黄、乐安 6 县属第八行政区，区长官公署驻南城；广昌属第十二行政区，区长官公署驻宁都。1935 年主力红军退出中央苏区后，全省缩减为 8 个行政区，临川、金溪、资溪、东乡、南城、黎川、崇仁、南丰、宜黄、乐安、光泽 11 县属第七行政区，区长官公署驻南城。广昌县属第八行政区。

1941 年 12 月 7 日，日本军政府为摆脱侵略中国而引起的国内政治经济危机，排挤美英等国在太平洋地区的势力，悍然出动大批军舰、飞机，偷袭美国海军基地——珍珠港，重创太平洋舰队，由此爆发太平洋战争。1942 年 4 月 18 日，美军出动 16 架 B-25 轰炸机，从太平洋航空母舰上起飞，轰炸日本本土，然后降落在浙江衢州、丽水和江西玉山等机场整理。美军的穿梭轰炸，使得日本国内民心恐慌，社会骚动。浙江的日本侵略者和南昌的日本侵略者为解除此威胁，纠集约8个师团兵力，向中国第三战区（指挥部设在上饶市）部队发起进攻，企图打通浙赣（杭州—株洲）铁路，摧毁浙赣铁路沿线军用机场。南昌日军3万余人于5月下旬分三路南下侵略赣东地区，并于6月上旬侵占东乡、临川、金溪、南城、宜黄、崇仁。驻守湖南株洲、浏阳的第九战区急速调集3个军与第三战区1个军实施赣东会战，经过两个多月的浴血奋战，于8月底将日本侵略者赶出赣东地区。此战使日军付出死7325人，伤6136人的惨痛代价。

解放战争中，中国人民解放军在取得三大战役胜利后，于1949年4月下旬，第二野战军突破国民党军精心设置的长江防线，于5月先后解放东乡、金溪、临川、南城、资溪、崇仁、宜黄、黎川等县，7月1日，中共抚州分区地方委员会、抚州分区行政督察专员公署成立。8月下旬，第二野战军挺进大西南，抚州地区由第四野战军接管，先后解放南丰、乐安和广昌。抚州各县解放后，立即成立县委、县人民政府，从此，抚州人民在中国共产党的领导下，开创抚州历史新纪元。

民国时期，政权更替，抚州兵连祸结，民不聊生，境内虽有粮油加工、纺织、造纸等小型企业，但大都设备简陋、工艺落后，且动力不足。抚州城区于20年代中期曾由私人办过一家火力发电厂，由于地痞捣乱，政府熟视无睹，不到一年即行倒闭。土布、夏布、黄烟、陶瓷等传统手工业基本以家庭为单位生产，处于农忙务农、农闲务工状态。1949年，全区工农业总产值才8182万元。

【中华人民共和国】 新中国成立初，抚州为全省9个专区之一，先后称抚州分区、抚州区、抚州专区、抚州地区，辖临川、南城、黎川、南丰、崇仁、乐安、宜黄、金溪、资溪9个县。1968年2月至1983年9月进贤县一度划归抚州管辖，东乡县、广昌县也分别于1968年6月、1983年9月先后划归抚州管辖。2000年10月，抚州撤地设市，改称抚州市。

抚州解放以后，中共抚州地委在域内建立各级人民政权，迅速剿灭土匪，清除国民党残余势力，稳定社会秩序。1952年4月，域内农村全面开展土地改革，农民积极性高涨，生产水平显著提高。当年，全区粮食平均亩产由1949年98.5千克增至114千克；农业总产值，由1949年50435万元增至66813万元，增长32.47%。1953—1957年，在过渡时期总路线指引下，稳步对农业、手工业和资本主义工商业实行社会主义改造，广大农民和手工业者走上合作化道路，并开始向农业机械化迈进，社会经济得到初步发展。1957年与1953年比，全区工农业总产值增长45.77%，其中，农业总产值增长36.57%，工业总产值增长45.35%。

1958年“共产风”“大跃进”和浮夸风盛行，农业生产片面强调“以粮为纲”和过度密植，结果事与愿违。当年全区水稻亩产由1957年140千克降至111千克，总产量由1957年753155吨减少至626690吨。尔后又逢三年经济困难时期，到1962年，全区农业总产值仅69040万元，比1957年减少23.9%。基本建设投资出现大起大落：1960年为3707万元，而1962年减至395万元，仅为1960年的1/9。工业受影响首当其冲，1960年全区工业总产值27354万元，1962年降至13108万元，减少一半多。全区127个工矿企业因资金不足而“下马”（倒闭），工人下放到农村务农。1963—1965年，各级党委、政府汲取教训，在“调整、巩固、充实、提高”方针指引下，实事求是地调整经济发展计划。1965年，全区工农业总产值110894万元，比1962年的82148万元增加28746万元，居民的实际收入相应提高。

“文化大革命”开始后，正常的社会秩序被打乱，经济长期徘徊甚至倒退。由于停工停产踢开党委“闹革命”，1967年工农业总产值为118489万元，比1966年的121339万元下降2.35%，其中工业总产值下降12.9%。文化教育事业倍受摧残，大量珍贵文物被列为“四旧”（旧思想、旧文化、旧风俗、旧习惯）而捣毁；优秀教师被诬为“反动学术权威”或“白专典型”遭受揪斗、下放甚至管制。停课串联结束后，“复课闹革命”师生仍无所适从，教育质量严重下降，各项社会事业停滞不前。

虽几经曲折，但与新中国成立前相比，抚州仍取得很大发展。1978年，全区工农业总产值209047万元，为1949年8182万元的25.55倍，其中工业总产值为1949年的28.92倍。此时，全区有工业企业1295家，包括抚州棉纺织厂、抚州针织厂、抚州印染厂、抚州汽车制造厂等一批大中型企业。从20世纪50年代始，建成洪门水库等18座大中型水库和近千座小型水库，有效灌溉面积6.67余万公顷。先后有13.33万公顷低产田得到不同程度改造，农田复种指数和单位面积产量大幅提高。1950年，全区双季稻田仅0.13万公顷，到70年代已稳定在14万公顷左右。1978年，全区水稻平均亩产219千克，比1949年的110千克增长近1倍。党和政府一直把工业放在发展经济主导地位。70年代至80年代，随着抚州三家棉纺厂及针织厂、印染厂、丙纶厂、抚州造纸厂等相继竣工投产，全区工业出现第二个快速发展期。尤其是纺织业成为江西三大纺织业基地之一。造纸、机械、医药、化学工业也有较快发展。科技人员顶住压力开展科技研究，并取得一些成绩。农业科技部门选育成功晚籼中熟组合红优63、红倚优3等组合，南丰蜜橘小果系“杨小2－6”“水南早”“石上一号”“城果6－0”等株系，百花莲（百瓣莲）、广莲一号新品种以及工业战线成功研制多种型号机床、南丰100－4型稻麦收割机、红星牌HX-490型饲粉碎机。其中，南丰100－4型稻麦收割机获全国科学大会奖，红星牌

HX–490 型饲粉碎机被机械部列为全国 8 种饲料粉碎机之一。

中共十一届三中全会开始拨乱反正，全党工作重心转移到抓经济建设上，为抚州经济发展开拓新的前景。改革开放新时期，抚州经济发展总体上可以归纳为三个阶段：

1979—1990 年，为计划经济主导下的平稳发展阶段。抚州和全国各地一样，在农村实行家庭联产承包责任制，农村经济开始有了变化。城市经济仍然沿用计划经济发展模式，各项经济工作还是按部就班，平衡、缓慢地向前发展。1990 年，全区生产总值 33.52 亿元，人均生产总值 1035 元，是 1978 年的 4.38 倍和 3.78 倍。财政收入 2.61 亿元，人均财政收入 81 元，分别是 1978 年的 4.1 倍和 3.55 倍。

1991—2000 年，为向市场经济过渡的发展波动阶段。这一时期，改革力度不断加大，市场作用显现，粗放型发展和经济结构问题突出。邓小平视察南方讲话发表后，全区经济体制改革向纵深发展，国有企业实施改革改造，民营经济发展较快，市场全面开放，经济增长有所加快。2000 年，全市生产总值为 139.13 亿元，是 1990 年 33.52 亿元的 4.15 倍；2000 年人均生产总值为 3814 元，是 1990 年 1035 元的 3.69 倍。2000 年全市财政收入为 8.76 亿元，现价是 1990 年 2.16 亿元的 3.36 倍；2000 年人均财政收入为 244 元，是 1990 年 80.64 元的 3 倍。

2001—2015 年，为新时期跨越式发展阶段。抚州撤地设市之后，随着自主管理职能的变化，历届市委、市政府风雨传承，革故鼎新，大力实施赶超发展战略，以招商引资为总抓手，投资拉动作用日益显现，工业经济贡献不断增强，经济质量不断提高。全市经济社会快速全面协调持续发展。2015 年，全市实现生产总值 1105.14 亿元，是 2000 年 139.13 亿元的 7.94 倍；财政收入达 165.18 亿元，是 2000 年 8.76 亿元的 18.85 倍。

改革开放调动各方积极性、主动性、创造性，解放和发展生产力：

一是固定资产投资快速增长，基础设施建设成为全市经济和社会迅速发展的主要动力。其中，2015 年全社会固定资产投资达 1099.67 亿元，是 1978 年 1811 万元的 6072 倍。

二是产业结构进一步优化。各地从实际出发，合理调整产业结构。1978 年，三大产业比例为 52.17 ∶ 29.28 ∶ 18.55，社会仍在为实现温饱而努力。此后，农业生产力迅速提高，农副产品种类和数量大幅增加，物质文化需求强劲，第一产业资金和富余人员向第二、三产业转移。到 2015 年，三大产业比为 16.5 ∶ 49.7 ∶ 33.8。

三是农业经济迅猛发展，农村发生深刻变化。1978 年 12 月，抚州地委、行署在抚州市红雨桥公社（今临川区孝桥镇）进行专业承包、联产计酬生产责任制试点，尔后在全区推广并不断完善家庭承包责任制。80 年代后，先后开发 3.33 万公顷红壤，“三高”农业、特色农业在农业增效中功效日显。南丰蜜橘和特种水产品，广昌白莲、烟叶，东乡生猪、家禽及乳制品，崇仁麻鸡、果蔗，宜黄杂交制种，金溪蚕桑、蜜梨、黄栀子等成为当地农业高效增收主打产品。积极推进社会主义新农村建设，大部分农民都享受到“走平坦路、喝干净水、上卫生厕、住整洁房、用洁净能”的生活，农村人居环境得到切实改观。域内建制镇由 90 年代初 45 个增加至 2015 年的 94 个，2015 年，全市城镇人口达到 179.56 万人。2010 年，第六次人口普查与 2000 年第五次人口普查相比，城镇人口比重上升 11.59 个百分点，平均每年提高 1.16 个百分点，而 2010—2015 年，平均每年提高 1.55 个百分点。城镇人口比重快速上升，表明抚州人口城镇化进程不断加快，标志着工业化和现代化水平不断提高。

四是工业经济规模迅速壮大，经济效益显著提高。抚州撤地设市以后，积极开展招商引资，坚持主攻工业战略目标，走新型工业化道路，积极调整工业生产力空间布局，加大企业技术改造与自主创新和传统产业升级力度，大力发展新兴产业，加快培育产业集群，形成食品工业、纺织业、医药行业、化工行业、机械类行业、有色金属加工业为主导的六大支柱行业，全市工业呈现持续快速健康发展的良好态势，截至 2014 年，全市规模以上工业企业共有 903 户，完成主营业务收入 1528.6 亿元，工业占 GDP 比重为 40.71%。全市规模以上工业增加值为 364.23 亿元，工业结构得到进一步优化，工业综合实力明显提高。

五是市场繁荣兴旺，流通渠道拓宽畅通。1987 年 10 月，第一家专业超市——五皇殿布匹市场建成开业后，生意往来遍及全国。不久，各类专业市场、综合市场在市、县、乡镇普遍兴起，个体商业几乎村村皆有。2015 年，全市社会消费品零售额为 430.35 亿元。与此同时，越来越多的人进入流通领域，临川数以万计建筑大军到各大城市承包工程，资溪面包店几乎遍及全国。六是交通运输事业快速发展。抚州是内陆地区，直到 20 世纪 80 年代，陆路交通运输仍是“短腿”。90 年代初，全区上下形成“若要富，先修路”共识，在各级政府大力支持下，齐心协力抓公路建设。鹰厦、浙赣、向乐、向莆铁路以及杭长高铁穿境而过，福银高速、沪瑞高速、鹰瑞高速、抚吉高速贯通全市，实现县县通高速公路目标；320、316、206 国道横穿市境，已形成市境内 90 分钟经济圈、南昌 1 小时经济圈、省内 4 小时经济圈和省际长珠闽地区重要城市 6~8 小时经济圈。2015 年，全市公路总里程达到 1.43 万千米，其中高速公路 528 千米，行政村水泥路通达率达到 100%。全市全年公路货物周转量 4194997 万吨千米，旅客周转量 184288 万人千米。

七是城市建设日新月异。从 2000 年至 2015 年，抚州市由 65 个建制镇发展为 94 个建制镇，全市城镇化率已由 2000 年 22% 增至 44.97%。随着市中心城区抚河橡胶坝工程、一河两岸改造工程、凤岗河滞洪工程、傅家堤防洪工程项目的建设，新建成抚州文化园、名人雕塑园、梦湖、体育馆、汤显祖大剧院、博物馆、图书馆、拟岘台、汝水森林公园、凤岗河湿地公园、梦园等一批标志性建筑和旅游景区，2015年，市中心城区建成区面积扩大到63平方千米，形成以市中心城区为核心，以上顿渡、抚北镇、温泉为卫星的“一心三团”城市组团发展态势，城市带动能力增强。成功创建“国家园林城市”“国家森林城市”“省级卫生城市”“省级文明城市”，城市配套功能进一步加强，城市品位进一步提升，抚州的历史文化特色进一步彰显，文化生态的城市风貌已初步形成。

此外，抚州的基础教育优势不断发扬光大。30多年中，域内高、中等专业院校数量成倍增加，大、中、小学师资队伍不断壮大，教学手段和教育设施迅速更新，各类成人教育迅猛发展，逐步通过整合资源，优势互补，提升竞争力和影响力。至2015年，全市有普通高校2所，普通中等专业学校1所，成人中等专业学校12所，普通中学221所，职业高中25所，小学963所，幼儿园584所，特殊教育学校10所。全市有各级各类学校在校生74.34万人。教育质量不断提高，高考成绩连续13年保持全省领先。抚州优势教育资源，吸引了除台湾、西藏以外的全国各地学生纷纷慕名前去就读。

（陈志平）

气候状况

【概况】 2016年，抚州市平均气温偏高，气温波动幅度较大，最低气温偏低，盛夏高温持续时间长、强度大；降水明显偏多，汛期开始早，结束晚，雨日多，暴雨强；日照时数偏少，秋季雾和霾天气频繁。

2016年，抚州市平均气温18.8℃，较常年偏高0.8℃，为1961年以来第4高值。极端温度波动较大，冬季最低温度偏低，夏季高温特征明显。全年雨量2202.9毫米，较常年偏多397.6毫米。4—6月降雨量为1131.9毫米，超过年均降雨量的一半，较常年偏多3.8成。10月份以来，抚州市雾和霾天气频繁，创历史新高。全年日照时数1442.5小时，较常年偏少138.5小时，其中，10月和11月分别较常年同期偏少6.6成和4.8成，持续寡照少晴天气对晚稻收晒和柑橘采摘及运输等有不利影响。

【重大气候事件】 受强厄尔尼诺事件影响，抚州市2016年气候异常，主要表现有：

1月出现极端低温。受超强冷空气影响，1月22—25日抚州市出现一次明显低温雨雪冰冻天气过程，25日气温降到最低，平均最低气温仅有-6.8℃，较常年偏低-1.7℃，极端最低气温-8.5℃（资溪），为1960年以来第2低值，仅次于1991年。此次极端天气一方面引起道路结冰影响正常交通运输，另一方面也对农业生产造成不利影响，黎川、宜黄和资溪三县的大棚蔬菜、茶叶和温室水果等均有不同程度受灾。

5月强降水频发。全市5月平均降雨量为477.4毫米，较历年同期（242.9毫米）偏多近一倍，为1961年以来同期第2高值，仅次于1962年（515.8毫米）。5月共计有5次强降水天气过程，分别出现在7-10日、14-17日、17-19日、19-20日和21日，全市最大日雨量为151.7毫米（南丰，5月7日08时-8日08时）。

7-8月盛夏高温明显。7月20-8月20日，平均气温30.4℃，较历年同期（28.9℃）偏高1.5℃，位列1961年以来第3高值。期间平均最高气温36.2℃，仅次于1966年和2013年，为历年同期第3位，全市最高气温超过35℃的时间普遍超过20天（除资溪仅有18天），与2015年的凉夏形成鲜明的对比。

9月台风引发强降水。9月份，台风“莫兰蒂”和“鲇鱼”先后影响抚州市，带来强降水天气。受台风“鲇鱼”影响，9月28-29日普降大雨，宜黄和广昌县累计雨量均超过100毫米，分别为121.2毫米和103.4毫米。据统计，9月受台风影响，宜黄县农业生产受灾严重，受灾面积1140公顷，31间房屋受损，直接经济损失1620万元。

10-12月大雾和霾天气多发。大雾天气10月出现9天，11月上升为16天，12月增加到18天。其中11月13-21日、12月4-12日分别出现连续9天大雾天气；11月共计12站次出现霾，12月增加到61站次。

（余焰文）

环境质量状况

【总体水质状况优良】 2016年抚州市地表水水质状况总体为优良，国家考核和省级考核地表水断面水质达到优良（达到或优于Ⅲ类标准）比例均为100%，与2015年相比持平。2015年抚州市无国家考核断面（包括地表水断面和饮用水水源地），省级考核抚河地表水12个断面水质优良比例均达到100%，各断面水质达标率均为100%。

2016年抚州市地表水国家考核断面有4个，为超坊、焦石坝（抚河南昌市和抚州市交界断面）、钟岭水厂和临水河口断面。经监测，水质状况总体为优良，仅超坊断面水质达标率为75%，满足断面水质达标率要求75%及以上的水质考核目标要求。其余各断面水质达标率均为100%。抚州市抚河流域地表水省级考核断面水质状况总体为优良，均达到或优于Ⅲ类标准，水质达标率均为100%，满足水质考核目标要求。其中，万年桥和黎滩河河口断面全年呈现水质下降趋势。

【饮用水源地水质优良】 2016年，市城区南区、荆公路、抚北和钟岭4个水厂水源地水质21项基本项目、5项补充项目和33项优选特定项目的检测指标均达到国家《地表水环境质量标准》（GB3838-2002）Ⅱ类水质标准，水质达标率为100%，与2015年相比，达到Ⅱ类水质标准的比率持平，符合城镇集中式饮用水源地水质的要求。

4个水厂水源地8月完成1次109项全分析监测，所有监测项目均达到国家《地表水环境质量标准》Ⅱ类水质标准，水质为优。

11个县（区）环保局每季度对辖区内饮用水源地进行1次61项的集中式饮用水源地水质监测，8月完成1次109项全分析监测，监测数据均达到或优于国家《地表水环境质量标准》（GB3838-2002）Ⅲ类水质标准。与2015年相比，饮用水源地水质情况有所好转。故全年各县（区）饮用水源地水质为优良。

2016年，抚州市主城区饮用水水源地（国家考核）水质均达到Ⅱ类标准(考核目标：Ⅲ类标准)，水质达标率均为100%，与2015年相比持平。抚州市县级饮用水水源地（省级考核）水质均达到或优于Ⅲ类标准(考核目标：Ⅲ类标准)，水质状况为优良，水质达标率均为100%,与2015年相比情况有所好转。

【抚河地表水断面水质优良】 抚河地表水12个监测断面所有监测项目均达到或优于国家《地表水环境质量标准》（GB3838-2002）Ⅲ类水质标准，达到Ⅱ类水质标准的比率为73.5%，水质达标率为100%。根据国家总站制定的河流水质评价有关技术规定，抚河水质Ⅰ～Ⅲ类水质比例≥90%，全年抚河水质状况为优良。

【县界断面水质优良】 市辖区内地表水县界11个监测断面所有监测项目均达到或优于国家《地表水环境质量标准》（GB3838-2002）Ⅲ类水质标准，达到Ⅱ类水质标准的比率为69.4%，水质达标率为100%。全年县界断面水质状况为优良。

2016年，抚州市共设置地表水县界断面12个，其中，东乡县2个，其他县（区）各1个，资溪流入贵溪境内的富庶村断面按省环保厅要求为鹰潭市环境监测站监测。根据监测结果，抚州市地表水县界断面水质均达到或优于Ⅲ类标准，水质状况为优良。12个县界断面中罗家（广昌出境断面）、廖坊电站（南城出境断面）和黎川张家（黎川出境断面）水质较好，多为Ⅱ类；临川罗溪桥（东乡出境断面）水质相对较差，多为Ⅲ类。

【环境空气质量优良】 2016年，市城区环境空气质量优良天数为339天，其中优134天、良205天、轻度污染及以上27天，分别占全年总天数的比率为36.6%、56.0%和7.4%。全年PM10浓度均值为63微克/立方米，PM2.5浓度年均值为41微克/立方米，均达到《环境空气质量标准》（GB3095—2012）二级标准的要求。与2016年《目标责任书》核定的考核目标为PM10年均值为69.6微克/立方米相比，PM10浓度均值为63微克/立方米达到省环保厅布置的年度空气质量改善目标。全年市城区环境空气质量为优良。

市区降水120次，两个降水监测点pH值范围为4.16～6.45，均值为5.37，酸雨（pH值小于5.65）频率为76.7%，降水酸性以煤烟型污染的硫酸根占主导地位。与2015年相比，pH均值上升4.7%，酸雨频率下降15.1%。全年市区酸雨状况有所好转。

【声环境质量良好】 市城区各功能区昼间和夜间噪声均达到所执行的声环境质量标准，与2015年持平。城市区域环境噪声平均等效声级为56.2分贝，达到所执行的60分贝的噪声标准值。城市道路交通噪声平均等效声级63.5分贝，平均车流量611辆/小时，均达到所执行的70分贝的噪声标准值。与2015年相比，城市区域环境噪声和道路交通噪声均略有下降。全年市区声环境状况良好。

（市环保局）

人口发展状况

【人口自然增长率得到有效控制】 2016年全市人口抽样调查结果显示，全市常住人口401.08万人，比2015年增加1.8万人，增长4.5‰，与第六次全国人口普查2010年的391.66万人相比增加9.42万人。全市人口继续向“低出生、低死亡、低增长”的现代型人口生产方式转变；人口出生率为13.60‰，与2015年相比上升0.29个千分点，与2010年相比，下降0.15个千分点；死亡率为6.2‰，比2015年下降0.03个千分点，与2010年相比上升0.13个千分点；人口自然增长率为7.4‰，与2015年相比上升0.32个千分点，与2010年相比下降0.28个千分点。人口增长保持平稳，为全市人口、资源环境和经济社会全面协调可持续发展奠定良好基础。

【人口加速向城镇集聚】 2016年全市城镇人口187.1万人，占总人口的46.65%，比2015年上升1.68个百分点；比2010年上升9.43个百分点，平均每年提高1.66个百分点。这是一个相当快的速度，这个速度快于前两次人口普查间的增长速度。2000年第五次人口普查与1990年第四次人口普查相比，十年零四个月，抚州城镇人口比重上升8.68个百分点，平均每年提高0.84个百分点；2010年第六次人口普查与2000年第五次人口普查相比，抚州城镇人口比重上升11.59个百分点，平均每年提高1.16个百分点。城镇人口比重的快速上升，表明抚州人口城镇化进程不断加快，也标志着抚州工业化和现代化水平在不断提高，是全市经济社会快速发展的充分体现，是统筹城乡发展取得的重大成就，也为以后抚州经济社会科学发展提供着巨大动力。

（袁　靖）

国民经济和社会发展状况

【概况】 2016年，面对复杂多变的国际环境和繁重艰巨的改革发展稳定任务，全市上下深入贯彻习近平总书记对江西工作的总体要求，坚持稳中求进的工作总基调，突出打好“三大攻坚战”，全力推进“13”工程，加快“科学发展、绿色崛起，全面建成小康新抚州”

步伐，经济社会保持平稳健康发展，社会事业全面进步，实现“十三五”良好开局。

初步核算，全市实现生产总值 1210.91 亿元，比 2015 年增长 8.8%。其中，第一产业增加值 197 亿元，增长 4.0%；第二产业增加值 591.34 亿元，增长 8.9%；第三产业增加值 422.57 亿元，增长 11.2%。三次产业比由 2015 年的 16.5 ：49.7 ：33.8 调整为 16.3 ：48.8 ：34.9。人均生产总值 30259 元，比 2015 年增长 9.0%。规模以上工业增加值完成 394 亿元，增长 9.5%；外贸出口总额 118.85 亿元，增长 16.2%；城镇化率 46.65%，提高 1.68 个百分点。

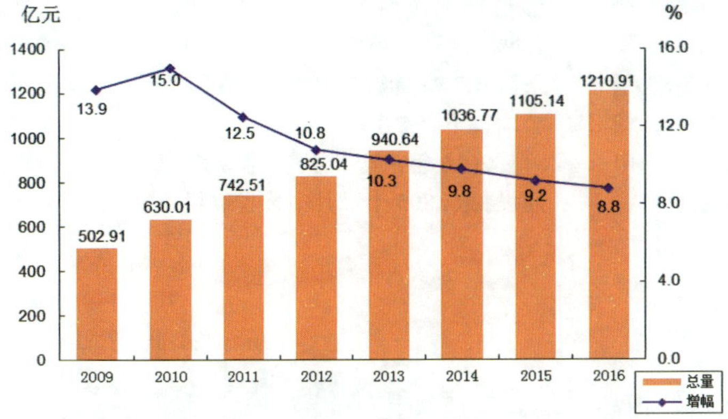

图 1 2009-2016 年 GDP 总量及其增长速度

全年居民消费价格总指数（CPI）比 2015 年增长 1.5%。八大类消费品价格与 2015 年相比呈现五升三降的趋势。其中食品烟酒类上涨 3.8%，涨幅居首，医疗保健类居次，上涨 2.2%，居住类上涨 1.9%，其他用品和服务类上涨 1.3%，生活用品及服务类上涨 0.9%，教育文化和娱乐类下降 0.3%，衣着类下降 0.7%，交通和通信类下降 1.4%。

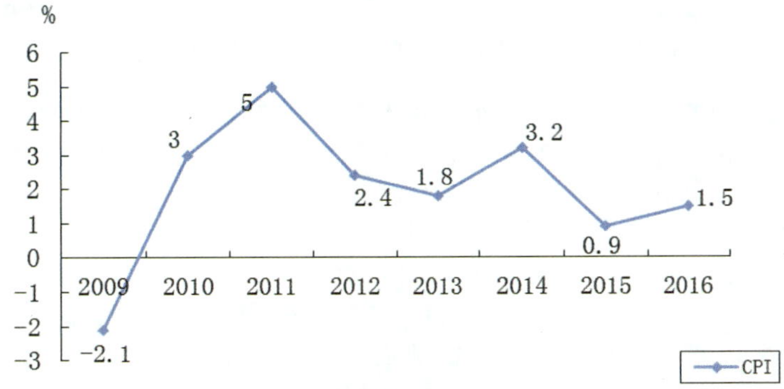

图 2 2009-2016 年居民消费价格涨跌幅度

全年完成财政总收入 171.62 亿元，增长 3.9%。其中，税收收入 143.93 亿元，增长 1.7%；公共财政预算收入 122.80 亿元，下降 3.2%。全年公共财政预算支出 312.34 亿元，增长 6.0%。坚持公共财政向困难群众倾斜，向基层倾斜，向公共事业倾斜。其中，一般公共服务支出 26.70 亿元，增长 14.3%；公共安全支出 14.66 亿元，增长 13.4%；科学技术支出 5.57 亿元，增长 10.4%；文化体育与传媒支出 5.34 亿元，增长 15.9%；社会保障和就业支出 41.61 亿元，增长 10.4%；教育支出 57.14 亿元，增长 1.6%；交通运输支出 8.93 亿元，增长 76.8%；医疗卫生支出 33.89 亿元，增长 6.5%；农林水事务支出 46.93 亿元，增长 5.9%；商业服务业等事务支出 4.59 亿元，增长 32.3%。

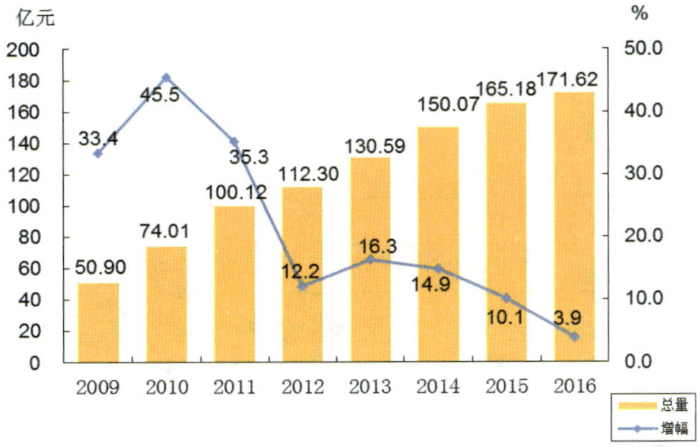

图 3 2009-2016 年财政总收入及其增长速度

【粮食生产实现“十三连丰”】 2016年，全市总产量达296.64万吨，比2015年增长1.2%，实现“十三连丰”。其中，早稻总产量110.16万吨，增长0.1%。甘蔗产量20.19万吨，下降3.6%；油料产量6.01万吨，增长1.9%；蔬菜产量144.55万吨，下降0.2%；水果产量155.65万吨，下降14.6%；茶叶产量0.26万吨，下降0.4%；棉花产量0.31万吨，增长1.9%。肉类总产量34.84万吨，增长1.0%，其中，猪肉产量22.59万吨，下降3.1%；禽肉产量11.50万吨，增长9.5%。全年水产品产量19.65万吨，增长1.4%。全年粮食作物播种面积41.68万公顷，增长2.4%。甘蔗种植面积0.39万公顷，下降1.8%；油料种植面积2.72万公顷，增长1.4%；蔬菜种植面积6.44万公顷，下降1.7%；棉花种植面积0.19万公顷，下降2.0%。

2016年，全市共安排新农村建设村点805个。其中，省级村点423个、自建村点382个，涉及农户3.76万户、15.4万人。全市共投入资金5.4亿元，拆除破旧空心房、危房、猪牛栏等21.67万平方米，改水、改厕到位率分别为97 %和95%，硬化村内主干道186.6千米、其它道路204.4千米，修建排水沟10.4万米，65个中心村“七改三网”建设全面完工，“8+4”公共服务基本完善，村庄基础设施全面改善，整治建设任务全面完成。

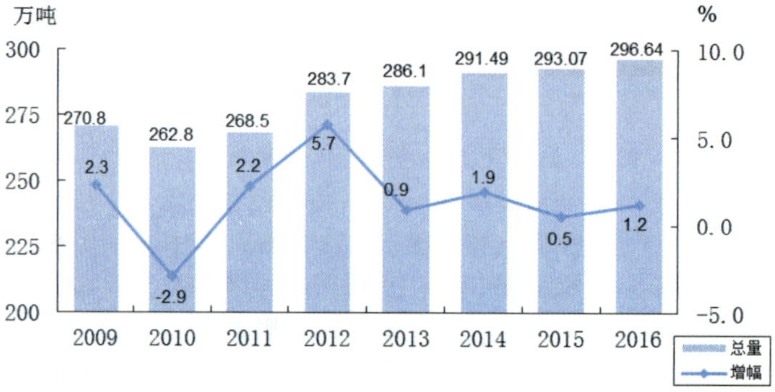

图4 2009—2016年粮食总产量及其增长速度

【工业经济保持稳步发展态势】 2016年，抚州市工业经济保持稳步发展态势。全市全部工业增加值484.41亿元，增长9.2%，占GDP的比重为40.0%。其中，规模以上工业增加值394亿元，增长9.5%。国有企业1.09亿元，增长10.0%；股份制企业193.76亿元，增长5.5%；外商及港澳台投资企业31.28亿元，增长48.8%；国有控股企业21.76亿元，增长93.5%。

全市工业园区开发面积50平方千米，工业园区完成主营业务收入1648.57亿元，增长7.2%，其中，抚州高新区工业企业主营业务收入420.92亿元，增长9.3%。全市六大支柱产业中主营业务收入为：化工建材332.29亿元、机电汽车306.94亿元、有色金属加工234.69亿元、食品工业130.66亿元、生物医药77.48亿元、电子信息45.20亿元。全市工业园区内投产工业企业1152家，增长4.8%。全市新增规模以上工业企业107户，达到943户。

2016年主要工业产品产量及其增长速度表

表5-1

指　标	单位	2016年	增长%
饮料酒	千升	169450	-22.3
#白酒（折65度，商品量）	千升	397	1.0
啤酒	千升	161103	-23.4
软饮料	吨	179184	-1.1
纱	吨	136301	35.7
布	万米	24623	6.5
服装	万件	5557	-21.5
机制纸及纸板	吨	196873	9.0
农用氮、磷、钾化学肥料	吨	32026	17.1
化学农药	吨	6890	2.8
塑料制品	吨	346875	20.4

续表 5-1

指　标	单位	2016 年	增长 %
水泥	吨	2629565	1.8
变压器	千伏安	13548840	4.9
中成药	吨	6271	14.4
铜材	吨	491689	117.8
铝材	吨	67163	14.3
铅酸蓄电池	千伏安时	732045	14.8

2016 年，全市在库建筑业企业 115 家，其中，一级资质以上建筑企业 26 家。全年全市建筑业企业实现增加值 106.93 亿元，增长 8.1%。全市具有资质等级的总承包和专业承包建筑业企业完成总产值 349.75 亿元，增长 19.1%；建筑业劳动生产率 254218 元 / 人（按建筑业总产值计算），增长 12.5%。

【固定资产投资较快增长】 全年完成固定资产投资 1251.30 亿元，增长 13.8%。其中，第一产业投资 77.36 亿元，增长 77.6%；第二产业投资 630.62 亿元，增长 0.7%；第三产业投资 543.32 亿元，增长 26.4%。

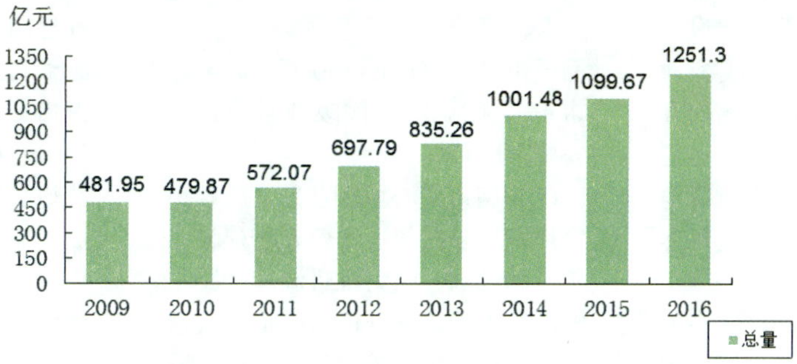

图 5　2009-2016 年全市固定资产投资总额

全年完成工业投资629.56亿元，增长 1.8%。其中，纺织服装及服饰业投资 75.21 亿元，下降 20.1%；化学原料及化学制品制造业投资 40.76 亿元，增长 19.5%；电气机械及器材制造业投资 31.55 亿元，下降 11.7%。全市全年非国有经济完成投资 870.55 亿元，增长 7.7%，占固定资产投资的 69.6%。其中，民间投资完成 855.91 亿元，增长 8.1%。

全市基础设施建设投资 232.95 亿元，增长 21.5%，占固定资产投资总额的比重为 18.6%。全年完成房地产开发投资 111.57 亿元，增长 1.4%。房屋施工面积 1698.98 万平方米，增长 15.4%；房屋竣工面积 321.59 万平方米，下降 4.0%；房屋销售建筑面积 450.09 万平方米，增长 26.3%。

【国内贸易平稳发展】 2016 年，全市社会消费品零售总额 480.27 亿元，增长 11.6%。分城乡看：城镇消费品市场实现零售额 387.50 亿元，增长 11.5%；乡村消费品市场实现零售额 92.77 亿元，增长 12.0%。分行业看，批发和零售业是社会消费品零售市场的主导力量，实现零售额 422.42 亿元，增长 11.1%，占全市社会消费品零售总额的 88.0%；住宿和餐饮业零售额 50.16 亿元，增长 15.3%。

在限额以上批发和零售业零售额中，粮油、食品、饮料、烟酒类同比增长 45.9%；石油及制品类同比下降 7.6%。

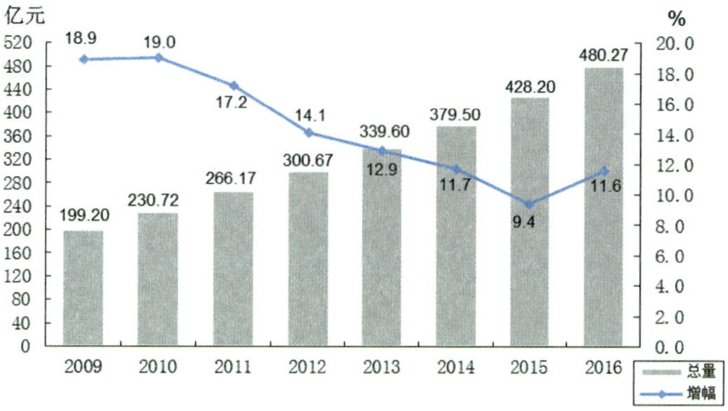

图 6　2009-2016 年社会消费品零售总额及其增长速度

【对外经济较快增长】 2016年，全市进出口总值121.53亿元，增长17.2%。其中，出口总值118.85亿元，增长16.2%。实际利用外商直接投资3.24亿美元，增长10.6%。全市新引进并已开工2000万元以上工业项目361个，增长15.7%；亿元以上工业项目206个，增长9.0%。2000万元以上工业项目实际进资458.74亿元，增长12.6%；亿元以上工业项目实际进资320.68亿元，增长23.6%。

【交通、邮政和旅游持续发展】 全年交通运输、仓储和邮政业实现增加值72.92亿元，比2015年增长6.5%。资光、船广、东昌高速建成通车，东外环高速开工建设，广昌至吉安高速项目已完成征地拆迁工作，完成省政府要求年内开工目标；东外环高速（金抚高速与东昌高速连接线）项目正进行征地拆迁工作，抚州东互通连接线延伸段跨抚河王安石特大桥钢便桥施工计划已开工，昌抚城际铁路正在加快前期工作，鹰梅铁路纳入国家中长期铁路网调整规划，吉抚武铁路“十三五”内将动工建设，抚州机场建设已进入实质性启动阶段。

2016年，全市邮政企业和规模以上快递服务企业业务收入（不包括邮政储蓄银行直接营业收入）累计4.89亿元，同比增长28.0%；业务总量5.87亿元，同比增长37.7%。其中，全市快递服务企业业务量累计完成1531.26万件，同比增长52.1%，快递业务收入1.62亿元，同比增长49.4%。

旅游产业持续快速发展。全市共接待游客2960万人次，实现旅游收入260亿元，分别增长40%和41%。举办抚州市首届旅游商品博览会及“抚州市首届旅游形象大使暨最美讲解员(导游)电视大赛”。以纪念汤显祖逝世400周年活动为契机，推出2条旅游精品线路。资溪县和南丰县被列入首批国家全域旅游示范区创建单位。乐安流坑、南丰桔文化产业集聚区被评为国家AAAA级旅游景区。流坑古樟林入选上海大世界吉尼斯之最，成为“中国第一古樟林”，广昌姚西景区获吉尼斯世界纪录认证，成为“世界最大莲池”。东乡花果山农业休闲区被评为省AAAA级乡村旅游示范点。在江西旅游产业年度博览会上，抚州市总奖牌并列全省第二。

【强力推进城市建设】 2016年，全市城镇化率由2015年的44.97%提高到46.65%，上升1.68个百分点。全面启动“多规合一”，城市总体规划纲要(2015–2030)修编通过评审。市中心城区实施重点城建项目34个，累计完成投资9.32亿元。6条城市大道框架基本建成。抚州市成功入选第三批国家新型城镇化综合试点。东乡县撤县设区正式获批。特色小镇建设全面起步。完成市县棚改征迁160万平方米，市中心城区13个棚改项目征迁进入尾声。

实施市中心城区基础设施、市容环境、公共交通和停车场建设三年行动计划，强力推进高速公路沿线广告整治、户外广告整治、交通运输超载超限整治、河道违法采砂专项整治，市中心城区公共自行车系统一期投入使用。市中心城区绿地率、绿化覆盖率、人均公园绿地均居全省前列。

【金融和保险稳步发展】 信贷规模实现新突破。年末全市银行业金融机构本外币各项存款余额1645.64亿元，年末余额较年初增加209.5亿元，比2015年多增40.41亿元，增长14.6%。全市银行业金融机构本外币各项贷款余额为1131.81亿元，年末余额较年初增加191.86亿元，比2015年多增8.11亿元，增长20.4%。

强化实体企业金融服务。进一步扩大“财园信贷通”“财政惠农信贷通”“税贷通”等政策扶持范围；在全省率先推行过桥贷款制度，建立银行抽贷报告制度和问题企业贷款协调处置制度，发放小额贷款9.83亿元，有力地支持实体经济发展。

保险事业稳步增长。全市保险机构主体共有22家，其中，财险公司10家，寿险公司12家。全市实现保费收入40.04亿元，同比增长15.3%；保险密度为1002.8元/人，保险深度为4.9%。其中，财产险公司实现保费收入11.38亿元，同比增长13.3%；人身险公司实现保费收入28.66亿元，同比增长16.2%。全市保险理赔额达到14.33亿元。

【教育事业持续发展】 2016年，全市教育经费投入达68.5亿元，同比增长7.6%；市县开工建设教育重点工程38个、标准化建设项目1004个。临川、黎川、南丰、金溪、东乡、高新区顺利通过国家县域义务教育基本均衡评估认定，崇仁师范学校升格抚州幼儿师范高等专科学校。高考再创辉煌，全省理科状元花落抚州，37人录取清华北大。《品读临川文化》读本正式出版，《直击高考总复习》被列入全国优秀图书。义务教育校长教师交流轮岗被教育部列为全国样板。临川教育集团转型升级、妥善解决原民办代课教师问题，学生防溺水、校园文化建设、“千名教师访万家”等多项工作走在全省前列。《中国教育报》《中国教师报》《新法制报》等媒体专程到抚州进行系列报道。

【科技事业快速发展】 2016年，抚州市地方财政科技支出5.57亿元，比2015年增长10.4%。争取国家科技计划项目14项，省级各类科技计划项目45项，共获得项目资助资金2561万元。全市申请专利2450件，获得授权专利1746件，分别比2015年增长60.6%和94.2%，人均有效发明专利拥有量为0.71。完成技术合同登记额3.98亿元，取得科技成果登记38项，20项优秀科技成果项目获2015年度市科学技术奖。江西自立环保科技有限公司参与完成的“复杂锡合金真空蒸馏新技术及产业化应用”项目获得国家科技进步奖二等奖，江西博雅生物制药有限公司的“静注人免疫球蛋白(pH4)工艺优化”获得省技术发明三等奖。新增国家级企业技术中心1家、省级工程技术研究中心3家、省级企业技术中心6个、国家级科技企业孵化器1家，省级“众创空间”6家。抚州高新技术产业园区科技企业孵化器创业服务中心获批国家级科技企业孵化器。

【文化惠民工程不断开展】 2016年，全市电影票房收入达到8600余万元，同比增长58%；广播电视广告收入2618万元。全市全年送戏下乡千余场，送电影下乡2.9万余场。农家书屋更新补充图书配送1068家，图书（含音像报刊）30多万册。组织开展抚州市非物质文化遗产展演展示周、欢乐春节家乡行、“中国梦·百姓梦”下乡演出、梦想广场、汤显祖精品剧目展演季、文化部昆曲名家传戏学员汇报演出、第二届汤显祖戏剧奖展演等文化展演活动100多场。举办“百世一系——苏派碑刻名家作品展”“洁素莹然——景德镇珠山出土永乐官窑瓷器展”文物主题展览，8个书画艺术展（包括“麻姑山文化书法展”“印象莆阳——福建莆田市文化遗产摄影图片展”“中国梦·劳动美·建功十三五——抚州市庆‘五一’职工书法大赛展”“江右印社首届篆刻暨当代篆刻社团作品联展”“抚州市抗洪赈灾——景德镇艺术家捐赠作品展”等）。9月24–26日，举行纪念汤显祖、莎士比亚、塞万提斯逝世400周年活动开幕式、戏剧巡演、第三届中国（抚州）汤显祖艺术节、精品剧目展演、汤显祖学术高峰论坛、汤显祖纪念馆新馆开馆、“中国文化行”座谈等10多项活动，吸引包括英国、西班牙在内的12个国家、119名外宾，241名知名学者，102家中央、省市媒体323名记者，近30万名群众参加活动。

【卫生服务能力明显提高】 2016年，抚州市共有医疗卫生机构2334个，编制床位数12658张，机构编制人数17719人。制定新农合统一补偿方案，新农合筹资标准由之前的人均90元增加到120元、大病保险筹资标准由23.5元提高到30元、意外伤害保险筹资标准由15.5元提高到20元；将参合人员在市级定点医疗机构的住院补偿比例由2015年的55 % 提高到60%；新农合政府补助标准提高到410元，全年有303.07万人参合，参合率达到99.46%。

【大力开展体育精品赛事，加速体育基础设施建设】 5月，抚州市举办第六届赣浙闽皖四省九市乒乓球邀请赛，吸引各省市150名乒坛好手参与；8–9月举办江西省第五届全民健身运动会太极拳比赛暨“汤显祖杯”中国抚州国际太极拳大赛，有闽、粤、苏、赣50支代表队和法国、巴西、哥伦比亚、古巴等12个国家600多名运动员、教练员、裁判员相聚抚州，一展太极拳风采；10月初承办“汤显祖杯”第七届环鄱阳湖国际大赛（抚州站）的赛事，来自33个国家和地区的120名专业自行车运动员在美丽的梦湖畔进行激烈的角逐；10月底在文化广场举办5000米彩跑活动，吸引近千名跑步爱好者参与。全市体育场地用地面积412.41万平方米，人均用地面积1平方米；体育场地建筑面积21.73万平方米，人均建筑面积0.05平方米；体育场地面积324.75平方米，人均场地面积0.81平方米。

【人口、人民生活和社会保障稳步发展】 2016年年末，全市总人口为4001819人，比2015年年末增加17132人。其中城镇人口1871053人，占全市总人口的46.65%。

人民生活水平稳步提升。2016年，全市城镇居民人均可支配收入27195元，增长8.5%；城镇居民人均消费性支出为15791元，增长5.0%。农村居民人均可支配收入12447元，增长8.8%；农村居民人均生活消费支出7984元，增长6.6%。

民生状况持续改善。全面完成省政府下达的50件民生实事。就业形势保持稳定，新增城镇就业4.31万人，转移农村劳动力6.4万人。全市城乡居民基本养老保险和医疗保险制度实现全覆盖。完成城镇保障性安居工程42764套，改造农村危房6391户。

脱贫攻坚深入推进。全市扶贫对象减少4.4万人，东乡东源村、广昌羡地村等46个贫困村脱贫“摘帽”。省市财政投入专项产业扶贫资金1.2亿元、村庄整治扶贫资金5060万元，贫困群众生产生活条件明显改善。高标准建设移民集中安置点18个，完成扶贫搬迁任务4523人。

（梅　岩）

本栏编辑　鄢春琴

中国共产党抚州市委员会

综 述

2016年，中共抚州市委紧紧围绕科学发展、绿色崛起，全面建成小康新抚州的战略目标，坚持“融入南昌、对接海西、振兴苏区”的发展战略，实施“一核两带四区”战略布局，突出打好产业升级攻坚战、基础设施攻坚战和精准脱贫攻坚战，扎实推进百亿企业培育工程、现代农业科技示范园区工程、中医药产业振兴工程等“13”工程。经济社会平稳较快发展，社会大局保持和谐稳定，党建科学化水平不断提升。全年完成生产总值1210.9亿元，增长8.8%。财政总收入171.62亿元，增长3.9%。规模以上工业增加值394亿元，增长9.5%。固定资产投资1251.3亿元，增长13.8%。城镇居民人均可支配收入27195元，增长8.5%；农村居民人均可支配收入12447元，增长8.8%。

大力推进党的建设，增强各级党组织执政能力和领导水平，充分发挥党组织战斗堡垒作用和共产党员先锋模范作用。加强思想政治建设，保持坚定的政治定力。把握思想建党这个关键，深入开展“两学一做”学习教育，组织广大党员系统学习党章党规，学习习近平总书记系列重要讲话精神，市委先后开展25次集中学习，邀请专家学者作辅导报告11场。加强学习型机关和党组织建设，推动理论学习常态化，用总书记治国理政的新思想、新理念、新理论武装头脑，指导实践。认真按照省委“两个走前列”的要求，在全市220个基层党组织中开展以“四化十制度”为主要内容的基层组织制度建设创新试点，构建党员教育管理长效机制。创新开展“一回顾三检查”专题学习，深化“连心、强基、模范”三大工程，继续组织第二批1810支“连心”小分队进驻基层，重点解决精准扶贫、信访维稳、基层组织建设等问题。加强党风廉政建设，巩固风清气正的政治生态。严格落实全面从严治党主体责任，不断开创党风廉政建设和反腐败工作新局面。2016年，全市纪检监察机关共立案883件，给予党纪政纪处分680人，其中，县级干部8人。

深入贯彻中央和省委决策部署，牢牢把握全市工作的正确方向。党的十八届五中、六中全会和省第十四次党代会召开后，抚州市委均在第一时间召开常委会、领导干部会等一系列会议，迅速传达学习会议精神，研究贯彻落实举措，举办专题学习班，把全市上下的思想和行动统一到中央、省委决策部署上。深入贯彻中央“五大发展理念”和省委建设“富裕美丽幸福江西”战略部署，找准中央、省委精神与抚州发展实际的契合点，把生态文明理念融入市“十三五”规划中，提出用新发展理念谋划抚州发展、用生态文明建设统领抚州发展，出台生态文明示范市建设、开展“双返双创”等实施意见，召开全市领导干部会、经济工作会、生态文明建设推进会、信息产业发展座谈会、中医药产业发展座谈会等一系列会议，加强调度，推动经济持续健康发展。

打好产业升级攻坚战，积极构建低碳、高效、循环的绿色产业体系，加快经济增长方式转变，促进经济持续健康发展。现代农业抓科技示范园区、抓龙头企业、抓精深加工。2016年，全市11个县（区）农业示范园累计投入资金35.35亿元，核心区面积120.67平方千米，入园龙头企业142家，实现产值160.45亿元，辐射和带动周边群众大力发展农业产业化经营项目。新型工业抓龙头骨干企业、抓产业链延伸、抓企业上市。把百亿企业培育工程作为产业发展升级的头号工程来抓，制订《加快工业转型升级三年攻坚计划》，从全市六大主导产业中选择一批成长型企业进行重点培育，力争三年内主营业务收入超100亿元。现代服务业抓平台建设、抓品牌创建、抓新业态。唱响汤显祖大戏，成功举办纪念汤显祖逝世400周年系列活动，期间举办包括开幕式、花车戏剧巡演、汤显祖艺术节等在内的40余项活动，组织音乐剧《汤显祖》和乡音版《临川四梦》全国巡演，提高抚州知名度和影响力，受到中央领导充分肯定和广大群众高度称赞。

坚持项目带动战略，扎实推进水电路网、棚户区改造、全国卫生城市创建、医疗基础设施等工程，不断改善基础设施水平，着力补齐发展短板。2016年，全市投资470亿元，实施301个重点项目。

把脱贫攻坚作为最大的政治责任、最大的民生工程，制定《关于坚决打赢脱贫攻坚战的实施方案》，举全市之力打赢脱贫攻坚战。同时，综合运用搬迁脱贫、社会帮扶、教育脱贫、保障脱贫等措施，加快贫困地区群众脱贫致富奔小康。全市贫困人口由年初的12.6万人减少到6.8万人，净减少5.8万人；贫困发生率由3.9%下降到2.1%。64个贫困村实现脱贫退出，贫困村由223个减少到159个。第三方评估抚州市贫困户满意度达98%，贫困村满意度达100%。

以绿色发展为统领，加快推进生态文明示范市建设，打造美丽江西“抚州样板”。以抚河流域生态保护与综合治理工程为切入点，全面推进生态文明先行示范市建设。编制《抚河流域生态保护与综合治理规划》，谋划近期、中期到远期五个方面15项大的工程，总投资约370亿元。突出抓好生态建设和环境治理，深入开展“净空”“净水”“净土”行动，不断巩固和提升生态环境优势。在全省率先启动全市域封山育林工作，狠抓工业废气和汽车尾气治理，启动PM2.5监测并与国家联网。出台《最严格水资源管理制度》，开展水库水质和非法采砂专项整治行动，加强企业排污和饮用水源地水质监管，全面落实“河长制”，突出抓好东乡北港河和乐安鳌溪水两段水质不达标河段整治。在全省率先成立生态文明先行示范市建设研究中心，编制《生态文明先行示范市制度体系建设实施方案》，稳步推进制度创新，加快生态文明建设由理论层面向实践层面推进。大力倡导绿色出行，公共自行车系统正式投入运行，成功入选国家首批新能源汽车推广应用城市，建成充电桩334根，位居全省前列。加快推进新能源发展，垃圾发电项目完成选址，光伏、风能等发电项目有序推进。

加快民生事业发展。年内，全市民生支出达192亿元，同比增长18%，全面完成省政府下达的50件民生实事，不断增强群众获得感和满意度。切实抓好信访维稳工作，充分发挥四大调处中心作用，推行“第三方”调解机制，推广南城、南丰、崇仁等地民间调解模式，加强矛盾纠纷排查和化解力度，全市信访形势大为好转，处在历史最好时期之一，信访总量、重复信访量、越级信访量和集体上访量“四个下降”。扎实推进平安抚州建设，严厉打击各类违法犯罪活动，社会治安秩序明显好转，公众安全感不断攀升。

强化党管意识形态主体责任，牢牢掌握意识形态工作的领导权、管理权、话语权。深入推进社会主义核心价值观教育实践，加强个人品德、职业道德、家庭美德和社会公德教育，加快推进志愿服务制度化，提高市民道德素质。深入贯彻习近平总书记在网络安全和信息化工作座谈会上的重要讲话精神，加强网络阵地建设和管理，营造风清气正的网络空间。加强对人大工作领导，推动依法设立市人大法制委员会，启动《地方性法规制定条例》立法工作，把每年端午前一天确定为全市“爱国卫生日”。推动政协工作发展，下发《加强政党协商实施办法》《年度协商工作计划》等文件，健全协商会议、交友联谊、对口联系等制度，推动协商民主制度化、规范化、程序化。制定《加强新形势下统战工作意见》，在民主党派、无党派人士中深入开展中国特色社会主义学习实践活动，发挥其参政议政民主监督职能。

（曾建华）

【市委领导名录】
书　　记：肖　毅
副 书 记：张鸿星
于秀明（1月任）
常　　委：于秀明
吴伟柱（任至9月）
王新有
周小平（任至4月）
黄玉剑（任至9月）
刘海滨（9月任）
周学胜（任至4月）
赵世斌（任至4月）
李建林　李兰贵
谭小平
魏建新（2—9月）
罗国良（4月任）
董朝武（4月任）
吴建春（9月任）
韦　萍（9月任）
傅　云（9月任）
秘 书 长：李建林（任至9月）
谭小平（9月任）
副秘书长：赵　立　李光荣
胡会华　谭海波
李　晶（9月任）
高晓英（7月任）
黄荣泉
罗海清（2月任）

市委重要会议

【市委常委会】 1月14日晚，市委召开三届第93次常委会议，会议传达学习习近平总书记在十八届中央纪委第六次全会上的重要讲话精神；审议《关于召开市纪委三届六次全会有关事项的请示》《抚州市国民经济和社会发展第十三个五年规划纲要（草案，送审稿）》《抚州市2016年国民经济和社会发展计划（草案，送审稿）》《市政府工作报告（送审稿）》和《关于市委办公室调整县级领导职数和市生态经济研究室更名的请示》；研究人事问题。

2月2日晚，市委召开三届第94次常委会议，会议传达学习省十二届人大五次会议、省政协十一届四次会议和全省“扫黄打非”电视电话会议精神，研究贯彻意见；审议《关于深化水利改革的实施意见（送审稿）》《关于推行抚河“河长制”的实施方案（送审稿）》《2015年度全市年终考核工作情况汇报》和《抚州市2016年重点建设项目计划（送审稿）》；听取《关于我市春节期间维护社会稳定的情况汇报》；研究人事问题。

2月19日，市委召开三届第95次常委（扩大）会议，会议传达学习省级“河长制”第一次会议和省生态文明先行示范区建设领导小组第二次会议精神，研究贯彻意见；审议实施全市“三大攻坚战”有关文件。

2月24日，市委召开三届市委常委党建工作专题办公会，会议听取市委党建工作领导小组办公室负责人关于全市党建工作的汇报，研究部署2016年全市党建工作，市领导于秀明、吴伟柱、王新有、李建林、谭小平、魏建新以及市直机关工委、抚州职业技术学院主要负责人分别围绕党建工作做发言。

2月25日，市委召开三届第96次常委会议，会议传达学习全省组织部长会议和全省县乡换届工作会议，全国、全省宣传部长会议以及全省统战部长会议精神，研究贯彻意见；审议《关于成立纪念汤显祖逝世400周年活动暨第三届中国（抚州）汤显祖艺术节组委会建议名单》。

3月15日，市委召开三届第97次常委会议，会议审议《纪念汤显祖逝世400周年活动总体工作方案（送审稿）》《关于加快工业转型升级三年攻坚计划(2016–2018年）（送审稿）》《关于对江西迪比科新能源动力电池生产基地项目建设扶持的请示》《关于与江西金控基金投资管理中心合作设立江西金控抚州基金管理有限公司并管理其发起设立的基金的请示》《关于落实发展新理念加快推进农业农村发展升级的实施意见（送审稿）》《抚州市2016年农村环境综合整治考核评分实施细则（送审稿）》《关于全市县级领导干部学习贯彻十八届五中全会精神、开展五大发展理念和“十三五”发展规划等教育培训的方案（送审稿）》《中共抚州市委关于加强新形势下统战工作的意见（送审稿）》和抚州市与省委统战部共建全省党外干部挂职锻炼基地有关事宜；听取关于推进抚河流域生态保护和综合治理工程项目有关情况的汇报、市公务用车制度改革工作情况汇报、全市棚户区改造征收工作攻坚战活动情况汇报并研究2016年棚户区改造工作；传达学习省委保密委员会全体（扩大）会议精神，研究贯彻意见；部署2016年县（区）、乡镇换届工作事宜；研究人事问题。

3月25日，市委召开三届第98次常委会议，会议学习省换届办关于换届纪律有关要求；审议《关于开展巡察工作的实施意见（送审稿）》和《关于加强纪委监督同级党委落实全面从严治党主体责任的实施意见（试行）（送审稿）》；研究有关案件。

4月15日，市委召开三届第99次常委会议，会议传达省委副书记刘奇到抚州考察调研情况和《中共中央关于郭伯雄严重违纪违法案及其教训的通报》《省委办公厅关于苏荣“造绿工程”为反面教材进一步树立正确政绩观的通知》；听取《关于建立河道采砂长效管理机制进行采砂专项治理的实施方案》和《关于深入开展货运车辆超限超载治理工作方案》的报告；审议《关于大力开展“双返双创”活动的意见（送审稿）》《关于鼓励支持“双返双创”活动的若干政策措施（送审稿）》《成立抚州市“双返双创”活动领导小组的通知（送审稿）》《关于召开全市推进大众创业万众创新工作会议暨“双返双创”活动动员大会方案（送审稿）》以及《关于推进全市乡村卫生计生服务能力建设的实施意见（送审稿）》《关于创建国家卫生城市有关问题的请示》《市本级招商引资项目规范管理暂行办法（送审稿）》《关于深化市属国有企业负责人薪酬制度改革的意见（试行）（送审稿）》《关于市属国有企业领导人员管理的暂行规定（送审稿）》《关于市政府驻浙江办事处职能整合和市政府驻福建办事处更名等事项的请示》《关于县（区）领导班子成员换届不再提名的有关规定（送审稿）》；研究个别领导干部的信访件核查处理情况。

5月6日，市委召开三届第100次常委会议，会议听取全市一季度经济运行情况汇报；传达学习全省降低企业成本优化发展环境专项行动电视电话动员大会、中央和全省对台工作会议、全省宣传网信系统学习贯彻习近平总书记在网络安全工作座谈会上重要讲话的会议和全省精神文明表彰大会精神，研究贯彻意见；审议《抚州市政府关于降成本、去产能、优环境，全面推进实体经济健康发展的若干意见（送审稿）》《关于召开抚州市科学技术协会第二次代表大会的请示》《中共抚州市人大常委会党组关于做好全市县、乡两级人民代表大会换届选举工作的意见（送审稿）》《全市“四进四联四帮”活动年度总结表彰暨新一轮选派工作动员会方案》《全省优秀共产党员、优秀党务工作者、先进基层党组织拟推荐对象名单（送审稿）》和《抚州市直机关公开遴选公务员实施办法（试行）（送审稿）》；研究人事问题。

5月27日，市委召开三届第101次常委会议，研究有关案件。

6月3日，市委召开三届第102次常委会议，会议学习中共中央办公厅《关于当前意识形态领域情况的通报》；传达学习省委副书记、省长鹿心社视察抚州时的讲话精神，全省城市工作现场推进会和全省学习贯彻习近平总书记在哲学社会科学工作座谈会上重要讲话工作会议精神，研究贯彻意见；审议《中共抚州市委班子2011—2015年工作总结（送审稿）》《2015年中共抚州市委落实党风廉政建设责任制工作情况报告(送审稿)》《2015年中共抚州市委干部选拔任用工作和落实党建工作责任制情况报告（送审稿）》《关于贯彻〈党委（党组）意识形态工作责任制实施细则（送审稿）〉》《抚州市红十字会第二次会员代表大会工作方案》和《关于市总工会增加领导职数的请示》；听取《关于抚州市BRT项目建设情况汇报》以及省换届风气第十一巡回督查反馈情况汇报。

6月13日，市委召开三届第103次常委会议，研究人事问题。

6月16日，市委召开三届第104次常委会议，会议传达学习省委常委、省纪委书记周泽民在抚州调研时的讲话精神、全省集中整治和查处基层侵害群众利益不正之风和腐败问题电视电话会议精神，研究贯彻意见；审议《关于集中整治和查处基层侵害群众利益不正之风和腐败问题的实施意见(送审稿)》、全市纪念建党95周年“两优一先”表彰对象名单；学习观看《镜鉴——衡阳、南充违反换届纪律案件警示录》。

7月4日晚，市委召开三届第105次常委（扩大）会议，会议传达学习《中共中央办公厅关于〈学习贯彻习近平总书记在庆祝中国共产党成立95周年大会上的讲话〉的通知》、中央第十一巡视组到江西巡视“回头看”动员会精神；通报一起涉嫌违反换届纪律的案件。

7月13日，市委召开三届第106次常委会议，会议审议《中共抚州市委关于认真做好县区党委换届选举有关工作的通知》和《抚州市市管领导干部职务职级管理规定（送审稿）》；研究人事问题和有关案件。

7月15日，市委召开三届第107次常委会议，研究人事问题。

7月21日，市委召开三届第108次常委会议，会议听取全市上半年经济运行情况和市中心城区应急备用水源地规划选址情况汇报；传达学习全省纪检监察半年调度会和全省老干部工作会议精神，研究贯彻意见；审议《市交通建设投资集团有限公司组建方案（送审稿）》《关于表彰创建全省文明城市先进集体和先进个人的请示》《关于开展向傅淑清同志学习和宣传活动的请示》《关于调整市农业开发办隶属关系等事项的请示》和《关于县（区）领导班子换届人事安排的原则意见（送审稿）》；研究有关案件。

7月28日，市委召开三届第109次常委会议，会议传达学习省委副书记、代省长刘奇到抚州视察调研时的讲话精神，研究贯彻意见；审议《关于深化供销合作社综合改革试点实施方案（送审稿）》《关于深化国资国企改革的实施意见（送审稿）》和《抚州市“山长制”工作实施方案》。

8月2日，市委召开三届第110次常委会议，研究人事问题。

8月11日，市委召开三届第111次常委会议，会议传达学习省政府全体会议、全省科技创新大会和全省农村精神文明建设工作推进会精神，研究贯彻意见；学习《中国共产党问责条例》和《江西省纪委关于重申严禁党员干部出入私人会所、违规接受吃请纪律的通知》；审议关于加强和改进新形势下民族工作的实施意见（送审稿）》《关于召开中国共产党抚州市第四次代表大会的决议（草案）》《抚州市第四次党代表大会筹备工作领导小组建议名单》及工作职责、《关于加强市纪委派驻机构建设的实施意见》和《关于调整市纪委派驻机构等事项的请示》；研究有关案件。

8月16日，市委召开三届第112次常委会议，研究有关案件。

8月26日，市委召开三届第113次常委会议，会议听取汤显祖逝世400周年纪念活动暨第三届中国（抚州）汤显祖艺术节项目进展情况汇报和关于转变“寻梦牡丹亭”大型实景演出项目投资运营模式的汇报；审议《抚州市关于培育发展特色小镇的实施意见（送审稿）》《抚州市特色农业产业扶贫行动实施办法》等17个专项扶贫行动实施办法、《抚州市2016年镇容村貌环境综合整治督查考核实施细则（送审稿）》和《抚州高新技术产业开发区人事制度改革总体方案（试行）（送审稿）》；通报《关于在全市范围内开展“两违”集中整治的实施意见》。

10月8日，市委召开四届第1次常委会议，会议强调加强市委常委会班子建设和作风建设的各项要求；传达学习省委书记鹿心社在全省党委（党组）意识形态工作责任制座谈会上的讲话精神和《当前我省意识形态领域有关情况的通报》精神、省委第三轮巡视工作动员部署会和巡察办负责人座谈会精神，研究贯彻意见；传达省纪委《关于戴晓明等同志在私人会所接受吃请问题的通报》；审议《抚州市政府关于进一步加快中医药事业发展的意见（送审稿）》《关于加快云计算建设培育信息产业新业态的实施意见（送审稿）》《抚州市2016年度落实党风廉政建设责任制检查考核实施方案（送审稿）》《关于抚州高新技术产业开发区调整领导职数的请示》《关于召开抚州市第四届人民代表大会第一次会议有关问题的请示》《中共抚州市人大常委会党组关于抚州市第四届人民代表大会代表名额分配和常委会人员比例结构安排等有关事项的请示》《关于召开政协抚州市第四届委员会第一次会议有关问题的请示》和《关于市政协换届人事安排的请示》；研究人事问题。

10月23日晚，市委召开四届第2次常委会议，会议审议《抚州市第三届人民代表大会常务委员会工作报告（送审稿）》《政协抚州市第三届委员会常务委员会工作报告（送审稿）》《抚州市第四届人大常委会有关人选建议名单》《政协抚州市第四届委员会有关人选建议名单》和《关于召开政协抚州市四届一次会议有关问题的请示》；研究人事问题。

10月27日，市委召开四届第3次常委会议，会议传达学习全国社会治安综合治理创新工作会议精神、全省政法委书记会议精神，研究贯彻意见；传达学习省纪委《关于对贯彻落实“一通知一通报”精神等工作监督检查情况的通报》；审议《抚州市人民政府工作报告（送审稿）》《抚州市中级人民法院工作报告（送审稿）》《抚州市人民检察院工作报告（送审稿）》《关于加强领导干部医疗保健工作的请示》和《关于加强市委反腐败协调小组工作的实施意见（送审稿）》；听取乡音版《临川四梦》晋京演出工作汇报。

10月30日，市委召开四届第4次常委（扩大）会议，传达学习党的十八届六中全会和全省领导干部会议精神。

11月9日，市委召开四届第5次常委会议，会议学习习近平总书记关于《关于新形势下党内政治生活的若干准则》和《中国共产党党内监督条例》的说明以及在党的十八届六中全会上的讲话（关键词选摘），《关于新形势下党内政治生活的若干准则》和《中国共产党党内监督条例》；传达学习中央第十一巡视组对江西省巡视“回头看”情况反馈会议精神；听取廖坊灌区二期建设情况汇报；审议《市四套班子领导挂点县（区）安排（送审稿）》《抚州市医养结合工作发展规划（2016—2020年）（送审稿）》《2016年度全市综合考核评价工作方案（送审稿）》《中共抚州市委关于进一步加强常委会自身建设的意见（送审稿）》《中共抚州市委关于市委书记、副书记、常委分工的通知（送审稿）》和《关于拟设立中共抚州市文昌里历史文化街区工作委员会等事项的请示》；研究人事问题。

11月17日，市委召开四届第6次常委（扩大）会议，会议传达学习省第十四次党代会精神，部署贯彻落实工作。

12月12日，市委召开四届第7次常委会议，会议传达学习省委书记鹿心社视察抚州时的讲话精神、全省市县两级纪委书记培训班精神和江西省出席党的十九大代表候选人推荐提名工作部署会议精神，研究贯彻意见；审议《抚州市2017年重点项目建设（送审稿）》《2016年度落实党风廉政建设责任制年终检查工作方案》《关于进一步完善矛盾纠纷多元化解机制的实施意见（送审稿）》《关于进一步解决人民法院执行难的实施意见（送审稿）》《抚州市汤显祖文化演艺有限责任公司组建方案》和《乡音版〈临川四梦〉剧目巡演工作方案》《抚州市人大常委会五年立法规划和2017年立法计划（草案）》《抚州市立法条例（草案）起草审议情况的报告》《关于召开市四届人大二次会议有关事项的请示》《关于召开市政协四届二次会议有关事项的请示》《关于开展2016年度全市县域经济发展大巡察的工作安排》《抚州市推进领导干部能上能下实施办法（试行）（送审稿）》《关于设立中共抚州市委非公有经济组织与社会组织工作委员会的请示》；听取全市跑项争资工作情况汇报、《临川温泉景区招商引资优惠政策》的汇报、全市治超工作标本兼治长效治理情况汇报、关于《进一步加强农民建房规划管理和服务指导的实施意见》的汇报、《关于进一步加强政府投资房屋建筑和市政府基础设施工程招标管理工作的若干规定（试行）》等三个文件的汇报；研究有关案件和人事问题。

12月16日，市委召开四届第8次常委会议，会议传达省委巡视组专项巡视乐安、广昌等2个县脱贫攻坚工作情况、听取全市扶贫领域专项巡察工作情况汇报，专题研究问题整改。

12月29日，市委召开四届第9次常委会议，会议传达学习全省经济工作会议、全省2016年度市委书记抓基层党建工作述职评议会议、全省卫生与健康大会、全省党委（党组）网络意识形态工作座谈会精神，研究贯彻意见；审议《抚州市繁荣发展社会主义文艺的实施意见（送审稿）》《2017年元旦春节前后市四套班子重大集体活动安排（送审稿）》《抚州市人民政府工作报告（送审稿）》《抚州市人民代表大会常务委员会工作报告（送审稿）》《政协抚州市第四届委员会常务委员会工作报告（送审稿）》和《市政协2017年调研视察课题（送审稿）》《抚州市中级人民法院工作报告（送审稿）》《抚州市检察院工作报告（送审稿）》《市本级2016年预算执行和2017年预算编制情况（送审稿）》；听取《抚州市公安机关警务改革总体方案（送审稿）》的汇报；研究有关案件。

【市委全体会议】 8月14日，市委在市会议中心召开三届十三次全体会议，会议研究中国共产党抚州市第四次代表大会有关议题。市委委员、候补委员；不是市委委员、候补委员的市四套班子领导（含军分区政委、法检两长、市长助理）及秘书长；市委各部门、市直各单位党政主要负责人，中央、省驻抚单位一名主要负责人；市纪委委员参加会议。

9月18日，市委在市会议中心召开三届十四次全体会议，会议圈选产生抚州市出席中国共产党江西省第十四次代表大会代表候选人预备人选，审议《中国共产党抚州市第四次代表大会报告（审议稿）》和关于追认给予毛宗保撤销党内职务处分的决定。市委委员、候补委员、市纪委委员参加会议。

9月21日，市委在市会议中心召开三届十五次全体会议，会议审议中国共产党抚州市第三届委员会工作报告（草案）和中国共产党抚州市纪律检查委员会工作报告（草案），听取关于新一届市委委员、候补委员和市纪委委员候选人预备人选名单的说明，并对上述人选名单进行审议。市委委员、候补委员参加会议。

9月29日，市委在市会议中心召开四届一次全体会议，会议选举新一届市委班子。市委委员、候补委员参加会议，市纪委委员列席会议。

（章莉芸）

市委重要决策

【打好三大攻坚战推进“13”工程】 为确保产业升级攻坚战、基础设施攻坚战和脱贫攻坚战“三大攻坚战”落到实处、富有成效，决定实施“13”工程。包括精准扶贫工程、水电路网工程、棚户区改造工程、医疗基础建设工程、全国卫生城市创建工程、生态村镇示范工程、百亿企业培育工程、现代农业科技示范园区工程、休闲旅游工程、中医药产业振兴工程、健康养老产业工程、文化创意产业工程、信息产业工程。这“13”工程既有2016年补短板的任务要求，也有发展升级的产业重点，更有抚州未来发展的产业方向。市委制定《关于打好三大攻坚战推进“13”工程的意见》，要求各地各有关部门高度重视，切实加强组织领导，成立工作机构，建立工作机制，抓好工作落实；切实按照“项目化、时间表、责任人”要求，挂点领导要牵头制定具体实施方案，建立健全督查机制和考核办法，力争“13”工程目标如期实现，为绿色崛起、跨越发展做出积极贡献。

【加快推进农业农村发展升级】 为贯彻落实中共中央、国务院《关于落实发展新理念加快农业现代化实现全面小康目标的若干意见》和省委、省政府《关于落实发展新理念加快农业现代化建设实现全面小康目标的实施意见》，加快具有抚州特色农业现代化建设进程，进一步推进农业农村发展升级。市委、市政府印发《关于落实发展新理念加快推进农业农村发展升级的实施意见》，要求2016年全市农业生产总值增长5%；农村居民人均可支配收入达到1.27万元，增长10.5%；粮食播种面积稳定在40.67万公顷以上，总产达到22.5亿千克；肉类总产达到36.7万吨，增长3%；水产品总产达到19.5万吨，增长3.7%；农产品加工转化率达47%；农村生态环境和人居环境进一步优化，主要特色农产品产量、品质和效益进一步提升，深化农村改革取得新成效，农业现代化水平跃上新台阶。

【加强新形势下统一战线工作】 市委印发《关于加强新形势下统一战线工作的意见》，要求各地各部门准确把握新时期统一战线工作的重要意义，进一步加强党对统一战线工作的领导，做好民主党派和无党派人士工作，做好非公有制经济代表人士的思想政治工作，加强港澳台和海外统一战线工作，加强党外代表人士队伍建设，照顾好同盟者利益，强化统战部门自身建设，切实做好新形势下的民族宗教工作。

【开展巡察工作】 为健全全市常态化的党内监督机制，在总结全市纪检监察机关开展纪律巡查工作经验的基础上，决定开展党委巡察工作。市委印发《关于开展巡察工作的实施意见》，着力推进全面从严治党向基层延伸，坚持把纪律挺在前面，聚焦党风廉政建设和反腐败斗争，及时发现和解决基层党组织和党员干部中存在的违纪违法问题，做到严管厚爱、抓早抓小，切实把纪律立起来、严起来，形成“不敢腐、不能腐、不想腐”的长效机制，为建设幸福抚州提供坚强纪律保障。

【加快工业转型升级】 市委、市政府印发《抚州市加快工业转型升级三年攻坚计划（2016-2018年）》，要求各地各单位按照“绿色崛起、跨越发展”总要求，着力培育大企业、发展大产业、塑造大品牌，实现主导产业跨越发展、传统产业改造提升、新兴产业规模发展，为建设幸福抚州奠定坚实的工业基础。

【推进乡村卫生计生服务能力建设】 为深化乡村基层医药卫生体制改革，全面提升全市乡村卫生计生服务能力，切实解决好农村居民“看病难、看病贵”问题，市委、市政府印发《关于推进全市乡村卫生计生服务能力建设的实施意见》，要求用三年时间，完善乡村卫生计生服务体系建设，提升乡村卫生计生服务能力，力争全市群众健康的主要指标超过全省平均水平，农村居民“看病难、看病贵”问题得到明显改善。

【开展“双返双创”活动】 为加快实现“绿色崛起，跨越发展，建设幸福抚州”目标，市委、市政府决定大力开展“双返双创”（抚商返乡创业，才子返乡创新）活动，倡议动员广大在外抚州籍工商企业界人士和各类人才返乡创新创业，引导支持他们充分发挥自身资源优势和聪明才智，参与家乡建设、共享改革发展成果。市委、市政府印发《关于大力开展“双返双创”活动的意见》，要求通过建立健全“双返双创”活动长效机制，持续开展“‘双返双创’十百千万计划”。即：三年内在全市建设10个示范创客空间，打造100家示范创新企业，引进1000个创业项目，吸引10000名人才返乡创新创业。努力实现“两新增一提高”。即：每年新增抚商返乡创业项目100个以上，新增才子返乡创新项目150个以上，科技对全市经济增长的贡献率每年提高1个百分点以上，从而推动全市经济社会发展速度和质量同步提升。

【开展“两学一做”专题学习教育】 为深入贯彻落实中央关于在全体党员中开展“学党章党规、学系列讲话，做合格党员”（简称“两学一做”）学习教育精神，根据中央和省委《关于在全体党员中开展“学党章党规、学系列讲话，做合格党员”学习教育方案》的要求，市委办公室印发《〈关于在全市党员中开展“学党章党规、学系列讲话，做合格党员”学习教育实施方案〉的通知》，要求各级党员要充分认识学习教育的重要意义，明确目标。坚持问题导向，推动党员干部把自己摆进去，对照党员标准检视和改进自己，着力解决一些党员理想信念模糊动摇、党的意识淡化、宗旨观念淡薄、精神萎靡不振、道德行为不端等问题。在具体工作中，坚持边学边查边改，制定整改清单，实行整改通告制度，通过板报、简报、党务公开栏和各级媒体公示整改落实情况，让广大群众切身感受到“两学一做”学习教育带来的新变化和新成效。

【抓好生态村镇示范工程建设】 市委办公室、市政府办公室印发《抚州市生态村镇示范工程建设实施方案》，要求以抚河流域生态保护与综合治理引领生态文明先行示范市建设，以生态文明建设统领抚州经济社会发展。按照“河畅、水清、岸绿、景美”的要求，以“水生态文明+新农村建设+绿色生活方式”为主要内容，大力推进以抚河干流沿岸为重点的生态村镇示范工程建设，着力打造一批规模适度、设施完善、功能配套、乡风文明、“三生”（生产、生活、生态）融合、各美其美的生态文明特色村镇，引领和带动全市生态文明建设，促进抚州绿色崛起、跨越发展。

【坚决打赢脱贫攻坚战】 为全面贯彻落实习近平总书记扶贫开发战略思想和中央、省、市扶贫开发工作会议精神，扎实推进精准扶贫、精准脱贫，打赢脱贫攻坚战，确保全市贫困群众在同步全面小康进程中不掉队，根据省委、省政府《关于全力打好精准扶贫攻坚战的决定》和省委办公厅、省政府办公厅

《关于坚决打赢脱贫攻坚战的实施意见〉的通知》，市委办公室、市政府办公室制定《关于坚决打赢脱贫攻坚战的实施方案》，要求到2018年，实现现行标准下12.6万贫困人口全部脱贫，223个贫困村全部退出和2个贫困县全部摘帽的目标，解决区域性整体贫困；到2020年，进一步巩固发展精准脱贫攻坚成果，稳定实现农村贫困人口不愁吃、不愁穿，义务教育、基本医疗和住房安全有保障。

【深化国资国企改革】 按照《中共中央、国务院关于深化国有企业改革的指导意见》和省委、省政府《关于进一步深化国资国企改革的意见》以及抚州市委《关于全面深化改革的实施意见》要求，市委、市政府印发《关于深化国资国企改革的实施意见》，要求到2020年，基本完成国有企业公司制股份制改革，形成市场化经营机制，发展混合所有制经济取得实质性进展，完善以管资本为主的国资监管体制，实现经营性国有资产集中统一监管。经过5年努力，使80%左右国有资本集中在关键领域和优势产业，力争形成1家资产总额过500亿元、营业收入过50亿元的企业集团，1家营业收入过50亿元的国有股份制上市公司，2至3家营业收入过10亿元的国有企业，3至4家符合市场规则、有效运营的国有资本投资、运营公司。到2018年，实现市属国有资产总量、营业收入在2015年的基础上“翻一番”。

【培育发展特色小镇】 根据住房和城乡建设部、国家发改委、财政部《关于开展特色小镇培育工作的通知》精神，市委、市政府决定在具有较好城镇化基础、产业潜力和资源禀赋的县（区）培育和发展一批特色小镇，市委办公室、市政府办公室制定《抚州市培育发展特色小镇的实施意见》，力争通过3～5年的培育发展，建成一批产业特色鲜明、体制机制灵活、人文气息浓厚、创业创新活力迸发、生态环境优美、多种功能融合的特色小镇。到2020年，建成市级特色小镇23个，原则上每个县（区）打造2个（分别在县城区和乡镇各打造1个），抚州高新区打造1个；重点从抚河沿岸36个生态村镇示范点和12个省级百强中心镇中选择。

【加强常委会自身建设】 为认真贯彻落实党的十八届六中全会精神，深入推进全面从严治党，市委印发《关于进一步加强常委会自身建设的意见》，要求必须认真贯彻落实党的十八届六中全会精神，以提高领导水平和执政能力为核心内容，进一步加强自身建设，努力把常委会班子建设成为政治坚定、务实创新、执政为民、团结和谐、清正廉洁的坚强领导集体。

【加强法治政府建设】 为贯彻落实中共中央、国务院《法治政府建设实施纲要（2015—2020年）》和省委、省政府《江西省法治政府建设实施纲要（2016—2020年）》，深入推进依法行政，加快法治政府建设，实现法治政府基本建成的目标，市委、市政府制定下发《关于印发〈抚州市法治政府建设实施方案（2016—2020年）〉的通知》，要求到2020年基本建成职能科学、权责法定、执法严明、公开公正、廉洁高效、守法诚信的法治政府。

【繁荣发展社会主义文艺事业】 市委印发《关于繁荣发展社会主义文艺的实施意见》，要求全市文艺工作必须高举中国特色社会主义伟大旗帜，全面贯彻落实党的十八大和十八届三中、四中、五中、六中全会精神，深入学习贯彻习近平总书记系列重要讲话精神，紧紧围绕统筹推进“五位一体”总体布局和协调推进“四个全面”战略布局，坚持“二为”方向和“双百”方针，以高度的文化自觉和文化自信，讲好抚州故事，推出文艺精品，繁荣文艺事业，建设文化强市，为推动抚州经济社会发展提供强大的价值引导力、文化凝聚力、精神推动力。

（徐　芳）

市委办公室工作

【概况】 2016年，市委办公室发挥参与政务、管理事务、搞好服务的职能作用，为全市“绿色崛起、科学发展”做出贡献。年内，中共中央政治局委员、国务院副总理刘延东，中共中央政治局委员、中宣部部长刘奇葆，中央政治局委员、中央政法委书记孟建柱，全国政协副主席马飚，省委书记鹿心社，省长刘奇等领导先后到抚州视察调研或参加相关活动；中央巡视组、中央环保督察组、省委换届考核组、省委督导组、省委巡视组等到抚州督导指导工作；市委组织市党政代表团先后赴福建省福州市、莆田市和浙江省杭州市、桐乡市以及赣州市、上饶市学习考察；市第四次党代会、纪念汤显祖逝世400周年系列活动等相继举行。尤其是承办的汤显祖逝世400周年纪念活动，层次之高、规模之大、活动之多、范围之广在全市历史上前所未有。包括英国、西班牙在内的12个国家、119名外宾，241名知名汤学专家，102家中央、省市媒体300多名记者，近30万群众参加活动；自10月开始，乡音版《临川四梦》先后在国家大剧院、清华大学、北京大学和江西省艺术中心演出，工作任务之重、工作量之大也是前所未有。全年由市委办公室牵头举办各类会议80余次，安排考察调研活动40多次。在这一系列的重大会议接待活动中，市委办公室发挥牵头抓总、统筹协调作用，做好组织策划、综合协调、操作实施等工作，确保文稿起草、考察点选择、接待、警卫、安保、交通、宣传等各项工作精准到位，圆满完成各项重大会议、活动任务。

【调研信息跃居全省前三甲】 围绕中央、省委、市委的重大工作部署，市委办负责综合调研、信息报送、督查落实等政务工作。全年共起草或参与起草各类文稿材料200多篇、累计110多万字。开展10多次深入细致的调查研究工作，其中，宜黄曹山景区旅游发展、浙江创建特色小镇调研和“营改增”后对全市经济发展影响及建议等调研成果被转化为市委重要决策。

全年上报中央办公厅、省委办公厅信息1256条，被中办、省委办信息刊物采用信息166条。《江西抚州认真贯彻落实习近平同志重要指示精神 推出44项活动纪念汤显祖逝世400周年》《“双改单”隐性抛荒亟待重视》《当前我国粮食支持政策弊端凸显亟待改革》被中央办公厅作为专报单篇采用。抚州市党委信息报送工作在全省位置大幅前移，从倒数第一名一跃进入前三甲之列。

【督查落实有力有效】 市委办会同相关职能部门就中央、省委、市委一系列重大决策落实情况，开展21次专项督查，包括贯彻落实习总书记对江西工作要求情况、贯彻执行中央八项规定精神和省委若干规定情况、对中央第十一巡视组巡视“回头看”整改落实情况、对中央环保督察组督查整改落实情况、省直管县情况以及全市经济工作暨扶贫开发工作会议、全市生态文明建设推进大会、全市领导干部会、党的十八届六中全会、省第十四次党代会和市第四次党代会等会议精神贯彻落实情况，打好三大攻坚战、推进“13”工程的落实情况，“三问”大讨论第二阶段活动进展情况，“降成本、优环境”专项行动落实情况等。决策部署到哪，督查工作就跟进到哪。督办、核办市委书记各类批示件约839余件，整理汇编各地各部门领导“为抚州发展”建言献策120余件；受理群众反映836件，其中，赣办民函9件、人民网网友给省委书记留言41件，全部办结反馈，更好地发挥“民声通道”听民声、解民难、聚民心的重要渠道作用。

（戴光元）

【市委办公室领导名录】

主　　任：赵　立

副 主 任：李文庆　付红星

　　　　　饶源中（任至8月）

　　　　　戴新平

　　　　　张雪明（任至7月）

市委督查室主任：

　　　　　高晓英（任至7月）

　　　　　黄亚斌（7月任）

市委督查专员：

　　　　　黄亚斌（任至7月）

　　　　　曾维东（8月任）

市委法规室主任：王波华

保密机要工作

【概况】 2016年，保密机要部门围绕“保安全、保发展”的工作目标，认真履行保密行政管理和密码通信服务保障的职能，实行24小时值班制和领导带班制，严格按程序交接班，确保“室不离人”“密不离人”。全年全市保密机要部门共收发电报17893份，做到“零差错、零停留”，保障各级党委、政府指示政令安全畅通。

【狠抓保密宣传教育】 着力组织实施《抚州市“七五”保密法制宣传教育规划》，抓好领导干部、涉密人员、公务员的保密教育，将保密教育培训纳入党委（党组）中心组学习和市委党校主体班次教学计划。组织参与全省“百万网民学保密法专场竞赛”活动。推进电子政务内网建设，分步骤完成内网建设项目立项、建设方案评审、内网专业技术人员招考、项目招投标以及内网机房和保密视频会议室项目建设等工作，市级电子政务内网主体设施基本建设完成。建设县乡商用密码公文传输系统，临川、崇仁、金溪、广昌、黎川等县（区）商密公文传输系统运行良好。

【加强保密安全监督检查】 组织开展全市机关、单位互联网门户网站保密检查和保密管理自查自评专项督查。开展涉密测绘成果保密管理、重点骨干网络保密管理、重要军事设施周边环境安全保密管理、机要交通寄递管理、被控IP地址核查等专项检查。开展中考、高考、司法等各类国家统一考试的保密监督检查。全市机要部门内部开展密码安全保密专项检查。加强定密管理、涉密计算机及网络管理、涉密人员管理。

（熊志斌）

【市委保密机要局领导名录】

局　　长：黄文彪

副 局 长：万志群　翁凤兰

密码督查员：陈小勇

机关事务管理

【概况】 2016年，深化机关事务管理工作改革，切实履行管理、保障、服务职责，着力抓好公车制度改革和公共机构节能管理，进一步推动机关事务管理工作科学发展。抚州市被评为全省公共机构节能工作先进市，市机关事务管理局被授予江西省第十四届文明单位等称号。

【公车制度改革稳步推进】 按照全省公务用车制度改革总体部署要求，抚州市全面完成党政机关公务用车制度改革工作。组建市级公务用车服务中心、市级重大应急调研接待用车平台和市级综合执法用车平台“一中心、两平台”，保障全市重大活动和市直单位人员的正常公务出行。开通派车“绿色通道”。严格控制车辆保留数量和标准，严格核定领取公务交通补贴的人员和补贴标准，严格按国有资产处理程序规范处置车辆，妥善安置司勤人员，按要求对保留的车辆安装卫星定位系统，更换公车车牌，实行标志化管理。

【公共机构节能管理有效】 围绕市委、市政府加快推进全市生态文明先行示范区建设的总体部署，深入贯彻绿色发展理念，以建设节约型机关为抓手，深入实施公共机构节能管理。对“十二五”期间公共机构能源资源消费统计数据进行审核，提升公共机构能耗统计数据质量。对全市各县（区）和市直单位的“十二五”期间节能管理情况进行考核评价，市机关事务管理会同市水利局对节水型示范单位进行现场验收。开展“绿色机关”创建活动，举办市直单位“低碳日”绿色骑行活动，倡导绿色循环低碳生活，引领全市推行生态文明建设全民行动计划。

【巩固办公用房清理成果】 深入实施党政机关办公用房清理整改，清理整改率达100%。建立《市直机关办公用房集中统一管理、维修改造制度》和办公用房情况总台账，加强党政机关办公用房清理整改后资源利用管理，实现资源优化配置，提高办公用房使用效益。

【提升保障服务水平】 贯彻实施《机关事务管理条例》和《党政机关厉行节约反对浪费条例》，进一步完善制度标准，创新管理机制，从提高服务水平、改进服务态度、改善服务设施等方面入手，对市行政中心推行精细化管理服务。通过公开招投标等形式，将专业性、技术性较强的设施维保等服务委托给有资质的社会企业管理，提升服务专业化水平。在维修改造方面精打细算，勤俭节约。

（机管局）

【市机关事务管理局领导名录】
局　　长：肖越辉
副 局 长：何中钢　程冬梅
　　　　　黄凡元
纪检组长：李晓君（任至9月）
　　　　　王健曙（9月任）

接待工作

【概况】 公务接待部门以“围绕发展搞接待，搞好接待促发展”为工作理念，坚持“有利公务、务实节俭、严格标准、简化礼仪、高效透明”原则。2016年共完成各类接待任务623批、14417人次，其中，接待国家领导人4批、275人次；省部级领导62批、3027人次；厅局级领导432批、5537人次；其他公务接待（主要是大型活动及客商）125批、5578次。接待批次同比上升7.04%，接待人次同比下降25.94%。对推介抚州、宣传抚州、发展抚州发挥推动作用，做出了贡献。

（胡　涛）

【市接待办领导名录】
党组书记、主任：胡会华
党组成员、副主任：游勇智
　　　　邓小华　徐坤园（6月任）

组织工作

【概况】 2016年，抚州市组织部门围绕“两学一做”学习教育、县乡领导班子换届两个重点，推进干部教育培训、党的建设制度改革、干部管理监督、基层党建、人才建设5项工作。至年底，全市中国共产党党员总数为17.7万名，其中，女党员2.88万名，占16.3%；少数民族党员337名，占0.2%；大专及以上学历的党员5.5万名，占31.1%；35岁及以下的党员3.78万名，占21.4%；全市共有党组348个，部门党委126个；基层党组织7825个，其中，基层党委273个，党总支314个，党支部7238个。全年全市共发展党员2599名。

【组织开展“两学一做”学习教育】 2016年，按照中央和省委部署，在市委领导下，市委组织部牵头组织开展“两学一做”学习教育。全市各级党组织书记带头讲党课7823次，参加支部学习讨论2.3万余次；5500余个党支部设立“两学一做”微信群，覆盖全市近80%的党支部；各基层党组织共查摆出问题2122个，解决1439个。推行“党员固定活动日”制度，把每月15日作为党员固定活动日、党员交纳党费固定日、“三会一课”固定日、党员主题实践活动固定日和外出党员参加组织生活固定日。

6月，以“四进四联四帮”活动为载体，全面启动第二轮驻村“连心”工作，继续向全市1810个村选派第一书记。

【抓好市县乡换届工作】 改进推荐方式、优化整体结构、严明换届纪律。以“增强整体功能”为目标，严把程序关，加强领导班子专业化建设，不搞年龄层层递减，不降格拔苗助长，调优班子结构。组织召开第四届党代会、人代会和政协会，圆满完成各项选举任务，保证市级领导班子换届人事安排方案的顺利实现。选举产生的11名市委常委平均年龄50.6岁，具有大学以上学历的干部11名（研究生学历5名），女干部1名；市政府领导班子平均年龄47.9岁，具有研究生学位5名，女干部和党外干部各1名；市人大、政协班子平均年龄53.1岁。

市委严肃查处和公开通报市广播电视大学原党委副书记、校长陈明华诬告陷害他人等严重违纪问题；查处和公开通报临川区湖南乡原党委书记、人大主席张峰等人在换届中通过不正当手段谋求职务晋升的问题。引导广大党员领导干部以陈明华、张峰为反面教材，做到心有所畏、言有所戒、行有所止。

【加强基层党组织建设】 全面完成乡镇（街道）党委换届，从优秀乡镇事业编制干部、优秀村干部和大学生村干部中选拔153人充实乡镇领导班子，专门提出配强组织委员要求。理顺市直单位党组织隶属关系，新设立文昌里管委会党工委、市公积金管理中心党组、市红十字会党组，撤销农业开发办党组；撤销国资委党组，设立国资委党工委，对全市国有企业统一管理；对全市20个党员人数较多、符合升格条件的党支部升格，其中，18个升格为党总支，2个升格为党委。

认真落实基层党建7项重点任务。对全市622个未按期换届党组织全面摸排、建立台账、督促完成、逐个销号。新建非公有制经济组织和社会组织党组织1029个，覆盖率达100%。按照“党支部自查、工作组核查、基层党委审查”的步骤，共排查出3014名党员与党组织失去联系，给予40名无法取得联系党员自行脱党除名和取消预备党员资格处理。共梳理出因违纪违法却未相应处理的代表和党员182名，按照规定和程序处置到位。共有14683人补交党费。

逐步加大基层党建保障投入，着力解决党建保障不足“老大难”问题。2016年，全市村党组织书记报酬年均达1.83万元，比2015年增加2100元，村级服务群众专项经费和工作经费全面得到落实，新建、改建村级活动场所336个。投入310万元新建8个园区党群活动服务中心，实现园区党群活动服务中心全覆盖，全市农村基层党建保障水平提高。

结合精准扶贫、生态示范区建设等中心工作，探索“党建＋精准扶贫”“党建＋乡村旅游”“党建＋新农村建设”“党建＋生态文明建设”等模式。南丰、东乡两县通过以“党建＋”为引领，大力发展农家乐、休闲农庄等旅游产业，两县共有各类农家乐120余个，直接或间接带领周边900余名农户致富，实现年收入累计约1400余万元。

【人才工作助力经济发展】 以推进“双返双创”活动为契机，下大力气加强创新人才队伍建设。从市长预备经费中拿出100万元追加作为人才工作专项资金，总额达300万元，各县（区）的人才发展专项资金一律补足到20万元以上，市、县（区）两级对人才资金投入高达2000多万元。资金的使用重点向高新区倾斜，向人才创新创业示范点、院士工作站、博士后科研工作站建设等方面倾斜。

推行“人才＋项目”“人才＋产业”“人才＋课题”的培养开发模式，对外组织企业高管赴国内知名学府参加高级研修班，对内依托抚州创业大学开办“成长型企业总裁研修班”。连续三年分4批次组织208名企业高管赴清华、北大、复旦大学参加研修，提升各类高层次人才创新创造创业的能力，涌现出一大批为经济发展做出突出贡献的创新创业人才。围绕生物医药、电子商务和汽车及零部件等产业搭建人才创新创业孵化平台，先后组建2家省级院士工作站、1家市级院士工作站、1家海智工作站、10个工程技术研究中心、20个企业科技研发团队，集聚各类科技人才563人，柔性引进高层次人才628人，引进3名博士到抚州工作，达到“引进一个人才、带动一批产业、发展一方经济”的倍数效应。

积极探索完善农村实用人才经常性培养、帮带创业、评价激励等一系列有利人才创新创业的长效机制，打造以南丰蜜橘、广昌白莲、崇仁麻鸡、东乡生猪、资溪面包等特有的人才工作品牌“旗舰号”，涌现出一批以“花卉能手”“面包大王”“麻鸡司令”“白莲秀才”为特色的人才“创投客”。

建立在外人才联络服务站点，编制“抚州千名在外英才名录信息库”，定期举办在外人才联谊会，大力实施“才子返乡”“金凤还巢”工程，“唤”回一大批优秀人才回乡“筑巢”创新创业，兴办各类经济实体1200多个。完善领导联系优秀人才专家制度，构建市、县（区）、乡（镇）三级人才服务网络，尽力帮助他们解决创业中遇到的各种困难，使他们感受到组织的温暖，在抚州创业不受委屈、最受尊重。

（调研科）

【市委组织部领导名录】

部　　长：王新有
常务副部长：宋东方
副　部　长：温　勤　黄晓慧
　　　　　　宋有志　郑锦锋
　　　　　　章菊华
驻部纪检组组长：刘慧敏
部　务　委　员：何　磊
市委副处级组织员：冯　乐
　　　　　　　　　平六根
市委组织员办主任：周小剑
市委村建办主任：李　娜
市委人才办主任：黄雪琴

宣传工作

【概况】 2016年，市委制定下发《关于贯彻落实〈党委（党组）意识形态工作责任制实施办法〉的实施细则》，首次将意识形态工作纳入全市综合考评，思想理论建设和意识形态工作占“党的建设”百分制考核20分分值。另外，公共文明指数、文化事业建设、网络安全和信息化建设也纳入考评内容，占“社会建设”百分制考核20分分值。通过强化考评，各级党委对意识形态工作更加重视，促进意识形态和宣传思想文化各项工作的落实。

坚持用习近平总书记系列重要讲话精神武装头脑、指导实践。市委两次举办全市领导干部培训研讨班，围绕学习贯彻十八届五中、六中全会精神、习总书记视察江西时的重要讲话和省市党代会精神集中学习研讨。市委中心组先后开展25次集中学习，举办专题辅导报告会13场。市委下发《关于加强全市干部在岗学习的通知》，推动干部学习。市、县两级党委中心组成员坚持理论联系实际，学而思，学而研。

【精心组织汤显祖逝世400周年纪念活动】 2016年，是明代伟大的戏剧家汤显祖逝世400周年。为贯彻落实好习总书记关于纪念汤显祖的重要指示精神，抚州市精心组织、周密安排，分海外、抚州、北京三大部分，共组织44项纪念活动，横跨2016年全年。尤其是4月在英国、西班牙等地组织的文化交流活动，9月下旬在抚州举办的集中纪念活动，10–11月在北京、上海组织的乡音版《临川四梦》和音乐剧《汤显祖》演出活动，产生巨大反响，掀起“抚州文化风”“汤学热”。纪念活动得到中央和省领导的充分肯定，中央政治局委员、国务院副总理刘延东在抚州市晋京演出汇报上批示：“纪念汤显祖逝世400周年系列活动，形式多样，效果很好。”中共中央政治局委员、中央书记处书记、中宣部部长刘奇葆在国家大剧院观看乡音版《临川四梦》演出后，指出：这台戏浓缩了《临川四梦》最精彩部分，裁剪得当，通过汤显祖自己的心路历程，把《临川四梦》串起来，用乡音来表现，很亲切，很有意义，也很新颖；雅和俗都演出来了，雅俗共赏，乡音好听，别有一番风味。省委书记鹿心社在省第十四次党代会报告上指出：“汤显祖逝世400周年纪念活动精彩纷呈。”

【持续推进新闻宣传和舆论引导工作】 抚州新闻宣传氛围浓厚。2016年在省级以上主要报刊台用稿3914篇，同比增长380篇，其中，在中央大报大台用稿235篇，同比增长65篇，用稿总数位列全省第五。特别是纪念汤显祖逝世400周年系列活动吸引集聚众多主流权威新闻媒体采访报道，先后到抚州采访报道的媒体956家，报道或者转载的媒体上万家。英国、西班牙、美国等外国媒体也进行报道。

媒体融合发展深入推进。整合《临川晚报》设立抚州市全媒体中心（在市规划展示馆办公），与江西日报传媒集团签订战略合作协议，依托江西融媒体“中央厨房”智慧云平台，打造“魅力抚州”客户端、“抚州发布”微信、微博公众号和网站等新媒体。各县（区）也将开设分端，纳入“魅力抚州”客户端范围。

舆论引导主动有力。健全网评工作激励机制，出台网宣网评考核奖励办法，建立一支关键时刻“拉得出、顶得上、打得赢”的网络抚军。围绕唱响汤翁品牌、环保抚河行等组织新闻发布会40多场次，持续开展“清朗”网络治理专项行动，及时处置重大突发事件的网络舆情，全年未出现重大负面舆情。

【开展全国文明城市、全国卫生城市创建】 大力开展基层文明创建活动。在全市开展“做文明抚州人”活动，开展环境卫生整治、市容秩序整顿、市政设施建设、城乡面貌提升、文明习惯养成等十大行动。开展五好文明家庭评选活动，大力开展农村环境综合整治，深入推进农村社会主义核心价值观建设。

大力弘扬“好人文化”，结合庆祝建党95周年活动，以全国道德模范宁宏昌先进事迹为原型，创作编排话剧《老宁的幸福》在全市巡演，并在第六届江西艺术节公演。广昌县黄阳云家庭被评为第一届“全国文明家庭”，受到习近平总书记亲切接见。抚州市抬车救人群体受到央视关注，感动全国。3人入选“中国好人榜”，9人入选“江西好人榜”。在全市中小学校，依托家长会、道德讲堂平台，围绕“家风、校风、诚信之风”为主题，引导家长和学生学习古今贤德，树立优良家风。临川区实验小学选送的原创少儿童谣《月光光》获2016年“唱响中国梦”全省少儿文艺节目会演一等奖。

坚持联席会议制度，定期发布诚信“红黑榜”，营造“守信光荣、失信可耻”的社会氛围。促进志愿服务工作制度化、规范化、常态化。建立健全市、县、乡（街办）、村（社区）四级志愿者服务网络，壮大志愿服务队伍。全市注册志愿服务组织2400余支，注册志愿者23万余人，年内，开展活动近8900次，累计志愿服务时长780万余小时，总时长和志愿服务项目数均居全省前列。

【建立网评员队伍】 成立抚州市互联网信息办公室，配备1名副处级专职副主任，8个县（区）成立科级网信办。临川、崇仁、乐安、东乡4县（区）各乡镇配备专职宣传委员，全市建立了一支3000人的网评员队伍。充实乡镇文化站工作力量，扶持和培养乡土文化能人、民间文化传承人。建好用好管好乡镇综合文化站和村（社区）文化活动中心、文化广场、农家书屋等基层宣传文化平台，抓好乐安、广昌10个全国村综合文化服务中心示范点建设。在农村广泛开展文明卫生创建活动和移风易俗活动，加强村民道德理事会建设，有效推动农村精神文明建设。

【成功创建省级文明城市】 4月28日，省委、省政府下发关于表彰江西省第五届文明城市、文明村镇和第十四届文明单位的通报，抚州市和东乡县获得江西省第五届文明城市称号。此次共有14个城市（县城、城区）获得江西省第五届文明城市称号，153个村镇获得江西省第五届文明村镇称号，1600个单位获得“江西省第十四届文明单位”称号。临川区嵩湖乡等16个村镇获得江西省第五届文明村镇称号；抚州市行政中心等145个单位获得江西省第十四届文明单位称号。

【全市17个村入选中国传统村落】 11月，住房和城乡建设部等部门公示第四批中国传统村落名录，抚州市有17个村入选中国传统村落，其中，南丰县1个，黎川县1个，金溪县15个。至此，全市共有31个中国传统村落。

（付义刚）

【市委宣传部领导名录】

部　　　　长：黄玉剑（任至9月）
　　　　　　　傅　云（9月任）
副　部　长：夏　俊
　　　　　　　黄智迅（任至7月）
　　　　　　　陈菊莲
　　　　　　　杨瑞春（8月任）
纪 检 组 长：黄志民（9月任）
文明办主任：黄智迅（任至8月）
　　　　　　　杨瑞春（8月任）
文明办副主任：乔保安
讲师团团长：余晟华
网信办专职副主任：吴雪峰（7月任）

精神文明建设

【概述】 2016年，抚州市精神文明建设工作围绕中心、服务大局，以社会主义核心价值观建设为主线，突出强化思想道德建设，大力开展群众性精神文明建设活动，着力提高市民文明素质和社会文明程度，为全市经济社会平稳发展营造良好环境，提供有力精神支撑。4月28日，市城区和东乡县被省委、省政府授予江西省第五届文明城市称号。

【营造浓厚文明氛围】 市文明办牢牢把握培育和践行社会主义核心价值观精神文明建设工作重点的总体要求，创新教育形式，丰富教育内涵，以公益宣传和开展做“文明抚州人”市民文明大行动为载体，推动形成日趋浓厚的文明氛围。充分利用各类媒体媒介，以社会主义核心价值观教育为主要内容，在全市范围内广泛刊播公益广告，努力形成市、县（区）、乡（镇）、村（社区）四级联动的宣传格局。年内，全市共刊播各类公益广告约3500条；在全市范围内继续深入开展机关、企业、学校、村镇、社区等五类道德讲堂活动，共开展活动500余场次，覆盖人群10万余人次。结合家风建设，于5月27–29日在东华理工大学，以“家庭幸福建设”为主题，开展全市首届公益大讲堂活动7场讲座，每场都吸引省内外听众等约1500余人参加。在唱响中国梦宣传教育方面，临川区实验小学选送的原创少儿童谣《月光光》，成功参加2016年“唱响中国梦”全省少儿文艺节目会演并获一等奖。广昌县二小的诗歌朗诵《妈妈，我不再害怕》和崇仁县中山实验小学的童谣《画理想》等两个节目参加“2016年唱响中国梦少儿文艺节目视频大赛”并获三等奖。

【选树先进模范典型】 市文明办把“好人文化”建设作为精神文明建设的切入点，使好人文化成为全市精神文明建设的一张亮丽名片。依托“中国好人榜”平台，大力开展身边好人推荐评选活动，共挖掘身边好人事迹62个，有临川梁杏英、崇仁吴桦、广昌李长秀等3人荣登“中国好人榜”，9人入选“江西好人榜”。通过不断育浓好人文化氛围，全市先后涌现出一批在全省乃至全国范围内均有较大影响的先进典型人物。如宁宏昌当选全国道德模范，李进明荣获全国道德模范提名奖，广昌县黄阳云家庭被评选为第一届全国文明家庭。将全国道德模范宁宏昌事迹编排成话剧《老宁的幸福》在全市范围内进行巡演，并于12月10日在江西省话剧经典剧场参加第六届江西艺术节展演。健全“好人好事周发布”制度，每周开展好人好事周发布；举办三届全市道德模范授奖仪式，通过活动扩大模范影响，传递正能量；在诚信建设方面，把诚信“红黑榜”作为推进社会诚信体系建设的重要突破口，年内通过各大新闻媒体发布4期诚信“红黑榜”。其中，发布“红榜”守信企业72家，发布“黑榜”失信企业10家，失信个人18人。

【培育基层文明新风】 市文明办紧密围绕居民群众在精神文明建设各项工作中的主体作用，不断创新精神文明建设的内容。一是积极巩固文明城市创建成果。二是拓展文明建设覆盖面。着眼于夯实社会文明建设基层基础，深入开展基层精神文明建设工作，评选表彰598个抚州市第八届文明单位、43个第五届文明村镇和18个第一届文明社区，并有145个单位被评为江西省第十四届文明单位、16个村镇被评为江西省第五届文明村镇。三是落实文明家庭创评工作。联合市妇联，开展抚州市首届五好文明家庭及标兵户评选活动，共评选出五好文明家庭标兵127户，五好文明家庭753户。四是深入推进农村精神文明建设工程。8月24日，召开全市农村精神文明建设工作推进会，针对农村精神文明建设工作进行专项动员和部署，在农村营造优良环境，加强道德教育，培育文明新风。五是开展星级文明社区创建工作。在市中心城区开展星级社区创建工作。重点从社区环境和卫生整治、社区服务、教育宣传等10个方面着手，提升社区管理水平。

【提升青少年思想道德建设水平】 市文明办坚持把青少年思想道德建设作为精神文明建设的重要内容。一是加强文明校园建设。打造“校家同创”的青少年教育机制，创造性把“道德讲堂”融入学校家长会，在全市中小学范围内开展“小手拉大手、大手牵小手”道德讲堂活动，把道德讲堂打造成为提升市民文明礼仪的大课堂，在潜移默化中加强青少年思想道德建设水平。同时，把打造一支“素质过硬、作风优良”的教师队伍作为青少年德育的重点。年内，在全市中小学开展“学国学·知礼仪”主题读书征文评选活动和“经典导读名师”评选活动，共评选出征文优秀作品一等奖75篇、二等奖191篇、三等奖196篇，并评选出经典导读名师10名。二是开展未成年人主题道德实践活动。在全市中小学广泛开展做文明抚州人、文明班级、文明课堂、文明学生等“文明争创”活动，不断把文明进校园活动推向高潮；同时，开展“童心向党”“向国旗敬礼”等系列活动，进一步提升未成年人思想道德建设水平。三是抓好乡村学校少年宫建设。不断强化现有60余所乡村学校少年宫各项软硬件建设，配齐配全师资力量。在2016年全省乡村学校少年宫考核评比通报中，全市有9所学校被评为优秀等次，有18所学校被评为优良等次。四是开展社会文化环境专项整治。2月起，组织教育局、文广新局、城管局等部门持续对校园周边环境进行整治，累计出动执法车辆500余辆（次），执法人员2800余人（次），清理校园周边占（出）道经营商家（店铺）400余家，收缴不良书籍400余册，依法取缔无证经营商家（店铺）55家、电子游戏室7家，没收“地下网吧”“黑网吧”经营设备50余套。五是开展青少年心理健康教育辅导活动。根据农村学校“留守儿童”现象日益突出的情况，开展“优秀教师送教下乡”系列活动，组织教师担任志愿者，开展访留守儿童、访贫困生、访纯女户学生的“三访活动”。使家访活动真正成为关爱留守儿童、贫困儿童、纯女户儿童的有效载体。

【优化志愿服务体系建设】 市文明办积极发挥志愿服务的促进作用，让志愿服务承担起更多的社会功能，成为营造抚州文明氛围的有效推力。至年底，全市注册志愿者人数达23万余人，居全省前列。在工作中，紧紧抓住“3·5”学雷锋志愿服务日、“12·5”国际志愿者日、传统节假日等重要时间节点，围绕“三关爱”、文明劝导、环境保护、公益服务等多方面，在全市有针对性地开展如“志愿服务集市”等1000余次形式多样的志愿服务活动。在节日客运高峰期，组织志愿者在火车站开展“温暖回家路”活动，协助火车站维护进出站秩序，为需要帮助的旅客提供服务。

（王　飞）

统战工作

【概况】　2016年，全市加强党外代表人士队伍建设，凝心聚力共促和谐稳定，为推动科学发展、绿色崛起，全面建成小康新抚州做出贡献。进一步建立、健全协商会议制度、交友联谊制度、对口联系制度、特约人员制度等。市委办公室先后印发《加强政党协商的实施办法》和《中共抚州市委2016年度政党协商计划》等文件。在市第四次党代会召开前，市委书记肖毅主持召开党外人士座谈会，征求他们对党代会报告的修改意见。在市“两会”召开前，市委召开党外人士民主协商会，就市人大常委会组成人员、市政府正副市长、市政协常委会组成人员提名人选和市法检两长提名人选与党外人士进行民主协商。市长张鸿星主持召开党外人士座谈会，征求他们对《政府工作报告》的修改意见。

【民族宗教和谐发展】　2016，市委、市政府制定下发《关于进一步加强新形势下民族工作的意见》，深入开展民族团结进步创建活动，加大民族政策法规宣传，加强“同心·民族地区发展示范区”建设，加大少数民族精准扶贫工作。为乐安县金竹畲族乡徐庄、联村畲族村和东乡县小璜镇珊壁村樟源畲族村小组等3个精准扶贫示范村组分别争取到100万元专项扶贫资金，支持少数民族乡村加快脱贫步伐。制定下发《抚州市2016年以“规范”为主题开展和谐宗教团体、和谐寺观教堂创建活动方案》。开展宗教类网站摸底排查工作、藏传佛教非法传播活动自查工作和伊斯兰教的专项调研工作，做好第三届全国创建和谐寺观教堂先进集体和先进个人评选推荐工作。

【加强党外代表人士队伍建设】　市委出台《关于加强新形势下统一战线工作的意见》，在2016年县（区）领导班子换届工作中，提拔24名县处级以上党外干部，其中，正科提拔为副处20名，副处提拔为正处1名，正处提拔为副厅2名，特别是在市直机关推荐2名党外优秀干部到县（区）任政协副主席，是抚州市党外干部安排工作的一大创新举措。按照中央和省委有关文件关于“政协委员中，党内委员不多于40%，党外委员不少于60%”的规定，市四届政协委员的规模由第三届360名增加到370名，实际安排数350名，其中，党内委员140人，占40%；党外委员210名，占60%。

【商会组织建设有新发展】　积极推进外埠商会、异地商会、行业商会建设，成立鹰潭市抚州商会、东莞市抚州商会、泉州抚州商会。至年底，全市共有外埠商会46个，异地商会14个，行业商会88个，乡镇（街道）商会49个。

【服务经济建设】　成功举办全国知名商会原中央苏区(抚州)行活动。邀请中国发明协会、全国工商联医药行业商会、全国工商联农业产业商会、全国工商联新能源行业商会、中国民营文化产业商会等80余家全国知名商会参加。共签约项目32个，涉及重金属加工、互联网金融、机电设备等多个领域，签约资金近77亿元。组织企业家分赴崇仁、南丰、黎川、广昌及抚州高新区参观考察、洽谈项目，达成一批合作项目。

【广结爱心人士】　市光彩事业促进会拨出专项资金和走访物资总价值46万元，开展“迎新春、送温暖、光彩行”大型主题春节扶贫活动和非公有制经济企业困难党员走访慰问活动，共走访慰问1000多户困难群众和250余户非公企业困难党员。香港毅德控股集团向黎川二中捐资50万元设立“毅德宏志班”。

全面启动“百企帮百村”精准扶贫行动，下发《抚州市“百企帮百村”精准扶贫行动方案》，安排121家企业或商会结对帮扶123个贫困村，在贫困村实施帮扶项目57个，投入资金1200余万元，帮扶贫困群众1600余人。

【开展“双返双创”活动】　大力开展以“抚州才子返乡创新，抚州企业家返乡创业”为主题的“双返双创”活动，成立活动领导小组，市委主要领导任组长，活动领导小组办公室设在统战部，各县（区）也成立相应的领导小组。编印抚州才子和在外抚商名录，并在《抚州日报》开辟专栏刊登活动情况，推介返乡创业成功典型，编印活动简报，扩大活动的影响。多次召开活动调度推进会，召开全市推进大众创业万众创新工作暨“双返双创”活动动员大会，20余名专家学者以及抚州籍在外企业家代表和人才代表30余人应邀参会。市委、市政府出台《关于大力开展“双返双创”活动的意见》和《关于鼓励支持开展“双返双创”活动的若干政策措施》，发放“双返双创”活动倡议书3000余份，倡议动员广大在外抚州籍企业家和各类人才返乡回抚州创新创业。先后在赣州、北京、浙江绍兴、河北任丘、广东东莞、福建厦门等地召开“双返双创”活动座谈会，市委书记肖毅等市领导出席，动员鼓励外埠商会会员响应市委、市政府号召，积极返乡创新创业。市领导还多次走访考察东莞、福建等地一些重点企业。11月11日，在崇仁县召开全市“双返双创”活动现场推进会，推动活动深入开展。至年底，全市抚州籍在外企业家返乡投资2000万元以上项目共115个，占全市落户招商引资项目的31.9%，总投资225.3亿元，全年实际进资 41.1 亿元。

（张全明　曾国华）

【市委统战部领导名录】

部　　长：李建林（任至 9 月）
　　　　　韦　萍（9 月任）
副 部 长：张全明
　　　　　朱　萍（任至 12 月）
　　　　　吴荼香

政策研究

【概况】 2016 年，抚州市结合实际，系统谋划政策研究和改革工作。确定 184 项重点改革任务和 222 个具体改革项目。市委召开全面深化改革工作领导小组全体会议 4 次，召开全市改革专题会议 1 次、全市协调会议 3 次、专项小组协调调度会议 40 多次，起草改革文件 27 个。着力聚焦国家和省改革试点项目，推动重大改革举措落实到位，在一些领域探索形成一批可复制可推广的“抚州经验”。建立市领导领衔推进落实重大改革项目制度，由市四套班子领导和法检两长各领衔一个重点改革项目。

【调查研究创佳绩】 市委政研室紧贴市委决策需求，瞄准关键领域，聚焦重点、难点和热点问题，深入开展调查研究，形成一批有决策参考价值的调研成果。全年共完成重大调研课题 13 个，形成调研报告 11 篇。其中，围绕落实市委、市政府关于打好三大攻坚战和推进生态文明先行示范市建设等攸关抚州长远发展的决策部署，集中时间、集中人员开展深度调研，形成《关于促进产业升级的调查与思考》《关于抚州如何补短板的调查与思考》《关于进一步扩大开放的调查与思考》《关于推进生态文明先行示范市建设的思考》《抚州特色优势及其竞争力分析与对策》等调研成果，对推动全市各级各部门进一步解放思想，找准目标定位，创新工作举措发挥积极作用。

针对全市改革中的一些难点问题深入调研，先后形成《关于扎实推进改革工作的思考》《关于广昌县林业综合执法改革的调研报告》《关于我市实施“山长制”情况的调研报告》《关于临川区干部作风整顿调研情况的汇报》等一批指向明确、建议具体的调研成果。瞄准广大干部群众关心关注的热点问题，深入开展调研，形成《关于筹建市属中医药本科学院的调研报告》《关于我市推进“1143”产业扶贫模式的调研报告》《关于加强基层党建、促进脱贫攻坚的思考》等一批立意新、有深度的调研成果，纳入市委、市政府决策。

（王辉明）

【市委政研室（改革办）领导名录】

主　　任：李光荣
副 主 任：左　锋　王云生
　　　　　徐　明

农村工作

【概况】 抚州市以生态文明建设为统领，围绕“农业增效、农民增收、乡村秀美、农村和谐”总目标，全力打好三大攻坚战（农业产业升级攻坚战、农业农村基础设施攻坚战和脱贫攻坚战）。全市农业、农村呈现出持续向好、加快发展的良好态势，实现“十三五”规划的良好开局。在国家惠农政策激励、农产品价格攀升、农资价格稳定等多重因素的作用下，形成全市农业经济保持稳定向好的发展势头。2016 年，全市农业林牧渔业增加值增长 4.6%；农村居民人均可支配收入达 12482 元，增长 9.1%。

【主要农产品稳定增长】 一是粮食生产稳步增产。全市粮食播种面积 40.81 万公顷，总产达 296.64 万吨，实现粮食生产“十三连丰”。杂交水稻制种面积近 4000 公顷，全省第一。二是经济作物稳中有增。全年经济作物总面积 12.75 万公顷（不含果业面积），比 2015 年增加 5400 公顷，总产值 150 亿元，同比增长 13%。三是畜禽水产养殖稳定增长。全市生猪出栏 289.55 万头，增长 2.29%，生猪存栏 182.42 万头，增长 4.57%；肉牛出栏 5.51 万头，存栏 24.21 万头，分别增长 8.73% 和 0.44%；禽蛋产量 4.38 万吨，增长 4.87%；肉类总产量 35.79 万吨，增长 3.78%；牛奶产量 1.54 万吨，增长 1.92%；水产品总产量达 18.42 万吨，增长 1.1%，其中，特种水产品产量 7.4 万吨，增长 5%。渔业经济总产值 579710 万元、渔业产值 319650 万元，分别增长 3% 和 2.98%。

【农业产业化经营快速推进】 一是新型经营主体不断壮大。2016 年，全市有市级以上农业产业化龙头企业 372 家，新增固定资产投资 1.92 亿元，比 2015 年增长 7.4%；销售收入达 96.32 亿元，增长 9.9%。农产品综合加工转化率达 48%。抚州民生农业科技有限公司在新四板成功挂牌。全市农民合作社达 5091 家，其中，国家级示范社 36 家、省级示范社 85 家、市级示范社 260 家，成员总数 89126 人，出资总额 832409 万元。经工商部门登记注册的家庭农场 874 家，其中，省级示范家庭农场 31 家、市级示范家庭农场 36 家。二是农业品牌建设成效突出。全市拥有国家驰名商标 5 个、省著名商标 62 个；“三品一标”农产品总数达 437 个，其中，无公害农产品 303 个（全省第二）、绿色食品 33 个、有机农产品 80 个、农产品地理标志登记保护产品 21 个（全省第二）；新增 15 个地方特色农产品进入全国拟申报农产品地理标志登记保护产品目录（全省第一）。崇仁麻鸡被农业部认定为国家级农产品地理标志示范样板创建资格名单产品（全省唯一）。广昌县驿前镇姚西景区获得吉尼斯世界纪录认证，成为“世界最大莲池”。

【农业新业态蓬勃发展】 一是智慧农业亮点频现。市智慧农业运行中心（抚州农业指挥调度中心）一期硬件建设完成；成立 11 个县级农产品电商运营中心和 110 个益农信息社。黎川县级农产品电商运营中心交易额超过7000万元，成为全省的标杆和样板。资溪一亩农庄、黎川聚龙湾渔业公司建成全程可视化、可追溯的产品质量安全平台。二是循环农业迅速兴起。东乡润邦农业发展有限公司被农业部评为国家级循环农业示范区。三是乡村旅游方兴未艾。全市休闲农业企业达420家，年接待游客45万人次，营业性收入达21亿元，从业人员2.36万人，带动农户5万多户。崇仁县源野山庄被评为全国休闲农业和乡村旅游五星级企业。

【现代农业示范园建设步伐加快】2016年，抚州市以创建国家现代农业示范区为切入点，以11个县级现代农业示范园区建设为主战场，加快100个主导产业示范区和200个特色农业精品园建设，构建“1+11+N”的园区发展体系，推动现代农业迈上新台阶。全市11个县(区)农业示范园区面积达1.21万公顷，入园农业产业化龙头企业142家、农民合作社246家、家庭农场63家、种养大户1032家；累计投入资金35.35亿元，入园项目实现产值160.45亿元，其中，农产品加工产值115.36亿元。

【农业科技创新有新突破】航天育种示范基地、航天科普专家院士工作站顺利落户抚州市，航天育种研究中心安排豇豆、辣椒、番茄、南瓜等18个“太空蔬菜”新品种在抚州市进行生态适应性示范种植。启动农作物种质资源收集与保存行动。全市良种覆盖率提升2%，达98%；年品种更换率提升3%，达23%。全市有B证种子企业5家，处于全省前列。

【农业基础设施日臻完善】列入2015年冬2016年春的460个水利项目全部完工，完成投资8.86亿元，2016年争取水利项目188个，农业基础设施和防汛抗旱能力进一步提升。全市完成高效节水灌溉任务775公顷，占计划的152.4%；51处农电改造工程、151座重点山塘专项整治工程、6个小农水重点县建设工程和107处农村饮水安全巩固提升工程全面完工；40条中小河流治理和4条五河治理工程基本完工，3座病险水闸除险加固工程进入扫尾阶段；3座中型灌区续建配套与节水改造工程有序展开，4处引调提水工程投资完成率接近80%；130座一般小（2）型病险水库除险加固工程相继开工建设；开工建设小流域12条，完成治理水土流失面积68.8平方千米，实现保水2071万立方米、保土25.46万吨。廖坊灌区二期工程顺利开工，完成投资2.69亿元。农业综合开发土地治理项目争取上级财政资金1.41亿元，建设高标准农田6013公顷。

【精准脱贫全力推进】全市以“四进四联四帮”活动为平台，以223个贫困村、13.9万贫困人口为重点，切实抓好产业扶贫、社会扶贫和行业扶贫。扶贫移民工作成效显著，2016年，争取扶贫移民资金6.31亿元，较2015年增长1.58亿元，增幅33.4%。移民搬迁4523人，22个搬迁安置点全面动工建设。全市近30%的贫困村形成1个以上特色产业，贫困户人均增收1000元以上。扶贫对象由2015年年底的12.6万人减少到6.8万人，64个贫困村“摘帽”退出。在全省2015年财政扶贫资金绩效考评中，抚州市继续保持A类先进单位荣誉称号。

【农村人居环境更加优化】一是林业生态建设力度加大。按照“封造结合、以封为主、造管并重”思路，在全市域实施封山育林，封育面积105.25万公顷；完成造林面积1.42万公顷，占省下达计划的101.1%。在全省率先实行“山长制”，市级由市委、市政府主要领导分别担任行政区域“总山长”“副总山长”，县(区)主要领导担任区域“山长”，共落实市、县、乡、村四级“山长”“副山长”3916名。建成省级以上湿地公园12个，数量列全省第二位，总面积1.53万公顷。二是农村环境综合整治力度加大。贯彻落实省长刘奇视察抚州时的指示精神，抚州市全面启动镇容村貌综合整治工作，制订《抚州市农村环境综合整治行动计划》，提出今后三年的目标任务、工作重点和保障措施；出台《抚州市2016年农村生态环境综合整治检查考核评分实施细则》，对农村环境综合整治情况进行严格督查、严厉问责，并纳入县（区）年终目标考评内容。农村环境综合整治取得实效，农村“脏乱差”现象得到较大改观。尤其在农村生活垃圾专项治理上，各地持续加大推进力度，积极探索建立城乡环卫一体化工作体系，着力构建长效管理机制。全市有5个县（区）基本建立城乡环卫一体化工作体系和推进机制，其他县也正在加快构建一体化运作的基本框架，落实设施布局建设及其他相关工作。资溪县按照全境域整治农村环境要求，共规划8条垃圾清运线路，将农村垃圾收集直运到县卫生填埋场集中处理，农村生活垃圾专项治理通过省级验收认定。临川区采取PPP模式，引进省水投公司投资建设运营城乡环卫一体化运行设施，建立覆盖村组的生活垃圾统一收集清运处理体系。南城县成立副科级的农村生活垃圾处理服务中心，全面负责农村生活垃圾治理的日常运行和管理。三是农村治水治污力度加大。全市1164座水库全面实行人放天养，80%的水库水质达到Ⅲ类以上标准，40座饮用水源水库达到饮用水源水质标准。扎实开展河道采砂专项整治和“清河行动”，水环境得到明显改善。12个全省百强中心镇污水处理设施建设全面完工，全部投入运行。中央预算内大型沼气项目申报工作取得突破，有5家建设项目通过省农村能源站审核上报，占全省总量的四分之一。

【新农村建设提档升级】一是新农村建设深入推进。按照突出中心村、兼顾一般村的要求，深入推进村庄整治建设，努力实现“物的新农村”向“人的新农村”转变。年内全市共完成805个新农村建设村点的建设任务，其中，省级村点423个、自建村点382个，涉及农户3.76

万户、15.4 万人，共投入资金 5.4 亿元，村庄整治建设任务全面完成。一般村点共拆除破旧危房、猪牛栏 21.67 万平方米，改水、改厕到位率分别为 97 % 和 95%，硬化村内主干道 186.6 千米、其他道路 204.4 千米，修建排水沟 10.4 万米，人居条件明显改善。65 个中心村“七改三网”建设全面完工，“8+4”公共服务基本完善，村庄基础设施全面改善，服务功能更加齐全，辐射力、吸引力进一步增强。临川区温泉景区塔石村景区配套型、东乡县邓家乡周家村乡村休闲型、金溪县陆坊乡下李村文化传承型、黎川县潭溪乡芦陂村旧村改造型、南城县徐家乡白洲村产业带动型、广昌县头陂镇港西村苏区振兴型等成为特色村和样板村。二是生态村镇示范工程建设起步有力。从 3 月开始，启动生态村镇示范工程建设，选择抚河沿岸 36 个生态村镇示范点，按照“水生态文明 + 新农村建设 + 绿色生活方式”标准，用 3 年时间，着力打造一批生态文明建设样板村，引领和带动全市新农村建设水平的进一步提升。36 个示范点计划投入 2.92 亿元资金，规划编制全面完成，项目建设有序推进，改水、改厕、改路基本完成，改房 6.8 万平方米，修建排水沟 3.7 万米，整治水塘 50 口，污水处理设施加快推进，农民生产生活条件较大改善。

【农村产权制度改革积极推进】 一是农村土地承包经营权确权登记颁证进入收官阶段。2016 年，全市基本完成农村土地承包经营确权颁证任务，调绘勘测完成 28.65 万公顷，占二轮承包总面积的 123.25%；农户颁证率达 95.1%，颁证面积 27.58 万公顷，占二轮承包总面积的 118.67%。为做好农村土地确权登记颁证验收工作，确保通过省级验收，下发《抚州市农村土地承包经营权确权登记颁证检查验收工作方案》，开展检查验收工作培训；各县（区）与江西省测绘成果质量监督检验测试中心签订农地确权专项检查验收合同，组织开展检查验收工作。二是农村宅基地和集体建设用地使用权确权登记颁证进展良好。按照省要求，积极组织开展宅基地、集体建设用地权属调查以及农房等建筑物、构筑物的调查、测量工作。全市宅基地使用权登记颁证 569636 宗，完成 68.77%；全市集体建设用地使用权登记发证 2225 宗，完成 27.23%。三是永久基本农田划定工作稳步推进。城市周边永久基本农田划定工作经过调查摸底、核实举证等阶段，进入收尾阶段。市中心城区、南城县城市周边永久基本农田划定成果上报省国土厅和省农业厅审查。其他县正在按市论证审核专家组提出的意见对划定成果进行修改完善。四是农村综合产权交易市场建设进展较快。按照“六个统一”（统一建设标准、统一操作流程、统一交易规则、统一格式文本、统一信息平台、统一监督管理）要求，大力推进集农村土地承包经营权、林权、水权、农村房屋所有权、农村宅基地使用权等交易服务于一体的市、县、乡三级农村综合产权交易市场体系建设。市级交易平台建设建成，依托市公共资源中心平台，开设农村综合产权交易服务大厅，建成集机构引导、办事指南、信息发布、网上竞价、法律援助、金融服务、企业展示、交易投资等信息和服务功能于一体的抚州市农村综合产权交易门户网站，搭建交易系统架构，制定交易制度。县级交易平台建设也积极推进，金溪县在全市率先建成农村综合产权交易平台。五是林权制度改革进一步深化。列入 2016 年省级试点的南丰、乐安两县各项工作进展有序。全市林地累计流转面积 21.17 万公顷，其中，2016 年新增林地流转面积 1147 公顷，各类林业经营合作组织 3054 个。六是水权制度改革试点稳步推进。继续抓好东乡县水资源确权登记省级试点工作。该县选定 3 座国有水库作为试点，在 2015 年成立领导机构、落实工作经费、进行调查摸底，制定实施方案、开展水库水资源论证的基础上，推进成立用水协会和制定《东乡县水资源确权登记办法》等工作。

【农业支持保护体系不断健全】 一是财政支农方式不断创新。涉农资金整合提速扩面。全市涉农资金整合试点工作顺利推进，2016 年共整合项目 133 个，资金 4.31 亿元。财政惠农信贷通成效突出。全年共发放贷款 13.93 亿元，受益新型经营主体 4917 户。二是高标准农田建设资金整合力度加大。各县（区）按照高标准绿色生态农田建设部署，编制高标准农田建设规划，建立资金整合机制，切实发挥项目资金的合力效应。三是农村金融改革进一步深化。继续推进金溪县农村土地承包经营权和农民住房财产权抵押担保贷款试点。2016 年，金溪县两权抵押贷款余额为 5058 万元，其中，土地承包经营权抵押贷款余额达 4692 万元，占全省 13 个试点县该项贷款余额的一半左右。四是农村集体“三资”监管亮点突出。通过建立监管组织、监管平台和监管制度，全市农村集体“三资”监管基本实现“流程化管理、网络化监督、常态化运行”，各县（区）的 160 个乡镇、1820 个行政村全部实现资金入笼、资产入账、决策上会、交易进站，并向村小组延伸，促进农村社会的和谐稳定。

（黄　岑）

【市委农村工作部（农办）领导名录】

部　　长：魏建新（任至 10 月）

徐文勤（兼农办主任，10 月任）

副部长、农办副主任：花崇高

陈小华

机关党建

【概况】 2016 年，抚州市各级机关党组织学习贯彻习近平总书记系列讲话精神，贯彻落实中央和省、市委全面从严治党的部署，扎实推进“两学一做”学习教育，围绕“加快科学发展、绿色崛起，全面建成小康新抚州”中心任务，积极推进基层党组织规范化建设。市直机关党的思想、组织和作风建设加强，基层党组织战斗堡垒作用得到发挥。

【推进“两学一做”学习教育活动】 开展“两学一做”学习教育前，在市直机关进行组织关系集中排查，摸清流动党员底数，努力使每名流动党员、失联党员、“口袋”党员都回归组织，参加学习教育。印发《关于推进市直机关“两学一做”学习教育工作的通知》，举办市直单位基层党支部书记、党费收缴、党组织换届选举等培训报告会4场。分片区对市直机关“两学一做”学习教育进行督导，对基层党组织换届、党费收缴等情况进行专项检查。市直机关支部上党课605场，受教育上万人次。各级党组织学习形式活跃，组织党员重温入党誓词，传唱红色歌曲，讲述红色故事，诵读经典论著，观看先进事迹微视频、警示教育电教片等。

抓好机关党员日常教育，制定《关于市直机关干部在岗学习的实施方案》，通过开展党章党史知识测试、辅导讲座、开通“抚州机关党建”微信公众号，每个党支部都建立微信学习群，定期推送“微党课”“微话题”“微知识”，引导党员自觉抵制各种错误思潮的影响，增强“看齐意识”，在政治上和行动上始终与党中央保持一致。

【基层党组织建设加强】 下发《关于切实做好市直机关基层党组织换届选举工作的通知》，至年底，市直单位党组织换届选举工作全面完成。对“二星级”以下的机关党组织进行集中整顿。制定下发《关于规范市直单位党员领导干部参加双重组织生活会的意见》，明确党员领导干部必须编入党的一个支部、小组，按时参加所在党支部、党小组的组织生活。制定下发《关于进一步规范市直机关党费收缴工作的通知》，对党员交纳党费基数、党费收缴标准、党费公示等作出规定，要求市直各单位按月向党组织主动足额交纳党费，不能由他人或组织垫交，不能代缴代扣，未足额交纳党费的党员要进行补交。针对部分党员意识淡化，党员的先锋模范带头作用难以体现等情况，在市直机关开展“把党员身份亮出来”活动，要求市直机关所有党员在工作期间都要佩戴共产党员标志，亮出党员身份，增强党员意识，发挥示范带头作用。市直机关工委筹集资金2万余元，统一订购、发放共产党员标志徽章1.8万多枚。

推行“党建+”模式。年初，召开市直机关“党建+”工作推进会，印发《关于做好全面推行“党建+”工作的通知》。一些市直机关紧密结合本职工作，积极探索党建工作新模式，在日常工作中融入党的建设工作，以党建促进业务工作开展，进行“党建+业务工作”“党建+工作现场会”“党建+新媒体建设”“党建+科技扶贫”等一系列尝试。

2016年，市直各单位党组织发展新党员185名。

【机关作风建设进一步加强】 印发《关于进一步严明工作纪律切实加强市直机关作风建设的通知》《开展“绿色崛起当先锋、为民服务作表率”主题实践活动方案》和《关于在市直机关开展“文明礼仪我先行，党员干部作表率”活动的实施方案》，举办市直机关文明礼仪专题教育讲座和市直机关“文明礼仪我表率”演讲比赛。

【机关党校成立】 12月，市编委批复成立中共抚州市直属机关工作委员会党校，为市直机关工委下属正科级公益一类事业单位，核定事业编制3名、科级职数1名。

（吴水洪）

【市直机关工委领导名录】

第 一 书 记：谭小平（10月任）
书　　　记：鄢新员（9月任）
副　书　记：熊仲刚　郭一如
委　　　员：唐平华

信访工作

【概况】 2016年，抚州市信访部门扎实推进“积案化解攻坚年”“网上信访拓展年”“基层基础提升年”活动，以全国、全省、全市重大活动期间的信访维稳工作为重点，强化领导责任，创新工作机制，夯实基层基础。全市信访总体形势平稳可控，全市群众进京上访47人次，赴省上访1680人次，来市上访10991人次，分别比2015年下降39%、7.7%和11.1%。

【各级领导重视信访责任】 市四套班子领导不仅亲自包案化解信访问题，还按照“一岗双责”的要求主动到市信访局接访。各县（区）、市直各部门也形成主要领导亲自抓、分管领导具体抓、其他班子成员合力抓的工作局面。年内，市级领导共接访43次，接待群众377批次、1231人次；各县（区）领导接访2490批次、23248人次，有效防止问题上推、矛盾上交、信访上行；条块结合联合稳控。在发生到市委、市政府群体上访和异常上访时，规定涉访县（区）、市直有关单位领导必须限时内赶到市接访中心，实行联合接访调处。各县（区）党政主要领导履行第一责任人责任，每周调度一次信访维稳工作。年内，市本级共接访1389批、7378人次，其中，集体访349批、5477人次。参与联合接访的部门领导1261人次，及时妥善解决一批群体性信访问题，有效防范进京赴省上访；联席会议强化调度。进京、赴省、来市非正常上访人员主要为信访老户、涉军人员、原民办教师、原广播“三员”、银行协议解聘人员、E租宝和泛亚等涉案利益群体等。明确分管领导为第一包案人，挂点领导为第二包案人，各有关单位一把手为责任人，坚持“五个一”包案机制（即一个信访案件、一个包案领导、一个责任部门、一套处理方案、一个稳控措施），形成“包案、化解、稳控”一条龙机制，做到包掌握情况、包解决问题、包教育转化、包稳控管理、包依法处置。

【规范接访处访】 贯彻落实中办、国办《关于创新群众工作方法解决信访突出问题的意见》《关于依法处理涉法涉诉信访问题的意见》、国家信访局《关于进一步规范信访事项受理办理程序引导来访人依法逐级走访的办法》以及省公、检、法《关于依法处理信访过程中的违法犯罪行为的指导意见》等一系列文件精神，进行广泛宣传。全市信访部门共发放相关宣传单近4.5万份，制作宣传展板40余块，张贴标语、悬挂横幅等100余条，开展宣传活动20余次，直接受众近10万人次。

规范化信访办理，进一步完善信访业务制度规范和登记受理、转送交办、办理、送达、录入、督查督办等环节落实，做到合理诉求解决到位、不合理诉求解释到位。积案化解多元化，按照“法治化、规范化、信息化”工作思路，综合运用联合调解、困难帮扶、亲情劝导、释疑解惑、重点稳控、三级终结等方法，有效化解尧龙珠等300余件中央和省、市交办的信访积案。引导信访人依法逐级走访和推进律师参与接访工作，对依法应当通过诉讼、仲裁、行政复议等法定途径解决的问题，有针对性地做好法律、政策、法规的解释疏导，引导信访人通过法律渠道和正常途径依法反映诉求、维护自身权益。完善诉访分离机制。市公、检、法等机关分别建立涉法涉诉信访问题受理中心，每周三市领导接访日指派法律业务骨干到市人民来访接待中心“涉法涉诉类问题接待室”，依法依规办事。对信访过程中的违法行为，严格按照省公、检、法《关于依法处理信访过程中的违法犯罪行为的指导意见》文件等规定，依法从严从快加大打击力度，最大程度上从源头上减少非法上访的发生；严格责任追究。对违反信访工作纪律造成严重后果的工作人员进行责任追究。年内，市信访工作联席会议办公室会同市纪委先后约谈问责23次，其中，市级2次；共问责45人次。

（李　坚）

【市信访局领导名录】

局　　　长：谭海波（任至12月）
　　　　　　高晓英（12月任）
信访督查专员：黄　强
副　局　长：刘　星　王　萍
　　　　　　尧晓孙

老干部工作

【概况】 2016年，中共中央办公厅、国务院办公厅印发《关于进一步加强和改进离退休干部工作的意见》，省委办公厅、省政府办公厅据此印发《实施意见》。这是自1982年老干部退休制度建立以后，第一次中央和省均以两办名义印发推进老干部工作的综合性文件。抚州市认真学习宣传、贯彻，进一步落实离退休干部待遇政策；组建老干部网宣队，引导老干部发挥自身优势为建设全面小康新抚州做贡献。

【抚州老年大学建设项目落地】 抚州老年大学建设项目被列为全市重点工程建设项目。市老干部局成立抚州老年大学项目建设工作小组，协同搞好工程规划、工程预算审核、招投标等手续，项目占地2万平方米，建筑面积2.5万平方米。工程在年底前开工建设。

【第七届海峡两岸老年书画交流会举行】 9月27—29日，纪念汤显祖逝世400周年暨第七届海峡两岸老年书画交流会在抚州市举行，促进了港澳台和浙江、广东、福建、江西等地之间的文化交流。

【走访慰问易地安置和异地居住离休干部】 市老干局领导班子分组走访慰问全市居住在北京、上海、四川等11个省市的13位易地安置和42位异地居住的离休干部。从2016年起，抚州市把走访慰问易地安置和异地居住离休干部的活动由两年一次改为一年一次，并首次将各县（区）跨省异地居住的离休干部纳入走访范围，所需经费纳入年度预算。

【市老干部活动中心举行成立三十周年庆祝大会】 12月20日，“市老干部活动中心成立三十周年庆祝大会”在市老干部活动中心举行。大会回顾总结市老干部活动中心30年来的发展历程和积累的成功经验，对“五好”（弘扬正气好、文明守纪好、团结友善好、志趣高尚好、康乐奉献好）活动模范进行表彰，并举行以“舞动夕阳、继续前行”为主题的老同志文艺演出。

（张　敏）

【市委老干局领导名录】

局　　长：高连珠（任至7月）
　　　　　章菊华（8月任）
副　局　长：阙晋林　许劲松
　　　　　张　敏（5月任）

涉台工作

【概况】 2016年，抚州市依托重大涉台活动做好对台经贸合作和交流交往，新引进台资项目5个，总投资额3.02亿美元，实际利用台资4350万美元。落户台资企业增资项目25个，增资额6643万美元。到抚州考察的台湾团队30余批、200多人次。

抚州市台胞台属联谊会推动抚台民间交流交往，增进两岸同胞情感，促进对台招商引资，帮助台胞台属台企排忧解难。全年共接待到抚州访问、旅游、考察的台胞16批123人，深入走访慰问定居台胞41户，扶助失学儿童36名，奖励优秀学生132人，解决台胞台属困难38件。

【抚州市台商服务中心成立】 经市委、市政府同意，市编委核准成立抚州市台商服务中心，为市台办下属正科级全额拨款事业单位，核定编制4名。

【第十四届“赣台会”抚州签约5个台资项目】 10月16日上午，第十四届赣台（南昌）经贸文化合作交流大会在南昌开幕。市长张鸿星率抚州市代表团参加，出席的台湾嘉宾约600人。“赣台会”突出赣台产业合作，一批新兴产业、现代服务业、先进制造业、旅游产业和现代农业等领域的共计59个项目在会上签约，签约金额达30亿美元。其中，抚州市签约5个项目，投资总额6.22亿美元，主要涉及旅游开发、农产品深加工、生态旅游、电子设备等领域。

【省委书记鹿心社深入台资企业调研】 12月9日，省委书记鹿心社到金溪县台湾工业小区，对台资企业江西宽年特种油墨有限公司进行调研。鹿心社详细了解公司的生产经营情况，并深入生产车间，查看产品工艺和生产流程，了解企业市场经营及科研开发等情况，对公司的高品位、高技术、高水平、高标准表示满意。他鼓励企业瞄准产业发展前景，加大力度进行科技研发，充分融合台湾的人才、信息优势和大陆的资源、政策和市场优势，加快自主创新步伐，促进产业转型升级，推动企业做精做特。

【黎川台胞程秀起回乡捐资助学】 7月25日，台胞程秀起奖学金颁发仪式在黎川宾馆举行。黎川县教育局、县台办、县台联相关领导以及40名受捐助学生参加捐赠仪式。仪式上，程秀起及其家人为受资助的40名中、高考成绩优秀的学生各发放奖学金2万余元。

程秀起，祖籍黎川县荷源乡资福村人，原任台湾桃园县黎川同乡会会长。

（邱晓林）

【市委台办领导名录】

主　　任：陈克胜

副 主 任：毛奇锋　付高云

党校工作

【概况】 2016年，抚州市委党校发挥干部教育培训主渠道、决策咨询服务思想库、思想宣传引领主阵地的作用，主要围绕“两学一做”学习教育、“文明城市创建”和“四进四联四帮”开展工作，新校区投入使用。全年举办7期主体班次，培训干部293人；举办3期全市领导干部学习专题研修班，培训副处级以上实职领导干部和部分正科级干部1400余人。

【大力实施教学改革】 市委党校围绕市委、市政府中心工作，深化教学改革，加强思想库和人才队伍建设。健全相关制度和激励机制，重点打造名师名课。强化教学改革，提高教学效果，积极探索深化教学改革的新思路，努力实现培训形式多样化。强化课程选择，提高教学质量。

2016年，市委党校发表论文14篇，在全省党校系统“学习贯彻十八届五中全会精神理论研讨会”上有4篇论文获奖。全年共申报各级课题12项，包括全省党校系统社科课题5项，其中，3项成功立项并完成；申请2016抚州市社科系统课题7项，其中，3项为重点课题。

【抚州市委党校迁入新校区】 市委党校新校区坐落于抚州市汝水大道南延伸段以西、王安石大道东延伸段以北，毗邻抚州幼儿师范高等专科学校旁。新校区占地10.26公顷，建有教学楼、文体楼、办公楼、学员楼、食堂，规划建筑总面积约2.9万平方米，项目总投资1.3亿元。11月30日，由市委举办的全市领导干部学习贯彻十八届六中全会和省市党代会精神专题研修班，在新落成的市委党校举行。第一堂课市委书记肖毅主讲，肖毅在研修班上表示，抚州必须争当全省“四个排头兵”，实现全面建成小康新抚州的宏伟目标。

【县（区）党校基层设施逐步改善】 2016年，黎川县委党校搬入新校区办学办公，南丰县委党校进入完工阶段，宜黄县委、县政府决定投资4500万元新建县委党校新校区，临川区委计划投资500万元升级改造区委党校基础设施。

（张雯劼）

【市委党校领导名录】

常务副校长：魏福旗（任至8月）

　　　　　　黄泽清（8月任）

副 校 长：龚晓辉　周泽南

　　　　　　邹志坚

校委委员：谢国辉（8月任）

史志工作

【概况】 2016年，抚州市史志工作部门立足长远，以市政府办名义印发了《抚州市地方志事业“十三五”发展规划（2016—2020）》。大力开展史志书籍编纂，出版了《中国共产党抚州历史》（第一卷）和《抚州年鉴》（2016版）；大力开展党史宣传教育，在纪念建党95周年之际，与市直机关工委在《抚州日报》开辟专版，联合举办党史知识竞赛；在纪念红军长征胜利80周年之际，与市档案局联合举办红军长征胜利80周年图片巡展活动；全市开展“两学一做”学习教育期间，应市委办、高新区和部分市直单位党组织邀请，派员宣讲抚州地方党史。史志工作的存史、资政、育人作用充分发挥。

【《中国共产党抚州历史》第一卷）出版发行】 4月，由市委党史办编纂的《中国共产党抚州历史》（第一卷）出版发行。该书全面记述了1926年11月抚州第一个党组织诞生以来至1949年新中国建立党在抚州的历史，是第一部全面系统总结抚州地方党组织的历史著作。编纂过程中，参考了前人编研成果的基础上，吸收了新世纪以来党史研究新成果、新观点编写方法上，注重把党的历史放在社会发展史的框架下加以考察，处理好党的历史与人民的历史、全国党史与地方党史的关系，重点记述清楚抚州重大历史事件的背景，以加深读者对历史发展脉络的理解。全书共分4编12章，收录50幅历史图片、17万字，由中共党史出版社出版发行。

截至2016年，全市有宜黄、广昌、南丰、南城、崇仁、金溪、乐安、资溪8个县出版了党史第一卷。

【党史宣传教育活动内容丰富】 7月1日，为纪念建党95周年，市委党史办与市直机关工委联合举办党史知识竞赛活动。通过答题增强党员对党的历史的认识；为纪念中国工农红军长征胜利80周年，市委党史办精心制作20块展板、60多幅历史照片在市行政中心、市实验学校、阳光城小区、羊城广场、马家山广场等处举办图片巡展活动，图文并茂地展示红军特别是中央红军长征的重大事件、重要会议和重大战斗，同时展示长征前发生在抚州的重要战斗和抚州籍红军长征的杰出代表。

党史工作部门还深入机关、社区、学校开展党史宣传教育，传承红色基因。党史工作人员先后应邀到高新区、市委办第一党支部、金巢社区讲党史、上党课。

【制定印发抚州市地方志事业五年发展规划】 市地方志办在征求各县区地方志办意见建议的基础上，编制了《抚州市地方志事业“十三五”发展规划（2016—2020）》，5月30日由市政府办印发各地执行。规划明确了未来五年做好地方志工作的指导思想与基本原则、总体目标、主要任务以及保障措施。要求全面落实“一纳入、八到位”，把地方志工作纳入国民经济和社会发展规划、各级政府工作任务之中，做到认识到位、领导到位、机构到位、编制到位、经费到位、设施到位、规划到位、工作到位。这是抚州市制定印发的第一个地方志事业发展的设计规划，符合地方志工作实际，前瞻性、指导性、可操作性强。对于推动全市地方志事业发展具有十分重要的意义。

【《抚州年鉴（2016版）》公开出版发行】 《抚州年鉴》自2003年创刊以后，每年编印一本，已连续出版14本。创刊号和2004版为出版社公开出版，后因经费不足改为内部出版。为扩大宣传面，实现编研成果正规化，《抚州年鉴（2016）》由方志出版社公开出版。同时，全市地方志部门在做好《江西年鉴（2016）》组稿上报工作的同时，大力开展市县两级年鉴编纂工作，2016年，金溪、崇仁、东乡、南丰出版了新一期年鉴。

（谷丽茜）

【市委党史办、市地方志办领导名录】

主　　任：汪志强

副 主 任：傅长岭　黄志刚

档案工作

【概况】 2016年，抚州市各级档案部门以“三个体系”建设、“三个翻番”目标和“三大工程”为重点，推进各项档案工作。继全市7个县（区）档案新馆建成后，崇仁县新馆8月份投入使用。南丰县新馆装修正在进行，资溪县新馆建设项目报省发改委待批。

截至12月底，全市各级综合档案馆馆藏档案达1010940卷（册）、577830件，新增37283卷（册）、48541件。市档案馆馆藏档案资料共341861卷（册）、72495件，新增24743卷（册）、4136件，提前实现馆藏翻番目标。收（征）集重大活动形成的各种档案资料。市档案馆收集纪念汤显祖逝世400周年活动全程声像电子档案、传统手工技艺浒湾油面、藕丝糖等非物质文化档案。对全市国家重点档案进行摸底普查，共普查27914卷，其中，市档案局普查12255卷。市档案局完成国家重点档案保护与开发项目——江西抚州境内红军第四、五次反“围剿”档案史料开发与研究的申报工作。国家档案局拨付抚州市档案局的民国档案目录采集专项资金24万元，采集任务进入验收阶段。

【收集重点项目建设档案】 市档案局对市本级171个重点建设项目档案进行跟踪登记，对金巢运动公园、原开关厂等13家改制企业基础设施改造工程、临川二中新校区第一期建设工程等项目档案进行指导、验收，将金巢运动公园、改制企业基础设施改造工程两个项目档案接收进馆。

【加大档案开放力度】 建立便民惠民制度体系，依托网络打造民生一站式服务平台，全市各级档案馆开放档案237353卷（册），新增29125卷，利用网站开放171141卷（册）。其中，市档案馆开放档案9953卷（册），新增300卷，利用网站开放132959卷（册）。全市各级档案馆接待查阅利用14611人次，提供档案资料33725卷（册），为群众解决各类问题9524件。其中，市馆接待查阅利用906人次，提供档案资料9096卷，解决问题502件。

【数字档案馆建设加快】 全市共著录案卷级目录552750条、新增81032条，文件级目录4546936条、新增169129条，全文扫描1661831画幅、新增648198画幅。市档案局投入6万余元对中心机房进行升级改造，投入34万元对馆藏利用频繁的人事局、劳动局、编办等3747卷、219件档案进行全文数字化。黎川县完成馆藏婚姻档案全文数字化工作。

全市各级档案部门对机关、企事业单位到期档案，做到纸质档案与电子目录的同步接收。完成档案纵向业务网设置工作，市、县两级数字档案馆平台建成。市档案馆和广昌、崇仁等县实行远程民生共享利用平台搭建。市法院、检察院、国税、地税、人行、住房公积金中心等多家单位安装使用档案管理软件。

（刘筱川）

【市档案局领导名录】

局　　长：王惠霞

副 局 长：洪德良（任至10月）

吴建新　吴　华

本栏编辑　傅长岭

抚州市人民代表大会

综　述

2016年，抚州市第三届人民代表大会期间，全市共有各级人民代表大会163个，其中，市级人民代表大会1个，县级人民代表大会11个，乡(镇)人民代表大会151个。截至换届前，全市共有国、省、市三级人大代表424人，其中，十二届全国人大代表1人，省十二届人大代表50人，市三届人大代表373人。抚州市第三届人民代表大会常务委员会实有组成人员40名，其中主任1名，副主任7名，秘书长1名，委员31名。市三届人民代表大会设有内务司法、财政经济、法制3个专门委员会，市三届人民代表大会常务委员会下设7个处级工作机构，分别是办公室、选举任免联络工作委员会、城乡建设环境与资源保护工作委员会、教育科学文化卫生工作委员会、外事华侨民族宗教工作委员会、农业和农村工作委员会、法制工作委员会。

2016年，抚州市第四届人民代表大会期间，全市共有各级人民代表大会165个，其中，市级人民代表大会1个，县级人民代表大会11个，乡(镇)人民代表大会153个。截至12月底，共有国、省、市三级人大代表424人，其中，十二届全国人大代表1人，省十二届人大代表50人，市四届人大代表373人。抚州市第四届人民代表大会常务委员会实有组成人员39名，其中，主任1名，副主任7名，秘书长1名，委员30名。市四届人民代表大会设有内务司法、财政经济、法制3个专门委员会，市四届人民代表大会常务委员会下设7个处级工作机构，分别是办公室、选举任免联络工作委员会、城乡建设环境与资源保护工作委员会、教育科学文化卫生工作委员会、外事华侨民族宗教工作委员会、农业和农村工作委员会、法制工作委员会。

2016年，市人大常委会在市委的坚强领导下，以中共十八大和十八届三中、四中、五中、六中全会精神为指导，深入贯彻习近平总书记系列重要讲话精神，认真落实省第十四次党代会和市第四次党代会精神，围绕全市工作大局，依法履行职责，为促进“科学发展、绿色崛起，全面建成小康新抚州”作出积极努力。

一是强化使命担当，推动市委决策落实。围绕打好“三大攻坚战”，听取和审议市政府关于脱贫攻坚工作情况的报告，组织开展昌抚一体化推进、智慧林业建设情况视察，《关于加快推进抚州高新区发展升级的意见》落实、台资企业发展、涉农专项资金整合情况调研，以“促进乡村旅游发展，推动旅游扶贫”为主题，开展助推旅游强市建设系列活动。围绕实施好省委和市委降低企业成本、优化发展环境这一决策，组织部分省、市人大代表开展专题调研。依法作出设立抚州市“爱国卫生活动日”的决定。认真做好“十三五”规划的审查工作，听取和审议市政府关于2016年上半年国民经济和社会发展计划执行情况、2015年度市本级预算执行和其他财政收支的审计工作、审计查出问题整改情况的报告，持续推进全口径预算审查，进一步规范和细化预算编制，听取和审议市政府关于2015年市本级决算和2016年上半年预算执行情况的报告，审查批准2015年市本级决算和2016年市本级预算调整方案、全市收入预算调整方案。

二是坚持法治引领，促进法治抚州建设。依法设立市人大法制委员会，配齐配强法制委委员和立法工作人员，组织人员参加全国人大立法法培训，举办立法法专题讲座和立法工作培训班，有效提升立法能力和水平。选聘29名立法咨询专家组建专家库，广泛征集立法建议项目，深入开展项目调研论证，按照地方立法权限要求，制定抚州市人大常委会五年立法规划和2017年立法计划，报经市委常委会议审议通过后实施。制定立法计划编制办法、法规草案征求意见办法等相关制度，审议通过《抚州市立法条例》。听取和审议市政府关于“六五”普法规划实施情况和“七五”普法工作安排的报告，并作出关于开展第七个五年法治宣传教育的决议，对环保法、职业教育法、江西省实施工会法办法贯彻落实情况进行执法检查，配合全国人大常委会副委员长吉炳轩在抚州市开展道路交通安全法执法检查，围绕促进司法体制改革，对市中级人民法院和市人民检察院工作进行调研，组织开展法院诉讼服务工作情况视察。全面落实宪法宣誓制度，对人大及其常委会选举或决定任命的国家机关工作人员就职时组织开展宪法宣誓。制定《抚州市人民代表大会常务委员会规范性文件备案审查工作程序规定》，对市政府报备的9件和各县（区）报备的22件规范性文件依法进行备案审查，向省人大常委会报备规范性文件6件。

三是突出民生导向，回应人民群众关切。听取和审议市政府关于2015年生态环境状况和环境保护目标完成情况的报告，组织开展抚州市PM2.5检测情况专题视察，对东乡河（北港）和乐安乌江鳌溪河污染整治情况以及土壤污染治理与修复工作进行检查，以“防治农业面源污染，促进生态文明示范市建设”为主题，继续深入开展环保抚河行活动，重点对农业面源污染、水库水环境整治、污水处理设施建设运行等情况进行检查采访和跟踪回访。开展学校食堂及学校周边商铺食品安全、市中心城区生猪产品质量安全监管情况调研，认真做好转办、交办和督办工作，全年共接待和处理群众来信来访263件次，深入开展“四进四联四帮”活动，加大结对帮扶村基础设施建设力度。

四是优化服务保障，发挥代表主体作用。采取及时交办、督办重点建议、听取审议专项工作报告等方式，对市三届人大七次会议上代表提出的建议办理工作进行跟踪问效。召开代表建议交办会，将市四届人大一次会议上代表提出的109件建议交由相关单位办理。组织部分省、市人大代表赴外参加上级人大举办的学习培训，常态化邀请代表列席常委会会议，参加执法检查、视察、调研和旁听法院庭审、参加检察院开放日等活动，制定出台《关于加强全市人大代表联络工作站建设的实施意见》，组织各县人大常委会分管领导集中参观临川区人大代表联络工作站建设。深入贯彻中央和省委、市委关于换届选举工作的部署，加强调研指导，开展业务培训，严肃换届纪律，协调解决换届选举中的重大问题，确保市、县、乡三级人大代表换届选举工作依法有序进行，召开全市县乡两级人大换届总结暨代表工作座谈会，对县乡两级人大换届选举工作进行总结交流。

五是提升履职能力，一年中，市人大常委会共决定任免人大机关工作人员9人次，任免市政府工作部门负责人51人次（含31名新一届市政府工作部门负责人），任免市法、检“两院”法律职务人员35人次，批准任命县（区）检察院检察长11人次。认真抓好“起草《抚州市立法条例》，编制五年立法规划和相关工作制度”“完善审计查出问题整改督办工作机制”“完善生态环境保护监督机制”等3项改革任务的落实，修订常委会组成人员守则，制定关于进一步提高常委会会议质量的意见，完善市人大专门委员会、常委会工作机构与市有关部门和单位对口联系制度。自觉接受省人大常委会的工作指导，密切与基层人大的联系，以县乡人大换届为契机，推动解决县（区）人大常委会工作机构设置不统一、人大机关编制偏少、乡镇人大主席兼职等长期影响和制约基层人大工作的难题，开创基层人大工作新局面。

（吴小华　周　卿）

【市三届人大常委会领导名录】

主　　任：魏建锋（1月当选）
副 主 任：杨小梅　曾龙昌
　　　　　陈　克（任至3月）
　　　　　江玉兰　余建平
　　　　　谢祖鹏　段院龙
秘 书 长：左树青
副秘书长、办公室主任：
　　　　　彭敏群（任至8月）
副秘书长：黄伟燕（任至10月）

【市三届人大专门委员会领导名录】

内务司法委员会
主任委员：吴　斌（1月任）
副主任委员：陈接平（任至1月）
　　　　　吴贵春（8月任）
财政经济委员会
主任委员：李向东
副主任委员：陈泉顺
法制委员会
主任委员：杨小梅（兼，1月任）
副主任委员：饶举元（1月任）

【市人大常委会工作部门领导名录】

办公室
主　　任：彭敏群（兼，任至8月）
副 主 任：章卫华
选举任免联络工作委员会
主　　任：林琪文
副 主 任：曾喜龙
教育科学文化卫生工作委员会
主　　任：吴　辉
城乡建设环境与资源保护工作委员会
主　　任：陈接平（1月任）
外事华侨民族宗教工作委员会
主　　任：许甘泉
农业和农村工作委员会
主　　任：徐志华
法制工作委员会
主　　任：饶举元（3月任）
副 主 任：陈　莉（10月任）

【市四届人大常委会领导名录】

主　　任：魏建锋
副 主 任：江玉兰　余建平
　　　　　谢祖鹏　段院龙
　　　　　许中伟　许爱军
　　　　　宋东方
秘 书 长：左树青
副秘书长：罗海清（12月任）

【市四届人大专门委员会领导名录】

内务司法委员会
主任委员：吴　斌
副主任委员：吴贵春
财政经济委员会
主任委员：陈泉顺
法制委员会
副主任委员：饶举元

【市人大常委会工作部门领导名录】

办公室
副 主 任：章卫华
选举任免联络工作委员会
主　　任：林琪文
副 主 任：曾喜龙
教育科学文化卫生工作委员会
主　　任：吴　辉
城乡建设环境与资源保护工作委员会
主　　任：陈接平
外事华侨民族宗教工作委员会
主　　任：许甘泉
农业和农村工作委员会
主　　任：徐志华
法制工作委员会
主　　任：饶举元（任至12月）
副 主 任：陈　莉

人大会议及常委会会议

【市三届人大七次会议】 1月20日至22日在市行政中心会议中心举行。会议听取和审议市人民政府市长张鸿星所作的《抚州市人民政府工作报告》、市人大常委会主任黄牡香所作的《抚州市人民代表大会常务委员会工作报告》、市中级人民法院院长柯军所作的《抚州市中级人民法院工作报告》、市人民检察院检察长宋智勇所作的《抚州市人民检察院工作报告》；审查《抚州市国民经济和社会发展第十三个五年规划纲要》《抚州市2015年国民经济和社会发展计划执行情况与2016年国民经济和社会发展计划草案的报告》《抚州市2015年市级总预算执行情况与2016年市级总预算草案的报告》；表决设立抚州市人民代表大会法制委员会、接受黄牡香辞去市三届人大常委会主任职务的请求；补选魏建锋为市三届人大常委会主任；表决任命杨小梅为市人大法制委主任委员，吴斌为市人大内司委主任委员，饶举元为市人大法制委副主任委员；表决通过关于政府工作报告、计划报告、预算报告、市人大常委会工作报告、市中级人民法院工作报告、市人民检察院工作报告的决议；新就职国家工作人员向宪法宣誓。市委书记肖毅和新当选的市人大常委会主任魏建锋在大会闭幕时作讲话。

【市四届人大一次会议】 11月1日至3日在市行政中心会议中心举行。会议听取和审议市人民政府市长张鸿星所作的《抚州市人民政府工作报告》、市人大常委会主任魏建锋所作的《抚州市人大常委会工作报告》、市中级人民法院院长柯军所作的《抚州市中级人民法院工作报告》、市人民检察院检察长宋智勇所作的《抚州市人民检察院工作报告》；选举产生新一届市人大常委会主任、副主任、秘书长、委员，市人民政府市长、副市长，市中级人民法院院长、市人民检察院检察长；表决通过市第四届人民代表大会各专门委员会主任委员、副主任委员、委员人选和各项决议草案。新就职国家工作人员向宪法进行宣誓。市委书记肖毅、市人民政府市长张鸿星、市人大常委会主任魏建锋在大会闭幕时作讲话。

【市三届人大常委会第三十二次会议】 1月16日在市人大常委会会议室举行。市人大常委会主任、市委政法委书记黄牡香主持会议并讲话，副主任杨小梅、曾龙昌、陈克、江玉兰、余建平、谢祖鹏、段院龙及秘书长左树青出席会议；副市长韦萍列席会议。会议审议并通过《抚州市第三届人民代表大会第七次会议议程（草案）》《抚州市第三届人民代表大会第七次会议主席团和秘书长名单（草案）》，决定提请抚州市第三届人民代表大会第七次会议预备会议通过；审议并通过《抚州市人大常委会工作报告（讨论稿）》，决定提请抚州市第三届人民代表大会第七次会议审议；审议并通过《抚州市第三届人民代表大会第七次会议列席人员范围》《抚州市第三届人民代表大会常务委员会代表资格审查委员会关于部分代表的代表资格审查报告》《抚州市人大常委会关于提请抚州市第三届人民代表大会第七次会议设立抚州市人民代表大会法制委员会的议案》、市人民政府关于落实市人大常委会对关于对外交往和国际友城工作情况报告审议意见情况的报告（书面）、市人民政府有关人事任免议案、市人大常委会有关人事任免议案、市中级人民法院有关免职议案；审议市人大常委会选任联工委、市人民政府办公室、市中级人民法院、市人民检察院关于抚州市第三届人民代表大会第五次会议期间代表建议办理情况的报告（书面）；通过任命的人员向宪法进行宣誓。

【市三届人大常委会第三十三次会议】 3月25日在市人大常委会会议室举行。市人大常委会主任魏建锋主持会议并讲话，副主任杨小梅、曾龙昌、陈克、江玉兰、余建平、谢祖鹏、段院龙及秘书长左树青出席会议，副市长肖承贵、市人民检察院检察长宋智勇列席会议。会议听取和审议市人民政府关于抚州市2015年度生态环境状况和环境保护目标完成情况的报告；听取市人民政府有关免职议案、市人大常委会有关人事任命议案、市中级人民法院有关法律职务任免议案、市人民检察院有关法律职务任免议案等情况的说明，以及市人大常委会工作机构、市中级人民法院和市人民检察院拟任负责人的任前表态发言；审议并表决通过市人民政府关于落实市人大常委会对关于抚州市交通秩序管理情况报告及主城区畅通工程情况专题询问审议意见情况的报告（书面）、《抚州市人大常委会关于接受陈克辞去抚州市人大常委会副主任职务的请求的决定》，以及有关人事任免事项。

【市三届人大常委会第三十四次会议】 4月22日在市人大常委会会议室举行。市人大常委会主任魏建锋主持会议并讲话，副主任杨小梅、曾龙昌、江玉兰、余建平、谢祖鹏、段院龙及秘书长左树青出席会议；副市长韦萍列席会议。会议听取市人民政府关于人事任命议案情况的说明以及市人民政府副市长拟任人选罗国良、董朝武的任前表态发言；审议并表决通过《抚州市人大常委会关于接受陈明华辞去抚州市第三届人民代表大会常务委员会委员职务请求的决定》《抚州市人大常委会主任会议关于提请确认许可对市三届人大代表郑国厚采取强制措施的报告》和市人民政府有关人事任命议案。

【市三届人大常委会第三十五次会议】 6月29日在市人大常委会会议室举行。市人大常委会主任魏建锋主持会议并讲话，副主任杨小梅、曾龙昌、江玉兰、谢祖鹏、段院龙出席会议；市委常委、副市长罗国良，市中级人民法院院长柯军，市人民检察院检察长宋智勇列席会议。会议听取和审议市人民政府关于抚州市“六五”普法规划实施和“七五”普法工作安排情况的报告，审议并通过《抚州市人大常委会关于开展第七个五年法治宣传教育的决议》《抚州市人大常委会关于设立抚州市“爱国卫生活动日”的决定》《抚州市第三届人民代表大会常务委员会代表资格审查委员会关于个别代表的代表资格审查报告》、市人民政府关于落实市人大常委会关于地方政府性债务情况报告审议意见情况的报告（书面）、市人民政府关于落实市人大常委会对2015年环保抚河行活动情况报告审议意见情况的报告（书面）、市人民政府关于落实市人大常委会对关于贯彻实施《中华人民共和国献血法》情况报告审议意见情况的报告（书面），以及市人民政府有关免职议案和市中级人民法院有关法律职务任免议案。

【市三届人大常委会第三十六次会议】 7月12日在市人大常委会会议室举行。市人大常委会主任魏建锋主持会议并讲话，副主任杨小梅、曾龙昌、江玉兰、余建平、谢祖鹏、段院龙及秘书长左树青出席会议。会议听取关于提请补选省委副书记、代省长刘奇为江西省第十二届人民代表大会代表的说明，选举刘奇为江西省第十二届人民代表大会代表。

【市三届人大常委会第三十七次会议】 8月23日在市人大常委会会议室举行。市人大常委会主任魏建锋主持会议并讲话，副主任杨小梅、曾龙昌、江玉兰、余建平、谢祖鹏、段院龙及秘书长左树青出席会议；市委副书记、常务副市长于秀明，市人民检察院检察长宋智勇列席会议。会议听取和审议市人民政府关于2016年上半年国民经济和社会发展计划执行情况的报告、2015年市本级决算和2016年上半年预算执行情况的报告、2015年度市级预算执行和其他财政收支的审计工作报告、办理市三届人大七次会议期间重点督办代表建议情况的报告、市人大常委会关于开展《中华人民共和国职业教育法》执法检查情况的报告；审议市人民政府关于提请审议《2016年市本级预算调整方案（草案）》的议案；审议并通过《抚州市人大常委会关于批准2015年市本级决算的决议》《抚州市人大常委会关于批准2016年市本级预算调整方案的决议》、市人民政府关于落实市人大常委会对关于贯彻实施《中华人民共和国农产品质量安全法》情况报告审议意见情况的报告（书面）、市人民政府关于落实市人大常委会对关于抚州市2015年生态环境状况和环境保护目标完成情况报告审议意见情况的报告（书面）、《抚州市人大常委会关于废止〈抚州市人民代表大会常务委员会规范性文件备案审查工作办法〉的决定》《抚州市第三届人民代表大会常务委员会代表资格审查委员会关于个别代表的代表资格审查报告》，以及市人民政府有关人事任命议案、市人大常委会有关人事任免议案、市中级人民法院和市人民检察院有关免职议案。通过任命的人员向宪法进行宣誓。

【市三届人大常委会第三十八次会议】 10月12日在市人大常委会会议室举行。市人大常委会主任魏建锋主持会议并讲话，副主任杨小梅、曾龙昌、江玉兰、余建平、谢祖鹏、段院龙及秘书长左树青出席会议，市委常委、副市长罗国良列席会议。会议听取和审议市人民政府关于抚州市水库水环境整治工作情况的报告；审议通过《抚州市人大常委会关于召开抚州市第四届人民代表大会第一次会议的决定》，以及市人民政府、市人大常委会有关人事任免议案和市中级人民法院有关法律职务任命议案。通过任命的人员向宪法进行宣誓。

【市三届人大常委会第三十九次会议】 10月28日在市人大常委会会议室举行。市人大常委会主任魏建锋主持会议并讲话，副主任杨小梅、曾龙昌、江玉兰、余建平、谢祖鹏、段院龙及秘书长左树青出席会议；市委常委、副市长吴建春，市中级人民法院代院长赖彩明，市人民检察院检察长宋智勇列席会议。会议审议并通过《抚州市第四届人民代表大会第一次会议议程（草案）》《抚州市第四届人民代表大会第一次会议主席团和秘书长名单（草案）》，决定提请抚州市第四届人民代表大会第一次会议预备会议通过；审议并通过《抚州市人大常委会工作报告（讨论稿）》，决定提请抚州市第四届人民代表大会第一次会议审议；审议并通过《抚州市第四届人民代表大会第一次会议列席人员范围（草案）》、《抚州市人大常委会代表资格审查委员会关于抚州市第四届人民代表大会代表资格审查结果的报告》、市人民检察院有关人事任命议案；审议《抚州市人大常委会主任会议关于提请审议〈抚州市地方性法规制定条例（草案）〉的议案》。

【市四届人大常委会第一次会议】 12月27日在市人大常委会会议室举行。市人大常委会主任魏建锋主持会议并讲话，副主任江玉兰、余建平、谢祖鹏、段院龙、许中伟、许爱军及秘书长左树青出席会议；市委常委、常务副市长吴建春，市委常委、副市长罗国良，市人民检察院检察长宋智勇列席会议。会议听取和审议市人民政府关于2015年度市级预算执行和其他财政收支审计查出问题整改情况的报告、市人民政府关于抚州市扶贫脱贫工作情况的报告、市人大常委会关于开展2016年环保抚河行活动情况的报告；审议并通过《抚州市人大常委会关于批准2016年全市收入预算调整方案（草案）的决议》《抚州市第四届人民代表大会常务委员会代表资格审查委员会名单（草案）》《抚州市人大常委会组成人员守则（修正草案）》《抚州市人大常委会关于进一步提高市人大常委会会议质量的意见（草案）》、市人民政府关于落实市人大常委会对关于开展《中华人民共和国职业教育法》执法检查情况报告审议意见情况的报告（书面）、市人民政府有关人事任命议案、市人大常委会有关人事任免议案、市中级人民法院有关法律职务任免议案；听取审议并通过《抚州市人大常委会关于召开抚州市第四届人民代表大会第二次会议的决定（草案）》；审议并通过《抚州市立法条例（草案二审稿）》，决定提请抚州市第四届人民代表大会第二次会议审议；新任命人员向宪法进行宣誓。

（吴小华　周　卿）

监督工作

【听取和审议专项工作报告】 2016年，市人大常委会会议听取审议市人民政府关于2015年度生态环境状况和环境保护目标完成、“六五”普法规划实施和“七五”普法工作安排、办理市三届人大七次会议期间代表重点督办建议、水库退养工作、扶贫脱贫工作、2016年上半年国民经济和社会发展计划执行、2015年市本级决算和2016年上半年预算执行、2015年度市本级预算执行和其他财政收支的审计工作、2015年度市本级预算执行和其他财政收支审计查出问题整改等情况的报告。根据市人大常委会组成人员的审议发言，市人大有关专门委员会和常委会有关工作机构及时形成《审议意见交办函》交“一府两院”限期办理，并采取电话询问、实地调研、听取汇报等形式进行督促检查。“一府两院”及其部门采取切实有效措施，认真将审议意见落到实处，促进工作的加强和改进。

【推进立法进程】 经过充分准备，省人大常委会同意自2015年11月20日起，抚州市可以制定地方性法规。2016年1月20日召开的市三届人大七次会议上，表决设立抚州市人民代表大会法制委员会。之后配齐配强法制委委员和立法工作人员，组建立法咨询专家库，选聘29名立法咨询专家，借助“外脑”加强立法工作。组织人员参加全国人大立法法培训，举办立法法专题讲座和立法工作培训班，派员到兄弟市人大考察取经，并选派工作人员到省人大跟班学习，提升立法能力和水平。广泛征集立法建议项目，深入开展项目调研论证，按照地方立法权限要求，制定抚州市人大常委会五年立法规划和2017年立法计划以及立法计划编制办法、法规草案征求意见办法等相关制度，起草的《抚州市立法条例（草案）》在常委会会议上进行了初审和二审。

【开展进行教育法执法检查】 根据省人大常委会的部署，按照上下联动的原则，市人大常委会重点对《中华人民共和国职业教育法》在抚州贯彻实施情况进行检查。针对检查中发现的问题，督促政府及职能部门切实加大执法力度，严格执法责任，确保法律法规全面贯彻执行。认真配合省人大在抚州开展有关法律法规的立法调研和执法调研活动。

【突出民生开展视察、调研】 根据抚州市经济社会发展中的热点、难点和人民群众关注的焦点问题，市人大常委会组织人大代表对智慧林业建设、市中级人民法院诉讼服务工作、昌抚一体化推进落实、生态文明先行示范市建设等情况进行视察。围绕市委、市政府《关于加快推进抚州高新技术产业开发区发展升级的意见》落实、台资企业发展、学校食堂及学校周边商铺食品安全、水产养殖业发展等情况开展调研，形成高质量的视察和调研报告。同时，注重视察和调研成果的转化及运用，督促“一府两院”及其部门认真研究处理有关意见和建议，取得良好成效。

【抓好信访督办，规范文件备案审查】 市人大常委会把受理群众来信来访作为听民声、解民怨、帮民困的重要渠道，认真抓好重点信访件的督办和落实。全年共受理群众来信来访263件次，较好地维护了群众权益，化解了社会矛盾。加强规范性文件备案审查工作，制定《抚州市人大常委会规范性文件备案审查工作程序规定》，对市政府报备的9件和各县（区）报备的22件规范性文件依法进行备案审查，向省人大常委会报备规范性文件6件。

（吴小华　周　卿）

讨论决定重大事项和选举任免

【讨论决定重大事项】 2016年，市人大及其常委会认真贯彻《江西省各级人民代表大会常务委员会讨论决定重大事项的规定》，围绕抚州经济社会发展和民主法制建设中的重大事项，作出《抚州市第三届人民代表大会第七次会议关于设立抚州市人民代表大会法制委员会的决定》《抚州市第三届人民代表大会第七次会议关于接受黄牡香辞去抚州市人大常委会主任职务的决定》《抚州市第三届人民代表大会第七次会议关于政府工作报告的决议》《抚州市第三届人民代表大会第七次会议关于抚州市国民经济和社会发展第十三个五年规划纲要的决议》《抚州市第三届人民代表大会第七次会议关于抚州市2015年国民经济和社会发展计划执行情况与2016年国民经济和社会发展计划的决议》《抚州市第三届人民代表大会第七次会议关于抚州市2015年市级总预算执行情况和2016年市本级预算的决议》《抚州市第三届人民代表大会第七次会议关于抚州市人大常委会工作报告的决议》《抚州市第三届人民代表大会第七次会议关于抚州市中级人民法院工作报告的决议》《抚州市第三届人民代表大会第七次会议关于抚州市人民检察院工作报告的决议》《抚州市人大常委会关于接受陈克辞去抚州市第三届人大常委会副主任职务请求的决定》《抚州市人大常委会关于接受陈明华辞去抚州市第三届人大常委会委员职务请求的决定》《抚州市人大常委会关于开展第七个五年法治宣传教育的决议》《抚州市人大常委会关于设立抚州市“爱国卫生活动日”的决定》《抚州市人大常委会关于批准2015年市本级决算的决议》《抚州市人大常委会关于批准2016年市本级预算调整方案的决议》《抚州市人大常委会关于接受柯军辞去抚州市中级人民法院院长职务请求的决定》《抚州市人大常委会关于赖彩明代理抚州市中级人民法院院长职务的决定》《抚州市人民代表大会常务委员会关于召开抚州市第四届人民代表大会第一次会议的决定》《抚州市第四届人民代表大会第一次会议关于政府工作报告的决议》《抚州市第四届人民代表大会第一次会议关于抚州市人大常委会工作报告的决议》《抚州市第四届人民代表大会第一次会议关于抚州市中级人民法院工作报告的决议》《抚州市第四届人民代表大会第一次会议关于抚州市人民检察院工作报告的决议》《抚州市人大常委会关于召开抚州市第四届人民代表大会第二次会议的决定》《抚州市人大常委会关于批准2016年全市收入预算调整方案的决议》等决议、决定。同时，通过加强跟踪督促检查，确保市人大及其常委会作出的决议、决定得到有效贯彻执行。

【依法行使人事选举、任免权】市人大常委会坚持党管干部和依法任免相统一的原则，认真做好法律考试、考情通报、任前了解、表态发言、就职宣誓和颁发任命书等环节的工作，不断规范任免程序，提高任免质量，为促进抚州经济社会科学发展提供有力的组织保障。

抚州市第三届人大常委会第三十二次会议于2016年1月16日决定任命王国荣为市粮食局局长，免去魏建新的市人民政府副市长职务；决定任命陈接平为市人大常委会城乡建设环境与资源保护工作委员会主任，免去陈接平的市人民代表大会内务司法委员会副主任委员职务；免去郭伟的市中级人民法院副院长、审判委员会委员、审判员职务。抚州市第三届人民代表大会第七次会议于1月21日决定接受黄牡香辞去抚州市第三届人大常委会主任职务的请求；于1月22日补选魏建锋为抚州市第三届人大常委会主任，吴斌为市第三届人民代表大会内务司法委员会主任委员，杨小梅为市第三届人民代表大会法制委员会主任委员（兼），饶举元为市第三届人民代表大会法制委员会副主任委员。

市第三届人大常委会第三十三次会议于3月25日决定免去周小平、周学胜、赵世斌的抚州市人民政府副市长职务；决定任命饶举元为市人大常委会法制工作委员会主任，接受陈克辞去市第三届人大常委会副主任职务的请求，并报市第三届人民代表大会备案；任命易有禄为市中级人民法院副院长、审判委员会委员、审判员，周建荣为市中级人民法院审判委员会委员、审判员，赖必松、张旭生、饶辉华为市中级人民法院审判委员会委员，免去肖京华、谢丽萍、盛明阳的市中级人民法院审判委员会委员职务，曾胜龙的市中级人民法院审判委员会委员、刑事审判第二庭庭长、审判员职务；任命高卫东为市人民检察院副检察长，李仲学为市人民检察院检察委员会委员、检察员，批准任命衷建军为临川区人民检察院检察长，杨露萍为东乡县人民检察院检察长，批准免去李仲学的临川区人民检察院检察长职务，衷建军的东乡县人民检察院检察长职务，免去杨露萍市人民检察院检察委员会委员、检察员的职务。

市第三届人大常委会第三十四次会议于4月22日决定任命罗国良、董朝武为市人民政府副市长；决定接受陈明华辞去市第三届人大常委会委员职务的请求，并报市第三届人民代表大会备案。

市第三届人大常委会第三十五次会议于6月29日决定免去李茂荣的市监察局局长职务，周卫国的市食品药品监督管理局局长职务；任命邱小昌为市中级人民法院刑事审判第二庭庭长，张俐为市中级人民法院民事审判第一庭庭长，武凌为市中级人民法院刑事审判第二庭副庭长，免去邱小昌的市中级人民法院民事审判第一庭庭长职务，万晓燕的市中级人民法院刑事审判第二庭副庭长职务，谢丽萍、刘萍的市中级人民法院审判员职务。

市第三届人大常委会第三十六次会议于7月12日补选刘奇为江西省第十二届人民代表大会代表。

市第三届人大常委会第三十七次会议于8月23日决定任命黄发高为市监察局局长；决定任命吴贵春为市人民代表大会内务司法委员会副主任委员，决定免去彭敏群的市人大常委会副秘书长、办公室主任职务；免去张诚、张松涛的市中级人民法院审判委员会委员职务，余梦林的市中级人民法院审判员职务；免去陈才生、陈金志、熊惠光、潘小明的市人民检察院检察员职务，周德龙的市人民检察院检察委员会委员、检察员的职务。

市第三届人大常委会第三十八次会议于10月12日决定任命万凯为市公安局局长，伍旭鸿为市工业和信息化委员会主任，杨皓为市农业局局长，许萍乡为市水利局局长，陈素芳为市旅游发展委员会主任，蓝师龙为市食品药品监督管理局局长，决定免去吴建春的市公安局局长职务，蓝师龙的市工业和信息化委员会主任职务，周跃飞的市农业局局长职务，廖金平的市水利局局长职务；决定任命陈莉为市人大常委会法制工作委员会副主任，决定免去黄伟燕的市人大常委会副秘书长职务；接受柯军辞去市中级人民法院院长职务的请求，并报市第四届人民代表大会第一次会议备案，任命赖彩明为市中级人民法院副院长、审判委员会委员、审判员，决定代理市中级人民法院院长职务。

市第四届人民代表大会第一次会议于11月3日选举出抚州市第四届人大常委会主任：魏建锋，副主任：江玉兰、余建平、谢祖鹏、段院龙、许中伟、许爱军、宋东方，秘书长：左树青，委员（按姓氏笔画为序）：卜臣民、龙剑、占贤忠、兰念瑛（畲族）、许甘泉、许爱珍、李光荣、杨秀伟、肖越辉、吴茂发、吴斌、吴辉、邱志萍、邹俊、张员娇、陈泉顺、陈接平、邵沉、林琪文、罗伍菊、郑锦锋、赵荣贵、胡志方、饶英跃、饶举元、徐志华、黄伟燕、黄泽清、章克敏、释养立。选举出抚州市人民政府市长：张鸿星，副市长：吴建春、蔡青、肖承贵、徐国义、王成兵、万凯、方百春。选举赖彩明为市中级人民法院院长；选举宋智勇为市人民检察院检察长（须报经江西省人民检察院检察长提请江西省人大常委会批准任命）。表决吴斌为市第四届人民代表大会内务司法委员会主任委员，吴贵春为市第四届人民代表大会内务司法委员会副主任委员，赵荣贵、郑锦锋、张员娇、黄伟燕、谢晓荣为市第四届人民代表大会内务司法委员会委员。表决陈泉顺为市第四届人民代表大会财政经济委员会主任委员，周宇、苏海东、吴仉华、郭红、赖长发为市第四届人民代表大会财政经济委员会委员。表决饶举元为市第四届人民代表大会法制委员会副主任委员，朱志权、李清萍、周根诚、付海平、黄璞琳为市第四届人民代表大会法制委员会委员。

市第三届人大常委会第三十九次会议于10月28日任命傅壮伟为市人民检察院检察委员会委员、检察员，李清萍为市人民检察院检察员，批准任命袁建军为临川区人民检察院检察长，王小凤为南城县人民检察院检察长，何新华为黎川县人民检察院检察长，王小平为南丰县人民检察院检察长，邹时来为崇仁县人民检察院检察长，杨建军为乐安县人民检察院检察长，杨忠东为宜黄县人民检察院检察长，潘前进为金溪县人民检察院检察长，潘小明为资溪县人民检察院检察长，周德龙为广昌县人民检察院检察长，杨露萍为东乡县人民检察院检察长。

市第四届人大常委会第一次会议于12月27日决定任命吴猛强为市人民政府秘书长，万凯为市公安局局长，帅歌柳为市发展和改革委员会主任，伍旭鸿为市工业和信息化委员会主任，徐建云为市司法局局长，黄发高为市监察局局长，宋有志为市人力资源和社会保障局局长，傅志雄为市民政局局长，伍鹏为市财政局局长，黄有盛为市国有资产监督管理委员会主任，魏建平为市审计局局长，陶雪华为市统计局局长，张冲林为市建设局局长，邓长明为市环境保护局局长，丁国华为市交通运输局局长，杨皓为市农业局局长，谭海波为市林业局局长，许萍乡为市水利局局长，易光亮为市商务局局长，王国荣为市粮食局局长，祝文渊为市卫生和计划生育委员会主任，吴建发为市教育局局长，顾胜和为市科学技术局局长，谭玉英为市文化广电新闻出版局局长，熊远定为市体育局局长，陈素芳为市旅游发展委员会主任，邹节华为市安全生产监督管理局局长，尚江黎为市城市管理行政执法局局长，廖燕为市扶贫和移民局局长，谢克侵为市市场和质量监督管理局局长，蓝师龙为市食品药品监督管理局局长；决定任命罗海清为市人大常委会副秘书长，决定免去饶举元的市人大常委会法制工作委员会主任职务；任命胡嘉金为市中级人民法院副院长、审判委员会委员、审判员，杨新为市中级人民法院审判员，付晓文为市中级人民法院审判委员会委员，免去鄢清员的市中级人民法院副院长、审判委员会委员、审判员职务。

一年中，市人大常委会共决定任免人大机关工作人员9人次、市政府个别副市长及工作部门负责人共50人次（含31名新一届政府工作部门负责人），任免市法院、市检察院法律职务人员35人次。

（吴小华　周　卿）

办理人大代表建议和意见

【认真办理代表建议】 市三届人大七次会议期间，市人大代表共提交建议147件（含代表10人以上联名提出的议案改作建议），闭会期间代表提出建议1件。代表建议转交给市委组织部2件，市政府职能部门承办146件建议（含闭会期间1件）。从代表反馈的意见看，表示满意和基本满意的146件，不满意的1件，没有反馈意见的1件。市四届人大一次会议期间，市人大代表共提交建议109件（含代表10人以上联名提出的议案改作建议）。

【加大建议督办力度】 一是依法及时交办。市三届人大七次会议闭幕后，市人大常委会有关工作机构及时将148件建议进行打印整理，认真校核，并附上详细准确的代表姓名、单位、职务、联系电话等信息，便于承办单位与提建议代表取得联系。2月26日，市人大常委会有关工作机构会同市政府办公室及时召开市人大代表建议交办会，向承办单位统一交办148件建议。交办会上，常委会分管领导代表市人大常委会，对承办市三届人大七次会议期间代表建议的情况进行全面总结，同时针对当年的办理工作进一步明确责任，提出办理要求，落实办理任务。市政府领导出席交办会并讲话。市四届人大一次会议结束后，市人大常委会有关工作机构会同市政府办公室于12月7日召开代表建议交办会，将109件建议交由市政府35个承办部门办理。二是夯实办理基础。常委会领导分别带队督办建议办理情况，承办建议的各部门采取相应措施落实建议，提出建议的代表分别参与督办活动；市人大常委会有关工作机构采取逐件收集代表反馈意见表、强力督促办理“大户”、听取审议市政府报告等方式，及时掌握各种办理动态和第一手真实信息。三是提高办理实效。2016年，市人大常委会继续采取“主任领衔、市长领办、部门承办、各专工委督办、代表跟踪问效”的督办新机制，除“主任领衔”的7件重点督办建议外，又扩大到各专工委分别重点督办1件建议。在8月份召开的市三届人大常委会第三十七次会议上，听取审议市政府关于市三届人大七次会议期间代表提出的重点督办建议办理情况的报告。

（吴小华　周　卿）

本栏编辑　陈志平

抚州市人民政府

综　述

【概况】　2016年，抚州市政府突出打好产业升级、基础设施提升和脱贫攻坚“三大攻坚战”，全力推进“13”工程，经济发展稳中有进、进中向好，社会事业全面进步。全市实现生产总值1200亿元，增长9.4%；财政总收入171.6亿元，增长3.9%；一般公共预算收入122.8亿元，下降3.2%；500万元以上固定资产投资1265亿元，增长15%；规模以上工业增加值390亿元，增长9.5%；社会消费品零售总额475亿元，增长11%；出口总额17.6亿美元，增长6.7%；实际利用外资4.3亿美元，增长13.2%；城镇居民和农村居民人均可支配收入分别达到27271元和12494元，增长8.8%和9.2%。

【政策扶持积极有效】　全市各级政府落实省政府稳增长的决策部署，落实省里降成本优环境80条、新20条，市里降成本优环境促转型38条和各县（区）出台的配套措施，为企业减负46.68亿元。出台市中心城区化解房地产库存12条，实施购房补贴及其契税补贴出台“大众创业、万众创新”实施意见和27条政策措施，激发创新创业活力。出台加快工业转型升级三年攻坚计划、旅游产业跨越发展计划、养老服务业综合改革试点工作三年行动计划、加快推进物流业升级发展、推进生态文明先行示范区建设等一系列政策措施，均取得显著成效。

【重点项目建设加快】　实施301个打基础、管长远、增后劲的重点项目，完成投资200.9亿元。其中，资光、船广、东昌高速建成通车，东外环高速开工建设，昌抚城际铁路开始前期工作，鹰梅铁路纳入国家中长期铁路网调整规划，吉抚武铁路“十三五”内将动工建设，抚州机场建设进入实质性启动阶段，500千伏抚州—红都输电线路竣工，廖坊水利枢纽灌区二期工程正式开工建设。

【创新驱动发展成效明显】　深入实施创新驱动发展战略，催生新经济、新动能。新增高新技术企业31家，高新技术产业产值、增加值分别增长22.47%、10.5%。新增省级工程技术研究中心2家、省级“众创空间”4家。抚州高新区科技企业孵化器获批国家级孵化器。大力推进“大众创业、万众创新”，完善担保贷款、创业补贴等鼓励创业政策，发放创业担保贷款9.8亿元。“双返双创”活动成效显著，引进返乡投资2000万元以上项目104个，实际进资31.69亿元。通过项目合作柔性引进高端人才306人，其中，院士4人、长江学者1人。特别是引进崇仁籍中科院院士、复旦大学教授陈芬儿与博雅生物合作，建立院士工作站，并签约共建“复旦—博雅制药工程联合实验室”。

【工业结构加快调整】　规模以上工业增加值、工业用电量增速均居全省第一。产业集聚不断增强，机电汽车、生物医药、电子信息、食品加工、建筑建材工业增加值分别增长13.1%、9.5%、7.3%、8.3%、10.7%。抚州高新区大力实施“百亿企业、千亿产业”培育工程，主营业务收入突破400亿元，增长12%。崇仁变电设备产业获批全国产业集群区域品牌建设试点，金溪香精香料产业被确定为全国林木香料生物产业基地。全市龙头企业不断壮大，纳入重点培育的10家龙头骨干企业完成主营业务收入294.3亿元，同比增长17.3%。迪比科新能源汽车动力电池三条新生产线、森鸿科技产业园、博雅欣和、海利不锈钢等一批新项目建成投产。广银铝业一期完成调试并试产。自立环保二期全面建成，新增产值30亿元以上。东乡荣成机械被评为全省发展升级示范企业。

【服务业提质增效】　一手抓现有传统服务业提档升级，一手抓现代服务业培育壮大。旅游业赶超发展，全市旅游接待总人数、旅游总收入分别增长30%和40%，获评“中国特色乡村旅游目的地品牌”并入选“2016最美中国榜”。资溪大觉山景区通过国家AAAAA级景区评审，有望成为全市第一个AAAAA级景区。崇仁源野山庄成功创建国家AAAA级景区。资溪、南丰被列为首批国家全域旅游示范区创建单位。物流业突破发展，新增AAA级以上物流企业8家，总数达10家。抚州海西综合物流园全面开工。抚州农产品综合物流园获省政府批准。电子商务加快发展，交易额达300亿元，同比增长50%。黎川、广昌被列为全国电子商务进农村示范县。金融业稳步发展，金融机构贷款余额首破千亿元大关，比年初增加180亿元，同比增长18.8%。新增6家企业在“新三板”挂牌、48家中小企业在江西联合股权交易中心挂牌、2家企业在上海Q板挂牌。趣店—快乐时代科技、盈盈易贷等金融新业态投入运营。

【现代农业加快发展】 粮食生产实现“十三连丰”。临川获批国家级现代农业示范园区，7个县获批省级现代农业示范园区。现代农业示范园区规划总面积达1.21万公顷，入园企业142家，实现产值160.45亿元。新增1家国家级龙头企业、5家省级龙头企业。新增33个无公害农产品、6个绿色食品、20个有机农产品、2个农产品地理标志登记保护产品。

【城镇化水平提高】 市中心城区建成区面积达到63平方千米，集聚人口53万人。全面启动“多规合一”，城市总体规划纲要（2015–2030）修编通过评审。城镇化率达46.5%，比2015年提高1.39个百分点。市中心城区实施重点城建项目34个，累计完成投资9.32亿元。科技大道等6条城市大道框架基本建成，南区自来水新厂即将投入使用。抚州市入选第三批国家新型城镇化综合试点。东乡县撤县设区正式获批。文昌里汤家山历史文化街区和汝东园历史文化街区等5处街区被评为省级历史文化街区。特色小镇建设全面起步。棚改工作进度加快，完成市县棚改征迁160万平方米，市中心城区13个棚改项目征迁进入尾声。

【城市环境显著提升】 实施市中心城区基础设施、市容环境、公共交通和停车场建设三年行动计划，城市功能更加完善。市中心城区绿地率、绿化覆盖率、人均公园绿地均居全省前列。以创建全国卫生城市为载体，下大力气整治城市环境，巩固“五车”整治成果，强力推进高速公路沿线广告整治、交通运输超载超限整治、河道违法采砂专项整治，城市形象、市民文明程度进一步提升。市中心城区公共自行车系统投入使用。

【农村生产生活条件改善】 开展687个新农村建设村点建设，共投入资金4.8亿元，其中改水、改厕到位率均达95%以上，改路到位率100%。按照城乡环卫一体化治理方向，投入2.1亿元开展农村环境卫生综合整治，农村“脏乱差”现象大为改观。严格落实“一户一宅”，农民建房逐步规范。

【重点改革进展顺利】 推进“放管服”改革。对政府投资项目前置手续及审批流程进行优化再造，首次将审批中介服务纳入管理优化范围。进一步加强政府建设项目监督管理，出台规范简化政府投资重点项目招投标管理规定。“双随机一公开”监管工作加快推进。南城、金溪在全省率先开展与群众密切相关的行政审批与便民服务事项下放到乡镇一级试点。党政机关公车改革顺利完成。商事登记制度全面推行，在全省率先颁发“五证合一”营业执照。农业农村改革扎实推进，农村宅基地和集体建设用地使用权确权登记颁证进展顺利。市级农村综合产权交易市场建成运营。国资国企改革不断深化，推进市属经营性国有资产集中统一监管。投融资体制改革稳步推进，市投资公司、文旅投、工创投、交建投资产做大，实力增强。率先在全省与省金控集团组建市金控集团，设立产业发展基金，基金总规模近200亿元。建立市级PPP项目储备库，入库项目27个，总投资279亿元。其中，6个项目列为省级PPP示范项目，廖坊水利枢纽灌区二期工程入选财政部首批PPP示范项目。

【民生状况持续改善】 全面完成省政府下达的50件民生实事。民生支出达210亿元，同比增长18%。就业形势保持稳定，新增城镇就业4.4万人，转移农村劳动力6.7万人。全市城乡居民社会养老保险制度实现全覆盖。完成城镇保障性安居工程42764套，改造农村危房6391户。

精准识别，精准施策，脱贫攻坚。主要通过产业扶贫、安居扶贫、保障扶贫等方式实施精准扶贫，其中，下拨产业扶贫资金1.15亿元、村庄整治扶贫资金5060万元；开展“百企帮百村”行动，全市123家企业与贫困村结对帮扶；实行农村贫困人口基本医疗和社会保障倾斜政策。8月30日，国务院扶贫办督查组肯定抚州市扶贫工作。至年底，全市扶贫对象由2015年的12.6万人减少到8.2万人，64个贫困村实现脱贫“摘帽”。高标准建设移民集中安置点22个，完成搬迁扶贫任务4523人。

【社会事业进步】 成功举办纪念汤显祖逝世400周年暨中国（抚州）汤显祖艺术节系列活动，乡音版（盱河高腔）《临川四梦》在国家大剧院、清华、北大成功上演。抚州对外文化交流纳入中英人文高层交流机制。启动汤显祖作品进教材和多语种翻译工程。汤显祖作为中华文化的标志性符号，镌刻在全球华人心中，临川文化正在充满自信地大踏步走向世界舞台。基础教育继续保持全省前列。崇仁师范新校区、临川二中三期建设、临川教育集团3所实验学校建设等教育重点项目加快推进。实施并基本完成每个行政村建设1所标准化卫生计生服务室。入选第二批国家级医养结合试点。

（邓子鹏）

【市政府领导名录】

市　　长：张鸿星

常务副市长：于秀明（任至11月）
　　　　　吴建春（11月任）

副　市　长：周小平（任至3月）
　　　　　周学胜（任至3月）
　　　　　赵世斌（任至3月）
　　　　　罗国良（4月任）
　　　　　董朝武（4月任）
　　　　　刘菊娇（任至11月）
　　　　　吴建春

魏建新（任至1月）
韦　萍（任至11月）
蔡　青（11月任）
肖承贵
徐国义（11月任）
王成兵（11月任）
万　凯（11月任）
方百春（11月任）
市长助理：赵大全
秘　书　长：喻大荣（任至10月）
副秘书长：吴猛强
胡香兰（任至11月）
魏建明（任至11月）
陈　瑛（任至11月）
万明发　周国旺
邱国亮（任至11月）
章　勤（任至4月）
张沪玉　黄武平
祝宏根（8–9月）
方百春（8–9月）
杨更生（9月任）
刘俊福　李　慷
杨　青（任至8月）
李建华（任至1月）

市政府常务会议和市长办公会议

2016年，市政府共召开14次市政府常务会议。

1月7日下午，市长张鸿星主持召开市政府第56次常务会议。常务副市长于秀明，副市长周小平、刘菊娇、吴建春、魏建新、韦萍、肖承贵，市长助理赵大全，秘书长喻大荣出席会议。会议审议《抚州市2016年国民经济和社会发展计划（草案）》《抚州市国民经济和社会发展第十三个五年规划纲要（送审稿）》《关于深化水利改革的实施方案（送审稿）》《关于推进全市远程异地评标系统建设工作的实施方案（送审稿）》《关于市政府招标投标有关规定清理情况及处理意见（送审稿）》《抚州市2016—2020年二手车行业发展规划（送审稿）》《关于进一步加强市中心城区城市建筑垃圾运输管理工作的通知（送审稿）》，传达省长鹿心社到抚州调研和支持抚州深化区域合作工作推进会及“两代表一委员”座谈会精神，研究贯彻落实意见。

1月22日晚，市长张鸿星主持召开市政府第57次常务会议。常务副市长于秀明，副市长周小平、刘菊娇、吴建春、魏建新、韦萍、肖承贵，市长助理赵大全，秘书长喻大荣出席会议。会议审议《关于〈寻梦牡丹亭〉项目合作方遴选、选址比对和商业合作模式的情况报告》《市本级招商引资项目规范管理暂行办法（送审稿）》《关于加快推进抚州物流业升级发展的措施（送审稿）》《抚州市旅游业跨越发展计划（送审稿）》和《各县（区）2016年旅游产业发展任务书（送审稿）》《关于加快推进企业上市和挂牌工作的意见（送审稿）》。

2月2日下午，张鸿星市长主持召开市政府第58次常务会议。常务副市长于秀明，副市长周小平、刘菊娇、吴建春、魏建新、韦萍、肖承贵，市长助理赵大全，秘书长喻大荣出席会议。会议审议《抚州市2016年重点建设项目计划（送审稿）》《关于加快工业转型升级三年攻坚计划（2016—2018年）（送审稿）》和《关于加快支柱产业发展的实施方案（送审稿）》等文件、《关于加快发展现代保险服务业的实施意见（送审稿）》《关于深化市属国有企业负责人薪酬制度改革的意见（送审稿）》。

3月11日下午，市长张鸿星主持召开市政府59次常务会议。常务副市长于秀明，市委常委、农工部部长魏建新，副市长周小平、刘菊娇、吴建春、肖承贵，秘书长喻大荣出席会议。会议审议《抚州市人民政府关于全面推进大众创业万众创新的实施意见（送审稿）》《2016年抚州深化区域合作加快发展工作要点（送审稿）》《抚州市重点建设项目管理暂行办法（送审稿）》《关于做好抚州市中心城区化解房地产库存工作的若干措施》《关于对江西迪比科新能源动力电池生产基地项目建设扶持的请示》《关于与江西金控基金投资管理中心合作设立江西金控抚州基金管理有限公司并管理其发起设立的基金的请示》《关于落实发展新理念加快推进农业农村发展升级的实施意见（送审稿）》《抚州市2016年农村生态环境综合整治检查考核评分实施细则（送审稿）》，听取全市棚户区改造征收工作攻坚战活动的情况汇报，研究2016年棚户区改造工作。

4月1日上午，市长张鸿星主持召开市政府第60次常务会议。常务副市长于秀明，副市长罗国良、董朝武、刘菊娇、吴建春、韦萍、肖承贵，市长助理赵大全出席会议。会议学习《关于进一步规范信访事项受理办理程序引导来访人依法逐级走访的办法》，审议《关于大力开展“双返双创”活动的意见（送审稿）》和《关于鼓励支持开展“双返双创”活动的若干政策措施（送审稿）》《抚州市地名管理办法（送审稿）》《全市深入开展货运车辆超限超载治理工作方案》《关于建立河道采砂长效管理机制进行采砂专项治理的实施方案》《抚州市2016年“河长制”工作要点（送审稿）》和《抚州市2016年度“河长制”工作考核方案（送审稿）》《抚州市旅游产业发展奖励办法》和《抚州市旅行社奖励考核细则（试行）》《关于推进全市乡村卫生计生服务能力建设的实施意见（送审稿）》。

5月13日上午，市长张鸿星主持召开市政府第61次常务会议。常务副市长于秀明，副市长罗国良、董朝武、吴建春、肖承贵，秘书长喻大荣出席会议。会议传达学习《省政府办公厅关于省养老服务中心项目进展拖期问题的通报》；审议《抚州市养老服务业综合改革试点工作三年行动计划（2016—2018）（送审稿）》《关于深化供销合作社综合改革试点实施方案（送审稿）》《2016年抚州市民生工程安排意见（送审稿）》《关于推荐我市2016年享受国务院、省政府特殊津贴人选的请示》《关于设立抚州市爱国卫生活动日的请示》《关于请求审定第三届“抚州市市长质量奖”获奖企业名单的请示》《抚州市困难残疾人生活补贴和重度残疾人护理补贴制度实施细则（送审稿）》《抚州市生态村镇示范工程建设实施方案（送审稿）》《抚州市基本医疗保险重特大疾病保障实施办法（送审稿）》。

6月6日下午，市长张鸿星主持召开市政府第62常务会议。常务副市长于秀明，市委常委、农工部部长魏建新，副市长罗国良、董朝武、刘菊娇、吴建春、韦萍、肖承贵，市长助理赵大全，秘书长喻大荣出席会议。会议学习安全生产法；传达学习中央和省领导同志关于统计工作的重要批示精神；审议《关于建立健全依法行政与行政审判工作良性互动机制的意见（送审稿）》《关于深化国资国企改革的实施意见（送审稿）》《抚州市市属国有企业负责人经营业绩考核暂行办法（送审稿）》《抚州市水污染防治工作方案（送审稿）》《抚州市“山长制”工作实施方案（送审稿）》《关于加强和改进新形势下民族工作的实施意见（送审稿）》《市交通建设投资集团有限公司组建方案（送审稿）》《抚州市封山育林工作考核奖励办法(送审稿)》。

7月26日上午，市长张鸿星主持召开市政府第63次常务会议。常务副市长于秀明，市委常委、农工部部长魏建新，副市长董朝武、刘菊娇、吴建春、韦萍、肖承贵，市长助理赵大全，秘书长喻大荣出席会议。会议学习新环保法，审议《抚州市生态文明先行示范市制度体系建设工作实施方案（送审稿）》《抚州市政务信息资源共享管理办法（送审稿）》《关于加快云计算建设培育信息产业新业态的实施意见（送审稿）》《关于坚持和完善计划生育目标管理责任制的实施意见（送审稿）》《关于呈请审定并公布市政府部门行政审批中介服务事项目录的请示（送审稿）》《全省现代农业示范园区建设现场推进会议精神传达提纲及贯彻落实意见》《贯彻落实〈省政府关于创新驱动“5511”工程实施意见〉工作方案（送审稿）》。

8月19日下午，市长张鸿星主持召开市政府第64次常务会议。常务副市长于秀明，市委常委、农工部部长魏建新，副市长罗国良、刘菊娇、吴建春，市长助理赵大全，秘书长喻大荣出席会议。会议传达学习全省抓项目扩投资稳增长推进会议精神，研究贯彻落实意见；审议《市政府拟订地方性法规草案和制定规章程序规定（草案）》《市政府关于在全市范围内开展“两违”集中整治的实施意见（送审稿）》《抚州市重点建设项目考核奖励办法（送审稿）》《抚州市关于培育发展特色小镇的实施意见（送审稿）》《抚州市特色农业产业扶贫行动实施办法（送审稿）》等17个专项扶贫行动实施办法、《抚州市2016年镇容村貌环境综合整治督查考核实施细则(送审稿)》《抚州高新技术产业开发区人事制度改革总体方案（送审稿）》。

8月26日下午，市长张鸿星主持召开市政府第65次常务会议。副市长罗国良、董朝武、吴建春、韦萍、肖承贵，市长助理赵大全，秘书长喻大荣出席会议。会议审议《抚州市农村环境综合整治行动计划（送审稿）》《抚州市中心城区城市基础设施及市容环境提升三年行动计划（2016—2018年）（送审稿）》《抚州市中心城区完善停车场建设三年行动计划（2016—2018年）（送审稿）》《抚州市中心城区公共交通发展三年行动计划（2016—2018年）（送审稿）》《市政府关于进一步加快中医药事业发展的意见》《抚州市2016年推进简政放权放管结合优化服务改革工作方案（送审稿）》《抚州市整合城乡居民基本医疗保险工作实施方案（送审稿）》《抚州市深化中小学教师职称制度改革工作实施方案（送审稿）》及《关于做好深化中小学教师职称制度改革工作实施方案的补充意见（送审稿）》。

10月24日上午，市长张鸿星主持召开市政府第66次常务会议。市政府党组副书记吴建春，副市长刘菊娇、肖承贵，市政府党组成员徐国义、王成兵、方百春出席会议。会议审议2016年换届《政府工作报告（征求意见稿）》；学习《中华人民共和国立法法》及地方立法相关知识；审议《市政府关于公布规范性文件清理结果的决定（送审稿）》《抚州市自然灾害救助应急预案》《抚州市工业转型升级“十三五”规划（送审稿）》《抚州市建档立卡贫困村基础设施建设项目资金管理办法（送审稿）》。

11月8日下午，市长张鸿星主持召开市政府四届第1次常务会议。常务副市长吴建春，副市长罗国良、蔡青、肖承贵、徐国义、王成兵、万凯、方百春，市长助理赵大全出席会议。会议学习中国共产党十八届六中全会精神；审议《全省人防工作会议精神及贯彻落实意见》《市政府2017年立法工作计划（草案）》《抚州市企业信用行为联合激励与惩戒实施办法（送审稿）》《抚州市医养结合工作发展规划（2016—2020年）》《关于进一步加强农民建房规划管理和服务指导的实施意见（送审稿）》《抚州市电子政务云计算中心应用发展实施办法（送审稿）》《抚州市农村产权交易管理暂行办法及相关交易规则（送审稿）》《抚州市市属有关国有企业年度经营业绩考核指标目标值》《抚州市贫困残疾学生、贫困双残残疾人家庭非义务教育阶段子女（不含学前教育）学生助学补助办法（暂行）》《关于加强农村公路养护管理的实施意见（送审稿）》。

12月5日下午，市长张鸿星主持召开市政府第2次常务会议。常务副市长吴建春，副市长罗国良、董朝武、蔡青、肖承贵、徐国义、万凯、方百春，市政府党组成员吴猛强出席会议。会议审议《抚州市综合防灾减灾规划(2016—2020年)（送审稿）》《抚州市基本建设工程项目涉审中介机构诚信评价考核办法（试行）（送审稿）》《关于优化政府投资建设项目前置手续及审批流程的实施意见(试行)》《关于进一步完善矛盾纠纷多元化解机制的实施意见（送审稿）》《关于深入推进全市治超工作标本兼治长效治理的实施意见(送审稿)》《关于落实粮食安全省长责任制的实施意见（送审稿）》和《关于落实粮食安全省长责任制考核办法（送审稿）》《抚州市城乡居民基本医疗保险市级统筹试行办法（送审稿）》《抚州市城区第四轮出租汽车经营权配置实施方案（送审稿）》《关于推进全市绿色生态农业十大行动的实施意见》《全省深化国企改革会议精神及贯彻落实意见》《抚州市贯彻落实中央环境保护督察组督察反馈意见的问题整改方案》。

12 月 12 日上午，市长张鸿星主持召开市政府第 3 次常务会议。常务副市长吴建春，副市长蔡青、肖承贵、徐国义、王成兵、方百春，市政府党组成员吴猛强出席会议。会议听取《全市跑项争资工作情况汇报》，审议《抚州市 2017 年重点建设项目（送审稿）》《关于进一步加强政府投资房屋建筑和市政基础设施工程招标管理工作的若干规定（试行）（送审稿）》《关于进一步规范政府投资项目工程造价控制全过程管理的实施意见（送审稿）》《临川温泉景区招商引资优惠政策（送审稿）》《临川温泉景区集体土地上房屋征收及补偿安置方案》。

2016 年，市政府共召开 18 次市长办公会议。

1 月 7 日下午，市政府第 56 次常务会议结束后，市长张鸿星主持召开市长办公会议，研究《关于公布临川区新征地统一年产值标准和区片综合地价的通知》。

1 月 22 日晚，市政府第 57 次常务会议结束后，市长张鸿星主持召开市长办公会议，研究《抚州市本级向上争取项目资金奖励暂行办法》。

2 月 2 日下午，市政府第 58 次常务会议结束后，市长张鸿星主持召开市长办公会议，研究《关于要求市政府批准江西格美科技公司退园资产收储处理意见的审核报告》。

3 月 4 日下午，市长张鸿星主持召开市长办公会议，审议《关于投资〈寻梦牡丹亭〉大型实景演出项目有关问题的请示》《抚州市 2016 年纪念汤显祖逝世 400 周年活动暨第三届中国（抚州）汤显祖艺术节策划方案》。

3 月 11 日下午，市政府第 59 次常务会议结束后，市长张鸿星主持召开市长办公会议，研究《抚州市本级向上争取项目资金奖励暂行办法》。

3 月 23 日下午，市长张鸿星主持召开市长办公会议，审议《关于拟引进北京快乐时代科技发展有限公司在我市设立抚州高新区趣分期小额贷款有限公司的情况汇报和相关监管办法的建议》和《关于请求市政府协调解决市委党校新校区建设工程几个问题的请示》。

3 月 30 日上午，市长张鸿星主持召开市长办公会议，听取抚州农产品综合物流园、台湾创新产业园、铜锣湾商业综合体和华美立家仓储物流园项目建设情况汇报，研究明确了有关事项。

4 月 1 日上午，市政府第 60 次常务会议结束后，市长张鸿星主持召开市长办公会议，审议《关于大润发商业广场项目终止后有关事项的请示》。

5 月 13 日上午，市政府第 61 次常务会议结束后，市长张鸿星主持召开市长办公会议，审议《2016 年市属公办学校义务教育免试就近入学工作实施方案（送审稿）》，听取《关于抚州市 BRT 项目建设情况汇报》。

5 月 23 日下午，市长张鸿星主持召开市长办公会议，审议《抚州市文昌里路网改造与市政设施工程 PPP 模式初步实施方案》，听取《关于拟引进杭州艾米巴互联网金融信息服务有限公司在我市发起设立抚州盈盈易贷网络小额贷款有限公司的情况汇报和相关监管办法的建议》。

6 月 6 日下午，市政府第 62 次常务会议结束后，市长张鸿星主持召开市长办公会议，听取《关于临川温泉景区建设投入、资产和养老保险情况报告》。

6 月 20 日上午，市长张鸿星主持召开市长办公会议，听取《关于申报“十三五”普通国省干线公路建设贷款项目的情况汇报》。

7 月 26 日上午，市政府第 63 次常务会议结束后，市长张鸿星主持召开市长办公会议，审议《市中心城区公共自行车运营系统第一期建设 PPP 项目竞争性磋商确定社会资本方的请示》《抚州市货运车辆超限超载集中整治处罚办法》和《抚州市货运车辆超限超载治理工作督查考核办法》《G316 资溪花山界至南城黄狮渡段公路改建工程 PPP 项目实施方案（修订版）》《抚州融资租赁有限公司组建方案（送审稿）》《抚州市赣抚砂石有限公司组建方案（送审稿）》《教育园区及火车站片区集体土地上房屋征收货币补偿单价》《关于要求开通抚州至金溪城际公交线路的请示》。

8 月 19 日下午，市政府第 64 次常务会议结束后，市长张鸿星主持召开市长办公会议，审议《市中心城区路灯实施 LED 灯节能改造 EMC 模式方案（送审稿）》《关于建立抚州市人事考试联席会议机制的请示》《开发性金融支持抚州市农村基础设施建设融资方案》。

8 月 26 日下午，市政府第 65 次常务会议结束后，市长张鸿星主持召开市长办公会议，审议《抚州市河道采砂设施评估补偿切割实施方案（征求意见稿）》。

11 月 8 日下午，市长张鸿星主持召开市长办公会议，审议《市政府关于同意实施抚州温泉金融小镇建设项目的批复》《资溪县相对集中行政许可权改革试点方案》。

11 月 25 日晚，张鸿星市长主持召开市长办公会议，对全市安全生产工作进行专题研究部署。

12 月 5 日下午，市长张鸿星主持召开市长办公会议，研究《关于建立抚州市解决企业拖欠工资问题联席会议制度的通知（送审稿）》《抚州市汤显祖文化演艺有限责任公司组建方案》和《乡音版〈临川四梦〉剧目巡演工作方案》。

（王春斐）

办理人大建议和政协提案

【概况】2016 年，市政府承办市人大三届七次会议及闭会期间人大代表建议 147 件、市政协三届六次会议提案265件。均在规定时间内办理完毕，代表和委员满意率分别是99.3%和99.6%。市政府承办省人大十二届五次会议建议17件、省政协十一届四次会议提案7件，均在规定时间内办理完毕，代表和委员满意率均是100%。

（熊晓慧）

施政纪略

【农村扶贫对象精准识别回头看】3月8日，市政府印发《关于进一步做好农村扶贫对象精准识别回头看工作的通知》，要求在3月份集中组织开展农村扶贫对象精准识别“回头看”活动。加强精准识别，进一步提高贫困户精准识别的规范性、准确性和科学性，确保扶贫对象识别公平、公正、公开、公认，建立更加精准系统的扶贫台账，主要做到“七个到位”，即：公示公告程序到位，识别政策执行到位，系统数据录入到位，扶贫对象调查分类到位，帮扶措施落实到位，贫困村整村脱贫规划执行到位，保障扶贫政策衔接到位。

【加强市中心城区城市建筑垃圾运输管理】 为巩固文明城市创建成果，建立文明城市长效管理机制，1月18日，市政府印发《关于进一步加强市中心城区城市建筑垃圾运输管理工作的通知》，对强化施工现场管理，强化城市建筑垃圾运输管理，明确监管部门职责，加大查处打击力度等方面提出明确要求。

【取消和调整一批行政权力项目】为进一步深化行政审批制度改革，加快政府职能转变，优化发展环境，1月19日，市政府印发《关于衔接省政府取消和调整一批行政权力项目的通知》。对应省政府取消和调整的行政权力项目，抚州市衔接11项，其中，取消1项，承接8项，下放1项，调整为政府内部管理事项1项。各地各部门要认真做好落实衔接工作，加快配套改革和相关制度建设，切实加强后续监管。继续坚定不移地推进行政审批制度改革，加大简政放权力度，优化审批流程，改进审批方式，压缩审批时间，提高审批效率，创优发展环境。健全监督制约机制，加强对行政权力运行的监督，不断提高政府管理科学化、规范化、法治化水平。

【出台加快推进企业上市和挂牌工作的意见】 为加快市内企业上市、挂牌工作步伐，促进区域产业结构优化升级，1月28日，市政府印发《关于加快推进企业上市和挂牌工作的意见》。从建立上市、挂牌后备企业资源库，强化企业上市、挂牌的政策扶持，健全服务保障机制，鼓励支持返程投资等方面提出明确要求，争取到2018年年底全市在境内外上市和“新三板”挂牌企业达到30家、在江西联合股权交易中心等场外市场挂牌企业达到70家，力争成为省内资本市场发展最活跃的区域之一。

【出台促进二手车行业规范有序发展的意见】 为促进全市二手车行业健康有序发展，2月4日，市政府印发《关于促进二手车行业规范有序发展的意见》。提出在现有抚州市旧车交易中心、南城县佳通二手车交易市场、东乡县腾顺二手车交易市场3家二手车交易市场（中心）的基础上，通过资源整合、新建等形式，到2020年全市二手车交易市场（中心）至少达到12家，其中，市城区（含临川区）至少2家，每个县各1家。鼓励二手车销售企业、中介企业、二手车鉴定评估机构和二手车拍卖企业健康有序发展。

【出台加快发展现代保险服务业的实施意见】 为深入贯彻落实《国务院关于加快发展现代保险服务业的若干意见》和《江西省人民政府关于加快发展现代保险服务业的实施意见》精神，加速推进抚州市现代保险服务业发展，提出到2018年，力争全市实现保费收入50亿元，保险深度达到3.5%、保险密度达到1300元/人；到2020年，力争全市实现保费收入65亿元，保险深度（保费收入/地区生产总值）达到4.5%、保险密度（保费收入/总人口）达到1850元/人，基本建成保障更加全面、功能更加完善、运行更加稳健、形象更加良好，与抚州市经济社会发展需求更加适应的现代保险服务业。

【市本级招标投标有关规定文件清理结果公布】 为进一步规范全市招标投标工作，促进招标投标市场健康有序发展，维护公平竞争的市场秩序。根据省发改委等七部门《关于做好建立清理和规范招标投标有关规定长效机制工作的通知》要求，抚州市对出台的市本级招标投标有关规定文件进行清理，经市政府第56次常务会议研究，决定保留1件，废止1件，修改3件。

【出台加快推进物流业升级发展若干措施】 为加快物流业转型升级步伐，促进物流业健康平稳发展，进一步做实做大做强现代物流业，把抚州市打造成区域性现代物流中心，3月7日，市政府印发《关于加快推进物流业升级发展若干措施的通知》。主要包括设立产业发展引导资金；设立大型物流项目落户奖；支持物流企业提升信息化应用水平；支持物流业品牌建设；优先安排物流项目用地；加大对城市配送支持；加大对物流平台建设的支持；支持零担快运物流网络建设；积极促进甩挂运输发展；大力支持农产品冷链物流发展；支持物流企业引进高层次人才；加大对物流企业金融扶持力度；支持物流企业优化重组；支持本地物流龙头企业升级发展；大力发展总部经济物流企业；鼓励引导物流企业多式联运发展；支持物流产业集聚区的发展壮大；加强物流统计分析；强化行业自治管理等19条措施。

【出台全面推进大众创业万众创新的实施意见】 为适应经济发展新常态，打造经济发展新引擎，激发社会创业创新活力，增强经济发展动力，3月25日，市政府印发《抚州市全面推进大众创业万众创新的实施意见》。从降低创业创新门槛，激发创业创新主体活力，加大创业创新支持，加强创业创新载体建设，强化创新创业服务等方面提出27条具体措施。提出到2020年，全市各类孵化基地建筑总面积达到50万平方米，新增国家级孵化基地2个，省级孵化基地10个，发展众创空间10个；创业创新主体不断增加，培养和引进一批创业创新人才，培育和发展一批科技创新型企业，小微企业数量增长50%，创业人数增长30%，特色产业集群增加10个，高新技术企业增加100户；创业创新环境不断优化，政府职能进一步转变，创业门槛进一步降低，市场公平进一步显现，创业融资更加便捷，创业创新服务平台更加完善。

【出台抚州市重点建设项目管理暂行办法】 为加强和规范市重点建设项目管理，确保项目建设顺利实施，保证工程质量，提高投资效益，促进经济社会发展，4月1日，市政府印发《抚州市重点建设项目管理暂行办法》。办法共分总则、项目确定、项目管理、项目保障、项目考评、附则6个部分31条措施。

【加强水污染防治】 为切实加大水污染防治力度，保障水环境安全，6月12日，市政府印发《抚州市水污染防治工作方案》。提出到2020年，国家考核和省级考核断面水质优良（达到或优于Ⅲ类）比例分别达到75.00%和90.91%以上，其中，抚河流域水质优良比例达到88.89%以上，赣江流域、信江流域水质优良比例分别达到100%；国家考核和省级考核的城市集中式饮用水水源水质全部达到或优于Ⅲ类；完成国家和省规定的城市建成区黑臭水体治理目标。

【出台旅游产业跨越发展三年计划】 为加快全市旅游产业发展，4月15日，市政府印发《旅游产业跨越发展计划(2016—2018年)》。要求着力推进重大旅游项目建设，大力开展品牌创建，努力促进融合发展，全力优化旅游环境，不断完善服务功能，积极创新宣传营销方式，持续提升旅游综合效益，奋力把抚州市丰富的旅游资源优势转化为经济优势、产业优势、发展优势。制定了重视和加强旅游资源保护与旅游规划工作，加快构建市城区旅游核心区，打造重点景区和特色景点等15条具体举措。

【出台地名管理办法】 为进一步加强地名标准化、规范化管理，适应城乡建设、社会发展和人民生活的需要，4月18日，市政府印发《抚州市地名管理办法》。办法共分38条，对全市地名管理进行规范。

【出台抚州市国民经济和社会发展第十三个五年规划纲要】 5月6日，市政府印发《抚州市国民经济和社会发展第十三个五年规划纲要》。纲要提出“十三五”时期，全市经济社会发展的总体目标是：与2010年相比，地区生产总值和城乡居民收入提前实现翻一番，全面建成小康社会，综合经济实力达到全省中等以上水平。

【出台河道采砂专项治理实施方案】 为切实加强全市河道采砂管理，整顿和规范河道采砂秩序，推进采砂规范化管理，根据《中华人民共和国水法》《中华人民共和国河道管理条例》《江西省河道管理条例》等法律法规，5月6日，市政府印发《关于开展河道采砂专项治理建立长效管理机制实施方案的通知》。通知共分指导思想、目标任务、基本原则、主要措施、实施步骤、有关要求6个部分。要求科学规划河道砂石开采区和砂石场，确保砂石开采区规范和可持续开采；严厉打击采、运砂活动中的违法违规行为；严厉打击无证、未登记船舶非法采、运砂行为；严厉打击运砂车辆超载、洒、漏行为。通过治理，保障河道采砂和砂石产业的有序发展，防止砂石资源流失，确保河道行洪畅通和城市饮用水安全，维护社会和谐稳定。

【对应国务院决定取消一批行政权力事项】 根据《国务院关于第二批取消152项中央指定地方实施行政审批事项的决定》《国务院关于取消13项国务院部门行政许可事项的决定》精神，5月6日，市政府印发《关于对应国务院决定取消一批行政权力事项的通知》，对应取消市本级行政权力事项43项，并对市政府部门责任清单做相应取消和调整。

【出台养老服务业综合改革试点工作三年行动计划】 根据《抚州市人民政府关于加快发展养老服务业实施办法》和《民政部办公厅、发展改革委办公厅关于开展养老服务业综合改革试点工作的通知》文件精神，5月25日，市政府印发《抚州市养老服务业综合改革试点工作三年行动计划（2016—2018）》。围绕全国首批养老服务业综合改革试点工作要求，通过3年努力，健全养老服务业发展政策体系和养老服务体系，规范服务管理，形成可持续、可复制的养老服务业发展模式，力争到2018年完成抚府发〔2015〕3号文件提出的2020年目标任务的80%以上，再经过两年时间的提升和完善，确保全面完成2020年的目标任务。

【出台2016年民生工程安排意见】 5月31日，市政府印发《关于印发2016年民生工程安排意见的通知》。市委、市政府决定，在连续9年大力实施民生工程的基础上，2016年继续加大民生投入力度，筹集财政性资金，着重围绕就业和创业、社会保险等8个方面，集中办好涉及群众切身利益的50件实事。

【出台困难残疾人生活补贴实施细则】 为逐步解决残疾人特殊生活困难和长期照护困难，改善全市残疾人生活质量，根据《国务院关于全面建立困难残疾人生活补贴和重度残疾人护理补贴制度的意见》和《江西省困难残疾人生活补贴和重度残疾人护理补贴制度实施办法》等相关文件精神，5月31日，市政府《关于印发抚州市困难残疾人生活补贴和重度残疾人护理补贴制度实施细则的通知》。通知共分33条，对抚州市困难残疾人生活补贴和重度残疾人护理补贴制度作出具体规定。

【健全依法行政与行政审判良性互动机制】 为深入贯彻落实《中共中央关于全面推进依法治国若干重大问题的决定》及《中共江西省委关于全面推进法治江西建设的意见》，搭建行政机关与法院行政审判部门的良性互动平台，充分发挥行政审判监督行政机关依法行使职权，促进政府依法行政，妥善化解行政争议的职能作用，6月21日，抚州市人民政府、抚州市中级人民法院印发《关于建立健全依法行政与行政审判工作良性互动机制的意见》。对建立联席会议机制、强化信息沟通共享机制、加强行政应诉工作、完善行政争议协调化解机制、落实司法建议制度、探索裁执分离机制、健全良性互动保障机制等方面提出明确要求。

【清理规范市政府部门行政审批中介服务事项】 为进一步深化行政审批制度改革，切实增强人民群众改革获得感，市政府对各部门行政审批过程中涉及的中介服务事项进行集中清理，8月2日，印发《关于清理规范市政府部门行政审批中介服务事项的决定》。对照《国务院关于第一批清理规范89项国务院部门行政审批中介服务事项的决定》《国务院关于第二批清理规范192项国务院部门行政审批中介服务事项的决定》《江西省人民政府关于清理规范省政府部门行政审批中介服务事项的决定》，决定依法保留市政府部门行政审批中介服务事项28项，取消和调整市政府部门行政审批中介服务事项55项。

【出台推进简政放权放管结合优化服务改革方案】 为进一步推动"放管服"改革向纵深迈进，9月1日，市政府印发《抚州市2016年推进简政放权放管结合优化服务改革工作方案》。提出年内推进简政放权、放管结合、优化服务改革主要目标是：紧紧扭住转变政府职能这个"牛鼻子"，在更大范围、更深层次，以更有力举措推进简政放权、放管结合、优化服务改革，使市场在资源配置中起决定性作用和更好发挥政府作用，破除制约企业和群众办事创业的体制机制障碍，着力降低制度性交易成本，优化营商环境，激发市场活力和社会创造力，与大众创业、万众创新和发展壮大新经济紧密结合起来，进一步形成经济增长内生动力，促进全市经济社会持续健康发展。方案对主要任务、工作要求等方面提出了明确要求。

【整合城乡居民基本医疗保险工作实施方案出台】 为积极稳妥推进全市城镇居民基本医疗保险和新型农村合作医疗整合工作，建立城乡一体化的居民医疗保障体系，9月1日，市政府《关于印发整合城乡居民基本医疗保险工作实施方案的通知》。根据中共中央、国务院、省政府关于整合城乡居民基本医疗保险制度的要求，改革城乡居民基本医疗保险管理体制，优化机构设置和职能配置，建立全市统一的城乡居民医保制度。按照省里统一安排，整合城镇居民医保和新农合管理职责，统一由人社部门管理。按照"积极稳妥、密切配合、平稳交接、有序进行"的工作要求，分阶段、有步骤地将新农合行政经办管理职能、机构、编制人员、业务系统、信息数据、基金、档案资料、固定资产等由卫计部门整体移交人社部门。整合期间，确保管理和经办队伍思想不散、队伍不乱、工作不断，城乡居民参保缴费和就医报销不受影响。2016年年底前统一全市城乡居民基本医疗保险政策，并从2017年1月1日起全面施行。

【出台农村环境综合整治行动计划】 为切实改善和提升全市农村生产生活环境，加快推进生态文明示范市建设和全面建成小康社会的步伐，9月13日，市政府《关于印发农村环境综合整治行动计划的通知》。按照全面建成小康社会的总体要求，以创建生态文明示范市和秀美乡村为目标，以"治脏、治乱、治差"为重点，全面加大农村路域、水域、集镇、村庄环境综合整治工作力度，用3年左右的时间，根本改变全市农村"脏乱差"现象，努力提升抚州的整体形象和美誉度。到2018年，全市农村生产生活条件得到明显改善，镇容村貌得到明显改观，农村环境基本达到"干干净净、漂漂亮亮、井然有序、和谐宜居"的目标要求。

【出台市中心城区完善停车场建设三年行动计划】 为进一步完善市中心城区停车场建设，切实解决停车难问题，改善城市交通环境，9月13日，市政府《关于印发市中心城区完善停车场建设三年行动计划（2016–2018年）的通知》。根据国家发改委《关于加强城市停车设施建设的指导意见》精神、《抚州市城市总体规划（2008–2020年）》要求和当前抚州市中心城区机动车保有量增长趋势，结合市中心城区现有道路交通拥堵现状等实际问题，2016—2018年市中心城区计划逐年建设8900、12150、8950个停车位，3年新增车位3万个，做到边发展，边建设，朝着车辆和车位1∶1最基本比例逐步靠近。通过3年努力，使市中心城区停车难问题得到明显改善，实现城市停车与社会经济协调发展。

【出台市中心城区公共交通发展三年行动计划】 为推进绿色交通发展，建设生态文明先行示范市，9月18日，市政府《关于印发市中心城区公共交通发展三年行动计划（2016–2018年）的通知》。通过公共交通3年行动方案，初步建立起公交车、出租车、公共自行车、BRT、轨道交通及智能系统等相互衔接的城市公交体系。力争至2018年，建成1万辆自行车规模的公共自行车租赁系统、微公交系统和网约车系统，开通中心城区内规模小区微公交及临川区所有乡镇公交，万人拥有公共交通车辆数达到10标台以上，城市公交分担率达30%以上，中心城区公交覆盖率达90%。全面实现新能源公交车运行，形成城际半小时交通圈。

【出台市中心城区城市基础设施及市容环境提升三年行动计划】 为深入贯彻中央城镇化会议、中央城市工作会议和全省城市工作会议精神，进一步提升城市管理水平，优化人居环境，结合“国家卫生城市”创建要求和实际，9月18日，市政府《关于印发市中心城区城市基础设施及市容环境提升三年行动计划（2016–2018年）的通知》，要求至2018年，建设1～2条彰显抚州特色的“示范街”；新建或改造市中心城区道路25千米，全面改造市中心城区的断头路、瓶颈路，确保城市道路完好率达90%以上；新建排水管网22千米，建设地下综合管廊10千米左右，建设污水处理厂2座，污水管网覆盖达85%以上，生活污水集中处理率达90%以上；新建生活垃圾中转站17座，一类环保公厕35座，建筑垃圾堆放中转场1座，大型建筑垃圾消纳场1座，市城区生活垃圾清运率达100%，生活垃圾无害化处理率达100%，建筑垃圾减量化、资源化、无害化处置；新建标准化农贸市场17个，新建专业（综合）批发市场11个，各类市场布局合理，基本满足群众生产生活经营所需；新建沥青搅拌站1座，占地2公顷左右的环卫专用停车场1座，配备各类环保作业特种车辆110余辆、玻璃板车400辆、环保分类垃圾箱2000个。路灯装灯率达到100%，亮灯率达99%以上。

【取消部分行政许可和其他行政权力事项】 为进一步深化行政审批制度改革，加快政府职能转变，优化发展环境，根据《国务院关于第一批取消62项中央指定地方实施行政审批事项的决定》《江西省政府关于调整行政许可事项和其他行政权力事项目录的通知》精神，9月19日，市政府印发《关于衔接国务院和省政府取消部分行政许可和其他行政权力事项的通知》。对市本级行政许可事项目录和行政权力清单进行调整，取消市本级行政许可和其他行政权力事项7项。要求各有关部门从即日起，严格遵照《江西省行政权责清单管理办法》的要求，及时更新本部门行政权力清单和责任清单，并认真做好贯彻落实工作。

【出台加快推进创新驱动“5511”工程工作方案】 为深入贯彻落实《江西省政府关于创新驱动“5511”工程实施意见》，全面实施创新驱动发展战略，进一步提升抚州市科技支撑和引领经济社会发展能力，9月30日，市政府《关于印发抚州市加快推进创新驱动“5511”工程工作方案的通知》，要求“十三五”期间，通过创新驱动“5511”工程的实施，全市科技创新能力显著提升，区域创新体系更加健全，符合创新要求的体制机制更加完善，使创新成为驱动经济增长的主要动力。力争到2020年，全市科技综合实力位次前移2～3位，科技进步贡献率提高到55%，高新技术产业产值、规模以上工业新产品产值均实现翻番，高新技术产业增加值占规模以上工业增加值的比重达到25%，专利申请和授权量增长200%。工作方案对目标任务、主要措施、保障机制等方面提出明确要求。

【出台进一步加快中医药发展的意见】 根据《国务院关于印发中医药发展战略规划纲要（2016—2030年）的通知》《江西省政府关于加快中医药发展的若干意见》精神，围绕中医药强市战略，11月3日，市政府印发《关于进一步加快中医药发展的意见》。对指导思想和发展目标 、重点任务、政策保障等方面提出明确要求。提出到2020年，中医药产业规模不断壮大，年销售收入超20亿元的企业达到2家，全市中药产业主营业务收入年均增长16%以上，达100亿元。构建比较完善的中医药协同创新体系，创建国家高新技术企业3～5家，专利授权30项以上；省级中医药重点实验室或工程（技术）研究中心1～2个；创建市级中医药重点实验室2～3个，市级优秀研发团队1～2个，力争1～2家中医药企业挂牌上市。建成以临川、南城、资溪、金溪等县（区）为中心的中药材种殖养殖、加工、现代制药基地和交易物流中心，全市建成2万公顷抚州道地药材和优势中药材种植基地。到2020年，中医药健康服务体系和治理体系进一步完善，中医药发展水平和服务质量明显提升，实现人人基本享有中医药服务。中医药继承创新能力进一步提高，人才培养与使用能够满足全市中医药发展的需要。初步形成有抚州特色的中医药资源、中医药教育、中医药文化、中医药旅游等各种中医药品牌。打造一批中医名院、名科、名医，重点建设好市级中医医院，100%的县级中医医院达到二级甲等中医医院水平，100%的乡镇卫生院、社区卫生服务中心中医科、诊室和中药房达到建设标准，80%的村卫生室和社区卫生服务站能够提供中医药服务，建成10个中医特色突出、临床疗效显著、技术优势明显、创新能力较强的中医学科和中医专科、专病，培养15名理论功底深厚、学术造诣较高、实践经验丰富、临床和科研能力较强、在国内和省内中医界有一定学术地位和影响的知名中医专家，重点建设1～2个全国和全省农村中医工作先进县，万人口中医床位数、万人口中医执业助理医师数达到全省平均水平。

【公布规范性文件清理结果】 为加快法治政府建设，大力推进依法行政，为全面建成小康新抚州强化制度保障，11月8日，市政府印发《关于公布规范性文件清理结果的决定》。全市对2011年至2015年颁布实施的市政府（含办公室）规范性文件进行清理。经市政府常务会议研究通过，决定保留166件，废止75件，修改18件。对保留的规范性文件，实施机关应当继续执行。对修改的规范性文件，实施部门应根据本决定的修改内容，将修改后的文件在部门网站和市政府网站上重新公布，以便于人民群众和社会组织查阅和使用。对废止的市政府规范性文件，实施机关应当立即停止执行，不得再作为行政管理依据。

【加快云计算建设培育信息产业新业态】 为推动全市信息产业快速健康发展，依据《国家信息化发展战略纲要》《国务院关于促进云计算创新发展培育信息产业新业态的意见》《江西省政府关于印发促进大数据发展实施方案的通知》，市委、市政府《关于打好三大攻坚战推进“13”工程的意见》《抚州市政府关于印发“智慧抚州”总体规划（2015—2025）的通知》等文件精神，11月21日，市政府印发《关于加快云计算建设培育信息产业新业态的实施意见》。提出加快云计算中心建设和云应用开展、统筹建设4个信息产业园、打造3个层级产业链、培育3个能力、实现3个成效的工作思路和目标。实施意见对发展原则、实施阶段、重点任务、保障措施等方面提出了明确要求。

【出台医养结合工作规划】 根据《国务院办公厅转发卫生计生委等部门关于推进医疗卫生与养老服务相结合的指导意见》《江西省政府办公厅转发省卫生计生委等部门关于推进医疗卫生与养老服务融合发展的实施意见》和国家卫计委、民政部《关于确定第二批国家级医养结合试点单位的通知》要求，11月29日，市政府《关于印发抚州市医养结合工作规划（2016—2020年）的通知》。提出到2017年，医养结合政策体系、标准规范和管理制度初步建立，符合需求的专业化医养结合人才培养制度基本形成，建成一批兼具医疗卫生和养老服务资质和能力的医养结合机构，80%以上的医疗机构开设为老年人提供挂号、就医等便利服务的绿色通道，50%以上的养老机构能够以不同形式为入住老年人提供医疗卫生服务，老年人健康养老服务可及性明显提升。到2020年，符合市情的医养结合体制机制和政策法规体系基本建立，医疗卫生和养老服务资源实现有序共享，覆盖城乡、规模适宜、功能合理、综合连续的医养结合服务网络基本形成，基层医疗卫生机构为居家老年人提供上门服务的能力明显提升。所有医疗机构开设为老年人提供挂号、就医等便利服务的绿色通道，所有养老机构能够以不同形式为入住老年人提供医疗卫生服务，居家养老服务模式城市社区普遍推行，100%乡镇和60%以上的农村社区建立医养结合的社区综合服务站点。

【对市政府部门行政权责清单进行调整】 为推进行政权力公开透明规范运行，建设法治政府、服务政府和责任政府，提高政府治理现代化水平，根据《江西省行政权责清单管理办法》精神，抚州市对市政府部门行政权责清单进行全面清理规范，12月1日，市政府印发《关于对市政府部门行政权责清单进行调整的通知》，经研究决定动态调整市本级行政权力事项73项，其中，取消25项，下放及委托县（区）实施6项，部门之间转移31项，增加11项。市直各有关部门对取消的行政权力事项，一律不得再行使；对下放的行政权力事项，要组织业务培训，加强业务指导；对委托实施的行政权力事项，要及时履行相应的法律手续，同时做好业务培训工作；对增加的行政权力事项，编制权力运行流程图，提高行政效率；对部门之间转移的行政权力事项，相关部门及时对接，办好相关手续；同时各有关部门要根据行政权力事项的变化动态调整相对应的部门责任清单，并在网上公开，公开透明运行，接受社会监督。各县（区）要及时做好市级下放或委托的行政权力事项衔接工作，并建立相关工作制度，保障各项行政权限落实到位。要用好下放的行政权力事项，提高宏观调控能力，切实增强地方经济发展活力。

【出台城乡居民基本医疗保险市级统筹试行办法】 为贯彻落实国务院《关于整合城乡居民基本医疗保险制度的意见》和江西省政府《关于整合城乡居民基本医疗保险制度的实施意见》的要求，12月16日，市政府《关于印发抚州市城乡居民基本医疗保险市级统筹试行办法的通知》，对全市城乡居民基本医疗保险市级统筹提出具体规定，从2017年1月1日起执行，有效期两年。

【落实粮食安全省长责任制】 为贯彻落实《国务院关于建立健全粮食安全省长责任制的若干意见》《江西省人民政府关于落实粮食安全省长责任制的意见》精神，构建抚州市粮食安全保障体系，12月22日，市政府印发《关于落实粮食安全省长责任制的实施意见》，对强化粮食安全意识、明确政府的粮食安全责任、落实耕地保护制度、加快建设高标准农田、注重粮食生产科技创新、健全新型粮食生产经营体系、加强粮食可持续生产能力建设、落实粮食扶持政策、优化粮食生产布局、敞开收购农民余粮、加强粮食仓储设施建设、推动粮食产销合作、落实地方粮食储备、完善市场调控机制、健全粮食应急保障体系、实施粮食市场预警、依法监管市场秩序、推动粮食产业提质升级、加强粮食生产污染治理、强化粮油质量监管、培育爱粮节粮风尚、强化粮食安全保障措施、建立监督考核机制等23个方面提出明确要求。

【临川温泉景区招商引资优惠政策出台】 为进一步加快临川温泉景区发展，吸引国内外企业和资本投资景区，把景区打造成为集旅游休闲、健康养生、文化创意和特色小镇为一体的旅游产业综合体，根据国家有关法律法规和政策，12月23日，市政府《关于印发临川温泉景区招商引资优惠政策的通知》，对土地优惠政策、财政扶持优惠政策、规费优惠政策、其他支持政策等方面提出明确要求。

【出台治超工作标本兼治长效治理实施意见】 12月27日，市政府印发《关于深入推进治超工作标本兼治长效治理的实施意见》。提出以问题为导向，进一步强化路面治超；以治本为目的，进一步加强源头治超；以创新为手段，逐步深化科技治超；以问责为保障，强力推进治超工作。

【出台促进快递业发展的若干意见】 为深入贯彻落实《国务院关于促进快递业发展的若干意见》和《江西省人民政府关于促进快递业发展的实施意见》，进一步搞活流通、拉动内需，服务大众创新、万众创业，培育现代服务业新的增长点，12月28日，市政府印发《关于促进快递业发展的若干意见》。提出坚持市场主导、创新驱动、协同发展、安全为基的基本原则，以解决制约快递业发展的突出问题为导向，以“互联网+”快递为发展方向，加强政策扶持，优化市场环境，培育壮大市场主体，扩展服务网络，保障寄递渠道安全，促进行业转型升级和提质增效，更好地满足全市经济社会发展需求。若干意见对重点任务、政策措施、组织实施等方面提出明确要求。

（李　晔　万闽劼）

市政府办公室工作

【概况】 2016年是“十三五”开局之年，也是全面建成小康新抚州的攻坚之年。市政府办公室以“创一流工作业绩，创一流政务环境，创一流管理水平”为目标，围绕市委、市政府中心工作和重大决策部署，为市政府的有序高效运转提供有力保障。

【严格规范办文办会】 全年共起草完成市政府工作报告、市政府领导讲话稿、综合汇报材料、典型发言材料等各类文字材料200余篇，计60余万字。制定印发《内容交叉公文处理细则》，防止内容交叉和公文处理上的延误。登记签收、处理市直单位来文1600余件，省里来文1400余件，中共中央、国务院来文200余件，印发市政府、市政府办各类文件1500余件。承办市政府全体会议、市政府常务会议和其他专题会议150余次。

【深入开展信息调研】 围绕市委、市政府中心工作和群众关心的热点、难点问题，深入一线调查研究，深入挖掘全市经济建设和社会发展等方面的新情况、新成果、新问题，形成高质量的信息文稿和调研报告，为市委、市政府科学决策提供参考依据。向省政府办公厅、国务院办公厅报送信息550余条，其中，完成国办约稿166篇，被国办综合采用34篇，获国务院领导批示10篇，被省政府办公厅综合或单篇采用共73篇，信息采用得分排名居全省设区市第3位。

【应急管理处置能力增强】 制定印发《关于进一步加强应急预案管理的通知》，对《抚州市气象灾害应急预案》《抚州市突发重大动物疫情应急预案》《抚州市自然灾害救助应急预案》进行修订。完成公安天网图像接入和各县（区）微信签到和图像传输，建立以市政府应急平台为中心，各县（区）政府应急平台和有关专业应急平台为基础，互联互通、资源共享、指挥统一、运转高效的全市应急平台体系。编印《抚州市突发事件应对工作手册》，对“自然灾害”“事故灾难”等四大类22项突发事件应对工作进行格式化规范，共编印2000份，提升干部、群众科学应对突发事件的能力。制定印发《抚州市“十三五”期间综合性应急救援队伍建设意见》。应急救援支队与市工程机械综合服务管理中心签订购买服务协议，进一步提高综合性应急救援队伍的应急响应速度和救援能力。

【打造阳光政务】 做好“中国抚州”门户网站的日常运行维护。保障网站信息及时更新、准确发布，全年共发布信息13.3万条，收到咨询投诉10566条，完成在线访谈44期，向省政府网站报送信息171条，采用154条。对各县（区）政府门户网站和市直各部门网站进行监测检查。加强电子政务外网建设。完成市委办、安监局等部门纵向业务系统的联网工作，完成政务云数据中心、电信迎宾机房等城域网汇聚点和城市规划展示中心入驻单位的政务网接入以及党委督查工作网络平台接入等工作，提升政务外网的承载能力。推进中科曙光云计算中心、大数据服务平台、政务服务网、公共信用信息平台和“智慧抚州”一期等项目建设。

（李　晔）

【市政府办公室领导名录】

主　　任：吴猛强（任至11月）
副 主 任：黄木茂（任至5月）
　　　　　吴守刚　王　武
　　　　　饶举元（任至1月）
　　　　　陈　威（8月任）
市应急办副主任：余克振
市金融办主任：刘龙飞
市法制办主任：饶举元（任至1月）
　　　　　　　陈振华（3月任）
纪检组组长：缪宇峰（10月任）
督查专员：黄木茂（6月任）

行政服务

【概况】 2016年，抚州市行政服务中心以“打造审批效率最高的设区市”为目标，紧扣“放管服”（简政放权、放管结合、优化服务）工作重点，以提高行政效率为着力点，以便民利民为出发点，在完善服务功能、创新审批方式、提高行政效能、规范监管运行等方面取得成效。

至年底，市本级进驻行政服务中心的窗口部门有37个，其中，常设办事窗口29个，工作人员180人。年内行政服务中心共接待服务对象270480人，办件516346件（市级中心办结111494件，分中心办结404852件），收费12.91

亿元（市级中心收费 12.33 亿元，分中心收费 0.58 亿元）。

【办事效率进一步提高】 全市共保留行政审批事项 210 项、行政服务事项 308 项；取消行政审批事项 121 项，下放 216 项。进驻中心的 37 个窗口部门共承接上级下放事项 75 项、下放县（区）44 项、取消 41 项、合并 10 项、转变职能 1 项。取消非行政许可事项。全面实现“五证合一、一照一码”，企业办证实现当天办结。南城县市场和质量监管局企业登记窗口获得国家工商总局的表彰。

【建设网上审批系统】 按照省里部署，市直各部门对本单位的行政审批事项进行梳理，并通过事项梳理子系统将本单位事项统一录入到抚州市政务服务网。9 月完成新老网上审批系统的切换工作。年底，新“网上审批系统”投入运行，覆盖 55 个部门。通过网上审批系统全面实行网上审批、网上办公，提高办事的透明度和公正度。

【服务重点项目有新举措】 出台《关于进一步优化市重点建设项目审批绿色通道办事流程的通知》和《关于优化政府投资建设项目前置手续及审批流程的实施意见（试行）》等文件，并为市重点建设工程项目责任单位办事人员提供培训辅导，明确办证内容、流程和要求，对重点建设工程项目审批全流程进行优化整合，项目审批时限由原来的大型项目（1 亿元及以上的为大型）3 年、中型项目（3000 万元至 1 亿元）2 年、小型项目（3000 万元及以下）1 年，分别压缩为 229 天、187 天、134 天。搭建抚州市中介服务机构信息发布平台，向社会公布 44 家各类中介服务信息。

【乡镇便民服务有新加强】 金溪县、南城县开展行政服务事项管理改革试点工作。11 月 24 日，全市乡镇便民服务中心工作推进会召开，在全市乡镇推广试点县先进经验做法，加强乡镇便民服务中心建设。全市 165 个乡镇全部完成乡镇便民服务中心的规范建设和改造升级，平均每个便民服务中心配置工作人员 12 人，每个便民服务中心平均进驻事项 60 项。

（吴承敏）

【市行政服务中心管委会领导名录】

主　　任：张一平

党组书记：许敬龙（任至 10 月）
　　　　　张一平（10 月任）

党组成员、副主任：严水泉
　　　　　　　　　刘早发

民族和宗教工作

【概况】 2016 年，抚州市贯彻“民族团结发展，宗教稳定和谐”工作方针，市委、市政府联合下发《关于加强和改进新形势下民族工作的实施意见》。全市有少数民族人口 1523 人，其中，常住人口 1234 人，以畲族为主，其他人口较多的民族主要是满族、蒙古族、苗族、壮族等。年内全市没有人员变更民族成分。共核定 45 名少数民族高考考生资格。

【项目资金带动少数民族地区发展】 向省财政厅、省民宗局申报崇仁县王沙塘畲族村小学建设与维修等 3 个社会事业项目，申报金额 139.7 万元。将省财政厅、省民宗局下达的 2016 年中央财政扶贫的少数民族发展资金 311 万元，分解落实到各相关县区（乐安、资溪、东乡）。完成 2016—2018 年少数民族地区发展资金项目库建设，全市民族地区共申报项目 225 个，全部通过可行性报告论证，其中，2016 年项目 59 个、2017 年项目 117 个、2018 年项目 59 个（注：有的单个项目实施年限在两年以上，每年分别列项，所以分年度的项目总量大于实际项目总量），总计划投资 6571.33 万元。市财政安排的少数民族发展资金 60 万元下达到各个县（区），扶持项目 12 个。确定乐安县金竹畲族乡徐庄畲族村、联村畲族村和东乡县小璜镇珊壁村樟源畲族村小组为全市精准扶贫示范村组，每个村组获得 20 万元中央专项扶贫资金，并重点扶持少数民族特色村寨建设。

【贯彻全国宗教工作会议精神】 组织民宗局全体干部和市级宗教团体秘书长以上人员学习全国宗教工作会议精神和习近平总书记在会议上的讲话精神。利用移动信息平台向全市各级干部发送全国宗教工作会议和宗教政策法规宣传短信 1.4 万余条。将会议精神编成《学习手册》，共印制 1 万册，分发至各县（区）民宗局和全市各宗教团体及活动场所。

4 月 29 日，市民宗局组织市级宗教团体秘书长和总干事以上人员召开以“规范”为主题开展和谐寺观教堂创建活动宣传动员会，传达省民宗局《关于 2016 年以“规范”为主题开展和谐寺观教堂创建活动的通知》，并进行部署。8 月 24—25 日，市民宗局组织全市宗教界代表人士在省社会主义学院学习社会主义价值观、宗教场所财务管理、宗教对和谐社会的贡献的培训班。

（孙　丹）

【市民宗局领导名录】

党组书记、局长：
　　朱　萍（任至 12 月）

党组成员、副局长：
　　刘凤林　傅芳群（5 月任）

体制改革

【概况】 2016 年是抚州全面深化改革的攻坚之年，全市在经济、行政审批、金融等 11 个方面实施深入改革。

【经济体制改革】 制定“降成本、优环境”政策措施 38 条，出台惠企政策 110 多条，供给侧结构性改革高效推进。出台《加快抚州市工业转型升级三年攻坚计划（2016–2018 年）》《关于推进工业园区建设加快产业转型升级的实施方案》《关于加快推进企业上市和挂牌工作的意见》。着力构建低碳循环的绿色产业体系，生物医药、新能源电池等战略性新兴产业和高新技术产业呈现快速发展势头。昌抚合作示范区规划获省发改委批复，正式组建昌抚合作示范区管委会，昌抚通信同城化正式实施，两市950万人从中受益，昌抚金融、社保、医疗、户籍同城化加快推进。

【行政审批体制改革】 提出66项简政放权放管结合优化服务具体举措，推动简政放权向基层延伸。先后制定《进一步优化市重点建设项目审批绿色通道办事流程》《抚州市基本建设工程项目中介机构涉审行为监督管理办法（试行）》等规范性文件，建设项目审批所需时间压缩过半，最长耗时由362天降至229天，最短耗时由310天降至134天。

【金融体制改革】 针对全市投融资体制滞后的问题，打破以前政府投资的单一体制，成立全省首家市级金控公司和合资基金管理公司——抚州市金融控股有限公司、抚州金控基金管理有限公司。市金控基金管理有限公司首期拟发起的20亿元城投基金和20亿元文化旅游产业基金全面启动。金融机构加速组建，至年末，辖区内10个县农商行全部获批开业，九江银行分别在崇仁和资溪发起设立的2家村镇银行挂牌开业，抚州农商行分别在黎川、金溪和宜黄发起设立的3家村镇银行顺利开业。兴业银行抚州支行2月顺利开业，全市银行业金融机构达21家。网络小贷公司——抚州高新区趣分期小额贷款有限公司、抚州盈盈易贷网络小贷公司顺利开业。

【公共事业体制改革】 实施市中心城区义务教育就近免试入学，实行义务教育学校校长教师交流轮岗。推进村卫生计生服务室标准化建设，全面实施城乡居民大病保险、医疗救助、疾病应急救助等制度。启动公车制度改革工作，确保所有车辆集中统一管理，解决司勤人员后续安置问题，妥善处置取消的公务用车。启动不动产统一登记工作，开展发放不动产权证书、不动产登记证明等业务。

【生态体制改革】 2016年，抚州市获省政府批准为生态文明先行示范市，被纳入全省生态文明评价考核试点，资溪、广昌、宜黄成功被纳入国家重点生态功能区。推行“河长制”，探索“生态+休闲旅游”“生态+大健康”等具有地方特色的绿色生态发展模式，在抚河干流沿岸结合特色小镇建设，规划创建36个生态村镇示范点。在全省率先推行“山长制”，推动全市域封山育林。建立全市域差别化考核评价体系，实行绿色GDP核算，先期启动黎川、金溪、乐安、崇仁和临川等5个县（区）主要负责人任职期间自然资源资产经济责任履行情况的审计，在资溪县开展生态资源损害问责试点。

【农业和农村体制改革】 基本完成农村土地承包经营确权颁证工作，在全省率先建设农村综合产权交易平台。大力创新农村集体“三资”监管模式，全市所有行政村全部实现资金入笼、资产入账、决策上会、交易进站，并向村小组延伸；以引导土地经营权有序流转为着力点，推进全市域现代农业示范区建设，重点建设100个主导产业示范区和200个特色农业精品园。金溪县开展全省农村承包土地经营权抵押贷款试点。

【民主法制领域改革】 推进地方立法，建立《抚州市人民代表大会常务委员会立法计划编制办法》等与立法相关的机制，着手组建立法专家库的相关工作。创新依法监督方式，把一般公共预算、政府性基金预算、国有资本经营预算和社保基金预算纳入人大监督范围；加强生态文明建设的监督，深入开展“环保抚河行活动”，建立整改工作倒逼机制。

【文化体制改革】创新文化发展繁荣机制，成功举办纪念汤显祖逝世400周年暨中国（抚州）汤显祖艺术节系列活动，打造音乐剧《汤显祖》、乡音版《临川四梦》等特色文化产品，积极推动临川文化走向世界。创新历史文化挖掘、整理、保护和弘扬工作机制，启动文昌里历史文化街区改造等文化项目，大力发展文化旅游业。

【社会体制改革】创新社会治理机制和手段，综合运用行政、司法、思想引导等多种方式化解矛盾纠纷，进京、赴省、来市信访量大幅下降。推进司法公平公正公开，启动初任检察官优先到基层任职机制改革。深化案件管辖机制改革，司法行政案件相对集中管辖便民惠民。普遍建立党群机关、政府机关法律顾问制度。

【党的建设制度改革】 推动从严治党向基层延伸，在全市230个基层党组织试点推行党员教育管理“四化十制度”，探索建立“党建+精准扶贫”“党建+乡村旅游”“党建+社会治理”三大“党建+”品牌。制定、出台推进领导干部能上能下操作办法。

【纪律检查体制改革】 坚持把纪律挺在前面，着力破解同级监督难题，明确“遵守党章和准则、落实主体责任、加强作风建设”三项监督任务，规范“开展调研评议、听取履责报告、进行提醒约谈、督促整改落实”四项监督方式。全面完成市本级派驻机构全覆盖改革，采取“归口派驻+单独派驻”模式，设置市纪委派驻机构23家，对101家市一级党和国家机构派驻机构全覆盖。

（叶　盛）

外事·侨务

【概况】2016年，抚州市以纪念汤显祖逝世400周年为契机，积极开展对外交流与合作。市外事侨务办公室为鑫明果品、红星机械、百特励电子、恒邦纺织等6家企业办理邀请外国人赴赣事宜9人次，为临川一中办理聘请外教事宜2人次，为银圣王洁具、兄弟果业办理APEC商务旅行卡3张。

【因公出入（境）管理】 2016年，全市共办理全市因公出国（境）35批、93人次，其中，因公出国28批、66人次，因公赴港澳7批、27人次，比2015年下降29.7%。严格执行因公出国（境）出访前公示、按工作任务批件中批准的行程、结束出访后提交出访报告、禁止持因私护照执行公务出访任务等外事出访纪律。

【对外交流及友城工作有新发展】 4月，市长张鸿星，市委常委、宣传部部长黄玉剑分别率团赴英国、西班牙开展文化交流活动，与全国友协、省友协、英国斯特拉福德区议会、莎士比亚出生地基金会举办“共同纪念汤显祖和莎士比亚逝世400周年研讨会暨‘抚州文化周’启动仪式”。会上，抚州市与斯特拉福德区正式签订缔结友好城市关系协议，向莎士比亚出生地基金会赠送莎士比亚和汤显祖合体青铜雕像，放置在莎士比亚故居。“抚州文化活动周”的演出和展览，展示了抚州非物质文化遗产保护、传承成果，宣传了汤翁艺术成就和抚州城市形象。这是抚州市第一次在国外举办文化周活动，共演出10场，展览5天，吸引数万人参观。

【举办共同纪念汤显祖、莎士比亚、塞万提斯逝世400周年活动】 9月24日，江西省政府和全国友协在抚州举办“共同纪念汤显祖、莎士比亚、塞万提斯逝世400周年活动开幕式”。厄瓜多尔、智利、吉布提3国驻华大使，英国驻华使馆区域合作参赞、驻广州总领馆代总领事，西班牙驻华使馆副馆长、文化参赞，美国驻武汉总领馆总领事等12个国家的重要外交官员和港澳台地区120多名外宾参加共同纪念活动。

活动期间，举办驻华使馆官员“中国文化行”“当莎士比亚遇见汤显祖”等系列中外文化交流活动。与英国斯特拉福德区签订进一步加强友好交流合作关系备忘录；在汤显祖纪念馆开设莎士比亚、塞万提斯展区，演出英国利兹大学师生全新编排的汤显祖剧目《梦南柯》和西班牙驻华使馆资助的反映堂·吉诃德生平的弗拉门戈舞剧《墨汁与足跟》。通过举办共同纪念活动，开展中外文化交流，主流新闻媒体密集报道抚州，进一步擦亮汤显祖这一中国文化的代表符号，扩大抚州市的对外影响，提升国际知名度，推动文化旅游产业发展，带动经济社会发展。

【融入“一带一路”战略】 2016年，全市新增境外企业4家，投资额1113万美元，完成对外承包工程项目1个，合同金额4700万美元。6月，中阳集团与赞比亚华江投资公司合作，共同出资成立中阳华江建设集团（赞比亚）有限公司，位于赞比亚卢萨卡国际机场附近、占地10万平方米的公司基地开工建设，并落实1.05亿美元的医院、供水项目。市内企业志特建筑在马来西亚、新加坡、中国香港设立分支机构，通过对外投资带动外贸出口，出口额同比增长近60%；中阳集团在非洲和中东市场积极推广中阳建筑塑料复合模板；银圣王洁具在澳大利亚兴办境外营销网点，出口卫浴产品。

【关爱退休及老年归侨、扶贫助困】 2016年，办理华侨回国定居2人次。关爱归侨侨眷生活，按政策及时发放老年归国华侨生活补贴36人次，总金额4.16万元。开展贫困归侨侨眷调查，遴选出22名贫困归侨侨眷进行重点帮扶。

【争取侨务捐赠项目】 连续3年争取到美籍华人程罗白在抚州一中、临川一中、临川二中等学校捐助70名贫困学生，每年助学资金17万元。

（曾志红）

【市外事侨务办公室领导名录】

主　　任：万　剑

政府财政预决算

【全市总预算执行情况】 2016年，抚州市公共财政预算收入执行数为122.8亿元，同比下降3.2%。地方一般预算收入加上划中央级收入和上划省级收入，全市财政总收入执行数为171.6亿元，同比增长3.9%。全市公共财政预算收入主要项目执行情况是：税收收入96.9亿元，下降6.1%。其中，增值税（地方留成部分）28.1亿元，营业税18.5亿元，企业所得税（40%部分）7.6亿元，个人所得税（40%部分）1.9亿元，城市维护建设税4.5亿元，房产税、印花税、城镇土地使用税、土地增值税和资源税共计15.5亿元，耕地占用税9.9亿元，契税9亿元，车船税0.9亿元，烟叶税1亿元。非税收入25.9亿元，增长9.6%。其中，专项收入4.6亿元，行政事业性收费收入12.6亿元，罚没收入3.7亿元，国有资源（资产）有偿使用收入3.2亿元，捐赠收入0.1亿元，政府性住房基金收入0.2亿元，其他收入1.6亿元。

2016年，全市一般公共预算支出312.3亿元，同比增长6%。全市财力安排的财政支出主要项目完成情况是：一般公共服务支出26.7亿元，增长14.3%；国防支出0.5亿元，增长2.2%；公共安全支出14.7亿元，增长13.4%；教育支出57.1亿元，增长1.6%；科学技术支出5.6亿元，增长10.4%；文化体育与传媒支出5.3亿元，增长15.9%；社会保障和就业支出41.6亿元，增长12.5%；医疗卫生支出33.9亿元，增长6.5%；节能环保支出8.8亿元，增长5.6%；城乡社区事务支出14.9亿元，下降6.8%；农林水事务支出46.9亿元，增长4.3%；交通运输支出8.9亿元，增长76.8%；资源勘探信息等支出20.5亿元，与2015年持平；商业服务业等事务支出4.6亿元，增长32.3%；金融监管等事务支出0.7亿元，增长106.5%；国土海洋气象等事务支出1.7亿元，下降2.8%；住房保障支出13.4亿元，下降

29.5%；粮油物资储备管理事务支出0.7亿元，下降22.6%；债券付息支出2.2亿元，增长304%；其他支出3.5亿元，增长53%。全市本级财力安排的教育、科技、支农三项支出达到法定增长要求。

2016年，全市公共财政预算收入，加上税收收入返还、各项补助等，减去当年支出及结转下年数，实现收支平衡，略有结余。

【市本级预算执行情况】 2016年，市本级公共财政预算收入执行数（不含高新区）完成15.2亿元，同比下降3%。公共财政预算收入加上划中央级收入和上划省级收入，市本级财政总收入完成24.7亿元，同比增长9.7%。市本级公共财政预算收入主要执行情况是：税收收入完成12.7亿元，同比增长3.6%。其中，增值税（地方留成部分）1.9亿元，营业税5亿元，企业所得税（40%部分）1.5亿元，个人所得税（40%部分）0.6亿元，城市维护建设税0.7亿元，房产税、印花税、城镇土地使用税、土地增值税和资源税共计1.5亿元，车船税0.1亿元，契税1.4亿元。非税收入2.4亿元，下降27.3%。其中，专项收入0.8亿元，行政事业性收费收入0.8亿元，罚没收入0.2亿元，国有资源（资产）有偿使用收入0.6亿元，政府性住房基金收入0.1亿元。

2016年，市本级一般预算支出完成38.3亿元，下降2.8%。市本级财力安排的财政支出主要项目完成情况是：一般公共服务支出3.5亿元，增长11.6%；国防支出0.3亿元，下降3.3%；公共安全支出4.6亿元，增长23.2%；教育支出4.5亿元，增长6.3%；科学技术支出0.9亿元，增长5.5%；文化体育与传媒支出1.4亿元，增长44.7%；社会保障和就业支出5亿元，增长4.9%；医疗卫生支出2.3亿元，下降12%；节能环保支出0.4亿元，下降55.4%；城乡社区事务支出1.8亿元，下降63%；农林水事务支出3.6亿元，增长110.2%；交通运输支出3.3亿元，增长218.6%；资源勘探信息等支出1.4亿元，增长12.7%；商业服务业等事务支出0.8亿元，增长15.8%；金融监管等事务支出382万元，增长235.1%；国土海洋气象等事务支出0.4亿元，增长3.4%；住房保障支出2.4亿元，下降66.2%；粮油物资储备管理事务支出0.1亿元，下降19.3%；债务付息支出1.2亿元，增长194.9%；其他支出0.2亿元，增长449%。市本级财力安排的教育、科技、支农三项支出达到法定增长要求。

2016年，市本级地方一般预算收入，加上税收收入返还、各项补助等，减去当年支出及结转下年数，实现收支平衡，略有结余。

（邱　磊）

人力资源和社会保障

【概况】 2016年，抚州市人力资源和社会保障工作以"民生为本、人才优先"为主线，大力推进"八福工程"。荣获江西省第十四届文明单位、全省社会保险民生工程目标绩效考核先进单位、全省人事考试工作优秀单位、全市跑项争资工作第一名、全市绩效管理优秀单位、全市社会治安综合治理目标管理先进单位等称号。

【大众创业创新进一步拓展】 全市城镇新增就业4.3万人，就业困难人员就业0.44万人，分别完成年目标任务的117.25%、128.91%。新增转移农村劳动力6.40万人，完成年目标任务的115.99%，零就业家庭就业继续保持动态清零。工业园区定向培训3.11万人、创业培训1.29万人，分别完成年目标任务的103.53%、107.71%。全市发放创业担保贷款10.15亿元，完成年目标任务110.28%，到期贷款回收率达到99.95%；扶持劳动密集型小企业贷款3.29亿元，通过创业担保贷款直接扶持个人创业人数0.82万人，带动就业人数3.8万人。落实国家支持和促进就业的各项政策。全市拨付社会保险补贴2199万元，职业培训补贴资金1623万元，岗位补贴资金6191万元，青年见习岗位补贴资金70万元。

积极为农民工服务。市、县、乡三级联动，开展"就业援助月暨春风行动""民营企业招聘周"等公共就业服务活动，为企业和农民工搭建面对面供需对接平台。全市累计开展各类招聘会320场（次），提供近12.6万个就业岗位，达成就业意向4.2万余人（次）。为在劳动年龄内有劳动能力的农民工等就业困难人员，根据其就业能力、就业愿望和技能水平，提供就业创业培训，有效提升农民工等就业困难群体的就业能力。

实施大学生创业引领计划。对离校未就业的大学毕业生进行实名登记，动态监测管理，提供创业教育、创业培训、场地支持等系列服务，提升创业热情，提高创业成功率。全市共引领大学生创业506人，带动就业创业人数1509人。为10名大学生拨付大学生一次性创业补贴5万元，为215名大学生发放1992万元小额担保贷款。

积极推进各类创业平台建设。在全市各级基层劳动保障平台设立就业创业服务窗口，在各县（区）建起一批创业园（孵化基地）和创客空间。全市共建创业孵化基地13个，入孵企业250余家，吸纳就业2000余人。抚州高新区创业孵化基地被人社部确定为国家级创业孵化基地。成功举办第二届"中国创翼"暨首届"抚州杯"创业创新大赛。

【改善民生，完善社保体系】 全市城镇企业职工基本养老、基本医疗、失业、工伤、生育、城乡居民基本养老保险参保人数分别达到59.69万人、105.91万人、20.15万人、37.29万人、20.82万人、153.70万人，超额完成目标任务。全市城镇企业职工基本养老、基本医疗、失业、工伤、生育保险基金征缴收入分别为24.01亿元、12.26亿元、0.45亿元、0.97亿元、0.40亿元，分别完成年目标任务的115.26%、125.11%、105.58%、207.17%、209.63%。

调整降低社会保险费率，助力

企业减负增效。贯彻落实省、市关于“降成本、去产能、优环境”精神，将城镇职工基本养老保险单位缴费比例由20%降至19%；失业保险费率由2%降至1%，其中，用人单位费率由1.5%降低至0.5%，个人费率为0.5%；实施差别化工伤保险缴费政策，将工伤风险类别划为一类至八类，最低缴费比例为0.3%，最高缴费比例为2.1%，最低缴费费率由0.5%降至0.3%；生育保险费率由0.6%降至0.5%。对符合条件的困难企业，允许其在6个月内缓缴五大保险费用，对不裁员、少裁员符合条件的企业给予稳岗补贴。全市执行降低社会保险费率政策共为企业减负6427万元，为93家企业拨付稳岗补贴387万元，惠及人数1.2万人。

各项社会保险制度改革加快。完成机关及全额拨款事业单位养老保险数据采集，机关事业单位退休人员养老保险实现社会化发放。出台新的抚州市基本医疗保险重特大疾病保障实施办法，对一档参保人员年度最高补偿额为20万元；二、三、四档参保人员年度最高补偿额为10万元。有序推进城乡医保整合，市政府印发《抚州市城乡居民医疗保险市级统筹试行办法》，初步建立统一的城乡居民基本医疗保险制度，为推进新型城镇化建设迈出重要步伐。

社会保险待遇水平稳步提高。企业退休人员养老金实现“12连调”，首次同步调整机关事业单位退休人员与企业退休人员养老金。城镇居民基本医疗保险人均补助标准提高30元，达到420元；未成年人（含大学生）的个人缴费标准从50元提高到150元，与成年人的个人缴费标准一致。对全市7005名未参保城镇大集体企业退休人员、手工联社大集体和未参保返城未安置就业知青月人均养老生活补助标准，每人每月由355元提高到375元。

5月5日，市政府办公室印发《关于做好2016年全市社会救助提标提补工作的通知》，对城乡困难群众进行提标提补，新标准从2016年1月1日起执行。全市城市低保保障标准平均每人每月提高30元，达到480元，财政月人均补差水平增加30元，达到320元；全市农村低保保障标准平均每人每月提高30元，达到270元，财政月人均补差水平增加30元，达到195元；农村五保户集中供养标准每人每月提高60元，达到365元，分散供养标准每人每月提高30元，达到290元；20世纪60年代精简退职老弱残职工救济补助标准每人每月提高30元，城市的达到365元，农村的达到325元。

服务效能提升。开展养老保险费代扣代缴工作，改变人工直接收缴现金方式。全面利用指纹人脸系统开展企业退休人员领取养老金资格认证工作，确保养老金领取资格认证等业务不出社区就能完成。社保昌抚同城化步伐加快，养老保险两地实现退休人员养老金领取资格异地认证相互认可、养老保险关系顺畅转移接续，医疗保险两地实现就医一卡通即时结算，失业保险两地参保关系、业务流程实现昌抚一体化。全年新增发放社会保障卡16万张，累计发行227万张，社保卡应用项目开通49项，开通率达到48%。

【人才队伍进一步提升】 在全市各企事业单位中开展高层次人才岗位征集工作，共征集20个岗位，引进高层次人才31名、博士3名。市人社局会同市建设局在哈尔滨工业大学举办抚州市2016年建筑业高管专题研修班。推荐1人获得国务院特殊津贴、2人获得省政府特殊津贴、3人入选省百千万人才工程人选。

资溪全龙职业培训学校申报全省培训和集训基地，东乡技校申报高级技校。举办2016年中国技能大赛江西省“振兴杯”焙烤职业技能大赛，促进面包产业创新发展。全市共招录技工院校学生1249人，其中，江西机械电子技工学校录入600人、抚州技校录入153人、东乡县技校招录496人。全市共鉴定职业技能15232人，核发职业资格证书12683本，其中，初级工4741人，中级工6832人，高级工1110人。

江西美尔丝瓜络有限公司成为全省引进国外智力成果示范推广基地；引进首位经济技术类专家、日本籍守永文男落户江铃底盘有限公司。5家示范企业、8个村和3家专业合作社申报2016年度省级“一村一品”产业发展项目，共争取省级现代农业专项资金（“一村一品”专项资金）141万元。

中小学教师职称制度改革取得新突破。市政府下发《抚州市深化中小学教师职称制度改革工作实施方案》，改变过分强调论文、学历的倾向，重师德、重工作实绩、重学生管理工作，向长期扎根农村基层的教师倾斜。经评审委员会评定高级专业技术资格192人，中级专业技术资格440人。

【深化人事制度改革】 市政府制定抚州市人事考试联席会议机制和抚州市人事考试突发事件处置预案，确保人事考试工作公平、公正和安全有序开展。全市组织各类人事考试10次，组织考生3.2万人次。招录事业单位工作人员667名，退役大学生士兵17名，招募“三支一扶”高校毕业生223名，招录公务员335名（其中警察148名）。市委下发《抚州市市直机关公开遴选公务员实施办法》，遴选工作人员43名，优化市本级干部队伍结构。

破解事业单位工作人员“招得进、留得住、用得上”难题。考虑到边远山区岗位时常出现“流招”，推行“笔试后调剂环节，调整开考的比例”的做法，对笔试环节不设3：1的开考比例。为避免出现“考进来留不住”的现象，确定事业单位一个聘期为3年，服务年限未满3年的，不得再次报考。为避免出现“所招非所用”的情况，将报考岗位分为管理岗位和专技岗位，根据职位的具体要求，采取形式多样、切实有效的面试方式。

完成军转干部安置和服务工作。安置营职及以下军转干部41名，其中，计划安置军转干部34名，自主择业军转干部7名。30人安置在机关工作，安置质量较往年有较大提升。提高1953年年底前参军后在企业退休的退役士兵生活困难补差标准；对市本级250名企业退休的参战退役士兵部分退休人员，按本人当月实际核发的基本养老金上浮10%予以补助。开展困难企业军转干部走访慰问和救助工作，走访慰问市直困难企业全部在职、失业、退休军转干部359人，实施困难救助12人，共发放慰问金和救助金21.18万元。发放自主择业军转干部独生子女奖励费和冬季取暖费。

【稳步推进工资制度改革】 国企负责人薪酬制度改革政策制定到位。以市政府名义印发深化市属国有企业负责人薪酬制度改革的意见，该意见综合考虑到与省属、市属企业不同，总体控制在市直机关事业单位同级别人员年均工资的2倍以内。并在此基础上出台《市属国有企业领导人员管理的暂行规定》《抚州市市属国有企业负责人经营业绩考核暂行办法》《市属企业负责人薪酬监督检查办法》《抚州市年度市属国有企业在岗职工平均工资审核认定办法》等相关配套文件。根据省人社厅统一部署，全市各县（区）做好县以下机关建立公务员职务与职级并行实施工作，首次完成5168名符合职级晋升条件的公务员审核审批工作，总体晋升比例为31.25%，工资待遇全部发放到位，在全省各设区市中率先完成。拟定乡镇工作补贴等级划分的批复意见，督促指导各县（区）抓紧补贴审批工作，12个县（区）有11个审批到位，乡镇补贴审批到位乡镇总数145个，乡镇补贴兑现到位乡镇132个。机关事业单位工资待遇正常调整到位。全市调标审批单位414个，调标审批在职人员95183人，审批离休人员331人。

【构建和谐劳动关系】 印发《抚州市劳动关系应急预警机制实施办法》，建立市、县、乡三级劳动关系应急预警机制。推荐8家企业为省级劳动关系和谐企业。在全省率先出台《关于进一步加强欠薪群体性事件快速联动处置意见》，建立处置欠薪群体性事件联动机制。建立起市解决企业拖欠工资问题联席会议制度，由市政府分管领导任总召集人，成员单位比省联席会议增加11家，并将工作责任纳入各成员单位的综治目标管理考核内容，责任追究更严格；在全省率先全面实施农民工工资保障金制度和应急周转金制度，全面构筑起保障农民工工资4条保障线。抚州市为全省唯一实现“两个没有”的设区市：即没有发生因拖欠工资引发的重大群体性恶意事件，没有发生进省赴京集体越级上访事件。全市各级调解仲裁机构信息化建设和效能建设稳步推进，仲裁办案系统全部上线运行。全市各级劳动人事争议仲裁机构共立案受理各类劳动人事争议案件394件，共涉及劳动者人数850人，按期结案363件，结案率达93%，按期结案率达到100%。其中，调解结案224件，调解结案率超过62%；裁决结案96件，其中，终局裁决25件，终局裁决比率为26%。把用人单位拖欠工资情况通报人民银行，将信息录入企业征信系统，通过银行的征信平台，对2家用人单位实施信用惩戒；充分利用“红黑榜”诚信体系建设平台，公布2起恶意欠薪案件；通过江西日报、抚州关注网站和抚州发布微信公众号等平台，公开曝光3起拒不支付劳动报酬犯罪案件。

（赵　辉）

【市人社局领导名录】

党组书记、局　长：宋有志

党组成员、副局长：魏　绮

吴向红　徐能华　傅　强

蔡礼明（兼市社保局局长）

党　组　成　员：

汪长琚（兼市就业局局长）

孔咏春（兼市医保局局长）

吕　舸（兼人才服务中心主任）

机构编制管理

【概况】 2016年，抚州市实施事业单位类别划分、调整优化编制资源配置、调整市纪委派驻机构，开展超编整治工作，统一社会信用代码，为全市经济社会“绿色崛起、跨越发展”提供体制机制保障。

【调整优化编制资源配置】 设立抚州市文昌里历史文化街区管理委员会，挖掘历史文化街区的经济、社会价值，推进文化旅游产业发展；设立抚州市临川区昌抚合作示范区管理委员会，完善昌抚合作区域产业体系，加速产业聚集；成立临川区灵谷峰景区管理中心、南丰桔文化旅游产业集聚区管理委员会等机构，加强景区资源开发、利用和保护；将抚州一中、临川一中、临川二中事业编制分别调整为500名、610名、574名，平衡师生比例，促进教育集团健康发展；增加崇仁师范学校教职工编制，推动学校转型升级；市公安局技术侦察支队升格为副处级，各县（区）森林公安局升格为正科级，为经济发展和社会建设保驾护航。

【调整市纪委派驻机构】 推进党的纪律检查体制改革，撤销市纪委6个派出纪工委，撤销市司法局监察室等28个市监察局派驻监察机构及内设监察机构，不再保留市农业局纪委等10个市级党和国家机关等单位内设纪检监察机构，同步设置市纪委驻市委办公室纪检组等22个派驻纪检组和市直属机关纪工委，实现市纪委向市一级党和国家机关派驻纪检机构全覆盖的要求。

【推进事业单位类别划分】 按照中央、省分类推进事业单位改革工作的安排部署，坚持“分期分批”“先易后难”的原则，结合抚州实际，分3批对333个市直事业单位进行类别划分，其中划分为承担行政职能类4个、公益一类274个、公益二类37个、生产经营类18个。

【开展机关事业单位超编整治】 制定超编消化措施，至年底，全市行政超编人员全部消化，并按要求达到行政关系、工资关系、编制关系、人员岗位“四到位”。同时，全市消化正处级领导职数22个（市直单位“党政分设”15个）、副处级领导职数19个、消化正（副）处级非领导职数163个。

【统一社会信用代码】 推动事业单位法人换发统一社会信用代码证工作，事业单位法人在设立、变更、证书换（补）领时，赋予新的18位码段的统一社会信用代码，实现事业单位法人“两证合一”。至年底，市直2015年度329家事业单位法人换发统一社会信用代码证工作，办理设立登记15个、变更登记18个、注销登记3个。市本级机关、编制部门直接管理机构编制的群众团体统一社会信用代码赋码及证书发放工作启动，2016年，发放市直机关、群团统一社会信用代码54家，全市发放516家。

（熊诗懿）

【市编办领导名录】

主　　任：邓久泉

副 主 任：李建平　邹常鸣

招投标管理

【概况】 2016年3月，抚州市公共资源交易中心从市行政中心搬迁至市城市规划展示馆四楼办公。7月26日，抚州市农村综合产权交易中心挂牌成立。

2016年，全市成交项目4753个，成交总金额2809136.53万元，增效节支37151.64万元，增效节支率2.05%。其中，市本级项目626个，成交总金额2325302.94万元，增效节支20281.21万元，增效节支率0.9%；各县（区）项目4127个，成交总金额483833.59万元，增效节支18876.83万元，增效节支率3.77%。

【公共资源交易效能提升】 按照“能快则快、能简则简、能优则优”原则，主动融入对接项目建设。公共资源交易中心不再收取综合服务费、场地费、产权交易手续费，并提供交易项目电子标书免费下载。清理工程建设领域没有法律依据的各种保证金，对确有必要的保证金允许用银行保函和工程担保方式代替。

在全省率先启动远程异地评标系统建设。为解决市、县评标专家不足的问题，探索“制度＋科技”预防串通投标新举措。制定《关于推进全市远程异地评标系统建设工作的实施方案》，经市法制办审核通过，市政府下发方案，正式启动建设远程异地评标系统。实现投标人、招标人和评标专家三方地域隔离，使投标人、招标人的“人脉资源”失效，有效阻断串标、围标渠道；实现全市专家库和市、县两级的评标设施、场所、监管环境等资源共享，提高评标质量。完善投标保证金管理系统。为进一步提高保证金管理效率，使“提交便捷、名单保密、退还自主、资金安全”，3月，启动对政府采购类投标保证金管理功能模块的全面升级完善，做到保证金提交、绑定、退还精准实施。研发农村综合产权交易手机APP客户端。农村综合产权交易市场不具有强制性，只有通过服务多元化、操作便捷化来吸引广大农村农民参与，以实现平台效益最大化。实现掌上申请、掌上竞价、掌上成交，还提供掌上银行、电费充值、贷款申请等金融服务，水稻、生猪、蜜桔等涉农保险服务，翼支付、农技宝、惠农通等移动服务，放大惠农服务范围。

【建设农村综合产权交易平台】 在全省率先启动依托公共资源交易中心建设农村综合产权交易平台的模式。设置320平方米的农村综合产权交易服务大厅，开设5个涉农部门办事服务以及1个金融服务窗口。开通门户网站，有机构概况、办事指南、交易信息、价格信息、网上竞价等服务功能。制定《抚州市农村综合产权交易系统开发方案》，开发农地、林权、水权等产权交易系统。通过公开招标方式，引入中国农业银行抚州市分行参与市农村综合产权交易市场建设，为农村综合产权交易研发金融产品和提供金融服务及200万元建设经费。市公共资源交易中心与市农业局等有关部门制定《抚州市农村综合产权交易管理办法（试行）》及交易规则，提交市政府常务会议审核。省委书记鹿心社和省长刘奇先后莅临检查指导抚州市农村综合产权交易市场建设工作，并予以肯定。

（吴俊伟）

【市公共资源交易中心领导名录】

主　　任：余　娜（任至8月）

　　　　　李　亮（8月任）

旅游管理

【概况】 2016年，抚州市以“共同纪念汤显祖、莎士比亚、塞万提斯逝世400周年”活动为契机，提升旅游产业发展水平。年内，全市接待游客2755万人次，实现旅游收入258亿元，同比分别增长30%和40%。

【旅游资源】 抚州历史悠久，文化源远流长，人文底蕴深厚，自然风光宜人，名胜古迹众多，革命胜迹遍布，艺术遗产独特，地方物产丰富，形成独特的旅游资源。

自然景观　市内有省级风景名胜区南城麻姑山，麻姑山自古为天下名山，素有“洞天福地”盛名；有比泰山还高200多米的南丰军峰山，山上古木参天，怪石奇峰，龙潭飞瀑，并有9千米的原始石阶曲折而上；有号称“百岛湖”的洪门湖，碧波荡漾，山重水复；有湖光山色、风景优美的南丰潭湖水库；有风景壮观的抚河源头风光；有省级自然保护区3处，其中资溪马头山自然保护区内有原始森林和奇珍动物，宜黄华南虎自然保护区内已有多批外籍专家到考察。还有临川温泉、资溪法水温泉。近几年，广昌和南丰还推出莲乡、桔乡观光项目。这些自然景观正在吸引越来越多的游客。

人文景观　抚州素有“才子之乡”美誉，自古名人辈出，形成独特的人文景观。市内有王安石纪念馆、汤显祖文化艺术中心、汤显祖纪念馆、汤显祖大剧院、汤显祖墓、曾巩读书岩、曾巩纪念馆、谭纶墓、陆象山墓、乐史墓、吴澄墓、舒同书画博物馆、名人雕塑园、拟岘台、梦园等。历代到抚州为官或周游的文人墨客如谢灵运、王羲之、颜真卿、白居易、陆游等，为市内留下大量诗词、文赋、字画、雕塑、摩崖石刻及许多美好的历史传说。土地革命战争时期，抚州有9个中央苏区县，其中6个县为全红区，许多老一辈革命家都在抚州活动过，现遗存的革命遗址有：第四次反“围剿”东陂、黄陂战役旧址，第五次反“围剿”高虎脑战斗旧址，康都会议及红一方面军总部旧址，闽赣省苏维埃政府旧址，毛泽东、周恩来、朱德、邓小平等旧居。人文景观是具有抚州特色的旅游资源。

宗教寺观　市内宗教有佛教、道教、天主教、基督教等，宗教活动场所遍布全市各地。佛教主要有临川的金山寺、正觉寺、崇寿寺，金溪的疏山寺，宜黄的曹山寺、石巩寺，广昌的龙凤岩寺，南丰的地藏寺、寿昌寺，南城的宝方寺、碧涛庵，黎川的妙法寺、寿昌寺，资溪的大觉岩寺等；天主教有临川的圣若瑟大教堂、南城的天主堂；道教名山名观主要有南城的麻姑山仙都观，乐安的大华山崇仙观，黎川的会仙峰、仙桂峰，广昌的仙游观，南丰三仙行宫，金溪、临川交界处的灵谷峰等。其中，临川圣若瑟大教堂规模名列全国第三，是全国重点教堂之一。宜黄曹山寺为中国佛教曹洞宗之祖庭，在海内外佛教界享有盛名，在日本现仍有信徒上千万人。疏山寺为千年古刹，至今保存完好。金山寺香火较旺，游客众多。

文物古迹　市内文物古迹星罗棋布，全市属省、县级重点文物保护单位达200余处。古建筑群有乐安流坑村，黎川、南城的船形屋，广昌驿前古建筑群，宜黄棠阴古建筑群，金溪浒湾书铺街等，其中，乐安流坑村被誉为“千古一村”，参观考察人员络绎不绝。古桥有临川的文昌桥，南城的万年桥、太平桥，宜黄的占公桥、永兴桥、附东桥，崇仁的黄洲桥，其中，文昌桥建于南宋嘉泰年间（1202–1203），万年桥建于明崇祯七年（1634），是中国古代建筑艺术的珍贵遗产。古塔：临川有万魁塔，宜黄有三元塔、迎恩塔，南城有聚星塔，南丰有宝岩塔，崇仁有相山石塔、汤溪石塔，资溪有高云塔、实心石塔，东乡有永镇塔。此外，还有磨盘山新石器时代遗址、商代文化遗址、白浒古瓷窑遗址、白舍古瓷窑遗址、岳口益王墓葬区、洪门益王墓葬区、祝徽旧居、抚州会馆等。

【县县有重点旅游景区】　大力实施重大旅游项目带动战略，文昌里历史文化街区、抚河两岸灯光秀、旅游集散中心、花语梦园、名人雕塑园、梦湖、拟岘台、王安石纪念馆、汤显祖纪念馆、临川温泉景区、大金山景区、灵谷峰等一批重点景区建设得到有效提升。加快创评资溪大觉山国家AAAAA级旅游景区，推进乐安流坑古村、宜黄曹山景区、黎川东华山水、崇仁源野山庄、金溪浒湾古镇、南丰桔温泉度假区、资溪九龙湖、南城麻姑山、广昌莲花景区、东乡佛岭公园等重点景区建设。

【创建旅游品牌】　抚州市入选“2016年最美中国榜”。资溪县和南丰县被列入首批国家全域旅游示范区创建单位。乐安流坑、南丰桔文化产业集聚区分别被评为国家AAAA级旅游景区。东乡花果山农业休闲区被评为省AAAA级乡村旅游示范点。全市共有33家旅游企业被评为省AAA级乡村旅游示范点。南丰市山镇包坊村等4个单位获评首批“中国乡村旅游模范村”。临川茗杏生态园等40家单位被评为“中国乡村旅游金牌农家乐”。南丰莱溪乡杨梅坑村等3家单位被评为“中国乡村旅游模范户”。兰念瑛等30人被评为“中国乡村旅游致富带头人”。临川区青泥镇高源村樟山王家村等44个村被列为全国乡村游重点村。

【实施旅游产业发展奖励办法】为促进旅游产业跨越发展，4月，制定《旅游产业发展奖励办法》，对创建高品质旅游品牌和旅行社组织游客赴市中心城区旅游制定奖励标准。对于新评定为国家AAAAA级、AAAA级旅游景区的，由市财政分别奖励景区500万元、100万元；对于新评定为国家级风景名胜区、省级风景名胜区的，由市财政分别奖励500万元、30万元；对于新评定为江西省AAAAA级乡村旅游示范点的，由市财政奖励100万元；对于新评定为国家AAA级旅游厕所的，由市财政奖励15万元。奖励资金用于相应项目的后续建设。

此外，对旅行社组织游客赴市中心城区旅游，实施奖励：旅行社组织赴抚州旅游专列（列车停靠地点为抚州境内火车站）团队，单次人数在300人以上的动车（高铁）或单次人数在400人以上的专列，游览市中心城区3个以上景区，并赴县（区）旅游，且在抚州境内住宿的，奖励5万元；旅行社组织赴抚州旅游大巴团队，游览市中心城区3个以上景区，单次团队人数在300人以上400人以下或400人以上的，分别奖励5000元、1万元；旅行社组织赴抚州旅游包机团队（停靠机场为昌北机场），单次人数在150人以上，在市中心城区游览3个以上景区，并赴县（区）旅游的，奖励1.5万元；旅行社组织境外游客（含港、澳、台）赴抚州旅游，每批次至少游览市中心城区3个以上景区，并赴县（区）旅游，当年境外游客人数达到500人次以内的，按照40元/人次予以奖励，达到1000人次以上的，超出部分按照80元/人次予以奖励；旅行社单次组织自驾车30辆以上、人数100人以上，在市中心城区游览3个以上景区，并赴县（区）旅游的，奖励4000元；旅行社组织游客到市中心城区旅游，以旅行社为单位，年内组织游客以2000人次基数，在1万人次以内，按照2元/人次予以奖励；5万人次以内，超出部分按照5元/人次予以奖励；5万人次以上，超出部分按照10元/人次予以奖励。发生以下任何一种情况的景区和旅行社，不享受本政策：因违规违法行为受到处罚的；当年发生重大安全生产事故的；有重大负面影响被投诉的；有弄虚作假等情况的。

【旅游线路建设取得新突破】 全市共推出12条县（区）旅游线路和5条市内跨县旅游线路以及6条跨市旅游线路。与旅行社合作，先后组织“百名香港人游抚州”“千人游流坑”“千名学子游抚州”“万名南昌游客游抚州”活动。举办两期讲解员（导游员）培训班，培训学员200余人次。

【加强旅游宣传营销】 突出“汤显祖故里—抚州”宣传主题，在央视一套、央视新闻频道、江西8套、国航空中之旅、昌北机场出机通道、南昌地铁、抚州火车站、抚州东高铁站、抚州市长途汽车站集中投放抚州旅游形象广告。央视4套《城市1对1》栏目播出抚州旅游整体形象，金溪竹桥古村景区在央视《国宝档案》热播，乐安牛田古樟林入选上海大世界吉尼斯之最，成为“中国第一古樟林”，广昌的姚西景区获得吉尼斯世界纪录认证成为“世界最大莲池”的新闻消息，吸引央视和其他媒体的关注与播出。

与移动、联通、电信公司合作，开通旅游手机短信服务平台。与《中国旅游报》《江西日报》《江南都市报》等媒体合作，在纪念汤显祖活动期间进行密集性宣传。抚州广播电视台开设旅游宣传专栏或专题。与省旅游协会合作，出版印制6本《抚州旅游文化丛书》。拓展新兴媒体，借助“互联网+旅游”，充分整合网络微博、微信、手机客户端等新媒体平台，为游客和市民提供便捷高效的信息发布服务。加强联合营销，进一步深化昌抚旅游一体化，加强旅游区域合作。联合南昌、九江、景德镇3市，赴上海、浙江、山东、福建、湖北等主要客源市场进行旅游宣传推广。

（张芹琴）

【市旅游发展委员会领导名录】

党组书记、主　任：

杨更生（任至9月）

陈素芳（9月任）

党组成员、副主任：邱义林

黄小刚（任至9月）

聂　英（9月任）

无线电管理

【概况】 2016年，抚州市开展无线电监听监测，切实维护好电波秩序。年内，市无线电管理局共开展无线电执法37次，检查各类电台1600余台，查处伪基站1起、黑广播6起、非法使用信号屏蔽器2起，没收各类非法设备9套，进行无线电行政处罚9起，收缴罚金7000元，维持和谐有序的电磁环境。

【无线电服务经济社会发展】 对抚州机场选址进行电磁环境测试，为机场选址提供科学依据。继续做好市多普勒气象雷达监测和调查，确保其保护区内各类电台电磁兼容，办理设台使用和工程验收手续。履行市信息化领导小组成员职责，为“光网抚州”“智慧城市”“互联网+”和“天网”工程、昌抚通信一体化建设提供频率支持和技术保障。

【频率使用评估专项工作完成】 采取人机见面方式，对全市卫星地球站进行实地核查，全面掌握全市卫星地球站台站分布、技术参数和使用情况。通过移动监测、固定站、小型站等多种方式，对公众移动和700MHZ频段进行全方位扫描，监测频段26段，保存原始数据14.6万帧28.3GB，BIN数据7.83GB。进行数据比对分析，形成全市频率使用评估专项报告。

【做好无线电安全保障】 做好高考、全国卫生资格、研究生入学和全国司法考试等21次重大考试保障，出动人员210人次，保障考点54个、考场3500个；在“G20杭州峰会”期间，市无线电管理局与周边省、市数据共享频率监测，派1名技术骨干赴实地参加保障。在“纪念汤显祖逝世400周年”和第七届环鄱阳湖国际自行车比赛活动中，指配频率，并协调解决有关无人机使用事项，保障纪念活动顺利进行。

【无线电技术提升】 完成金溪、资溪、南城3县小型站设备安装调试和市固定站升级改造，开展临川、宜黄、乐安和抚州火车站新增站选址论证，对新增移动测向系统、警示压制系统及3G、4G检测系统安装测试，扩大监测覆盖面。举办赣东南（北）无线电应急演练培训班，采取座谈交流、实战演练和技术比武的形式，进一步提升无线电应急保障和协同作战能力。加强学习交流，组织人员赴九江、西安、深圳参加考场监控和微波测试设备培训，开展岗位练兵，不断提高对各类设备的操作使用能力。

（吴文超）

【市无线电管理局领导名录】

局　　长：李　明

本栏编辑　吴根茂

政协抚州市委员会

综　述

2016年，抚州市有各级政协组织12个，其中，市政协1个、县政协10个、区政协1个。有各级政协委员2334人，其中，省政协委员26人、市政协委员350人、县（区）政协委员1958人。政协抚州市委员会（以下简称市政协）设常务委员会主持会务，下设办公室、提案委员会、文史委员会、经济委员会、人口资源环境委员会、教科文卫体委员会、社会和法制委员会、港澳台侨外事和民族宗教委员会。市政协在抚州市委的正确领导和市政府的大力支持下，以换届为契机，认真贯彻落实中共十八届六中全会和省、市党代会精神，牢牢把握团结民主主题，奋发有为，扎实履职，各项工作取得新进展，为促进抚州经济社会平稳较快发展做出积极贡献，为四届市政协顺利开局打下良好基础。

牢牢抓住学习这个基础，履职根基进一步夯实。市政协坚持以学习为先导，深入学习中共十八大和十八届三中、四中、五中、六中全会精神、习近平总书记系列重要讲话精神和治国理政新理念新思想新战略，组织收看习近平总书记在庆祝中国共产党成立95周年大会和纪念红军长征胜利80周年大会上的重要讲话精神，确保中共中央的决策部署在政协得到贯彻和落实。10月份换届后，市政协把学习贯彻落实好中共十八届六中全会、江西省第十四次党代会、抚州市第四次党代会精神，更加主动地维护核心、服务中心作为履行职能的首要政治任务，利用政协党组会议、主席会议、机关全体会议、委员座谈会和印发学习资料等形式，组织广大政协委员和政协工作者深入学习这三次重要会议精神，把握履职方向，明确履职重点，引导各级政协组织和政协委员践行新理念、激发新动能，为科学发展、绿色崛起，全面建成小康新抚州凝聚思想共识，汇聚发展合力。针对换届后新委员较多的实际情况，市政协于12月上旬在抚州职业技术学院对227名新任委员进行集中培训，邀请汪玉奇、杨斌、王国龙、崔健四位省政协理论专家，分别就怎样做一名合格的政协委员、人民政协协商民主理论与实践、如何撰写政协提案和社情民意信息作专题辅导报告，提高委员参政议政能力和水平。

紧紧围绕发展这个主题，协商质量进一步提升。市政协紧扣科学发展、绿色崛起主题，充分利用全委会、资政会、常委会等平台，积极开展协商议政活动。在1月召开的市政协三届六次会议期间，精心安排大会发言、界别讨论、专题座谈会，组织委员就深入落实“十三五”规划纲要、打造汤显祖品牌文化经济带、促进工业转型升级、推进区域信息产业示范区建设等经济社会发展中的热点、难点问题进行大会发言，引起党政领导及有关部门的重视，并将大会发言转为当年的重点提案予以办理落实。在10月召开的市政协四届一次会议上，市委书记肖毅发表讲话，协商讨论《政府工作报告》，审议通过政协有关报告和政治决议，选举产生四届市政协领导班子和常务委员。委员们围绕“科学发展、绿色崛起，全面建成小康新抚州”这个主题深入协商讨论，提出许多有价值的意见和建议。对委员们的睿智建言，市政协办公室经归纳整理后，从壮大工业产业、繁荣现代服务业、加强城镇管理服务、保障和改善民生等四个方面梳理出47条具体建议，以专报的形式报送市委、市政府，为党委、政府了解民情、把握民意、科学决策提供重要参考。市政协突出常委会议专题协商功能，将“实施创新驱动发展战略推动产业升级”和“加快发展抚州健康养生养老产业”分别作为第二季度和第三季度常委会的协商议题，集党派、专委会、界别及县（区）政协之力，聚全体常委之智，打造出常委会协商的“精品之作”。关于实施创新驱动发展课题，采取常委会专题协商暨资政会的形式，组织7个课题组，深入各县(区)广泛调研，并赴武汉江岸区、湖南浏阳市学习考察，形成《关于我市实施创新驱动发展战略的调研报告》和6个分报告。关于加快发展抚州健康养生养老产业课题，采取市、县（区）政协互动，专委会与市直相关部门联动的方式，协同调研，经常委会协商后，形成《关于加快发展抚州健康养生养老产业的调研报告》。这两次常委会协商成果均得到市委、市政府主要领导的充分肯定，并批示以《抚办通报》的形式印发各县（区）及有关部门参考，专题议政成果得到充分运用。

切实把握履职这个重点，参政成果进一步彰显。市政协把调研视察作为履行职能的重要切入点，在工作中大力倡导调查研究之风。市政协班子成员多次深入县（区）和高新区就产业升级、项目建设、园区经济、脱贫攻坚等进行调研，向基层和群众宣传市委、市政府的决策部署，协调解决发展中遇到的困难和问题。各专委会注重发挥“专家、专业、专长”的优势，围绕壮大电商产业、构建法律服务体系、做大做强中医药产业等课题深入调研视察，形成《加快电子商务发展，推进电商产业崛起》《加快构建覆盖城乡公共法律服务体系，推进依法治市战略实施》《做强中医疗机构，提升中医药服务能力》等调研报告，得到市委、市政府主要领导的充分肯定。换届后，市政协紧扣党政工作思路，围绕推进精准扶贫实现脱贫致富、建立气象灾害防御机制两个课题开展专题调研，并分别形成调研报告。市委书记肖毅对政协精准扶贫报告作出批示，要求有关部门认真吸纳，积极落实政协建议。市政协加强对委员撰写提案的指导，向委员寄送《提案选题调研参考提纲》，发挥民主党派、工商联、党外知联会等党派团体的组织优势，引导他们围绕选题深入基层调研，确保政协提案更加贴近中心，体现民意，切合实际。不断创新和完善提案工作机制，切实改进提案督办方式，推动提案办理由重答复向重落实转变。全年共收到提案283件，经审查立案270件，提案数量和质量较2015年均有所提升。至年底，提案已全部办复完毕。其中，提案得到采纳落实或基本解决的116件，占提案总数的43%；正在解决或列入计划解决的154件，占57%。《促进我市民间融资阳光化规范化发展》《推进农村公路建设改造升级》等提案，经市领导领衔督办，相关部门积极办理，促进问题的落实解决。市政协广辟民意来源渠道，充分发挥社情民意联系点作用，不断完善重点社情民意编审报送和跟踪问效机制。全年共收到重要社情民意110条，编报《社情民意》36期，向省政协报送社情民意信息17条。《开启徐霞客游线标志地申报工作，加快我市旅游开发步伐》《关于拆除市中心城区部分交叉路口花圃的建议》《关于在抚州职业技术学院北大门增设交通安全设施的建议》等重要社情民意，经市政府领导批示后，市政协及时抓好跟踪问效，推动一些事关百姓切身利益问题得到较好解决。市政协注重拓展文史工作思路，加大文史资料征编力度，召开文史馆顾问和馆员座谈会，为四届市政协文史征编工作谋篇定航。分别以“纪念荆公、临山抚水忆汤翁、乐史及其后裔、抚州商帮”为主题编印4期《抚州文史》。注重挖掘抚州文化和名人史料，公开出版《抚州历代书画人文大观》《宋明理学之桥——元·草庐吴澄》2本专著。征集储备《毛泽东弟媳周文楠》《乐安民国风云》等重要书稿，较好地发挥文史资料存史资政育人作用。

注重发挥团结这个优势，整体合力进一步增强。市政协注重发挥界别特色，于12月在25个界别广泛开展“界别活动月”活动。各界别以专委会为依托，深入基层调研，广泛收集民意，共形成调研和大会发言材料27篇，开展形式多样、各具特色的扶贫济困、捐资助学、法律咨询、送医送药、送教下乡等服务群众活动17场次，捐款捐物45万元，惠及城乡群众2200余人。市政协还着力拓展界别活动内容，创新界别活动方式，组织经济、工商联、科学技术、党外知联会界别到抚州职业技术学院开展送“现代金融知识”进校园活动，为现场群众和师生就经济发展趋势、理财方法、银行借贷政策等问题释疑解惑，反响良好。界别活动的深入开展，彰显政协委员的公益情怀和责任担当，赢得社会各界广泛赞誉。市政协继续秉持奋发有为、干事创业的良好风貌，坚持“议政”与“实干”相结合，在县（区）挂点帮扶、重点项目建设、招商引资、“四进四联四帮”等中心工作中积极作为，尽心尽力。根据市委统一部署，新一届市政协班子成员深入挂点县（区），就安全生产、环境保护整改和脱贫攻坚等工作进行督促检查，发现问题，总结经验，推动工作落实。配合市委、市政府做好汤显祖逝世400周年纪念活动有关工作。市政协党组暨主席会议专题听取市政协机关“四进四联四帮”连心小分队工作汇报，研究部署精准扶贫工作。市政协班子成员对牵头负责的市三纺夜市广场建设工程、戏剧演出中心剧场建设、教育园区安置房建设、崇仁师范新校区建设工程、中心城区LED灯节能改造工程、赣东大道南延伸段综合管廊工程、抚州高新区纬七路道路及排水排污工程等重点项目及早介入，加强调度，确保项目及时推进，展现政协服务中心的良好形象。市政协加强与全国政协和省政协的工作衔接，积极做好全国政协和省政协领导到抚州参加纪念汤显祖逝世400周年活动的服务工作。密切与省内外兄弟市政协的联系沟通，做好甘肃省政协考察团到抚州调研的接待工作；以推进协商民主为主题，参加闽浙赣皖四省九市政协第26次工作交流会；承办全省政协民族和宗教工作座谈会。换届后，市政协主要领导专程到省政协汇报工作思路和打算，主动争取省政协对新一届市政协工作的指导和支持。加强对县（区）政协的工作联系和指导，市政协领导在深入县（区）企业、乡村调研的同时，进政协门，说政协话，办政协事，与县（区）政协共同探讨新形势下做好政协工作的方法和途径，进一步增强政协系统整体工作合力。

坚持强基固本这个关键，自身建设进一步强化。加强市政协领导班子建设。认真执行市政协党组会议、主席会议和常委会议议事规则，做到决策民主化、科学化。市政协班子成员分管专委会继续实行“双线分工”法，形成协同推进的工作格局。充分发挥市政协班子成员的表率作用，严格执行“一岗双责”，认真践行“三严三实”，以身作则，以上率下，带头加强学习、转变作风、联系群众、发扬民主、严于律己，树立市政协领导班子求真务实、开拓进取的新形象。加强委员队伍建设。完善市政协班子成员和专委会对口联系委员制度，定期走访委员，听取委员意见建议，帮助委员解决履职中遇到的困难和问题，进一步激发委员的参政热情。加强委员履职管理，建立委员履职档案，对委员参加政协会议和各项履职活动签到登记，规范委员履职行为。继续在委员中开展“提一件提案、开展一次调研、献一条良策、反映一条社情民意、办一件实事”的“五个一”活动，增强委员履职的责任感和使命感。加强政协机关建设。以创建学习型、创新型、服务型、责任型机关为目标，建立和完善机关工作目标责任制，深入开展“两学一做”专题学习教育，持续深入抓好党风廉政建设和机关效能建设，引导机关干部强化党性修养，改进工作作风，增强服务观念，提升保障能力，不断提高机关干部为全市大局服务、为政协工作服务、为政协委员服务的能力和水平。市政协机关较好地完成招商引资、“四进四联四帮”、文明创建、绩效考核等各项中心工作任务。加大政协宣传力度，及时报道市政协各项履职活动。市政协机关共在《光华时报》和省政协《每日信息》发表稿件156篇，在省政协办公厅开展的2016年度政协好新闻、优秀社情民意评选中，抚州市政协有5篇分获政协好新闻一、二、三等奖，2篇获优秀社情民意奖，浓墨重彩地宣传抚州和市政协履职成果，扩大政协社会影响。

（吴志贤）

【市政协领导名录】

第三届政协抚州市委员会

（任至10月）

主　　席：谢发明

副 主 席：陈云斐　郑友清

　　　　　贾益纲　黄耀波

　　　　　周付德　蔡　青

　　　　　徐建辉　柏　林

秘 书 长：徐容宁

副秘书长：刘海滨　郑荣钦

第四届政协抚州市委员会（10月任）

主　　席：黄晓波

副 主 席：黄耀波　刘菊娇

　　　　　郑友清　周付德

　　　　　徐建辉　柏　林

市政协三届六次会议

副 主 任：王裕良（任至2月）

经济委员会

主　　任：龚雪华（任至9月）

人口资源环境委员会

主　　任：魏志中（2月任）

教科文卫体委员会

主　　任：王裕良（1月任）

社会和法制委员会

主　　任：裴　涛（1月任）

副 主 任：郑海云

港澳台侨外事和民族宗教委员会

主　　任：袁晓明

重要会议和活动

【市政协三届六次会议】　1月19日至21日在抚州召开。政协抚州市第三届委员会现有委员345名，出席大会的委员有322名。会议听取市委书记肖毅的讲话，听取并赞同市人民政府市长张鸿星所作的《政府工作报告》及其他报告，协商讨论并赞同《抚州市国民经济和社会发展第十三个五年规划纲要（草案）》。审议并同意市政协主席谢发明代表政协抚州市第三届委员会常务委员会所作的工作报告和副主席柏林代表政协抚州市第三届委员会常务委员会所作的提案工作情况报告。出席会议的委员列席市三届人大七次会议。

【市政协四届一次会议】　10月31日至11月2日在抚州召开。政协州市第四届委员会秘书长，大会还选出54名常务委员。出席会议的委员列席市四届人大一次会议。

【市政协三届二十三次常委会议】1月7日在抚州召开。会议听取于秀明所作的《政府工作报告（征求意见稿）》和关于市政协三届五次会议以来提案办理情况的通报；听取市财政局、抚州高新区主要负责人分别就市本级、抚州高新区2015年预算平衡情况和2016年预算草案所作的通报；会议通过关于召开政协抚州市第三届委员会第六次会议的决定；通过政协抚州市第三届委员会第六次会议议程和日程。

【市政协三届二十四次常委会议】1月20日在抚州召开。会议审议通过市政协三届六次会议提案审查报告（草案），审议通过市政协三届六次会议决议（草案），审议通过有关人事事项，并决定将以上（草案）提请委员会分组审议，提交大会表决通过。

【市政协三届二十五次常委会议】2月24日在抚州召开。会议传达学习习近平总书记视察江西重要讲话精神和省政协十一届四次会议主要精神；审议通过市政协常委会2016年工作要点；通过有关人事事项。

【市政协三届二十六次常委会议】6月20日在抚州召开。会议听取市统计局、市工信委、市科协、江西荣成集团公司、东华理工大学、市科技情报所等相关负责人就抚州市实施创新驱动战略的发言或书面发言，听取并审议通过《强化“第一动力”，激发创新活力——关于我市实施创新驱动发展战略的调研报告》，通过有关人事事项。市政府副市长刘菊娇应邀出席。

【市政协三届二十七次常委会议】 9月9日在抚州召开。会议听取并审议通过《绿色养生健康养老——关于加快发展抚州健康养生养老产业的调查报告》；通过有关人事事项。

【市政协三届二十八次常委会议】 10月24日在抚州召开。会议传达学习市第四次党代会主要精神；协商讨论《政府工作报告（征求意见稿）》；审议通过政协抚州市第三届委员会常务委员会工作报告和提案工作报告（审议稿）；审议通过关于召开政协抚州市第四届委员会第一次会议的决定（草案）；审议通过政协抚州市第四届委员会第一次会议议程和日程（草案）；通过有关人事事项。

【市政协四届一次会议主席团第一次会议】 10月30日在抚州召开。会议通过政协抚州市第四届委员会第一次会议主席团常务主席名单；通过政协抚州市第四届委员会第一次会议日程；决定政协抚州市第四届委员会第一次会议副秘书长名单；决定政协抚州市第四届委员会第一次会议各组召集人名单；决定政协抚州市第四届委员会第一次会议秘书处组成人员名单。

【市政协四届一次会议主席团第二次会议】 11月1日在抚州召开。市委常委、统战部部长、副市长、市政协党组副书记韦萍代表市委向主席团作政协抚州市第四届委员会主席、副主席、秘书长、常务委员人选情况说明。会议审议政协抚州市第四届委员会第一次会议选举办法（草案）；审议政协抚州市第四届委员会第一次会议总监票人、监票人名单（草案）；协商审议政协抚州市第四届委员会主席、副主席、秘书长、常务委员候选人名单（草案）；审议政协抚州市第四届委员会第一次会议决议（草案）。

【市政协四届一次会议主席团第三次会议】 11月2日在抚州召开。会议听取各组召集人汇报各组委员讨论和审议情况；通过政协抚州市第四届委员第一次会议选举办法（草案），通过政协抚州市第四届委员会第一次会议总监票人、监票人名单（草案）；协商确定政协抚州市第四届委员会主席、副主席、秘书长、常务委员候选人名单；审议通过政协抚州市第四届委员会第一次会议决议（草案）。这些办法、决议和名单的草案还将提请大会表决通过。

【市政协四届一次常委会议】 12月27日在抚州召开。会议听取市委常委、常务副市长吴建春代表市政府所作的《政府工作报告》（征求意见稿）起草情况的说明和市政协三届六次会议以来提案办理情况通报；听取市本级、抚州高新区2016年预算平衡情况和2017年预算草案；协商讨论《政府工作报告（征求意见稿）》；审议通过关于召开政协抚州市第四届委员会第二次会议的决定（草案）；审议通过政协抚州市第四届委员会第二次会议议程和日程（草案）；审议并原则通过政协抚州市第四届委员会常务委员会工作报告和市政协三届六次会议以来提案工作情况报告。

【市政协机关党支部“两学一做”专题集中学习会】 6月6日，市政协机关党支部召开“两学一做”第一专题集中学习会。市政协主席谢发明以普通党员身份参加学习讨论，并结合政协工作实际，畅谈自身认识和体会。会上，有三名党员围绕“坚定执著追理想”专题，结合各自思想和岗位实际，畅谈所思、所悟、所得。

【市政协机关“不忘记初心·永远跟党走”演讲比赛】 7月25日，市政协机关举行“不忘初心，永跟党走”主题演讲比赛。市政协主席谢发明、副主席柏林及秘书长徐容宁到场观摩指导并颁奖。市政协机关各委室8名参赛选手结合自己的工作实际和切身感受，热情讴歌党的光辉历程和丰功伟绩，抒发对党的忠诚和热爱，表达不忘初心、永跟党走的坚定决心。

【全市县（区）政协主席座谈会】 6月22日，市政协在宜黄县召开全市县（区）政协主席座谈会。各县（区）政协围绕“发挥政协优势，助推绿色发展”课题进行专题探讨。

【各界人士中秋座谈会】 9月13日，全市各界人士中秋座谈会在市政协常委会议室举行。市政协各界别委员代表、各民主党派、工商联、侨联及无党派人士代表60余人欢聚一堂，叙乡情友情、议经济社会发展，表达对抚州明天的美好祝愿。

【政协抚州市第四届委员会新委员培训班】 12月12日，政协抚州市第四届委员会在抚州职业技术学院举办新委员培训班，邀请江西省社科院原院长汪玉奇、省政协提案委员会主任杨斌、省政府参事王国龙、省政协办公厅宣传信息处负责人崔健四位专家作专题辅导报告。

【全省政协民族和宗教工作座谈会在抚州召开】 11月29—30日，在抚州召开全省政协民族和宗教工作座谈会。省政协副主席、民盟江西省委会主委刘晓庄出席并讲话，抚州市委副书记于秀明到会致辞，抚州市政协主席黄晓波出席，全省各设区市政协分管民族宗教工作的副主席、相关专门委员会负责人参加会议。会议就如何做好新时期政协民族和宗教工作进行交流和研讨。

【开展“界别活动月”活动】 12月，市政协在25个界别中广泛开展“界别活动月”活动。“界别活动月”

期间共形成调研和大会发言材料27篇，开展扶贫济困、捐资助学、法律咨询、送医送药、送教下乡等服务群众活动17场次，捐款捐物45万元，惠及城乡群众2200余人。此外还组织经济、工商联、科学技术、党外知联会界别到抚州职业技术学院开展送“现代金融知识”进校园活动。

（吴志贤）

专门委员会工作

【换届之年提案工作有序推进】 2016年是换届之年，提案工作换届不懈怠。市政协主席会议对提案的征集、重点提案的遴选、督办、提案工作机制和提高服务质量等进行针对性研究和指导。三届六次会议以后共收到提案283件，经审查立案270件，较2015年数量有增加、质量有提升，做到换届不“涣”心，展示了三届市政协积极作为、尽心履职的精神风貌。同时，提案办理受到党委政府及职能部门的高度重视，市政府各位副市长领办重点提案6件，提案办复率达100%，落实率43%，委员满意率99%以上，在抚州市政协提案工作史上首次未出现因不符合政策而得不到办理落实的“C”类提案。

【推进提案办理协商新格局】 将《健全城市管理机制，提高城市管理成效》纳入《2016年度市政协协商工作计划》，周密组织协商办理活动，市政协主要领导、市政府分管领导、专家学者型委员、相关职能部门负责人共同参与协商，为提高抚州市城市管理水平共谋良策，并以此示范带动其他提案的办理。积极改进提案督办方式，将市政协班子成员领衔督办重点提案的督办工作改原先提案委员会一家承担为各对口专门委员会承担，使重点提案办理协商更加深入，成效更加明显。

【召开四届市政协提案委第一次全体委员会议】 12月23日，四届市政协提案委员会召开第一次全体委员会议。会议学习《中国人民政治协商会议全国委员会提案工作条例》；讨论修改并原则通过《政协抚州市第四届委员会常务委员会关于市政协三届六次会议以来提案工作情况的报告》。

【召开文史委员会全体委员会议】 3月24日，市政协文史委员会召开全体委员会议，总结2015年工作，部署2016年工作，听取委员对创新文史资料征编和文史委工作的意见、建议。

【召开文史馆员座谈会】 12月7日，市政协文史委员会组织文史馆顾问、馆员和《抚州文史》编委召开文史馆员座谈会，通报市政协2016年文史征编情况和2017年文史征编工作计划。与会人员围绕如何提升史料征编工作和2017年《抚州文史》征编主题开展座谈讨论。

市政协召开重点提案督办座谈会

【召开经济委员会全体委员会议】 3月4日，市政协经济委员会召开全体委员会议，传达全省设区市政协经济委员会工作座谈会议精神，总结市政协经济委2015年工作，部署2016年工作，讨论“实施创新驱动，推动产业升级”资政会方案。

【召开“实施创新驱动，推动产业升级”情况通报会】 3月29日，市政协经济委员会在市科技局召开“实施创新驱动，推动产业升级”情况通报会，邀请市科技局负责人向市政协委员通报抚州市“实施创新驱动、推动产业升级”情况，并召集市人社局、市工信委、东华理工大学等市直单位、大专院校有关人员进行座谈。

【开展“降低企业成本，优化发展环境”专题调研】 5月12—13日，市政协经济委员会深入乐安、宜黄县工业园区就“降低企业成本，优化发展环境”进行调研。调研组一行先后走访乐安山高制药、品升电子、广雅食品及宜黄洁美科技、立伟轻工、伟业电镀等20余家企业，并与企业负责人座谈，提出有针对性的意见建议。

【开展委员活动日活动】 12月6日，市政协经济委员会组织委员到乐安县开展委员活动日活动，了解乐安县丰信科技、广雅食品、鳌溪镇大元村野猪驯养繁殖基地等委员企业发展情况。

【召开人口资源环境委员会全体委员会议】 2月25日，市政协人资环委员会在市粮食局召开全体委员会议，总结2015年工作，部署安排2016工作。

【开展精准扶贫专题视察】 12

月上旬，市政协人口资源环境委员会就推进精准扶贫实现脱贫致富开展专题视察，形成《推进精准扶贫实现脱贫致富——关于我市推进精准扶贫专题视察报告》，市委书记肖毅对报告作出批示："调查报告很好，有成绩，有问题，有建议和对策，请农工部、扶贫局等部门研究，在具体工作中吸收运用。"

【开展气象灾害防御体系建设专题视察】 11月25日，市政协人口资源环境委员会就全市气象灾害防御体系建设开展专题视察。形成的专题视察报告得到市气象部门积极采纳，推动了全市气象灾害防御体系建设。

【召开教科文体委员会座谈会】 3月1日，市政协教科文卫体委员会召开座谈会，学习习总书记视察江西重要讲话精神和在党的新闻舆论工作座谈会上的重要讲话精神，协商讨论市政协教科文卫体委员会2016年主要工作。

【开展中医医疗机构发展专题调研】 4—7月，市政协教科文卫体委员会就中医医疗机构发展开展专题调研，形成的专题调研报告得到市委、市政府主要领导的充分肯定批示，《抚办通报》予以全文刊发，有力促进了抚州市中医医疗机构的发展。

【召开汤显祖逝世400周年纪念活动进展情况通报会】 7月20日，市政协教科文卫体委员会召开汤显祖逝世400周年纪念活动进展情况通报会，听取市文广新局、文联、广播电台、抚州日报社等相关单位工作进展情况说明。

【开展慈善助学志愿活动】 9月24—25日，市政协教科文卫体委员会协助中华社会救助基金会"雪莲之花"青少年儿童慈善基金14名志愿者，赴乐安县增田镇瑶前村小学开展志愿活动。通过"我要成为怎样的人"主题课、答题比赛、趣味游戏、捐助学习用品等活动，让学生在开心的教育中，感受到慈善的互助精神。

【召开社会和法制委员会全体委员会议】 3月9日，市政协社会和法制委员会召开全体委员会议，传达学习习近平总书记视察江西重要讲话精神，总结2015年工作，部署2016年工作。

【召开全市非公企业参加社会保险情况通报会】4月27日，市政协社会和法制委员会邀请市人社局向委员通报全市非公有制企业参加社会保险工作情况。会上，市社保局、就业局、医保局负责人分别通报近年全市非公有制企业参加社会保险的基本情况、存在问题及下步工作打算，并就委员关心的各项保险政策当场答疑解惑。

【开展公共法律服务体系建设专题调研】 5月，市政协社会和法制委员会就全市公共法律服务体系建设开展专题调研。形成的《加快构建覆盖城乡公共法律服务体系，推进依法治市战略实施》专题调研报告，得到市委书记肖毅批示："此报告客观反映了我市公共法律服务体系建设取得的成绩、存在问题以及解决对策，很有针对性，请政府、政法委研究，尤其是农村'每户一名法律明白人'的做法要巩固、完善、提高，要坚持下去，久久为功，覆盖全市，在社会现代治理中发挥作用。"调研报告的有关建议经市司法局采纳落实，有力推动了全市公共法律服务中心建设。

【开展"七五"普法】 市政协社会和法制委员会按照市普法办要求，认真制定"七五"普法工作方案，建立工作台账，为市政协机关法制宣传教育的有序开展发挥积极作用。

【召开港澳台侨外事和民族宗教委员会全体委员暨对口联系单位会议】 3月10日，市政协港澳台侨外事和民族宗教委员会召开全体委员暨对口联系单位会议，总结2015年工作，部署2016年工作。

【开展"加快电子商务发展，推进电商产业崛起"专题调研】 5—6月，市政协港澳台侨外事和民族宗教委员会就"加快电子商务发展，推进电商产业崛起"开展专题调研。形成的专题调研报告得到市委肖毅书记充分肯定和批示："调研报告反映的情况详实，比较全面地反映了我市电子商务发展的现状、问题及建议，市政府及商务局予以重视，结合现代物流的发展进行专题研究。"

【开展古村落保护工作专题视察】 6月29日，市政协港澳台侨外事和民族宗教委员会到金溪县开展古村落保护工作专题视察。

（吴志贤）

本栏编辑　陈志平

中共抚州市纪律检查委员会

综　述

2016年，在江西省纪委、省监察厅和抚州市委、市政府的正确领导下，抚州市各级纪检监察机关和纪检监察干部认真贯彻落实中央纪委、省纪委和市纪委全会精神，主动适应全面从严治党新常态，强力推动主体责任落地生根，聚焦监督执纪问责，坚持把纪律挺在前面，把握运用“四种形态”，始终保持正风肃纪高压态势，持续深入推进风清气正政治生态建设。全市党风廉政建设社会评价在全省名列前茅。

【市纪委（监察局）领导名录】

纪 委 书 记：吴伟柱（任至9月）
　　　　　　刘海滨（9月任）
纪委副书记、监察局局长：
　　　　　　李茂荣（任至5月）
　　　　　　黄发高（8月任）
纪委常务副书记、监察局局长：
　　　　　　黄发高（9月任）
纪委副书记：赵荣贵
纪委副书记、监察局副局长、机关党 委 书 记：罗少韬（9月任）
市纪委常委、正处级纪检员监察员：
　　　　　　尧宇斌
监察局副局长：李　凌
纪委常委、监察局副局长：艾　华
纪 委 常 委：钱　平（2月任）
　　　　　　汪月清（2月任）
纪委常委、秘书长：艾恒知（9月任）
正处级纪检员监察员：华　民
　　　　　　黎桃英（9月任）
办公室主任：艾恒知（任至9月）
组织部部长：黎桃英（任至11月）
　　　　　　陈　萍（11月任）
宣传部部长：汪月清（任至2月）
党风政风监督室主任：
　　　　　　郑　军（任至11月）
　　　　　　张　俊（11月任）
信访室主任：邹　华
案件监督管理室主任：韩长贤
第二纪检监察室主任：游　渊
第三纪检监察室主任：李　旭
第四纪检监察室主任：
　　　　　　钱　平（任至2月）
审理室主任：程胜文
纪检监察干部监督室主任：
　　　　　　饶建平（任至8月）
　　　　　　黄初江（11月任）

重要会议

【市纪委三届六次全会】　2月2日，中共抚州市第三届纪律检查委员会第五次全体会议在市行政会议中心举行。会议学习贯彻十八届中央纪委六次全会、省纪委十三届六次全会精神，总结2015年全市党风廉政建设和反腐败工作，研究部署2016年的工作任务。张鸿星、于秀明、魏建锋、谢发明、吴伟柱、周小平、黄玉剑、李建林、谭小平等市四套班子在家领导出席会议。市委常委、市纪委书记吴伟柱代表市纪律检查委员会常务委员会作题为《坚持挺纪在前，全面从严治党，为建设幸福抚州提供坚强的纪律保证》的工作报告。

【市纪委三届七次全会】　9月8日，中共抚州市第三届纪律检查委员会第七次全体会议在市廉政党校召开。市委常委、市纪委书记吴伟柱主持会议并讲话。会议听取《向市第四次党代会的工作报告起草情况说明》，审议、表决并原则通过市纪委向市第四次党代会的工作报告，授权市纪委常委会对《工作报告》进行修改完善。吴伟柱强调，要进一步增强责任感和使命感，发扬传统、保持作风，加强学习、增强本领，坚持原则、秉公执纪，严以律己、以身作则，全面履行好党章赋予的职责，为建成全面小康新抚州做出新的更大贡献。

【市纪委四届一次全会】　9月29日，中共抚州市第四届纪律检查委员会第一次全体会议在市行政会议中心举行。全会选举产生中共抚州市第四届纪律检查委员会常务委员会委员、书记和副书记，并经市委四届一次全会通过。刘海滨、黄发高、赵荣贵、罗少韬、尧宇斌、艾华、钱平、汪月清、艾恒知等9人当选中共抚州市第四届纪律检查委员会常务委员会委员。刘海滨当选为市纪律检查委员会书记。黄发高、赵荣贵、罗少韬当选为副书记。刘海滨强调，要不忘初心、始终做到对党忠诚、向党负责，把思想和行动统一到市第四次党代会的决策部署上来，统一到落实全面从严治党要求上来，为全面建成小康新抚州提供坚强纪律保障。

【全市监督执纪教育专修班】　2月15日，全市监督执纪教育专修班在宜黄清风苑党风廉政教育中心举办，市委常委、市纪委书记吴伟柱在讲话中强调，要提升群众的参与率、支持率和满意率，真正使全面从严治党的阳光雨露惠及人民群众，全面提升群众“获得感”。市纪委监察局机关，市纪工委监察分局，以及宜黄县纪检监察干部近200人参加培训。

【整治基层不正之风和腐败问题专项工作部署会】 3月8日，全市整治基层不正之风和腐败问题专项工作部署会在宜黄清风苑党风廉政教育中心召开。会议总结回顾2015年全市纪律审查和“违插”专项治理工作，研究部署2016年工作任务。各县（区）纪委书记、分管纪律审查工作的副书记，抚州高新区纪工委书记，市纪工委书记、副书记以及市纪委机关室主任以上共60余人参加会议。

【换届纪律和风气专项巡察工作动员部署会】 4月6日，全市换届纪律和风气专项巡察动员部署会召开，会议集中学习《省委办公厅关于对换届风气开展专项巡视巡察的通知》和市委巡察办《关于开展换届纪律和风气专项巡察的实施方案》，对全市换届纪律和风气专项巡察工作进行动员部署。会议强调，各巡察组要熟悉政策要求，严明纪律规矩、强化使命担当、加强团结协作，始终做到忠诚、干净、担当，以过硬的作风履职尽责，不辱使命完成市委交给的任务。市委巡察工作领导小组成员、巡察组全体人员，各县（区）纪委、抚州高新区纪工委分管巡察工作的副书记以及市委巡察办工作人员共30余人参加会议。

【纪检监察工作调度会】 7月7日，全市纪检监察工作调度会在市廉政党校召开。会议集体学习全省纪检监察工作半年调度会精神，总结全市上半年纪检监察工作，对下半年工作进行动员部署。市委常委、市纪委书记吴伟柱指出，要深刻领会中央纪委、省纪委把纪律挺在前面要求，准确把握运用监督执纪“四种形态”，做到用纪律说话、用纪律思考。要加强队伍建设，拓宽监督视野，提升能力素质，改进工作作风，打造一支敢于担当、善于落实的纪检监察干部队伍。

【新任主要领导见面会】 9月13日，市纪委机关召开新任主要领导见面会。会议宣读关于任命刘海滨为中共抚州市委常委、市纪委书记的任职决定。市委副书记于秀明出席会议并讲话。于秀明指出，希望大家全力支持刘海滨的工作，进一步加强学习，开拓创新，加强团结，廉洁自律，保持惩治腐败高压态势，持之以恒纠正“四风”，树立抚州纪检监察干部良好形象，为抚州“绿色崛起、跨越发展”，实现“十三五”良好开局提供坚强的纪律保障。刘海滨表示，自己将全力做好工作，切实履行好党风廉政建设的监督责任，深入落实中央八项规定精神，驰而不息纠正“四风”，保持惩治腐败高压态势；将严格要求自己，始终不忘初心，廉洁自律，率先垂范，管好亲属和身边工作人员，团结带领全市纪检监察干部，为抚州经济社会发展作出努力。市纪委监察局全体班子成员，市纪委机关副主任以上干部参加见面会。

【全市扶贫领域专项巡察工作动员会】 10月18日，全市扶贫领域专项巡察工作动员会在市廉政党校召开。市委副书记于秀明出席会议并作动员讲话，市委常委、市纪委书记刘海滨主持会议。会议传达省委书记鹿心社讲话精神和市委书记肖毅批示，宣布巡察任务分工。9个专项巡察组组长作表态发言。于秀明强调，各巡察组要把责任扛在肩上，把技能握在手中，把标杆树在基层，以强烈的责任担当、饱满的工作激情和严明的纪律作风完成好市委交给的工作任务。刘海滨强调，各巡察组组长要切实担负起第一责任人职责，不但要发现问题，形成震慑，更要管好自己、带好队伍，以李泉新为“标杆”，不忘初心，树好形象，砥砺前行，圆满完成市委交办的任务。市委巡察工作领导小组成员，市委巡察办和9个专项巡察组的全体人员，10个被巡察县（区）党委（党工委）有关负责人，各县（区）委巡察办主任，以及市纪委机关各室主要负责人共120余人参加会议。

【市纪委派驻机构全覆盖工作动员部署会】 10月26日，市纪委派驻机构全覆盖工作动员部署会在市廉政党校召开。市委常委、市纪委书记刘海滨出席会议并讲话。刘海滨强调，要围绕监督执纪问责这个主责，吃透精神、增强底气，敢于履职、保持锐气，身先示范、永葆正气，把派驻机构建成“常驻不走的巡察组”。会上，宣读《中共抚州市委办公室关于印发〈关于加强市纪委派驻机构建设的实施意见〉的通知》以及23家派驻纪检组（市直属机关纪工委）组成人员和监督单位；部分市直部门党组（党委）

市纪委召开派驻机构全覆盖工作动员部署会议

书记代表、派驻纪检组组长代表作发言。市纪委监察局班子成员，市委组织部、市编办领导，纳入全覆盖的市委各部门、市直各单位党组（党委）主要负责人，市纪委派驻纪检组全体干部，以及市纪委机关副处级以上干部共计190余人参加会议。

【全市新任副县级党员领导干部纪律教育专修班】 11月8日，全市新任副县级党员领导干部纪律教育专修班在市廉政党校开班，90余名新提任的副县级党员领导干部参加专修班。市委常委、市纪委书记刘海滨讲授廉政党课。刘海滨围绕“学习六中全会精神，做清正廉洁好干部”这一主题，从“好干部的标准，违纪违法的代价，清正廉洁的要求”三个方面，深刻阐述在全面从严治党新形势下好干部的标准，指明干净干事的途径，告诫大家要如何才能真正做一个清正廉洁的好干部。

【纪检监察干部赴井冈山开展党性教育活动】 12月9—10日，市纪委组织机关和派驻纪检组130余名党员干部组成“学习井冈精神”连，赴革命摇篮井冈山开展“弘扬井冈精神，传承红色基因”党性教育活动。市委常委、市纪委书记刘海滨，以及在家的市纪委监察局班子成员以普通党员的身份参加活动。活动围绕井冈山斗争和井冈山精神，以课堂教学和现场体验相结合的形式，开展听专家讲革命斗争史、向革命烈士敬献花圈、重温入党誓词、参观井冈山革命博物馆等形式多样的教育。

【2016年度市直单位党风廉政建设满意度测评大会】 12月16日，抚州市召开2016年度市直单位党风廉洁建设满意度测评大会，部分市“两代表一委员”，市直单位机关干部代表，市本级及高新区企业代表，临川区及高新区的基层群众代表等共计400余人参加测评会，对102个市直单位党风廉洁建设情况进行评价打分。

党风廉政建设

【“两个责任”硬性落实】 市委带头落实主体责任，向各县（区）委、市直单位党组（党委）下发《全面从严治党主体责任书》，要求党委和党组主要负责人切实知责明责，认真履责尽责，严格追责问责，切实担负起全面从严治党主体责任；市纪委强化监督责任，向县（区）纪委、市纪工委、市直单位纪委下发《全面从严治党监督责任书》，举办新年监督执纪教育专修班，要求正确把握和运用监督执纪“四种形态”，认真履行“监督、执纪、问责”三大主责。同时，针对责任制检查考核与实际工作脱节，考核缺乏具体量化标准，考核定性多、定量少、评价难、差别小等问题，运用“制度＋科技”，建成“两个责任”网络监管平台，将2016年落实“两个责任”内容具体细化为43项具体工作，将领导班子及成员的责任细化为落实清单，全部纳入平台在线管理，实现履责全程纪实、永久留痕。创新工作方式，在宜黄县试点开展农村“小微权力”清单运行监督，通过清单定责、实时管理，推动“两个责任”落实。

【全面落实中央八项规定精神】 全市纪检监察机关紧盯重要节点，常态开展节日廉情监督，做到“节前教育提醒、节日明察暗访、节后公示反馈”。继续围绕春节、清明、端午等主要时间节点，重点聚焦违规收送“红包”、违规公款吃喝、公款旅游、公车私用、公款购买赠送年货节礼等突出问题，全市共抽调人员1246人次，组织182个检查组，采取联合督查、随机抽查、交叉检查和调阅公安天网监控系统、公务消费一体化监管平台数据等方式，开展专项监督检查。全年全市共查处违反八项规定精神问题86起，处理113人，公开通报曝光典型案例32次80起。

【践行“四种形态”】 全市纪检监察机关坚持始终按照中央力度不减、节奏不变的要求，继续加大纪律审查工作力度，坚决把存量减下去、把增量遏制住。全市纪检监察机关共立案986件，给予党纪政纪处分934人，其中县级干部9人。特别是严肃查处抚州广播电视大学校长陈明华、黎川县政府调研员刘建山等人，在社会上引起强烈反响和积极评价，在党员干部中形成强大声势和有力震慑。积极实践监督执纪“四种形态”，全市纪检监察机关开展“五约谈”（提醒约谈、清风约谈、廉政约谈、履责约谈、谈话函询）2536件（次），作出党纪政纪轻处分和组织处理687人，重处分和重大职务调整252人，移送司法机关处理34人。同时，坚决贯彻落实省纪委、省委组织部联合下发的《关于支持、保护和激励党员干部改革创新、担当有为的意见》，对信访反映不实问题及时澄清，为敢于担当、勇于创新的干部鼓劲撑腰，支持党员干部大胆创新、干事创业。

【开展“红包”“违插”专项治理】 全市纪检监察机关在深化教育、卫生、殡葬、税务四个系统“红包”治理的基础上，重点推进公安、交通、环保、住建四大系统的“红包”治理工作。在“违插”治理中，紧盯重点人、重点事、重点项目和重点环节，坚决抓典型、抓“现行”，对不收敛、不收手的，发现一起、查处一起、曝光一起。全市各级廉政账户共收到上缴“红包”款1255笔386.67万元，查处收受“红包”案件17起17人；收到主动上缴违规插手工程项目不当得利164笔253.18万元，查处“违插”案件5起处理6人，其中县级领导干部2人。

【纪委监督同级党委】 2016年，市委研究出台实施意见，在全市推行纪委监督同级党委落实全面从严治党主体责任制度，明确“遵守党章和准则、落实主体责任、加强作风建设”三项监督任务，规范“开展调研评议、听取履责报告、进行提醒约谈、督促整改落实”四项监督方式，并在12月底组织专门检查组，对各地各单位制度落实情况进行专项检查，推动全面从严治党落地生根。

【强化刚性问责】 抚州市坚持把问责作为落实主体责任的重要保障，执行好“一案双查”制度，加大对不履行或履行主体责任不力行为的处理力度；坚持问责情况定期报告、典型问题公开曝光，使问责形成制度、扩大声势、有力震慑、成为常态。全市共查处“两个责任”问责案件25起，给予党纪政纪处分31人。

【开展纪律巡察工作】 制定全市《关于开展巡察工作的实施意见》，成立市委巡察工作领导小组和办公室，从纪检监察、组织、财政、审计、公安、检察等部门选取人员组建巡察人才库，其中，专业人才库208人、组长人才库20人，积极开展纪律巡察，实现巡察全覆盖。上半年，组织开展全市换届纪律和风气专项巡察，发现问题线索21件，取消8名换届对象的提名资格，对41名个人档案存在疑问的干部提出不予提拔重用的意见。10月，组织9个巡察组对扶贫领域进行专项巡察，发现问题326个，交由县（区）整改128个，向市直有关单位提出处理意见4个。12月15—16日，市委巡察工作领导小组、市委“五人小组”、市委常委会先后听取扶贫领域专项巡察情况汇报，市委书记肖毅点评了汇报情况，并对督促整改提出明确要求。

【深化公务消费“一体化”监管和农村集体“三资”监管改革】 在原“抚州市公务消费电子化监控管理系统”基础上进行改造升级，以预算控制为龙头，以支出标准为依据，以预警监督为手段，构建“抚州市财政支出廉政风险防控平台”并于10月17日上线运行。依托农村集体“三资”监管平台，对监管软件进行扩容升级，将监管范围从村一级延伸至村小组。

【开设纪律讲堂】 把监督关口前移，市县乡村四级党组织全面开设“纪律讲堂”，将纪律教育向基层延伸，覆盖到全体党员。市、县两级党委设立中心讲堂，市直单位、县直单位党委（党组）和乡镇党委设立基层讲堂，在村组设立流动讲堂，同时设立纪律在线“微讲堂”。市、县、乡、村四级共开设纪律讲堂3000多个，开展宣讲8000多场次，45万多人次接受教育。

抚州市纪检监察系统信息工作会议

【推行纪律处分执行公示】 针对处分干部事项遮遮掩掩不公开，执行中存在的降级不“减薪”、双开不“停薪”，直接影响执纪的权威性、严肃性、警示性等问题，制定《抚州市党纪政纪案件处分执行公示办法》，在及时、严格督促办理受处分人员职务、工资、解除人事关系等事项的基础上，对受处分人受处分的种类、职务级别调整、工资待遇调整、年度考核等事项进行公示，强化纪律严肃性。年内全市纪检监察机关共公示309起受党纪政纪处分案件。

【实行“一案三查找”】 针对发挥纪律审查“后半篇”文章效应不够、警示教育和推动建章立制效果不好等问题，注重将查办结果转化为教育成果、制度成果，选择有警示教育意义的违纪违法案件，在发案单位组织召开警示分析会，单位党委（党组）主要负责人和班子分管领导，纪委（纪工委、纪检组）主要负责人，受处分对象等三方共同查找存在的问题、查明个人应负的责任、查出下步改进的措施。年内，市本级和12个县（区）就27起典型案件开展“一案三查找”警示会。

【深化派驻改革】 2016年，市纪委派驻机构工作实现机构组建到位、职能调整到位、编制落实到位、人员安排到位、派驻监督全覆盖到位，派驻机构干部全部到岗履职。一是统一规划。设置市纪委派驻机构23家，其中派驻纪检组22家和派出纪工委1家。二是统一名称。市纪委派驻机构统一名称为市纪委派驻纪检组。对系统规模大、直属单位多、监督对象多的部门，单独设置派驻机构；对业务相近、相关或系统规模小、监督对象少的部门，综合设置派驻机构。共设立综合派驻17家、单独派驻5家、市直属机关纪工委1家。三是统一管理。派驻机构由市纪委直接领导、统一管理，向市纪委负责，体现“派”的权威和“驻”的优势。

【“两学一做”贯彻始终】 4月开始，在纪委监察局机关党员干部中开展“学党章党规、学系列讲话，做合格党员”学习教育，制定“九个一”的任务清单，通过支部书记带头讲党课、纪律讲堂集中学、微信网络“线上线下”互动学、开展读书征文等形式，着力在学深悟透上下功夫。同时，以加强机关党的建设为统领，坚持问题导向，把提高能力素质、改进干部作风、推动纪委“三转”贯穿学习教育和机关党建全过程，用工作成效检验教育成果，做到两手抓、两促进。

【深化集中整治基层不正之风和腐败问题专项治理】 把“集中整治基层不正之风和腐败问题”与“两学一做”深度融合，回归党内生活查找问题，开展纪律约谈传导压力，聚焦整治重点严查严纠，全力解决基层“微腐败”问题，推动全面从严治党向基层延伸。全市梳理问题清单29180条，制定整改措施28219条，约谈党员干部17703人，2546人次主动交代问题，上交金额698.84万元。查处基层“微腐败”问题233件，党纪政纪处分287人，移送司法机关处理60人；其中，查处扶贫领域问题109件，党纪政纪处分146人，移送司法机关处理34人。《中国纪检监察报》《江西日报》等主流媒体分别对抚州市集中整治工作进行宣传报道，《江西集中整治工作简报》对抚州市的做法多次刊载。

【纪委换届风清气正】 全面落实“纪委书记、副书记的提名考察以上级纪委会同组织部门为主”的制度安排，在县、乡纪委换届期间，市纪委提前介入、主动谋划，组织专题调研组，深入11个县（区）纪委，宣传换届政策和纪律，并与县（区）纪委班子成员逐一见面，了解班子的运行情况、存在问题和困难；与11个县（区）纪委书记、23名涉及交流或不再提名的班子成员进行谈心谈话，了解思想动态，做好疏导工作。同时，及时向市委专题汇报县乡纪委换届摸底情况、换届意见建议等，并对县（区）纪委副书记实行异地交流任职。2016年，实现异地交流6人。

典型案例选介

【陈明华违纪案】 陈明华，男，1963年9月出生，江西临川人，1982年7月参加工作，1986年12月加入中国共产党，2007年10月任抚州职业技术学院副书记、副校长，2012年7月任抚州职业技术学院党委书记，2013年8月任抚州广播电视大学校长、抚州市高等职业技术教育中心主任。2016年4月22日辞去抚州市第三届人大常委会委员及人大代表职务。经查，陈明华在抚州职业技术学院（以下简称职院）任职期间，存在违反政治纪律，与他人串供、销毁证据对抗组织审查；违反组织纪律，诬告他人；违反廉洁纪律，收受礼金2万元；违反工作纪律，插手干预职院信息大楼工程项目承发包，致使职院信息大楼4311.03万元的装修工程未依法进行招投标，并在该项目监管中严重失职，造成310.51万元国有资金流失；违反国家法律法规，利用职务上的便利，为工程承建商谋取利益，收受他们财物384万元（实际收受124万元、未遂260万元）等严重违纪违法事实。依据2016年《中国共产党纪律处分条例》第一百三十三条第二款和2003年《中国共产党纪律处分条例》第二十四条、第一百四十七条、第一百二十四条、第一百二十七条、第七十四条、第八十五条、第三十二条、第四十一条之规定，经市纪委常委会议讨论，并报经市委常委会议批准，决定给予陈明华开除党籍处分，收缴其违纪所得上交市财政；依据《事业单位工作人员处分暂行规定》第十一条、第十八条、第十九条之规定，经市监察局局长办公会议讨论，并报经市政府第62次常务会议批准，决定给予陈明华开除公职处分。将陈明华涉嫌犯罪问题移送司法机关进一步侦查处理。

【刘建山违纪案】 刘建山，男，1959年12月出生，江西省莲花县人，大专文化，1976年10月参加工作，1981年6月加入中国共产党，2005年1月任黎川县人民政府调研员、德胜企业集团党委书记、总经理，2014年9月任黎川县人民政府调研员。经查，刘建山在担任黎川县人民政府调研员兼德胜企业集团党委书记、总经理期间，违反工作纪律，对德胜企业集团以虚报普及九年义务教育债务形式骗取财政资金186.63万元负有主要责任；违规插手干预建设工程项目，对德胜企业集团新村安置房工程和垦区危房改造工程未进行公开招投标、违规支付工程款负有主要责任；违反国家法律法规规定，利用职务上的便利为他人谋取利益，收受工程承包商财物4.2万元。刘建山身为党员领导干部，严重违反工作纪律和国家法律法规规定，在党的十八大后顶风违纪收受他人财物，并在2015年全市集中整治领导干部违规插手干预工程期间，没有如实向组织交代自己违规插手干预工程的情况，情节严重。根据2016年《中国共产党纪律处分条例》第一百三十三条第二款和2003年《中国共产党纪律处分条例》第八十五条、第一百一十四条、第一百二十四条、第四十一条之规定，市纪委常委会研究，并报经2016年3月25日市委常委会议批准，决定给予刘建山留党察看两年处分，撤销其黎川县人民政府调研员职务，降为正科级非领导职务；收缴其违纪所得。

（张彦杰）

本栏编辑　汪　洋

民主党派

民革抚州市委会

【概况】 2016年，民革抚州市委会坚持以中共十八大、十八届六中全会和习近平总书记系列重要讲话精神为统领，全面贯彻中共抚州市委十六字工作总要求，思想建设取得新进展，组织建设迈上新台阶，参政议政彰显新亮点，社会服务展现新实效，较好履行参政党职能，为全面建成小康新抚州做出积极贡献。

【思想建设全面推进】 深入推进主题教育活动。民革市委会持续深入推进“坚持和发展中国特色社会主义”学习实践主题教育活动，把中共十八届六中全会精神、习近平总书记在纪念孙中山先生诞辰150周年大会上的讲话、中共江西省第十四次党代会精神、中共抚州市第四次党代会精神作为学习贯彻的重点，帮助全体民革党员深刻把握精神实质，始终坚持中国共产党的领导，增强政治意识、大局意识、核心意识、看齐意识，不忘合作初心，继续携手前进。

高度重视党员培训工作。年内，市委会选送2名党员参加中央社会主义学院民革骨干党员培训班学习，选送3名党员参加省社会主义学院民革骨干党员培训班学习，有6名党员参加省委统战部组织的全省党外县处级领导干部学习习近平总书记系列重要讲话精神和五大发展理念专题轮训班学习，有9名党员参加市委组织的全市领导干部专题研修班学习。承办全省民革组织信息管理软件、民革E家信息平台、《团结报》江西记者站特约通讯员培训班，交流互鉴取得实效。

不断加大宣传报道力度。充分利用新媒体方式，不断拓展市委会工作宣传平台。建立抚州市民革微信公众号。同时加大宣传信息组稿力度，全年上稿80多件。

【组织建设稳步发展】 党员队伍建设进一步加强。发展6名政治素质高、学有专长、业有专攻的优秀人士为民革党员。在市委及相关单位的关心下，市民革党员提拔任用有新进展，年内，提拔为副厅级干部1名，提拔为副处级干部2名。2016年是抚州换届之年，市委会积极做好人大代表和政协委员推选工作，有3名党员当选市人大代表，其中，市人大常委1名；有15名党员当选市政协委员，其中，市政协常委5名；有1名党员当选临川区人大代表，7名党员当选临川区政协委员，其中，区政协常委2名。

基层组织活力进一步彰显。市委会通过表彰2015年度表现优异的5个先进支部、24名优秀党员、7名参政议政工作先进个人、10名社会服务工作先进个人，促进基层组织的活力再提升。临川总支、各支部积极组织党员参与扶贫攻坚、四下乡、送温暖、课题调研等活动。同时，请进来走出去的交流活动形式得到丰富，市直二支部与省直支部、市直五支部与南昌西湖区总支进行6次交友联谊活动。

党内监督工作进一步强化。市民革监督委员会加强对市委会领导班子的监督、对市委会领导班子贯彻执行民主集中制特别是人事安排的监督、对基层组织的监督、对人大代表和政协委员的监督，对拓展工作领域进行有益探索。

【参政议政亮点纷呈】 民革抚州市委会精心谋划政协大会发言课题。围绕国家二胎政策的出台，对政府职能部门和广大民众更好地适应新政策进行调研，形成《全面放开二胎，你准备好了吗》课题成果，被省政协十一届四次全会作为大会书面发言材料。把通过汤显祖的影响力来促进抚州的经济发展作为调研课题，形成《把凤岗河沿线打造成彰显汤显祖品牌的文化经济带》课题成果，在市政协三届六次全会上作大会发言，得到领导和委员们的赞许。

精心组织党派提案工作。一年中，民革党员围绕大事建言、紧扣民生献策、聚焦热点议政，形成着眼发展的“关于加快全市旅游产业发展的建议”、建言民生的“关于加强农村敬老院建设的建议”、聚焦扶贫攻坚的“精准施策，着力解决因病致贫返贫问题”等17篇集体提案提交到市政协三届六次全会上，得到充分运用和采纳。

精心部署统战大调研工作。市委会认真对接市统战系统“同心、生态文明抚河行”大调研活动，组织实施“同心、生态文明抚河行——广昌溯源行”、南丰“桔乡行”等调研活动，形成《抚州旅游业调查报告》《抚州市的农业发展现状及发展方向》《全市精准扶贫调研报告》等7篇调研成果，为促进全市生态文明建设献计出力。其中，《加大政策落实力度，引进双返双创人才》还被市政协作为资政会的发言材料。

【社会服务丰富多彩】 博爱行动暖民心。积极组织开展“四下乡”“送温暖”等活动，不断提升民革“博爱·牵手”品牌影响力。抚州市光彩事业促进会民革分会调用资金2.1万元于春节前走访慰问50户贫困户，并带领医疗专家上门为患病的贫困人员提供诊治服务。市委会联合市政协港澳台侨外事和民族宗教委员会组织医疗专家赴乐安县金竹畲族乡开展送医送药进少数民族村寨活动，为100多名村民进行义诊，免费发放药品1万余元。临川区总支组织医疗专家开展送医送药下乡活动，为300多名村民进行义诊。市委会与中共抚州市委统战部联合举办妇女保健知识讲座，邀请省知名妇产科专家、民革党员傅芬授课，150余名女同胞到场聆听。

参与中心展风采。市委会在“四进四联四帮”、文明城市创建、扶贫攻坚、综治维稳等中心工作上积极作为，尽心尽力。市委会机关继续派员进驻崇仁县孙坊镇邹家村开展扶贫攻坚工作，落实扶贫项目3个，扶贫资金14万元，“扶贫日”给困难学生提供2000元慰问金，挂点帮扶工作得到市县两级表彰。市委会领导多次深入广昌县盱江镇新安村实地了解情况，多方筹措资金37万元帮助解决村建设、村发展问题。

法律服务添助力。市委会法律服务工作部不断创新工作方式，拓展服务内容，通过“法律服务在一线”工程、“法律之星”进社区进企业进校园、“送法下乡”等活动，法律服务取得实效。法工部参与市人大《抚州市地方性法规制定条例》制定。法工部成员为所联系的党员、群众提供法律服务，免费为党员及其家属提供法律咨询20余次，为党员代理诉讼1件，免费为困难群众提供法律咨询70余人次，为民革挂点村困难群众故意伤害诉讼案提供法律援助1件。

（艾润恒）

【民革市委会领导名录】

主　　委：刘忠华

专职副主委：黄港清

民盟抚州市委会

【概况】 2016年，民盟抚州市委会深入学习贯彻中共十八届六中全会、习近平总书记系列重要讲话、江西省第十四次党代会、市委三届十二次全会和中共抚州市第四次代表大会精神，认真贯彻中央统战工作会议、民盟十一届三中全会和民盟江西省第十三届委员会精神，主动适应新常态，全面加强自身建设，围绕全市中心工作，积极履行参政党职能，为推动全市跨越发展，建设幸福抚州做出积极贡献。抚州民盟市委被民盟中央评为全国社会服务先进集体、《群言》发行工作优秀单位，荣获全省盟务工作综合先进单位。民盟临川区总支被民盟中央评为全国优秀基层组织，民盟抚州市委财金支部荣获民盟中央“坚持和发展中国特色社会主义学习实践活动”先进集体，民盟市委机关被评为市级文明单位、绩效考核良好单位和计划生育先进单位。

【思想建设实现新提升】 一是加强学习教育，增进政治共识。先后举办学习贯彻十八届六中全会、习近平总书记系列重要讲话、江西省第十四次党代会、中共抚州市第四次代表大会和中央统战工作会议精神的专题学习会和座谈会，有步骤、分阶段、多层次地开展“坚持和发展中国特色社会主义学习实践活动”“树立和践行社会主义核心价值体系”“两学一做”专题教育、“把纪律挺在前面”等主题教育活动。5月18日，民盟抚州市四届三次全委（扩大）会议暨抚州市光彩事业促进会民盟分会成立大会召开。会议传达学习市委书记肖毅在全市领导干部学习贯彻十八届五中全会精神专题研讨班上的辅导报告精神、民盟江西省第十三届委员会第五次全体会议精神和全省民盟基层组织工作暨参政议政工作会议精神、市委“双返双创”相关工作会议精神。11月10日，民盟抚州市委会召开四届四次全委扩大会议，学习贯彻《中国共产党第十八届中央委员会第六次全体会议公报》《关于新形势下党内政治生活的若干准则》和《中国共产党党内监督条例》精神。会后，民盟临川总支、民盟财金支部、民盟科技总支先后召开专题学习会组织盟员学习十八届六中全会精神和省第十四次党代会精神。二是开展特色活动，继承优良传统。始终将继承和发扬民盟的优良传统作为思想建设的重要内容，开展特色鲜明的主题实践活动，带领盟员参观“小平小道”、方志敏烈士纪念馆，赴高虎脑、兴国、瑞金、古田、台儿庄等地接受爱国主义教育和革命传统教育。通过这些活动，深情缅怀革命先烈，学习和宣传前辈风范，继承和发扬优良传统，进一步夯实与中国共产党团结奋斗的思想基础。三是发挥书画院优势，展现盟员风采。3月19日，由民盟江西省委会主办的纪念中国民主同盟成立75周年书画展在省行政中心大厅举行。此次书画展精选70余幅进行展出。民盟市委会共有包括市政协副主席陈云斐、主委章克敏以及盟员书法家们19幅作品入选参展。4月28日，由民盟抚州市委会主办的纪念中国民主同盟成立75周年书画展在市直1号楼大厅内举行。四是拓展宣传渠道，增强宣传实效。民盟市委会紧扣参政党工作职能，加强对盟的主要工作的宣传报道，积极撰稿投稿，在各类新闻媒体上用稿40余篇。省市媒体多次报道民盟市委的相关活动，有效扩大民盟的影响，展示民盟的形象，助推民盟的发展。订阅党报党刊、《群言》《盟讯》等杂志，荣获民盟中央《群言》杂志社发行工作优秀单位称号。

【参政议政取得新成效】 一是参与政治协商，共谋发展大计。民盟市委会主要领导和班子成员积极参加省人大、省政协、民盟省委、中共抚州市委、市人大、市政府、市政协、市委统战部和有关单位召开的协商会、座谈会、情况通报会、提案督办、专题调研与视察活动，紧紧围绕省市政治、经济和社会发展中的重大问题认真调查研究，共谋发展大计。提出许多有价值的意见和建议。担任各级政府、司法部门特邀职务的盟员，积极参加各种专项检查工作，认真履行民主监督职能，在加强行风评议、推进廉政建设中发挥积极作用。二是立足两会平台，建诤言献良策。2016年市两会期间，盟内人大代表、政协委员共提交议案、提案31篇，其中民盟市委集体提案13篇，提案数量和质量有新突破。多篇议案、提案被列为重点督办议案、市长领办提案、主席督办提案。提交的提案“健全有效治理机制，妥善化解医患纠纷”“打造智慧医联体模式，提升我市医疗技术水平”“加强抚州采茶戏传承与发展的若干建议”被评为市政协优秀提案。“健全城市管理机制，提高城市管理成效”被列为市政协协商提案，“重视农村公路建设管理，推进农村公路建设改造升级”被列为主席督办提案，“依托凤岗河，打造梦食街”被列为市长领办提案，“关于加强我市农村医疗卫生工作的几点建议”被列为联合督办提案。盟员蔡乔乔、侯龙清被评为优秀市政协委员。三是加强组织领导，反映社情民意。民盟市委班子从健全信息遴选和奖励机制、加强信息员队伍建设、注重对基层支部盟员的培训“三个环节”入手，调动广大盟员的积极性，上报信息的数量和质量有显著提高。向民盟省委上报信息30余篇，其中多篇被各级部门采用。四是切合社会热点，精选调研课题。关注社会热点、结合自身实际积极申报民盟省委调研课题，“惠农政策实施效果的跟踪研究”等成果得到评审专家好评，充分展现抚州民盟参政议政的水平和特色，进一步拓宽参政议政空间。五是参加政协工作，开展视察调研。民盟市委主要领导带领班子成员参加市中心城区小升初就近入学情况调研、“构建长效机制，创建文明城市”专题视察、“如何发挥体育社团组织”专题视察活动；召开“关于加强抚州采茶戏传承与发展的若干建议”的提案督办会。

【组织建设焕发新面貌】 一是巩固提高，保持组织发展优势坚持做好组织发展工作。2016年共发展新盟员20人，其中，硕士研究生3人，大专以上文化程度的17人；具有中高级职称的9人；截至2016年年底，全市共有盟员312人。民盟市委会注重加强对骨干盟员和机关干部的学习培训，5月19日—6月2日，新任民盟市委委员和盟务骨干3人参加民盟省委举办的全省民盟盟务骨干培训班。8月22日，市委统战部邀请九三学社省委会专职副主委肖礼庆作题为“增强五种能力，做合格党外干部”的专题讲座，民盟市委会组织30余名盟员参加讲座。10月9—23日，组织骨干盟员3人参加全省民盟中青年盟员培训班。12月14日，组织30余名盟员参加市委统战部举办的学习贯彻党的十八届六中全会精神暨新常态下的华为管理模式创新培训班。

二是政治交接，精心推选两会代表。10月，市县（区）人大、政协换届后，有36位盟员分别担任市、县(区)人大代表和政协委员。其中，有市人大代表4名（含人大常委1名），有市政协委员17名(含市政协常委2名）；有临川区政协委员共16名(含政协副主席2名、政协常委4名），人大代表1名；崇仁县政协委员1名。这些人员的当选、连任，充分体现抚州市委对民盟市委会工作的肯定和鼓励，以及对党外干部的关心和厚爱。

三是精心设计，丰富各项活动。3月12日，科技总支组织盟员开展“喜庆‘三八节’，相约文昌里”活动，增进盟员之间的感情，同时也丰富盟员的业余文化生活。3月29日，民盟市委在市总工会职工教育中心举办太极拳养生培训班，推进盟内全民健身运动，同时也增强盟组织的凝聚力和活力。4月1日，企业支部在抚州民生农业科技有限公司会议大厅举办“创业成就梦想，行动改变人生”盟员企业家座谈会。会后，与会盟员实地参观抚州民生农业蔬菜基地以及五黑鸡养殖基地。11月30日，民盟临川区总支组织盟员赴临川区高坪镇三桥街开展爱国卫生教育活动，盟员们为农民提供测土配方施肥、蔬菜瓜果种植技术，爱国卫生教育、身体健康咨询等服务。此次活动发放相关资料500余份，提供服务450人次，深受当地群众好评。活动的精心设计，扩大了民盟组织的影响，促进了民盟组织的团结和谐、健康有序发展。

四是提升能力，服务盟员，机关工作稳步推进。民盟市委会机关通过不断完善管理机制，加强机关自身建设提升执行力和服务水平。完善盟员之家，为基层支部和广大盟员提供学习、交流、活动、提升的平台。3月31日，民盟福州市委一行到抚州调研，两地民盟组织以此次活动为契机，相互借鉴先进工作经验,加强两地交流学习。9月，民盟市委会机关干部赴中央社会主义学院参加培训学习，提升机关干部的办事、办会、办文能力。

五是民主集中，凝聚班子整体合力。民盟市委会机关不断坚持和完善集体领导和个人分工负责相结合的工作制度，认真贯彻执行民主集中制，建立健全领导班子内部议事规则和决策机制，提高决策能力和决策水平。提拔任用干部严格执行民主集中制，干部任免工作由民盟市委班子集体研究决定，同时征询市委统战部和分管领导意见，接受市委统战部和市委组织部的人事考察，有效避免个人决定干部任免和临时动议现象。同时建立健全领导工作责任制，明确班子成员的责任，把班子成员的个体能力凝聚成班子的整体合力。

【社会服务工作扎实开展】 一是情系农村教育，开展烛光行动。3月29日，组织省级骨干教师李露洁和市级优秀教师王旭红、陈珺等盟员到广昌县大禾村完小开展送教下乡活动，送去三节优质教学示范课，给听课学生和观摩老师留下深刻印象。4月18日，组织优秀盟员教师喻斌益到广昌县新安中学开展“同心·烛光行动——送教下乡”活动，与县中小学西片区8名教师参加“创设情境激发兴趣，培养学生自主学习”联片教研座谈会。加强了校际间的教研合作与交流，达到城乡联动、校际互动、优势互补的目的，有力地促进教师的专业成长，助推教育的均衡发展。

二是继续开展“四进四联四帮”活动，服务农村建设。积极派员带队领导民主党派“连心”小分队的驻村扶贫工作，为挂点村争取公共基础建设资金约10万元和精准扶贫资金约1万元，筹集建设水泥30吨，春节前，民盟市委领导走访看望了帮扶对象。7月1日，中国共产党成立95周年之际，民盟市委和抚州市各民主党派全体机关干部与挂点村的老党员座谈，并走访慰问结对帮扶贫困户，为困难户建档立卡，张贴四进四联四帮“连心卡”。10月17日，民盟市委和抚州市各民主党派领导开展扶贫公益爱心助学活动，共向14户贫困学生送上8800元的助学金，并为20户“321”结对帮扶贫困户送去4000元慰问金。12月23日，组织盟内农艺专家赴挂点村开展农业实用技能培训，为村民现场讲解冬季农作物的田间管理，果树、冬季落叶树、大棚蔬菜的种植技巧方法以及牛羊的养殖方法。

三是帮扶贫孤儿童，关注高考学子。连续四年组织盟员参加在临川区特殊教育学校举办的关爱贫孤儿童公益活动，向夏令营的贫孤儿童捐赠价值近千元的学习用品，多位盟员获得慈善爱心荣誉证书。盟员爱心企业家汪文娟心系留守儿童，设立“抚州萤火虫爱心协会”并担任会长。6月11日，民盟市委发起“情系考生·爱心送考”志愿服务活动，得到盟员们的积极响应。高考期间，26位盟员用私家车组成“民盟高考助考爱心车队”，为城区90多名高考考生提供全程免费送考服务；12名盟员志愿者分布在全市城区6个“民盟高考志愿服务”点上，为高考学子及其家长提供清凉服务，共发放免费纯净水5000多瓶，助力高考学子圆梦。

四是助爱孤独老人，温暖夕阳之美。先后组织盟员到多家敬老院开展爱心活动，送去各类药品和日用品。临川二中支部组织盟员参加抚州关爱抗战老兵活动，关心年老、贫困抗战老兵并提供各种帮助。民盟市委会主要领导春节期间带领班子成员走访看望老盟员，了解老盟员的生活情况和身体状况，力所能及地为老盟员提供帮助。4月17日，民盟抚州市老盟员委员会在市职工医疗保险门诊部开展“春夏季如何防治呼吸道疾病”健康知识专题讲座及咨询活动。10月7日，组织科技总支20多位盟员带着食用油、牛奶、水果等慰问品，到临川区龙溪敬老院开展“关爱老人 共度重阳”活动，与老人们共度重阳节。11月23日，民盟临川区总支组织盟员前往嵩湖乡敬老院开展关爱老人慰问活动，送去价值4000余元的食用油、奶粉、优质大米、长寿面条等。

五是助力汤显祖纪念活动，推动抚州文化事业发展。10月，盟员吴岚、胡楠作为乡音版《临川四梦》主演赴国家大剧院、北京大学、清华大学演出，演出取得圆满成功，并在全市纪念汤显祖逝世400周年活动总结大会上作典型发言。2016年，民盟市委加大对临川文化的回顾学习和调研，开展“充分挖掘临川传统文化资源，为抚州社会经济发展出力”的课题调研。

此外，充分发挥盟内企业家和盟组织联系群众的作用，成立光彩事业民盟分会，筹集资金9.2万元，积极参与精准扶贫。

（过梦婷）

【民盟抚州市委会领导名录】

主　　委：章克敏

副 主 委：蔡晓东

唐　化（专职）

杨小平　李淑雯

秘 书 长：蔡乔乔

民建抚州市委会

【概况】 2016年，民建抚州市委会下属1个总支和11个支部，共有会员281名，其中，在职234人，退休47人；大专以上学历116人，占41.2%；本科以上学历107人，占38%；研究生学历7人，占2.5%；具有中高级职称的133人，占47.3%；会员平均年龄49.8岁。会员主要分布经济界，占总会员的71.5%；会员中有省政协委员1人，市人大常委会副主任1人，市人大常委1人，代表2人；市政协常委3人，市政协委员11人；区政协常委4人，委员13人，县政协委员2名。

【思想建设全面推进】 一是深入推进主题教育活动。持续深入推进“坚持和发展中国特色社会主义”学习实践主题教育活动，把中共十八届六中全会精神、习近平总书记系列讲话、中共江西省第十四次党代会精神、中共抚州市第四次党代会精神作为学习贯彻的重点，召开主委会、市委扩大会、总支委员会、支部会进行集中学习，促使全体民建会员深刻理解中央、省、市会议精神，把握好中共十八届六中全会精神实质，始终坚持中国共产党的领导，增强政治意识、大局意识、核心意识、看齐意识，不忘合作初心，继续携手前进。

二是发挥领导带头学习的表率作用。主委、副主委参加省委统战部组织的“深入学习习近平总书记系列重要讲话精神培训班”、全省市级组织专职副主委培训班。以学促思，围绕“履行参政党职能的经验和规律”和“民建如何在全面深化改革和全面推进依法治国中发挥作用”做好民建中央重点理论研究课题工作，撰写心得体会和理论文章。

三是高度重视会员培训工作。一年中，市委会选派会员参加各类学习培训。其中，选送4名会员参加中央和省社会主义学院学习，有4名会员参加省委统战部组织的全省党外县处级领导干部专题轮训班学习，4名会员参加市委组织的全市领导干部专题研修班学习。通过学习，增进会员政治理论水平，提高会员自身素质。

【组织建设稳步发展】 一是把好会员入会关口。年内，通过推荐、谈心、考察、备案等程序共发展15名政治素质高、学有专长、业有专攻的优秀人士为民建会员，平均年龄31.9岁，均有大专以上学历，其中，硕士研究生学历1人，有职称人员2人，经济界人士11人。利用民建组织信息管理系统，对全市民建会员信息进行重新录入，更全面准确掌握会员情况。

二是抓好人大代表、政协委员推荐工作。2016年是换届之年，市委会积极做好人大代表和政协委员推选工作，有4人当选市人大代表，其中，人大常委会副主任1人，人大常委1人；14人当选市政协委员，其中，政协常委3人；17人当选区政协委员，其中，政协常委4人；1名当选县政协委员。

三是积极指导支部换届工作。5月，市委会根据民建江西省委会和市委统战部的换届工作意见，主动与有关部门协商沟通，于7月6日完成对临川上顿渡支部的换届。11月17日，在抚州市第一人民医院成立民建支部，选举产生第一届支部委员3人。

四是基层组织活动形式多样。有单独组织活动的，如临川区人民医院支部组织会员到云山镇为农民群众进行义诊；有与外地民建组织联谊活动的，如临川区总支和庐山廉溪区支部缔结友好支部，相互交流基层支部经验；有联合市直单位共同活动的，如民建抚州市文昌支部与市妇联5月23日走进西大街办事处营巷上社区，对社区妇女手工DIY进行培训；有与外地民建组织联合调研活动的，如吉安民建和抚州民建9月29–30日联合对抚州民建会员企业江西益昕电子科技有限公司、抚州市微雨润灌溉设备有限公司进行调研；有与爱心组织联合活动的，抚州民建工商企业支部11月6日与江西一路有你爱心公益协会抚州分会一起为宜黄县梨溪镇团峰聚村五保老人陈求香过七十岁生日；开展“学习＋公益＋运动”活动，民建临川区总支11月20日在灵谷峰传达学习中共十八届六中全会精神，会后一边登山一边拾捡路边垃圾。

民建会员企业江西环球建设集团赴宜黄县献爱心

【参政议政亮点纷呈】 一是精心谋划政协大会发言课题。市委会抽调骨干会员组成调研写作班子，精心谋划好课题。围绕国家实施的退耕还林政策过程中存在的问题、生态修复、生态建设，实现经济可持续发展形成“我市退耕还林存在的问题不容忽视”课题成果，在市政协三届六次全会上作大会发言，得到领导和委员们高度赞许。

二是精心组织党派提案。通过召开支部主委会议部署提案工作、协调解决调研有关事项、指定专人指导和修改提案文稿等办法来保障党派提案数量和质量。一年中，民建会员围绕大事建言、紧扣民生献策、聚焦热点议政，形成着眼发展的“关于进一步降税减负支持企业转型升级的建议”、建言民生的“关于解决留守儿童的教育问题和建议的提案”、聚焦基础设施建设的“关于农村公路重建轻养的提案”等21篇提案。其中，集体提案9篇。

三是精心部署统战大调研工作。市委统战部提出以生态文明建设为主题实施“同心、生态文明抚河行”调研活动，市委会及时制定对接抚州统战大调研活动调研工作方案，组织民建精干力量，确定对口课题，组织实施“同心、生态文明抚河行——广昌溯源行”、南丰“桔乡行”等调研活动，形成“绿色养生 健康养老”的调研成果，为促进全市生态文明建设献计出力。

【社会服务丰富多彩】 一是心系三农重实效。6月28日，民建抚州市委会率民建临川总支9人到临川区罗针镇开展送科技、卫生、法律“三下乡”活动，为群众义诊80多人，法律咨询42人次，赠送各类蔬菜农药价值5200多元、水稻农药价值4800多元、养猪养鱼药品2600余元以及计生用具价值4000余元；发放养鱼、法律、计生、保健宣传资料3000余份。二是帮困扶贫送温暖。12月11日，抚州民建企业家、民建市委会副主委刘新萍率领江西环球建设集团总部的全体员工及家属到宜黄县福利院，为14名孤残儿童送上文具、图书、食品及水果等物资824件。并到宜黄县东陂镇中心小学进行捐赠，为该校60名留守儿童现场捐资25341元的爱心资金，送去4208件学习用品。三是参与中心展风采。市委会机关按照市委“四进四联四帮”活动的要求，继续派员进驻崇仁县孙坊镇邹家村开展扶贫攻坚工作，全面掌握结队帮扶贫困户情况，切实帮助贫困户提高收入，挂点帮扶工作得到市县两级表彰。市委会派员周末上街进行文明出行劝导，参与文明城市创建工作，组织20多名会员与市城管五分局、东华理工大学志愿者冒着严寒开展“创建文明社区，建设美丽抚州”公益行活动。四是服务会员聚人心。春节前，主委带领班子成员到70岁以上的老会员家拜访慰问，通报会务工作情况，征求对市委会工作意见。重阳节之际，组织老会员开展“九九重阳登高望远敬老孝老登山”活动。截至11月底，市委会有老会员61人，占会员总人数的21.7%。关注会员企业同样是市委会义不容辞的责任。5月24日，市委会先后走访会员企业江西恒祥纺织有限公司、江西宇骏生物工程有限公司。9月29日，市委会对抚州市微雨润灌溉设备有限公司、抚州福顺门业有限公司、抚州市圣航洁具有限公司三家企业进行走访，对企业的发展历程，企业生产经营情况，以及存在的问题与困难进行深入了解。

（汤海棠）

【民建市委会领导名录】
主　　委：段院龙
专职副主委：姜东兴

民进抚州市工作委员会

【概况】 2016年，抚州民进坚持以中共十八大、十八届五中、六中全会和习近平总书记系列重要讲话精神为统领，按照民进江西省委会“一三五”工作思路，全面贯彻中共抚州市委“十六字”工作总要求，主动适应新常态，用新发展理念统筹做好各项工作，思想建设取得新进步，组织建设迈上新台阶，参政议政取得新突破，社会服务展现新成效，较好地履行参政党职能，为全面建成小康新抚州做出积极贡献。市工委被民进中央授予民进全国参政议政工作先进集体称号，被民进江西省委会评为市级组织综合工作先进单位。

【组织建设全面加强】 一是加强政治理论学习。持续深入开展“坚持和发展中国特色社会主义”学习实践主题教育活动、“不忘合作初心，继续携手前进”专题教育活动，以及“两学一做”学习教育活动。大力贯彻落实中共十八届五中、六中全会、习总书记系列重要讲话、省市党代会精神。促使全体民进会员深刻理解中央、省、市会议精神，把握好精神实质，始终不渝坚持中国共产党的领导，增强政治意识、大局意识、核心意识、看齐意识。

二是高度重视会员培训工作。一年中，共有12名会员参加上级培训班。其中，1名会员参加省委统战部组织的全省党外干部县处级班学习，3名会员到省社会主义学院参加民进骨干会员培训班，2名会员参加市委统战部举办的全市党外骨干培训班，6名会员参加市委组织的全市领导干部学习贯彻党的十八届六中全会、省第十四次党代会、市第四次党代会精神专题研修班学习。通过学习，增强会员政治理论水平，提高会员综合素质。

三是加大宣传报道力度。积极向江西民进网、《抚州日报》、市政务网、抚州新闻网、市委统战工作微信群等投稿宣传，建立抚州市民进微信群。同时加大宣传信息组稿力度，指定专人负责收集工作信息，撰写宣传文稿，加大对党派自身建设、参政议政成果和社会服务形象的宣传力度。年内，被各级报刊、网络等媒体采用或转载的消息和报道共计115篇次，其中被《人民政协网》《团结网》《中国民主促进会网》等国家级媒体采用17篇次，被《江西民进》等省级媒体采用36篇次，被市级媒体采用62篇次，有效地提升抚州民进形象，扩大社会影响。

四是大力加强组织建设。民进市工委积极做好人大代表和政协委员推荐工作，2名会员当选市人大代表，其中常委1名；15名当选市政协委员，其中副主席1名，常委3名。1名当选临川区政府副区长；1名当选区人大代表；12名当选区政协委员，其中区政协常委1名。同时注重代表人士的培养使用，按照坚持标准、注重质量、保持特色的要求，发展2名政治素质高、学有专长的优秀人士为民进会员。2016年共有会员76名，其中副处级以上干部7名、科级干部13名，有高级职称的会员25名，中上层人数占92%。

五是积极开展组织活动。2016年是抚州民进组织成立十周年。为总结抚州民进组织成立后取得的成绩，展现抚州民进会员的良好风貌，开展“抚州民进组织成立十周年纪念”系列活动，召开纪念大会，举办专场文艺演出和书画摄影作品展，编印《抚州民进画册》和《抚州民进2006—2016年参政议政重要成果选编》等。通过开展系列纪念活动，充分展现抚州民进组织和全体会员团结、奋发、激扬、向上的精神风貌，使全市各级民进组织和民进会员进一步统一思想，凝聚共识。市工委经常性开展活动，组织会员参加“‘教育梦·立德树人’江西省教育改革创新研讨会”，选送文章13篇，有5篇获奖。其中，叶飞执笔的“论课外德育活动与课堂教学相结合”、吴文婷执笔的“三种不同版本的初中英语教材的学习、比较与整合”和刘飞琴执笔的“推行雅行教育，实现立德树人——临川八小雅行教育纪实”获得二等奖；蔡淑霞执笔的“加强情感教育教学，提高数学教学效果”和邓剑英《英语基础教学》获得三等奖。各支部积极开展活动，有三个支部分别组织会员赴赣州、瑞金和兴国，开展“探寻长征源头，学习长征精神”学习调研活动，参观红色革命教育基地，学习革命前辈的光荣传统。

【参政议政成绩显著】 一是深入开展调研。积极参加市委统战部开展的“同心·抚河溯源行”活动。市工委拨出专项经费，支持各支部带着课题考察调研。市工委班子成员赴湖北省，开展“戏剧传承与发展”考察调研活动。有的支部到凤凰沟、樟树市等地就生态农业发展、中药产业发展、旅游景区开发建设等情况进行考察调研，拓宽参政议政领域，掌握实情，为参政议政打下坚实基础。《促进民间融资规范发展的调查报告》得到省委书记等领导的批示。

二是大力建言献策，积极参政议政。市工委负责人和提案提交人多次参加协商议题和重点提案的督办，就提案建议内容与办理单位进行深入交流和沟通，许多建议得到采纳和实施。在全国政协大会上，由刘菊娇执笔、民进省委会提交的“关于在汤显祖故乡江西省抚州市举办纪念汤显祖逝世400周年活动的提案”被全国政协大会立案，文化部、外交部等单位给予回复。在省政协大会上，“创新模式精准扶贫，助推全省同步小康”“遏制通信信息诈骗高发，各地亟待成立反诈骗中心”“关于加强中小学生书法教育的提案”“关于切实加强我省农村老年人活动中心建设的建议”“加强经费保障，完善制度设计，补齐农村寄宿制学校‘短板’”等5件提案被立案。在市“两会”上，市工委提交的提案总件数、重点和优秀提案件数，以及所占比例均名列市政协25个界别第一。被市人大采用的建议有8件，其中3件列入重点督办。被市政协立案的提案有65件，占总件数的25%，连续4年名列各界别第一，其中6件被列入重点督办。饶芳代表市工委就“以汤显祖纪念活动为载体，持之以恒打造‘华夏梦都、才子之乡’品牌”做大会发言。“构建新型农业经营体系，建设现代农业强市”“关于加强中小学校周边食品安全的建议”“加强对住宅小区内人防工程管理的建议”“加强住宅小区物业管理的建议”等4件被市政协评为优秀提案，获奖数名列各界别第一。“关于改善公交车卫生状况的建议”被市人大评为优秀建议。

三是及时反映社情民意。市工委把反映社情民意作为履行参政党职能的重要工作，及时报送群众的意见和建议。年内，共报送信息17件，1件被民进中央采用，10件被省政协、民进省委会采用，在民进全省市级组织中名列第一。其中，邵沉执笔的《成立反诈骗中心，遏制通信信息诈骗高发的建议》被民进中央评为参政议政成果三等奖。《非法集资发案风险高企应该大力防范四大领域》等10件被省政协和民进省委会采用。《关于将29路公交线路延伸至上顿渡城区的建议》被市政协采用。

【社会服务特色鲜明】 一是开展帮扶帮困。密切协助民进省委会开展“同心·振兴原中央苏区广昌示范区”活动，筹资5万元，向广昌县100名家庭贫困学生每人发放500元；开展“1%工程放飞足球梦想——‘六一’关爱农村留守儿童”活动，向广昌县头陂中学和中心小学发放足球61个。市工委会同太平人寿抚州分公司向各县（区）农村中小学校发放足球560个。市工委面向困难群众开展捐款捐助慰问活动，一年中捐赠慰问品价值4万多元。在新春、端午、中秋等节庆期间慰问市第三医院精神病患者，向病友赠送价值2万多元的棉被、衣服。争取到东林寺向宜黄、广昌两县中小学捐赠价值150万元的课桌凳和书屋（课桌凳9000套，书屋12个）。支部和会员大力开展慰问家庭贫困学生和困难会员活动，走访市儿童福利院等，赠送价值1万余元的婴幼儿奶粉等物资。临川区支部参加区委统战部举办的社会服务活动，设立“劳动就业政策咨询”和“心理健康咨询”，共散发宣传资料1000余份，接受咨询100多人次。一支部会员周新华资助10名临川二中学生，每人1000元。这些公益事业，进一步形成民进品牌，树立良好形象，受到社会各界的广泛好评。

二是推动社区文化发展。举办抚州民进第四届“广场舞大赛”，15支社区队伍参赛，受到市民热烈欢迎，国家、省、市级等媒体均对活动进行报道，打造出民进品牌，树立了良好形象。

三是积极参加中心工作。与兄弟民主党派联合组成“连心”小分队，参加“四进四联四帮”活动暨精准扶贫工作，进驻贫困村崇仁县孙坊镇邹家村开展帮扶工作。全面掌握结队帮扶贫困户情况，拿出2万余元捐给贫困村和困难户，挂点帮扶工作得到市、县两级表彰。市工委机关派员上街进行文明出行劝导，参与文明城市创建工作，被评为市精神文明单位；积极参与综治维稳工作，着力做好人防物防技防工作，被评为市综治工作先进单位；并被评为绩效工作和节能工作先进单位。

（邵　沉）

【民进市工委领导名录】

主　　委：刘菊娇
专职副主委：邵　沉
副 主 委：李　凌　罗亦文
　　　　　马　颖

中国农工民主党抚州市委员会

【概况】 中国农工民主党是由医药卫生、人口资源和生态环境领域高中级知识分子为主，由一部分社会主义劳动者、社会主义事业建设者和拥护社会主义的爱国者组成的政治联盟。2016年，农工党抚州市委会有成员342人，其中，男192人，女150人；在职227人，离退休108人；基层总支2个（金溪县总支、临川区总支），工作部2个（市直医药卫生工作部、市直综合工作部），支部23个。界别分布：医卫界188人，文教91人，科技8人，其他55人。成员中有高级职称139人，中级职称155人。担任省政协委员2人；市人大常委1人，市人大代表2人；市政协副主席1人、市政协常委3人、市政协委员12人。金溪县人大常委1人；金溪县政协常委2人、县政协委员5人。临川区人大常委1人，区人大代表4人；临川区政协委员15人。

【思想建设取得新进展】 一是始终把握正确的政治方向。农工党市委会在行动上切实强化“同心”意识，自觉接受中共抚州市委的统一领导，坚持做到“三个主动”，即：在年初目标制定上，主动将农工党市委会工作要点报送市委统战部，并根据市委统战部的意见进行充实完善，确保党派工作立场不移、方向不偏；在参政课题确定上，既紧扣农工党省委会的课题安排，又主动对接市委、市政府的决策部署，确保参政课题符合全市工作大局，真正做到与党委政府“同唱一台戏，共谋一盘棋”；在履职动态反馈上，定期编报《抚州农工简讯》，将全市各级组织的工作动态，及时报送给农工党省委会、市委统战部及有关党政部门，使党派工作进入党政视野，达到“同频共振”的效果。

二是着力抓好党员思想教育培训。2016年，有4名党员参加省委统战部组织的全省党外县处级领导干部学习习近平总书记系列重要讲话精神和五大发展理念专题轮训班学习，有5名党员参加市委组织的全市领导干部学习贯彻党的十八届六中全会、省第十四次党代会、市第四次党代会精神专题研修班学习。市委会先后安排10名党员参加农工党江西省委会和省社会主义学院联合举办的农工党基层组织骨干培训班学习、安排2名党员参加市委统战部组织的党外科级干部培训班学习。先后组织召开全委会、主委办公会、主委扩大会、总支会、支部会进行集中学习，学习习近平总书记的重要讲话、学习贯彻十八届五中、六中全会精神，学习贯彻省第十四次党代会、市第四次党代会和农工党省委会的有关精神，促使全体党员深刻理解中央、省、市会议精神，切实把思想和行动统一到中央、省委和市委的重大决策部署上。通过学习，增进党员政治理论水平，提高党员自身素质，坚定正确的政治方向。

三是不断加大宣传报道力度。市委会制定宣传工作实施方案、成立宣传工作领导小组，建立特邀通讯员队伍，指定专人负责宣传信息工作。加大对农工党自身建设、参政议政成果和社会服务形象的宣传力度，加大宣传信息和社情民意的组稿力度，全年上稿量60多件，其中汤高辉撰写的“文化扶贫助推精准扶贫的几点建议”被省政协采用。积极适应互联网时代，充分利用新媒体灵活、快捷的优势，不断拓展市委会工作宣传平台。在积极向农工党《前进论坛》、政协《光华时报》和《抚州日报》等传统媒体投稿的同时，也积极在农工党网站、市政务网、抚州新闻网、市委统战工作微信群、市农工党微信群等新媒体上加大宣传力度。年内，市农工党员余宪明获农工党江西省优秀特约通讯员、何泽龙获《学习与工作》好文章奖、汤高辉获江西省政协2014—2015年度社情民意先进个人奖，农工党抚州市委会获《前进论坛》发行工作先进市。

【参政议政亮点纷呈】 一是精心谋划政协大会发言。市委会精心撰写《加快精准扶贫的思考与建议》的大会发言，引起与会人员强烈共鸣。二是精心组织党派建议提案。通过召开全委会部署党派提案工作，安排专人指导和修改提案文稿等办法来保障党派提案数量和质量。1月，市农工党成员向市三届人大六次会议和市政协三届六次会议提交人大代表建议7件、政协提案26件。罗伍菊被评为优秀政协委员。市委会的“加强社区宣传阵地建设”“关于推进抚州生态文化建设的几点建议”被评为优秀提案。三是精心部署调研课题。积极参与市委统战部组织的“同心、生态文明抚河行”——广昌“溯源行”调研活动，组织6名民主党派机关人员赴南丰开展生态旅游发展考察调研活动，组织防范全面开放二孩后高龄孕妇集中释放致出生缺陷率增加的调研，组织重振“建昌帮”雄风、加速中药业崛起的调研活动，组织全市封山育林考察调研，参与全市“十大树王”评选活动，并形成相关调研成果，为促进全面小康新抚州建设献计出力。

【社会服务丰富多彩】 一是社会活动形式多样。市委会先后组织开展“中国环境与健康周”“中国国际科学与和平周”和“野生动物保护宣传月”宣传和义诊活动，宣讲环境卫生、健身养生、野生动植物保护等知识，授课群众和学生达200余人，向社会发放健康、环保和野生动植物保护等宣传资料600余份，诊治病人100多人。二是扶贫济困暖民心。积极组织开展“三下乡”“送温暖”等活动，到广昌县驿前镇田西村和崇仁县孙坊乡邹家村开展送医送教送科技下乡活动，免费为群众提供咨询、问诊、体检等服务，受惠群众达500多人，送药、送教学用品及慰问金价值超过2万元。2016年，先后到广昌驿前镇田西村和崇仁邹家村走访慰问20户贫困户，并带医疗专家上门为患病的贫困人员提供诊治服务。为配合临川区委统战部的工作，农工党临川区总支组织医疗专家到上顿渡镇、高坪镇开展送医送药下乡活动，为300多名村民进行义诊，社会反响很好。三是参与中心展风采。市委会根据党委、政府的统一部署，始终保持奋发有为的精神状态，在“四进四联四帮”、文明城市创建、扶贫攻坚、综治维稳等中心工作积极作为，尽心尽力。市委会机关按照市委“四进四联四帮”活动的要求，继续派员进驻崇仁县孙坊镇邹家村开展扶贫攻坚工作，落实扶贫项目3个，扶贫资金15万元，慰问贫困户和困难学生3000元，全面掌握结队帮扶贫困户情况，切实帮助贫困户提高收入，挂点帮扶工作得到市县两级表彰。市委会派员周末上街进行文明出行劝导、参与文明城市创建工作，市委会机关积极参与综治维稳工作。参与《抚州农业》丛书的编撰工作，专职副主委赵卫平执行主编其中的《抚州特色养殖业》《抚州特色种植业》和《抚州特色农产品》。

【组织建设迈上新台阶】 一是着力抓好组织发展和队伍建设。市委会严把入口关和质量关，遵循党员发展程序，2016年共发展新成员18人，其中高级职称3人、中级职称6人、企业董事3人，新发展的党员素质增强，参政议政能力也得到提升。市、县换届中，市委会积极做好党派干部的推荐使用工作。新提拔副县级干部2人，担任市人大代表3人（其中常委1人）、市政协委员15人(其中常委3人),县（区）人大代表6人（其中常委2人）、县（区）政协委员22人（其中常委2人）。二是增强党派班子活力与战斗力。2016年组织召开农工党抚州市四届二次、三次全委会，召开7次农工党抚州市委主委办公会。重大问题由主委办公会研究决定，重要学习和重大工作召开全委会布置。明确各兼职副主委的职责和分工，成立农工党抚州市委会工作部门组织部、宣传部、参政议政部和社会服务部，充分调动农工党市委委员的作用，党派工作开展更为顺畅。三是加强党派基层组织建设。主持制定《农工民主党抚州市委会支部年度综合管理考核评分表》。充分调动各支部和广大党员的积极性，支部活力明显增强，更好地指导、规范和考核各支部的工作，促进党派基层工作的健康发展。各位党员立足岗位，建功立业，临川区人民医院副院长、农工党临川区人民医院支部主委官慧明2016年获抚州市科学技术奖三等奖。

（罗伍菊）

【农工党抚州市委会领导名录】

主　　委：郑友清
专职副主委：赵卫平
副 主 委：黄金玉　邓莘芸
　　　　　罗伍菊
秘 书 长：罗伍菊

九三学社抚州市委会

【概况】　2016年，九三学社抚州市委会在中共抚州市委和九三学社江西省委会的正确领导下，在市委统战部的悉心指导下，高举中国特色社会主义伟大旗帜，弘扬爱国民主科学优良传统，紧紧围绕市委、市政府各项中心工作，切实履行参政议政职能，积极开展社会服务，不断加强自身建设，为全面建成小康新抚州做出积极贡献。

【把握政治方向】　一是抓好时政理论学习。深入学习十八届六中全会精神、全国“两会”精神、习近平总书记系列重要讲话精神，认真学习领会宣传省第十四次党代会、市第四次党代会精神，贯彻落实中共抚州市委和社省委系列重要会议精神。社市委会通过抓好时政理论学习，带领全市各级组织和广大社员提升思想认识，牢牢把握正确的政治方向，不断巩固多党合作共同思想政治基础。二是重视社员教育培训。一年中，社市委会积极支持和选派社员参加省、市安排的学习培训。举办1次骨干社员培训班，40多名青年骨干社员参训。通过学习培训，社员们提高政治责任感和使命感，增强道路自信、理论自信、制度自信、文化自信，更加坚定走中国特色社会主义政治发展道路的信心和决心。

【提升建言质量】　社市委会围绕“十三五”开局之年发展大局，认真履职尽责，为推动科学发展、绿色崛起，建设全面小康新抚州做出积极贡献。一是履行政治协商、民主监督职能。社市委会领导积极参加市委、市政府、市人大、市政协、市委统战部召开的协商会、座谈会等活动，通过此类活动积极建言献策，不少建设性意见、建议得到市委、市政府及相关部门的肯定。在市政协三届第13次常委会“实施创新驱动 产业发展升级”专题资政会上，社市委会领导作《企业创新调查分析》发言，相关建议被采纳到市委实施创新驱动发展战略的文件中。在参加市委统战部组织的“同心·生态文明抚河行”广昌调研座谈会上，社市委会领导就加快生态补偿机制、发挥统战同心示范区作用、发展绿色工业、加强旅游景区建设等方面提出意见建议，得到市委统战部主要领导充分肯定和广昌县委、县政府的积极采纳。在市政协走访视察市气象局座谈会上，郑振荣提出的《关于加快建立气象灾害预防机制的建议》被市政协列为视察报告的重要内容，提供市委、市政府决策参考。社市委会高度重视特邀人员推荐工作，支持、鼓励市社特邀人员参加相关特邀监督工作，积极履行民主监督职能。2016年，市社有6人分别被市检察院、市法院、区法院、市人社局和交警支队等单位聘为特邀监督员，年底，社员李继锋被选任为江西省省级人民检察院人民监督员。

二是通过提案议政建言。社市委会有23人次担任市、区人大代表、政协委员。2016年，市社各级人大代表、政协委员提交市、区人大、政协议案、提案20多件，内容涉及经济和社会生活的各个方面。在市政协三届六次大会上，余庆华代表社市委会作《发展生态林业 助推绿色崛起》的大会发言，受到社会各界的广泛关注，抚州电视台和《抚州日报》对此进行采访报道。吴贺华的《临川菜梗为何这样“梗”》被列为区政协重点提案并在区政协大会上作发言。社市委会有2件提案被评为市政协优秀提案，有3件提案成为市政协重点督办提案。这些提案受到有关方面的高度重视，所提意见和建议大多被市委、市政府及有关部门采纳。社市委会领导还积极参与市政协组织的《健全城市管理机制，提高城市管理成效的建议》《关于我市停车场规划建设及管理的建议》《关于加强谭纶墓的修整和管理的建议》等提案的督办工作。

三是开展调研关注民情。2016年，社市委会有3个调研课题入选社省委招标课题，分别是《关于加快建立脱贫攻坚考核体系的建议》《加强律师队伍建设的建议》以及联合调研课题《加强农村生活污水治理是建设美丽乡村的当务之急》，调研课题全部如期完成并提交社省委会。余庆华参加市政协组织的有关健康养生养老的专题调研组，参观学习四川成都、浙江丽水的成功经验，形成《加快发展抚州健康养生养老产业》的调研报告。社员朱丹娜参加临川区重大旅游项目建设和旅游品牌创建情况的调研并配合区人大完成《发挥人大优势 为旅游产业发展倾注智慧与汗水》调研报告。社市委会向社省委会报送《对我省小型农田水利重点县建设工程的几点建议》等4篇社情民意。

【增强组织活力】 2016年，社市委会搭建各种平台，着力加强后备干部队伍培养，强化组织动员能力建设，不断增强组织凝聚力和活力。

搭建参政议政平台。加强与市委统战部、市人大、市政协的沟通协调，及时召开主委办公会和全委会，认真研究部署，传达贯彻中共抚州市委、市人大、市政协、市委统战部有关换届工作的精神，认真做好新一届九三界别市人大代表和市政协委员候选人的推荐工作，使换届工作得以圆满完成。市、区人大、政协换届后，社市委会人大代表和政协委员人数达到23人，比上届增加30%，一批优秀中青年骨干社员当选人大代表和政协委员，社市委会参政议政的能力和活力明显增强。

4月，社市委会成立参政议政委员会，制定工作规则，选拔10名中青年骨干社员担任委员。全年召开参政议政工作会议4次，调研2次，为做好社省委会调研课题的开展和市政协提案工作发挥重要作用，有力促进社市委会参政议政工作的开展。

搭建后备干部培养平台。2016年，社市委会加强后备干部队伍梯队建设，研究确定各层级后备干部10余人。7月，成立青年工作委员会，专门为青年社员搭建沟通交流、展示才华以及培养青年干部才能的平台。

搭建信息宣传平台。制定工作规则和工作计划，全年上报社省委社情民意4篇，宣传稿件近30篇，其中，被社中央、社省委采用26篇，在省、市级媒体上报道数次社市委会的活动情况，扩大了九三学社的社会影响。

队伍不断壮大，素质不断提高。坚持发展与巩固相结合的方针，严把组织发展关，确立优化成员结构，扩大成员覆盖面领域。2016年吸收11名有一定代表性的中青年入社，至年底，市九三学社成员总数为102人，社员平均年龄45岁，女社员33人，占32%，社员均有中级以上职称，具有高级职称者48人，占47%。

加强基层组织建设。围绕社员教育、参政议政、社员管理以及服务社员和上级组织等四项基本工作，活动内容更加丰富，凝聚力和活力得到加强。年初，成立临川教育支社，新当选的领导班子政治坚定、结构合理、精诚团结。

2016年，社市委会机关被市委相关部门评为市级文明单位、绩效工作优秀单位、社会综治先进单位、节能工作先进单位和计划生育工作先进单位。

【提高服务实效】 一是创新方式，打造品牌。年初，社市委会创新社会服务方式，由市直一支社发起，与社会公益组织“萤火虫”爱心协会合作，在临川区湖南乡中心小学成立“九三学社萤火虫之家”，组织社员利用双休日和节假日时间开展关爱农村留守儿童活动。全年开展医疗卫生、营养学、音乐、美术等帮教活动5次；走访慰问留守儿童10余人次，了解留守儿童家庭现状，赠予慰问金3000元，并在争取医保、低保等方面提供力所能及的帮助。

二是整合资源，服务百姓。市直二支社与市青工委联合开展国家宪法日法律服务进社区活动，向市民宣扬宪法精神，提供法律和行政法规咨询服务。卫生支社组织医疗专家开展重阳节关爱老人爱心义诊活动，为老年人免费提供医疗健康咨询、健康体检及健康宣传等服务。临川支社在上顿渡开展省第十四次党代会精神宣讲暨义诊活动，把党代会精神传到大街小巷，把健康理念带到千家万户；组织社员参加区委统战部组织的“党外人士送医药、送法律、送科技下乡”赴三桥的活动；对区人大的精准扶贫挂点茅排乡送医送药、宣传科技扶贫政策和知识，并资助3万元帮助茅排乡贫困户脱贫。临川教育支社开展“同交流 共成长”教研交流活动和“送教下乡”活动。

三是精准扶贫，连心济困。继续做好“四进四联四帮”脱贫工作，抽调机关干部参加民主党派“连心”小分队，吃住在村，与基层干部群众心连心，努力打好脱贫攻坚战。与其他党派的专职副主委一起争取到渡改桥项目资金5万元，并在机关经费中拨款1万多元用于邹家村委会基础设施建设、走访慰问老党员、捐助贫困家庭等社市委会组织卫生支社的内科、外科、骨科等方面医疗专家到邹家村，为村民们免费提供健康检查、医疗咨询，并赠送药品。

（黎咏峰）

【九三学社抚州市委会领导名录】

主　　委：唐永文

副 主 委：余庆华

邱志萍（专职）

郑振荣

本栏编辑　范蔚萍

社会团体

抚州市总工会

【概况】 2016年，抚州市总工会按照全国总工会和江西省总工会的统一部署以及市总工会“一季一主题、一月一活动”工作安排，紧扣中心，履行职能，创新方法，发挥优势，各项工作取得新的成效。市总工会荣获全国总工会颁发的市级工会财务工作先进单位，全市绩效管理优秀单位等荣誉称号。

【把握工会工作政治方向】 一是切实加强理论学习和思想武装。全市各级工会把学习贯彻习近平总书记系列重要讲话特别是对工会工作的重要指示精神作为首要政治任务，通过党组中心组学习、党员大会、专题座谈会、邀请专家辅导和举办培训班等多种形式，及时传达学习党中央及各级党委决策部署，并贯彻落实到工会工作各方面和全过程。二是争取党政重视和支持富有成效。市委为市总工会增加一名副主席和一名经费审查委员会主任职数，强化了班子建设。市总工会围绕中心、服务大局工作得到市委书记肖毅充分肯定和批示。与市政府召开第12次联席会议，支持园区“职工之家”建设，并成立抚州劳模协会。三是组织引导职工群众自觉培育和践行社会主义核心价值观。五一期间，组织开展“中国梦·劳动美·建功十三五”职工书法大赛（展）活动，展出作品70件。深入开展职工学法、用法知识答题竞赛活动，引导广大职工做社会主义法治忠实崇尚者、自觉遵守者。市总工会荣获第四届“互保杯”全省百万职工学法、用法知识答题竞赛活动优胜组织奖。组队参加全省职工羽毛球和职工网球比赛，取得团体第五名的佳绩。市教育工会荣获全省教育工会书法作品比赛优秀组织奖。

【弘扬劳模精神和工匠精神】 一是开展劳动竞赛活动。在全市工业企业大力开展“践行新理念、当好主力军、建功‘十三五’全员创新系列”竞赛活动，市、县（区）两级工会相继举办10余场规模较大的职工职业技能大赛，覆盖工种达上百个。其中，全市纺织行业职工技能大赛，规模大、效果好，一批操作高手脱颖而出。市总工会还联合国税、地税、卫计等系统开展职业技能大赛，为全市经济社会发展升级做贡献。二是弘扬劳模精神和工匠精神。做好全国、省、市“五一劳动奖章（状）”和先进工作者的推荐评选表彰工作，举办“全市庆祝五一国际劳动节暨五一劳动奖表彰大会”。大力弘扬劳模精神，利用传统和新型主流媒体，开辟专栏、推出专版，营造出“劳动伟大、劳模光荣”的社会氛围。大力弘扬工匠精神，在全市深入挖掘、选树一批精益求精、有业务绝活的“抚州工匠”，激励广大职工建功立业。三是大力推进劳模创新工作室创建活动。出台劳模创新工作室创建奖励措施，先后创建省级“劳模创新工作室”7家，市级“劳模创新工作室”27家，其中，新创建挂牌15家。通过创新工作室这一平台，培养了一大批创新人才和技术骨干。做好劳模休养工作，首次将市级劳模纳入休养范围，分四批次组织市级劳模和市五一劳动奖章获得者赴井冈山、庐山、宜春温汤等地休养。加强全市劳模数据库更新管理，精准发放劳模“三金”208.22万元。

【工会“进园区”】 一是紧扣“一健全”，延长工会工作板凳。推动抚州高新区总工会成立，争取高新区总工会新增两个编制数，明确由1名园区班子成员兼任工会主席，配备2名专职副主席和2名工会协理员。全市所有省级以上工业园区均进一步建立健全了园区工会组织。二是抓好“四落实”，增强工会工作活力。园区企业建会、职工入会，工会办公场地，职工活动场所，工会工作经费等四方面得到落实。按照“六有+”的模式，督促指导企业开展建会工作，对园区规模以上正常投产一年以上的企业开展集中建会行动，形成建会规模效应。至年底，全市工业园区共有企业1126家，建会企业1084家，建会率96.3%；共有职工130650人，发展会员121766人，入会率达93.2%。通过召开全市基层工会规范化建设工作推进会，进一步规范基层工会建设；组织各县（区）总工会和园区工会干部赴吉安考察学习，借鉴外地先进经验，推动解决园区工会缺办公场地难题。积极争取各地党委和政府支持，确保在3～5年内建成园区“职工之家”。市高新区总工会正在筹建1.9万平方米的职工之家；宜黄县工业园区工会落实职工之家面积200多平方米。制定下发《抚州市总工会关于加强工业园区工会工作的意见》，对达到要求的园区职工活动中心、职工之家给予适当补助。各县（区）总工会也安排专项补助经费，用于支持园区工会工作。三是开展“两争创”，激发创先争优动力。市总工会积极推荐优秀园区工会和非公企业工会，参加争创全省“二十佳”工业园区工会和“百佳”非公企业工会的评选，同时对市本级督查考核前3名的工业园区工会和20家优秀企业工会，给予一定的奖励补助，进一步激发创先争优热情。

【维护职工权益，帮扶困难职工】 一是做好职工维权文章。积极推进“三师”（法律援助师、集体协商指导师、健康工程师）进园区，引导企业依法经营、职工理性维权，努力构建和谐劳动关系。市、县（区）两级工会长年聘请法律顾问，成立工会法律服务站，免费帮助解决职工劳动纠纷178起，为权益受损的职工开展维权工作达589人（次）。协助政府有关部门追讨欠薪涉员5.58万人（次），追讨欠薪3687余万元。二是推进民主管理建制行动。以职代会、厂务公开为重点，深入企业调研，加强分类指导，积极推进企事业单位民主管理建制行动。大唐发电、博雅生物、江铃底盘、市实验学校等一批企事业单位认真坚持职代会制度，职工主人翁地位得到充分体现。三是做强“四送”帮扶品牌。通过组织开展“春风行动”“农民工就业援助月”等招聘活动，帮助安置就业2700多人；组织开展全市“送清凉、送健康、送关爱”活动，筹集资金10余万元，购置防暑物品，深入作业现场慰问职工，发放慰问品4000余份；积极开展“情系职工子女，助力学子圆梦”活动，市本级共发放助学金166.9万元，救助困难职工和农民工子女449人，其中，市四套班子领导挂点的企业和乡村贫困大学生、高中生共76人（家）；筹集慰问款物480余万元用于“冬送温暖”活动，走访慰问困难职工3000余人。四是开展“四进四联四帮”活动。第二批小分队深入帮扶挂点村，帮助村民化解矛盾12余起，精准帮扶32家，资助困难大学生4名，高中生10名；解决帮建资金30万元用于路灯亮化安装工程。全村实现路灯安装，家庭贫困高中、大学学生帮扶和困难户走访慰问“三个全覆盖”。

【加强自身建设】 一是积极开展“两学一做”学习教育。围绕四个专题，市总工会主要领导带头上党课，撰写学习心得；组织全体机关党员赴瑞金接受革命传统教育，进一步补足“精神之钙”。同时，抓好“两个责任”和“一岗双责”，严格执行党风廉政建设责任制，召开全市工会系统党风廉政建设工作会议，进一步增强工会干部廉洁从政的自觉性和拒腐防变的能力。二是全力推进工会工作改革创新。创新建立“职工之家”建设补助、优秀非公企业工会主席补助、“三师”进园区工作补助和劳模创新工作室补助等补助机制，激发基层工会工作活力。与市建行联合组织推广发行“职工服务卡”，为广大工会会员提供金融优惠服务、特约商户消费优惠服务和多重公益性优惠服务，不断提高工会组织的吸引力。推行县（区）工会和市总工会机关部室重点工作督查制，推动工会工作落到实处。三是积极开展“两挂一帮一联”活动。即挂园区、企业，帮扶困难职工，联系劳模活动，市总工会班子成员分别挂点3家工业园区、6家企业，帮扶9名困难职工，联系6名劳动模范，进一步密切与基层工会组织、企业、困难职工和劳动模范联系，用过硬举措落实“增三性、去四化”的工作要求。四是不断加强工会财务、经审工作。进一步加强工会经费“收管用”，积极应对“营改增”后的经费收缴工作，保持工会经费收入平稳增长。督促基层工会建立独立工会账户。加强对县区工会进行审查审计，推进工会经审工作规范化建设，确保使用合理、程序规范、安全运行。金溪县总工会经审会在全省20家县级工会经审工作星级规范化建设考核中夺得第一名，被省总工会授予五星级经审会。

（戴加龙　揭文俊）

【市总工会领导名录】

党组书记、主席：江玉兰
党组副书记、常务副主席：傅晓林
党组成员、副主席：谢晓荣
曾必文（12月任）
经审会主任：董立伟

共青团抚州市委员会

【概况】 2016年，共青团抚州市委全面贯彻落实中央和省委加强党的群团工作会议及有关文件精神，深入学习贯彻习近平总书记系列重要讲话精神，团结带领广大团员青年在绿色崛起、跨越发展、建设幸福抚州的生动实践中发挥生力军作用。团市委被评为创建全省文明城市工作先进集体、抚州市纪念汤显祖逝世400周年活动突出贡献单位，荣获全省青少年禁毒知识竞赛一等奖。

【深化青少年思想政治引领】 一是提升主题教育活动的凝聚力。在重要时间节点集中开展“红领巾相约中国梦——关注十三五，创造新生活”“听党的话，做好少年活动”等系列主题活动，全市各级团学组织开展分享会、14岁迈入青春门活动、18岁成人宣誓仪式共350场，覆盖近50万少先队员；开展抚州、新疆两地少年儿童“手拉手·心连心——民族一家亲”主题活动，引导全市少年儿童争做民族团结小使者；举办“我心中的井冈山”第三届“中少杯”红色书画作品创作大赛、“农行杯”《少年演说家》大赛、“学党史、感党恩、跟党走”全市青年干部演讲比赛。二是提升先进典型的影响力。评选表彰第二届“最美孝心少年”“十大青年创业先锋”暨第九届“十大杰出青年”及提名奖；评选表彰“最美消防志愿者”“纪念汤显祖逝世400周年活动”优秀青年志愿者。同时，组织优秀青年典型深入学校、机关开展“青年之声——争做向上向善好青年”故事分享活动，在全市开展“最美中学生”和“最美中职生”寻访活动，评选表彰全市优秀共青团员、优秀共青团干部、优秀少先队员、优秀少先队辅导员、优秀少先队大队、优秀少先队中队，发挥先进典型的示范引领作用，积极培育和践行社会主义核心价值观。三是提升新媒体平台的引导力。充分发挥“一网三微”（网站、微信、微博、微邦）等团属新媒体平台作用，确保及时更新和扩大覆盖面，抚州共青团微信公众号粉丝一度突破10万人；同时，加强青年核心网络文明志愿者队伍建设，抓住节假日或关键历史节点等时机在团属阵地经常开展话题讨论，在互联网上弘扬“正能量”。

【组织团员青年投身“三大攻坚战”】 围绕产业升级攻坚战，充分发挥青企协、青联等组织优势，做好临川文化产业园项目落户抚州各项跟踪服务工作，积极引进入驻企业；与蓝德环保科技集团股份有限公司洽谈餐厨垃圾资源化利用和无害化处理项目引进事宜；与市人大、旅发委联合引进硕丰商业中心项目，当年进资6000万元。围绕脱贫攻坚战，落实县级领导干部、科级及以下干部结对帮扶贫困户工作；开展“青创者”招募试点工作，建立贫困村“青创者”信息台账；春节、扶贫日期间累计走访慰问困难群众50多户，发放款物3.33万元；开展“青年之声——赣青扶贫双坑行”“进村义诊送健康，服务群众到双坑”主题活动，捐赠款物30多万元；积极争取新农村建设点、村级活动场所、卫生所、防洪堤坝、新修水泥路、公路硬化、水毁项目等基础设施建设资金投入达78万元；大力发展五黑鸡、鸭、鱼、蜂等养殖业，开办电商销售农产品，多渠道带领当地群众致富。

【争当生态文明建设排头兵】 按照“生态＋文明＋团建”标准，在全省率先提出“6+1”模式，在抚河沿线打造36个共青团生态文明示范村，布置落实8个示范村建设先行点启动工作，争取到团省委建设资金55万元；联合市旅发委举办抚州市首届旅游形象大使暨最美讲解员（导游）大赛，不断扩大抚州旅游的知名度和影响力；开展“绿动赣鄱——青春建功生态文明先行示范区”主题春季义务植树活动，全市团员青年累计种植各类树苗57074株，种植面积56.90公顷，参与人数14015人次；组建市级青少年环保志愿者队伍50人，开展“节能减排、低碳生活、绿色出行”主题骑行活动；各级学校团组织开展青少年生态环保示范团日和一场生态环保示范队日活动；组织22个团队开展绿色长征公益健走活动。

【全力服务纪念汤显祖逝世400周年系列活动】 以纪念汤显祖逝世400周年系列活动、创建国家卫生城市为契机，筹措资金40多万元在市城区精心打造8个“青年志愿者驿站”，培训青年志愿者600余名，开幕式当天及艺术节期间，分别在开幕式、拜谒汤墓、汤馆开馆、高峰论坛、海峡两岸书画展等五大活动提供酒店迎宾、跟车讲解、座椅摆放、道具发放、观众入席指引、秩序维护、搬运物资等志愿服务，服务中外嘉宾及市民近2万人次，为活动的圆满成功作出积极的努力；后续160余名学生志愿者持续轮岗服务。

【积极参与创新社会治理】 深化“共青团与人大代表、政协委员面对面”活动；加大青少年事务社工人才队伍建设，积极发动各级团组织参加培训并报考社会工作者职业水平考试；联合市民政局开展“国际社工日”“以法兴善助力脱贫”主题宣传活动；命名2015–2016年度市级青年文明号集体69个；组织千余名青年志愿者参与服务春运“暖冬行动”，为返乡和外出人员累计服务1.15万个小时；组织3000余名青年志愿者参与3·5学雷锋“青春志愿行，温暖赣鄱人”主题活动，发放宣传资料2万余份，制作宣传板报300余块，服务群众上万名；开展“青春志愿行，共筑中国梦——12.5青年志愿者集中服务日”主题活动。

【力构建青年创业就业服务体系】 积极响应市委、市政府“双返双创”号召，组建30人的创业导师队伍，推荐担任“青年之声”和青年空间的青年创业就业服务联盟专家导师；依托市级服务青年就业创业网站，及时发布青年就业创业信息，并实现与“江西青创网”的资源互联互通；举办“中国创翼”青年创业创新大赛、“新创客”新媒体运营官培训，开展“发展新经济、培育新动能”主题2016年抚州市大众创业万众创新活动周启动仪式暨返乡创业企业用工招聘活动；举办2016届毕业生就业双选招聘会，助力大学生就业；联合市国税局组织开展全市国税系统税收业务技能竞赛团体赛活动；积极推荐选手和团队参加“创青春”中国青年创新创业大赛省级综合赛和APP大赛；申请推报8个青年创业贷款项目，贷款金额160万元。

【热情关爱困难青少年群体】 在全市开展“团青心连心·点亮微心愿”活动，结对帮助困难青少年群体实现“微心愿”1600多个，捐赠款物18.3万元；五四颁奖大会现场为20名“最美孝心少年”及提名奖捐赠爱心助学金8万元；对农村留守青少年（儿童）进行摸底建档，并充分发挥各级团组织、青年社会组织及企事业机关团组织作用，对223个贫困村留守青少年（儿童）结对帮扶；大力开展共青团关爱农民工子女志愿服务行动；“全国助残日”开展“青年之声——关爱残疾儿童 我们在行动”主题爱心活动，各级团组织捐赠款物达10万余元。

【深化预防青少年违法犯罪“防火墙”工程】 调整市预防青少年违法犯罪专项组成员单位人员，切实加强对预防青少年违法犯罪工作的组织领导；扎实开展第三轮重点青少年群体服务管理和预防犯罪工作，对4个县开展督导自查；举办“无毒青春·健康生活”主题“6·26”国际禁毒日大型文艺演出；在全市开展“青春普法 阳光路上——法治知识进校园”系列活动，进一步加强未成年人保护工作；创新开展青少年法治、禁毒、自护教育宣传活动，发放宣传资料2万份；充分发挥12355青少年服务平台优势，对接教育部门，走进学校、社区或集中在青少年活动中心等场所，开展减压讲座、心理辅导、团队培训、家长沙龙等活动，深受广大青少年的家长好评。

【抓实服务型团组织建设】 以扩大有效覆盖、增强基层活力、加强阵地建设、持续支持基层为目标，巩固提升乡镇团的组织格局创新和实体化“大团委”建设；抚州作为全省“全面推行城乡区域化团建”工作试点单位，进一步推广临川区创新“一会三化五联”工作模式、扎实推进城市街道区域化团建工作；申报的城市街道区域化团建路径研究课题获团省委批准立项；成立团市委驻北京工作委员会、市国税局青年工作委员会；以点带面，扎实推进“百县千乡”分类示范创建工作；巩固学校团建工作的基础性地位，全面活跃学校共青团工作；年内，全市共建立32个互联网行业团建点，新增非公有制经济组织50家。同时，坚持线上线下融合，全方位打造“身边的共青团”，发挥“青年之声”互动社交平台作用，至年底，“青年之声——抚州”平台浏览量5124981人次，专家数3727名，提问数3836个，点赞数6012个；健全完善全市12个“青年空间”、青少年综合服务平台建设。

（团市委办）

【团市委领导名录】

书　　记：陈素芳（任至9月）
　　　　　邹　俊（9月任）
副 书 记：邹　俊（任至9月）
　　　　　陈　勇（任至8月）

抚州市妇女联合会

【概况】 2016年，抚州市妇联围绕中心，服务大局，认真贯彻落实十八届五中、六中全会和中央、省、市群团工作会议精神，立足基层，面向妇女，坚持正确方向、先进引领、问题导向，切实从保持妇联的政治性、先进性、群众性方面找准切入点，凝心聚力促发展、突出重点创特色、维护权益重民生、提升自身求实效，做到业务工作特色鲜明，常规工作亮点突出，各项工作取得新进展。

【培植特色项目，带动妇女创业就业】 各级妇联围绕发展县域经济，引导农村妇女积极参与劳动密集型、资源加工型和农产品精深加工业；围绕家庭产业，引导妇女从事手工编织和来料加工项目，帮助妇女就近、就地转移就业。资溪县利用当地白茶产业、金溪县围绕绿茶产业开展茶叶文化节活动，组织茶农进行茶叶采摘、茶道文化的技能表演；乐安县组织农家巧妇开展“针尖上的艺术”流坑民间刺绣手工绣品展览主题活动。年内，全市共有近百家从事手工制品的企业和家庭作坊，直接吸纳妇女就业2万多人，实现年加工及销售收入近亿元。围绕“互联网+她”探索出女性创业就业的新模式，市妇联打造妇女手工作品展销平台淘宝店铺“赣抚女性手工坊”，展销来自各县（区）的妇女手工作品60余件，包括乐安刺绣、资溪竹板画、黎川油画、南丰傩面具。同时，以“女性大讲堂”为载体，邀请互联网创业专家为市女企业家协会部分会员、优秀毕业生代表、市直单位妇女干部进行公益讲座，开拓妇女电商创业新思路。全市各级妇联与劳动部门联手，开辟适合女性发挥特长的公益性岗位，开拓妇女就业渠道，组织适合帮扶对象就业的企业集中进场招聘。连续九年，共组织500多家企事业单位进场，提供就业岗位1万多个，进场应聘人员近2万人次，现场发放宣传材料近千份。同时，积极做好已落定招商引资项目的跟踪服务工作，与市房管局共同引进华宏·万象新城城市综合体项目，签约资金1.5亿元，本年度实际进资近3000万元，共接待到抚州客商5批次。

【强化技能培训，推动妇女创业就业】 市妇联在市中心城区10个社区开设手工DIY培训班24期，培训妇女1200人次，提高社区妇女就业创业的能力；以红杜鹃家庭服务中心为依托，在原有的家政员、育婴员、养老护理员的培训基础上，开设面向妇女、面向大众、面向家庭的烘焙课、烹饪课、手工课、婆婆妈妈班等实用课程，共开设班次16期，培训妇女2400人；同时，输送农村科技致富带头人、家政职业经理人参加全国新型职业女农民培训班和全国妇联第十一期巾帼家政经理人（湖北）培训班；组织30余位女企业家赴澳大利亚考察当地优秀企业学习先进创业文化，组织18位女企业家赴浙江大学参加企业经营管理人才高级研修班。组织召开“助力绿色发展，建设现代农业”恳谈会，请市委领导参加，通过与女企业家代表面对面的座谈，使政府及有关部门为女企业家的成长、企业的发展壮大提供更优质的服务。

【培育创业典型，促进妇女创业就业】 为引导先进典型、优秀妇女在全民创业的新形势下树立二次创业、创大业的信心和勇气，市妇联通过女企业家协会为创业妇女提供组织依托和交流沟通渠道，建立妇女人才档案，及时了解和掌握全市优秀妇女人才的基本情况，为妇女人才的培养和提高奠定基础。2016年，承办省女企业家协会六届三次理事会，组织130余人参观市中心城区建设和企业。在全省“振兴杯”红杜鹃家政服务行业技能竞赛中，抚州市选拔的家政服务代表队共5人获三等奖、4人获优胜奖，市妇联获“优秀组织奖”。与市委宣传部联合开展2016年度“抚州最美创新创业女性”评选活动。通过表彰和宣传先进典型，在广大妇女中树立人人是创业主体的先进理念，营造创业致富光荣的良好社会氛围。

【寻找“最美家庭”，弘扬家庭美德】 2016年，市妇联继续开展寻找“最美家庭”活动。通过群众自荐、组织推荐等方式，深入挖掘宣传“最美家庭”感人事迹。同时，启动走进“最美家庭”专场道德讲堂，由市妇联、市委宣传部、市文明办领导一道为25户获得江西省第二届和抚州市第二届最美家庭的代表颁奖。年内，抚州市推荐的黄阳云家庭获得首届“全国文明家庭”荣誉称号并赴北京参加表彰大会；推荐5名慈母参与省“走进慈母，福彩公益行”活动，共获得资助款2.5万元；在第三届感动江西优秀母亲评选活动中，抚州两名母亲被授予“励志奖”，获扶助基金4000元。市妇联通过网络新媒体等平台，掀起学习获奖家庭先进事迹的热潮，在全市广泛营造议家风家训家规、晒家庭幸福生活、讲家庭和谐故事、展家庭文明风采、秀家庭未来梦想的活动氛围。

【以“弘扬家庭美德，共创文明城市”为主题开展“妇”字系列活动】 举办全市“魅力女性，健康有约”女性健康知识系列活动。开展“关注自身，关爱健康”预防“两癌”讲座、中医养生保健现场问诊等活动；开展“巾帼心向党，感动随手拍”新媒体随手拍活动。收到的200余幅作品分期在市妇联新媒体上展播，广泛发动网友积极参与、评论、转发、点赞，更加形象地展示和宣传群众心中最美女性的精神风貌，弘扬了社会正能量；搭建“互联网+家庭教育”平台。全市已建成市县级网上家长学校12家，为家长和专家网上互动搭建了平台。在妇儿活动中心开办为期4周的“家庭教育公益课堂”活动，参与家长人数200余人；与市文明办联合举办为期三天的“幸福家庭公益讲座”活动，受教育人数达9000余人次。南城县建昌镇骆坪小学四年级学生周志强的《留守儿童的心声》在全国“乡村少年秀”征文比赛中获优秀奖，广昌县妇联选送的家庭情景剧《我只是个孩子》在全省家庭情景剧展示活动中荣获二等奖。

【以示范家庭为阵地，深化文明创建内涵】 市妇联以各类示范家庭创建活动为载体，深化文明创建内涵，吸引数万户家庭积极参与。“勤廉文化在家庭”以倡导勤廉为重点，开展家庭勤廉教育活动，与市纪委联合开办家庭助廉专修班，组织县（区）领导班子成员、市直机关主要领导配偶观看一场廉政影片、参与一次“家庭助廉”知识问答、一次家庭助廉签名活动、听一场“廉内助”讲座、写一份廉内助心得，充分发挥家庭在廉政建设中的重要作用。“平安和谐在家庭”以法律护航为重点，开展法制宣传和维权维稳工作。“绿化美化在家庭”以助推生态文明示范市建设为重点，在全市村居集中开展“绿色家庭”“清洁庭院示范户”创评活动。

【构建妇女维权助困帮扶体系】 一是搭建服务平台，拓展妇儿维权新载体。2016年，市妇联依托抚州市妇女儿童维权中心和幸福家庭·美满婚姻指导中心，成立抚州市婚姻家庭纠纷人民调解委员会，组建一支由法律工作者、婚姻家庭咨询师、心理咨询师组成的专业咨询调解队伍，建立起维权法律服务合作平台，切实帮助妇女群众解决家庭暴力、婚姻家庭矛盾纠纷等现实问题。一年中累计接待来信来访来电200多件，办结率达100%，代理妇女维权案件10起。全市各级妇联定期组织心理咨询师队伍开展公益活动，乐安县妇联联合检察院开展未成年人健康心理咨询走进看守所活动，派出心理咨询师队伍与未成年人犯罪嫌疑人一对一地进行心理疏导；金溪县妇联组织心理咨询师成长小组到秀谷镇塘山小学开展“爱是陪伴”团队辅导关爱活动，帮助留守儿童缓解春节后与父母分离焦虑。二是开展系列活动，提高妇儿维权意识和能力。各级妇联组织广泛开展以“建设法治中国·巾帼在行动——万家联动 送法到家”为主题的“三八”维权月系列活动，将法律知识送进社区、农村、企业、机关、学校、家庭。宣传月期间，全市共开展维护妇女合法权益知识方面的讲座100多场，主题宣传活动500余次，向群众发放维权宣传资料20万份。金溪县妇联通过组织妇女干部参加县法院公开庭审观摩案件活动“用身边人说身边事、用身边事教育身边人”等形式，面向广大妇女开展通俗易懂、生动活泼的法治宣传教育；广昌县妇联与县卫生局联合举办以“预防艾滋病，巾帼在行动”为主题的防艾知识讲座，县直单位妇委会主任、女干部职工代表、社区妇女群众代表90余人参加。三是实事化维权，以实际行动关爱妇儿民生。全市各级妇联组织全面摸底调查新增“贫困母亲两癌救助”情况，完善农村妇女“两癌”免费检查项目数据。年内，为40名农村贫困患“两癌”妇女争取全国妇联“两癌”项目救助资金40万元，为1000名农村贫困家庭争取旗帜婴幼儿奶粉2000听，价值约40万元。积极承接、精心实施有关困难妇女儿童救助、儿童快乐家园建设等多个公益项目、实事项目，全部专项用于妇女儿童公益事业。开展脑瘫、智障儿童免费筛查康复训练活动，通过摸底申报近百名患儿争取康复训练，已有5名患儿得到康复治疗；精心实施留守儿童家庭教育服务、儿童快乐家园建设、保障妇女儿童权益服务以及儿童伤害干预等各类项目共14个，争取项目资金73万元。

【扎实推进妇女活动阵地建设】 各级妇联依托基层广泛的“妇女之家”基地，积极探索功能与内涵的拓展。加强“妇女之家”阵地建设，以点带面，用“示范”力量激发“妇女之家”创建活力，年内，在全市创建省级示范乡镇“妇女之家”59个，获第二批创建资金177万元。增强“妇女之家”服务功能，常态化开展宣传教育、协商沟通、救助帮扶等工作，积极培育示范性“妇女之家”，实现基层妇联组织的工作和活动在“妇女之家”普遍开展。在全市创建“儿童快乐家园”6个，获项目创建资金30万元，同时争取中国儿基会“儿童快乐家园”图书项目资金10万元，面向留守儿童开展丰富多彩的公益性教育服务。依托“市妇女儿童活动中心”阵地，注重公益性和影响力的提升。妇儿中心在2015年巾帼艺术班的基础上又继续开展第三期、第四期巾帼艺术培训班，增设实用彩妆班、摄影兴趣班、两个艺术兴趣班、二胡班、琵琶班、实用英语班等，共计60个班次，培训人数达1600多人次，不断满足妇女的文化艺术需求。同时，组建“玉茗花”艺术团，下设舞蹈队、旗袍艺术团、民乐团、成人合唱团、少年合唱团五个分团；举办学员书法、摄影、国画作品展，展示培训成果和学员风采；开展“学员心中最受欢迎的老师”“优秀班干”“明星学员”的评选活动，扩大妇儿活动中心影响力。在努力做大做强妇女儿童素质培训的基础上，深化“心理咨询”“母婴保健”等公益服务，既锻炼队伍又提高了声誉，较好发挥服务妇女儿童的阵地作用。

（魏　萍　谷　灿）

【市妇联领导名录】

主　　　席：梁　安
调　研　员：熊　璐
副　主　席：付晓红　张　丽
副调研员：赵　玲

抚州市工商联

【概况】　2016年，抚州市工商联围绕中心，服务大局，认真履职，积极发挥桥梁纽带和参谋助手作用，实现常规工作有发展、难点工作有突破、亮点工作有创新，整体工作有提升。年内，市工商联（总商会）领导班子包括主席（会长）1名，党组书记1名，副主席（会长）34名，常委80名，执委114名。机关内设办公室、会员科、经济联络科3个科室，共有干部职工8人。

【促进非公经济人士健康成长】市工商联以理想信念教育为主线，着力加强教育引导，扎实推进非公经济人士思想政治工作。一是深化理想信念教育，以坚定信心促健康发展。举办学习习近平总书记系列重要讲话精神研讨班和中共十八届六中全会精神学习班，组织60多名企业家赴湖南韶山、长沙开展“伟人故乡行”活动，引导非公经济人士争做“爱国、敬业、创新、守法、诚信、贡献”的模范。二是加强教育培训工作，以素质提升促健康发展。大力实施非公有制经济人士素质提升培训工程，举办全市发展和利用资本市场论坛和“新常态下华为模式管理创新”专题讲座等6次培训活动，组织企业家参加“圣农企业发展历程与展望”报告会和“惠普金融创新发展（抚州）高峰论坛”等专题讲座。一年中，全市工商联系统举办企业家教育培训活动16期，累计参训人员2000余人次。三是加大宣传工作力度，以先进典型促健康发展。会同市委统战部、市工商联在《抚州日报》《临川晚报》开辟“双返双创风采录”专栏，先后刊发专题报道68条，抚州电视台先后播出相关新闻报道和专题报道30多次，在全市迅速掀起推进“双返双创”活动热潮；依托市工商联微信公众号、网站和《商会通讯》内刊等自办媒体，广泛宣传先进典型，展示非公经济人士良好社会形象。四是推进非公党建工作，以党建促健康发展。召开全市非公有制经济组织党建工作先进表彰大会暨“两学一做”教育动员大会，对先进企业党组织、优秀党员、党建之友进行表彰，指导华美立家等会员企业成立党组织并开展党建活动，扎实推动非公有制企业和商会组织“两覆盖”工作，非公经济组织党组织的凝聚力、战斗力和影响力得到进一步增强。

【服务全市经济社会发展】　市工商联不断创新服务形式，引导非公经济人士适应经济发展新常态，主动融入全市经济社会发展大局。

一是踊跃建言献策，优化非公经济发展环境。成立抚州市民营经济研究会，编辑出刊《民企之声》专报，撰写《关于开展民间投资增速下滑成因及对策的调研报告》《关于推进宗教文化旅游产业的调查与思考》《抚州商帮的兴起、发展及其历史贡献》《抚州玉隆万寿宫（抚州会馆）史话》等调研报告，得到市委、市政府领导的批示肯定。《破解发展瓶颈，促进工业升级》的提案，列为市政协三届六次会议大会发言材料，被市政协评为优秀提案。

二是健全服务体系，助推非公经济转型发展。积极参与第二届最佳优化发展环境县评选推荐工作，黎川县获评全省第二届最佳优化发展环境县荣誉；建立30家全国工商联民营企业信息直报点，充分发挥100家发展环境监测点的作用，开展系列监测活动。进行拟挂牌上市民营企业摸底调查、上规模民营企业调研，引导民营企业利用资本市场进行直接融资，江西豪普高科涂层织物在新三板上市、广雅食品在Q板挂牌、江西九亿九在江西联合股权交易中心挂牌。开展民营企业“走出去”调研，引导会员企业赴海外投资，并取得一定成效，如中阳建设集团有限公司在赞比亚投资设立中阳华江建设集团。

三是积极牵线搭桥，推动地方经济发展。积极参与以“抚商返乡创业、抚州才子返乡创新”为主要内容的“双返双创”活动，推动出台支持开展“双返双创”活动的30条优惠政策措施，分赴北京、上海、河北、广东、福建等地开展“抚商才子大走访”活动，召开多场“双返双创”座谈会，并充分利用春节、清明、中秋等传统节日，广邀在外抚商和人才回乡考察、开展项目洽谈、寻求返乡创业良机。2016年，全市引进抚州籍在外企业家返乡投资2000万元以上项目共115个，占全市落户招商引资项目的31.9%，总投资225.3亿元，实际进资41.1亿元。市工商联领导先后多次赴北京拜会中央统战部、全国工商联领导，与全国工商联部分直属商会和赣商联合总会进行对接，邀请他们参加全国知名商会中央苏区（抚州）行活动，协助市委、市政府于11月26—28日在抚州成功举办全国知名商会原中央苏区（抚州）活动，来自全国各地的33家知名商会代表、企业家共计360余人出席活动。开幕式上签订投资项目32个，投资总额76.4亿元。四是弘扬光彩精神，扎实推进精准扶贫。以市委、市政府名义下发“百企帮百村”精准扶贫行动方案，召开高规格的“百企帮百村”精准扶贫启动仪式，安排121家企业或商会结对帮扶123个贫困村，并组织陪同博雅生物、森鸿科技、明恒纺织、安泰物流、中阳建设、华美立家、厦门抚州商会等20余家企业赴挂点帮扶村开展扶贫对接，带动全市其他民营企业开展结对帮扶工作。至年底，全市87家企业参与帮扶78个贫困村，实施帮扶项目106个，帮扶资金11870.73万元。此外，市工商联还积极引导非公经济人士社会公益慈善活动。春节前夕，全市非公经济企业家积极参与市委统战部、市工商联举办的“迎新春、送温暖、光彩行”主题活动，捐资40余万元，对全市1000多户困难群众进行走访慰问；毅德控股集团捐资50万元在黎川二中设立“毅德宏志班”；广东省江西东乡商会捐资30万元走访慰问贫困学子；广东省江西抚州商会捐款20万元帮助黎川受灾民众，展示新时期抚商“重信重义、无私奉献”的良好社会形象。

【健全商会组织网络】 市工商联坚持把商会组织建设作为长期性、基础性工作，摆在重要位置，抓牢抓实，抓出亮点。一是深化“五好”建设，激发工作活力。制定下发2016年“五好”县级工商联建设工作实施方案和建设标准。黎川、金溪、广昌、资溪被评为全国“五好”县级工商联，资溪、东乡被省工商联确认为全省第二批“五好”县级工商联。在县（区）换届中，10个县（区）工商联主席均进入政府或政协领导班子。二是加强商会组织建设，延伸工作臂膀。推动成立鹰潭、东莞、泉州抚州商会，惠州、浙江、陕西、苏州、中山抚州商会有序推进，抚州市新生代企业家商会筹备顺利。与此同时，着力加强对各类商会的指导，使各行业商会、异地商会、外埠商会管理逐步迈向规范化、制度化，努力做到行业自律、共促发展，不断提高商会的影响力。至2016年年底，全市共有外埠商会46个，异地商会14个，行业商会88个。三是加强会员队伍建设，筑牢发展根基。全市工商联运用组织数据库、商会数据库、执常委数据库和会员组织统计填报系统的网络管理功能，强化会员数据的采集更新，加强会员管理工作，进一步激发工商联组织活力。2016年，市工商联有会员6867名，其中，企业会员3075名，团体会员189名，个人会员3603名。

【机关建设有新气象】 2016年，市工商联扎实开展“两学一做”专题教育，组织机关党员干部到韶山、长沙接受革命传统教育，开展“我的入党历程回顾”主题活动，在机关大兴学习之风、实干之风、奉献之风，全面贯彻落实中央八项规定精神，严格落实主体责任，建立党风廉政建设目标责任制制度，打造出一支政治可靠、业务精通、廉洁自律的干部队伍。

（曾进辉）

【市工商联领导名录】

主　　　　席：蔡　青
党组书记、副主席：吴茶香
副　主　　席：熊瑞环
　　　　　　　姚光辉

抚州市文学艺术界联合会

【概况】 2016年，抚州市文联以十八大精神和习近平总书记在文艺座谈会上的讲话精神为指导，以纪念汤显祖逝世400周年活动为契机，紧紧围绕市委提出的“高位谋势、精准发力、敢于担当、跨越发展”的发展战略和省文联提出的目标要求，坚持“二为”方向，贯彻“双百”方针，全面履行“联络、服务、协调”三项职能，大力推进文学艺术活动，精心策划文学艺术创作，有效地推进年初目标任务的落实，为实现抚州跨越发展做出应有的贡献。市文联主席甘少华作为江西省两个地市文联代表之一光荣出席全国第十次文学艺术界代表大会，聆听习总书记的重要讲话。市文联被市委、市政府评为纪念汤显祖逝世400周年活动先进单位。

抚州市文联2016年有团体会员22个，其中市直协会10个，抚州画院1个，县、区文联11个。有市级会员3200多名，省级会员近900名，国家级会员94名。

【承办汤显祖戏剧奖大赛】 第二届汤显祖戏剧奖·地方戏曲经典传统小戏、折子戏大赛由江西省文联、抚州市人民政府主办，市文联承办。大赛由中国戏剧家协会分党组书记季国平宣布开幕；市委副书记于秀明、省文联副主席龙红分别致辞；市领导王新有、董朝武、曾龙昌、陈云斐出席；副市长刘菊娇主持。汤显祖戏剧奖大赛不仅发掘江西省的优秀戏剧人才，培养戏剧受众，也为省内外戏曲艺术家们学习、交流、展示提供一个平台，进一步促进江西戏剧艺术的发展。

【承办两次全国摄影大赛】 “寻找赣东的红军足迹”——纪念红军长征胜利80周年摄影采风活动和“寻梦·汤公故里抚州行”——纪念中国戏剧家汤显祖逝世400周年全国摄影作品大赛，由中国摄影报、抚州市政府主办，市文联承办。中国摄影家协会主席、分党组书记王瑶向参加寻找赣东的红军足迹的摄影家授旗；中国摄影报社向抚州市授予“全国摄影创作基地”牌匾；市委副书记于秀明，省文联副主席鄢平原，省摄协主席徐渊明，中国摄影家协会理事、江苏省摄协主席沈遥等领导和来自全国各地的300多名摄影家以及50多位市作协采风团参加有关活动。市委市记肖毅看望参加活动的有关领导和摄影家。

【主办纪念汤显祖逝世400周年书法作品展】 纪念汤显祖逝世400周年全市书法作品展，由市文联、市书协共同主办，共展出作品270件，汇集全市书法爱好者的最新创作成果，既有端庄的楷书、古朴的隶书，也有俊秀的行书、恣肆的草书，作品书体不同、风格各异，皆蕴含深厚的艺术底蕴和较高的审美价值，体现出书法爱好者充满激情的多彩笔墨，生动地表达对生活的美好追求。

【举办祭扫汤显祖墓暨清明诗歌吟诵会】 在纪念汤显祖逝世400周年之际，市文联举办祭扫汤显祖墓暨清明诗歌吟诵会。来自社会各界的百余名人士执捧黄菊，公祭于汤翁墓前，以表达临汝后辈对汤翁的追思和敬慕之情。戏剧家表演了《牡丹亭》片段，学生、诗人及诗歌爱好者分别吟诵诗歌表达敬意，祭献鲜花。

【举办"黎明山川·文化之旅"谷雨诗会】 诗会由市文联、黎川县委宣传部共同主办，原市委常委、宣传部部长黄玉剑、《艺术云南》主编雷平阳，《诗选刊》社长简明，《人民文学》编辑部主任李零、长江文艺出版社资深编辑沉河及抚州市近60名诗人参加此次诗歌盛会。与会诗人参观了黎川油画城和改造修缮后的黎川明清老街采风，创作了一批诗作，简明、李零先后授课。整个诗会内容充实，丰富多彩，博得广泛好评。

【举办"临川之笔"全国诗歌、散文、小小说大赛】 "临川之笔"纪念汤显祖逝世400周年全国诗歌、散文、小小说大赛，由市委宣传部、市文联与《微型小说选刊》《诗探索》《散文百家》三家杂志社联合举办。大赛于2016年4月启动，11月底结束。收到全国各地稿件8000多件，评出一、二、三等奖103篇，提升了抚州的知名度，扩大了抚州的影响。

【组织艺术家创作汤显祖与莎士比亚艺术雕塑】 为纪念汤显祖逝世400周年，市文联组织中国美术学院雕塑与公共艺术学院院长杨奇瑞创作汤显祖与莎士比亚艺术雕塑，江西师范大学美术学院硕士生导师王燕创作临川版汤显祖画像。汤显祖与莎士比亚雕像分别安放在两位艺术家的故乡纪念馆，市政府在英国斯特拉福德镇举办雕像揭牌仪式。临川版汤显祖画像在汤显祖逝世400周年纪念活动组委会新闻发布会上正式发布。

【开展"文明新风"春联进万家活动】 市文联、市书协组织40多位书法家在市区公共场所和扶贫点现场挥毫泼墨书写春联，共赠送春联3000余幅。吉祥喜气的书法佳作，博得在场群众的称赞，给广大市民送去新年的祝福和节日的温暖。

【举办"华绿神蛋"杯全市散文诗歌征文暨诗歌朗诵会】 朗诵会由市文联主办，经过近两个月的征稿，共收到参赛作品200多篇，评出一等奖1篇、二等奖2篇、三等奖6篇及优秀奖30篇。活动内容充实，丰富多彩，让作家们实实在在地感受到文学与经济结合带来的魅力。

【举办"中国梦·劳动美"庆五一书法展】 展出作品70件，作品涵盖草、行、楷、隶等诸体，充分展现作者对个人梦、事业梦、祖国梦的不懈追求。展出的作品分两大类，一是邀请作品40件，二是参赛职工作品入展30件。展出后集结出版了《中国梦·劳动美·建功"十三五"——抚州市庆"五一"职工书法大赛（展）作品集》。

【文学艺术作品成果丰硕】 2016年，抚州市文联编辑出版文艺专著主要有：散文集《淡淡的乡愁》（上下册）、《你要相信世界没有腐朽》《看江山，如此多娇》；小说集《你看我是谁》《爱你，难以吻别》《情变的代价》；诗歌集《嫁给一场雪》《无悔的情缘》《旋转的山村》；微电影《邂逅资溪》，电影剧本《一树一树紫花开》。同时出版纪念汤显祖逝世400周年《抚河》文学专刊，2期《抚河》文学杂志，1期"华绿神蛋"杯全市散文诗歌征文大赛增刊。

【获奖文学艺术作品成果丰硕】 2016年，抚州市文艺作品获国家、省级奖100多人（次）。摄影作品《筑巢》获塞尔维亚"生态真相"国际摄影巡回PSA金牌、沙龙绶带奖，《母亲的怀抱》获第七届PSAChina国际摄影大赛PSA China银奖，《妈妈的保护伞》获塞尔维亚摄影赢家国际摄影大赛PCA绶带奖，《骆驼队》获第25届奥地利特伦伯超级摄影巡回赛旅游组铜奖；组诗《老夫妻（外二首）》获第25届全国鲁藜诗歌一等奖，散文诗《苍鹰》获全国诗书画家邀请赛一等奖，《映山红》获第四届"祖国好"华语文学艺术大赛一等奖，《笔耕》获第十届"中华"全国文学艺术大赛一等奖；美术作品《夏日老街》获江西省2015年水彩水粉画展金奖，油画《初雪》入选首届江西省青年美术家优秀作品展，《瞬息·永恒》入选江西省高等院校油画作品展，《祥云》获江西省第十六届版画展一等奖，《风景之六》入选朝圣敦煌第二届全国美术作品展；竹编画作品《八骏图》获非陶瓷组银奖、木雕作品《思》获铜奖；歌曲《石油娃》获"为美好生活加油"中国石化之歌全国征集优秀奖，《收藏乡愁》获"感动中国"——群文杯第三届全国大型原创词曲征集二等奖，《每当我踏上这片土地》获安徽省音协举办的原创词曲全国征集三等奖。

（杨如俊）

【市文联领导名录】

主　　席：甘少华

副 主 席：高志坚（任至8月）

　　　　　梁　芳（8月任）

抚州市社会科学界联合会

【概况】 2016年，抚州市社科联大力开展社科队伍建设，着力做好汤显祖文化研究与宣传，全力抓好社科普及与课题研究，努力成为服务党委政府决策的新型“智库”，全年各项工作展现新亮点，取得新成效，罗伽禄获得“全国社科普及专家”称号。

【完善人才保障机制】 市社科联发挥市人才办成员单位作用，以社科研究项目为切入点，加大对社科研究人才的资助力度，培养出一批年轻的研究人员，争取在市人才办支持下建立社会科学高素质人才工作站。组织“全省社会科学普及专家”“四个一批优秀人才”等哲学社会科学人才的申报；完善市社科院组织机构，在市委领导及市编委的支持下，完善市社科院人员编制，发挥社科院的平台作用。

【社科研究成果丰硕】 2016年，抚州社科研究出了一大批成果。一是罗伽禄专著《汤显祖与罗汝芳》由江西高校出版社出版，这是抚州市唯一从思想角度研究汤显祖的著作，拓宽了汤显祖研究的领域；市社科联参与主编的《品读临川文化》（教育读本）（3册），由江西教育出版社出版。此外，编辑部主任方亚伟编著的《抚州历代书画人文大观》由中国文史出版社出版，填补了抚州书画史研究的空白；由市社科联组织编撰的《临川文化代表作选集》（7册）在年底基本完成初稿。二是南城县社联主办的《福地南城》，金溪县社联主办的《魅力金溪》，市诗词楹联学会主办的《抚州韵坛》，市老年书画学会的《海峡墨缘》《才乡墨韵》等期刊、书籍相继出版；市金融学会创办的《抚州金融界》正式出刊。三是《江西文史》《东华理工大学学报》（社科版）、《江西日报》等刊物先后登载市社科联万斌生、罗伽禄、方亚伟等人撰写的《从汤显祖在抚州正觉寺的活动看儒禅相融》《书画重千秋，诗名满天下——晚清民国时期书画家、诗人刘未林略说》《汤显祖的死亡观及其践行浅说》《汤显祖书法艺术及交谊》等学术论文。

【规划课题再创佳绩】 一是在全省社科规划项目中，抚州市申报的《医学生生命责任意识缺失的现状及“多层渗透”培养策略研究》《江西省小微企业创业导向路径与机制研究》《大数据时间基层电大现代远程教育发展问题研究》《江西传统村落文化保护与美丽乡村建设研究》四个课题通过立项，获得2万元课题资助。二是组织开展2016年度抚州市社会科学规划课题立项工作，共立项73项，其中，重大课题1项，重点课题15项，一般课题57项，并对《品读临川文化》《昌抚一体化背景下南昌抚州旅游互动发展研究》《抚州汤显祖等非物质文化遗产保护与旅游经济开发研究》等课题给予一定经费资助，逐年加大对社科规划课题的资助力度。

【社科活动繁荣有序】 一是承办国际学术高峰论坛。市社科联联合东华理工大学，于9月24—26日邀请国内外汤学专家、学者200余人，集聚抚州，围绕汤翁的哲学思想与明代思潮、语言与地域文化、戏曲演出、戏曲声腔与传播及诗文创作五个方面展开研讨，进一步推动了临川文化发展与繁荣。在会后的表彰大会上，市社科联被评为突出贡献单位，3人被评为突出贡献个人。二是市属学会举办系列活动。市诗词楹联学会承办“纪念汤显祖逝世400周年诗词联赋创作大赛”，市老年书画学会承办“第七届海峡两岸老年书画交流会”活动；市地税学会举办“地税系统论文征集评选活动”；市诗词楹联学会召开“谷雨诗会”；市红色文化研究会、市金融学会、市书画研究院等先后召开年会或学术研讨会。

【社科普及丰富多彩】 2016年，抚州大力普及社科知识。市委宣传部和市社联联合举办全市社科普及宣传周活动。期间，围绕主题举办学习习近平总书记在哲学社会科学工作座谈会上的重要讲话精神专题研讨会，邀请抚州市汤显祖研究中心主任吴凤雏主讲《走进汤公》学术报告会，精心制作“玉茗花开——三十年的守望”专题电视纪录片等25场次的社科普及活动。以丰富多样的宣传形式营造浓厚的舆论氛围，把党的十八届六中全会精神和习近平总书记系列重要讲话精神以及党的方针政策传遍千家万户。

（方亚伟）

【2016年度省级社科规划立项名单】

1.《江西传统村落文化保护与美丽乡村建设研究》

余晟华

2.《江西省小微企业创业导向路径与机制研究》

侯志才

3.《大数据时间基层电大现代远程教育发展问题研究》

周　旺

4.《医学生生命责任意识缺失的现状及“多层渗透”培养策略研究》

汪燕春

【市社科联领导名录】

主　　席：罗崇辉（任至9月）
　　　　　陈菊莲（9月任）
副 主 席：谢　红
　　　　　吴建发（兼职）

抚州市科学技术协会

【概况】 2016年，抚州市科学技术协会认真贯彻中央、省委和市委关于加强和改进党的群团工作的意见，积极落实中共中央办公厅《关于科协系统深化改革实施方案》和省委、省政府《关于加强新时期科协工作的意见》文件精神，“全国科技三会”“江西省科技创新大会”精神；认真贯彻中央八项规定和省委、市委关于加强机关作风建设的意见，全面落实“把纪律挺在前面”，深入开展“两学一做”学习教育，采取召开会议、专家讲座、讲授党课、参观革命教育基地等多种形式，学习党的十八大、十八届三中、五中、六中全会精神和习近平总书记系列讲话精神，提高政治理论修养和廉政意识，加强机关党组织建设，加强对干部的教育培养。制定实施《抚州市全民科学素质行动计划纲要实施方案(2016–2020年)》。年内，抚州市科协被评为省级、市级文明单位、全市综合治理、计划生育等先进单位，科协工作呈现出欣欣向荣的新局面。

【首家市级院士工作站设立】 3月3日，抚州市委组织部、抚州市科学技术协会联合下发《关于印发〈抚州市院士工作站建设和管理办法（试行）〉的通知》。8月1日建立全市首家市级院士工作站——江西博雅生物制药股份有限公司院士工作站，引进院士1人，博士、研究生团队5人。全年共创建博雅生物、东华种禽、新云峰木业、东华理工大学、市农科所、惠农种业、苍源药业等7家省、市级院士工作站。

【“银会合作”成绩斐然】 “银会合作”项目开展以来，全市各级科协组织积极行动，通过召开座谈会、宣讲会等方式大力宣传“惠科贷”，促成全市邮储银行“惠科贷”放贷2106万元，其中，东乡白花蛇舌草协会获得1000万元的贷款。全市各级科协在企业新品种、新技术的引进和推广，扩大生产规模，帮助降低融资成本各方面成效明显，在5月20日召开的江西省“银会合作”推进会上，抚州市做典型发言。

【科技助力精准扶贫】 2016年，全市科协系统累计开展110余次科技培训，53次科技下乡活动，受益群众达3万人次，为精准扶贫农业富民产业培育和农民经济增收起到重要助推作用。年底，市科协与市委组织部等部门围绕“关注农民群众身体健康，大力发展特色农业”主题，分别深入南丰、东乡等地开展“六送”科技下乡活动，通过专家义诊、科技培训、科普讲座等活动，使农民增长健康知识，收获农业技术。

【第二次种子技术代表大会召开】 8月31日，抚州市科学技术协会第二次代表大会召开。160多名来自全市各地的科技人员代表齐聚一堂，共谋科技工作和科协事业发展大计。大会审议通过市科协党组书记、主席雷东水代表市科协第一届委员会所作的《凝聚科技工作者力量 服务创新驱动发展 为建设幸福抚州而努力奋斗》工作报告的决议，选举产生抚州市科协新一届领导班子，雷东水当选为市科协第二届委员会主席，杨正荣、邱新明为副主席，中国工程院院士、复旦大学教授陈芬儿以科学家代表身份和刘胜、吴向红、胡汉华、徐安庆、涂国卿、曾小芬、赖长发、熊瑞进共9人当选为市科协兼职副主席。

【推动科技项目申报】 为推动全市“大众创业万众创新”的政策实施，市科协结合实际，努力做好市本级项目申报的同时，积极推动各县（区）申报中国科协、省科协、省农函大等项目，用项目推动科技创新服务科学普及。2016年，抚州市“海智计划”工作站实现零的突破，建立1家“创客之家”，3家科普教育基地。在“基层科普行动计划”中，有1个农技协、1个农村科普示范基地荣获中国科协、财政部授予“科普惠农兴村计划”先进单位称号及奖励，在省“科普能力提升计划”中，成功申报科普基础设施和科普基地、科普资源开发及传播等项目9个，获项目资金51.8万元。

【推进科技馆建设】 一方面，市科协赴省科技馆和赣州、吉安、鹰潭等地市科技馆以及市规划局、国资委等单位专题考察调研，拟定出《抚州市科技馆建设(改造)方案》呈报市委、市政府。新建科技馆已列入2017年市里的重点建设工程。另一方面，市科协积极推进现有科技馆一、二楼改造工程，以崭新的面貌对公众免费开放。

【开展各项科普活动】 2016年，全市各级科协组织广泛开展各种科学普及活动，举办“科普之春暨学雷锋科普志愿者服务月”活动，在全市11个县（区）、市直学（协）会中开展实用技术培训、科普展览、植树造林等活动，为农民群众免费发放科普资料共计1万余册，参与培训展览共计1.5万余人，植树6800余株。举办“科技活动周”活动，通过手机科普短信平台，开展夏季养生科普知识系列科普宣传活动，受众4000余人。4月初，举办第三十一届抚州市青少年科技创新大赛，并荣获省青少年科技创新大赛一等奖4个，二等奖11个，三等奖9个的辉煌成绩。9月中旬，开展“全国科普日”活动，活动散发《科学认识低碳生活》《无籽西瓜栽培技术》《蜜梨栽培技术》等科普资料1000余份，为农民群众义诊100余人，参加活动的农民群众、中小学生等共计200余人。市科协与东乡县科协获2016年全国科普日活动优秀组织单位、临川区科协获优秀单位称号。全市共举办“百场科普报告进社区”活动9场。9月20日，在全国科普示范社区临川区青云街办县学岭社区，市科协邀请市职工医疗保险门诊部副主任、主任医师章正华为近百名社区居民举办科普讲座，活动散发科普资料500余份，向社区赠送科普挂图18幅。

【学术交流形式多样】 市科协瞄准现代科技发展前沿和围绕抚州经济社会发展中的重点、热点、难点问题，积极开展多层次、多形式的学术交流和研讨活动。3月15日，在乐安县举行创新驱动助力地方经济发展大型科技服务活动，针对乐安县园区重点企业、乡镇提出的科技需求，组织全国学会和省级学会的有关专家深入现场进行技术指导、技术培训，提供专题研讨会、科技咨询等形式的技术服务。11月3日，由江西省科学技术协会主办，江西省农业机械学会、江西省农业机械行业学会、抚州市科协、抚州市农机局、东乡县人民政府承办的2016年江西省科协创新驱动助力地方经济发展科技服务活动，在东乡县岗上积镇政府举行。

【“百人远航工程”特色明显】 市科协切实抓好实施“远航工程”申报工作，积极选拔市内优秀青年科技工作者到国外高校及科研院所深造学习、开展科研合作，提升科技研发人才队伍的整体素质，同时吸引国外相关领域高层次科技人才到抚州服务。2016年，抚州市有2名科技人才被选为江西省“百人远航工程”资助对象。

【科技助力精准扶贫】 市科协继续深入开展“四进四联四帮”活动，发挥科协人文荟萃的优势，依托农函大，立足学会、农技协，针对全市223个贫困村开展“一村一品”科技培训、科技咨询和送科技下乡等活动。在10月17—18日“双返双创”活动周期间，市科协联合市委组织部举办全市“四进四联四帮”市直单位帮联村村书记或村主任和农村专业技术协会负责人培训班，120余人参加培训，培训内容丰富、针对性强、影响深远。

（詹章羿）

【市科协领导名录】
主　　席：雷东水
副 主 席：杨正荣　邱新明

抚州市台胞台属联谊会

【概况】 2016年，抚州市台胞台属联谊会（以下简称市台联）在推动抚州台湾民间交流交往、增进两岸同胞情感，促进对台招商引资、帮助台胞台属台企排忧解难方面做了大量工作。全年共接待到抚州访问、旅游、考察的台胞16批123人，深入走访慰问定居台胞41户，扶助失学儿童36名，奖励优秀学生132人，解决台胞台属困难38件。

【台北文化教育交流发展协会总监李柏围参访抚州】 1月12日，台北市文化教育交流发展协会李柏围总监一行到抚州参访，该协会是以促进两岸文化教育交流，促进两岸关系和谐发展为宗旨，多年来承办了许多台湾与大陆的交流活动，此次到抚州，意在促进抚州与台湾在教育、文化、生态、环保等多领域的合作。

【台商情系南城孤寡老人】 1月22日，中华海峡两岸中小企业联合促进会会长、江西省赣台交流服务中心董事长蔡孟勋一行，到南城县里塔镇敬老院开展慈善捐赠活动，为院里的孤寡老人送上爱心物资以及6000元慰问金，体现了台湾同胞对孤寡老人关爱之情。

【省台联常务理事会暨台盟工作会议在抚州召开】 4月28日，江西省台联在抚州组织召开第八届三次常务理事（扩大）会暨台盟工作会议。省政协常委、省台联名誉会长、台盟主委何大欣，全国台联常务理事、省台联会长曾鲁台，民革省委副巡视员、省台联副会长沈勇，抚州市供销社主任、省台联副会长徐友洪，赣州新八方电器有限公司董事长、台盟江西支部副主委，《台声》杂志社江西记者站站长、省台联副秘书长朱钧铭等20多位相关人员出席会议。会议认真学习习总书记在全国人大四次会议上有关两岸关系发展的重要讲话，传达省委统战工作领导小组会议精神，总结2015年工作，部署2016年工作，会议通过任命和聘任提名事项。何大欣就构建大统战工作格局讲了话。

【全国网媒走进乐安江西台大农业科技园】 5月7日下午，第八届全国网媒江西游采访团应抚州市台联邀请，赴乐安县龚坊镇江西台大农业科技园采风。台大农业科技园由台商张恒台于2006年底投资6000万元创办，占地400公顷。

【昆山台商企业考察团赴乐安考察】 7月9—10日，台商昆山特丽可得精细塑料科技有限公司总经理张启瑞一行应乐安县台联邀请，到乐安县考察。考察团先后实地考察江西台大农业科技园和厚发、前坪工业园区企业及基础设施建设，并参观流坑古村、古樟林和乐屿生态农庄。

【台湾致公党主席陈柏光到抚州考察】 7月25日，应抚州市台联邀请，中国台湾致公党主席、全国台企联副会长、沃华国际投资控股集团总裁陈柏光到抚州考察，市政协主席谢发明、副市长韦萍会见考察团一行。谢发明简要介绍了抚州市的基本情况和在抚台企发展状况，希望陈柏光发挥人脉资源优势，介绍更多的台湾朋友、企业家关注抚州。陈柏光还参观考察了抚州高新区、抚州市台商协会和江西嘉盛精密纺织有限公司。

【台胞程秀起捐资助学】 7月25日，“台胞程秀起奖学金颁发仪式”在黎川宾馆举行。黎川县教育局、县台办、县台联相关领导以及40名受捐助学生参加捐赠仪式。仪式上，程秀起及其家人为受资助的40名中、高考成绩优秀的学生发放奖学金2万余元。程秀起，祖籍黎川县荷源乡资福村人，原任台湾桃园县黎川同乡会会长。

【台湾中华甲骨文学会代表团出席海峡两岸老年书画交流会】 9月28日，纪念汤显祖逝世400周年暨第七届海峡两岸老年书画交流会在抚州荣誉国际酒店举行，活动共展出书画作品300幅。台湾中华甲骨文学会代表团一行8人应邀参加此次活动。台湾中华甲骨文学会代表团团长黄典本表示，此次书画交流会安排在纪念汤显祖逝世400周年期间举办，充分显示抚州对推进海峡两岸老年书画交流活动的重视和支持，此次书画交流对弘扬中华传统文化，加强两岸文化交流有着重要的促进作用，达到了两岸文化同源传承、携手发展的目的，同时也为广大书法家和爱好者提供了一个很好的学习、借鉴机会。

【台湾成美文化园执行长吴玲祯赴广昌考察】 8月19日，台湾顶新国际集团成美文化园执行长吴玲祯和台湾江西商会会长陈维德一行4人应广昌县台联会邀请到广昌县考察，实地察看甘竹镇株溪村基础设施建设。吴玲祯一行还深入广昌县莲花科技博览园参观考察，实地了解广昌白莲航天育种、白莲文化产业发展及旅游资源保护开发情况。

【抚州—台湾青年创业创新交流】 10月16—18日，由市台联、团市委主办的2016抚州—台湾青年创业创新交流联谊活动在崇仁县源野山庄举行，来自台湾的青年创业代表团一行10人，受邀参加此次交流活动，市政协副主席、市工商联主席蔡青会见创业代表团一行。活动还特别邀请抚州10名青年企业家、投资人、创业者代表与台湾青年创业代表团成员分享创业理念。在抚州期间，台湾青年创业代表团参观了市博物馆、汤显祖纪念馆、市城市规划展示馆和高新区展示馆，深入了解抚州的人文历史、城市发展建设和投资创业等方面情况。

（邱晓林）

【市台湾同胞联谊会领导名录】

会　　长：周　琪

副 会 长：游日辉　曾怀民　杨露露　全跃龙

秘 书 长：徐明亮

抚州市残疾人联合会

【概况】 2016年，抚州市各级残联认真贯彻落实中共十八大、十八届三中、四中、五中、六中全会精神，以习近平总书记对江西工作新的希望和“三个着力、四个坚持”为总体要求，紧密围绕市委、市政府的中心工作，结合“四进四联四帮”，积极开展“两学一做”，把纪律挺在前面，落实党风廉政建设责任制，真抓实干、开拓创新，着力解决残疾人最关心、最直接、最现实的利益问题，较好地完成各项工作。抚州市残联荣获全国第九届残运会人才输送贡献奖、江西省里约奥运会输送人才贡献奖，被评为省级文明先进单位、抚州市社会治安综合治理先进单位、公共节能优秀单位。

【完成民生工程项目】 2016年，市残联有计划、有步骤地开展一系列民生工程残疾人行动，为10217名残疾人提供社区康复服务，完成任务数的100.2%。全市6家康复机构为198名7周岁以下残疾儿童实施抢救性康复项目，其中，为5名听力语言残疾儿童提供康复训练并免费配发助听器5台，为140名脑瘫儿童提供康复治疗，为53名孤独症儿童提供康复训练。为残疾人安装20条大、小腿假肢。购买公益性岗位395个，占完成任务数的100%，农家书屋残疾人管理员完成1308人，占完成任务数的100%，城乡残疾人职业技能培训已完成713人，占完成任务数的102%。为全市34388名贫困残疾人发放生活补贴，为19386名重度残疾人发放护理补贴。

【开展精准扶贫助残】 一是扎实做好残疾人贫困户精准识别、建档立卡核实和开展贫困残疾人摸底调查，积极推进“两项补贴”制度落实与完善，在全市进行调查统计“已落实建档立卡贫困残疾人人数”和“经核实非贫困残疾人人数”大摸底，实施精准扶持。全市纳入建档立卡持有残疾人证的贫困残疾人12844人。二是打好扶贫攻坚战，抚州市残联针对双残家庭精准发力。经过近两个月的摸底调查统计，全市有双残家庭近2000余户，许多双残家庭小孩得不到很好的教育，错过最佳教育期。为帮助他们改变自身的现状，在市残联的大力推动下，成立抚州市双残家庭子女非义务阶段教育助残协会，通过资助特别困难且品学兼优的双残家庭子女完成学业。三是做好农村残疾人精准扶贫。全市扶持10个种养业户、6个种养业大户，对21名新录取的贫困残疾大学生开展资助工作。

【闽赣残疾人文化艺术交流】 11月中旬，由福建省残联和江西省残联主办，抚州市残联承办的“心手相连·我梦最美”——2016年闽赣残疾人特殊文化艺术交流活动暨抚州市“双残协会”募捐晚会在汤显祖大剧院举行。晚会现场，社会各界爱心单位和爱心人士共捐赠286.67万元爱心助学善款，帮助双残家庭子女完成非义务教育学习，用“智”脱贫，对提高他们脱贫解困的能力将发挥关键作用。

【做好社区康复试点】 2016年，市残联争取上级资金20万元，在东乡县铜矿医院开展精神障碍患者社区康复试点，让患者走出家门，融入社会生活。该康复站按照工疗室、娱乐室、图书阅览室、日间照料室（餐厅及休息室）、心理咨询室、器具康复训练室等规划布局。

【抚州电视台开通新闻手语播报】 为切实改善听力残疾人参与社会生活的外部环境，市残联会商抚州电视台，是年底，在该台公共频道（抚州二套）开设一档手语同步播报的电视新闻栏目，采用同步录制手语播音图像，在节目画面右下角抠像同步播出画中画视窗的办法，为听觉残障观众提供新闻信息的传播服务。全市听障残疾人可以通过电视共享社会文明发展成果。

【肖翠娟在里约残奥会上获铜牌】 按照残疾人运动员选拔输送办法和标准，全市推荐上报11名残疾人运动员，在全国第九届残疾人运动会上，抚州9名残疾人运动员代表江西队参赛，肢残举重运动员肖翠娟勇夺1枚金牌并打破世界纪录，其余8名残疾人运动员共获3枚银牌和3枚铜牌，4个第四名，2个第五名，1个第六名。另外，在第十五届夏季里约残奥会上，肖翠娟代表中国队参赛，获得举重铜牌。

【实施残疾人康复体育关爱家庭计划】 为创新残疾人体育服务模式、服务项目、服务效果，让不易出户的重度残疾人居家享受到基本康复体育服务，市残联开展2016年“残疾人康复体育关爱家庭计划”，分三个阶段对全市425名不易出户或家庭困难的重度残疾人实施康复体育家庭关爱服务，市本级按要求解决了每户的配套资金。

【开展残疾人数据库建设】 根据《江西省全国残疾人基本服务状况和需求信息数据动态更新工作实施方案》，成立抚州市全国残疾人基本服务状况和需求信息数据动态更新工作办公室，制定下发实施方案，动态掌握各类残疾人约25万人，占全市总人口的6.39%。其中，视力残疾3.6万人，听力残疾5.1万人，言语残疾0.47万人，肢体残疾8.88万人，智力残疾2.04万人，精神残疾1.8万人，多重残疾3.11万人，学龄残疾儿童1.7万人。全市已受理、申办残疾证77921例，已发证75802本。

【维护残疾人权益】 开通“12385”残疾人服务热线，为及时倾听残疾人心声，真实了解残疾人需求，有效帮助残疾人解决处理好小康进程中遇到的实际困难和问题，市残联多次与相关部门协商，7月，正式开通“12385”残疾人服务热线，残疾人可通过12385残疾人服务热线倾诉自己的心声。热线开通以后，受理残疾人各类来电30余件，较2015年同期相比，信访案例下降50%。年内，全市对90户贫困残疾人家庭无障碍改造共计补助资金45.5万元。中央下拨48.75万元用于抚州市残疾人机动轮椅车燃油补贴（核定补贴1875辆），实发1924辆，实发50.24万元资金。

（付　宁）

【市残联领导名录】

理　事　长：吴晓妮

党组书记：杜　敏（任至10月）

杨国伟（10月任）

副理事长：张文卫

抚州市归国华侨联合会

【概况】 抚州市侨联深入学习中央、省委关于党的群团工作会议精神，按照市委“高位谋势、精准发力、敢于担当、跨越发展”的工作总要求，扎实开展“两学一做”专题教育，着力加强自身组织建设，通过请进来、走出去，积极拓展海外和新侨工作，为经济社会发展广泛凝聚侨界力量，为建设幸福抚州做出应有的贡献。

【拓展联络联谊】 2016年9月，借举办汤显祖逝世400周年系列纪念活动之机，市侨联加强与美国南加州同乡会、美国江西联合总会的联络，建立经常性的联系，主动与海外抚州籍华人华侨结交友谊，聘请赞比亚华侨黄向高、美国华侨宁小琪为侨联海外顾问，并与赞比亚江西商会缔结友好侨社团关系。10月，市委统战部副部长、市侨联党组书记、主席张全明随省侨联侨务及“一带一路”经贸文化交流访问团出访柬埔寨、泰国和缅甸，先后拜会柬埔寨江西商会、柬埔寨福建总商会、柬埔寨青田同乡会、柬埔寨中国商会，并与柬埔寨江西商会会长谢运生、柬埔寨福建总商会执行会长黄可锦、柬埔寨青田同乡会会长陈宝林、柬埔寨中国商会副会长潘东风等侨领就加强交流合作、增进友谊、共赢发展进行座谈。11月，崇仁县侨联副主席、崇仁县禄丰林业开发有限公司董事长陈少泉出访泰国，拜会泰国中华总商会，并与总商会副主席、泰国华人青年商会会长李桂雄进行交流，了解江西籍华人华侨在泰国的生活工作状况，陈少泉介绍了抚州的归侨侨眷生活工作状况，并受抚州市侨联委托邀请泰国侨领、侨团适时到抚州考察访问。

【致力群众工作】 一是为侨服务送温暖。春节期间，市委、市侨联和各县（区）委均重视对困难归侨、侨眷的走访慰问工作，走访苏玉成、吴彩霞等归侨侨眷40多人次，为他们送去慰问金、慰问品折合人民币4万多元。2月1日，中国侨联副主席李卓彬率中国侨联、中国农林水利工会和江西省侨联党组书记张知明带领的省“四侨”走访慰问组一行到抚州，慰问金溪华侨农场职工，送上新春祝福及慰问金，市委书记肖毅，市委常委、统战部部长、市委秘书长李建林等市领导陪同走访慰问。二是多渠道维护侨益。积极落实中国侨联“七五”普法规划精神，开展“关爱侨胞、服务侨企、法律伴我行”等主题活动，累计为侨界群众和侨资企业提供法律服务35次。年内共接受侨界群众来信来访来电35人次（件），办结率达98%。

【侨界政协委员积极参政议政】 2016年换届中，市侨联依照有关程序，推选吴世伟、林翠英等抚州侨界有影响力的7名人选作为政协抚州市第四届委员会侨联界别政协委员，组织侨联委员围绕经济发展新常态、生态文明建设等主题开展调研活动，为侨界人大代表、政协委员履行职责提供服务。市侨联副主席吴世伟在政协江西省第十一届委员会第四次会议上分组讨论政协工作报告时作《优化赣商创业环境，构建工业人才保障体系》的专题发言，建议把江西省委、省政府《关于支持赣商回乡创业发展的意见》落到实处。6月中旬，市侨联联合市工商联在开展“民间投资增速下滑成因及对策”专题调研，通过采取网上问卷和实地调查走访的方式，全面掌握民间投资增速下滑情况，深入分析民间投资存在的普遍性问题和突出矛盾，提出促进民间投资的针对性、有效性对策建议，为党委政府决策提供有见地、有分量的参考意见。同时市侨联还积极参与“双返双创”活动和2016全国知名商会原中央苏区（抚州）行活动，先后四次深入沿海发达地区开展招商引资活动，大力推介宣传抚州市近年来经济建设所取得的成绩和招商引资政策、项目等，共邀请和接待海外客商23人次到抚州访问、考察。

【推进扶贫攻坚】 成立市侨联扶贫开发工作领导小组，开展全市侨界贫困人口精准扶贫工作专项调研，制定相应的扶贫计划，确保侨界贫困人口如期脱贫。同时，继续选派优秀干部挂点广昌县驿前镇横路村，通过争资金、跑项目、修公路、兴水利、扶产业等一系列扶贫措施，横路村容村貌、交通道路、水利灌溉、安全饮水和环境卫生等都得到彻底的改善。

【加强侨联组织建设】 一是推进侨联基层组织建设。通过协调，9月，崇仁县第一次归侨侨眷代表大会胜利召开，李海华当选崇仁县第一届侨联主席，杨中华、陈少泉当选副主席，为做好归侨侨眷和海外侨胞的联络联谊工作增进了力量，扩展了平台。二是探索侨联智能化建设。以中国侨联开通“侨联通”APP为契机，开展网上“建家交友”活动，在网上亮出侨联的旗帜，发出侨联的声音，弘扬网上主旋律。通过“网上侨联”建立“抚侨之友”微信群、QQ群，收集侨界民意、回应侨界诉求，更迅捷地联系服务海内外侨眷侨胞。

（艾智全）

【市归国华侨联合会领导名录】
主　　席：张全明（任至10月）
专职副主席兼秘书长：郑宇乐
兼职副主席：黄德超　吴世伟

抚州市红十字会

【概况】 抚州市红十字会紧紧围绕中心、服务大局，充分发挥政府在人道主义救助领域的桥梁纽带作用，各项工作不断取得新突破，实现跨越式发展，全年接受社会捐款107.1万元。被评为2016年度中国造血干细胞捐献者资料库江西省分库达标工作站、抚州市第八届文明单位、绩效考核良好单位、社会治安综合治理目标管理先进单位、节能减排先进单位。

【人道救灾有重点】 2016年，受厄尔尼诺气候影响，抚州遭遇连续强降雨，部分县（区）出现山洪暴发及洪涝灾害。市红十字会与市政府应急办及市民政局加强沟通协调，启动抚州市红十字会自然灾害和突发事件应急预案，要求各县（区）红十字会保持24小时通讯畅通，如有灾害发生则第一时间上报市红十字会，做到早报灾，早救灾，将人民群众的损失降到最低。紧急调拨救灾物资，及时深入受灾最严重的地区开展救灾救助活动。5月9日，市红十字会向黎川县下拨价值20多万元的家庭包、棉衣、鞋子；5月11日，又向南丰、广昌调拨价值30万元的毛毯、单鞋。积极争取中国红十字总会捐助的“博爱家园—社区减灾”项目在临川区荣山镇新安村立项。

【博爱救助暖人心】 市红十字会针对社会弱势群体及特殊人群开展救助活动，根据捐赠者意愿进行捐赠工作，搭建好博爱救助的桥梁。元旦至春节期间开展红十字博爱送万家活动，慰问发放救助款物120余万元，对部分献血金奖、银奖、铜奖获得者、贫困红十字志愿者、遗体器官捐献成功的贫困家庭、小天使基金救助对象、扶贫挂点村、特殊困难人群、洪涝灾害灾民等进行走访慰问活动。同时，走访看望四星级、五星级志愿者和优秀志愿者代表。开展特殊人群的救助活动。1月30日，市红十字会、市卫生局等单位赴临川区鹏田乡麻风村慰问村民，送去慰问金5000元，慰问物资价值1.2万多元。积极争取“小天使基金”救助，全市16名白血病患儿获得“小天使基金”救助，救助资金52万元。做好捐赠服务工作，根据捐赠者意愿开展捐赠救助工作。市红十字会、市地税局、抚州荣誉置业发展有限公司联合到乐安县增田镇东湖村开展扶贫捐赠活动。抚州荣誉置业发展有限公司捐赠32.8万元用于东湖村公路建设和救助贫困学生，江西瑞日职业有限公司捐赠21万元用于东湖村公路建设。

【应急救护体现新作为】 市红十字会发挥应急救护主体作用，使救护培训成为保护群众生命健康的品牌项目。一是为提高学生防溺水安全意识和自救互救能力，普及水上安全和救生知识，市红十字会救护救助服务培训中心及红十字水上救援队、市红十字蓝天救援队先后在市实验学校、市创新学校、临川区嵩湖中学等中小学开展“防溺水安全知识”讲座，进一步提高中小学生的自救互救能力。二是开展“红十字生命安全教育项目”。全年普及培训2500人，推动救护培训在学校、社区等人群聚集区的普及；在公务员培训班举办三期生命安全教育主题宣传，在中小学开展四期安全教育与体验；举办34期红十字急救员持证培训班，培训“红十字救护员”1936名。三是在崇仁源野山庄建立抚州市红十字生命健康安全教育基地，并举行揭牌仪式，通过寓教于乐和体验式生命健康安全教育活动，提高市民特别是青少年学生的防灾避险能力和自救互救水平。投入20万元资金分别在市实验学校、高新区钟岭中学设立红十字生命教育安全教育辅导中心，在学校发展红十字青少年，开展红十字生命健康安全体验式活动，内容包括中华传统文化教育、红十字知识教育、生命安全教育、心理健康教育、自救互救技能常识等。争取抚州市财政彩票公益金专款20万元用于红十字生命健康教育项目，提高人民群众的生命救助能力。

【“三献”工作取得新突破】 全市各级红十字会积极组织开展无偿献血、造血干细胞捐献、遗体器官捐献活动。一是积极推动无偿献血宣传工作。向市红十字无偿献血志愿者服务队授旗，开展志愿者座谈交流活动，推动无偿献血工作；6月14日，市红十字会在步步高广场、洪客隆广场举办纪念第十三个“6.14”世界献血者日宣传活动，共有106人参加此次活动，无偿献血31800毫升。11月19日，由市卫计委、市红十字会、临川区红十字会、完美（中国）有限公司江西分公司等9家单位主办，市完美区域服务中心承办的第13届完美百城千店万人献血活动，完美公司员工及社区爱心群众近200人参加无偿献血，共发放宣传材料600余份，采集造血干细胞血样入中华骨髓库60份。二是造血干细胞工作取得突破，年内抚州市登记入中华骨髓库的捐献造血干细胞志愿者496份；11月2日，资溪县的王文婧进行造血干细胞捐献，医院采集其99毫升造血干细胞悬液。王文婧成为抚州市捐献造血干细胞第一人。三是新接受捐献遗体器官登记5例，器官捐献实现2例：成功捐献4个肾脏2个肝脏，挽救了6个人的生命。至年底，抚州市有遗体器官捐献志愿者38人，其中，成功实现遗体器官捐献8人，捐献12个肝脏、14个肾脏、8个眼角膜、1个肺脏，让35人获得新生的希望。

【红十字志愿服务创新发展】 2016年，全市红十字志愿者队伍不断壮大，志愿服务领域得到创新发展。一是壮大红十字志愿者队伍，规范红十字志愿队伍管理，为红十字志愿者队伍添置装备，提高红十字志愿队伍的战斗力。各县（区）红十字志愿者队伍得到发展壮大，全年全市登记红十字志愿者7833人，红十字志愿服务队45支，注册红十字志愿者182人，通过申请在民政局注册登记，使红十字志愿者队伍规范化。市红十字会批复成立“抚州市一路有你红十字志愿服务队”，民政局注册成立抚州市红十字会老年介护志愿者协会。与此同时，红十字志愿服务队逐步添置装备，应急救援能力得到增强，市红十字水上救援队还添置救生独木舟、救生衣、救生绳、救生浮标等专业的水上救援设备，救援能力和水平得到提高。抚州市红十字会老年介护志愿者协会举办10期老年介护专业培训班，志愿者、护工和老年人共600人参加。围绕老人的心理、生理特点和老年介护的工作理念，重点对老年人日常生活和清洁介护、更衣介护、轮椅拐杖的使用、盲人行走的照顾等方面的知识和护理技巧进行培训，并现场辅导护理人员进行模拟训练。

二是组织丰富多彩的红十字志愿者交流活动，提高红十字志愿者的凝聚力。1月30日，市红十字会举办红十字志愿队工作座谈会暨2016年迎新茶话会，16支红十字志愿者团队的50余名志愿者参加此次活动。5月31日，召开“红十字优秀志愿者”网络评选工作座谈会，通过座谈会的交流与互动，红十字精神与志愿服务的人道力量得以传播与发扬，也激励了各志愿者及团队参与志愿服务的使命感、责任感、荣誉感。7月17日，市红十字会常务副会长娄红玲莅临崇仁县公益志愿者协会2016年年会指导，为该协会40多名志愿者进行《爱——从志愿服务开始》讲座，并担任崇仁县首届“2016年爱心满世界·幸福中国行——崇尚仁德，孝老爱亲”大型公益晚会总顾问。该晚会演出《人工呼吸》、应急救护舞蹈《白金十分钟》等节目，展现“人人学急救、急救为人人”的精神实质。

三是利用新媒体微信公众号开展优秀红十字志愿者网络评选活动，建立红十字志愿服务常态化机制，扩大红十字志愿者的影响力。5月，市文明办、市红十字会与抚州日报社共同发起抚州市红十字会“十佳志愿者”评选网络点赞活动。经过10天的广泛传播，访问量达到64万多人次，近12万人次点赞。通过此次活动，扩大了市红十字志愿者队伍的影响力，展示出抚州市红十字志愿队和红十字志愿者的风采，弘扬真善美，传播了正能量，引导人们见贤思齐，崇德向善，推动人们积极参与红十字志愿服务。红十字志愿服务队服务实现常态化，市红十字水上救援队在暑假抚河游泳人员高峰期间，开展了2016年抚河夏季游泳安全执勤活动。每天安排人员在抚河岸边执勤，担任游泳安全宣传员、救生员，保护游泳群众的生命安全。共救起溺水者十多名，拖回体力不支的游泳者近百人。市红十字蓝天救援队重大灾害救援应急响应也实现常态化，参与了深圳溃坝事故及温州台风事故的应急救援志愿行动。

【规范接收捐赠款物管理】 规范抚州市红十字会接收捐赠款物管理办法，将捐赠款物在市红十字会网站及《博爱简讯》公示，做到公开透明。机关党员干部积极参与挂点驻村帮扶，结对帮扶贫困户，送衣送被送慰问金6600元，为挂点村争取中国红十字会“博爱家园—社区减灾”项目。邀请市审计局对市红十字会捐赠专户年度审计，请有资质的会计事务所对红十字项目专题审计，确保捐赠财物及公益项目合情合理合法。

【组织建设有序发展】 一是明确“三定”方案，理顺组织管理体制。2016年，市编委下发《关于市红十字会内设机构和人员编制的批复》，规范市红十字会机构三定方案，增加内设机构，理顺领导职数，成立“抚州市人体器官捐献管理中心”并与“中国造血干细胞捐献者资料库江西省分库抚州市工作站”合署办公，两块牌子一套人马，同时增加全额拨款事业编制1名，强化抚州市人体器官捐献管理中心的人体器官捐献“宣传动员、报名登记、捐献见证、缅怀纪念、救助激励”等工作职责。二是做好抚州市红十字会第二次会员代表大会的筹备工作。根据中国红十字会和中国红十字会章程的有关规定和要求，市委常委会102次会议同意《抚州市红十字会第二次会员代表大会工作方案》，做好市红十字会第二届理事会名誉会长、名誉副会长、会长、兼职副会长及常务理事、理事人候选人员的沟通协调、组织申报等筹备工作。

（娄红玲）

【市红十字会领导名录】

名誉会长：肖　毅　张鸿星
名誉副会长：于秀明　段院龙
　　刘菊娇
会　　长：蔡　青
常务副会长：娄红玲
兼职副会长：杨瑞春　刘俊福
　　陆中和　傅志红
　　周样兴　何儒辉
　　吴广平　汤祖继

本栏编辑　汪　洋

武 装

抚州军分区

【概况】 2016年，抚州军分区党委坚决贯彻习近平主席系列重要讲话精神，聚焦强军兴军，顺应改革大势，积极创新实践，持续整风整改，坚持稳中求进，狠抓工作落实，部队全面建设稳中有进、向上向好。

思想政治建设坚强有力。始终围绕改革强军主题，认真组织学习习主席系列重要讲话精神，深入开展“牢记领袖嘱托，建功改革强军”专题教育和“坚定改革强军信心，献身改革强军实践”主题教育，广泛开展“三新”大讨论，官兵职工维护核心、看齐追随、投身改革的理想信念更加坚定。始终坚持“不忘初心”主题，立起“四讲四有”标尺，扎实开展“两学一做”学习教育，运用“四微”手段，广泛开展抄党章、学党规、讲党史、上党课和纪念建党95周年、红军长征胜利80周年等系列活动，深入组织“初心是什么，我们做什么”大讨论，大力宣扬先进典型，不断汇聚强军兴军正能量，官兵职工听党指挥、履行使命、牺牲奉献的思想品质更加纯洁。

军事斗争准备持续推进。始终坚持党委统揽，落实议训管训，作战准备龙头地位稳固。着眼战备能力保持升级，从严规范作战值班秩序，常态落实战备拉动演练，深化推进指挥信息网络建设，编实民兵应急力量；勘定调整重要目标，更新作战准备数据，修订完善战备方案，创新民兵编组模式，民兵整组经验做法被省军区转发；广泛开展干部职工和专武干部技能比武，常态落实民兵应急分队“考、比、拉”演训，部队应急应战能力明显提高，“四会”教练员集训经验做法被省军区推广；组织国防动员潜力数据审核录入集中办公，完成动员数据采集任务，形成专题能力评估报告，经验做法被《中国国防报》刊载；征兵工作主动作为，宣传发动广泛深入，18周岁适龄青年兵役登记全省率先达到100%。

安全发展基础更加稳固。始终坚持“零事故”“零容忍”目标要求抓安全管理。适时组织针对性安全教育和专项整顿，扎实开展“条令学习月”和“百日安全竞赛”等活动，官兵职工的安全意识和法规意识进一步增强。定期组织安全形势分析和研判，落实安全风险评估与防范，及时组织讲评和通报。突出人车枪弹密等重点领域的监管，坚持人防与技防相结合，健全组织监管、战友提醒、群众监督、家庭共管、地方协管等“五位一体”管理体系，落实“四检查一督导”机制，安全管理横向到边、纵向到底，确保军队调整改革期间高度集中统一和安全稳定。

基层建设水平稳步提升。始终坚持以“四个基本”为切入点，大力推动正规化建设和基层武装部“三整”活动。人武部两级营院、库室和民兵训练基地等基础设施更加配套，基层武装部“四个秩序”更加正规。深入贯彻落实省军区“永新会议”精神，民兵基层党组织“四有”和民兵营连长“两个100%”基本达标。协调出台《关于加强专武干部队伍建设的意见》，大力推动专武干部调整配备，乡镇专武干部调整面达70%以上，其中，超过50%得到重用提拔，专武干部队伍年轻化、专业化水平明显提高，岗位吸引力、队伍积极性明显提升。始终注重精准指导，深化运用党委巡视、常委巡查等经验做法，运用绩效考评、“互联网+”等创新手段，及时跟进指导，层层传导压力，基层自主抓建、创优争先的氛围不断浓厚。

后勤装备管理规范有序。积极推进后勤战备建设，修实后勤保障方案，落实装备配套训练，建实综合保障力量，后勤保障动员能力进一步巩固。始终坚持党委理财，常态落实集中办公和业务培训，常态组织“拉网式”清查，及时整改问题、规范运行秩序，高标准迎接军委审计署福州审计中心对军分区党委班子经济责任审计，财经管理更加规范。依法从严抓紧工程建设和房地产管理，全面组织工程建设项目审计，积极稳妥推进全面停止有偿服务。指导宜黄县人武部、干休所完成新营院建设搬迁和老干部住房改造，高标准迎接全军工程建设项目和房地产资源管理专项整治现场验收评估。积极抓好卫勤保障，指导落实官兵职工免费体检，团职以上干部身体健康状况检查及上报，做了一批暖人心的实事。

党管武装氛围更加浓厚。坚持依法管武建武，党委议军、任职谈话、考评述职和军事日等制度常态落实，抓好军分区、人武部党委第一书记兼职作用发挥，有力推动党管武装、国防教育、基层建设、军转安置等问题的解决。积极参与“四进四联四帮”和文明社区帮创活动，全面开展共建组织、助学兴教、送医巡诊、资金扶持、民兵参建、产业脱贫等十项精准扶贫活动，受到地方党委政府的充分肯定和人民群众的高度赞誉。军队转业干部士官安置、随军家属就业质量进一步提高，义务兵优待金标准大幅提升，军人军属荣誉感明显增强。

党的建设更加严格。压实党委主体责任，以学习宣传党的十八届六中全会精神为抓手，以肃清郭伯雄、徐才厚流毒影响为重点，抓实“两学一做”学习教育，全面组织“12个重大是非问题”大讨论，深入开展批评与自我批评，积极组织党员承诺践诺和民主评议党员，全体党员立起了理想信念、党性原则、作风纪律和战斗力标准的标尺。推动民主集中制学习常态落实，强化党委班子成员按程序、按规定办事，严肃规范党内政治生活。加强干部队伍教育管理，坚持党管干部原则和每季讲评干部，党委班子自主抓建、主动作为、创新发展的意识树得较牢，干部队伍扎根分区、安心本职、建功立业的意识明显提高。

（王小明　杨志锋）

【组织年度军事训练考核】 11月28日—12月5日，抚州军分区采取“统一筹划、区分层次，统分结合、分步实施”的方式，围绕“基础理论、基本技能和通用体能”等内容，组织全区现役干部和专武干部年度军事训练考核。军分区党委高度重视，首长办公会对“考什么、怎么考、怎么保障”等问题进行专题研究，制定考核实施方案，下发理论题库（内容涵盖日常工作应知应会、战备训练、安全管理、国防动员、政治工作和后装保障等；手工标图内容涵盖行政区划、交通要道、重要目标分布和兵要地志等），体能考核内容包括体型、俯卧撑、仰卧起坐和3000米跑等基础体能项目。采用“普考＋抽考”的方法组织，普考由人武部组考、军分区督查，抽考由军分区集中组织。通过考核，进一步摸清现役和专武干部队伍训练底数，全面检验年度军事训练工作成效，为新年度军事工作筹划打下坚实基础。

（廖　平）

【优秀“四会”教练员集训】 1月10—17日，为扎实做好年度军事训练准备，培养一批郭兴福式优秀“四会”教练员，军分区在各人武部自行组织集训基础上，依托崇仁县民兵训练基地，集中组织一批“四会”教练员骨干集训。集训区分“现役干部、在编职工、专武干部、民兵骨干”4个层次，重点抓实“理论辅导、集中备课、试讲试教、研讨交流、考核验收、成果梳理”6个环节。军分区领导和部分具有丰富教学组训经验的人武部主官组成考核小组，采取逐课目过的方式，对相应课目进行考核验收，评出优秀“四会”教练员和“十佳精品课目”。军分区《练兵先练官、抓训先抓教》的经验做法被省军区转发。

市“四套班子”在金溪县驻训基地过“军事日”，市委书记、军分区党委第一书记肖毅了解部队伙食保障情况。

【重要目标指挥员集训】 4月11—13日，军分区依托临川区人武部组织全区重要目标指挥员集训，全区三级以上重要目标指挥员和崇仁、宜黄、资溪、广昌县各一名重要目标指挥员参训。集训围绕“基本理论辅导、实际操作训练和现地观摩演练”3个环节进行，期间组织观摩临川区人武部《“大功率电子干扰阵地”防卫作战行动组织与实施》课目演示。通过集训，培养一支“能组织、善指挥”的指挥员队伍，打牢全区重要目标指挥员队伍能力素质基础，提高民兵分队遂行作战和支援保障任务能力。

【组织军地联合抗洪抢险应急演练】 5月13日，军分区联合地方水利、民政、卫生、电力、电信等部门，在临川区抚河金坪堤王家段，组织军地联合抗洪抢险应急救援演练。重点围绕抗洪抢险应急行动过程，演练组织指挥、动员集结、围堵泡泉、封堵管涌、巡堤排险等5个课题，有效提高民兵分队遂行任务的能力。市防汛指挥部领导和成员单位主要负责同志全程参加观摩。

【参加省军区“5.18”演练】 军分区、人武部同步展开机动指挥平台建设，军分区集中组织一期机动指挥平台业务综合训练。5月中旬，军分区、临川区人武部两级指挥所和民兵分队动用各型车辆和无人机，以“大功率电子对抗阵地防卫作战行动”为课题，依托机动指挥平台展开针对性训练。5月18日，军分区演练内容同步远程参加省军区在新余军分区组织的指挥信息系统现场观摩推进会。

【组织全省民兵分队专业骨干集训】 6月18—25日，军分区依托金溪县人武部，组织全省民兵重要目标警戒分队和情报侦察分队专业骨干集训。集训按照“突破传统组训模式，突破简单训练内容，突破单一保障手段”的总体思路，围绕“提高指挥作战能力、提高专业技术能力、提高教学组训能力”的总体目标，采取“理论学习、专家授课、技能训练、考核验收”等方法，展开基础理论、军事地形学、执勤、擒敌（捕俘）技术、观察与报知、反爆破、防敌小股袭扰和军警民联防等课目训练，探索民兵专业骨干基地化训练的方法路子。

【支援保障部队过境】 7月1日，第＊集团军炮兵旅从黎川县熊村镇入境抚州，经黎川、南城、金溪、临川、东乡等5个县(区)机动过境。军分区、抚州市国动委及时启动动员机制，在军分区机关统一指挥和协调调度下，组织军地有关部门制定交通分流预案和保障计划，5个相关人武部，地方公安、交通、卫生、民政等部门按任务分工，分别在济广高速南城服务区设立综合保障区，在金溪、东乡休息点开设临时保障站点，动用民兵、医疗救护分队、救护车，车辆装备维修分队实施机动伴随保障，同步组织民兵应急分队担任部队休息点和沿途沿线的外围安全警戒任务。在休息点和沿线道路悬挂宣传横幅，军地领导到点到位看望慰问部队。由于保障有力，过境部队官兵感受到老区人民的拥军热情和对子弟兵的深厚感情。

【应对长江九江段、鄱阳湖流域抗洪抢险任务备勤】 7月上旬，受1号台风“尼伯特”影响，长江九江段、鄱阳湖流域水位持续上涨，九江和鄱阳湖水位超出警戒水位。7月8—15日，军分区要求临川区人武部和东乡县人武部分别组织民兵抗洪抢险应急分队待命备勤，预征各型车辆和防汛抗洪器材，备勤期间组织有力受到上级的充分肯定。

【参加“神舟”十一号载人飞行任务陆上着陆区应急搜救备勤】 为协助做好天宫二号与“神舟”十一号载人飞行任务陆上着陆区应急搜救工作，根据《省军区参加神舟十一号飞船应急着陆搜救方案》，10月10日—11月18日，军分区按照“全面戒备、分片部署、梯次增援、确保实效”的指导思想，成立由军分区参谋长杨秀伟任组长，各县（区）人武部一名主官任副组长，军分区作训、军动、宣保和战勤办，市政府办、市应急办相关人员参加的应急搜救先遣组，各人武部落实应急分队，预征各型车辆和舟船，较好地完成上级赋予的任务。

（王 伟）

【开展民兵组织整顿】 年初，军分区在金溪县人武部召开全市民兵整组理论研讨会，研究探索新形势下后备力量抓建管等措施办法，《抓住源头，打牢基础，持续推进民兵工作创新发展》的经验做法被省军区转发。1月，采取面对面、逐个单位过的方式，组织年度民兵整组方案计划集中会审，明确任务要求、工作标准和完成时限。结合“五战”任务，优化力量编组，将现有支援队伍整合成“指挥、装备、后勤、三战、警戒”分队，每支分队下辖相关专业排或指挥排。围绕“建、训、用、管、保”五个方面，在市直机关单位编组独立应急营，下设相关连队。5月，采取“过筛子”的办法深入乡镇、村组和民兵营（连），对民兵整组工作进展情况进行检查验收，全市基干民兵全部完成整组点验。通过民兵组织整顿，取得“一支管用队伍、一套完善资料、一本工作开展图册”的工作成果。

（王小明）

【大学生兵员比例大幅上升】 军分区认真贯彻执行省政府、省军区征兵命令和全省征兵工作电视电话会议精神，强化组织领导，两级征兵领导小组成员划片包干一个县区、乡镇。广泛宣传发动，制作征兵宣传专题片在全市范围播放，参加全省评选获得三等奖；在各乡镇、中学、高校开设征兵咨询服务站；全市投入50余万元，制作文化衫、抽纸盒等宣传品；运用“互联网＋”模式，市、县（区）分别建立微信公众平台，每天发布征兵信息。在南城县组织召开征兵工作业务培训会议，观摩征兵信息化体检，2次组织高校征兵工作会议，3次组织业务负责人培训。突出走访调查环节，注重加大小龄兵、违法犯罪等人员的审查力度。协调征接兵部队，拟制新兵运输方案，新兵圆满顺利送入部队。全市18周岁兵役登记率达到100%，兵役登记经验的做法被省军区转发。共完成XXXX名新兵征集任务（含女兵X人、直招士官X人），其中，大学生XXX人，大学生占比33.5%。

（王少启）

【逐级开展国防动员潜力调查】 5月，组织召开全市国防动员工作会议，先后下发《抚州市人民政府办公室关于印发国防动员潜力调查规范化组织实施办法的通知》《关于开展国防动员潜力数据统计采集的通知》和《关于做好退伍军人服预备役的通知》，逐级开展国防动员潜力调查和近10年退伍军人登记核实，10月，采取“分期分批实施，逐一审核过关”的办法，组织国防动员潜力数据审核录入集中办公，完成9大类18万余条动员数据采集任务，形成专题能力评估报告。

【组织开展机要保密检查】 根据军委《关于做好军队规模结构和力量编成改革期间保密工作的通知》精神，为切实掌握全区密码设备、涉密载体和白头文件使用管理情况，促进改革期间保密工作落实，军分区司令部于12月19日开始，采取不打招呼检查的方式，对各人武部进行机要保密工作专项检查。主要检查各单位密码装备管理、远程传递系统使用和网络红头文件管理、年度保密制度落实、涉密载体管理、文印室使用管理、手机使用管理和绝密文件使用管理情况7项内容。检查中，军分区检查组列出清单，对各单位每件密码设备的型号、编号、序列号逐一进行核实，对每份绝密文件进行清点，对每台远程传递系统主机进行检测，对每个单位保密制度落实情况进行打分。通过专项检查，进一步提升了全区保密工作质量。

（罗来望）

【召开军事地理志资料征集培训会】 为高效落实国防潜力调查暨军事地理志（江西卷）资料征集，10月11日，军分区召开国防潜力调查暨军事地理志（江西卷）资料征集任务部署和业务培训会，针对公路、主要航道、主要港口、主要航空、重要城镇涉密资料，要求严格按照涉密载体管理的标准发放电子表格、纸质表格，做好电脑技术防护和加强数据管控，确保安全保密不出问题。军分区领导、市政府副秘书长、市县（区）国动委“八办”主任、民政局局长、卫计委主任和各县(区)人武部军事科参谋及军志办编纂人员参加会议，省军区《中国军事地理志（江西卷）》编辑到会授课，省军区军志办派员到会指导。

（王小明）

【组织纪念红军长征胜利80周年文艺晚会】 11月5日晚，军分区、市人民防空办邀请江苏民间战旗文工团在东华理工大学礼堂联合举办纪念红军长征胜利80周年国防教育专题文艺演出。市人防办、市财政局、市发改委、高新区管委会、市供电公司、市人民银行和驻抚州武警部队及抚州高校师生应邀观看晚会。晚会以“长征精神代代相传”为主题，演出《长征精神代代相传》《红军鞋》《铁的新四军》《蝶恋花》等12个节目，演出期间还开展国防知识问答和英烈子女现场访谈，进一步落实国防教育“五进”要求，弘扬党和军队优良传统，增进军政军民团结。

（王根平）

【举办纪念红军长征胜利八十周年书法展】 10月18日，军分区政治部联合市民政局、广电新闻出版局在市博物馆举办纪念红军长征胜利八十周年江新华毛体书法展。书法展以“纪念长征伟大胜利、弘扬长征伟大精神”为主题，展出的100余幅书法作品由临川区人武部退休老干部、原部长江新华创作。观展的官兵在观看字画、聆听讲解后表示，要继承和弘扬伟大的长征精神，永远铭记历史，坚持务军备战，谋练打赢本领，为实现中国梦、强军梦贡献力量。

（张新春）

【抚州市博物馆“江西省国防教育基地”揭牌】 9月13日，结合第16个全民国防教育日，军分区、市文化局联合在抚州市博物馆设立“江西省国防教育基地”。军分区政治部主任陈辉、市文化局、博物馆相关领导出席活动，抚州大学生代表、临川区应征青年100人参加揭牌仪式。市博物馆“江西省国防教育基地”揭牌，是继王安石纪念馆后，军地合力打造的又一家省级爱国主义教育基地，将为进一步强化全民国防意识，激发爱国热情发挥积极作用。

（王根平　朱辰秋）

【军分区党委七届三次会议召开】 8月10日，军分区召开七届三次党委（扩大）会议，传达学习军委国防动员部半年工作总结会议精神，分析军分区部队上半年建设形势，部署下半年工作任务。党委书记、军分区政委李兰贵分析讲评上半年军分区部队工作开展情况，明确下半年工作任务，并就军分区落实省军区系统改革提出具体要求。党委副书记、军分区司令员吴立成围绕服务改革强军，加强科学统筹，突出工作重点，注重末端落实等方面进行强调。政治部主任陈辉传达学习军委国防动员部半年工作总结会议精神。崇仁、金溪、广昌县人武部就专武干部培养使用、职工队伍教育管理和征兵工作作大会经验交流。

（王根平　廖　冰）

【开展“党课进村”活动】 5月11日，军分区结合“两学一做”学习教育，联合市统计局赴崇仁县陂下村开展“党课进村”活动，邀请市委讲师团副团长陈福生对当前党建工作和“两学一做”学习教育进行党课辅导。军分区领导与村干部交流持续推进精准扶贫工作的有关问题，并就村党支部建设、解决实际矛盾问题进行探讨。通过开展“党课进村”活动，宣传党的创新理论和国防科技知识，进一步提升村民党员的党性意识和带头扶贫意识，引导村民坚决拥护党的领导，自觉养成文明健康的生活习惯。

【助学结对帮扶】 4月8日，由军分区司令员吴立成、政治委员李兰贵带队，到挂点帮扶的崇仁县郭圩乡陂下村，与贫困学子一对一帮扶结对助学。吴立成、李兰贵资助每名学生1500元，详细了解帮扶学生近一年的学习和生活情况，对学生们的现实表现给予充分肯定，鼓励贫困学子坚定信心，好好学习，早日成才，做有益于国家、有益于人民的人。

（徐　敬　陈敏君）

【新营院建设工程项目通过审计】 军分区积极协调江西省军区审计处及省军区委托审计单位（江西方泰工程项目咨询管理有限公司），就新营院建设项目经费进行审核，经6次现场查验、资料对接及反复洽谈，完成经费终审，并形成终审报告。通过审计，土建项目工程和室内装修装饰项目工程审减率分别达26.58%和28.68%。

【迎接工程建设项目和房地产资源管理整治验收】 12月17—18日，全军基本建设项目和房地产资源专项整治检查验收组一行7人，对军分区涉及专项整治的土地兑换项目、“三超”和“计划外”建设项目、“十二五”期间专项工程建设计划执行情况进行现地检查验收。军分区后勤部对照“七个核定”项目内容，组织完成军分区民兵武器装备仓库和干休所综合楼两个“计划外”工程建设资料整理上报和整改，对接上报军分区原民兵武器装备仓库和修械所土地兑换整改报告，并完善组卷存档资料。

【金溪炮兵实弹射击场转隶移交完成】 1月，金溪炮兵实弹射击场整体转隶东部战区陆军。按照部队转隶有关要求，军分区后勤部协助并指导金溪炮兵实弹射击场完成房地产及物资、账目清查核对和遗留问题落实整改，顺利完成整体转隶移交工作。

（李成斌）

【军委审计署福州审计中心对党委班子经济责任审计】 10月18—29日，军委审计署福州审计中心对军分区党委班子进行为期12天的经济责任审计，重点审计2013年以来经济决策、经济管理、法规执行、事业成效和廉洁自律等开展情况。为深刻汲取审计检查的经验教训，进一步加强财经管理，军分区专门下发通知：严格经费审批权限，杜绝化整为零、肢解报销现象；落实好“先财务审核、再逐级审批”规定；坚持落实“一事一清”制度，及时组织账目结算报销，不拖拉；严格开支手续，所有经费开支，必须取得正规税务发票，必须附相关请示件原件并进入凭证；组织发放相关物资器材，必须由经办人签字确认；组织会务集训，必须附人员签到表等。

12月7日，针对经济责任审计发现的问题，军分区组织各县（区）人武部后勤科长、报账员和干休所助理员集训，研究讨论当前加强财经管理存在的问题和对策措施办法，明确财经日常管理规范等。军分区政委李兰贵作讲话，各县（区）人武部全体干部职工通过视频会议系统同步收听收看。

（曾贵根）

【军分区领导名录】

司　令　员：吴立成

政 治 委 员：李兰贵

参　谋　长：杨秀伟

政治部主任：陈　辉

后勤部部长：陈志祥（任至6月）

武警部队

【概况】 2016年，中国人民武装警察部队抚州市支队（简称抚州支队）认真学习领会习近平主席系列重要讲话精神，坚决贯彻武警党委和总队党委部署要求，围绕建设能打胜仗全面过硬维稳劲旅奋斗目标，着力更新观念、启发自觉，凝心补课赶队、厚实底蕴，各项工作推进有力，圆满完成各项重大任务，部队建设呈现出向上向好、稳步加强的良好态势。

思想政治引领深入扎实。着眼深化理论武装，压实党委中心组和机关干部、基层官兵理论学习领导责任，习主席系列重要讲话精神学习更加深入。着眼培育“四有”军人，探索运用“1+2+1+1”模式开展主题教育，坚持周检查月通报抓实经常性教育，积极搞好心理法律服务，狠抓个别人排查帮教转化，主动抢占新媒体阵地，确保部队纯洁巩固。着眼文化育人，挖掘总结红色传统，规范营区政治环境，建成两级网上史馆、荣誉室，开展纪念建党95周年、长征胜利80周年系列文化活动，传承红色基因，激发朝气活力。着眼服务保证中心，跟进做好任务中政治工作，为打赢“三场维稳战役”提供坚强保证。李晓源被总队评为“十佳”四会政治教员。崔峰被武警部队评为“抗洪抢险先进个人”。预防自杀工作做法被总队转发。

练兵备战水平稳步提升。坚持按打仗要求抓执勤，严密组织新兵岗前培训、专勤专训和专哨专训，认真规范勤务组织实施，抓好“五防一体化”和哨位阵地文化建设，实现连续20年执勤安全无事故。扎实推进战备建设，积极研究论证、组织展开库室调整、装备补充、车辆改装，编携配装初见成效，“一室两站”和作战勤务值班信息系统建设方案受到总队通报表扬。认真修订完善各类方案预案，请领储备辖区新版1：5万军事地形图、电子地图，规范落实联合值班、前进指挥组常态备勤，有效提升部队备战能力。严格军事训练“八落实”，扎实开展教练员培训、特勤排应急班分专业轮训和季度“魔鬼周”训练，严密组织“卫士-16”演习，着力补齐教练员、训练场地、设施器材“三块短板”，实战化训练质量不断提高。全年动用兵力XXX余人次，圆满完成鄱阳抗洪、汤显祖逝世400周年纪念活动安保、人犯整体转移押解等任务XX起。支队被总队评为“正规化执勤优秀单位”。教导队被武警部队表彰为先进教导队，吴庆捷被评为武警部队优秀教练员。动中抓建、执勤隐患治理、守卫勤务安防效能评估、“魔鬼周”极限训练做法被总队转发。

部队建设基础持续巩固。深入学习贯彻武警党委1号文件和基层建设暨士官队伍建设工作会议精神，严密组织“《纲要》学习月”活动和党务工作培训，认真落实党委机关挂钩帮建、经常性“双争”量化评比、季度考核、双向讲评、形势分析、蹲点帮建等制度，多措并举培养“三个源头”，对3个连续5年以上未进入先进中队实施精准帮建，基层自主抓建能力进一步提高。严密组织基层风气专项整治、百日安全竞赛、安全大检查和“三库”及重难点问题整治，确保部队内部安全稳定。持续开展“暖心工程”，积极做好救济慰问困难官兵、干部士官适龄子女入学入托工作，保障基层干部100%休完年假，激发活力动力。支队被武警部队表彰为“百日安全竞赛优胜单位”，二中队、广昌、资溪、南城中队被总队评为先进（标兵）中队。

服务保障效能不断增强。着眼前勤定位，加快推进“实战型”后勤建设，认真修订完善保障预案，规范后勤战备库室，充实战备物资储备，签订XX份军地应急保障协议，严密组织后勤专业兵选拔培训和“一组五队”训练演练，应急保障能力得到提升。扎实抓好财务大清查“回头看”和行业风气清理整治，工程建设、物资采购、财经管理等领域问题整改有力，对外有偿服务全面停止。组织开展“伙食精细管理年”活动试点，规范落实

“1126”“6211”伙食标准，统一配置给养器材，深受官兵欢迎。大力推进基础设施建设，完成东乡中队搬迁、南城中队营区营房改造和基层中队营区“三化”及车库建设，有序推进崇仁中队、直属大队部迁（新）建、金溪中队营区营房改造和教导队训练场地建设，先后投入经费XX万元，配齐哨位空调、空气能热水器、保温餐车等设施，官兵执勤、训练、工作、生活条件进一步改善。突出加强后勤安全管理，严密组织枪弹清查、安全行车专项整顿、水电气使用安全检测，杜绝问题隐患。临川区中队食堂被总部表彰为先进食堂，刘超辉被表彰为炊事员标兵。勤务中队被总队评为红旗车分队。

全面正风肃毒积极有为。严密组织“两学一做”学习教育和民主集中制学习贯彻活动，深入学好《党委会的工作方法》，认真召开支队党委专题民主生活会，党委班子自身建设不断加强。突出抓好党的十八届六中全会和“三条例两准则”的学习贯彻，从上党课、过党日、交党费等基本制度抓起，严肃党内政治生活。扎实开展“我是党员，向我看齐”和承诺践诺活动，组织党员戴党徽、亮身份、树形象，各级争做合格党员的生动局面逐步形成。坚决全面彻底肃清郭伯雄、徐才厚流毒影响，认真落实专题教育、对照检查、讨论辨析等规定动作，思想清理取得实效。坚持把党的纪律规矩挺在前面，严肃查处违规违纪问题，严肃追究基层支部主体责任，维护纪律规矩的严肃性。东乡、南城中队党支部被总队表彰为先进基层党组织，饶静波被评为优秀共产党员。

【抓实军事训练】 1月11日上午，抚州支队隆重召开2016年度军事训练开训动员大会。1月15—17日，组织三昼两夜野营拉练，新兵岗前培训大队全体人员参加。

2月19日，江西总队在抚州支队教导队隆重召开2016年度预备特战队员集训动员大会。

5月10日，抚州支队组织应急班集训队军事训练考核。7月19—25日，利用7天时间组织二季度特勤排“魔鬼周”野外极限训练。12月11—17日，组织特勤排官兵赴萍乡参加第四季度“魔鬼周”野外极限训练。

【东乡县中队迁入新址】 10月29日，抚州支队东乡县中队搬入新址，新址于2015年9月开工建设，占地面积1.2公顷。

【积极开展抗洪抢险】 7月上旬，受1号台风“尼伯特”影响，鄱阳湖流域水位持续上涨，超出警戒水位。7月7日，抚州支队支队长崔峰率XX名官兵紧急驰援鄱阳县柘港乡，全力投入潼津河抗洪抢险任务，开挖导水槽232条，加固堤坝1300余米，有效处置脱坡、渗水、管涌和泡泉等各类危急险情33起，确保大堤的绝对安全。

【警地共建树形象】 为培塑新一代革命军人好样子，激发广大官兵“传承红色基因，情系第二故乡”的政治热情，6月1日，抚州支队资溪中队积极开展一次为驻地贫困小学生“送温暖、献爱心”的爱民助民实践活动。6月17日，为深化“两学一做”学习教育成效，抚州支队发挥驻地周边红色资源优势，邀请永新县档案局局长邓智飞到队开展主题党课辅导。7月31日，市委书记肖毅率慰问团，带着抚州市委、市政府和广大人民对人民子弟兵的深情厚谊，看望慰问武警抚州支队官兵，给全体官兵送上节日的问候和祝福。8月1日，中国联通抚州分公司总经理刘运忠一行怀着对人民子弟兵的深情厚谊，看望慰问武警抚州支队官兵，给全体官兵送上节日的祝福。

【武警部分首长关怀视察抚州】 4月25日，武警总部考评组一行到抚州支队教导队进行现地考评。6月1–4日，武警总队副政委康德斌一行，考察抚州支队帮建工作。6月14日，武警部队副政委张瑞清在总队司令员龚明洪、政委陈杭的陪同下，深入抚州支队视察指导。7月12日，武警总队司令员龚明洪深入抚州支队抗洪抢险一线检查指导工作，看望慰问参战官兵。

（武警支队）

【市武警支队领导名录】

支　队　长：崔　峰
第一政治委员：吴建春
政 治 委 员：方坤标
副 支 队 长：郑立平
副政治委员：汪本忠
参　谋　长：周录军
政治处主任：黄　炜
后勤处处长：张伟荣

消防支队

【概况】 2016年，抚州市消防支队以“振兴梦、铁军梦、平安梦、和谐梦”抚州消防新“临川四梦”为奋斗目标，凝聚“正气消防、幸福抚州”队魂，紧紧围绕“攻难点、抓重点、出亮点”的工作思路，全力推动抚州消防工作和消防部队的建设发展，全市消防部队攻坚克难，出色地完成各项目标任务，确保社会面火灾形势和部队内部的“双稳定”。年内，抚州市消防支队通过全国文明单位复核，被省委、省政府评为江西省第十四届文明单位，获得全省拥政爱民先进单位表彰，乐安县中队评为全省五四红旗团支部，崇仁县大队评为全省青年雷锋队，东乡县大队评为全市志愿服务工作先进组织，士兵李超被评为全省优秀共青团员，干部曾磊被评为全市十大杰出青年，为全市消防部队赢得了荣誉。

【火灾隐患综合治理】 针对季节性特点和火灾暴露出的问题，坚持什么问题突出就整治什么问题，哪方面火灾多发，就开展哪方面专项治理。2016年，全市统一开展“化工企业”“夏季消防检查”“公共娱乐场所”“开发区和工业园区”“古寺、古街、古村”“重要公共建筑，大型超市、集贸市场”“建筑消防设施”“物流仓储场所”“易燃易爆场所”等消防安全专项治理，解决一大批影响公共安全的火灾隐患，社会面消防安全环境进一步改善。圆满完成“G20杭州峰会”、纪念汤显祖逝世400周年系列活动、全国综治工作“南昌会议”、党的十八届六中全会等重大活动期间消防安全保卫任务。广泛开展社会消防综合治理，强化部门联动、多警联勤的工作机制，大力开展火灾隐患排查整治活动，全面落实消防安全责任制。全市共检查社会单位13105家，督促整改火灾隐患11090处，临时查封116处，责令“三停”单位218家，提请政府挂牌督办火灾隐患8家，整改销案6家。根据抚州实际，开展古村、古街、古寺“三古”消防安全专项整治，全国多家媒体采访团深入乐安县流坑古村进行专题采访，引起强烈的社会反响。

【积极开展应急救援】 紧紧围绕能打仗、打胜仗标准，深入推进执勤岗位练兵。组织中队指挥员、执勤中队长助理、装备技师和班长骨干培训班，举办2次部队体能对抗赛和消防业务大比武，成功举办全市首届政府专职消防队伍比武竞赛、全市条令条例知识竞赛和队列会操，开展“十佳训练标兵”琅琊榜评选活动，通过微信和新闻媒体向社会推广，展现出基层中队官兵忠诚为民的英勇形象。根据消防部队应急救援工作的艰巨性和多样性，重点开展整建制中队实战化练兵，强化班组配合和指挥体系建设，加强综合性应急救援联动工作，全年开展多部门、多单位、多力量参加的综合应急救援联合演练16次，跨区域拉动7次，修订各类预案756份，按标准组建2支轻型地震救援队和2支抗洪抢险救援突击队，成功处置黎川县“7·9”抗洪抢险、“8.8”金溪县工业园区油储罐火灾、参与“6·20”鄱阳古县渡抗洪抢险等重大救援任务。在综合应急救援队伍建设上，抚州支队作为全省首批合同制消防员征召管理试点单位，摸索出混编、单编执勤管理的许多经验，超额完成106名政府专职消防员的征召任务，建成临川云山镇、黎川熊村镇、资溪高阜镇等8支乡镇专职消防队伍。支队两次投入资金对指挥中心信息化升级改造，所有大（中）队建成灭火救援指挥和图像语音综合集成系统。在全省率先推进“全警情录入+”工作，全面树立大数据意识，积极构建消防警务云平台，制订信息录入“航母计划”，研发抚州消防物联网系统“智慧消防”管理平台。

【加强后勤保障建设】 2016年，市政府6次召开常务会和市长办公会，对消防工作进行重点部署，消防支队经费保障、装备和基础设施建设取得新的突破。全市通过融资保理方式，一次性落实装备建设经费XXXX万元，将5年内器材装备全部配备到位。年内共购置各类消防车21辆，器材装备4062件（套），其中，72米登高平台消防车为全省举高类消防车辆第二高度。市消防战勤保障大队暨应急物资储备基地建设完成，综合应急救援训练基地于9月6日开工建设。黎川县二中队新营房建成投入使用，南城县二中队、东乡县二中队营房主体工程完工，南丰县二中队、宜黄县大队、资溪县大队新营房开工建设。市本级和10个县级综合应急救援指挥平台建成投入使用。

【火灾防控社会化】 全市重点单位建成微型消防站406个，完成50.8%，街道和社区建成微型消防站88个，完成74.6%，并纳入本地灭火救援联勤联动体系。在市城区重点单位集中等商业区、开发区，建立火灾防控区域联防组织，并落实协作机制。推动将消防安全“网格化”管理纳入政府或综治部门社会服务管理平台，与微型消防站、区域联防建设有机结合、同步推进。推动乡镇（街道）建立完善消防安全组织，明确消防安全责任人和专职消防管理人员。开展多种形式消防宣传形式。利用电视台、报纸、互联网、微博、微信、户外LED屏、宣传栏等媒体，开展内容丰富的消防宣传。培养行业部门、大型国有企业和重点单位消防安全“明白人”，推进各部门、单位主动开展消防安全管理。邀请企业员工、学校师生到消防站进行体验式的宣传教育。积极开展消防安全教育进军训活动。通过拍摄《追梦路上》系列“微电影”“临川四梦”等消防宣传片进行宣传。全年全市集中开展消防培训42场次，培训各类人员4210人，开通消防微信公众平台13个，发展关注用户5万余人，消防微信阅读数达到35余万人次。

（市消防支队）

【市消防支队领导名录】
支 队 长：刘 豪
政 委：曾 荣
副支队长：陈招国 曾名华
副 政 委：陈文欣
参 谋 长：张小荣
政治处主任：杨晓辉
后勤处处长：陈雷松
防火处处长：罗时标

人民防空

【概况】 2016年，抚州市人防系统认真贯彻落实全国、全省人防工作会议精神，围绕“能打仗、打胜仗”的目标要求，改革创新，真抓实干，全面完成年度各项目标任务。同时，积极开展招商引资工作，联合高新区管委会，引进抚州市华亿实业有限公司单独投资2.5亿元、占地2公顷的铜锭自生利用项目。市人防办先后评为全省“十二五”期间人防先进单位、2016年度全省人防建设目标管理考核先进单位、江西省第十四届文明单位。

【超额完成人防工程建设任务】 抚州市严格依法建设人防工程，全年市本级通过主体结构验收项目7个，超额完成建设面积率为114.9%；县（区）通过主体结构验收项目14个，超额完成建设面积率为75.6%。

市人防办检查早期人防工程治理情况

【开展人防工程质量年活动】 为全面提高人防工程建设管理水平，从4月开始，全市开展人防工程质量年活动，组织对人防工程质量及参建单位质量行为进行查纠。共组织人防质量技术监督248次，其中，市本级102次（技术交底8次，过程核查64次，主体结构验收14次、设备验收8次、竣工验收8次）；县（区）146次（技术交底21次，过程核查85次，主体结构验收16次、设备验收12次、竣工验收12次）。全市无工程质量和安全事故，无投诉事件。

【严格人防工程行政审批】 市本级共受理审批项目35个，其中易建项目13个，应征收人防易地建设费XXXX万元；结建项目17个，批准结建面积XX万平方米；减免项目5个，减免金额XXX万元。

【人防宣传教育普及面广】 市人防办组织人防集中宣传，于“3·1”国际民防日、“5·12”防灾减灾日和“9·18”防空警报试鸣日先后出动应急救援指挥车5台次，悬挂横幅8条，接受市民咨询3000多人次，发放《应急手册》和《人防知识》等宣传资料2000余份。深入推进人防进党校工作，分别在“十三五”干训第一期县级干部、科级干部、科级公务员干部3个主体班次上安排2个课时学习和2个课时人防工程现场参观教学活动，市人防办副主任黄文如为主体班学员宣讲人防知识。

【落实人防改革要求，创新人防工作】 为深入贯彻落实中共中央、国务院、中央军委《关于深入推进人民防空改革发展若干问题的决定》和江西省委、省人民政府、省军区《关于深入推进人民防空改革发展的意见》文件精神，起草抚州市委、市人民政府、抚州军分区《关于深入推进人民防空改革发展的实施意见》并完成各方意见征求工作。

为落实人防工程建设任务，11月11日，市委、市政府将县（区）人防工作首次纳入全市综合考评社会建设内容，有效促进县级人防建设发展。12月28日，市人民政府、抚州军分区又联合下发《人民防空军政联合报告和通报制度》，有力保证了人防改革发展正确方向和人防建设任务落实。

（市人防办）

【市人民防空办公室（民防局）领导名录】

主　　任（局　长）：胡香兰
副 主 任（副局长）：余旗勇
　　　　　　　　　　黄文如

本栏编辑　黄泽书

法 治

综 述

2016年，在市委、市政府的坚强领导下，全市政法战线围绕中心、服务大局，勇于担当、甘于奉献，锐意创新、积极作为，为维护抚州社会大局持续稳定，实现“绿色崛起、跨越发展”目标做出积极贡献。

维护社会稳定坚定有力。一方面，始终把做好重要敏感时期维稳工作作为最大的责任，确保杭州G20峰会、全国综治工作“南昌会议”、党的十八届六中全会和省第十四次、市第四次党代会等重大活动期间抚州社会大局的持续平稳，实现“六个未发生”的目标。9月，圆满完成“汤显祖逝世400周年系列纪念活动”安保任务，确保一系列纪念活动的顺利举行。另一方面，建立矛盾纠纷多元化解机制，积极化解社会矛盾，促进社会稳定。年内，全市共排查各类矛盾纠纷5154件，调处成功5020件，成功率为97%，突出矛盾化解率名列全省前列。市信访局全体人员齐心协力、艰苦担当，信访工作成效显著，全市进京、来市上访均呈现大幅下降趋势。市人社、建设、房管、公安、法院等部门认真履行“一岗双责”要求，积极发挥主体作用，在维护稳定方面做了大量工作，仅帮助农民工追讨欠薪就达3000万元。

服务经济发展主动有为。政法各部门紧紧围绕中心，履责尽责，着力服务发展大局。市法院制定《关于为我市“十三五”规划实施提供司法服务和保障的意见》，出台16项服务性举措，全面启动基本解决“执行难”的工作，以司法服务保障经济社会发展。市检察院出台《关于充分发挥检察职能服务生态文明建设的意见》，把检察工作主动融入生态文明先行示范市建设之中，得到市委书记肖毅批示肯定。全市公安机关全面启动“警务进项目、警务进工地、警务进企业”的“警务三进”工作，成功处置各类扰乱重点项目建设和企业生产秩序案事件近200起，有效维护全市良好的经济发展环境。

社会治理创新稳中有进。加强“天网”“地网”建设，社会治安动态管控实现全方位、全天候、无缝隙覆盖。市、县、乡、村四级综治中心建设全面完成，综治信息化建设、网格化管理建设作用逐步显现。市、县、乡三级平安创建达标率均在90%以上，抚州市连续4年治安状况评价为优秀，11个县（区）均在良好以上，1000多个村居（社区）实现“零发案、零犯罪、零事故、矛盾零上交”。抚州市连续4年被评为全省社会治安综合治理目标管理先进市，并被评为2013—2015全省综治工作优秀市。

法治抚州建设创新有方。全市法治建设工作务实高效，特色明显、亮点纷呈，受到国家、省级层面表彰，东乡县、市地税局分别荣获全国法治宣传教育先进县、法治宣传先进单位称号，崇仁县、市检察院等14个县（区）和单位荣获全省法治宣传教育先进县区、先进单位称号。市法院行政诉讼案件相对集中管辖工作首开全省“民告官”异地集中受理先河，作为法治江西建设典型经验在全省推广。市综治办在全省首建房屋（土地）矛盾纠纷调处中心，依法解决房屋征收拆迁矛盾，这一做法得到省政府副省长、省公安厅厅长郑为文的批示与肯定；市医患纠纷、交通事故纠纷调处中心依托第三方成功调处矛盾纠纷187起，无一起因调处不力引发集体上访和群体性事件。

政法队伍建设扎实有效。政法各部门在认真抓好“两学一做”学习教育和“四进四联四帮”活动的基础上，按照“五个过硬”队伍建设的要求，积极培育造就信念坚定、执法为民、敢于担当、清正廉洁的政法队伍，努力提升政法队伍整体新形象，人民群众对政法部门满意度达到96.3%，超过96%的全省平均线。全市公安系统通过警务体制改革，整体提升公安干警的战斗力和新形象，得到省委改革办、省公安厅和抚州市委、市政府的充分肯定。市法院被评为全国模范职工之家、全国法院党建工作先进集体、行政审判工作全国法院先进集体。市检察院被评为全省涉法涉诉信访改革示范单位。市民政局的“阳光健康成长孤困儿童心理救助”项目系江西省唯一入选第五次中国慈善博览会参展项目。

（吴文豪）

政法委及综治办

【概况】 2016年，抚州市政法综治维稳战线全面落实中央、全省政法工作会议及全国综治“南昌会议”的决策部署，紧紧围绕深化平安建设、推进法治建设、加强过硬队伍建设的工作要求，扎实推进政法综治维稳工作，为全面建成小康新抚州营造安全稳定的社会环境、公平正义的法治环境和优质高效的服务环境。

政法各部门紧紧围绕全市经济社会发展大局，坚定不移地把服务发展作为第一要务，充分发挥职能作用，用实际行动担负起围绕中心，保障大局的职责使命。

【依法严惩经济犯罪】 2016年，全市政法各部门紧紧围绕全市经济社会发展大局，坚定不移地把服务发展作为第一要务，充分发挥职能作用，用实际行动担负起围绕中心，保障大局的职责使命。全力打好经济领域犯罪歼灭战，努力为经济健康发展创造良好的外部环境。公安机关组织开展“打传”“打假”“打贿”“打击涉税犯罪”“打击非法集资”“打击信用卡诈骗”“打击保险诈骗”“打假币”等专项打击行动，有效维护市场经济秩序。检察机关加大对经济犯罪案件审查力度，全市法院严厉打击非法吸收公众存款、集资诈骗、传销等涉众型经济犯罪，以及利用电话、网络实施诈骗等新类型犯罪，规范经济秩序。

【主动防控经济风险】 全市政法部门建立完善涉企经济犯罪监控、预警、防范、信息发布等制度，对企业存在的风险和同一类案件的共性问题，及时发布预警信息，提出司法建议、检察建议，帮助企业查漏补缺、规避风险。市委维稳办持续推进重大项目风险评估工作，将风险评估作为决策的“前置程序”和“刚性门槛”，重大决策必须进行稳定风险评估，近年经评估的368个重大事项均未发生因决策失误而酿成的重大涉稳问题。市检察院针对文昌里历史文化街区改造项目房屋征收项目、中铁十一集团桥梁有限公司抚州分公司等2个重点建设项目，会同临川区院联合开展全程同步预防，并通过建立落实预防工作联系会议、重大信息通报和备案等协作制度，联手加强中铁集团抚州分公司建设过程中的职务犯罪预防工作。

【服务生态文明建设】 2016年，全市政法机关以建设生态文明示范市为契机，撑起生态环境执法司法“保护伞”。开展环保执法检查“零点行动”和环保大检查“回头看”行动，年内，全市出动执法人员2000余人次，排查企业600多家，责令停产整改58家，关停取缔10家，对58家存在环境违法行为的企业实施行政处罚，移送环境违法行政拘留案4件，行政拘留4人。市检察院制定《抚州市人民检察院关于充分发挥检察职能，服务抚州生态文明建设的意见》，要求全市检察机关严格履行职能，依法打击破坏生态文明建设的各类刑事犯罪，当好生态环境的“守护者”。市法院设立旅游法庭、旅游巡回审判点，化解旅游纠纷，促进抚州旅游业健康发展。

【重拳打击违法犯罪活动】 2016年，全市政法各部门以维稳规范化建设经验交流会作为新的起点，持续深化“平安抚州”建设，努力实现新形势下社会的规范有序与和谐稳定。

一是严重刑事犯罪打击到位。严厉打击危害公共安全、严重暴力犯罪、多发性侵财犯罪等各种严重危害群众安全感的犯罪，重拳打击人民群众反映强烈的电信诈骗、金融诈骗、非法集资、非法吸收公众存款等涉众型犯罪，全力压降各类治安案件，切实维护人民群众生命财产安全。成功侦破金溪“2·18”聚众斗殴致人死亡案、高新“4·27”抢劫绑架案、“9·7”跨区域系列盗窃汽车案等一批有影响的案件。二是治安整治行动部署到位。全市公安机关以打击整治“黄赌枪”“食药环”“十乱”违法犯罪为重点，组织开展“夏季治安攻势”“缉枪治爆”、打假“利剑”行动、严打涉黄涉赌违法犯罪百日行动、全市成品油市场专项整治、江西中医药高等专科学校等大专院校及周边治安环境整治、预防和打击电信网络新型违法犯罪等一系列专项行动，各类治安违法行为得到有效遏制，社会治安秩序明显好转。三是破坏环境行为惩治到位。市公安局从4月15日开始部署开展“守山护水、治污除霸”生态环境专项整治行动，截至10月，全市共查破“乱伐乱捕”“乱采乱挖”“乱倒乱排”“乱占乱建”“乱揽乱阻”等“十乱”案件700余起，抓获违法犯罪嫌疑人900余人，形成威慑力。

【有效调处各类矛盾纠纷】 一是源头化解矛盾纠纷。抚州市坚持将矛盾化解贯穿稳评工作始终，推行以问题化解确定风险等级理念，积极跟踪决策实施调控风险，努力从源头上消除涉稳隐患，化解矛盾纠纷。2016年，全市共对86项重大决策事前进行稳评，防止因决策不当引发社会矛盾，没有发生因稳评工作不到位引发的重大不稳定问题，有力地服务和保障全市经济社会健康平稳发展。特别是一系列棚户区改造重点项目全部开展社会稳定风险评估，在稳评工作中，由于风险隐患查找准确，矛盾纠纷化解及时，最终既确保重大项目的顺利实施，又维护和谐稳定的发展环境。抚州市的稳评工作得到省委维稳办的充分肯定，市委维稳办指导的东乡县委党校建设项目，年内被省委维稳办评为全省十大稳评精品案例，以维稳专刊的形式在全省进行推广。8月，市委维稳办联合市委办、市政府办、市发改委共同召开全市社会稳定风险评估推进会，总结推广稳评先进县（区）的工作经验做法，进一步推进全市社会稳定风险评估工作迈上新台阶。

二是深入开展两类专项整治。6月，市委维稳办下发《关于集中开展重大不稳定问题和隐患摸排化解工作的通知》，在全市组织集中开展为期三个月的重大不稳定问题和隐患摸排化解工作。7月，市委维稳办会又同市房管局联合下发《关于开展房地产领域涉稳问题摸排梳理工作的通知》，在全市开展房地产领域涉稳突出问题专项整治摸排工作。同时，市委维稳办加大涉稳问题的督察督办工作力度，通过采取电话督查，暗访排查、一线调查等方法，力促全市的维稳工作部署落地生效。

三是大力推广调处经验。全面铺开多元调解，下发《关于在全市全面推广南丰"和事佬"、南城"理事会"运用第三方化解矛盾纠纷成功经验的通知》，实现基层调解组织的全覆盖，确保矛盾纠纷不上交、不转移、不激化。年内，有序推进专业调解，医患纠纷、交通事故纠纷调处中心，房屋与土地征收纠纷调处中心依法成功调处矛盾纠纷187起，没有一起因调处不力引发集体上访和群体性事件，受到省法治江西建设督查组的充分肯定，市综治办正在积极筹建涉校涉教、婚姻家庭、环境污染纠纷调处中心。

四是推动律师参与化解。以两办名义出台《抚州市律师参与涉法涉诉信访案件化解和代理工作实施办法（试行）》，明确并细化律师参与涉法涉诉信访案件化解和代理的工作范围、工作原则、工作模式、工作内容、工作程序和保障机制，并由市司法局挑选53名优秀律师组建抚州市涉法涉诉信访工作律师库，调动引导律师发挥法律"明白人"和官民"中间人"的独特优势，做好新形势下法律服务工作，减轻信访群众诉累，推进涉法涉诉信访走向法治。

【提升社会治理水平】 一是加强防控体系建设。下发《关于加强全市社会治安防控体系建设的实施意见》，规划建设九张防控网，健全七大工作机制，市中心城区新增和改造2105个监控点；出台《进一步加强九类社会单位视频监控资源整合接入的通知》，整合全市所有行政事业、企业、宾馆、网吧、KTV、其他娱乐场所、贵重物品经营场所、危爆物品仓库、大中型住宅小区等九类社会单位视频监控资源接入"天网"平台，共整合接入457个监控资源，进一步发挥其在打击犯罪、治安防控的积极作用。二是推进综治"三项建设"。市本级按照"综治办＋综治信息化＋组团社服务"的模式，投资200多万元新建全省一流的市级综治中心，配备工作人员8名；各县（区）、乡镇按照《市综治中心建设规范》的标准，全面完成综治中心建设任务，市中心城区、县城所在地实现综治中心全覆盖，乡、村两级覆盖率分别达到70%和40%。加强综治信息化建设的部署调度，市、县、乡三级综治中心现已按照"9+X"模式打造成型，实现全市综治信息系统"一网通"和全覆盖；64个市直单位接入综治专网，做到信息互享共通。各县（区）按照《市网格化管理建设规范》的要求，切实将网格化管理列入城乡建设和发展总体规划，全市共划分网格11756个，配备网管员20236名，录入信息5834393条，社会治理精细化水平得到提升。

【推进反邪教工作】 一是丰富宣传载体。在全省率先开通"凯风抚州"微信公众号，关注人数达13000人，每天推送时政新闻、科技知识、防范邪教等知识。积极推动反邪教知识进机关、进单位、进考场，先后编制2套《抚州市依法防范、制止和惩治邪教知识考试题》，组织全市干部职工参加考试，提高防范、识别、抵御、惩治邪教的能力水平。坚持开展反邪教舆论宣传工作，全市共协调文娱团体开展演出73场、群发短信20余万条、通过电视台播放反邪教警示教育片500余次、通过广场LED屏幕等平台播放反邪教警示教育片200余次、更新乡镇（场、街办）、村（社区）反邪教宣传栏600余块、刷新永久性标语300余条、散发宣传资料10万余份。二是凝聚斗争合力。印发《抚州市委防范和处理邪教问题领导小组成员单位履职考核办法（试行）》，明确市委防范和处理邪教问题领导小组成员单位及有关单位的任务职责，规范考核程序以及结果运用。将反邪教工作纳入2016年市直单位绩效管理指标体系，倒逼市直各单位切实履责尽责，抓好反邪教工作落实，形成反邪教工作合力。

坚持法治为引领，以努力营造知法、懂法、守法的社会环境为切入点，不断加强执法监督，规范执法行为，提升司法公信力，稳步推进法治抚州建设。

【强化法治责任落实】 2016年，抚州市坚持法治为引领，以努力营造知法、懂法、守法的社会环境为切入点，不断加强执法监督，规范执法行为，提升司法公信力，稳步推进法治抚州建设。一是加快法治政府建设。全市各县（区）均在司法局设立法建办，由县（区）委政法委书记任法建办主任，县（区）司法局局长任常务副主任，全面形成市县两级法治建设组织架构。进一步完善党政领导班子对本地法治建设负总责、党政主要负责人对法治建设负首要责任的领导责任机制。将法治建设成效作为衡量领导班子和领导干部工作实绩的重要内容，纳入领导干部年终"述职述德述廉述法"工作中。二是大力推进依法行政。衔接国务院、省政府取消和下放的61项行政审批和其他行政权力事项，开展排查工作，打通"简政放权"最后一千米，自2013年始，衔接国务院下放10项审批事项和省政府下放的225项行政审批事项已全部承接落实到位。扎实落实重大行政决策合法性审查机制，对提交市政府常务会议研究的重大行政决策，均由法制办审查把关后列入会议议题。三是完善行政审判机制。深化行政案件相对集中管辖，发布行政审判白皮书、公布典型案例，将行政首长出庭情况等纳入依法行政考核体系，规范行政权力运行，促进法治政府建设。

【创新法治宣传教育】 一是开展主题宣传活动。市法建办联合市委宣传部下发《2016年法治抚州建设宣传工作方案》，开展"聚焦法治抚州、助力绿色跨越发展"主题宣传活动，组织《抚州日报》、抚州广播电视台、抚州新闻网等主流媒体从6月开始，宣传报道法治建设"抚州经验"及工作成效，各类媒体共刊发相关稿件1300余篇。召开行政诉讼案件相对集中管辖实施三周年新闻发布会，面向社会印发行政案件司法审查报告。总结建立房屋（土地）征收矛盾纠纷调处中心工作经验，在《法治江西建设动态》进行经验介绍，得到省政府副省长郑为文肯定和批示。二是大力弘扬法治精神。利用“3·8”妇女节、“3·15”消费者权益日、“4·15”国家安全日、“5·20”世界计量日、“6.5”世界环境日以及税法宣传月、安全生产月等节点，通过电视、广播、微信及出动宣传车、开展专题咨询等形式组织，开展面向社会的普法宣传教育活动1100余场次，受教育人数260万余人，在全社会培养起办事依法、遇事找法、解决问题用法、化解矛盾靠法的法治观念。以“四进四联四帮”为载体，引导、鼓励各地紧贴精准扶贫工作，打造富有地方特色的法治扶贫品牌。全市涌现出崇仁县一户一名“法律明白人”、南丰县“法律进桔园”、广昌县“莲文化普法”、乐安县烟草“法律诊所”、临川区“三农法治堂”“法制副主任”等一大批服务农村农业的法治工作品牌，年内，全市共开展精准法治扶贫活动1200余场次。三是加强诚信体系建设。着力推进全市信用体系及平台建设，制定2016年市级公共信用信息资源目录，起草《抚州市企业信用行为联合激励与惩戒实施办法》，完善失信被执行人名单库工作。全市法院已建设上下一体、内外联动的现代化执行指挥管理体系。

【严格规范执法司法】 一是推进执法司法公开。市法院建立司法公开网，及时发布案件信息，把形成裁判的全过程展现在社会公众和案件当事人面前。深入推进审判流程、裁判文书、执行信息三大公开平台建设，全市检察系统坚持“公开是原则，不公开是例外”的理念，推动案件信息公开工作取得明显成效。市公安局实行案件全程监控，从接处警开始，到执法办案各个环节，通过“三台合一”“案事件系统”“执法记录仪”“执法监督平台”等信息系统，推进执法办案公开，并加强网上办案巡查力度，及时发现、预警、纠正执法办案各环节存在的不作为、慢作为、乱作为、以罚代管、违规处罚等问题。二是积极推进司法改革。行政案件相对集中管辖改革进入新阶段，实行本地行政案件异地审理，并将行政首长出庭情况纳入依法行政考核等机制。全市法院全面实行立案登记制，对依法应当受理的案件做到有案必立、有诉必理。积极开展行政非诉执行的法律监督，市检察院与市政府法制办联合下发《关于开展行政执法联合督查活动的通知》。不断完善法律援助制度工作，市司法局率先在人民法院设立法律援助站，有39个乡镇（街道）法律援助工作站已经达标检查验收；市法建办在临川区、东乡县、乐安县进行试点建立全市公共法律服务平台工作，并鼓励基础较好、条件成熟的金溪等县先行先试。三是推广便民服务举措。市委政法委机关加大对全市遭受犯罪侵害或民事侵权、无法通过诉讼及时获得有效赔偿的当事人或其近亲属的救助力度。9月，为4户符合救助条件的困难群众争取省级司法救助资金37万元；先后2次召开市本级司法救助专项基金领导小组会议，共研究安排172.8万元司法救助资金（其中，省财政下达市本级的中央司法救助专项资金155万元，市本级司法救助专项资金17.8万元），给予25户遭受犯罪侵害、民事侵权、难以通过诉讼及时获得有效赔偿的被害人或其近亲属救助。

【强化依法治访】 一是组织案件评查。针对近年发生的进京赴省访、重复访涉法涉诉信访案件，牵头抽调律师、法官、检察官、警官组成案件评查小组。其中市级筛选案件13件，通过“集中阅卷、交换意见、形成报告、研究讨论”等形式，共发现5处案件瑕疵问题，提出意见建议23条，督促政法部门纠正执法瑕疵和过错，提高执法司法水平。二是畅通信访途径。定期开展“拉网式”矛盾纠纷排查，重点对上访老户，以及有重复访、越级访倾向的敏感案件进行梳理，逐一制定工作预案。召开全市法院立案信访暨民事再审审查工作会议，大力推行网上立案、远程视频接访，减少当事人诉累，依法启动审判监督程序，保障人民群众合法申诉权利，畅通涉诉涉访案件依法处理的通道。

【提升政法队伍战斗力】 2016年，抚州市按照政治过硬、业务过硬、责任过硬、纪律过硬、作风过硬的要求，努力建设一支信念坚定、执法为民、敢于担当、清正廉洁的政法队伍。

以“两学一做”为牵引，抓好政治建设。通过深入开展“两学一做”学习教育、“四进四联四帮”“大走访”等活动，推动党内教育从“关键少数”向广大党员拓展、从集中性教育向经常性教育延伸。市法院开展“坚持弘扬井冈山精神，争创一流工作业绩”活动，实行台账管理，明确任务书、时间表、路线图，并不断总结、充实、完善争创内容。市检察院围绕保持发展党的先进性和纯洁性开展一系列学习活动，挂点领导还深入县（区）检察院督促指导“两学一做”学习教育。市司法局建立党员之家微信群、开展每周一题、开设专栏，营造“两学一做”的浓厚氛围，并组织全体党员深入扶贫点乐安县公溪召开党员与贫困户一对一结对帮扶活动，投入4万元为连心点解决江边小学的喝水问题，提升专题活动实效。

以教育培训为重点，抓好能力建设。市中级法院举办各类培训班，培训311人次；选调668人次参加上级法院专业培训；1名法警加入全省法院团队参加全国司法技能竞赛，总分位列第八；与江西财经大学共建实践教育和科研基地，该校法学院博士生导师在市中级法院担任副院长，互相提供理论、实践支持。市检察院组织346名检察干警参加全省检察机关青年检察官、纪检监察领导干部、民行业务实训班等52期培训，切实提高检察干警履行岗位职责的能力。市司法局开展司法行政业务目标考评，并表彰2015年司法行政业务工作前三名，为南丰县司法局和该局局长胡卿授予集体三等功和个人三等功，树立学习榜样，进一步激发广大干部的工作激情。

以正风肃纪为根本，抓好作风建设。市委政法委机关下发《关于在全市政法机关开展集中整治和查处基层侵害群众利益不正之风和腐败问题的实施方案》，不断强化政法干警纪律作风监督检查，采取日常巡查、重点抽查、明察暗访等各种行之有效的方式，多形式、多角度开展对重点部门、重点岗位人员、重点执法环节和重点时段的检查。市法院加强警示教育，出台工作方案，在司法作风、执法办案、资金管理、工程建设等四个方面开展集中整治，保持廉政建设成果，无违法违纪受到责任追究现象。市检察院将检务督察作为加强内部监督的有力手段，重点督察办案安全、厉行节约、执法用车、公务用车、公务接待、职务消费、节假日值班、干部作风等方面的情况。市司法局持续开展“红包”和“违插”专项治理，确保全局党员干部尤其是领导干部紧绷拒腐防变这根弦，全系统没有发生一起违法违纪事件。

（吴文豪）

【市委政法委及综治办、610 办、维稳办领导名录】

政法委书记：李建林（9 月任）
政法委常务副书记、综治办主任：
万 锦
政法委副书记、610 办主任：
张员娇
政法委副书记、维稳办主任：
欧 峰
610 办副主任：曾克明
维稳办副主任：陈振华（任至 4 月）
综治办副主任：王武辉
政法委秘书长：张明春（任至 8 月）
王 俊（8 月任）

法治政府建设

【概 况】 2016 年，抚州市贯彻落实《法治政府建设实施纲要（2015–2020 年）》和《江西省法治政府建设实施纲要（2016–2020 年）》，结合市情，制定《抚州市法治政府建设实施方案(2016–2020 年）》。推进依法行政，加快建设法治政府。

【大力推进学法用法】 印发《关于印发 2016 年度抚州市人民政府常务会议学法安排的通知》，全年政府常务会议共学法 5 次。举办专题研讨班 3 期，提高领导干部依法行政能力。7 月 28 日，在市会议中心举行全面推进法治抚州建设专题学习，市四套班子领导，抚州高新区、市直单位副县级以上领导干部和部分科级干部 260 多人主会场参加，11 个县（区）1000 多名正科级以上领导干部在分会场参加，邀请国家行政学院法学部副主任、博士生导师杨伟东做学习辅导。努力提高法律事务水平。全年共审查合同 224 件，涉及国土、建设、房管、国有资产管理和财政等 20 多个领域，提出法律意见 497 条，及时纠正合同中存在的主体不合法、权利义务不具体、争议解决机制不明确和违约责任不完善等问题。市政府法制办增设立法科，充实 2 名干部；成立市政府行政复议受理和行政应诉服务中心，为全额拨款的正科级事业单位，增加 3 个事业编制。

【立法及文件审核】 出台《抚州市人民政府拟订地方性法规草案和制定规章程序规定》，于 10 月 1 日施行。市政府法制办征集、调研立法建议项目 31 个，与市人大常委会法工委共同编制五年立法规划。编制《2017 年市政府立法工作计划》，确定《抚州市文明行为促进条例》等 3 件地方性法规草案和《抚州市治理货运车辆超限超载规定》等 2 件规章为正式项目，《抚州市城市管理条例》《抚州市廖坊灌区管理办法》等 7 件为调研项目。全年共审查规范性文件送审稿 13 件、非规范性文件 92 件，提出合法性审查意见建议 62 条。其中，11 件规范性文件出台并报送省政府、市人大常委会备案。

【行政执法监督】 积极探索乡镇综合行政执法体制改革，将东乡区全部乡镇、临川区 6 个乡镇作为试点，其他县（区）自愿选择 1 ~ 2 个乡镇试点，推进乡镇综合行政执法试点工作。印发《抚州市加快推进“双随机一公开”监管工作实施方案》，成立市政府职能转变协调小组，推进“双随机一公开”行政监管工作。完善执法程序，规范行使行政裁量权，健全执法全过程记录制度，严格行政执法责任制考核，进一步规范行政执法行为。按照《江西省行政执法与刑事司法衔接工作办法》的要求，强化行政执法与刑事司法衔接，有效破解行政执法不严问题，防止以罚代刑、选择性执法。贯彻《江西省行政执法证件管理办法》，全面实行行政执法人员持证上岗和资格管理制度，共办行政执法证件 152 个，其中，行政执法证 121 个、行政执法监督证 31 个。

【矛盾纠纷化解】 提升行政复议效能。畅通行政复议受理渠道，方便当事人立案。改善行政复议窗口服务，降低行政复议门槛。2016 年，市政府行政复议委员会共接待群众来信来访和电话咨询 2527 人次，受理行政复议申请 85 件，比 2015 年 61 件增长 39.3%，其中，口头申请行政复议 16 份，受理率达 100%；已审结 80 件，其中，维持 21 件，撤销 20 件，经协调达成和解、调解的 23 件，确认违法 1 件，驳回 4 件，其他处理 11 件。

改进行政应诉工作。印发《关于建立健全依法行政与行政审判工作良性互动机制的意见》，为解决依法行政与行政审判良性互动中遇到的问题提供制度保障。2016 年，全市行政案件行政机关一审败诉率为 25.37%，比 2015 年的 30.65% 下降 5.3 个百分点；行政机关负责人出庭应诉率达 77.1%，比 2015 年的 44.6% 提高 32.5 个百分点。市政府法制办代理市政府行政诉讼案件 43 件，比 2015 年的 18 件增长 139%，80 余人次到庭应诉。

印发《关于切实做好2016年全市行政调解工作的指导意见》，全方位推进行政调解工作规范化建设。2016年，全市各级行政机关受理行政调解14287件，成功调处14022件，调解成功率达98.1%。印发《抚州市律师参与化解涉法涉诉信访案件暂行规定》，积极引导律师参与化解和代理涉法涉诉信访案件。全市律师参与信访接待1231人次，化解信访积案63件。加强信访事项复查复核意见的合法性审查，市政府法制办共审查信访复查复核案件23件，出具法律意见28条，在法治轨道上化解一批信访积案。

（杨　浩）

【市政府法制办领导名录】
主　　任：饶举元（任至1月）
　　　　　陈振华（3月任）

公　安

【概况】　2016年，抚州市公安机关以维护社会政治稳定和治安稳定为目标，不断开拓进取、主动作为，公安工作和队伍建设呈现出奋发向上的良好态势，较好地完成各项工作任务，确保抚州经济社会持续平安稳定。

维护政治稳定。市公安局始终贯彻"稳定压倒一切、稳定是第一责任"的指导思想，特别是通过情报信息提前预警，圆满完成"904"专项工作，实现处置工作"底线没突破、稳定没出事、网上没炒作"和"无境外人员参加、无地下天主教参加、无地下神职人员借机滋事、无地下教徒大规模聚集、无群体性事件发生"的预期工作目标，始终坚持"调解优先"和"源头化解"的原则，着力完善"矛盾纠纷四级联调"工作机制和宜黄"夕阳红"工作做法，成功调解各类矛盾纠纷5670起，妥善处置"4.28"东乡县出租车司机聚众阻止市城区出租车司机载客事件等一批重大不稳定因素，切实把问题化解在基础和萌芽状态。切实加强网上舆情控制工作力度，及时预警网上涉警信息，坚决有效处置影响稳定的负面舆情。全面加强对非正常访人员、特殊利益群体、精神病人、各类刑释解教、扬言报复社会及可能铤而走险人员的摸排梳理和轨迹分析，逐一落实"五定"责任制，坚决看死盯牢。连续三年实现全国"两会"等重大敏感时期零登记、零滞留、零倒流的"进京非访三个零"目标，得到省、市各级领导的高度肯定。

打击各类刑事犯罪活动。全市公安机关坚持"命案必破、大案快破、小案多破、黑恶必除、逃犯必追"的工作思路，严厉打击各类刑事犯罪活动，积极维护社会治安秩序持续稳定。年内，全市共侦破刑事案件7439起，刑拘犯罪嫌疑人1808人，抓获在逃人员654名，抓获各类逃犯1604名，协外犯107名。全市共立八类严重暴力案件261起，同比下降8.1%，破案413起，同比上升2%；共立命案19起，破案19起，现行命案综合破案率达100%。全市共刑拘涉恶犯罪嫌疑人306人，先后打掉以李见为首的涉恶犯罪团伙10个；开展打击网络贩枪专项行动，缴获枪支21支。以打击盗抢骗"飓风二号"行动为突破口，共破获各类侵财现案1289起，刑拘犯罪嫌疑人768人，打掉跨区域犯罪团伙11个，强制戒毒230人，期间全市发案同比下降8.7%。完成市级反信息网络诈骗中心建设。先后成功摧毁电信诈骗团伙4个，抓获涉案犯罪嫌疑人近百人，冻结涉案资金数百万元，追缴被骗资金近百万元。

维护公共安全。全市公安机关以打击整治"黄赌枪""食药环""十乱"违法犯罪为重点，组织开展一系列专项行动。全市共查处各类治安案件18201起，同比上升1.8%；查破"黄赌"案件804起，同比上升46.3%；治安拘留2350人，同比上升1.5%，呈现"三个上升"良好态势。深入推进缉枪治爆专项行动，共排查涉枪涉爆重点人员586名，在控586名；查破涉枪案件47起，抓获违法犯罪人员52名；收缴非法枪支478支、子弹23472发，炸药563.4千克、雷管4215枚，管制刀具426把，弩87把，废旧炮弹12发。深入推进黄赌专项治理工作，共破案黄赌刑事案件127起，刑拘126人；查处涉黄涉赌治安案件847起，治安拘留895人，没收赌资及罚款1000万余元，打掉涉黄涉赌团伙26个，收缴赌博游戏机600余台。深入推进校园及周边治安环境专项整治及"护校安园"专项行动，会同市综治办、市教育局制定下发《2016年全市中小学幼儿园"护校安园"行动工作方案》，排查整治各类涉校安全隐患178起，校园周边交通安全隐患98起，依法取缔电子游戏室7家，收缴销毁赌博游戏机40余台，查处"黑网吧"20余起，进一步净化校园及周边治安环境。

交通管理有序。全市先后开展以"清除隐患、严查违法、强化共治"为主题的专项整治行动以及夏季道路交通事故预防攻坚战专项行动，共排查"两客一危"运输企业285家次，排查隐患车辆177辆次，问题驾驶人130人次；排查道路交通安全隐患363处，已治理108处。推进货运车辆超限超载治理工作，全市各级公安机关共出勤2.4万人次，检查车辆27.1万辆次，查处车辆4585辆次，卸载违载货物1.67万吨，有效震慑货运车辆超限超载运输行为。

规范执法建设。2016年，全市公安机关紧紧围绕法治抚州建设目标，以深入开展"执法规范化建设"为载体，以完善执法权利运行机制为切入点，制订《抚州市公安机关受案立案工作暂行规定》《抚州市公安机关办理刑事案件统一审核统一出口实施办法》，全面落实公安机关负责人出庭应诉制度，实行三级负责制，对全市接处警执法、执法监督救济、执法办案场所及涉案财物管理及网上办案、巡查等内容进行考评，对定性、处理有争议的案件，商讨检法机关召开公、检、法联席会议，共同提出意见。积极组织执法资格等级考试，同时将执法资格资质同民警晋升、晋职挂钩。

加强队伍建设。全市公安机关坚持以学促做、学做结合，组织党员认真学习习近平总书记系列重要讲话和《中国共产党党章》，联合中国传媒大学在北京举办为期五天的抚州市公安机关“党建＋公共关系危机管理”专题培训班。共举办各类培训班83期，1689人完成培训。组织警种大比武、业务技能大比武等活动，全方位提升公安机关的专业基础实力和实战能力。继续巩固“战训合一、轮值轮训”训练模式。坚持在培训中对在训学员进行轮值轮训，合理安排580名参训学员参与各类值勤战备。建设完成抚州市公安局廉政警示教育基地，组织全市公安机关121名领导干部集中观看公安部摄制的《警钟》系列警示教育片；组织新提拔任用领导干部、新入党党员4批117人次在廉政警示教育基地接受廉政教育并书写廉政感言。建立与检察机关反侵权渎职部门联席会议制度，切实发挥好特邀监督员的作用，出台《抚州市公安局特邀监督员工作规定》，共开展各类督察行动550次，出动督察警力1560余人次，检查基层单位1100余个，发现和督促整改各类问题隐患220处，提出督察建议102条，下发督察法律文书30份，问责3人。积极落实民警夫妻异地分居“团圆机制”，推动新警衔津贴标准落实。积极开展走访慰问活动。年内，共组织走访慰问烈属、因公牺牲民警家属及困难民警25人，发放慰问金20.2万元。让民警感受到组织的关心和温暖。

【公安警务改革开始启动】　从2016年9月开始，针对当前公安工作存在的突出问题，抚州市公安局敢闯敢试、勇于创新、敢于担当，积极探索谋划全市公安警务改革路径。根据中央关于全面深化公安改革“1+3”意见方案要求，深入学习全国综治“南昌会议”、全国公安厅局长座谈会和全省公安局长座谈会精神，紧紧围绕公安部、省公安厅和市委、市政府全面深化改革的决策部署，按照中共中央政治局委员、中央政法委书记孟建柱提出“市、县公安机关担负着大量实战任务，要积极开展大部门、大警种制试点，纵向压缩层级、横向合成作战，最大限度节约成本、提高效率”，国务委员、公安部部长郭声琨提出“要大力推动体制机制改革创新，积极探索大部门、大警种制，纵向压缩层级、横向合成作战，最大限度提升整体作战水平”，副省长、省公安厅长郑为文提出“要积极构建大部门、扁平化工作体系，探索建立警力编制在总量内跨地区、跨警种、跨层级动态调整使用机制，提升警力资源使用效率”等指示精神，坚持“人民群众满意、党委政府满意、社会各界满意、公安民警满意”和“有利于激发活力、有利于提升战斗力、有利于公正执法、有利于方便群众”工作标准，抚州市公安局以“构建现代警务机制和推动全面转型升级”为主线，通过调结构、转方式、促创新，狠抓警务资源整合、警务要素重组、警务流程再造，推进体系化、结构性、全方位的警务改革，构建横向集成、纵向贯通、一体运行的新警务模式，开创新常态下抚州公安工作新局面。在市公安局党委的反复论证和高频推动下，警务改革实施2个月以来，推进顺利，已呈现良好的发展势头，有效警情同比下降26.2%，破刑事案件同比上升7.9%，破治安案件同比上升1.8%，公众安全感和群众满意度明显提升。2016年第四季度，抚州市公安公众安全感、满意度排名第四，创历史新高。

【开展“守山护水、治污除霸”专项整治行动】　市公安局召开全市公安机关“守山护水，治污除霸”生态环境专项整治行动动员部署电视电话会，宣告全市公安机关为期7个半月的严厉打击破坏生态环境违法犯罪，集中整治抚河流域突出治安问题的专项行动正式开始。全市共查破“5·14”临川陈某千等人非法采砂案、“5·19”东乡李某春等人非法使用氰化物提炼黄金污染环境案、南城孙某指使他人拦截工程车辆强卖泥沙案等等“十乱”案件770起，抓获违法犯罪嫌疑人934人。深入推进重点工程及企业周边治安环境整治。全面启动“警务进项目、警务进工地、警务进企业”的“警务三进”工作，期间共走访重点工程项目301家、园区企业906家，发放重点工程、企业联系服务卡3200余张，开展进企法制讲座40余次，化解涉重点工程、涉企纠纷370余起，成功处置“4.18”高新区万某某等人聚众阻碍市重点工程——汤显祖纪念馆改造提升工程施工案等各类扰乱重点工程建设和企业生产秩序案事件近200起，全市生态环境进一步好转，为保障重点工程建设和助推企业发展营造良好的治安环境和服务环境。

【信息化建设步伐加快】　2016年，市公安局成立科信委，统一牵头负责对科技信息化项目的研究、规划、部署、招标、采购、管理等工作。开展市公安局机关警务云建设、刑事技术实验自控系统、网安的无线WIFI管控系统、技侦的全制式反制定位车、图侦的边界平台视频链路、科信的边界平台公网采集链路及运维管理平台等建设，加快推进新一代移动警务终端配置和应用，特别是警务云建设，明确一期建设以基础设施虚拟化为重点，为下一步大数据应用夯实牢固基础。稳步推进市中心城区高清监控点位的新建及升级改造、天网视频作战平台、市局“天网”监控大厅等项目建设，市中心城区新增和改造5081个监控点。通过科信委的统筹统建，扭转“重复建设”为“统一规划”，以有限的资金打下良好的信息化基础。全市公安民警树立数据思维、学会数据方法、运用数据工作，依靠科技手段实现警务模式、战斗力生成的升级转型。

【十佳最美警察揭晓】　2月19日，抚州市公安机关首届十佳最美警察评选揭晓仪式在市公安局报告厅隆重举行。市委副书记、常务副市长于秀明，省公安厅指挥中心主任华小明，市委常委、组织部部长王新有，市委常委、宣传部部长黄玉剑，市人大常委会副主任杨小梅，副市长、市公安局局长吴建春，市政协副主席郑友清，市中级人民法院院长柯军，市人民检察院检察长宋智勇出席揭晓仪式并为“最美警察”获得者和提名奖获得者颁奖。经过“公平、公正、公开”的报纸投票和网络投票，邱应良、杨辉、邓国平、黄志坚、谢昕宇、李央、邹文明、张少明、肖建刚、余虹10名来自打击犯罪、服务群众的基层一线民警脱颖而出，当选为抚州市公安机关首届十佳“最美警察”。

【纪念汤显祖逝世400周年安保有序】 9月24日，共同纪念汤显祖、莎士比亚、塞万提斯逝世400周年开幕式暨戏剧巡演活动在抚州市中心城区举行。国家领导人、省委省政府领导、海外嘉宾、大部分省直厅领导以及国内外专家学者齐聚抚州，是抚州有史以来最隆重、最喜庆的一次盛会，警卫工作繁重；同时沿途观看群众数十万计，保障人民群众生命财产安全任务艰巨。全市公安机关发扬连续作战、不怕疲劳的优良作风，当日组织出动2900余名警力，圆满完成各项安全保卫工作任务，向世人充分展示抚州公安文明之师、威武之师的良好形象，确保此次系列活动的安全、顺利、有序地进行。

（李林娜）

【市公安局领导名录】
局　　长：吴建春（任至9月）
万　凯（9月任）
党委副书记：谌常青（任至5月）
党委副书记、常务副局长：
罗会明（5月任）
党委委员、副局长：曾武明
杨建忠（9月任）
党委委员、调研员：刘向东
吴　平　王昌平
党委委员、交警支队长：周连生
党委委员、高新区党工委委员、高新分局局长：熊晓华
党委委员、国保支队长：林旺前
党委委员、临川区委常委、临川分局局长：黄国平
党委委员、政治部主任：周祥兴
党委委员、纪检组组长：
汪海鸥（9月任）

检　察

【概况】 2016年，抚州市检察机关紧紧围绕全市工作大局，以司法办案为中心，以队伍建设为根本，以提升公信为目标，依法履行法律监督职能，各项工作平稳健康发展。

服务经济发展。全市检察机关密切关注经济态势，积极参与降低企业成本、优化发展环境专项行动，从改善发展环境、减少不和谐因素等角度入手，细化服务举措，规范检企互动。依法惩治各类经济犯罪，重点打击侵犯知识产权、扰乱市场秩序、非法集资等犯罪案件，共批准逮捕此类案件46件78人，提起公诉79件123人，着力营造公平竞争的市场环境。积极介入文昌里历史文化街区改造等重点工程、重大项目建设，跟进房屋征收、项目审批、招标投标等环节的职务犯罪预防，在公共资源交易活动中深入开展行贿犯罪档案查询工作，共受理行贿犯罪档案查询8198件。

维护民生民利。全市检察机关围绕民生权益保障，认真开展集中惩治和加强预防扶贫领域职务犯罪专项工作，深入查办发生在群众身边、损害群众利益职务犯罪，共查办扶贫领域职务犯罪案件23件35人，基层侵害群众利益职务犯罪案件35件63人。聚焦群众关心的食品药品安全问题，深入开展危害食品药品安全犯罪专项立案监督活动，依法批准逮捕制售伪劣产品、制售假药刑事案件3件3人，提起公诉3件6人。积极投身精准扶贫，深入挂点村开展“四进四联四帮”工作，协调相关单位帮助解决基础设施建设资金138万元，为困难群众和学生捐赠财物近3万元，市检察院被评为2015—2016年度“四进四联四帮”先进单位。

开展生态检察。全市检察机关着力服务抚州生态文明先行示范市建设，研究制定《关于充分发挥检察职能，服务抚州生态文明建设的意见》，深入推进“加强生态检察，服务绿色崛起”专项监督活动，不断加强与林业、水利、国土等部门的协作配合，设立7家驻生态环境行政执法机关检察室，与市政府法制办公室开展行政执法联合督查活动，探索建立环境保护联动执法机制，共批捕生态文明建设领域刑事犯罪案件30件43人，查办生态文明建设领域职务犯罪案件33件47人，提起刑事附带民事赔偿诉讼2件，督促相关行政机关履行职责26件，支持起诉1件，黎川县检察院因专项监督活动成效突出被省检察院通报表彰。

依法惩治各类刑事犯罪。全市检察机关严格规范履行审查逮捕、审查起诉职能，依法批准逮捕各类刑事案件1283件1840人，提起公诉1638件2344人。突出打击严重影响人民群众安全感的犯罪，依法批准逮捕故意杀人、贩毒、抢劫、强奸等严重刑事案件309件452人，提起公诉347件464人，依法办理广昌县“黑老大”蔡良宾等20余人涉嫌组织、领导黑社会性质组织犯罪案件。加强与公安等有关部门的配合，提前介入一批重大案件的侦查活动，提高案件办理质量和效率，共介入侦查101件次，向侦查机关发出引导侦查意见书、补充侦查提纲等共500份。

【准确适用从宽刑事政策】 全市检察机关严格把握社会危险性条件，坚持少捕慎捕，依法对343名社会危害不大的未成年人、在校学生、老年人犯罪和“民转刑”案件犯罪嫌疑人作出不捕决定。在审查起诉工作中，对于亲友、邻里、同学同事等纠纷引发的轻微刑事案件，积极开展检调对接工作，促成刑事和解25件；对犯罪情节轻微、依法不需要判处刑罚的，决定不起诉147人。认真开展羁押必要性审查，对不需要继续羁押的162名犯罪嫌疑人依法提出变更强制措施的书面建议。规范开展司法救助工作，依法办理司法救助案件29件，落实司法救助金47.2万元。

【参与社会治理创新】 全市检察机关充分发挥全国检察机关“文明接待示范窗口”的品牌效应，依法及时做好息诉息访、矛盾化解等工作，妥善处理群众来信来访1155件。深入推进涉法涉诉信访工作机制改革，探索开展律师参与化解和代理涉法涉诉信访案件工作，完善多元化纠纷解决机制，市检察院被省委政法委、省检察院评为“江西省涉法涉诉信访改革示范单位”。健全未成年人刑事检察工作机制，加强涉罪未成年人预防帮教社会化体系建设，落实帮教130余人，临川区、东乡县、资溪县检察院被团省委等评为省级“青少年维权岗”单位。

【严肃查处腐败案件】 全市检察机关坚持无禁区、全覆盖、零容忍，做到“发现一起，查办一起”，全年共立案侦查职务犯罪案件109件161人，其中，贪污贿赂案件88件132人，渎职侵权案件21件29人，县处级以上领导干部2人，大案72件。先后查办九江市委原常委、共青城市原市委书记黄斌（副厅级），抚州广播电视大学原校长陈明华（正处级）等涉嫌职务犯罪案件。认真把握当前职务犯罪新规律、新特点，坚持查细、查透，深入挖掘窝案、串案、案中案，共查办窝串案33件83人，占总立案人数的51.55%。把惩治行贿作为遏制腐败的重要内容和手段，突出查办多次行贿、多头行贿案件，共立案侦查行贿、介绍贿赂犯罪22人。坚持对司法腐败零容忍，立案查办司法工作人员职务犯罪案件5件5人。

【深化诉讼活动监督】 全市检察机关努力开展审判监督，着力纠正有案不立、有罪不究、以罚代刑等问题，共监督侦查机关立案25件，监督撤案42件；追加逮捕27人，追诉漏犯22人，监督纠正侦查活动违法情形27件；对涉嫌犯罪而未移送司法处理的案件，建议行政执法机关向公安机关移送14件15人。在全市范围内全面推行对公安派出所的执法监督工作，促进规范日常执法行为。强化对审判自由裁量权的有效监督，完善量刑建议工作机制，发出量刑建议书398份，按二审程序和审判监督程序提出刑事抗诉19件。不断推进刑事执行监督，组织开展指定居所监视居住期限折抵刑期专项检察活动，发现并纠正3起应当折抵刑期而没有折抵的案件。积极探索刑事裁判涉财产部分执行检察监督工作，部署开展财产刑执行专项检察活动，共核查2013年以后判处罚金刑罪犯3413人，判处没收财产刑罪犯88人。着力加强监管场所安全防范和巡视检察，共纠正刑罚执行和监管活动违法98件，依法查办刑事执行活动中的职务犯罪案件2件2人。

深入拓展民事行政检察。着力构建多元化的监督格局，灵活运用督促履职、支持起诉、检察建议等手段，维护群众切身利益，对认为确有错误的民事、行政生效裁判或调解书提出抗诉1件，提请省检察院抗诉5件，建议法院再审3件，办理审判活动违法监督案件9件，执行活动监督案件22件。持续开展虚假诉讼专项监督活动，共查处恶意串通、损害法院权威和其他当事人合法利益的虚假诉讼案件3件，标的总额达1.6亿元。

【接受监督改进工作】 全市检察机关始终牢记检察权源于人民、向人民负责、受人民监督的宗旨，自觉接受人大及其常委会的监督，就全市检察机关信访维稳工作向市人大常委会作专题汇报。举办主题为“加强侦查监督，维护司法公正”的检察开放日活动，邀请人大代表、政协委员和各界群众共150余人走进检察工作场所，同时通过登门走访、邀请座谈、电话信函联系等方式，认真听取代表、委员意见建议。积极构建“互联网＋检察”工作模式，依托互联网打造阳光检务平台，在检察信息公开系统上公开各类案件信息5682条（份），通过微信公众号制作推送检察微文1500余篇。深入推进人民监督员制度改革，配合市司法局选任市级人民监督员60名，提请人民监督员监督案件16件。

（汪建兴）

【市检察院领导名录】
党组书记、检 察 长：宋智勇
党组成员、副检察长：
　　万家理（9月免去党组成员）
　　刘重农　胡京华
　　高卫东（3月任）
党组成员、反贪局长：
　　李仲学（1月任）
党组成员、反渎局长：
　　童兆兵（9月免去党组成员）
党组成员、临川区检察院检察长：
　　衷建军
检察委员会专职委员：白　洋
　　何敬刚　傅壮伟

法　院

【概 况】 2016年，抚州市中级人民法院深入贯彻习近平总书记系列重要讲话精神和治国理政新理念新思想新战略，落实市委决策部署，坚持司法工作目标主线，依法忠实履职，加强审判执行工作，创新司法为民举措，推进司法改革，强化队伍建设，各项工作取得新进展。全市法院受理各类案件32289件（含旧存），办结25968件，同比上升24.83%和38.3%，法定审限内结案率99.97%，其中，市中级法院受理2335件（含旧存），办结1901件，上升25.74%和37.75%，法定审限内结案率100%。市中级法院荣获全国模范职工之家称号，被授予全国法院党建工作先进集体。全市法院有27个集体、43名个人荣获省级以上表彰或立功。

【服务全市发展大局】 市中级人民法院自觉把法院工作融入全市大局中统筹谋划、协调推进，为改革发展稳定提供有力的司法保障和优质司法服务。先后为市“十三五”规划实施和全面建成小康新抚州出台司法保障服务意见，分别提出16条、18条措施。年内，依法审理建设工程、房地产开发、房屋买卖合同案件40件，推动房地产市场健康发展。妥善审理旅游纠纷案件，积极与旅游管理部门沟通合作，设立1个旅游法庭、14个旅游纠纷巡回审判点，对旅游纠纷案件做到快立快审。延伸司法服务，送法进银行、保险公司、园区企业，为其有效规避金融投资风险。妥善审理破产案件，积极稳妥做好稳定工作，全市法院共受理破产案件10件。

【立足根本狠抓执法办案】 2016年，全市法院审结一、二审刑事案件1939件，判处罪犯1761人，判处5年以上有期徒刑直至死刑罪犯115人，其中，市中级人民法院审结刑事案件247件。打击杀人、抢劫、毒品、侵犯妇女儿童权益等犯罪，审结案件566件，判处罪犯790人；审结电信网络诈骗、集资诈骗、非法吸收公众存款、传销等犯罪案件30件，判处罪犯83人；惩治腐败渎职犯罪，审结案件69件。审结一、二审民商事案件15945件，标的金额104.72亿元，其中，市中级人民法院审结民商事案件1187件。妥善审理借款合同、金融债权、民间借贷、商业保险等案件5668件；依法审理破产案件、房地产、劳资等纠纷案件2086件；审结商标、著作权等案件66件。妥善化解矛盾纠纷，全市一审民商事案件调撤率为41.42 %。

受理一、二审行政案件540件，审结492件，审结国家赔偿案件3件，其中，市中级人民法院审结行政案件212件。加强协调工作，一审行政案件撤诉结案154件，占40.01%。裁定准予执行的非诉行政执行案件342件，占86.8%。发布行政审判白皮书、公布典型案例，推动依法行政与公正司法良性互动；市政府大力支持行政审判，将行政首长出庭情况等纳入依法行政考核体系，促进法治政府建设。受理执行案件9274件，执结7037件，同比分别上升56.91%和115.59%。完善网络查控体系，着力解决“被执行人难找、财产难寻”问题，冻结银行存款10.31亿元，查询车辆信息3542次、工商信息1337次、保险信息21140次。开展专项执行活动、集中执行行动，拘传394人，司法拘留165人，给予刑事处罚10人。

【落实司法为民各项举措】 全市各级法院完善“三位一体”的诉讼服务中心建设，为当事人提供线上线下、方便快捷、安全舒适的诉讼服务。加强司法救助，为经济困难当事人缓、减、免交诉讼费190余万元，申请司法救助资金33万元。诉讼服务中心全年共接待来访群众6000余人次，提供电话查询服务1200人次，解答法律咨询460人次。深入开展诉讼服务“示范单位”创建活动，坚持每日派员到诉讼服务中心轮值，对接涉诉业务。

推进多元化纠纷解决，全市法院通过诉前调解化解矛盾纠纷964件。推进涉诉信访矛盾化解，畅通院长信箱、举报邮箱、举报网站、投诉电话等监督渠道，开展院领导定期接访、预约接访、电话接访和视频接访，全年共接待群众来访370次，处理来信23件次。

积极打造信息化3.0版，全市法院已录入案件信息24780件，制作电子卷宗17347件，完成数字化档案977卷1921册；建成数字法庭57个，利用远程视频开展庭审、提讯工作。从2015年第1号案件开始，市中级法院增量诉讼档案全部实现数字化，全市法院制作电子诉讼档案7134件。在互联网公开裁判文书10023份、被执行人信息7847条，网上直播庭审229次，方便当事人行使知情权、监督权。

【坚持司法改革提高公信力】 市中级人民法院认真落实《江西省司法体制改革试点工作方案》要求，扎实推进司法改革，完成全院92名法官的入额意向调查，完成全市法院609名法官职务套改工作。推进行政案件相对集中管辖试点，全市法院行政案件巡回审理率为50%，同比上升10%；全市行政首长出庭率65.34%，同比上升20.74%；指导基层法院适用简易程序审理行政案件35件。推进审判委员会制度改革，设置民商事案件提交讨论的前置关口，由专家组讨论并提出咨询意见供合议庭参考，合议庭裁判职责得到强化。完善院庭长办案制度，院庭长主办案件331件，贯彻落实“让审理者裁判，由裁判者负责”的改革要求。定期深入基层调查研究，召开发回重审、改判案件评析会议，针对性地解决裁判中的实际问题。

【打造忠诚干净担当的法院队伍】 市中级人民法院紧抓队伍建设，实现审判能力稳步提高。牢固树立党的意识，院领导带头参加党组中心组学习、党支部集中学习。开展“两学一做”学习教育，形成党员教育新常态。创新“党建+”工程，组织干警积极参加送温暖、无偿献血、社区文明共建、“四进四联四帮”等活动，实现抓党建带队建促审判。严格执行中央八项规定，落实全面从严治党主体责任、监督责任。坚持落实“五个严禁”“十个不准”等铁规禁令，全年全院干警继续保持零违纪；加强业务能力建设，举办各类培训班4期，培训311人次；组织选调647人次参加上级法院专业培训。完成各类宣传调研文章340余篇，其中，国家级51篇，向《江西法院案例选》报送备选案例24个；举办4期法官讲坛活动，调研、宣传工作继续保持全省法院领先地位；加强法院文化建设，依托“法官之家”“法官文化中心”，开展健康有益的文体活动。

【构建基本解决执行难综合治理工作格局】 市中级人民法院认真落实市委常委会研究通过的《关于进一步解决人民法院执行难工作的实施意见》和市委书记肖毅对解决执行难工作的批示，充分发挥市解决执行难工作协调小组的作用，召开全市解决执行难工作推进会议，全市共有36家成员单位加入，初步形成“党委领导、政法委协调、人大监督、政府支持、法院主办、部门配合、社会参与”解决执行难综合治理工作格局。

【旅游法庭快审旅游纠纷案件】 乐安县流坑旅游法庭于11月成立，

与流坑人民法庭合署办公，是抚州法院系统第一家专门服务景区发展，专司旅游纠纷的专业法庭。旅游法庭以效率为首要目标，以便民利民为服务宗旨，以简易审理及多元化调解为工作方式，坚持以调解为主要结案方式，实现旅游纠纷案件的快审、快结、快送达、快执行。

【家事审判方式和工作机制改革试点】 南丰县法院全面贯彻落实《最高人民法院关于开展家事审判方式和工作机制改革试点工作的意见》，于6月1日筹备家事审判改革试点工作，提高家事案件审判的专业化水平，充分保障未成年人、妇女和老年人的合法权益，维护婚姻家庭的和谐稳定，建立以法院、妇联、居民委员会、村民委员会、各基层司法所等其他社会力量协同作战的多元化纠纷解决机制，形成有效社会合力，妥善化解家事纠纷。

【依法审结曹银发受贿案】 5月26日，市中级人民法院对被告人曹银发（男，63岁，汉族，江西省财政厅省政府采购工作领导小组办公室原主任，副厅级）受贿案作出一审判决，以受贿罪判处其有期徒刑十年零三个月，并处罚金人民币60万元；依法对曹银发退缴的受贿款人民币264万元予以没收。经审理查明，曹银发以其身份和职务便利，为王忠年的投标公司承揽业务，提供政府采购信息，两人约定将公司利润的50%共计人民币1141万元于曹银发退休后支付，2012年11月到2014年12月，王忠年先后送给曹银发现金人民币共计300万元，因案发，剩余841万元支付未遂。法院审理认定，曹银发其行为构成受贿罪，遂依法作出上述判决。一审宣判后，被告人曹银发表示服从判决，不上诉。

（程欲民 陈剑波 艾佳威）

【市中级人民法院领导名录】

党组书记、院长：

柯 军（任至10月）

赖彩明（11月任）

党组副书记、副院长：

鄢清员（任至10月）

胡嘉金（12月任）

党组成员、纪检组长：郭增华

党组成员、副院长：周 建

黄建华 鲍国华

副院长：易有禄（3月任，挂职）

党组成员、执行局局长：周建荣

党组成员、政治部主任：吴英龙

审委会专职委员：张 诚 张松涛

司法行政

【概况】 2016年，抚州市司法行政机关围绕中心，服务大局，推进司法行政工作创新发展，树立司法行政部门新形象、呈现新作为，为科学发展、绿色崛起，全面建成小康新抚州做出积极贡献。全市司法行政工作呈现“四新”成效：一是法治建设迈出新步伐。领导干部带头学法用法尊法守法、地方党委政府重视支持法治建设，各地各部门认真履行“谁执法谁普法”责任制，领导干部的依法治理能力、广大群众依法维权、企业依法经营能力大大提升的喜人局面。二是公共法律服务构建新格局。法律顾问实现全覆盖，市、县（区）、乡、村四级法律顾问建成率100%。推进公共法律服务平台建设，东乡、临川、乐安等县（区）公共法律服务中心基本建成并相继投入使用，为广大群众搭建一站式法律服务窗口。三是维护社会稳定呈现新作为。在江西省探索试点电子手环定位监管工作，夯实过渡性安置帮教基地建设，深入推进行业性、专业性人民调解组织建设和队伍建设，为社会和谐稳定做出积极贡献。四是干部队伍建设呈现新面貌。扎实开展“两学一做”学习教育，有力推动干部队伍思想政治和纪律作风建设，未发生一起违法违纪案件。2016年度，抚州市司法局被评为全市计生工作先进单位、市级精神文明单位、全市公共机构节能工作优秀单位、全市综治工作先进单位，全市绩效考评良好单位。市司法局副局长吴军明、普法教育科科长吴云瑛被中共中央宣传部、司法部表彰为2011—2015年全国法治宣传教育先进个人。

2016年，抚州市累计接收社区矫正人员5337人，解除矫正3757人，现有在册社区矫正人员1580人；从省内外监狱接回刑释人员1850人，发放生活补助费322.4万元，省内监狱接送率、生活费发放率达100%；全市办理法律援助案件2425件，“12348”咨询专线共接听1519人次，其中，办理涉及农民工法律援助案件771起，解答农民工法律咨询5607人次，成功为农民工讨薪1649.71万元；12家鉴定机构175名司法鉴定人，办理各类司法鉴定业务1.1万余件，收费金额925余万元；13个公证处32名公证员共办理案件近1.5万件，总收费近535万元；各级调解组织成功调解矛盾纠纷22832起，成功率达97.5%；2016年国家司法考试抚州市考区524名考生69人通过考试（其中，A证45人、C证24人）。

【开展公共法律服务平台建设】 5月27日，抚州市在南丰县召开全市公共法律服务平台建设推进会，市委常委、副市长罗国良出席会议。会议组织观看万安县和吉州区建设公共法律服务平台视频，印发《全市公共法律服务平台建设实施方案》，明确法建办是公共法律服务平台建设工作的责任主体。会议要求，按照省委省政府两办《关于建立全省公共法律服务平台的意见》要求，积极整合律师、公证、司法鉴定、法律援助、仲裁及基层法律服务等司法行政职能，参照《江西省县级法律服务中心建设指导标准》和《江西省法律服务中心形象标识基本规范》要求，用3年时间建成覆盖市、县区、乡镇（街道）三级的公共法律服务平台目标，不断满足人民群众日益增长的法律服务需求，维护社会和谐稳定，保障人民安居乐业。年内，东乡、

省司法厅厅长沙闻麟察看抚州强制隔离戒毒所建设项目选址情况

乐安、临川等3县（区）公共法律服务中心初步建成投入使用，为广大群众提供“一站式、一条龙”法律服务。

【推进人民监督员制度改革】为贯彻落实最高人民检察院、司法部深化人民监督员制度改革会议和江西省全面推进人民监督员制度改革工作会议精神，10月28日，抚州市司法局和抚州市检察院联合召开全市人民监督员制度改革工作会议，对全市人民监督员制度改革工作进行部署。会议印发《抚州市人民监督员选任管理工作方案》。按照最高人民检察院、司法部制定的改革办法，根据《江西省人民监督员选任管理实施方案》，结合抚州实际，决定选任60名人民监督员，其中，市直、临川各8名，南城、崇仁、东乡、乐安各5名，金溪、南丰、黎川、宜黄、广昌、资溪各4名。

【省司法厅厅长沙闻麟到抚州调研】10月26—27日，省法建办常务副主任、省司法厅厅长沙闻麟深入抚州调研法治建设和司法行政工作，市委书记肖毅、市长张鸿星看望沙闻麟一行。沙闻麟深入县区，实地查看金溪县社区矫正官制度试点、资溪县司法行政基层站所、东乡县公共法律服务中心、江西省博中司法鉴定中心、江西省三松律师事务所、抚州市赣东公证处等司法行政基层站所和法律服务中心工作，并召开全市司法局长座谈会，与基层干部面对面，深入了解基层一线开展法治建设和司法行政工作情况。对抚州法建工作和司法行政工作给予高度评价。

【抚州市在全省首建房屋（土地）矛盾纠纷调处中心】抚州市创新工作方式，在全省率先成立房屋（土地）矛盾纠纷调处中心，取得良好效果。9月8日第25期《法治江西建设动态》全文刊载抚州做法，副省长郑为文作出批示：“请省住建厅阅，抚州的做法很好。”法治抚州建设工作在市委、市政府的领导下，积极作为，务实举措，开拓创新，有力推进“保障社会公正、促进社会诚信、维护社会秩序”三大重点任务落实，创造“民告官”行政诉讼案件集中管辖试点、“第三方”房屋（土地）征收纠纷调处中心等一批在全省有影响力的法治抚州建设工作经验。

【抚州“六五”普法工作受到上级表彰】东乡县、市地税局以及吴军明等3人荣获2011—2015年全国法治宣传教育先进县、先进单位、先进个人称号；在6月20日召开的全省法治宣传教育工作会议上，崇仁、黎川、乐安、南丰、临川等5县区以及市检察院、市公安局等14个单位分别表彰为2011—2015年全省法治宣传教育先进县区和先进单位，有19人表彰为先进个人。

【金溪县开展社区矫正官试点工作】2016年，金溪县司法局开展社区矫正官试点工作，成立县社区矫正刑罚执行委员会、县社区矫正执法大队和4个执法中队等机构，落实社区矫正官试点的经费和物资保障，在全省率先探索社区矫正官制度在社区矫正执法中的重要作用。

（谢荣生）

【市司法局领导名录】

党组书记、局长：
蔡　菁（任至12月）
徐建云（12月任）
党组成员、调研员：吴明辉
文淑珍
党组成员、副局长：徐来发
吴军明（任至8月）
江木根
副　局　长：王　彬（8月任）

本栏编辑　郭峻峰

农·林·水

综　述

2016年，在省委、省政府的正确领导下，抚州市以习近平总书记视察江西时的重要指示精神为指引，以生态文明建设为统领，围绕“农业增效、农民增收、乡村秀美、农村和谐”总目标，全力打好三大攻坚战（农业产业升级攻坚战、农业农村基础设施攻坚战和脱贫攻坚战），全市农业农村发展呈现出“两稳、三新、四进”的良好态势，实现“十三五”规划的良好开局。

“两稳”：一是农业经济稳定增长。尽管经济形势下行压力加大，但在国家惠农政策激励、农产品价格攀升、农资价格稳定等多重因素的作用下，抚州农业经济保持了稳定向好的发展势头。全市农业林牧渔业增加值增长4.6%；农村居民年人均可支配收入达12482元，增长9.1%。二是农业生产稳步发展。全市粮食播种面积40.81万公顷，总产达296.64万吨，实现“十三连丰”；全市生猪出栏289.55万头，增长2.29%；肉牛出栏5.51万头，增长8.73%；肉类总产量35.79万吨，增长3.78%；水产品总产量18.42万吨，增长1.1%。

“三新”：一是现代农业建设有新进展。现代农业示范园不断壮大。11个县（区）农业示范园区面积达1.21万公顷，累计投入资金35.35亿元，入园项目实现产值160.45亿元，其中农产品加工产值115.36亿元。县（区）农业示范园管委会组建正在顺利推进。农业产业化水平稳步提升。全市现有市级以上龙头企业372家，新增固定资产投资1.92亿元，比2015年增长7.4%；销售收入达96.32亿元，比2015年增长9.9%，农产品综合加工转化率达48%。抚州民生农业科技有限公司在新四板成功挂牌。全市农民合作社达5091家，其中国家级示范社获农业部认定36家，省级示范社85家，市级示范社260家，成员总数89126人，出资总额832409万元。经工商部门登记注册的家庭农场874家，其中省级示范家庭农场31家，市级示范家庭农场36家。品牌建设成效明显。全市拥有中国驰名商标5个，江西省著名商标62个；“三品一标”农产品总数达437个，其中无公害农产品303个（全省第二），绿色食品33个，有机农产品80个，农产品地理标志登记保护产品21个（全省第二）；新增15个地方特色农产品进入全国拟申报农产品地理标志登记保护产品目录（全省第一）。崇仁麻鸡农产品地理标志被农业部认定为国家级农产品地理标志示范样板创建资格名单产品（全省唯一）。广昌县驿前镇姚西景区获得吉尼斯世界纪录认证，成为“世界最大莲池”。农业新业态蓬勃发展。智慧农业亮点频现。资溪一亩农庄、黎川聚龙湾渔业公司建成全程可视化、可追溯的产品质量安全平台。循环农业迅速兴起。东乡润邦农业发展有限公司被农业部评为国家级循环农业示范区。乡村旅游方兴未艾。全市休闲农业企业达420家，从业人员2.36万人，带动农户5万多户。崇仁县源野山庄被评为全国休闲农业和乡村旅游五星级企业。

二是农业发展条件有新改善。列入2015年冬至2016年春的460个水利项目已全部完工，完成投资8.86亿元，2016年已争取水利项目188个，农业基础设施和防汛抗旱能力进一步提升。廖坊灌区二期工程顺利开工，完成投资2.69亿元。农业综合开发土地治理项目争取上级财政资金1.41亿元，建设高标准农田0.60万公顷。

三是农村生态环境有新提升。抚河流域生态保护与综合治理工程启动良好。林业生态建设措施有力，全面实施封山育林，封育面积达105.25万公顷；完成造林面积1.42万公顷，占省下达计划的101.1%。在全省率先实行“山长制”。农村环境综合治理全面推进，农村“脏乱差”现象得到较大改观。农村生活垃圾治理力度持续加大，有5个县（区）基本建立城乡环卫一体化工作体系，资溪县实行全境域治理和农村垃圾清运处理全覆盖，临川区农村垃圾处理PPP项目已正式启动实施。扎实开展河道采砂专项整治和“清河行动”，水环境得到明显改善。12个全省百强中心镇污水处理设施建设全面完工，已全部投入运行。按照“水生态文明+新农村建设+绿色生活方式”标准，在抚河沿岸6个县（区）启动36个生态村镇示范村点建设。

“四进”：一是农村改革深入推进。2016年确定的27条改革举措推进顺利，成效明显。其中，农村土地承包经营权确权登记颁证进入检查验收阶段。全市调绘勘测完成28.65万公顷，占二轮承包总面积的123.25%；农户颁证率达

95.1%，已颁证面积27.58万公顷，占二轮承包总面积的118.67%。市级和金溪县农村综合产权交易平台已经建成，其他县（区）正在抓紧推进。农村“三资”监管平台升级，延伸覆盖所有乡镇、村和村小组。林权制度改革进一步深化，2016年新增林地流转面积0.11万公顷。财政惠农信贷通成效突出。全年共发放贷款13.93亿元，受益新型经营主体4917户。金溪县农村土地承包经营权和农民住房财产权抵押担保贷款试点进展良好，全年发放贷款5058万元。

二是精准扶贫强力推进。以“四进四联四帮”活动为平台，以223个贫困村、13.9万贫困人口为重点，切实抓好产业扶贫、社会扶贫和行业扶贫。全市扶贫对象由2015年底的12.6万人减少到6.8万人，64个贫困村“摘帽”退出。移民搬迁4523人，22个搬迁安置点全面动工建设。

三是新农村建设扎实推进。按照突出中心村、兼顾一般村的要求，深入推进村庄整治建设，努力实现“物的新农村”向“人的新农村”转变。全市共投入资金5.4亿元，村庄整治建设任务全面完成。65个中心村“七改三网”建设全面完工，“8+4”公共服务基本完善，村庄基础设施全面改善，服务功能更加齐全，辐射力、吸引力进一步增强；一般自然村改路到位率100%，改水、改厕到位率分别为97 %和95%，人居条件明显改善。打造了临川区温泉景区塔石村景区配套型、东乡县邓家乡周家村乡村休闲型、金溪县陆坊乡下李村文化传承型、黎川县潭溪乡芦陂村旧村改造型、南城县徐家乡白洲村产业带动型、广昌县头陂镇港西村苏区振兴型等一批特色村和样板村。

四是农村社会事业协调推进。水情测报、中小河流监测、山洪灾害预警和气象服务能力进一步提升，为防灾减灾发挥积极作用。农村教育、文化、卫生、交通和社会保障等各项事业也取得良好成效。

（黄　岑）

【市农业局领导名录】

局　　　长：周跃飞（任至10月）
　　　　　　杨　皓（10月任）
副　局　长：蔡晓东　熊瑞进
　　　　　　吴　辛　韩国辉
纪 委 书 记：邹永丰
农机局局长：黄志辉
农科所所长：吴　强（任至5月）
　　　　　　孙　刚（5月任）
果业局局长：黄国锐（5月任）
畜牧兽医局局长：鄢华员

农　业

【概况】 2016年，抚州市农业部门认真贯彻落实党中央、国务院决策部署，全力抓好调控稳增长、稳定生产保供给、强化服务促调整，全市农业农村经济呈现作物结构稳中调优、加工业稳中提质、农产品结构稳中向好、农业投资增速稳中有升的良好态势。一是粮食生产稳中有增。粮食播种面积40.81万公顷，粮食总产295.5万吨，其中水稻播种面积38.47万公顷，总产279.1万吨，较2015年略增1万吨。粮食生产实现“十三连丰”。二是经济作物稳中有增。全年经济作物总面积12.75万公顷（不包括果业面积），比2015年增加0.54万公顷。通过蔬菜标准化生产示范基地建设，辐射带动周边群众发展蔬菜，全年经济作物总产值150亿元，同比增长13%。三是果业产量减产增收。2016年全市水果总面积10.26万公顷，总产量预计160万吨，总产值预计50亿元。南丰蜜橘虽是小年，产量相对2015年有所减少，并且受全国柑橘类水果产量下降影响，南丰蜜桔价格比2015年大幅上升达每吨3000元。全市人均水果收入1250元，与2015年人均水果收入777.5元相比，增加472.5元，增幅61%。四是畜禽水产养殖稳步增长。全年全市生猪出栏289.55万头，同比增长2.29%，生猪存栏167.4万头；肉牛出栏5.51万头，存栏23.7万头，同比分别增加8.73%和0.44%；禽蛋产量4.5万吨，同比增加7.1%；肉类总产量35.79万吨，同比增长3.78%；牛奶产量1.46万吨，同比减少5.19%。全市水产品总产量18.42万吨，同比增长1.1%。特种水产品产量7.4万吨，增长5%；渔业经济总产值预计579710万元，同比增长3 %，渔业产值319650万元，同比增长2.98 %。五是惠农补贴逐年增多。全年全市争取耕地地力保护补贴4.83亿元，适度规模种粮大户补贴1948.4万元，农机购置补贴资金11240万元。六是新型职业农民培育力度增大。全市基层农技推广体系改革与建设项目总投资1179.45万元，全年共培育新型职业农民2770人，投入资金772.84万元。培训农技人员1520人次，免费发放技术资料、农资物资22万余元。七是农村改革稳步推进。围绕“年底之前全面完成”的目标，通过季有调度、月有讲评、周有通报，积极协调、主动纠偏、狠抓落实，确保年底前全市17194个村小组、688539户农户农地确权工作的圆满完成。全市监管的“三资”总量达16.63亿元，其中资产类7.83亿元，资源类4.78亿元，资金类4.02亿元。县级农业部门查找问题18例，其中，正在整改10例，已完成整改7例，涉纪问题移送1例。八是稳步推进农村综合产权交易市场建设。依托市公共资源中心平台，建设320平方米的市农村综合产权交易服务大厅，开设6个涉农部门办事服务窗口。金溪、南城和临川等县（区）建立农村综合产权交易中心，实现“三平台、全业务”“实地块、图表同”“宽接口、云服务”的农村产权交易功效。九是现代农业示范园区建设实现新突破。全市农业示范园区面积达1.21万公顷，入园农业产业化龙头企业142家，入园农民合作社246家，家庭农场63家，种养大户1032家；累计投入资金35.35亿元，核入园项目实现产值160.45亿元，其中，农产品加工产值115.36亿元。十是农业产业化经营实现新突破。江西广雅食品有限公司获得国家级龙头企业称号，新增5家省级龙头企业。2016年，全市有市级以上龙头企业349家，农民合作社5091家，家庭农场874家，休闲观光农业420家。全市农产品综合加工转化率达48%。十一是招商引资实现新突破。全年新引进项目15个，合同金额54.98亿元，实际进资20亿元，其中亿元以上的重大项目就有13个，占引进项目总数的86.6%。出口创汇完成2.15亿元。

【科技兴农见成效】 近年，抚州市现代农业建设加快推进，农业科技做出了重要贡献，主要农作物特别是粮食作物良种基本实现全覆盖，主要农作物耕种收综合机械化水平超过56%，水稻耕种收综合机械化率超过68%，农业科技进步贡献率达到55%。农业科研、技术推广、教育培训等方面均取得显著进展和成效。

一是农业科技创新迈上新台阶。建成4个院士工作站，分别是市农科所引进中国工程院院士龙乐豪，江西东华种畜禽有限公司引进中科院院士吴常信，江西惠农种业有限公司引进中科院院士谢华安，抚州苍源中药材种植股份有限公司引进中科院院士饶子和。抚州市土壤肥料站参与的江西省水稻施肥决策关键技术集成与推广应用项目被评为省科技进步二等奖；临川虎奶菇0121新品种选育及产业化关键技术研究与示范项目被评为省科技进步二等奖。建成全省首家航天育种院士工作站和太空育种示范基地，8大类18个太空蔬菜采取三种模式试验，大部分品种表现果大、高产、抗病。

二是农技推广服务取得新成效。基层农技推广体系不断健全完善，基本实现全额拨款、人员工资纳入财政预算；人员素质明显提高；一主多元推广架构基本形成，“专家—技术指导员—科技示范户”的服务模式在全市普遍推广。建立12316三农服务平台，利用平台短信发布量达45.8万条。农业技术推广成效显著，水稻集中育秧、深松整地等技术有力保障防灾减灾、稳产增产，农产品产地初加工技术帮助农民减损增收，农业清洁生产技术推进了生态循环农业发展。

三是新型职业农民培育开创新局面。以家庭农场、农民合作社、农业企业及社会化服务组织等新型农业生产经营主体的骨干农民为对象，在全市实施新型职业农民培育工程，共培育新型职业农民4000人，培养青年农场主40人。积极探索农业龙头企业牵头，农业职业院校、农业大学、科研单位广泛参与，合力开展高技能人才培养、项目合作、基地建设和交流机制。

四是农业资源环境保护工作取得新突破。按照“一控两减三基本”总体思路，启动农业面源污染防治攻坚战，主要粮食作物化肥、农药利用率明显提高，秸秆综合利用率5年提高近10个百分点，残膜回收率达到75%以上；推进农村沼气发展升级，实施规模化大型沼气工程、生物天然气工程，年消纳畜禽粪污50多万吨。

五是提高农业科学化、规范化管理水平。围绕提高农技推广服务效能，完善农技推广体制机制，推动建立人员聘用、推广责任、工作考评等管理制度。探索形成“三位一体”“三类协同”“三级贯通”的新型职业农民培育制度，提高了培训的针对性、有效性。

【抚州展团获农产品（上海）展销会最佳组织奖】 12月9—12日，第十二届江西鄱阳湖绿色农产品（上海）展销会在上海国际农展中心举行。抚州展团组织42家农业产业化企业、农民专业合作社的500多个优质农产品参展，展销现场火爆，据统计，展会4天现场农产品销售额467.5万元，合同订单额18025万元，意向产品订单额7885万元。展会期间，抚州展团还举办抚州绿色有机农产品推介专场（全省唯一），全面推行农产品二维码，电商、微信、企业文化宣传片等新媒介促销，市民不仅可以在现场买到抚州名优产品，还可以通过微店、微支付方便地购买到展会以外的产品。抚州展团组织工作创新得力，效果显著，以总分第一被省组委会授予最佳组织奖；山夫农业牌有机蔬菜、黎米稻牌黎米、舒乡牌山茶油、果劲牌南丰蜜橘等12家企业产品被授予畅销农产品金奖，占全省13.3%。

【南丰蜜橘品牌价值评价列全国第二名】 根据《关于开展2016年农产品地理标志品牌价值评价工作的通知》（农质安函〔2016〕102号）文件，南丰蜜橘、广昌白莲、临川虎奶菇等3个农产品地理标志登记保护产品通过农业部2016年农产品地理标志品牌价值评价，其中，南丰蜜橘以品牌强度892分、品牌价值209.7亿元位列全国第二，广昌白莲以品牌强度710分、品牌价值12.12亿元位列全国第三十一名，临川虎奶菇以品牌强度485分、品牌价值10.81亿元位列全国第三十四名。

【广昌县驿前镇姚西景区获吉尼斯世界纪录认证为“世界最大莲池”】 7月9日，广昌县常务副县长郑锦锋接受由吉尼斯世界纪录颁发的“世界最大莲池”认证书，“中国莲花第一村”的广昌县驿前镇姚西景区正式获得吉尼斯世界纪录认证，成为“世界最大莲池”。姚西是世界集中连片种植面积最大、观赏性最强的莲花景区，随着2006年首届莲花节的成功举办和旅游设施不断完善，姚西已经成为全国乃至全世界观莲、赏莲的绝佳胜地。姚西以独特的莲花美、田园美、绿色美、生态美吸引八方游客四海宾朋。2008年姚西景区被评选为江西省乡村旅游示范点，2009年被推选为13个“全国特色景观旅游名镇”之一，2012年成功入选中国百佳“最美乡村小镇”，2013年成功创评江西省AAAA级乡村旅游点，2014年成功创评国家AAA级旅游景区。2015年，姚西被评为全国文明村镇，并被列入第二批全国建设宜居小镇、宜居村庄示范名单。

【航天科普和育种“一站两基地”授牌】 8月11日，江西抚州航天科普院士专家工作站、江西抚州航天育种示范基地、江西广昌白莲航天育种示范基地授牌仪式在市汝水森林宾馆举行。市委书记肖毅，原中国航天工业总公司总经理、国家航天局原局长刘纪原致辞；中国航天科技集团公司运载火箭技术研究院研究员、运载火箭技术专家、中国工程院院士龙乐豪授牌；市长张鸿星主持；中国航天科技集团公司航天育种研究中心研究员钦天钧，市委常委、农工部部长魏建新等出席。同日，国家航天育种研究中心安排豇豆、辣椒、番茄、南瓜等18个“太空蔬菜”新品种在市农科所进行生态适应性示范种植，启动农作物种质资源收集与保存行动。

自然环境优美、文化底蕴深厚、传统农业比较发达的抚州，瞄准高科技，着眼产业发展，1990年代开始航天育种的研究工作，取得来之不易的成绩，创新和完善了水稻、白莲航天育种规范，丰富了遗传育种理论，取得很好的社会效益和经济效益，积累了一定的经验。如广昌白莲，不断进行白莲品种改良和选优，截至2016年年底，已开展5次航天育种试验，成功培育出“太空莲”系列新品种。其中，“太空莲”36号品种结实率高、颗粒大、产量高、品质好，亩产量100千克左右，比常规品种增产2～3倍。至2016年，广昌县年种白莲面积0.67万公顷，累计在全国推广面积上千万亩。

【抚州西瓜获全国百个名优果品区域公用品牌称号】 10月13日，农业部优质农产品开发服务中心授予抚州西瓜“2016年全国百个名优果品区域公用品牌”称号，系江西省唯一一个瓜类产品。第十四届中国国际农产品交易会组委会在展会期间，通过印制宣传手册、邀请参加全国名特优新果品品鉴推介会展示推介、媒体报道等方式对抚州西瓜等百个名优果品区域公用品牌进行广泛宣传。

【崇仁麻鸡列为国家级农产品地理标志示范创建样板】 7月8日，崇仁麻鸡荣获农业部国家级农产品地理标志示范样板创建，成为江西省唯一一个2016年度国家级农产品地理标志示范创建样板。

麻鸡是崇仁县地方鸡种，蛋肉兼用型，分黄麻与黑麻两类，具有显著的“三高一低”特点，是中国十大名鸡之一，2007年通过国家质检总局“地理标志产品保护”认证，2010年被农业部认定为农产品地理标志登记保护产品。

近年，崇仁县把崇仁麻鸡产业作为富民强县的主导产业和打好农业产业化升级战的头号产业狠抓，在政策环境、品牌建设、产业发展等方面综合施策。崇仁麻鸡已形成种鸡生产、孵化、鲜活鸡市场营销等一整套体系，并在长期的生产实践中锻炼出一批崇仁麻鸡饲养技术专家和养殖能手，“小麻鸡”已逐步发展成为支撑崇仁经济发展的“大产业”。崇仁县崇仁麻鸡出栏常年在7000万羽以上，全县从事麻鸡产业人数达3万余人，有麻鸡省级龙头企业3家，麻鸡生产专业合作社22家。2015年，全县饲养麻鸡8100万羽，出栏7500万羽，实现产值18.9亿元，仅此一项，全县农民人均增收1200元。

【全省首个农业部农产品地理标志产品追溯系统落户抚州】 10月12日，农业部委托深圳市安鑫宝检验检测院为崇仁县安装崇仁麻鸡农产品地理标志追溯系统，这是农业部在江西省安装的首个农业部农产品地理标志产品追溯系统，确保崇仁麻鸡实现从生产到市场全程可追溯，让消费者买得更安全、更放心。

【推进“互联网+”，引领农业转型升级】 抚州市按照“政府引导、市场主体、多元投入、协调发展”的总体思路，从生产、经营、服务、基础和主体五方面入手，加快推进“互联网+”现代农业，促进一二三产融合发展，助推抚州现代农业发展插上信息化、产业化的翅膀。

一是坚持高位推动，大力实施“互联网+”现代农业行动。市委书记肖毅、市长张鸿星先后三次现场观摩并专题听取智慧农业暨农村产权交易平台建设汇报，要求“加快补齐生产信息化这一农业农村信息化首要任务的短板，实现园区管理智能化、设施农业生产过程全监控、园区农产品全程可追溯”。市财政安排智慧农业经费，建成市智慧农业运行中心，对全市农业生产实景、灾（疫）情实况、作物长势等进行实时远程察看、会商、诊断，为各级政府掌握实情、科学决策、工作调度提供直观依据。

二是实施品牌战略，重点打造农产品流通新业态。全市农业企业积极开展O2O、众筹、认领、私人定制等新型流通业态服务，江西龙鑫、抚州民生等40多家龙头企业建立“基地监控＋网上交易＋配送平台＋实体店”的线上线下交易。市、县（区）建成农产品电商运营中心、村级益农社近240多家，开通“名特优新”“三品一标”农产品网上展厅，300多个“三品一标”和特色农产品入驻赣农宝，注册电商农产品商标10多个，完善“县级电商产业园＋乡镇服务站＋村级服务点”服务网络。黎川县西城乡益农社社长吴巧华与省委书记鹿心社线上对话，成为网络红人。

三是强化服务创新，全面提升“12316”资讯服务功能。近年，抚州市开通“12316”惠农热线，在全市农业系统开通“12316”短信服务平台，在全市益农信息社开通“12316”免费电话，组建100多人的热线专家团队，为全市农民提供及时、权威、便捷的政策咨询、生产技术指导、假劣农资投诉、农产品质量安全事件举报等服务。“12316”惠农热线自开通以后日均接话量超过30个，帮助农民解决生产生活中的实际困难和问题近3万个。各级农业系统通过“12316”短信平台，发送短信信息300余万条。“12316”已成为各级农业部门信息服务“三农”的窗口，被誉为“农民身边的致富专家”。

四是加快物联网利用，积极促进农业转型升级。市政府把物联网技术应用列入全市现代农业示范园区建设的主要考核内容，要求县（区）在精品展示园全面展示物联网技术，因势利导推进物联网应用示范。崇仁县国家级现代农业示范区引进省农信通，量身打造农业物联网综合服务平台，该平台已接入省物联网云平台，实现对该县园区农业生产的全方位监测与管理；资溪一亩农庄建成产品质量安全可追溯平台；黎川聚龙湾建成全省首家水产品智能管理中心；江西联惠建成智能化蔬菜大棚；还有40余家基地和企业接入或正在接入省市物联网云平台，生产信息化迈出坚实步伐。

五是整合农业资源，基本实现农村产权有序交易。依托抚州市公共资源交易中心平台，坚持“六个统一”（统一建设标准、统一操作流程、统一交易规则、统一格式文本、统一信息平台、统一监督管理），建成320平方米的市农村综合产权交易服务大厅，将农村土地承包经营权、林权、“四荒地”使用权、农村集体经营性资产、农业生产设施设备、小型水利设施使用权、依法可以交易的农村闲置宅基地使用权及房屋所有权、农业类知识产权、农村建设项目招标和产业项目招商转让、其他依法可交易的产权等十类农业资源纳入平台交易，开设6个涉农部门办事服务窗口。按照“一个网站交易、一个系统管理、一套软件运行、一个后台支持”的原则，实现“三平台、全业务”“实地块、图表同”“宽接口、云服务”的目标。省委书记鹿心社、省长刘奇等领导视察市产权交易平台后给予充分肯定。

六是规范建设标准，全力推进信息互联互通。按照“分类推进、统一标准，互联互通、多方参与，合力推进、挖掘价值，扩大应用、完善制度”的思路，提出加快推进全市智慧农业体系建设的具体办法，实现抚州智慧农业平台向移动、电信、联通三大运营商开放，与省、县智慧农业平台互联互通，为将来抚州农业大数据形成，实现全省大数据汇集、建模分析预判、信息互联互通共享、开发农业电子地图，打下良好基础。

【草食动物养殖发展势头强劲】抚州市大力发展标准化规模养殖，扩大肉牛肉羊标准化规模养殖项目实施范围，支持适度规模养殖场改造升级，逐步推进标准化规模养殖。全市新增年出栏100头以上的牛育肥场38家，总数达62家，其中，南城、临川新增年出栏千头以上的大型肉牛养殖场3个；黎川新增1个年出栏万头以上的大型肉羊养殖场。广昌、宜黄、黎川、崇仁等多个县的养殖专业合作社养殖肉牛肉羊积极性高涨，大量吸引散养户入社发展牛羊养殖。

【加大粪污专项整治力度】 抚州市保持高压态势，强力推进畜禽清洁生产、养殖污染治理，取得阶段性成果。全市663家年出栏500头以上生猪规模养殖场，新增43家完成固体粪便贮存设施建设并保持正常运行，总数达559家，占全市84%；新增54家完成污水贮存处理设施建设并保持正常运行，总数达529家，占全市79%。建成的有机肥场7个，落实沼液生态消纳地2.67万公顷，新增沼液利用量10万吨，无害化处理沼液50万吨。同时，大力实施禁养区生猪退养机制，全市禁养区88家年出栏500头以上生猪规模养殖场，退养（拆、搬、关）年出栏500头以上养殖场达42家，减少生猪饲养量为5.03万头。

【加强崇仁麻鸡品牌建设】 为加快地方鸡品种——崇仁麻鸡产业发展，2016年，一批麻鸡原种保护、良种繁育、文化博览，品牌建设、生态养殖等项目建设陆续启动，形成崇仁麻鸡产业新格局。集“二中心一馆二场”（麻鸡原种孵化中心、麻鸡科技研发中心、麻鸡科技文化展示馆、麻鸡标准化设施养殖示范场，麻鸡山林生态养殖示范场）于一体的麻鸡科技博览中心建成并投入使用，该中心成为崇仁麻鸡原种保护、繁育、养殖、技术、培训、科普教育和宣传展示基地，是崇仁麻鸡对外宣传的主要窗口。此外，还安排500多万元专项用于养殖企业、专业合作社麻鸡标准化示范场建设。

【畜牧产业区域结构进一步优化】近年，抚州市不断优化畜禽产业区域结构，基本形成“三带四基地”的区域养殖特色。“三带”：一是形成以崇仁县为中心的抚吉公路沿线崇仁麻鸡养殖带；二是形成以南城县为中心的临南公路沿线蛋业生产带；三是形成以东乡县为中心的东临公路沿线外来品种猪养殖带。“四基地”：一是形成以东乡县为中心黑羽绿壳蛋鸡生产基地；二是形成以东乡、乐安两县为中心的赣东花猪养殖基地；三是形成以南丰县为中心的朗德鹅及鹅肝加工生产基地。四是形成崇仁、南城、东乡、临川四个县（区）为中心的畜产品和兽药饲料加工基地。

【推进互联网＋智慧渔业】 江西聚龙湾现代渔业发展有限公司投资在全省率先创建“智慧渔业”——渔业数字化智能管理系统。该系统集水质在线监测（记录水温、溶氧、pH值氧化还原电位等数值变化情况）、自动报警（溶氧、pH值、亚硝酸盐等含量低于或高于设定值时会通过声音、电话、手机等报警）、智能调控（根据生产需求自动开关增氧机和投饵机）等功能于一体，实时记录饲料投入和鱼药使用情况，建立水产品质量安全溯源系统，确保每批次水产品质量安全。南丰县和临川区紧随其后，积极打造智慧渔业示范基地。

【特种水产养殖稳步发展】 全市进一步优化渔业经济结构，特种水产养殖发展迅猛，各县（区）特种水产养殖各有特色。南城县利用水库及池塘发展鳜鱼养殖形成规模效益，鳜鱼年产量4000余吨，同时该县脆肉鲩、鮰鱼、加州鲈鱼等特色品种继续保持较好的发展势头，脆肉鲩产量200吨，美国鮰鱼产量200吨，利用廖坊水库发展河蟹养殖也取得良好效益。南丰县甲鱼产业集群效益明显，全县有甲鱼养殖面积1200公顷，养殖户680户，参与户2000余户，种甲鱼存塘量700万千克，年产种蛋2.4亿枚，稚幼鳖4000万只，商品甲鱼产量4000吨，实现甲鱼产业经济总产值6亿元。资溪县、黎川县继续以鳗鱼养殖和加工为主导产业，烤鳗出口创汇9000万美元。东乡县的泥鳅养殖快速发展，并辐射到临近县区，泥鳅养殖面积133.33公顷，成为该县新兴特色产业。

【强化水产品质量监管】 按照“生态、优质、高效”的发展要求，2016年抚州市投入资金840万元，实施10个现代渔业化项目及2个渔业标准化项目，新建改建池塘246.67公顷。印发《抚州市渔业资源保护专项整治行动方案》，教育引导群众依法规范捕捞生产，自觉保护渔业资源。加强水生生物保护区规范化管理，规范保护区“四牌一标一册一制度”等基础设施建设，开展水生野生保护动物驯养繁殖和水生野生保护动物经营利用检查。在抚河源头、抚河中段及宜黄水等市内主要水域多次开展联合执法行政，有力打击电鱼等非法捕鱼行为。年内，全市获得农业部水产健康养殖示范场称号的企业47个，健康养殖面积0.73万公顷；建成3个县级水生生物病虫害监测站，改扩建良种繁育场6个，养殖基础条件得到极大改善，水产品产量及渔业经济效益得到大幅度提升。

【加强生猪定点屠宰监管】 2015年3月，市商务局的生猪屠宰监管职责调整给市农业局。此后，全市生猪屠宰监管部门一手抓职能划转，一手抓屠宰监管，维护了全市生猪屠宰和肉品市场秩序的稳定，保障市民肉品消费安全。

一是抓好政府属地化管理责任落实。市政府与县（区）政府签订畜禽屠宰监管责任书，明确责任目标，将畜禽屠宰监管工作纳入县、乡政府绩效考核范围。二是抓好部门监管责任的落实。制定市、县（区）二级农牧部门的法定监管责任边界和行业管理权力清单，加强与食品药品监管、环保、公安、市场监管等部门的协作，避免出现监管职责不清、重复监管和监管盲区。三是抓好屠宰企业质量和生产安全主体责任的落实。全市屠宰场（点）均与县（区）农牧部门签订产品质量安全和生产安全责任状及承诺书，落实屠宰环节产品质量安全“第一责任人”责任。县级农牧部门要求屠宰企业把好“四关”，建好“四账”。“四关”即生猪进场关、屠宰操作关、肉品检验关、产品出厂关，病死猪坚持无害化处理；“四账”即生猪进场台账、肉品品质检验台账、无害化处理登记台账、肉品出场台账。四是抓好生猪屠宰环节病害猪无害化处理工作的落实。市政府下发《关于建立病死畜禽无害化处理机制的实施意见》，县（区）动物卫生监督机构及驻场官方兽医监督屠宰企业做好屠宰环节病害猪无害化处理，落实专人做好屠宰环节病害猪无害化处理的统计、审核、上报和资金监管工作。五是抓好审核换证工作的落实。严格按照农业部《生猪屠宰厂（场）监督检查规范》，积极稳妥地开展生猪定点屠宰资格审核换证工作。截至2016年年底，依法取缔经整改仍达不到要求的生猪定点屠宰企业共38家，限期整改70家。同时，依法对生猪屠宰厂（场）开展日常监督检查，实行一厂（场）一档，填写《生猪屠宰厂（场）日常监督检查记录表》，做到痕迹化管理。六是打击整治生猪屠宰领域突出问题。7月，市农业局联合市公安局开展以打击整治生猪屠宰领域突出问题的“扫雷行动”。该行动开展以后，全市举办培训班54次，培训人员289人次；开展执法120次，其中联合执法21次，出动执法人员541人次；接受举报7起，查实6起，捣毁私屠滥宰窝点6个；立案2件，货值1万元，罚没金额4万元，曝光案件1件，移送1件；病害猪无害化处理35头；屠宰环节瘦肉精监督抽检7672份，有效地震慑私屠滥宰户。

（吴英权　李　娟）

林　业

【概况】 2016年，抚州市林业部门紧紧围绕“生态文明示范市”建设这个总目标，按照年初制定的“突出一个提升、抓好两个着力、开展三项创建、办好四件实事、强化五项保障”的工作思路，稳步推进各项林业工作，取得一定成效，被省委、省政府授予江西省第十四届文明单位称号，被市委、市政府评为全市绩效考核优秀单位，全市公共机构节能先进单位，全市社会治安综合治理目标管理先进单位等荣誉称号。

【森林质量得到提升】 抚州市委、市政府以提升森林质量为目标，切实抓好全域性的封山育林。在出台《关于推进生态文明建设实施全市封山育林的意见》的基础上，制定《全市封山育林考核奖励办法》，以县（区）为单位，精心组织编制封山育林规划实施方案，对封山育林工作定期进行专项调度和督导，使全市的封山育林工作稳定推进。年内，全市封山育林总面积105.25万公顷，其中，全封面积101.75万公顷，轮封面积3.50万公顷。组建护林队伍3570人，制作封山育林界牌1800块，安排封山育林专项经费3300万元。全年共查处各类森林案件867起，其中森林刑事案件173起，行政案件694起，林区秩序明显好转。

【林业改革着力推进】 一是集体林权制度改革。根据江西省林业厅《关于做好第二批省级深化集体林权制度改革试点县（市、区）工作的通知》要求，南丰县、乐安县被列入省级林地流转第二批试点单位。2月16日，市林业局下发《关于2016年深化集体林权制度改革工作要点的通知》，要求各县（区）抓好林地流转试点、完善林权流转管理服务体系、完善商品林保险运行机制、强化新型林业经营体系建设、强化林地承包经营纠纷调处等五方面的工作。通过推进林地流转，全市林地累计流转面积21.72万公顷，其中，2016年新增林地流转面积0.55万公顷；全市各类林业经营合作组织967个，规模经营面积达0.55万公顷，其中，创省级林业龙头企业46家，省级农民林业专业合作社8家，省级林下经济示范基地15家。2016年，全市林权抵押累计贷款面积11.50万公顷，贷款金额24.2亿元，其中，新增面积0.19万公顷，新增林权抵押贷款金额4886万元。

二是国有林场改革。为进一步贯彻落实市政府下发的《关于创新经营机制做大做强国有林场的意见》，市林业局下发《关于加快发展国有林场林下经济的通知》，对发展国有林场林下经济提出具体要求。为改善国有林场基础设施条件和提升管护及培育森林资源能力，市林业局开展国有林场管护站点用房调查摸底工作，将调查基础信息数据上报省林业厅，为争取项目资金打好基础。全市2016年危旧房建设任务共计1281套，其中，宜黄县941套、乐安县320套、南丰县20套。按照国家要求在12月之前全面开工建设的时间节点，坚持对国有林场危旧房改造工程建设实行一月一督导、一月一调度，特别对个别进展滞后的项目县实行专项督查，重点督查，要求加快工程进度，确保如期完成2016年国有林场危旧房改造开工建设的要求。

三是林业综合执法改革。市林业局借鉴景德镇等外市的做法，结合全市的实际情况，坚持以有关林业法律、法规和条例为依据，推进开展林业综合行政执法试点，组建市级林业综合执法支队，委托执法职能，落实执法人员、执法车辆，进一步加强和规范林业行政执法行为。

四是毛竹特色产业项目改革。抚州市大力发展竹林低改项目，有效地提高竹林产量和品质效益，促进林农增收。2016年，全市共完成毛竹低产林改造面积2.13万公顷，获得省级林业产业发展专项竹产业发展补助资金401.9万元。

【着力推进林业管理创新】 一是实施“山长制”，创新森林资源管理。根据市委办、市政府办《抚州市“山长制”工作实施方案》精神，由市委、市政府主要领导分别担任行政区域“总山长”“副总山长”，县(区)党政主要领导担任区域“山长”“副山长”。在具体实施上，组建专职护林队伍，实行村委会推荐，乡镇政府公开考核招聘护林员，护林员接受林业部门及乡镇政府管理。至年底，已确定市、县、乡、村四级“山长”“副山长”3916名，其中市级山长2名，县级山长22名，乡级山长322名，村级山长3570名。这一创新举措也被省委改革办在《江西改革动态》第15期作重点介绍。市林业局建立“三保、三增、三防”目标责任体系，即通过保森林面积总量、保林地面积、保林区生产经营秩序稳定，增加森林蓄积总量、增加公益林和自然保护区面积、增加林业经济发展后劲，实现防止森林火灾、防止森林病虫害及防止生态破坏等九个方面的目标，全力打造生态文明建设“抚州样板”。

二是创新造林绿化工程实施。按照“封造结合、以封为主、造管并重”的新思路，着力提高“两率”，大力推广良种良法，不断优化森林结构，提高造林绿化水平。2015年冬至2016年春，全市完成人工造林1.42万公顷，占省下达计划的101.1%，全市工程项目完成长防林人工造林工程3100公顷，封山育林1600公顷；完成造林补贴面积3000公顷，完成森林抚育补贴计划任务1200公顷，全部或超额完成省林业厅下达的计划任务。

三是创新精准扶贫工程。发挥部门优势，坚持科学规划、创新模式，引导林农大力发展油茶、毛竹、花卉苗木和林下经济等4大富民产业，扎实推进精准扶贫工作。全市油茶完成造林1900公顷，其中，油茶精准扶贫300公顷，面上造林600公顷，油茶项目1000公顷。

四是创新智慧平台工程实施。通过实施智慧林业二期项目，整合森林防火、木材检查站、自然保护区、森林公园、湿地公园、森林防火哨、林业龙头企业等7大类200个信息点。同时，通过与全市林业系统视频监控平台对接，实现对重点林区、重点防火区的24小时监控。

【扎实开展三项创建】 一是自然保护区创建。抚河源省级自然保护区晋升国家级自然保护区规划设计在完善修改中。二是湿地公园创建。国家湿地公园考察评估专家组受国家林业局委托对拟建抚州梦湖国家湿地公园进行考察并对公园的规划建设提出建议，正根据专家建议修改总体规划；广昌抚河源国家湿地公园总体规划已经通过省林业厅专家评审，两个编制单位正根据专家的意见对总体规划进行修改，准备迎接国家林业局专家评审。三是森林公园创建。临川区金山省级森林公园已完成总体规划和可行性研究报告编制工作，省林业厅已通过论证审查；东乡县佛岭森林公园正在收集相关资料，东乡县政府派出专人参加国家林业局举办的国家森林公园申报培训班，积极做好创建前期准备工作。至年底，全市共建有国家级自然保护区1个，省级自然保护区5个；国家级湿地公园3个，省级湿地公园10个；国家级森林公园3个，省级森林公园8个。

【全力办好四件实事】 一是抚州市植物园建设。已经完成设计招标，确定设计单位，正开展设计工作。二是荆公路棚户区改造项目。调查确定拆迁对象310户，已签约294户，完成任务的94.8%。三是省第四届花博会（南昌）抚州园区建设项目。该项目总投资1200万元，已在10月底完成设计和招投标，并明确项目施工单位，正在抓紧施工，预计2017年4月基本竣工。四是市城区“三江口湿地公园”建设。该项目是抚河流域综合治理的重点工程项目之一，《三江口湿地公园项目工程可行性研究报告》以及稳评和节能审批已经完成，防洪、水保、环评报告已报送到相关单位进行审批。

【强化五项保障机制】 一是加强作风建设。严格执行中央八项规定，贯彻落实省委20条意见以及市委16条党员干部行为规范，深入开展“两学一做”学习教育，认真执行《抚州市林业局干部作风监督检查办法》，抓好上下班、外出请假、车辆管理等制度的执行，不定期对各科室日常工作、学习、打扫卫生等出勤情况进行督查。二是加强制度建设。建立“项目化、时间表、责任人”的重点工作推进制度，实行重点工作台账和进展情况通报制度；实行局领导分片区挂点联系县（区）工作制度，开展林业各项重点工作的督查；按照公车改革的要求，完善公务用车和执法执勤用车使用管理制度，严格公务用车管理。三是加强效能建设。重点抓好全市县级领导干部学习贯彻十八届五中全会精神专题研讨时梳理的各项重点工作任务的落实，做好2016年省、市政府工作报告中明确的林业工作任务和局重点工作的落实。四是加强队伍建设。做好事业单位人员公开招聘和高端人才引进工作。新招考3名工作人员、引进高素质人才2名；计划定向培养全省基层林业专业技术人员17人；组织13人参加省林业厅举办的2016年全省现代林业技术培训班；申报林业高级工程师2名。五是加强廉政建设。认真抓好党风廉政建设责任制的落实，继续深入开展“把纪律挺在前面”先行先试工作，在宜黄县林业局推行设立检察室的试点工作。

2016年，在社会综合治理、精神文明建设、招商引资、“四进四联四帮”等方面，均全面完成市委、市政府下达的工作目标和任务，林业经济总产值突破300亿元，比2015年增长10%以上。

（钱江华）

【市林业局领导名录】
党委书记：杨大进
党委副书记、局长：
谭海波（12月任）
党委副书记、市森林公安局局长：
杜　坚
副局长：杨书斌　李新生
纪委书记：潘金明
总工程师：付家科
市林科所所长：陈　文
市森林工业局局长：胡林如
市森林公安局政委：张　娥

水　利

【概况】 2016年是抚州市水生态文明建设的破局之年。抚州市水利局团结和带领全市水利系统干部职工，紧扣上级部门工作要求和抚州经济社会发展战略，以绿色发展新理念为思想引领，以“契合抚州实际、凸显抚州特色、走出抚州路径”为工作总基调，以在全省水利工作和全市经济发展两个格局中求作为、谋位置为工作总目标，真抓实干，砥砺前行，水利改革破瓶颈取得重大突破，水利建设补短板取得重大进展。市水利局获得全市社会治安综合治理先进单位、全市节能达标先进单位、全省和全市精神文明先进单位。

【实施全流域综合治理打造抚州样板】 江西省是全国生态文明建设先行示范区，2016年8月，抚州市升格为全省生态文明建设先行示范市，成为生态文明建设“示范中的示范”。市委、市政府以大视野谋划生态文明建设，大手笔运筹市内市外两个市场，大力推行“PPP”建设模式，引入社会战略资本，在全省率先实施全流域综合治理，率先推行“山长制”、实施全市域封山育林，破解“不足中的不足”，打造“示范中的示范”。

市水利局主动跟进全市发展战略，推进抚河流域生态保护与综合治理。一是支撑项目加速落地。谋划超过370亿元总投资规模框架下的水利项目，提出抚河流域“一河、两道、三城、四镇、五村、六庄、七站、九码头、十八景”的项目架构。二是一期工程提前实施。包括130座病险水库除险加固工程、48条中小河流治理工程、113条千亩以上圩堤应急除险工程在内，全面完成总投资超过46亿元的一期工程前期工作，工作进度走在全省前列。截至年底，抚河流域生态保护与综合治理一期工程建设渐次展开，有序推进。三是产业培植加快发展。市水利局坚持把水生态建设和“水字头”产业培植一同部署、整体推进，在管住抚河岸边“一头猪”、抓好抚河流域“一条鱼”的同时，积极培育绿色产业体系，确保养殖户转得出、稳得住、长收益。以水兴游发展旅游产业。南丰、资溪两县依托中型水库打造的仙人湖、观必上、九龙湖、大觉山等一大批水利风景区发展迅猛，在吸纳转产农村劳动力、助推县域经济发展中的作用和地位越来越强。抚河十里灯光秀、醉仙湖、梦湖、临川温泉、资溪法水、崇仁汤溪等一批水利旅游区迅速发展成为区域性旅游胜地；以水兴业发展特色产业。结合农业产业转型、结构调整，加快水利灌溉保障能力建设，全年新增高效节水灌溉面积1000公顷，为全市46个现代农业示范园配套建成高效节水灌溉体系，助推临川黄栀子、南丰蜜橘、广昌白莲、资溪白茶、黎川香榧、南城淮山、金溪香料等一批特色产业快速成长。在抚河沿岸分类打造36个水生态文明示范村镇，农家乐等农业休闲观光产业、“看山望水忆乡愁”的村落文化体验新业态发展迅猛。

加强水源涵养工程建设。年内，开工建设小流域12条，完成治理水土流失面积68.8平方千米，实现保水2071万立方米，保土25.46万吨。建成省级以上湿地公园12个，数量列全省第二位，总面积1.53万公顷。其中，南丰县傩湖、南城县洪门湖被列入国家级湿地公园。黎川、南丰、宜黄、资溪、广昌5县携手跻身国家重点生态功能区行列。推进水源工程建设。崇仁县乐丰水库、黎川县德胜水库相继建成，广昌县甘竹水库、宜黄县下砂水库和乐安县龚坊水库快速推进。抚州集中精力推进抚河流域生态保护及综合治理，引起中央和省级新闻媒体的深度关注。11月25日，《江西日报》整版报道抚州市水生态文明建设的新经验。11月27日，《江西日报》头版头条发表《一河清水可鉴》，深度报道抚州市水生态文明建设的好做法。12月13日，央视新闻频道报道南丰县实施生态补偿的生动实践。

【攻坚水工程建设打造抚州速度】为加快推进全市水利建设，市委、市政府决定从10月1日起，在全市范围内展开水利建设“百日大会战”。总的目标是：到2016年年底，全面或基本完成642个水利工程建设，完成25.5亿元水利投资。以“百日大会战”为切入点，全市重点项目强势突破，面上项目快速推进，水利建设实现后发快进，由9月底的全省倒数第一位跃升至11月底的并列第四位，创造了抚州水利发展史上的最快速度。

一是重点工程强力推进。廖坊灌区二期工程系2016年江西省唯一的新开工国家重点工程，市水利局在全面梳理影响工程建设的重点难点问题的基础上，按照“项目化、时间表、责任人”的要求，实行“一周两调度”推进机制，逢山开道、遇水架桥，从征地拆迁到增点扩面（增加施工点，扩展工作面），问题怎么解决，什么时间解决到什么程度，每个步骤都逐一明确，逐一落实。其次，发扬担当精神，优化审图服务，符合条件的马上办，手续不全的帮着办，特别紧急的现场办。截至年底，累计完成投资2.87亿元，投资完成率96%，超额完成年度目标任务。

二是面上项目进展顺利。坚持每半月开展一次专项督查，建立问题台账，完善限期整改和对账销号工作机制。对制约工程进度和质量的关键人和重点事实行挂牌督办、专人盯办、重点查办。截至年底，完成高效节水灌溉任务7800公顷，占计划任务的152.4%。51处农电改造工程、151座重点山塘专项整治工程、6个小农水重点县建设工程和107处农村饮水安全巩固提升工程全面完工。40条中小河流治理和4条五河治理工程基本完工，3座病险水闸除险加固工程处于扫尾阶段。3座中型灌区续建配套与节水改造工程有序展开，4处引调提水工程投资完成率接近80%。130座一般小（二）型病险水库除险加固工程相继开工建设。

此外，由市水利局负责实施的3个市本级重点工程均已基本完工。其中，汝水大道南延伸段建设工程、孝义港整治改造工程形象进度均超过95%，城西排涝站扩容工程全面完成。

【防汛减灾筑牢抚州屏障】2016年，抚州市降雨量达到2203毫米，比多年同期偏多22%。入汛以后，先后遭遇10轮强降雨和“尼伯特”“莫兰蒂”“鲇鱼”“海马”等超强台风袭击，全市受灾人口68.39万人，转移人口2.24万人，因灾直接经济总损失达到12.2亿元。市防汛抗旱总指挥部落实责任，夯实举措，实现“不倒一堤、不跨一坝、不死一人”的总体目标。汛后，自筹资金率先启动8条万亩以上圩堤、48条千亩以上圩堤填塘压浸应急除险工程建设，着力筑牢防洪保安“水上长城”。

【河长制工作擦亮抚州底色】一是开展河道采砂专项治理。5月6日，市政府印发《关于开展河道采砂专项治理建立长效管理机制的实施方案》，明确目标任务、主要措施、实施步骤。持续开展专项整治行动，以铁腕治超，重拳打违，保持打击河道采砂违法行为的高压态势，从河道到公路，全方位开展超采超载专项整治行动，严厉打击“河霸砂霸路霸”。5月14日，全市专项整治行动全面展开，刑事拘留7人，网上追逃2人。建立长效管理机制，实现“国进民退”，全面清退抚河流域民营采砂资本，组建国有专营公司统一经营全市河道砂石资源。强化社会监督，从电话到手机、从网络到微信全方位设立举报平台。加强科技防控，对采砂点、采砂船安装GPS和实时视频监控系统。

二是加强河湖水质治理。市政府安排500万元专项工作经费，全市1164座水库全面实行人放天养，80%的水库水质达到III类以上标准。全市40座饮用水源水库均达到饮用水源水质标准。加强重点河段治理，东乡县北港、乐安县鳌溪河两个水质不达标河段治理取得阶段性成效，东乡水东乡工业用水区监测达标率达到94.7%，东乡—抚州保留区达标率达到80%；乌江鳌溪乐安工业用水区达标率100%，乐安保留区达标率89%。严查严管工业企业污染排放，对抚河沿线32家重点企业实行在线实时联网监控，关停15家影响饮用水安全的工业企业。加快生活污水处理能力建设，全市新建污水处理厂8座，东乡县自筹资金6500万元建设的工业污水处理厂投入使用，中心城区生活污水处理率达到95%，全市城镇雨污分流排水管网建设改造全面推进。五是推进农业化学肥料、农药零增长治理。2016年，全市免费为58.5万户农户提供技术服务，全市测土配方施肥技术推广面积达到4.57万公顷。

三是打造水岸景观工程。全年全市共完成水岸绿化1340千米，市区和县城区的主要河道全面实现水岸绿化和水岸生态化改造，形成一批有地方特色的水岸风光带。

四是强化水资源管理，实行关口前移，源头管控。根据2016年6月江西省划定抚州市水资源管理红线指标，市水利局严格取水许可审批、严控建设项目水资源论证审批，从源头入手全面落实最严格水资源管理制度。加强入河（湖）排污口监督管理，开展水功能区确界立碑，对全市地表水资源实行分级监测，定期在《抚州日报》向社会发布监测成果。

五是开展清河专项行动。2016年，抚州市打响抚河城区段专项整治攻坚战。由常务副市长牵头负责，对抚河城区段违法采砂、渣土垃圾、违章建筑、非法种植开展全面清理。与此同时，落实农村垃圾处理人员和经费。全市按照服务人口3‰左右的标准配备农村保洁人员10845名，按照城镇60元/人、农村40

元/人的标准落实农村保洁员工资。

【创新水利管理打造抚州效率】一是行政执法能力建设持续加强。2016年，抚州市采砂办机构和人员全面落实到位。市检察院驻市水利局检察室挂牌成立，重点加强对水行政执法的监督，及时纠正不当的执法行为。广昌县和临川区两个水土流失监测站点全面建成。

二是行政审批制度改革深入推进。年内，市水利局行政审批“三单一网”（权力清单、责任清单、负面清单和上网公示）建设全面完成。精简行政许可事项1项（水利建设项目招标代理机构摇号产生制）。合并行政许可事项2项（建设项目规划同意书和防洪影响评价审查合并，取水许可和水资源论证审查合并）。下放行政许可权限1项（装机1000～5000Kw的水电站初设审批和竣工验收）。全面放开水资源论证和防洪影响评价设计单位资质要求。出台抚州市项目建设中介机构管理办法和诚信管理规定，全面规范涉审中介机构诚信管理。大力推进远程异地评标系统建设。

三是工程质量安全监督不断强化。市水利局做到建设项目质量和安全监督全覆盖、无死角。开展小农水重点县建设工程质量监督专项巡查。狠抓质量和安全问题整改落实，年内，下达整改督办单40余份，对黎川县惠民水库、金溪县浒湾堤除险加固、临川区五四水库除险加固、临川区中洲堤除险加固等工程开展重点督查、跟踪复查。认真汲取江西丰城电厂“11·24”特别重大事故教训，组织4次集中安全生产大检查，安全生产隐患全部整改到位，实现全市安全生产责任零事故目标，并完成水利安全生产“三类人员”继续教育培训工作。

（余黎琴）

【市水利局领导名录】
党委书记、局长：
廖金平（任至9月）
许萍乡（9月任）
党委副书记兼副局长：聂福仙
党委委员兼副局长：聂平太
李忠东　刘勤耕
党委委员兼总工程师：黄永尧
纪委书记：程晓敏（9月改任市纪委驻水利局纪检组组长，任至12月）

廖坊水利枢纽管理

【概况】 2016年，抚州市廖坊水利枢纽管理局深入贯彻落实市委三届十二次全会精神，把握市委“十三五”规划建议，紧紧围绕“科学发展、绿色崛起、建设小康新抚州”发展目标，按照市政府“开工廖坊灌区二期工程、创建廖坊水库国家湿地公园”要求，坚持以廖坊水库和廖坊灌区生态保护及综合治理为切入点，推进廖坊生态文明建设。

廖坊水利枢纽灌区二期工程是国家“十三五”期间172项重大水利工程之一，被列为国家2016年20个新开工项目，系江西省唯一年内须新开工的国家重大水利工程。工程范围涉及金溪县、东乡县、临川区、高新区等4县（区）共18个乡、镇、场、街办，新增和改善灌溉面积2.20万公顷，并为高新区输送2.00m3/s的城市工业、生活用水水源。工期30个月，总投资12.89亿元。根据国家发改委、水利部和省水利厅提出灌区二期工程在2016年9月底开工的要求，按照市委、市政府对廖坊灌区二期工程工作部署，廖坊水利枢纽管理局克服种种困难，各项工作有条不紊推进，取得显著成效。

实现工程如期开工。2016年9月20日，廖坊水利枢纽灌区二期工程在临川、金溪、东乡、高新区4县（区）同时举行开工仪式，7个工程作业面同时开工建设。9月22日，市委、市政府又在市政府行政中心召开廖坊水利枢纽灌区二期工程开工动员大会，标志着廖坊水利枢纽灌区二期工程顺利开工建设。

落实工程建设资金。廖坊灌区二期工程总投资12.89亿元。2016年1月，落实国家农发行重点项目建设资金2亿元；10月，落实省级补助0.33亿元；11月30日，中央预算内投资2亿元水利投资资金，由市财政局拨付到抚州市廖坊灌区投资有限公司，确保工程建设资金的支付。

建立高位推动机制。市级成立现场推进工作领导小组，组长由分管副市长担任，副组长由市政府副秘书长、市水利局、市廖坊水利枢纽管理局负责人和临川区、金溪县、东乡县、高新区分管领导担任；成员由市直相关单位人员组成。领导小组每周召开两次调度会、推进会或现场会。

突破征地拆迁瓶颈。1月30日，临川区、金溪县、东乡县、高新区按照建设征地流程，永久征地已全面完成，永久征地补偿协议签订率为100%。2月10日，金溪、东乡、高新、临川等4县（区）房屋征收移民安置工作基本完成。截至12月15日，下拨征地与房屋征收移民安置资金12746.81万元。

完成年度投资任务。2016年，中央预算内下达抚州市水利投资计划任务3亿元，年内必须完成90%的中央年度投资计划任务，即2.7亿元。至年底，廖坊水利枢纽灌区二期工程完成投资2.8亿元。

谋划生态文明新村。廖坊灌区二期工程涉及临川、金溪、东乡、高新区共19个乡镇55个行政村，灌区面积2.20万公顷。2016年11月11日，启动布置工程沿线乡镇利用一渠清水，打造风景秀丽的水生态文明新村，真正让廖坊灌区二期工程造福灌区沿线的千家万户。

【建设廖坊生态文明】 1月30日，成立廖坊生态文明先行先试领导小组，制定《抚州市廖坊水库水生态文明建设试点工作方案》，建立有效工作协调机制，加强与相关部门之间的沟通、协调、配合和对接，有效整合资源，形成工作合力，为廖坊生态文明先行建设提供各项保障。

【省级湿地公园创建接近尾声】2011年12月29日，江西省林业厅批准创建廖坊水库省级湿地公园以后，廖坊湿地公园历经5年的保护和建设，已充分发挥湿地在涵养水源、调蓄洪水、净化污染物、调节气候、休闲娱乐和文化科研等功能。2016年，基本完成廖坊水库省级湿地公园创建各项工作，正待验收。

【国家湿地公园申报正式启动】廖坊水库湿地公园位于抚河干流中游，拥有水域湿地面积2667公顷，拥有山林地面积400公顷。为更好保护湿地生态系统的完整性，推进生态文明先行建设，根据市政府加快创建廖坊水库国家湿地公园的工作部署，2016年3月，市廖坊水利枢纽管理局邀请国家、省、市林业部门湿地办的领导和专家，对廖坊水库创建国家湿地公园工作进行现场考察和指导。专家们认为，廖坊水库湿地属于江西省一流的区域环境。市廖坊水利枢纽管理局正积极与国家、省、市林业部门沟通协调，做好廖坊水库国家湿地公园规划编制、申报工作，力争廖坊水库国家湿地公园早日创建成功。

【规划文本出炉描绘公园蓝图】国家湿地公园创建需要开展前期资源调查和申报规划方案编制工作，2016年，市廖坊水利枢纽管理局水库开发办、湿地公园管理办、计划与合同管理科等相关科室积极做好规划方案招标文本工作。9月29日，完成规划方案招标；12月25日，完成国家湿地公园总体规划文本初稿，将于2017年1月完成廖坊水库国家湿地公园总体规划正式文本。

（章登文 王 颖）

【廖坊水利枢纽管理局领导名录】
局　　长：赖昌明
党组书记：罗祖伟
副 局 长：陈 霞 修胜良
　　　　　周 永
总工程师：吴国良

农业机械化

【概况】 2016年，抚州市围绕全省“266”增长目标，不断提高全市农机化水平，加大先进适用农业机械推广力度，全面落实购机补贴惠民政策，着力优化农机装备结构，切实加强农机安全监督管理，逐步强化农机技术人员培训，各项工作进展良好。

全年抚州农业机械总动力新增23.955万千瓦，总动力达到255.9万千瓦。新增各类农机具1.53万台（套）。其中，手扶拖拉机6165台、微耕机5117台、联合收割机1805台、大中型拖拉机428台、粮食烘干机379台、水稻插秧机48台。年内，中央财政下达抚州市农机购置补贴资金11240万元，全市共实施农机购置补贴资金8999.6万元，资金实施总量位居全省第四。

【实施农机购置更新“双补贴”】抚州市农机部门认真实施农机购置补贴和农机报废更新“双补贴”政策，做到“七项强化”。

一是强化责任，确保组织落实到位。认真贯彻落实省、市农业农村工作会议精神，早谋划、早部署全市农机化工作。县（区）及时制定本地或转发省实施方案，成立农机购置补贴领导小组，并与市农机局签订农机购置补贴责任状，进一步增强购置补贴工作的组织领导和工作责任。

二是强化宣传，确保政策推广到位。各地通过便民卡、微信公众平台、电视台、报刊、网站等方式加强政策宣传，使中央利民惠民政策进入千家万户。

三是强化监管，确保政策执行到位。市农机局不断加大对补贴机具的监督检查，按照“电话调查，情况反馈；实地督查、情况通报”的总要求，采取“听汇报、阅档案、查系统、入实地”的方式，对全市农机购置补贴工作进行督导。4月、8月、11月，集中组织开展三批电话调查，并对调查存在的情况以文字形式反馈至各县（区），并限期整改，报送整改结果。6月、12月，分别组织开展监督检查，对检查结果在全市给予通报。每批结算前，大部分县（区）均开展电话抽查或实地核查。崇仁县积极将“互联网+”技术引入农机监管领域，在经销企业、报废更新回收企业安装监控，并与县农机局监控室联网，可通过手机实时查看相关情况。

四是强化公开，确保廉洁透明。在补贴政策实施过程中，市、县农机局每半月在农机化信息网上向社会定期公布补贴资金实施及结算进度，及时公开政策咨询、投诉、质量投诉等监督电话，县（区）还对每批结算用户明细进行公示，进一步增强全市贯彻落实补贴政策的执行度和透明度。

五是强化制度，确保操作规范。市农机局明确市级农机购置补贴工作职责，落实补贴资金兑付流程、制定农机购置补贴工作制度、农机购置补贴工作监督管理制度等，并在市农机化信息网站上给予公示，同时张贴上墙。

六是强化推进，确保政策惠民。2016年，崇仁、临川、南丰、广昌、乐安等5个县（区）先后设立农机报废更新回收企业，江西新闻联播还以“崇仁县对农机报废更新实行补贴”为标题，报道崇仁县率先在抚州市启动农机报废更新工作。年内，全市共实施农机报废更新补贴资金280余万元。临川、乐安、崇仁等县（区）补贴资金实施总量全年稳居全省前20名。

七是强化深入，确保整治到底。6月，全市组织开展清理整顿违规插手农机购置补贴产品经营活动，全市农机部门应参加自查自纠203人，实际参加自查自纠203人，“零报告”203人，自纠人数为零。10月，为进一步改进工作作风、维护群众利益，市农机局下发《关于认真抓好集中整治和查处侵害农民利益不正之风和腐败问题的通知》，并成立市级“集中整治”工作领导小组，落实工作职责，明确工作要求，进一步营造全市良好从政环境。

【提升农机作业水平】 2016年，全市完成水稻机耕面积35.80万公顷，机收面积34.53万公顷，机插面积9.73万公顷。水稻耕种收综合机械化水平达到74.4%，较2015年提高3个百分点。

全市农机部门积极开展农机备战“春耕”“双抢”“秋收冬种”农业生产三大战役。一是加大机具检修力度。组织农机技术人员进村入户，指导帮助农机手对农机具进行检修和保养，充分发挥维修网点、农机经销企业售后服务等力量，开展检修和保养服务，确保农机具以良好状态投入生产，全市全年检修各类农机具达10.5万台（套）。二是强化市场监管。联合工商、质监部门对各农机销售、维修网点开展行政执法检查，净化农机市场。同时，掌握各类农机具、零配件等农机物资储备情况，确保农民生产需要。全市组织开展各类联合治理行动30余次。三是开展送科技下乡活动。各地春耕备耕期间，组织农机服务小分队，深入乡镇开展送技术、送知识、送服务、送政策活动。3月中旬，省农机局、省农科院农业工程研究所、省农机研究所组成的省农机服务分队，分别深入黎川县熊村镇和临川区东馆镇开展省级送科技下乡活动，活动深受广大农民朋友的欢迎。3月至5月，《抚州日报》开辟春耕备耕专栏，宣传报道县(区)农机局春耕备耕工作开展情况，营造出良好的舆论氛围。抚州电视台《今日关注》栏目也对全市农机部门春耕备耕工作做专题报道。全市全年发放各类宣传资料8000余份，赠送水稻育秧营养剂等农用物资100多斤，展示插秧机、旋耕机、拖拉机等农机具20余次。四是示范项目带动。全市各地结合适度规模经营补贴政策，不断加大对稻谷烘干技术的推广运用，有效减少不良天气对农户的损失。南城、崇仁、金溪、东乡等地通过政府购买服务项目，加大对机插、机烘、机防以及合作社的扶持力度。崇仁县通过实施水稻生产全程机械化项目工作，大力创建全国粮食绿色高产高效综合示范区，发挥项目示范带动作用。

【增强农机社会化服务能力】 抚州市各级农机部门采取措施，不断增强农机社会化服务能力。一是各地加强水稻生产全程社会化服务建设，强化对农机大户、专业合作社的培训，充分发挥农机大户、农机合作组织在农业生产中主力军的作用。尤其在机插秧方面，县（区）农机部门精心组织水稻机插秧技术培训班，临川、金溪、南城等县（区）举办机插现场演示活动，宜黄县开展水稻机插与抛秧、直播、人工栽插对比示范试验。全市组织开展育插秧技术培训和现场演示活动近40余次，培训农机人员2.5万余人次，发放各类资料4万余份。二是各地通过全国农机化生产信息服务平台，及时将“跨区作业证”用户信息上传到数据库，使全国农民朋友能通过网上查询跨区作业信息，帮助合作社、农机手、农户找农机、找农活。全年全市免费发放跨区作业证120余份。跨区作业面积达1.67万公顷，实现增收600余万元。三是积极开展全国农机合作社示范社创建活动，通过政策扶持，引导支持示范社加大配套机具和基础设施投入，提高服务能力，规范制度管理，打造服务品牌，推动农机合作社整体建设和农机社会化服务跃上新台阶。年内，崇仁县丰粮农机专业合作社被农业部授予全国农机专业合作社示范社荣誉称号，江西省仅5家获此殊荣。四是积极参加2016年江西省“振兴杯”“中联重科”农机职业技能竞赛。东乡县王智明、临川区邹国科分别获得联合收割机技能赛第三名和第六名的好成绩，市农机局获优秀组织奖。

【改善农机“住房”条件】 2016年，抚州市获江西省农机库棚试点建设“以奖代补”项目资金200万元，其中，临川区30万元、南城县30万元、崇仁县80万元、金溪县30万元、东乡县30万元。各县（区）农机局会同财政部门联合行文将项目计划全部下达到各项目建设单位。12月底，全市新增农机库棚面积1.3余万平方米。

【农机安全生产势态持续平稳】 全市农机部门坚持“安全第一，预防为主，综合治理”的方针，深入开展平安农机创建活动。一是全面落实农机安全生产责任制度，市县层层签订农机安全生产责任状，确保目标到岗，责任到人。二是强化农机安全源头管理，严格规范农机监理业务。全年各县（区）共发放手扶拖拉机号牌6000余副，收割机号牌1800余副，大中拖号牌500余副，补贴机具上牌率达100%。三是重要农时、重大节假日和重要会议期间，各地不断加大农机安全排查和打非治违的力度，坚决打击黑车非驾，拖拉机违规载人等违法违章行为。四是对全市变型拖拉机进行专项整治，市农机局与市公安局联合下发关于贯彻落实赣农字〔2016〕73号文件的通知，加大对套牌、假牌、酒后驾驶等违规违法行为的整治力度。

（陆　芬）

【市农业机械化管理局领导名录】
局　　长：黄志辉

农业综合开发

【概况】 2016年度根据省批复，抚州市农业综合开发计划投入中央财政资金14728万元（含世界银行贷款可持续发展农业项目443万元），省级财政配套资金5007.32万元。实际到位中央财政资金14728万元（含世界银行贷款可持续发展农业项目443万元），省财政配套资金5007.32万元，按要求抚州市财政已配套资金481.2万元。这些资金全部投入农业综合开发高标准农田建设示范项目、小流域治理项目、产业化经营项目和世界银行贷款可持续发展农业项目建设。

抚州市2016年度农业综合开发土地治理项目实际投入中央财政资金9252万元，省级财政配套资金3193万元，按要求市财政已配套资金370.8万元。项目建设涉及临川、崇仁、东乡、南城、南丰、宜黄、广昌、乐安、金溪、黎川、资溪11个县（区）。全市共建设高标准农田5100公顷，治理生态小流域100公顷。共新增和改善灌溉面积5200

南丰县三溪乡坪上村农民正在给槟榔芋除草施肥

公顷，新增和改善除涝面积3500公顷，新增节水灌溉面积2700公顷；新增粮食生产能力1117.42万千克。其中，高标准农田建设示范项目投入中央财政资金8101万元，省级财政配套资金2825万元，按要求抚州市财政配套资金324.4万元。高标准农田建设示范项目涉及临川、崇仁、东乡、南城、宜黄、广昌、乐安、金溪、黎川、资溪10个县（区），建设高标准农田5100公顷；小流域治理项目共投入中央财政资金1151万元，省级配套资金368万元，按要求抚州市财政配套资金46.4万元，治理小流域100公顷，项目建设只涉及南丰县。

抚州市2016年度农业综合开发产业化经营项目建设实际投入中央财政资金1183万元，省级财政配套资金303万元。其中，第一批财政补助项目投入中央资金625万元，省级财政配套资金217万元；第二批财政补助项目投入中央资金248万元，省级财政配套资金86万元；贷款贴息项目投入中央财政资金310万元。补助项目资金主要用于扶持抚州市的粮食、生猪、油料、南丰蜜橘、禽类、蔬菜、水产、水果、食用菌、茶叶、饲料等产业19个项目的建设；中央贴息资金主要用于7个农业项目，2015年农业生产贷款利息补贴。

抚州市2016年度农业综合开发高标准农田建设模式创新试点项目建设实际投入中央财政资金3850万元，省级财政配套资金1386万元，按要求市财政已配套资金96.4万元。建设高标准农田建设模式创新试点项目2个，主要涉及临川区、南城县，建设高标准农田1500公顷，扶持产业化发展项目12个。

金溪县2016年度世界银行贷款可持续发展农业项目投入中央财政资金443万元，省财政配套资金126万元，按要求市财政配套资金14万元，主要任务是建设高标准农田300公顷。

【存量资金土地治理项目计划获批复】 3月，江西省农业综合开发办公室、省财政厅批复，抚州市2016年度农业综合开发存量资金土地治理项目计划中央财政资金8050万元，省级财政配套资金2791万元。项目涉及临川、南丰、崇仁、乐安、宜黄、广昌、金溪、东乡、南城、黎川、资溪等11个县（区）；开发任务为高标准农田建设项目10个，开发面积4400公顷；小流域治理项目1个，治理面积700公顷。

【产业化发展项目计划获批复】 8月，江西省农业综合开发办公室、省财政厅批复，抚州市2016年度农业综合开发产业化经营财政补助项目计划中央财政资金625万元，省级财政配套资金217万元，补贴项目15个，主要涉及临川区、南城县、崇仁县、东乡县、金溪县、宜黄县、资溪县、黎川县、广昌县，其中，龙头企业项目8个，农民专业合作社项目7个。

【产业化经营贷款贴息项目结算计划获批复】 2016年10月，江西省农业综合开发办公室、省财政厅批复，抚州市2015年度农业综合开发产业化经营贷款贴息项目中央财政贴息结算资金310万元，贴息项目7个，主要涉及东乡县、资溪县、南丰县、宜黄县、广昌县。

【高标准农田建设模式创新试点项目计划获批复】 2017年3月，江西省农业综合开发办公室、省财政厅批复，抚州市2016年度农业综合开发高标准农田建设模式创新试点项目计划中央财政资金3850万元，省级财政配套资金1386万元。建设高标准农田建设模式创新试点项目2个，主要涉及临川区、南城县，建设高标准农田1500公顷，扶持产业化发展项目12个。开发任务为：高标准农田建设项目2个，开发面积1500公顷；扶持产业化发展项目12个。

【农业综合开发第二批资金土地治理项目计划获批复】 2017年3月，江西省农业综合开发办公室、省财政厅批复，抚州市2016年度农业综合开发第二批资金土地治理项目计划中央财政资金1202万元，省级财政配套资金402万元。项目涉及东乡、南丰、资溪3个县（区）；开发任务为高标准农田建设项目2个，开发面积600公顷；小流域治理项目1个，治理面积300公顷。

【产业化发展第二批财政补助项目计划获批复】 2017年3月，江西省农业综合开发办公室、省财政厅批复，抚州市2016年度农业综合开发产业化发展第二批财政补助项目计划中央财政资金248万元，省级财政配套资金85.32万元，补贴项目4个，项目主要涉及东乡区、南丰县，其中，龙头企业项目2个，农民专业合作社项目2个。

【世界银行贷款可持续发展农业项目计划获批复】 2月，江西省农业综合开发办公室、省财政厅批复，抚州市世界银行贷款可持续发展农业项目2016年度计划中央财政资金（世行贷款）443万元，省级财政配套资金126万元。项目涉及金溪县，开发任务为建设高标准农田300公顷。

（王志文）

【市农业综合开发办领导名录】
主　　任：祝友清

扶贫和移民工作

【概况】 2016年抚州市重新确定"十三五"省定贫困村223个。全市扶贫移民工作牢牢把握发展机遇，积极争取领导重视，努力凝聚社会资源，全力推进扶贫攻坚，各项工作取得明显成效：全年争取扶贫移民资金6.31亿元，较2015年增加1.58亿元，增幅33.4%；全市扶贫对象由2015年底的12.6万人减少到6.8万人，64个贫困村退出"摘帽"，在全省2016年财政专项扶贫资金绩效评价中，抚州市继续保持A类先进单位荣誉称号。

【大力实施精准扶贫】 2016年，抚州市变以往"漫灌"式扶贫为"滴灌"式扶贫，提高扶贫工作针对性和实效性。一是核准底数。坚持规模控制、分级负责、精准识别的原则，把真正贫困的人口纳入扶贫对象，确保贫困对象的真实性、精准度。二是科学分类。先区分出完全丧失劳动能力的五保、低保户等托底保障对象和有劳动能力及劳动意愿的扶贫对象；再区分出因智、因病、因学、因残致贫户，因缺乏生产经营技能或缺少发展资金致贫户，为制定针对性扶贫措施奠定基础。三是建档立卡。完善贫困村、贫困户建档立卡资料，建立扶贫对象帮扶工作信息系统平台，实现各级各部门各单位与贫困户信息直通，做到资源共享。四是动态管理。3月，市政府下发1号文件，对贫困对象精准识别工作再次进行"回头看"。全市累计清出贫困户5106户16019人，对2014年、2015年已脱贫贫困人口中，全面办理退出、标识手续，全市标识已脱贫人口100784人。

【扶贫开发整村推进】 抚州市围绕"整村推进扶贫开发，建设和谐秀美乡村"的总体思路，对贫困村中的自然村实施村庄整治，扎实推进贫困村新农村建设，重点对贫困村自然村点实施以改善人居发展条件为重点的扶贫开发项目。全面开展村庄整治。全年全市223个贫困村村庄整治投入财政扶贫资金增加到5060万元。通过整治，人居生活条件明显改善，村容村貌焕然一新，涌现出一大批新农村建设示范点；大力发展产业扶贫。2016年，投入产业扶贫财政资金1.16亿元，重点扶持广昌、乐安、黎川等县贫困村的烟叶、白莲、食用菌、肉牛等产业，资溪、宜黄等县贫困村的毛竹、木耳开发，崇仁的麻鸡养殖和东乡的生猪养殖等特色产业，各县（区）均打造一批各具特色的扶贫产业专业村。全市近30%的贫困村均形成一项特色产业，参与产业开发的贫困群众，人均增收1000元以上。

【整村搬迁集中安置】 2016年，江西省下达抚州市异地搬迁扶贫计划4523人。在实际工作中，抚州市始终坚持"整体搬得出，长期稳得住，逐步能致富"的原则，做到以人为本，积极探索行之有效的搬迁安置方式，优化搬迁移民生存环境，提供更多发展机会。全年全市建设搬迁移民集中安置点55个，完成搬迁扶贫任务4523人，完成任务100%。

【实施贫困人口技能培训】 2016年，抚州市进一步强化技能培训，增强贫困群众创业就业技能。年内，培训建档立卡贫困群众各类技能技术人才1200余人。

【结对帮扶见成效】 2016年，抚州市结合"四进四联四帮"活动的开展，实行单位结对帮扶行政村、干部结对帮扶贫困户"两个全覆盖"。市直单位干部实行"321"结对帮扶，即市厅级干部每人包3户、县处级干部每人包2户、科级及以下干部每人包1户贫困群众。全市已组织3.05万名各级党员干部与4.6万户贫困群众结对帮扶。社会各界积极参与。全市组织121家非公有制企业参与"百企帮百村"活动，共帮扶贫困村123个；精心组织开展"10.17"扶贫日活动，积极整合社会资源参与扶贫开发，帮助贫困户增收致富。全年全市共争取社会扶贫资金近4.2亿元。

【大力实施移民示范村建设】 抚州市重点对移民群众农田水利、道路交通进行扶持，2016年，投入资金21308万元扶持项目1925个。按照"村容村貌整洁、户户硬路相通、家家改水改厕、文化生活丰富、特色产业形成"的标准，投入扶持资金6742万元，择优建设267个移民示范村，实施298个项目，同时精心打造12个亮点示范村，进一步巩固示范村建设成果。按照"因地制宜、产业牵引、多种形式、多数受益、扶持到户"的要求，扶持生产开发项目65个，总投资751万元，重点发展特色种养业，推出生态循环经济，辐射带动群众增收，助力抚州26.9万名大中型水库移民实现致富梦。

（吴晓东）

【市扶贫和移民局领导名录】
局　　长：廖　燕

本栏编辑　汪　洋

工 业

综 述

2016年，抚州市工信系统深入贯彻新发展理念，主动适应经济发展新常态，全力打好产业转型升级攻坚战，采取措施“稳增长、调结构、促帮扶、解难题”，工业和信息化建设发展成效显著，实现“十三五”良好开局。

经济运行实现稳中向好。2016年，抚州市规模以上工业企业943户；完成工业增加值394亿元，同比增长9.5%；实现主营业务收入1648.6亿元，同比增长7.2%；实现利税169.8亿元；全市工业用电量32.42亿千瓦时，同比增长14.09%。工业增加值和工业用电量增幅均列全省第一位，为此抚州市获得2013—2015年度全省工业崛起奖。为全力帮扶实体经济和稳定经济增长，全市深入推进降成本优环境专项行动，坚决贯彻落实省、市稳增长重大决策部署，全面宣传贯彻落实省降成本优环境80条和新20条、市降成本优环境促转型38条和各县（区）出台的配套措施，建立和完善省市县三级领导挂点帮扶机制，帮助协调解决基层和企业的实际问题，共为企业减负46.7亿元。

结构调整呈现新变化。2016年，抚州市出台工业转型升级三年攻坚计划，重点推进首位产业集聚和百亿企业培育。主导产业集聚度不断增强。机电汽车、生物医药、电子信息、食品加工、建筑建材工业增加值分别增长1.1%、9.5%、7.3%、8.3%、10.7%；百亿企业培育取得新进展。印发《关于加快培育百亿企业的实施意见》，纳入重点培育的10家骨干企业完成主营业务收入294亿元，占全市规模以上企业主营业务收入的23%。全市主营业务收入过10亿元的企业有9户。其中，过20亿元的企业5户（自立资源54.8亿元、金品铜科38.8亿元、大唐抚州电厂25.4亿元、恒吉金属24.2亿元、江西变电设备20.4亿元），自立资源成为抚州市首家主营业务收入突破50亿元的企业；核心增长极支撑作用更加突出。通过大力实施“百亿企业、千亿产业”培育工程，抚州高新区主营业务收入突破400亿元，增长12%。崇仁变电设备产业获批全国产业集群区域品牌建设试点，金溪香精香料产业被确定为全国林木香料生物产业基地，东乡荣成机械被评为全省发展升级示范企业。

企业创新取得新成效。2016年，抚州市新增高新技术企业31家，总数达88家，新增省级企业技术中心6家，总数达29家，全省排第2位。江铃底盘股份有限公司技术中心获批“国家企业技术中心”，抚州高新区科技企业孵化器获批“国家级科技企业孵化器”，中小企业创业孵化基地荣获“全国创业孵化示范基地”（全省只有3家，全国共71家），三者均实现抚州市零的突破。创新人才不断引入，柔性引进高端人才306人，其中，院士8人，长江学者1人。特别是引进崇仁籍中国工程院院士、复旦大学教授陈芬儿与博雅生物合作，并与复旦大学签约共建“复旦—博雅制药工程联合实验室”。创新成果不断显现，全市获2016年度江西省优秀新产品73项，占全省的50.3%，其中，江西江铃底盘股份有限公司江铃JMC6475系列后桥总成等9个产品获一等奖，占全省的36%。“抚州高新区产品研发创新服务平台建设”项目和“广昌白莲产业区域品牌创建提升”活动先后启动。

项目建设取得新进展。迪比科新能源汽车动力电池3条新生产线、森鸿科技产业园、博雅欣和、海利不锈钢等一批新项目建成投产；广银铝业一期完成调试并试产；自立环保二期全面建成投产。年内，抚州市在建技改项目228项，完成技改投入228.42亿元，同比增长8.7%。江铃底盘、明恒智能纺织、嘉盛精密纺织、靖淞科技纱业等技改扩能项目进展顺利。全市工业园区新增工业用地0.11万公顷，公租房建设面积75.2万平方米，已建商业区73.1万平方米，绿化面积0.19万公顷，绿化覆盖率35%。出台《抚州市关于推进生态工业园区建设的实施方案》，推动园区开展省级生态工业园区创建工作。为解决园区零担物流难题，协调江西昌顺物流有限公司与各县（区）政府签订合作协议，建成全市工业园区零担物流网络平台并营运，物流成本下降15%。

工业发展存在的问题与不足。2016年，抚州市工业虽然实现较快增长，但仍存在不少问题与不足。一是稳增长压力仍然很大。全市工业增长速度虽然列全省第一，但增长的基础并不稳固，增长的结构也不尽合理，主要是依靠大唐电厂等少数项目拉动，多数行业及重点企业经营并不理想。二是赶超任务仍然艰巨。抚州市工业在全省仍在“八九不离十”的位置徘徊，经济总量不大，发展质量不高，内生动力不足。三是要素瓶颈制约仍然严重。企业融资难和融资贵、招工难和稳工难等问题比较突出，企业自主创新发展能力不强，政府协同创新引导机制不畅。

（曾繁华）

【市工信委领导名录】
主任、党委书记：伍旭鸿
党委委员、副主任：张　健
曾永亮　吴鉴铭
罗亚军
党委委员、市企业发展办主任：
李　凌

支柱产业及骨干企业

【概况】　至2016年，抚州市初步形成机电汽车、食品加工、电子信息、化工建材、生物医药和有色金属加工业六大支柱产业。六大支柱产业完成主营业务收入1127.3亿元，同比增长6.9%；实现工业增加值264.8亿元，占全市规模以上工业增加值的67%，同比增长7.3%；实现利税121.5亿元。

【生物医药产业主营收入】　2016年，全市规模以上生物医药企业34户，完成主营业务收入77.48亿元。江西博雅生物制药股份有限公司实现营业收入5.3亿元。江西珍视明药业有限公司主营业务收入2.5亿元。

【电子信息产业主营收入】　2016年，全市规模以电子信息企业24家，主营业务收入45亿元。共有电子信息产业企业104家，产品涵盖电子元件器件、半导体材料、电脑手机配套产品、家用电子电器、电线电缆和电池等类别，汇聚了森科电子、赛华科技、迪比科电池、联益电子、德义半导体等一批科技水平较高的企业。江西森科实业股份有限公司主营收入11.6亿元。江西迪比科股份有限公司主营业务收入7.9亿元。

【机电制造产业主营收入】　2016年，全市规模以上机电制造企业155户，完成主营业务收入306.9亿元。江铃底盘股份有限公司年产轻型车后桥60万台，完成主营业务收入17亿元。江西变电设备有限公司生产110KV及以下干式变压器、油浸式变压器、箱式变电站、高压互感器、计量器等高新技术产品，实现主营业务收入20.4亿元。

【食品加工产业主营收入】　2016年，抚州市规模以上食品加工企业67户，完成主营业务收入130.7亿元。燕京惠泉啤酒，年产啤酒20万千升，完成主营业务收入1.15亿元。黎川恒兴食品完成主营业务收入11.18亿元。圣农食品公司实现主营业务收入5.2亿元。

【化工建材产业主营收入】　2016年，抚州市规模以上化工建材企业231户，主营业务收入332.3亿元。添光钛业有限公司可年产金红石钛白粉5万吨，完成主营业务收入4.4亿元。

【有色金属加工产业主营收入】　2016年，抚州市规模以上有色金属加工企业39户，完成主营业务收入234.7亿元。自立资源年产电解铜5万吨，实现主营业务收入54.79亿元；金品铜业年加工铜材6万吨，完成主营业务收入38.77亿元。

（曾繁华）

特色产业与重点企业

【概况】　2016年，抚州市共有10个特色产业集群，分别是：抚州高新区汽车及零部件产业、抚州高新区生物医药产业、崇仁变电设备制造产业、金溪香料产业、东乡变性淀粉产业、黎川日用耐热陶瓷产业、南城及南丰农副食品加工产业、宜黄塑料制品产业、南城株良镇校具加工产业、临川有色金属加工产业。其中，省级重点产业集群3个（抚州高新区汽车及零部件、崇仁变电设备、金溪香料）。抚州高新区被评为国家精细化工高新技术产业化基地，崇仁县被评为国家级新型工业化产业示范基地，金溪县被评为国家林木香料生物产业基地，黎川县被评为中国日用耐热陶瓷产业基地，南城县被评为中国校具产业基地。崇仁变电设备产业获批全国产业集群区域品牌建设试点。

【产业集群效益】　2016年，10个产业集群完成主营业务收入606亿元，其中，高新区汽车及零部件产业集群完成主营业务收入118亿元，增长10.6%；崇仁变电设备产业集群完成主营业务收入116.5亿元，增长11.4%，金溪香料产业集群完成主营业务收入80亿元，增长15.1%。

【重点企业效益】　2016年，龙头企业不断壮大。主营业务收入过10亿元的企业9户。其中，过20亿元的企业5户，自立资源54.8亿元、金品铜业38.8亿元、大唐抚州电厂25.4亿元、恒吉金属24.2亿元、江西变电设备20.4亿元。自立资源成为抚州市首户主营业务收入突破50亿元的企业。

（曾繁华）

电力工业

【概况】　2016年，国家电网抚州供电公司持续强化精益管理，努力实现提质增效，各项工作迈上新台阶，取得新成效，实现“十三五”良好开局。全年完成固定资产投资10.31亿元，同比增长78.07%。110千伏及以上线路开工110.3千米，投产41.4千米；变电容量开工73万千伏安，投产30万千伏安。合并口径售电量完成61.02亿千瓦时，增长12.97%。

【安全生产基础保持稳定】　2016年，抚州市供电公司狠抓安全责任落实，始终保持反违章高压态势，查处各类违章518起。扎实开展安全生产整治专项行动，消除安全隐患941起。认真实施线路“三跨”隐患排查和治理，针对271处安全隐患点，制订三年治理计划。大力实施精益化设备运维，完成347基杆塔接地电阻改造、132条线路加装避雷器、24条线路防鸟综合治理，110千伏及以上主变实现“零跳闸”，110千伏及以上线路跳闸同比下降30.77%。全面开展变电站电容电流超标治理，加装37套变电站消弧线圈，全年实现开关柜“零烧损”。大力开展配电网可靠性提升专项行动，完成445条配电线路树障清理和45条重复停运线路集中整治，10千伏线路跳闸同比下降13%。持续推进县公司配网不停电作业，全年开展带电作业2993次，减少停电26.8万时·户。优化信息网络结构，骨干核心网络升级至万兆。稳步推进10G光传输核心环网升级改造工程，完成南部10G核心环网组建。

【电网建设高效发展】 2016年，抚州供电公司高质量完成电网“十三五”规划滚动修编，县公司供电设施布局规划全部纳入地方规划。深入分析抚州城区电网发展现状，优化调整城区110千伏目标网架。推动市政府组织召开全市新一轮农网改造升级工程建设会议，促成电网项目纳入各级政府重点工程，营造良好的电网建设环境。35千伏南丰太桑线等长期阻工项目实现破冰并顺利投运。积极开展220千伏进贤县城输变电等18个项目前期工作。完成220千伏广昌输变电等12个项目可研，110千伏黎川城东等9个项目取得核准批复。全力推进重点项目建设，110千伏抚州城中等8项工程顺利投运。完成“配网办”组建，统筹协调配电网建设管理。完成4个“整乡整镇”、23个中心村电网改造任务。积极推广应用国网典型设计，南城万坊、临川桐源配电网“整乡整镇”改造项目获评全省试点示范优秀工程。110千伏富溪变至莱溪变输电线路项目获省公司优质输变电工程。

【服务水平明显提升】 2016年，抚州市供电公司深入开展“访客户、进班组、解难题”活动，走访客户165万户，完成微信公众号绑定3.77万户、掌上电力推广5.27万户。着力打造电力故障“一刻钟抢修响应圈”，市县城区新增14处抢修服务点，故障平均处理时长同比缩短48.85%。主动响应低保户用电优惠政策，为全市5.56万户“低保户”和“五保户”减免电费达400多万元。积极对接抚州市100项重点项目建设，着力打造“电力管家”服务品牌，量身制定了主动协商停电计划、简化用电报装流程和免费开展企业电工技能培训等服务举措。积极服务新能源发展，建成光伏扶贫项目16兆瓦，帮扶贫困户3236户。制定服务园区及企业“降成本、提服务、优环境”十八项措施，累计为企业减少电费支出900多万元。在全省率先建成运行东乡高速服务区电动汽车充电站。加快推进用采系统建设，全市智能电表覆盖率达99.67%。大力开展优质服务竞赛活动，强化服务投诉责任考核，针对全年219件投诉事件，考核451人·次。2016年投诉总量在2015年同比下降34.3%的基础上再压降35.96%。其中，黎川、乐安公司投诉分别同比下降75%、69.23%，南城公司连续6个月实现“零投诉”，高新区、黎川公司连续5个月实现“零投诉”。

【经营管理提质增效】 2016年，抚州供电公司深化“五位一体”协同机制建设，优化调整绩效工资积分和岗级薪档评价体系。扎实开展岗位绩效工资制度改革“回头看”，指导进贤、临川等县公司完成全员竞聘。按期完成13家县公司“子改分”。大力实施电能替代工程，增售电量1.27亿千瓦时。践行“先接入、后改造”理念，累计接收客户无偿移交供配电设施资产1.24亿元。大力实施预算执行目标任务责任制考核，市县业务预算综合过账率全省排名第三。2016年，抚州市全社会用电量增速达15.51%，增速排名全省第一。着力开展百日高损耗台区专项治理，全年综合线损率完成8.04%，台区日均达标率全省排名较年初提升6位。加大营销现场稽查和反窃电力度，追补电量148.29万千瓦时。全面推进充值购电制，电费回收完成“双结零”。深入开展物资清仓利库，盘活利用退役设备和积压物资6000多万元。扎实开展重点项目审计，审减支出33.26万元。规范集体企业内部管理，大力开拓市场，集体企业全年营业收入同比增长24.6%。深入开展星级供电所创建，东乡邓家等6家供电所获评四星级供电所，南城万坊供电所获评国网五星级供电所。

（朱军富）

【抚州供电公司领导名录】
总经理、党委副书记：周　宇
党委书记、副总经理：刘立灿
副 总 经 理：李新亮　胥竞华
副总经理、总会计师：杨　成
党委副书记、纪委书记：李用光
副总经理、工会主席：陈雪文（任至12月）　董清源（12月任）

江西大唐国际抚州发电有限责任公司

【概况】 江西大唐国际抚州发电有限责任公司成立于2008年5月23日，位于临川区鹏田乡，距离抚州市27千米。一期建设2台100万千瓦火电机组，由大唐集团和法国电力公司分别按照51%、49%的比例共同出资建设。抚州项目是江西省第一个、中国大唐集团第二个百万火电建设项目，列入国务院支持赣南等原中央苏区振兴发展规划。抚州项目于2013年7月9日获得国家发改委核准，2014年2月23日开工，2015年12月29日1号机组投产发电。2号机组于2016年4月27日投产发电。项目建设创造了国内百万机组工期最短、造价最低新纪录。机组投产后安全生产稳定，经济效益良好，2016年盈利5.36亿元，上缴税收1.2亿元，有力促进抚州经济发展。连续三年获得全国“安康杯”竞赛优胜单位，荣获全国工人先锋号，全国企业党建工作先进单位，江西省五一劳动奖状，中国大唐集团一流企业、文明单位，大唐国际先进单位和文明单位，抚州市文明单位等多项荣誉。

【工程建设圆满收官】 2016年4月27日，随着抚州发电公司2号机组投产发电，标志着2台100万千瓦火电建设项目的全面建成投产。抚州项目建设始终秉承“价值思维、效益导向”理念，把“优化设计、提高效率、降低造价”贯穿于项目建设全过程。在设计上，通过指标倒逼、示范引领、典型设计、全程优化，形成80项优化设计方案、23项提效优化措施，机组性能全面提升。在工期上，从严落实各投产责任目标，实现节点刚性控制。针对长周期雨季的季节性气候，动态优化施工组织和资源配置，确保现场工作时间的连续、高效进行；通过三级催交催运网络，保障设备供货，有效破解线路送出与高铁接入等难题，顺利实现倒送电和专用线开通。在造价上，通过科技引领、优化设计、政策争取、创新管理等系列措施，项目造价比批准概算降低10亿元以上，单位千瓦造价控制在3200元以内。在质量管控上，全面实施质量管控过程的标准化、流程化管理，实现所有进场原材料100%检验，所有施工工序和工艺100%达标控制；采用45项“五新”技术应用、10项示范性创新，申报6项专利成果及工法，取得土建和安装工艺亮点16个，获得省级及行业QC小组成果奖34项。两台机组从整套启动到168小时满负荷试运均一次通过，两台锅炉安装121929道焊口无一泄漏，汽机、发电机一次冲转、定速、并网成功。抚州项目具有国内第一个在时速超过200千米的电气化高速铁路上开站并接轨、国内首批开展环保地下水监测的发电企业等六大特点，实施国内首次在百万机组中采用单跨式侧煤仓方案、国内首创采用五层环型导流板脱硫吸收塔、国内首次采用双速电机动力回路手动切换模式、国内首创三回路500kV门型构架等多个创新技术，全面实现“工期短、造价低、质量优、效益好”建设目标，被中国大唐集团授予“火电精品工程”。

【安全生产持续稳定】 抚州发电公司持续保持安全生产高压态势，全面落实安全生产责任制，坚持从严管理、抓小防大、升级考核安全理念，以反事故专项行动、外包工程专项治理等为切入点，深化反违章活动，严格两票管理，积极开展隐患排查，下发各类检查通报33期，下达考核单255份。积极开展“安全为了谁”大讨论，深入推进班组标准化建设，按照“统一管理、统一标准、统一考核”的要求，协同推进公司及外委项目部39个班组标准化建设，各级领导分片包干建立班组联系点。强化设备治理，加大设备点检定修和劣化分析诊断，深入开展降缺陷行动，设备消缺率达到100%。高质量完成1号机组首次C级检修，修后一次启机成功，实现工期短、质量优、修后长周期稳定运行的目标。深入推进机组“达设计值”活动，全面开展性能优化。实施主汽门前滤网拆除、一次风管加装可调缩孔、主机润滑油冷却水调门移位改造等多项节能技改项目，促进设备效能提升。实现机组无油启停，主、再热气温等指标参数已达设计值，发电厂用电率优于设计值，供电标准煤耗逐步下降，各项指标明显好转。2016年，抚州发电公司圆满完成“两节”“两会”等各项政治保电任务，实现安全生产1043天。在投产首年机组实现零非停，创下国内新机投运纪录。

【经营业绩成果丰硕】 2016年，面对电量减少、电价下跌、煤价上涨的不利形势，抚州发电公司深化提质增效，严控费用支出，经营业绩成果显著，全年完成发电量83.47亿千瓦时，实现盈利5.36亿元，双机投产当年就实现“即投产、即稳定、即盈利”目标。牢固树立“电量为王”的理念，不断加强与省能源局、华中电网、江西电网的沟通协调，加大市场营销力度，全年发电利用小时4824小时。强化燃料管理，广泛开拓市场，将陕西、内蒙古、甘肃、澳大利亚和印尼等国内外适烧煤种全部纳入公司采购范围，保障燃料供应。全面推进燃料“三大项目”建设，建立科学高效的燃料采制化管理体系。强化配煤掺烧，有效降低燃料成本。强化成本费用管理，严格执行预算刚性管理，强化财务对标管理，单位容量可控费用达到集团公司先进水平。

（王冬梅）

【大唐国际抚州发电公司领导名录】：

总 经 理：张树臣

党委书记：姜兴永

纪委书记、工会主席：万国新

副总经理：胡楚勇　王永成

　　　　　王心波

总工程师：申建东

国家电投集团江西电力有限公司廖坊水电厂

【概况】 2016年，国家电投集团江西电力有限公司廖坊水电厂认真开展“两学一做”专题学习教育，全面从严治党，坚持思想建党和组织建党相结合，不断推进“两学一做”学习教育常态化和制度化。坚持践行国家电力投资集团公司“和文化”理念，以建设一流发电企业作为全年工作的主基调，大力推行HSE管理体系建设，突出安全生产和精细管理，注重挖潜降耗和指标对标，加强资产经营和绩效考核，持续创新创造创效，取得较好经营业绩。全年发电量25030.44万千瓦时，盈利超5000万元，连续安全生产累计3577天，圆满完成国家电投集团江西电力有限公司（简称江西公司）下达的全年综合业绩考核目标。

【安规考试助力安全生产】 1月7日，廖坊水电厂开展《电力安全工作规程》新年“首考”，40多名生产及生产管理人员参加闭卷笔试，对考试成绩进行排名，不及格者给予补习补考。为提高生产及生产管理人员安全意识，增强安全风险辨识和管控能力，助力安全生产，廖坊水电厂还举办两期《电力安全工作规程》知识培训班，内容涉及电气、机械、水工，以及自动保护与监控等方面的生产安全知识和突发事件应急预案。

【开展防汛应急预案演练】 每年4—9月是廖坊水库汛期。3月10日，廖坊水电厂提早做好防汛准备，开展防汛应急预案演练，落实防汛应急措施，提升防大汛、抢大险、救大灾应急力和主动权。防汛应急预案演练模拟廖坊水库流域强降暴雨，3台机组满负荷发电，溢洪闸全开泄洪，水库上游水位仍然持续上涨，下游水位抬高，集水井排水困难出现水位升高的险情，立即启动防汛抢险应急预案，全厂防汛抢险突击队员迅速赶赴厂房抢险。抢险队员兵分两路，一路到厂房每个点巡查，一路紧急运输沙袋构筑围堰。演练活动策划缜密，分工明确，措施有效，行动有力，快速应对，化险为夷。

【重奖职工“金点子”】 廖坊水电厂注重汇聚民智民慧，4月，广泛开展合理化建议征集活动，激活职工创新创造创效热情。广大职工踊跃参与，立足岗位，献计献策，提出合理化建议36条。评选专家根据可行性和效益性等要求，对这些合理化建议认真进行筛选和价值评估，有10条合理化建议当选为“金点子”，其中，《更换2号机组高压机》和《更新110千伏开关室高压断路器》被评为一等奖，受到表彰和重奖。

【隐患随手拍助推生产安全】 进入6月份，廖坊水电厂广泛开展“安全隐患随手拍”活动，从源头上管控和预防违章现象发生，全力确保安全生产。针对习惯性违章行为，生产及管理人员利用手机抓拍各类违章和隐患照片30多张，并在微信群曝光，让大家分析评判并吸取教训，督促相关责任部门及时整改，营造“人人查隐患、事事反违章”的安全生产氛围。

【完成企业名称变更登记工作】 9月，廖坊水电厂根据江西公司要求，将原“中电投江西电力有限公司廖坊水电厂”更名为“国家电投集团江西电力有限公司廖坊水电厂”，并在抚州市工商管理局完成企业名称变更登记工作。此前，2015年6月，国家电力投资集团公司(简称国家电投)宣告成立，是由原中国电力投资集团公司与国家核电技术公司整合重组后的中央企业。2016年8月，原“中电投江西电力有限公司”更名为“国家电投集团江西电力有限公司”。

【发电量利润创新高】 截至10月8日，廖坊水电厂2016年累计发电量2.136亿千瓦时，年发电量首次突破2亿千瓦时，利润5000万元，电量效益均创历史新高。廖坊水电厂坚持“安全第一，预防为主，综合治理”方针，加强设备巡视，及时消除设备缺陷和安全隐患，高标准严要求狠抓设备环境整治，确保机组在最优工况状态下稳定运行。密切关注雨情水情，充分利用水库调节特性，实行汛限水位动态控制，有效提高水能利用率，为多发电创造有利条件。加强指标对标和精益管理，强化电量计划管控，认真做好日、周、月经营实况监控和经济运营分析，挖潜降耗，管控费用，有效提升企业盈利能力。

【推行HSE管理】 2016年，廖坊水电厂不断探索和创新安全环保管理模式，大力推行健康(Health)、安全(Safety)和环境(Environment)三位一体管理体系建设，实现零事故、零伤害、零损失。廖坊水电厂HSE管理体系建设经历一个从无到有，从个别接受到普遍认同，从试点摸索到广泛运用的过程，HSE管理理念和安全文化逐步深入人心，HSE管理方式方法得到普遍推广运用，HSE管理水平得到有效提升，为企业安全生产提供可靠保障。

【开展运行值班技能竞赛】 廖坊水电厂坚持以赛促培、以赛促学和岗位练兵活动，努力搭建技术比武平台，鼓励职工立足岗位成长成才，不断提升生产运行人员的业务技能和操作水平。8月17日，举办运行全能值班员技能竞赛，有6个代表队共18名生产运行人员同台竞技。比赛采取理论笔试和现场实操两种方式进行。为了防止试题外泄，确保竞赛公平公正，赛出真实成绩，委派专人出题、全程监督和严格监考。开展技能竞赛，进一步增强职工学习业务知识和专业技能的自觉性。

【宣传贯彻“和文化”理念】 国家电力投资集团公司“和文化”理念体系是廖坊水电厂干部职工价值判断的基本依据和行为规范的基本指引，是做人做事的基本遵循。2016年，廖坊水电厂根据国家电力投资集团公司“和文化”理念体系，结合企业实际，利用微信、简报、橱窗、标语等灵活多样的宣传载体和举办宣讲、征文、竞赛等多种方式，广泛宣贯“和文化”核心特质和深刻内涵。观看“和文化”理念释义电视讲座，规范使用VI标识系统，营造良好的舆论氛围。围绕“奋斗、创新、绿色、安全、和合”六个基因，突出“创新创造、持续奋斗、和谐共生”的核心价值理念，解读“和文化”的特质、灵魂、追求和使命、愿景、追求，从宣传到贯彻，入脑入心，不断推进“和文化”落地深植，促进企业和谐发展。

(任小六)

【国家电投集团江西电力有限公司廖坊水电厂领导名录】
厂长、党委副书记：曾小宁
党委书记、副厂长：胡益章
副厂长：姚跃明
纪委书记、工会主席：骆炳友

本栏编辑 谷丽茜

工业园区·高新技术产业园区

综　述

2016年，抚州市11县（区）及抚州高新技术产业开发区共建有工业园区12个。全市工业园区开发面积50平方千米，工业园区完成主营业务收入1648.57亿元，比2015年增长7.2%，其中，抚州高新区工业企业主营业务收入420.92亿元，增长9.3%。全市六大支柱产业中主营业务收入为：化工建材332.29亿元、机电汽车306.94亿元、有色金属加工234.69亿元、食品工业130.66亿元、生物医药77.48亿元、电子信息45.20亿元。全市工业园区内投产工业企业1152家，比2015年增长4.8%。全市新增规模以上工业企业107户，达到943户。

【抚州高新技术产业园区】 抚州高新技术产业开发区（以下简称抚州高新区）前身为抚州金巢经济开发区，创建于1992年8月，是江西省首批省级开发区和生态工业园区，2015年2月升级为国家高新技术产业开发区。至2016年底，实际开发面积15平方千米。该开发区以龙头企业的培育，提升发展实力；以专项行动的落实，优化发展环境；以项目建设的推进，增强发展后劲。一是打造科技创新平台。加快科创园建设，提升现有创业孵化基地功能，建设各类众创空间和科技创新服务平台，加快推进创新要素集聚，至该年底，高新区建成博士后科研工作站2个，院士工作站1个，国家级企业技术中心1个、省级企业技术中心7个，省级工程（技术）研究中心5个，省级重点实验室1个，国家级科技企业孵化器1个，省级众创空间2个。拥有省级以上创新平台24个，国家级创新平台6个。年内，获批国家知识产权试点园区、国家级科技企业孵化器、全国创业孵化示范基地、国家企业技术中心（江铃底盘）等4个国家级创新平台，科技创新成果取得重大突破。二是建设“产学研”联盟。按照“一企业一院校”的模式，博雅生物、德义科技、迪比科等企业，先后与清华大学、复旦大学、北京交通大学等国内35家科研院所，建立“产学研”联盟。博雅生物与中国工程院院士、复旦大学教授陈芬儿合建的院士工作站、德义科技与北京交通大学共同组建的半导体材料先进制造工程技术研究中心，相继建立并投入运行。三是加快传统产业改造。在加快高新企业产业化的同时，积极推进传统企业技改升级，实现传统企业高新化。年内，为嘉盛精密纺织成功申请2000万元产业引导资金，进一步推进江铃底盘等传统企业改造升级，同时积极开展腾笼换鸟计划，依法收储汇晶铜业、华发纺织、格美科技、明恒纺织等12家企业，腾出用地108.66公顷，推进产业有效整体升级。至2016年年底，该开发区共落户各类工业企业280余户，其中规模以上企业156户，高新技术企业24户，上市企业4户(深交所1户、“新三板”2户、“Q版”1户）。全年主营业务收入420.92亿元，比2015年增长15.2%；新增规模以上企业19户，总数达156户；规模以上工业增加值85.57亿元，增长12%。财政收入14.56亿元，比2015年增长15.4%。工业用电量达2.6亿度，比2015年增长11.45%。实际利用外资1亿美元，增长115%；外贸出口2.9亿美元，增长25%。全年新引进亿元以上工业项目24个，其中，10亿元以上项目7个；新

9月14日，总投资45亿元的云计算大数据中心项目落户抚州高新区

老项目实际进资63.18亿元，完成全年任务的117%。

招大引强成效明显。全年引进2000万元以上项目38个，其中，亿元以上工业项目24个。按照“3+1”主导产业（汽车及零部件、生物医药、电子信息等三个主导产业和新能源新材料）鱼骨图和“壮链、延链、补链”要求，着力引进一批对主导产业带动性强的项目，加速主导产业的集聚壮大，先后引进三大主导产业项目20个，占新签入园项目总数的62.5%。按照“招大、引强、选优”的原则，着力引进投资规模大、发展前景广、产品竞争力强、科技创新能力高的重点项目。引进的亿元以上工业项目中，有7个为10亿元以上项目，1个为30亿元以上项目。瞄准新经济新业态招商，全年引进新经济新业态项目28个，产业结构进一步优化。

（龚伟明）

【江西抚北工业园区】 该工业园区始建于2002年9月，是省级生态工业园区和国家立项批准的省级工业园区，也是全省首批省级清洁化试点园区及省级有色金属加工产业基地。2016年，继续加大园区基础设施建设投入，推进园区平台建设。完善第一园区基础设施建设。园区1万吨污水处理厂全面建成运营；自立铜业110KV供电专线建成运行；园区二期公租房（民德家园）具备入住条件；下高架桥道路及抚北公租房周边渠改造工程全面完工，广银大道及各区间道路路灯全面建成投入使用；完成8.2公顷垃圾发电站征地及地面附着物补偿工作；园区环境卫生工作参照城区管理模式，园区形象得到全面提升。推进第二园区基础设施建设。园区内全长4860米污水管网工程，二期92公顷征地拆迁和场地平整项目，总长251米工业大道，总长8656米道路路灯工程，全长850米红星一库东侧护坡、西一环道路护坡工程均完工；总长741米创新路（改线），已完成近80%的工程量，路基均打通；占地6.67公顷的小微企业创业园项目完成面积4.8万平方米标准厂房建设，室内装修及室外附属工程全部完工；占地2.67公顷污水处理厂项目实施方案正在编制中；总长约5300米东一环道路工程正在与福盈集团商谈PPP模式投资事宜；192公顷土地预征已完成现场勘踏和征地前期准备工作，征地合同全部送达相关乡镇。园区项目建设态势良好。广银铝业7条挤压生产线全部投产，形成年产3万吨铝制品加工生产能力；自立环保原有生产车间全部建成，新增2亿元建设的稀贵金属项目建成投产；恒吉集团盘活金弘实业项目入园仅2个月即实现投产；恒力电池扩能提升项目、盱江药业、逸春风酒业、民生科技、今日声学等重点项目正在加紧建设。

2016年，园区在建项目累计完成28万余平方米厂房、5万平方米办公楼等工程建设；园区落户企业106家，规模以上企业68家；园区实现主营业务收入153.9亿元，税收5.88亿元，其中有色金属加工产业实现主营业务收入82.52亿元，税收3.29亿元，分别占园区比重为53.6%和56%。

（肖玲芬）

【南城县工业园区】 2016年，南城县继续按照“开放强区、工业立区、特色兴区”的发展思路，着力打造产业集群，形成以机械电子、绿色食品、高档轻纺为主导产业、以中医药为新兴产业、以校具为特色产业的“3+1+1”工业产业体系。进一步规范工业项目入园投资建设行为，切实加强入园企业节约、集约用地的管理，充分提高园区土地利用率。加大实体经济帮扶力度，出台降成本、优环境45条，对112家重点企业安排县领导挂点帮扶。制定《中医药产业发展实施意见》，重点打造以广明实业、百神昌诺、建洪饮片为龙头的中医药产业，重振“建昌帮”。鼓励支持麻姑实业、博君生态农业、豪普高科等企业做好上市前期工作。积极参与“江西抚州（深圳）电子信息产业招商对接会”、第十二届“赣台会”“赣港经贸合作会”，成功举办“江西南城（上海）汽配产业招商对接会”。累计投入1亿多元用于园区平台建设，规划建设800公顷河东工业园，完成征地633.33公顷，开发面积533.33公顷，新建厂房60余万平方米，新增平整土地30.67公顷，铺设园区配套污水管网4000米，新建空压机产业园2万平方米标准化厂房。对园内圈而不建、建而不用的行为依法依规进行有序清理，共收回闲置土地18.67公顷，并安排6户新企业入驻，服务功能进一步完善。规划33.33公顷电子产业园、66.67公顷中医药产业园、135.33公顷电梯产业园、66.67公顷校具产业园。与央企合作创新打造“智慧园区”服务平台，园区承载能力不断增强。获批省级工程技术研究中心1个、市级2个，国家级高新技术企业9家。年内，园区新引进5000万元以上工业项目16个，其中亿元以上项目8个、10亿元以上1个。飞达钢业、联益电子、昌诺制药、江西酒厂等一批主导产业中的重点企业建成投产。“财园信贷通”发放贷款3.84亿元。新增规模以上企业17户，总数达121户；两个工业园共建成和在建企业29个，入园企业总数达231家；规模以上工业完成增加值31.67亿元，主营业务收入217.1亿元，实现利税21.9亿元，同比分别增长10.66%、9.8%、8.8%。工业实现税收7.86亿元，比2015年增长4.33%。入园项目合同引资39.61亿元，实际到位资金32.72亿元。被省政府授予2013—2015年度全省加快工业发展加速工业崛起先进单位，获得“年度贡献奖”和“园区发展专项奖”。

（熊春玲　吴云华　邓　迅）

【黎川县工业园区】 2016年，该园区全面落实省市县“降成本、优环境”的相关政策，加大与省市对口单位的衔接力度，着力解决企业存在的困难和问题，充分利用省对口帮扶单位国防科工办的职能优势，举办“民参军”宣传贯彻会议，扩大企业销售渠道。进一步加强园区平台建设力度，完成新平路、平高四路等路段的水、电、路网建设；开工建设陶瓷科技创新园（标准厂房），做好陶瓷园污水处理设施建设前期工作，园区平台基础不断夯实。新铺设天然气管网15千米，通气企业26家，全年共使用天然气2000多万立方米；新架设和改造10KV供电线路7千米；新安装及改造路灯近300盏；盘活清理工业低效用地37.33公顷，要素供给不断增强。通过“财园信贷通”业务共为61家企业放贷2.75亿元。园区新入园项目9个，签约资金9.62亿元。项目建设提速增效，共有开工、续建、扩建项目40个，累计完成投资35.15亿元。已投产项目11个，包括赣闽物流园、如意宝医疗器械、鸿力达实业、嘉岳科技、高飞电力器材、金鼎丰陶瓷等，正在加快建设的项目22个，其中主体厂房基本竣工的项目8个，包括大力实业二期、斯尔沃节能、嘉逸陶瓷、公爵鞋业等。

2016年，园区开发面积933.33公顷，落户企业210家，其中投产企业158家，规模以上企业61家。全年完成主营业务收入95.9亿元，同比增长5.8%；实现工业增加值23.5亿元，同比增长5.1%；实现税收总额2.6亿元，同比增长50.7%；园区用工人数1.3万人。

（余天禄）

【南丰县工业园区】 该工业园区前身为南丰县富溪工业园区，始建于1996年9月，省人民政府于2006年3月批准设立为省级开发区，同月根据丰府办字〔2006〕14号文件精神，更改为现名，为副县级单位。2009年，成立南丰工业园区人口和计划生育服务站；2015年12月，更名为江西工业园区企业服务中心。2013年按上级要求，重新编制三定方案，确定为科级单位，内设党政办公室、财政办、招商办、企划工程办4个股级机构和一个下属单位（江西工业园区企业服务中心），人员编制30名。各办（中心）在工业园区党工委和管委会的统一领导下开展工作。

园区总体规划面积为733公顷，主体规划建设“两园一区”，即富溪工业园、黄金工业园和南丰工业园区，其中富溪工业园属建成区，已建成约467公顷；黄金工业区属规划区，规划面积340公顷。

至2016年年底，园区共有落户企业112家，其中已投产企业101家、在（续）建项目8个；规模以上工业企业51家。是年，县财政投入园区基础设施建设资金2570万元，建有220KV双回路变电站及110KV变电站各一座；新平整土地33公顷、硬化道路3700米，铺设给排水管4000米（总长达24700米）；有线电视、程控电话、光纤网络等通讯基础设施进一步完善，可随时满足用户需求；进一步美化、亮化、净化、绿化了园区、厂区；通过园区“财园信贷通”融资担保服务平台为企业获得金融贷款2.08亿元，受益企业52家，通过园区企业服务中心和劳动保障所为企业解决普通用工5300人。修订出台系列更具吸引力、调动力的投资优惠政策、服务措施，不断优化园区投资软环境，取得丰硕成果。全年合同引进资金14.96亿元，实际到位资金12.88亿元，省外投资3.65亿元。2016年，园内新引进落户企业5户，当年开工建设项目（含续建项目）5个。其中，总投资1亿元以上的项目2个，投资5000万元以上的项目3个。全年园内企业主营业务收入90.4亿元，比2015年增长5.7%；实现工业增加值21.4亿元，比2015年增长7.4%；实缴税金2.7亿元，比2015年增长70%；出口创汇2.14亿元（人民币）；企业用电量达5475万千瓦时，比2015年增长11.53%；安置就业人员达7376人。

园区产业集聚发展态势更加明显：园区现有绿色食品企业16户、包装类企业40户、生物医药9户、机电汽车16家、化工建材17家以及10余家其他新型企业。形成“三大产业集群”，即以华夏五千年、吉香林食品、汇源食品等企业为龙头的绿色食品产业集群；以橘王药业、康齐药业、康缘橘都药业等企业为龙头的生物医药产业集群；以佰特励电子科技、佰仕通电子科技、喜利科技等企业为龙头的电子信息产业集群。园区产业发展规模日渐壮大。

（李燕青）

【崇仁县工业园区】 2016年，该工业园区完成“三通一平”面积20公顷，完成基础设施投入2.87亿元；实际引进资金45.50亿元；园区规模以上工业企业111个，新增15个；企业固定资产投入16.95亿元；完成生产总值197.17亿元，比2015年增长7.34%；实现销售收入186.02亿元，增长5.97%；完成工业增加值42.03亿元，增长4.28%；出口产品交货值2.12亿美元，增长55%；实缴税金7.90亿元；实现利润总额13.76亿元；企业年用电量7680万千瓦时；安置就业17429人，增长9.36%，园区经济实现又好又快发展。

降成本优环境取得预期成效。一是企业成本进一步下降。为企业在落实税收优惠政策、降低涉企收费、降低企业融资成本等8方面降低成本1.97亿元。二是创新能力进一步提升。伊发电力在全国中小企业股份转让系统成功挂牌；亚珀电气、亚威电气、江控电气等5家企业被认定为国家级高新技术企业；亚珀电气还被评为省节能减排科技创新示范企业，其技术中心确定为省级企业技术中心。截至年底，园区拥有国家级高新技术企业11家、省级节能减排科技创新示范企业6家、省级企业技术中心7个、省级工程技术研究中心2个、工程研究中心1个、中国驰名商标2个；专利申请量达到173件，同比增长55%，其中，发明专利5件，授权量142件（含发明专利授权7件），同时，县工业园区还被授予省知识产权试点园区，江西变电被授予省知识产权优势企业。

平台建设顺利推进。9月，县政府和沈阳变压器研究院签订在技术合作、市场开发、人才合作方面的战略合作框架协议；省级中低压输变电设备质量监督检验检测中心获省质监局批复筹建；10月，江西变电设备产业博物馆开馆，江西省变电设备行业协会成功组建，变电设备物质仓储配送中心正在建设；11月，县政府与中国电科院高压所在科研成果转化、检验检测中心建设、工艺流程创新、人才培养、产业信息服务和产品推广方面达成战略合作意向；省级出口变电设备质量安全示范区获省出入境检验检疫局批复通过。

服务企业不断提升。完善园区配套设施平台，举办“银企合作恳谈会”“金融产品推介会”、中小企业“新三板”业务推介会、企业上市业务知识培训会，开通园区办事服务“绿色通道”。年内，园区“财园信贷通”为41家企业发放贷款1.79亿元，工创投公司完成融资7.6亿元。

（杨文才）

【乐安工业园区】 该工业园区始建于1996年6月，2006年4月，经县委、县政府批准，下发《关于进一步加快乐安工业园区发展的决定》文件，正式成立“乐安工业园区”。经过多年的发展，逐步形成“一园三区”（前坪工业区、厚发工业区、公溪工业区）的发展格局。园区总体规划面积9.66平方千米，实际开发面积3.5平方千米。2013年获省园区办批准为“机械电子产业集群”建设单位。2014年，经省政府批复，乐安工业园区正式纳入省级工业园区序列管理。

该工业园区紧紧围绕“绿色崛起、跨越发展”的整体思路，按照“高位谋势、精准发力、敢于担当、跨越发展”的总体要求，紧抓项目建设和生态建设不放松，大力开展招商引资，园区经济和社会各项事业保持良好的发展势头。至2016年年底，园区落户企业达81家，规模以上企业16家；完成主营业务收入17.38亿元，实现工业增加值4.56亿元，实现税收5888万元，安置就业4920人。该工业园区位交通优势明显，形成“一园三区”格局。

前坪工业区：位于县城西南面，2006年规划建设，规划面积3.3平方千米，规划用地面积约2.38平方千米，完成开发153.33公顷。已全面完成道路、供水、供电、排水、排污、绿化、亮化及护坡工程并投入使用，新增可用工业用地约41.33公顷。该区重点发展机械电子、轻纺鞋服、绿色食品加工、生物医药等产业。自建设以后，先后引进江西民康实业、江西品升电子、江西信达茧丝绸、山高制药、三连制衣、龙发包袋等一大批重点企业，落户企业57家，其中，规模以上企业18家。

厚发工业区：该工业区距县城15千米，2012年开始规划建设。完成征地近466.67公顷，完成开发133.33公顷。总体规划面积4.27平方千米，规划建设“机械电子、生物医药、林产品精深加工、新能源”等产业区。先后引进总投资分别为10亿元的中科丰林林业科技产业园、厚德电子信息科技园和台商产业园，落户企业有丰林精细化工、唯康电子、恒新塑制工艺品和德春塑料纤维等5家企业。台商产业园占地面积33.33公顷，可容纳台资企业20余家，江西德春塑料纤维科技有限公司（台资）为首家落户企业。

公溪工业区：2009年规划建设，位于公溪镇抚八线旁。规划开发面积2.09平方千米，完成开发66.67公顷。重点发展医药、金属制品等产业。现有落户企业润泰药业、聚才科技、仁瑾实业、稻稻香粮食加工等。

至2016年年底，乐安工业园区基础配套日臻完善，实现道路、供水、供电、排水、排污、有线电视、宽带网络及土地平整等“七通一平”的工业配套标准，建有110KV变电站、35 KV变电站各一座，日供水能力3万吨的自来水厂已投入使用，综合服务体主体工程完工，日处理2万吨污水处理厂正在筹建中，园区道路交通服务方便快捷。产业特色鲜明突出，初步形成以绿色食品、轻纺鞋服、机械电子、生物医药为主导，其他产业聚集发展的产业格局，园区产业的多元化、特色化、集约化的新型发展格局显现。

（王国庆）

【宜黄县工业园区】 2016年，该工业园区以转型发展为主线，不断加快项目建设步伐，强化基础设施建设，优化服务环境，着力转变经济发展方式，大力调整经济结构，推动园区各项工作顺利开展。

经济总量稳步增长。全年园区实现主营业务收入103.03亿元，比2015年增长2.5%；实现工业增加值26.7亿元，增长8.2 %；实现工业税金1.34亿元，增长7.4%；工业用电量2.34亿千瓦时。

园区“板块”特色更加鲜明。年内，园区完成土建工程5个，实施在建工程9个，铺设污水管网13千米，增设路灯215盏，同时对园区主干道及宜临公路园区企业段的绿化带整治，涉及道路13条，全长8.2千米，绿化带整治面积10万平方米，拆除钢棚40个，修补道路660平方米，清理菜园30个，园区基础设施和承载能力得到进一步的完善和提高。引进远通电子、赣远电子、捷优科技、国威光电等企业，盘活闲置土地12.2公顷，有效促进园区工业经济的健康发展。园区电子信息产业、机械制造、塑料产业的板块特色日益明显。

发展环境持续提升。通过政策引导和干部帮扶，在招工服务、金融扶持等方面采取有效措施，解决企业发展遇到的不少难题。尤其是企业资金扶持方面，2016年“财园信贷通”累计发放贷款49家，放款金额1.5亿元，有26家企业获得过桥资金1.14亿元。

（胡美凤　罗来福）

【金溪县工业园区】 该工业园区位于县城国道316、206两侧，2006年3月，经省政府批准、国家发改委公告为省级工业园区，总体规划面积20平方千米，分为城西高新产业区，A、B、C、D区，秀谷、陆坊、对桥、共大工业小区。

2008年6月，被省政府授予“江西省省级香料产业基地”称号；2016年度被评为省知识产权试点园区。

工业园区基础设施日臻完善，220KV变电站完成建设；日供水3万吨的自来水厂可保障企业用水需求；日处理能力3万吨污水处理厂运营正常，园区绿化、美化、亮化等同步跟进。2016年新征地333.33公顷，有落户企业4家。

工业园区已形成香料化工、轻工纺织、机电冶金、食品加工等四大工业支柱产业。香料化工产业发展尤为迅捷，至2016年年底，有香料企业43家，形成天然香料、合成香料、香精、日化四大系列，樟、松、衫、桉等11大类别，200余个品种，年产10万吨的产业规模，其中，天然樟脑粉和天然芳樟醇产量分别居全球和全国第一，拥有市场定价话语权，金溪正日益成为名副其实的“华夏香都”。2016年，香料香精企业共实现主营业务收入52.86亿元，比2015年增长13.36%，上缴税金1.75亿元。

轻工纺织、机电冶金、食品加工蓬勃发展。以新天地服饰、金铭丝绸为龙头的轻工纺织是金溪县的主导产业之一，现有生产企业14家，其中规模以上企业7家，主要产品有针织衫、仿真丝布料、蚕丝被、服装类和玩具类等；以晨飞铜业、金盈新材料为龙头的机电冶金是金溪县的重点产业，现有生产企业14家，其中，规模以上企业12家，主要产品有稳压器、变压器、铜棒、铜条、铝锭、铝粒、不锈钢管、合金材料、铁矿粉等，金盈新材料成为金溪县第一家新三板上市企业，成为金属加工产业的重要基地；以千佳生物、老农民食品为龙头的食品加工是金溪县的传统产业，现有生产企业9家，其中，规模以上企业7家，主要产品为果葡糖浆、糖果、食用油、食品、大米等。金溪的食品加工产业已经实现向大规模、深加工方向的转变。

至2016年年底，工业园区共落户企业149家，其中，建成投产87家，在建62家，规模以上企业65家。实现主营业务收入101.56亿元，上缴工业税收2.73亿元，用电量9802.1万千瓦时，就业人数7573人。

（郑新民）

【资溪县工业园区】 该工业园区紧紧围绕“生态立县、旅游强县、绿色发展”战略，按照“工业围绕旅游出产品”的发展思路和“工业低碳化”的发展要求，大力培育绿色食品产业及木竹精深加工企业。园区由资溪（抚州）工业集中区、鹤城工业集中区和高阜工业集中区组成，总体规划面积为4.73平方千米，其中，鹤城工业集中区规划面积2.68平方千米，已开发土地面积0.8平方千米；资溪（抚州）工业集中区规划面积0.71平方千米，工业用地已填满；高阜工业集中区规划面积1.34平方千米，已开发面积0.34平方千米。

2016年，园区列入县重点建设项目共10个，基础设施建设项目5个，其中，资溪县毛竹产业园项目已完成总体规划设计方案，启动一期46公顷开发建设；资溪县电子商务孵化园项目的装修、网络、办公设施到位，正式运营；鹤城中小企业创业园完成规划设计；现代物流园、资溪（抚州）中小企业创业园项目在规划设计中。在建企业项目5个，其中，闽豪科技实业公司完成一期两栋厂房4300平方米、一栋两层办公楼450平方米、围墙800米、路面硬化3200平方米、企业大门等基础设的建设，已投入生产，完成二期两栋钢构厂房建设，正在办理施工有关手续；新安实业（二期）项目完成2880平方米厂房、900平方米仓库、遗留的2230平米厂房改造（含冷库6个，其中冷藏库3个，冷冻库3个），在试运营，同时进行5720平方米扩建厂房建设；华谊食品（二期）完成土地平整、围墙及两栋职工宿舍建设；大永圣科技实业食品串生产线项目完成规划设计，正办理开工建设有关手续。

2016年，该园区共有企业37家，其中，资溪（抚州）工业集中区重点发展鞋业及小家电等产业，现有珍展鞋业、金的电器等13家企业，安排就业人员1000余人；高阜工业集中区重点发展竹木精深加工产业，现有新云峰木业、岚洁梦地毯家饰等6家企业，安排就业人员800余人；鹤城工业集中区重点发展绿色（有机）食品加工和旅游纪念品加工产业，现有圣农食品、华谊食品、新生命制药、泰伯酒业等近20家企业，安排人员2000余人。年内，园区实现主营业务收入12亿元，完成工业增加值2.5亿元，上缴税金0.66亿元，增长105%。

（帅建忠　谢金凤）

【广昌县工业园区】 2016年，广昌工业园区紧紧围绕县委、县

11月29日，省委副书记、省长刘奇视察资溪面包文化产业园

政府提出的建设“美丽莲乡、幸福广昌”的发展主题，以建设经济型、生态型、和谐型园区，实现转型跨越为目标，努力创造条件，加快项目建设进度，加大基础设施投入，规范创新内部管理，优化发展环境，使园区经济和各项事业得到持续、健康、快速发展。

平台建设扎实推进。广昌工业园区在老区供水、供电，道路绿化、亮化设施齐全的基础上，进一步完成城北片区污水管网和生活垃圾收集中心工程建设，一期40米大道延伸段道路完成总工程量的50%。为做大平台、承接项目，工业园区全面启动调扩区建设，充分利用现有山体，着重打造山、水、田、园为一体的绿色生态型的新型工业园区，按功能划分为电子信息产业园、纺织服装产业园、食品产业园、综合产业园等。扩区创业大道绿化带变更砼路面、扩区一阶段防护、扩区二期A-2标段土石方、扩区二期B-2标段土石方等工程项目相继完工；扩区创业大道西延伸段道路、扩区二期B-3标段土石方等工程项目即将完工。扩区内排水、供水、供电、通讯等基础设施建设基本完成，工业项目承载能力得到大幅提升。

配套服务功能逐步完善。按照宜业宜居“城市新区”的定位，工业园区将配套服务功能逐步完善。园区配套服务中心的600套公租房及体育馆装修工程已完成并交付使用，园区商业街完成土地摘牌手续正在筹备建设；在原广昌县造纸厂遗址启动小微企业创业园项目建设，项目总投资1.6亿元、占地面积6.33公顷、总建筑面积约9.3万平方米，建成后通过出租标准化厂房及销售配套服务用房的方式，吸引小微企业入驻园区并助其成长，年底已完成征地拆迁及土方平整。园区内11栋厂房建设完成基础施工并建成一层；在原江西广昌金星鞋业公司厂区启动电商园项目建设，完成对该公司厂房及土地收购。

招商引资项目顺利推进。充分发挥区位、平台、产业等资源优势，积极开展各类招商活动，多次赴上海、深圳、温州等地，有针对性的开展宣传推介，完成自主招商项目3个，签约总资金2.96亿元；迎接中国航天科技集团专家、江西省商会及安徽省淮南市毛集实验区等23批次企业家到园区考察；按照“盯住、靠上、抓牢、促成”的要求，顺利推进招商引资项目建设。至2016年年底， 24个续建项目的基础设施建设以及设备安装均已全面完成，陆续进入投产或试生产状态；新上工业项目10个（5000万元以上工业项目6个）中已开工5个，2个项目已投产,3个项目已安装设备正待试产。

服务企业水平不断提升。发放企业招工资料2000余份，协助企业在县电视台播放招工广告36次，为企业输送工人1820人。积极引导金融机构与相关企业对接，协助32家企业办理1.2亿元“财园信贷通”，协助15家企业在县金融办办理总额8000万元的还贷（无息）周转金，降低企业融资成本。全年为企业解决实际问题93个，减负0.65亿元。

经济指标平稳增长。年内，工业园区实现主营业务收入84亿元，比2015年增长9.1%；实现工业增加值19亿元，增长11.2%；实现利税8.20亿元，增长11.7 %；固定资产投资38.60亿元，完成任务101.6%。园区有规模以上企业62家，其中，广德环保、志特新材料等两家公司在新三板成功上市，粤华实业、昇迪实业等两家公司在上市筹备中。

（邱志强）

【东乡经济开发区】 该经济开发区毗邻沪昆高速公路、沪昆高速铁路，浙赣电气化铁路复线、320国道、208省道穿境而过，交通便捷，区位优越，由东升工业园、东腾工业园、东辉文化园组成，规划面积23.4平方千米。其中，东升工业园9.4平方千米，东腾工业园10平方千米，东辉文化园4平方千米。进园企业225家，投产企业166家，安排就业2万余人。

2016年，该经济开发区不断强化载体平台功能，加大招商引资力度，降低企业成本，优化投资环境，全年共实施23个重点基础建设项目，其中，续建项目8个，新建项目15个。欧嘉实业、玖森实业、溢君园等15个重点工业项目集中开工；恒安三期、荣成二期、永冠三期等重大工业项目建设均取得重大突破。

主导产业优化升级，做强生物医药、电子信息、新能源三大产业，重点扶持科伦药业建设江西省大容量注射剂工程技术研究中心；成功推动江西施美药业顺利实现了新三板挂牌上市，书源科技国家级水检测平台建设。招商引资成效明显，全年新落户项目20个，其中，经开区引进总投资1亿元的涤纶丝、总投资1亿元的系列智能液晶眼镜产品和总投资0.8亿元的汽车LED广告车厢生产线等3个项目。引导企业参与社会公益事业，书源科技、台智电子、恒吉铜业等8家企业参与光伏发电产业扶贫，已完成投资1亿元，建成7万平方米光伏板。加大企业党建工作力度，成立14个非公企业联合党支部。年内，全区实现主营业务收入240亿元，税收8亿元，工业增加值55亿元，用电量4.75亿千瓦时，通过财园信贷通发放融资贷款7.6亿元，各项经济数据位居全市前列。

（陈思东　饶裕民）

本栏编辑　饶国旺

交通运输

综　述

2016年，抚州市交通运输部门紧紧围绕“高位谋势，精准发力，敢于担当，跨越发展”主动作为，为抚州经济社会发展做出积极贡献，被江西省交通运输厅评为全省交通运输工作先进单位，荣获全市绩效管理工作优秀单位、优秀市安委会成员单位。

交通基础设施建设稳中求进。一是高速公路建设成绩喜人。截至12月，南昌—宁都高速公路（乐安段）建成通车；船顶隘（赣闽界）—广昌高速公路、东乡—昌傅高速公路（抚州段）、资溪花山界（赣闽界）—里木高速公路建设工程竣工；广昌—吉安高速项目已完成征地拆迁工作，实现年内开工目标；东外环高速（金抚高速与东昌高速连接线）项目正在进行征地拆迁，抚州东互通连接线延伸段跨抚河王安石特大桥钢便桥动工兴建。全年建成高速公路123千米，开工建设47千米，总里程达762千米，占全省高速总里程的12.7%。二是农村公路建养管取得新突破。全市农村公路完成总投资7.3亿元，建设里程1200余千米，其中，25户以上自然村水泥路建设完成1159.4千米。完成危桥改造及在建79座3884.17延米。全市农村公路总里程达12261千米，行政村通达率100%，25户以上自然村通达率65%，行政村通班车率95.4%。市政府出台《关于加强农村公路养护管理的实施意见》，明确全市农村公路养护范围、机构、职能及养护资金保障，为建设“四好”公路提供有力支撑。建设完成6个综合服务站、4个县城中心汽车站和9个农村客运站，公路服务水平明显提高。积极申报PSL项目，年底通过交通运输部和国家农业发展银行审核两批PSL项目，共获得项目贷款资金31.93亿元，其中，第一批贷款资金8.34亿元，第二批贷款资金23.59亿元。在第二批贷款批复中，抚州市重点工程项目文昌二桥获得贷款1.12亿元，灵谷峰景区旅游公路（东外环高速连接线）获得贷款1.35亿元。全年获得农村公路危桥重建计划171座6682.43延米，获得中央及省补助资金10342万元。完成梦湖—浒湾古镇水上旅游线路建设工程可行性研究报告，并上报市发改委待审批立项。完成疏口村至灵谷峰景区道路工程项目规划选址意见书、建设项目用地预审意见批复、节能登记表、建设项目工程可行性研究报告的评估报告，并完成环评批复、社会风险稳定报告及工可报告批复。三是绿色出行迈出新步伐。采取PPP模式，建立市中心城区公共自行车系统。该系统建设分三期完成，第一期建设规模150个站点，3000辆自行车，3300个锁止器，并配套相应的硬件等基础设施，建设成本888万元，八年期限内的运营成本总计约1900万元。第一期建设PPP项目通过竞争性磋商确定社会资金方，中标价2788万元，该项目于7月15日开工建设，9月22日完成一期建设并运营。采取多种措施加大新能源和清洁能源车辆推广力度，全市共淘汰营运黄标车和老旧车2281辆，新增新能源公交车294辆，占全年新增公交车总数的94%，运输装备更加低碳、清洁。四是“公交优先”扎实推进。开通抚州—金溪城际公交，社会效益明显。圆满完成省政府对抚州市优先发展城市公交考核任务。市城区再购置新能源公交车20辆，开通37路公交线路，城区公交线路达23条，全年运营里程3300千米，运送6300万人次。

交通运输生产保持良好态势。2016年，全市共有营运客车1440辆，道路客运班线723条，完成客运量4351万人次，同比下降0.62%，完成旅客周转量182717万人千米，同比下降0.85%；共有营运货车40284辆，434886吨位，完成货运量14183万吨，同比增长6.4%，完成货物周转量4368170万吨千米，同比增长4.1%。共有农村客车803辆，座位数15116个，151个乡镇全部通班车，1800个建制村有1717个通班车，建制村通客车率95.4%。共有14个二级以上客运站接入联网售票系统并实现联网，旅客可通过“赣优行”网站和手机客户端进行购票。全市水运企业22家，通过核查企业9家（沿海企业3家，内河企业6家），限期整改11家（沿海企业9家，内河企业2家）。核查船舶数126艘，177152载重吨，46098千瓦，核查率达99%。年完成运量170.79万吨，周转量151486万吨千米。

交通行业管理进一步规范。一是安全生产平稳有序。全面落实安全生产“党政同责、一岗双责、失职追责”，稳步推进“平安交通、事故隐患排查治理体系、安全生产标准化”三项建设。认真开展以“强化安全发展观念，提升全民安全素质”为主题的安全生产月和安全生产万里行活动。组织全市交通运输安全生产大检查，根据交通运输工作实际，强化对重点领域、重点区域、重点部位、特殊敏感时期的安全监管，夯实交通运输安全生产基层基础。全市交通运输安全生产保持平稳，特别是渡口运输连续32年安全无事故。二是质量监督工作扎实推进。认真组织实施质量和安全监督工作，强化招投标监管，进一步规范全市交通工程建设设计、施工、监理市场，严格执行工程质量标准和规程，加大工程质量和安全监督执法力度，做到招投标监管率、重点工程质量和安全监督率、分项和分部工程交工验收率、交通工程安全无事故率和信访来件答复率5个百分之百，并于12月15日通过省交通运输厅标准化建设考核达标验收。三是道路运输市场长效开展整治。加强打非治违、城市客运市场监督检查，落实客货运输驾驶员“黑名单”制度。仅市本级就出动1030车次、3960人次，共检查车辆1003台次，教育驾驶员123名，立行立改275辆，共查处非法经营车辆142起，异地经营出租车18起，不按计价器显示收费和无故拒载等一般违法行为的出租车156起，将3人列入客货运输驾驶员“黑名单”，吊销其从业资格证，并规定三年内不得重新申请道路运输从业资格证。违规违法行为得到有效遏制，客运市场秩序显著好转。

党风廉政建设和精神文明创建协调发展。一是精心组织开展“两学一做”学习教育。制定“两学一做”教育实施方案和学习计划安排表，严格执行“三会一课”制度，开展坚定执着追理想、实事求是闯新路、艰苦奋斗攻难关专题学习讨论和特色活动，全局10个党支部210名党员全部参加，覆盖面达百分之百。市交通运输局党委班子成员以普通党员身份参加局机关支部的组织生活会，开展相互批评，同时针对群众意见反馈和查摆发现的问题，提出整改落实方案，确保整改成效不空、不偏、不虚。二是严格落实中央八项规定等系列反腐倡廉要求，切实把纪律挺在前面。坚持把反腐倡廉教育同干部的培养、选拔、管理、使用结合起来，组织干部职工学习《关于新形势下党内政治生活的若干准则》和《中国共产党党内监督条例》等党纪条规和腐败剖析材料，深入开展党性、党风、党纪教育，进一步筑牢拒腐防变的思想防线。市交通运输局党委按照重品德、问实绩、看公认的用人要求，调整干部4人，职务调整3人。抽调8名干部组成2个“连心”小分队，到金溪县浒湾镇中洲村和湾彭村开展驻村精准扶贫，帮助争取交通项目资金56万元，解决群众期盼多年的道路通行、饮水安全、村民服务中心和体育文化设施等难题。严格执行民主集中制，完善“三重一大”集体决策制度，持之以恒反对“四风”，遵守廉政准则、中央八项规定和省委作风建设二十条精神不走样。按照《关于加强作风建设，营造良好从政环境》要求，结合局机关《干部作风“四督查”工作实施方案》和作风建设常态化监督，对上下班秩序、工作秩序、公务接待等问题集中抽查并融入机关绩效考评，全局干部职工作风明显好转，效能显著提升。三是做好汤显祖逝世400周年纪念活动安保工作。成立客运安全生产和车辆调度督查组，对市城区三家主要客运企业和两个汽车客运站，进行车辆调度和安全生产督查，共调动各类客车283辆，运送人员2.36万人次。同时开展好客运市场专项整治工作，规范客运市场秩序，从严查处活动期间出租车违规经营行为，为纪念活动提供交通安全保障。四是积极开展全国卫生城市创建活动。以优化公交网络、优化服务环境、开展最美客运司机评选活动为切入点，开展城市客运管理和从业人员素质教育，“窗口”行业规范化服务管理，12328交通服务监督平台建设，公共交通基础设施完善，文明社区创建等工作。市交通运输局被评为江西省第十四届文明单位，黎川、崇仁、广昌等县交通运输局和南丰汽车站、抚州长运崇仁分公司被评为市级文明单位，抚州长运公司袁献成、刘巧兴在首届全国道路运输安全行车百万公里驾驶员劳动竞赛中获全国优秀驾驶员称号，甘小明等10名客运司机被评全市最美客运司机，“爱心助考”和“文明交通行”志愿服务活动蔚然成风，成为交通运输部门文明品牌。

（陈根玲）

【抚州市邮政业总收入达4.98亿元】 2016年，抚州市邮政企业和规模以上快递服务企业实现业务收入（不包括邮政储蓄银行直接营业收入）4.89亿元，比2015年增长28.04%；业务总量累计完成5.87亿元，比2015年增长37.65%。全市快递服务企业业务量累计完成1531.26万件，同比增长52.06%；业务收入累计完成1.62亿元，同比增长49.43%。

（陈春华）

【市交通运输局领导名录】

局　　长：丁国华

党委书记：乐小红（任至10月）

　　　　　丁国华（10月任）

副 局 长：陈佐光（任至10月）

　　　　　王爱民　罗　维

　　　　　陈　峰　梁明昌

　　　　　华河辉（10月任）

党委副书记：丁国华（任至10月）

　　　　　华河辉（任至10月）

党委委员：陈佐光（任至10月）

　　　　　王爱民　华河辉

　　　　　罗　维　陈　峰

　　　　　胡　怡　徐相生

　　　　　梁明昌

纪委书记（纪检组长）：胡　怡

【市邮政管理局领导人】

局长、党组书记：梁明昌

地方交通管理

【概况】 2016年，全市建成高速公路123千米，开工建设47千米，总里程762千米；全市农村公路完成总投资额7.3亿元，建设里程1200余千米，其中，25户以上自然村水泥路建设完成1159.4千米。完成危桥改造及在建79座3884.17延米，全市农村公路总里程12261千米。行政村通达率100%，行政村通班车率达95.3%。

【抚州高速公路建设提速】 2016年，全市建成昌宁高速（南昌—乐安—宁都）、资光高速（资溪花山界—里木）、东昌高速（东乡—昌傅）、船广高速（船顶隘—广昌）4条高速公路，全市共建成高速公路9条，通车总里程715千米。其中，昌宁高速公路于1月13日竣工通车；资光高速、东昌高速、船广高速于年底全部工程竣工。

“十三五”期间，抚州市积极推进高速公路建设，加快推进东昌、资光、船广、东外环、广吉高速公路的实施进度，适时启动西外环高速公路（东昌高速公路—抚吉高速公路）、资溪—鹰潭贵溪高速公路的前期规划研究工作，尽快使全市高速公路形成“三横三纵一联”的运营网络。

【《抚州市“十三五”综合运输体系规划》正式实施】 “十二五”期间，抚吉、金抚、昌宁高速先后竣工通车，全市高速公路通车总里程590千米，基本形成“三纵三横”的高速公路网。9057千米农村公路使全市农村实现从“村村通”到“组组通”的重大跨越，改善了3000多个自然村、62万名村民出行问题，全市自然村水泥路通畅率达65%。铁路轨道建设实现跨越发展，2013年9月向莆铁路建成通车，2014年12月沪昆高铁建成通车，抚州与上海、福州、长沙、武汉、深圳等许多城市快速直达的愿景成为现实。完善市域干线公路，形成纵横交错、四通八达的公路网体系，实现“30分钟和90分钟交通经济圈”（即半小时覆盖东乡、金溪、南城、宜黄、崇仁；一个半小时覆盖资溪、黎川、南丰、乐安、广昌），沿线县域经济发展因交通优势搭上经济“快车”。

为将抚州打造成“南昌大都市副中心城市”，“十三五”规划将积极推进昌抚交通一体化建设，加快推进开通抚州—南昌直达公交工作和昌抚大道建设，争取南昌—抚州城际铁路建设列入规划，尽快启动焦石坝—东临大桥航道的规划、疏浚工作。为打造江西对接“21世纪海上丝绸之路”桥头堡，抚州充分利用毗邻海西优势，借助向莆铁路和福银等高速公路通江达海的便捷交通和陆海大通道，建设好赣闽台产业合作平台。加快推进高速公路建设步伐，积极构建全市高速公路“三横三纵一联”的运营网络，超前谋划高铁建设项目，有序推进机场建设前期工作。加快抚河生态流域沿河农村公路的建设规划和项目申报，打造全省生态文明示范市。争取抚河航道项目建设，文昌里、拟岘台、金溪书铺街、广昌抚河源头等抚河沿线历史文化遗迹，打造全国历史文化名城。

重点加快实施25户以上自然村通水泥路建设，基本实现25户以上自然村全部通水泥路；加快实施农村公路改造工程，推进县乡村道养护工程大中修；打响农村危桥改造攻坚战，争取用两年时间完成已入库的426座农村公路危桥改造任务；加强农村公路养护管理，加快建立农村公路管理养护长效机制和以公共财政为主的养护资金保障体系。基本形成以县城为中心，以高速为支撑，以国、省道为主干线，县道为主体，乡、村道为基础，纵横交错、干支相连、相互补充、城乡贯穿的公路网络。

落实公交优先发展战略，加快公交枢纽站、城市公交线网优化和设施建设，提高线网密度、站点覆盖率、准点率和运行速度，不断改善公共交通可达性和便捷性。2016年推出区域公交发展模式，建成一批农村客运站、候车亭，基本实现城乡二级公交主通道全覆盖。城市总体规划区内的乡镇、抚州高新区及抚北工业园区均已开通公交车。抚州—东乡的城际公交开通，并实现与抚州东站及东乡火车站列车时刻表的无缝对接。此外，正在科学规划涵盖市城区、东乡、金溪、南城、崇仁的城市公交网络，发展定制公交等特色公共交通服务模式，满足不同层次、差别化的出行需求。

【全力打造绿色畅通交通】 为建设生态文明先行示范市，抚州市交通运输部门主动适应新常态，实现交通运输与资源环境和谐发展。东外环高速、广吉高速公路于2016年底开工建设；东昌、资光、船广高速公路年内竣工。全力落实昌抚城际大道路线规划方案，协助崇仁、资溪开展昌宁高速与济广高速连接线高速公路、贵溪—资溪高速公路前期研究工作，配合省水投集团公司加快推进梦湖—文昌桥—浒湾旅游航道规划。加快农村公路建设步伐，规划沿抚河5县（区）36个乡镇农村公路网络规划工作。

力争把抚州列入“公交都市”创建城市，完善抚州—南昌、抚州—东乡、抚州—崇仁、抚州—金溪城际公交，实现城乡公共服务均等化，将公交服务延伸到城市周边或城市全域。逐步实现昌抚城市公交、出租汽车、高速公路、城市公共停车场等收费一卡通用。推进快速公交系统（BRT）工程建设，启动市中心城区新规划南、北、西3个公交站场建设；利用GPS系统对公交、出租车实施现场调度，提高公交车运行效率；推广节能与新能源汽车，降低石油消耗和二氧化碳排放。至2016年12月，市公交总公司已购置节能环保公交车137辆和油电混合动力公交车40辆。市城区出租车共有409辆，装有油气混合的出租车达402辆。开展机动车氮氧化物尾气治理，严格执行道路运输车辆燃油消耗量核查，对达不到要求的车辆不予办理营运车辆道路运输许可证和车辆营运定期审验手续。

全面推进“互联网+交通”，加强与市云计算中心建设的衔接，逐步推进“互联网+出行服务”“互联网+货运物流服务”，提升联运信息化水平；推进“互联网+交通行业治理”“12328”交通台建设，增加政府门户网站信息公开和服务公众能力，畅通群众交通运输服务监督渠道。

【昌宁高速乐安段通车】 昌宁（南昌—宁都）高速公路位于江西省中南部，公路自北向南经过南昌境内的南昌县、宜春境内的丰城市、抚州境内的乐安县、吉安境内的永丰县和赣州境内的宁都县等5个县（市）。项目起点位于南昌县冈上镇附近接上海—昆明高速公路（G60），终点位于宁都县青塘镇附近接泉州—南宁高速公路（G72），项目主线全长243.17千米，互通连接线长27.4千米。全线按双向四车道高速公路标准建设，设计速度100千米/小时。昌宁高速在乐安县境内长64.63千米，途经山砀、龚坊、戴坊、牛田、万崇、湖坪、罗陂7个乡镇，在山砀、万崇设立乐安北、流坑南互通出口两处，在龚坊设立服务区一对，投资约45亿元。昌宁高速是南昌—韶关国家高速公路的一部分，江西省“四纵六横八射线”公路网主骨架的重要路段。

昌宁高速于2013年7月开始施工，南昌—乐安段于2016年1月13日建成通车。南昌—乐安的车程由2.5个小时缩短到2个小时。

【资溪自筹资金修高速引发创业蝴蝶效应】 资光高速公路（花山界—里木）是2013年资溪县自筹资金12亿元，占总股本40%，与江西省高投集团合作建设的。资光高速公路建成后，引发客商投资蝴蝶效应。6年前，浙江客商王振军被资溪优越生态环境吸引，租赁土地、山场246.67公顷，打造农业观光园。几年过去，投资5000多万元的千亩观光采摘园已产生效益。可是二三期旅游项目却迟迟不敢加快推进，原因是受交通影响客流不旺。2016年6月15日，他琢磨增投7000万元，完成以留客为主的二三期项目开发，并谋划从绍兴拉来实力更加雄厚的财团合作，打造更好的旅游项目。

心态相似的还有御龙湾项目客商。总投资6.6亿元的御龙湾国际旅游度假区，早在2010年10月就动工兴建，但开发提速也是在资光高速开工之后。累计完成投资7000多万元，游艇码头，接待中心、展示中心等项目已竣工，沙滩长廊、滨水小屋正在紧张施工中，下一步，他们将加快度假酒店、景观公寓、拓展俱乐部、竹文化生态园等二期项目建设。

旅游龙头大觉山瞄准创建国家AAAAA景区目标，在对游步道等基础设施提升改造的同时，加快古镇建设。古镇60多家商铺已招租80%，又引进古镇文艺演出、古镇博文馆等项目。

在外的4万名“面包大军”也成为投资乡村旅游的生力军。2014年以后，资溪面包人投资家乡生态旅游的资金达10亿元。在“双返双创”活动中，该县专门为他们建立旅游创新创业根据地、项目库，投资高潮还在后面。

【临川120余名能人志士捐资千万元建设家乡】 临川区是劳务输出大区，每年有近25万人在外务工，其中有很多创业成功人士。为激发他们建设家乡热情，临川区针对能人志士集中在上海、浙江、广东、北京等地的情况，派出专人上门宣传，发信函、送祝福邀请他们回乡看看，叙乡情、谈建设，与他们共商发展大计，请他们提建议，并争取他们的支持。

2015—2016年，临川区共有120余名在外创业的能人志士情系桑梓，热衷于家乡公益事业，纷纷为家乡建设捐资出力，其中云山镇吴福清捐资40万元、湖南乡余志平捐资30多万元为家乡修路。全区能人志士共捐资1012万元投入家乡建设，新修农村公路30余千米，架桥6座。

【市城区赣东大道改造工程竣工通车】 赣东大道是抚州城区一条南北向主干道，道路贯穿中心城区的人口和商业密集区。原沥青路面年久失修，坑槽、网裂、沉陷等严重，赣东大道（环城南路段—迎宾大道段）改造工程被列入2015年重点推进民生工程项目之一，路线全长约3千米，改造内容为路基、路面、排水、地下管线等工程，改造后的道路等级为城市主干道，设计行车速度为40KM/h，路面结构为沥青砼路面，设计使用年限为15年。经过3个多月的紧张施工，环城南路—迎宾大道段）全线竣工通车。

为尽可能减少施工对交通和市民出行的影响，赣东大道改造工程分3段封闭施工。2015年8月29日，环城南路—临川大道段开始封闭施工，12月9日完工通车；2015年10月17日，临川大道—南门路段开始封路施工；11月11日，南门路—迎宾大道段开始封路施工。施工人员克服地下管线极为复杂等不利因素，在确保工程质量的前提下，加快推进施工进度，使改造路段在春节前完工通车。

【抚州东外环高速公路开工建设】 东外环高速公路位于临川区和金溪县境内，与南面的金抚高速、西面的福银高速和北面的东昌高速共同组成完整的抚州市环城高速公路网。项目起于临川区太阳镇，与正在建设的东昌高速公路对接，向南先后跨越老省道208和东临一级公路，往东南方向经湖南乡园艺场等地再跨越通往灵谷峰旅游公路，沿国道316平行延伸进入金溪县浒湾镇，再跨越国道316、金临渠，于郭家村西面跨越抚河重新进入临川境内，在嵩湖乡杨家村附近，与金抚高速公路连接。途经临川区太阳镇、七里岗乡、湖南乡、嵩湖乡和金溪县浒湾镇等2个县(区)5个乡镇。

抚州东外环高速公路全线采用双向四车道标准建设，主线全长22.61千米，连接线4.73千米，项目初步概算20.12亿元，计划工期24个月。其中王安石特大桥作为该项目的控制性工程，设计为双向车道景观桥，连接抚河东西两岸，全长1417米，全桥桥孔布置共8联，第二联主跨168米，为飞燕式钢管混凝土系杆拱桥，在江西高速公路建设中尚属首例。王安石特大桥位于临川区湖南乡摆上郑家附近，是抚州东外环高速公路东互通A匝道连接线上为跨抚河而拟建的一座大型桥梁。

抚州东互通连接线按一级公路标准设计，该项目起于抚州东收费站进出口处，先后跨越国道G316和金临渠，沿喻家村南面延伸，在湖南乡摆上郑家村附近跨越抚河，之后对接王安石大道。

2016年8月30日，抚州东外环高速公路及广昌—吉安高速公路（抚州段）建设征地和房屋征收动员会在市政府常务会议室召开。这两条高速公路途经临川、金溪、广昌三个县（区），线路总长度211.2千米，需征用土地约430.40公顷，征收房屋面积约4.22万平方米。要求在2016年10月前全面完成征地和房屋征收工作任务，确保项目如期开工。11月18日上午，抚州东外环高速王安石特大桥钢栈桥正式动工，标志着抚州东外环高速公路建设序幕正式拉开。

【抚州市公共自行车服务试运行】 为响应“生态文明、绿色出行”的环保理念，有效缓解城区交通拥堵及环境污染问题，抚州市决定建设公共自行车租赁系统，投入1万辆自行车，覆盖整个市城区，拟分三期建设。一期采取PPP模式建设，从2016年7月15日开工到9月22日租赁系统工程竣工，共投放自行车3000辆，设立自行车租赁站点150个，配套3300个锁止器。二期规划建设150个站点，投放3000辆自行车，计划2017年完成。三期规划建设200个站点，投放4000辆自行车，计划2018年完成。2016年9月22日正式试运行，站点设立在市直机关单位、学校、商业街、医院、主要小区等人口密集的地方。

【快速公交系统（BRT）呼之欲出】 快速公交系统简称BRT，是一种介于快速轨道交通与常规公交之间的新型公共客运系统，被称为“地面上的地铁”。它利用现代化公交技术配合智能交通和运营管理（集成调度系统），开辟公交专用道路和建造新式公交车站，实现轨道交通模式的运营服务，达到轻轨服务水准的一种独特的城市客运系统。10月20日，抚州BRT项目建设协调会召开，标志着经过5年多的反复论证，抚州市快速公交系统（BRT）已完成项目初步设计，10月底完成项目施工图设计、预算等工作，将于2017年3月动工建设。

抚州市BRT项目是城市基础设施综合改善项目（亚行项目）四个子项目之一，旨在通过建设快速、高效的公交服务，实现市主城区与向莆铁路、抚州客运站多式联运枢纽的有效衔接，以便捷的大运量交通模式拉近城区间的距离，带动城区发展，提高城市竞争力。自2011年BRT项目启动以后，先后考察兰州、宜昌BRT项目，经过反复论证，3次报江西省发改委修改线路，最终确定运行线路，即“新剪子口—文昌大道—赣东大桥—赣东大道—环城南路—玉茗大道—迎宾大道—赣东大道—站前大道—火车站”弓字形走廊。

BRT工程线路全长约13.4千米，全线设置22座路中车站，平均站间距600米，建设内容包括：BRT车站、车道修建，运营管理系统相关设备购置，BRT车站处拓宽及升级改造，自行车道、人行道修建和升级改造，交叉口渠化、管线及绿化迁移等，项目总投资约3.5亿元。

【投资6亿元改造316国道花山界至黄狮渡段】 G316资溪花山界—南城黄狮渡路段现为三级公路，大多是盘山险路，是该国道的“瓶颈”。该工程项目全长49.28千米，按二级公路技术标准建设，设计荷载公路Ⅰ级、时速60千米，路基宽度10米，沥青混凝土路面，预算总投资60537万元。该项目采取PPP项目合作模式，引入社会资本融资建设，由江西赣东路桥建设集团有限公司施工总承包。11月5日，资溪县资南公路项目有限公司挂牌成立，施工、监理、检测单位全部进场，改建工程正式开工建设。

【市中心城区公交枢纽工程正式开工】 6月20日，抚州市中心城区举行简短的公交枢纽工程开工仪式。该工程位于抚州火车站旁，总建筑面积36020平方米，由公交公司总部综合楼和公交总主站楼等建筑组成，建设工期17个月。公交枢纽工程规划有综合楼、主站楼、设备检测维修房和配套风雨棚，其中主站楼面积8000平方米，维修车间4000平方米，另外还要建设BRT接客区、落客区。

【江西省首座高速公路快充站落户东乡】 11月22日，沪昆高速东乡服务区电动汽车城际快充站，成功接入国家电网公司“易充电”车联网平台，标志着江西省首座高速快充站正式投入运行，实现高速充电站建设零的突破。

高速公路城际快充站，按照统一标准，统一规范的原则，采取“一期两机四桩，远期四机八桩”典型设计，每站安装2台分体式直流充电机、4台直流充电桩，可同时满足4辆电动汽车快速充电需求。每辆电动汽车充电时间20至30分钟，即可充满电池额定容量的80%，满足电动汽车城际出行需求。

“易充电”是国家电网公司打造的车联网平台，用户可通过支付宝、购买售电卡、扫描充电桩二维码等方式进行充电。自2016年8月30日国网江西电力公司与江西省高速公路集团签订《服务区快充站特许经营框架协议》，高速公路快充站建设正式拉开大幕，至年底已建成沪昆、大广、福银3条高速服务区的36个高速城际快充站。

【黎川乡村公路建设筑起致富通途】 黎川县抓住国家加快农村公路建设发展机遇，把公路建设作为建设新农村、改善农村交通基础设施条件与广大农民生产生活环境的民心工程来抓，科学规划，多方筹措资金，确保工程质量。截至2016年12月，该县农村公路通水泥路里程847.7千米，乡镇、行政村和60%的村小组通水泥（油）路。

该县积极争取公路建设项目立项，用好用活省、市对农村公路建设的各项扶持政策。5年中，共争取农村公路建设项目384.6千米，其中，县乡公路改造项目18.4千米、客运网络化连通工程28.9千米、通村小组项目337.3千米。多方整合资金，争取省财政每千米补助10万元、县财政每千米补助4万元，用于农村公路建设。

（陈根玲）

【东乡县首条旅游公路建成】东乡县城至东乡历史文化重地黎圩镇古村落群旅游公路全长约30千米，该项目共申请PSL（农村公路抵押补充贷款政策）贷款1.12亿元。一期工程东抚线—佛岭国际公园3千米，投资2800万元，按路面宽18米，路基宽24米建设，路面结构层采用沥青混凝土路面+双水稳基层+未筛分碎石垫层。2016年4月动工，12月建成。二期正在规划阶段。

东抚线—黎圩镇旅游公路全线建成后，将形成一条独具特色的文化旅游线路，涵盖佛岭国际公园（申报国家AAAA景区）、王安石故里上池（省AAA乡村旅游点），江西省历史文化名村浯溪、侯桥白居易后裔古村、后畲书院文化古村等，旅游公路沿途峰峦叠嶂、风光旖旎的最美旅游公路。

【东乡县农村公路建管养实现新跨越】东乡县成立农村公路建管养领导小组，制定《东乡县农村公路建设管理办法》《东乡县农村公路养护管理实施办法》《农村公路应急抢险制度》，形成“政府主导，部门推动，一体运作，合力共建”的工作格局。县财政配套县道升级改造1448万元，危桥改造配套670万元，安排日常养护资金170万元。全县17个乡镇场、143个行政村全部通水泥路，25户以上自然村通水泥路达70%。全年完成通自然村公路80千米，完成危桥改造5座，总投资3224万元，其中县财政投资840万元，上级补助资金1104万元，乡镇自筹1280万元。

县交通运输局制定《农村公路养护管理站岗位细则》《农村公路养护管理办法》《农村公路管理考核办法》，形成“政府统领，交通管理，乡镇组织，承包人具体实施”模式，按公路行政等级由乡镇落实养护管理人员，县道每3千米配备一名养路工，乡道每5千米配一名养路工，村道按村组数配备；将农村公路管养纳入县政府对各乡镇场年度综合考核评比的重要指标；县交通运输部门加强乡镇场日常养护管理动态考核，县乡道每月检查考核一次、村道每季度检查考核一次，实行县乡村道养护质量与其养护经费挂钩，构建“责任以乡镇政府为主体，投入以公共财政为主体，监管以交通运输部门为主体”的运行格局。全县17个乡镇场均成立综合执法队，配备执法人员，负责属地路政巡查治理工作。拆除农村公路两侧违章临时建筑36栋，清除违章建筑堆积物7000立方米；清理生活垃圾600余吨、非法占道经营摊点1200个、清理公路边沟7万余米；修复破损路面2.1万平方米，安装标志标牌350余块。对公路上晒粮、挖沟放水等行为及时制止，农村公路路产路权维护得到保障。

（东乡交通局）

【南城盱江大桥新建暨太平桥重建工程竣工】盱江大桥（新桥）位于南城县城区太平桥上游约1.2千米处，是南城县政府自筹资金新建的第13座公路大桥。大桥西与城区主干道（富民路）对连、东与黎河大道平交，呈东西走向，全长2.5千米，其中桥梁长546米、宽23米，引道1.95千米。采用一级公路（兼顾城市主干路功能）标准建设，设计速度60km/h，设计荷载为公路－Ⅰ级兼城市－A级，设计洪水频率为1/100，项目总投资约1.24亿元。全桥共分四联14跨，桥梁上部构造采用预应力变截面连续箱梁+等截面连续箱梁。特别是采用造型美观的V型支撑连续箱梁，且全桥的预应力砼现浇连续箱梁都是在河面铺筑满堂支架建设的，施工难度相当大，尤其是一次性张拉一联200多米的钢绞线技术在国内内河公路桥梁建设史上也鲜见；下部结构桥台采用肋板台，桥墩采用薄壁墩，墩台采用桩基础；23米宽的桥面布置形式为12米宽的通车道+2×3.5米宽的非机动车道和+2×2米宽的人行道。工程于2014年3月开工，2016年12月底正式建成通车。

【南城县麻姑山旅游公路动兴建】工程东起国道206绕城线秋水园段，沿西下穿向莆铁路、福银高速桥，经张家石村，终于麻姑山景区上山公路入口，全长约2.25千米，采用二级公路兼顾城市道路标准，设计时速40千米，沥青砼路面，项目总投资约6000万元，工程于2016年1月开工，至年底完成路面垫层。

（王素红）

公路建设与管理

【概况】2016年，抚州市公路总里程1601.25千米，其中，国道744.64千米，占总里程46.5%；省道638.88千米，占总里程39.9%；县道157.03千米，占总里程9.81%；乡道59.08千米，占总里程的3.69%。全市有一级公路205.04千米，占总里程12.81%，比2015年增长17.5个百分点；二级786.94千米，占总里程49.15%，比2015年17.38个百分点；三级公路403.06千米，占总里程25.17%，比2015年下降15.71个百分点；四级公路206.21千米，占总里程的12.88%，比2015年下降13.69个百分点。全市高级路面1472.11千米（油路411.97千米+水泥路面1060.14千米），次高级路面124.314千米，中级、低级、无路面4.83千米。有永久性桥梁458座19287.74延米，危桥81座6813.17延米。省道长兴岭隧道1道570延米。

2016年，全市公路系统围绕中心、服务大局，履职尽责、主动作为，全面完成年度各项目标任务，实现“十三五”公路发展的良好开局。

项目建设谱写新篇章。续建项目S208石宁线宜黄黄陂至隘上、S214丰德线南城洪门至蛟山升级改造项目主体工程完成，零星附属工程正在扫尾和完善；S214丰德线黎川德胜关至叶竹隘升级改造项目，由于受水淹路段调整设计和征地拆迁不到位的影响，剩余6千米延迟至2017年实施完成。新建项目G238乐安山砀至鳌溪主体工程完成，G528广昌中坊桥至何家井部分路段已开始路基施工，G316资溪花山界至南城黄狮渡“瓶颈路”、G322瑞友线宜黄黄陂至乐安鳌溪“断头路”两个市重点建设项目都在紧锣密鼓实施。编制完成“十三五”公路发展规划，列入交通部库、江西省库项目共16个382.7千米，其中交通部库项目9个249.9千米，江西省库项目7个132.8千米。委托赣东公路设计院编制完成G322南丰市山至杉树坳、S213宜黄棠阴至南城里塔、G206广昌驿前、S433崇仁巴山至咸溪、S433咸溪至乐安店元等项目工程可行性研究报告，并通过省公路局组织的行业评审。

养护管理实现新提升。实施养护大中修项目5个114.64千米，其中大修68.55千米、中修46.09千米。尽管省公路局没有下达危桥改造计划，但出于保安全，市公路局先行垫资1360万元，对存在安全隐患的G316孔家渡大桥、S208抚河大桥等16座桥梁进行加固维修。此外，实施安保工程55千米、灾害防治工程5千米。推广废旧路面材料循环再生利用技术，在S209南傅线、G206烟汕线路面改建中采用水稳再生技术，在S208、S215、S318水泥路面“白改黑”路面改建中采用碎石化技术，取得较好效果。截至年底，全市普通国省干线公路优良路率达到87%，公路技术状况指数（PQI）值达到84.2，分别比2015年提高1.5和1.2个百分点，“畅安舒美”的公路形象逐步形成。

依法治路得到新突破。全市统一开展治超集中整治专项行动，实行政府主导、部门联动，标本兼治、长效治理。在原有4个固定治超站的基础上，新增治超站点9个，组建流动治超队伍32支，出动治超执法人员7.13万人次，检测涉嫌车辆91.89万辆次，查处违法超限超载车辆9645辆次，卸载货物5.21万吨，切割改装车辆292辆，处理案件1223件，交警记分6955分，处罚金额908万元。会同沿线乡镇和有关部门联合行动，共拆除干线公路沿线违法建筑17处621平方米，拆除违法搭建雨棚498处，拆除广告牌等非公路标志502块，拆除违法加水点25处，清除占路堆积物4360平方米，清理摆摊设点21处，基本实现干线公路沿线无违章建筑、无私搭乱建、无占路为市、无摆摊设点、无乱堆乱放、无乱丢乱弃、无打谷晒场、无非法广告“八无目标”。

企业发展再创新辉煌。赣东路桥集团中标工程项目15个，合同价17.7亿元，积极参与公路、房建、市政、交通附属工程等项目，累计在建项目51个，完成产值23.7亿元。博信监理公司承揽监理项目21个，合同价2189万元。赣东公路设计院完成设计项目139个，经营产值2212万元。恒通路桥、崇仁智达、东乡赣东、广昌中川、宜黄亿嘉等二级施工企业，年产值均突破亿元大关。实施创新驱动，赣东路桥与上饶现代路桥合作组建资南项目公司，参与抚州市公路局首个PPP项目——G316资溪花山界至南城黄狮渡公路改建项目。博信监理公司实行驻地监理制度，建立奖惩激励机制。赣东公路设计院倡导“科技富院、人才强院、改革兴院、文化立院”发展理念，增强员工对企业核心文化的认同感。

（黄　波　李水生）

【G316资溪花山界至南城黄狮渡公路改建工程PPP项目开工】路线起于316国道资溪县与福建光泽县的省界处（花山界），途经资溪县鹤城镇、高阜镇、嵩市镇、高田乡，终于南城县沙洲镇的黄狮渡。全长49.28千米，有小桥100米/5座，中桥389米/9座，大桥265米/2座；隧道1855米/3道。

按二级公路水泥砼路面改建，总投资64609.61万元，其中建安费49890.57万元。11月16日开工建设，预计2018年10月完工。

【G322宜黄黄陂至乐安鳌溪段新建工程PPP项目开工】该工程分两段建设，宜黄境内路线起于黄陂镇，终点接于乐安县谷岗乡板岭村附近。全长13.05千米，有桥梁2347米/5座，其中，大桥4座，中桥1座；宜乐隧道（宜黄境内）长1188米。按二级公路沥青混凝土路面建设，总投资34206.5万元。9月8日开工建设，预计2018年9月完工。

乐安境内路线起于谷岗乡，终点接于鳌溪镇。全长27.03千米，有中桥176米/3座，大桥106米/1座，隧道1502米/2道。按二级公路沥青混凝土路面建设，总投资48339.06万元。6月30日开工建设，预计2018年6月完工。

【G528龙广线中坊桥至何家井段公路改造工程开工】路线起于原省道S222宋水线（中坊桥附近）K453+209处，跨越盱江，终于原S222宋水线K445+632处与G206国道（昌厦公路）Y型交叉，全长7.73千米，有中桥80米/1座，小桥6.3米/1座。按一级公路兼有城市道路功能沥青砼路面改建，总投资10536.75万元。8月30日开工建设，预计2017年9月完工。

【S208石宁线宜黄二都至隘上段公路改建工程完工】该工程分两段建设。二都至隘上段路线起于二都镇，终于黄陂镇，全长16.61千米，有小桥100米/6座。按二级公路水泥砼路面改建，总投资5506.86万元，2015年1月18日开工建设，2016年12月16日完工。

黄陂至隘上段路线起于黄陂

镇，经秀山、淳岭、凹下、东陂镇，与省道318共线，经河溪村，在下堡与省道318分线，经三溪村，终于宜黄县与宁都县交界处隘上，全长24.098千米，有中桥89.5米/1座，小桥99.24米/6座，按二级公路水泥砼路面改建，总投资8233.88万元。2015年4月10日开工建设，2016年12月26日完工。

【S214丰德线南城洪门至蛟山段公路改建工程完工】 路线起于南城县洪门镇，终于蛟山村，全长5千米，有中桥239.16米/4座，小桥38.16米/4座。按二级公路水泥砼路面改建，总投资10791.55万元。2015年3月10日开工建设，2016年12月30日完工。

（夏春花　李水生）

【Y528乐安招携至高望段公路改建工程竣工】 经江西省公路管理局批准，该项目属于罗霄山脉集中连片特困地区道路升级改造工程中的一段，项目起于S222宋溪至水南招携镇，终于高望村，路线全长16.25千米，原老路为四级公路，平纵线形指标差，急弯、陡坡、碎坡路段多，行车安全性差，现状建为水泥混凝土路面，路基宽6.5米，路面宽5米，工程总造价3406.87万元。

改建工程按三级公路建设，设计速度30km/h；路幅宽度7.5米，双向双车道，采用水泥混凝土路面，设计年限15年，2月1日开工建设，12月31日竣工。

【全国人大常委会副委员长吉炳轩到抚州开展道路交通安全法执法检查】 8月24—25日，全国人大常委会副委员长吉炳轩率全国人大常委会道路交通安全法执法检查组就《中国道路交通安全法》执法情况到抚州进行专题调研。全国人大内务司法委员会副主任委员秦光荣，全国人大法律委员会副主任委员李连宁，全国人大内务司法委员会委员张涛，全国人大内务司法委员会内务室主任于建伟，公安部交通管理局副巡视员李泽军和江西省人大常委会副主任谢亦森，省人大内司委主任委员胡宪、副主任委员陈友锦随同调研。抚州市委书记肖毅，市长张鸿星，市人大常委会主任魏建锋、副主任杨小梅分别陪同。

吉炳轩一行来到南城县黄狮渡治超受理大厅，仔细察看治超工作流程、执法程序标准及相关管理制度，并对超限与超载车辆如何认定、车流量和车辆超限率数据的采集、货运车辆行走高速和国省道的数量、超限车辆处理流程等问题一一询问。在听取该站治超工作情况汇报后，吉炳轩对该站路面规范执法和源头严格监管所取得的成绩表示肯定。强调要使治超工作常态化、长效化，对货运车辆超限超载运输持续保持高压态势，凡是超限超载车辆坚决依法依规进行查处，绝不姑息。

（张建辉　刘高明）

【市公路局领导名录】
局　　　长：苏建国
党　委　书　记：王晓鹏
党委委员、副局长：曾明水
何华春
刘其昌
党　委　副　书　记：刘　弘
党委委员、总工程师：曹细春
纪　委　书　记：吴桃金（任至9月）

高速公路路政管理

【概况】 抚州高速公路路政管理支队为全额拨款的事业单位，支队机关内设综合科、业务科、财务审计科3个科室，下设8个高速公路路政管理大队。2016年，抚州高速公路路政支队本着"团结、务实、优质、高效"的精神，较好完成各项目标任务。全年共查处路政案件454起，查处率达100%，结案432起，结案率达95%，收回路产赔偿款440万余元，赔偿率达96%；对建筑控制区内违章建筑严格管控，受理且总队已审批行政许可15件，为过往司乘人员提供紧急救援服务1000余次，确保高速公路的完好、安全和畅通。

【加大路域环境整治力度】 一是健全违法整治涉路设施综合整治工作机制，全年集中开展4次整治活动，每半个月听取各大队违法整治涉路设施综合整治工作汇报，支队领导经常深入一线，靠前指挥，现场办公，研究解决工作中遇到的困难和问题。二是利用支队网站和《违法整治涉路设施综合整治简报》，宣传好的经验、做法，努力营造全社会关心支持违法整治涉路设施综合整治的良好氛围。三是深入高速沿线村庄、乡镇部门以及中小学校，加强爱路护路宣传教育，共出动宣传车332余辆次，人员488余人次，悬挂标语24条，发放宣传资料4600多份，接待现场咨询800多人次。支队人员踊跃撰写相关新闻稿件，在各类新闻媒体上稿120余篇。四是协调参与，丰富执法手段，以路政为主导，相关单位联动、社会各界广泛参与，协调推进综合整治工作的机制初步形成。同时，加强与市中级人民法院工作协调，解决路政执法过程中强制执行难、执法效果不佳等问题。

【拆除高速沿线违法广告设施】 根据江西省委、省政府安排部署，抚州市用一个月时间，拆除高速公路沿线违法广告设施，竭力把每一条高速公路打造成为景观高速、生态高速、环保高速。为此，市政府成立专项整治领导小组，明确各县（区）政府主体责任和目标任务。抚州路政支队作为牵头单位，一是拟定高速公路沿线广告设施专项清理整治工作方案，明确整治内容、分工、步骤和考核机制。二是加强宣传，印发《抚州市人民政府关于开展全市高速公路沿线广告设施专项清理整治工作的通告》，明确整治时间、整治范围，要求各广告经营单位或个人在8月28日前自行拆除，否则依法给予行政处罚。三是前期摸排深入细致。全省电视电话会议召开后，支队组织路政人员深入高速沿线和村、镇进行全面摸底调查，掌握广告牌设置位置、类型、数量、状态、归属等情况，整理《抚州市高速沿线广告设施汇总表》，为整治工作提供第一手资料。四是加强联动机制，完善广告拆除整治工作现场预案，由支队长艾志茂任总指挥，保证拆除工作稳步推进。争取市政府领导支持，每天以手机简报的形式将当天整治情况向市政府分管市长报告，整治期间，市政府先后召开6次协调会、推动会，共同抓好整治工作。五是做好检查验收，巩固整治成果。各县（区）整治工作完成后，成立以市政府领导、市交通局局长和抚州高速路政支队领导为组长的验收小组，于9月12日对全市广告整治工作进行验收。此次整治，全市共拆除境内高速公路沿线（可视范围内）违法广告设施245块，占清理整治工作计划数的100.08%，得到省委、省政府领导的充分肯定。

【加大路产路权维护力度】 按照《江西省公路路政管理总队全省高速公路违法涉路设施专项治理工作方案》，抚州支队初步排查出各类违法涉路设施1102处，支队对管辖路段内不少于总量20%的违法涉路设施确定为第一批治理对象共219起，其中设施类165起，占15%，非公路标志类54起，占5%。案件查处过程中应当事人要求，支队依法组织听证2次涉及案件9起，在支队路域环境整治高压态势下，相关涉路设施设置单位（移动、联通、电信、供电）多次主动到路政部门申请办理行政审批手续。

【加强路政巡查】 抚州支队根据辖区高速公路沿线车流量，对路面巡查计划进行科学调整，及时采取措施，切实提高巡查率，保证巡查质量。截至10月30日，共计巡查19104人次，巡查里程66.61万千米，发现影响行车安全的路面坑槽、隔离栅破损共计573余处，下发修复告知书289余份。

【抓好联勤联动】 健全联动机制，与高速公路抚州联网管理中心、梨温公司、鹰瑞高速、辖区高速交警建立协调有效、反应快速、处置高效的高速公路联勤联动机制，共同加强道路交通安全隐患排查、打击公路设施盗窃、联合巡管宣传执法等工作内容的合作，提升高速公路管理水平和服务水平。年内，抚州高速公路路政支队分别与高速交警、管理中心等单位召开联勤联动会议8次，集中整治6次。通过联勤联动，基本实现共同维护高速公路路产路权完整和道路交通安全畅通。

【抓好清障施救监管】 抚州支队进一步加强对清障施救的监管力度，严格按照《江西省高速公路清障施救服务监督卡使用规定》等制度、文件要求加强对公示栏，公示收费项目、标准、金额和文件依据等项目的检查督导。要求大队全体路政人员在日常巡查中，对故障车做到逢车必问，逢车必查，并建立相关台账，做好监管记录。加强沟通协调，正确引导和帮助清障施救单位共同做好清障施救工作，促使清障施救单位切实做到"按章收费、严格管理、快速反应、保障畅通"，全年共监管清障施救行为908起，发放服务监督卡908张，无一例有效投诉。

【为东昌高速保驾护航】 东昌高速公路将于年底建成通车，路面摊铺不间断紧张进行，然而一些重型货车为少缴通行费和逃避治超，选择集体冲卡到尚未完工的东昌高速通行，给正在施工的人员和车辆秩序带来极大的安全威胁。抚州支队积极开展交通协助管理，支队成立交通协管工作领导小组和工作督导组，于10月17日派出4个大队到4个冲卡密集点开展守点，保证每个点上24小时有人驻守。同时，每天安排一辆巡查车开展全程巡查，播放车载录音，宣传公路法和《江西省高速公路管理条例》，并做好通车前正式进驻实施高速路政管理的各项准备工作。4个管制点服务施工车辆2700多车次；劝返社会车辆1200多辆、摩托车500多辆，行人200余人；查实、没收假通行证200余张；督查20余次，巡查60余次，6000多千米，实现"保安全施工、无责任事故"工作目标，为12月18日通车做出积极贡献。

（全永生）

【抚州高速公路路政管理支队领导名录】

支　　队　　　　长：艾志茂
副　　支　　队　　长：卢森生
纪委书记、工会主席：李　涛

公路运输与安全生产

【概况】 随着"十三五"交通运输发展规划的顺利实施，全市交通运输事业得到长足发展。至2016年12月，全市有道路客运经营业户44家、客运车辆1440辆共32686个客位；有客运线路723条，其中，跨省85条、跨地（市）130条、跨县81条、县内427条，客运线路平均日发班次5944班次；拥有等级客运站60个，其中，一级站1个、二级站13个、三级站2个、四级站1个、五级站43个；年完成客运量4351万人，旅客周转量182717万人千米。全市有道路货物运输业户10038家、货运车辆40284辆共434886吨位，年完成货运量14183万吨，货物周转量4368170万吨千米。拥有机动车维修业户472户，汽车综合性能检测站7个。机动车驾驶员培训业户38户，其中，一级7户、二级21户、三级10户。

全市有农村客运站1182个，151个乡镇、1800个建制村有1717个通班车。全年完成农村客运量2236万人，旅客周转量88023万人千米。

【全市春运公路客运发送旅客446万人次】 2016年春运，全市公路客运投入班车1382辆，其中，备用运力10辆，旅游客车35辆，加班1512个。春运期间公路运送旅客446.18万人次，比2015年春运增加1.01%。

为维护春运安全，保证客流畅

通，全市各车站加派驻站人员 83 人，随时为车站发放加班包车牌证，督查安全生产，维护站内及站场周边秩序。出动稽查人员 5600 余人次，出动稽查车 1350 余车次，检查运输企业 60 余家。查处违规出租车 400 余辆，查处黑车 70 余辆，违规客车 8 辆。为方便旅客投诉及咨询，市运管部门开通 12328 咨询投诉热线，处理完结信访投诉 25 起。全市未发生一起重大安全生产责任事故。

（陈根玲）

【抚州长运公司年完成客运量 569.42 万人次】 2016 年，抚州长运公司有车辆 429 辆、线路 207 条、班次 1998 班，客运班线通达粤、琼、闽、浙、鄂、沪、苏、湘七省一市和省内所有地级市，区乡班线已基本覆盖全市所有乡镇。跨省线路 59 条，跨市区线路 95 条，县内线路 53 条，里程总长 7.35 万千米。

该公司有员工 753 人，全年完成客运量 569.42 万人次，完成客运周转量 57868.96 万人千米，分别比 2015 年下降 4.74% 和 9.71%；实现售票收入 16780.04 万元，完成预算的 88.98%，比 2015 年减少 2230.1 万元，减幅为 11.73%。

（梅钟林）

【抚州市区至抚州东站公交专线运送旅客逾百万】 位于东乡县城的抚州东站是沪昆高铁在抚州市境内设立的唯一的高铁站点，公交班线为市城区架起对接沪昆高铁的桥梁，截至年底，公交班线发送旅客超过百万人次，极大地方便广大群众的出行。

2014 年 12 月 10 日，沪昆高铁南昌—杭州段正式开通运营，抚州东站带领抚州人民跨入高铁新时代。从抚州东站出发，2 小时至杭州，3 小时至上海成为现实。为更好地满足抚州市城区至抚州东站往返的需要，2015 年 4 月 18 日，开通抚州市城区至抚州东站公交班线，全程实行一票制，票价为 10 元 / 人，刷卡 8 元，线路全程共设置 6 个站点，分别是起始站市区五皇殿汽车站、贸易广场站、南昌大学抚州医学分院站、东乡县新体育馆站、东乡火车站和抚州东站，全程约 70 分钟。一年中，该班线发送旅客人数直线上升，从刚开通时的每天不到 1000 人次，增至每天 3000 多人次，最多的发送旅客 5500 多人次。截至 2016 年 12 月，共发送旅客超过百万人次。为增加运力，该线公交车辆增加 4 辆，每天正常运行班次从 100 个增加到 116 个。

为方便各县（区）旅客乘坐公交班线，公交班线在市区起点站五皇殿汽车站提前 8 分钟发车，在旅客集中的贸易广场站候车 8 分钟，直到下一辆公交车的到来，旅客到贸易广场站随时都能坐上这条公交班线。

【抚州市举行新能源公交车交车仪式】 抚州市被列为国家节能与新能源汽车示范推广试点城市后，市委、市政府加大新能源公交车应用和推广力度，调整优化公交车辆结构，推进全市交通运输领域节能减排。3 月 25 日，抚州市公交总公司采购江铃集团新能源公交车举行交车仪式，此次新添 20 辆插电式混合动力客车，对提升城市品位、改善群众出行条件、提高群众生活质量发挥重要作用。

【东乡百辆新能源公交车引领“绿色出行”】 东乡县是江西省唯一入选国家首批 APEC 低碳示范城镇，2016 年，县政府在城南划拨 1.33 公顷土地，由盛星公交公司投资建成一座 1000 千伏安的充电站，购进 70 台大型纯电动空调公交车，让全县群众同享低碳生活。为进一步推广使用电动汽车，该县长运公司也紧随其后，购买 30 辆纯电动公交投入使用，燃油车退出县城营运，转入乡镇农运。至此，该县共有纯电动公交车 100 辆，分布于全县 8 条公交线路。该县还在高铁抚州东站、经济开发区等公交首末站及各乡镇场等地建设充电站，使东乡县新能源公交汽车延伸到各乡镇，实现全县主干公路上电动公交全覆盖。

（陈根玲）

【南城县城市公交开启“零排放”新纪元】 11 月 18 日，随着新购置的 70 辆新能源纯电动公交车一次性投入使用，加上 7 月 12 日首批购进的 20 辆纯电动公交车，该县运营的新能源纯电动公交车达到 90 辆，原有的 32 辆柴油动力公交车全部淘汰，标志着该县在优先发展公共交通、推动绿色环保低碳出行上迈出坚实的一步。该县共开通 8 条城市公交线路，投入运营的公交车 128 辆，县城的“二河三岸”、三大工业园区、所有学校和城市主干道、汽（火）车站等实现全覆盖，市民乘坐公交出行更加便捷。

（王素红）

【抚州城区至金溪城际公交正式运营】 9 月 18 日，抚州—金溪城际公交正式开通。全程实行一票制，票价每人 10 元，刷卡 8 折。有两条线路：抚州客运总站—金溪汽车站，运行时间为 6:30—18:30，日发班次 36 个，发车时间间隔 15 ~ 20 分钟。途经赣东大道、青云峰路、金巢大道、抚河大桥、洋洲大桥、鹏溪、黄坊古村（灵谷峰、乔治山庄）、丁家桥头、浒湾汽车站（浒湾古镇、书铺街）、旱树（疏口古村）、茗溪路口、枫山、金泰和庄、国际大酒店、金都大酒店、金溪汽车站；抚州火车站—金溪汽车站，发车时间：11:30、12:40、13:30、16:40、18:30、19:30。途经王安石大道、玉茗大道、迎宾大道、文昌大道、抚河大桥、洋洲大桥、鹏溪、黄坊古村（灵谷峰、乔治山庄）、丁家桥头、浒湾汽车站（浒湾古镇、书铺街）、旱树（疏口古村）、茗溪路口、枫山、金泰和庄、国际大酒店、金都大酒店、金溪汽车站。

（陈根玲）

【黎川县开通黎川—南城城际公交】 随着向莆铁路的开通，选择铁路出行的市民越来越多，但由于向莆铁路在黎川县未设站，通过向莆铁路出行须辗转南城或建宁等地换乘，而现有南城和建宁客运班次设置与车辆停靠站点对黎川市民换乘极为不便，迫切希望开通黎川—

南城动车站城际公交专线，解决铁路交通出行难问题。经过积极筹备，黎川县于12月30日开通黎川—南城城际公交。

黎川—南城动车站城际公交采取公司化经营、政府专项补贴的运营管理模式。由抚州长运公司注册成立黎川县长运城际公交公司。公交专线设置黎川客运中心、南城动车站和南城汽车站3个站点，车辆双向对开，每日往返20趟次。全程实行一票制，单程每人次15元，刷卡9折。公交专线投放5辆31+1座公交客车。

（周建国）

【出台出租车驾驶员“黑名单”制度】 为加强出租车客运行业管理，规范出租车经营行为，提高出租车驾驶员的服务水平，根据《江西省道路运输条例》，5月11日，出台《抚州市出租汽车驾驶员“黑名单”制度（试行）》。违反该制度人员将列入“黑名单”，并在市运政网上公布。黑名单公布的停岗期分为3天、7天、15天、1个月和6个月共五类。凡列入“黑名单”两次的驾驶员，吊销其从业资格证；凡吊销从业资格证的驾驶员，3年内不得在城区从事出租车客运经营服务。

制度规定，车容车貌脏乱差、GPS损坏两天内未及时维修的停岗接受学习3天。因拒载、绕道、不打表、倒客、甩客、拼客、不按计价器收费等违章行为，遭两次以上有责投诉的，或在出租汽车经营活动中，发生交通事故致人受伤且负同等或主要责任的；以及恐吓、威胁、殴打、辱骂乘客或执法人员的停岗1个月，同时停车学习15天。在出租汽车经营活动中，发生恶劣服务质量被投诉的，参与影响社会公共秩序、损害社会公众利益的停运、上访、聚众闹事的，停岗6个月，同时接受学习30天。对拒绝接受运政执法人员依法检查、冲卡和严重违规造成恶劣影响或被追究刑事责任的出租车从业人员，吊销其从业资格证。年内有3人投诉，被列入客货运输驾驶员“黑名单”，吊销其从业资格证，并规定3年内不得重新申请道路运输从业资格证。

【抚州在全省率先实行驾培行业新服务模式】 从8月23日起，全市38家驾培学校在全省率先推行“按学时收费、先培训后收费”服务模式，覆盖率达100%，比全省规定的实行时间提前2年多。

传统驾培模式实行一次性收取学员培训费，带来服务较差，教学质量不高的弊端。为提升驾培水平和服务质量，满足学员自主选择权和个性化、差异化培训需求，推动驾培行业转型升级，江西省出台《江西省驾培行业推行“按学时收费、先培训后收费”服务模式实施方案》，规定到2016年底实行这种新服务模式的驾培机构覆盖率达50%，2017年达80%，2018年实现100%覆盖。2016年，抚州市有38所驾校，1793辆教练车，2092名教练员，全年培训学员12万名，其中35所驾校实行“按学时收费、先培训后付费”服务功能新模式，覆盖率90%以上。

按学时收费，是指驾培机构根据教学大纲规定的培训内容和学时，以学时为单元组织教学和测算培训价格，学员按照合同约定的收费标准，向驾培机构支付相应的培训费用。先培训后收费，是指学员在每一次培训结束后，按照合同约定的收费标准，向驾培机构支付本次培训的费用。同时，该服务模式充分保障学员自主选择权，即学员可自主选择教练员，自主预约培训时间，自主选择缴费方式。驾培机构不仅要提供现金、银行卡、网上支付等多种支付方式，还要安装使用符合交通运输部要求的“先培训后收费”功能的计时培训系统，并根据需求合理配置用于新服务模式的教学车辆。

（陈根玲）

【启动“最美客运司机”评选活动】 为充分发挥道德模范的引领作用，在全社会形成自觉践行社会主义核心价值观、争做最美抚州人的良好风尚，5月25日，由抚州市精神文明办、抚州市交通运输局联合举办的抚州“最美客运司机”评选活动正式启动。此次评选活动以“弘扬正气、学习典型”为主题，推选宣传客运司机爱岗敬业、技能超群、安全节能、甘于奉献、乐于助人的职业素质和高尚品质为目标，在全市范围推选公交车、出租车、客运班线车司机的先进典型。通过活动启动、全面推荐、评审公示、表彰宣传，评选出10名抚州“最美客运司机”。以榜样的力量不断提高广大驾驶员的文明素质和驾驶技能，努力营造道路运输行业安全文明行车、温馨优质服务的浓厚氛围。7月11日，“最美客运司机”表彰大会在市运管处举行。甘小明、胡益明、黄园红、上官光辉等10位司机受到表彰。

（梅钟林　陈　琳）

【市公路运输管理处领导名录】

处　　长：徐相生

副 处 长：薛惟惟　肖泉明
　　　　　邱裕民

【抚州长运有限公司领导名录】

党委书记：胡维泉（任至10月）
　　　　　叶宜民（12月任）

董事长、总经理：胡维泉

副总经理：肖良芝　杨　军
　　　　　占　梁

财务总监：苏月红（任至11月）
　　　　　涂志农（12月任）

纪委书记：张振国

总经理助理：杨平明　汤胜辉
　　　　　　花增荣（2月任）

水路运输与安全管理

【概况】 2016年，抚州市有水运企业22家，其中，沿海8家，内河14家。拥有船舶147艘，212509载重吨，57949.25千瓦，年完成运量195万吨，周转量152800万吨千米。年内通过运管部门核查企业9家（沿海企业3家，内河企业6家），限期整改11家（沿海企业9家，内河企业2家），核查船舶数126艘，177152载重吨，46098千瓦，核查率达99%。

【黎川县开展玉湖水域非法船舶载客专项治理】 随着黎川县玉湖景区旅游资源逐步得到开发，由此滋生部分村民或渔船无证照、无资质非法载客旅游的乱象，给人民群众的生命财产带来极大的安全隐患。黎川县运管部门高度重视玉湖水域非法载客船舶问题，积极开展专项整治。一是开展“三无”船舶调查摸底，采取逐一上门入户调查、排查的办法，查清核实玉湖水域共有“三无”船舶9艘，船主均为日峰镇玉湖张家村村民。二是加大宣传力度，主动上户宣传、张贴告示、刷写标语、树立警示牌、召开现场会等方式加强宣传。三是开展联合执法，坚决取缔非法营运船舶。组织日峰镇、安监、交通、农业等部门联合执法，对9条非法载客机帆船采取铁链锁住的办法，严禁其非法运营。通过治理，玉湖水域非法船舶载客现象得到有效遏制。

（周建国）

【水上交通安全知识进校园】“乘坐渡船要注意安全，上下要讲秩序，超载有雾咱不坐，救生衣物要备好”。3月28日是“全国中小学生安全教育日”，抚州海事局执法人员来到临川区孝桥镇龙湾村小学，为该校师生上了一堂以“水上交通安全”为主题的课，并赠送200余本《小学生水上交通安全教育读本》和一批救生衣物。

活动现场，执法人员围绕水上交通安全主题，传授水上交通、水上救生救助、防溺水等安全知识，现场示范救生衣和救生浮板的穿戴方法，并与师生互动，齐声朗读安全乘船知识歌谣和落水施救歌谣。孩子们在执法人员帮助下，学会怎样穿救生衣、怎样使用救生工具。大家在互动式、体验式的环境下，提高安全意识、提升安全技能。该校每年临近清明节时，很多学生均乘船去扫墓，抚州海事部门为师生讲解水上交通安全知识犹如一场及时雨，让大家受益匪浅。

（陈根玲）

【抚州港航局（地方海事局、船检局）领导名录】

局　　长：陈凤春
党委书记：高　峰
副 局 长：周少群
　　　　　杨伟欣（4月任）
纪委书记：黄造昌（4月任）

铁路运输

【概况】 2016年，抚州市境内拥有铁路5条计337.7千米，其中，沪昆铁路过境东乡县23千米，鹰厦铁路过境资溪县30.3千米，向乐铁路伸入临川、崇仁、乐安92.8千米，向莆铁路过境抚州158千米，沪昆铁路杭南长客运专线(简称“杭长客专”)过境东乡33.6千米。

【江西省铁投集团公司与抚州市铁路项目对接】 3月29日，江西省铁投集团公司与抚州市铁路项目对接会召开。抚州市委书记肖毅，市长张鸿星，江西省铁路投资集团公司董事长、党委书记熊燕斌出席并讲话。会议听取江西铁投关于抚州市铁路规划项目情况和有关事项的介绍，以及中铁第四勘察设计院关于昌抚城际铁路等项目方案研究情况的介绍。市领导和市直单位负责人结合实际，围绕完善铁路线路、合作方式、收益比例等踊跃发言。肖毅对江西铁投和中铁第四勘察设计院长期以来对抚州市经济社会发展给予的大力支持表示感谢，对铁路规划项目和昌抚城际等项目方案表示肯定。张鸿星指出，加快抚州铁路规划项目和昌抚城际铁路等项目的建设，顺应昌抚一体化和百姓的需求，希望铁投集团公司和中铁第四勘察设计院进一步完善方案，实现社会效益和经济效益相统一。熊燕斌说，铁投集团公司有责任、有义务支持抚州加快发展，与抚州携手推进铁路项目相关工作，为抚州经济社会发展做出应有贡献。

【东乡火车站新增三趟K字头列车停靠】 7月20日，南昌铁路局对途经管内的K字开头的80趟旅客列车运行方案进行优化调整，其中，东乡火车站新增福州—洛阳K30/1次等3趟旅客列车停靠，极大地方便沿线旅客的出行。此次优化调整共在赣闽湘三省增加120个停靠站点，停靠车站主要集中在京九、沪昆等铁路沿线。东乡火车站停靠站点增加的3趟K字头旅客列车分别是福州—洛阳K30/1次(0：26—0：28)、成都—宁波K424/1次（13：55—13：59）、杭州—成都K1271/4次（19：49—19：53）。

【抚州市三个火车站能办理“高铁快运”业务】 随着全国高铁网络日益完善，高铁快运服务日益成熟，南昌铁路局为了更好地适应市场发展和满足客户需求，从10月20日起，在管内沪昆、合福、向莆等铁路沿线，新增47个高铁快运办理站，其中，包括抚州市境内的抚州站、南城站和南丰站。

高铁快运是指铁路企业依托高铁列车等运输优势资源，为客户提供的小件物品全程运送服务，具有时效快、品质优、标准高、全天候等特点和优势。高铁快运主要面向批量小、价值高、时效强的商务文件、电商包裹、生物医药、冷链食品、应急物品等市场。市民可通过12306、95306、95572客服电话和网站、营业门店等多种渠道办理高铁快运业务。

（陈根玲）

【黎川县成立铁路建设推进工作领导小组】 为积极争取鹰梅铁路经过黎川并在黎川设站，2016年1月，黎川县成立铁路建设推进工作领导小组，由县人民政府县长任组长，县人大常委会、县政协主要领导和县政府常务副县长、分管交通的副县长任副组长，县政府办、发改委、交通运输局、财政局、土地局、林业局、城建局等部门负责人为成员，领导小组办公室设在县发改委，由发改委主任任办公室主任，交通运输局局长任副主任。

（周建国）

本栏编辑　陈志平

信息产业

综　述

2016年，抚州市信息产业实现新突破，赢得信息化发展先机。经过市工信委等部门努力争取，市大数据云计算发展获得省政府的支持，成为江西省三大数据中心之一。全力推进抚州中科曙光云计算大数据中心、卓朗信息产业园、森鸿科技产业园、科创园、双创园等1个中心和4个信息产业园建设，加快推进实施，引领市信息化产业爆发式增长。调整信息化工作布局，将市政务信息办整体并入市工信委，打造“三位一体”的整体推进工作格局。推进两化融合典型示范工程建设，全市共有11家企业获省级两化融合示范企业称号。开展信息化技术应用进园区、进企业活动，促进信息化知识的普及和应用。大力开展企业智能化改造，支持企业申报省智能制造试点示范项目，江铃底盘和迪比科两户企业获批试点。

（曾繁华）

基础建设和技术应用

2016年，一批信息化项目加速推进，抚州在江西省率先建成市县一体化的抚州中科曙光政务云计算大数据中心，卓朗大数据中心项目已全面开工建设。为抢占全省大数据发展先机，向省政府申报争取成为江西省大数据产业中心，“大力推进抚州大数据云计算项目建设”列入2017年省政府工作报告。

（曾繁华）

政务信息化

【概况】　2016年，抚州市政务信息化工作办公室紧紧围绕中心工作，按照“集约、共享、协同、高效”的总体要求，以“大平台、大集成、大数据、大智慧”为发展方向，以打造“智慧抚州”为重点，以项目建设为切入点，立足夯实基础，不断提高信息化管理水平、应用水平和服务水平，取得明显的成效，有力促进全市信息化工作健康发展。截至11月底，“中国抚州”门户网站共发布信息13.3万条，其中，2016年新增信息1万多条；共收到咨询投诉10566条，其中，年度新增1546条；完成在线访谈44期。年内，向省政府网站报送信息171条，采用154条，采用率在90%以上。

【完善电子政务外网建设】　2016年，按照全省统一要求和部署，完成市委办、安监局、档案局、综治办、铁路护路办等部门省、市、县纵向业务系统的联网工作，有效推动各部门电子政务业务应用系统的纵向发展。完成市政务云数据中心、电信迎宾机房、电信青云机房、移动枢纽楼等城域网汇聚点的政务网接入和城市规划艺术展示中心入驻单位的政务网接入以及党委督查工作网络平台接入的工作，提升政务外网的承载能力。完成市、县政务网高清视频会议系统的建设及市行政会议中心五楼会议室的视频会议系统改造。新建的高清视频会议系统投入运行后，成功召开多次重大视频会议，包括市委中心组集中学习、“两学一做”学习教育等大型会议，进一步提高政务外网视频会议系统的使用效率。截至12月1日，共保障131次视频会议顺利召开，其中，国家级会议25次，省级会议68次，市县两级会议30次，现场会议8次。稳妥处置抚州市有史以来规模最大的网络攻击。9月12—16日，市政务外网互联网出口及政府网站遭受境内外有组织、有预谋、全市有史以来规模最大的DDoS（分布式拒绝服务）网络攻击，情况紧急，来势凶猛。为确保汤显祖逝世400周年纪念活动期间全市政务外网和网站的安全稳定运行，政务信息办与市公安局、市工信委、市网信办及各通信运营商密切配合、通力合作、多措并举，在纪念活动前开展全市电子政务外网安全检查，并采取各种技术措施和手段，加强值班严密监控，有效应对和处置此次攻击。

【推进信息化基础平台建设】　加大信息化项目审查力度。2016年，信息办完成对市水利局、市不动产登记局、崇仁师范学校、市公安局、市公共资源交易中心、市卫计委、市市场和质量监督管理局等市直多个部门新建、续建或改建的信息化项目进行技术审查，在优化项目建设方案的同时，节约政府投资约2771.42万元，其中，通过整合进云计算中心统一建设，节约项目硬件投资约1139万元。推进曙光云计算中心建设。市曙光云计算中心项目由抚州中科曙光云计算中心有限公司负责投资建设及后期运营

市委领导视察农业物联网技术展示中心

维护，信息办负责技术指导。云计算中心位于汤显祖大剧院演员公寓内，集机房、办公和展示功能为一体，机房面积约为500平方米，分电子政务云和商业云两部分。其中，电子政务云的定位是为全市非涉密政务信息化建设项目提供基础IT设施支撑服务，建成后将拥有92个机柜的计算容量，安全方面按照国家安全等级保护三级设计，提供7*24小时不间断的专业化运维服务，系统可用性达到99.95%以上。云计算中心建设方案经过国家信息中心、江西省信息中心审核认定，完全符合市电子政务建设要求。云计算中心投入试运行，信息办机房承载的综合治税系统、网上审批和电子监察系统、12345便民服务平台等政务外网业务系统和机房原有备份设备全部顺利迁移至云计算中心。启动大数据服务平台建设。根据“智慧抚州”一期项目推进计划要求，2016年，信息办以云计算中心为依托，启动大数据服务平台建设，开展信息共享数据开放平台、公共基础数据库和大数据分析示范应用建设等工作，将分散在各部门的业务数据进行共享交换、加工处理、分析挖掘形成统一、完整、有序、可共享的政务信息资源体系，打破政务部门之间信息资源封闭的局面，实现跨行业、跨部门、跨区域的综合应用和数据共享，为市信息化建设奠定坚实的技术基础。信息办完成项目建设方案和技术方案的编制，并经市政府批复同意项目建设，完成项目立项。

【推进政务协同办公系统建设】为推进全市政务信息资源共建共享，实现市、县（区）、乡（镇、街办）三级高效协同办公，切实提高党政机关工作效率和公共服务水平，2016年，信息办大力推进全市政务协同办公（非涉密）系统项目建设，制定项目建设方案，于11月完成招投标工作。信息办基本完成采集、整理、归纳市直部门和各县（区）的项目建设基础数据资料，为项目建设做好基础工作。推进政务服务网（“三单一网”）建设。按省政府办公厅文件要求，2015年年底全面完成市县两级政府服务网平台建设并投入使用，2016年全面完成市县两级的网上审批系统升级改造工作，其中，市级平台正式上线运行，各县（区）平台试运行。

【推进“智慧抚州”一期项目建设工作】 2016年，信息办多次组织召开项目协调会，围绕项目包装、项目审批、向上争取项目资金等情况主动和有关职能部门沟通衔接，一批项目先后启动，有力地推动全市信息化建设，取得明显成效。信息办定期对项目推进情况进行梳理和通报，并报市委市政府和各部门。印发6期“智慧抚州”（2015—2017年）项目推进情况的通报。

【推进公共信用信息平台建设】抚州市按照省政府对社会信用体系建设任务要求开展公共信用信息平台建设，将利用2016年和2017年两年的时间，打造“信用抚州”的“一网一库三平台”（“信用抚州”公共信用服务网、公共信用信息基础数据库、信用信息汇聚平台、信用信息管理平台、信用服务开放平台）体系，建立覆盖全市各类信用主体的信用信息系统，实现公共信用信息的统一汇聚、统一管理、统一服务、开放应用、协同创新，推动各行业信用信息系统建设，推动信用信息、信用记录、信用报告在政务诚信、商务诚信、社会诚信、司法公信四大领域的深化应用，为全市社会信用体系建设保驾护航。信息办编制完成《抚州市信用信息资源目录（2016年版）》，并联合市发改委正式印发。项目建设方案和技术方案编制完成，联合市发改委向市政府提交项目建设经费报告。

【提升政府网站管理水平】 2016年，为有效解决市政府网站内容更新不及时、信息发布不准确、交流互动不回应、服务信息不实用等问题，全面提升市政府网站权威性和影响力，维护政府公信力，信息办以市委办、市政府办的名义印发《关于进一步加强政府网站信息内容建设的通知》《关于进一步加强和规范我市党务政务网站建设和管理的通知》。9月，委托第三方监测机构对全市各县（区）政府门户网站、33个党委系统网站和40个政府部门网站进行监测，采用系统扫描和人工监测相结合的方式，对网站的5个一级指标和15个二级指标进行检查，检查发现的情况是：大部分网站存在错链、死链的情况；49个网站存在空白栏目情况；63个网站存在更新不及时的情况；29个网站存在未开设办事指南栏目、办事指南要素类别缺失或要素内容不准确的情况；还有个别网站存在信息类别不准确、互动回应类信息未处理等情况；11个网站存在错别字情况。信息办还对县（区）门户网站和市政府各部门网站建设和管理情况进行抽查，按季度下发“中国抚州”门户网站内容保障工作通报，配合省工信委下发监测工单21次，督促各单位和县（区）及时整改，有力保障全市网站群安全运行。

（邓鹏峰）

【市政务信息办领导名录】
主　　任：黄　斌

邮政管理

【概况】 2016年，抚州市邮政管理局以落实《国务院关于促进快递业发展的若干意见》和省政府出台的《关于促进快递业发展实施意见》为主线，积极巩固发展势态，优化行业发展环境，强化行业安全基础，健全行业服务网络，坚持服务民生，行业服务水平得到稳步提升，发展成效显著。全市共有快递企业210家（含EMS），其中，法人企业93家，分支机构117家。全市邮政企业和规模以上快递服务企业业务收入（不含邮政储蓄银行直接营业收入）累计4.83亿元，同比增长26.43%；业务总量5.83亿元，同比增长36.81%。其中，快递服务企业业务量累计完成1536.51万件，同比增长52.58%；快递业务收入累计完成1.64亿元，同比增长50.85%。

【优化行业发展环境】 2016年，为改善和提升全市邮政行业的基础网络建设和服务能力水平，市邮政管理局积极和市委、市政府衔接，同发改委、交通、商务等部门协调，向分管市领导汇报，争取政策和资金支持。《关于促进抚州市快递业健康发展的若干意见》经市政府审批通过。《抚州市邮政业“十三五”发展规划》通过市发改委审核并呈送市政府。积极推进快递园区建设。市邮政管理局先后多次组织市区主要快递企业负责人座谈，并考察园区建设项目，抚州市快递园区建设取得一定进展。天天、优速等快递企业与抚州市蓝海物流园区拟签署入园协议。经过多次与市交警协调，为快递车辆争取城区便利通行政策，解决车辆通行难题。向快递企业发放大型车辆通行证51份，就《抚州市中心城区三轮车限制通行通告》（征求意见稿）达成初步意见，明确带有快递标识从事公共服务的快递三轮车，向交警支队申领临时通行证，可以给予正常通行不受限制，一定程度上解决快递三轮车通行难问题。

【抓好邮政普遍服务监督】 保障机要安全运行，全年开展3轮机要通信安全专项检查，出动120人次，检查发现安全隐患35处，建立安全隐患清单13份，下发责令整改通知书4份，均整改到位，机要通信运行安全得到有效保障。保障邮票发行有序。依据《邮票发行监督管理办法》，共开展纪特邮票销售检查33人次，邀请社会监督员监督81人次，检查纪特邮票11套；针对检查中发现的问题下发责令整改通知书4份，下发检查通报1份。三是依法开展两项审批和备案工作。在企业中开展经营邮政通信业务调查摸底，落实经营邮政通信业务审批。组织业务骨干对邮政企业进行普遍服务行政审批培训，指导企业在网上申办行政审批和备案事项。针对邮政企业擅自停办邮政汇兑业务的违法行为，立案查处2起。四是增强社会监督实效。始终贯彻“公共服务公众监督，普遍服务普遍监督”，全年共开展社会监督检查230余人次，检查邮政网点44个，快递网点44个，发现问题10个，提出建议2条，有效督促邮政快递企业改善服务质量，提高服务水平，社会监督成效显著。

【抓好邮政市场监管】 2016年，全局坚持“抓大、抓小、抓常”，强化市场监管，保障寄递渠道安全。全年共计检查快递企业323家，出动检查人数969人次，检查覆盖全市各县（区），快递企业覆盖率达70%以上，立案22起。检查用品用具生产企业3次。推动落实寄递渠道三项安全制度。加大制度宣传，积极向企业宣传三项制度相关法律法规；在检查中重点检查企业“收寄验视＋实名收寄”两项制度落实情况；通过企业投资、政府支持、鼓励购买第三方服务等多种方式推动主要寄递企业完善安检机配置工作，抚州申通、抚州中通两家快递企业各配置一台小型安检机。落实企业安全生产主体责任。与全市邮政快递企业签订《邮政业安全生产责任书》，明确企业负责人为安全生产第一责任人；企业与员工签订《员工安全生产承诺书》，规范员工安全生产行为。每个企业配备专门的安全管理人员，建立隐患排查机制，完善安全台账制度，对教育、培训、安全生产等工作实现痕迹化管理。做好重大时期寄递渠道专项安保工作。先后组织进行春节、两会、杭州G20峰会、快递服务旺季等专项安全保障工作，多次召开专项安保会议，签署责任书。联合市公安局、市国家安全局对部分快递企业的安全生产情况进行专项检查，有力保障全市邮政业平稳运行。开展春节等重大节日前后的全市邮政业安全生产大检查。针对丰城发电厂“11·24”冷却塔施工平台坍塌特别重大事故的发生，开展为期一个月的全面检查，全市邮政业安全生产水平得到进一步提高。

【强化执法能力建设】 2016年，市邮政局全面推进行政执法规范化建设。严格执行权力清单、责任清单、负面清单，坚决依法行使各项职权；强化行政执法管理信息系统应用，做到执法人员100%登录、检查和执法信息100%录入、非涉密信息100%公开；推进“双随机一公开”监管工作，制定《双随机抽查工作实施细则》，进一步保障执法的公平、公开、公正。稳步推进安全监管“绿盾”工程建设。为进一步提升技术监管手段，市邮政局正在建设覆盖市区主要寄递企业分拨中心的邮政业视频监控中心，后续接入省邮政局安全视频监控平台，提高安全监管水平和创新监管手段。创新执法监管手段。在执法工作中以对上级企业监管作为重要切入点，对快递企业所设分公司违反快递经营许可和安全规范要求的，着重对上级企业进行查处，起到事半功倍的效果，全市杜绝快递企业无证经营行为。建立多部门沟通协调机制。注重和地方各部门沟通协调，和市国家安全局成立邮路安全监管领导小组，和市公安局、国家安全局两个单位成立寄递渠道治安管理协调小组，同时成立由市综治办、市邮政管理局、市公安局等七部门组成的寄递渠道安全管理领导小组。各小组成员单位间形成信息共享、联合检查等工作机制，在重大节日、敏感时期，成立专项检查小组对寄递企业开展联合执法检查。

【提升行业服务水平】 2016年，市邮政局全面推进快递服务制造业及现代农业进程。为拓展邮政快递业服务范围，助推行业发展，力推快递企业和制造业企业合作，抚州申通、抚州中通、黎川圆通等企业和制造业企业有着较好的合作。针对抚州特色农产品多，积极引导市县快递企业积极服务当地特色农产品，推动当地经济发展，全市邮政快递服务现代农业示范基地南丰蜜橘项目通过省邮政局审批上报给国家邮政局，正待进一步论证。加强末端网点建设。助推“快邮合作”模式，针对部分快递企业在乡镇地区的覆盖薄弱点，鼓励快递企业和邮政公司开展合作，解决乡镇末端快递网点设置成本高、服务能力低的问题。市邮政企业与抚州顺丰速递达成农村乡镇快递代运代投合作协议，在全市各农村乡镇正式运行，每天的代投量达600多件。助推“快递超市”模式，引导快递企业在末端投递环节开展合作，降低成本，推进快递规范操作。推进快递“三进”建设，在重点社区、机关单位设置智能快件箱27组，4所高校均在校园内或校园门口开设快递服务网点，规范收投率达100%。推进邮政＋精准扶贫。推动邮政服务三农，积极开展“邮政＋精准扶贫”工作，指导邮政企业争取地方政策支持，市邮政公司争取到市扶贫办给予1万元/站点的补贴，建设农村便民服务站560家，有特色63款农副产品在拼多多、阿农、有量、邮乐网上线，方便群众生产生活，邮政服务三农、支持农村经济社会发展作用凸显。

【加强行风政风建设】 2016年，全市邮政管理系统深入开展“两学一做”学习教育，通过召开专题会议，交流心得体会，进一步解决党员队伍在思想、组织、作风、纪律等方面存在的问题，保持党的先进性和纯洁性，推动全面从严治党向支部延伸，巩固党的群众路线教育活动和“三严三实”专题教育活动成果，转变作风，增强干部干事创业的积极性、责任心，不断提升党员干部联系服务群众意识。加强党风廉政建设，切实履行党组主体责任和纪检监督责任。深入学习“两条例、一准则”，落实好全面从严治党、依规治党的各项要求，履行全面从严治党管党“两个责任”，健全完善各项长效机制，持之以恒地推进作风建设、制度建设和党风廉政建设，营造风清气正的政治生态环境，形成全局干部敢于担当、奋发有为的精神状态，锻造出一支素质过硬的邮政监管队伍，为邮政行业发展提供坚强的政治保证。加强行业人才和行风建设，树立行业新形象。重视快递业从业人员素质提升，通过实地督导、网络宣传等途径，鼓励快递从业人员踊跃报名考证，年内，举办4批次共242人次参加职业技能鉴定考试，考试通过率达到80%。引导邮政、快递企业积极参加全市行业青年文明号创建活动，教育引导行业创先争优，强素质，树形象，全面提升服务水平。抚州申通和抚州EMS高新区营业部两家被评为2015—2016年度抚州市青年文明号，一人获评全省“优秀快递员”。开展“诚信快递、你我同行”活动，承诺诚信经营，优质服务，以实际行动提升员工素质，提升服务水平，树立行业新形象。积极参加抚州市政府组织的广播电台“政风行风”直播热线节目，面向社会公众解答抚州邮政快递行业及邮政监督管理相关问题，和广播听众保持良好互动，提升全市邮政快递行业形象和市邮政管理局形象。

（陈春华）

【市邮政管理局领导名录】

局　　长：梁明昌

邮　政

【概况】 2016年，抚州邮政围绕“五大发展理念”和“创新转型发展”主基调，实现“十三五”良好开局，有力促进地方经济建设和社会发展。全市邮政企业累计实现业务收入3.36亿元，列全省第六位；同比增长19.12%，列全省第四位。全市邮政经济总量占全省比重的9.17%，同比提高0.17个百分点。完成收支差3144万元，列全省第5位。年内，公司获得“江西省五一劳动奖状”；全省邮政“创新杯”劳动竞赛优胜单位；全省邮政“双改善”先进单位；全省邮政能力建设先进单位；全省邮政“两个百万”总经理创新奖励基金管理创新成果二等奖、经营创新贡献奖二等奖。被市委授予“先进基层党组织”荣誉称号。

【以“互联网＋农业”探索农村电商发展新模式】 2016年，全市邮政发挥“线上＋线下”独特优势挺进农村电商市场，大力发展农村电商，帮助百姓脱贫致富。共建成脱贫站点165个，邮乐购站点362个，建成广昌、南丰、东乡、乐安、临川5个县级运营中心。全市共有79款特色农副产品在微店、邮乐上线，实现销售额58万余元。助推南丰蜜橘、广昌白莲等抚州农副产品的线上销售，为推动农产品进城发挥巨大作用。

【配送体系更加完善】 2016年，全市邮政全面深化推进县域包快改革，探索通过结合电商精准扶贫、加大电商产业园建设，以及通过“走出去、引进来”、吸引在外电商企业回乡创业等“一县一策”的发展模式。全年共完成包裹快递收入3807.6万元，同比增长117.6%，列全省第一，完成计划的148%，列全省第一。电商快包市场占有率达25.9%，列全省第一，高于全省平均值16个百分点。此外，通过落实“1+8”寄递企业为农村地区快递服务全覆盖行动，在全市农村快递服务体系建设方面迈出坚实的步伐，与多家社会快递公司签署战略合作协议。截至年底，安装智能包裹柜达31组，为百姓取件带来极大便利。

【积极服务大众】 2016年，抚州邮政以“让邮政金融成为大众生活伴侣”发展定位，在经营方式上注重“大金融”“大渠道”发展，大力推进邮政金融、中邮保险、中邮证券业务协同发展，广泛叠加银行、证券、保险、基金等业务功能，为客户提供多样化、个性化、精准化的“大金融”服务。金融收入完成2.25亿元，全年实现邮储余额净增15.73亿元；代理保险完成标保25.22亿元；验收合格转型网点总数104个，转型覆盖率达73.2%。新增手机银行3.14万户。财富团队建设有效打造了消费资金链，在“互联网+邮商联盟”发展上取得显著效果，赢得商家一片赞誉，有效提升邮政“普惠金融”的服务品牌。此外，开展的疯狂周六抽大奖、你购物我买单、老俵情吸粉等活动在抚州百姓中赢得较好口碑。

【文化品牌业务转型】 2016年，函件专业在集团公司组织开展的“千万市百万县”函件转型升级工程中被集团公司评为“优”，广昌、金溪和南城达到“百万县”要求。报刊专业着力开发校园、政务、动漫图书等重点市场和产品，校园市场通过紧抓《全程测试卷》《创新作文》《安全教育读本》《意林》商务期刊，政务市场紧抓《汤显祖集全编》《汤显祖大传》、以及临川四梦系列图书，在实现收入快速增长的同时为服务“全民阅读”做出积极贡献。集邮专业依托主题邮局，以“线上+线下”开展“生肖与集邮”邮品鉴赏会、2016集邮周“抚州市‘集邮会员日’集邮展览”《戏耀中西》特种邮资明信片首发式等多项活动，获得较好社会效益。

【能力建设再上规模】 2016年，全市邮政完成10个金融精品网点和10个快递包裹营揽投旗舰店建设，完成流坑主题邮局和527个电商脱贫站点、村邮乐购站点的改造。全市全面完成邮件转运、分拣、投递“三合一”的流程优化试点工作，取得“省人、省力、省时、省空间”的良好效果，被集团公司领导评价为“形成了企业和职工‘双赢’的良好氛围，给全网在县级层面优化作业组织和生产流程提供了很好的经验。”落实投递网三年建设行动计划，对生产场地进行标准化改造。共立项改造投递网点40个，完成总量的84.21%。深入推进“私车公助”计划，全年投递网建设共投入增加电动三轮车31辆，智能手机50台。全市私车公助分两批次共计采购二轮、三轮电动车（摩托车）128辆，汽车12辆。新增（调配）揽收车辆10台，蓝牙电子秤13台，新增PDA16部，基本做到揽收员人手一部PDA。同时，公司大力推进“改善客户用邮和员工生活环境”的“双改善”工作。全市所有金融网点已实现WIFI全覆盖，截至年底，全市共有69个网点配备自助设备ATM/CRS，客户用邮环境进一步改善。投入资金1094万元对26个金融网点进行装修改造建设。投入277万元对各金融网点机具进行配备。金融网点改造装修及示范型职工小家建设共计总投资1772万元。

【机制体制不断创新】 在创新发展模式上，抚州邮政以市场为导向，创新经营机制为主导、以强化内部激励为举措，继续推行任务包、资源包和薪酬包“三包合一”的经营认购制，全市9个单位认购高级包并全面完成认包计划。推行“大众创业万众创新”的“双创”经营承包制，全年共申报双创项目47个，实现收入1600万元。继续推行网点损益核算工作。142个代理金融网点完成收入2.23亿元，成本开支1.01亿元，实现利润1.22亿元，利润较2015年增长24.4%；网点点均收入157万元，点均利润86.12万元，点均收入利润率为54.73%。

（王明明）

【市邮政公司领导名录】

党委书记、总经理：王　伟

副总经理：李捷平　芮义标

张　华

电　信

【概况】 2016年，中国电信抚州分公司以省公司制定的战略目标为导向，不忘初心、奋勇前行，坚持份额导向，深化改革发展，高效推进7+1攻坚战，牢牢抓住全光网城市建设和“互联网+”的机遇，奋力拓展信息化大市场，各项工作在“十三五”开局之年稳中有进，实现公司健康可持续发展。全年完成主营收入4.1亿元，计费库收入同比增幅排名位于全省前列，上缴税收2200余万元。

【网络建设体现强劲新实力】 2016年，抚州分公司在网络建设方面取得多项成绩，高质量完成重大活动通信保障任务。尤其是在9月24—26日，共同纪念汤显祖、莎士比亚、塞万提斯逝世400周年活动在抚州市举行，这是全球第一次共同纪念这三位文学巨匠。公司专门下发保障方案、领导亲自督导，组建专家团队进行现场网络安全支撑保障，共计出动36人次，清洗攻击流量1270T，确保抚州市门户网站访问正常，整个纪念活动期间，抚州纪念活动区域及周边通信网络运行安全平稳，未发生网络拥塞、通信中断情况，让全国乃至全球的观众都实时共享活动盛况，获得活动主办方的高度认可和表扬。网络指标得到改善，无资源响应及时率跃升，摆脱“后三”窘境，城区及时率列全省前列，为助力电信“880”服务做好建设支撑；一、二季度 FTTH 常规项目工程和 ODN 项目工程进展均列全省前列；优化推进城区精品网、IP 城域网建设，较好地支撑前端业务发展。自签署全省首份“全光网抚州”建设战略合作协议后，经过 150 多个昼夜的全力攻坚，建设投资超过 3.08 亿元，提前建成全省首批“光网用户达 95%，光网覆盖能力达 100%”的全光网城市，截至年底，实现乡镇以上城区 100% 全覆盖，行政村 95% 全覆盖，有 6 个县完成行政村以上“全光网覆盖”，抚州市“全光网”的步伐迈得更加矫健，宽带用户平均上网速率从年初的 4M 提升到目前的 50M，步入“千兆抚州”光网时代，流量资费和宽带资费呈数十倍下降，全面提升抚州网络信息基础设施能力及百姓生活幸福指数，企业社会形象和品牌效应显著提升。分公司在加快新一代物联网（NB-IoT）建设方面持续发力，自 7 月启动 NB-IOT 基站规划建设工作后，各部门砥砺奋进为发展，开拓进取拼效率，认真务实保质量，于 9 月完成 800M 网络翻频，11 月启动农村 LTE 800M 网络建设，至年底，仅用 60 天就完成农村 944 个站点的工程建设，农村 LTE 800M 覆盖率达到 93.8%。向莆铁路、沪昆铁路、福银高速、济广高速、沪昆高速等主要高铁高速公路覆盖率均超过 97%，为实现将抚州全面打造为智慧城市的目标打下坚实的基础。

【互联网 + 信息化迸发新活力】 2016 年，抚州分公司积极发挥行业应用及物联网优势，拉动移动、宽带业务增长。大力推进综治信息化，完成综治网格 VPDN 目标约 2800 条，移动放号约 6000 户，超额完成年初目标。借力互联网 +，打造“精准扶贫”综合服务管理运行平台，在广昌县推广“精准扶贫”应用，覆盖全县所有乡镇近 1000 余户，做实真扶贫、准扶贫，为精准扶贫提供强大的数据支撑和维护管理平台；实施互联网 + 农业，农技宝在全市各县（区）推广应用，成为农民增产增收好帮手；实施互联网 + 智慧园区，推广手机看店、外勤助手等应用，服务全市 1000 余户企业及商铺，企业管理更便捷、经营成本逐步降低、市场推广更加迅速；开展物联网应用，智能路灯、电力抄表、车联网等物联网应用先后落地，为建设智慧抚州提供良好的示范效应。积极发挥行业应用及物联网优势，拉动移动、宽带业务增长。积极参与高新区信息产业园建设，先后向市委、市政府、工信委递交《抚州市关于促进云计算创新和信息产业发展的实施意见》和《关于推进抚州“互联网 +”生态文明建设的实施方案》，以促进云计算创新和信息产业发展，推进抚州生态文明示范区建设，加快产业转型升级，获得地方政府的一致好评。11 月，中国电信抚州分公司邀请《人民邮电》总编武锁宁，为市四套班子及全市各级领导干部共计 4000 余人举办互联网 + 和大数据讲座，反响热烈。

【党建工作呈现新效力】 2016 年，分公司完成巡视专项整改工作，对照整改，做好“四个专项治理”。通过四个专项督导组帮扶，对查找出的问题进行对账销号、狠抓整改，同时认真结合“两学一做”学习教育，开展学河北、找差距、创业绩等相关活动，在省公司 7 大工程的基础上，融入改革工作，开展 7+1 攻坚战，每月召开调度会、评选出月度先进攻坚团队，实现日日学习、周周点评、月月总结的良好学习氛围；开展“我是共产党员、誓为党旗添彩活动”，使党建工作切入生存线、生死战，在两促进、两提升中加强党建工作水平和成效；继续做实关心关爱员工，塑造先进典型，弘扬先进典型，许斐获得江西省劳动模范称号，公司荣获全国模范职工之家称号，企业环境更加稳定、社会关系更加和谐、社会地位得到显著改善。

【“四进四联四帮”工作步入新阶段】 2016 年，分公司结合市委、市政府提出的“四进四联四帮”总体要求，在市委统战部的带领下，深化广昌县驿前镇横路村的帮联工作，以精准扶贫、信访维稳、基层组织建设为主要任务，吃住在村，实施光纤到户，将贫困村改造为信息化村，畅通对外界的联系。与此同时，圆满完成定点包扶广昌贫困村、对口支援宜黄少数民族村、资溪文明生态村的任务，获得当地政府的认可。

【助力抚州展现生态文明城市新气象】 2016 年，抚州分公司作为全国文明单位，积极发挥自身优势，履行社会责任，结合文明城市创建，组建 18 人的党员服务队，进县学岭社区开展帮联工作，进小区、走街道、访群众，协调解决基层社区实际问题，改善基层生活环境。积极开展文明交通劝导工作，全年共计组织 200 余人次，在体育路、赣东大道等进行疏导，较好地树立中国电信抚州分公司的企业公民形象。

（娄敬杰）

【市电信公司领导名录】

党委书记、总经理：沈蔚锋

副总经理：王维明

陈　斌（任至 9 月）

纪委书记兼工会主席：刘　毅

总经理助理：罗　华

移动通信

【概况】 2016 年，抚州移动通信公司积极顺应互联网发展新形势，坚持党的建设与经营发展“两不误、两促进”，持续提升信息化服务水平，为地方经济发展做出行业排头兵应有贡献。经营业绩稳健增长。坚持发展第一要务，全力做大总量规模。全年完成运营收入近 12 亿元，同比增长超过 5%；收入增幅实现双超越，超行业收入增幅 4PP 以上。用户规模持续提升。全年公司有效用户到达数超 170 万户，同

抚州移动公司员工积极参与共建文明社区活动

比增幅超过2%。投资规模不断扩大。积极争取省公司建设资金投入，全年投入建设资金近4亿元，新建基站超1700个，基站总数近9600个，有线宽带实现100%乡镇和80%以上行政村覆盖。税收就业贡献显著。上缴税收近4000万元，创造各类就业机会1000余个。文化建设硕果累累。公司荣获全国文明单位、全国“安康杯”竞赛优胜单位、中国移动二星级企业文化示范单位、江西省工人先锋号、省级青年文明号等荣誉称号。文昌分公司玉茗路营业厅荣获中国移动卓越班组称号。临川、黎川、南丰、南城等8个县区公司荣获江西省第十四届文明单位称号。

【引领4G发展，畅享移动互联新生活】 2016年，抚州移动不遗余力加快信息基础设施建设，全力打造4G（TD－LTE）无线信息高速公路。累计投入2亿余元建设4G精品网络，全市4G基站突破5000个，实现市区、县城、乡镇、重点景区、交通干线全覆盖和100%行政村覆盖。率先开通VoLTE高清语音和视频服务，突飞猛进的网速、日益丰富的终端和更接地气的资费，让越来越多的客户选择移动4G，4G客户规模近100万户；流量用户突破130万户，同比增幅14%；流量同比增幅126%，全省第四位。打造本土移动互联网入口产品“和我信”，用户突破120万户；联合行业商户开展年货节、五一、六一及端午等商盟个性化活动，让客户享受行业红利；打通民生水电线上缴费通道，在和我信生活服务界面新增看视频送流量、生活理财、油卡充值等新功能，让广大客户享受实实在在的便利和优惠。

【推动“宽带中国”落地，创新打造高品质宽带】 2016年，抚州移动积极落实国家“宽带中国”战略要求，搭建信息化高速公路，扎实推进供给侧结构性改革，构建“光宽带、大视频、全智能”信息服务体系，加快光纤宽带网络提速升级，建成近100万个光宽带网络信息点，实现乡镇以上区域随时随地百兆光纤接入能力，千兆光纤已通达城区小区、商务楼宇。实施宽带“提速降费”，推出流量降费多项举措，免费为宽带用户提速到100M，提升抚州宽带用户普及率，全年移动家庭宽带用户突破25万。积极推广4K超清电视，引领需求升级促进信息消费；扩大异业合作和宽带服务站建设，增强宽带服务便利性，实现宽带安装、维护、售后一条龙服务，为小区及周边用户提供HITV电视体验。

【推进“互联网+”行动，推动全市信息化进程】 2016年，抚州移动打造“互联网+政务”云平台，搭建4G单兵执法指挥平台，提供4G警务通终端服务，助力政府公共服务能力提升。携手市农业局建设智慧农业，实现农业物联网监控、农产品质量安全追溯管理农资管理、农业四情监控管理。为全市700余台车辆提供公车管家服务，助力降低政府业务管理成本。与市旅发委、资溪、南丰、东乡等九县一区签约“旅游名片”合作项目，为外来人员提供旅游宣传、景点介绍、住宿引导等短信提示服务，助力旅游整体形象的提升和旅游市场的开发。推动“互联网+教育资源应用”，以“政企联动、优势互补、支持教育、战略共赢”为原则，与市教育局签署战略合作协议。着力推动基础设施建设，加快推进“宽带网络校校通”“网络学习空间人人通”发展，推动平安校园、校园一卡通系统等建设，创新在线教育产品运营模式，提供更多样的家校互动渠道。推动资源平台深入应用，促进信息技术与教育教学融合。依托“和教育”云平台，围绕家校互动等领域开展“最美老师”及“高考爱心服务”公益活动，推进全市教育改革发展和教育信息化进程。

【铸造卓越品质，服务质量保持领先】 2016年，抚州移动始终坚持“客户为根、服务为本”，狠抓服务质量提升，扎实落地电话用户身份信息登记工作；积极利用各种技术和管理手段配合有关部门对电信诈骗进行严厉打击，全力保护客户的利益，全年客户满意度和网络质量满意度排名全省前列。结合客户消费习惯，及时开展资费适配，多渠道开展透明消费宣传，让广大移动客户敢用、会用、透明用。全年共开展“总经理接待日”活动120场，实际现场受理1100余位客户的业务咨询，现场为客户解决问题160余个。

（万安飞）

【市移动通信公司领导名录】
总　经　理：张卫忠
党委书记：李绍清
副总经理：周　勇　熊冲平
　　　　　徐莉敏

联合通信

【概况】 中国联合网络通信有限公司抚州市分公司（以下简称“抚州联通”）建成覆盖全市、能够满足语音、数据、图像、视频等业务需求的现代化智能通信网络。移动通信4G时代，在市场环境深刻变化、多重因素相互交织、经营发展面临新挑战的情况下，抚州联通积极应对，把企业发展融入经济、社会和环境的可持续发展之中，制定新形势下的发展策略，持续提升信息通信服务能力，推出一系列为民、惠民的服务举措，为促进两化深度融合和传统产业转型升级，推动抚州经济提质增效做出积极贡献。2016年，抚州联通认真践行聚焦战略，围绕四条主线做好公众与集客协同发展，增强业务黏性扩大业务发展规模，做实用户维系提升客户价值，同时加强企业党建和文化建设工作，凝心聚力进一步营造良好发展氛围。公司全年累计完成主营收入1.6亿元，上缴利税1500万元。

【以市场为导向，打造新网点、新业务】 2016年，公司优化渠道布局，提升门店形象和产能，按照“一占领、两进驻、三跟进”原则，优化渠道布局，提升销售能力。推进自有厅转型，对全市自有厅实行标准化、专业化改造，在重要渠道实行形象提升、品牌终端专区专柜建设，有效提升渠道的形象和产能。全年新建渠道102家，自有厅改造22家。通过提升门店形象、开展优惠活动、产品结构调整、终端拉动等举措，公司区域服务能力持续增强。主推亲民型产品，带动4G业务发展。严格按照国家电信资费“双降”要求，推出自由卡、猴王卡等热卖产品，赢得用户信赖。终端合约发展绝对值居全省前列。重视发展校园、农村、商超等专项市场，提升市场占有率。通过掌控适配的活动场景，以政策为依托，以便民服务为出发点和落脚点，在校园、超市、小区等专项市场开展活动300多次，发展用户1.1万户。整合集客与公众资源，实现集客创新业务发展有突破。聚焦重点行业应用，对重大项目单项激励，在天网、农业、旅游、教育等行业取得进展，特别是在智慧农业项目发展上取得突破，由公司建设的市现代农业科技示范园项目取得瞩目成果。

【以服务为根基，客户感知就是企业生命线】 2016年，公司打造精准化服务维系平台，对全渠道、全用户开展精准维系服务工作。加强服务质量监督，开展升级投诉全过程监测，对承诺时限未处理、未联系客户问题“零容忍”考核。实施客户重点问题挂牌、摘牌机制，以客户问题及痛点为切入，聚焦4G网络覆盖、计收费争议和CBSS系统支撑等问题，切实提高用户感知。加强客户积分及俱乐部运营管理，以客户俱乐部为载体，整合餐饮、旅行社、电影票务等资源，利用本地商盟资源，建设线上特色俱乐部服务专区。公司持之以恒，持续改善服务态度、提升服务质量与效率，为客户提供更多的惊喜与享受，让客户的信息生活变得更加精彩。

【以精品网络为保障，信号覆盖不遗漏】 2016年，公司以实际行动深入落实网络强国战略、国家大数据战略、“互联网+”行动等总体部署，加强网络覆盖，打造精品网络。全年开通基站1232个，其中，4G基站512个，实现城区、重点乡镇、高速高铁路段4G覆盖。新建FTTH端口23920个，利用合作机制，实现乡村宽带基本覆盖。为提升网络服务质量，公司设立“移动网络问题咨询”热线，提升投诉问题解决效率。在宽带服务方面，持续做好装机、修障管理，坚持每天监控和通报装机、修障情况，坚持做好用户回访及再次上门服务，提升用户满意度。公司积极履行社会责任，公司全年配合政府部门圆满完成“纪念汤显祖逝世400周年”“抚州市人防应急演练”等重要活动通信保障工作。

【以党建为引领，促进企业全面发展】 2016年，公司坚持党建工作和中心工作一起抓，推动党建工作与生产经营深度融合，不搞“两张皮”，不虚化、不弱化。通过开展一系列党的教育实践活动，增强党员的党性意识，发扬党员攻坚克难精神。在公司生产经营的关键时候、重要阶段，广大党员干部都能够挺身而出，直面挑战、勇于担当，完成各项任务。在公司上下倡导正能量，广泛推进企业文化建设。积极维护员工权益，丰富员工业余生活。进一步完善职代会制度，建立“抚州联通职工代表交流群”微信群，做到适时开展企务公开，及时收集职工的合理化建议。

（李　昊）

【抚州联通公司领导名录】
党委书记、总经理：何昌盛
副总经理：郑晓泉　钟贵飞

本栏编辑　吴主平

贸易

综述

2016年，抚州市实现社会消费品零售总额480.27亿元，同比增长11.6%；进出口总额184165万美元，增长10.12%，其中出口总额180158万美元，增长9.12%，进口总额4007万美元，同比增长87.7%；实际利用外资4.3亿美元，同比增长13.2%，现汇进资8000万美元，现汇率18.6%；全市新引进并已开工2000万元以上项目361个，其中，亿元以上工业项目206个。全市当年2000万元以上工业项目实际进资458.7亿元，亿元以上工业项目实际进资320.7亿元。与此同时，着力加强商贸流通市场体系和加快完善商贸综合体建设，切实强化市场监管，各项工作保持较好的发展势头。

（龚　岐）

国内贸易

【完善市场体系建设】 2016年，抚州市商务部门完善市场体系建设，促进内贸流通健康发展。一是积极争取市场体系建设项目。做好2016年市场体系建设项目的收集整理与申报工作，已申报实施江西省跨区域农产品流通基础设施建设项目11个（省商务厅尚未批复）；黎川县、广昌县两县被列为国家级电子商务进农村综合试点县，获中央财政专项资金3000万元；获2016年省级县乡农贸市场建设改造项目9个，其中示范性项目1个，获省级财政资金320万元；二是精心组织企业参加各类展销会。紧紧围绕搞活流通，扩大消费，促进地方产品销售，为流通企业开拓市场提供优质服务。积极组织市内名优特新企业参加在福州海峡国际会展中心举办的“2016年江西省地方特色商品（福州）展销会”及“老字号”企业参加在九江浔谷小镇举办的“江西省首届老字号精品博览会”。展销会现场销售、洽谈签约、品牌宣传等均取得显著成效，达到政府满意、企业满意、消费者满意的效果。组织50家参展企业参加第九届绿博会，并取得良好的效果。据不完全统计，会上签约金额达5072万元，现场成交额达116.49万元。

【强化行业监管】 2016年，市商务部门为规范企业经营行为，采取多种措施强化行业监管。一是加强对成品油市场及典当行业的管理。对全市成品油市场开展专项整治活动，同时对典当企业进行检查，有效规范成品油市场及典当企业的经营行为；二是对全市11个县（区）民爆生产及销售企业进行安全生产大检查，并进行有效监管；三是进一步加强对再生资源回收的市场管理，规范再生资源回收的市场秩序。此外，还做好了办事窗口的各项行政审批服务工作。

【推进电子商务进农村】 2016年，各市各级商务部门大力开展电商招商，加速推进电子商务进农村。结合双返双创工作，抚州高新技术产业园区吸引抚州籍互联网人才返乡创业，引进互联网金融平台“趣店集团”“盈盈理财”、跨境电商体验平台“乐途购”（才聚科技）等企业项目落户，黎川县吸引顶石、塬峰、荣兴等3家在义乌的电商企业返乡开展跨境电商业务，年内已通过速卖通、亚马逊等平台实现跨境出口超过40万美元；广昌县入选阿里巴巴“2015中国电商消贫10佳县”，名列全国第六；指导南城、黎川、东乡等地与阿里巴巴建立合作关系。南城县已建成农村淘宝县级运营中心并投入运营，建成40个村级服务站。黎川县村淘县级运营中心已于12月底投入运营，拟建设40个村级服务站。珍视明、东鑫产业园等共7家企业被列入省级电商示范企业（基地）。全市全年电商交易额突破300亿元，增长50%以上。

（龚　岐）

对外贸易

【概况】 2016年，抚州市进出口总额为184165万美元，比2015年的167194万美元增长10.12%。其中，出口总额180158万美元，比2015年的165059万美元增长9.12%，占全市国内生产总值1210.91亿元的9.81%；占全省出口额的6.02%。进口总额4007万美元，比2015年的2135万美元增长87.7%。

【引导外贸企业开拓国际市场】 一是组织市内外贸进出口企业积极参加各类境内外展会。先后组织银圣王洁具、振宇实业、环球陶瓷等17家企业参加第119、120届广交会，积极帮助新出口企业恒力电池、志特建材、海鹏木业争取广交会摊位。引导南丰蜜橘企业参加香港、迪拜果蔬展；高新汽配企业参加多个国际汽配展等，通过境外展会，帮助企业抢抓订单，开拓国际市场。二是帮助中小出口企业解决融资难、融资贵问题。积极向省商务厅推荐出口企业进入贷款企业名单，通过财政、园区和银行的对接，已有60余家出口企业获得流动资金贷款，切实解决企业融资难的问题，使企业最大限度地享受到政策红利。

【优化出口产品结构】 2016年，抚州市生产企业出口6.1亿美元，占出口总额33.86%，同比下降15.45%，其中，纺织服装3.65亿美元，同比增长11.12%，机电产品5.9亿美元，同比增长2.24%，医药化工0.8亿美元，同比下降20%，农副产品0.89亿美元，同比下降15.7%。高新技术产品0.48亿美元，同比下降25.9%。

【出口商品结构】 2016年，抚州市初级产品出口额8905万美元，占出口总额的4.9%；工业制成品出口额171253万美元，占出口总额的95.1%。

抚州市2016年出口额前10位商品情况一览表

表20-1

商品名称	出口金额（万美元）	占出口总额比重（%）
纺织、服装	16155	8.97%
钛白粉	2591	1.44%
工艺品、玩具	6628	3.68%
汽摩零部件	2583	1.43%
电子设备	6583	3.65%
香精、香料	2365	1.31%
电源、电池	5104	2.83%
鳗鱼	1879	1.04%
南丰蜜橘	4183	2.32%
食品（不含南丰蜜橘）	925	0.51%

【进口商品结构】 2016年，抚州市初级产品进口额995万美元，占进口总额的24.83%；工业制成品进口额3012万美元，占进口总额的75.17%。

抚州市2016年进口额前10位商品情况一览表

表20-2

商品名称	出口金额（万美元）	占出口总额比重（%）
贵金属	1277	31.87%
矿物燃料	995	24.83%
高新技术设备	795	19.84%
半导体加工设备	347	8.66%
电机设备	137	3.42%
矿砂	128	3.19%
棉纱	98	2.45%
化学制品	48	1.20%
化学纤维	30	0.75%
饮料、酒类	19	0.47%

【出口商品市场】 2016年，抚州市出口商品销往186个国家（地区）。主要出口市场见下表（按出

口额从大到小排列）：

抚州市2016年前9位出口市场情况一览表

表20-3

国别	出口金额（万美元）	占出口总额比重（%）
美国	31868.49	17.67%
新加坡	9380.72	5.20%
韩国	9327.35	5.17%
印度	7410.78	4.11%
菲律宾	7035.65	3.90%
德国	6174.42	3.42%
马来西亚	6034.40	3.35%
泰国	5053.28	2.80%
英国	4796.10	2.66%

【进口商品市场】 2016年，抚州市进口商品来自35个国家（地区）。主要进口市场见下表。

抚州市2016年前8位出口市场情况一览表

表20-4

国别	进口金额（万美元）	占进口总额比重（%）
印度尼西亚	958.31	23.77%
韩国	457.61	11.35%
日本	329.52	8.17%
南非	315.12	7.81%
孟加拉国	99.96	2.48%
印度	74.07	1.84%
美国	55.19	1.37%
荷兰	42.55	1.06%

【对外经济合作】 2016年，抚州市对外经济合作有序开展。中阳建设集团在赞比亚投资5.4亿美元的江西产业园，正着力打造国家级海外经贸合作区。对外承包工程队伍迅速扩大，赣东路桥集团与中煤建设集团合作建设的埃塞俄比亚奇达公路项目竣工，新增临川建筑工程公司、中云建设公司等5家对外承包工程资质企业，在国际市场打响了抚州建筑品牌。

（龚　岐）

口岸平台

2016年，抚州商务部门着力推进口岸平台建设。一是检验检疫中心大楼加快建设。检测中心大楼项目土建工程将于2017年1月份竣工验收，园林绿化工程和内部装修工程预计2017年5月份完工；二是积极做好海关机构及抚州海西物流园铁路专用线的申报工作。市委、市政府主要领导率市商务局和市政府驻北京联络办负责人专程赴海关总署和中编办人事司进行关于抚州设关的专题汇报。海关总署人事司表示全力支持抚州设立海关，只要中编办同意，海关总署将尽快批复设立抚州海关；中编办人事司表示全力支持抚州设立海关机构，争取年内批复。之后，市主要领导率市商务局和市政府驻北京联络办负责人又多次赴海关总署和中编办人事司进行汇报。此项工作已进入申报沟通阶段。抚州海西物流园口岸作业区场地平整基本完成，口岸大楼和附属楼已经开工建设。铁路专用线可研报告已通过南昌铁路局的专家评审。三是江西检验检疫局派驻专门业务人员在南丰县开展南丰蜜橘报检业务。年内出口报检数量完成5万吨，增长50%。四是扎实开展跨区域口岸合作。为了充分利用莆田口岸和物流通道优势，邀请了省商务研究院对抚州市货运量及建设或开通向莆铁路货运专线进行可行性研究论证。组团到莆田湄洲湾考察，对接抚州在湄洲湾建设专属码头相关事宜。同时配合福州港和莆田港到市区县生产型企业走访调研，分析货源情况，并委托华东交大和省交通运输协会编制《抚州市建设赣闽合作陆地港论证报告》。五是积极推动赣欧（亚）国际铁路货运通道建设。一方面通过召集外贸出口企业宣传赣欧（亚）国际铁路货运专线的出海通道政策。另一方面积极配合南昌铁路局和省商务厅到重点企业走访调研，积极为抚州市中德服饰这样的外贸企业对接南昌铁路局，在运时、运费等方面帮助企业核算分析。

（龚 岐）

【市商务局领导名录】

局长、党委书记：易光亮

副 局 长：尧水平

李璜兴（任至1月）

裴民强 郭 俊

胡 勇（9月任）

纪委书记：胡 勇（任至9月）

市纪委派驻纪检组组长：

张 兵（10月任）

供销合作

【概况】 2016年，抚州市供销社认真贯彻落实市委、市政府的决策部署，在省供销社的指导下，突出问题导向、市场取向，以深化供销合作社综合改革为主线，立足实际促改革，多措并举谋发展，实现改革发展的新变化新突破。市供销社获得全省供销社综合业绩考评一等奖，全省排名保持平稳，位列全省第六。同时，还先后获得全市计生工作先进单位、社会综合治理工作先进单位、公共机构节能工作先进单位。

【改革稳步推进】 2016年，抚州供销系统综合改革各项工作按照市委、市政府及省供销社的部署要求和时间节点有序进行。市委书记肖毅一年4次批示供销工作，并指出“供销唯有改革才有出路”。市长张鸿星、副市长蔡青多次调度指挥，部署指导、高位推进综合改革工作。3月中旬，市供销社组织6个县（区）供销社先后赴赣州市、安远县、瑞金市、石城县等地考察学习各地在农合联、综合改革试点、社有企业发展、资金互助社等方面的典型经验做法。4月底，由市供销社拟定的《深化供销合作社综合改革试点方案（送审稿）》报市政府审议。5月13日，方案经市政府第61次常务会议审议通过，并于5月16日上报至省供销社评估。6月30日，省农业改革领导小组对该方案作出批复。7月28日，方案经市委常委会审议通过。8月19日以市委、市政府名义印发各地执行。10月，经市政府同意确定广昌等6个县（区）作为综合改革试点县区，综合改革试点面达54.5%，超额完成省供销社下达的50%以上任务。12月19日，全市深化供销合作社综合改革电视电话会议召开，随后成立市深化供销合作社综合改革试点领导小组。

【供销发展不断深入】 围绕深化供销合作社综合改革工作，市供销社先后制定下发《2016年全市供销合作社系统综合目标任务》《2016年抚州市供销社综合业绩考核方案》《全市供销合作社综合改革督察方案》《综合改革试点任务分解表》等意见方案，确保年度目标工作“千斤重担众人挑，县（区）社头上有指标”，推动供销发展不断深入。2016年，全市供销系统领办、协办、合办农民专业合作社增至388个，社团组织68个，发展综合服务站（中心）1262个，助农增收近6000余万元。宜黄县南郊蔬菜合作社、乐安县骏达蔬菜专业合作社被全国供销合作总社评为全国农民合作社示范社，10家专业合作社被推荐为省级专业合作社示范社，28家农村综合服务社分别推荐为五星、四星、三星综合服务社。全市供销系统以乐美电商、洪盟科技、聚超网等电商企业为载体，深入探索全市农村电商的发展，年内，实现电商销售额突破8亿元。临川区食用菌专业合作社创办的“百菇网”被评为“中国十佳农产品电商服务平台”。按照市委、市政府部署安排，由市供销社牵头的西大街棚户区项目改造工作成效明显，已顺利完成96%以上征收户签约率。

【供销系统环境和谐稳定】 2016年，全市供销系统结合自身职责，在涉及农资供应、安全维稳等方面做了大量工作，提升了供销社自身形象。一年中，全系统发挥农资网络平台优势，利用点多面广、遍布村镇的网络优势，做好以化肥为主的农用物资储备供应工作，对种子、农药、化肥等重要农资商品实行统一配送、送货到户，对抚州的农业生产发挥了积极作用。东乡县农资总公司被评为全国供销系统“百佳”农资企业。全市供销系统还采取积极稳妥的有效措施，力所能及地帮助所属社有企业排解问题矛盾，认真做好全系统烟花爆竹安全经营管理和日常检查工作，改革试点方案的出台，确保了全市供销系统的安全平稳。对3个市属未改制企业，市供销社继续执行“退一补一”政策，先后对15名到龄退休的企业职工办理垫付社保金返还工作，返还金额46.13万元，受到退休人员的一致好评。市供销社还组织指导临川区供销社、广昌县供销社争取引导资金项目，开展2期以电商为主题的公益性免费培训，培训人员240人，取得良好的社会效应。

（胡 宏）

【市供销社领导名录】

主 任：徐友洪（任至6月）

杨金耀（8月任）

党委书记：杨国伟（任至11月）

杨金耀（11月任）

副 主 任：吴秀英（8月任）

曾庆华

纪委书记：揭智能（任至5月）

粮 油

【概况】 2016年，抚州市粮食局紧紧围绕“绿色崛起、跨越发展，建设幸福抚州”总要求，紧扣粮食部门工作职能和重点任务，在真“学”上下功夫，在实“做”上动脑筋，创新举措、扎实推进“两学一做”教育，效果明显。认真贯彻落实市委精神，围绕目标任务，突出社会维稳和扶贫攻坚，积极开展“四进四联四帮”，帮扶工作呈现出“宣传到位、摸清问题、化解矛盾、基础夯实、精准帮扶”五大效果。攻坚克难，高效推进棚户改造。截至年底，已按计划如期完成调查摸底和房屋测量，基本完成征收协议书签订工作，签约率达98.73%，全市排名第一。紧扣发展主题，大力开展跑项争资，全年招商引资实际进资逾2000万元，共争取上级各类资金6115万元。

积极做好粮食收购工作。全市各级粮食部门严格执行国家粮食收购政策，各类企业共收购稻谷5.18亿千克（早稻3.81亿千克、中晚稻1.37亿千克），其中，地方国有粮食企业收购3.38亿千克，非国有粮食企业收购1.81亿千克。全市地方国有粮食企业托市收购1.98亿千克（早稻1.84亿千克、中晚稻0.14亿千克），为农增收近亿元，没有出现“卖粮难”现象。积极适应当前粮食生产方式的转变和服务“三农”的需要，利用局属崇仁、抚州国储库现有土地资源，引进民营资金，建设粮食烘干项目，有效解决农民晒粮难及高水分粮入库难问题，延伸粮食收购环节服务功能，实现粮食“颗粒归仓”。

形成产销合作新格局。市粮食局创新思维，坚持“一年迈出步、两年迈稳步、三年迈大步”的三步走思路，充分整合社会民营资本，拓展区域合作市场，积极组织县（区）及局属粮食企业参加“第十届九省粮食产销福建洽谈会”“四省九市横向经济联合会”等，共签订粮食意向性订单合同1万吨，同时成功竞拍广东省省级储备粮4万吨代收代储计划，粮食区域产销合作走出实质性突破之路，优势互补、互惠互利、合作发展的粮食产销新格局逐步形成。

加强仓储管理。一是层层签订“安全储粮责任状”，将安全储粮责任落实到人、落实到仓。二是严格储粮检查，全年共检查全市12个县（区、库）132个粮食储存企业。三是开展粮食储藏科技进步活动，在全省率先开展“低温充氮”绿色环保储粮和空调准低温仓储粮技术应用试验，实施绿色生态储粮。四是认真落实汛期各项防范措施，扎实开展汛期安全专项检查及汛期隐患排查治理工作。全市各储粮企业库存稻谷120620万千克，粮情基本稳定、账实相符，未发生重大储粮和生产安全事故。

严格开展粮油质检和配送。全年完成全省托市粮检查验收扦样123份，质量调查样品90份、品质测报样品60份，完成江西省储备粮管理公司稻谷样品检测任务97份，企业委托检测粮油样品83份，为社会和企业提供真实可靠的粮油质量信息。认真实施“放心粮油”民生工程，积极申报注册自有品牌“抚粮庄”，在临川区东馆镇下张村建立南方原粮生产基地73.33公顷。全年配送机关单位18家、企业9家、学校5家、部队2家，销售大米、面粉、食用油、面条等570吨，同比增长40%。

【全面落实粮食储备宏观调控】 一是全面落实市级储备粮规模1000万千克（存储库点1家），县（区）级储备粮规模5334万千克（存储库点11家）。二是扎实推进粮油应急配送中心建设，全市应急保障配送中心增至11家。三是对全市的163家粮食应急供应、加工网点进行重新认定，对市本级13家应急保障供应点和应急保障加工点进行授牌。四是在全市设立46个粮情监测报点，定期对当地原粮、成品粮和食用油市场销售价格以及供需情况实行动态监测。

【加大行政执法力度】 一是积极开展粮食库存、托市收购以及粮食流通监督等各专项检查，从源头抓好监管，有效地预防违规违纪行为，切实维护粮食流通市场秩序。全年全市各级粮食部门通过开展专项执法和监督检查，参与各类检查508次，出动检查人员1575人次，检查各类企业947个次，查处涉粮案件51例。二是指导开展“粮食收购资格许可”审批和年审工作，全市共完成466家区域内企业的年审，新增收购资格企业15家。三是开展粮食经营企业诚信评价工作，推动粮食经营企业诚信自律、守法经营。全市共有316家粮食经营企业和个体工商户被评定等级。其中，A级208家，B级89家、C级8家、D级11家。

【跑项争资成效显】 一是成立市粮食局招商引资工作领导小组，抽调精干人员参加市第5招商团队，严格落实考核机制，明确职责任务。成功引进厦门协威进出口公司在抚州国储库兴办粮食精深加工生产项目，项目进资2200万元。二是争取中央财政预算内建设项目4个，资金4851万元，建仓规模11.2万吨。其中，南丰县太和粮管所竹衢粮库仓容扩建项目2.5万吨(小麦)，投资375万元；金溪县琉璃粮管所中心库扩建项目2.5万吨（小麦），投资375万元；南城县粮食收储公司新建仓容1万吨（小麦）项目，投资150万元；中央储备粮抚州直属库东乡分库建仓项目，投资3951万元。三是争取全省仓库维修及功能提升项目，补贴资金948万元，省财政粮食简易建筑补助资金133万元。四是申报粮油应急配送中心建设项目4家（南丰、宜黄、资溪、东乡），项目补贴资金240万元。五是争取军粮供应网点改造和应急保障项目，省财政投资168万元。

【自身建设务实有效】 一是抓好机关作风建设。局领导率先垂范，带动全局干部职工自觉学习、主动学习，致力营造粮食系统风清气正的从政环境，持之以恒地抓作风建设，在全局形成想干事、会干事、干成事、不出事的良好氛围。二是严格党风廉政建设。认真落实全面从严治党主体责任，全力抓好党风廉政建设，做到统筹到位、机制到位、监督到位，实行廉情约谈制度化、常态化，全年开展日常约谈20余人次，专项约谈17人次。三是实行绩效目标考核。首次对局属每个企业单独下达2016年绩效考核目标责任书，明确绩效目标及奖励办法。加强企业内部管理，规范企业借聘用人员工资、福利、奖金的标准和发放原则，更好地激发员工活力，推动企业全面健康发展。四是加强干部队伍建设。局机关黄文英被提拔到宜黄县任政协副主席。局属党总支部、局工会进行全面换届选举，提拔重用5名局属企业领导，对机关科室部分岗位进行人员调整，进一步优化组织结构。五是确保单位和谐稳定。积极做好金海岸土地款的催缴力度，通过努力，全面返还局属两库返聘职工上岗责任保证金。全面做好市直原7个转制企业未返聘职工的社保财政补贴申报工作，妥善解决好改革后存在的遗留问题，确保综治工作实现“四无”。六是严格资产资金管理。根据公平、公正、公开的原则，对崇仁国储库国储楼以及企业车辆进行拍卖处置。规范局属企业资金运作和投资经营行为，有效规避风险，同时加大外欠款项的追缴力度工作，确保国有资产不流失。

（粮食局办）

【市粮食局领导名录】

党委书记、局长：王国荣

副 局 长：管国辉　翁福达

黄炳辉（任至8月）

陈　君（9月任）

纪委书记：杨应庚（任至12月）

烟草专卖

【概况】　江西省抚州市烟草专卖局（江西省烟草公司抚州市公司）成立于1984年7月。下辖临川、东乡、乐安、崇仁、南丰、南城、广昌、宜黄、黎川、金溪、资溪等11个县区局（分公司）和1个配送中心。内设办公室、人事劳资科（离退办）、财务科、专卖监督管理科（稽查支队）、机关党委（工会）、营销中心、监察科（整顿办）、安保科、信息中心、烟叶科、基础办、法规科、烟叶技术中心、企业管理科等14个职能科室（部门）和1个审计派驻办、1个内管派驻办。

2016年，全市烟草系统在省烟草局党组和市委、市政府的正确领导下，以“两学一做”学习教育为动力，认真贯彻国家烟草专卖局、江西省烟草专卖局分步施策、精准发力的决策部署，提振信心、迎难而上、积极作为、奋力攻坚，在经济运行“爬坡过坎、滚石上山”的关键时期保持稳中向好的发展势头，取得“三个排名靠前，三个明显成效、三个扎实推进”的良好成效。

【实现税利、经营、增幅三个排名靠前】　一是税利增幅排名全省靠前。全年全市烟草系统实现税利11.54亿元，同比增加6079万元，增长5.56%，增幅排名全省第一。其中，实现税金7.5亿元（含企业所得税），同比增加4996万元，增幅7.14%。二是烟叶生产经营排名全省靠前。全市种植烟叶0.98万公顷，烟叶收购创历史新高，达35.2万担，同比增加16.78%，增幅排名全省第一。实现烟叶税9700万元，同比增加1400万元，增长16.87%。乐安县跃居成为全省规模最大的产烟县，收购烟叶11.7万担。抚州烟叶工作荣获全省考核第一。三是省产烟、金圣烟增幅排名全省靠前。抚州烟草系统始终坚持“破釜沉舟、背水一战、壮士断腕、彻底洗脑”工作原则，加大省产烟、金圣烟宣传促销和考核力度，积极为省产品牌振兴和江西经济发展多做贡献，2016年，在卷烟总量下降的严峻形势面前，努力控制省产烟、金圣烟下降势头，分别排名全省第二和第三。省烟占比38.6%，同比提高1.6个百分点，排名全省第六，前进2位。

【打假、增效、创新成效明显】一是打假破网取得明显成效。全年全市共查获本地大要案件59起，同比增长34.09%；查处假冒卷烟案件104起，同比增长46.88%；破获和正在经营国标的案件6起，刑拘、判刑人数31人。全年共查处违法违规卷烟7.22万条，同比增长49.69%；其中，各类假冒卷烟0.55万条，同比增长126.95%。外地码段卷烟1.22万条，同比增长23.99%。二是降本增效取得明显成效。按照“厉行节约，减少浪费、严控费用、提高效益”降本增效目标，着重加强费用支出管控，不断提升精益管理水平。全年三项费用同比下降2.9%，实现降本增效915万元。盘活存量资金实现利息收入1203万元，超额103万元。严格落实“应招尽招、真招实招”，共实施“三项工作”项目47个，合同采购金额9330.43万元，节约资金794.39万元。严格基建投资管理，控减和优化调整投资项目12个、减少投资资金2700余万元；全面加强基建项目审计，共核减资金649万元，核减率5%。三是创新驱动取得明显成效。抚州烟草系统大力营造科技创新、管理创新氛围，加强实用关键技术研发应用，全年共开展各类科研项目31个，获实用新型专利授权3项，获省烟草专卖局科技进步二等奖1项，3人荣获省烟草专卖局创新先进个人；其中，黎川县的全国烟草品种区试点和烟蚜茧蜂防治蚜虫技术推广工作得到国家烟草专卖局专家组的高度评价。开展QC活动25项，其中获省烟草专卖局成果发布三等奖1项、优秀奖2项；在国家公开发行刊物上发表科技论文25篇。机关各部门在企业管理、制度完善、机制建设等方面积极探索、勇于创新也取得许多成果。

【三个建设扎实推进】　一是扎实推进全面从严治党。抚州烟草系统牢固树立“四个意识”，认真抓好把纪律挺在前面先试先行工作，持之以恒抓作风建设，层层夯实全面从严治党的主体责任和监督责任，健全基层党建考核机制，压实“一岗双责”。认真开展“两学一做”学习教育和中央专项巡视自查整改工作，针对4个方面、31个具体问题、76项具体任务制定37个整改文件，堵塞一批漏洞。积极配合省烟草专卖局党组专项巡察组开展为期20天的专项巡察工作，从严从实抓好17项立行立改任务落实整改，推动全面从严治党不断深入。

二是扎实推进干部队伍建设。严格执行新《条例》要求，旗帜鲜明地选贤任能，配齐各单位（部门）班子成员，加强和发挥领导班子的领导力、战斗力和执行力。进一步加强“双技”人才队伍聘任与考核，开展首届全市烟草系统“三员”综合技能竞赛并对获奖单位和个人进行表彰。推荐优秀员工参加省烟草专卖局专卖技能竞赛，获得团体第三和2个个人单项第二名；参加全省烟叶烘烤实操比武，获得一等奖、二等奖各1名和三等奖2名的好成绩，为实现全市烟草“十三五”良好开局提供坚强的人才保障。

三是扎实推进扶贫援建工作。深入贯彻落实国家局326号文件精神，大力开展烟区新农村和水源工程援建项目建设，进一步改善烟区生产生活条件，增强抵御自然灾害的能力。2015年度，全市烟草系统有新农村建设项目点35个，完成援建资金2540万元；黎川德胜惠民水库完成进度98.5%，宜黄凤冈惠民水库通过国家局评审，复函资金8567万元。2016年度，有新农村建设项目点34个，援建资金2800万元，项目覆盖贫困村18个、贫困户442户、贫困人口1414人，已完成援建资金1200万元，完成进度43%。

新闻宣传、综治安全、信息化建设、后勤保障、企业文化、依法治企、财审工作、老干部工作等均取得新成绩。市烟草专卖局获得全省烟草系统综治工作先进单位、安全达标单位第一名、优秀公文质量二等奖、专卖“双能”竞赛团体三等奖、全省烟草系统案卷评查工作先进单位等荣誉。临川、乐安、资溪三县（区）分别被省烟草专卖局评为全省卷烟打假先进集体及专卖打假典型县级局、烟叶生产典型县分公司和金圣销售典型县分公司。

（郑琼珊）

【市烟草专卖局（公司）领导名录】

局长（经理）、党组书记：熊尚彬

副 经 理：熊体科　万应发

副 局 长：邓　雄

纪检组长：黄文胜

食盐经营

【概况】　2016年，是江西省盐业集团股份有限公司混合所有制改制后运行的第一年。抚州江盐华康盐业有限公司面对“食盐专营形势更加严峻、盐业体制改革方案已发布即将实施、各支撑发展要素条件发生重要变化”的不利局面，着重形成“统一全员的思想、树立全员的信心”转变观念策应改制，充分发挥改制重组优势，突出食盐销售，拓展非盐经营，实现“经营盈利开创历史最高水平、改制重组企业保持稳定平安”的双丰收。全年购进各类盐产品12623吨，计划销售各类盐产品13660吨，实际完成14107吨，完成年计划103.27%，其中，小包装盐计划11060吨，多品种计划2770吨。小包装盐完成数量与2015年度相比增加1146.8吨。2016年市盐业公司实现总利润额652万元，比2015年同期增加517万元，增幅382%。

【探索非盐销售发展之路】　在非盐销售工作中，市盐业公司遵循多措并举，策应盐改，既集采，又自采，以非盐寻更大机会和出路，非盐销售实现2913.1万元，完成年计划4200万元的69.36%，非盐构成酒类销售94.5万元，饮料销售47.7万元，食用油销售1954.8万元，主粮销售567.8万元，调味品销售102.5万元，生活类销售109.5万元，工业类销售35.5万元。2016年，联盟连锁开店计划238家，实际开店235家，完成计划的98.74%。2015年和2016年总开店数为269家。2016年联盟连锁销售计划490万元，至12月底实际销售590.09万元，完成计划的120.43%。联盟连锁毛利额达到41.89万元，平均毛利率7.1%。全年单店平均销售1828.04元。

【食盐市场管理运转有序】　2016年是盐改实施前的最后一年。抚州市盐务局面对复杂的食盐市场监管环境，在公安、食药监、市场质量等职能部门的协作下，开展整治盐业市场的工作，确保全市食盐零售终端网络的稳步发展。全市全年共查处盐业违法案件5起，罚款200元，出动盐政稽查人员5641人次。广泛宣传政策法规，张贴省市关于严厉打击涉盐违法犯罪行为、确保食盐安全的通告4500份。对用盐企业、食盐零售经营户，则依照《通告》有关条款摘录打印成宣传资料，下发到位。市盐业公司还与报社、电视台联合开展“3·15”维护消费者权益日、“5·15”防治碘缺乏病日的宣传，解读具体的盐改实施方案，使市民正确认识盐改和增强食盐安全的防范意识。在宣传活动中，全市盐业公司共出动宣传车24台/次，接待群众咨询近万人，散发宣传资料6000余份，入户入店宣传2000余家，相关宣传报道专题6篇。

【社区移交工作顺利完成】　2016年，市、县盐业公司社区移交工作按照上级的统一部署，在江西省盐业集团股份有限公司和抚州市国有资产监督管理委员会、涉及的7个县区（管委会）人民政府、市委组织部、市直属机关工委、市人社局和相关街道社区的支持和帮助下，结合盐业的实际而进行。社区移交经过前期的资料准备核实，中期的市政府移交工作协调会议、各级政府及相关部门的对接沟通，后期的实质性办理落实等环节。承担社区移交工作的人员分别向涉及的7个县（区）政府和管委会递交签署《社区移交属地管理协议》，与政府相关部门对接，实质性落实办理了164名职工的社区经费交纳、164名职工档案移交、44名党员关系移交等事务。盐业移交前的31户水电改造在既定时间内完成实施，12月22日，社区移交工作全面完成。

【“两学一做”实现同步发展】　市盐业公司通过开展“两学一做”“深化改革促发展”大讨论等系列主题教育活动，进一步统一思想，凝聚力量，做到队伍不乱，思想更稳定，局面有创新。2016 年，做好后备干部的培养，推荐优秀干部放到重要管理岗位上培养锻炼，为单位的发展增添了后劲。针对重点部门和重要环节开展纪检监察，把纪检监察作为廉政建设中的重中之重，党政领导亲自抓，注重强化制度和程序的监督。年初市公司党总支制订党员学习教育计划，组织开展以党的政治理论、路线、方针、政策等为主要内容的政治教育，开展以相关法律、法规、党纪、政纪为主要内容的法纪教育，开展以先进典型事迹为榜样的职业道德教育，开展以反面教育典型案例为警示廉政教育等一系列教育活动。

（张亚琼）

【市盐务局（抚州江盐华康盐业有限公司）领导名录】

总经理（局长）：黄腾文

书　　记：彭敏峰

副 经 理：梁晓林　吴鲁江

朱华伟（任至 3 月）

石油经营

【概况】 2016 年，中石化抚州分公司紧紧围绕年初江西石油公司工作会议精神，努力完成各项经营任务，全年完成成品油销售总量 46.99 万吨，其中，零售量 41.14 万吨；直分销 5.85 万吨；天然气销售 359.85 万方；非油品营业额 10314.3 万元；主营业务收入 26.8 亿元，上缴税金 3091 万元；全年未发生上报等级事故。被省公司评为安全生产、财务管理、物流管理、实物资产管理、加气站发展等先进单位称号，获得省公司“比学赶帮超”红旗 13 面；连续八年荣获江西省劳动保障诚信等级“AAA”级单位；公司通过“集团公司 2016 年度 HSE 大检查和销售企业 HSE 综合管理能力评价”检查。

【聚焦市场变化提升经营质量】 2016 年，中石化抚州分公司坚持问题导向，聚焦经营应对市场变化，灵活经营，提高经营总量。一是积极开展“多卖一吨油”“油非互促”“加油卡电子券”等主题活动，激发员工爱岗敬业的热情，加强基础管理，提高服务质量。二是突破瓶颈抢占直销市场。三是通过油非互促、卡非互动等各种营销手段，提高成品油零售销量和“易捷”便利店商品销售额。

【挖潜增效提升管理水平】 一是加大费用管理。加强月度计划的精确度，各费用归口管理部门每月对使用费用做好计划预算，强化预算对费用管理的引导作用，公务性支出同比减幅 7%，电费同比减幅 8%，折旧及摊销减幅 6%，财务费用减幅 13%，堵住效益出血点。二是盘活闲置资产。完成对外租赁项目 15 项，实现租赁收入 24.54 万元。三是严把数量质量入库关，每批次自采油品严格分析化验，不合格的坚决不收。四是倾情人文关怀，保障职工利益。本着“真困难真帮助”的原则，为 169 位符合条件的协解人员申报两险帮扶，帮扶金额 106 万余元。按照市委“四进四联四帮”要求，扎实推进精准扶贫工作，全年扶贫捐赠资金 23 万元。五是开展多种形式的培训，149 名员工参加技能鉴定，一线员工持证比例达 82%。

【从严狠抓安全管理】 2016 年，中石化抚州分公司继续深入开展“抓三百保平安”活动，扎实推进安全生产工作。一是抓好《安全管理手册》的宣贯彻和内审，为落实集团公司“生命至上、安全发展、预防为主、综合治理、领导承包、全员履职”的安全方针，印制手册 1200 份，发放到每一位员工，通过学习和培训，安全责任担当意识有进一步的增强。二是抓好各级 HSE 责任制的分解，全面落实“谁的业务谁负责、谁的属地谁负责、谁的岗位谁负责”的安全理念。三是深入开展“我为安全作诊断”活动，全年各级人员提出诊断建议 6242 条，人均参与率 100%，采纳率 31.8%。四是全面推进“隐患攻坚战”，全员排查各类隐患 107 条，整改 100%，投入整改治理资金 70 余万元。五是通过“集团公司 2016 年度 HSE 大检查和销售企业 HSE 综合管理能力评价”检查。

【突出网络发展】 2016 年，围绕省公司提出的“实施精准投资，引导高质量的外延发展、拓展增量资产，支持高效益的内涵挖潜、加快存量资产创效”的要求，中石化抚州分公司瞄准重点区域、重点网点，真正意义上主导成品油竞争市场。一是主动作为，争取规划与建设的主导权。利用市、县（区）两级政府换届之机，主动拜访市、县（区）两级政府的主要领导，融洽政企关系，优化外部发展环境，在网点建设、市场整顿取得市、县（区）两级政府的大力支持。二是加快推进项目建设。2016 年，统筹提量改造、油气回收改造、隐患整改、非油品改造等站数 20 座。三是继续落实好油气回收改造，完成加油站油气回收，改造项目 67 座。

【中石化抚州分公司领导名录】

经　　理：余　谦

纪委书记：游科铭（任至 6 月）

吴昌华（6 月任）

副经理、工会主席：

王建平（6 月任）

经理助理：聂少军（7 月任）

安全总监：游建武（7 月任）

本栏编辑　汪　洋

市场建设 · 招商引资

综　述

2016年，抚州市实现社会消费品零售总额480.27亿元，同比增长11.6%；进出口总额184165万美元，增长10.12%，其中出口总额180158亿美元，增长9.12%，进口总额4007万美元，同比增长87.7%；实际利用外资4.3亿美元，同比增长13.2%，现汇进资8000万美元，现汇率18.6%；全市新引进并已开工2000万元以上项目361个，其中亿元以上工业项目206个。全市当年2000万元以上工业项目实际进资458.7亿元，亿元以上工业项目实际进资320.7亿元。与此同时，着力加强商贸流通市场体系和加快完善商贸综合体建设，切实强化市场监管，各项工作保持较好的发展势头。

（龚　岐）

商品市场

2016年，全市社会消费品零售总额480.27亿元，增长11.6%。分城乡看：城镇消费品市场实现零售额387.50亿元，增长11.5%；乡村消费品市场实现零售额92.77亿元，增长12.0%。分行业看，批发和零售业是社会消费品零售市场的主导力量，实现零售额422.42亿元，增长11.1%，占全市社会消费品零售总额的88.0%；住宿和餐饮业零售额50.16亿元，增长15.3%。在限额以上批发和零售业零售额中，粮油、食品、饮料、烟酒类同比增长45.9%；石油及制品类同比下降7.6%。

（龚　岐）

电子商务

2016年，抚州市多渠道引导电子商务发展。一是结合双返双创工作，抚州高新区吸引抚州籍互联网人才返乡创业，引进互联网金融平台“趣店集团”“盈盈理财”、跨境电商体验平台“乐途购”（才聚科技）等企业项目落户，黎川县吸引顶石、塬峰、荣兴等3家在义乌的电商企业返乡开展跨境电商业务，2016年已通过速卖通、亚马逊等平台实现跨境出口超过40万美元。二是广昌县入选阿里巴巴“2015中国电商消贫十佳县”，名列全国第六。三是指导南城、黎川、东乡等县与阿里巴巴建立合作关系。南城县已建成农村淘宝县级运营中心并投入运营，建成40个村级服务站。黎川县村淘县级运营中心于12月底投入运营，拟建设40个村级服务站。珍视明、东鑫产业园等共7家企业被列入省级电商示范企业（基地）。全年全市电商交易额突破300亿元，增长50%以上。

（龚　岐）

赣东人才市场

【概况】　2016年，江西赣东人才市场（抚州市人才服务中心）大力开发和合理配置人才资源，为企、事业单位招聘人才、人才择业、高校毕业生就业、企业人才咨询及流动人员人事档案管理、流动党员管理等方面提供服务。2月29日，制定《江西赣东人才市场招聘管理规范（试行）》，进一步强化赣东人才市场的公共管理与服务职能，规范人才市场招聘工作，有效利用招聘资源，提高招聘质量。在抚州人才大厦三楼设立集中办事大厅，

举办2016年夏季人才招聘会

并实行一次性告知服务，确保所有关于档案服务管理方面的问题全部在一个地方一次性解决，为办事群众提供便利。

【流动人员人事档案管理】 2016年，全市共接收高校毕业生、各类人才档案1426份；为1358名高校毕业生及各类人才办理档案托管手续；开具档案接收函件及相关证明材料1767件；提供档案查借阅、政审服务1024人次；档案材料收集、鉴别、归档1873份；办理档案材料及人事关系转出694件；录入档案管理系统及抚州人才网档案信息共计4904条，录入查询比例达100%。

【网络招聘和现场招聘】 2016年，抚州人才网点击率提高，日均浏览量达到480次；网络注册个人会员达320人。在市人才大厦举办日常招聘会11场，平均每场招聘会3家用人单位参会，提供就业岗位60个，入场求职人数20人，达成求职意向2人。2月16举办“春风行动”就业招聘活动。5月14日在市人才大厦门口举办“2016年抚州市民营企业招聘周”，共有53家企业参加，提供就业岗位2850余个，入场求职人员620余人，初步达成意向160余人。5月20日组织13家企业提供1000余个岗位组团参加2016江西高校毕业生促进赣南苏区振兴公益招聘会。6月25号举办的“夏季大型招聘会”参会企业有72家，提供就业岗位3500余个，提供暑期工岗位50余个。10月22—23日，举办系列招聘活动，有192余家省内外企业参加，提供就业岗位近4570个，入场求职人数5000余人，达成初步求职意向1200余人。市人才服务中通过招聘会等收集各类企业真实有效的空岗信息，重点筛选急需紧缺人才岗位，每月同步在省人才市场发布，并借助抚州市人力资源和社会保障局网站、抚州人才网、微信、报纸等媒体及市人才大厦一楼招聘墙向社会发布，为用人单位和求职者搭建良好平台。抚州市人才服务中心企业管理群群内人数有232人，了解企业人才需求，发布招聘信息。对人才大厦一楼进行改造，设置招聘墙和招聘宣传栏，增设求职登记处和简历投放箱。

（赵　辉）

人力资源市场

【概况】 2016年，抚州人力资源市场实施就业优先战略，落实新一轮就业创业政策，积极组织开展公共就业专项活动，突出高校毕业生等重点群体就业工作，有效地促进就业。全年城镇新增就业4.3万人，城镇登记失业率3.31%，较控制目标低1.19个百分点。

【就业援助】 采取开发公益性岗位、现场政策咨询、专场招聘推介、提供即时岗位援助、结对帮扶、走访慰问等多种形式，全面开展“送信息、送政策、送技能、送温暖”四送服务，帮扶就业困难人员实现就业。活动期间，全市组织开展各类招聘会52场，发放各类宣传材料5万余份，提供适合就业困难人员就业岗位2000余个，帮助401名就业困难人员实现就业，帮助就业困难人员落实各项补贴资金421.12万元，认定零就业家庭2户，帮助零就业家庭成员实现就业2人，接受就业困难人员各类政策咨询3000多人次，走访慰问326户就业困难人员和零就业家庭。

【实施春风行动促进农村劳力就业】 以“送信息、送政策、送技能、送温暖”四送服务为重点，开展“春风行动”，帮扶和促进农村劳动力实现就业。活动期间，全市共组织召开各类招聘会、洽谈会158场，市内和工业园区企业464家、市外企业26家开展现场招聘活动，提供转移就业岗位3.5万多个。为农民工等各类求职人员提供免费服务25.2万余人次；市内企业新招收农村劳动力就业近1.6万余人，其中，扶持自主创业成功1197人；组织参加创业培训569人，组织参加职业技能培训2571人，免费提供劳动维权服务和法律援助3821人。

【民营企业招聘】 联合教育、总工会、工商联组织实施大型民营企业招聘活动。组织开展各类专场招聘会17场，入场企业达245家，提供用工岗位1万余个，签订就业协议4986人。

【高校毕业生就业】 以离校未就业高校毕业生实名制调查为切入点，摸清高校毕业生的就业愿望和就业需求，进行动态监测管理，以实施大学生就业促进计划、创业引领计划为平台，开展高校毕业生就

2016年抚州市大众创业万众创新活动周启动仪式暨返乡创业企业用工招聘会

业服务月（周）活动，为高校毕业提供职业指导、创业培训、场地支持等有针对性的就业创业服务，全年组织高校毕业生专场招聘会17场，现场签订就业意向765人，发放高校毕业生就业政策等宣传品6.1万份，职业技能培训88人，参加创业培训95人，开展就业援助142人，帮助2500名离校未就业高校毕业生实现就业创业。年底，2016届高校毕业生总体就业率达90.27%。

【就业困难人员就业】 通过购买公益性岗位安置和落实就业政策，帮扶就业困难人员就业，全年就业困难人员就业4400人，零就业家庭就业保持动态清零。

【园区企业定向培训】 加强工业园区企业培训政策的普惠性，加大企业自主培训力度，建立与园区用工企业对接机制，由园区企业自主开展岗前技能培训，帮助新招收员工尽快掌握岗位所需技能，切实降低企业用工成本，做到应培尽培，培以致用。同时，顺应互联网经济发展趋势，在全市范围内大力开展电子商务培训，为电子商务产业发展提供人才和智力支撑。全市工业园区定向培训31059人，其他培训9852人，创业培训12925人，其中，电子商务培训5318人。

【搭建园区企业和劳动者供需对接平台】 以持续开展“转作风、进园区、强服务”主题活动为抓手，建立重点缺工企业按月督查调度机制，强化对园区企业用工服务，为园区企业和劳动者搭建面对面供需对接平台，切实帮助园区企业解决用工难题。全年为园区企业招聘员工2.54万人，园区企业员工人数由年初的10.77万人增加到12.03万人，净增1.26万人，基本满足园区企业用工需求。

（赵　辉）

土地市场

【概况】 2016年，抚州市紧紧围绕“三大战役”战略部署，切实保障工业用地需求，加强房地产用地管理和调控，强化保障性住房用地供应。全市全年共出让土地705.71公顷，同比下降0.05%，其中，经营性用地190.34公顷，下降0.2%，工业用地279.81公顷，下降42.21%；经营性用地成交单价2571.71万元/公顷（即1171.45万元/亩），增长8%，工业用地成交单价110.22万元/公顷（即7.35万元/亩），降低6%。

【强化保障性住房用地供应】 为贯彻落实国务院及国土资源部相关文件精神，依据国土资源部《国有建设用地供应计划编制规范》，抚州各县（区）认真编制2016年度国有建设用地和住房用地供应计划，并确保保障性住房、棚户区改造和中小套型商品房用地不低于住房建设用地总量的70%，确保城市住房用地供应计划总量不低于前两年平均实际供应量，并通过土地市场动态监测与监管系统在线报国土部，同时在中国土地市场网上进行公布。全市供应保障性住房用地67.01公顷。

【土地出让收入】 2016年，抚州市和市本级土地出让收入较2015年均有所下降。截至12月26日，成交土地使用权219宗，面积共705.71公顷，成交价款共102.21亿元。其中，经营性用地49宗，面积190.34公顷，成交价款48.95亿元，工业用地101宗，面积279.81公顷，成交价款3.08亿元。市本级共出让成交土地9宗，面积68.03公顷，成交价款122302万元。出让成交国有建设用地使用权9宗，涉及土地面积68.03公顷，总成交价122302万元，已收取22356万元。

【土地收储和融资】 增强政府调控城市建设用地的能力，坚持收储和融资并重，根据土地利用总体规划、城市总体规划和控详规模、融资规模、城市改造、招商引资等情况，科学制定土地收储计划，合理划定土地收储范围，依法有序进行土地收储；积极开展土地融资，盘活土地资产，提高土地效益。2016年，市本级共收储土地总面积为224.31公顷。其中，收储存量土地17.33公顷，征收新增土地206.98公顷。历年共提供储备土地共404.2公顷，配合市财政抵押融资贷款总额达25亿元。

（黄煜婷）

房地产市场

【概况】 2016年，抚州市房管局在经济运行压力持续增大的情况下，通过落实三项举措，力促房地产市场的平稳运行：一是去库存。认真贯彻落实市政府出台的《抚州市中心城区化解房地产库存工作措施》。在此基础上，督促各县（区）出台契税补贴、购房补贴等去库存工作举措，力促房地产市场呈现价稳量升的局面。二是重安置。对棚改征迁户在落实原有的评估补偿标准和奖励费、补助费全面到位的基础上，引导和鼓励被征收人购买商品房进行安置，进一步提高棚户区改造的货币化、市场化安置补偿标准。三是强监管。完善房地产监控平台，审批核发商品房预售许可证，及时将批准的预售信息、可售楼盘及房源信息在房地产信息网上予以公示，做到公开透明。及时传达《规范房地产开发企业行为维护房地产市场秩序电视电话会议》精神，对中心城区在建在售的房地产开发企业经营行为开展一次全面检查，设立有奖举报电话和信箱，对房地产开发企业违法违规行为公开接受社会举报，依法严肃查处住建部公布的“九种”违法违规不正当经营行为。通报检查发现的问题，督促房地产开发企业加强自律，接受政府和公众监督，积极履行社会责任。通过齐抓共管，促进全市房地产业平稳健康有序发展，实现“两增两稳一明显一放缓”的目标。

【商品房销售和二手房交易增长】 2016年1—11月，全市商品房销售备案面积436.4万平方米，同比增长36.99%；其中，市中心城区销售备案面积96.27万平方米，同比增长44.31%。销售量明显回升，实现8个月同比增长，呈现良好的发展势头。同期全市二手房交易面积114.29万平方米，同比增长27.1%；其中市中心城区二手房交易面积35.36万平方米，同比增长5.87%。

【销售价格和市场态势保持平缓】 2016年1—11月，全市商品住房销售备案均价4551元每平方米，同比增长3.64%，其中，市中心城区均价5171元每平方米，同比增长2.76%，销售价格水平基本稳定，没有出现大起大落的现象。市房管局紧紧盯住防范房地产市场预售资金、社会融资、变相调价这三大风险，采取有效措施，积极做好风险防控工作。年内，市中心城区未出现一起开发企业资金链断裂的问题，整个房地产市场始终保持相对稳定的态势。

【商品房库存去化周期明显缩短】 截至11月底，全市商品住宅库存为226.24万平方米，去化周期为6.6个月，市中心城区为52.52万平方米，去化周期为7.1个月，商品住宅库存和去化周期明显降低。

【开发投资速度逐步放缓】 2016年1—11月，全市商品房预售许可投资额为106.71亿元，同比减少6.34%；市中心城区商品房预售许可投资额为33.22亿元，同比减少9.83%。全市商品房预售许可面积为324.88万平方米，同比减少6.58%；市中心城区为84.07万平方米，同比增长0.42%。数据表明全市房地产市场开发速度在放慢，开发量在缩小。

（市房管局）

招商引资

【概况】 2016年，抚州市全力推进重点产业招大引强，全面促进产业升级。着力推进重点产业招大引强。全市围绕机电汽车、生物医药、电子信息、绿色食品、新材料、新能源等主导产业及特色优势产业，着力推进重点产业招大引强。全年共签约10亿元以上重大项目43个，其中已开工项目23个。投资50亿元的广东海利不锈钢、35亿元的天津卓朗云计算大数据平台、30亿元的森鸿电子科技、30亿元的迪比科石墨烯钛酸锂新能源锂电池、30亿元的爱康新能源科技、20亿元的博雅欣和制药、20亿元的迈赛特电子科技、20亿元的中部文化创意产业园等一批重大产业项目已落地建设。

【重大招商引资活动】 2016年，抚州市共在北京、宁波、厦门、香港、深圳、南京举办或参加7场重大专题招商活动，共签约项目97个，签约金额501.1亿元，取得良好成效。其中，在对台招商工作中，充分利用好赣台经贸文化交流平台，加强与兄弟省市台协的合作，在厦门、南昌举办的专题对接台商活动中，共签约闽台项目21个，签约总额约87亿元。全年共签约10亿元以上重大项目43个，其中已开工项目23个。

【承接深圳、东莞、上海等地产业转移】 重点锁定深圳、东莞和上海三地作为主攻区域，分别与上海市产业合作促进中心、深圳市政府、东莞市政府签署产业转移合作协议，全市派驻近30支专业招商小分队开展驻点招商，全年共对接三地项目208个，其中，已签约并开工项目67个。

【双返双创火热】 2016年，市委、市政府主要领导多次率队赴外开展招商对接活动，共外出走访央企、重点民企100余家，接待到抚州考察重点客商60余批次，并出台系列政策措施，鼓励赣商返乡和民间投资。

【加强区域合作着力推进示范区建设】 围绕省政府《支持抚州融入南昌对接海西加快推进区域发展的若干意见》，大力加强与沿海发达城市的对接，不断深化与南昌、海西地区的产业协作，着力推进昌抚合作示范区、赣闽台产业合作示范区、区域现代物流示范区、区域信息产业示范区建设。

【提升利用外资水平】 2016年，抚州市把引进大企业、大项目作为利用外资的主要目标，着重抓好重大外资项目的引进，签约一批重大外资项目。如香港铜锣湾集团有限公司投资2.8亿美元的铜锣湾商业广场项目、香港万均集团投资2.1亿美元的台湾创新产业园项目等。大唐国际与法国国家电力公司合资合作的大唐国际抚州发电有限公司总投资12.89亿美元，一期工程已竣工发电；沙特科斯特化工公司投资1.76亿美元并购江西添光化工的江西添光钛业有限公司；临川东德服饰公司在抚北园区建健身器材厂已投产。

（龚 岐）

本栏编辑 黄泽书

财政税收

财政管理

【概况】 2016年，是“十三五”规划执行的开局之年，也是全面深化财税体制改革的关键之年。抚州市财政部门紧紧围绕市委、市政府决策部署，凝心聚力、主动作为、开拓进取、扎实工作，有效克服了国外经济形势复杂多变、国内经济下行趋势明显、政策性减收和刚性支出增多等诸多不利因素影响，圆满完成各项财政工作任务，取得显著的工作成效，并在全省财政工作综合评价中取得第一名的可喜成绩。

6月，市财政局组织干部职工到井冈山接受革命传统教育

【财政运行态势良好】 2016年，全市财政总收入完成171.6亿元，同比增长3.9%；全年税收完成143.9亿元，占财政总收入比重为83.9%，高于全省平均水平5.5个百分点，位居全省第二，财政收入质量显著提升，特别是面对经济下行和“营改增”政策性减收的严峻形势，市委、市政府审时度势，适时“换挡调速”调整财政收入增长预期，增幅由年初的10%调整为3.9%，挤压财政收入水分10亿元以上，为全市财政收入健康发展奠定坚实基础。市本级财政总收入完成24.7亿元，同比增长9.7%；各县（区）完成总收入132.3亿元，同比增长1.8%，实现县县财政总收入超5亿元，其中东乡、临川财政收入超过20亿元，超10亿元县7个，全市各级财政的实力得以得升。

【民生服务水平不断提升】 2016年，全市一般公共财政预算支出312.3亿元，同比增长6%，其中用于教育、社会保障和就业、医疗卫生、农林水事业、节能环保等涉及民生方面的支出突破200亿元大关，达230.9亿元，同比增长6.8%，占公共财政预算支出的比重为73.9%，较同期增加0.6个百分点，实现新增财力向民生领域倾斜。全市“一卡通”发放惠农资金19亿元、耕地力保护补贴4.2亿元、投入1.3亿元支持新农村建设，助推“三农”发展；投入2.45亿元，改扩建村卫生计生服务室，切实提高乡村的医疗设施建设。全市教育支出57.1亿元，科技支出5.57亿元，同比增加10.4%；投入近0.5亿元，全力保障汤显祖逝世400周年纪念活动开展，提升抚州知名度；多渠道筹措资金24亿元，保障市中心城区保障性安居工程建设等重点民生工程顺利实施。

【财源建设力度持续加大】 2016年，全市财政部门落实积极的财政政策，扶持财源建设和实体经济发展，增强财政发展后劲。一是加大产业发展投入。全市各级财政部门积极安排专项资金支持产业发展。市本级安排各类产业发展资金达3.24亿元，帮扶企业发展，积极助推实体经济发展。二是加大企业融资服务力度。“财园信贷通”规模扩大，全市共帮助796户企业新增贷款32.66亿元，较同期增加放贷款企业户数102户、增长14.7%；已发放贷款额增加3.23亿元、增长10.96%，有效缓解企业融资难、融资贵的问题；全市过桥贷款帮助企业搭桥448次，搭桥资金22.7亿元，有效降低企业融资成本；全市惠农信贷通向5782个农业经营主体累计放款金额22.8亿元，有力支撑新型农业经营主体发展；完成财政担保金额1.5亿元，扶持中小企业发展。三是加大企业降税减费力度。积极组织开展涉企收费专项清理检查，取缔各种乱收费；及时按照上级有关要求降低企业养老保险、失业保险费率，企业基本养老保险费率由20%降到19%，失业保险费率由1.5%降到0.5%，切实减轻企业负担。

【跑项争资工作不断增强】 2016年，通过积极跑项争资，全市共争取上级转移支付资金154.6亿元，其中争取新增上级均衡性转移支付3.4亿元，占全省20亿元的17%，较同期相比增加4.8个百分点，争取地方政府置换债券资金78.5亿元，实现大幅度新增财力，有效增强财政支出保障能力，积极化解政府债务风险。

【积极应对“营改增”工作】 2016年，市财政致力于改革创新，以深化财政改革为动力，不断创新工作方式，促进财政健康发展。大力开展“营改增”改革调研工作，形成《“营改增”对我市物流企业及税收影响的调研报告》及《“营改增”改革应对措施建议》，得到市委、市政府主要领导的肯定，对稳定财税收入起到积极作用。

【创新引入基金融资模式】 抚州市在江西省率先与省金控公司合作，成立抚州市金融控股有限公司，组建抚州市基金管理公司，充分发挥基金的乘数效应，为支持城市建设、产业发展搭建高效的融资平台。2016年，基金公司投资的城投路网项目、宜黄产业基金项目、花语梦园项目、迪比科产业基金等项目共筹集资金40亿元，并成为全市首家获得私募基金牌照的基金公司。

【推进财政支出风险防控平台建设】 抚州市公务消费一体化改革是财政三公消费管理的一张名片，得到省委、市委主要领导的肯定，并作为样板在全省推广。2016年，市财政局继续深化公务消费一体化改革，将其升级为抚州市财政局财政支出风险防控平台，以“制度+科技”模式对预算单位支出自动预警、实时监控，既达到规范完善对预算单位财政支出的有效监督，又实现对财政部门内部科室（单位）之间权力运行的有效监控，有效地防范财政资金支出风险，切实促进效能提升。全市三公经费支出2.64亿元，同比下降17.7%。

【推进政府和社会资本合作】 2016年，市财政局研究制定《市本级政府和社会资本合作模式（PPP）项目基本操作规程》《市本级政府和社会资本合作项目（PPP）财政评价机制》等制度，积极推进全市PPP项目实施，廖坊水利灌区二期工程PPP项目入选财政部示范项目。

【对扶贫资金和棚改融资实行“市代县”政策】 2016年，市财政局对扶贫资金和棚改融资实行“市代县”政策，在全省首创。县（区）受收入、资质等条件限制，不容易取得贷款，以市里名义进行贷款，由县里进行还款，加大对县（区）支持力度。2016年，棚改、扶贫融资大约90个亿，对解决县（区）棚户区改造、扶贫、农村基础设施建设等问题等发挥着重要作用。

（邱　磊）

市财政局局长伍鹏到东源村指导扶贫工作

【市财政局领导名录】

党组书记、局长：伍　鹏

党组成员、投融资管理中心主任：
陆中和（9月任）

党组成员、农业开发办主任：
祝友清（12月任）

党组成员、副局长：刘武奎
陆中和（任至9月）
龚升平

副　局　长：夏小青

党组成员、总会计师：黄文祥

党组成员、副调研员：
章耀华（任至3月）

党组成员、国库支付局局长：
敖亚明

党组成员、非税管理局局长：
艾文茂

市投融资中心副主任：涂时昌

副调研员、机关党委书记：王剑光

国家税收

【概况】 2016年，全市国税系统共组织计划口径税收70.11亿元，同比增收12.02亿元，增长20.7%。组织财政口径税收66.31亿元，同比增收12.18亿元，增长22.5%。征管质效继续提升。个体零散税收累计入库1.91亿元，同比增长39.1%。评估税收累计入库7423万元，同比增长7.75%，占税收收入比重2.6%。开展教育和卫生行业专项清理，及时将其纳入管辖范围。与财政部门联合出台建筑业税收预缴办法，进一步理顺建筑业税收管理。收入质量稳步向好。第三产业税收累计入库34.73亿元，同比增长17.6%，占比稳中有升，达49.54%。出口型高危行业增值税大幅下降，其中纺织业、服装业同比分别下降43.1%和52.4%。

【深化重点改革】 2016年，市

国税局全面推行“营改增”试点。提请市政府牵头成立营改增工作领导小组，与地税、建设、统计、房管等相关部门建立联席会议制度，高位、高效推进营改增试点工作。全市国税系统全面完成营改增试点任务，还兑现了行业税负只减不增的庄重承诺，营改增红利得到充分释放。市国税局撰写的《以营改增为契机促进抚州工业发展的若干思考》专题调研报告，得到市委、市政府领导的批示肯定。稳步开展金税系统三期上线。抽调15人组成金三推行办公室，实行集中办公，高质量地完成岗责权限采集、数据清理、功能测试、业务培训和压力测试等工作。纵深实施国地税征管体制改革。持续推动国地税服务深度融合、执法适度整合、信息高度聚合，明确改革任务时间表，建立进展情况台账，实行对账销号。联合地税部门建立工作文件会签、工作序时推进、工作进展情况通报、督查督办和联络反馈等制度机制，全面落实《国地税合作3.0版》及51项合作计划，积极创新方式，拓宽领域，推出一批具有抚州特色、纳税人获得感强的措施，《中国税务报》和市委《改革动态》专题刊发经验做法。

【强化风险防控】 2016年，市国税局认真开展税收风险自查自纠，采取县（区）国税局自查和市国税局核查相结合的方式，对户籍管理、税种管理、发票管理、进出口税收管理等多个风险点进行深度自查自纠。建立税警协作长效机制。加强与公安经侦部门的密切协作，成立税警协作机制办公室，推进税警协作常态化、制度化、规范化、长效化。全市国税机关移送公安部门案件37件，公安部门正式立案侦查19起，抓获犯罪嫌疑人20人，涉税金额近2亿元。

【实施精准扶持】 2016年，市国税局扎实开展专项行动，围绕“降成本、优环境、促发展”，出台“七个对接到位”具体措施，得到市委书记肖毅批示肯定。成立联企工作组，实行市、县（区）局两级班子成员联系重点企业制度，先后深入260多户企业开展调研，了解生产经营情况，现场研究解决企业遇到的困难和问题。积极推进“银税互动”，与市银监分局、市地税局及14家银行机构举办“银税互动”合作签约仪式，实现市级商业性银行机构“银税互动”全覆盖。年内，共有72户B级以上纳税信用企业通过“银税互动”获得贷款2.78亿元。继续开展“四进四联四帮”活动，扎实做好广昌县尖峰乡东坪村的精准扶贫工作。全面落实优惠政策。全年共办理出口退免税4.43亿元，减免小微企业增值税6440万元、所得税1550万元，办理资源综合利用增值税即征即退8.6亿元，为福利企业办理增值税退税3077.8万元，减征1.6升以下排量小汽车车购税6139.33万元。

【加强队伍建设】 2016年，市国税局深入开展“两学一做”学习教育。组织党员开展系列学习讨论，开设“遵规守纪，明德尚法——抚州国税党课大讲堂”，先后邀请多名专家学者授课，营造向上向善的浓厚氛围。市国税局班子成员严格执行双重组织生活等党内生活制度，按规定召开市局党组民主生活会。积极开展机关与县基层党支部“双联”活动，组织基层党建交叉巡察，召开县（区）局党组书记抓党建述职考评会议，有条不紊推进基层党建工作。大力推进数字人事改革，数字人事系统已进入模拟运行阶段，《抚州日报》、抚州新闻网对此进行报道。大力实施文化引领。建成市国税文化展厅。组织“最美家庭”评选，3个家庭被省国税局评为“最美国税家庭”。

【狠抓正风肃纪】 市国税局不断加强作风建设，制定落实两个责任的任务清单、责任清单。深入开展“正风肃纪”专项整治和“红包”问题治理自查。开展落实党风廉政建设主体责任约谈，深入推进集中整治和查处基层侵害纳税人利益不正之风和腐败问题工作，不定期对各县（区）国税局进行督导检查。持续规范行政管理。实行绩效考评台账式管理，强化过程控制，按时形成绩效分析报告及考评通报。政府采购管理工作成效明显，得到省国税局领导的批示肯定，有关经验材料在《中国税务报》发表。市国税局连续11年被评为全市社会综合治理工作先进单位。

（朱雪峰）

【市国家税务局领导名录】
党组书记、局长：曾长根
副局长：隋照强　谢润斌　陈龙水
纪检组长：黄智洪（任至12月）
副 局 长：葛开珍
总经济师：温群茂（任至12月）

地方税收

【概况】 2016年，抚州市地税系统按照“十三五”发展规划要求，坚持抓好组织收入“一个中心”，稳步推进金税三期上线和营改增“两项改革”，着力提高服务大局、服务纳税人、服务基层“三个水平”，重点提升依法行政、税源管理、风险监控、综合治税“四种能力”，持续改进干部思想、业务、法治、廉政、作风“五项建设”，全面开启地税“二次创业”新征程。在经济下行和“营改增”政策影响双重压力下，聚焦地税主业，强化税源税种管理，促进收入稳定增长。全年累计组织入库各项收入82.97亿元。其中，入库税收收入77.87亿元，剔除营改增因素，同比增长5.1%；入库各项基金（费）收入5.1亿元。

【服务发展担当有为】 2016年，市地税局发挥职能，出台《支持降低企业成本优化发展环境政策服务举措28条》，助推供给侧结构调整和大众创业万众创新，得到市委、市政府主要领导的高度肯定。当好参谋，撰写大量经济税源分析报告，得到市委、市政府主要领导的积极评价，国家税务总局相关研究资料也予以重点刊发；该局干部代表向省领导汇报“十三五”规划意见和建议，受到省政府领导的关注。有力落实，用活用足用好税收优惠政策，及时减轻企业的负担，保证纳税人享有的权益到位。1—12月，共减免地方税收9.4905亿元。主动服务，开展纳税守信激励和失信惩戒应用创新工作，联合抚州银监分局、市国税局与14家银行机构签订“银税互动”战略合作签约仪式，实现辖区内商业银行机构全覆盖，全市共为57户小微企业发放贷款2.05亿元，为守信企业缓解融资难题。

【精准脱贫帮扶有方】 市地税局选派干部组成“四进四联四帮”连心小分队，入驻乐安县增田镇东湖村，在资金、技术、产业等方面对挂点村进行精准帮扶。发出倡议动员社会力量参与扶贫，取得良好经济和社会效果，累计募集帮扶资金380余万元，修建3条乡村公路，规划建设7个自来水工程，改善村容村貌20余处。国务院扶贫办领导在乐安督查工作时，充分肯定该局扶贫创新举措；《抚州日报》头版对该局精准帮扶工作进行专题报道。各地积极参与并开展各种为民志愿服务活动，分类开展帮扶结对、法律援助、植绿护绿、关爱留守儿童等活动，年参加活动达3000余人次。市地税局还制定服务“一带一路”走访企业方案，组织税收专家团队，帮扶企业走出去。

【法治建设进展有序】 2016年，依法治税工作取得突破，市地税局获得2011—2015年度“全国法治宣传教育先进单位”称号。制定并落实领导干部会前学法、工作人员学法制度；举办各类学法和鼓励法律专业资格考试，聘请14名执业律师担任法律顾问；落实“双随机一公开”监管制度，预防选择执法、多头执法等加重市场主体负担的问题；加大重大税务案件审理办法落实力度；深入推进简政放权，强化税收执法权的后续管理；针对工作实际，制定涉税信息保密办法；及时做好税收征管联网审计疑点数据核查工作，有效防范税收执法风险。

【行政效能措施有效】 坚持问题导向，强化目标指引，在工作实践中发现问题、找出问题、解决问题。针对“十三五”规划提出的9大问题，出台案例教学、不作为慢作为问责、工作统筹安排、税收调查取证及税收守信联合激励和失信惩戒管理等5项制度办法。结合“两学一做”等主题教育，积极弘扬清风正气主旋律，树立地税干部忠诚、干净、担当新形象。强化党风廉政建设和行政监察，做到“两个责任”落地生根。以绩效管理和督查督办推动工作落实、责任落实，建立综合评价机制，继续抓好科级干部积分管理和运用工作；将督查督办工作列入“一把手”工程，事前布置工作、事中跟踪问效、事后督查结果，并取得显著成效。市地税局连续3年保持“全国文明单位”称号，连续4年被评为全市行政执法单位绩效管理先进单位，并获得“全国工人先锋号”“全国五一巾帼标兵岗”等部级荣誉；全市系统有10个单位获全省“文明单位”，有23个部门分获全省“巾帼文明岗”“巾帼建功先进集体”和“青年文明号”“综治先进单位”等多项荣誉。

（徐华云）

【市地税局领导名录】

党组书记、局长：付和平

党组副书记、调研员：

喻洪光（5月改任党组成员）

党组副书记、副局长：

刘建明（6月任）

党组成员、副局长：

刘志勇（任至7月）

杨仁华　穆　华

党组成员、总经济师：黄　磊

党组成员、纪检组长：吴江华

党组成员、副调研员：陈文清

本栏编辑　鄢春琴

金融·保险

综　述

2016年，抚州市金融系统认真贯彻落实市委、市政府工作部署，积极配合“脱贫攻坚战、产业升级攻坚战、基础设施攻坚战”三大攻坚战，加快推进“13”工程，不断加大金融投入，扎实推进金融改革创新，全面提升金融服务实体经济水平，全市金融业实现平稳较快发展。

贷款投放保持稳步增长。截至年底，全市金融机构本外币各项存款余额1645.63亿元，较年初增加209.42亿元，增长14.59%；本外币各项贷款余额1131.81亿元，较年初增加191.85亿元，增长20.41%，增速列全省第三位（贷款增幅已连续5年排名全省前三）；小微企业贷款余额498.5亿元，比年初增加134.03亿元，增长36.78%；涉农贷款余额699.03亿元，比年初增加88.72亿元，增长14.54%；工业贷款余额182.18亿元，比年初增加19.15亿元，增长11.75%。根据省政府金融办统一部署，组织“百家银行进千企”政银企对接抚州站活动，共对接企业355家，授信金额达到117.56亿元，发放贷款100.36亿元，为经济发展注入强大动力。全力做好“财园信贷通”和“财政惠农信贷通”工作。全市“财园信贷通”累计发放贷款562笔，累计发放金额23.67亿元；“财政惠农信贷通”累计发放贷款6983笔，累计发放金额20.47亿元，有效缓解中小微企业、涉农产业的融资难、融资贵问题。

金融机构引进扎实推进。2016年，全市新增兴业银行抚州支行、资溪和崇仁九银村镇银行以及金溪、黎川、宜黄抚商村镇银行开业，全市银行业金融机构达到21家。交通银行抚州分行设立工作正在加速推进，计划于2017年春节后开业。吉林安图农商行分别在东乡和南城各发起设立1家村镇银行，筹建工作顺利，届时村镇银行将实现县域全覆盖。证券期货机构持续新增。全年新增的联储证券和华融证券开业，全市证券机构主体达到9家，期货机构1家。两类机构稳步发展。全年新设立融资性担保机构1家（金溪县双创融资性担保有限公司），总数达到15家，年底全市融资性担保机构在保业务笔数1568笔，同比增长9.8%，在保责任余额10.54亿元；全市共有18家传统小贷公司，共新增贷款45.02亿元，贷款余额为15.43亿元。

金融改革蹄疾步稳。2016年，全市所有县级农村信用社全部完成农商银行改制工作，10家挂牌开业，广昌联社已经批筹待挂牌。企业转贷应急机制进一步健全。全市除乐安县外，均建立政府倒贷基金，基金总规模达到2.71亿元，累计帮扶企业562户，累计帮扶金额49.35亿元。产业引导基金正式运营。率先在全省设区市组建市金控集团，与邮储银行合作设立抚州金控基金、与国开行合作设立国开基金、与华融合作设立县域发展基金，规模达到400亿元。全年市金控基金公司投资的城投路网项目、宜黄产业基金项目、花语梦园项目和迪比科产业基金等项目共筹集资金27亿元。

互联网金融有序发展。2016年，争取省金融办支持抚州市先行试点网络小贷试点工作，抚州高新区趣分期小额贷款有限公司、抚州盈盈易贷网络小贷公司获批并顺利开业，恩牛和微贷互联网金融公司正在各筹建设立1家网络小贷公司。邀请盈盈易贷、爱学贷、51信用卡的著名互联网金融公司高管通过抚州大讲堂视频会议的形式，给全市领导干部上了一堂生动的互联网金融教育课，进一步加深大家对互联网金融新业态的了解。谋划建设科技金融小镇，与山东赢联集团合作，拟在温泉建设科技金融小镇，推动金融、旅游、文化等产业融合发展。

金融精准扶贫深入实施。2016年，市金融办督促银行业机构加大精准扶贫力度。提请市政府先后以市政府办公室名义印发《抚州市金融助推精准扶贫实施方案》和《抚州市银行业精准扶贫项目对接活动实施方案》，切实提升银行业机构的扶贫积极性。与国开行深入开展扶贫合作，推动市政府与国开行江西分行签订《建档立卡贫困村基础设施建设项目贷款合作协议》，支持乐安、广昌两个国家级贫困县共116个建档立卡贫困村的村组道路、安全饮水、环境整治等基础设施建设，累计授信8.35亿元，惠及建档立卡贫困户9511户、31696人。资溪、金溪两县各1亿元的授信通过预审。证监会《关于发挥资本市场作用服务脱贫攻坚战略的意见》出台后，市金融办会同中航证券抚州营业部先后深入乐安、广昌两个国家贫困县调查摸底拟挂牌上市企业情况，并召集相关部门召开座谈会，及时协调解决企业上市挂牌工作中存在的问题，加快乐安、广昌县企业上市挂牌步伐。

企业直接融资进展加快。2016年，新增施美制药、大福康医疗科技、志特新材料、金盈新材料在“新三板”挂牌，全市挂牌企业达到7家；欧亚水电、伊发电力、乐美电商获“新三板”公司挂牌受理，粤华实业、鸿远果业向“新三板”挂牌中心递交资料；挂牌企业定向增发1.1亿元。新增52家中小企业在江西联合股权交易中心挂牌，全市挂牌企业达到55家，新增挂牌企业全省排名第三，累计挂牌全省排名第四。新增天地缘麻鸡和广雅食品在上海Q板挂牌，全市在上海Q板或E板挂牌企业达到9家。债务融资取得重要进展。市投资（集团）公司发行中期票据3亿元和永续债10亿元，并注册4.5亿元短期融资券，临川区发行企业债15亿元。

保险业平稳健康发展。2016年，新增恒邦财险挂牌开业，全市保险机构主体共有22家，其中财险公司10家，寿险公司12家。保险业务稳步增长。截至年底，全市实现保费收入40.02亿元，同比增长16.65%，其中，财险保费收入11.37亿元，同比增长13.18%，寿险保费收入28.65亿元，同比增长18.7%。保险业发展的政策支持力度加大。以市政府名义印发《关于加快发展现代保险服务业的实施意见》，进一步加大对保险业发展的支持力度。

金融生态环境持续优化。2016年，市金融办定期开展对辖内小额贷款和融资性担保两类机构的现场和非现场监管，进一步规范小额贷款和融资性担保行业的发展。坚决防范打击和处置非法集资。开展互联网金融风险排查和非法集资排查活动，做到非法集资风险早发现、早介入、早处置，把非法集资风险遏制在萌芽状态。同时，会同有关部门做好“董国庆案”“冯光华案”“E租宝案”“泛亚投资案”等案件舆情应对和属地维稳工作，确保社会大局稳定。

（袁珊珊）

【市政府金融办领导名录】
主　　任：刘龙飞
副 主 任：王文丽

中国人民银行抚州市中心支行

【概况】 2016年，中国人民银行抚州市中心支行（以下简称“中支”）认真贯彻落实中央经济工作会议和上级行工作会议精神，紧紧围绕年初制定的工作思路，继续以抓铁有痕的干劲和作风，不断夯实基础、开拓进取，各项工作取得新的成绩。中支先后荣获江西省“六五”普法先进集体、抚州市绩效考评先进单位、抚州市社会治安综合治理目标管理先进单位等综合性荣誉，8个专业工作在上级行考评中荣获A档，全辖40余项重点、亮点和创新项目获上级行、地方党政领导批示肯定或在会议上作经验交流。

【支持地方经济社会发展】 积极引导金融机构加大信贷投入，支持抚州经济发展。至2016年年底，全市金融机构本外币各项贷款余额1131.8亿元，首次突破千亿大关，同比增长20.4%，较全省平均水平高出2.7个百分点，增速居全省设区市第三位，连续5年保持在全省第一梯队。围绕创新协调发展理念，攻克银保合作、“两权”抵押贷款试点和绿色信贷“三大难题”，实现金融惠农“五大目标”，金融惠农三年规划圆满收官。围绕绿色发展理念，策应江西“绿色崛起”、抚州“打造生态文明建设抚州样板”发展战略，首创绿色金融统计指标体系，助推东乡县低碳示范县建设取得显著成效。围绕开放共享发展理念，健全抚州融入南昌、对接海西、振兴苏区发展战略与金融支持联动机制，助力昌抚“1+8”合作协议全面落地。在省内率先提请市政府出台《金融助推精准扶贫实施方案》，瞄准“四个精准”，抓住“五个关键”，引导发放扶贫贷款4.9亿元和农村基础设施贷款56.8亿元，扶持贫困户6200户，助推辖区打赢扶贫攻坚战，全市扶贫对象减少4.4万人，做法多次被新闻联播、人民网、新华网、《金融时报》等全国性主流媒体报道。

【维护辖区金融稳定】 2016年，中支扎实推进存款保险、金溪县“两权”抵押贷款全国试点、法人金融机构合格审慎评估和宏观审慎评估、利率定价自律机制、跨境人民币结算、硬币自循环等自上而下的改革创新工作。自主研发中小企业和农村信用管理系统、金融综合服务平台“三大系统”，开发“跨境资金流动监测与分析系统视频教程”和“贸易融资外汇监测辅助工具软件”，提升金融管理信息化水平。指导抚州农商行成功发行首笔同业存单，拓宽法人金融机构负债管理渠道。积极开展重点企业、房地产、融资平台、产能过剩行业等风险监测，积极推动“抚州四社”市场退出工作，有效防范区域金融风险，牢牢守住金融稳定的底线。

【提升金融管理服务质效】 2016年，中支完善金融业综合统计体系，建立分区域价格监测网，恢复出刊《抚州金融界》，公开出版员工学术论文合集。整合反假、消保、国债业务功能，在全省率先推行“4+1”村级惠农金融综合服务站建设标准，构建“乡镇网点、村级服务站”两级服务体系。以信用农户、信用村、信用乡（镇）典型评选，全面推进县（区）农村信用创建活动。严格规范企业个人信用报告查询。进一步强化“两管理、两综合”手段，开展专项检（核）查100余家次。推动辖区内中资企业借用外债，全年实现外债流入930万美元。提请市政府印发《非现金支付工具应用推广方案》，加强对“支农支小”的非现金结算服务。推动人民币净化工程，假币浓度和投诉实现双降，大大低于全省平均水平。规范国债承销行国债发行，配合做好营改增试点工作。

【提升内控内管水平】 2016年，中支立足基本点，时刻紧绷安全管理的弦，严格安全管理各项措施，完善管理制度，强化制度执行，确保全市人民银行系统安全“长期化”。紧抓热点，推行“三单”财务管理模式，实施“链式”风险评估，开展固定资产全面清查，严格集中采购项目管理，加强节能减排工作，确保财务管理“精细化”。瞄准盲点，探索支行资产权证管理审计咨询，综合运用财务专项检查、内部审计、专项督查等方式，实现内审监督“全面化”。紧扣重点，开展规范性文件集中清理、执法案卷交叉评查，制定“一单两库”，开展“双随机一公开”，实施“法治央行建设巩固年”活动，推动全辖法治央行建设“深入化”。破解难点，推出清单式整改，厘清支行纪检组长责任，规范法律审核，实现计算机设备时间同步服务全覆盖，狠抓整改落实“常态化”。

【全面落实党建主体责任】 2016年，中支印发《关于进一步加强党的建设工作实施方案》，严格思想建设、制度建设、队伍建设、文明创建“四个落实”。重构机关党支部框架，创新“两学一做”学习教育方式，赴基层帮扶工作180人次，解决问题200多个，不断拧紧思想建设“总开关”。制定、汇编13项党建制度，补齐党内制度短板，开展党费倒查补缴、党员组织关系排查等工作，深化党内制度落实，切实扎牢制度建设“总篱笆”。认真落实党风廉政建设“两个责任”，从严管理干部；组织开展干部选任、交流、调整、优化配置工作，加强干部教育培训，持续实施“才子加油站”青年培养工程，着力把握队伍建设“总抓手”。认真落实意识形态工作责任制，组织开展“传承家风弘扬新风”主题活动，深化“职工之家”建设，完成团委换届工作，举办“书香央行青春悦读”读书分享会，认真落实离退休干部政治生活待遇，组织参加全省人民银行系统首届健身职工运动会获团体第一名，南丰、崇仁、东乡和宜黄支行再次荣获全省文明单位称号，切实落实文明创建“总要求”。

（毛洁慧）

【人行抚州市中心支行领导名录】

行　　长：叶莉萍（任至12月）
　　　　　杜正琦（12月任）
副 行 长：徐冬华　杨发根
　　　　　夏享福
纪委书记：王建平
工会主任：张书和

中国银行业监管会抚州监管分局

【概况】 2016年，中国银行业监管会抚州监管分局主动适应和应对经济发展新常态，在服务实体经济，强化风险管控，推进改革转型等方面积极作为，各项工作成效显著，党建工作和内部管理显著加强，干部作风明显的转变，分局上下风清气正，无违规违纪无举报。全市银行业总体运行平稳，实现稳中有为、稳中有进、稳中有效。分局被评为省局系统新闻信息工作先进单位；分局团委被评为“全省金融五四红旗团委”；抚州金融团工委被评为全市共青团工作优秀单位。

【支持实体经济取得新突破】 2016年，全市金融扶贫工作成效显著。分局先后组织召开推进会和项目对接会，出台推进银行业精准扶贫工作9条措施。分局精准扶贫工作得到市委、市政府主要领导的批示肯定，中央电视台新闻联播和财经频道分别报道抚州市银行机构大力助推产业扶贫工作的做法。服务实体经济成效显著。积极拓宽“银税互动”深度和广度，与市国税、地税建立工作联系机制，实现市、县两级“银税互动”全覆盖。开展绿色信贷试评价工作，组织开展“绿色信贷示范年”活动，下发《关于银行业做好大众创业万众创新金融服务的指导意见》。截至年底，全辖小微企业贷款比年初增长36.78%，完成“三个不低于”目标。

【防控重点领域风险取得新进展】 2016年，分局落实风险防控责任分工，督促银行业机构建立大额贷款监测台账，落实风险防化责任。积极推进供给侧改革，完成债权人委员会组建工作，35家企业签订《银行业债权人合作协议》。督促各机构进一步落实案防主体责任和第一责任人责任，建立清晰明确的内部案防工作责任体系。截至年底，全市银行业信贷风险总体可控，银行业机构未发生案件和风险事件。强化依法合规经营，坚决查处违法违规行为，全年共处罚银行业机构100万元，对8名高管人员及责任人给予警告处分。

【农合机构改制实现新飞跃】 2016年，分局把农村信用社改革放在突出位置来抓，通过明确改制时间表、组织召开改制工作推进会、约见谈话等方式，全力推进农合机构改革转型工作，全面实现农合机构改制目标。

【监管能力建设取得新提升】 2016年，分局进一步完善监管制度。制定《重大案件（风险）约谈告诫暂行办法》，修订《行政处罚工作规则》，出台《关于进一步加强非现场监管工作的实施意见》，全年通过现场检查和非现场监管，共发现问题212个，提出整改意见107条，开展监管谈话12次，下发监管意见书42份。创新现场检查方法。加快EAST系统现场检查人才库建设步伐，每周二定期组织青年员工开展EAST系统培训，举办分局EAST应用竞赛，将EAST系统运用到现场检查中。分局荣获“省局EAST系统应用分析优秀团队”称号。

【全面从严治党取得新成效】 2016年，分局以“两学一做”学习教育为抓手，坚持以上率下、真学真做，切实加强理想信念和党性教育。制定分局党委工作规则、分局党委及班子成员意识形态工作责任清单、分局系统党员干部谈心谈话制度，改进党建工作考核办法，增强各级党组织履职尽责的主动性和责任感。端正用人导向，严格选任程序，发挥党委把关作用。认真履行党风廉政建设责任制，抓好中央专项巡视反馈问题、省局巡视发现问题、“四风”问题、“回头看”工作等方面存在问题的整改落实并进行跟踪问效，开展“尊党章守党纪严党规”专题教育和廉政风险排查，加大监督执纪力度，进一步强化干部纪律观念，激发作风建设的内生动力。

（付　莉）

【抚州银监分局领导名录】

局　　长：李荣祖（任至7月）
　　　　　王来平（7月任）
副 局 长：张和平　曹保华
纪委书记：李　洪

中国农业发展银行抚州市分行

【概况】 2016年，农发行抚州市分行面对复杂的经济金融形势，全行上下认真贯彻落实上级行和市委、市政府各项工作决策部署，坚持发展第一、重视党建、科学管理“三管齐下”的工作思路，聚焦业务发展、党的建设、内部管理，积极采取有效措施，一手抓从严管党治行，一手抓业务快速发展，各项中心业务呈现稳健发展态势。年底，全行各项贷款余额122.9亿元，比年初增加24.1亿元，增幅为24.4%；各项存款余额38.4亿元，较年初增加13.1亿元，增幅为51.8%。人日均存款1521.8万元，同比增加563.3万元，增幅58.8%；全年实现账面盈利1.19亿元，同比减少0.42亿元；不良率保持在较低水平。

【加大信贷支农力度】 2016年，全行上下积极发挥经济逆周期调节作用，把握政策机遇，坚持政策性银行的办行方向，围绕业务发展新格局，找准业务发展重点，致力服务脱贫攻坚。做大中长期信贷扶贫业务。年内，累计营销公司类中长期贷款项目32个，贷款需求111.55亿元，已审批公司类中长期项目贷款22个，贷款金额95.66亿元，已发放贷款金额18.4亿元，已上报待审批公司类中长期项目贷款4个，待审批贷款金额5.85亿元，待调查资料完善后拟上报公司类中长期项目贷款项目6个，涉及贷款金额10.04亿元，储备项目42个，金额69.4亿元，中国农发重点建设基金项目业务已审批项目8个，审批金额5.28亿元。始终把支持粮棉油收储作为立行之本，积极落实国家宏观调控政策，统筹做好支持政策性收购、市场收购、储备粮增储和轮换工作，确保粮油宏观调控政策落到实处。全年累计发放粮油收购资金贷款4.14亿元，支持企业收购粮食2.71亿千克。

【加强存款组织工作】 2016年，全行克服利差收窄、业务增速放缓、刚性费用增长等多重制约因素，多措并举提升经营绩效。以中长期贷款集中投放为契机，深挖新增贷款客户资源，紧盯上下游客户，积极营销，强化贷款资金管理，切实提高贷款资金留存率和引存率。以建设基金陆续投入项目为契机，认真落实总行重点建设基金管理办法相关要求，严格账户管理，对项目资本金拨付认真审核把关，严密跟踪监督资金到账和使用情况，防止资金流失。年底各项存款余额为38.4亿元（含同业），较年初增长13.1亿元，增幅51.8%；日均存款36.4亿元，较年初增加13.5亿元，增长58.8%；日均存贷比29.7%，同比增长5.45个百分点。

【规范发展中间业务】 2016年，积极营销保险代理业务，结合信贷产品优势，对存量贷款及新增贷款及时要求开户行办理代理保险业务，全年累计办理代理保险金额540万元，较2015年增加449万元，实现保费手续费收入140.51万元，较2015年增加104.13万元；在全年自营性贷款业务呈萎缩的态势下，积极宣传国际业务的同业优势，有效地确保存量贷款客户国际业务“不流失”，同时积极争取非贷款客户国际业务资源，客户群体得于有效保存。全年共实现国际业务量331.06万美元，较同期减少225.43万美元，实现国际业务收入3.39万元，较同期减少2.67万元，居全省第七位。

【全面落实从严管党治行】 2016年，全行坚持问题导向，把“抓规范、打基础”作为长远之计和固本之举，进一步夯实全面从严治党工作基础。严格落实上级行全面从严治党各项工作部署，及时调整行领导班子成员分工和纪检监察部门职能，市县级行配备兼职组织员11人；推行挂点联系行制度，市分行党委班子成员每人确定一个县支行作为党建联系行，先后制定《贯彻落实总行全面从严治党任务分解表》《关于落实党风廉政建设党委主体责任和纪委监督责任的实施细则》等制度，明确各层级、各部门职责和主要任务，着力构建齐抓共管、一级抓一级、层层抓落实的党建工作格局；完善党风廉政建设责任制考核。因地制宜、结合实际，将支行落实党风廉政建设责任考核办法细化为30项具体考核指标并印发全行，将党风廉政建设纳入领导班子综合绩效考评，将党风廉政建设与业务工作保持相同权重。

【完善党建工作监督机制】 2016年，全行健全党建工作监督机制建设。制定《落实党风廉政建设主体责任实施办法》《落实党风廉政建设纪委监督责任实施办法》《落实党风廉政建设主体责任约谈工作实施细则》，实现约谈制度的流程化、规范化；坚持落实约谈制度，年内对支行班子成员、市分行中层干部及重点岗位人员开展集中廉政谈话23人次，领导干部任前廉政谈7人次，诫勉谈1人次，函询1人次，纪委约谈52人次，组织党风廉政建设考核1次，落实党风廉政建设责任制，责任追究1人次，落实行务公开2次；创新党风廉政建设监督通知函制度。对党风廉政建设完成情况不理想的部门或支行以发送党风廉政建设监督通知函的形式进行工作督办，累计发送党风廉政建设监督通知函9份，有力地促进全行党风廉政建设工作；成立党建督导检查领导小组，制定《抚州市分行基层党组织党建工作量化考核办法》，明确三大部分20个主题46项工作的考核内容及考核标准，采取平时考核与年终相结合、定量考核与定性评价相结合的方式，建立考核到组织、支部和党员个人的全面考核体系。组织人员对辖内支行开展2次全面党建工作检查和党员交纳党费情况专项自查和检查。

【员工队伍建设持续增强】 2016年，全行为持续提升干部队伍决策力，按照职业操守、实干能力和发展实绩选配干部，全年选拔任用科级干部7名，调整补充8个县支行领导班子，聘任业务岗位18人，其中，有职数控制的10人、无职数控制8人。2016年，县支行班子职数30人，已配29人；市分行机关中层干部职数15人。坚持把“两学一做”学习教育作为加强基层党建工作的重要内容，不断丰富学习内容、形式和载体。组织党员到黎川县湖坊乡闽赣省苏维埃旧址开展红色教育，引导党员和干部员工坚定政治立场和理想信念。创建“农发先锋”等微信公众平台，充分发挥“两学一做”的载体作用，有针对性地组织开展“两优一先”表彰、“把纪律挺在前面”参观警示教育基地活动、手抄党章100天、“两学一做”暨“员工违规违纪处理办法”知识竞赛、处理办法心得体会等一系列党建活动；发挥先锋模范引领作用。坚持把典型带动作为开展“两学一做”专题教育及加强基层组织建设的重要突破口，注重发挥先进典型以点带面、示范引领作用。通过开展“两优一先”评选活动，表彰7名优秀共产党员、3名优秀党务工作者和2个先进基层党组织。开展“最美农发行人”评选活动，做到用身边的人和事教育身边的人，取得较好的教育效果。

【实现制度目标管理】 2016年，全行为落实绩效挂钩，制定《中长期贷款营销专项考核暂行办法》，将中长期业务作为考核“一把手”履职能力的一项重要指标，重点加大PSL项目评审奖励力度，增强辖内支行业务发展的紧迫感和主动性，有效实现项目营销、调查评审、发放三个环节的良性循环。积极适应考核内容和方式的转变，加大中长期贷款营销、存贷款考核结果与各种资源尤其是工资总额和人力资源分配的挂钩力度，从而将完成目标任务的压力和动力更直接地传导至基层，促进整体工作水平的提高；组织力量对全行涉及党风廉政建设、党员发展、公务邮件、签报、临时工、干部周转房等16项制度进行全面清理，不断把制度笼子织密扎牢。根据新形势、新要求对财务管理、车辆管理、办公用品采购管理等12项制度进行认真修改和完善，使各项制度更具有科学性、实效性、可操作性。同时加强政策制度解读和培训辅导，进一步统一规范“公章使用”“营改增”物品采购等新制度执行要求落地的工作流程，尽可能地减少制度执行走样、流于形式的情况发生，确保各项制度落地生根。

【优化信贷客户结构】 2016年，全行不断优化客户结构。在经济增速放缓，信贷风险防控压力进一步增大，对全市自营性贷款客户进行摸底，建立不符合新客户准入指标的管理台账，对无望达到新客户准入标准的坚决实施信贷退出。全年共指导和帮助相关支行采取劝导退出、强制退出等有效措施，客户结构进一步优化；积极处置新增不良。对已经暴露风险的自营性贷款及时采取措施，一方面加大与企业法人、主要股东进行沟通，从思想上避免企业的侥幸心理，主动归还贷款本息；另一方面及时向地方政府汇报，争取政策支持；最后及时与担保公司和押品进行处置，要求担保公司及时归还资金或对押品进行查封保全，有效保证信贷资金安全。

【实现财务提质增效】 2016年，全行重点抓好表外欠息清收，提高贷款利息收回率，确保利息应收尽收。同时强化财经纪律，均衡开支各项费用，严格费用开支程序，确保合法合规。通过狠抓增收节支，落实收息责任；严格执行“四不”原则。从严从紧把控费用开支，进一步规范各项开支管理，增强费用使用透明度；严格落实中央八项规定和省分行改进工作作风十条措施意见。坚持勤俭办行，进一步规范完善食堂财务管理，做到票据合规，手续齐备。从严控制会议规模、食宿及现场布置的费用支出，不搞形式主义。

【狠抓问题整改落实】 以财政专员办检查、省行“风险大排查”活动和风险贷款处置“回头看”为契机，全行对信贷、财会和员工行为进行“地毯式”全面排查，对发现的问题，建立问题台账和监测台账，做到问题早发现、早干预。发挥信贷风险经理、财会监管经理、监察经理和内审人员“四支队伍”的检查监督职能，将检查发现问题数量、质量与考核奖惩挂钩。采取飞行检查方式，对辖内支行开展信贷、财会、档案、保密等督查辅导，聚集薄弱环节，明确整改内容、时限和责任人，作出整改承诺，促进问题及时有效解决；开展“两个加强、两个遏制”专项检查“回头看”自查工作和银行业金融机构“雷霆行动”专项排查活动。抽查中发现的问题，制定整改台账，切实增强全员合规意识，规范员工行为，消除可能存在的风险隐患；开展内部控制等级评定。按经营行和管理行分别围绕内控管理体系、资金计划管理、信贷管理、财务会计、运行保障、案件防控、内控效果等七个方面风险点和关键控制环节找准评价切入点，从严从细在全行上下开展内部控制等级自查、抽查工作，抽查面达30%，检查发现问题109个，提出整改意见和建议109条，针对内部控制等级自查存在的问题，党委专门研究布置整改方案，落实有关领导和经办人员责任，逐条逐项督促限时抓好整改落实。

（王天文　黄思忆）

【市农发行领导人】
行　　长：孙　凯
副 行 长：刘小明　余建宁
　　　　　胡文超

中国工商银行抚州分行

【概况】 2016年，工商银行抚州分行不断夯实发展基础，积极开拓业务市场，主动进行各项改革，持续强化内部管理，各项业务保持良好的发展态势，连续四个季度蝉联全省二级分行行长经营管理综合考评第一名，并获得党建工作和党风廉政建设先进单位荣誉称号，经营管理水平再创历史新高。各项存款新增20.03亿元，其中，储蓄存款新增11.25亿元，同业占比54.1%；对公存款新增8.78亿元，系统排名第三。各项贷款新增20.04亿元，增幅达18.8%；贷款余额126.68亿元，首次实现同业第一。实现拨备前利润4.09亿元，增幅9.77%；实现拨备后利润3.69亿元，增幅8.11%；实现净利润2.76亿元，增幅8.23%，三项指标增幅均排全省第二；实现中间业务收入1.56亿元，增幅15.24%，系统排名第二。不良贷款额12175万元，较年初下降193万元，不良率0.96%，较年初下降0.2个百分点，两项指标均为全省最低。内控案防工作务实高效，安全保卫工作扎实有力，干部队伍建设持续增强，党建工作基础逐步夯实，全行实现平稳运行。

【夯实持续发展根基】 2016年，先后制定互联网金融、渠道建设和运行管理三个纲领性文件以及商品市场、个人贷款、银行卡、私人银行、公存“抓小不放大”、业务外派等六项基础工作实施意见，进一步夯实全行发展的根基。渠道优化成效明显。制定渠道改革优化指导意见，认真研究规划网点撤销、合并、降级，不断加快轻型网点建设，持续推进智能设备投产，基本解决“人从那里来”问题。经营转型取得突破，把互联网金融明确为全行的基础核心工作，制定《关于加快互联网金融发展的实施意见》，并通过开展劳动竞赛、组建融E联工作群等营造浓厚的互联网工作氛围，互联网金融业务指标全线飘红，获得总行融E联推广先进集体的荣誉称号。各项改革稳步推进。市分行试点的大客户集中经营改革和大零售改革圆满完成，取得明显成效。县支行综合化改革、客户经理体制改革等均有条不紊进行。

【提升各项业务综合竞争力】 负债基础全面夯实。2016年，制定商品市场推进实施意见，全行再掀商品市场拓展高潮。全年外派营销500余次，商友卡净增1.3万张，商户资产净增8.8亿元，商户存款净增4.3亿元，三项指标均全省第二。以“中储粮”为切入点进一步探索农村市场，中储粮发卡1.8万张；全年惠农卡净增12.3万张，惠农卡资金净增8.8亿元。在公存方面制定“抓小不放大”扩户实施意见，全年法人客户净增1094户，完成率位居全省前列。资产业务稳健发展。积极抓住实施政府购买服务的契机，主动加快与政府合作，进一步拉长公司信贷短板，全年审批政府购买服务项目15个，授信金额46.22亿元；充分发挥个人贷款“压舱石”的作用，努力拓展个人信贷市场，个人住房贷款新增10.73亿元，实现同业第一。同时，狠抓资产质量稳定，在未“打包”处置情况下，不良贷款实现“双降”，是全省唯一不良率在1%以下的分行，市分行公司贷款、个人贷款、信用卡透支不良率均为全省最低。中收来源不断拓宽。积极实施“走出去”战略，先后与华融信托、民生租赁、新奥基金等积极开展合作，完成“博雅”员工持股计划，为全行带来近3000万元的中间业务收入。同时，强力推动九大系统分期付款和私人银行业务，实现中间业务可持续发展。

【强化队伍建设】 强化年轻干部培养。2016年，加大年轻干部的使用，并针对新提拔任用的年轻干部，创新制定《新晋升助理管理人员考核办法》，从机制上保证他们的稳健成长。全年公开选拔4名优秀的年轻支行行长后备人员，对13个支行领导班子、9个市行部室的干部进行优化调整。抓实党建基础工作。制定2016年基层党建工作要点和考核细则，举办两期支部书记党建培训班；完成“五强”“五优”责任书的签订；通过支部换届选举规范基层党组织建设，党员网点覆盖率实现100%；每季开展党建检查，将党建考核结果列入当季行长绩效综合考评之中，切实将党建工作融入业务发展之中。扎实开展“两学一做”学习教育，市行领导带头参加所在支部“两学一做”学习，并为全行党员讲授党课。企业文化硕果累累。依托职工之家全面提升关爱员工的能力，全辖职工食堂基本得到改善。全面加强团组织建设，青年员工在全行积极传递正能量。分行被省行推荐参评总行“企业文化建设十大先进集体”评选，成功进入前三十强，在十大先进集体全国微信投票中，获总票数第二名的好成绩。此外，所辖临川市行获得全省“企业文化建设十大先进集体”称号。加大从严执纪力度。全年先后给予涉及违规、违章、违纪的14名员工通报批评、直至解除劳动合同、开除等处分，并在全行通报。坚持用身边的事教育引导身边的人，在全行营造“宽是害、严是爱”的工作氛围。

（苗信伦）

【市工行领导名录】
行　　长：陈红根
副 行 长：万　锋　高卫超
　　　　　徐农学
纪委书记：陈家平（任至11月）
　　　　　邵　斌（11月任）
行长助理：朱坤生（任至5月）
　　　　　万里霞（11月任）

中国农业银行抚州分行

【概况】 2016年，中国农业银行抚州分行坚持“依法合规经营、科学稳健发展”的理念，围绕“争份额、扩规模、提质量、增效益”

总目标和“五四三二”总思路，强化“两个责任”落实，扎实推进三大业务转型，更加注重党的建设、市场竞争、风险管控、内部管理和品质服务，统筹推进“三农”业务和城市业务，突出抓好“两个宣战”，各项工作保持较好发展态势。

截至年底，全行各项存款日均增量3.65亿元，其中，对公日均增量2.97亿元，个人日均增量6791万元；各项存款时点增量8.94亿元，其中，对公时点增量4.42亿元，个人时点增量4.51亿元；各项贷款净增11.1亿元，剔除福费廷因素净增近30亿元，四行排名第一。其中，个贷（不含农户贷款）净增10.4亿元，四行排名第一；县域贷款余额65.34亿元，净增16.16亿元，增长32.86%，高于全行各项贷款平均增速22.68个百分点，10个县域支行基础贷款平均净增1.61亿元。不良贷款余额和不良率保持“双降”目标，不良率全省最低。

【做好“三农”金融服务】 2016年，分行积极做好“大三农”金融服务，重点支持县域重大水利工程、棚户区改造项目、美丽乡村建设、特色小镇建设等政府主导的城镇化建设项目。努力拓展“新三农”金融服务，择优支持农业产业龙头企业、专业合作社。加强“特色三农”金融服务，重点围绕各县区的特色优势产业，针对不同客户、不同需求运用不同的差异化产品。针对农户开发农户小额贷款、财政惠农信贷通、油茶贷、光伏贷、茶叶贷、烟叶贷、蜜橘贷、农家乐贷、农户养老保险贷、快农贷等产品，专为涉农或小微企业量身打造财园信贷通、简式贷、智贷通、循环贷、科创贷、工商物业租金贷、“银保通”等产品。做好精准扶贫贷款投放，不断深入政府增信机制合作，加大对建档立卡贫困户的扶持力度。同时，修复农村金融服务渠道，加快“惠农通”工程与全行金融服务、电子商务和社交生活三大平台对接，做好金融资源丰富、人口数量多的无网点乡镇的金融便利店建设。不断加大贷款投放力度，促进银政、银企合作不断深化，各级政府及企业对农行有了深入细致的了解。行务信息《农业银行南丰县支行助农致富的实践与启示》首次被国务院办公厅采用，抚州农行的社会形象得到进一步提升。

【推进业务转型升级】 2016年，分行深入推进三大业务转型升级，零售业务转型实现网点布局、网点功能、劳动组合、零售组织架构、贵宾客户管理和零售业务营销模式进一步优化；对公业务转型全面落实客户分层管理和客户经理考核，严格管户情况考核奖惩，细化客户经理目标任务，有效调动客户经理积极性。县域业务转型促使县域支行回归县域，加快县域贷款投放步伐，出台县域小微企业、县域基础贷款、政府购买服务项目融资业务等营销考核办法，抓好省分行相关县域业务考核的落地。围绕南丰蜜橘、广昌白莲、南城水产、崇仁麻鸡等优势产业和园区、商圈等特色产业集群及各县域特色产业，加大信贷投放力度，年内，县域支行基础贷款平均净增1.61亿元。建立健全考核体系，制订网点绩效考核指导意见，通过一系列的改革措施，全行经营活力进一步增强。

【强化党风廉政建设】 2016年，分行扎实开展“两学一做”学习教育，制订机关作风建设考评办法，持续改进工作作风，将“两学一做”学习教育不断向纵深推进。创新推进基层党组织建设，把支部建到网点、建到各部室。经常性整顿软弱涣散党组织，推进党组织全面晋位升级。按照“三亮五有十上墙”标准，通过与“职工之家”联建，推进党员活动阵地建设。创新推进党建促脱贫攻坚工作，分片包干的14个挂点扶贫乡镇的建党立卡覆盖率、需求调查覆盖率、符合条件贫困户贷款发放覆盖率均为100%。积极开展关爱员工活动，举办第四届职工运动会等文体活动，开展十大杰出青年、身边感动人物等各类评选工作，创建《抚州农行报》，营造争先创优氛围，传递正能量。举办“两学一做”知识竞赛，组织党员参与“喜迎七一以竞促学”活动，以赛促学，提升全行党员干部的“精气神”。强化党建工作考核，推动各支行、市分行各部室将党建工作与业务经营同谋划、同部署。

【提升风险管控能力】 2016年，全行紧绷案防风控这根弦不放松，抓好安全生产，加强营业网点、自助设备和金库的安全管理，保障物防、技防设施正常运行和信息系统安全稳定运行。严把运营案件防控五关，着力抓好资产质量提升，加强存量客户信用风险分析，持续抓好信贷造假、大额风险客户等重点领域的治理，及时发现风险苗头。做好分类指导，确保借款主体、客户信用、贷款用途、担保抵押“四个真实”，从源头防范风险。加强逾期贷款管理和不良贷款核销工作，打好不良压降攻坚战，认真执行“二十字”方针，抓好诉讼清收。扎实做好各项金融服务和信访维稳，全力防范电信网络诈骗，有效防控舆情和声誉风险。各级领导干部严格遵守中央八项规定精神、总行党委28条措施和廉洁自律准则，坚持厉行节约，倡导良好风尚。制订《关于进一步加强员工日常管理的意见》，梳理出“十二项严禁”，积极推进“三线一网格”员工行为管理，创新排查方式，加大对违纪人员的处理力度，全年全行无经济刑事案件、无重大违规违纪事件和无重大声誉风险事件。

（饶淑微）

【市农行领导名录】

行　　长：彭建军（任至8月）
　　　　　许小勇（8月任）
副 行 长：胡　珀
　　　　　王国庆（兼纪委书记）
　　　　　万　仞　刘九贤

中国银行抚州市分行

【概况】 2016年，中国银行抚州市分行认真贯彻落实各项工作部署，坚持“创新发展年”的发展定位和“创新求变、稳中求进、精准发力、勇创最佳”的总体工作思路，驰而不息抓好重点项目，积极跟踪招商引资企业，始终遵循“植根于斯，服务于斯，发展于斯”的经营理念，通过全行员工的齐心协力，奋力拼搏，管理质效取得较大提升，各项业务得到较快增长，综合绩效考核排名全省中行二级分行第三。截至年底，人民币各项贷款余额86.78亿元，新增13.78亿元，增幅达到18.87%，新增市场份额列四大行第二位，贷款的投放力度空前。其中，大公司贷款余额16.06亿元，新增1.3亿元，新增市场份额列四大行第二位；个人贷款余额60.12亿元，新增9.36亿元，新增市场份额列四大行第二位。在全辖县域机构中，广昌、南城分别在余额和新增市场份额上排在四大行第一位，东乡、南丰、资溪、崇仁、金溪分别在余额和新增市场份额上位列前两位，贷款投放增速明显。全面完成市委、市政府年初下达的贷款投放目标任务。

【扶持重点产业】 2016年，市分行积极对接市委、市政府“一核两带四区”战略布局，积极贯彻产业升级、基础设施提升、脱贫攻坚“三大攻坚战”政策要求，对新技术、新材料、新能源等战略新兴产业、高新技术产业在授信政策上设定优先支持类，对辖内重点行业、重点企业进行重点支持，有力助推重大项目落地，重点企业在当地经营和发展。截至年底，在全市重点项目中，市分行合作重点项目批复授信额度达到19.7亿元，发放金额达到6.12亿元，在县域机构中重点产业扶持力度突出，尤其在崇仁变电产业中投放金额达到2.12亿元，投放变电项目贷款户数达到10户，占当地变电项目投放总量的70%以上；在南丰蜜橘行业中，中国银行投放涉农贷款达到6.69亿元，其中，当年新投放达到2.35亿元，有力支持当地产业集群发展壮大。

【支持中小微企业】 2016年，市分行制定明确的“三个不低于”绩效考核和小微企业续贷办法，同时对小微企业不良贷款容忍度适当放宽，实行小微企业贷款尽责免责，加大对小微企业贷款支持力度，承担支持实体、支持小微企业的社会责任。截至年底，分行小微企业贷款余额为8.11亿元，较2015年的6.97亿元新增1.35亿元，小微企业贷款增速16.4%，高于全市贷款平均增幅0.04个百分点，贷款增速达标；小微企业贷款客户数为1449户，比2015年增加18户，贷款户数达标；小微企业贷款当年累计申请户数561户、当年累计发放户数561户，小微企业申贷获批率为100%，小微企业申贷获批率达标，实现“三个不低于”达标。在市委、市政府力推的财园信贷通业务中，市分行财园信贷通客户达到61户，投放金额2.68亿元，在当地四大国有商业行中排名第二，有力支持中小企业的发展壮大。

【资产质量整体优良】 2016年，市分行坚持“在依法合规的前提下经营，在防范风险的前提下发展”的经营理念，执行“在管控中求发展”要求，支持保障业务健康发展为首要目标，内控管控扎实有效，资产质量整体控制优良，实现全年零案件、零处罚的目标，不良率仅为0.79%。

【信用风险防控到位】 2016年，市分行通过五项措施防控风险。“强引领”，做好主动风险管理。坚持风险管理服从于战略规划、促进于业务发展、服务于基层一线，全面保障业务持续健康发展，着力完善信贷资产主动管理，认真做好“增、维、压、退”四套动作，形成“有保有压、有破有立、有进有退”的动态管控机制。“聚合力”，实现不良余额控制目标。加强对业务机构稳质量工作的指导，落实行长大户风控责任制，专人盯守，及时处理，上下联动，凝聚起不良资产管控的强大合力。“严考核”，推进表内外不良资产清收化解。将不良资产清收处置完成情况纳入绩效考核，制订不良授信“五定”工作计划，明晰责任，形成长效机制；明确潜在不良客户授信管理策略，督导加强下一步管控措施；加强逾期效期管理，督导逾期项目管理，落实问题“预报告”制度，实现有效管控。“提质效”，积极助推授信业务健康发展。对重点项目授信做好前延后伸，指导业务叙做，全程关注项目审批、提升审批发放审核质效，助推授信业务健康发展。“夯基础”，围绕“高质量、高效率、高效益”的工作要求，树立服务意识，提升发审工作质量、效率，实行重点项目平行作业，全方位多角度提升发放审核工作质效，同时做实风险评级、押品管理、征信宣传等基础工作。

【操作风险管控到位】 2016年，市分行积极开展内控活动，提升全员内控合规意识。先后开展《反洗钱法》颁布实施十周年宣传、“远离非法集资、拒绝高利诱惑”为主题的远离非法集资宣传、“6·14”征信关爱日活动等系列活动，特别邀请抚州市人民银行征信方面专家，围绕《征信业管理条例》，对全辖开展征信实务培训。在监管部门指导下，先后开展“雷霆行动”“内控案防专项治理”“内控案防警示日”等活动，创新推出“倾听你的声音——内控合规大家谈，擦亮你的眼睛——违规行为大家找，修炼你的行为——按规操作大家做，举起你的鞭子——违规问题大家纠”四大活动，全员合规意识进一步加强，全行无重大违规违纪事件和案件，安全平稳运营。强化内控队伍建设，提升操作风险防控能力。市分行全面开展前台业务技能考核竞赛，提升柜台人员业务技能操作水平，积极开展“零差错”竞赛，全面提升前台操作风险能力，设立并强化派驻业务经理岗位，建成网点内控案防的“哨兵”队伍，加大对大额交易核实、尾数包操作，重空凭证核对、开销户管理等防控重点的监督，实现操作风险有效监督；强化内控、监察条线非现场检查和问题整改力度，促使基层网点员工及时纠正错误操作，改正不良习惯，提升内控能力。严肃行规行纪，有效防控操作风险。市分行以“严格要求、严于律己、严肃行规行纪”的三严要求，主动实施“热炉法则”，坐实内部管控。在落实市监管机构内控管理要求的前提下，积极组织开展“两加强、两遏制”回头看自查工作，严格自查，严肃问责，问责达到69人次，积极做实员工家访，认真开展员工行为分析和排查。

（曾闽融）

【市中行领导名录】
党委书记、行长：刘瑞明
纪委书记：仇晓专
副 行 长：熊宁鑫（2月任）
王　菁　熊诗群
王　晖（8月任）

中国建设银行抚州市分行

【概况】 2016年，中国建设银行抚州市分行坚持以党建统领全局、以党建引领发展的要求，坚持“全面转型促业务发展”的经营思路，“以支持地方经济发展为己任，以管理强内控，全面提升新常态下的竞争新优势”的战略部署贯彻到全年的各项工作之中，有力推动全行资产业务、负债业务、中间业务稳定发展，经营效益继续提升，基础管理进一步加强。截至年底，全行各项存款比年初新增17.91亿元，各项贷款比年初新增3.18亿元。

【提升实体经济服务能力】 抚州建行紧紧围绕支持地方经济的发展要求，充分发挥自身优势，深入分析市场定位、客户需求，强化联动、整合资源，进一步加强项目对接，创新金融产品和服务方式，多方位、多模式筹措资金，加大信贷资金投放。大力推进政府购买服务重点项目，市分行成立“政府购买服务贷款”营销团队，狠抓各辖区重点项目推进。积极促进小企业业务转型，大力拓展大数据信贷业务，大力发展大数据信贷业务，不断改善小企业信贷客户结构，更好地服务抚州经济社会发展。

【提升客户服务能力】 2016年，抚州建行继续抓好信用卡发卡、分期、商户业务的发展，推动汽车分期、装修分期业务拓展和发展现金分期业务。同时大力开展商场分期专项营销和分期通业务。大力拓展网点周边的大众优质消费和服务类商户，成功撬动在当地有影响的酒店、餐饮、连锁药店；持续开展“月月有声音”活动。电子银行业务开展“签约有礼”“手机银行尽情摇”和“企业网银客户年费优惠活动”“手机优惠购”等系列活动推动工作，并积极拓展电子渠道代缴费业务。

【优化管理队伍】 2016年，抚州建行持续实施“百人工程”，选拔一批优秀青年员工到基层机构挂职锻炼，对挂职锻炼人员采取“导师制”培养模式，不断优化管理队伍结构，为一批想干事、会干事、能干事的青年员工提供一个展示能力、发挥才干的平台。坚持行务和党务公开，主动接受内外部监督，通过加强党的建设、优化管理队伍，不断增强全行发展后劲。

【企业文化建设】 2016年，抚州建行充分发挥工青团妇等组织的作用，成功开展各类竞赛活动，丰富企业文化生活。积极履行社会职责，在“建设未来——中国建行资助贫困高中生成长计划”公益助学项目中，资助24名优秀高中生，资助金额7.2万元，产生良好广泛的社会影响。

【增强内控管理】 2016年，抚州建行强化安全教育和应急演练，员工防范意识和应急处置能力不断增强。持续开展“每日一题，每月一练，每季一考”的安全教育、演练活动，实现安全营运，未发生案件和重大责任事故，获得抚州市2016年度社会治安综合治理先进单位等荣誉称号。随着经济下行，信贷资产风险防控形势严峻，抚州分行对形势时刻保持清醒认识，强化主动风险管理意识，通过精细化、科学化的管理，在做好风险防控的同时不断提升自身服务水平与服务质量。

【加强党建工作】 2016年，抚州建行加强党建工作的组织领导，借鉴省分行部门挂钩联系县支行负责人担任县级支行党支部第一书记的做法，任命10名市分行机关部门负责人担任城区支行党支部第一书记，对城区支行的党建工作起到组织保障作用。认真开展“两学一做”学习教育，党员党性认识增强，自觉性加强，对于党组织宗旨有全新认识。

（周　莉）

【市建行领导名录】
行　　长：余晓文（任至9月）
饶会东（9月任）
副 行 长：周启开（正行级，兼纪委书记）吴念辉　杨美林
嵇伟民（任至7月）
吴　海（2月任）

抚州农商银行

【概况】 2016年，抚州农商银行主动适应经济金融新常态，认真贯彻落实省联社年会精神，坚持稳中求进工作总基调，把握固本强基、提质增效工作总要求，统筹推进转方式、调结构、补短板、防风险、强党建各项工作，业务经营稳中向好、稳中提质。截至年底，全行各项存款余额180.15亿元，较年初增加12.7亿元，完成省联社下达计划的54.51%，增幅7.58%。各项贷款余额144.09亿元，较年初增加24.21亿元，同比多增8.76亿元，完成省联社下达计划的100.08%，增幅20.19%，同比提高5.4个百分点。存款总量、增量市场份额分别为26.71%、13.91%，贷款总量、增量市场份额分别为28.98%、32.19%，稳居市本级各金融机构之首。

【结构调整成效初显】 2016年，市农商银行通过持续优化负债结构、资产结构、收入结构，业务转型成效初步显现。年底全行投资

抚州市审计局

全市审计机关党风廉政建设工作会议

局机关党员大会

志愿者服务活动

积极开展社区文明共建集中整治活动

抚州市审计局现有编制47个，其中：行政编制27个，后勤事业编制3个，事业编制17个。实有行政编制人员25人，后勤事业编制人员3人，事业编制人员17人。现有局领导9人。内设八个职能科室，下设工程造价审核中心、审计培训中心、电子数据审计中心三个事业单位。近年来，抚州市审计局连续两次被国家审计署全国通令嘉奖；连续14届28年被省委、省政府评为全省文明单位；被授予“全省人民满意公务员集体”“全省五一劳动奖状”“全省社会治安综合治理先进集体”和“全省文明帮建先进单位”称号；在绩效管理年度考核工作中连续三年被评为优秀单位，被市委、市政府授予招商引资工作先进单位、定点扶贫工作先进单位、社会管理综合治理目标管理先进单位、公共机构节能先进单位、计划生育先进单位等荣誉称号。

审计大楼

临川区

区委书记　胡领高

区委副书记、区长　董东明

2016 年 8 月 30 日，中国共产党临川区第四次代表大会在区行政中心召开

2016 年 8 月 9 日，全区干部作风整顿动员大会在区行政中心多功能会议厅召开

2016 年 8 月 26 日，全区重点民事建设暨城乡环境综合整治动员大会在区行政中心多功能会议厅召开

临川区位于江西东部，全区总面积 2121 平方千米，辖 26 个乡镇、2 个垦殖场、5 个街道办事处、1 个工业园区、1 个温泉景区和 1 个昌抚合作示范区。现有人口 130 万人，其中农业人口 76.5 万人。2016 年全区经济发展稳中有进、稳中向好，社会事业取得全面进步，实现了“十三五”良好开局。

综合实力持续增强。制定出台一系列政策措施，激发创新创业活力；实施一批打基础、管长远、增后劲的重点项目，其中，大唐抚州电厂一、二号机组并网发电，500 千伏抚州至红都输电线路工程建设完成；投资 1.6 亿元、占地 6.67 公顷的众创基地基本建成；完成技改资金 27 亿元，推动校企合作，实施各类科技合作项目 26 个。

转型升级步伐加快。工业经济稳中向好。全年新增规模以上工业企业 9 户，共 112 户；规模以上工业实现主营收入 182 亿元、税收 8.2 亿元。现代农业加速发展。被评为全省粮食生产先进县（区）；国家现代农业示范区建设扎实推进，特色农业逐步壮大，农业产业化进程进一步加快。旅游业赶超发展，灵谷峰景区成功创评国家 AAA 级旅游景区，投资 2.2 亿元的溪山湖生态旅游景区正式运营；新增 3 家省 AAA 级乡村旅游示范点；全年物流税收实现 1.55 亿元；今日电气、银圣王洁具等 6 家企业在江西联合股权交易中心成功挂牌。

生态建设稳步推进。地表水监测断面 I 至 III 类水质达标率达 91% 以上，抚河水系水质达到功能区标准；城市空气质量指数 (AQI) 优良天数占比 96.4% 以上；全区森林覆盖率稳定在 44% 左右。开展“清河行动”，彻底关停区属所有 104 家砂场，关闭

2016年9月23日，全区"促稳定"工作会在区行政中心召开

2016年10月21日，全区"保发展"工作会议在行政中心召开

16家畜禽养殖污染企业和4家违法排污企业。

城乡环境明显改善。"两违"整治取得重大突破，城乡面貌发生重大变化，农村环境得到明显改观。启动实施总投资4.8亿元的城乡环卫一体化PPP项目，对各乡镇实行全域境环境整治。镇村联动扎实推进新农村建设改水、改厕。农村基础设施加快提升，成功列入2017年小农水项目县(区)。

社会保持和谐稳定。民生保障更加有力。全面完成省、市下达的50项民生工程;城镇新增就业5760人;城镇基本医疗保险参保人数23.8万人，新型农村合作医疗参保人数69.9万人；完成廉租房摇号配租685套、公租房摇号配租1198套，园区企业公租房配租929套。精准扶贫扎实推进。完成"十三五"时期10个贫困村的村庄整治建设项目批复及产业扶持项目的实施规划，精准识别出贫困人口5377户、12998人。社会事业全面进步。新建十三小、安石两所城区学校；实施144所农村中小学校舍维修改造工程；稳妥实施"全面两孩"政策；加快提升公共卫生服务能力，新(改、扩)建村级卫生计生室345个；大力实施文化惠民工程。

江西恒力电池科技有限公司制粉车间

临川区众创基地

穿衣戴帽工程——湖南乡坪山村

新农村建设——温泉景区杨源村

东乡区

区委书记　李茂荣

区委副书记、区长　曾春

2016 年 30 个重点项目集中开工仪式

2017 年 30 个重点项目集中开工仪式

东乡区位于抚州市北部，辖 17 个乡镇（场）和 1 个省级经济开发区，总面积 1270 平方千米。其中，城市建成区面积达到 20.6 平方千米（城区绿地率 30.01%），耕地面积 50157.8 公顷，有林地面积 51339.7 公顷，森林覆盖率 45.7%。总人口 48.76 万人，其中非农业人口 17.40 万人，人口自然增长率 7.36‰。

2016 年该区加快产业升级，统筹城乡发展，经济社会发展稳中有进、稳中趋好。实现国内生产总值 145.49 亿元，规模以上工业总产值 237.43 亿元，固定资产投资 206.36 亿元，财政总收入 22.65 亿元，城乡居民人均可支配收入分别达到 29825 元、14543 元。先后获中国区域最佳投资营商环境城市、全国“六五”普法先进县、第一批国家级农村职业教育和成人教育示范县、全省文明城市等多项国家和省级荣誉称号。

加快产业升级，

抚州市第五届运动会

书源科技

东乡撤县设区授印揭牌仪式

打造经济强县。坚持项目带动，大力实施重点项目，带动全县项目建设快速推进。全县累计实施 500 万元以上项目 168 个，完成投资 194 亿元，其中，亿元以上项目 58 个。开展“双返双创”活动，推进大众创业万众创新，新增私营企业 1128 户、个体工商户 2136 户，新增国家高新技术企业 6 家、科技型中小微企业 4 家。加快发展现代农业，现代示范园区核心区面积 1.5 万亩，入园龙头企业 17 家，合作社 18 家。加快发展新型工业，全力打造一批年主营业务收入过 10 亿元龙头骨干企业。加快推动传统产业转型升级，重点培育新兴产业，医药制造、电子信息、新能源等新兴产业快速发展。2016 年 1 家工业企业在新三板上市，实现工业企业上市“零”的突破，2 家工业企业主板上市工作进入实质性操作阶段。加快发展现代服务业，成功引进江西银行，金融机构总数达到 11 家，金融机构存贷款余额分别达到 148 亿元、117 亿元。按照国家 AAAAA 级景区标准打造佛岭国际公园，AAAA 级景区标准打造花果山生态园、裕林茶花生态博览园，成功举办全省性的江西（东乡）首届花海文化节，新增 4 个省 AAA 级乡村旅游示范点。电子商务蓬勃发展，年交易额 22 亿元。现代物流、健康养老等现代服务发展势头良好。

统筹城乡发展，建设美丽东乡。深化巩固省级文明城市建设成果，推进低碳示范城镇创建，启动建设海绵城市。深入推进新农村建设，全面启动镇容村貌综合整治工作，着力改善空气、水环境、土壤环境质量，打造北港河生态景观型河道。

促进民生改善，构建和谐社会。大力实施民生工程，县财政民生支出 26 亿元，占公共财政支出的比重高达 72%。村卫生计生服务室进行标准化建设。出台脱贫攻坚战实施方案和光伏扶贫行动实施方案等一系列配套文件措施，形成“1+16+N”脱贫攻坚系列措施体系，投入 1.34 亿元，开展光伏产业扶贫，全县 3109 户贫困户 6968 名贫困人员从中受益，贫困户年均发电纯收益接近 0.5 万元。全面推进法治东乡建设，统筹抓好信访稳定、社会治安、安全生产等各项基础性工作。深入推进“连心、强基、模范”三大工程和“四进四联四帮”活动，营造风清气正政治生态。

放飞中国梦大合唱比赛

爱心助学慈善晚会

虎圩陈桥徐家组

南城县

省委书记鹿心社视察南城

南城县位于抚州市中部，总面积1698平方千米，辖10镇2乡150个行政村，人口35万人。南城县紧紧围绕省委战略方针和市委“十六字”总要求，顽强拼搏，奋勇争先，扎实工作，开创了经济社会发展新局面。2016年度先后获得综合优秀县区、产业升级优秀县区、开放型经济优秀县区二等奖和生态文明建设优秀县区、脱贫攻坚优秀县区三等奖等全市县区综合考核所有奖项先进奖牌，

产业转型步伐加快。加大实体经济帮扶力度，出台了降成本、优环境45条，对112家重点企业安排县领导挂点帮扶。重点打造以广明实业、建昌帮药业、建洪饮片为龙头的中医药产业，重振“建昌帮”。成立现代农业示范园管理委员会，稳步推进“一园＋四区”建设，麻姑山生态农业示范园初具规模，蔬菜大棚、百果园、农耕博物馆基本建成，“江西仙绿创业孵化基地”被科技部授予“星创天地”称号。

城乡统筹加速推进。投资10.8亿元实施32个城市建设重点项目，开工建设23个，盱江大桥、太平桥改造、百望电子商城等15个项目已竣工或基本竣工，全面完成城市棚户区改造任务290户，征迁面积5.2万平方米，建成区面积达19.2平方千米，人口18.4万人，城镇化率达57.3%。启动建设“互联网＋城乡”精准管理服务平台。全面完成12个乡镇集镇总规修编和960个村庄规划。重点推进姚家巷生态村镇示范点建设。着力抓好55个新农村点建设，改水3015户，改厕3000户，并投资8437万元，完成农村电网改造19743户。扎实推进农村环境整治，挂牌成立乡镇环卫站12个，启动建设乡镇垃圾中转站10个，已完成5个。

广明实业

秀美乡村之排头村

县委书记　王小林

县委副书记、县长　汪华辉

项目签约

改革开放全面深入，发展动力更加强劲。加快园区基础设施建设，成立全市首个高新技术产业发展基金，支持联益电子等高新技术企业发展。推进棚户区改造、农村公路建设和麻姑山风景名胜区开发。启动“放管服”改革，国务院和省、市政府取消的24项行政审批事项均落实到位。抓好商事制度改革，推动企业“五证合一”和个体工商户“两证整合”，认真开展“双随机一公开”监管工作。全年完成跑项争资7.8亿元，储备项目126个，开发项目100个。成功举办“南城（南京）重点产业对接会”和“南城（深圳）重点产业招商对接会”。全年新签2000万元以上项目19个。

生态建设扎实有效，发展环境更加优化。开展抚河流域生态环境综合治理、洪门水库生态保护、河道违法采砂专项整治和“净空、净水、净土”专项行动。全面完成污染物总量重点减排任务，集中饮用水源水质达Ⅱ类水标准，空气质量达Ⅰ级标准。全年完成人工造林1.73万亩、封山育林1.12万亩。建设7个生态村镇示范点，25个乡村风景林。

民生福祉持续改善，发展成果更加惠民。全面完成336套保障性住房续建工程和196户农村危旧房改造。成立9个专项扶贫组，出台17个专项扶贫行动实施办法，全县10个省级贫困村均完成“十三五”脱贫攻坚规划，基础设施、公共服务项目安排到位。实现2999人脱贫，1个贫困村摘帽。

麻岭下姚家巷新村

红色教育活动

黎川县

县委书记聂仕雄在张恨水（黎川）国际文学周开幕式致辞

县委副书记、县长江志坚授予寇振海、李大为“文化扶贫”公益大使

民间舞白狮

黎川县位于抚州市东南部，辖 8 乡 7 镇、1 个企业集团和 1 个垦殖场。总面积 1728.56 平方千米，耕地面积 1.59 万公顷，林地面积 13.2 万公顷，常住人口 23.58 万人，其中非农人口 5.6 万人，人口自然增长率 8.13‰。

2016 年，全县经济稳中有进，城乡面貌持续改观，社会保持和谐稳定。全年完成生产总值 65.5 亿元，增长 9.3%；财政总收入 10.4 亿元，增长 2.6%；固定资产投资 81.9 亿元，增长 13.4%；社会消费品零售总额 24.8 亿元，增长 11.6%；规模以上工业增加值 26.2 亿元、增长 9.2%；城乡居民人均可支配收入分别达到 23912 元、11779 元，增长 8.4%、8.2%。

工业经济提质增效。主导产业不断壮大，陶瓷科技创新产业园（标准厂房）开工建设，九州—苏泊尔项目完成一期 3 万平方米的单体厂房建设，陶瓷及配套企业达 76 家，陶瓷、新型材料、鞋服纺织三大产业产值占园区工业总产值超过 70%；全年新增规模以上工业企业 6 家、达 65 家，完成主营业务收入 100.7 亿元、增长 9.5%。

新农村建设送戏下乡汇演

日峰镇永兴桥和谐秀美乡村建设点

县领导陪同张恨水亲友为张恨水旧居揭牌

企业创新能力持续增强，与景德镇陶瓷大学签订产学研战略合作协议，全省首家水性树脂及合成革工程技术研究中心开工建设；新增国家高新技术企业6家、达10家，增幅居全市第一。园区平台更加完善，乡友陶瓷园污水处理设施加快建设；新铺设天然气管网15千米，通气企业达26家；盘活清理工业低效闲置用地560亩。

现代农业加快发展。烤烟生产保持稳定，全年种植面积2.81万亩，烟农户均收入达8.23万元。香榧产业加快发展，种植区域由宏村镇向周边乡镇扩展，全年新增种植面积3000亩，签订林地流转合同面积达2.1万亩。生态农业快速发展，黎川有机稻“黎米”纳入国家农产品地理标志保护认证。现代农业示范园建设加快推进，获批省级现代农业示范园区，聚龙湾现代渔业有限公司被评为全省优秀农业产业化龙头企业。农业信息化建设成效明显，益农信息社县级运营中心被评为全省优秀农业社会化服务组织。

文化旅游名声更响。全年新增省AAA级乡村旅游示范点8个，游客量突破60万人次，洲湖村入选第四批中国传统村落和全国第三批美丽宜居村庄，日峰镇被评为全省旅游风情小镇。古城老街、小吃“芋糍”亮相央视；黎川灌芯糖被评为首届中国金牌旅游小吃，京尚陶瓷奶锅荣获江西旅游产业博览会金奖。油画交流更加活跃，在文化部支持下，与中国美院、中国人大画院等高校建立合作关系；成功举办中俄当代油画作品交流展；组织第二批画师赴中国美院学习培训，油画人才队伍实力不断增强。

脱贫攻坚深入推进。出台“1+10+1”精准脱贫政策，大力实施“十大扶贫”工程，组织开展“四进四联四帮”、慈善一日捐和扶贫助销认购等系列活动，全年整合各类扶贫资金1.7亿元，建设产业扶贫示范基地43个，惠及贫困户1000余户，开设村邮乐购电商脱贫站8个，搬迁移民297人，完成危房改造176户。全县现行标准下贫困人口下降至3483人，贫困发生率下降至1.75%。

民生保障更加有力。全年民生支出占财政总支出的67.7%。就业扶持力度加大，新增城镇就业2870人，就业率达96.8%。社会保障体系不断健全，城乡居民社会养老保险制度实现全覆盖。城乡低保、五保供养标准高于省市标准。保障性安居工程深入推进，751户住房困难群众通过摇号配租住进了新房。

在2016年取得成绩的基础上，未来黎川的前进步伐将更加稳健。黎川人民将发挥自己的智慧和力量，撸起袖子加油干，为强力推进“生态黎川、文化黎川、智慧黎川、幸福黎川”建设、全面建成小康社会而努力奋斗！

国安广场

京川大道夜景

南丰县

县委书记吴自胜深入工业园区调研

县委副书记、县长乐启文深入傅坊乡调研

“畅游南丰 乐享橘都”第三届橘园游活动启动仪式

世界超模走进南丰

南丰县位于江西省东南部，面积1920平方千米，辖5乡7镇1场。南丰历史悠久，孕育了千岁贡品——南丰蜜桔、千载非遗——南丰傩舞、千古才子——曾巩、千秋古窑——白舍窑、千年古邑——南丰古城等“五个千年文化”，被誉为“世界桔都、中国傩乡、休闲南丰、曾巩故里”。

2016年，实现“十三五”良好开局。全年完成生产总值115亿元、增长8.5%，财政总收入11.97亿元、增长2.6%，固定资产投资89.2亿元、增长12.7%，社会消费品零售总额40.6亿元、增长12.6%。

特色农业富民强县。做优做强南丰蜜桔大产业，蜜桔出口量价齐升，出口量、货值分别达8万吨、1.3亿美元，蜜桔综合产值突破130亿元，成为抚州市第一个“百亿”农业产业。甲鱼养殖1.8万亩，综合产值6.5亿元；烟叶种植8000余亩，税收突破500万元。农民人均可支配收入达18519元，高于全省平均6381元，连续七年全省第一。成功纳入首批“国家农村产业融合发展试点示范县”和全国“三产融合”示范县，获评“全省农业和农村工作先进县”“全省国有林场改革先进县”。

绿色工业根深叶茂。着力构建“1+2”绿色工业体系，初步形成绿色食品、生物医药、电子信息三大产业集群。规模以上工业企业完成增加值22.5亿元，实现主营业务收入90亿元，被评为“全省加快工业发展加速工业崛起先进单位”，再次荣膺“全国食品工业强县”。

生态优势逐步彰显。以南丰成功纳入“国家重点生态功能区”为契机，全力开展生态文明建设“六大行动”，打造生态补偿“南丰样板”，其中“河长制”做法登入央视，傩湖湿地公园创建国家湿地公园顺利通过验收，车磨湖申报省级风景名胜区顺利通过专家论证，全县森林覆盖率达76.28%。城镇生活垃圾无害化处理率达99.16%，农村生活垃圾集中处理率达71%。

首届南丰网络蜜橘节启动仪式

《傩·情》首次亮相国家大剧院

全域旅游方兴未艾。加快推进水南国礼园、小隐山庄、桔文化旅游产业集聚区等旅游景点和新业态，新增1个国家AAA景区、1个省AAAA级乡村旅游点、3个省AAA级乡村旅游点。成功举办第三届“桔园游”、旅游高峰论坛等系列活动，成功纳入首批“国家全域旅游示范区创建单位”。

城乡面貌焕然一新。城市功能不断完善，县城规划区面积22平方千米、建成区14.2平方千米，城镇绿化率达49.3%。“一江两岸五桥、二横五纵一外环”城市框架更趋完善。积极创建国家和省级文明城市、卫生城市，大力推进“美丽乡村”建设。

民生福祉持续改善。牢固树立民生为先理念，民生资金占公共财政预算支出的70.8%。城乡居民基本医疗保险、养老保险基本实现“全覆盖”。全力打好脱贫攻坚战，完成204户贫困户危旧房改造，实现2650人脱贫，6个贫困村销号，全市脱贫攻坚考核第三名。社会公众安全感测评获全省第四、全市第一，荣获“省级双拥模范县”。

光伏扶贫照亮贫困户致富路

荣获“全省加快工业发展加速工业崛起先进县”，图为佰仕通电子科技有限公司生产车间

发展特色种植，助推脱贫攻坚

崇仁县

2016 年 7 月 27 日，省委副书记、代省长刘奇深入崇仁县企业调研

2017 年 1 月 4 日，市委书记肖毅考察崇仁县企业

2016 年 10 月 21 日，江西变电设备产业博物馆开馆

2016 年 10 月 21 日，江西省变电设备行业协会成立

崇仁县，理学之乡。位于江西中部，紧邻抚州，多条高速公路穿境而过，区位优越、交通便捷。

2016 年，崇仁县贯彻落实新发展理念，开展“项目建设、城乡面貌、招商引资、社会管理、干部教育、作风建设”百日大会战，经济社会保持良好发展态势。全县完成生产总值 107 亿元，增长 9.2%；财政总收入 10.8 亿元，增长 2.6%；固定资产投资 138.5 亿元，增长 14.4%；社会消费品零售总额 29.6 亿元，增长 11.9%。

变电产业升级加快。崇仁是江西变电设备产业基地。2016 年，全县上下聚力变电设备产业，延伸壮大产业链，做强产业基地。成功举办首届中部地区变电设备产业高峰论坛；江西省变电设备行业协会、江西省变电产业博物馆、变电设备产业物质仓储配送中心等正式运营；江西伊发电力正式挂牌“新三版”。至年底，变电设备规模以上企业 59 家，实现主营业务收入 116.6 亿元；新增国家级高新技术企业 4 家达 11 家、省级企业技术中心 1 家达 8 家、工程技术研究中心 1 家达 3 家，新增

2016 年 10 月 22 日，崇仁县主办的首届中部地区变电设备产业高峰论坛召开

县委书记　程新飞

县委副书记、县长　周国华

省级以上重点新产品 8 项、市级以上科技进步奖 1 项。崇仁县被批准为全国第三批产业集群区域品牌建设试点县。

麻鸡产业稳步发展。崇仁是中国麻鸡之乡，崇仁麻鸡是“江西四大名鸡”“全国十大名鸡”之一。2016 年，县委、县政府持续强劲发力麻鸡产业，崇仁麻鸡原种保护进一步加强，麻鸡优质比例提升至 95%，实现产值 19.5 亿元；崇仁麻鸡科技博览中心投入运营。崇仁麻鸡继 2010 年被农业部批准实施农产品地理标志保护后，2016 年又荣获“国家级农产品地理标志示范创建样板”称号。

江西国品麻鸡生态科技园开建

旅游产业取得突破。主攻重大项目，加快推进旅游产业集群发展，取得明显成效。源野山庄创评为全市第六个国家 AAAA 级旅游景区，抚州市动物园项目落户崇仁并开工，相山被命名为省级风景名胜区，成功举办“相聚崇仁·揭秘相山”2016 江西崇仁旅游节。

举办 2016 江西崇仁旅游节

新区建设扎实推进。开展项目建设百日攻坚战，新区面貌初步显现。至年底，宝水大道、子正公园等全面完工；乐史路、光明大道、会甫路等开工建设；一中新校区、宝水新区小学、幼儿园、自立富雅综合体等有序推进。

开展百日大会战动员

光伏发电扶贫

2017 年 1 月 12 日，伊发电力成功上市

乐安县

市委书记肖毅深入乐安县调研

市委副书记、市长张鸿星深入乐安县调研

农机冬耕大比拼

华盖山茶叶专业合作社增田镇增元村茶叶种植基地

乐安丰裕牧业

2016年，乐安县按照“高位谋势、精准发力、敢于担当、跨越发展”总体要求，迈出了全面脱贫、跨越赶超的坚实步伐。实现生产总值55.17亿元，增长10%；财政总收入7.61亿元，增长11%；规模以上工业增加值5.44亿元，增长11%；固定资产投资46.58亿元，增长15%；社会消费品零售总额29.8亿元，增长12%；农村居民人均可支配收入7933元，增长12%。

坚持高位谋势，发展信心更足。提出精准扶贫、项目带动、产业发展、城乡品质“四大提升工程”，着力提升发展动力和质量，确保如期实现全面脱贫、跨越赶超目标。

坚持精准发力，脱贫步伐更快。整合安排产业扶贫资金6870万元，发放“产业信贷通”贷款4340余万元支持3400余户贫困户。易地扶贫搬迁8个移民安置小区，搬迁移民4702户17550人。整合新农村建设、贫困村庄整治专项资金8367万元，实现村村通广播电视和覆盖宽带网络。保障兜底全面到位，县财政按每人90元的标准为贫困户购买大病医疗商业补充保险。在全省率先开办贫困人口脱贫后返贫责任保险。年度15个贫困村退出和4193户、14849人脱贫目标基本完成。

坚持做美城乡，城镇品位更高。采取政府财政投入与市场化运作相结合的方式，筹措资金18亿元，确保棚户区改造资金及时到位。已有3140户主动申报棚改，签订合同1600户（17万平方米）、腾空房屋654户。大力度推进城市重点项目。围绕打造“美丽城乡，江西样板”，安排重点项目60个，资金总投

县委书记彭银贵调研秀美乡村

县委副书记、县长吴宜文指导贫困村建设

入 97.67 亿元。昌宁高速乐安北互通至县城升级改造工程建成通车，园区小学、垃圾填埋场、综合性社会福利中心以及城区 14 条 43.66 千米污水管网等项目基本竣工。大气魄推进“三违”整治。开展城乡“三违”集中整治工作，2756 栋违法建筑处理率达 90% 以上，各乡镇共查处违建户 7773 户、收缴违建款 2341 万元，拆除违法建筑 60 户、面积 1.5 万平方米。高品位推进新农村建设。完成 6 个中心村 24 个点、16 个省级点、130 个自建点的整治建设任务。启动“十年封山育林行动”，严厉打击破坏森林资源违法行为。

坚持提升产业，跨跃势头更好。旅游业全面提升。被中国旅游网络媒体联盟评为“华中最美避暑小城”。流坑景区成功创评为国家 AAAA 级景区，“大华山省级风景名胜区”顺利通过专家论证；成功举办“乐游乐安·2016 年第八届全国网络媒体江西游”和“千年乡愁·圆梦乐安”乐安首届帐篷音乐节等活动。全年接待旅游人数 282.9 万人次、旅游综合收入 29.17 亿元，同比增长 38% 和 40%。现代服务业异军突起。加快金融等现代服务业发展，引进民间资金 1.8 亿元建设全省最大的民办公助综合社会福利中心。农业稳步推进。加快产业化进程，全县新增国家级龙头企业 1 家（广雅）、市级龙头企业 1 家、农民专业合作社 178 家，新增省级名牌农产品 1 个、“三品一标”农产品 3 个，“乐安竹笋”全省唯一被评为中欧互认地理标志产品。工业逆势上扬。“一园三区”基础得到进一步夯实。总投资 3 亿元、规划面积 4 万平方米的唯康电商产业园已经建成。园区企业“广雅”商标被评为“中国驰名商标”。小微企业创业园被认定为全市唯一的“省级小微企业创业园创建单位”。全年引进亿元以上项目 12 个，2000 万元以上项目 37 个，新老项目累计进资 32.16 亿元。完成主营业务收入 19 亿元，同比增长 10%；工业增加值 5.1 亿元，同比增长 10%；实现税收 6000 万元；安置就业 4920 人。

美景如画的戴坊镇排下新村

风景宜黄　实力宜黄

宜黄县

省检察院检察长刘铁流到宜黄调研

县委书记姚飞翔，县委副书记、县长叶峰调度曹山公路及景区建设

抚州宜黄220钱柜输变电工程鸟瞰图

宜黄县地处江西省中部偏东、抚州市南部，建县于三国吴太平二年（公元257年），迄今有1759年历史，因县治设于宜水、黄水汇合处而得名。总面积1944.2平方千米，辖12个乡镇、2个垦殖场和1个省级工业园区，139个行政村8个居委会，总人口23.58万人。森林覆盖率76.25%。先后获得“中国百佳最具投资潜力县”“国家级杂交水稻种子生产基地”“江西省森林城市”“江西省和谐平安县”“江西省扶贫移民工作先进县”“江西省生态县”“江西省最佳优化民营经济发展环境县”以及全市综合优秀县、全市生态文明建设优秀县、全市工业发展优秀县、全市脱贫攻坚优秀县等多项荣誉称号，是国家重点生态功能区，江西省第二批生态文明先行示范县，县城凤冈镇入选全国重点乡镇。

彭公岛·彭祖养生岛

彭公岛·彭祖养生岛一角

创新宜黄　幸福宜黄

苏州大学支持宜黄县发展合作交流座谈会

国家级杂交水稻制种基地（宜黄）技术培训班

宜黄县委、县政府坚持以科学发展观为统领，认真贯彻落实中央和省、市的决策部署，以党的建设统揽经济社会发展全局，以生态文明建设推进经济社会发展，坚持稳中求进的工作总基调，牢固树立和贯彻落实新发展理念，主动适应和引领经济发展新常态，展示风景宜黄的秀美、构建实力宜黄的格局、迸发创新宜黄的活力、追求幸福宜黄的目标，奋力迈出打造“四个宜黄”、决胜全面建成小康社会新步伐。

工业园区电商园

雄关漫道真如铁，而今迈步从头越。23 万多宜黄人民正在新一届县委、县政府的带领下，抢抓机遇、主动作为，不断开拓绿色崛起、跨越发展新境界，为建设“风景宜黄、实力宜黄、创新宜黄、幸福宜黄”、实现五年决战同步小康而不懈奋斗。

江西盛达隆科技有限公司

江西天成科技有限公司

金溪县

2016年9月25日，全国政协副主席马飚（前排中）视察金溪县工作

2016年12月9日，省委书记鹿心社（前排右二）一行视察金溪县工作

2016年，金溪县委、县政府认真贯彻落实新理念，千方百计保增长、全力以赴保民生、加大力度保稳定，经济社会发展取得稳中有进、逆势上扬的较好成绩。

赶超发展，成绩显著。2016年，全县主要经济指标实现总量与质量同步提升，发展态势走在全市前列。多项经济指标超额完成。规模以上工业增加值增幅较2015年同期前移四位；国内生产总值、固定资产投资、社会消费品零售总额等指标增幅均高于全市平均水平，园区主营业务收入首次突破百亿，综合实力不断提升。多项工作进入国家省市先进行列。先后荣获全国无障碍环境建设县、全国双拥模范县；全省农业和农村工作先进县、全省新农村建设工作先进县等荣誉称号。

2016年4月13日，数字遗产中国行·金溪站活动在该县竹桥举行

被评为2016年度“全省专利工作进步十强县”

重中扬优，态势良好。香料香精和文化旅游产业分别呈现逆势上扬和蓄势待发的良好态势。香料香精产业总产值突破80亿元，工业增加值达16.68亿元，占全县规模以上工业增加值比重68.3%，实现利税6.6亿元。成功承办数字遗产中国行金溪站、纪念汤显祖逝世400周年竹桥站等大型文化宣传活动，央视《国宝档案》专题播报该县古村落，湖南卫视品牌综艺节目在该县选址拍摄；15个古村入选第四批中国传统村落名录，总数达21个，位居全省第二；水门巷、王家巷被认定为全省第二批14个省级历史文化街区；“手摇狮”走出国门在英国参加抚州文化活动周展演。浒湾镇被列为江西省60个重点特色小镇，竹桥古村获评“中国100个最美古村落”，秀谷镇徐坊村获批国家AAA级景区，并获得“全国美丽宜居村庄示范点”称号。

加大革命遗迹保护力度，大力发展红色文化旅游。图为该县新打造的后龚红色景区

重视民主保障，被评为“全国无障碍环境建设县”。图为该县盲人正在使用政府配的语音提示电脑

立足长远，后劲增强。加强政府性融资平台建设，与金融机构对接获得近 20 亿元的授信贷款，全县 10 家金融机构年末贷款余额达 69.1 亿元；供给侧结构性改革推进有力，关停高耗能企业 13 家，整合重组停产、半停产企业 7 家；新动能不断添加，金盈金属在“新三板”挂牌，另有 2 家企业正积极筹备上市工作；新天地服装、博晟医药等 6 个重点工业项目竣工投产，助推香料香精产业发展“新十条”正式出台；成为全市首个国家级农村综合改革标准化试点县区，深入推进农业供给侧改革，现代农业发展步伐加快，获批国家“美丽乡村建设标准化试点项目”；电子商务方兴未艾。

直面瓶颈，破解难题。加快推动园区调区扩区申报工作；城西高新区新征地 5000 余亩，“三纵二横”的道路框架基本拉开；盘活 7 家企业 600 余亩土地。结合全市“两违”集中整治活动，共拆除“两违”建筑面积 1.47 万平方米。启动青少年宫、人民医院、防疫中心等教育卫生基础设施建设。城区面积不断扩大，人均公园广场面积、城市绿化率、污水处理率不断提高，功能配套设施日趋完备。在全省范围内率先推行城管“五步工作”执法机制，进一步提高城市管理水平。该县党风廉政社会评价继续在全省、全市“领跑”，干部集体荣誉感和群众安全感自豪感明显增强。

加快工业发展步伐，被评为“全省加快工业发展和加速工业崛起先进县”。图为江西国化实业有限公司

香料香精产业发展态势良好。图为盛伟实业车间一角

资溪县

2016 年 11 月 29 日，省委副书记、省长刘奇在资溪全龙面包培训学校调研

资溪县深入实施“生态立县、旅游强县、绿色发展”战略，2016 年荣评全省新农村建设工作先进县、全省农村清洁工程工作先进县，并代表全省迎接国家 10 部委考核验收，成功纳入国家重点生态功能区，实现“十三五”良好开局。

县域经济稳中向好，迈出同步全面小康坚实一步。实现生产总值 33.95 亿元，同比增长 8.6%；在旅游产业的带动下，第三产业增加值达 15.5 亿元，增长 10.9%，比率提高 1.8 个百分点；社会消费品零售总额 11 亿元，增长 11.7%；城镇居民人均可支配收入 22136 元，增长 8.1%；农村居民人均可支配收入 11605 元，增长 8.2%。根据全面“营改增”的实际和上级调整优化收入计划的部署，2016 年财政总收入由年初预计完成 6.01 亿元调整为实际完成 5 亿元，同比下降 16.8%，但税收收入占财政总收入比重达 86.6%。

项目建设成效显著，迈进加快发展的“高速时代”。全年共争取上级项目资金 7.1 亿元，续建新建重点项目 79 个，全社会固定资产投资完成 21.29 亿元，增长 13.2%。完成利用外资 2020 万美元，出口创汇 8100 万美元。资光高速竣工通车。精心谋划和落实泸溪河水系综合治理、农村公路交通 PSL 等一批重大项目，吉抚武铁路纳入国家“十三五”规划，资贵高速获得省政府立项批复。

绿色产业加快升级，取得创建“国字号”品牌的新突破。旅游发展由景点模式加快向全域模式转变，大觉山景区达到国家 AAAAA 级景区标准。成功举办面包白茶文化节、大觉山半程马拉松赛、抚州市首届旅游商品博览会等大型活动，全年接待人次同比增长 10%。有机休闲农业加快升级，全县新增市级以上龙头企业 2 家（其中省级 1 家）。一亩茶园基地获评全国生态茶园标准示范基地，由夫生态农业园获评省级休闲农业示范点，“国家有机产品认证示范区”创建工作通过评审。全年实现规模以上工业增加值 3.3 亿元，增长 9.1%。县电子商务孵化园建成开园。九银资溪村镇银行、九江银行资溪支行正式营业，县信用联社成功改制为农商银行。

首届“白茶仙子”评选大赛

拍摄微电影《邂逅资溪》

最美资溪人颁奖现场

县委书记 吴建华

县委副书记、县长 黄智迅

生态文明建设深入推进，通过"国家生态县"考核验收。全年造林绿化1.35万亩、改造提升森林景观2000亩。全面实施"河长制""山长制"，落实县乡村组四级管护责任。严格落实环境保护十条禁令。进一步完善领导干部生态文明建设责任审计方案，推进嵩市镇抚地村农村集体产权制度改革试点。

民生事业持续改善，城乡环境整治获老百姓"点赞"。全面落实"321"帮扶机制，创新开展"百店助百户"精准扶贫行动。全年教育、社保、医疗、环保等民生支出达8.01亿元，占财政总支出的77.1%。全县新增城镇就业2103人、困难群众就业197人。完成棚改面积3.1万平方米，建成人才公寓120套，改造农村危旧房289套。全面开展中心城区5个片区棚户区改造。城乡一体推进"一创一改五整治"，推动镇村联动、景村联动建设。城乡生活垃圾实现日产日清"全域覆盖、直收直运"，被评为全省农村清洁工程工作先进县。新建大觉山污水管网7.5千米，解决2466名农村人口饮水安全问题。

首届大觉山半程马拉松比赛

全市首届旅游商品博览会在资溪县举办

莒洲村

陈坊村

广 昌 县

2016 年 8 月 30 日，国务院扶贫办副主任郑文凯率督查组深入广昌县头陂镇西港村调研督查脱贫攻坚工作

2016 年 1 月 30 日，省委常委、统战部部长蔡晓明深入广昌县驿前镇高虎脑生态公益林场走访慰问

广昌县位于江西省东南部，武夷山西麓，建县于南宋绍兴八年（公元 1138 年），因“道通闽广、隶属建昌”而得名。总面积 1612 平方千米，辖 5 镇 6 乡 1 场 129 个行政村和 1 个省级工业园，总人口 25 万人。2016 年，该县适应经济发展新常态，凝心聚力，攻坚克难，各项工作取得新进展。全县完成生产总值 57.6 亿元，财政总收入 8.43 亿元，实现规模以上工业增加值 18.86 亿元，全社会固定资产投资 57.08 亿元；城镇居民人均可支配收入 22541 元，农村居民人均可支配收入 8304 元。荣获 2016 年度全市脱贫攻坚一等奖、产业升级二等奖、生态文明建设三等奖。

水南圩乡异地搬迁集中安置点

头陂镇西港村新貌

精准发力、合力共为，脱贫攻坚深入推进。精准核定建档立卡贫困对象 6058 户、18438 人。全面推行“五定三包”结对帮扶机制，构建县乡村三级结对帮扶网络。投入资金 1.57 亿元，在 22 个预退出贫困村启动实施基础设施和公共服务项目 487 个。投入资金 2.32 亿元，全面启动 6 个易地扶贫集中安置点建设，落实移民搬迁计划 751 户 2741 人。加大土坯（危）房改造力度，采取“四位一体”方式改造（修缮）土坯（危）房 1046 套，其中“交钥匙”工程 144 套。全年发放产业直补金 792.4 万元，帮助建档立卡贫困户获得贷款 1.6 亿元，受益贫困户近 6000 人。推进光伏扶贫工程，开工建设第一批 7.575 兆瓦光伏扶贫项目，辐射贫困户 1515 户。为 10970 名建档立卡贫困对象缴纳城乡居民基本养老保险，将建档立卡贫困学生全员纳入生活补助范围，开展各类捐资助学活动 50 余批次，发放助学金 350 余万元。

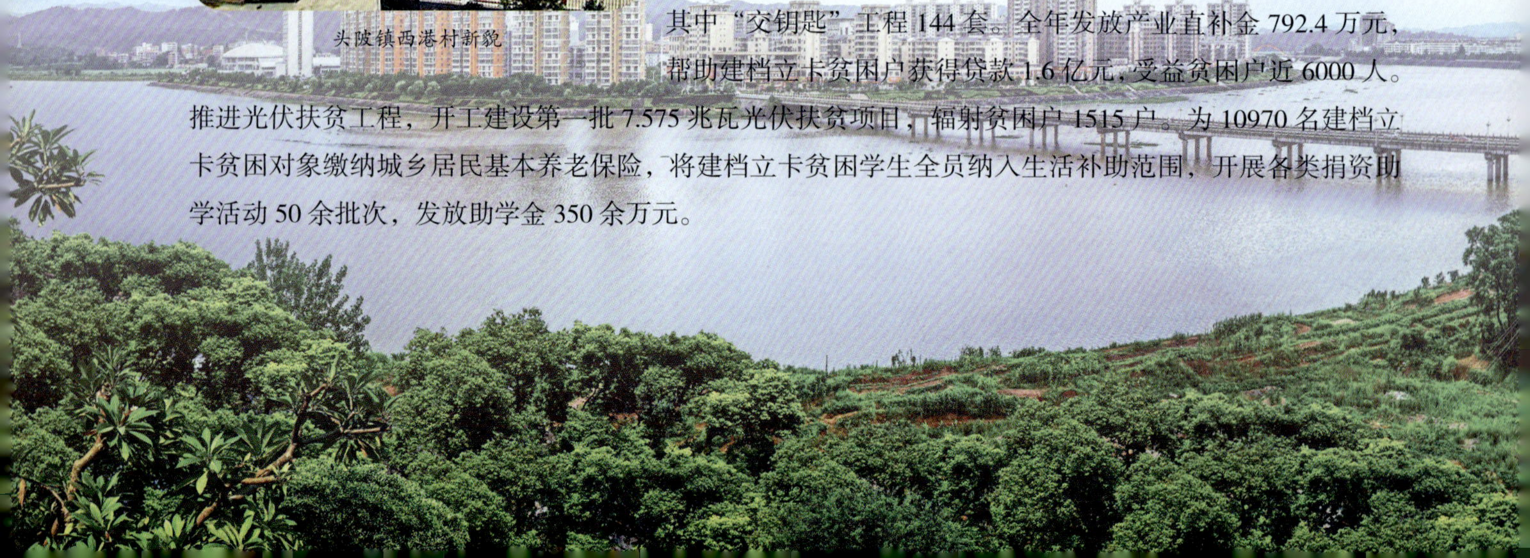

广昌县行政中心

绿色发展、保护环境，生态优势巩固提升。划定生态保护红线总面积 1206.1 平方千米，占国土总面积的 74.8%，占比率全省第一。持续开展农村清洁、治污净水、封山育林三大工程，启动实施 8 个城乡生活垃圾压缩式中转站和 2 个卫生填埋场建设，农村生活垃圾收运处覆盖率达 90% 以上；实施治污净水各类专项行动，依法关闭取缔 10 家、责令整改 68 家、行政处罚 18 家企业，集中饮用水源水质达标率 100%，出境断面水质达Ⅱ类以上。全年关闭违规木材加工企业 6 家，全县森林覆盖率达 66.7%，区域空气质量达国家二级标准。

提升增效、转型升级，产业质量持续优化。全面启动小微企业创业园项目建设，工业园区建成区面积达 6700 亩，制定降成本优环境措施 30 条，为企业减负 1.5 亿元。全县规模以上工业企业达到 63 户，完成规模以上主营业务收入 83.8 亿元，上缴税金 2.2 亿元，增长 39.28%，增幅列全市第一。启动实施白莲区域品牌建设，开展第四次白莲航天搭载育种试验，白莲种植突破 10 万亩，产值 6.5 亿元；茶薪菇种植 2.3 亿筒，产值 4.14 亿元，广昌“茶薪菇”农业标准化通过国家级验收；广昌现代农业示范园区获批省级示范园。

统筹兼顾、精建严管，城乡面貌大为改观。《新一轮城市总体规划（2013-2030）》通过批复。城区生活垃圾无害化处理率达 100%, 城区绿地率达 42%。启动中国莲花景区国家 AAAA 级景区创建工作，新增江西省 AAA 级以上乡村旅游示范点 6 个。姚西赏莲景区被吉尼斯世界记录认证为“世界最大莲池”。累计投入 1.1 亿元，实施 285 个新农村建设点、77 个零散村庄新农村和 5 个中心村建设。

共建共享、倾力民生，群众幸福指数攀升。全年民生支出占公共财政预算支出的 67.4%。新农合参合率达 99.8%。新建改建盱江镇、水南圩乡、千善乡和头陂腾邦民建敬老院。全年发放低保、五保金 4514 万元，发放自然灾害、大病救助、临时生活救助资金 1500 万元。全县定点医疗机构门诊统筹补偿实现跨乡镇报销，新农合县内定点医疗机构网上直报及乡镇卫生院门诊统筹工作实现全覆盖。公众安全感测评列全省第 33 位、全市第 3 位。

拥有自建交易平台的亿莲公司

广昌一江两岸全景

抚州高新技术产业开发区

海利科技项目奠基

卓朗云计算大数据项目签约

高新区2016年重大项目集中开工

大乘汽车开工

抚州高新技术产业开发区前身为抚州金巢经济开发区，创建于1992年8月，2012年12月更名为抚州高新技术产业园区，2015年2月经国务院正式批复升级为国家高新区。是国家知识产权试点示范园区、全国青年创业示范园区、国家级科技企业孵化器、全国创业孵化示范基地、国家精细化工高新技术产业化基地、省级生物产业基地和省级汽车零部件产业基地；是全省首批省级开发区、生态工业园区和全省首个金融支持实体经济省级示范区。

高新区管辖面积158.6平方千米，下辖一镇两街道29个村（居）委会。国家2005年核准开发面积13.33平方千米，省政府2013年批准开发面积21.48平方千米，目前已开发面积16平方千米，人口15万人。2015年省政府批准赣闽合作示范区开发面积21.9平方千米。

高新区共落户各类工业企业270余户，其中规模以上企业156户，高新技术企业24户，上市企业4户（深交所1户、“新三板”2户、“Q版”1户），从业人员3万余人。形成生物医药、汽车及零部件、信息技术等三大主导产业集群。其中：以江铃底盘、江铃轻汽为龙头的汽车及零部件产业群，共有投产企业54户；以博雅生物制药、珍视明药业、回音必（抚州）制药为龙头的生物医药产业群，共有投产企业36户；以森科实业、迪比科股份、德义半导体为龙头的信息技术产业群，共有投产企业28户。

2016年高新区实现主营业务收入420.92亿元，同比增长14.7%；完成规模以上工业增加值85.57亿元，同比增长10%；完成财政收入14.56亿元，同比增长15.4%；工业用电量达2.6亿度，同比增长11.45%；实际利用外资1亿美元，同比增长115%；外贸出口2.9亿美元，同比增长25%。

2017年高新区新引进一大批重大特大项目，特别是“两车一云一新一药”和超算中心等项目（两车：即投资50.5亿元的大乘汽车科技产业园项目，投资50亿元的抚州沃特玛新能源汽车产业园项目；一云：即投资45亿元的抚州卓朗云计算大数据信息产业园项目；一新：即投资30亿元的半导体新材料产业园项目；一药：即投资45亿元的建昌帮药品及保健品生产项目。超算中心项目，即投资45亿元的创世纪超级计算机运算服务项目）的落户，极大地提高了高新区的产业聚集度，增强了项目的辐射能力和带动作用，为高新区跨越发展、转型升级奠定了坚实的基础。

德义半导体生产车间

森科实业车间

博雅生物公司厂景

江铃轻汽厂区

抚州市粮食局

局领导班子团结协作，共谋全市粮食事业大发展

局党委积极开展“读廉文、讲廉洁”主题学习教育活动

深化区域合作，扎实做好粮食产销对接

全省“低温充氮”绿色环保储粮技术运用现场推介会在抚州市召开

2016 年，抚州市粮食局“高位谋势、精准发力、敢于担当、跨越发展”，领导班子勤勉任职、勤奋履责，带领全体干部职工认真贯彻落实习总书记对江西工作提出的新的希望和“三个着力、四个坚持”总体要求，奋勇拼搏、创优争先，棚户区改造、跑项增资、招商引资、综合治安管理、精神文明创建、公共机构节能、计划生育等各项中心工作连续两年取得“大满贯”；业务工作开展全面推进、成效显著。

业务工作稳步开展。严格执行国家粮食收购政策，做到农民余粮应收尽收，全年累计收购稻谷 69.25 万吨，没有出现“卖粮难”；市级储备粮 1 万吨，县（区）级储备粮 5.35 万吨如期落实；全市储粮 120.75 万吨。

中心工作稳步推进。“四进四联四帮”工作成效明显，扶贫攻坚力度加大；棚户区改造签约率达 98.73%，全市排名第一；招商引资实际进资超 2000 万元，争取各类项目资金 6100 万元。

项目建设能力增强。在全省粮食系统首家试行“低温充氮”绿色环保储粮以及开展空调准低温储粮技术；局属两库稻谷烘干项目建成投入使用，便民服务链进一步延伸；南方原粮生产基地建成；市军粮供应保障中心项目建设正式启动。

民生服务能力增强。粮油市场价格监测及应急网点建设体系进一步完善；自有粮油品牌“抚粮庄”完成商标注册并投产市场，全年销售量 570 吨，配送单位 34 家，“放心粮油”民生工程方兴未艾。

产销协作持续深化。积极做大做强企业联合、资金融合平台，全年实现代收代储计划 4 万吨，“一年迈出步、两年迈稳步、三年迈大步”三步走战略稳步推进，粮食产业化发展势头旺盛。

作风建设持续深化。坚持全面从严治党，深入推进党风廉政建设和反腐败工作；扎实开展“我是粮食人”机关文化建设，深化党员干部职工的思想和作风建设；全面实施企业绩效考核，实现单位效能和职工幸福指数双提升。

抚州市水利局

省人大常委会副主任冯桃莲巡察抚州河长制工作

市委书记肖毅指导防汛工作

抚州市水利局成立于1969年，其前身是抚州地区行署农水处，是抚州市人民政府组成部门。担负着全市水资源管理，组织、指导全市水利设施、水域及其岸线的管理和保护，组织、协调、监督、指导全市防洪抗旱，负责市管涉河建设项目审查和河道采砂管理，负责《中华人民共和国水法》《中华人民共和国水土保持法》《中华人民共和国防洪法》等法律法规的贯彻执行和监督检查等工作职能。

抚州市水利局现有行政机关工作人员15人（含2名工勤人员），参公编制人员27人，水政监察支队人员6人，下属单位抚州市水电勘测设计院人员54人，抚州市城市防洪工程管理局人员8人，城市用水管理办公室人员12人。内设科室有：办公室、计划财务科、水资源科、建设与管理科、农村水利科、安全监督科。下属事业单位有：抚州市水土保持委员会办公室、抚州市水利局水利工程质量监督站、抚州市防汛抗旱总指挥部办公室、水政监察支队、抚州市水电勘测设计院、抚州市城市防洪工程管理局、城市用水管理办公室。

省水利厅厅长罗小云在抚州考察，市委副书记王新有陪同

局党委书记、局长许萍乡走访乐安结对扶贫困难户

局党委书记、局长许萍乡讲党课《团结》

抚州水利"七一"红色教育活动

防洪演练

抚州市城市管理行政执法局

市中心城区禁限燃放烟花爆竹动员大会

扶贫帮困劳动

新式制服换装仪式

集中整治市容秩序

拆除违章建筑

抚州市城市管理行政执法局成立于2006年，前身为2004年成立的城市管理局。2016年局机关内设办公室、计财科、广告科、法制科（行政审批科）、市政科和人武部6个科（室），局属单位11个，其中参公事业单位5个，分别是城管执法一分局、二分局、三分局、四分局、五分局；其他事业单位6个，分别是市容处、市政处、路灯所、市场建设服务中心、规划监察支队和数字城管指挥中心。主要负责中心城区60余平方千米的城市管理和行政执法工作，以及对县（区）城市管理工作进行督促考核指导。

2016年以来，抚州市城市管理行政执法局严格落实全面从严治党有关要求，大力开展“强基础、转作风、树形象”活动，全力推行“7315”（一周工作7天，每天除正常工作时间外，努力做到早、中、晚3个时段全覆盖，确保每天工作时间不少于15小时）工作机制，内强素质，外塑形象，从我做起，从现在做起；管好自己的人，做好自己的事，带好自己的队伍，不断纯正党风政风，改进工作作风，阔步朝着“一年打基础、两年创品牌、三年争一流”的城市管理目标前进。目前，市中心城区城市面貌焕然一新，城市品位大大提升，基本达到市政基础设施完备、路灯亮化节能多彩、沿街立面清爽、视觉空间优美、街面秩序井然、环境卫生整洁。

抚州市农业局

市委书记肖毅视察市农业科学研究所

市委副书记、市长张鸿星视察市农业科学研究所

2016年，抚州市农业工作按照“建园区、育龙头、创品牌、惠三农”工作总思路稳步推进，农业发展呈现“二增”“三推进”“四突破”特点。

农业生产“二增”：一是种植业稳中有增。粮食总产量295.5万吨，实现“十三连丰”。水果总产量160万吨，总产值50亿元；全市人均水果收入1250元，增加472.5元。二是养殖业稳步增长。肉类总产量35.79万吨，增长3.78%。水产品总产量18.42万吨，增长1.1%;特种水产品产量7.4万吨，增长5%。

农村改革“三推进”：一是稳步推进土地确权。全市17194个村小组、688539户农户农地确权工作圆满完成；全市农村土地流转总面积128.9万亩，土地流转率达36.7%。二是稳步推进农村集体“三资”监管。全市监管“三资”总量16.63亿元，其中资产类7.83亿元，资源类4.78亿元，资金类4.02亿元。三是稳步推进农村综合产权交易市场建设。建成市、县二级农村综合产权交易平台，实现“三平台、全业务”“实地块、图表同”“宽接口、云服务”农村产权交易功效。

市政府副市长徐国义、市农业局局长杨皓参加第十届中国国际农产品交易会

农业基础“四突破”：一是现代农业示范园区建设实现新突破。基本建成“1+11+N”现代农业示范园区发展体系，示范园核心区面积15.51万亩，累计投入资金42.56亿元，入园项目实现产值162.65亿元。二是一、二、三产业融合实现新突破。全市农产品综合加工转化率达48%，休闲农业年接待游客45万人次，营业收入21亿元。三是品牌建设实现新突破。新增麻姑茶、东乡王桥花果芋地理标志产品，南丰蜜桔以品牌价值209.7亿元位列全国2016年地理标志产品品牌价值评价第二名。四是科技兴农实现新突破。中国航天育种示范基地、航天科普专家院士工作站落户市农科所。调查首次发现国家一级保护野生植物中华水韭。建成市智慧农业运行中心，建成11个县级农产品电商运营中心和160个益农信息社。

抚州市商务局

市委书记肖毅走访香港伟涵集团有限公司

省商务厅厅长王水平调研抚州高新区

举办2016江西抚州（深圳）重点产业招商推介会

参加第15届赣港经贸合作活动

2016年，抚州市商务局着力加强商贸流通市场体系和加快完善商贸综合体建设，切实强化市场监管，各项工作保持较好发展势头。

完善市场体系建设，促进内贸流通健康发展。积极争取市场体系建设项目，至2016年底，全市申报实施江西省跨区域农产品流通基础设施建设项目11个；黎川县、广昌县两县被列为国家级电子商务进农村综合试点县；精心组织企业参加各类展销会。

大力开展电商招商。引进互联网金融平台“趣店集团”、“盈盈理财”、跨境电商体验平台“乐途购”（才聚科技）等企业项目落户；广昌县入选阿里巴巴“2015中国电商消贫10佳县”，名列全国第六；南城、黎川、东乡等地与阿里巴巴建立合作关系。

积极引导外贸企业全方位开拓国际市场。组织全市外贸进出口企业积极参加各类境内外展会，帮助中小出口企业解决融资难、融资贵问题。全年全市进出口总额18.42亿美元。

深入开展“双返双创”（抚商返乡创业、才子返乡创新）活动，全面加强区域合作，着力推进示范区建设。全年共签约项目97个，签约金额501.1亿元，其中10亿元以上重大项目43个，已开工项目23个。着力提升利用外资的规模和水平，签约一批重大外资项目。

积极做好海关机构及抚州海西物流园铁路专用线的申报工作。扎实开展跨区域口岸合作，积极推动赣欧（亚）国际铁路货运通道建设。

抚州市园林绿化局（抚州市风景名胜管理局）

市园林绿化局（市风景名胜管理局）党组书记、局长胡会华检查园林绿化工作

抚州市园林绿化局与南京林业大学风景园林学院签署城市园林绿化风景名胜管理科技战略合作协议

2009年9月，成立抚州市园林绿化局。2012年2月，抚州市园林绿化局与市风景名胜管理局合并，组建抚州市园林绿化局（抚州市风景名胜管理局），实行一个机构两块牌子，负责全市园林绿化工作和风景名胜区的保护、利用、管理工作。该局立足本职，突出业绩，扎实开展各项工作，取得明显成效。

实现国家级称号“零”突破。风岗河湿地公园通过国家有关专家论证评审，定为“国家级湿地公园创建试点”。麻姑山、流坑申报国家级风景名胜区完成初评工作。至2016年底，全市有省级风景名胜区9处，在全省设区市中排名第一。园林规划设计院设计的“金溪县香樟森林公园景观设计”项目获得国家市政园林设计最高奖项“园冶杯”专业奖（公园类）项目竞赛银奖。

城市绿地面积进一步提升。通过保绿增绿工程，中心城区绿化覆盖面积2758.31公顷，三大绿化指标城市绿地率达43.4%，绿化覆盖率达47.3%，人均公园绿地面积16.6平方米，均在全省排名前列。

重点工程项目扎实推进。露天小剧场建设项目如期完成，玉茗广场、羊城广场、体育休闲广场小剧场建成使用。市总部经济商业街景观工程、城区园林基础设施维修工程顺利竣工，投资1.2亿元的汝水滨河公园建设前期工作准备就绪，承担的棚改工作任务基本完成。

城市绿化管护水平再上台阶。管护突出绿化景观的打造，实现草花绿植由平面造型向立体造型转变。高速下线、火车站广场等重要交通节点及出入口草花绿植实现“四季有花、花海迎宾”良好效果。

规范制度，强化管理有新举措强。强化“四化”设计理念，市城市绿化实现“一路一树一景”和“绿化”到“彩化”有效转变，进一步提升了城市绿化品位。建立“六无四化两好”园林绿化管养制度，加强园林绿化管护的基础化管理；编定城区绿化“六统一”制度，进一步规范园林绿地工程管理。出台《抚州市中心城区景观苗木移植管理办法》。

营造文明、和谐、优质、便捷的服务环境。积极树立园林部门良好形象，办事窗口多次获得流动红旗。

抚州市园林绿化局与江西省农业大学举行抚州市城市园林绿化综合服务示范基地授牌仪式

抚州市园林绿化局（抚州市风景名胜管理局）领导参与公园社区联合帮创单位及组织志愿者开展卫生大扫除活动

抚州市安全生产监督管理局

省安全生产监督管理局党组书记、局长龙卿吉到抚州调研

全市安全生产工作会议

开展安全生产检查

与添光化工有关人员座谈

抚州市安全生产监督管理局落实安全责任，狠抓改革创新、依法治理、基础建设、应急管理和安全宣传教育，坚持问题导向，重点打好打非治违攻坚战、隐患排查治理围剿战、专项整治歼灭战，促进了全市安全生产形势稳定好转，各项工作取得显著成绩，得到了省政府和省安监局的充分肯定。

全面落实安全生产责任制。严格落实党委政府领导责任，分管领导更是亲自带队深入基层与企业，调研指导安全生产工作。

努力构建安全生产长效机制。市本级共举办各类考试考核 72 期，考核学员 4283 人。扎实做好行政许可服务。制定审批权力清单和责任清单，对 4 项行政权力进行了调整，进一步规范行政审批事项。

坚决打好安全生产“三大战役”。全市共排查出各类事故隐患 2435 处，整改落实 2293 处，整改率 94.17%。共计组织督查检查组 102 个，检查企业 1367 家。打击非法违法行为 673 起，整治违规违章行为 514 起，其中停产整顿 51 家，关闭取缔 19 家，经济处罚罚款 80 余万元。

深入推进安全监管行动。在首届全省安全生产监察执法现场比武活动中，该局荣获第二名。

积极开展安全生产宣传教育工作。扎实开展“安全生产月”活动，深化安全文化建设，重点抓好安全社区建设，2016 年申报创建 5 家“省级安全社区”。

加大安监部门保障能力和队伍建设。定期邀请专家举办法制知识讲座，提升执法人员业务水平。积极开展“两学一做”学习教育。以落实党风廉政建设责任制为龙头，认真开展违规收送“红包”专项治理，扎实推进反腐倡廉各项工作落实，推动了安监系统党风廉政建设和反腐败工作深入开展。

廖坊水利枢纽管理局

省水利厅厅长罗小云视察抚州水利建设工程

2007年11月，抚州市廖坊水库管理局和抚州市廖坊灌区管理局合并，成立抚州市廖坊水利枢纽管理局，2010年8月，归口市水利局管理。在南城、东乡、金溪设立廖坊水利枢纽工程管理机构，隶属县政府，该局负责业务指导。2016年6月8日，成立抚州市高新区廖坊灌区管理局和临川区廖坊灌区管理局。

该局为市政府全额拨款正处级事业单位，事业编制42人。内设9个科室，即办公室、工程管理科、计划与合同管理科、财务审计科、移民征迁科、水库水情调度科、水库开发科、项目管理科、灌区用水调度科。有局长、党组书记、副局长、总工程师等班子成员6人。配备正科9人、副科3人、正科级干部1人，副科级干部1人，科员8人、工勤技能人员12人；聘用副高职称4人、中级职称3人、初级职称2人；退休人员2人。

主要职能：负责廖坊水利枢纽工程建设与管理，对进度、质量、概算实施有效控制，抓好计划的执行、投标、合同、信息服务等方面的管理，履行好项目法人决策、组织、协调、控制等职能。水库工程建设完成后，对工程公益性资产和资源进行管理，抓好防洪排涝的调度，协调与廖坊发电站的关系；负责廖坊灌区项目的申报、资产筹集、管理体制和经营体制改革、工程建设和工程竣工后的管理。

廖坊水利调度中心大楼

廖坊水利枢纽工程。位于江西省抚河干流中游，是一座以防洪、灌溉为主，兼顾发电、养殖、供水和航运等综合利用的大（Ⅱ）型水利枢纽工程。枢纽工程于2002年10月动工兴建，2005年12月19日大坝下闸蓄水，2006年9月，三台机组分别通过启动验收，并投产发电。年平均发电1.55亿千瓦小时。

廖坊灌区工程。位于廖坊水库坝址下游。工程涉及临川、东乡、金溪三县（区）和抚州高新区25个乡（镇、场），共61万人，灌区控制灌溉面积为50.28万亩，属国家大（二）型灌区。工程分两期实施，一期工程投资4.02亿元，二期工程投资12.89亿元。廖坊灌区一期工程于2011年5月实现全线通水；廖坊灌区二期PPP工程为国家“十三五”期间172项重大水利工程之一，涉及临川、东乡、金溪、高新区四县（区）19个乡（镇、场、街办），新增和改善灌溉面积33.05万亩，并为高新技术产业园区输送2.00 m3/s的水源。工程总投资12.89亿元。

琅琚渡槽

抚州市国家税务局

抚州市国税局局长曾长根深入精准扶贫点广昌县尖锋乡东坪村看望慰问贫困户

抚州市国家税务局组建于1994年，内设14个行政科室、3个直属机构、3个事业单位，下辖12个县(区)国税局。全系统现有干部职工1559人，其中在职1118人，离退休441人。全市国税系统负责征收管理的纳税人23534户，其中增值税一般纳税人2092户。目前，负责征收的主要税种是增值税、消费税、企业所得税和车辆购置税。

近年来，抚州市国税局坚持“聚财为国、执法为民”的工作宗旨，锐意进取，开拓创新，税收职能作用充分发挥，依法治税大力推进，税源管理日趋精细，干部队伍建设展现新气象，党风政风行风效能建设扎实有效，机关自身建设进一步加强，各项工作成效显著。市国税局连续三届被评为江西省文明单位，还先后获“全国文明单位”“全国精神文明建设先进单位”“全国三八红旗集体”“全国税务系统信息化建设先进单位”“江西省先进基层党组织”等多项殊荣。

全市首家国地税联合自助办税厅建成启动

抚州市在全省首次启动互联网＋有奖发票活动

抚州国税系统党的知识竞赛

抚州国税核心价值理念

抚州市地方税务局

廉政文化

不忘初心

抚州市地方税务局成立于 1994 年 9 月，系省地方税务局直属正处级机构，实行江西省地方税务局和抚州市政府双重领导管理，负责全市企业所得税、个人所得税等 11 个地方税种征管，及对二手房及个人房屋出租增值税、教育费附加等 7 项地方政府基金（费）进行代征，现有 13 个科室、5 个事业单位、3 个直属单位、1 个派出机构，下辖 11 个县（区）局，在职干部职工 1200 余人。

服务企业

精准帮扶

该局坚持组织收入“一个中心”，抓住法治地税和税收业务“两条主线”，强化税收法治、征管业务、思想作风“三项建设”，突出税源管理、纳税服务、党风廉政、行政效能“四个重点”，主动适应新常态，积极展现新作为，在管理中不断创新，在创新中谋求发展，各项工作取得显著成效。该局从组建至 2016 年，累计组织地税收入 562.4 亿元，年均增长 22.3%；在全国首创“纳税服务需求收集及响应常态化机制”，受到国家税务总局通报表扬；科级干部积分管理工作做法在人民网、《当代江西》推介，得到省领导签批肯定；探索建立了“征、评、管、核、查”税收征管新机制，在全省地税系统创新项目评比中荣获一等奖；在资金、技术、产业等方面为乐安县东湖村精准帮扶，受到国务院扶贫办领导及市领导的充分肯定。

文明建设硕果累累，市局机关荣获第四届“全国文明单位”“2011—2015 年全国法治宣传教育先进单位”“全国学习型班组”“全国模范职工之家”等荣誉称号；至 2016 年底，全市地税系统荣获地厅级以上荣获 720 个，其中国家级荣誉 31 人、省部级荣誉 145 人。

学习研讨

向学生宣传税法

临川温泉景区

市委书记肖毅考察温泉景区

市委副书记、市长张鸿星到温泉景区考察

临川区委书记胡领高慰问杨源村贫困户，景区党工委书记李景芳、管委会主任邓岚陪同

景区党工委书记李景芳、管委会主任邓岚检查杨源村新农村建设

科技金融小镇开工

临川温泉景区管委会成立于2012年2月，为临川区人民政府管辖的副县级机构。坐落于温泉镇青莲山南麓，下辖6个行政村，43个村小组，29个自然村，人口1.1万人。总面积为32平方千米。现有工作人员42名。温泉景区具有六大得天独厚的发展优势：

历史文化。临川温泉自古扬名，宋代文豪苏东坡曾云："天下温泉有七，汝水其一也"，说的就是临川温泉。蒋介石、宋美龄、蒋经国曾在此沐浴。邓小平、李井泉等党和国家领导人也曾前往沐浴后复出。现留有"小平池""经国亭""经国桂""经国书屋"等人文景观。

自然资源。温泉资源有日泉、月泉，两泉之间有长达3千米的地热带，日泉常温达到60℃，月泉温度20℃左右。总日出水量达7000吨，含有钙、镁、硫以及偏硅酸等二十多种微量元素。风景资源，有自然田园和连绵山脉景观，山间大小水库众多，青莲山苍翠挺拔，景色宜人，非常适宜旅游度假。

交通。临川温泉景区是全省乃至全国少有的城市依托型温泉景区，地理位置优越，交通十分便利。

生态。自然资源多样，景观组合丰富，生态环境好，为休闲度假提供了良好的环境依托。

规模。32平方千米区域面积，有利于统一规划、综合布局旅游产业发展。

政策。省政府把临川温泉作为全省7个重点温泉之一进行打造，并出台了一系列优惠政策；市委、市政府和区委、区政府从政策等各方面给予大力支持。

黎川县龙头寨水利风景区

龙头寨水利风景区坐落于黎川县宏村镇龙头寨村小组旁的岩泉河狭谷内，是由采用国内最先进的对数螺旋形薄砌石的双曲拱坝拦截成库。景区离县城30千米，水库区自然条件优越，岗岭连绵，山林密集。山势呈南北走向，主峰海拔高443米。因该山山脉顶峰似老龙抬头，并留有古寨遗迹故名龙头寨。

龙头寨水库设计独特，坝高90.7米，坝面弧长132米，颇为壮观。库区水面积2076亩，库容量3500万立方米，最大库深70米，水库狭长(7.59千米)，峰回路转，蜿蜒数十里，水色清澈碧绿，两岸群山连绵，森林密布，泛舟顺流而下，赏美不胜收之景，怀怡然自乐之情，堪称绝境。

保护区内群峰峻岭，奇石林立，风光旖旎，景色宜人。鬼斧神工造就的五大自然景观、人文景观令人拍手称绝，极具旅游开发价值。

会仙峰海拔1355米，远望如一头雄狮昂首吼叫，故又名狮子峰。会仙寺依势山顶峭壁边建，明代地理学家黄仪、旅行家徐霞客游罢皆大为慨叹：洋岫奇洞赏油米。

岩泉另一高峰岫峰顶千年古刹洋岫寺旁，有一花岗岩石洞，洞口约2丈见方，深约3丈，洞顶有1米见方“天窗”，置身洞中如坐井观天，洞壁花岗岩经风化形成了粒粒米状的颗粒，散落至洞中央池上，溢出层层黄色油状浮物，阳光照射，油光泣泣，实在美不胜收，让人留连忘返。

林荫石道现仙踪，登临洋岫峰，半坡林荫小道有一巨石，表面有一个长达1尺、宽4寸、深半寸的“足迹”，俨然一脚印，五趾痕迹清晰可辨，大概是某位仙人经过此处欣赏美景而单足停憩留下的；层坪飞瀑，银龙自天降。走近层坪工区，便听见水声淙淙，回音萦绕。溪水流峭壁边，陡然下降至百米深的山涧，说它“飞流直下三千尺”也不为过，阳光照射下，七彩斑斓，仙女散花恐也逊色于此。置身于瀑下，人间烟火，何以再恋？山水之乐，龙头寨水库漾喜。

宜黄县南源乡

宜黄县委书记姚飞翔莅临南源乡指导工作

南源乡党政领导班子

南源乡位于宜黄县东部偏北，属江西省首批生态乡镇，东与南城县毗邻，紧连昌厦公路，南接圳口乡，西连棠阴镇，北与黎溪镇接壤。全乡有 8 个行政村，56 个村民小组，2529 户，9033 人（内有非农人口 428 人），距县城 36 千米。全乡区域面积 78.5 平方千米，可利用耕地 8000 多亩，山林面积 11.4 万多亩，盛产毛竹、杉木和松杂木，还有银杏、柏树、红豆杉等珍稀树种和野生桂花树种群，其中毛竹面积 4.2 万亩，森林覆盖率达 89% 以上，素有“八山一水一分田”之称。南源水系独立完整，为宜黄河四大水系之一——梨水源头，水质良好且天然落差大，水量、水能丰富。南源乡主要有水稻、烟叶、水煮笋、野生葛粉、竹笋等作物和特产，近几年发展了黄茶、猕猴桃、竹荪菇、有机大米、中药材以及香猪、菜牛、生态肉鸽等特色种养业。2016 年全乡国民生产总值达 10802.4 万元，同比增长 7.2%；农村居民人均纯收入达到 7743.6 元，同比增长 10%；财税收入累计完成 1368.86 万元，同比增长 10.6%。

南源环境秀美，是天然氧吧。走近南源，远山云遮雾绕，带着丝丝缕缕的神秘；近眼处的山坡上，所有植物的枝头都在拼命似的吐露新绿，它们浓浓盛盛，好像要把积攒太久的压抑全都释放出来。使人明白什么才叫“翠滴”，什么才是“醉美”。在南源，各村景色各异，夺中村有千年银杏、百岁红豆杉群、封家祠堂、贞洁古牌楼、廊桥廊庙等“四宝”，并且保存完整；东源村有红军标语、红军驿道、红军临时居住地等遗迹；下坪村有“南和脊”瀑布；南源村余家山组有“古屋群”；元坳村有全县海拔第二高的芙蓉山。南源之美，美在人与自然的和谐相处，但见蓝天、碧水、人家，天人合一，相映成趣。郁郁葱葱的山林、叮叮咚咚的泉水，各种鸟儿争相鸣叫，一阵山风徐徐吹来，犹如来到如诗如画的世外桃源。让人无不赞叹南源乡生态之美、人文之美！

南源乡办公大楼

南源乡“田园贵族”香猪产业

市级保护文物单位—夺中村廊桥廊庙

黎川县湖坊乡

湖坊红军广场

洋芋种植收购协议签订仪式

闽赣省苏维埃政府旧址

湖坊乡位于黎川县东南面，距县城 21 千米，总面积 83 平方千米，辖 1 个居委会，7 个行政村，总人口 10397 人，是原闽赣省苏维埃政府所在地。近年来，湖坊乡坚持把建设新农村、推进农业产业化、打造红色旅游，作为湖坊乡经济社会发展的总抓手，城镇化和农业现代化水平得到较好的提高，经济社会呈现出和谐稳定、快速发展的态势。

村庄美。结合农村环境整治、移风易俗、新农村建设、精准扶贫，完善村庄基础设施、整治村庄环境、丰富村民文化生活，使湖坊乡成为水清路畅、地绿村美、民富和谐的美好乡村。

产业兴。特色产业规模不断扩大，初步形成秆菇、西瓜、洋芋粉丝等为主的特色产业区域。湖坊秆菇远近闻名，形成了产销一条龙服务的发展模式，全乡种植 60 万筒，产量达 30 万千克，产值 300 余万元。种植芭蕉芋 700 亩，用于生产加工洋芋粉丝。生产的“湖坊人家”洋芋粉丝进入文化部机关食堂和各大学食堂，成为黎川的一张特色名片。种植西瓜 360 亩，年产 45 万千克，由于品质优、口味佳、销路旺，成为农民的“绿色银行”，年产值约 23 万元。投资 1500 万元，规划 3200 亩用地建设现代农业观光园，种植猕猴桃、红心柚、脐橙等果树。

文化旺。湖坊乡历史悠久，红色文化源远流长。1933 年 5 月，闽赣省革命委员会、闽赣省苏维埃政府在此成立，该旧址属省级文物保护单位，是省市爱国主义教育基地。湖坊乡逐渐完善和打造了闽赣省苏维埃旧址、闽赣省军区司令部旧址、红军广场等红色景点，成为爱国主义教育和旅游的热点之地。

湖坊干净整洁的红军街

特色农业磨菇种植

乐安县鳌溪镇

鳌溪镇为乐安县城所在地，全镇总面积275平方千米，辖16个行政村1个农场1个基地和5个社区居委会，总人口12.56万人。

党的建设。2017年，该镇按照“围绕脱贫抓党建、抓好党建促脱贫”工作思路，不断推进基层党建与精准扶贫同频共振、深度融合，为群众办实事好事，提升基层党组织的威信。

秀美乡村建设。通过发挥村民理事会主体作用和广泛发动群众的力量，强力推进“三拆四清”工作，全镇共拆危拆旧约4000栋、29万平方米，清理垃圾300余吨，外立面改造307栋，新农村建设全面铺开，秀美乡村建设已初具规模。

精准扶贫。累计投入各类扶贫资金3657万元完善基础设施，极大地改善了贫困群众生产生活条件。同时，以扶贫产业为抓手，实现产业全覆盖，激活贫困户造血功能。实现县大数据农旅产业示范园项目落户，投资总额6亿元，辐射带动周边1000余户贫困户参与产业发展。

鳌溪镇人民政府大楼

在鳌溪镇案山村兴建的投资6亿元的乐安县大数据农旅产业示范园项目

鳌溪镇潭港村食用菌基地

鳌溪镇潭港村食用菌基地现场

资溪县高田乡

资溪县委书记吴建华视察高田乡油茶产业

资溪县委副书记、县长黄智迅视察高田乡 EPC 项目

高田乡第十八届人民代表大会第二次会议

乡政府大楼

高田乡，位于资溪县西部，总面积 129.92 平方千米，下辖 8 个行政村，106 个村小组，总人口 1.66 万人。高田属热带季风气候，森林覆盖率 87.3%，空气中负氧离子含量最高值达每立方厘米 36 万个单位。全乡耕地面积 1.9 万亩，林地 16.35 万亩，是当之无愧的资溪“粮仓”。

高田地处资溪、南城、金溪三县交界，鹰瑞高速、资光高速在境内交汇，316 国道穿境而过，毗邻龙虎山景区，距资溪大觉山景区仅 20 分钟车程。

高田文化底蕴深厚，为北宋军事家、银青光禄大夫作坊使、枢密副使李山甫故里。第二次国内革命战争时期，由彭德怀指挥的“南堡战役”在此打响。境内浙江两江移民占总人口的 1/2，移民文化与本土文化在此碰撞交融出独特的民俗风情。高田人自古励志，近年来更是涌现出著名学者卢福财、拳王徐灿、全国最美家庭尹生林、劳模王启龙、面包网红鲍才胜、民间艺术家方兆水等一批励志人物。

高田境内农业资源丰富，拥有红莲、新优、汉优、早优、中优、长两优、株两优等杂交种稻基地和白茶、油茶、洛神花、烟叶等多种经济作物。境内财文化风情旅游区，以独特的财富文化与自然风光同大觉山景区一道形成带动资溪旅游业发展的双引擎。

20 世纪 80 年代，面包产业创始人之一的洪涛退役返乡，凭借在部队学到的面包制作技术广收徒弟，以一带百、百带千的几何速度点燃了资溪的致富火炬。截至目前，全乡已有在外成规模的面包、饮食企业 94 家，涌现出“鲍师傅”“加麦”“顶好来”等网红和区域代表性面包品牌。

资溪县高阜镇

资溪县委书记吴建华指导高阜镇精准扶贫工作

资溪县委副书记、县长黄智迅走访慰问石陂村困难群众

精准扶贫精准识别

欣荣建材有限公司

梅花鹿养殖产业

高阜镇地处位于资溪县北面，武夷山西麓，龙虎山上游。为历代驿站要地，起于唐，建于宋，是宋代著名理学家李觏的故乡。资溪县域次中心，为全省百强中心镇、全国重点镇，距县城 8 千米，鹰厦铁路，316 国道，资光高速公路穿镇而过，正规划资贵高速将在高阜设立出口。

镇内自然风光秀美，与大觉山、狮子山、泸溪河原生态景区融为一体。四周山峦起伏，似数条巨龙盘卧，古有九龙“口福赣抚、尾肥高阜”之祥称。

高阜镇辖区总面积 150.3 平方千米，全镇 9 个村委会、1 个居委会和 1 个工业园区，107 个村民小组，4778 户，人口 16280 人。全镇耕地 1.4 万亩，山林 18 万亩，其中毛竹林面积 8 万亩，森林覆盖率达 87%。

近年来，高阜镇紧紧围绕“生态立县、旅游强县、绿色发展”的战略，实现“经济强镇、生态立镇、工业大镇、农业富镇、旅游名镇、和谐兴镇”的目标，做好生态、发展、民生、平安、党建五张报表，在优环境提实力、强特色提品位、惠民生提能力、深改革提水平、净作风提成果上奋力拼搏，全面推动高阜各项事业提速发展。2016 年实现社会生产总值 6.3 亿元，较 2015 年增长 7.1%；完成固定资产投资 8000 万元；财政收入 4500 万元，农民人均纯收入 7950 元，比 2015 年增长 6%。

近几年先后荣获“全国气象灾害防御标准化乡镇”“全省百强中心镇”“全国重点镇”“省文明村镇”等 10 多项国家、省级荣誉。

广昌县驿前镇

——国家历史文化名镇、全国特色小镇

驿前镇高虎脑小镇

驿前叠水寨瀑布群

驿前镇姚西村莲池及村民住房

驿前镇位于广昌县南部，武夷山脉腹地，系抚河源头第一镇，素有“闽粤要冲，莲花古镇”之称，是“通芯白莲、泽泻、晒烟”三大特产的重要集散地。鹰瑞高速公路、206国道穿境而过，区位优势明显。全镇国土面积202平方千米，辖18个行政村和1个居委会，总人口2.3万人。驿前历史悠久，古迹众多，文化底蕴深厚，共有全国重点文物保护单位1处、省级重点文物保护单位3处、市级重点文物保护单位7处，先后被评为国家历史文化名镇、全国重点镇、国家AAA级旅游景区、省级首批百强中心镇、省级乡村旅游示范点、全省乡村旅游点AAAA级景区、江西最美休闲旅游乡村。

驿前镇姚西村

近年来，镇党委、政府立足区位、生态和产业三大优势，紧抓赣南苏区振兴发展和精准扶贫双重发展机遇，依托姚西“世界最大莲池”吉尼斯世界纪录、镇区明清古建筑群、高虎脑红色教育基地、抚河源省级生态保护区四大旅游资源，全面实施“生态立镇、文化兴镇、旅游强镇”发展战略。形成“赏莲池吉尼斯，游明清建筑群；瞻红色高虎脑，探生态抚河源”旅游格局，国家AAAA级旅游景区创建步伐加快，镇域经济发展水平显著提升。2017年8月，驿前镇成功入选第二批全国特色小镇。

驿前古镇

宜黄县文化广播新闻出版局

宜黄县领导视察锅底山文化遗址

宜黄县领导视察锅底山文化遗址

2015 年 4 月，宜黄县文化广播新闻出版局成立。其前身为 2003 年 3 月组建的宜黄县文化体育广播电影电视局。局机关内设：办公室、文化综合股、广电股、新闻出版（版权）管理股。主要职责：

1. 贯彻执行党和国家关于文化艺术、文化遗产保护、广播影视宣传和影视创作、新闻宣传、广播影视事业的方针、政策和法规，研究和制定全县文化艺术事业、文物、博物馆事业发展规划，并组织、监督实施。

2. 管理文化艺术事业，推进全县文化体制改革，推动各门类艺术的发展，管理全县重大文化活动。

3. 推进文化艺术领域的公共文化服务，规划、引导公共文化产品生产，实施县重点文化设施建设，管理县级公共文化设施，指导基层文化设施建设。

4. 管理全县社会文化事业，指导图书馆、文化馆（站）及各类社会文化事业的建设和发展。

5. 管理文物保护、文物考古、文物和博物馆公共服务体系建设工作，履行文物行政执法工作。

6. 拟订非物质文化遗产保护规划，起草有关政策规定，组织实施非物质文化遗产保护和优秀民族文化的传承普及工作。

7. 拟订文化市场发展规划，指导全县文化市场综合执法工作，负责对文化艺术经营活动及从事演艺活动民办机构的监管。

8. 负责对网吧等上网服务营业场所实行经营许可证管理，对网络游戏服务进行监管（不含网络游戏的网上出版前置审核）。

9. 拟订文化产业发展规划，指导、协调文化产业发展，推进对外文化产业交流与合作。

10. 贯彻执行国家广播影视和信息网络视听节目管理服务的法律法规、规章和相关技术标准；拟定全县广播电影电视和信息网络视听节目管理服务的发展规划和管理办法；监督管理全县广播影视节目、卫星电视节目收录、视频点播业务、信息网络视听节目和公共视听载体播放的视听节目。

11. 审查并上报乡镇广播电视播出机构的建立和撤销；审批本寂有线电视网的建立和撤销。

12. 管理全县广播影视和信息网络视听节目服务的科级工作, 负责监督管理全县广播影视节目传输、监测和安全播出。

13. 监督和管理全县电影发行和放映，指导监督全县电影专项资金的收缴和管理。

14. 指导和组织全县广播影视队伍建设，按照广播影视事业发展的需要，有计划多层地培养各类专业人才。

新华网来宜黄拍摄宜黄戏、禾杠舞等非物质文化遗产

宜黄县科技局

市领导张鸿星、王新有出席江西惠农种业有限公司院士工作站授牌仪式

团结奋进的局领导班子

苏州大学支持宜黄县发展合作交流座谈会

2016年宜黄县科技局开展多种形式的技术培训，积极引进科技人才，满足本地发展的需要。围绕当地先进适用技术推广及科技普及工作，结合农时，聘请专家广泛开展对技术带头人、青壮年劳动力、示范户、示范村等的多形式多层次的培训工作；重视科技人员继续教育，使其知识不断更新；注重从农村知识青年、复转军人、基层干部、乡土能人中选拔培养科技人才，逐步造就一批有科技知识、懂市场经济、会经营、善管理的科技骨干，形成对当地科技工作具有保障能力的本地科技队伍；采用多种方式，建立企业与科研机构、大专院校的联系，积极引进技术人才，为当地经济建设与社会发展服务。

洁美科技员工技能比武大赛

开展携手建设创新型宜黄活动

乐安县发改委

学习中央精神

乐安县发改委全貌

乐安县发展和改革委员会改进干部作风，提升行政效能，创建优质高效的政务环境，积极推进行政审批改革，推行网上审批，优化中介机构管理服务，简化县重点项目建设审批程序，开设县脱贫攻坚、秀美乡村建设工程审批绿色通道，努力为项目落地、开工、融资、建设和管理提供快捷高效的服务。2016 年，紧抓国家扶贫开发工作重点县、原中央苏区县和罗霄山特困片区县“三项政策”支持的有利时机，推动小、散项目加快实施。

打造经济发展新引擎，抓好项目争取和项目推进工作。做好项目储备，2016 年开发储备县级储备库项目 60 个；强化项目争取，全年共争取上级项目资金 22 亿元，同比增长 10%。

推进审批制度改革，完善建设项目的审批、核准、备案工作。建立重大产业项目绿色通道，贯彻落实“三单一网一评价”等改革要求，全年共立项、核准、备案下达符合条件项目 39 项。

推动生态绿色崛起，全力创建生态文明先行示范县。深入推进“净空、净水、净土”行动，完善山林河湖管理体制机制，启动自然资源资产负债表编制试点；积极争取国家重点生态功能区、纳入赣江源、抚河源生态补偿试点范围等政策支持。2016 年乐安县成功被纳入第二批全省生态文明建设示范县（区）。

实施供给侧结构性改革，全面促进实体经济健康发展。积极实施“降成本、优环境”专项行动，有效降低企业运行成本，企业发展信心和市场预期显著增强。

生态文明建设暨河长制工作会议

学习党的十九大精神

工作会议

光伏发电扶贫产业

宜黄工业园区

江西宜黄工业园区

工业园区企业“110”平台

江西瑞博特生物科技有限公司

抚州市伟业科技有限公司

江西宜黄工业园区始建于 1996 年 ,2006 年批准为省级工业园区。园区总规划面积 9.7 平方千米，已开发平整面积 1.15 万亩。整个园区包括官仓工业小区、六里铺（潭坊）工业小区和丰厚工业小区。工业园区自成立以来，以科学发展观统揽全局，实施项目带动战略，推进基础设施建设，发展保持良好势头，是江西省第一批循环经济试点园区、江西省资源节约与环境保护先进集体、江西省塑料制品产业基地，建有全省规模最大电镀集控中心。现有入园企业 170 家，2016 年园区实现主营业务收入 111.14 亿元，工业增加值 26.5 亿元，工业税金 1.38 亿元，工业用电量 2.6 亿度。

园内建有自来水厂 2 个、110KV 变电站 2 个、工业污水处理厂等基础设施，实现水通、电通、路通、有线电视通、宽带网络通、排污通、排水通、土地平整等“七通一平”工业配套标准。2016 年 10 月，县委、县政府启动特色工业小镇建设，主要建设会客厅、工业园区电商街，行政中心、商务酒店、金融网点、学校医院、商住小区、娱乐场所、便民超市、各色餐饮服装店等设施，公安、市场管理、卫计、安监、税务、金融、国土、劳保等部门均入驻该区，为企业提供各种行政服务。

园区优势产业特色鲜明。经过多年发展，园内已初步形成以塑料制品、汽车零部件产业为主导，化工建材、特种造纸、现代纺织等产业集聚的产业发展格局。塑料制品产业现有企业 46 家，形成了集废旧回收、造粒、成品生产为一体的塑料制品循环使用体系；汽车零部件产业现有企业 43 家，整个产业有金属材料加工、表面处理（电镀）及各类汽车零部件和毛坯铸造、锻打企业，形成了较为完整的产业链。弘泰电材是全国唯一的电子载体纸生产企业，替代进口，占据全球市场的 60%；洁美是国内唯一可提供薄型载带整体解决方案的集成供应商，多项产品拥有自主知识产权，拥有主要专利数十项；帝玛实业是全省唯一专业生产汽车铝合金轮毂的现代化企业，客户遍布欧美、东南亚各地。

广昌工业园区

“降成本、优环境”座谈会

党风廉政会议

全自动现代化的食品加工业

规模化生产的电子信息产业

快速发展的轻纺产业

机器人无缝焊接——高科技机械制造业

广昌工业园区成立于2002年，2006年被省政府批准为省级工业园区。园区坐落于县城北面，东至盱江，南与县城相连接，规划总面积12600亩，其中建成区6700亩，在建区800亩。园区先后被评为“省级工业园区”“省级生态工业园区试点单位”“省级电子信息产业基地”。

机构设置便捷高效。广昌工业园区是县政府派出机构，内设7个部门。县公安局、质量和市场监督管理局、国（地）税、国土资源局、供电公司等部门分别在园区设立办事机构，实行准政府管理，“一站式”服务。

平台建设日臻完善。园区建成区实现“七通一平”。园区公租房、幼儿园、小学、广昌县职业培训中心、农贸市场、体育场馆、电力调度中心、变电站、综合服务中心、电子信息产业园等已建成并投入使用。中小微企业创业园、污水处理厂、自来水厂、商业街正在建设中。为做大平台，承接项目，园区调区扩区全面启动，调区扩区规划总面积8100亩，建设电子信息产业园、纺织服装产业园、食品产业园、综合产业园及其配套的服务中心、金融、通讯、学校、医院及公交网点等设施建设。

产业集聚效应增强。初步形成食品加工、电子信息、纺织服装、机械制造为主的产业格局，四大主导产业集聚发展迅猛，特别是食品产业作为园区首位发展产业，依托广昌主导农产品通芯白莲，强力推进莲系列产品深加工项目的招商引资，现已落户食品加工企业18家。2016年四大产业主导产业实现主营业务收入43.63亿元，占园区主营业务收入49.2%。

经济运行持续稳定。2016年，园区规模以上企业52家，全年实现主营业务收入88.67亿元，同比增长9.3%；工业增加值19.89亿元，同比增长10.2%；利税8.56亿元，同比增长12.74%。

莲系列食品龙头企业

临川一中

——党旗引领英才路 风正扬帆创名校

校长、党总支书记　王昱

临川一中是江西省首批优秀重点中学、全国知名重点中学。六十多年来，学校坚持“以人为本、立德树人”的办学宗旨，办人民满意教育，以先进的教育理念、合理的教育模式，积极探索多样化办学，全面实施素质教育，创造了一年又一年的辉煌传奇。学校先后获得国家级荣誉 18 次、省级荣誉 26 次，近年来，该校先后被评为“中国十大名牌中学”“人民群众满意学校”“中国百强中学”“江西人民满意十大品牌中学”“和谐中国·首届全国中小学校园文化建设十佳示范学校”“江西十大人民满意学校”“江西省中小学和谐校园”“首届江西十大最具社会责任感教育机构”和“中国创新型学校”等。

近年来，临川一中紧紧围绕“江西领先、全国一流、世界知名”的办学目标，实现“党建工作与教育事业”齐头并进“学校发展与学生成长”同频共振的良好局面。学校的品牌内涵得以显著提升：1. 高考成绩雄冠全省。恢复高考以来，临川一中向高等院校输送优秀新生 6 万余人。特别是 2004–2017 年，临川一中连创江西高考历史之最，录取北大、清华人数累计有 395 人，其中 10 人夺得江西省高考文理科状元。2. 多样办学卓有成效。学校积极转型升级发展，“国际部”“美术班”“体训队”三驾马车并驾齐驱。一是积极打开国际教育绿色通道，在全市率先办国际班，其毕业生全部录取美国、英国、加拿大等国家名牌大学，被确定为“中国国际化人才培养基地”；二是与中央美院等机构合作，创办美术特长班，1 人达清华大学美术学院录取线，3 人录取中央美院，数人录取其他高等美术院校；三是体育特长生培训工作同样取得骄人成绩，近五年有 300 余人次在田径、摔跤、举重、篮球等比赛中获得了国家级、省级一、二、三等奖，其中，2 人达到国家级健将标准。3. 文化引领独具风范。通过党建带团建的方式，指导组建戏剧社、文学社、音乐社等 20 余个学生社团，每年开展各类素质拓展活动近 300 场次，参与学生人数达 4000 余人次，学生综合素质得到明显提升。

2017 年临川一中 29 名录取北大清华的同学与校长合影留念

党员教师缅怀历史、不忘初心，高唱革命歌曲

赴英国参加纪念莎士比亚活动

美术班何志伟录取中央美术学院

录取北大的舞蹈特长生何思思(左)

全省举重锦标赛陈磊荣获男子乙组 56 公斤级金牌

临川二中

——才乡名校

市委书记肖毅（中），市委副书记、市长张鸿星（右）为临川二中实验学校开工奠基

临川二中创办于1978年秋，是全国百强中学和江西省高中前3强优秀重点中学。现有南、北两个校区，并各有一套设施完备的教学、办公、生活和实验、图书、体育运动设施。实验仪器和设备达部颁标准，图书馆藏书量达部颁二类标准，室内体育馆设施一流。校园四季花木似锦、亭台叠翠、景色宜人。

临川二中秉承“志道据德，知本达至”校训和“课堂、课程、制订、文化”治校理念，坚持“面向全体、尊重差异、因材施教、多元发展”办学思想和“品德高尚、学业优秀、身心健康、个性鲜明”育人目标，努力打造独具特色的“六大文化”育人体系，逐步形成了“文理并重、教研并举、多元发展、全面育人”的办学特色，高考质量一直位居全省同类学校前茅，并享誉全国。近10年，共有97人录取北京大学、清华大学，近3万人录取本科院校。新华社、中央电视台、《人民日报》等20多家中央和省级新闻媒体都先后报道过临川二中的的办学业绩。

临川二中2015年推进学校转型升级，经上级部门批准，与4家社会法人单位联合创办了一所混合所有制民办临川二中实验学校，其新校项目建设开工仪式于2017年9月27日隆重举行，市委书记肖毅下达开工令，市长张鸿星致辞。临川二中实验学校的开工建设将促进临川教育集团转型升级，打造“学在抚州”教育新高地。临川二中已成为备受瞩目的“临川教育现象”中的一颗璀璨明珠。

2012年高考有12名同学录取北大清华，其中周碧瑶同学（右三）夺得江西省文科状元

2017年高考10人录取清华、北大、北体及民航飞行学员

临川二中方圆广场雕塑

欢迎关注临川二中微信、家校圈和微博

了解更多最新教育动态

二中微信　二中家校圈　二中微博

临川二中微信家校圈和微博二维码

乐安县第一中学

校长兼支部书记　戴扬涛

团结奋进的校领导班子

省学科带头人、骨干教师

乐安一中创办于1939年，1981年被确立为江西省首批重点中学。学校占地面积202亩，校舍建筑面积3.29万平方米，坐落在县城繁华的广场路，毗邻风景秀美的森林公园，交通便利，环境优美。学校现有校级领导4人，中层干部9人，教职工267人（专任教师238人，省特级教师1人。其中：省学科带头人2人、省骨干教师8人，市学科带头人4人，县学科带头人、名师、教学能手60余人）。学校现有学生6250人，教学班82个，其中初中43个班，学生3381人；高中39个班，学生2869人。

建校七十八年来，向高等学府输送了万余名合格人才，涌现出龚军平、陈文飞、刘坚、张少科、潘莹、陈友辉、邓昱群、黄灏、占奥铭等清华、北大优秀学子。学校坚持“以人为本、以德立校、质量兴校、创新强校”办学理念，瞄准“德艺双馨的竞技园、情系学子的爱心园、科研强校的试验园、人才辈出的百花园”的“四园”办学目标，做大、做优、做强。2017年中高考再创辉煌，捷报频传。中考，徐可欣、董佳俊、邹启宏同学夺得全县前三名，高分率居全县第一。高考理科，占奥铭同学以662分的优异成绩勇夺县理科状元，录取清华大学；600分以上10人，并囊括全县前三名。文科，龚雅轩同学以576分的优异成绩摘得县文科状元；全县前十名，一中有8人，并囊括冠亚军。文理科全面、超额完成县教育局下达的600分以上、一本上线、二本上线三项指标，实际完成率分别为100%、132%、119%，居全县第一。

学校先后荣获市“文明单位”、省“现代教育技术示范学校”、省“安全文明学校”、省“德育示范校”、“中国西部教育顾问学校”、“全国教育科学规划教育部重点课题实验基地”等荣誉。

“四化”校园

校本教材——傩舞健身操

地理数字化教室

江西洁美电子科技公司

联欢晚会

晚会员工抽奖

江西洁美电子信息材料有限公司（简称洁美电材）与江西洁美电子科技有限公司（简称洁美科技）均由浙江洁美电子科技股份有限公司（简称母公司）投资设立。

职工书屋

洁美电材（前身为江西弘泰电子信息材料有限公司）成立于 2004 年 5 月，占地面积 65 亩，注册资金 4500 万元，公司现有员工 210 人，其中专业技术人员 35 名，高级工程师 1 名，工程师 4 名，公司拥有世界先进水平的生产线，配备 1760mm 和 2640mm 两条宽幅原纸生产纸机，年产能 4 万吨。产品占片式电子元件纸质封装材料全球市场 46% 的份额。是一家专业生产载带封装用纸的科技型企业，产品主要用于片式电子元器件的检测与封装，该原纸的成功研发，打破国外企业对该技术的垄断，填补了国内空白，实现了原纸的替代进口。共获得 5 项国家授权的发明专利，通过母公司还在美国、日本、韩国等国家申请了产品与制造工艺的国际专利。

洁美科技成立于 2009 年 9 月，注册资金 1500 万元，现有员工 220 人，公司拥有自主研发的 HZFQ-1000 型 168mm 电子分切设备、SLT-250 型 8mm 电子分切设备和纸带打孔设备等，具备核心原材料垂直一体化的竞争优势，拥有从原纸制造到后端深加工及销售的完整产业链，主要合作伙伴有台湾国巨、日本松下电子、村田电子、京瓷电子及韩国三星等国际知名企业。主要产品有：分切纸带、打孔纸带等，产品专业用于片式电子元器件薄型封装。2015 年，由洁美电材（原弘泰电材）牵头起草该产品国家轻工行业标准《载带封装用纸板》，该标准于 2015 年 10 月由工信部批准，标准号为 QB/T4895-2015，并于 2016 年 3 月正式发布实施。共获得 6 项发明专利授权。

洁美坚持“人本、团队、责任、健康”企业精神，秉承“为客户创造价值，为员工提供机会，为社会文明做出贡献”经营宗旨。

洁美科技产品

洁美电材产品照片

类资产占比 18.43%，较年初上升 9.65 个百分点；主动负债日均占比 8.15%，同比提高 4.23 个百分点；低成本存款占比 39.8%，较年初上升 0.67 个百分点；剔除票据贴现，新增发放单户 500 万元以下贷款 36.61 亿元，占新增发放贷款总额的 34%。

【经营质效稳中有升】 全年实现各项收入 12.4 亿元，同比减少 7600 万元。其中，实现贷款利息收入 9.15 亿元、中间业务收入 995 万元。实现拨备前利润 5.97 亿元，同比增长 0.02%。成本收入比 25.81%，低于全省平均水平 7.35 个百分点。资产收益率 0.92%，高于监管标准 0.32 个百分点；净资产收益率 11.22%，高于监管标准 0.22 个百分点。资本充足率（新口径）11.69%，高于监管标准 1.19 个百分点；贷款损失准备覆盖率 156.83%，高于监管标准 6.83 个百分点；贷款拨备率 7.39%，高于监管标准 4.89 个百分点。

【金融支撑作用凸显】 全年累放涉农贷款 101.22 亿元，涉农贷款余额 117.02 亿元，余额占比 81.21%；累放小微企业贷款 78.74 亿元，小微企业贷款余额 113.64 亿元，较年初增加 19.75 亿元，增幅 21.03%；累放"财园信贷通"贷款 3.65 亿元、"财政惠农信贷通"贷款 1.37 亿元、精准扶贫贷款 573 万元，"两通一贫"贷款投放量均列各金融机构前列。累计缴纳各项税费 2.06 亿元，同比增加 0.42 亿元，增幅 25.93%，成为全市纳税大户。

【普惠金融深入推进】 2016 年，全行积极践行普惠金融理念，在宜黄县、金溪县、黎川县分别发起设立抚商村镇银行，并于年底全部挂牌开业。加大电子银行产品及机具推广，新发行百福卡 5.3 万张，新布放转账终端 446 台、ATM/CRS5 台，新增网上银行客户 4944 户、手机银行客户 1.25 万户、短信签约客户 1.57 万户，"e 百福"注册用户 731 户，入驻商家 7 户，累计办理助农取款业务 6000 笔次，电子银行业务柜面替代率 54%，较年初提高 6 个百分点。成功代理市本级住房公积金业务、电费代扣代缴业务。

【行业作风明显好转】 2016 年，通过全面加强党的建设，持续开展"两学一做"学习教育及作风整治，严格落实"两个责任"和"一岗双责"，深入推进党风廉政建设和反腐败工作，在全行上下营造风清气正的良好局面，员工精神面貌和工作作风大有改观，干事创业的发展氛围更加浓厚。

（曾　勇）

【抚州农商银行领导名录】
党委书记、董事长：苏海东
党委委员、行长：黄勇明
党　委　委　员：胡水龙
党委委员、副行长：徐平岸
　　　　　　　　　黎筱琴
党委委员、纪委书记、监事长：
　　　　　　　　　刘裕华

中国邮政储蓄银行抚州市分行

【概况】 2016 年，中国邮政储蓄银行抚州市分行广大员工科学务实，在圆满完成各项目标任务的同时继续保持争先创优、力争上游的良好势头，荣获全省经营绩效考核先进单位，综合打分列全省第二位；市分行 13 个部门有 11 个部门在条线评比中获奖，其中，计划财务部、风险管理部、授信管理部、消费信贷部、小企业金融部 5 个部门获一等奖，办公室、信息科技部 2 个部门获二等奖。东乡县支行获全省"十强县"称号，综合打分列"十强县"第二位；金溪县、崇仁县、乐安县支行获全省"十优县"称号；从全省收入排位情况看，全市 11 个县支行有 9 个实现全省进位，2 个保持原位；利润排位有 9 个县支行实现全省进位，其中，金溪、崇仁、广昌、乐安 4 个单位均前进十位以上。

【企业效益显著提升】 2016 年，分行收入利润指标 6 项全省第一。收入超计划绝对值、完成收入预算、同比增长、实现利润绝对值、利润预算比、同比增长比例等 6 项指标均列全省第一位。同时，全分行收入利润率列全省第一位；人均经济增加值列全省第二位；经济资本回报率列全省第三位。全行不良贷款金额为 533 万元，不良金额全省最低，不良率为 0.06%，不及全省平均水平的 1/7，不良率全省最低。全行顺利实现年初提出的三无目标，并荣获全省案件防控工作先进单位。

【发展能力显著提升】 2016 年，各项贷款规模达 85 亿元，南城、崇仁、广昌 3 个县支行贷款规模列当地国有商业银行第一位，金溪、南丰、资溪 3 个县支行贷款规模列当地国有大型商业银行第二位。全市自营网点储蓄余额达 66.1 亿元，列全省第五位，全年实现净增 8.08 亿元，完成省分行下达计划的 118%。公司存款余额为 17.86 亿元，年净增 1.76 亿元。信用卡全年新增发卡 1.75 万张，完成计划比列全省第二位。电子银行注册客户 34.48 万户，新增注册客户 4.64 万户，完成计划比列全省第二；电子银行交易笔数达 477 万笔，完成计划比列全省第 2；全市电子银行交易替代率为 83%；手机银行激活率为 33.57%，列全省第一，个人网银激活率为 40.6%，列全省第五。

【综合管理显著提升】 人力资源管理方面，全面提高员工月奖基数，对小企业金融部进行升格，分设三农金融部和消费信贷部；招聘 31 名大学毕业生；选派 1 名优秀青年骨干赴市金融办挂职锻炼；7 个客户经理获省行破格晋升，50 个客户经理晋级；举办各类培训 142 期，参与员工达 8112 人次；严格落实员工行为排查，排查覆盖率达 100%。在财务管理上，建立每月贷款利率监测调整机制；扎实推进财务集中核算运营和全面落实“营改增”两大工作；顺利完成总行财务基础规范达标验收工作。成立数据分析小组，加强对网点电路和设备巡检，对16个网点网络进行升级，科技支撑能力稳步提升。

【风控水平显著提升】 2016年，分行共组织审查审批人员学习培训23次，创新开展信贷基础管理月活动，积极推行审查审批限时服务，分期派员赴县支行流动帮扶；通过开展他项权证和抵押物全面排查，共排查他项权证22960本、抵押物25146处，排查率达100%；同时还开展重点行业和重点客户的风险监测，全面提升授信管理水平。开展每周“3个2”和市分行部门负责人挂点县支行两个活动，制定2016年风险金考核办法。落实管理人员参与贷前调查和贷后检查制度，共下发检查任务书535份，检查金额合计6.4亿元。做好每日逾期监测通报，完成68户风险隐患客户的建立档案卡。积极做好呆账核销和不良清收工作。组织层层签订《案件防控责任书》和《安全保卫责任书》，聘请法律顾问审查合同54份，处理诉讼案件5件，提供70多次法律咨询服务；全面落实反洗钱日常监管工作、做好常规检查和责任认定工作，对全市18笔逾期贷款和信用卡逾期进行责任认定。组织开展安保工作能力提升活动，全面加强自助设备安全巡查和银行卡盗刷风险处置；建立全市各单位后台录像回放检查制度；对所有网点监控设备进行扩容，实现录像保存时间在3个月以上；做好节日安全检查和值班工作。业务运营管控进一步规范，全面加强现金管理、结算管理和假币治理；强化对备付金率、偏差率和预警率的监控考核力度，荣获全省资金安全效益三等奖。

【企业形象显著提升】 2016年，支持抚州经济发展取得突出实效，分行全年贷款增量、增速均列全市各大国有商业银行第一位，提前2个多月完成市政府下达的21亿元贷款净增计划；与市旅发委发行全市首张旅游联名卡；与农工部、就业局、旅发委、中国银行等10余个政府部门和单位签订合作协议，开启全面合作新局面。总行董事长李国华、副行长邵智宝分别莅临抚州调研指导。中央电视台、《人民日报》、新华社、《金融时报》等20余家中央主流媒体集体赴宜黄采访报道该行精准扶贫工作，全年3500余篇正面报道在人民网、央广网等各类媒体发布。同时，正式签署市分行综合营运大楼购置协议；成功购置南城县支行综合营运大楼，完成宜黄县支行综合营运大楼装修和搬迁；黎川宏村镇支行和广昌县赤水镇支行顺利完成装修等，还建成3个职工之家和23个职工小家，市分行“职工之家”荣获总行“模范职工之家”称号，东乡县支行获得全省“先进职工之家”荣誉称号，东乡县小璜镇支行获得全省“先进职工小家”荣誉称号。此外，党建工作扎实开展，深入推进“两学一做”学习教育，金溪县、东乡县支行党支部荣获全省优秀基层党组织。创新开展“政治生日”主题活动，东乡县支行荣获“全市工人先锋号”荣誉称号。

（付炜博）

【市邮储银行领导名录】

行长、党委书记：彭华彬

副行长：何晓琴（兼纪委书记）

黄家亮

刘德利（任至10月）

吴志英（11月任）

陈曙光（11月任）

九江银行抚州分行

【概况】2016年，九江银行抚州分行首次获“金融机构支持地方经济建设优秀单位二等奖”、江西银行业“金融知识进万家”宣传服务月活动先进单位称号，所辖县域网点多次获得“县直单位目标管理考评金融机构支持地方发展先进单位”“文明单位”“县综治先进单位”“县消防治理先进单位”等称号。2016年是“十三五”规划的开局之年，也是九江银行转型发展的变革之年。九江银行抚州分行员工戮力同心，认真贯彻落实总行的各项工作部署，以强化管理、防范风险为重点，加快转型发展方式，紧扣“聚焦客户，调结构促发展，优化管理，抓创新防风险”的发展主线，始终坚持以审慎经营为中心，不断完善各项规章制度，强化内部经营管理，狠抓条线考核贯彻落实，实现“调结构、扩规模、增效益”的协调发展，确保各项业务健康、稳健、安全运行。

【抚州分行经营效益良好】 截至年底，全年实现利息收入1.75亿元，利息支出合计为1.26亿元。规模扩张进展顺利，年底抚州分行资产总额突破74.48亿元，资产总量比年初增长43.17%；各项本外币存款余额达73.67亿元，比年初净增22.53亿元，增幅达44.04%。截至12月底，占抚州地区市场份额的4.48%；各项贷款余额达29.64亿元，比年初净增9.38亿元，增幅为46.29%。存贷结构明显优化，全年新增存款22.53亿元，其中，储蓄存款32.15亿元，较年初增长10.6亿元，增幅49.22%；对公存款40.96亿元，较年初增长12.45亿元，增幅43.64%。保证金存款0.56亿元，各项贷款余额29.63亿元，较年初新增9.37亿元，其中小微企业贷款23.85亿元，比同期增加7.58亿元，涉农贷款13.57亿元，占比达45.80%；全年新增产业基金8亿元，资产证券化产品1.99亿元；生息资产由2015年底的20亿元增加到40亿元，增长100%；抵质押贷款比例69.02%；全口径净增政府类贷款12.8亿元，增幅187%；净增个人贷款6.89亿元，增幅81.4%。资产业务投放有序，全年累计发放贷款25.74亿元，新增个人贷款6.9亿元，新增个人按揭贷款5.86亿元。其他各项业务发展平稳，银行承兑汇票业务：累计开立金额4.6亿元，累计解付承兑汇票3.78亿元。实现理财销售38亿元。新开借记卡41110张，累计发卡量达到143816张；其中，有效卡达44747张，有效公务卡535张。三方存管签约账户数：全年共开通有效三方存管账户724户，有效户账户日均达1420.33万元。国际业务结算量连续两年突破1亿美元大关，共完成11679.71万美元，国际结算市场占比达13.54%。办理出口跟单托收2笔，办理出口信用证业务2笔，实现分行开业以后出口信用证业务零的突破。

【强化内控管理机制】 2016年，针对银行业案件高发的严峻形势，为确保分行合规经营，由分行各职能部门牵头先后开展凭证检查、规范化服务检查、柜面业务操作风险检查、自动验印通过率检查、网点客户服务工作检查等16次。同时，由抚州分行授信审批暨风险管理部牵头，各部门配合完成2016年合规检查、“雷霆行动”、案防检查、“两个加强、两个遏制”回头看检查等3次。对不合格和差错情况通过纠错通知单、文件通报等形式进行风险提示并责令限期整改。截至年底，对账率达98.03%，有效的防范结算环节操作风险，确保全年零案件。

【提高信贷资产质量】 2016年，抚州分行紧紧围绕“优化增量，盘活存量，提高质量，防范和化解金融风险”的工作思路，健全组织体系，细化操作流程，创新信贷产品，严格风险管控，取得明显成效。2015年以后，信贷风险管理系统进行升级，并在2016年10月全面上线。新系统的上线细化风险监控职能，增加提示列表及监控台账功能，授信人员能在第一时间获取预警信息。抚州分行于每日查询监控台账，对新增预警信息进行识别，加大贷款的逾期监测，及时预警风险，第一时间下发风险提示单至授信人员，协助授信人员落实风险处置方案。落实授信业务检查，确保信贷资产安全。在授信业务检查方面，分行对授信业务进行全面深入的检查，检查中发现较多的问题，及时将检查底稿下发至客户经理，以督促其整改，对后续整改不及时、不到位的情况再次进行通报问责。规范操作，控制风险。在实操方面，九江银行建立移动信贷——面谈面签系统，防范客户经理在贷款调查及面签中存在的操作风险。该系统上线的目的是落实实地调查及面签管理，可实现上门调查定位和录制面谈面签视频功能，进一步确保授信人员调查和面签的真实性，大大降低操作风险的发生率。

【加强行风建设】 2016年，分行积极响应总行“用心服务、微笑九银”的号召，提升分行的服务水平，传承“服务卓越”理念，分行加大规范化服务管理，打造标准化服务流程，不断深化“老百姓的银行”的品牌形象。抚州分行派专人每月通过调阅监控、现场检查等方式对各营业网点的规范化服务情况进行例行检查并及时通报。

【确保全年安全无事故】 2016年，为进一步加强安全保卫工作，九江银行始终坚持把安全防范融入日常管理中，防微杜渐，制定严格的“四防一保”考核机制，落实节假日及双休日领导带班制度，保证值班人员在岗，做到“谁主管、谁负责，谁在岗、谁负责”，确保全天24小时有人在岗。抚州分行通过每月抽看网络录像和每季度现场检查等形式开展安全保卫检查，将安全工作责任落实到每一个人，确保实现全年安全无事故。

【网点布局更加合理】 按照总行2016年对分支机构网点布局要求，抚州分行先后成功筹建南城支行、宜黄支行、资溪支行和抚州瑶坪南路社区支行、文昌桥社区支行。其中，随着资溪支行的顺利开业，标志着九江银行在抚州各县域实现机构全覆盖。随着社区支行的开设，抚州市九江银行社区支行达9家。

【人才队伍添规模】 抚州分行在职员工248人，2016届校园招聘中录用应届生25人。在员工培训方面，全年共培训679人次，受训人员覆盖率达到100%。学习硕果累累，2016年抚州分行荣获高级资格证书（CDCS国际信用证专家、FRM风险管理师）2人。

【业务转型，结构调整】 2016年，抚州分行贯彻总行“大零售、大投行、大资管、强小微”的新型银行转型的总体思路，做大客户基数，优化业务结构，推动大零售转型，大力发展个贷和理财业务，提升客户黏性，科学调整存款结构，实现存款成本合理性与稳定性的有机统一。截至年底，抚州分行各项存款余额73.66亿元，比2015年增加22.56亿元，增长44.16%；全年新增个人按揭贷款5.86亿元，增长达229.80%；“易得金”贷款1.12亿元，增长达486.96%。为全面提升分行电子银行业务市场份额和产品渗透能力，抚州分行定期举行不同形式的主题活动，客户参与度较高，反响强烈，深受广大抚州市民的喜爱。

【大力发展小微客户】 全年压缩“三高产业”“两头在外”“集团授信”“大额授信”等企业，科学掌控投放节奏，实现贷款业务有序增长和信贷结构明显优化。突出小微企业投放。一方面，积极调整小微企业信贷业务投放结构，挖掘存量客户贷款潜力；另一方面，依托零售业务团队，努力打造小微企业信贷业务的专门营销部门，做强做大个贷业务。截至年底，支持小微企业45户，个体工商户583户，小微企业主154户。坚持有进有退原则，优化存量、用好增量。对行业景气度持续下降的贷款坚持只减不增、逐步压缩、择机退出的原则，逐笔化解风险。在总行“信贷窗口”的指导下，调整方向，积极转型。在继续支持中小企业发展的基础上，严把信贷准入关，加大对优质客户、有效资产抵押客户的信贷投放力度，努力拓展一批技术含量高、市场竞争力强、经营效益好、国家鼓励发展行业内的企业客户。明确“抓两头、带中间”的投放方向，加大个人贷款投放力度，加强政府投融资业务合作，整顿规范房地产授信，把好信贷投向和节奏，用足用好现有的信贷规模，做到好中选优。

【不断开发特色产品】 分行根据各县域经济特色，创新授信品种，进行批量授信。2016年，累计审批通过南丰甲鱼养殖户联保贷款3000万元，宜黄小水电贷款1亿元，黎川小水电贷款额度7000万元，乐安“烟叶贷”1000万元。截至年底，成功发放南丰甲鱼贷款266万元，户数30户；宜黄小水电贷款1800万元。

【互联网科技金融创新】 截至年底，分行电子银行交易笔数达2197624笔，较2015年增长85.46%，电子银行分流率达88%，较年初新增13个百分点。随着业务品种的不断完善，技术水平不断提升，分行配合总行零售新业务上线系统，如总行理财新系统录音录像的上线、完成三方存管系统调试及开户测试、ATM机监控系统的信息完善等，渠道系统的不断完善，进一步促进分行各项业务的发展。

（谢　思）

【九江银行抚州分行领导名录】

行　　长：许　操

副 行 长：邱　乐　李　群

上饶银行抚州分行

【概况】 2016年，上饶银行抚州分行按照适应经济发展新常态，坚持稳中求进工作总基调，坚持以提高发展质量和效益为中心，坚持从严治行，着力防范化解金融风险，着力推进转型发展，着力提升金融服务水平和管理水平，着力加强党建工作和干部队伍管理”的工作指导思想，不断巩固和提升基础工作，强化风险防范和内控管理，推动操作标准化和服务标准化建设，实现各项业务持续稳健发展。截至年底，各项存款时点数为34.34亿元，较年初新增6.59亿元，增幅23.75%；各项存款日均数为31.21亿元，较年初新增7.61亿元，增幅为32.25%，各项贷款余额为21.02亿元，较年初新增7.97亿元，增幅为61.07%，发行金融IC卡58713张，较年初新增16045张，增幅37.6%；市级金融IC卡行业应用4户，较年初新增3户；县级金融IC卡行业应用5户，较年初新增4户。开立对公账1115户，较年初增加180户；金易达有效户数444户，较年初新增23户，金易达收入为1076.21万元；融易通户数为107户，较年初新增4户，融易通收入为104.8万元；办理对公网上综合服务平台338户，比年初新增201户；签约掌易行用户5646户，较年初新增2882户；微信平台应用新增31户；微理财新增5930.43万元；代理保险销售870.1万元，较2015年同期销售新增786.1万；销售理财总额9.09亿元，较2015年同期销售新增4.1亿元。

【建章立制夯实基础】 2016年，为进一步规范分行业务操作流程，完善管理制度体系，分行全面梳理历年来总行、分行以及相关监管部门下发的有关规章制度形成《上饶银行抚州分行规章制度汇编（2016年修订版）》，制定《上饶银行抚州分行2016年度存款业务“百分制”考核办法》《上饶银行抚州分行星级柜员管理办法》《上饶银行抚州分行客户经理管理办法》《上饶银行抚州分行信贷业务两个标准化“百分制”考核方案》《上饶银行抚州分行食堂管理暂行办法》等新制度，补充完善《上饶银行抚州分行会计业务检查指引》等，切实推进了分行“两个标准化”建设步伐，为提高内控管理工作水平提供有效制度保障。

【查防并举加强案防】 2016年，分行下发《上饶银行抚州分行2016年案件防控工作计划》，以开展“雷霆行动”专项排查活动为主线，做好非法集资监测预警工作，同时对日常案件防控工作常抓不懈，切实筑牢案防工作“三道防线”，有效遏制违规经营和违法犯罪；开展“两加强、两遏制”回头看自查工作，根据监管部门及总行的相关要求，对分行营业部、各支行进行专项检查，检查内容涵盖前期发现问题的整改和问责、公司治理、内部控制风险管理和案件防控、重点业务环节的合规经营和风控、服务实体经济等五个方面，并对发现的问题进行整改问责落实，切实达到加强内部管控、加强外部监管、遏制违规经营、遏制违法犯罪的目的；高度重视“再回头”活动，在原有活动基础上开展员工行为排查、雷霆行动、“两加强、两遏制回头看”再回头看活动，突出员工异常行为排查、杜绝私售“飞单”现象，加强票据业务管理，强化案防制度执行力，规范从业人员行为，加大对存款、信贷、票据、同业、理财、代销等业务的检查力度，继续做到机构网点、内控治理、业务产品的全覆盖。

【加强安防管理】 2016年，分行继续做好各项安全保卫工作，与员工签订社会综治安全保卫工作责任状，加强内部管理；2月、12月组织开展安全保卫大检查，检查范围包括钱箱押运管理、监控安全管理、联动门安全管理、110联网报警管理、现金区进出人员管理、离行式自助银行安全管理、消防安全管理、网点保安管理、安全检查登记管理、办公区域安全管理等，把好人防、技防、物防关，及时消除案件事故隐患，防患于未然；更换消防器材，开展消防演练，提高员工安防意识，做好综治台账，进行综治宣传教育；安排好节假日值班工作，确保支行在节假日期间的安全和正常运营。

【“智慧大觉山”项目上线】 2016年，分行与江西大觉山旅游景区有限公司成功签订战略合作协议，包括景区票务管理系统、景区网上票务管理平台、特约商户POS收单业务、银联全渠道业务收单服务、自助服务终端项目、“掌易行”本地商圈服务项目等多项业务。经过多方的不懈努力，7月，景区票务管理系统上线；11月初，景区网上票务管理平台、自助售票系统上线；至此，“智慧大觉山”景区项目各项功能全部实现。同时，具有抚州特色的大觉山卡已经制卡成功，并于7月正式对外发卡。大觉山卡与抚州“智慧大觉山”相辅相成，成功打造抚州特色金融服务品牌。

【助力实现抚州“一卡通”】 2016年，分行扩大行业应用民生领域，将目标定位在水、电行业，经过多方上下联动，目前电费系统在全辖机构对接成功，金溪支行水费代缴于12月份正式上线，抚州市区、临川区代缴水费已签订合作协议。金融IC卡持续助力抚州市城区公共交通，为向社会倡导“低碳生活、绿色出行”，在抚州市交通局的大力支持下，分行与江西浙赣齐心实业有限公司就抚州市中心城区公共自行车项目展开合作，9月20日开通试运营，该项目是分行继公交项目之后，又一公共交通服务领域的银行卡行业应用，项目运行状况良好，抚州市原有4万余张公交卡（分行金融IC卡）均可新增抚州市公共自行车租赁功能，为广大市民提供便利，提升分行的社会形象。

【加快机构延伸】 2016年2月，分行文昌支行、东乡恒安支行2家二级支行正式开业，标志着上饶银行在抚州市场上迈出新的一步，进一步扩大分行的网点辐射范围，为向广大市民提供更多更优质的金融服务奠定了更坚实的基础；同时，乐安支行和抚州南湖路社区支行正在积极筹建中，将进一步完善分行的网点布局，提升分行在抚州的影响力。

【丰富企业文化建设】 2016年，分行组织全行员工开展以“责任担当 无私奉献”为主题的五四青年节演讲比赛，丰富的语言、生动的事例、激情澎湃的演讲展示分行青年员工的热情活力。分行组织全体党员进行党章党规党纪知识考试，加强全体党员的党章党规党纪教育，提升党员党性修养，严以修身，锤炼党性，自觉守纪律讲规矩；组织全体党员开展“我为支部献一策”民主讨论会，一致同意成立抚州分行图书漂流室，通过大家自愿借阅的书籍汇总，提供一个以书会友、精神交流的读书环境。加强团组织建设，下发《2016年上饶银行抚州分行团总支工作要点》，明确全年团总支工作发展方向和计划；按照《中国共产主义青年团章程》和《中国共产主义青年团基层组织选举规则》有关规定程序及要求完成团组织的建立健全或换届改选工作；年内，临川支行、南城支行勇夺抚州市“青年文明号”荣誉称号。

（陈 雯）

【上饶银行抚州分行领导名录】

行　　长：曹　平

副 行 长：张卫国　徐慧艳

中国人寿保险股份有限公司抚州分公司

【概况】 中国人寿一直致力于打造世界一流的金融保险品牌，通过长期持续的品牌建设，跻身世界知名强势品牌行列，品牌价值和品牌影响力不断提升。2016年，中国人寿蝉联中国500最具价值品牌第四位，品牌价值达人民币2536.28亿元，比2015年上升713.56亿元，在保险行业中继续位居首位。中国人寿抚州分公司自开办学平险、农村纯女户养老以及0～6周岁子女保险、精准扶贫保险以后，均得到市委、市政府的大力支持。作为一家网络齐全的专业寿险公司，中国人寿在抚州所有的县（区）都设立分支机构，有员工364人，并且在乡镇设立网点服务部，致力于为政府服务，为老百姓排忧解难，为提高商业保险的覆盖面，为完善多层次社会保障体系、改善民生、促进地方经济发展做出新贡献。中国人寿抚州分公司在人寿保险、意外伤害保险、健康医疗保险、养老保险等全面发展，总保费收入7.04亿元，同比增长83.91%。当年荣获市政府“金融机构支持抚州经济建设一等奖”。

【专业领先点多面广】 2016年，中国人寿抚州分公司积极参与政府合作，为提高商业保险的覆盖面，为完善多层次社会保障体系、改善民生、促进地方经济发展作出新的贡献。公司在抚州县（区）设有13个营业机构，并在55个乡镇设立营销服务部，占据着抚州市30%的寿险市场份额，引领抚州寿险市场。公司向个人及团体提供人寿、年金、健康和意外伤害保险产品，涵盖生存、养老养生、疾病、医疗、身故、残疾等多种保障范围，全面满足客户的人身保险领域的保险保障和投资理财需求。截至年底，中国人寿在抚州累计拥有超过30万份有效的个人和团体寿险保单、年金合同及长期健康险保单，有效承保人数超过265万人次，充分发挥保险“社会稳定器”功能，为促进当地经济发展作出贡献，获得当地好评。

【持续开展增值服务】 2016年，中国人寿抚州分公司围绕服务品牌建设开展一系列增值服务项目：“少儿绘画评选”“国寿大讲堂公益巡讲”、生日礼遇、高端健康体检、健康咨询、健康讲座、VIP客户专题讲座、酒会、户外活动等，为客户提供多项保险“基础＋增值”服务模式，深受广大客户的一致良好反馈。

【发展计划生育系列保险】 2016年，中国人寿抚州分公司聚焦就医费用高、农村独生子女、二女家庭抗风险能力弱这些社会民生热点，公司推出爱心保险，由政府出资，为农村0～6周岁独生子女和二女不再生育家庭的第二个孩子办理健康平安保险，年内，公司累计承保2.39万人次。

【普及学生平安保险】 公司开办学生保险业务近30年，共为近2000万人次学生提供安全保障，仅2016年就承保近70万人次，解决学生和家庭因遭受意外和疾病给家庭带来的经济困难，同时也在一定程度上给学校和社会消除不稳定因素，为社会的和谐和安定尽一份责任。作为抚州市唯一网点机构齐全、理赔快速便捷的寿险公司，学生保险以其收费低、保障高的特点和优质高效的服务，深得广大学生和家长以及社会的认可，取得较好社会效益。

【开拓精准扶贫保险】 中国人寿抚州分公司本着承担社会责任、服务民生工程的宗旨，积极响应省、市政府部门关于保险业助力脱贫攻坚战相关实施意见精神，通过商业保险机制，切实为贫困家庭缓解“因病致贫、因病返贫”的现象。2016年，公司在全市8个县（区）开办精准扶贫保险，累计承保超9万人次。

【完善三农保险服务网络】 2016年，公司大力发展“三农”保险，在农村开办一大批适合农民需要的险种，有力支持农村的经济建设和发展。专门推出惠农保险——国寿农村小额保险，其缴费低、手续简便，保障广、理赔快的特点，深受老百姓喜欢。并在很多地方推行一张保单保全村、全组、全家。公司在农村安排驻村服务员，方便农民群众的投保和理赔。普及农村百姓保险面，让更多的人得到保障，有效发挥保险“社会稳定器”的作用。此外，充分发挥机构网络健全优势，进一步健全完善“三农”保险服务网络，持续推动农村营销服务部建设和“保险村”建设，更好地服务社会主义新农村建设，为实现农村富余劳动力转移和完善农村社会保障体系发挥更加积极的作用。

【提升保险服务水平】 2016年，公司为更好地服务社会、履行责任，不断健全保险服务体系。秉承“专业、真诚、感动、超越”的服务理念，力求通过“热诚、规范、准确、便捷”的服务，回报广大客户多年以来的支持与信赖。以服务于和谐社会建设为出发点，充分发挥保险促进改革、保障经济、稳定社会、造福人民的重要功能，进一步提升服务、做好工作，把党和国家的优惠政策通过保险，送到每个客户手中。

（黄世煌）

人保财险抚州市分公司第二届车险定损技能大赛

【中国人寿抚州分公司领导名录】

党委书记、总经理：

廖必刚（任至8月）

谢　军（8月任）

纪委书记：章圣贵（任至3月）

周晓东（3月任）

总经理助理：谢　羿　陈玉霞

中国人民财产保险股份有限公司抚州市分公司

【概况】 2016年，中国人民财产保险股份有限公司抚州市分公司坚持以“创新、协调、绿色、开放、共享”五大发展理念为引领，按全省系统“跨入百亿军团、打造江西样板”的战略部署凝聚力量，用“赶超发展、争创一流”为着力点，顶住市场竞争加剧带来的严峻挑战，实现发展与盈利双双超历史的最好成绩。抚州市分公司按照“对标市场、关注费改、灵活策略、精准投放，争市场、保份额”的要求，保费收入突破6亿元大关，实现62357万元，同比增加9322万元、增长17.58%。获得市政府“金融机构支持地方经济发展财产保险公司一等奖”“绩效考核良好单位”；被人保财险江西省分公司评为经营管理先进单位；被人保财险总公司评为全国系统50强地市级公司，续写抚州人保财险发展新篇章。

【三农保险再突破】 2016年，市公司按照“调整巩固、尽力而为、规范经营、风险可控”的要求，以政策性农险为基础、商业性农险为补充，加强与农业、林业部门合作，深化三农服务体系建设，探索农险合规发展，促进农险业务平稳发展。全年承保水稻12.39万公顷，林木6.12万公顷，柑橘0.72万公顷，烟叶0.98万公顷，白莲14.13公顷，能繁母猪附加仔猪及育肥猪47.27万头，肉牛949头，蛋鸡及肉鸡223.28万羽，三农保险业务品种、承保面金额都稳步增长。同时，按照“主动参与、深度融合、规范运作、自负盈亏”的要求，为全市7985名农村居民提供大病医疗补充及附加意外伤害住院医疗保险，周到的医院巡查、医疗审核等服务得到各级政府、卫计委、人保局、财政等部门和人民群众的认可。

【保险职能再提升】 2016年，市公司认真履行保险和社会责任，强化保险理赔服务工作，共处理赔73655件，同比增加18655件；支付赔款34543万元，同比增加4165.51元，上缴税款2941.92万元，代收车船税金额3119.36万元。

特别是及时支付水稻保险水灾赔款2248万元，林木火灾保险赔款271万元，南丰柑橘冻灾赔款1105.90万元，黎川供电责任保险赔款46万元，东乡县江西宇通纺织有限公司火灾赔款43万元，南城一客户车险及三者责任险赔款62万元，有力支持工农业恢复生产、稳定人民群众生活。

【服务能力再提高】 2016年，市公司从柜台与现场、时效与投诉、体验与创新等多面强化承保理赔等服务，提高核心服务能力。全年全市出单速度全国第一，出单工作考核全省第二。理赔服务效率大幅提升，推出微理赔、小额人伤案件快处服务、“互碰快赔”等服务，案件处理率达100.54%，万元以下理赔周期为8.31天，同比提速32.88%。客户创新服务多元化，客户俱乐部建设深化，4S店互动加强，微信注册量达25440个，新增服务上架项目8个。投诉减少，外部客户满意度提升，客户服务综合考评名列全省系统第四。

【党建工作再加强】 2016年，市公司按照“从严治党、党要管党”的工作要求，以“两学一做”学习教育为契机，完善“三会一课”制度；以贯彻落实十八届六中全会精神为重点，抓好党员特别是党员领导干部思想教育；以落实党委主体责任、纪委监督责任为重点，逐级签订《全面从严治党责任状》；以落实党内政治生活若干准则为重点，认真贯彻落实“三重一大”决策有关制度；以系统党风廉政建设为重点，严格执行中央八项规定精神，有力推动党建工作全面加强。

【基层建设再强化】 2016年，市公司重点从打破“论资排辈”入手，完善县（区）机构见习经理制度和后备干部培养培训机制，通过考核、竞争上岗等形式，选拔使用一批能干事的年富力强的干部。从提升员工素质入手，加大新员工招聘录用，将41名新招聘的员工充实到农险、理赔、销售等岗位；举办各类培训74期2022人次，促进员工素质全面提高。从完善分配考核奖励机制入手，围绕发展创新、管理创新、效益创新，引导全市系统各单位和员工奋勇当先。从加强经营过程管理入手，优化员工KPI指标和工作业绩的考核，促进执行力提升。

【企业文化再推进】 2016年，市公司认真履行企业社会责任，积极参与市委、市政府开展的“四进四联四帮”等工作；实施“增值、保障、关爱”三项计划，完善员工保障机制；组织员工体检，开展对困难员工献爱心的公益募捐活动，筹集资金3万元走访慰问32人次困难职工；组织员工开展丰富多彩的文化娱乐活动，组建足球队，派员参加江西省第三届职工网球大赛，荣获全省设区市领导干部双打冠军；组织员工参加全省系统承保、理赔、营销技能比赛取得较好成绩。

（周杏福）

【人保财险抚州市分公司领导名录】

总经理、党委书记：吴根福

副总经理：吴志刚 熊钿华

胡 勇

本栏编辑 吴主平

经济管理与监督

综合管理与宏观调控

【概况】 2016年，抚州市以稳中求进为总基调，坚持新发展理念，以推进供给侧结构性改革为主线，以打好“三大攻坚战”为切入点，统筹做好稳增长、调结构、促改革、优生态、惠民生等各项工作。全市经济社会保持平稳健康发展，实现“十三五”良好开局。

主要经济指标基本完成计划目标，全市实现生产总值1210.9亿元，增长8.8%；财政总收入171.6亿元，增长3.9%；规模以上工业增加值394亿元，增长9.5%；固定资产投资1251.3亿元，增长13.8%；社会消费品零售总额480.3亿元，增长11.6%；出口总额18亿美元，增长9.1%；实际利用外商直接投资4.3亿美元，增长13.2%；城镇居民人均可支配收入27195元，增长8.5%；农村居民人均可支配收入12447元，增长8.8%。

【生态重点工程有序推进】 《抚州市生态文明先行示范市建设实施方案》获省批复，成为江西省首先获批的唯一设区市。抚河流域生态保护及综合治理工程季节性水利项目开工建设。36个生态村镇示范点规划全部编制完成，投入建设资金1.41亿元。资溪通过国家生态县考核验收，资溪、广昌、南丰、宜黄、黎川5县成功纳入国家重点生态功能区。全省首个生态文明先行示范市建设研究中心组建，在全省率先探索编制完成自然资源资产负债表，《抚州市生态文明建设条例》形成初稿并列入2017年市立法计划，继建立“河长制”后在全省率先推行“山长制”。东乡润邦获批成为全省唯一的国家首批区域生态循环农业示范点。自立环保和中阳德欣资源再生利用项目被评为国家示范工程。大力倡导绿色出行，新能源汽车充电桩建设数量居全省前列，抚州市公共自行车租赁系统投入使用。

【重点项目建设取得突破】 2016年，抚州市计划实施重点建设项目280个，完成投资274亿元。其中，大唐抚州电厂一期工程竣工投产，500千伏抚州至红都输电线路工程竣工投运，花山界至里木、船顶隘至广昌、东乡至昌傅高速项目竣工通车；抚州东外环高速和广昌至吉安高速开工建设。重大项目前期工作取得进展。南昌至抚州、南丰至瑞金城际铁路项目纳入《江西省城际铁路网规划》；鹰梅铁路和吉抚武铁路项目纳入《国家中长期铁路网规划》；抚州机场项目列入《全国民用机场布局规划（2030年）》；贵溪至资溪、丰城至崇仁至宜黄至南城至南丰等高速项目开展论证。政府和社会资本合作（PPP）项目27个，总投资279亿元，其中，国家财政部示范项目1个、省级PPP示范项目6个。廖坊水利枢纽灌区二期工程、G316资溪花山界至南城黄狮渡段公路改建工程、抚州一中实验学校等11个项目相继开工建设。

【产业转型升级加快】 2016年，全市粮食产量实现“十三连丰”；临川区国家级现代农业示范园区被列为全省5个重点支持园区之一，新增东乡、金溪2个省级现代农业示范园区。新增1家国家级龙头企业、5家省级龙头企业，新增农民合作社1380家、家庭农场373家、休闲观光农业30家；新增无公害农产品33个、绿色食品6个、有机农产品22个、农产品地理标志登记保护产品2个。

规模以上工业增加值、工业用电量增幅列全省第一；企业技改投入完成228.42亿元，增长8.7%；高新技术产业增加值增长10.5%；百亿企业培育工程启动实施，迪比科、博雅生物、自立环保等一批龙头企业加快发展。

金融机构人民币、外币各项存、贷款余额分别增长14.6%和20.4%，旅游收入增长40%，商品房销售备案面积增长42.3%，电商交易额增长50%；新增7家企业在“新三板”挂牌、2家企业在上海Q板挂牌，盈盈易贷等互联网金融企业投入运营；资溪、南丰被列为首批国家全域旅游示范区创建单位，大觉山景区进入创评国家AAAAA级冲刺阶段；黎川、广昌被列为全国电子商务进农村示范县。

休闲旅游、文化创意、中医药、健康养老、现代物流、数字经济等新兴产业迅速发展。抚州入围“2016最美中国榜”，并获得“中国特色乡村旅游目的地品牌”荣誉；油画、根雕、印刷等文化创意产业不断壮大，全市文化产业主营业务收入和产业增加值分别增长23.7%、15.3%；《抚州市人民政府关于进一步加快中医药发展的意见》出台，抚州中医协会及抚州盱江医学研究会成立；临川温泉养老社区、大金山焕新安养院等健康养老产业项目加快推进；新引进江西蓝海物流园、清江冷链物流、华美立家仓储物流园等一批重点物流项目；中科曙光政务云计算中心、卓朗大数据产业园、生态云平台等信息化建设工程全面推进。

2016年，全市新增开业私营企业5835户、个体工商户19119户，共增加从业人员88656人。科技进步贡献率达52.2%，同比增长2.1个百分点；与180家高校、科研机构开展合作，引进高端人才306人，建立3个院士工作站；新增31家高新技术企业，38项新产品获得省级优秀奖；江铃底盘获批为国家企业技术中心，实现零的突破；新增6家省级企业技术中心、3家省级工程（技术）研究中心、6家省级众创空间。全市首届“双创”活动周顺利举办。

【区域合作水平进一步提升】2016年，抚州入选第三批国家新型城镇化综合试点，东乡撤县设区正式获批，全市启动一批特色小镇建设。昌抚合作示范区成立管委会并加快建设，昌抚城际铁路正在编制预可研报告；昌抚通信、户籍、金融、医疗、社保等公共资源同城化基本实现。《赣闽产业合作示范区规划》《江西向莆铁路经济带“十三五”发展规划》获省政府批复，对向莆铁路全线开通货运班列开展研究论证，抚州海西物流园项目顺利推进，与海西地区城市合作不断深化并建立常态化交流机制。

全年全市引进市外境内2000万元以上的项目进资440亿元，增长8%，其中亿元以上项目进资330亿元，增长26%；共在北京、宁波、厦门、香港、深圳、南昌等地举办或参加重大招商活动13场，共签约项目155个，签约金额712.6亿元；新签约10亿元以上重大项目43个，其中开工建设23个。新设立外资企业25户，实际利用外资增幅列全省第一。

2016年，全市有外贸出口实绩企业263家，同比新增47家；其中生产型出口企业160家，同比新增13家；年出口额1000万美元以上企业达13家。积极对接“一带一路”，新增对外承包工程资质企业5家，赣东路桥集团建设的埃塞俄比亚奇达公路项目竣工，中阳建设集团投资的赞比亚江西产业园项目顺利推进。

【体制机制改革增强发展内生动力】 2016年，国务院、省政府取消和下放的61项行政权力事项，抚州市全部承接到位。农村水电建设项目中的部分审批权限下放到县（区），取消和调整市政府部门55项行政审批中介服务事项，乡镇便民服务中心建设有效打通简政放权便民“最后一公里”。“五证合一”“一照一码”全面实施，不动产统一登记工作全面展开。出台降低企业成本、优化发展环境38条政策，为企业降低成本40多亿元。

公务消费一体化监管改革走在全省前列，“营改增”工作稳步推进，“财园信贷通”和“财政惠农信贷通”累计发放贷款金额40多亿元；全市11家农商银行完成改制并挂牌；“小贷银保通”试点工作正式启动；企业转贷应急机制进一步健全，“百家银行进千企”政银企对接活动顺利开展；市投资（集团）公司发行中期票据3亿元和永续债10亿元，并申报发行20亿元债券用于建设市中心城区停车场项目。组建工创投、文旅投、交建投、金控公司四大运营公司，提高国有资产经营效益和资本运营效率。举办9场公车改革拍卖会，拍卖车辆620辆。国有林场、供销社和农垦改革有序推进。

中小学教育质量综合评价改革取得阶段性成果，义务教育就近入学政策全面推行，普通高中均衡招生制度改革积极推进，临川教育集团加快转型升级；成立筹建中医药本科学校领导小组，组建以抚州职业技术学院为龙头的职教联盟。养老、失业、工伤、生育等社保费率进一步降低，城乡居民大病保险、医疗救助、疾病应急救助等制度全面实施。公立医院综合改革全面推开，门急诊患者人均费用逐年降低；新农合筹资和补偿标准同步提高；“全面两孩”政策稳妥实施。

【民生保障水平稳步提高】 2016年，抚州市全面完成省政府下达的50件民生实事，全市用于民生支出230.87亿元，占公共预算支出73.9%。产业扶贫、教育扶贫、易地扶贫搬迁等扶贫工程全面实施，近30%的贫困村形成一村一业，引领带动1.6万余户贫困群众创业致富，人均增收千元以上。高标准建设移民集中安置点18个，完成搬迁扶贫任务4523人。全市农村贫困人口减少4.4万人，46个贫困村实现脱贫“摘帽”。

新增城镇就业4.31万人，转移农村劳动力6.4万人。城乡居民社会养老保险制度实现全覆盖，城镇职工和城乡居民五项社会保险参保人数达395.65万人。入选第二批国家医养结合试点，市老年公寓二期项目开工建设。企业退休人员养老金水平连续12年提高，全市退休人员基本养老金增资部分补发到位。居民居住条件不断改善，完成各类棚户区改造8809户、农村危房改造6391户。

成功举办纪念汤显祖逝世400周年系列活动，乡音版《临川四梦》在国家大剧院、北大、清华隆重上演，抚州市与英国、西班牙建立文化交流关系。高考再创辉煌，全省理科状元花落抚州，37人录取清华、北大。村级卫生计生服务室标准化建设稳步推进，乡村医疗服务能力进一步提升。成功承办“汤显祖杯”第七届环鄱阳湖国际自行车大赛（抚州站）。

（裴　飞）

【市发改委领导名录】
党组书记、主任：帅歌柳（兼市苏区办主任）
党组副书记、副主任：陈　峰（任至3月）

党组成员、副主任：叶应钦
傅志红　彭　钢
徐辉祥
党组成员、市生态文明先行示范区研究中心（项目办、铁办）主任：
伍湖辉
党组成员、市苏区办副主任：
陈　伟
党组成员、总经济师：李建光（7月任）

国有资产管理

【概况】　2016年，抚州市整合全市国有资本，促进投资平台建设。至年底，市属国有企业资产总额397亿元，同比增长29.8%；营业收入71.9亿元，同比增长33%；所有者权益257亿元，同比增长28.3%。保值增值率为128.3%，国有资产实现保值增值。

【建立国有资本投资运营平台】按照不同功能定位，组建四大国有资本投资运营公司。一是以发展战略新兴产业为主体，组建市工业与科技创新投资发展有限责任公司。二是以发展绿色生态产业为方向，组建市文化旅游投资发展有限责任公司。三是以推动交通基础设施建设为目标，组建市交通建设投资集团有限公司。四是以发展现代金融为突破口，成立抚州市金融控股有限公司和抚州金控基金管理有限公司。

【健全国有资产管理体制机制】6月，确定市投资发展（集团）有限公司、市工业与科技创新投资发展有限责任公司等企业由市国资委履行出资人职责，其公共管理职能由相关部门承担。先后出台《关于深化国资国企改革的实施意见》《关于深化市属国有企业负责人薪酬管理的意见》等一系列配套文件。制定《抚州市经营性国有资产集中统一监管实施意见》，全面核查298个单位资产状况，完成现状资产划拨估值近260亿元；注入四大投资运营公司总资产565.9亿元、净资产462.5亿元。做好央企、省属企业社区移交工作，抚州市成为全省第二个与省盐业集团公司属地分公司签署社区移交属地管理协议的设区市。江西铜业集团公司也与东乡县政府就东乡东同矿业社区的移交签署《社区移交属地管理协议》，自此抚州市省属企业社区移交协议全部完成签署。制定《市属国有企业领导人员管理的暂行规定》，开展职业经理人选聘试点改革。

【有序开展公务用车改革】　制定抚州市直单位公务用车制度改革取消车辆处置办法和实施方案等规范性文件，对车改单位的车辆依法进行公正、合理的评估和拍卖，实现车辆处置工作公开透明，确保国有资产不流失。年内共处置取消公务用车103个单位815辆，拍卖车辆620辆，总评估价1057.4万元，总成交额1880.67万元，溢价率达71.11%。

（周红晖）

【市国资委领导名录】
党工委书记、主任：黄有盛
党工委成员、副主任：纪　远（5月任）

市城区开发建设

【概况】　2016年，抚州市投资发展（集团）有限公司履行市本级城市基础设施投资融资和建设主体职责，贯彻落实市委、市政府的有关决策部署，秉承“服务城市建设、推动城市发展”理念，加强城市基础设施建设，开展投资融资和工程项目建设，促进城市发展。

【筹措充足资金保障城市建设】2016年，市投资公司开展融资项目25个，意向融资141.29亿元。获授信金额105.04亿元，同比增长157%；签订合同项目18个，合同金额80.09亿元，同比增长96.3%。其中直接融资比例上升，发行3亿元中期票据、10亿元永续中票，注册4.5亿元超短融。

开展“市带县”棚改贷款工作，以市投资公司作为统贷平台向国开行申请PSL棚改贷款，再分配至各县（区）使用，首期贷款13.8亿元到位。向农发行争取到第二笔国家专项建设基金1.5亿元，用于市中心城区棚改项目。根据项目类别、银行信贷支持方向的不同，分别包装5个教育类项目，2个医院类项目、2个棚改类项目、1个水利项目，共获授信26.64亿元。

【城市功能更加完善】　2016年，市投资公司负责的城市建设项目41个，完成投资7.3亿元，覆盖市政道路、交通、公共事业、民生保障房等多个领域。建成金巢大道南延伸段、迎宾大道至凤岗河西路区间路（伟星浪琴湾区间路）、陆象山大道与曾巩大道区间路工程（万达广场区间路）等工程项目，完成市直办公楼停车场维修工程项目。持续推进赣东大道南延伸段工程项目；开工建设赣东大道南延伸段综合管廊、海西物流园进出道路工程项目；完成快速大容量公交（BRT）系统工程项目前期工作，启动新城区纬二路、站北二路、规划四路道路及桥梁工程项目。

建成二手车交易市场工程项目并投入运营，可容纳小汽车1100辆，入驻商铺73家，入驻率91%，不仅解决市城区二手车占用人行道的问题，也能规范二手车经营。持续推进市示范性综合实践基地工程建设；开工建设市职业技术学院（扩建）、市老年大学、市老年公寓二期、市监管中心、仙溪安置地公寓房建设、祝家安置点等工程项目。持续推进凤岗河改造二期工程建设。开工建设抚临路农贸市场工程项目。通过这些民生工程的建设，市城区城市功能更加完善。

【参与市棚户区改造工作】　基本完成东岳观片区、六水桥片区（针织内衣厂宿舍）、荆公片区（梵罗山）3个市中心城区棚改项目和配合凤岗河二期改造工程建设实施的仙溪城中村改造项目总面积约10万平方米的征收任务。

（邹志波）

【市投资公司领导名录】

党委书记、董事长、总经理：许小敏
党委副书记、副总经理：曾腊如
纪委书记、副总经理：徐金星
党委委员、副总经理：徐建文 刘海泉
副总经理：廖华贵（任至1月）

安全生产监管

【概况】 2016年，抚州市安全生产监督管理工作围绕“重监管、严执法、保平安、站前列”，抓改革创新、依法治理、基础建设、应急管理和安全宣传教育，安全生产形势稳定好转。全年全市共发生各类事故139起，死亡55人。其中，生产经营性道路交通事故132起，死亡47人；工矿商贸共发生事故7起，死亡8人。发生5起较大道路交通安全生产事故，工矿商贸领域未发生较大以上安全生产事故。

【构建安全生产长效机制】 市委常委会、市政府常务会多次研究部署安全生产工作。进一步完善安全生产目标考核机制，实行安全生产“一票否决”。市政府将安全生产“十三五”规划列入全市8个重点专项规划之一，7月正式发布。深入开展企业安全生产标准化建设，2016年新增30家采石场、13家危化品生产企业、123家中石化加油站达到标准化三级考评要求。实行事故统计联网直报，确保统计数据真实、准确、完整，录入报送及时。市本级共举办各类考试考核72期，考核学员4283人。

【开展安全生产大排查】 2016年，全市共排查出各类事故隐患2435处，整改落实2293处，整改率94.17%。全市共组织督查检查组102个，检查企业1367家。打击非法违法行为673起，整治违规违章行为514起，其中停产整顿51家，关闭取缔19家，经济处罚罚款80余万元。查处大亚木业“11·25”机械伤害事故，调查东乡县“5·2”、南丰县“5·6”和临川区“8·18”较大道路交通事故。

（刘智颖）

【市安监局领导名录】

党组书记、局长：邹节华
党组成员、副局长：李剑平 周晓健 傅亮平 黄国华
党组成员、总工程师：罗友保

价格管理

2016年，抚州市继续开展居民生活必需品、劳动力、钢材、非处方药品等各项价格监测工作，全年累计监测、认证1万多条价格数据。在节假日、异常时期做好价格监测、巡查，进行预警、预报、分析和价格信息发布工作，及时在政府网站、部门网站发布价格信息。年内，全市价格认证机构共开展涉嫌刑事、民事、违纪、行政案件及价格可行性认证、民事纠纷调解等各类价格认定业务958件，认定总金额5712万元，其中，涉嫌刑事案件的涉案财物价格认定共660件，认定金额1743万元，分别占总量的68.8%、30.4%。

（郑汉雄）

市场和质量监管

【概况】 2016年，抚州市市场和质量监督管理局履行管理市场主体发展、质量品牌创建，市场监督执法、特种设备安全监管和消费维权等职能，旨在营造宽松便捷的市场准入环境、公平有序的市场竞争环境、安全放心的市场消费环境。

全年全市新设立内资企业（含私营）5857户、外资企业24户。全市新发展个体工商户19119户、私营企业5835户、农民专业合作社1171户，新增加从业人员105707人；分别同比增长6.12%、22.25%、27.98%、2.11%。全市拥有中国驰名商标总数13件、拥有有效江西省著名商标112件、有效抚州市知名商标102件。

【市场准入更加便利】 放宽经营场所（住所）条件，推行“一址多照”“一照多址”改革。在“三证合一”“五证合一”和个体工商户“两证整合”改革中，全省这3个首张营业执照均在抚州市诞生。全年全市共新办、变更、换发“三证合一、一照一码”营业执照2.26万户，核发“五证合一”营业执照1724张，办理和变更“两证整合”营业执照896户。将156项工商登记前置审批事项调整或明确为后置审批事项，取消前置审批事项40项，仅保留前置审批事项34项。

10月1日起，全国实行“五证合一、一照一码”登记模式，在营业执照上以统一社会信用代码号替代企业注册号、组织机构代码、税务登记证号、人力社保证号、统计登记证号。10月8日，在市行政服务中心内，市场和质量监管管理局窗口工作人员为抚州市中智嘉源装饰工程有限公司经办人林先生颁发全市首张“五证合一”营业执照。

【营商环境进一步优化】 压缩行政审批时间，实行一次性告知，实现企业名称当场核准率达100%，企业登记当天办结率95%以上，3个工作日办结率100%。落实惠企政策，在办理营业执照免收费的同时，还免收办理社会公用计量标准证书等9项费用。选定南城县市场和质量监管局开展开放注册登记自助服务区改革试点，在全省首次开创网上办照自助模式，办理企业注册实现网上申请和网上受理，获得广泛好评。全面推进“双告知”，共向申办营业执照者发出书面告知书4875份，向相关职能部门推送市场主体后置信息2179条。推行企业简易注销改革试点，全年简易注销个体工商户30138户、内资企业46户。

【“一张网”管信用】 通过江西省企业监管警示系统抚州支系统，依托大数据和信息化手段，构建全市企业信用监管“一张网”。对被列入经营异常名录或严重违法企业名录的企业，建立由政府牵头的联

合惩戒机制，在银行贷款、政府采购、招投标等方面进行限制，把“一处违法、处处受限”落到实处。到2016年年底，该系统归集抚州市各类信息234869条。建立随机抽取检查对象、随机选派执法检查人员的“双随机”抽查机制，通过江西省企业信用监管警示系统实现抽查企业名单、执法检查人员名单同步产生、同步下发，抽查结果统一公示。共抽派执法人员763人次，开展物流企业、金融服务企业、各类企业年报等随机抽查10次，抽查各类市场主体5835户，列入异常名录26396条，经整改帮助企业移出异常名录2110条。共清理“僵尸”企业1203户，及时启动吊销程序，办结一般程序案1010个。

【服务“双返双创”扎实有效】出台《服务大众创业万众创新暨“双返双创”36条措施》，深入各县（区）有关企业和创业群体中宣讲，检查措施落实情况，解决执行过程中出现的问题。共为企业和创业群体提供各类行政指导1620件，为企业办理股权出质登记233件，出质股权数额208722.96万股，被担保债权数额370055万元。整合“创业咨询一点通”与小微企业名录系统，形成综合性创业服务平台，继续加大扶持政策及其实施情况数据的归集力度，提高小微企业扶持政策及其实施的知晓度、透明度和精准度。引导小微企业结合崇仁变电、黎川日用陶瓷、南丰蜜橘、高新区纺织等行业的地方优势做大做强。2016年，全市个私企业注册资（本）金10500196万元，同比增长21.51%。全市注册资本100万元以上的私营企业13712户，同比增长16.79%。

【强化质量工作】“质量兴市”工作被纳入市“十三五”规划，明确提出质量安全和质量发展的目标、任务和保障措施。开展2015年全市质量竞争力指数指标数据调查工作，共调查企业121家。组织开展第四届市长质量奖、井冈质量奖、省质量管理先进企业评定推荐工作和“首席质量官”培训。2016年，评定2家企业获第四届市长质量奖，推荐3家企业参评井冈质量奖、4家企业参评省质量管理先进企业，全市有54人通过“首席质量官”考核。开展“质量月”“世界认可日”“世界计量日”宣传活动，开放市计量所、市质检中心实验室，邀请社会各界人士参观，提升社会对质量的认知度。

【品牌创建效果明显】以临川文化这一区域文化为主线，市市场和质量监督管理局调研、撰写《对加强与临川文化相关联文字进行保护性商标注册的建议》受到市委书记肖毅和市长张鸿星肯定。通过商标集体注册模式，上报与临川文化相关联的199件商标至国家工商总局商标局审核。通过加大宣传力度、深入企业座谈调研、开展咨询跟踪服务等方法，全面推进品牌战略，全年新增著名商标企业17家、江西名牌企业14家、省质量管理先进企业4家、省级守合同重信用企业16家、市知名商标企业31家。申报崇仁县工业园区为“全国知名品牌创建示范区（制造业）”，迈开全市品牌创建示范区建设第一步。

【标准发挥引领示范作用】落实企业标准自我声明公开制度，按照标准实施市场准入，对不符合标准的企业实施市场退出。鼓励优势企业参与或主导起草行业标准、国家标准、国际标准，对违反食品标准、环保标准、节能标准等强制性标准的行为依法严肃查处。2016年新增国家级标准化示范区国家级1个、省级2个。围绕生态文明示范区八大体系建设，有序推进《抚州市生态文明先行市标准化建设方案》各项标准制定工作。依托金溪县疏口古村、浒湾镇、竹桥古村3个历史古村的优势，成功申报“金溪县美丽乡村建设标准化试点”项目。

【市场监管有力有效】从源头把关，组织开展重点产品质量安全专项整治以及“双打”行动，对全市66家获证企业做到监管全覆盖。组织开展电子计价秤计量专项监督检查，对城区21400块水表、20194块燃气表进行检测，送检率比2015年增长40%。办理3起假冒生产许可证和3C认证的大案要案，为消费者挽回经济损失387万元。全面开展节日市场、旅游市场、成品油、校园周边环境、合同格式条款、基础教育装备产品质量、危化品、违法广告等专项整治，累计出动人员5700余人次，检查各类市场主体1580余家，立案查处68起。全市组织开展“红盾护农”“计量保春耕”专项行动24次，出动执法人员1608人次，对469个品种农资产品进行抽样检验，合格率为90%，查办各类农资案87件。备案供电、电信行业等格式合同60份，备案汽车销售品牌6个；办理拍卖备案68次，成交金额1.86亿元。对全市816户网络经营主体进行审核，完成率达100%。通过推进线上线下一体化监管，责令59家网站整改，提请关闭2家网站，查处涉网违法违规案件3起。完善广告监管制度，虚假违法广告高发态势得到根本遏制。经国家工商总局广告监测平台监测，2016年，抚州市广告违法率为0.03%，监测查看率和处理率100%，在全省广告良好率排名并列第一。

【特种设备安全常抓不懈】组织开展全市特种设备安全大检查，共检查使用单位324家、其他充装单位16家、电梯安装维保单位10家，检查锅炉、压力容器、电梯等各类设备548台，发现各类安全隐患36起，发出指令书36份，立案查处特种设备使用单位3家。通过推行电梯维保单位信用管理，实施电梯维保质量监督抽查通报制度和“黑名单”制度，有效消除电梯事故隐患。全市301台“问题电梯”中，完成隐患整改236台，45台整改中，继续挂牌督办20台；检查电梯维保单位27家、维保现场54家次，整改问题26起。对24家充装超期未检钢瓶行为的充装站进行立案处理，封停2台存在安全隐患的游乐设施，对全市206千米燃气公用管道、121千米长输管道进行普查和检验。

【重拳打击传销】 将打击传销作为维护社会稳定的综合性工作。市综治委下发文件，将打击传销工作列入对各县（区）、市直打传成员单位综治考评体系。2016年，市市场和质量监管局联合市公安局共出动执法人员1076人次，捣毁传销窝点50个，抓获传销人员452人，刑事拘留43人，行政处罚197人，教育遣返参与传销人员409人。

（张立锐）

【市市场和质量监督管理局领导名录】
党委副书记、局长：谢克侵
党委书记：邬书成（任至5月）
党委委员、副局长：刘　忠　黄月荣
陈建平　李国新
尤立成　丁武安
党委委员、纪检组组长：
刘国平（任至10月）
郑须生（10月任）

国土资源管理

【概况】 2016年，抚州市国土资源部门围绕“服务发展、保护资源、维护权益”开展工作。全市共审核上报农用地转用及土地征收59批次，总面积1335.25公顷，其中报国务院审批2批次、面积359.78公顷，省政府审批45批次、面积980.86公顷，市政府审批18批次、面积118.75公顷。成交土地使用权219宗，面积共705.71公顷，成交价款共102.21亿元。出让采矿权15宗，成交价2859万元。

【耕地保护更加有力】 2016年，全市补充耕地面积900公顷，完成全年省国土资源厅布置任务（880公顷）的102%。全市城市（镇）周边基本农田划定面积17726.67公顷，基本农田保护率62.31%。积极造地，确保耕地占补平衡，年内土地开发项目完成项目验收49个，新增耕地面积734.19公顷。旱改水项目完成项目验收8个，新增水田面积59.29公顷。

【地质灾害防治】 全市共建立监测点1896个，配有监测人员1880人，建立临时地灾避让点396处。转移安置1177个地质灾害隐患点的14909名群众，未发生人员伤亡和重大财产损失。

【加强国土资源执法监察】 全年全市共立案查处国土资源违法违规案件76件，其中查处土地违法违规案件55件，涉及土地面积16.28公顷（耕地3.56公顷），移送法院拆除构建物100平方米，没收构建物1075平方米，收回土地0.35公顷，收缴罚没款10.02万元。查处矿产资源违法违规案件6件，收缴罚没款8.89万元。给予相关责任人党纪政纪处分57人。开展“两违”集中整治，处置374宗，涉及土地68214.13平方米、建筑面积111908.3平方米。

【不动产登记正常运行】 各地职责整合、机构组建、人员及经费落实、窗口建设全面到位，全市基本达到不动产统一登记工作要求。至年底，全市11个县（区）不动产登记窗口累计受理量80444件，办结量76467件，发放不动产登记证书47285本，发放不动产登记证明36046张。

（黄煜婷）

【市国土资源局领导名录】
党组书记、局长：罗光华
副局长：喻仁建
武明亮（任至11月）
桂吉芳　戴国华（1月任）
纪检组长：吴军华
总规划师：徐桂荣
不动产登记中心主任：
周平田（1月任）

食品药品监督

【概况】 2016年，抚州市11个县（区）均组建由工商、质监、药监“三合一”的市场和质量监督管理局，加挂县（区）食品药品监督管理局、县（区）食品安全委员会办公室牌子，乡镇（街道）监管机构也陆续组建，初步构建起市、县、乡三级食品药品监管网络。市政府出台《关于进一步加强食品药品安全监管工作的意见》。组织开展校园周边食品安全专项检查、夏秋食品安全专项检查、春秋季“护校行动”、农村食品安全“扫雷”“清源”“净流”“利剑”行动及婴幼儿配方谷粉、冷冻肉等专项执法检查。开展药品生产领域安全风险排查、生产工艺核查、非法购销药品以及诊断试剂的冷链管理专项检查、医疗器械“五整治”回头看、保健食品原辅料检查等专项整治活动。年内查办的“李某等销售假药案”被列为公安部2016年打击食品药品犯罪“利剑”行动督办案件和江西省2016年“利剑”行动督办案件（全省仅2例）。

【医药产业发展势头好】 全市中药生产企业产值过亿元的企业有10家，过6亿元的有2家。属国内独家的中成药品种6个、独家剂型5个。全市医药工业总产值、销售收入和上缴税金连年增长幅度超过10%。博雅药业、珍视明药业等药企与江西中医药大学对接，签订校企战略合作协议，开展产品研发和孵化。施美药业收购药物研发企业山东创新药物研发有限公司，并与江苏省药物研究所合作，致力于手性药物研发。复旦大学与博雅生物签约共建复旦大学博雅实验室，力争打造为国家工程技术中心，成为国家级实验室。

【抽检监测能力提升】 市食品药品检验所“四品一械”检测能力参数从700余个扩展到1000余个。全年全市共抽检“四品一械”4978批次，其中药品抽检1680批次、食品抽检3207批次、保健食品抽检51批次、化妆品抽检40批次，对抽检结果不合格的132批次产品均进行立案调查，及时处置。全年处理ADR监测报告3850例、MDR报告927份、化妆品不良反应报告58份、药物滥用监测报表594份，早期预警，发现安全隐患，控制安全风险。

（段凯辉）

【市食品药品监督管理局领导名录】

党组书记、局长：周卫国（任至6月）
蓝师龙（9月任）

党组成员、副局长：
李小庆（任至8月）
戴寿昌　黄少卿
方翰林

统计管理

【概况】 2016年2月，市编委下发《抚州市机构编制委员会关于市统计局有关机构编制问题的批复》，同意成立抚州市统计执法检查支队，为市统计局下属正科级全额拨款事业单位，核定事业编制4名，设支队长1名。

市统计局建立健全统计工作制度。4月，市政府办下发《关于建立抚州市部门统计工作联席会议制度的通知》，搭建联席会议召集机构，联席会议下设办公室和基本单位名录库更新维护、固定资产投资统计、商贸流通业统计、服务业、文化产业统计5个工作组，明确各相关部门职责任务。部门统计工作联席会议制度的建立促进了部门统计工作的有序开展，使政府综合统计部门和政府各相关部门的工作关系更加顺畅，统计职责分工更加明确，统计的整体功能得到有效发挥。完善乡镇首席统计员制度。依据2010年4月23日市政府办下发的《关于抚州市乡（镇、街道、场、工业园区）推行首席统计员制度实施方案的通知》和2014年9月下发的《关于进一步加强统计工作的意见》，进一步明确推行首席统计员制度。乡镇首席统计员成为各类普查调查、统计改革、常规统计的主力军。开展乡（镇、街道）统计工作基本情况调查。

【开展第三次农业普查】 2015年11月，市政府成立以常务副市长为组长、14个局委办领导组成的抚州市第三次全国农业普查领导小组和办公室。2016年4月，市农业普查办公室组建，从14个成员单位抽调人员组成8个职能组，负责普查日常工作的组织、实施和协调。全市共组建12个县级、175个乡级、1938个村级普查机构。市、县、乡、村级普查机构总人数6000多人（不含普查员）。8月，市本级农业普查经费预算140万元落实到位。PDA、服务器等农普设备到货、“两员”用品、普查方案、普查表式、普查员手册、宣传用品等普查物资到位。编制《抚州市农业普查工作规划》。7月7日，抚州市第三次全国农业普查领导小组第一次会议召开，明确各成员单位的工作职责，通过普查工作方案。10月25日，市政府召开抚州市第三次全国农业普查动员会议，普查指导员以首席统计员、辅助统计员为基本力量，以大学生村干部和挂村干部为主要构成；普查员以熟悉农村当地情况、有一定文化的村小组长为主；不足部分招聘补充。共选聘普查指导员3131人、普查员15364人，普查指导员、普查员培训工作于10月底全面结束。

【做好常规统计工作】 开展各专业常规统计调查，完成工业、农业、服务业、投资、房地产等经济领域，民生、稳定等社会领域，能源消耗、科技、环境等科学发展方面的统计报表工作，及时、全面、准确地反映全市经济社会发展状况。完成统计年报定报和2016年人口抽样调查工作。

【统计法制建设加强】 制定《2016年统计普法教育工作要点》和全市“七五”统计普法宣传规划。利用“中国统计开放日”“12·4国家宪法日”“12·8统计法颁布纪念日”等重要节点，结合第三次全国农业普查等统计中心工作，开展大型统计法治宣传活动，宣传《中华人民共和国统计法》《农业普查条例》等统计法律法规。加大查处统计违法案件的力度，开展统计执法大检查。全年全市共检查单位数4015家，发现统计违法行为45起，立案39起，结案39起，警告30起，其中，经济处罚5起，罚款金额4.1万元，彰显统计公信力和统计法的权威。

【自然资源资产负债表编制工作试点】 成立以市政府常务副市长任组长，市政府副秘书长、市统计局局长任副组长，相关部门分管领导任成员的抚州自然资源资产负债表编制试点工作领导小组。领导小组下设办公室，办公室设在市统计局，具体负责自然资源资产负债表编制试点工作的组织协调、综合数据汇总及上报等工作。制定《抚州市自然资源资产负债表编制试点工作方案》和《自然资源资产负债表编制试点资源主管部门职责分工表》，明确部门职责及要求。

【全市生态文明建设评价考核工作试点】 成立以副局长为组长，相关科室负责人为成员的领导小组，明确能源科作为第一责任科室。制定《抚州市生态文明建设评价考核试点工作方案》和《抚州市生态文明建设评价考核试点工作部门职责及要求》。按照生态文明建设评价测算方法，以2013年为基期，初步完成2013—2015年抚州市生态文明建设发展情况测算工作。

【完善固定资产投资数据评估方法】 年初，针对2016年固定资产投资统计制度发生的新变化，对评估方案中部分指标的选用和部分指标评估计分方法作进一步修改和完善，增加5000万元以上项目个数和项目投资额占比2项指标，使得评估方案能够更加客观、真实地反映各县（区）固定资产投资发展的水平。

【定期对经济运行情况进行分析研判】 2016年，市统计局撰写《砥砺前行扬帆奋进——2015年抚州市服务业发展统计报告》《关于赴浙江省湖州市学习考察生态文明制度建设有关情况的汇报》《县区主要经济指标增速两极分化需引起重视》《固定资产投资保持较快增长，工业投资持续下降堪忧》《今年以来抚州工业投资增速排位靠后的数据简析》等专报，均获市委书记、市长等领导批示。推出"两会"统计专刊。为党政领导提供进度数据，每月、每季、每年在第一时间做好"四张表"（全省各设区市主要经济指标、全市各县区主要经济指标、每月经济实际数和预计数、每季全省100县区主要经济指标对比表）。4月在《抚州日报》刊登《抚州市国民经济和社会发展统计公报》全文。印发《2016抚州主要经济指标》宣传手册、《2016年分析手册》和《统计月报》等各类统计产品。

（黄志平）

【市统计局领导名录】
局　　长：陶雪华
副 局 长：唐永文　黄福荣
总统计师：刘志华

统计调查

【概况】 2016年，国家统计局抚州调查队开展了常规调查、重大国情国力调查和地方政府、部门委托的调查。组织实施城乡住户一体化调查，包括城镇住户家庭和农村住户家庭的基本情况、收入、支出、消费、投资、生产等调查。居民消费价格调查，包括居民消费品和服务项目的价格调查。生产投资价格调查，包括工业生产者价格调查、固定资产投资价格调查。规模以下服务业调查，包括装卸搬运和其他运输服务业、仓储业、计算机服务业、软件业、租赁业、商务服务业、科技交流和推广服务业、居民服务业、社会福利业、体育和娱乐业、其他服务业等有关服务业生产经营情况的调查。规模以下工业调查、企业采购经理调查、小微企业固定资产投资调查、小型商业贸易调查、粮食产量调查、畜禽监测调查等。第三次全国农业普查农作物面积遥感测量实地调查。

【开展地方政府和部门委托的调查】 受地方政府和部门委托，抚州调查队组织开展体育产业调查、文明城市测评调查、党风廉政建设国企反腐倡廉民意调查、网购调查、贫困村基层党建工作情况问卷调查。这些专项调查为政府了解民情民生、倾听民意提供可靠的调查数据。还对CPI、PPI调查数据进行跟踪监测与预警分析。

（蔡建松）

【抚州调查队领导名录】
队　　长：何　勇
副 队 长：董卫平　周平光
纪检组长：花志兴

审计监督

【概况】 2016年，抚州市审计机关共审计（调查）921个审计项目，查出各类违规金额26.3亿元，应上缴财政1.1亿元，应减少财政拨款或补贴1亿元，应归还原渠道资金1.3亿元，应调账处理金额23.1亿元，向纪检监察、司法及主管部门移送案件线索56件立案处理。提出审计建议981条，提交审计专题（综合性）报告917篇。

2016年，抚州市审计局连续14届、28年被江西省委、省政府评为省文明单位。

【履行各项审计职责】 完成对抚州市2015年城镇保障性安居工程建设情况及2016年稳增长等政策措施落实情况跟踪审计，对崇仁、金溪、广昌、南丰等4县世行、亚行贷款项目进行审计。对2016年全市医保基金进行审计调查。对宜黄、金溪等7个县进行扶贫资金专项资金的审计等。

抚州市审计机关重点关注财政资金的存量和增量、政府非税收入征管、"三公"经费、会议费使用和楼堂馆所建设等。全面完成对资溪县领导干部自然资源资产离任审计试点工作，并研究制定《抚州市关于开展领导干部自然资源资产离任审计专项办法》。市审计局在财政涉农资金结存情况审计中发现，大量项目资金滞留在县级财政和项目主管部门，其中结存资金超过1亿元的县（区）有5个，超过1亿元的涉农部门有水利、扶贫、农业、林业和交通。市审计局及时要求被审单位整改，并提出审计意见及建议，市政府主要领导批示，有力地促进了工作。

（杨志波）

【市审计局领导名录】
局　　长：魏建平
党组书记：刘冰冰（任至9月）
　　　　　魏建平（9月任）
党组成员、副局长：刘冰冰（9月任）
　　　　　吴晓兰　李兆龙
　　　　　万高峰　杨心灵
党组成员、总审计师：陈国华

本栏编辑　吴根茂

城乡建设与管理

综　述

2016年，抚州市建设局紧紧围绕“绿色崛起、跨越发展，建设幸福新抚州”发展目标，按照“高位谋势、精准发力、敢于担当、科学发展”的工作总要求，加快新型城镇化建设，提升城市品位，打造建筑强市，日常工作扎实开展，专项工作亮点频现。

民生服务能力日益提升。2016年，日供水10万吨的南区水厂工程竣工投产；中心城区水质综合合格率达100%；管道天然气建设进一步推进，市中心城区已安装管道天然气用户12万户，开通6万多户，基本满足市中心城区管道天然气用户需求；污水处理厂二期扩建工程（后期3万吨/日）全面竣工并投入运行，全市污水处理设施运行明显加强；积极开展海绵城市试点申报工作，成功获批省级海绵城市建设试点市，已申报国家海绵城市建设试点市；结合改善市中心城区人居环境和创建国家卫生城市目标，编制《市中心城区老旧社区改造三年计划》并开始实施；积极投入抚河流域生态保护及综合治理，启动市中心城区城市应急水源等4个项目。

小城镇规划建设成效显著。2016年，抚州市重点狠抓12个百强中心镇建设，加大历史文化名镇名村和传统村落的申报力度，指导各县（区）、各村镇开展历史文化名镇名村和传统村落申报工作，编辑出版《抚州古村古镇》画册。至年底，抚州市有2个国家历史文化名镇、3个国家历史文化名村、31个国家传统村落、13个省级历史文化名镇名村，每个村获得保护资金补助300万元，广昌驿前村和金溪疏口村获得省财政补助资金各1000万元。市政府出台《抚州市培育发展特色小镇的实施意见》，积极争取省政府支持申报创建全省特色镇建设示范区。督促各县（区）抓好百强中心镇污水处理设施和管网建设，已基本竣工并投入使用。市政府下发《关于进一步加强农民建房规划管理和服务指导的实施意见》，加强对城区和乡镇规划区外农民建房的规划建设管理和服务指导。农村危房改造工作进展良好。

建筑业发展取得重大突破。抚州市建筑行业有特级企业1家，一级资质企业35家，且资质门类日趋齐全，提前两年超额完成市委、市政府《关于加快全市建筑业发展的实施意见》中“十二五”期间的发展目标。积极推动建筑产业升级，实现由单一经营向多元经营转变。积极鼓励建筑企业实施“走出去”战略，大力拓展海外市场，以中阳建设集团为代表，在赞比亚、吉布提、埃塞俄比亚等非洲市场项目取得初步成果，落实项目投资额约15亿美元，启动总投资5.4亿美元的江西产业园建设。大力推进装配式建筑发展，抚州市已被批准为全省装配式建筑试点城市。市政府与远大住工、上海研砼、杭萧钢构等多个知名装配式建筑企业进行合作洽谈，起草完成加快推进装配式建筑发展的实施意见，积极推动装配式建筑生产基地项目尽快落地。年内，全市建筑企业共完成建筑业产值349.75亿元，同比增长19.11%；省外完成167.92亿元，同比增长47.19%；签订合同额544.31亿元，同比增长11.22%，建筑业总产值跃居全省第一方阵。

建筑市场监管力度不断提升。2016年，抚州市对招投标管理制度实施重大改革，出台《关于进一步加强政府投资房屋建筑和市政基础设施工程招标投标管理工作的若干规定（试行）》等3个规范性文件；全面启用工程建设招标代理机构信用管理系统，实行招投标纸质材料与电子版资料同步备案制度，建立市建设工程评标专家“黑名单”制度，及时处理招标投标投诉举报案件，进一步促进招投标的公开、公平、公正。取消投标信誉保证金，大幅度降低A、B、C类人员培训费用，减轻建筑施工企业负担。全面开放抚州监理市场，取消市外企业办理《诚信管理手册》制度。起草《关于进一步规范政府投资项目工程造价控制全过程跟踪管理的实施意见》。吸取丰城电厂重大安全事故和南昌白金汇海航酒店火灾事故教训，强化建筑隐患安全大排查，建立落实重大危险源登记验收制度，全面开展建筑工程质量安全大检查、文明施工专项整治及建筑施工安全质量标准化工作，及时发送预警信息和公布建筑安全生产资讯，组织各类别技术专家对全市近百个工地施工安全专项方案进行专家论证，有效防范和遏制建筑生产安全事故的发生。进一步建立健全工程量清单和招标控制价审查、招标文件计价条款审查、施工合同计价条款审查、竣工结算备案“四项监管”制度。

（吴　强）

【市建设局领导名录】
党委书记、局长：张冲林
党委委员、副局长：曾恭麟
郭向阳（11月任）
胡林高　肖复星
党委委员、纪检书记：
郑须生（任至12月）
党委委员、市纪委驻市建设局纪检组长：刘国平（12月任）

城市规划

【概况】　2016年，抚州市规划局转变作风，提高效能，认真履行职责，扎实推进各项工作，为城市功能完善、城市形象改观、城市品位提升做了大量工作，开创城市规划工作的新局面。

市规划局在《抚州市城市总体规划（2015—2030年）》修编中，进一步明确“南昌大都市区副中心城市，江西对接‘21世纪海上丝绸之路’的桥头堡，全省生态文明先行示范市，全国知名的历史文化城市”的抚州城市发展定位。做大做强中心城区，将东乡城区纳入城市总体规划范围；引导、完善产业集群发展；打造区域交通枢纽，完善、优化城市交通；调整、优化城市建设用地布局，实施“城市分步东跨、产业适度南拓、文教西联、北控”的用地发展策略。充分研究市域城镇的地位、优势和特点，引导形成互为补充的新型城镇体系，依托抚州都市区带动外围重点城镇，沿交通廊道辐射重要县城和城镇，形成“一群一轴三带三区”的市域城镇空间结构。在抚州市城市总体规划修编中，初步提出用地调整方案，从主城区其他组团调整出3.4平方千米的建设用地用于建设赣闽台产业合作示范区。明确推进新型城镇化的主要目标。到2030年，全市常住人口城镇化率由现在的52%达到67%，中心城区（不含东乡城区）规模由现在的63平方千米、55万人提高到110平方千米、110万人。同时抚州市所辖10个县的总体规划修编工作也已全部完成。

【完善城市控制性详细规划】
2016年，市规划局大力开展控制性详细规划编制工作，按照先重点片区后偏远地区，先急后缓的原则，先后启动《梦湖以西区域控制性详细规划》《站前新区控制性详细规划》《凤岗河以西区域控制性详细规划》《行政中心以东区域控制性详细规划》《抚北路以北控规》等多个控规的编制工作。《抚州市户外广告设施设置规划方案》取得市政府批复；《抚州市养老设施布点规划》（2015—2030）经市中心城区第21次规委会审议通过；《抚州消防专项规划》通过市中心城区规划委员会专家组评审，《抚州市电网设施专项规划》《抚州市城市排水防涝设施规划》等一批专项规划的编制报批工作正在紧锣密鼓地展开。

【严格规范城市规划管理】　市规划局持续推进行政审批制度改革，严格规划编制、方案会审、日常管理等管理制度执行，优化规划管理制度体系，系统梳理规划管理各个环节，提升规划管理水平。年内，市中心城区规划委员会共召开3次会议、市中心城区规划委员会专家组共召开19次会议，对近80个重大规划、建设项目进行评审，严格按程序进行规划审批。同时规划放验线，验收工作有序开展，建筑工程规划放线及批后验线总建筑面积2647310平方米，核发建设工程规划核实合格意见单（验收合格证）32宗，验收总建筑面积893753.2平方米。根据工作实际完善竣工规划条件核实流程，按照《江西省建设工程竣工规划核实管理规定》的要求，进一步规范竣工核实工作，对擅自扩大平面尺寸、移位、升高、更改已批准的设计方案和施工图纸进行建设的都将受到严肃查处，限期纠正。加强日常巡查力度，重点做好有证项目的跟踪检查，着重监管已进入规划部门行政许可程序或者已经规划部门批准的在建项目未按规划设计或许可条件建设的，督促未办理公示公布的建设单位进行补办，及时做好对违反审批要求建设的行为的调查、处理工作，确保规划监督工作的严谨、合法、合理。2016年，为规范开发区的管理，省发改委、住建厅等部门组织对全省各类工业开发区进行清理。市规划局组织对全市各县（区）的10个工业园区（不含资溪、乐安县）的公告目录资料进行审核，指导各县（区）对报送资料中存在的问题进行修改，审核并核减崇仁、临川区（抚北）工业园违法用地781.16公顷。

【启动历史文化名城申报】　为加快配合推进文昌里区域的保护，做好国家历史文化名城的申报工作，市规划局以大公路为界，将文昌里划定为汝东园和汤家山两个历史文化街区，委托中国城市规划院编制完成该两个历史街区保护规划的编制工作，上报省住建厅。同时，梳理抚州市现有历史文化资源，组织专家对《抚州玉隆万寿宫维修设计方案》《六水桥“大夫第”保护修缮方案》进行论证。

（杨黎军）

【市城市规划局领导名录】
局　　长：何　明
党组书记：乐小红（10月任）
党组成员、副局长：李金龙　周福生
聂　华
党组成员、纪检组长：
何志刚（任至10月）
市纪委驻市规划局纪检组长：
李晓君（10月任）

城市建设

【严格水质安全管理】　2016年，市建设局加大供水监管力度，强化“水源水”到“龙头水”的全过程水质管理，全力抓好生活饮用水水源污染监测防范工作，确保水源地水质合格率100%。按国家有关技术标准，加强水源基础数据分析和水质信息公布工作，方便广大市民掌握水质安全信息，水质综合合格率达100%，保障用水安全。有序推进中心城区供水管网建设。完成

DN300以上球墨铸铁管供水管网铺设任务12740米，投资1212万元。完成售水量3041.24万吨，实现主营业务收入4857万元；加快市中心城区应急水源、钟岭水厂取水泵站迁建、城南新区和文昌城区供水管网建设等工程项目的进展。日供水10万吨的南区水厂工程即将投产，以满足市中心城区用水需求。

【强化污水处理设施建设督查】 2016年，市建设局加大对全市污水处理设施建设运行监管力度，每月采取不定期对市污水处理厂处理水量、安全生产、污水处理设施建设和运行管理存在的问题进行现场指导和督查。污水处理厂规模达到12万吨/日，共处理生活污水4035.31万吨，达到设计规模的92.1%。积极督促省重点扶持5个县的污水管网建设。省重点支持的5个县的污水管网建设任务项目63个，新(改)建污水管网213.97千米，总投资45721.41万元，完工项目24个，开工在建项目29个，未开工项目10个，新（改）建成管网110.06千米，完成投资29676.53万元，完成投资64.9%。

【加强燃气行业监管】 市建设局进一步落实安全生产责任制，在元旦、春节、五一、端午等节假日期间积极组织安全生产大检查，对市中心7家液化石油储备站和抚州华润燃气有限公司LNG气化站进行安全检查，对临川区燃气办和高新区建设局下发13份整改通知书、1份停业通知，不定期组织抽查，对发现的问题限期责令整改，使安全检查工作落到实处，全市燃气行业安全生产工作总体平稳。加强宣传教育，采用上街区、进社区、办专栏等形式，多渠道、全方位地开展安全用气宣传活动，广泛宣传安全使用天然气常识、燃气炉具和热水器常识。开展消防灭火演练、安全逃生疏散演练，商业综合体燃气泄漏应急演练。完成牛角湾三村的老房用户验收通气、富奇等小区1100户老房用户（含铸铁管网改造）的改造碰接及配套安装、文昌里文昌家园安居房800户的安装、文昌家园部分埋地管网安装及临时气站土建场地平整工作；办理高新区韦二路、火炬六路、韦五路、金巢大道（金柅大道至金鹏大道）段7千米市政道路规划手续，完成高新区1.5千米市政燃气管网配套建设。

（吴 强）

村镇规划与建设

【抓好农村危房改造】 抚州市按照《江西省2016年农村危房实施改造方案》文件要求，全面完成2016年度农村危房改造任务。全市各县（区）已竣工6596户，竣工率100%，正在积极开展竣工验收和自查工作，做好迎接省政府检查验收的准备工作。

【加大古村镇保护及特色镇申报力度】 市建设局会同市文化局督促指导各县（区）积极申报国家、省级历史文化名村名镇和国家传统村落，全市已有2个国家历史文化名镇、3个国家历史文化名村、31个国家传统村落、13个省级历史文化名镇名村。积极组织各县（区）推荐申报首批江西省传统村落，累计推荐申报92个古村待批。全市有10个村落列入2017年、拟列入2018年中央财政支持范围，入围数量占全省二分之一强，高居全省各设区市第一位。会同有关部门对各县（区）上报的特色小镇进行审查，已向省住建厅推荐7个镇申报省级特色小镇。

【加快生态文明先行示范区建设】 按照省委农工部、省住建厅、省环保局的统一部署，市建设局多次对唱凯镇等12个省百强中心镇污水处理设施及配套管网建设进行现场指导和督查。根据督查情况，对项目建设进度进行6次通报，报请市政府对工作滞后的县（区）政府下发督办单。12个中心镇均完成项目建设任务，污水处理规模达2860吨/日、各中心镇已配套建设36.45千米的污水管网，污水处理厂正在试运营，顺利通过验收检查。

（吴 强）

建筑业

【优化建筑企业发展环境】 2016年，市建设局进一步规范建设行政许可审批工作，为351家建筑企业换发新版资质证书，避免影响企业正常生产经营。贯彻落实国家、省要求，组织各县（区）建设主管部门开展工程建设领域各类保证金的清退工作，推行工程保函和工程保险制度，减轻建筑企业资金压力，为企业开拓省外市场提供金融支撑。协调公安司法机关为企业解决工程案件纠纷提供司法帮助。

【加快工程建设领域诚信体系建设】 积极配合住建部和省住建厅“四库一平台”建设。结合该市实际，制定《抚州市建筑市场诚信行为“红黑榜”发布制度》，定期将企业及从业人员的诚信行为和失信行为向社会发布，鼓励争先创优、惩戒失信行为，并作为企业参与市场竞争的重要依据。

【优化工程招投标环境】 2016年，抚州市制定出台《关于进一步加强政府投资房屋建筑和市政基础设施工程招标投标管理工作的若干规定》《抚州市政府投资房屋建筑和市政基础设施工程信用承包商管理实施细则（试行）》等规范性文件，全面启用工程建设招标代理机构信用管理系统，实行招投标纸质材料与电子版资料同步备案制度，建立建设工程评标专家“黑名单”制度，促进招投标工作公开、公平、公正。

【助推企业增强发展动力】 为提升全市建筑企业高层管理人员综合素质，市建设局与市人社局在哈尔滨工业大学联合举办建筑业高管专题研修班，这是连续第5年组织建筑企业高管到知名大学学习。市建设局坚持每年组织召开“全市建筑施工安全质量标准化示范工地现场会”，鼓励企业狠抓工程质量安全管理，牢固树立抚州建筑品牌意识，不断提升建筑质量安全管理水平，为企业“走出去”承接项目起到重要支撑。吸取丰城电厂重大安全事故教训，全面推进全市建设工程质量治理行动，督促企业加强内部管理，牢固树立“安全第一、质量为先”的精品意识，坚决防止和遏制建筑生产安全事故的发生。总部经济中心的建筑企业总部基地建设项目进展顺利，已全部进入装修阶段，玉茗建设集团总部大楼已投入使用，建筑企业对外形象得到全面改观。

【促进企业转型拓宽市场空间】2016年，抚州市被批准为全省装配式建筑试点城市。市政府与中新房集团、远大住工、精工钢构、杭萧钢构等多个知名装配式建筑企业进行了合作洽谈。省住建厅批准中阳建设集团为江西省工程建设标准《江西省装配式住宅建筑技术规程》的主编单位。支持中阳、玉茗、恒强达等公司与装配式建筑龙头企业合作投资建设装配式建筑生产基地。市建设局代市政府起草《关于加快推进装配式建筑发展的实施意见》（征求意见稿），牵头起草《抚州推进绿色建筑发展实施意见》（讨论稿）。进一步加强建筑塑料复合模板在全市的推广力度，根据市政府要求，全面推动在市重点工程中应用建筑塑料复合模板，对项目使用模板情况开展专项督查，发现问题及时予以纠正，并积极向省住建厅争取支持在全省推广。推动企业积极走出去参与海外工程项目，取得明显成效。中阳集团进军赞比亚、吉布提、埃塞俄比亚等非洲市场，落实项目投资额约15亿美元，启动总投资5.4亿美元的江西产业园规划建设。以中阳集团参与吉布提项目为契机，在吉布提大使访问抚州期间，市政府与吉布提市签订《建立友好城市关系备忘录》，推动抚州市更多企业走进吉布提及周边非洲国家开展项目合作和对外投资。

（吴　强）

房地产业

【概况】 抚州市房管局认真贯彻落实市委、市政府决策部署和省厅要求，以赢得房管应有地位为动力，开拓进取，求真务实，抓重点、攻难点、出亮点，全力推动房管工作再上一个新台阶。

2016年，省住建厅下达抚州市各类棚户区改造任务8809户，其中，城市棚户区6784户、国有工矿104户、国有林场1281户、国有垦区640户。至10月31日，已全面完成任务。在此基础上，市委、市政府制定两个80万平方米征迁的工作目标。至年底，市中心城区预征收的5724户已签约5367户，占总户数的93.76%。13个棚改项目有11个已完成签约率95%以上（其中6个达98%以上），其余2个项目也完成93%以上；各县完成签约4282户，签约面积69.5万平方米，占总任务的86.9%。市中心城区货币化安置率达95%，各县货币化安置率76.6%。文昌里征迁任务1760户，已签约1717户，户数签约率97.6%；征迁总面积29.2万平方米，已签约面积26.4万平方米，面积签约率90.4%。在市中心城区传统建筑征收工作中，包括大夫第、雷家大院等在内的46栋148户传统建筑征收已完成签约率93%。年内，抚州市积极同国开行、农发行、农行等金融单位对接融资，已争取农发行15亿元、农行10亿元贷款；争取第一期国开行融资13.8亿元（其中市中心城区3.88亿元），第二期国开行融资67.879亿元（其中市中心城区9.7亿元）也正在办理中。

认真贯彻落实市政府出台的《抚州市中心城区化解房地产库存工作措施》。在此基础上，督促各县（区）出台契税补贴、购房补贴等去库存工作举措，力促房地产市场呈现价稳量升的局面。对棚改征迁户在落实原有的评估补偿标准和奖励费、补助费全面到位的基础上，引导和鼓励被征收人购买商品房进行安置，进一步提高棚户区改造的货币化、市场化安置补偿标准。完善房地产监控平台，审批核发商品房预售许可证，及时将批准的预售信息、可售楼盘及房源信息在房地产信息网上予以公示，做到公开透明。及时传达《规范房地产开发企业行为维护房地产市场秩序电视电话会议》精神，对中心城区在建在售的房地产开发企业经营行为开展一次全面检查，设立有奖举报电话和信箱，对房地产开发企业违法违规行为公开接受社会举报，依法严肃查处住建部公布的“九种”违法违规不正当经营行为。

【有序开展保障房建设分配入住】2016年，市房管局全力抓好怡居、悦居和文昌佳苑保障房及象山、汝水、鸿瑞花园安置房建设，确保按计划如期竣工。与此同时，为配合文昌里改造项目的推进，9月初对文昌里1760户申请保障房对象进行资格审核，9月14日进行公开摇号，1419户符合条件对象中签入住。此外，根据抚府办〔2016〕36号文件精神，通过“三级审核、三榜公示”后，公平、公正、公开对市中心城区9117套保障性住房（公租房5996套、廉租房3121套）进行摇号分配入住。其中，6809套房源（公租房3855套、廉租房2954套）先后于11月15日、12月12日分两期摇号分配。剩余房源正严格按照有关程序协调各棚改项目部进行分配。这是抚州市中心城区2013年以来首次摇号分配保障房，如期完成省住建厅下达的2016年市中心城区保障房分配入住率应达70%的目标。

【推进房屋安全和物业管理工作】市房管局高度重视房屋白蚁防治工作，白蚁防治面积达115万平方米，确保群众房屋居住安全；加强直管公房危房排查力度和居住出租房屋信息采集及租赁备案登记。积极响应市委、市政府创卫号召，主动负责中心城区53个物业住宅小区的创卫和管理，全面开展物业企业定档和无物业住宅小区的统计工作。以玉茗花园、中春苑住宅小区物业管理试点工作为契机，开展物业小区环境卫生整治。切实抓好小区尤其是高层建筑安全管理，开展物业小区烟花爆竹、消防设施等安全隐患大排查。做好物业维修资金收取与监管工作，全年共收取物业维修资金4945.23万元，核拨288.26万元。

（万政旗）

【市房管局领导名录】

党组书记、局长：汪华辉（任至8月）
　　　　　　　　邹裕明（8月任）
党组成员、副局长、调研员：陈　菁
党组成员、副局长：黎　明　吴国平
　　　　　　　　　艾志峰（任至8月）
党组成员、房改办主任：危转安
总工程师、征收办主任：肖　敏

城市管理

【概况】 2016年，抚州市城市管理行政执法局落实中央、省、市规定的改革任务，全力推进城市执法体制改革。根据省、市深化改革工作有关安排，结合抚州市城管执法实际，拟定深化中心城区城管执法体制改革的实施意见，确定管理范围、权力清单和责任主体，理顺各部门职责分工，落实市、区、街道、社区的管理服务责任，健全城市基层治理机制。继续实行“7315”工作机制（即每星期工作7天，每天分3个时段，每天管理时间15个小时），确保城市管理全天候、全覆盖、无缝隙、无空档。经过全体城管人的努力，干净整洁有序的城市环境愈加明显地展现在广大市民眼前。年初，为切实做好“两违”清理工作，市委、市政府将市规划监察支队由规划局划归城管执法局，理顺体制机制，有效做到建管分离。完成市中心城区数字城管建设工程，配备正式编制人员5名，对外公开招聘座席人员16名，信息采集人员10名，完成与公安天网工程等视频监控资源的整合，全面启动市中心城区数字化城市管理工作。常态化推进县（区）及中心城区街办城市管理考评工作，实现市本级、县区、乡镇三级联动。结合县（区）、乡镇、街办综合执法体制改革，积极探索中心城区城市管理重心下移工作，全面提升城市管理的效率和水平，中心城区乡镇、街办、各县（区）城市管理考评办法日臻完善，城乡面貌得到有效改善。

【完善城市基础设施】 2016年，市城管执法局出台并实施城市基础设施提升计划，不断完善城市功能。根据《抚州市中心城区城市基础设施及市容环境提升三年行动计划（2016—2018年）》，有计划有步骤地推进城市道路、市政设施改造提升，不断完善配齐环卫配套设施等。采用环保陶瓷生态透水砖完成赣东大道（环城南路—迎宾大道）人行道改造工程，积极推进海绵城市建设。通过现代探测技术，重点普查市中心城区面积约60平方千米范围内的给水、排水、燃气、电力、通信五大类16种管线，外业普查共计2716.63千米，管线点测量131040个点、绘制1：500综合图800幅和1：500专业图6508幅。在地下管网摸底的基础上，启动地下综合管廊建设专项规划工作，同时开展赣东大道综合管廊工程试点，推进智慧城市建设。加大市政基础设施日常维修力度，维修路面16442平方米，人行道板（砖）11718平方米，路沿石502.2米，更换、检查各类井盖（座）2307块，维修、疏通下水道4687米；维修路灯14000余盏（次），路灯线路300余处，更换破损灯罩1600个，修补路灯和景观灯缺失盖板300余块；制作规范经营户货物摆放的不锈钢护栏120余米，增设垃圾桶100余个。

【大力开展整治行动】 2016年，市城管执法局高位推进“两违”集中整治行动；规范田缘广场、酸菜鱼一条街、东华理工大学本部、体育路等夜宵摊点；整治占道经营行为和露天菜场，尤其以“拂晓行动”整治凤凰城露天市场和青峰菜场整治成效最为明显；持续开展“五车”整治和二手车占道清理；开展大型户外违规广告整治行动，共拆除市城区各类户外广告设施1700余处，面积8万多平方米，有效净化城市立面环境；大力开展扬尘污染治理专项整治，教育劝导违规运输车辆120辆次，处理违规运输车辆81辆；对30家工地进行排查，下达整改通知书7份，对丰源宜合等3个工地进行停工整改；责成金莎世纪城、丰源宜合、旅投公司工程部等18家工地冲洗污染路3.2万平方米；处理违规乱倒的建筑垃圾96处，冲洗无主车轮泥印2.15万平方米，清理各主次干道过往车辆洒漏的泥、沙、石7万平方米，有效控制道路污染行为。在纪念汤显祖逝世400周年环境保障工作中，连续6天针对中心城区10余条主次干道进行徒步地毯式综合整治

市城管局开展党员志愿服务

10余次，城市市容市貌焕然一新，较好完成环境保障各项任务。

【提升治理水平】 市城管执法局根据中央、省、市统一安排，全面推行“双随机、一公开”监管行动。建立随机抽查事项清单、建立检查对象名录库、建立执法检查人员名录库、制定随机抽查工作细则和2017年度行政检查计划（即“一单两库一细则一计划”）。开展“内强素质、外树形象”活动，塑造新形象，展示新风采。对执法人员实行半军事化管理，开展军训、学习培训，提高执法管理人员的业务素质、纪律意识，全体执法人员实行统一着装，挂牌上岗，党员佩戴党徽亮明党员身份，公开接受社会监督。成立作风效能督导组，对局属单位、机关科（室）履职、工作作风、人员着装、挂牌上岗、车辆规范使用、标识标牌、安全操作等工作进行监督检查。对督办整治的工作效果进行实地察看，对工作不力，“庸、懒、散”的责任人进行严肃追责。深化城管志愿者服务活动，营造全民参与城管氛围。引导爱心企业和人士以及广大市民慰问环卫工人、参与城市保洁；发起首个社会组织志愿服务公益项目——“爱心驿站”社区志愿服务公益项目，服务小区空巢老人、留守儿童等弱势群体，提高市民对城市管理的参与度，营造良好氛围。

（李家华）

【市城管执法局领导名录】
党委书记、局长：尚江黎
党委委员、副局长：周平星　戴建毅
　　　　　　　　　徐建平
路灯管理所所长：高文辉

城市园林

【概况】 2016年，抚州市园林绿化局（抚州市风景名胜管理局）认真贯彻落实“创新引领、绿色崛起、担当实干、兴赣富民”的目标和任务，坚持“围绕中心，规范管理，精致养护，廉洁从政”的要求，切实履行园林绿化和风景名胜管理各项职责，大力推进各项重点工作深入开展，进一步锤炼园林绿化干部队伍，各项工作成效显著。

以“一园一制度、一园一队伍、一园一特色、一月一宣传”的理念打造城区内大小17处广场、小游园，针对每个广场、游园不同的服务对象、目标定位、设施设备情况，进行特色化打造管理，满足不同群体运动健身、游乐休闲、邻里和谐的需求。城区绿化景致景观中，花草绿植摆放从传统的平面造型向立体造型转变，起到丰富城区绿化层次，有效扮靓城市街景，美化人居环境的作用。针对绿化破坏现象，市园林局换位思考，想群众所想，在不影响绿化带整体效果和功能的情况下，开辟出行人通道，方便群众进出。规划设计院承接抚州市烈士陵园景观设计方案、抚州上上城居住景观绿化设计工程等约25项景观设计项目，对市区绿化由点及面的进行整体规划设计，使各新建项目的绿化各具特色又协调统一。同时在项目建设中严把质量关，重点工程成立项目领导小组，明确责任，紧抓质量监督工作。

【绿化管护卓有成效】 市园林局对城区园林绿地、道路绿化带等每天进行养护巡查，及时掌握园林植物生长情况和植物的缺株、死株情况，做到及时更换。加强对绿地内园林植物病虫害的监控及防治工作，提升园林植物的景观效果。针对春季气候干旱、水源紧缺的现状，对城区所辖的全部绿地和绿化带加班加点进行浇水。针对夏季雨水增多的情况，做好防汛工作，并在梦湖沿岸制作安全警示牌，保证汛期安全。在考核管理上完善《2016年园林绿化养护工作考核方案》，对绿化养护工作进行日、月、季度三级考核，推进园林精细化养护管理。

【创新节约水平提高】 2016年，市园林局多措并举，全面落实节约型园林绿化措施，在广场、公园、游园、道路绿地建设中，多用常规的及透水透气的环保型材料；坚持“适地适树”“适树适栽”原则，大量使用适应性强、地域特色明显的樟树、桂花等乡土植物，大力推广宿根花卉和自播能力较强的地被植物及本地木本植物；在公园绿地、道路绿地中广泛采用雾化喷头，微喷、滴灌、渗灌技术，利用梦湖、风岗河等雨水、河水、自然水进行灌溉；公园内、道路旁大量使用节能灯，标识标牌采用节能材料等；在园林绿化植物管护中，积极利用堆肥、有机营养基质和深加工等方式处理修剪树枝及落叶，实现循环利用。

（付　波）

风景名胜管理

【概况】 2016年，抚州市共有6处省级风景名胜区，分别为南城麻姑山风景名胜区、南丰潭湖风景名胜区、乐安流坑风景名胜区、黎川船屋风景名胜区、崇仁相山风景名胜区以及金溪天门岭风景名胜区。

为保护全市风景名胜资源，推动风景名胜事业健康有序发展，2016年，市园林局对全市范围内具有观赏游览价值、分布相对集中、具有地域性特色、可独立开展游览活动的景区景点，包括已经开发利用的风景名胜资源和具备资源价值尚未开发利用的风景名胜资源进行全面普查，通过此次风景名胜资源普查，共收集到全市风景名胜资源54处，形成全市风景名胜资源备用库，为下一步创建国家、省级风景名胜区打下扎实的基础。

加强对县（区）风景名胜的指导工作，根据风景名胜资源普查结果，引导有条件的景区申报省级风景名胜区。对风景名胜区进行执法检查，督促风景名胜区规范景区管理，编制风景名胜区规划，完善景区管理体制，并于年终对县（区）风景名胜工作进行考核。

【南城麻姑山风景区】 麻姑山位于南城县境内城区西南、雩山山脉之北端，发脉于军峰山，结为芙蓉峰道场，终于丹霞福地，原名丹霞山，因麻姑仙女在此得道而得名。东北方向与城区相邻，距中心城区仅4千米，面积47.8平方千米。景区于1991年1月被省人民政府评为省级风景名胜区。

【南丰潭湖风景区】 潭湖风景区坐落于南丰县太源乡境内。南丰县东靠黎川、福建建宁，南接广昌，西毗宁都、宜黄，北邻南城；地理坐标为东经116° 09' ~ 116° 45'，北纬26° 51' ~ 27° 21'。景区总面积871.1公顷。地形地貌以山地与湖泊为主，山地最高海拔196米，地势平缓，植被丰富；湖泊常年水位在119米，可进行水上旅游与山地旅游项目开发。土壤为黄壤，土地肥沃，气候暖和湿润，雨量充沛，无霜期长，四季分明，适宜植物生长。潭湖风景区最早起源宋代，后历朝历代均有修建。其中，凤翔峰寺、寿峰寺、觉源寺香火不断，造就了潭湖深厚的深厚文化。

【乐安流坑古村风景区】 流坑古村地处乐安县西南部，北距乐安县城38千米，西至牛田镇6千米。处在乐安县东南山区向西部中低丘陵的过渡地带上，四周青山环抱，三面江水绕流，山川形胜，钟灵毓秀。该村处于华南气候区与华中气候区过渡地带，亚热带湿润季风影响明显，四季变化分明、气候温和，年平均气温17.7℃，七月份平均气温28.5℃。一月份气候平均气温为5℃左右。无霜期265天，年平均降水量约1650毫米，春初夏末雨水较多。主要灾害性天气有干旱、暴雨、干热风、寒露风、春寒、小满寒、冰雹、冰冻等。东面、北面有乌江环绕而过，西面是人工开挖的龙湖，境内还有多处水塘。历史上这里春夏二季雨水充沛，河水上涨，排筏上下，川流不息，船只自村边码头可下漂至赣江沿江樟树、南昌、吴城等商埠。

【黎川船屋风景名胜区】 船屋风景区位于黎川县华山垦殖场洲湖村，总占地面积37平方千米，距福银高速黎川出口31千米、龙虎山100千米、大金湖60千米、武夷山120千米，景区地处以上几大景区的中心点，交通便利，区位优势明显。于2014年12月被省人民政府评为省级风景名胜区。该景区主要有四大特色。一是洪门（天地会）文化的船屋古建筑群；二是丰藻漂流；三是天然的暖水温泉；四是原始生态风光。

【崇仁相山风景区】 相山位于崇仁县境内南部的相山镇西10千米处，北面与乐安县公溪镇接壤，主峰海拔1219.2米，两主峰酷似卧着的雄狮，狮头为道教新殿所处峰，狮尾为道教老殿所处峰。面积33.7平方千米，为崇仁县境内第一高峰，素有赣东名山之称。相山又名巴陵（也叫巴山），此二名皆因东汉仙人栾巴在此修行而得名。在全国第三次文物普查时，相山被列为江西100个重大发现之首。风景区具有丰富的天景、石景、水景、生景、建筑景观及民间习俗，且基本处于自然状态、保持着较好的历史原貌；其自然景观与人文景观交相辉映，在省内具有较高的典型性、稀有性、多样性。风景资源特色可以概括为：道教名山、奇峰怪石、幽谷秀瀑、古村风情。

【金溪天门岭风景区】 天门岭位于金溪县何源镇以东，距金溪县城35千米，其北与龙虎山风景区相连。地处武夷山脉西北支脉向鄱阳湖平原过渡的赣东丘陵、发源于武夷山麓的信江支流白塔河流域，属中低山地貌和河流冲积堆积地貌。中低山地貌分布在东南部峡山、王家山、北源等地，高山峻岭，山体边坡陡峭，地形起伏较大，冲沟发育，森林茂密，山体多由花岗岩（或火山岩）组成，山峰海拔多在500米以上，最高峰笔架峰，海拔1363米；河道两岸的山峰相接，相对高差在300–500米。其高差较大，形成多条峡谷，三面环山，溪间怪石林立，自然崖洞奇形怪状。

天门岭属亚热带湿润气候区，气候温和，四季分明，雨水充沛，光照充足，无霜期长。受季风气候影响，温度和降水变幅较大，干湿比较明显。最冷月1月平均气温5.5℃，最热月7月平均气温26.4℃，年平均气温17.7℃。由于海拔相对较高，植物茂密，形成其特有的小气候，气温一般比平原低3 ~ 5℃，是夏季避暑胜地。拟申报风景区面积为30.5平方千米，核心景区面积16.2平方千米。

（付　波）

【市园林绿化（风景名胜管理）局领导名录】

党组书记、局长：杨　皓（任至2月）
党组副书记、副局长：邹小华
党组成员、副局长：吴素辉
付和平　胥保华
党组成员、纪检组长：吴桃金

本栏编辑　谷丽茜

环境保护·防灾减灾

综　述

2016年，抚州市的环境保护工作紧紧围绕抚州经济社会发展决策部署，以改善环境为核心，以生态文明示范建设为统领，认真履职，扎实推进环境保护各项工作，为全市生态文明建设提供良好的环境支撑。

积极服务经济社会发展大局。全年审理行政许可项目158个，审理环境影响评价文件84个，发放排污许可证3个、办理危险废物转运联单71份、审批核与辐射类项目5个，办结建设项目竣工环保验收项目23个，完成建设项目环境影响评价文件评估工作26个；对建设项目的环境影响评价文件实施全流程跟踪表，从受理、拟批准和审批决定全部在局网站上公示和公开；全力开展跑项争资工作，获年度资金9499万元，占全省比高达43.7%。同时获省级专项资金3599万元；制定抚州市招商引资项目环境准入负面清单，受到市委、市政府主要领导的表扬；开展全市违规违法建设项目的清理，共清理项目473个，全部整改处理到位。

狠抓主要污染物总量减排。编制《抚州市2016年主要污染物总量减排计划》，全市主要污染物化学需氧量、氨氮、二氧化硫、氮氧化物排放量分别控制在70280吨、6605吨、20279吨和26083吨，通过省环保厅审核；督促江西大唐国际抚州发电有限责任公司完成脱硫、脱硝、除尘设施的升级改造。脱硫效率由97.35%提升到98.9%，脱硝效率由80%提升到85.7%，除尘效果超过99.8%；确定2016年度抚州市重点监控企业126家；落实将总量控制作为环评审批前置条件。

加大生态环境保护力度。确定抚河沿岸的广昌、南丰、南城、金溪、临川和高新区6县（区）36个乡镇各选择一个自然村作为生态村镇示范工程建设点；2016年全市有4个乡镇和9个村获省级生态乡镇和省级生态村命名；完成抚州市自然保护区生态环境保护情况自查工作，对广昌县抚河源自然保护区生态环境保护情况、南城县芙蓉山自然保护区生态环境保护情况进行现场督查；启动全市自然资源资产负债表（水环境质量及变动表）编制试点工作。

不断提升环境执法水平。2016年，对全市工业园区50余家企业进行整改；开展环保执法检查“零点行动”，共出动执法人员2000余人次，排查企业600多家，责令停产整改158家，关停取缔29家，对113家存在环境违法行为的企业实施行政处罚，罚款441万元；积极参与环保抚河行检查采访活动；开展环境执法大练兵活动，广昌县的《实施无缝执法巡查》大练兵活动报道被《中国环境报》“环境执法大练兵”专栏录用。活动开展期间，全市环保部门立案查处案件58件，移送公安机关7件，关闭企业12家；年内共受理环境污染投诉来信、来访及来电共计218件，其中，水污染投诉83件、大气污染投诉90件、噪声污染投诉25件、电磁辐射污染投诉4件、其他投诉16件，办结218件，办结率100%。办理中央环保督察组驻赣期间交办的环境信访27批31件，已办结29件，2件正在办理中。责令立即改正14家、限期改正11家、停产整改9家、立案查处8家、处罚金额83.6万元、查封扣押6件、关停取缔6家、立案侦查3件、刑事拘留2人、行政拘留3人、约谈5人、问责7人。

狠抓污染防治提升环境质量。净空方面：制定《2016年抚州市大气污染防治实施计划》，开展综合整治机动车排气污染专项行动；将抚北工业园区等纳入禁燃区管理；继续在市城区禁止新上燃煤锅炉，其他各地禁止新上10吨/小时以下的燃煤锅炉和煤气发生炉项目；积极推进天然气、生物质颗粒成型燃料等清洁燃源；开展黄标车及老旧机动车淘汰工作。净水方面：建成钟岭、抚北两个水厂水质自动监测站，与国家联网实时发布数据；对全市饮用水水源地按照“每月监测、每季巡查、每年评估”的方式进行专项检查；开展中心城区及县城集中式饮用水水源地水质评估，全市集中式饮用水水质和水量达标率均为100%；建立环境污染事故预警机制；推动各县（区）加快污水处理厂和配套管网的建设，提高污水收集率和运行达标率；编制《抚河下游段重点流域水污染防治总体方案》；全力推进洪门水库环境综合整治，实施26个整治项目。净土行动：开展辖区内土壤污染防治现状调查，筛选出重点项目库；确定“十三五”期间全市重金属污染防治工作主要控制因子为铅、汞、砷、铬、镉。主要以重有色金属矿（含伴生矿）采选业和冶炼业、铅蓄电池制造业、皮革及其制品业、化学原料及化学制品制造业等行业；以抚河流域为重点，开展重金属污染治理与修复试点示范；开展重点畜禽养殖企业周边土壤环境质量现状监测，结果优于全省平均水平。

广泛宣传营造重视环保氛围。组织开展“6·5”世界环境日系列宣传活动，定期发布环境质量状况公报，开展环保在线访谈。

（市环保局）

【市环保局领导名录】

局　　长：邓长明

党组书记：贾小华（任至10月）

副 局 长：黄达友

王瑞芳（任至7月）

丁　文（1月任）

总工程师：夏斯峰（5月任）

环境监测

【地表水监测】 监测断面的设置：抚州市境内主干河流为抚河，自广昌发源，流经南丰、南城、临川等县（区），在南城县万年桥汇纳黎滩河水，在临川区黄江口汇纳宜黄河和崇仁河水，在临川区罗针镇城前街村汇纳东乡水，流经焦石坝断面后，进入南昌市辖区。抚州辖区内抚河水系地表水监测断面为12个：其中，国家考核断面为4个，分别为超坊（南丰县境内）、焦石坝、钟岭水厂和临水河口（均在临川区境内）；省级考核断面为8个，分别为广昌水厂、罗家（均在广昌县境内）、万年桥、黎滩河河口（均在南城县境内）、廖坊电站、文昌桥、黄江口和东乡水河口（均在临川区境内）断面。另有地表水县界监测断面8个。监测频率：地表水环境质量状况监测频率为一年监测12次，丰、平、枯水期各监测4次，每月进行一次监测。监测项目：包括水温、pH值、溶解氧、高锰酸盐指数、化学需氧量、生化需氧量、氨氮、总氮、总磷、砷、汞、镉、铅、铜、锌、硒、六价铬、挥发酚、总氰化物、石油类、氟化物、阴离子表面活性剂、硫化物、粪大肠菌群等24项。

【饮用水源地水质监测】 监测断面的设置：市城区内国家考核饮用水源地有4个，分别为钟岭水厂取水口、荆公水厂取水口、南区水厂取水口和抚北水厂取水口。监测频率：城市饮用水源地水质监测频率为每月一次。饮用水源水质监测项目包括水温、pH值、溶解氧、高锰酸盐指数、生化需氧量、氨氮、挥发酚、砷、氰化物、汞、镉、铅、铜、锌、六价铬、石油类、高锰酸盐指数、总氮、总磷、氟化物、硫酸盐、氯化物、铁、锰、硝酸盐、硒、阴离子表面活性剂、硫化物、粪大肠菌群及33项优选特定项目等共62项。

【城市空气环境监测】 监测点位的设置：在市城区内布设环境空气自动监测点位5个，分别在市环境监测站、血防站、采茶剧院和医学分院各设立一个空气自动监测评价点，在桐源党溪设立一个空气自动监测对照点。环境空气自动监测点开展的监测项目分别为SO2、NO2、PM10、PM2.5、CO、O3等6项；监测频率为每日24小时，每月不间断，全年12个月监测。

【降水监测】 降水监测布点，在市城区内布设降水监测点位2个，分别是市环境监测站和南昌大学医学分院，逢雨必测，遇连续降水时，每天的雨水收集为1个样本。监测项目及监测频率，全指标分析，降水量、pH值、电导率、SO42-、NO3-、F-、Cl-、NH4+、K+、Na+、Ca2+、Mg2+12项指标逢雨必测。

【环境噪声监测】 区域环境噪声监测布点情况：根据网络布点的原则，在抚州市城区和抚北镇区域范围内，按照500m×500m的网络距离设置区域噪声监测点位102个，覆盖城市人口52万人。道路交通噪声监测布点情况：在抚州市主要交通路段设置交通噪声监测点位50个，覆盖道路总长度69.5千米。功能区噪声监测布点情况：将抚州市城区划分为1类、2类、3类、4类4个功能区，每个功能区设置的代表性测点个数分别为2个、5个、2个、1个。监测频次：区域环境噪声每年监测一次，测量时间一般为秋季，监测时段为昼间；道路交通噪声每年监测一次，测量时间一般为秋季或冬季，监测时段为昼间；功能区噪声每季度昼夜各监测一次，测量时间为每季度的第二个月，每次监测24小时。

（市环保局）

辐射环境管理

【概况】 2016年，抚州市辐射工作紧紧围绕辐射环境安全管理这个中心，不断加强放射源和射线装置的日常监管，切实做好电磁辐射环境监督、辐射环境项目的审批、验收以及辐射安全许可证发放工作，妥善处理辐射环境信访，全市没有发生一起辐射事故，辐射环境安全稳定。

【开展放射源安全检查专项行动】 2016年全市有密封性放射源使用单位7家，共有放射源43枚，其中Ⅳ类源17枚，Ⅴ类源26枚（东华理工大学25枚放射源于2016年11月15日迁运至南昌校区）。为确保放射源安全，市环保局成立专项行动领导小组，设立专项行动办公室，制定《抚州市放射源安全检查专项行动实施方案》，并印发至各县（区）环保局以及密封性放射源核技术利用单位。各县（区）环保局共检查放射源使用单位7家，详细掌握被检查单位相关信息，完善相关辐射工作档案，下达整改通知书8份，对检查中发现的问题及时督促放射源使用单位全部整改到位，确保辐射环境安全。对临川区2家闲置放射源使用单位闲置的3枚放射源，2016年12月市环保局向临川区政府送达《关于要求尽快送贮闲置放射源的函》，并要求将闲置放射源送贮工作作为全市存在的环境问题上报市政府。经市环保局督促，临川区闲置放射源已全部送江西省放射性废物库收贮，全市所有核技术利用单位均处于安全运行状态。

【核技术利用项目环评与验收】 市环保局严格按照国家有关法律法规要求，对核技术利用项目开展环评审批。全年全市共审批核与辐射类项目9个，其中，Ⅲ类射线装置单位2个；Ⅳ类放射源单位1个；Ⅴ类放射源1个；110KV输变电项目5个。同时，对省环保厅审批的4个辐射项目出具初审意见。全年全市核技术利用项目环保竣工验收项目4个，均为放射源使用单位的验收。对省环保厅验收的项目出具2个竣工环保验收现场检查意见。市环保局还对抚州电力公司早期已建成投产110KV输变电未进行环境现状评估的项目进行清理，共清理出历史遗留项目9个。至年底，该9个项目的环境现状评估报告已编制完毕，全部通过市环保局备案管理。明确辐射安全许可证核发程序及许可证条件，并在网上公示。年内对2家企业进行许可证变更的换证工作，全年全市共发放《辐射安全许可证》118个。

【辐射信访处理】 2016年，市本级共处理电磁辐射投诉5起，其中，中央环保督查组交办的信访件1起。对信访投诉做到现场调查，当面解释，必要时进行电磁辐射环境监测，用数据打消信访者的担心和疑虑，信访投诉办结率100%，全市未发生一起因电磁环境污染而引发的集体上访。

（市环保局）

污染防治

【大气污染防治】 一是制定《2016年抚州市大气污染防治实施计划》，抓好中心城区空气质量改善，推动建筑工地扬尘治理、道路洒水降尘、建筑垃圾等渣土运输车辆和餐饮油烟的专项整治。二是淘汰落后产能。先后完成淘汰水泥落后产能35万吨、落后生产线7条，关停企业6家，对涉重金属排放的江西恒力科技有限公司限期搬迁改造，对江西华夏电源有限公司限期实施转产和生产线改造。三是大幅削减燃煤总量。市城区淘汰10吨以下燃煤锅炉20台，规模43.6吨/小时，市城区不再审批新建燃煤等高污染燃料锅炉，其他地区不审批新建10吨/小时及以下的燃煤锅炉项目和煤气发生炉项目。四是严控机动车污染，大力发展绿色交通。全年淘汰老旧机动车和黄标车7815辆，超额完成7750万辆的目标任务，按时供应符合国家五标准的车用汽、柴油，完成215座加油站油气回收治理工作。大力实施绿色交通系统建设，投放3500辆公共自行车保障市民出行。五是积极应对污染天气。对2016年12月抚州市出现长时间的污染天气，市政府及时召开协调会，部署应对措施，市环保局及时在市各媒体公布环境空气质量信息，分析产生的原因，提出防范措施，保障居民身体健康。

【水污染防治】 一是制定《抚州市水污染防治工作方案》，明确到2020年抚州市水污染防治工作思路、目标及量化考核指标，细化确定72项重点任务和77项保障措施。每年的所有任务、措施、重点项目分解落实到具体部门及相关县（区），配套建立工作推进机制和重点问题督办制度。二是开展工业聚集区水污染专项整治行动，全面排查涉水重点排污企业。对水污染企业污水治理设施进行升级改造，取缔东乡县宏远纸业有限公司等涉水“十小”企业3家。三是按照“每月监测、每季巡查、每年评估”的方式加强饮用水水源地的环境监管，在钟岭、抚北两个水厂建成水质自动监测站，与国家联网实时发布数据。四是推动南城、东乡、广昌、南丰、宜黄、崇仁工业园区污水处理设施建设，新增工业污水处理能力3.5万吨/年。推动南城、广昌、黎川城镇污水处理配套管网建设，新增污水管网112.99千米。五是推动抚河流域生态保护与综合治理，落实河长制。推动东乡北港河和乐安鳌溪河的污染治理，使水质明显好转；开展县界出境断面水质监测和考核，对出境断面水质情况进行通报。

【土壤污染防治】 开展辖区内土壤污染防治现状调查，对发现的问题提出对策和治理措施，申报国家治理项目。加强危险废物、持久性有机物、危险化学品和涉重金属企业的监管，以抚河流域为重点，开展重金属污染治理与修复试点示范。

（市环保局）

生态保护

【概况】 2016年，抚州市申报4个省级生态乡镇、10个省级生态村，完成122个市级生态村的命名。10月，省环保厅命名第九批省级生态乡镇和第七批省级生态村，抚州市有4个乡镇、9个行政村荣获命名。资溪县的国家级生态县创建通过环保部验收，获得国家级生态县命名。

【生态空间保护红线划定】 7月5日，省政府正式发布《江西省生态空间保护红线区划》。抚州市的生态空间保护红线面积为5732平方千米，占国土面积比例30.52%，其中，一级管控区713.6平方千米，二级管控区5018.4平方千米。广昌县生态空间保护红线面积占国土面积比例74.74%，占比为全省第一。

【生态村镇示范工程建设】 按照市委、市政府《关于打好三大攻坚战，推进“13”工程的意见》的要求和市委主要领导的指示精神，市环保局与市委农工部、市水利局联合下发《关于做好生态村镇示范点选点申报的通知》，明确选点的原则和方法，通过各县（区）申报和实地考察调研，确定在抚河沿岸的广昌、南丰、南城、金溪、临川和高新区等6

县（区）36个乡镇各选择一个自然村作为此次生态村镇示范工程建设点，并制定《抚州市生态村镇示范工程建设实施方案》，以市委办、市政府办文件下发实施。

【自然保护区建设管理】 2016年，市环保局完成全市自然保护区生态环境保护自查工作，配合省政府督查组对广昌抚河源自然保护区和南城县芙蓉山自然保护区生态环境保护情况进行现场督查。根据《江西省环保厅关于公布全省207处市县级自然保护区范围和界限的通知》精神，与市林业局联合下发《关于做好市县级自然保护区立标勘界工作的通知》，确保市县级自然保护区范围明确、界限清晰。

（市环保局）

气象工作

【概况】 2016年，抚州市气象局坚持“公共气象、安全气象、资源气象”为理念，进一步解放思想，开拓创新，扎实工作，各项工作均取得长足进步。针对2016年抚州气候异常，于3月23日提前9天入汛，入汛以后全市共出现28次明显降水过程，其中13次区域性暴雨，先后经历4个台风的影响。全市气象部门切实做好气象服务工作。一是优化预警发布流程，做到预警发布和对外服务登记留痕。同时针对春播汛期天气特点、重大灾害性天气以及节假日和中高考天气，制作和发布决策气象服务材料426期，主要领导当面汇报、电话汇报等形式开展决策服务500余次。二是做好全市重大活动或工程的气象保障服务，在遇有重要天气时，及时通过手机短信、电子显示屏、12121声讯电话、网络、预警大喇叭等手段对外发布预警信息。全市全年共发布预警信号1564次，其中，台风预警信号19次、暴雨预警信号178次、暴雪预警信号1次、大风预警信息12次、寒潮预警信息28次，霜冻预警信号3次，大雾预警信号341次、道路结冰预警信号40次，雷电预警信号679次，高温预警260次，霾预警3次，公众免费接收气象预警短信4600余万人次。三是为农服务不断深化。不断完善为农服务工作机制，加强沟通协调，深入农产品基地、农民专业合作社及田间地头，采取座谈会、实地走访，问卷调查等方式，对全市农业生产基本情况，农业生产过程中主要气象灾害，主要农作物生长对气象服务的需求进行详细了解与调研，收集整理重点服务对象332个。全市共制作232期农用天气预报、农业气象灾害警报等产品，面向重点服务对象开展“直通式”服务200余次，免费发送手机短信300余万人次，指导农民科学安排农事活动。四是“两个体系”建设能力不断提升。全市创建国家级标准化气象灾害防御乡镇2个、省级18个，建成标准化气象信息服务站46个、标准化乡村气象信息服务点81个，发展气象信息员队伍2500余人。自建气象预警电子显示屏104套、预警大喇叭353套，对75个灾害防御重点单位开展应急准备认证，60%以上的县、乡政府建立气象灾害应急预案体系和气象灾害应急准备认证制度。五是应急气象服务能力不断提高。进一步完善气象应急系统和流程。全市组织开展应急演练23次。在汛期关键时期多次深入灾害中心区域开展现场应急监测气象服务。全年共获7个地厅级以上集体奖，19人次获地厅级以上个人奖。

【做好防雷减灾工作】 一是稳步推进防雷减灾体制改革各项工作。积极与政府部门加强沟通，细化落实防雷减灾安全管理中政府的领导责任、部门的监管责任、企业的主体责任，同时按照中国气象局和省气象局全面推进防雷减灾体制改革的要求，编制《抚州市防雷减灾体制改革方案》；理顺政事企人员隶属、聘用关系，规范财务管理，统筹安排从事防雷工作的编外人员。二是继续简政放权，做好行政审批的各项工作。按要求及时调整行政审批事项，及时停止行政审批相关收费，更新完成《抚州市气象局权力和责任清单（报批稿）》，做好防雷装置设计技术评价和新建、改建、扩建建(构）筑物防雷装置检测等行政审批中介服务转为技术服务的转换工作。三是跟进“双随机一公开”。动态更新相关的权力清单和责任清单，做好并指导各县（区）“一单两库一细则一计划”的梳理制定工作。四是推进气象法治建设。将依法行政工作纳入目标考核和年度考核评价体系，继续聘请法律顾问，畅通法律顾问意见渠道，保证法律顾问发挥积极作用。同时积极开展气象法治宣传，提升气象科学知识普及率，扩大气象科学知识普及人群。

【全面深化气象改革】 一是研发的新一代天气雷达远程智能控制系统，被国家知识产权局授予实用新型专利。此系统解决了雷达站无人值守业务需求。二是依托社会服务力量，部分县通过与外公司签订协议或部门内组建保障队伍等气象装备保障模式，积极开展气象装备社会化保障工作。三是实现市、县、乡气象灾害防御组织机构全覆盖。市政府成立以分管副市长任指挥长的气象灾害防御指挥部，各县（区）均成立以政府分管领导任指挥长的气象灾害防御指挥部，156个乡镇均成立气象灾害防御指挥部（或领导小组）。市、县、乡均制定气象灾害应急预案，779个行政村制定应急行动计划。

（陆　艳）

【市气象局领导名录】

党组书记、局长：计福建

党组成员、副局长：吴建明　蔡　哲

党组成员、纪检组长：周永辉

水文工作

【概况】 2016年，全市平均降水量2227毫米，比多年平均偏多25.6%毫米。其中1—3月降水量

399毫米，比多年同期平均偏多5毫米；4—6月主汛期降水量1128毫米，比多年同期平均偏多301毫米；7—9月降水量446毫米，比多年同期平均偏多92毫米；10—12月降水量253毫米，比多年同期平均偏多55毫米。降雨主要集中分布在南部的广昌、南丰及东部的资溪、黎川等县，县平均降雨量在2300毫米以上，黎川县2508毫米为最大；北部的东乡县、临川区降雨量相对较小，县平均降水量在2000毫米以下。2月、3月、6月、8月降雨量偏少，其他月份降雨量偏多。汛期共出现18次较强降雨过程，主要发生在4月、5月，其中降雨量、降雨强度、降雨过程多出现在5月。

降雨特点：一是前汛期、后汛期的降雨量、降雨天数超过多年平均值；二是局部短历时暴雨异常频繁，5月8日6—7时，黎川县德胜镇德胜站、云屯洲站1小时降雨量分别达80毫米、73.5毫米。主汛期，市境内常出现区域性暴雨，导致多条河流6处水文站先后出现超警洪水。经调查，黎滩河支流德胜关水上游部分支流、赣江支流乌江上游部分支流发生超历史洪水。5月7—8日的一次暴雨过程，盱江沙子岭站、南丰站、南城站及其支流九剧水的双田站均出现超警戒洪水。抚河廖家湾站受廖坊水库泄洪4150立方米每秒的影响，出现40.43米的洪峰水位，抚州市水文局向社会公众发布第1期洪水蓝色预警。

水情特点：一是汛前降雨量偏少，各河水位较低；前汛期降雨量偏多，多条中小河流发生超警戒洪水；二是因区域暴雨频发的影响，导致中小河流部分河段多次出现超警洪水，有的出现历史罕见山洪。

不论汛期或枯期，全市水文工作人员坚守岗位、严守纪律，时刻监视和检索抚州水情测报系统和山洪预警系统的雨水情信息，及时将各时段的雨水情实况以短信的方式发送至各级防汛部门及有关领导，同时还根据出现不同的雨水情形势，以编制《雨水情公报》《雨水情快报》和《水情预报件》等方式，报送给市领导、市防总和有关防汛部门。全年向省防总、国家防总水情信息中心发报雨水情信息2.6万余份；向各级领导发送雨水情短信5.8万余条；传送雨水情快件、旬月报等268份，《雨水情呈阅件》9期；通过公网向社会公众发布洪水蓝色预警一次。及时、准确的雨水情信息，为领导科学决策防汛抢险救灾赢得了时间，使全市安全转移群众2.24万人，减免直接经济损失1.83亿元，受到各级政府和社会各界的一致好评。

【中小河流水文监测系统建设】 为实现中小河流暴雨洪水的自动监测和预测预警，提高对抚河流域内中小河流的洪水灾害防御能力，市水文局根据上级省项目部的要求，完成2013—2014年新建水文站第一期新建项目工程东坑（二）、洽湾、炉油、陆坊、潘渡、龙湖、梨溪、棠阴、南坪、嵩湖、增田、上唐等12个水文站的地形图及水准测量任务，为2017年正式启用打下基础。着力推进抚州巡测基地与抚州水文测报信息中心大楼工程建设，大楼主体工程全面完成，进入装修阶段。完成桃陂、牛田站站院整治及芜头水文站避雷设施建设和石璜站测流缆道改造工程。

【水环境监测】 2016年，市水文局开展全市河流水体水质站监测工作，并对重要城市主要供水水源地、重点河段、重点水功能区等水质监测及市、县界河水体水质水量动态监测。每月坚持对上百个监测断面采集水样，进行检测分析、计算结果，发布检测分析报告，并编制《抚州市水资源质量月报》反映全市河流水体水质状况。

【环保抚河行】 开展以“防治农业面源污染，促进生态文明示范市建设”为主题的环保抚河行活动，着力以水体监测为重点，加强对全市地表水水功能区的水质和城区饮用水水源地水质监测分析，及时编写《抚州市水文局环保抚河行活动调研报告》上报有关部门，为合理开发利用、保护水资源提供科学依据，保障农业面源污染控制工作有序开展。

【山洪灾害调查与评价】 为掌握了解各县（区）遭受的山洪灾害情况，市水文局组织专业技术人员用2个多月时间，深入临川、黎川、资溪、广昌、乐安、宜黄等县（区），广泛开展野外洪痕调查测量，按时完成山洪灾害调查分析评价工作。

【水资源调查与评价】 2016年，市水文局完成《2015年抚州市水资源公报》和2015年《江西水资源调查评价》抚州市部分成果上报工作。编写《2015年抚州市水资源管理考核核算分析报告》，以及崇仁县陈坊水电站、东山水电站，资溪县马头山自来水厂，抚州市城区备用水源工程、抚州市钟岭水厂取水泵迁建工程、农村饮用水工程等建设项目水资源论证报告书。各项水资源的论证与评价，为各级水行政主管部门科学决策提供技术支撑。

（邱模胜）

【市水文局领导名录】

局　　长：田承伟

副 局 长：杨海保　梅中秋

　　　　　徐满全　周　颖

防震减灾

【概况】 抚州市防震减灾局前身为抚州地区地震办公室，成立于1993年7月，为科级事业单位，定编3人，属财政全额拨款，挂靠地区科委管理，2000年撤地设市后更名为抚州市地震办公室；2008年8月，市地震办经批准列入参照公务员法管理；2013年3月，根据省编办《关于设立抚州市防震减灾局的批复》，经市编委会研究同意，在抚州市地震办的基础上组建抚州市防震减灾局，为市政府直属正处级参公事业单位，定编10人。

抚州市处在江西东西向构造

体系的赣中东西构造带，属于一长期、多阶段活动的区域性构造带，这一构造带向西进入湘中地区，向东伸入闽北地区，主要由一系列压性断裂带、挤压带、复式褶皱带、复式杂岩带和变质岩带以及部分中生代红盆地组成相应的隆起带和坳陷带，是一规模巨大，长期多次活动的断裂构造带。经过抚州市境内的5条断裂带分别为：①宜黄—宁都—定南断裂带。北起宜黄，过宁都、安远西，直达定南东侧，全长300余千米，时有小震活动。②乐安—于都—龙南断裂带。北起乐安，过于都直达龙南东南部的南亨，全长300余千米，宁都1978年6月27日4.4级地震与其有一定关系。③永丰—抚州断裂带，展布于永丰、抚州之间，东接东乡—广丰断裂带，全长140千米，南段永丰在20世纪70年代后有小震活动。④萍乡—东乡—广丰断裂带。沿萍乡、宜春、新余、东乡、铅山至广丰，横贯江西中部，东接浙江的江山—绍兴断裂带，断续延伸400余千米，在20世纪70年代后仍有地震活动。⑤抚河北西向断裂带。北西起自南昌西山南部，过进贤李渡，沿抚河向南东延伸过抚州，断续达黎川北西，断续延伸150余千米，1970年代后无明显地震活动。

历史上抚州市发生大小地震25次，其中最大地震4.0级，集中发生在16世纪和19、20世纪。20世纪90年代以后，抚州市地震发生情况为：1990年11月7日，宜黄和广昌县分别发生2.1级和2.3级地震；1993年6月25日，抚州市区发生3.0级地震；1994年7月15日，资溪县发生3.2级地震；1999年4月15日，乐安县发生4.0级地震。

【机构建设】 2016年，市防震减灾局定编10个，有在岗人员15人。2016年6月迁入抚州市规划展示馆办公，办公条件得到改善。市财政已将防震减灾行政运行经费和经常性专项工作经费列入市本级年度财政预算，机构的正常运转得到保障。局班子成员采取分片挂县（区）的方式，积极与各县（区）党政一把手沟通协调，并根据省、市有关文件要求，对各县（区）机构组建工作进行跟踪督导，落实到人。至年底，广昌县已单独成立防震减灾局。其他各县（区）也已增挂防震减灾局牌子，均将防震减灾工作经费纳入同级财政预算。

【监测预报】 市防震减灾局坚持“预防为主”理念，积极开展地震监测及震情跟踪工作。一是完善地震台站管理。加强对南城、乐安地震数字遥测台运维管理，保障数据向省地震台网中心传输的畅通。2014—2016年，市防震减灾局连续3年在全省地震观测资料评比中获得优秀奖。二是积极参与全省年度震情会商。市防震减灾局撰写的《抚州及邻区2017年度地震趋势研究报告》获得全省会商资料评比二等奖。三是加强群测群防体系建设。完善市、县、乡三级“三网一员”建设。全市11个县（区）建有地震动物宏观观测点20多个，基本能够及时掌握各类地震异常信息。四是配合省防震减灾局做好地震烈度速报台网建设。五是开展安全隐患排查，强化监测台站管理，及时要求南城、乐安两县做好汛期防范措施，确保台站安全。

【震害防御】 市防震减灾局不断强化社会职能，开展各项工作。一是加强抗震设防科普宣传。以报纸、电视、短信、现场活动咨询等方式为载体，采取“进校园”“进社区”“进机关”等手段对防震减灾科普知识进行全方位的宣传教育。二是科普示范工作有序推进。分别在临川区黄巢社区、公园社区创建2个市级地震科普示范社区。同时，对南城一中等3所学校进行市级防震减灾科普示范学校认定挂牌。积极向省防震减灾局申报地震科普教育馆提升改造工程等6个项目，争取上级部门经费支持。三是依法行政稳步推进。市政府已将市防震减灾局审批和验收2个事项纳入《市重点项目审批绿色通道办事流程》和《政府投资建设项目前置手续及审批流程》。梳理出6大类共22项行政权力。梳理出便民服务事项9项，并及时向社会公开，接受监督。取消的行政审批事项，一律不再审批；下放的事项，一律由县（区）审批；保留的事项，及时完善和优化审批流程，纳入电子监察网上审批系统办理。四是做好《中国地震动参数区划图》（GB18306-2015）的宣传贯彻与执行工作，落实国发〔2015〕58号文件精神。自6月1日起，一般建设工程已严格按照新一代区划图所规定的抗震设防要求进行审批。此外，还针对抗震设防的要求监管工作，向市人大报送市防震减灾局立法项目建议。

【应急救援】 一是制定《抚州市防震减灾局地震应急响应流程图》。各县（区）对老旧的《地震应急预案》进行重修修订。二是重视演练，提高应急能力。每年定期在崇仁师范学校抚州校区、临川十六中及或其他高校开展地震应急演练，通过演练提高在校师生防震减灾意识和应急避险自救的技能。三是未雨绸缪，完善硬件设施。参照《地震应急避难场所地址及配套设施》（GB21734-2008），协调规划抚州文化艺术广场作为市本级地震应急避难场所，该广场面积为12万平方米，按人均疏散安置面积1.5平方米标准，可疏散安置约8.6万人。已经设置了标志牌。该局还以省级文明城市创建为契机，选取东华理工大学足球场和公园社区篮球场作为学校和社区应急避难场所，并设置标识和疏散路线指示牌。

（市地震局）

【市防震减灾局领导名录】

党组书记、局长：李伟才

党组成员、副局长：葛　斌　吴华根

本栏编辑　黄泽书

教育

综述

2016年，抚州市教育系统牢固树立创新、协调、绿色、开放、共享的发展理念，积极推进教育均衡，全面提高教育质量，努力促进教育公平，不断提升治理水平，各项工作取得明显成效。临川、黎川、南丰、金溪、东乡、高新区顺利通过国家县域义务教育基本均衡评估认定。高考再创辉煌，全省理科状元花落抚州，37人录取清华北大。《品读临川文化》读本正式出版，《直击高考总复习》被列入全国优秀图书。义务教育校长教师交流轮岗获省委、省政府领导批示表扬。临川教育集团转型升级、妥善解决原民办代课教师问题、学生防溺水、校园文化建设、“千名教师访万家”等多项工作取得实效。《中国教育报》《中国教师报》《新法制报》等媒体专程到抚州进行系列报道。抚州市教育局先后荣获教育部“全国青少年五好小公民”主题教育活动先进集体、全国教育电视工作先进集体、全省校外学生成果展示活动优秀组织奖、全省全员远程培训先进集体、全市“四进四联四帮”活动先进单位等荣誉称号。

至2016年年底，全市有各级各类学校1741所，其中，普通高校3所，成人中等专业学校12所，普通中学221所（高中35所，初中186所），职业高中24所，小学707所，幼儿园764所，特殊教育学校10所。全市有各级各类学校在校生727289人，其中，小学在校生352551人，初中在校生149715人，高中在校生78702人，幼儿园在园儿童108692人，职高在校生14661人。全市教职工总数（含高校、职高、幼儿园）45184人，其中专任教师42130人。

教育投入与支出持续增长。2016年全市教育经费总投入67.69亿元，比2015年增加4.06亿元，增长6.37%，其中，国家财政性教育经费58.69亿元，比2015年增加1.79亿元，增长3.15%。公共财政预算安排教育经费58.61亿元，比2015年增加1.81亿元，增长3.19%。其中，公共财政教育事业费拨款53.84亿元，比2015年增加1.82亿元，增长3.49%；教育费附加1.97亿元，比2015年增加2482万元，增长14.42%。政府性基金预算安排教育经费835万元，比2015年减少202万元，下降19.48%，主要原因是：财政支出科目进行调整将原来列入政府性基金的地方教育附加和从土地出让收益中计提的教育资金列入公共财政教育经费。公共财政教育支出为57.56亿元，比2015年增加1.34亿元，增长2.38%。比财政经常性收入增长26.28%低23.9个百分点。2016年，全市公共财政预算支出为312.34亿元，公共财政教育支出为57.56亿元，占公共财政预算支出比例为18.43%，比2015年下降0.67个百分点。2016年，全市国内生产总值约为1210.91亿元，全市国家财政性教育经费支出为58.69亿元，占国内生产总值比例为4.85%，达到4%要求。

办学条件明显改善。在农村“瞄准标准化”，大力推进薄弱学校改造等中央和省级校建项目，截至2016年11月，各类项目开工率达75%，竣工率60.07%，完成投资3.94亿元，农村薄弱学校基本办学条件明显改善。在城镇“紧盯大班额”，市本级安排教育重点项目9个，总投资20.52亿元，市保育院已经交付使用，临川二中三期工程基本完工，崇仁师范新校区综合楼、科技楼、图书馆等已经封顶，临川教育集团3所实验学校已经动工。临川区付家小学、南城二小、乐安五小等县（区）教育重点项目进展顺利，基本完工。制定“智慧教育”教育云平台建设方案，推进“三通两平台”建设，促进优质教育资源共享。

教育改革深入进行。积极开展义务教育校长教师交流轮岗，出台编制管理、人员待遇、职称评聘、考核管理、宣传表彰等方面的支持政策，各县（区）全面铺开交流轮岗，1118名校长教师进行城乡、校际交流，2100多名学生回流农村学校。综合评价成效初显。抚州市政府拨付360万元专项经费，与知名教育公司合作，从5个纬度、用20个核心指标，通过大数据分析，对区域、学校、教师、学生四位一体教育教学质量进行综合评价，对教育运行进行科学干预，全面提升教育质量。四川泸州、河北沧州、福建莆田等地专程到抚州学习。广泛实施“五名工程”，在全市全力打造一批名学校、名校长、名班主任、名教师、名课例，37所学校被评为全市示范性学校。举办全市中小学篮球和足球联赛、足球艺术节，校园文化外延更广更加丰富，内涵更深更具特色，涌现出南城实验中学、金溪二中等一批文化特色校园。

大力实施学前教育行动计划。下发《关于切实做好小学附设学前班清理工作的通知》《关于进一步规范农村小学附属幼儿园管理的通知》，大力实施学前教育行动计划、农村闲置校舍改造和农村小学、教学点增设附属幼儿园工程，57所乡镇中心幼儿园建成投入使用，通过改、扩、并新增公办幼儿园120余所。抚州市保育院新园区正式开园，学校环境优美，办学设施齐全，首期招收幼儿892名。大力开展学前教育培训，举办农村幼儿园园长、幼儿园教师和《幼儿园工作规程》培训班，共培训幼儿园园长、教师600余人。11月25日，在抚州市保育院新园区开展2016年全市幼儿园园际交流活动，280名园长、教师参加活动。顺利开展全市学前教育发展专题调研，黎川县成功申报全省学前教育实验县，东乡被确立为市级学前教育实验县。组织开展市一级一类幼儿园评估工作，完成宜黄县幼儿园、广昌县幼儿园、东乡县幼儿园省级示范幼儿园评估和复评工作。

义务教育长足发展。加强和改进中小学德育工作，组织开展“阅读经典，书香抚州”经典文化诵读、“建设生态文明城市，绘就美丽抚州画卷”书信主题教育、学生与家长书信“1+1”主题教育等系列活动，在全市青少年学生中广泛开展五好小公民“老师您好，我的好老师”主题教育读书活动，荣获教育部关工委颁发的“全国优秀组织奖”。评选产生10名抚州市第二届最美孝心少年，给予每人5000元资助奖励金。组织学生参加青少年禁毒知识竞赛，获得江西省青少年禁毒知识竞赛第一名。市、县两级财政统筹资金280余万元为全市中小学生免费发放《廉洁修身系列教材》，开展廉文化进校园活动。组织开展全市第四届班主任专业技能大赛，在全市中小学评选表彰一批三好学生和优秀学生干部。在抚州源野山庄青少年综合实践教育基地举办2016年全市青少年校外活动场所管理人员培训班，邀请清华大学原副校长谢维和讲学，参训学员达200余人。11月25—27日，全省青少年校外教育学生成果展示活动在广昌县举办，全省11个地市84支代表队共360名学生参加，抚州市派出9个代表队36名学生参赛，取得4个一等奖、11个二等奖、9个三等奖的历史最好成绩，抚州市教育局、市文明办、广昌县教体局和东乡、金溪、南城、广昌4个县级青少年校外活动中心获“全省优秀组织奖”。大力推进中小学阳光体育运动，成功举办抚州市第二届中小学校园足球联赛和首届中小学校园足球节，组队参加抚州市第五届全民健身运动会健美操比赛获得第一名；组织临川一中、临川二中、广昌二中等代表队参加全省中学生田径锦标赛暨体传校田径比赛，临川一中获得全省团体总分第二名；代表江西省参加全国首届中学生举重比赛获得3金1银5铜的优异成绩。抚州一中、临川一中、临川二中、南城实验中学等8所学校被评为全国体育工作示范校。开展抚州市第十三届中小学生幼儿艺术节并在市汤显祖大剧院开展节目展演，积极组织参加全省第四届中小学合唱节和第二届中小学生戏剧节。组织开展2016年青少年科技创新大赛，获得全国青少年科技教育基层单位“优秀组织奖”。

高中教育成绩斐然。2016年，抚州市高考再创佳绩，37人录取北大清华，临川一中计逸雄夺得全省理科状元，南城、东乡、广昌、黎川等县多名考生进入全省前50名，呈现出百花齐放的良好态势。在保持普通高考传统优势的基础上，资溪一中普职融合、崇仁二中艺术教育、东乡实验中学书法教育、抚州一中“六年一贯制”和临川二中“双学设计教学”（美术方向）等教学实验工作取得较好成效，临川一中、临川二中国际、体育、艺术教育特色明显，多名学生录取清华大学美术学院，高中国际班30多名同学全部录取美国华盛顿大学、明尼苏达大学等世界名校。支持、引导抚州市普通高中加强与外地市普通高中合作、交流，对抚州市第一批全省普通高中特色学校临川一中、崇仁二中、资溪一中和东乡实验中学进行中期总结，成功申报南城一中、临川三中和黎川一中为第二批全省普通高中特色发展学校。广昌一中、黎川二中、南城二中顺利通过全省示范性普通高中评估。

职业教育突出特色。配合抚州市人大先后赴黎川、东乡等地开展《中华人民共和国职业教育法》执法检查工作，制定《抚州市中等职业教育资源整合规划》，大力整合中职教育资源，8个县（区）建成省级达标中等职业学校，新增10多个精品特色专业，抚州创新学校计算机速录多次荣获全国和国际大奖，宜黄县职业中学成为全国首家具有马术与管理专业的职业中学，资溪县职业中学成为全省县级职业中学获国赛、省赛奖项最多的学校。办学条件不断改善，广昌县投资7000多万元建成占地面积4.67公顷的职教新校区；临川现代教育学校投资1300多万元新建实训大楼、塑胶跑道等工程。集中力量打造国家级示范性中职学校，让学生招得进、留得住、学得好、能就业、就好业。加快组建抚州职业教育联盟，各级职校与150多家企业建立稳定紧密的校企合作关系，开设“江铃机电班”“大觉山导游班”“博雅班”“美的班”等一批定向培养班级，促进产学研用贯通，推进产业链、创新链融合。1128名学生顺利通过技能等级考试，获得“双证”。临川现代教育学校被评为国家中等职业教育改革发展示范校。崇仁师范刘津辰、徐思梦两位同学被团中央、全国学联、中国青年报社联合授予全国“最美中职生”称号。东乡县被教育部等六部门正式认定为国家级农村职业教育与成人教育示范县，成为全国首批59个国家级农村职业教育与成人教育示范县之一。

特殊教育机制健全。在深入调

研的基础上，制定出台《抚州市关于进一步加强残疾儿童少年随班就读工作的实施细则》，着力从充分认识、建立健全工作机制、逐步提高质量、加强师资队伍建设、保障健康发展等方面加强残疾儿童少年随班就读工作。积极组织实施特殊教育提升计划，积极加大市特教学校投入，落实30万人口以上的县建立特教学校的要求，配齐配强教师队伍，保障自闭症和残疾儿童就读，真正解决特殊群体有学上、上好学的问题。

民办教育规范有序。相比2015年，民办幼儿园增加68所，在园人数增加11457人；审批设立抚州源野大自然培训学校、临川实验学校二所民办学历教育学校，清理注销一批“空壳”民办学校，全力做好民办学校设立服务工作；积极推进临川教育集团学校转型升级，通过一年多的努力，三所民办实验学校运转井然有序，招生形势喜人，首批自聘教师已经到位，教育质量迅速提升，高考创出佳绩；新校建设进度加快，抚州一中实验学校土方工程已经完成60%，临川一中实验学校、临川二中实验学校土方招标顺利完成。

招考就业规范运行。市属公办学校全部采取就近划片与电脑派位相结合的方式招生，通过抚州电视台现场直播电脑派位，邀请人大代表、政协委员、新闻媒体全程监督，724名学生通过随机派位入学。公办学校高中没有违规招收一个择校生，“小升初”继续保持“零择校”“零条子”，群众满意，社会点赞。认真做好毕业生就业政策咨询、信息服务、档案管理等工作，整理2016年毕业生档案近11573份，接待高校毕业生办理报到、派遣、改派手续6145人次，受理毕业生档案转递3545份；开具就业相关证明700余份，为60余人次研究生进行政审工作。配合省就业办及高校举办江西省2017届普通高校毕业生“互联网+”系列专场就业招聘会。积极参与2016年夏季征兵工作。

教育民生政策得到有效落实。认真落实“两免”“一补”“三资助”等教育民生政策，建立健全大中小幼全覆盖的资助体系。2016年全市发放各类资助资金17701.51万元，资助学生83060名。积极争取社会各界捐资助教，中国华融集团、抚州教育发展促进会捐资135万元设立教育基金，抚州市女企业家创建“幸福不忘她”助学基金，为优秀教师和家庭困难师生提供奖励和资助；对“最美孝心少年”进行表彰资助，在全社会形成良好的舆论导向。落实《抚州市进城务工人员随迁子女入学管理办法》，保障进城务工人员随迁子女平等接受义务教育。

队伍建设得到提升。按照“注重学习、强化引领、科学考核、示范带动”的要求，狠抓师德师风建设，把师德考评纳入全省师德平台统一管理，作为职称评聘、岗位晋升和评先树优的必备条件。率先在全省开展“千名教师访万家”活动，全市共走访学生23.3万名，学生家长反响热烈，《中国教师报》到抚州进行专题采访，局主要领导署名文章《让家访焕发新光彩》引起热烈反响。大力开展先进典型宣传评选工作，市委、市政府主要领导多次到学校走访慰问师生，通报表彰全市教育系统先进集体16个，先进个人190名；284人被评为省市学科带头人和骨干老师；4人被评为全省“最美乡村教师”和“优秀乡村教师”；1人荣获国务院特殊津贴；11534名农村教师荣获长期从教荣誉证书，凝聚了尊师重教的强大正能量。全面提升队伍素质。通过全省统一招聘、免费师范生招聘、特岗计划等多种方式招聘教师892名，完成定向培养农村教师639名，为农村教学一线补充新鲜血液。探索教师补充新模式，招聘合同制教师180人。1921名各类人士通过教师资格认证。组织3万多人次参加远程培训、国培计划、骨干教师培训等系列培训，选派1名中职校长赴美国进修、39名教师参加国家、省中职学校“双师”素质培训。市本级落实专项培训经费100万元，组织校长教师400多名参加8期暑期培训和2期教育管理人员北师大培训，校长教师专业水平明显提升。全面落实教师待遇。争取市政府下发《关于印发抚州市乡村教师支持计划（2016—2020年）实施办法的通知》，落实10多项支持鼓励乡村教师具体措施，全市各县（区）相继出台“干货”十足的配套办法；大力实施农村学校周转宿舍建设，严格落实艰苦边远农村中小学教师特殊津贴、乡村教师生活补贴和乡镇工作津贴，开展教师职称评聘制度改革，为基层教师办实事、谋福利，受到社会高度赞誉。开通本籍外县教师回乡任教绿色通道，乐安县有20名外县教师回乡任教，受到热烈欢迎。为全市4万多名教师办理园丁关爱卡，提供最高20万保障额度的关爱保障，坚定农村教师扎根基层的信心。

贯彻落实《江西省县（市、区）党政领导干部履行教育职责督导考核工作的实施意见》精神，积极探索教育“三个优先”的实现途径。各地以迎接国家评估认定为契机，加大教育投入，加快项目建设，优化师资配备，加强规范管理，义务教育发展更趋均衡。黎川、南丰、金溪、东乡、高新区等5个县（区）全部以优异成绩通过国家评估认定。教育督学队伍不断壮大，30人被聘为省督学和督导专家库成员，全年共开展20项94次各类督导，有力推动了抚州市教育均衡、协调、科学发展。

服务中心显成效。全力配合做好汤显祖逝世400周年纪念活动工作，邀请教育部原副部长、世界自然保护联盟主席章新胜到抚州参加活动并指导生态文明示范区建设，组织500多人参加志愿服务和巡演；临川一中成功举办“当莎士比亚遇见汤显祖”活动；抚州一中、临川二中接待西班牙、美国、加拿大等国际友人参观考察，获得各界好评。汤显祖名篇名作进教材取得实质进展，抚州市与英国斯特拉福德区交流成果被列入中英高级别人文交流活动内容。全力抓好教育系统创国卫工作，抽调5人专门组建创卫办，市属四所学校征订《健康教育》教材1万多册，学校医务室设立问题基本解决，卫生面貌焕然一新。

规范管理强化作风建设。严格执行义务教育阶段学校“一费制”收费办法，“阳光招生”工作全面落实。对5个市直教育单位（学校）开展财务内审，制发《临川教育集团三所实验学校资金监管办法》，规范财务行为。组织开展全市校园及周边治安秩序集中整治行动，排查安全隐患348处，依法清理校园周边违法经营商家1000余个。向全市中小学生免费发放30万册消防教材，临川一中等5所学校被评为“全国消防安全教育示范学校”，金溪县实验小学荣获“全国和谐校园”称号。抚州市在全省中小学防溺水工作会上作典型发言。办理各类信访件409件，接待群众来访70批（次)560余人，办结率达100%，在系统内外营造出风清气正的良好氛围。

以深入开展“两学一做”学习教育为主要切入点，通过中心组专题理论学习、支部党小组集中学习、纪律大讲堂和领导干部专题党课、廉政党课等形式，推动党内教育从“关键少数”向广大党员拓展、从集中性教育向经常性教育延伸，干部职工思想政治水平明显加强，讲政治、守规矩意识明显提升。在局网站开通作风投诉绿色通道，工作作风明显好转。深入开展“万名党员访万家”活动，抽调6名干部组成“连心”小分队，驻村开展“四进四联四帮”活动，落实帮扶资金53.6万元，帮助基层解决一批实实在在的困难，党群干群关系进一步密切。坚持落实20条为民便民服务措施，毕就办、资助中心等科室长期坚持节假日值班，全市教育生态风清气正，领导放心，群众满意。强化廉政建设。局领导班子带头落实党风廉政建设“两个责任”，积极支持配合市纪委派驻纪检组工作，确保党风廉政建设工作有人抓、抓得牢、有成效。深入开展“把纪律挺在前面”活动，抓好“红包”和“违插”专项整治，集中整治基层“微腐败”行为，加大教育“三乱”问题查处力度，取得明显成效。全年共清退违规资金967159元，对30名有关责任人员给予免职、诫勉谈话、取消评先评优资格、解聘等处分，净化了教育行风。

（蔡志翔）

【市教育局领导名录】

党委副书记、局长：吴建发

党委书记：邹润发

党委副书记：洪厚兴（任至9月）

党委委员、副局长：吴广平　饶　宁

副 局 长：刘　胜

纪委书记：章星期（任至9月）

党委委员、纪检组长：

潘金明（9月任）

基础教育

【概况】 2016年，抚州市有普通中学221所，其中，普通高中学校35所（含十二年一贯制学校），初级中学186所（含九年一贯制学校）；普通初中在校生149715人；普通高中在校生78702人；普通中学教职工14671人（其中专任教师14209人）。有小学707所，教学点1121个；在校学生352551人；小学教职工20567人（其中专任教师20456人）。有幼儿园764所，在园幼儿108692人；幼儿园教职工7614人(其中专任教师5345人)。有特殊教育学校10所，在校学生数（含随班就读）1601人；特殊教育学校教职工64人（其中专任教师64人）。

【开展“红色、绿色和古色文化”教育活动】 2016年5月，在全市中小学广泛开展红色文化、绿色文化和古色文化教育活动，经学校、县（区）层层评审推荐，市级专家评审，共评出市级优秀组织单位4个、优秀组织学校18所，一等奖67个、二等奖132个、三等奖202个。经推荐上报，获省级一等奖15个、二等奖28个、三等奖54个，宜黄县新区实验小学、金溪县实验小学、东乡县实验小学、崇仁县第一中学被评为省级先进学校，临川区教体局和乐安县教体局被评为先进单位。

【开展“小手牵大手 争做文明抚州人”书信活动】 9月中旬，在市中心城区中小学生中开展“小手牵大手 争做文明抚州人”书信活动，收到小学、初中、高中书信作品共1052组，评出一等奖60组、二等奖120组、三等奖150组、优秀奖240组。

【三好学生、优秀学生干部评选活动】 3月，开展市级三好学生、优秀学生干部评选和省级三好学生、优秀学生干部的推荐工作，共评出2015—2016学年度市级三好学生408名、优秀学生干部103名，省级三好学生128名、优秀学生干部36名、省级优秀学生3名。

【组织参加版图知识竞赛和手绘地图大赛】 9月，按照江西省测绘地理信息局，江西省教育厅《关于组织参加全国国家版图知识竞赛和少儿手绘地图大赛的通知》要求，组织抚州市实验学校进行比赛，93人参与小学组知识竞赛答题，110人参与中学组知识竞赛答题，并择优推选15幅优秀少儿手绘地图作品到省参评。

【班主任专业技能展示活动】 11月9—11日举办全市第四届中小学班主任专业技能展示活动，经学校、县（区）层层选拔后，全市小学、初中、高中三个组别共87名班主任参加本次展示活动，经专家评审，评出班主任个人技能展示活动小学组一等奖7名、二等奖9名、三等奖11名；中学组一等奖7名、二等奖10名、三等奖13名。主题班会课展示活动小学组一等奖7名、二等奖7名；中学组一等奖8名、二等奖8名。同时推荐12名选手参加省里的比赛，获得较好成绩。

【开展向国旗敬礼主题教育系列活动】 9月29日—10月9日在全

市中小学校开展“向国旗敬礼、做一个有道德的人”主题教育活动。通过规范全市中小学校每周一的升国旗仪式、开展“纪念中国工农红军长征胜利80周年”主题班会，在中国文明网等网站上向国旗敬礼并签名向祖国、国旗寄语等活动，对全市中小学生进行爱国主义教育。

【组织传承中华传统美德“墨香书画展示”活动】 9月，组织全市中小学生参加“少年传承中华传统美德”之“墨香书画展示”活动，在各校、各县（区）活动的基础上，共收到全市9个组别的书画作品147幅，评选出一等奖34幅、二等奖55幅、三等奖58幅，并择优推荐其中60幅参与省级评选，取得较好成绩。

【开展“学宪法讲宪法”活动】 10月中旬，组织全市学生“学宪法讲宪法”活动，共收到全市中小学生“学宪法讲宪法”视频15部，并择优选送8部送省参评，获省级一等奖1名、二等奖4名、三等奖3名。

【开展经典文化读书活动】 市委宣传部、市教育局联合下发《关于在全市教育系统开展“阅读中国，书香抚州”经典文化读书活动的通知》，通过自下而上的选拔，全市共收到学生征文665篇，经过评审，共评出一等奖75名、二等奖191名、三等奖196名，同时评出10名“经典导读十大名师”。

【开展“建设生态文明城市 绘就美丽抚州画卷”主题教育活动】 4月，市委宣传部、市教育局等单位联合下发《关于开展“建设生态文明城市 绘就美丽抚州画卷”主题教育活动的通知》，全市中小学校自5—11月开展“建设生态文明城市 绘就美丽抚州画卷”主题教育活动。共收到中小学生书信作品17万余件，评出一等奖38名、二等奖291名、三等奖643名；先进学校31所；先进个人35名；优秀组织奖7个。

【建设学前教育改革发展实验区】 根据省教育厅《关于做好全省学前教育改革发展实验工作的通知》精神，抚州市推荐黎川县、东乡县申报全省学前教育改革发展实验区，从健全学前教育教研制度，扩大普惠性资源，发展公办园开展试点。经省教育厅审核，黎川县被确定为江西省学前教育改革发展实验区。

【加强农村小学附属幼儿园管理】 市教育局下发《关于切实做好小学附设学前班清理工作的通知》《关于进一步规范农村小学附属幼儿园管理的通知》，进一步规范农村小学附属幼儿园的办园行为，明确农村小学附属幼儿园的级别地位。下发《关于分解下达公办幼儿园建设及支持农村小学附属幼儿园独立办园任务的通知》，确定全市年内新建公办幼儿园45所，支持农村小学附属幼儿园独立办园120所，并召开计财、校建、基教相关科室协调会，专题研究部署此项工作。

【开展幼儿“健康、快乐、发展”主题活动】 根据省教育厅《关于开展2105—2016年全省幼儿“健康、快乐、发展”主题活动的通知》精神，市教育局在全市各级各类幼儿园中广泛开展幼儿“健康、快乐、发展”主题活动。各地各园紧紧围绕“给孩子适宜的爱”这一活动重点，引导广大幼教工作者、家长坚持科学保教、科学育儿、形成社会、家庭、园所三合一的学前教育氛围，促进幼儿健康快乐发展。

【学前教育宣传月】 5月19日，抚州市选派5名幼教行政干部赴萍乡市芦溪县参加全省学前教育宣传月活动启动仪式，市内各地幼儿园紧紧围绕“给孩子适宜的爱”这一主题，通过各种新闻媒体，采用公益广告、海报、滚动字幕、宣传栏、张贴宣传图画等多种形式，传播正确的保教理念和科学育儿方法。

【做好省、市级示范幼儿园评估复评工作】 3月，市教育局下发《关于公布2015年市一级一类幼儿园评估结果的通知》，批复南丰县小博士幼儿园等8个园所为市一级一类幼儿园。6月底，宜黄县幼儿园顺利通过省级示范园评估，东乡县幼儿园、广昌县幼儿园顺利通过省级示范园复评。至年底，全市共有省级示范幼儿园14所，市一级一类幼儿园46所。此外，还有9个园所接受市一级一类幼儿园评估。

【幼儿园教师观察案例评选】 为全面贯彻落实《3~6岁儿童学习与发展指南》和《幼儿园工作规程》精神，根据《关于开展全省幼儿园教师观察案例征集评选活动的通知》文件要求，市教育局下发《关于开展全市幼儿园教师观察案例征集评选活动的通知》，全市共收到教师观察案例278篇。共评出一等奖42名、二等奖70名、三等奖106名，同时遴选100篇参加省级评选活动。

【学前教育科学保教培训】 为加强幼儿园办学质量，4月至5月，市教育局先后举办园长培训班，150余名农村幼儿园园长和200余名幼儿教师参加培训。教育部《幼儿园工作规程》正式颁布施行后。为使全市幼教管理干部、幼儿园园长及教职工全面了解工作规程的内容，正确把握工作规程的精神实质，进一步端正办园思想，规范办园行为，提高保教水平，市教育局举办幼儿园工作规程培训班，聘请北京师范大学教授、国家级优秀实验教师张乃艳解读《幼儿园工作规程》；聘请北京师范大学心理学院教授、博士生导师伍新春讲授《幼儿心理建设与社会性发展——如何落实〈指南〉和〈规程〉的要求》，120余人参加培训。

【幼儿园安全管理捐赠活动】 市教育局、市红十字会联合下发《关于做好“幼儿园安全接送系统项目”受赠工作的通知》，全市有300余所幼儿园有意向接受使用北京科技园捐赠的“智慧树”幼儿园安全接送系统，以提高幼儿园的安全管理水平。

【创建示范学校】　为深入开展全市普通中小学示范学校创建活动，引导各地改善办学条件，提高办学水平，深化教育改革，提高教育质量，推动全市基础教育整体发展。市教育局制发《关于开展2016年度抚州市示范性普通中小学评估工作的通知》，经过学校自评、县（区）初评推荐40所学校参加市级示范性学校评估验收，有27所学校通过市级评估验收，成为抚州市第三批示范性普通中小学校。

【承办全省校外活动学生成果展示】　11月26日，江西省青少年校外教育学生成果展示活动在广昌县举行，全省84支代表队的360名学生参加此次活动。代表队均为来自全省各地青少年校外活动中心的学生。此次成果展分陶艺制作、围棋对弈、航空模型、航海模型4个竞赛项目。在航空、航海模型类活动中，学生们学习了航空、航海知识，锻炼动手能力和操控能力；在陶艺制作类活动中，学生们心美手巧，用陶泥创作出栩栩如生的作品，表达对国家富强、民族振兴、人民幸福的美好情感。在围棋活动中，选手们切磋棋艺，结交友谊，展现出青少年学生积极向上的精神风貌。抚州市派出10支代表队40名队员参赛，取得4个一等奖、11个二等奖、9个三等奖的优异成绩，创造历年最好成绩。市教育局、市文明办，广昌县教体局，东乡、金溪、南城、广昌四县青少年校外活动中心获优秀组织奖。

【科技教育成绩斐然】　2016年，举办抚州市青少年科技创新大赛，各地各校高度重视，广泛发动，严密组织，参与活动学生面之广，人数之众，作品数量之多，前所未有。在各校、各县（区）活动的基础上，共推荐科幻画237幅，青少年科技创新项目、青少年科技实践活动 、科技辅导员创新成果、科技创意42个参加市级评比。遴选出优秀作品参加全省比赛，4个辅导员项目获全省一等奖，2幅科幻作品获全国三等奖，1个创意项目获全国“优秀创意奖”，抚州市教育局获全省、全国基层赛事组织先进单位。

【举办首届中小学校园足球节】7—8月，由市教育局、市体育局主办的首届中小学校园足球节举行，足球节包括中小学足球比赛、足球教练员培训班和足球夏令营活动。抚州市实验学校、高新区城西中心小学、金溪锦绣小学获比赛前三名，资溪一中、抚州市实验学校、临川十六中获初中组前三名。

【参加全省中学生田径比赛获佳绩】　江西省中学生田径锦标赛暨省体传校田径比赛12月1日在婺源县朱熹中学落下帷幕，全省59所学校组队参赛。临川一中、临川二中、广昌二中组队参赛。临川二中获体传校（初中组）团体总分第一名，中学生（高中组）团体总分第十二名。临川一中获体传校（初中组）团体总分第二名，三人达国家二级运动员技术等级，并获体育道德风尚奖。广昌二中获中学生（高中组）团体总分第三十三名，获体育道德风尚奖。这是抚州市在该项赛事取得的最好成绩。

【临川一中举重队在全国竞赛中成绩骄人】　10月5日，由国家体育总局举重摔跤柔道运动管理中心主办的首届全国中学生举重锦标赛在四川省成都市温江中学落下帷幕，临川一中举重队作为江西省唯一一支参赛队，取得3金1银5铜和男子团体总分第三名的佳绩。本次比赛有全国31个代表队共326名运动员参赛，临川一中派出7男1女的举重队伍参赛，经过三天的激烈拼搏，取得骄人成绩。其中，张智强获男子85公斤级挺举第一名和总成绩第一名，廖才忠获男子69公斤级挺举第一名和总成绩第二名。

【八所学校被评为全国学校体工示范校】　8月，教育部办公厅公布全国学校体育工作示范学校名单，认定2772所中小学校为全国学校体育工作示范学校，临川一中、临川二中、抚州一中、抚州市实验学校、临川区第十二小学、广昌县第二小学、金溪县仰山学校、南城县实验学校等8所学校名列其中。

【“五名工程”助力基础教育】市教育局启动实施五名工程，下发《关于印发〈抚州市中小学校“五名工程”建设实施方案〉的通知》，经专家评议、公开公示，评选产生10所名学校、10位名校长、10位名班主任、20位名教师和20堂名课例，极大地调动学校、教师的积极性，为增强学校教师责任意识和服务能力，创新管理和育人模式，努力办好人民满意的教育增添新的动力。

【抚州代表队参加全省青少年禁毒知识大赛喜获第一名】　11月4日，江西省青少年禁毒知识竞赛决赛在南昌航空大学落下帷幕。抚州市代表队反应敏捷、抢答果断、答题准确，以一题未失的骄人战绩荣获第一名，获得奖金5000元。

【“老师您好，我的好老师”主题教育活动】　此次主题教育活动共报送征文作品305篇、书画作品140幅、微视频作品26部参加教育部关工委的比赛。抚州市教育局荣获教育部关工委颁发的“先进集体”。

（董凯华）

抚州市2016年普通高考录取北大、清华考生名单

表27-1

姓 名	院 校	专 业	毕业学校	户籍
缪竟成	北京大学	工科试验班类（力学、工程结构）	东乡一中	东乡
赖 钰	北京大学	信息管理与信息系统	广昌一中	广昌
林诗洋	北京大学	国际政治	临川二中	临川
付思杰	北京大学	工科试验班类（力学、工程结构）	临川二中	临川
曾 奕	北京大学	英语（生物医学英语，五年）	临川二中	临川
芦思明	北京大学	法学	临川二中实验学校	临川
邹 靖	北京大学	社会学（自主招生）	临川二中实验学校	进贤
林 琨	北京大学	文科试验班类（元培学院）	临川一中	东乡
邹腾辉	北京大学	经济学类	临川一中	崇仁
危佳文	北京大学	工商管理类	临川一中	临川
杨舒文	北京大学	电子信息类（电子、微电子、计算机与智能科学）	临川一中	黎川
张致毅	北京大学	工商管理类	临川一中	余江
林 彤	北京大学	工科试验班类（力学、工程结构）	临川一中	于都
徐璐①	北京大学	工商管理类	临川一中实验学校	信丰
饶 磊	北京大学	经济学类	临川一中实验学校	东乡
邹 优	北京大学医学部	药学（本硕连读，六年）	临川二中	会昌
刘菲怡	北京大学医学部	英语（生物医学英语，五年）	临川二中	临川
吴俊荣	北京大学医学部	药学（本硕连读，六年）	临川二中实验学校	临川
胡明建	北京大学医学部	基础医学（本博连读，八年）	临川一中	宜黄
李彦璋	北京大学医学部	临床医学（本博连读，八年）	临川一中	东乡
余诗俊	北京大学医学部	预防医学（本硕连读，七年）	临川一中	临川
金 昭	北京大学医学部	临床医学（五年）	临川一中	新建
丁林垚	北京大学医学部	临床医学（本博连读，八年）	临川一中实验学校	于都
游凯超	清华大学	软件工程	临川二中	临川
鄢 湛	清华大学	设计学类	临川二中实验学校	临川
刘 娟	清华大学	社会科学试验班	临川一中	会昌
熊 峰	清华大学	经济与金融（国际班）	临川一中	石城
张 威	清华大学	经济与金融（国际班）	临川一中	贵溪
操文政	清华大学	电子信息类	临川一中	乐平
计逸雄②	清华大学	计算机科学与技术	临川一中	景德镇
张娄峄	清华大学	电子信息类	临川一中	临川
吴彧轩	清华大学	电气工程及其自动化	临川一中	鹰潭
陈志文	清华大学	航空航天类（含钱学森力学班）	临川一中	临川
吴 培	清华大学	建筑学（含城乡规划）	临川一中实验学校	九江
王正茂	清华大学	机械类（含机械工程实验班）	临川一中实验学校	鄱阳
叶葳蕤	清华大学	软件工程	南城二中	南城
徐纪初	清华大学	材料科学与工程	南城一中	南城

说明：①全市文科状元；②全省理科状元 （张志谦）

职业教育与成人教育

【概况】 2016年，抚州市有高职院校2所，高职招生3021人，在校高职生12186人；中职学校17所(含2所高职院校中专部)，其中，有国家改革发展示范中职学校1所，国家级重点中职学校1所，省重点中职学校2所，省示范性学校7所，省级达标中等职业学校8所。2016年中职学校招生7311人，在校中职生24197人。职业院校毕业生就业率为98.2%。

一是职业教育立德树人涌现先进典型。全市职业院校围绕立德树人根本任务，积极培养和践行社会主义核心价值观，涌现大量先进典型。崇仁师范刘津辰、徐思梦两位同学被团中央学校部、全国学联秘书处、中国青年报社联合授予全国“最美中职生”称号。二是中职招生规模逐步扩大，不断加大力度统筹发展高中阶段教育。2016年全市中职招生计划比2015年增加20%，县（区）职校实际招生比2015年增加27%。至2016年年底，全市中职招生7311人，比绩效考评预定目标6000人多出1311人。三是职业教育质量不断提高。各职业院校充分利用现代化管理手段，引进先进管理软件，不断加强教学诊改工作。江西中医药高等专科学校和抚州职业技术学院认真执行高职院校停止举办中职教育的通知，前者招690名初中生入校，比2015年减少1010人，后者招2172名初中生入校，比2015年减少105人，两院校将于2018年全面停止招收三年制中专生。积极整合中职教育资源，建成一批省级达标学校。市教育局制定《抚州市中等职业教育资源整合规划》，送市政府审核后报省教育厅。全市已有8个县（区）建成省级达标中等职业学校，职业院校新增10多个精品特色专业。抚州市还不断推进职业教育联盟，形成《抚州市职业教育联盟方案（草案）》，报市政府核批。全市县级中等职业学校积极与抚州市职业技术学院建立合作关系。

深化职业教育改革，大力促进校企合作。市教育局及时转发《〈江西省职业教育校企合作促进办法〉的通知》，认真执行《教育部等五部门关于印发〈职业学校学生实习管理规定〉的通知》，不断深化校企合作办学机制。定向培养、工学结合成为全市职业院校办学重要模式，毕业生就业水平越来越高。各地教育部门围绕当地产业，探索建设资源共享的综合实训基地。抚州职业技术学院积极申请建设电子商务、物流等区域性综合实训基地，江西中医药高等专科学校则重点打造区域内中医医疗和康复保健培训实习基地。

高等职业教育不断发展。2016年1—11月高等职业教育投入1.6亿元，比2015年全年1.2亿元多4000万元。江西中医药高等专科学校和抚州职业技术学院提高生均拨款水平，两院校招生稳定，专业建设加强，教学水平不断提高。抚州职业技术学院三年制大专招生770人，新增物流、航空、电子商务等专业，江西中医药高等专科学校三年制大专招生2251人。两院校参加省、市举办的中高职学生技能竞赛，多人多项获奖。江西中医药高等专科学校护理系学生代表江西省参加在天津举办的全国职业院校技能大赛高职组护理技能比赛，荣获个人二等奖；抚州职业技术学院机械加工系学生代表抚州市参加全省中职生技能竞赛获工具钳工项目一等奖。江西中医药高等专科学校“建院升本”工作正式启动，8月2日，市政府召开关于筹建中医药本科学校现场办公会议，成立筹建中医药本科学校领导小组，与麦可思（北京）数据公司签订合作协议，已完成编制《申报本科学校可行性论证报告》和《本科学校发展规划》。

【县（区）职业教育亮点纷呈】 11月，东乡县被教育部等六部门正式认定为国家级农村职业教育与成人教育示范县，系全国首批59个国家级农村职业教育与成人教育示范县之一，江西仅此一个。资溪县职业中学凸显办学特色，参加中等职业学校技能竞赛，成为全省县级职业中学获国赛、省赛奖项最多的学校。学校为当地旅游事业发展不断贡献力量，获得社会好评。广昌县在工业园区投资7000多万元建成占地面积4.67公顷的职教新校区，广昌县职业技术学校已迁入新校区。宜黄县引入民营企业，建成全国首家设马术与管理专业的职业中专学校，马术训练场所规范标准，马术与管理专业既举办学历教育又进行短期培训。临川现代教育学校投资1000多万元的实训大楼主体工程即将完成，投资300多万元的400米塑胶跑道工程完成过半。

【民办职业教育彰显活力】 为支持民办职业教育发展，市本级拨付抚州创新学校专款用于特色专业建设，开设计算机速录、航空票务、学前教育等专业，年内招生311人。11月12日，该校派出5名选手参加教育部举办的全国中等职业学校文秘速录技能竞赛暨通往柏林中国区资格赛，全部获奖。其中徐乐秋、王芝获得一等奖，胥霜琴、钟红霞获得二等奖，周烨获得三等奖。学校荣获竞赛团体二等奖，这是该校继2015年获得全国技能大赛奖后，又一次取得全国技能竞赛佳绩。

【整合中等职业教育资源】 为贯彻落实全省职业教育工作会议精神和省政府《关于加快发展现代职业教育的实施意见》以及省教育厅、人社厅等五部门《关于推进中等职业教育资源整合的指导意见》精神，解决中等职业学校普遍存在的“散、小、弱”问题，提高中等职业学校办学质量和服务水平，市教育局制定《抚州市中等职业教育资源整合规划》，中等职业教育资源整合工作已初显成效。东乡县政府下发《东乡县职业教育培训资源整合工作方案》《东乡县新型职业农民培训方案（试行）的通知》，各类职业教育培训工作呈现良好氛围，培训农村实用技术技能 5000 人次以上。

【职业教育质量大幅提升】 一是加强“双师型”专业教师队伍建设。努力优化职业院校师资结构，提高专业素质，解决“双师型”专业教师和兼职教师比例偏低的问题。不断加强“外聘教师或特聘兼职教师”管理，定期考核并充分发挥其在技能教学中的作用。2016 年市本级安排市属高职院校外聘教师工资 150 万元，省财政资助职业学校“特聘兼职教师”24 人。积极选派教师参加出国进修和国家级、省级业务培训。年内选派职业学校校长 2 人赴美国进修，专业课教师 6 人参加国家级骨干教师培训和青年教师企业实践，任课教师 33 人参加江西省中等职业学校“双师”素质提高培训。二是开展中等职业学校教学诊断与改进工作。按照教育部职成司《关于做好中等职业学校教学诊断与改进工作的通知》和省教育厅《江西省中等职业学校教学工作诊断与改进执行方案（试行）》要求，临川现代教育学校作为中职学校教学诊断与改进工作试点单位，已成立整改工作领导小组，并制定整改工作方案。三是举办抚州市中等职业学校第七届技能竞赛活动。分别在东乡机电中专和资溪职业中学举办技能竞赛，全市有 157 名学生参加现代服务、信息技术、现代制造、学前教育等四类专业 13 个项目的竞赛，产生团体一等奖 2 个、二等奖 3 个、三等奖 4 个；产生学生个人一等奖 25 个、二等奖 58 个、三等奖 82 个。选拔 70 多名学生参加江西省中等职业学校第十三届技能竞赛，荣获省一等奖 5 个、二等奖 13 个、三等奖 14 个（均不含学前教育单项获奖数）。资溪职业中学的智能家居安装与维护、东乡机电中专的计算机硬件检测两个项目代表江西省参加全国中职学校技能大赛。

【加强中等职业学校学籍管理】 市教育局按照省教育厅转发《教育部办公厅关于全面应用全国中等职业学校学生管理信息系统和全国学生资助管理信息系统中职子系统的通知》精神，组织召开全市职业学校学籍管理人员会议，开展培训学习，深入县（区）学校促指导，确保学生学籍电子注册新系统全面应用顺畅，确保学生学籍电子注册和毕业审核等工作准确到位。开展中等职业学校学生学籍管理和资助工作专项治理检查，做到网上审核与实地核实相结合，查处管理漏洞，挤压数据水分，提高数据质量，严格学生学籍和资助管理工作到位。特别是加强对问题学籍、双重学籍、大龄人群、“在籍不在校”以及以虚假信息注册学籍的核查工作。

【积极配合有关部门做好职业教育工作】 一是配合市人大做好《中华人民共和国职业教育法》执法检查工作。7 月，抚州市人大常委会职业教育法执法检查组先后赴黎川、东乡等地，实地察看当地职业教育学校、培训机构、实训基地、人力资源市场和企业等，并与当地人大、政府和有关部门负责人、职业学校教师和企业家代表座谈交流。之后，执法检查组还专门召开执法检查汇报会，听取市政府及其有关部门就开展职业教育工作情况的汇报。二是配合人社局组织全市中职学生参加技能等级考试。5 月，全市共有 1128 名学生自愿参加技能等级考试，合格率达 100%。这些学生毕业时全部获得“双证”。三是配合市民政部门对抚州职业技术学院和临川现代教育学校 2 所承训退役士兵培训学校，进行退役士兵培训工作情况考核评估。四是配合市工信委开展 2016 年入闱全省校企合作信息化专项项目验收。此次验收的校企合作信息化专项项目共计 3 个，分别是“南丰职业中专与江西瑞云汽车零部件有限公司合作的模具 CAD/CAM 项目”（南丰县）、“南丰职业中专与江西弘江机电有限公司合作的制造智能化和管理信息化项目”（南丰县）、“东华理工大学与东鑫实业有限公司合作的基于物联网的食用菌生产与销售信息化服务体系建设项目”（黎川县）。通过开展项目验收工作，促使校企合作信息化专项项目建设更趋规范，推动全市校企合作信息化建设迈上新台阶。此外，还配合市政协、市科委等单位开展推动职业教育发展的工作。

（李建平）

学校后勤与产业管理

【学校劳动实践场所建设】 2016 年，抚州市把学生劳动实践场所建设作为全面推进素质教育的重要工作狠抓，以“学习劳动实践技能、培养团结协作精神、提高思想道德水平”为目标，进一步提高示范引领的作用。按照《2016 年抚州市学校后勤与产业工作考评细则》的要求，经过县（区）教育局初审择优推荐，市教育局复审后，评选出 3 个学生劳动实践场所示范基地。2016 年全市有省级示范基地 2 个，市级示范基地 12 个。

【学校后勤与产业监管】 一是建立学生用品定期督查机制。开展了春季和秋季全市学校后勤与产业督查工作，严格执行省、市上级部门的规定。按照省教育厅“双送检”的要求，定期对学生用品进行抽样，及时送省质量检测权威机构进行检测。对督查过程发现的隐患和问题，现场下发限期整改通知书，及时消除安全隐患，使学生用上放心、安全、合格的产品。

二是规范学生校服管理工作。按照省后产办《关于严禁不合格校服流入学校的紧急通知》要求，抚州市及时转发文件，并要求被通报的不合格学生校服生产企业停止发放不合格校服，提出整改意见，重新检测合格后再进行发放。召开校服企业负责人座谈会，听取校服生产企业近期的生产、经营情况，加强与生产企业的沟通，更好地保障校服的生产、运输、发放和后期服务等环节，鼓励校服生产企业参加公益事业，全年共捐赠校服400多套，价值3万余元。定期督查学生校服生产企业环境和校服质量，对督查出的隐患，下达2份限期整改通知书，减少安全生产事故的发生。

【规范教育行业风险管理】 2016年，全市各中小学校全部参加校（园）方责任保险，保费为328.13万元，共处理校（园）方责任1500多起，理赔金额160多万元；95%的学生自愿参加学生意外伤害保险，保费为3138.11万元，共受理学生各类保险理赔案件2万多起，支付理赔金额1200多万元。

建立教育行业风险管理责任机制。各县（区）教育部门和学校均建立教育行业风险管理领导小组，分工到人、责任明确，使教育行业风险管理工作成为学校安全事故应急预案的重要内容，将教育行业风险管理工作纳入学校安全年终考评工作中，确保学校风险转移工作正常运行。

开展学生安全、保险知识进校园活动。按照年初下发的《关于印发2016年抚州市学校后勤与产业工作考评细则的通知》要求，各县（区）、各学校加强教育保险知识宣传，充分利用报纸、网络、广播、电视和手机等平台，组织学生学习安全防范知识和保险知识。5月，市教育局和承保公司免费向全市学生赠送71万份防溺水教育卡片，10月，教育部门免费赠送10万余册学生保险知识读本，为学校开展宣传活动提供有力保障。

加强教育行业风险管理培训。培训班邀请保险公司专家为参训人员讲解保险方面的法律法规和理赔程序及标准，提高教育行业风险管理干部的综合素质和理论修养。

狠抓学生保险理赔环节的监督。做好教育保险理赔数据统计工作，分析学生意外事故发生的地点、时间和群体，为领导科学决策预防学生安全事故发生提供数据支撑。帮助各县（区）、各学校、家长和学生解决保险理赔的案件，特别是协调解决市实验学校、临川一中、抚州一中、湖南中学等学校多个比较棘手的保险理赔案件，受到社会和学校的好评。

（毛蔼堂）

高等教育和高等院校

东华理工大学

【概况】 2016年，东华理工大学在省委、省政府正确领导和省教育厅指导下，深入贯彻落实党的十八届三中、四中、五中、六中全会和习近平总书记系列重要讲话精神，紧紧围绕学校中心工作和重点工作，扎实有效地开展“两学一做”专题教育，不断创新人才培养模式，优化办学结构，完善大学治理体系，扎实提高教育质量，集中力量、强化落实、抓住重点、整体推进、提升内涵、增强实力，有效促进学校各项事业的稳步发展。学校有专任教师1186人，硕博比例为75%，高级职称的比例为44%，教师平均年龄为40岁。教师队伍的职务结构、学历结构、年龄结构、学缘结构等方面都呈良好发展态势。积极做好优秀人才推荐工作，2人获得国务院特殊津贴，2人获得省政府特殊津贴，3人入选江西省百千万人才工程。学校荣获全省高校骨干教师公共安全知识教学能力展示活动一等奖、2015年度全省综治工作先进单位、2015年度抚州市社会治安综合治理目标管理先进单位等称号。

【完成学校“十三五”事业发展规划编制】 7月，颁布《东华理工大学“十三五”事业发展规划》，提出“十三五”目标定位与发展思路，通过实施9大工程、66项发展性指标，对学校事业发展作出总体规划和部署，描绘出特色鲜明的高水平大学建设路线图。

【顺利接受教育部本科教学工作审核评估】 根据教育部的统一部署和省教育厅的具体安排，学校坚持“以评促建，以评促改，以评促管，评建结合，重在建设”的方针，扎实做好本科教学工作审核评估评建工作，顺利接受本科教学工作审核评估，进一步提升学校人才培养目标的达成度、社会需求的适应度、教学资源的保障度、质量保障的有效度、服务对象的满意度。

【举办建校六十周年校庆】 学校以“学术校庆、文化校庆”为指导思想举办好论坛和建校系列纪念活动，以“核工业六十年教育发展论坛”为主体，规划设计7大类、20余项主题学术活动，举办近百场高水平、高质量、高层次的学术报告或讲座。积极发挥校友会的桥梁纽带作用，广大校友踊跃出力，为母校捐资办学。在校庆月中，有400多家校友单位到校招聘，为广大毕业生提供近2万个岗位，吸引近5000名毕业生参加。接受捐赠现金、实物合计价值1318万元。

【持续做好共建工作】 在国防科技工业局和江西省政府的大力支持下，东华理工大学获批为“十三五”国防科技工业局与江西省政府共建高校。这是该校获批为“十二五”国防科技工业局与江西省政府共建高校之后，继续成为“十三五”省部共建的国防特色院校。

【本科教学改革不断深化】 编制东华理工大学“十三五”本科专业建设与人才培养规划，深入落实本科教学工作会精神，完善本科人才培养方案执行环节。着力推动教师教育课程体系改革，进一步落实领导干部听课制度。着力加强教学管理制度建设，废除部分不再符合实际的教学管理文件，修订、新增一批教学管理文件，完善学校教学管理制度体系。进一步强化本科教学中心地位，着力构建本科教学质量保障体系，强化质量监控力度，促进本科人才培养质量的提高。着力推动教学改革研究，获批31项江西省级教学改革研究课题，立项总数全省排名第四位，启动国家级教学成果奖培育建设工作。

【完善研究生教育保障体系】 编

制并发布《东华理工大学在校攻读硕士学位研究生发表学术论文出版刊物目录》，强化学位（毕业）论文过程管理与监控，严把学位论文质量关。印发《东华理工大学研究生指导教师指导能力评价办法》，从研究生培养质量、导师业绩、研究生评价三个方面制定出详细评价标准，完成硕士研究生指导教师指导能力考核工作，稳步提高导师指导能力。

【提高学生实践创新能力】 以学科竞赛和大学生创新创业计划为突破口，提高学生实践创新能力。年内该校学生先后荣获国家级奖项一等奖12项、二等奖17项、三等奖26项；省级奖项一等奖60项、二等奖89项、三等奖159项。获批全国“小平科技创新团队”称号（全国仅50项）。张华同学荣获“中国青少年科技创新奖”荣誉称号，黄贤科同学获第八届中国技术市场金桥奖。

【推进招生和就业工作】 深入实施“科学招生、阳光招生、公平招生、廉洁招生、满意招生、平安招生”，一本招生成绩可喜。省份由2015年的7个增至2016年的16个；首次实现文、理科同时招生；专业数由16个增至22个；招生规模由690名增至1152名，占本科招生规模的26.88%。本科招生计划、实际录取和实际到校均超额完成，生源质量明显提高。研究生报名人数再创历史新高，收外单位推荐免试硕士研究生人数排名中位居全省前列。学校人才培养质量得到社会广泛认可，本科生毕业生初次就业率明显提高，较2015年上升十位，研究生初次就业率位于全省前列。

【其他教育形式稳步发展】 长江学院全面深化实体化办学改革，总结“十二五”期间学院各个方面发展经验和不足，编制印发《长江学院教育事业“十三五”规划》，确定“十三五”期间学院总体发展战略、主要任务和努力方向。职业教育、继续教育规模质量保持稳定。

【科学研究成果丰硕】 国家科研奖项获得重大突破，汤彬团队科研成果获国家科技进步奖二等奖，实现该校获国家级奖励的突破。国防科技科学技术奖项获得突破，李江团队的科研成果获批国防科学技术发明奖二等奖，实现该校国防科学技术奖项的突破。年内东华理工大学获批国家自然科学基金项目47项，省科技厅项目44项，省教育厅项目58项；国家社科基金项目5项，教育部项目2项，省社科规划项目17项；江西省科技厅科技项目44项，人文社科省部级项目21项，其他项目100多项。其中，国家自然科学基金获批项目数建校以后首次突破40项，位列全省第四，全国前200名，标志该校自然科学基础研究水平上了一个新台阶，将对学校高水平学科建设以及高质量人才培养发挥关键作用。

【增强服务社会能力】 全程参与筹办“2016·中国抚州汤显祖剧作展演国际高峰学术论坛”，汤显祖研究在全国、全省的影响力逐步显现。通过国培项目，为抚州市培训农村和偏远地区中小学和幼儿园教师1500余人。积极参与国防科技工业对口支援吉水振兴发展工作。与吉水县签订《东华理工大学与吉水县人民政府战略合作协议》，制定并落实对口支援工作方案。派送有基层工作经验的科技人员11名分别加入7个科技特派团，征集29名精准帮扶专家，为加快江西省富民强县、精准帮扶提供科技支撑，取得良好的效果。

【强化学科专业建设】 完成《东华理工大学“十三五”博士、硕士学位授权点立项建设规划》《东华理工大学博士学位授予单位规划方案》，明确组织机构、具体内容、计划及实施途径，扎实开展博士单位、江西省“双一流”学科和特色高水平大学申报准备工作。学校获批完成“十三五”国防特色学科4个，顺利完成教育硕士专业学位研究生培养工作中期迎检工作。组织7个硕士一级学科参加教育部第四轮学科水平评估。组织6个学科（领域）参加江西省硕士学位授权点省级抽评。增列控制工程、建筑与土木工程、机械工程等3个工程专业学位授权领域。

【科研平台建设取得新成绩】 注重加强重点实验室等平台建设，全力推进平台体制、机制创新，成效明显。“聚合物微纳制造与器件实验室”获批江西省重点实验室，“放射性地质大数据工程实验室”获批江西省工程实验室（江西省发改委主管）。

【师资培养引进力度持续加大】 该校引进博士等高层次人才的速度进一步加快，规模进一步扩大，质量进一步提高，全年全职引进博士等高层次人才40人，柔性引进俄罗斯科学院院士苏希赫、俄罗斯总统科学顾问利希等海外杰出人才。积极鼓励教职工在职提高学历，12名教师考取国内外博士。大力支持教职工进行国内外访学进修。年内，共完成各类教师进修人数达226余人次，其中72人次出国进修、访学。

【国际化程度明显提高】 该校积极做好已有的校际合作项目，共选派学生89人次赴国（境）外开展交流学习和短期研修，招收博士研究生2名、交换生1名，接收8名巴基斯坦留学生到校进行铀资源勘查与技术硕士和博士研究生学历教育，留学生招收工作取得突破性的进展。同时，哈萨克斯坦全球教育中心有意向每年送20名本科层次的留学生到该校学习汉语，合作协议正在讨论中。

全年共接待国（境）外合作院校和友好单位到访50余人次，与亚洲、大洋洲2个国家和中国台湾地区的5所大学签署合作协议，与欧洲、大洋洲2个国家3所大学达成校际合作初步意向。

加强与国际原子能机构的合作。全年共派出6人次参加国际会议或执行专家技术服务项目；项目组3人赴法国执行2周科访任务；30余人次参与机构技术培训；接收机构派遣的菲律宾、埃及、约旦、马来西亚、尼泊尔等国技术官员 8 人到校培训。技术合作项目领域进一步拓宽，2016—2017 年周期技术合作项目（CPR9049）于 2016 年正式启动。承办由国际原子能机构（IAEA）和国家原子能机构主办的 IAEA 技术合作项目培训班。

【依法治校工作深入推进】 制定并印发《东华理工大学学术委员会章程》，选举产生学校新一届学术委员会，学校党政主要负责人不再担任校学术委员会委员，以校学术委员会为核心的学术管理体系与组织架构不断健全，学校内部治理结构进一步完善。修订并实施《东华理工大学校长办公会议事规则（修订）》，进一步推进行政决策的规范化、制度化、科学化，为依法治校、依法行政提供制度保障。制定并实施《东华理工大学法律顾问聘用管理办法（试行）》，进一步发挥法律顾问作用，为学校依法治校、依法管理、维护学校合法权益做出重要贡献。

【完善制度建设和治理结构】 通过不断完善以学校章程为核心的制度体系建设，教育引导教职工增强法治意识，依法依规解决学校办学过程中遇到的纠纷和问题。内部管理有新举措，进一步探索多校区管理运行模式及各校区的功能定位，调整校区资源配置；不断完善学校教学、科研和管理等内设机构设置，增设抚州校区管委会、高等教育研究与评估中心、省部共建工作办公室，成立地球物理与测控技术学院、核科学与工程学院。制定并实施《东华理工大学党政公文处理办法》，进一步规范学校公文处理流程。

（徐鹏程）

【东华理工大学领导名录】

名誉校长：钱七虎

党委书记：徐跃进

党委副书记、校长：柳和生

党委副书记：刘紫春（5 月任）

副校长：孙占学　刘晓东　汤彬　郭福生　陈晓勇　聂逢君　李德平

纪委书记：万继锋

校长助理：陈焕文

南昌大学抚州医学院

【概况】 南昌大学抚州医学院坐落在以“才子之乡”“文化之邦”著称的历史文化名城——抚州市，占地面积46.67公顷，建筑面积26万平方米，全日制在校生 8600 多人。

学院是南昌大学医学教育的组成部分，是培养医学专门应用型人才的教学型学院。学院现有本科（第二批次）和专科两个层次的教育体系。本科有临床医学、护理学、口腔医学、医学检验技术、药学等专业；专科有临床医学、护理、口腔医学、临床医学（全科医学方向）、临床医学（麻醉方向）、临床医学（医学影像方向）、医学检验技术、药学、护理（口腔护理）等专业及方向。其中，护理是华东六省一市开办最早、省内外影响较大的专业，临床医学是江西省首批示范专业，口腔医学是学院特色专业。

学院图书馆建筑面积 1.36 万平方米，阅览座位 2000 余个，纸质藏书 25 万余册，电子图书 110 余万册，全面共享南昌大学及抚州市图书馆电子资源，开放中国期刊网、万方数据知识服务平台和维普中文科技期刊等 27 种中文数据库，引进 EI、ISTP、SCI、SPRINGER、ELSEVIER、PQDD 等数据库 50 余种外文数据库。

学院有两栋现代化实验大楼，建筑面积共 6 万多平方米，设有口腔医学实验教学中心、美康医学检验实验教学中心，有各类实验室 260 余个，布局合理、设备齐全。

学院现有抚州市第一人民医院（南昌大学第五附属医院）等 6 所附属医院，并有一所三级附属医院（南昌大学抚州医学院附属医院）正在建设之中。学院还在全国各地建立 150 多家实习基地，能够充分满足各级、各专业学生的实践教学需求。

学院基于自身力量并依托校本部、校企合作和社会力量，建立起一支素质精良、严谨求实的师资队伍和科研团队。学院现有 362 名专任教师，其中，博士 32 人，硕士 158 人，博士和硕士研究生占教师总数的 52%；副高以上专业技术职称的教师占教师总数 67%。学院教师在国内外学术杂志上发表论文千余篇，编写和出版教科书及论著近百部，完成省级以上科研项目 50 余项。

【知行合一德育教育成效凸显】 针对当前医学教育普遍存在重医学专业知识、轻人文素养的倾向，学院建立“知行合一”的德育教育模式，即以国学经典诵读为理论指导，以校园志愿服务和素质拓展活动为实践检验，完善学生人格和心智。经过多年的摸索和实践，校园志愿服务和素质拓展活动已成为学院的办学特色和文化传统，每一名学生通过课程学习和实践活动陶冶情操、学会沟通、培养职业精神、感受人格养成和精神成人的过程，为日后就业和发展做好积极准备。

自 2005 年始，学院大力推行 ISO 9001 ：2000 质量管理体系并成为国内首家获得整体认证的公立高等医学院校。该体系经过多年的运行实践和逐步完善，已形成为特色鲜明的“三个体系一个平台”的管理模式，极大地降低管理成本、减少管理层级，提高了学院的整体管理水平和管理效能。

【毕业生就业质量稳步提升】 自 2000 年以后，学院“专升本”录取率一直位列省内同类院校之首，创下“十七连冠”的佳绩。历年护士资格考试通过率均在 98.2% 以上，远远领先于省内同类院校。学院优秀本科毕业生可享受硕士研究生推免政策。2016 年，学院有 37 人享受推免政策并全部被国内“985”“211”院校录取，有 119 人（包括推免生）顺利考取硕士研究生，考研录取人数占本科毕业生总数的 23%。学院毕业生得到社会的认可和用人单位的好评，2012–2016 年，学院连续五年应届毕业生一次性平均就业率高达 95%，毕业生就业质量稳步提升。2016 年，学院二本批次（省内招生）文科投档分数为 502 分，高出省控线 52 分；理科投档分数为 503 分，高出省控线 58 分。专科批次省内文科投档分数为356分，高出省控线156分；理科投档分数为378分，高出省控线178分。

（张祥恩）

【南昌大学抚州医学院领导名录】

党委书记：何　琴（主持学院全面工作）

党委副书记、纪委书记：邹敏辉

副　院　长：李小鹏　李淑雯

党委委员、副院长：李东明

党委委员、总会计师：邱亚雨

党委委员、组织人事办公室主任：邓晓敏

党委委员、学生处处长团委书记：张　丽

党委委员、党委（院长）办公室主任：饶泽昌

临床教学部主任：邓莘芸

江西中医药高等专科学校

【概况】　江西中医药高等专科学校创建于1986年，是全国8所中医药高等专科学校之一，也是国家中医药管理局重点建设的新型特色高等院校。学校新老两个校区，共占地30.80公顷（老校区10公顷，新校区20.80公顷）。至2016年末，在校生已超过1.2万人。老校区位于抚州市中心城区，新校区位于抚州高新区。校区内亭阁池榭、绿树成荫，风格别致、环境优美，教学楼、实验楼、临床大楼、图书馆、行政楼、专家楼、体育馆等各类设施一应俱全。

学校以建设“国内有影响、省内有优势、办学有特色、学生有作为”的新型中医药高专为定位，以培养面向医药卫生、保健康复行业产业的应用型高素质人才为目标，逐步形成以中医药高等专科学历教育为主，以高等职业教育、继续教育和社会培训为辅的办学体系。学校教育主体由“三系”（医疗系、药学系、护理系）“四部”（思想政治理论课教学部、医学基础部、公共与社会科学部、成教部）组成，共开设16个专业（方向），形成中医医疗、康复保健、药学、护理四大专业群。现有2个中央财政重点建设专业、3个省级人才培养创新实验区、5个省级优秀教学团队、5个省级特色专业和8门省级精品课程。学校根据中医药行业的特点和人才市场的需求，实施“双证制”教育，学生可同时获得学历证书以及国家劳动部门颁发的职业技能证书；积极拓展合作办学领域，与北京中医药大学、江西中医药大学建立联合培养模式，使中医学、中西医临床、护理、中药等本科专业得到继续教育。学校是全省唯一的全国农村中医药知识与技能培训示范基地。

2016年，学校“升本建院”稳步推进，抚州市委、市政府高度重视、关心、支持该校的发展，把“建院升本”列入全市重点工作，学校上下已形成强烈共识，提出“五年决战，建院升本”的总目标。根据市委、市政府主要领导的指示要求，该校加快工作节奏，加大推进力度，成立创建本科学校办公室（简称创建办），制定《关于筹建中医药本科学校的工作方案》《2016年底前升本建院工作安排表》；在校园网开通“创建本科学校专题网”，编制《创建本科学校宣传知识手册》；完成校内相关数据分析与调研工作；与麦可思（北京）数据公司签订“编制申本科可行性论证报告及发展规划”的合作协议，并在2016年年底启动全国范围内的公开招标，争取尽快拿出科学合理的规划设计。学校已多次召开“建院升本”工作推进调度会，形成每月召开调度会工作制度。

【发展战略明晰】　学校进一步明确“一二三四五”的发展战略。即：坚持以创办党和人民满意的高等教育为唯一宗旨，面向江西省、抚州市经济社会发展和中医药行业发展两个主体服务，紧紧抓住招生、教学、就业三个环节，建好干部队伍、师资队伍、学工队伍、社团队伍四支队伍，推进教风、教师、教学、教材、教改“五教工程”。

始终把增强学生综合素质放在人才培养的首位，通过培育“大学文化、中医药文化、临川文化”多元融合的校园文化，促进学生德、智、体、美全面发展。

【人才队伍建设】　坚持“请大师、引贤才、育新人、重双师”的人才强校战略，着力打造一支高素质、高技能的“双师”型教师队伍。同时，坚持“不求所有、但为所用”的原则，与多家医院及医药企业建立人才共享机制，聘请医疗行业知名专家为专业带头人，建立起一支临床经验丰富的兼职教师队伍。2016年引进2名博士，向市人社局报送67名硕士研究生、4名本科生引进计划，师资建设步伐不断加快。高素质、“双师”型教师比例进一步提高，教学科研水平不断攀升。现有中科院院士陈可冀、中国中西医结合学会副会长危北海、北京中医药大学博士生导师王琦、上海中医药大学博士生导师王灵台、著名针灸专家陈日新等10余位国内著名教授、专家为学校名誉教授；教授及正高职称人员36人，副教授及副高职称人员51人；“双师型”教师占比达72.5%，研究生以上学历教师占比达36%以上；国家级名老中医2人，享受省、市政府特殊津贴专家7人，江西省百千万人才5人，江西省高校学科带头人2人，江西省高校中青年骨干教师11人，江西省高校教学名师3人；全国五一劳动奖章获得者2人，省五一劳动奖章获得者2人；博士生导师1名，硕士生导师5名，二级教授2名，三级教授3名。

【教学研究成绩突出】　2016年，该校申报10项省教育厅教改课题，申报项目数较2015年翻了一番。有4项教学成果申报江西省第15批教学改革成果奖。“盱江医学流派传承工作室建设项目”通过国家中医药管理局的实地验收，评分为95.7分；国家自然科学基金项目通过验收；分别向抚州市科技局和江西省科技厅申报设立“江西省建昌帮中药工程技术研究中心”。年内该校科研项目共申请课题40多项，已经获得立项14项；科研课题共结题16项，其中，获市级社科优秀成果奖5项，发表论文104篇。

【党团工作扎实有效】 2016年，学校按照中央、省委、市委以及省委教育工委的统一部署，把深入学习贯彻党的十八届四中、五中、六中全会精神和习近平总书记系列讲话精神作为加强领导班子思想政治建设的首要任务，每季度定期召开理论学习会、支部党员大会、党员民主生活会、支部委员会，制定详细的学习计划，增强学习的针对性和实效性，增强党员领导干部的宗旨意识、群众意识、改革意识、廉洁意识，增强推进学校科学发展的责任感、使命感和紧迫感。

2016年共安排“坚定执着追理想”“实事求是闯新路”“艰苦奋斗攻难关”“依靠群众求胜利”4个专题的集中学习，紧紧围绕学校中心工作，以新思路、新机制、新手段谋划和推动“党建+”工作，认真开展“干部作风、学风教风考风、师德师风建设年”活动和向傅淑清同志学习教育活动，进一步加强干部队伍建设、党员队伍建设和教师队伍建设，切实增强学习和干事的思想自觉和行动自觉。

【校园文化多彩】 学校继续推进“五题四建三教育”工程，狠抓学生文明礼仪养成教育。全面探索“五题四建”思政工作模式，通过开展主题教育月、主题活动周、主题宣传日、主题班会和主题团日活动，重点加强校风、学风、班风和寝室风气建设，不断促进学生思想政治教育、人文素质教育和德育教育水平的提高。学校团委积极开展学生会干部培训、青年志愿者培训，提高学生综合素质，开展“安全法制教育月”系列活动，举办“学法、懂法、用法”知识竞赛等活动加强学生的法制观念。全面开展系列文体活动，丰富校园文化生活，提升学生综合素质。学校组织500余名师生参加纪念汤显祖逝世400周年活动的戏剧巡演，圆满完成《临川四梦》《汤显祖》《莎士比亚》《塞万提斯》四辆花车的表演任务，彰显了该校师生良好的素质和形象。

【生源结构进一步优化】 2016年，学校首次停招中专生，限制高职招生人数，新增大专招生计划700人，按照省教育厅、卫计委的要求，顺利完成“3+2”中高职对接任务，共接收南昌市卫校学生496人，总共录取新生3437人，在校生总数继续控制在1.2万人左右。其中，专科和高职生占87.4%，生源结构得到进一步优化。大专文、理科投档分数线均远高于本省最低投档线，生源质量得到大幅提升。

【学生就业率继续攀升】 2016年，该校毕业生一次性就业率达85.43%，年底就业率达95.43%，较好地完成了年初工作目标，连续13年实现毕业生就业安全零事故。学校现有直属和非直属附属医院各一所，附属药厂一家，省内外实习实训基地138个，先后在长江三角洲、珠江三角洲及北京、福建等经济发达地区建立200余个稳定的就业网点，形成辐射中部地区和东南沿海地区的就业信息网络；组织优秀毕业生参加“三支一扶”“大学生应征入伍”“志愿服务西部计划”；积极开拓国外就业市场，选派优秀毕业生赴英国带薪实习就业。学校加大学生创新创业扶持力度，创建2个大学生创新创业孵化基地，总面积超过2000平方米，设立11间（新校区8间、老校区3间）实体门面，同时组织3次现场评审，确定10项创新创业孵化项目，并开设《大学生创新创业基础》课程，保障学生创新创业工作的顺利开展。

【荣获全省平安校园示范高校】 2016年，该校投入60万元升级改造为高清电子监控，并将监控探头数量增至360多个，为及时有效预防校园侵害案件和灾害事故等提供技术保障；开展安全生产大检查活动，对学校安全隐患进行全面排查，实现“和谐平安校园”的创建目标，为师生员工营造方便、舒适、美观、安全的校园环境。是年，该校再次被省教育厅授予全省高校平安校园示范学校荣誉称号，并荣获全省平安校园建设优秀成果评选三等奖、全市社会治安综合治理目标管理先进单位。

【大力开展合作交流】 学校大力实施“校企合作、工学结合”办学模式，通过与企业的广泛深度合作，大力实施订单式培养、顶岗实习、带薪实习、实习就业一体化等培养模式，致力提升学生的专业技能和社会适应能力，增强学生就业竞争力。学校实行实习就业“一体化”，与52家医院、药业及美容业实现校企合作，如与“博雅生物”“科伦药业”及“银涛药业”合作开设定向班。

（杨　莎）

【江西中医药高等专科学校领导名录】

校　　长：胡志方
党委书记：黄文贤
党委副书记：梁茂华（8月任）
党委委员、副校长：陈建章
副 校 长：涂国卿
党委委员、副校长：卢　萍
　　　　　　　　　曾金贵
党委委员、纪委书记：王　砥
党委委员：徐宜兵　刘良福

抚州广播电视大学（抚州市高等职业技术教育中心）

【概况】 抚州广播电视大学前身为抚州地区电大工作站。1984年正式成立江西广播电视大学抚州地区分校。1990年与抚州地区教育学院（筹）合并，成立抚州地区高等职业技术教育中心，实行三块牌子，一套人马。2000年7月，正式更名为抚州广播电视大学。抚州广播电视大学、抚州市高等职业技术教育中心为两块牌子、一套人马，是抚州市市属成人高等院校。该校是以教育部直属高校——国家开放大学为主体的中央广播电视大学系统的组成部分，经江西省人民政府批准创办，属国民教育系列。

学校采用系统运作的教学管理模式，以适合从业人员学习需求的专业和课程为内容，以整合优化的学习资源为基础，以天网、地网、人网合一的学习环境为支撑，以学习者自主学习为主要方式，以严格而有弹性的过程管理为保障，培养留得住、用得上的应用型高等专门人才。电大采用“宽进严出”的招生政策，国家开放大学本科的注册对象为具有国民教育系列相同或相近专业高等专科（含专科）以上学历者。其中本科护理学专业招生对象限于护理学专科毕业、持有护士执业资格证书的在职在岗卫生技术人员；专科教育的注册对象为具有高中、职高、中专、技校及以上学历者。其中护理学、药学专业招生对象限于中专毕业、专业对口的在职在岗卫生技术人员，报读护理学专业的学生必须持有护士执业资格证书。符合以上条件的学生经资格审查合格后即可免试入学和注册学习有关课程。学生注册后必须严格按照各专业培养方案完成各教学环节的学习任务，通过国家开放大学统一组织的形成性考核和课程考试，取得规定的学分。根据教育部有关要求，二年制专科、专科起点本科专业最短学习年限为两年半。符合毕业要求的，颁发国家承认的专科或本科学历毕业证书，教育部给予毕业证书电子注册，可在中国高等教育学生信息网（www.chsi.com.cn）查询，欧美等150余个国家和地区承认，有“国际学历绿卡”之称。本科学生达到授予学位的标准并符合有关规定要求，可获得国家开放大学授予的学位证书。学生在校期间可按评优条件参加江西电大优秀学员和国家开放大学优秀毕业生的评选，学习成绩优秀的学员可以申请国家开放大学奖学金。

学校校园占地面积2.67公顷，校舍建筑面积1.3万平方米，学校拥有较为先进的多媒体教学设施和教学实验手段。结合开放教育、远程教育特点，该校注重现代远程教育设施投入，现有计算机网络教室6个，可以进行双向视频会议、网上教学互动的多媒体多功能教室1个，云教室一间，联网48座和60座语音室各1个、财会模拟实验室1个；校图书馆现有藏书3.6万余册、期刊160余种，并建有网络阅览室；组建了100兆校园网，学生可以充分利用中央、省、市“电大在线”三级远程教学平台和国家培训网、奥鹏远程教育学习平台，自主开展网上学习；全校有电脑220台，投影仪12台，电子白板5个、地面卫星接收装置一套；教职工均配置台式和手提电脑，实现办公自动化、教学网络化。

该校党委、行政紧紧围绕市委、市政府的决策部署，立足实际，倾力服务全市发展大局，以开放教育为主体，学历教育与非学历教育并举，奋力提升学校综合办学实力，努力办好人民满意的电大教育，推动各项工作再上新台阶。学校招生、教学和管理等业务工作得到长足发展，工作有成效、事业有发展、办学有特色。学校被省电大评为2016年度教学管理优秀单位。6名教职工被省、市有关单位和部门评为优秀教师、优秀班主任、优秀教育工作者及招生、财务、学籍、统计工作先进个人；15名学生获得中央电大奖学金，14名学生荣获“希望的田野”奖学金。抚州电视台、《抚州日报》等媒体对该校工作进行多次报道，学校影响日益广泛，电大品牌更加深入人心。真正实现“作风高标准、管理高效率、教学高水平、服务高质量”，为建设幸福抚州提供了有力的智力支持和人才保障，为把该校建成“全市成人学历教育名校、职业技能培训基地、继续教育和远程教育中心”，向国家开放大学转型打下坚实的基础。

【专业设置适用性强】 2016年，该校办学类型和专业层次主要有：1. 电大开放教育本科。开设专业有金融学、法学、学前教育、英语、汉语言文学、计算机科学技术、土木工程、工商管理、会计学、行政管理、教育管理、护理学等。2. 电大开放教育专科。开设专业有金融、法学、学前教育、汉语言文学、计算机信息管理、建筑施工与管理、工程造价管理、水利工程管理、园艺、药学、护理学、工商管理、会计、教育管理、小学教育、行政管理、机械制造与自动化等。3. 与名牌大学合作本专科学历教育。与北京航空航天大学合作，开设的本、专科专业有法学、经济学（经济管理）；与中国医科大学合作，开设的本、专科专业有护理学、药学；与中国石油大学（华东）合作，开设的本、专科专业有机电工程一体化、电气工程及自动化、人力资源管理；与东北农业大学合作，开设的本、专科专业有城市园林及绿化等。

【加强师资力量建设】 学校拥有一批具有高、中级职称、政治思想、业务素质较好的专、兼职教师队伍，该校现有在岗教职工39人，其中，正高职称2人、副高职称11人、中级职称11人、初级职称6人。学校有专职教师30名，其中教师系列职称者23人。为适应事业发展，该校还外聘10名特聘教授及84名高素质兼职教师（其中高级职称60人、中级职称24人）。深入研究开放教育、远程教育人才培养模式，加强与国内名牌高校合作，认真开展教学创新，着力实施以“劝学、导学、助学、督学”为主的教学改革；不断完善网上学习平台，丰富学习资源，实施人性化、个性化教学，为学生提供及时、全面、体贴、高效的学习支持服务；坚持教学科研一体化，广泛开展听课评课、优质课比赛和教学研讨会等活动，不断提高教学水平。学校的专职教师有较丰富的教学经验并积极开展教研活动。2016年，该校教师在省级及以上刊物发表科研论文2篇。

【多渠道扩大招生与就业】 为拓展生源，扩大办学规模，该校一方面不断改善学校的办学基础条件、拓展办学专业。另一方面，成立以党委书记、校长为组长的招生领导小组，不但根据实际情况，适时召开招生动员会、培训会、分析会等，还理顺各种关系，为招生工作正常开展铺平道路。同时强化激励，建立奖惩机制，通过制订招生方案，将任务分到组、分到人，不完成任务的教职工年度考核不能评为优秀，对完成任务好的职工予以表彰奖励，将招生实绩与年终奖金分配挂钩。促使完成任务较好的教职工主动帮助完成任务有困难的教职工，强化团队合作精神。通过全体教职工的共同努力，不但使招生工作圆满完成，而且有突破性的进展。2016年，该校招收本、专科新生2560名，其中招收江西省“一村一名大学生工程”学生474名，继续保持稳步发展的良好势头。截至年底，有在校生总数6500余人。该校积极开展职业技能、岗位、普通话等短期培训，2016年开展各类培训1000余人次。办学36年来，事业不断发展，为全市经济建设和社会事业培养了一大批高等应用型人才，为抚州的经济发展做出应有的贡献。电大毕业生的良好素质和表现，深得社会各界人士的好评。

（章伟华）

【抚州广播电视大学（高等职业技术教育中心）领导名录】

党 委 书 记：谢晓宇

党委委员、副校长（副主任）：

吴文新　谢雪平

韩学军

党委委员、纪委书记：周　鼎

抚州幼儿师范高等专科学校

【概况】　抚州幼儿师范高等专科学校是经江西省教育厅批准的一所培养具有大专学历教师的全日制普通师范专科学校，前身是江西省崇仁师范学校。崇仁师范学校创办于1977年，2005年5月经江西省教育厅批准挂靠东华理工大学，成立东华理工大学行知分院。2017年2月，经江西省政府批准升格为抚州幼儿师范高等专科学校。四十年中，学校始终高扬师范教育旗帜，秉承陶行知教育思想，在艰难曲折中前行发展，开辟出极具特色的发展之路。

抚州幼师高专占地面积63.07公顷，其中，抚州新校区占地面积41.20公顷、崇仁校区占地21.87公顷，总建筑面积28万平方米。抚州新校区是抚州市委、市政府重点建设项目。抚州幼师高专全体师生艰苦奋斗，团结协作，努力把新校建设成一个学风优良、严谨治学的现代化校园。学校有综合楼、教学楼、实训楼、图书馆、科技楼、艺术教学楼、体育馆、剧院、学生公寓、食堂等，具有完备的教学实验条件，拥有现代化的校园网、电视差转台、省内一流计算机实训基地等各类设施设备，校园建筑错落有致，绿树成荫，成为全体师生学习、生活和工作的理想场所。

【教学科研长足发展】　抚州幼师高专以教学科研为工作中心，集中力量打造优良的教学科研平台，建立起一支素质精良、刻苦钻研的教师队伍和科研团队。2016年，学校有教职工208人，其中，有专任教师179人，有教授1人、教授级讲师2人、高级讲师50余人、省特级教师2人，具有硕士学位教师63人。开设学前教育、小学教育、语文教育、艺术教育、科学教育5个专业，学前教育专业是该校的特色专业。2016年，学校共有2个国家级课题立项，16个省级课题立项，结题5个；10个市级课题立项，结题6个；在省级以上刊物发表论文40篇，出版论著1部。在2016年省教育厅组织的全省中等职业学校信息化教学大赛中，2名教师获得三等奖，在抚州市第十三届艺术节比赛中，学校教师章婷编排的舞蹈《活着1937》荣获一等奖。

学校全面贯彻素质教育理念，强化技能训练，提升人才培养质量。2016年，学生在各类比赛中频频获奖。在抚州市第七届学前教育专业五项全能竞赛中，包揽前四名；在江西省第十三届学前教育五项全能技能竞赛中，获得五项全能一等奖1个、三等奖1个，其中，讲故事比赛获全省第一名，钢琴弹唱比赛中获全省第二名。在江西省第六届职业院校艺术设计大赛中荣获三等奖1个。第七届中国高校美术作品学年展荣获入选奖、优秀奖各1个。

【以立德树人建设校园文化】　该校始终高扬师范教育旗帜，坚持“以德树人、全面发展”的育人思想，形成“团结、勤奋、务实、创新”的优良校风，为社会培养输送2万余名毕业生，培训中小学校长200多人、中小学各科骨干教师近4000人。学校深受陶行知教育思想的熏陶，践行校训“知行合一、为人师表”，学陶师陶是该校一大鲜明的办学特色。1987年，学校成立陶行知思想研究会，是中国陶研会会员单位，江西省陶研会理事单位。校园里建起“行知园”，设立“陶行知教育思想实验班”，师生在形成“科学的头脑”，练就“农夫的身手”，培养“艺术的兴味”上下功夫，开展生活教育实验，取得喜人成绩。中国陶行知研究会前会长方明曾盛赞该校是江西省开展陶行知研究实验的一面旗帜。中国陶行知研究会、中国陶行知基金会先后授予抚州幼专“实践行知思想、推行素质教育”先进单位、“陶行知教育理论与实践成果先进集体”和“全国优秀陶研抚州幼专”等光荣称号。

学校以立德树人为目标，积极创设人文环境，激发学生努力学习、实践、成才的精神动力。如军训、讲座、校园文化艺术节、各类社团活动和社会实践活动等。军训塑造新生顽强拼搏、吃苦耐劳的精神，培养了良好的生活和学习习惯。学校积极开展各类教育实践活动，例如“纪念长征胜利80周年”“道德讲堂”“建设节约型校园”“寝室设计比赛”“感恩节征文”等系列主题教育活动，“彩虹人生——奋斗的青春最美丽”“最美临川——文化传承”“社会实践志愿服务”“扶贫帮困公益服务”“礼仪文化教育”等青年志愿者服务活动。这些活动不但丰富学生的课余生活，展现学生的较高素质，而且在社会上引起巨大反响，深受好评。在参加“践行爱心服务，发现美丽中国”2016年全国大中专学生暑期“三下乡”新媒体公益传播力评选表彰活动中，该校分别获得包括优秀志愿者、优秀团队、优秀项目、优秀指导老师、优秀组织等奖项。

【招生就业渠道广】　抚州幼师高专主要招收高中毕业起点三年制大专

和初中毕业起点五年一贯制大专定向师范生及部分非定向师范生。2017年5月10日，教育部公布《省级人民政府审批设置专科教育高等抚州幼专备案名单》，抚州幼师高专正式获得教育部备案，获取面向全国招生、培养专科层次的幼儿园和小学教师的资格。学校校风严谨，管理严格，以培养学生师德为本、以提升学生师能为重，注重实践环节教学及学生综合素质培养。多年来，学生参加全省学前教育“五项全能”竞赛多次获一、二等奖，参加英语、计算机、普通话、钢琴等级考试，通过率在全省同类学校排名中名列前茅。

学校十分重视学生就业工作，与江西省社会保障劳动就业中心建立长期的联系和合作，保证毕业生就业渠道畅通。通过实施专题式就业指导课程教学、日常指导等就业指导方式，对学生进行全方位就业指导，同时积极拓宽就业渠道，在深圳、上海、广东、浙江、江苏、福建等地建立稳定的就业网络，毕业生就业供不应求。学生实习表现突出，深受用人单位喜爱，在省内外各项招聘考试中脱颖而出。2016年毕业生共1259名，其中中专毕业生400名，就业人数为378人，就业率为94.5%；大专毕业生894名，就业人数为859人，就业率达到96.2%。

【办学成绩亮点纷呈】 2016年，学校党委、行政带领全体师生员工凝聚智慧，锐意进取，奋发图强，迎难而上，以教学工作为中心，以新校区建设和设置抚州幼儿师范高等专科学校评估工作为重点，以内涵建设为主线，尤其是接受以崇仁师范为基础设置抚州幼儿师范高等专科学校评估，通过以评促建、以评促改、以评促管、强化建设、持续整改，积极稳妥地推进各项工作落实，为学校的持续发展提供动力基础。

2016年，学校新校区建设按照倒排工期、挂图作战的要求，千方百计抢工期、抓进度，严格按照时间节点，全速推进新校区建设步伐，在确保工程质量和安全的前提下，完成年底主体建筑封顶的任务，并确保新校区2017年9月投入使用。

学校本着以人为本的精神，提升综合管理效能。在精神文明建设上，开展生态文明村帮建活动，荣获省级文明单位。在教学设施设备上，进一步完善图书资料建设，并建立健全各类实训基地，确保教师学生更加有效地使用教学资源。

学校进一步完善师资队伍，优化师资结构。在人才队伍建设上，加大引才力度，共引进硕士研究生9个；人才梯队建设不断完善，全年1人通过教授级讲师，5人通过高级讲师评审，8人通过讲师评审。

2016年，学校毕业生在各类事业单位教师招聘考试中脱颖而出。上半年抚州市新保育院面向全省招聘录用的36名教师中，就有28名是抚州幼专毕业的学生，占总招聘录用人数的77.78%。学校以升格评建为契机，全面完善教学实验条件，为社会培养出更多更优秀的小学和幼儿教育师资。

（周柳根　温姝宇　曾波明）

【抚州幼儿师范高等专科学校领导名录】

党委副书记、校长：万晓定

党 委 书 记：钱　平

党委委员、副校长：杨福毅　汪　伟　跃　徐　武　生　许细华

党委委员、工会主席：朱彦保

抚州职业技术学院

【概况】 在国家大力发展职业教育和教育结构调整中，2003年3月，经抚州市委、市政府研究，报江西省政府批准，决定在原抚州经贸学校、抚州农校、抚州市文艺学校基础上组建成立抚州职业技术学院。2007年5月，又将江西机械电子技工学校、抚州市技工学校并入。2008年8月，学院整体迁入新校区。学院设有党政办公室、组织人事部等14个行政处室和群团组织；设有机电、艺术等7个分院、32个专业和基础部、思政部等6个教辅机构以及17个党支部。2016年有教职员工700余人（含离退休人员），其中，专业教师328人，具有副高以上职称109人；有在校学生9560人，成人教育学生567人。学院占地62.73公顷，总建筑面积22万平方米。争取中央省财政支持1000万元，建设实践实训中心如服务外包系的“呼叫中心（虚拟）实训中心”、汽车工程实训中心、导游实训中心等9个。建有教师工作用房228套。

“十二五”期间，校企合作和企业冠名订单班专业共达17个，在校订单培养学生达5120人，占在校生总数的63%。2016年与抚州高新区共同签订《战略合作协议》，成立“抚州国家高新区高技术人才培养基地”，加强与区内行业企业深度合作。获江西省第十四届文明单位、全市综合治理先进单位、全市节能减排先进单位、全市绩效考核先进单位、全市党建工作示范点。

【实行工学交替培养模式】 学院坚持以职业能力培养为重点，改革以课堂教学为中心的传统人才培养模式，实行工学交替人才培养模式。如物流专业实行“三循环”工学交替模式，汽车专业实行四段“产学交替”式培养模式，数控专业实行“1233”式培养模式，机电一体化推行“2+1”工学结合人才培养模式等，使学生学习更加具有职业性和实践性，也提升就业能力。积极改革教学方法和手段，融“教、学、做”为一体，强化学生能力的培养，推行以“项目导向”为主导的任务驱动、模拟教学、情景教学、案例教学、现场教学、仿真教学等方法，提高学生的动手能力。学院坚持学历证书和职业技能证书相结合，校内设有国家职业技能鉴定所高级站，鉴定的职业（工种）涵盖学院所有专业的技术工种，鉴定的等级为初级、中级、高级，为学生获取相应的资格证书创造条件。

2016年，该院师生组队参加5次全省技能大赛，取得省级团体一等奖1个、三等奖1个；个人一等奖4个、二等奖8个、三等奖6个。

【名师工程促人才队伍建设】 学院有专任教师328人，副教授以上

职称109人，双师型教师176人，硕士以上学历104人。学院实施“名师工程”，聘请知名专家学者为客座教授，大力引进具有实践经验的技师和具有硕士研究生以上学历学位的年轻教师充实教学一线。学院与清华大学基础工业训练中心、顺德职业技术学院、广州铁路职业技术学院、南京信息工程职业技术学院、金华职业技术学院等全国示范性职业院校建立长期战略合作伙伴关系，定期派送管理人员和专业教师前往学习和培训，时间3至6个月，并邀请合作学校专家到校讲学，极大提升学院教学管理和专业建设水平。

【教学研究上台阶】 近几年，随着招生形式的好转，学院把重点放在教学科研上，提出“质量立校、科研兴校、人才强校”发展战略。获省教育厅、科技厅、文化厅、省自然科学基金重点项目、省优秀青年科学基金项目课题立项12项，启动院级课题立项20项，获科研经费20余万元；在学术刊物上共发表研究论文100余篇，其中SCI收录论文10余篇；获批国家专利6项；江西省职教论文大赛4篇论文分别获一、二、三等奖；出版教材、学术著作9部。

【校企合作有新发展】 产教结合、校企合作是职业教育发展的必由之路，面向抚州是办学的立足之本，面向全国是办学的发展之基。2016年，学院与市内企业合作的有江铃集团、德义公司、桑尼可公司、黎川油画产业园、大觉山旅游公司及市内近百家大型幼儿园等；与沿海发达地区企业合作的有北京中航天使教育集团、北京华唐科技教育集团、人本集团、上海大众、上海新奇特、南京江宴集团等、海尔集团、十足集团、国鼎集团（智能楼宇）、深圳彩生活物业集团等。

【基础设施建设有改善】 2015年学院争取到国家发改委1.8亿元国债项目资金，用于扩建工程建设。项目计划新建总建筑面积5.2万平方米。总建设工期从2015年10月至2018年10月，两年内完成。建设项目包括4栋学生公寓、公共实训中心、室内综合体育馆、智慧校园以及围墙、南大门、南面广场附属工程等。该建设项目采取“交钥匙”工程，全部由市政府城投公司承建。既减轻学院压力与风险，又能确保工程进度。项目投入使用后，将满足万人规模的基础设施要求，达到现代化高职院校办学的硬件条件。

【招生就业有新突破】 学院紧紧围绕培养适应经济社会发展需要的高端技能型人才目标，不断深化教育教学改革，提高学生的综合素质和实践能力，各项工作保持良好的发展势头。2016年，学院共招录学生3200人，学院有在校学生9500余人。学院高度重视学生就业工作，多年来，一手抓教学，一手抓市场，用真情、用责任来抓就业。建立稳定、有序、灵活的毕业生就业渠道，形成就业指导，推荐工作网络。不仅与许多大型公司、国企优秀民企建立长期的合作关系，还鼓励学生自谋职业和自主创业，并给予所需的帮助。

【开展继续教育拓宽招生渠道】 学院引进“经营高校”的理念，与重庆大学、江西财经大学、江西师范大学、南昌航空大学等高校建立合作关系，成立继续教育部，拓宽招生渠道，扩大招生规模，取得良好的经济和社会效益；除此以外，承接新录用国家公务员培训、消防员培训、退役士兵职业教育和技能培训、“三支一扶”高校毕业生岗前培训等各类培训业务，为地方经济和社会的发展做出应有的贡献。

【以党建带团建促发展】 2016年，学院扎实开展“两学一做”学习教育。坚持把纪律挺在前面，创建德廉教育馆，设立纪律讲堂，加强对党员干部的廉政教育。共举办教育讲堂10次，听课达2100人次；召开党员大会，系统总结建校以来学院党的领导和各项事业所取得的成绩，并为今后五年的发展指明方向，同时对党委班子成员实行换届。开展违规插手基建工程专项清理；所有建设、维修、政府采购等，一律按上级要求的程序办理，干干净净做事，清清白白为官，形成风清气正育人环境，年内没有出现一起领导干部违纪违法事件。

加强学生管理、教学管理和行政管理。加强领导接待日和领导带班值日制度的落实，完善院领导、分院领导、保卫、学工的学生管理体系；开展党员联系服务3～5名学生活动，切实解决学生实际问题。进一步完善教学督导、学生考评制度，加强师德师风教育，健全教师客观评价体系。出台《公务接待、公务用车、政府采购管理办法》，出台《学院绩效管理办法》；建立内控相关制度，成立政府采购、验收领导小组，组建验收人员专家库，落实党风廉政建设责任制，加强对失职部门的问责力度。加强对申报“全国公共机构节能减排示范性单位”的组织和领导，制定工作方案，落实责任分工，确保2017年9月申报成功。

坚持以党建带团建，以党建促团建。充分发挥工会、团委、妇联在师生中的桥梁和纽带作用，活跃师生业余文化生活。2016年，共举办各种文艺会演10多场，开展征文、演讲、诗歌朗诵、辩论、情景剧等各种比赛，还举办“三大球”联赛。学院团委创办了校园微信公众号，关注人数达1万多人。

16级会计三班被评为2016年全国高校活力团支部，15级高职航空一班被评为全省高校活力团支部，大学生“三下乡”服务队被评为2016年江西省优秀服务队。

（邹平昌）

【抚州职业技术学院领导名录】

党 委 书 记：徐有田
院　　　长：刘　胜
副　书　记：于　涛
副　院　长：范慧玲　洪德良
　　　　　　徐安庆
纪 委 书 记：黄德明

本栏编辑　黄志刚

文化艺术·新闻出版

综 述

2016年，是汤显祖纪念活动的攻坚决战之年，也是抚州市文化发展史上浓墨重彩的一年。在市委、市政府的坚强领导下，抚州市文化广播电视新闻出版系统扎实苦干、全力以赴，各项工作迈上新台阶。汤显祖逝世400周年纪念活动得到省、市领导的高度肯定和广大市民的强烈反响；市文广新局被省文化厅评为全省综合先进单位，在市绩效考核中被评为一类先进单位；市文化综合执法支队被评为全省2016年度“扫黄打非”工作先进集体、被共青团中央等14部委授予全国优秀青少年维权岗荣誉称号；市图书馆被省图书馆评为全民阅读先进单位和古籍保护先进单位；乡音版《临川四梦》在国家大剧院、清华大学、北京大学演出，创造抚州文化史上的奇迹；《青丝白发情悠悠》获得首届江西省戏剧小品大赛二等奖；抚州市票友廖智强获得第十三届中国京剧票友邀请赛双十佳称号；乐美电商被授予“江西省版权示范单位”称号。

（周书纬）

【市文化广电新闻出版局领导名录】

党委副书记、局长：谭玉英

党　委　书　记：谭海斌

党委委员、副局长：彭晓建　胡德勇　李黎明　陈高赞　陈宁广　周夏明　花宜抚

党委委员、纪检组长：余慧英

艺术创作和演出

【概况】 2016年，抚州市艺术创作以学习贯彻习近平总书记关于文艺工作的重要讲话精神为主线，准确领会习近平总书记重要讲话的丰富内涵、领悟精神实质，采取更加扎实有效的举措，紧密结合抚州经济社会发展实际，不断推动艺术创作，全市艺术创作工作取得新成就。自9月24日开始，抚州市在纪念汤显祖逝世400周年活动期间安排“汤显祖精品剧目展演季”，集中展演来自国内外的、以汤显祖的四梦作品为主题的舞台剧，英国利兹大学演出团、西班牙弗拉明戈舞蹈团、浙江小百花越剧团、浙江昆剧院、河北邯郸剧团、江西省赣剧团等8台剧目先后在抚州演出。

【创排盱河高腔·乡音版《临川四梦》】 2016年，抚州市创排了一部盱河高腔·乡音版《临川四梦》，以本土的古老声腔盱河高腔（最接近汤显祖创排“四梦”采用的海盐腔）演绎，力求再现汤显祖四梦作品的艺术魅力。《临川四梦》于9月19日在江西省艺术中心进行汇报演出，9月26日在汤显祖大剧院进行公演。10月16—20日，该剧先后在国家大剧院、北京大学、清华大学进行演出，反响热烈。《光明日报》专门组织国内知名戏剧评论家对剧目进行研讨。该剧被认为是抚州市历年来创排的汤显祖剧目中最好的一部。

【首次创排音乐剧《汤显祖》】 抚州市与上海音乐学院合作，精心创排了音乐剧《汤显祖》，首次以音乐剧的形式展现汤显祖的人生经历，大量运用汤显祖同时代的傩戏、宜黄戏等抚州地方戏元素，还融入爵士乐、Rap等现代音乐符号。9月24日，音乐剧《汤显祖》在抚州首演，向世人展示了一个刚直、浓情的中国文人形象。11月19—23日，该剧在上海美琪大戏院连演5场，场场爆满，一票难求。

【组织节目参加第六届江西艺术节】 2016年，江西省隆重举办第六届艺术节，艺术节活动众多，包括“玉茗花”戏剧节、音乐舞蹈艺术节、少儿艺术节、各类群众文化和展览展示活动等，抚州市积极组织参加大部分活动。其中，盱河高腔·乡音版《临川四梦》、崇仁县话剧《老宁的幸福》分别于12月9日、10日在南昌参加艺术节展演；宜黄戏《殉衩》11月7日参加在江西吉安举办的全省小戏小品演出。

【大力开展“文化走出去”】 抚州采茶戏剧目以纪念汤显祖、莎士比亚逝世400周年为契机，于2016年4月、8月先后赴英国、西班牙、美国交流演出。

（周书纬）

社会文化

【概况】 2016年，抚州市文化广电新闻出版系统以建设中国特色

的现代公共文化服务体系为中心，加强组织领导，充分调动社会各方面的积极性，狠抓文化基础设施建设，广泛开展各种群众性文化活动，丰富群众业余文化生活，提高干部群众的思想道德素质和健康水平。

2016年是中国明代伟大的戏剧家、文学家、思想家汤显祖逝世400周年。2015年10月21日，国家主席习近平在英国访问时，提议中英两国共同纪念汤显祖、莎士比亚这两位文学巨匠，以此推动两国人民交流、加深相互理解。为贯彻落实好习近平总书记的重要指示精神，在江西省委、省政府的坚强领导下，在中央有关部委、省直有关部门的大力支持下，抚州市紧紧抓住共同纪念汤显祖、莎士比亚、塞万提斯逝世400周年这一契机，精心组织、严密安排，广泛宣传中国优秀传统文化，积极开展中外文化交流活动，充分展示汤翁艺术的独特魅力、中国文化的传统韵味和抚州人民的精神风貌，唱响了汤显祖这出大戏，向世界讲好了中国故事，极大地增强抚州人民的自豪感和自信心，纪念活动取得圆满成功，受到中外嘉宾和社会各界的广泛赞誉。此次纪念活动，层次之高、规模之大、活动之多范围之广在抚州历史上前所未有。

根据抚州市2016年纪念汤显祖逝世400周年暨第三届中国（抚州）汤显祖艺术节总体工作方案安排，汤显祖逝世400周年纪念活动共计44项。主要活动集中在9月进行。仅9月24—26日共同纪念活动开幕之际，就组织举办了共同纪念开幕式、花车戏剧巡演、汤显祖艺术节、精品剧目展演、学术高峰论坛、纪念馆新馆开馆、“中国文化行”座谈等10多项活动，吸引包括英国、西班牙在内的12个国家、119名外宾，241名知名汤学，102家中央、省市媒体323名记者，近30万名群众参加活动。

【三大公共文化场馆全面提升】汤显祖纪念馆改造提升工程、王安石纪念馆陈列展览提升工程以及汤显祖大剧院修复工程是2016年重大建设项目，工程的竣工为汤显祖逝世400周年纪念活动的成功举办提供了场馆保障。

汤显祖纪念馆于1995年建成后对外开放，2013年开始进行改造提升，项目不仅对清远楼、梦亭桥、瑶台等10处景观进行提升改造，还新增综合展厅、梦想大舞台、民俗街市等9处景观。新馆占地面积0.57公顷，包括纪念展示区、艺术研究区、游园观赏区、休闲互动区四大区域，成为集纪念、研究、游览、休闲互动于一体的综合性文化场馆，向世人展示临川文化。其中综合展厅总面积2557平方米，展馆内部通过声、光、电等现代化手段，完整展现汤显祖最具代表性的“临川四梦”及坎坷的一生。2016年9月24日上午，在共同纪念汤显祖、莎士比亚、塞万提斯逝世400周年活动开幕之际，抚州汤显祖纪念馆新馆开馆暨莎士比亚、塞万提斯展区开展。

汤显祖大剧院按原样修复，所用的材料和设备符合消防、环保、节能、耐用等要求，其中天花板和墙壁使用先进的滤音建材，灯具全部采用高效节能的新型LED灯，剧场内安装了8个智能消防水炮。2016年9月9日，文化部第三届昆曲名家传戏成果汇报演出在汤显祖大剧院开演，标志着汤显祖大剧院正式重新对外开放。

王安石纪念馆提升改造工程，采用现代声、光、电、影等科技手段，增加多媒体、触摸屏、场景等的运用，增强展览的表现力和亲和力；调整陈展大纲内容，从“情系乡里 治善州邑”“革故鼎新 富国强兵”“文为世用 大气磅礴”“洁白之操 寒于冰霜”“千秋评说 百世流芳”五部分展示王安石的一生，展览汲取了王安石研究的最新成果，突出王安石在中国历史上巨大贡献。历经5个多月改造，于2016年8月竣工。

【出台公共文化体系建设保障实施标准】按照国家、省有关构建现代公共文化服务体系的要求，2016年，抚州市委办、市政府办印发《关于构建现代公共文化服务体系的通知》，文件对全市2015——2020年公共文化服务体系建设实施标准进行明确。

（周书纬）

临川文化研究与开发

【概况】临川文化是抚州江右民系创造出来的区域性文化，亦为江右文化的重要支柱，涵盖现今抚州市十余县（区），生成于秦汉，兴盛于两宋，延绵于明清，影响于当今。2016年，抚州市加强临川文化的研究与开发，让临川文化焕发新的光彩。

【抚州汤显祖国际研究中心成立】2016年1月31日，“抚州汤显祖国际研究中心”在抚州市正式揭牌。研究中心的主要任务是：开展课题研究和学术研讨活动，创办汤学刊物、网站，加强对外交流合作，收集整理汤学史料，出版专著译著等。中心实行全员聘任制，均聘请国内外专家学者、艺术家等担任中心顾问、研究员等名誉职务和学术职务。创建抚州国际汤显祖研究中心，是为了更好地聚集国内外相关研究机构和专家学者及各界人士之智，加强对汤显祖的研究，把抚州打造成国际性的汤显祖研究中心，进一步推动汤显祖影响全国、走向世界，推动中西方文化的互动交流与发展繁荣，提升临川文化和“汤翁故里”抚州的国际知名度和影响力。

【摄制临川文化40集影视资料片】抚州市图书馆完成《临川文化40集影视资料片》拍摄和资源上传工作，使临川文化特色资源库内容更加完善；升级改版门户网站，合理规划网站板块，系统整合各类资源，开通馆藏查询功能，为广大读者提供更便捷服务。

【推进非物质文化遗产保护】抚州市积极做好第五批省级非遗项目及代表性传承人申报工作及抚州市第四批市级非物质文化遗产项目、

传承人审批公示工作。经评审，抚州市新增加9项省级非物质文化遗产项目，23个省级非物质文化遗产项目代表性传承人。公布了13个市级第四批非物质文化遗产项目名录和29个第三批市级非物质文化遗产项目代表性传承人。

【抚州莆田两地非物质文化遗产图片互展】 6月11日，全国第十一个文化遗产日期间，抚州市与福建莆田市联合举办非物质文化遗产图片互展。抚州市选送63幅非遗图片在莆田市展出，莆田市选送52幅图片在抚州市博物馆展出。

【临川白浒窑手工陶瓷试烧成功】 8月，临川区嵩湖乡下聂村白浒窑手工陶瓷试烧成功，千年陶艺焕发新生。临川白浒窑系中国古代六大陶瓷名窑之一，诞生于隋唐，成长于南宋初期，繁荣于元代，但因耗时长、劳动强度大、产量和成品率低，已陷入自然消亡的危机。2014年初，临川区政府正式将临川白浒窑手工陶瓷工艺列为临川区第二批区级非物质文化遗产保护项目，并成立临川白浒窑手工陶瓷工艺传习所，对加强抚州市非物质文化遗产的保护和传承具有非常重要的意义。

（周书纬）

文化市场

【概况】 2016年，抚州文化市场管理工作坚持以规范市场秩序和综合治理相结合，以开展集中行动和专项治理为抓手，以“双随机、一公开”为监督约束手段，以警示名单、黑名单和红名单为基本制度，构建守信激励、失信惩戒和协同监管机制。

以净化社会文化环境为中心，集中力量做好文化市场专项整治工作，以强化日常监管为载体，不断规范市场秩序。在2016年文化市场各类专项整治中，全市共出动执法人员6300余人次，共检查网吧2456家（次）、电子游戏经营场所798家（次）、歌舞娱乐场所687家（次）及音像制品经营场所423家（次）；收缴盗版及非法出版制品5万余册(盘)；查处“网吧”违规经营活动43家，强制拆除非法安装有线电视播出小前端25余套，删除网络淫秽、色情、暴力等有害信息300余条；取缔无证经营书刊、音像制品店、游商、地摊9家，取缔“黑网吧”18家。受理举报、投诉23起，查办各类违规经营案件87件，查处完结率100%。在基础性工作方面，全面推广全国文化市场技术监管与服务平台，实行行政许可、执法信息报送等工作电子化办公，健全完善文化市场各类规范化制度，为规范执法、廉洁执法和文明执法提供坚实有力的保障，队伍建设和管理工作迈上新的台阶。

【法律、法规宣传教育】 以“扫黄打非·护苗2016”专项行动为重点，以保护未成年人健康成长为目标，2016年，全市文化系统开展形式多样的文化市场法律、法规宣传教育活动，营造出良好的社会舆论环境。4·26知识产权日宣传周期间，全市统一举行“护助少年儿童健康成长，远离和抵制有害出版物”为主题的“绿书签行动2016”系列宣传活动，同时开展非法出版物集中销毁，东乡县集中销毁活动声势大效果好，销毁活动在《人民日报》刊登。5月13日，“护苗2016·绿书签”系列宣传活动走进乐安，活动现场邀请著名儿童文学作家、冰心儿童文学奖获得者晓玲叮当为全校师生作公益主题讲座，发出“拒绝盗版，绿色阅读，健康上网，拥抱梦想”的倡议。在此之后，还邀请著名儿童文学作家邓春玲、谷清平等分别在南丰、临川、南城、宜黄、黎川、广昌等县（区）的小学为学生进行讲座。

【文化市场】 为加快推进全市文化市场繁荣发展，促进电子竞技产业对抚州文化市场经济转型，2016年8月，组织举办首届抚州市电子游戏竞技大赛，加快推动全市电子竞技专业人才队伍建设和市场成果转化，创出具有抚州特色的品牌。同时，加大对龙头民营演出团体的宣传推介并为其争取中央文化产业专项资金扶持，帮助其打造精品节目，提升艺术质量，推动抚州民间演艺行业逐步走向繁荣。

【文化市场执法】 抚州市文化综合执法支队强化行政执法案件办理，狠抓文化市场执法建设，市场管理工作迈上新台阶。2016年，抚州市文化综合执法支队先后获得共青团中央、文化部等12家部委授予全国青少年维权岗、荣获全省“扫黄打非”工作先进集体；2人获全省2016年度“扫黄打非”工作先进个人；办理的两个案件被列为全省十大优秀案卷，其中一个还获得全国查处侵权盗版案件有功单位二等奖荣誉称号。

（周书纬）

图书馆藏

【概况】 2016年，抚州市图书馆秉承“传承文明，服务社会”的服务宗旨，坚持“读者第一，服务至上”的服务理念，深入贯彻落实图书馆免费开放工作精神，不断优化图书馆服务，推进图书馆事业的发展。年内，有藏书337.52万册，办理借书证3620个，接待读者320.91万人次，书刊外借366万册次。

抚州市图书馆根据读者需求，积极转变服务观念、创新服务方式、提升服务能力，想方设法吸引更多读者走进图书馆、利用图书馆、参与图书馆活动，取得较好效果。2016年，图书馆开展各类读书活动54次，参与读者16680万人次，举办各类讲座16场(次)、展览8期，举办面向社会的报告会、培训班9期。同时，充分利用图书馆网站、“移动抚图”手机图书馆、微信平台等新媒体，开展数字图书推介，用户互动交流，广泛普及、积极推广国家数字推广工程的资源，抚州市图书馆公众微信号累计发布各类活动信息逾200条。

【做好地方文献收集和古籍保护】抚州市图书馆充分发挥江西省古籍保护中心与各县（区）古籍收藏单位的纽带桥梁作用，配合省古籍保护中心完成《中华古籍总目·江西卷》的出版工作；征集地方文献资料300余种，在纪念汤显祖逝世400周年大型纪念活动期间，与省图书馆联合影印国家图书馆的明刻本《玉茗堂书经讲意》十二卷，为保护国家珍贵古籍文献资源，弘扬民族文化遗产做出积极贡献。

【举办2016年“世界读书日”演讲比赛】 4月23日，在第二十个“世界读书日”之际，为推动抚州全民阅读活动的持续深入开展，营造“倡导全民阅读，构建书香社会”的文明风尚，市文广新局、市图书馆在图书馆报告厅举办2016年“世界读书日”演讲比赛。

【读书活动走进抚州市看守所】为进一步推进公共文化服务均等化、营造市看守所文化氛围、促进在押人员“洗涤内心，净化心灵”，市图书馆与市看守所共同主办“我阳光 我健康 心灵净化”主题演讲比赛。在押人员一吐心声，以发自肺腑的声音，或憧憬未来，或声声忏悔，表达他们对自己行为的深深悔恨，以及对改造、对未来的信心与希望。

【服务读者活动精彩纷呈】 年内，市图书馆先后举办《临川四大才子——陈、罗、章、艾》《以经典文化正能量塑高尚人格精神》、视频讲座《梨园雅韵湘鄂赣皖地方戏曲文化解读》《临川文化——诗词鉴赏》《如何做一个智慧父母》等讲座，为读者搭建开阔眼界、增长学识、陶冶情操的平台；组织文化大讲堂进公安系统、进校园（临川十二小）、进市直机关，为提升城市文化软实力做出积极贡献；举办《同筑中国梦 共度书香年——新年楹联文化展》《雷锋事迹图片展》《外国文学名著插图展》《舒同秘书揭晓篆书及字中画展》，满足人民群众的精神文化需求，宣扬社会正能量；“小蝌蚪游书海”绘本阅读、多彩手工坊、月亮姐姐讲故事、优秀少儿电影展播等少儿活动充分调动小读者的学习积极性，激发他们的阅读兴趣，丰富他们的课外生活。

（周书纬）

文物博物

【概况】 2016年，抚州市利用国际博物馆日、科普活动周、文化遗产日等主题教育日，开展系列文物宣传教育活动。5月18日，以国际博物馆日和中国文化遗产日为契机，在市城区羊城广场组织开展全国第一次可移动文物普查成果展，展出120余幅全市各县（区）的珍贵文物照片，通过多种形式宣传《中华人民共和国文物保护法》《江西省文物保护条例》等文物法律法规。此外，5月17日在城区伟星小学以“科普宣传活动进校园”为主题开展博物馆知识、科普知识有奖问答等宣传活动。

2016年，抚州市共获国家、省文物保护专项资金9769万元。其中，国家重点文物保护专项资金9220万元（含苏区革命旧居旧址资金7156万元）、获省基层文物保护专项资金549万元。认真做好全国重点文物保护单位和革命旧居旧址维修方案和江西省基层文物保护方案的编制，组织编制国家重点文物保护单位、革命旧居旧址、中国传统村落项目及省基层文物保护项目130余个，申报资金近3个多亿元。流坑、湖坪、驿前传统村落又纳入国家保护试点工程。金溪县竹桥古村作为2014年第一批试点获得1000万元国家保护资金，支持的维修工程项目已全部竣工。

【加强省内外馆际文化交流】 市博物馆围绕年度重大题材，加大与省、市文博单位、社会各界的交流合作力度，引进、举办8个展览，其中文物展览3个、书画摄影展5个，包括“百世一系——苏派碑刻名家作品展”、麻姑山文化书法展、纪念汤显祖逝世400周年抚州市书法作品展、“历史的放大镜——辛亥革命时期漫画展”“中国梦·劳动美·建功十三五——抚州市庆五一职工书法大赛展”“中兴石巩寺 慈善你我行书画义拍展”“洁素莹然——景德镇珠同出土永乐官窑瓷器展”和莆田抚州友好城市文化交流活动之“印象莆阳——福建莆田市文化遗产摄影图片展”。

（周书纬）

新闻出版管理

【概况】 2016年，根据工作部署，抚州市文化广播新闻出版局开展新闻出版版权宣传、版权登记及执法、世界读书日宣传，以及农家书屋及机关软件正版软件等工作，取得明显成效。

根据国家版权局要求，2016年4月23日，抚州市文广新局围绕“数字创意、重塑文化”主题，开展4.26知识产权宣传周暨“护苗2016”现场宣传活动，积极营造尊重知识、尊重创造、尊重版权的良好舆论氛围，共散发《版权保护宣传册》1400余份，制作版权宣传易拉宝4幅，举行“数字创意、重塑文化”现场签名活动和版权保护成果参观展览，并在活动现场设立咨询台及举报台，解答公众所咨询的问题，接待咨询人员200余人。

【推进版权执法服务】 2016年，市文广新局把打击侵权盗版作为执法工作重点，集中力量依法查处侵权盗版大案、要案和典型案件，使版权执法监管不断朝常态化、规范化的方向发展，提升单位和企业及个人版权保护意识和版权作品登记数量和质量。7月，抚州市办结省版权局督办的“章XX实业有限公司侵犯他人著作权”案，并上报省版权局，获得省版权局办案执法奖励经费。8月，为加大网络版权执法力度，提高网络版权保护水平，保障有关权利人的合法权益，维护网络版权正常秩序，营造网络版权良好生态，市文广新局联合市互联网信息办公室及市公安局制定并印发《抚州市开展打击网络侵权盗版“剑网2016”专项行动实施方案》。同时，全面开展全省示范单位的申报和版权作品登记的宣传和服务工作，年内，全市有两家企业申报江西省版权示范单位，其中，抚州市乐美电商获批被授予江西省版权示范单位称号。

【全民阅读系列活动有声有色】 市文广新局认真总结历届全民阅读系列活动经验做法，围绕“阅读，从图书馆出发”的活动主题，制定《抚州市2016年全民阅读活动实施方案》，成立活动领导小组，开展世界读书日演讲比赛、好书新书推介、送书下乡进社区、文化抚州大讲堂、品牌讲座服务等全民读书推广活动，在全社会形成“多读书、读好书”的良好氛围，营造“倡导全民阅读，构建书香社会”的文明风尚。

【完成记者站清理整顿及记者证办理】 2016年，抚州市文广新局为《江西日报》驻抚记者站、中国江西网驻抚记者站等5家记者站进行登记换证工作，为《抚州日报》、抚州广播电视台等全市14家新闻媒体共231名记者进行记者证年检换证。

【推进全市软件正版化】 为加强推进政府机关使用正版软件工作的组织领导，抚州市文广新局积极发挥牵头职能部门作用，切实履行职责，制定完善有关检查制度。抚州市共有77家市直机关单位及各县（区）800家县直机关单位将软件正版化责任人信息上报至全国软件正版化工作数据库。6月13—17日，完成对全市软件正版化工作的核查、督查并接受江西省正版软件工作领导小组对抚州市的督察。

【完成农家书屋更新及核查等工作】 2016年，抚州市1068家农家书屋更新补充图书（含音像报刊）30多万册，码洋760万余元，全市1868家农家书屋的第一轮更新补充工作已经完成，对各县（区）农家书屋残疾人管理员情况进行了核查。中国质检出版社、化学工业出版社、江西教育出版社与金溪县、乐安县的三家农家书屋结成一对一帮扶。 （周书纬）

文化产业

【概况】 2016年，抚州市文化产业主营业务收入292.54亿元，同比增长23.7%，实现文化产业增加值55.96亿元，同比增长15.3%。全市文化产业招商引资金额为25.3亿元，同比增长18.2%。文化产业单位1985家，同比增长14.7%，从业人数37882人。

【五大文化产业集群逐步形成】 至2016年年底，抚州市文化产业园区有9个省级文化产业示范基地，逐步形成以荣盛艺术村为龙头的根雕木雕产业、以高新区印刷产业园为首的印刷产业、以黎川油画为代表的油画产业、以黎川陶瓷为龙头的工艺瓷产业和以资溪大觉山为首的五大文化休闲旅游产业集群。其中，黎川油画占据全省油画市场80%的市场份额。江西金凤凰文化产业园位于高新区，已引进文化传媒广告类企业52家，其中，上市公司全资子公司10余家，涵盖文化企业的招商、资产管理、投融资等业务。2016年已实现主营业务收入17.7亿元，缴纳税收1.2亿元。

【开展文化产业重点项目建设】 2016年，全市各县（区）积极开展文化产业重点项目建设，主要包括抚州市中德体育用品有限公司（二期）、江西绿地臻品文化发展有限公司、江西禧仁珠宝有限公司、资溪县百越民俗文化旅游开发有限公司（二期）、金安纸业、南丰明清古街改建项目等产业项目10余个（其中投资5亿元以上的重大项目5个）。

【进一步做好行政审批简政放权】 根据市政府关于取消和下放行政审批事项一系列文件精神和要求，市文化广电新闻出版局向市政府提请对部分行政权力事项进行调整。经市政府研究同意，取消“省外出版物在省内印制的许可”等7项行政许可事项，下放“印刷企业年度核验”等7项行政许可事项。取消和调整后，该局有行政许可事项共计2项。分别为包装装潢印刷品和其他印刷品印刷企业设立、变更经营范围，或者兼并、合并、分立许可；内部资料性出版物准印证核发。

（周书纬）

本栏编辑　黄志刚

新闻媒体

广播电视

【概况】 2016年，抚州市广播电视台紧紧围绕市委、市政府的中心工作，牢牢把握正确的舆论导向，坚持“走、转、改”和“三贴近”原则，有计划、有针对性地把各地各单位学习贯彻落实十八届六中全会和习近平总书记系列重要讲话精神、全市“科学发展、绿色崛起”发展战略、“两学一做”学习教育、践行社会主义核心价值观以及国家卫生城市创建、建设生态幸福抚州、“四进四联四帮”、纪念汤显祖逝世400周年活动等作为全年新闻宣传工作的重点，大力宣传全市在经济、社会、文化、党建、科技等各个方面取得的辉煌成就。此外，市台还积极拓宽宣传渠道，充分利用网络、微博、微信等平台，进一步扩大宣传影响力。拍摄的微电影获得华东赛区三等奖，《今日现场》栏目被授予2014—2015年度全国青少年维权岗荣誉称号。

【提升对外宣传的影响力】 围绕上大台、上联播、上头条的目标，主攻中央台和省台。2016年在中央人民广播电台《新闻和报纸摘要》栏目用稿14条；在省台用稿近2000条，头条28条。在中央电视台《新闻联播》栏目用稿11条，其他栏目用稿21条；在江西卫视《新闻联播》栏目用稿586条，头条41条。在省电台和江西卫视用稿近3000条，实现“保六争五”目标。围绕纪念汤显祖逝世400周年系列活动、生态幸福抚州等重点题材和重要内容，在中央台和省台的重要栏目中播出。此外，还主动承担“美丽江西：风景这边独好——江西（抚州）行大型采访”活动，邀请中央台以及其他省级台70多名记者深入全市采访，推出一批有影响力的稿件。据统计，市台在中央台、各省台用稿共34条。

【广电产业和广告经营稳健发展】 充分利用主流媒体的影响力和广播电视的特点，不断搭建增值平台，经营收入在创新发展中实现稳步增长。在全国广电经营普遍下滑的情况下，集全台之力，强化服务意识，开拓创新，广告经营全面完成年初下达的目标任务。成功举办爱心送考、五一车展、唱响抚州等一批社会效益和经济效益双赢的活动，特别是“唱响抚州”活动一启动就得到广大音乐爱好者的持续关注，参与人数达100多万人次。在“爱心送考”活动中，参加志愿服务社会的车辆达360多辆。继续做好与市委组织部、市委政法委、市公安交警支队等单位的联办节目。在抚州旅游宣传方面，与市旅发委开展密切合作，大力宣传全市旅游业发展情况，既产生积极的社会效益，又取得可观的经济效益。

【广电事业建设取得新进展】 市委、市政府高度重视广电事业建设，给予政策、资金的强有力支持，对广播电视设备进行更新换代。市台领导班子和相关部门在项目实施过程中，坚持高标准、严要求，制定详细的工作计划，确保工程建设保质保量、顺利实施，做到严格走招标程序。局、台技术人员参会研究，市纪检组全程监督。同时，严格执行各项安全制度，进一步健全安全播出应急预案。全年电视、广播播出时间累计达3.2万个小时，未发生任何重大安全播出事故。台内、外停播率降至历史最低水平。

（周书纬）

【市广播电视台领导名录】

台　　长：吴乐明
党委书记：鄢新员（任至10月）
总 编 辑：袁志鸿
副 台 长：胡　怡
副调研员：刘　毅　罗慈锋

抚州日报

【概况】 抚州日报社围绕市委、市政府中心工作，先后开辟“打好三大攻坚战斗 推进13工程”“聚集母亲河”“双返双创风采录”“降成本 优环境”等专栏，对典型进行示范引导宣传，对新政做详细解读，累计发稿660多件；2016年，正值汤显祖逝世400周年，报社先后开辟“惊情四百年——纪念汤翁专栏”“纪念汤翁逝世400周年”“魅力抚州进行时”“城市变迁 历史记忆”等栏目和学术专刊，发稿近500件，同时刊发公益广告20多期。

为庆祝建党95周年和掀起学习贯彻十八届六中全会精神高潮，开设《庆祝建党95周年专稿》专栏，分设“我的入党心路历程”“党徽熠熠耀才乡”两个子栏目，典型宣传身边的优秀人物；并开设《学习贯彻习近平总书记“七一”重要讲话精神》《学习贯彻十八届六中全会精神》专栏，集中报道全市各界干群如何深学细研总书记“七一”讲话和全会精神，以及讲话和全会精神在干群中引起的强烈反响；随即在B3开设《深入学习贯彻十八届六中全会精神》理论专栏，邀请理论专家对全会精神进行解读。围绕“两学一做”学习教育在一、二版开辟“认真践行两学一做”专栏，在理专版开辟“两学一做，怎么学，如何做”等专栏，共发稿近百件。

2016年是换届选举年，报社成立以社长、总编为组长的报道指挥部，日夜坚守一线，靠前指挥调度，打破部室设置，全员上阵，对会前、会中、会后进行立体式全程报道，先后开辟《学习贯彻市第四次党代会精神》《县区委书记专访》《代表委员专访》等多个栏目，同时配发30多个庆贺“三会”（党代会、人代会和政协会）专版，圆满完成全市“三会”的报道。此外，报社还加大党建、反腐倡廉、民生等方面的宣传力度。同时，报社通过“抚州新闻网”、《抚州手机报》、“抚州日报”微信公众号和微博将上述内容进行同步推送。

在全球首次共同纪念汤显祖、莎士比亚、塞万提斯逝世400周年活动中，报社精心策划、全员上阵，在印刷设备、技术保障等方面重金投入，确保报纸质量，提升宣传效果，做到有声势、有力度、有高度。9月25日，该报推出《共同纪念汤显祖、莎士比亚、塞万提斯逝世400周年盛典》特刊，分“纪念”“致敬”“研讨”“交流”“巡游”“展演”“感言”“魅力”等专题，对纪念活动进行全景式展示，做到图文并茂、浓墨重彩，共刊发文字、图片稿件102件，读者好评如潮。

【拓展经营实现报业持续发展】 在注重社会效益的前提下，报社积极抓好经营效益，报纸广告经营较2015年略有下降，新媒体广告经营收入比2015年增长15%，逐步改变以往靠报社补贴投入的状况。通过各方支持，报纸发行量始终保持在3万份左右。《抚州手机报》开通以后，共发展用户1万余户。

（谢　煮）

【抚州日报社领导名录】

社　　长：黄小明

党委书记：夏　俊（任至3月）

　　　　　黄小明（3月任）

总 编 辑：何建江（1月任）

副总编辑：黄萍萍　黄乐程

　　　　　赵　靖

纪委书记：王健曙（任至9月）

抚州市全媒体中心（临川晚报社）

【概况】 2016年，经过充分调研，针对都市类媒体日渐萎缩的现状，抚州市将临川晚报社从抚州日报社剥离，通过整合临川晚报社成立市全媒体中心。全媒体中心明确为市委宣传部下属事业单位，实行独立法人，暂定正科级。保留原临川晚报社25个差额事业编制，财政对在编人员的拨款不变。根据事业发展，全媒体中心积极引进各类管理、直播和网络人才，另外聘请28名工作人员，聘请人员的工资福利从经营性收入中解决。全媒体中心成立后，抚州市拨出1000平方米的办公用房和300万元的启动经费，并从文化产业发展经费中安排80万元，专门用于新媒体的推广。

年内，“魅力抚州”新闻客户端及抚州“中央厨房”正式上线运行，抚州市全媒体中心也成为江西省第一个正式运作的设区市级全媒体中心。抚州市全媒体中心拥有报纸、微信、微博、客户端、网站等5种媒介7个媒体，初步形成新闻矩阵，实现新闻一次采集、多次生成、多元传播、全方位覆盖，解决新闻宣传力量不足、阵地小而分散、重办轻管等问题。

【统一媒体终端】 抚州市与《江西手机报》合作，开发“魅力抚州”APP（手机应用）客户端，融合电视、报纸、微信、微博等各种功能，开辟头条、抚州、图说等十余个栏目，开通市直单位和县（区）分端，不断丰富客户端内容，延伸客户端服务，让大家一“端”在手，知晓天下。比如，引进直播系统推出直播栏目，对全市重大活动进行网络直播，先后开展第二届才乡论坛、鸡年抚州春晚、东乡撤县设区、抚州市BRT项目建设新闻发布会等直播活动，每次在线网民达几十万人次。又如，在“魅力抚州”APP上开辟12345市长热线、114查号、水费查询、教育查询、手机充值、旅游投诉、交通票务、食疗养生等服务平台，实现手机上的“新闻+服务”全覆盖，成为广大市民生活中不可或缺的好帮手。

【再造采编流程】 建立“中央厨房”，对全市新闻信息资源进行统一调度、统一安排，实现稿件“一次采集，多次生成”。中央厨房下设新闻调度室，有当班编委、值班主任、记者部主任、APP编辑、微信编辑等8人，具体流程如下：所有稿件由APP编辑初选和初编后报值班主任，值班主任审核并拿出初步意见后报当班编委，当班编委根据稿件情况进行分发，各平台编辑根据自己平台特点对稿件进行二次加工并发布。同时，全媒体中心与《抚州日报》、抚州广播电视台建立新闻线索、采访和稿件统筹采编机制，传统媒体记者“一岗双责”，既负责报纸、电视台、电台等的新闻采编播工作，又担任微信、客户端等新媒体的记者编辑。

【建构新闻矩阵】 通过整合资源，实现“多元传播、全方位覆盖”。2016年，抚州市全媒体中心拥有以下媒体：微信公众号5个，分别是抚州发布、抚州旅游、文明抚州、文昌里、临川晚报；微博2个：抚州发布、临川晚报；APP1个：魅力抚州客户端；报纸1份：《临川晚报》；外宣媒体2个：今日头条号和企鹅号。各县（区）也将整体入驻“魅力抚州”客户端，共享“中央厨房”大数据体系，一张网运作，努力实现上下联动、同频共振。

【完善管理机制】 由全媒体中心牵头成立抚州市全媒体传播有限公司，将市全媒体中心的经营性业务及资产全部划转至全媒体公司，市全媒体中心专门负责新闻采编等相关业务，不直接经营广告等业务，既有利于做强主业，有利于对接市场，激发活力。全媒体公司为国有独资公司，注册资金600万元，引入社会资本进行参股，经营业务包括媒体广告、户外广告、文化项目投资、文创产品开发等，努力走出一条发展新路，早日改变新媒体只烧钱不赢利的现状，实现良性发展，健康成长。同时，全媒体中心加强内部管理考核，出台《抚州市对外新闻报道任务及考核办法》《市直媒体对接省级、中央级媒体工作办法》，对市直媒体围绕市委、市政府“一个坚持、三个重点、四个排头兵”的工作重点，在省级以上媒体，包括新媒体和内部刊物上稿情况进行考核，提高市直媒体参与对外宣传工作的积极性、主动性。

2016年，抚州市全媒体中心总粉丝量过百万，“魅力抚州”客户端装机量达10万多人次，“抚州发布”微信、微博粉丝分别达到10万人和50万人，“魅力抚州”客户端开展的抚州春晚直播观看人数达12万人次，进入直播间观看东乡撤县设区仪式的人数达67万人次，“临川八一希望小学”揭牌仪式直播观看人数达400多万人次，得到参加仪式的将帅后代的高度认可，有效改变《抚州日报》《临川晚报》、抚州电视台等传统媒体发行量少、收视率低的不利局面，同时也彰显新媒体强大的传播力和影响力。

（王小强）

抚州广播电视报

【概况】 2016年，抚州广播电视报在抚州市广播电视台的领导下，始终坚持正确的舆论导向，围绕市委、市政府中心工作和重大活动做好宣传报道工作，为全市经济社会发展营造良好的舆论氛围。

随着微信等个性化、个人化的网络载体不断发展壮大，手机报、网络新闻因其方便迅捷，得到更多受众的青睐，充斥于生活空间，也极大地压缩着广播电视报的生存空间。客观上，市场经济的不景气，直接导致报纸发行、广告的下滑，作为周报的广电报发展更是雪上加霜，全省不少地市的广电报纷纷倒闭或被兼并。在如此严峻的形势下，2016年，抚州广播电视报在困境中求生存、求发展，主动适应市场，迎接挑战。

2016年，是中国明代伟大的思想家、文学家、戏剧家汤显祖逝世400周年，也是英国戏剧家莎士比亚和西班牙作家塞万提斯逝世400周年。作为汤显祖的故乡，抚州市于9月24—26日举办2016年汤显祖逝世400周年纪念活动暨第三届中国（抚州）汤显祖艺术节主题活动。在宣传纪念汤显祖逝世400周年报道工作中，抚州广播电视报社做到有策划、有主题。从年初开始，报社就有针对性地刊登有关纪念汤显祖的稿件，有作者来稿和记者采写的稿件，营造活动氛围。在纪念汤显祖逝世400周年活动之际，该报在第39期出版纪念专刊，集中刊登一系列有关纪念汤显祖的文章，用12、13版两个版面，刊登抚州名人名家书画摄影作品来纪念汤显祖。一年中，报社配合宣传，共刊登纪念汤显祖相关稿件30多篇。

2016年是红军长征胜利80周年，报纸在“史海钩沉”等版面，刊登20多篇与红军长征相关内容的文章。

报纸注重地方特色，关注民生，加大地方新闻的采编和热点深度报道的力度。年内，开辟“赣东经纬”版，集中报道全市在“科学发展、绿色崛起、全面建成小康新抚州”涌现出的人和事，共刊发本地新闻稿件60多篇。

报社还开辟“抚州城事”版面，突出时效性，内容大多反映民生。其中，“市民热线”栏目成为编辑与读者沟通的桥梁，为市民解决在学习、生活、工作中遇到的问题，深受读者欢迎。一年中，共刊登市民热线104条，接到读者热线200多条，取得良好社会效应。“今日现场”和“今日关注”栏目，加强与电视台特色栏目的合作，做好电视报与广播电视的互通，全年共刊登两栏目稿件100多篇。

在新媒体不断对传统媒体的冲击下，报社主动出击，开办微信公众号新媒体平台，提升报纸影响力，获得读者好评。既保留传统报纸媒体的读者群，又培养新的网络读者群。

报社全年自采稿件150多篇，用稿90多篇。该报第6、7期的春节特刊经过精心策划，共32个版，成为广大读者春节期间的文化盛筵。同时，不定期刊发公益广告10多幅，助力全国卫生城市的创建。

【自采稿件成绩斐然】 采编是报社的中心工作。报社始终坚持一手抓创收，一手抓采编。一年中，采编人员做到在工作上求新，在业务上求精，在完成采访任务、出优稿上下功夫，创作的不少稿件受到读者好评。在2016年度江西广播电视新闻奖——优秀广播电视报刊作品评比会上，该报选送的5篇稿件中，3篇获奖，其中，二等奖1篇，三等奖2篇，优秀稿件评比取得丰收。

【开拓市场加强广告创收】 报社制订奖励和激励机制，努力调动员工积极性，鼓励全体员工参与广告并走出去，为广告创收制定一些新举措。通过与有关单位合作策划大型活动增加创收途径。先后与有关单位合作，开办“文化教育专刊”；从26期开始，与抚州市旅发委合作，开办“抚州旅游”版面；与临川十小联合举办“小记者走进华润燃气采风活动”，组织小记者到华润燃气公司采风，在报纸上刊登小记者采写的文章20篇。

【稳定报纸的发行量】 通过各方努力，坚持走多管齐下、多渠道发行的路子。报社稳住集团发行，继续与抚州烟草公司合作并签订发行协议，以此牢牢把握报纸大发行量的基础，发行量继续保持3万多份，为报纸的生存和发展打下坚实基础。

（陈联生）

图书发行

【概况】 2016年，新华发行集团抚州市分公司深入开展“两学一做”学习教育活动，坚持全面从严治党的工作要求，切实贯彻十八届六中全会精神和集团公司2016年工作会议精神，以“创新驱动，融合发展”的目标总要求，坚持以产业发展为主线，紧紧咬住目标不放松，强化管理，挖掘潜力，各县（区）分公司销售收入3.23亿元，占全年任务的92%；实现利润3515万元，完成全年利润指标的106%。

【以优质服务为前提，全力做好教材教辅发行工作】 面对教材、教辅发行出现的新形势、新情况，市分公司以改善服务为切入口，经常性地深入学校走访，征求意见，了解教材教辅是否满足教学需求，帮助学校做好每季余缺课本的调剂工作，同时，要求员工做到热情服务、周到服务，开展送书到校，确保春秋两季教材教辅征订、发放、售后服务等工作落到实处。建立完善的服务体系，强化全程优质服务，注重细节，维护好教材发行市场。通过提高教材发行服务质量，保障教材的及时、规范供应，赢得社会信任。

【加大市场运作的力度，拓展教辅代购市场】 适应市场的变化，找准市场最佳切入点，采取灵活有效的举措，化被动为主动，化不利为有利，加大市场运作力度，扩大市场份额。一方面加强与当地教育部门的沟通协调，密切关系，积极营造良好的外部环境，巩固现有市场；另一方面主动适应形势的变化和要求，走市场化运作之路，加强终端渗透能力，深入到学校、班级、学生进行宣传，扎实推进教辅发行工作。同时探索、创新发行方式，严格发行纪律。教辅发行的规则严格遵守发行集团和市教育局的要求去，任何违规操作受到处罚均追究个人责任。

【加大推广可供教辅力度】 教辅市场的空间拓展在现阶段只能通过扩大可供教辅份额来实现，部分书店可供教辅在操作中难度大，款项回笼难等问题都需要正确面对和解决。市分公司尽力做好可供教辅，最大限度满足中小学校师生的需求，实现做大教辅这块蛋糕。

【大中专教材再次中标】 大中专教材发行实现零突破后，崇仁师范教材每季均通过招标，市分公司积极参与竞标并中标，均获得崇仁师范秋季教材的发行权。秋季大专教材码洋180余万元。

【加强连锁经营，促进一般图书销售】 集团与市分公司签订一般图书连锁经营责任书，市分公司与辖区内县（区）分公司也签订一般图书经营目标责任书，进一步强化责任，普遍完成集团下达的经营指标，各分公司从规范连锁经营、提升服务质量、加强市场营销等方面入手，加大工作力度，努力扩大一般图书市场占有率。同时，积极开展店外销售，走出店堂，变坐商为行商，深入到学校、机关等单位，扩大店外销售比重，并将店外销售业绩与绩效工资挂钩，激发员工拓展店外销售的积极性。在巩固现有市场的同时，进一步深入了解市场需求，拓展大中专教材和馆藏图书业务，努力扩大一般图书销售量。积极参与开发幼儿教材市场，努力实现经济效益和社会效益的双丰收。

【开展“护苗2016绿书签”的活动】 为落实《江西省开展“扫黄、打非护苗2016”专项行动工作方案》要求，大部分县（区）分公司均举办“护苗2016绿书签”走进校园活动。在学校掀起“多读书、读好书、好读书”的热潮。取得良好社会效果和经济效益。

【因地制宜在“新华壹品”校园超市、在线教育、教育装备市场拓展开发】 新华壹品校园超市、在线教育及教育装备市场的培育，在部分县（区）取得一定成绩，如临川、南城、东乡县分公司新聘任的经理助理到位后，主要负责新业态项目的具体工作，为推进转型升级、创新发展，落实“互联网＋教育”战略，拓展在线教育产业及教育装备是工作的着力点。各县（区）分公司与县教育局、电教馆对接，开拓在线教育市场。最终实现创新发展，转型升级的目标。

【队伍建设】 随着市场经济的发展和教材工作变化，要求经营管理者审时度势，更新观念，学会并掌握驾驭市场的本领，不断增强组织工作、处理问题、破解难题的能力。同时，增强工作责任感和压力感，勇挑重担，大胆工作。分公司各班子成员精诚团结，维护大局，按照职责分工各负其责。加强员工的职业道德教育，经常对职工进行形势教育、政策教育和开展各种类型的业务学习、培训，以提高员工的综合素质和服务水平。

（王光远）

【江西新华社发行集团抚州市分公司领导名录】

经　　理：章建平

副 经 理：张　文　吴胜茂

　　　　　邱志如

本栏编辑　范蔚萍

科技·卫生·体育

科 技

【概况】 2016年，抚州市科技局围绕市委三届十二次全会精神和市政府工作报告确定的工作目标任务，着力“六个强化”，即强化党建引领、强化“双返双创”、强化创新主体、强化创新平台、强化科技服务、强化体制改革，全面提升科技创新驱动经济社会发展能力，加快建设生态文明示范市。市委、市政府高度重视、高位推动科技创新，将科技创新列为全市三项重点工作任务之一，隆重召开全市科技创新大会；全市与200多家海内外高校、科研机构、企业开展科技合作，实施科技合作项目228个，显著提升了科技创新水平；在全省率先实现高新区与科技局工作联动，省科技厅向全省转发《抚州高新区与市科技局联动工作方案》，号召全省科技部门学习借鉴抚州市的做法。组建科技项目专业管理机构，全省知识产权现场会在抚召开，市知识产权局获全国知识产权先进集体。

【强化“双返双创”】 针对抚州市高校较少、高层次科技人才缺乏，科技创新基础比较薄弱的现状，市科技局积极开展与国内高校、科研机构合作协同创新，促进各创新要素有机融合，以创新链完善产业链，加快创新驱动绿色产业升级步伐。

2016年，市政府先后与中国科学院、省科学院、苏州大学等高校及科研机构签署科技合作协议，与中科院在循环经济产业园、智慧城市、健康城市、乡镇污水处理等十个方向的项目达成合作意向，正在实质推进。深化与复旦大学、美国休斯敦医学院的科技战略合作，复旦大学与博雅生物共建“复旦—博雅制药工程联合实验室”，力争三年内创建国家重点实验室。陈芬儿在博雅设立院士工作站，他汀类心脑血管原料药及中间体产业化重大科技成果项目将在博雅欣和投产，有望三年实现产值100亿元。市科技局还推动抚州市与北京大学、清华大学、哈尔滨工业大学、江西农业大学、景德镇陶瓷大学等高校的科技合作交流，推进市直单位与国内高校、科研机构建立合作关系，在科技创新、人才及决策咨询等方面提供智力支持。

通过“政府搭台、企业唱戏、协同创新”工作模式，全市大众创业万众创新热情得到明显提高。2016年全市与200多家海内外高校、科研机构、企业开展合作，比2015年增长102%，合作科技项目228个，比2015年增长140%；通过项目合作柔性引进高端人才345人，其中，院士5人，长江学者1人、教授（研究员、博士、高工）等303人，总数比2015年增长90.6%；共建研究机构43个，其中，院士工作站5个、博士（后）工作站3个，总数比2015年增长87%。

【培育高新技术企业】 市科技局组织迪比科等58家企业申报国家高新技术企业，新增31家，全市高新技术产业总数达到86家，比2015年增长38.71%；推荐15家企业申报省级节能减排科技创新示范企业，国化实业、亚珀电气、自立环保、盛伟实业4家获评；通过培育高新技术企业，不断壮大全市高新技术产业，为经济增长增添新动力。高新技术产业总产值为404.90亿元，较2015年增长31.93%；增加值为101.7亿元，增长31.1%，是同期规模以上工业增加值增幅的3.16倍，创新驱动经济发展的内生动力逐步显现。抚州高新区实现主营业务收入270.57亿元，同比增长11.63%；实现工业增加值61.21亿元，同比增长7%，高新区已经成为全市经济核心增长极。

【推进培植百亿企业】 2016年，市科技局联合高新区共同推进百亿企业培植工程，重点培植博雅生物、迪比科、金品铜科、森鸿科技、海利科技、德义半导体等6家百亿企业。组织成立科技服务组，通过加强科研团队建设，加强企业科研平台建设，加强技术人才培育培训等举措支持企业增强科技创新能力。

【实施重大科技项目】 市科技局组织江西自立环保科技有限公司等企业申报2016年江西省创新驱动“5511”工程专项计划项目10项。帮助中阳德欣和新疆中泰化学股份有限公司、湖北工业大学、江西省建筑材料工业科学研究设计院合作组建科技同创新体公司，已获得2016年省级“科技同创新体”专项资金1200万元支持。

【组织企业开发新产品】 2016年，市科技部门指导和帮助有关企业开发新产品165项，组织德义半导体等32家企业开发申报“4寸LED砷化镓衬底材料”等省重点新产品63项，涉及新材料、生物医药、电子信息和先进制造等领域。

【加强知识产权保护应用】 全市科技部门一手抓宣传一手抓维护，强化知识产权宣传和培训，深入开展知识产权入园强企“十百千万”工程，组织15家企业申报省级知识产权优势示范企业、2个园区申报省级知识产权试点园区，对市内符合专利费资助条件的212项专利进行专利费资助，资助金额达8.9万元。积极开展专利行政执法“护航”专项行动以及电子商务领域“闪电”专项行动，全年查处假冒专利案件10件，新增15件专利侵权纠纷，已全部结案。11月25日，全省知识产权入园强企“十百千万”工程现场推进会在抚州召开，总结推广抚州市“抓专利、促创新”经验。年内，全市专利申请量3875件，同比增长58.2%，发明专利申请量297件，同比增长49.2%；授权量1949件，同比增长11.6%；全市有效发明专利拥有量367件，每万人有效发明专利拥有量0.92件，同比增长0.15件。抚州市知识产权局作为全省设区市唯一一个获评全国知识产权工作的先进集体(5年一次)。

【促进科技成果转化】 江西自立环保科技有限公司自主研发的“复杂锡合金真空蒸馏新技术及产业化应用”项目，被评为2015年度国家科学技术进步二等奖，这是抚州企业在国家科学技术奖上取得的重大突破。东华理工大学“中低品位及难浸铀矿石微生物浸铀技术研究与应用”获2015年度省技术发明奖二等奖；江西红星变性淀粉有限公司“氧化阳离子施胶淀粉”获省科学技术进步奖三等奖；江西添光化工有限责任公司“一种利用偏钛酸生产钛白粉双效晶种的制备方法”获第二届“江西省专利奖”(专利奖全省共10项)。市政府下发《关于2016年科学技术奖励的决定》，表彰项目21项，其中，特等奖1项，一等奖2项，二等奖8项，三等奖10项。由院士陈芬儿主持的瑞舒伐他汀钠的制备方法获特等奖，系抚州市首次有院士主持的成果项目获市科学技术奖特等奖。

【开展企业精准帮扶活动】 6月开始，全市科技部门积极落实“降成本、优环境”专项行动，开展企业精准帮扶活动，强化科技创新引领，促进企业转型升级，提升企业发展动力。联合东华理工大学等院校及科研院所专家深入全市企业“上门问诊”，面对面地了解企业需求，已为全市200余家企业提供专利培育、技术支持、协同攻关、项目合作等科技精准帮扶。

【提升创新能力】 2016年，全市科技部门积极引导、帮助企业与高校、科研机构等开展产学研合作协同创新，引进人才、技术，研发新技术、新产品，转化示范新成果，建立重点实验室、工程技术研究中心、众创空间等科技创新平台，不断提升企业(产业)科技创新能力。

新建赣亮医药原料公司省甾族化学工程技术研究中心、国泰特种化工公司省油相材料工程技术研究中心2家省级工程技术研究中心，全市省级工程技术研究中心达到14家，比2015年增长16.7%。

抚州高新区连续建成国家级科技企业孵化器、全国创业孵化示范基地、国家知识产权试点园区和国家企业技术中心(江铃底盘)4个国家级科技创新创业平台，实现全市科技创新创业4项零的突破。黎川东鑫电子商务园、南城江西仙绿创业孵化基地获批2016年国家级星创天地。抚州高新区就业服务中心“抚州高新区科技企业众创空间”“一杯(E-Bank)众创空间”等6个创客空间获批省级众创空间。

江西德义半导体科技公司与北京交大在抚州高新区联合共建“江西德义半导体材料先进制造工程技术研究中心”，6月13日，该工程技术研究中心所辖的“硬脆半导体材料加工技术实验室”揭牌仪式在北京交大举行，力争5年内建成国家级工程技术研究中心。6月29日，江西迪比科股份有限公司与南昌大学建立战略合作联盟，依靠南昌大学科研及人才优势，助力企业创新发展。

黎川县华山垦殖场洲湖村委会、资溪县嵩市镇法水村委会被省科技厅列为2016年江西省生态文明科技示范基地。这两个基地的建设，将为抚州实施生态文明技术集成示范科技项目，积累有益经验，树立先进典型，进一步推进生态文明示范市建设。

【科技招商推动科技创新】 2016年，市科技局坚持把科技招商作为培育高新技术产业，增强科技创新能力，促进全市产业转型升级的重要举措狠抓，不断强化科技招商意识，创新思维，创新方法。局领导率先垂范，把自身科技业务工作与招商引资紧密结合起来，在科技入园服务中拓宽招商渠道，进而通过引进高科技企业推动园区科技创新。引进的星辰维生素、富诚环保新材料等3个高新技术项目总投资20.7亿元，实现进资4.2亿元。

【加快科技创新驱动发展】 市科技局成立“5511”工程实施领导小组，印发《加快创新驱动“5511”工程工作方案的通知》，明确“十三五”期间全市科技创新目标任务，主要措施和保障机制。

【深化财政科技计划管理改革】 市政府办印发《关于加强市级财政科研项目和资金管理的若干意见》和《关于深化市级科技计划(专项、资金)管理改革的意见》，从总体目标和基本原则、科技计划管理平台构建、科技计划优化、实施进度等方面提出具体改革内容。

【组建科技项目管理专业机构】 按照《国务院印发关于深化中央财

政科技计划(专项、基金等)管理改革方案的通知》精神，2016年，抚州市在全省率先实施科技项目管理机制改革，将市科学技术情报研究所改为市科技项目管理专业机构，负责全市科技项目评审、立项、过程管理和结题、验收等。

【完善科技创新政策体系】 2016年，在开展长达3个月的深入调研，广泛征求意见的基础上，市科技局起草《市委、市政府关于加快科技人才队伍建设的实施意见》《抚州市科技创新发展“十三五”规划》《抚州市知识产权战略纲要》《关于加快特色型知识产权强市建设的实施意见》等一批科技政策文件送市政府审定。市政府印发《抚州市人民政府关于加快科技创新人才队伍建设实施意见》，采取优惠政策，努力把顶尖科技人才、领军科技人才、紧缺技术人才、海外科技人才、青年科技人才等各类科技人才集聚抚州，把“才子之乡”打造成真正的集聚的高地。

【科技创新大会召开】 12月20日上午，市委、市政府召开全市科技创新大会。一是层次高，不仅抚州市四套班子，市委各部门、市直各单位，各县（区）、抚州高新区党政主要领导参会，而且邀请中科院院士陈芬儿等100多名与抚州市开展科技合作的市外科技专家代表出席。二是规模大，不仅有全市高新技术企业、知识产权示范企业、众创空间的负责人参会，还有驻市高校、科研机构的科技人员代表列席会议，参会人员达700余人。三是内容丰富，大会安排有交流发言、市外科技专家座谈和考察调研。四是氛围浓厚，大会前后各类媒体对全市科技创新进行广泛宣传报道，大会隆重表彰荣获2016年度市科学技术奖的科技人才代表，印发《创新者的足迹——抚州科技创新风采录》，会议当天《抚州日报》头版对科技创新进行大力宣传，会议期间对市外科技专家进行集中采访宣传报道等等，在全市上下营造科技创新的浓厚氛围。全市科技创新大会的隆重召开，进一步集聚全市上下加快科技创新的共识，开启抚州科技创新的新征程，对推动抚州科技事业发展具有十分重要和深远的意义。

（张　吟）

【市科技局领导名录】
局　长：顾胜和
副局长：胡汉华　史晓全(7月任)
市科技情报所所长：黎　明

卫生计生

【概况】 2016年，抚州市委、市政府高位谋势、精准发力，把加强卫生计生基础建设工程纳入全市“基础建设攻坚战”的重要内容，把医疗基础建设、全国卫生城市创建、中医药产业振兴、健康养老产业工程纳入全市“13”工程重点推进，将卫生计生工作提升到空前高度。年内，抚州市有公益非营利医院33所，综合性医院30所，中医院12所，专科医院11所，皮肤病门诊部1家，民营医院44所，乡镇卫生院174所；全市拥有医院病床11959张，每千人拥有床位数为2.98张；有卫技人员21503人，其中，执业医师（助理）5308人，每千人拥有1.32人；注册护士6113人，每千人拥有1.52人。无偿献血20631人次，无偿献血量为34802毫升，供应临床供血总量为67602.5毫升。全市孕产妇死亡率控制在15.64/10万以下，孕产妇系统管理率达到91.30%，高危孕产妇管理率达100%，3岁以下儿童系统管理率达88.41%，新生儿两病筛查率达82.95%。

【推进村卫生计生服务能力建设】 全市从基础建设、设备配置等方面全面推进村级卫生计生服务能力建设，实施提升乡村卫生计生服务能力工程。4月，市卫计委与市财政局、市人社局联合制订《关于推进全市乡村卫生计生服务能力建设的实施意见》的配套文件（《抚州市政府购买村级卫生计生服务实施方案》《抚州市乡村医生养老保障实施方案》）。同时，建立每名班子成员率一个科室挂点一个县(区)，一周一调度、一月一督查、一月一汇总、一月一通报、一季一追责的工作机制，加快推进项目建设进度。全市共投入资金近3亿元，顺利完成1515所村卫生计生服务室建设，添置基本设备61971件。抚州市的做法得到省卫计委的高度肯定，全省基层卫生工作现场会在抚州召开。

【优化提升市本级医疗体系】 市卫计委围绕涉及7个市政府的重点开工项目，明确7名分管领导具体抓、办事人员全力办和实行每月一调度、重大事项不定期调度的工作推进机制，将服务贯穿于项目谋划、前期推进、开工准备、组织实施以及竣工验收的各个环节。通过加强对重点项目每月调度和督察推进，确保将重点项目推进中出现的难题解决落到实处。加速推进市第一人民医院老院区改造、市第三医院搬迁、市妇幼保健大楼、市妇女儿童医院、市急救中心项目、抚州明州医院、抚州市康复医院新建等卫生重点项目建设。

【加强新农合制度建设】 市卫计委及时制定抚州市新农合统一补偿方案，调整新农合筹资标准，由之前的人均90元增加到120元、大病保险筹资标准由23.5元提高到30元、意外伤害保险筹资标准由15.5元提高到20元；将参合人员在市级定点医疗机构的住院补偿比例由2015年的55%提高到60%；将新农合政府补助标准提高到410元，全年有303.07万人参合，参合率达到99.46%。参合人数和参合率均为开展新农合工作以后的最高水平。

【加快医药卫生体制改革】 各县级公立医院改革实现全覆盖，药品实行零差率销售，医院公益更加突显。5月，完成以市为单位公立医疗机构医用耗材统一集中招标采购工作，中标医用耗材价格在历史最低价基础上平均降幅达 15.2%，此后每年将为全市公立医疗机构节约资金达 1 亿元左右。年内，基本公共卫生服务逐步均等化，人均基本公共卫生服务经费达到 45 元，重大公共卫生服务项目扎实推进，取得明显成效。积极推进市级人口健康信息平台组建，市政府已拨付 1824万元经费用于平台项目建设。

【医疗服务质量】 2016 年，市卫计委在全市范围内组织开展医疗机构“规范化服务提升年”活动，重点从依法执业、内部管理、保障医疗质量和安全、提升医疗服务水平等七个方面规范服务行为。对全市各级各类医疗机构医护人员的资质和执业范围核查，进一步规范依法执业行为。对全市新农合定点机构专项资金使用管理进行督查，严肃处理违规、违法占用专项资金行为。继续加大监督执法案件查处工作力度，开展医疗卫生机构放射卫生、公共场所卫生、农村集中式供水、卫生计生服务和血液安全、医疗废物管理等专项监督检查，加大打击非法行医和非法采供血力度。全面推进医院等级评审工作，4 月，抚州市第一人民医院接受并通过省卫计委三级医院复评。市卫计委还组织市级医院评审专家对全市 19 家二级综合医院开展评审情况进行一次全面的督导检查。

【公共卫生事业】 抚州市疾病预防控制机构能力建设不断加强，甲乙类传染病得到有效防控。卫生应急体系建设逐步完善，组建调整 6 支市级卫生应急队伍。12 月 14 日，抚州市组成 16 人的卫生应急队伍赴共青城参加全省卫生应急队伍集结拉动演练，参与演练科目为抚州市动物鼠疫疫情应急处置。年内，市委、市政府拨付 120 万元用于消杀器械、卫生监测仪器、病媒生物监测仪器和药品、个体防护装备采购更新，市级卫生应急能力得到极大提升。市卫计委报送的《抚州市救灾防病工作进展情况、面临困难及建议》被国务院办公厅《要情》综合采用，获得领导批示。4 月，“山东济南疫苗案件”后，抚州市立即展开相关部门自查、督查和信息上报等应对工作，通过媒体正确引导社会舆论，及时回应群众关切，恢复公众对预防接种的信心;9 月，在市第四次党代会、汤显祖逝世 400 周年重大活动期间，及时成立医疗保障工作领导小组，抽调市疾控中心、市卫监所和市直医疗机构工作人员组成临时救护组，做好重大活动的医疗卫生保障工作。全市卫生监督网络不断健全，卫生监督执法覆盖率、案件查处率均达到 100%，2016 年，全市共办理各类执法案件 461 件，处罚金额近 100 万元。全市妇幼卫生服务能力得到提升，妇女儿童健康状况持续改善，各级各类助产机构均开设高龄产妇咨询台及门诊，加强婚检、孕前优生检查等前置工作。加大对采供血关键仪器设备的资金投入，建立健全各项岗位责任制，规范采供血工作流程，确保采供血质量安全。

【公共卫生服务】 至 2016 年，抚州市已为 2666 名尿毒症患者进行免费血透救治，累计完成白内障手术 1827 例，转诊治疗儿童白血病患者 14 例，儿童先心病患者 99 例，免费救治重性精神病 4995 例，已对 86 名贫困家庭艾滋病机会性感染患者实施救治。全市累计为 65 岁老年人、0~6 岁儿童、孕产妇、高血压病人、糖尿病病人和重性精神疾病等居民登记管理建立电子健康档案 334.36 万份，建档率达 84.4%。开展预防艾滋病、梅毒和乙肝母婴传播项目，孕产妇艾滋病、梅毒和乙肝检测率分别为 99.89%、99.89%、99.89%。8 个项目县开展农村妇女“两癌”检查项目，完成农村妇女宫颈癌检查 27600 人，完成乳腺癌检查 3600 人。开展农村孕产妇住院分娩补助和增补叶酸预防神经管缺陷项目，农村孕产妇住院分娩补助 31513 人，住院分娩率为 100%，补服叶酸 31295 人，叶酸服用依从人数 24194 人，依从率达到 77.31%。

【中医药发展】 抚州市举全市之力重振“盱江医学”“建昌帮”制药雄风。2016 年，诚邀中国工程院院士黄璐琦团队为抚州制定《抚州市中医药产业发展规划（2016—2020 年）》，市政府印发《关于进一步加快中医药发展的意见》，成立抚州市中医药发展中心。8 月 10 日，正式成立抚州中医协会及抚州盱江医学研究会。同时将基层中医药服务能力提升工程融入全市卫生服务能力提升工程，有 152 个乡镇卫生院和 7 所社区卫生服务中心配备中医类别医师和中医诊疗设备，这些卫生院和卫生服务中心均能运用中药饮片等 6 种以上中医药技术方法，开展常见病多发病基本医疗和预防保健服务。经评审，全市各中医医院新增 6 个省级基层特色专科建设项目，黎川县宏村镇中心卫生院等 34 个乡镇卫生院系 2016 年基层医疗机构中医诊疗区（中医馆）服务能力建设项目。

【医养融合】 2016 年，抚州市被国家和江西省确定为医养结合试点市。《抚州市医养结合试点工作方案》得到国家相关部委的高度重视，6 月初，国家卫计委和民政部医养结合联合督导调研组对抚州市推进医养结合相关工作给予充分肯定，由市卫计委报送的《抚州市医养结合最新进展情况、典型案例、存在问题及建议》获得国务院副总理刘延东批示点赞；由市卫计委报送的《抚州市医养结合工作的实践与思考》理论调研文章被国家卫生计生委家庭司和中国人口学会评为二等奖。先后制定下发《抚州市卫计系统医养结合工作方案》《抚州市卫计委关于印发医养结合工作重点任务分工方案的通知》，成立抚州市卫计委医养结合领导小组，明确相关科室重点任务。下发《抚州市人民政府关于印发医养结合工作发展规划（2016—2020 年）》，全市规划 153 个医养结合建设项目；进一步完善建设临川区青泥镇敬老院内康复中心，作为全省乡级示范点；助力建设东乡县银河健康医养康复中心，打造成全省县级示范点；建设市级康复医院和护理院，打造成为全省市级医养融合示范点。

【卫生引智工程】 抚州市率先在江西省启动卫生引智工程，市政府每年安排60万元专项经费用于“卫生引智”。2016年，全市已有10余家二级以上医院与北京、上海、广州等地知名医疗机构建立共建合作关系，共派出500余名医技人员到上级及合作医院进修培训。此外，积极邀请对接合作医院知名专家及抚州籍在外医学专家220名，到抚州召开各类学术研讨会26次，开展义诊帮扶活动11次，使近3000人次医疗专业技术人员得到及时培训教育，近3万名群众在家门口享受优质医疗服务。

【人才队伍建设】 抚州市大力实施农村订单定向医学生培养计划，到2016年共招录定向培养医学生232名、农村公共卫生医务人员36名。实施订单定向培养乡村医生计划，对按规定参加学历教育并取得医学相应学历的，县级财政对其学费予以不低于50%的补助。实施全面提升县级公立医院综合能力三年行动计划，组织县级公立医院骨干医师在全国知名医院进修培训，选派受援县级医院的骨干医师到支援医院进修培训。同时积极开展各类相关业务知识培训，在全市范围内开展卫生专业技能大比武和岗位大练兵，激励广大卫生技术人员全面提升专业技能。将优秀骨干选送至省卫计委参加相关竞赛活动，2016年，抚州市在全省基层卫生岗位练兵和技能竞赛中，分别获社区护理个人赛一等奖和城市全科医疗个人赛三等奖，获全省麻风病防治技能比武活动获集体三等奖以及在江西省健康教育技能大赛中获得健康教育知识竞赛二等奖、团体三等奖，抚州市妇女常见病筛查率也取得全省第三位的好成绩并被评为全省实施妇女儿童发展纲要先进集体；市妇幼保健院胡奕芳荣获2016年江西省“我最喜爱的健康卫士”荣誉称号，东乡县妇幼保健院、宜黄县二都镇卫生院荣获“群众满意的基层卫生计生机构”荣誉称号；年内，抚州市首次举办庆祝“5·12”国际护士节活动，并授予10人“十佳护士”、60人“优秀护士”称号。

【创建国家卫生城市】 抚州市继成功创建省级卫生城市后，于2016年正式启动创建国家卫生城市。市委、市政府主要领导亲自挂帅指挥，先后多次现场调度推动创卫工作。将每年的清明、端午、中秋、国庆节以及农历小年的前一天，定为“全民清扫日”。经过市人大常委会立法，将每年端午前一天确定为“爱国卫生日”。印发《抚州市创建国家卫生城市工作问责暂行办法》《抚州市中心城区开展卫生小区、卫生单位等14项卫生创建实施办法（试行）》，将卫生创建活动涵盖市中心城区全部范围，切实加强对创卫责任单位和工作人员的监督，提高创建卫生城市工作效能，年内，组织开展创卫专项督查30余次，下发督办单200余份。扎实开展城乡环境卫生整洁行动，共投入资金43590.95万元，698个村点全部开展村庄综合整治，农村卫生厕所普及率为88.17%，农村无害化卫生厕所普及率为70.33%，建制镇生活垃圾无害化处理率为100%，建制镇生活污水处理率为23%，对生活垃圾进行处理的行政村比例为100%，农村集中式供水人口比例为80.5%。

【计划生育工作】 抚州市坚持党政一把手亲自抓、负总责，严格落实计划生育工作领导小组制度和目标管理责任制。通过开展县（区）计划生育工作目标管理考核评估、实行计划生育“一票否决”、稳妥实施全面两孩政策，全市计划生育工作取得新进展。率先成为“全国生育关怀携手行——家庭健康素养促进行动”项目11个试点市之一；宜黄县以《多措并举 重拳出击 全面开展打击“两非”专项行动》为题，在全国整治“两非”区域协作经验交流会上作经验交流；资溪县被评为全国计划生育优质服务先进县，荣获“全国关爱留守儿童工作示范县”。全面两孩政策实施以后，全市共出生5.42万人，其中一孩2.4万人，二孩2.53万人，出生二孩率比前三年同期提高4.63个百分点。扎实开展全员人口基础信息核查工作，出生信息核查任务完成率为99.81%，接收身份信息核查任务完成率为99.70%。加大避孕药具发放力度，全年累计投资111.38万元购置安装297台避孕药具自助发放机。8月，全市组织开展“计划生育药具宣传服务月”活动，成效明显。有效强化流动人口信息平台的管理应用，建立流动人口基础信息交换制度，抓好流动人口均等化服务相关项目的落实；充分依托“新市民之家”、计生协会、社区卫生服务中心、工业园区企业等场所，有针对性地开展流动人口健康教育促进工作，大力提高流动人口健康水平。

【党风廉政建设】 2016年，市卫计委以落实党风廉政建设“两个责任”为切入点，全面推行党建+作风“百分制”量化考核、党建+重点工作“派账制”和“督办制”，集中开展整治基层腐败和侵害群众不正当利益，持之以恒改进干部工作作风，深化作风建设。先后组织传达党的十八届六中全会、省市十四次党代会和市第四次党代会等重要会议精神。将全体干部职工思想统一到中央和省、市委的决策部署上来，全系统呈现主动担当、积极作为的浓厚工作氛围。各级卫生计生战线干部，争分夺秒、苦干实干，全力确保目标任务完成。

（章贤群）

【市卫生计生委领导名录】

党委副书记、主任：祝文渊

党委书记：周希平（7—9月）

廖金平（9月任）

党委委员、副主任：

周希平（任至7月）

邱秀兰　邓　旭
曾小芬　程细街
阙德康
副主任：汤祖继　刘忠华
党委委员、纪委书记：周三才（10月改任市纪委驻市卫计委纪检组组长
市计生协会专职副会长：周小磊（5月任）

体　育

【概况】 2016年，抚州市体育局内设人秘科、群体科、竞训科、产业科，有行政编制工作人员16人，工勤人员2人。下辖全民健身活动中心、体育运动学校和市体彩分中心。

各县（区）均设有与体育工作对接的部门。临川、金溪、南丰、南城、宜黄、广昌6个县（区）为教育体育局，乐安、崇仁、黎川3个县为文化体育广播电视局，东乡县为体育局，资溪县为教育科技体育局，高新区为社会事业局。

抚州市主要的运动项目有：举重、拳击、射击、田径、乒乓球、羽毛球、摔跤、游泳、跆拳道、足球、武术散打、武术套路、皮划艇、网球等。

年内，全市体育事业取得良好发展，完成市委、市政府及省体育局布置的各项工作任务。群众体育、竞技体育、体育产业和其他各项工作都有长足进步，被评为江西省第十四届文明单位。此外，还积极参与创国家卫生城市、社区帮扶、公共机构节能、综合治理、反邪教、“四进四联四帮”等中心工作。

【群众体育活动蓬勃开展】 抚州市加大宣传力度，全力培育体育人口。市体育局认真贯彻实施《体育法》，加大全民健身纲要的宣传，利用各种重大体育赛事和活动，提供全民健身各种服务，全市健身人数显著增加，经常参加体育健身的人数占总人口的30%左右。

年内，抚州市举办各种精品赛事，活跃体育氛围。围绕“纪念汤显祖逝世400周年”开展系列体育活动，共开展大型体育活动18次，参加赛事人数达12万人，举办和承办国际级比赛2次，全国级比赛1次，省级比赛1次，市级比赛14次。5月，在抚州市举办第六届赣浙闽皖四省九市乒乓球邀请赛；8—9月，举办“汤显祖杯”中国抚州国际太极拳大赛；10月，承办“汤显祖杯”第七届环鄱阳湖国际大赛（抚州站）的赛事；10月15日，开展“纪念红军长征胜利80周年”抚州市第五届全民健身运动会公益彩跑活动等。

市体育局精心组织市第五届全民健身运动会，将运动融入生活。据不完全统计，全市参加者达200万人次。广大群众参与体育健身的热情日渐高涨，全市上下以“全民健身日”活动为契机，以全民健身工程、社会体育组织以及各类体育场馆、设施为依托，呈现出天天有健身、周周有活动、月月有比赛的喜人局面。在江西省第十四届运动会社会部比赛中，抚州市获得金牌总数第二、团体总分第三的佳绩，群众体育方面连续四个周期被评为全国先进单位。

【社会体育指导员培训】 2016年，抚州市加强对社会体育指导员的培训工作，共培训694人，其中，国家级5人，一级68人，二级121人，三级500余人，历年累计培训总数已达3715人。

【国民体质监测】 2016年，全市设立3个国民体质监测网点，共检测人数7000人，开出运动处方7000份，为群众健身提供科学指导。

【全民健身工程建设】 2016年，抚州市新建足球场1个、乡镇农民体育健身工程2个、行政村农民体育健身工程6个、器材更新4个。截至年底，全市有城市社区健身路径202条，社区多功能场地2个，城市社区的体育设施覆盖率达到85%；有乡镇农民体育健身工程84个，行政村农民体育健身工程1120个，乡镇、行政村全民健身设施覆盖率达到63%。

【竞训体育】 2016年，抚州市竞训体育扎实稳步推进，在国内外各种比赛中连获佳绩。11月，抚州市青年运动员黄婷在日本东京举办的亚洲举重青年锦标赛中获女子63公斤级冠军，自2013年始，黄婷已获得全国冠军、亚洲青年冠军及世界青少年冠军共6次。在2016年全国举重冠军赛和全国青年跆拳道、赛艇、皮划艇比赛中，黄婷、王鑫、饶仁明、胡宇杰、程灵芝等抚州籍青年运动员获得银牌1枚、铜牌4枚。临川一中代表江西省在四川成都举办的全国中学生举重比赛中获3金1银5铜的好成绩。在参加江西省年度青少年比赛中，有9名抚州学生获国家一级运动员称号，14名获国家二级运动员称号，48名达到省优秀，51名良好。抚州籍举重运动员肖翠娟在里约残奥会上夺得宝贵的铜牌，至今她已经获得多奥运枚金牌和奖牌。

【体校建设和管理】 市新体校于2015年10月中旬搬迁，文化课和运动员保障得到全面落实，基础基地建设初显成效。学生安心训练，教训老师安心训练，各县（区）借助业余体校的建设管理，全市奥运项目布点全部完成。2016年，已形成临川的田径，东乡的举重，黎川的体操，乐安的羽毛球，宜黄的划船，崇仁的摔跤，金溪的跆拳道，资溪的篮球，南城的武术，南丰的乒乓球，广昌的足球等布局，各呈特色。

【教练员裁判员队伍建设】 2016年，抚州市选派优秀教练10余人到国家和省培训；培训50余名体育教师（教练员），选送20余名优秀裁判员到江西省参加晋级培训和新规则学习。

【体育产业发展】 体育场地面积逐年增加。到2016年年底，全市有体育场地设施4631个，比十

年前增长144%，人均体育场地面积达0.81平方米，比十年前增长113%，人均用地面积达1平方米。特别是近几年，向中央、省共争取场地设施建设资金4000余万元，改新建体育场地16个，体育场地设施得到很大改善。加大场馆对外开放力度。年均到体育中心锻炼的人达20万人次，体育中心场馆向中央争取到向社会开放补助资金280万元。超额完成体育彩票销售任务。2016年，江西省下达抚州市的体育彩票销售任务为1.35亿元，实际完成1.67亿元，增幅为全省第一。

【“汤显祖杯”第六届赣浙闽皖四省九市乒乓球友好邀请赛】 为隆重纪念伟大戏曲家汤显祖逝世400周年，促进四省九市乒乓球健儿的友好交流，推动抚州市文化、体育、旅游产业快速发展，提升城市品位和影响，加快抚州绿色崛起，跨越发展的步伐，5月6—8日在抚州市体育中心体育馆举办“汤显祖杯”第六届赣浙闽皖四省九市乒乓球友好邀请赛。

此次比赛由抚州市体育局、抚州市体育总会主办，抚州市乒乓球协会承办，来自四省九市的九支代表队运动员、教练员和裁判员150名参加为期2天的比赛。

经过激烈的角逐，福建省南平市、江西省上饶市、浙江省衢州市获得混合团体赛前三名，浙江省衢州市的毛建民、福建省南平市的刘亚圣、江西省鹰潭市的徐晓年获得男子单打前三名。抚州市政府副市长刘菊娇出席“汤显祖杯”第六届赣浙闽皖四省九市乒乓球友好邀请赛开赛仪式和颁奖仪式。

【“汤显祖杯”中国抚州国际太极拳大赛】 为纪念伟大的戏剧家汤显祖逝世400周年，进一步唱响临川文化品牌，扩大抚州影响力，推进抚州市文化、旅游、体育和谐发展，提升城市品位，打造“华夏梦都、才子之乡”文化品牌，促进太极拳运动蓬勃发展。抚州市于8月31日–9月2日在市体育中心体育馆举行“汤显祖杯”中国抚州国际太极拳大赛。比赛由抚州市政府主办，抚州市体育局、抚州市体育总会承办，抚州市太极拳协会、抚州市老年人体育协会、抚州市三成三商业投资运营管理有限公司协办。比赛分国际组和国内组两组进行，比赛项目有集体太极拳或器械，个人项目有42式拳、42式太极剑及陈、杨、吴、孙、武竞赛套路，有各式太极拳、太极器械自选套路。来自福建、广东、江苏、山东等50支太极拳代表队共600余名运动员、教练员、裁判员参加比赛，应邀参赛的还有法国、巴西、哥伦比亚、古巴等12个国家的运动员代表。

【“汤显祖杯”第七届环鄱阳湖国际自行车大赛（抚州站）比赛】 9月17日，由江西省政府主办、抚州市政府承办的2016“汤显祖杯”第七届环鄱阳湖国际自行车大赛（抚州站）比赛活动，在抚州市风景如画的梦湖之滨进行激烈的角逐。来自33个国家21支代表队共120余名骑手参加比赛，抚州梦湖赛段总里程117千米，选手们围绕着风景如画的梦湖骑行18圈。经过激烈角逐，澳大利亚恩克车队的埃里克斯·弗雷姆以2小时29分2秒的成绩夺得冠军。

（游科伟）

【市体育局领导名录】

局　　长：熊远定

副 局 长：曾小天　陈建铭

抚州市开展体育项目、在训人数和教练员、运动员配备情况统计表

表30-1　　　　单位：人

项目	在训人数	教练员配备情况	项目	在训人数	教练员配备情况
拳击	6	1	举重	80	6
摔跤	50	2	游泳	40	2
乒乓球	130	7	跆拳道	70	4
羽毛球	160	6	田径	100	4
射击	12	1	武术套路	10	3
羽毛球	160	6	网球	10	1
射击	12	1	武术散打	50	2
皮划艇	42	2	足球	30	3

抚州市运动员参加全国性比赛成绩基本情况和成绩统计表

表 30-2　　单位：人

姓名	性别	大项	小项	比赛名称	名次
黄　婷	女	举重	抓举	亚洲青年锦标赛赛 63 千克级	第一名 98 千克
			挺举		第二名 125 千克
			总成绩		第一名 223 千克
黄　婷	女	举重	抓举	全国女子举重冠军赛	第二名 106 千克
			挺举		第三名 130 千克
			总成绩		第三名 236 千克
黄　婷	女	举重	抓举	第二十四届中日韩青少年运动会	第一名 98 千克
			挺举		第一名 123 千克
			总成绩		第一名 221 千克
王　鑫	女	跆拳道	46 千克级	全国青少年跆拳道冠军赛	第三名
胡宇杰	男	赛艇	V-18	全国青年赛艇锦标赛	第三名
饶仁明	男	赛艇	V-18	全国青年赛艇锦标赛	第四名
饶仁明	男	赛艇		全国赛艇锦标赛	第九名
程灵芝	女	皮艇	500 米	全国锦标赛	第五名
余思奇	女	空手道	成年组 55 千克级	全国竞技空手道锦标赛	第五名
余思奇	女	空手道	成年组 61 千克级	全国空手道冠军赛	第五名

抚州市开展体育项目、在训人数和教练员、运动员配备情况统计表

表 30-1　　单位：人

比赛名称	主办单位	承办	时间	地点	参赛单位数	参赛人数
“汤显祖杯”第六届赣浙闽皖四省九市乒乓球友好邀请赛	市体育局、体育总会	—	5 月 6—8 日	市体育馆	9	150
江西省第五届全民健身运动会太极拳比赛暨“汤显祖杯”中国抚州国际太极拳大赛	省政府	市政府	8 月 31 日—9 月 2 日	市体育馆	50	600
“汤显祖杯”第七届环鄱阳湖国际自行车大赛（抚州站）	省政府	市政府	9 月 17 日	梦湖	21	120

本栏编辑　郭峻峰

民　政

综　述

2016年，抚州市民政系统牢记宗旨，务实奋进，民政各项工作有序推进，东乡撤县设区、医养结合试点成功获批，抚州烈士陵园晋升为国家级烈士纪念设施，现代大爱民政建设成效显著，实现"十三五"良好开局。

托底保障持续发力。2016年，由民政部门负责实施的市政府民生工程各项任务全面完成。低保保障标准和补差水平，城市提高到480元和320元，农村提高到270元和195元，较2015年均提高30元。农村五保户月人均标准提高到集中供养365元，分散供养290元，至年底，全市共有五保供养对象17457人，其中集中供养10443人。下发《抚州市困难残疾人生活补贴和重度残疾人护理补贴制度实施细则》《关于加强农村低保与扶贫开发制度衔接实施方案》《关于进一步加强和完善医疗救助制度实施意见》等政策文件。居民家庭经济状况核对工作有力推进，工商、地税、户籍、车管、婚姻、房产、人保、公积金八类信息实现在线反馈，对住房、低保、医疗、临时及其他等五类救助对象11万户家庭进行信息核对，核出率达7.2%，为精准救助打下坚实的基础。落实脱贫攻坚战略部署，狠抓农村低保对象与建档立卡贫困对象台账比对工作，"建档立卡"的"扶贫低保户""纯低保户"名单，与民政部门建立的农村低保对象名单逐户比对，形成两项数据衔接的详细台账，充分发挥精准帮扶、扶贫托底功能。

救灾减灾持续推进。2016年，市民政部门成功应对风雹、洪涝等各种自然灾害，灾民救助及时有效，灾区困难群众冬春救助工作有效落实。经提请市政府常务会审议通过，先后下发《抚州市自然灾害救助应急预案》《抚州市综合防灾减灾规划（2016—2020年）》。在"5·12"国家防灾减灾日，组织举办防灾减灾救灾知识集中宣传和演练活动，传播防灾减灾知识，提升防灾减灾意识。救灾物资储备体系建设大力推进，占地面积4.27公顷、总投资5700多万元的市救灾救助中心项目主体工程基本完成，预计2017年6月份竣工。综合减灾创建水平不断提升，新创国家级综合减灾示范社区5个、省级综合减灾示范社区10个、市级综合减灾示范社区16个。救灾减灾队伍建设不断加强，组建由社会组织和减灾志愿者等参与的抚州市社会力量参与救灾队伍。举办抚州市灾害信息员培训班，通过专家授课、上机操作、课后交流等方式，不断提高灾害信息员的业务水平。

养老服务持续拓展。2016年，市民政部门认真贯彻落实市委、市政府决策部署，大力推进健康养老产业工程。抚州市的养老工作再获国家级医养结合试点，与全国养老服务业综合改革试点共同推进，市政府出台《抚州市养老服务业综合改革试点工作三年行动计划（2016—2018）》，市民政局与发改、规划等部门联合发布《抚州市农村养老机构设计参考》《抚州市养老服务设施布点规划（2016—2030）》，为加快养老设施和机构建设提供参考和遵循。委托江西中医药高等专科学校对全市公办、民办养老机构养老护理员进行轮训。农村敬老院升级改造有力推进，养老项目建设成效明显，全市新建养老项目17个，改扩建养老项目9个，临川、东乡、乐安养老项目迎接市四套班子大巡察。市本级和资溪、黎川、广昌等地一批标准较高、起示范引领作用的公办养老项目先后投入使用。市爱心居家养老服务中心通过公开招标，由社会力量负责运营管理，探索公建民营模式。市老年公寓一期项目全部交付使用，投资2.2亿元的二期项目正式开工，编制《抚州市社会福利中心标准化服务管理规范》。西津路养老示范机构即将开工建设；临川温泉养老示范社区项目积极推进。

福利慈善持续发展。2016年，全市民政部门全力做好社会福利工作。完成8.4万名留守儿童调查摸底，启动农村留守儿童关爱保护工作。全面落实困境儿童保护政策和高龄津贴、老年人免费办理乘坐公交车意外伤害保险等老年优待政策，举办"老年节"大型庆典活动。切实加强福利彩票工作。全年新增福彩站点64个，调整变更站点15个，站点总数达301个，圆满完成江西省福利彩票中心下达的扩点任务。全年福利彩票销售18863万元，同比增量2040万元，增幅12.13%。积极发展慈善事业。结合首个"中华慈善日"，联合举办"以法兴善助力脱贫"为主题的大型慈善宣传活动，表彰"抚州慈善十佳个人"。积极参与精准扶贫工作，慈善助学、慈善助医、慈善助困等工作持续实施，进一步夯实慈善爱心超市、慈善阳光班、慈善情暖万家、慈善关爱夕阳、慈善关爱困难军人、贫孤儿童培训基地等品牌项目根基。慈善社会组织孵化基地建设稳步推进，通过项目实施、公益活动、小额资助等形式，助推社会组织规范发展。采取社工+义工模式的“阳光·健康·成长”孤困儿童心理救助慈善项目，在深圳参加第五届中国慈善公益项目交流展示会。年内，市慈善总会发放善款善物370多万元，惠及全市1.9万户困难群众。

优抚安置持续深化。2016年，抚州市双拥工作不断推进。抚州市中心城区和黎川、崇仁、乐安、南丰四个县被命名为全省双拥模范城（县），金溪县被命名为全国双拥模范县。打造“慈善关爱现役困难军人家庭”拥军项目。抚州烈士陵园升级改造不断推进，举办清明祭扫和市四套班子领导参加的大型烈士公祭活动，承办全省烈士纪念设施服务人员培训工作。军休干部“两个待遇”全面落实。以“弘扬伟大长征精神，同心共筑中国梦”为主题，举办军休干部江新华毛体书法展，隆重纪念长征胜利80周年。优待抚恤政策全面落实，提标工作全面完成，义务兵家属优待金实行城乡一体化。完成44名伤残军人（警察）评调残、181名带病回乡人员审核申报工作。举办优抚数据查核业务培训班，超额完成优抚数据核查工作。坚持量化计分、依序择岗方式，安置工作公平公正，市本级11名符合安置条件的退役士兵全部安置到事业单位。年内，共接收退役士兵1442人、转业士官111人，其中，981名退役士兵参加职业教育和技能培训，参训率位居全省前列。

社会治理持续加强。2016年，抚州市扎实推进和完成城乡社区改革试点年度任务。以市委、市政府两办名义出台《关于深入推进全市农村社区建设试点工作实施方案》《关于推进城市社区治理工作的实施意见》，明确农村社区建设试点工作任务分工、进度安排和指导标准。开展“绿色社区 美丽家园”创建，全市有4个农村社区被评为全省农村社区建设试点示范社区，2个城市社区和2个农村社区被授予全省城乡社区协商工作示范单位。市政府安排专项经费编制中心城区社区建设规划，并启动“智慧社区”建设试点。着力加强社会工作，以“发展社会工作，助力扶贫济困”为主题，联合举办第十个国际社工日主题周系列宣传活动，开展社工知识宣传、社工关怀福利机构老年人、社工关爱农村“三留守”人员、社工助力文明社区创建等系列活动，获社工资格证书93人，社会工作影响力不断扩大。着力加强社会组织服务管理，出台《抚州市社会团体选举工作指引》。承接社会组织培育发展项目，投入资金55.5万元。借力推进社会组织党建工作，有17个社会组织挂靠市民政局成立6个社会组织党支部。着力加强区划地名和边界工作，东乡撤县设区顺利获得国务院批复。市政府出台《抚州市地名管理办法》，第二次全国地名普查工作有序推进，各项宣传指标居全省前列。边界联检、平安边界创建有力。着力加强专项社会事务管理。婚姻登记、绿色殡葬等工作稳步推进。建立流浪乞讨人员身份快速查询、DNA信息比对绿色通道。

自身建设持续深入。2016年，全市民政部门扎实开展“两学一做”专题教育，基层党组织建设进一步加强。落实全面从严治党要求，切实履行党风廉政建设“两个责任”，认真贯彻执行中央八项规定精神。坚持把纪律和规矩挺在前面，深入开展“红包”“违规插手工程项目”专项治理，认真部署集中整治和查处基层侵害群众利益不正之风和腐败问题工作，积极营造民政行业风清气正的工作氛围。从严规范党内政治生活，切实推进干部队伍建设，选派优秀年轻干部参加“四进四联四帮”活动。加强法治民政建设，较好完成“六五”普法任务，开展慈善法、老年人权益保障法等专题学习宣传，邀请上海亲和源总裁张昊岩在《抚州大讲堂》作专题养老讲座。推进“双随机一公开”工作，制定《全市民政系统“七五”普法教育规划（2016—2020）》。

（何　影）

【市民政局领导名录】

党组书记、局长：傅志雄

党组成员、副局长：何儒辉　赵　明　邹　华　王东华

党组成员、老龄委办专职副主任：涂建国

社会救助

【概况】　2016年，抚州市保障城乡低保对象20.15万人，累计发放城乡低保资金5.95亿元。其中，农村低保对象12.65万人，累计发放低保金2.98亿元；实施城乡医疗救助对象12.5万人次，累计发放城乡医疗救助资金1亿元；保障农村五保户供养人数17458人，发放五保户供养资金7504.2万元；“救急难”救助81户次，累计发放资金16.8万元。

【农村低保在扶贫开发中托底保障作用显现】　为扎实推进农村低保与精准扶贫、精准脱贫政策制度相衔接，充分发挥农村低保在扶贫开发中的托底保障作用，抚州市政府出台《关于加强农村低保与扶贫开发制度衔接实施方案》，明确“十三五”期间，抚州市将按照年均14.4%的增长比例提高农村低保标准，2018年全市农村低保标准高于同期全市扶贫标准20%，2020年高于40%。到2020年全市农村五保户供养标准达到全省平均水平。文件下发后，各级民政部门积极与扶贫部门对接，主动开展农村低保对象与建档立卡贫困对象台账比对工作，将建档立卡的“扶贫低保户”“纯低保户”名单，与民政部门建立的农村低保对象名单逐户进行比对，形成两项数据衔接的详细台账。比对数据将为各级政府提供决策参考，作为指导精准脱贫和低保工作的重要依据。至年底，扶贫部门建档立卡贫困人口11.48万

人，低保对象纳入建档立卡贫困人口4.2万人，其中，低保人口2.03万人，扶贫低保人口2.21万人。

【最大限度降低七类困难群众医疗费用】 抚州市政府出台《关于进一步加强和完善医疗救助制度实施意见》，明确将特困供养人员、低保、孤儿等7类群体纳入医疗救助对象范围，同时规范医疗救助资金管理使用。意见对救助对象门诊及住院救助标准作进一步明确，对特困供养人员政策范围内的医疗费用予以全额救助；对发病率极低，治疗费用巨大的罕见病，在救助比例上再提高5个百分点。

【临川、广昌被列为全国“救急难”综合试点】 “救急难”主要针对遭遇突发事件、意外伤害、重大疾病等原因导致生活陷入困境，其他社会救助暂时无法覆盖或救助后基本生活仍有严重困难的家庭或个人，给予应急、过渡性救助。2016年，临川、广县、资溪、金溪等县（区）分别以政府名义出台“救急难”综合试点实施方案。广昌县每年从福利彩票公益金中安排20%，纳入“救急难”公益金；临川区建立稳定的救助资金投入机制，按全区总人口数1元/人的标准，作为配套专项资金；资溪县每年安排10万元“救急难”专项资金，超过10万元部分由县财政在每年年初安排中补足，确保“救急难”的有效实施。

（吴 琦）

社会福利

【概况】 抚州市制定2016—2018年养老服务业综合改革行动计划，大力推进健康养老产业工程，养老工作再获国家级医养结合试点，与全国养老服务业综合改革试点共同推进。2016年，全市新建养老项目17个，改扩建养老项目9个。大力开展养老机构护理员培训，依托江西省中医药高等专科学院，培训养老护理员103名，组织4批16人参加省民政厅养老护理员和儿童护理员培训，提高服务水平。全面落实残疾人两项补贴和高龄老人津贴制度，落实499名三无对象和2292名孤儿基本生活费发放。

【推进养老服务体系建设】 抚州市以全国养老服务业综合改革试点为切入点，立足当地良好的生态环境、资源优势，制定《抚州市养老服务业综合改革试点工作三年行动计划（2016–2018）》，支持各地突出自身优势，有重点地开展试点创新，形成成熟的、可复制的经验模式。编制《抚州市养老服务设施布点规划（2015–2030）》，与城市总体规划同步推出。编印《抚州市农村养老机构设计参考》，规范基层养老机构建设规模、场地设置、建筑风格等，提升基层养老机构建设水准。抚州市中心城区老年公寓一期工程正式运营，二期工程计划投资2.2亿元正在建设。18个农村敬老院升级改造项目稳步实施。

【完善福利彩票站点设置】 2016年，全市新增福利彩票站点64个，调整变更站点15个，站点总数达301个，圆满完成省中心下达的扩点任务。全年销售福利彩票19173万元，比2015年增加2354万元，增幅14%。

（余育勤）

优抚安置

【概况】 2016年，抚州市有重点优抚对象18317人。其中，退役伤残人员1568人，在乡复员军人833人，带病回乡退伍军人2681人，“三属”（烈属、因公牺牲军人遗属、病故军人遗属）412人，参战参试人员2593人。另外，年满60周岁农村籍退役老兵9630人，年满60周岁农村籍烈士子女597人。抚州市积极开展优抚数据核查工作，核查比例达到348.36%，列全省前茅。全市伤残军人、在乡老复员军人、“三属”2016年提标落实到位；带病回乡退伍军人、参战参试人员、老烈士子女月人均生活补助标准增加40元，分别达到每人每月565元、615元和340元；年满60周岁的老年退役士兵按每服一年兵役每人每月提高5元，增加后按每服一年兵役每人每月达到25元。各项抚恤和生活补助均及时、足额通过“一卡通”发放到位。深入开展形式多样、内容丰富的祭扫和烈士纪念活动，市烈士陵园晋升为国家级烈士纪念设施保护单位。

【退役士兵安置到位】 2016年，全市接收退役士兵1442人，转业士官111人。组织981名退役士兵参加职业教育和技能培训，参训率68.3%。各县（区）按照新修正的《江西省军人抚恤优待办法》，实施义务兵家庭优待金新标准执行，义务兵服现役期间，家庭优待金由入伍前户籍所在地县级民政部门按照不低于当地上年度城镇居民人均可支配收入的40%标准发放，全部发放到位。

【双拥工作扎实开展】 2016年，各级领导、民政部门干部深入驻抚州部队、军队离退休老干部休养所及重点优抚对象家中进行走访慰问和座谈活动。联合慈善总会开展“慈善关爱困难军人军属”慰问活动。金溪县被命名为全国双拥模范县，抚州市中心城区、乐安县、崇仁县、南丰县、黎川县命名为全省双拥模范城（县）。10月18日，市民政局联合抚州军分区政治部、市文广新局在抚州市博物馆举办以“弘扬伟大长征精神 同心共筑中国梦”为主题的纪念长征胜利80周年军休干部江新华毛体书法作品展。

（全卫平）

救灾减灾

【概况】 2016年，受最强厄尔尼诺现象影响，抚州市先后遭遇6次洪涝、1次风雹、1次台风灾害。农作物受灾面积64794公顷、绝收面积4542公顷，倒塌房屋527间202户，严重损坏房屋1050间595

市长张鸿星视察市救灾救助中心

户，一般损坏房屋1515间1016户，直接经济损失103167万元。全市累计受灾人口829245人，紧急转移人口28018人，需紧急生活救助人口19847人。全市各级民政部门成功应对风雹、洪涝等各种自然灾害，灾民救助及时有效，灾区困难群众冬春救助工作有效落实，全年组织实施的危房改造任务205户。

【着力加强防灾减灾宣传】　5月9–15日是防灾减灾宣传周，市减灾委员会以减灾知识"进校园""进社区"为重点，开展系列防灾减灾知识宣传及演练演示活动。在"5·12"国家防灾减灾日，市民政局围绕"减少灾害风险，建设安全城市"主题，联合市气象局等16个市减灾委成员单位在市区马家山广场举行大型防灾减灾知识宣传咨询活动，传播防灾减灾知识，提升防灾减灾意识。年内，全市新创国家级综合减灾示范社区5个、省级综合减灾示范社区10个、市级综合减灾示范社区16个。组建由社会组织和减灾志愿者等参与的抚州市社会力量参与救灾队伍。举办灾害信息员培训班，通过专家授课、上机操作、课后交流等方式，不断提高灾害信息员的业务水平。

【推进救灾物资储备体系建设】2016年，为建立健全应对突发重大自然灾害紧急救助体系和运行机制，规范紧急救助行为，提高应急救助能力，最大限度地减少人民群众生命财产损失，市政府印发《抚州市自然灾害救助应急预案》，编制《抚州市综合防灾减灾规划（2016—2020年）》。加强防灾减灾硬件建设，抚州市救灾救助中心、崇仁县救灾物资储备库被列入2016年中央预算内投资计划。抚州市救灾救助中心建设项目占地面积4.27公顷，总投资5700多万元，主体工程基本完成，预计2017年6月竣工。综合减灾创建水平不断提升，新创国家级综合减灾示范社区5个、省级综合减灾示范社区10个、市级综合减灾示范社区16个。

（黄高孙）

慈善工作

【概况】　2016年，抚州市慈善总会坚持慈善服务为先理念，转变募捐工作服务方式，结合"中华慈善日"和《中华人民共和国慈善法》宣传启动慈善一日捐活动，通过层层发动，营造氛围，积极劝募，全年共筹集慈善款物318万元，发放慈善款物358万元，直接受惠困难对象2.6万余人。

【慈善项目关爱困难群体】　启动"阳光·健康·成长"孤困儿童心理救助慈善活动，全程引入社工专业服务，运用社工"助人自助"专业理念和专业方法，结对帮扶孤困儿童，该项目作为江西省唯一入选9月23日在深圳举办的第五届中国公益慈善项目交流展示会参展。"慈善爱心超市"进一步强化自身造血功能，救助覆盖面扩大，募集发放救助物资42.5万元，惠及救助对象1535户；"慈善情暖万家"入户慰问300户困难对象，传递政府关怀和社会关爱；"慈善关爱困难军人"项目使10位家庭困难的部队官兵每人受助5000元，增进了军民鱼水之情。"慈善关爱夕阳"项目联合爱心企业——宁波钻力有限公司为全市120个敬老院免费安装价值5000元的九阳净水器。投入48.4万元，资助资溪县清风苑敬老院购买养老服务家具。"爱犹添翼"项目，对30名优秀慈善阳光班贫困学生每人救助4000元，圆了他们的大学梦。"慈善阳光班"项目新增抚州一中2016级衣恋阳光班。

【开展慈善文化建设】　市慈善总会结合宣传贯彻《中华人民共和国慈善法》，开展"全市慈善十佳个人"评选表彰；联合团市委、市文明办共同举办"以法兴善 助力脱贫"为主题的慈善宣传活动。在市本级投放慈善多功能募捐箱，印发抚州慈善期刊，扩大慈善影响面。

（傅高峰）

社会事务

【概况】　2016年，抚州市民政局建立健全殡葬改革党委领导、政府负责、部门协作、社会参与的工作机制，大力实施困难群众遗体免费火化，启动以"文明祭扫，生态殡葬"和"红包"问题专项治理回头看为主题的活动；积极推进救助标准化建设，探索精准化、社会化寻亲服务措施；深入开展农村留守儿童摸底排查；加强社会组织管理，出台《抚州市异地商会登记管理暂行办法的通知》和《抚州市社会团体选举工作指引》等规范性文件，做好社会组织登记、年审及党建工作。

【建立健全殡葬改革工作机制】 建立健全殡葬改革党委领导、政府负责、部门协作、社会参与的工作机制，全市免费火化困难群众遗体1000余具。启动以“文明祭扫，生态殡葬”和“红包”问题专项治理回头看活动，收受“红包”问题得到有效遏制，服务对象普遍表示满意。

【社会救助管理日趋规范】 积极推进救助标准化建设，探索精准化、社会化寻亲服务措施，全年共救助1574人次，送医救治患重病或患精神病的流浪乞讨人员16人次，妥善安置托养67人次，为确实查无住属地的残障流浪乞讨人员寻亲15人，护送返乡163人次。

【对农村留守儿童全面摸底】 由民政部门牵头对全市农村留守儿童开展深入摸底，全市共有未满16周岁农村户籍未成年人580695人，留守儿童85925人，其中，0～5岁25011人，6～13岁51558人，14～16岁9356人。据统计，全市义务教育阶段共有留守儿童55270人，其中小学留守儿童43955人，初中留守儿童11315人。

【社会组织管理日趋规范】 出台《抚州市异地商会登记管理暂行办法》和《抚州市社会团体选举工作指引》等规范性文件，直接登记慈善类社会组织3个、行业协会4家。积极开展统一信用代码更换工作，办理“两证合一”的社会组织944个，占已成立社会组织的60%。争取省民政厅社会组织培育发展创新项目资金32万元，市本级配套23.5万元开展社会组织孵化项目。开展社会组织年审清理，大力开展社会组织党建工作，截至2016年底，全市社会组织建立党组织6个。

（王　燕）

基层政权和社区建设

【概况】 2016年，抚州市民政部门积极推进农村社区建设试点工作，以市委办、市政府办名义下发试点工作实施方案，制定《抚州市农村社区建设试点工作任务分工及进度安排表》《抚州市农村社区建设试点指导标准（试行）》两个配套文件，选定临川、东乡两区作为农村社区建设试点区。其中，临川温泉杨源村社区、太阳延桥村社区，东乡岗上积东源村社区，黎圩黎阳村社区被省民政厅命名为第一批全省农村社区建设试点示范社区。全面加强城市社区治理创新，以市委办、市政府办名义印发《关于推进城市社区治理工作的实施意见》，加快推进“智慧社区”试点工程，积极开展基层协商民主建设、社区减负增效和“绿色社区，美丽家园”创建三项治理活动。临川温泉杨源村社区、荆公路街办铂金水岸社区和三元楼社区、金溪琅琚枫山村等4个社区被省民政厅命名为“协商民主示范单位”。

【东乡撤县设区获国务院批复】 11月24日，东乡撤县设区正式获国务院批复。2017年3月6日举行揭牌授印仪式，正式更名为东乡区。东乡区以原东乡县的行政区域为区域，区人民政府驻孝岗镇子山路188号（原东乡县人民政府所在地）。同时，广昌县塘坊乡撤乡设镇正式获江西省政府批准。

【推进第二次全国地名普查】 出台《抚州市地名管理办法》，全面完成10县1区地名数据采集、审核、入库。大力宣传弘扬地名文化，在抚州市主流媒体开设“抚州地名全记录”专栏，刊登地名故事30余期，拍摄地名微电影10余部。

【全面完成边界联检任务】 年内完成2条市级、4条县级、50条乡级，总长约2600千米边界联检任务。认真指导各县（区）抓好边界平安创建工作，签订平安边界管理协议书15余份，开展联检联治活动10余次，高质高效完成联检任务。

（吴晓红）

本栏编辑　陈志平

居民生活

城乡居民收入与消费

【概况】 2016年，抚州市城镇居民人均可支配收入27195元，增长8.5%，农村居民人均可支配收入12447元，增长8.8%。城市居民人均消费性支出15791元，增长5.0%，农村居民人均消费性支出7984元，增长6.6%。

【城乡居民收入持续增长】 2016年，抚州城镇居民人均工资性收入17793元，同比增长9.97%，工资性收入占可支配收入比重为65.4%，仍是城镇居民收入主要来源。人均经营净收入为2377元，下降9.2%，占可支配收入的比重8.7%。人均财产净收入为2146元，同比增长10.6%，占可支配收入的7.9%，人均转移净收入为4879元，同比增长12.8%，占可支配收入的比重17.9%。

农村居民人均工资性收入4169元，增长16.4%，占农村居民人均可支配收入的33.5%。人均家庭经营净收入为6522元，增长5.9%，占农村居民人均可支配收入的52.4%，家庭经营收入仍是其收入的主要来源。人均财产净收入为87元，下降12.0%。人均转移净收入为1669元，增长4.3%。

【城乡居民消费支出小幅增长】 随着收入水平的提高和生活条件的改善，居民日益注重居住、教育文化娱乐等方面的消费。2016年，抚州城镇居民人均生活消费支出15791元，同比增长5.0%。其中，人均食品烟酒消费支出5469元，同比增长8.7%；衣着消费支出1074元，同比增长3.1%；居住消费支出3633元，同比增长13.9%；生活用品及服务消费支出891元，同比下降15.1%；交通通信消费支出2320元，同比下降3.9%；教育文化娱乐消费支出1416元，同比增长10.5%；医疗保健消费支出647元,同比增长1.4%;其他用品和服务消费支出341元，同比下降12.1%。

2016年，抚州农村居民人均消费支出7984元，比2015年增长6.6%。生活消费八大类支出呈“五升三降”格局。其中人均食品烟酒消费支出3073元，同比增长5.5%；衣着消费支出399元，同比增长5.6%；居住消费支出2248元，同比增长20.0%；生活用品及服务支出427元，同比下降6.0%；交通通信支出625元，同比增长3.1%；教育文化娱乐支出618元，同比增长1.6%；医疗保健支出459元，同比下降8.1%；其他用品和服务支出134元，同比下降12.9%。

（周　兵）

【全市居民家庭平均每百户拥有汽车10辆】 至2016年年底，全市轿车保有量达40.33万辆，机动车驾驶人97万人，平均每10户拥有1辆轿车。机动车驾驶人以男性驾驶员居多、26～35岁之间居多。

2016年，全市居民用于私家车的支出快速增长，人均购买轿车的支出564元，比2015年增长82.5%；每百户居民家庭汽车拥有量10辆，比2015年增加3辆，增长43.3%；用于车辆的汽油费人均支出114.3元，比2015年增长14%。

【公共自行车成市民出行新宠】 7月开始，市城区公共自行车租赁系统开始动工，分三期建设，一期采取PPP模式建设，配套150个站点、3000辆公共自行车、3300个锁止器。9月22日，市城区公共自行车租赁正式运营。当天共办理租赁卡500余张。至10月15日，共办卡2000张，建设公共自行车站点64个，投入自行车1500辆。

【全市投入民生工程230.9亿元】 2016年，全市用于投入民生工程的支出达230.9亿元，占财政支出比重73.9%，同比增长6.8%。

低保、医疗补助标准不断提高。城市低保标准由2015年450元提高到480元，补差水平由2015年290元提高到320元。农村低保标准由2015年240元提高到270元，补差水平由2015年165元提高到195元。农村五保户集中供养标准提高到408元/人/月，农村五保户分散供养标准290元/人/月。医疗人均补助标准由2015年390元提高到420元。

教育、棚户区改造不断扩充。2016年，全市建成公办中心幼儿园57所，新增农村公办幼儿园120余所，公办学前教育资源不断扩充。投入19.31亿元开工建设、改造各类棚户区8809套，其中，城市棚户区改造6784套、国有工矿棚户区改造104套、国有垦区危旧房改造640套、国有林场危旧房改造1281套。一批批区位优越、环境优美的保障房投入使用。

精准扶贫、农村建设资金投入不断加大。安排1.25亿元对贫困村和贫困户开展精准产业扶持。统筹资金3.22亿元对223个贫困自然村开展村庄整治。投入近千万元用于加强农村交通设施建设。投入150余万元用于完成农村广播电视、直播卫星“户户通”工程。

（吴根茂）

住　房

【概况】　2016年，抚州市商品房销售继续保持增长。1—11月，全市商品房销售备案面积436.4万平方米，同比增长36.99%；其中，市中心城区销售备案面积96.27万平方米，同比增长44.31%。销售量明显回升，实现8个月同比增长，呈现良好的发展势头。二手房交易继续保持增长。1—11月，全市二手房交易面积114.29万平方米，同比增长27.1%；其中市中心城区二手房交易面积35.36万平方米，同比增长5.87%。全年共收取物业维修资金4945.23万元，核拨288.26万元。

【商品住房销售价格继续保持平稳增长】　2016年，全市商品房备案均价4551元/平方米，同比增长3.64%，其中市中心城区均价5171元/平方米，同比增长2.76%。商品房去库存周期明显缩短。至11月底，全市商品住宅库存为226.24万平方米，去库存周期为6.6个月；市中心城区为52.52万平方米，去库存周期为7.1个月。

【商品房开发投资速度逐步放缓】1—11月，全市商品房预售许可投资额为106.71亿元，同比减少6.34%；市中心城区商品房预售许可投资额为33.22亿元，同比减少9.83%。全市商品房预售许可面积为324.88万平方米，同比减少6.58%；市中心城区为84.07万平方米，同比增长0.42%。

【实施住房新政】　为促进地产市场平稳健康发展，3月下发《抚州市中心城区化解房地产库存工作措施》，从3月17日起，抚州市常住户籍城乡居民进城购买新建普通商品住房，由受益财政进行补贴。在市中心城区购买首套普通商品住房的，按购房面积给予每平方米200元的购房补贴，购买二套以上普通商品住房的，给予每平方米100元的购房补贴。个人购买新建普通商品住房的，继续给予实缴契税50%的财政补贴。

居民家庭购买住房时，不再以家庭拥有的房屋数量来认定，只要还清住房贷款，再次贷款按照首套房认定。对拥有一套住房且相应购房贷款未结清的居民家庭，为改善居住条件再次申请商业性个人住房贷款购买普通住房，最低首付比例为30%。对在市中心城区购买商品房的棚改安置户，继续给予被征收房屋市场评估价10%（不含装修）的购房补贴。农村居民进城购房定居后从事工商业经营的，市场监管、税务、卫生计生、环保等部门优先办理注册登记或审批备案手续；就业创业的，可参加人社部门组织的职业介绍、技能培训、创业指导等活动，按规定享受相应补贴；创业困难的，按照国家政策优先提供创业培训、创业担保贷款支持。

全面实行公租房货币化补贴制度。不再新建公共租赁住房，实行公共租赁住房货币化补贴制度，全面推行公共租赁住房以租代建，租赁符合条件的存量住房作为公共租赁住房房源。

支持首套住房贷款需求。各金融机构积极落实国家有关个人住房贷款优惠政策，居民家庭首次购买普通住房的商业性个人住房贷款，原则上最低首付比例为20%。

【住房公积金呈现出“五增一降”特点】　2016年，全市共归集住房公积金15.8亿元，同比增长23.33%；全市住房公积金余额达到54.53亿元，同比增长20.26%；发放职工个人住房公积金贷款4498笔，金额16.14亿元，同比分别增长20.84%和39.30%；提取使用个人账户公积金的职工达到17974人，金额6.61亿元，同比分别增长26.18%和40.42%；全市住房公积金的个贷率为76.05%，同比增长11.18个百分点；住房公积金增值收益达到1.19亿元，同比增长24.34%，在缴存职工个人账户派息提高、个贷利息率降低形成剪刀差的逆境下，消化填补逆差近4000万元；结清逾期贷款12笔、54.52万元的好成绩，个贷逾期率由2015年底的0.37‰下降到0.2‰。

【化解房地产市场库存】　探索将农民工和个体工商户纳入住房公积金制度范围。2016年，全市住房消费性提取13034人，同比增长57.36%。“应贷尽贷”和“应提尽提”政策使公积金在全市住房销售中的市场贡献率达到26.65%，住房消费使用公积金的干部、职工达到缴存总人数的13.4%。全年发放异地贷款380笔，金额1.35亿元，取得支持外地回乡置业和化解本地房地产库存的双重效应。全市有3675名农民工参缴公积金，年内新增1777人。落实住建部等4部委阶段性降低公积金缴存比例和缓缴公积金的政策规定。

5月25日，市政府下发抚府办抄字〔2016〕351号文件，同意市财政每年安排专项资金用于改善县（区）公积金办公场地。11月17日，市委下发抚字〔2016〕40号文件，同意设立中共抚州市住房公积金管理中心党组。

（丁林彬）

【市住房公积金管理中心领导名录】

主　　任：肖乐阳

消费者权益保护

【概况】　2016年，抚州市进一步营造安全放心的消费环境。“12315”和“12365”热线整合，建立统一举报投诉平台，全市消费投诉举报呈现“四统一”，即“一个模式建设、一个平台受理、一个平台转办、一条途径反馈”。各县

（区）实现就地接诉、就地处置，提升消费维权能力。全市建立基层消协分会89个、“12315”维权联络站和消费者投诉站859个、村级消费者投诉点1772个，聘请维权监督员、志愿者2377人，并在150个学校、89个超市、62个商场设立“12315”投诉点。全年共受理消费者咨询7316件，其中投诉835件、举报101件、咨询6380件，办结率均为100%，共为消费者挽回经济损失1108万元。

家　庭

【抚州两个家庭入选第三届全国最美家庭】 5月12日，第三届全国最美家庭评选活动结果揭晓，临川区陈佩兰家庭（全家当爱心超市义工）和资溪县高田乡许坊村大港村小组尹生林家庭（十年如一日精心侍奉瘫痪岳母）入选。抚州市入选第一届全国最美家庭的是临川区的梁长女家庭，入选第二届全国最美家庭的是崇仁县的宁宏昌家庭。

【黄阳云家庭获评第一届全国文明家庭】 12月，中央文明委开展第一届全国文明家庭评选表彰活动，从全国范围评选300户文明家庭。江西省推荐的8户家庭获表彰，包括抚州市的黄阳云家庭，他们在北京受到习近平总书记的亲切会见。13日上午，市委书记肖毅在市行政中心会见载誉而归的第一届全国文明家庭代表黄阳云。黄阳云是广昌县千善乡上堡村人，家庭成员5人。黄阳云是上堡村村委会主任，妻子吴淑梅是“赤脚医生”，两人相亲相敬相爱，家庭幸福美满。吴淑梅25年来几乎没有休息日，黄阳云就主动担负起家庭责任，精心照顾体弱多病的岳父。黄阳云夫妇始终勤俭持家、艰苦朴素，并重视对子女的思想教育，教育他们勤奋学习、礼貌待人。

【抚州12个家庭获评省“绿色家庭”示范户】 12月，由省妇联和省生态文明办联合评定的2016年度江西省“绿色家庭”示范户揭晓，全省有120户家庭获评首届江西省“绿色家庭”示范户，其中，抚州市的12户家庭获评。

抚州市入选的12个家庭分别为金溪县秀谷镇周河龙家庭、临川区罗针镇周贵香家庭、乐安县鳌溪镇桥背村徐英家庭、崇仁县街口路张桃秀家庭、广昌县旴江镇罗小英家庭、金溪县合市镇崇麓村胡长圣家庭、黎川县德胜镇德胜村李长松家庭、南城县万坊镇邓家边村周玉英家庭、宜黄县二都镇白槎村桂子山家庭、资溪县鹤城镇陈伟丰家庭、东乡县孝岗镇南边村邓接辉家庭、南丰县紫霄镇周坊村黄淑媛家庭。

【李长秀上榜“中国好人榜”】 经中央文明办筛选和群众投票评议，4月，“中国好人榜”评选结果公布。抚州市第三届孝老爱亲道德模范、广昌县长桥乡株市村村民李长秀榜上有名，她是抚州市第27位入选“中国好人榜”的人物。

李长秀1958年出生，是一位普通的农村妇女，家里上有年迈公公，下有年幼子女。13年前，她的丈夫不幸遭遇车祸，导致下肢瘫痪、智力衰退。为了给丈夫治病及疗养，全家欠下高额债务，而年迈的公公和4个年幼的孩子还需人照顾，整个家庭的重担全部落在李长秀柔弱的双肩上。但李长秀不离不弃，任劳任怨，精心照顾瘫痪在床的丈夫和年迈的公公，并抚养4个孩子长大成人。为了还债和生计，她起早摸黑地干农活、上工地、打杂工，坚强地撑起这个摇摇欲坠的家，感动着当地无数乡邻，成为远近闻名的“好妻子”“好儿媳”。

【抚州5名女性入选全省优秀慈母】 年底，由省妇联、省民政厅等单位联合开展的全省优秀慈母评选名单出炉，全省50名优秀慈母入选，抚州市5名慈母入选，她们是南城县黄才容、崇仁县黄春香、临川区方春金、资溪县周淑梅和金溪县王建惠。12月27日上午，市妇联、市民政局有关负责人走访慰问方春金，向她表示祝贺，并送上5000元慰问金。相关县（区）的妇联、民政部门分别走访慰问了其他4位优秀慈母。

5月，由省妇联、省民政厅、江西日报社、省福利彩票发行中心联合开展的“福彩公益行·走近慈母”大型公益活动启动。由省妇联在全省遴选50位慈母作为活动对象。表彰在践行社会主义核心价值观中有优秀表现，既有家庭慈爱，又彰显社会大爱，事迹感人，且家庭经济收入较低的；为新中国的建立和祖国的繁荣发展做出积极贡献，并荣获县级以上“三八红旗手”等荣誉，遭遇特殊困境的；子女因公或见义勇为而牺牲，或在特殊岗位工作并受到省级以上政府（部队军以上）表彰，身边长期无子女照顾，且年龄在60周岁以上的慈母优先入选。省福利彩票发行中心将使用福彩公益金25万元，对她们进行公益慰问，每人获得5000元慰问金或等值物品。

64岁的方春金是市社会福利院退休职工，她克服重重困难，无怨无悔把孤儿王方露燕带大，在学习、生活、教育等方面给她最好的关照和呵护。

【抚州5户家庭入选江西“最美家庭”】 抚州市全润兰、黄寿孙等5户家庭荣获2016年度江西省“最美家庭”。此外，陈玉梅、饶菊香、万淑晖3户家庭荣获2016年江西省“最美家庭”提名家庭。

根据全国妇联2016年继续组织开展寻找“最美家庭”活动的统一部署，省妇联联合省委宣传部从2015年3月起开展“弘扬井冈山精神·传承良好家风”寻找江西省“最美家庭”活动。抚州市妇联依托城乡社区“妇女之家”，深入挖掘、选树和宣传群众身边的“最美家庭”。

妇女·儿童

【拓展妇儿维权新载体】 2016年，

市妇联依托“抚州市妇女儿童维权中心”和“幸福家庭·美满婚姻指导中心”，成立抚州市婚姻家庭纠纷人民调解委员会，组建一支由法律工作者、婚姻家庭咨询师、心理咨询师组成的专业咨询调解队伍，建立起维权法律服务合作平台，切实帮助妇女群众解决家庭暴力、婚姻家庭矛盾纠纷等现实问题。年内，共接待来信来访来电200多件，办结率达100%，代理妇女维权案件10起。全市各级妇联定期组织心理咨询师队伍开展公益活动，如乐安县妇联联合检察院开展“未成年人健康心理咨询走进看守所活动”，派出心理咨询师队伍与未成年人犯罪嫌疑人零距离一对一地进行心理疏导；金溪县妇联在春节后组织心理咨询师成长小组到秀谷镇塘山小学开展“爱是陪伴”团队辅导关爱活动，帮助留守儿童缓解节后与父母分离焦虑。为全市40名农村贫困患“两癌”妇女争取全国妇联“两癌”项目救助资金40万元，为1000名农村贫困家庭争取旗帜婴幼儿奶粉2000听，价值约40万元。开展脑瘫、智障儿童免费筛查康复训练活动，通过摸底申报百名患儿争取康复训练。实施留守儿童家庭教育服务、儿童快乐家园建设、保障妇女儿童权益服务以及儿童伤害干预等各类项目共14个，争取项目资金73万元。

【助推妇女儿童事业发展】 在全市创建省级示范乡镇“妇女之家”59个，获第二批创建资金177万元。“妇女之家”常态化开展宣传教育、协商沟通、救助帮扶等工作。在全市创建“儿童快乐家园”6个，获项目创建资金30万元，同时争取中国儿基会“儿童快乐家园”图书项目资金10万元，面向留守儿童开展丰富多彩的公益性教育服务。“市妇女儿童活动中心”增设实用彩妆班、摄影兴趣班、两个艺术兴趣班、二胡班、琵琶班、实用英语班等，共计60个班次，培训人数达1600多人次。组建“玉茗花”艺术团，下设舞蹈队、旗袍艺术团、民乐团、成人合唱团、少年合唱团5个分团。举办学员书法、摄影、国画作品展，展示2016年度书法、摄影、国画的培训成果和学员风采。

【关爱保护农村留守儿童】 民政部门牵头对全市农村留守儿童开展调查摸底，全市共有16周岁以下农村户籍未成年人580695人，留守儿童85925人，其中0～5岁25011人，6～13岁51558人，14～16岁9356人。全市义务教育阶段共有留守儿童55270人，比例较高，小学留守儿童43955人、初中留守儿童11315人。

（魏　萍）

青年人

【构建青年创业就业服务体系】 2016年，抚州市委、市政府发出“双返双创”号召，组建创业导师队伍。市级服务青年就业创业网站及时发布青年就业创业信息，与“江西青创网”的资源互联互通。举办“中国创翼”青年创业创新大赛、“新创客”新媒体运营官培训。推荐选手和团队参加“创青春”中国青年创新创业大赛省级综合赛和APP大赛；申请推报8个青年创业贷款项目，贷款金额160万元。

【关爱困难青少年群体】 “五四”青年节给20名“最美孝心少年”及提名奖获得者颁发爱心助学金8万元。在全市开展“团青心连心·点亮微心愿”活动，结对帮助困难青少年群体实现“微心愿”1600多个，捐赠款物18.3万元。对农村留守青少年（儿童）进行摸底建档，并利用各级团组织、青年社会组织及企事业机关团组织，和223个贫困村留守青少年（儿童）结对帮扶。开展共青团关爱农民工子女志愿服务行动；“全国助残日”开展“青年之声——关爱残疾儿童 我们在行动”主题爱心活动，全市各级团组织捐赠款物10万余元。

（团市委办）

【婚姻和收养登记】 2016年，全市办理婚姻登记46177对，其中结婚登记30229对，离婚登记6624对，补办登记4187对。县（区）婚姻登记处办理准确率及登记合格率达100%。

全市婚姻登记规范化建设实施5年来，全市共办理结婚登记209175对，离婚登记31382对，补入历史数据10.6万份，初步建立婚姻登记信息化平台和数据库。

（王　燕）

老年人

【概况】 2016年，抚州市共办理老年证12386本，免费为全市70周岁以上老年人办理乘坐公交车意外伤害保险，全市建有农村老年人协会150个。

人口发展

【概况】 2016年，抚州市人口出生率为13.6‰，人口自然增长率为7.4‰，出生人口性别比为113：100，出生人口中符合政策比率为86.52%，查处“两非”（非法鉴定胎儿性别、非法选择胎儿性别终止妊娠）案件94例。全市生育秩序平稳有序。

宜黄县在全国整治“两非”区域协作经验交流会上作经验交流。资溪县荣获“全国关爱留守儿童工作示范县”称号。

【实行生育服务证制度改革】 为进一步方便群众，实行生育审批网上登记（办证），并制定便民举措：办理生育登记可选择生育夫妇任何一方户籍所在地或常住地作为受理地；符合再生育的对象，经一方户籍所在地的乡镇（街道）计生办审核，由县级卫计委批准，发放“生育证”。实行限时办结制，生育登记办理时限不超过3个工作日，再生育审批办理时限不超过10个工作日。实行承诺制，对婚育情况难以核实的，由夫妻双方对其真实性做出书面承诺后，予以办理生育登记或“生育证”。当事人因身体、外出等原因无法亲自办理的，可凭委托函委托他人代办。2016年，全市在网上办理《一孩生育服务卡》7676例、《二孩生育服务卡》13115例，网上受理再生育申请964例，办理完毕“生育证”625例。

【构建计生家庭发展支持体系】做好计划生育家庭扶助保障工作，严格资格认定标准和确认程序，确保符合条件的对象都能享受到国家、省和市级计划生育利益导向奖励及扶助政策。2016年，全市共确认和申报农村部分计划生育家庭奖励扶助5019人，城镇和农村计划生育特别扶助对象826人，阳光助学1531人。城镇独生子女父母奖励共15213人，各级财政共发放奖励资金1521.3万元。切实做好计划生育家庭社会关怀工作，通过完善精准扶贫，结合“四进四联四帮”活动暨精准扶贫工作，建立计划生育特殊家庭联系制度，在走访慰问、“三下乡”活动中有针对性地开展服务。

（刘　勇）

本栏编辑　吴根茂

抚州市国民经济和社会发展第十三个五年规划（2016—2020年）纲要

“十三五”时期，全市经济社会发展的总体目标是：与2010年相比，地区生产总值和城乡居民收入提前实现翻一番，全面建成小康社会，综合经济实力达到全省中等以上水平。

一是国民经济发展迈上新台阶。在提质增效的基础上，经济保持合理较快增长，全市地区生产总值年均增长9.5%左右，2020年达到1800亿元、力争跨上2000亿元台阶，人均GDP达到43000元、力争突破45000元；500万元以上固定资产投资年均增长14%，达到2100亿元；财政总收入年均增长10%，达到266亿元、力争突破300亿元；社会消费品零售总额年均增长11%，达到700亿元；出口总额年均增长5%，达到21亿美元；实际利用外资年均增长10%，达到6亿美元。二是结构调整升级取得新进步。在五化协同推进的前提下，农业现代化取得明显进展，战略性新兴产业和先进制造业加快发展，服务业比重明显提高，三次产业比例达到13 ：49 ：38。发展质量和效益明显提升，力争主营业务收入过10亿元的企业50户以上、过50亿元的企业5户以上、过100亿元旗舰企业实现突破，规模以上工业增加值占工业增加值比重达75%以上。新型城镇化加快推进，常住人口城镇化率达到52%，户籍人口城镇化率达到40%。自主创新能力不断增强，研究与试验发展(R&D)经费占GDP比重达到0.9%，高新技术产业增加值占GDP比重达到20%，万人拥有有效发明专利量达到1.5件，科技进步贡献率提高到55%。三是生态文明建设再创新成效。生态环境质量全面提升，符合主体功能区定位的国土空间开发格局全面形成，绿色生产、生活方式普遍推行，生态文明制度体系基本形成。森林覆盖率稳定在65.5%以上，森林蓄积量达到6000万立方米。资源能源利用效率大幅提升，单位生产总值能耗累计下降、单位生产总值二氧化碳排放量、主要污染物排放量控制在省下达的目标范围内。重要水功能区水质达标率达100%。市中心城区生活污水集中处理率、城镇生活垃圾无害化处理率分别提高到95%、98%。空气质量保持国家二级标准，生态环境质量继续位居全省前列。省级风景名胜区达到8个、国家风景名胜区实现零的突破。四是人民生活水平取得新提高。居民收入增长与经济发展同步，城乡和阶层收入差距进一步缩小。力争城镇居民人均可支配收入年均增长9.5%，到2020年达到40000元；农村居民人均可支配收入年均增长10.5%，到2020年达到19000元、力争突破20000元。全市总人口控制在421万人以内，五年新增城镇就业人数20万人。五年完成棚户区改造2.25万户；学前三年毛入园率达75%，九年义务教育巩固率达96%，高中阶段教育毛入学率达94%，高等教育毛入学率达42%。城镇职工基本养老保险参保人数达到65.8万人，城乡居民养老保险参保人数达到147万人，城镇居民基本医疗保险参保率稳定在96%以上。现行标准下的贫困人口全面脱贫，贫困县全部摘帽。五是人民文明素质和社会文明程度达到新高度。社会主义核心价值观更加深入人心，社会发展更加和谐包容；人民思想道德素质、科学文化素质、健康素质明显提高，“诚信抚州”“健康抚州”和“幸福抚州”基本建成；文化事业繁荣发展，文化产业成为支柱性产业，临川文化软实力和影响力显著增强，基本建成全国历史文化名城。六是深化改革和法治抚州建设取得新成果。重要领域和关键环节改革取得明显进展，先行先试取得显著成效，适应引领新常态的各方面制度机制更加成熟。经济、政治、文化、社会和生态文明等五大领域的法治建设全面推进，法治氛围全面形成，科学立法、严格执法、公正司法、全民守法的进程全面加快，有法可依、有法必依、执法必严、违法必究的原则全面落实，治理体系和治理能力现代化全面推进。

县区概况

抚州高新技术产业开发区

【概况】 位于抚州市新城区，辖1镇、2街道办事处，管辖面积158.6平方千米，户籍总人口8.9万人。至2016年年底，实际开发面积15平方千米，共落户各类工业企业280余户，其中，规模以上企业156户，高新技术企业24户，上市企业4户（深交所1户、“新三板”2户、“Q版”1户）。2016年，主营业务收入420.92亿元，比2015年增长15.2%；新增规模以上企业19户，总数达156户；规模以上工业增加值85.57亿元，增长12%。财政收入14.56亿元，比2015年增长15.4%。实际利用外资1亿美元，增长115%；外贸出口2.9亿美元，增长25%。全年新引进亿元以上工业项目24个，其中，10亿元以上项目7个；新老项目实际进资63.18亿元，完成全年任务的117%。加大教育投入，年内，投入1.3亿元推进高新一小、二小等学校改造升级；完善养老设施，钟岭日间照料中心、崇岗镇敬老院、七二一社区老年活动中心等得到进一步优化。加大救助力度，解决困难群众医疗救助金159.49万元。

【博雅生物与复旦大学共建国家重点实验室】 2016年1月，复旦大学与江西博雅生物制药股份有限公司签订合作协议，双方联合共建“复旦大学博雅实验室”。实验室由中国工程院院士、复旦大学教授陈芬儿带队创建，双方计划联合投资2亿元在复旦大学新校区建设国家重点实验室（博雅生物楼），研究方向为心脑血管类、抗感染类（抗病毒类）、抗肿瘤类药品。系抚州高新技术产业开发区创建的第三个国家级实验室，也是该高新区搭建技术创新服务平台，推动企业与大专院校合作，加快科学技术研发及应用转换又一成果。

【抚州高新区总工会成立】 6月28日，抚州高新技术产业开发区总工会召开成立大会暨第一次工会代表大会，选举产生第一届委员会委员，经费审查委员会委员及总工会第一届委员会主席、副主席。高新区是抚州市第一个成立总工会的开发区。高新区有投产工业企业260余家，从业人员3万余人，组建工会187个，建会率72.9%，会员入会率达83.6%。

【10个重大项目开工】 7月22日，抚州高新技术产业开发区10个重大项目开工，开工项目总投资超过70亿元，其中，投资20亿元以上的项目2个，投资10亿元以上的项目1个，亩均投资达500万元以上。10个项目中涉及电子科技生产项目4个、生物医药生产项目3个、汽车零部件生产项目2个、生物质集中供热项目1个。

【16个重大项目同天落户】 7月22日，抚州高新技术产业开发区举行重大招商引资项目签约仪式，现场签约项目16个。其中，重大工业项目10个，涵盖生物医药、电子信息、汽车零部件和新能源新材料等主导产业，总投资达130亿元；新业态项目6个，包括现代金融、现代物流、互联网电商等多个领域。此次集中签约的项目实现高新区工业智能化、信息化的新突破，改变高新区利用外资区域单一的格局，填补了高新区大数据产业空白。

【云计算大数据中心项目落户高新区】 9月14日，总投资45亿元的云计算大数据中心项目落户抚州高新技术产业开发区。该项目包括云计算大数据中心、信息技术产业园、科创园和宜居化生活配套设施等，总用地62公顷。项目由上市公司——天津松江股份有限公司、天津卓朗科技发展有限公司及抚州高新区管委会三方出资组建合资公司进行建设。

【海利不锈钢项目投产】 9月26日，投资30亿元的江西海利科技有限公司不锈钢项目一期投产。该项目由国内不锈钢第一品牌——广东海利集团投资兴建，占地17.33公顷，主要生产不锈钢制管和板材、磨砂板、花纹板、真空镀膜彩色板等。项目分两期，一期投资15亿元，建设300条不锈钢制管生产线和五金配件生产线；二期年产5万吨磨砂板、花纹板、真空镀膜彩色板项目于2016年年底开工建设。项目已被抚州高新技术产业开发区确定为百亿企业培植工程之一。

【获4项国家级荣誉】 2016年，江西江铃底盘股份有限公司技术中心通过专家评审，被国家发改委、科技部等5部门认定为“国家企业技术中心”（江西省仅2家企业技术中心入选），实现抚州市国家级企业技术中心零的突破。抚州高新区科技企业孵化器通过科技部专家评审，被认定为国家级科技企业孵化器（全省共有3家孵化器入选），实现抚州市国家级科技企业孵化器零的突破。抚州高新区中小企业创业孵化基地通过人社部专家评审，被认定为全国创业孵化示范基地（全省仅3家入选），实现抚州市全国创业孵化示范基地零的突破。12月30日，国家知识产权局公布2016年新一批国家知识产权试点示范园区的名单，确定19个园区为国家知识产权试点园区，抚州高新区是江西省唯一入选的，也是江西省第二家国家知识产权试点园区，实现抚州市国家知识产权试点园区零突破。

（龚伟明）

【抚州高新区主要领导名录】

党工委副书记、管委会主任：

邱建国（1—11月主持工作）

党工委书记、管委会主任：

邱建国（11月任）

管委会主任：曾月兴

临川区

【概况】　位于江西省东部，辖17镇、9乡、2个垦殖场和5个街道办事处，总面积2121平方千米，其中城区面积84平方千米。耕地面积4.8万公顷，有林面积9.8万公顷，全区森林覆盖率47.49%。总人口111.48万人，其中，城镇人口59.10万人，农村人口52.38万人，城镇化率53.01%。2016年，全区生产总值371.1亿元，同比增长8.8%，其中，第一产业增加值44.3亿元，增长3.4%；第二产业增加值203.4亿元，增长8.5%；第三产业增加值123.4亿元，增长11.4%。一、二、三产业比：11.9 ：54.7 ：33.4。工业总产值186.4亿元，下降6.3%。规模以上工业增加值50.7亿元，增长9.5%。主要工业产品有水泥172.4万吨、精炼铜12.6万吨、人造板22.4万立方米、化学农药0.1万吨、饲料18.7万吨。农业总产值79.87亿元，增长3.96%。粮食产量63.07万吨。主要农产品有：西瓜29.1万吨、生猪出栏45.6万头、家禽出笼555.6万只、水产品2.98万吨、果树种植面积7079.26公顷。财政总收入21.78亿元，增长2.9%：税收收入17.52亿元，占财政总收入的比重80.4%；地方财政收入17.19亿元，增长0.9%。固定资产投资209.8亿元，增长14.2%；实际利用外资5320万美元，增长20.5%。社会消费品零售总额174.2亿元，增长11.2%。城镇居民人均可支配收入3.32万元，增长8.6%；农民人均纯收入1.52万元，增长8.8%。城乡居民年末储蓄余额415.45亿元，增长17.8%。

主要矿产资源有金、银、地热和重金石。地方特产有临川贡酒、西瓜、菜梗、柑橘、柿子、甘蔗、灯芯草等。主要旅游景点有抚州名人园、王安石纪念馆、汤显祖纪念馆、汝水森林公园、金山寺、天主教堂、玉隆万寿宫（抚州会馆）、人民公园汤墓、温泉度假村、正觉寺、灵谷峰、梦湖、梦岛、梦山（仙桂峰）、中洲公园等。

【率先在全省实施“山长制”】2016年3月，临川区创新森林资源保护管理模式，率先在全省实施“山长制”。制定实施方案，建立“山长制”森林资源保护管理机制，形成政府主导、部门联动、全民参与的森林资源保护管理体系。该区各乡镇、村结合封山育林工作，在林区主要路口和重点地段设立“山长”公示牌和封山育林禁牌，公布山场范围、山长姓名职务、主要职责和联系方式。充分利用电视、广播、网络、报刊等宣传媒体平台，广泛开展“山长制”和封山育林宣传报道，使“山长制”和封山育林在全区范围内家喻户晓。全年竖立公示禁牌475块，埋设封山育林界桩1920个，印发“山长制”封山育林通告3万余份，出动宣传车辆200余人次，刷写标语、横幅1000余条。同时，结合封山育林，加强对护林人员的管理，全区共聘用专职护林员217名，护林员每人每年6000元的工资经费全部纳入区财政预算。该区森林覆盖率从之前的42.8%，提升至2016年年底的47.49%，活立木蓄积量达221.6万立方米，林地面积、湿地面积保有量分别为10.15万公顷、1.11万公顷。

【专利十强县建设】　经省知识产权领导小组办公室和省知识产权局综合评估，临川区获2016年度江西省“专利十强县”称号。2016年，临川区知识产权工作稳中有进，知识产权创造实现量质齐升，知识产权运用和保护取得明显进步，知识产权管理和服务能力得到稳步提高，有力支撑临川区创新驱动发展战略的实施。全区组织申报专利1183件，增长53.4%。其中，发明专利申请量169件；专利授权727件（含发明专利授权83件），增长35.9 %。

【“微故事”传承孝廉好家风】为弘扬传统优秀文化，培育孝廉文化品牌，临川区纪委围绕“说临川才子，讲孝廉故事”主题，邀请15名本土党员干部，制作66个临川古今孝廉故事“微视频”，每个故事5 ~ 10分钟。故事选自区纪委组织编撰的《临川古今孝廉故事》。孝廉故事在该区纪委“勤廉临川”政务微信的“孝廉讲坛”栏目中正式推出，每日一期。该区影响较大的政务微信平台“临川发布”“临川今视”以及临川廉政网和临川电视台等同步播出，受到干部群众和微友网民的广泛好评。

【全省第一所孔子纪念堂仁爱启明书院在临川揭牌】　2016年11月12日，全省第一所孔子纪念堂仁爱启明书院在抚北镇万家巷村正式揭牌。区委宣传部、区文明办、北京市仁爱慈善基金会相关负责人及孔子纪念堂出资兴建人万世松老人出席仪式并揭牌。北京市仁爱慈善基金会向孔子纪念堂赠送上千册图书，并向抚北镇万家巷村11名家庭贫困老人，赠送价值2000多元大米、食用油、牛奶和营养品。抚北镇万家巷村孔子纪念堂由该村七旬老人万世松个人出资50万元兴建，纪念堂建筑面积400多平方米，内设孔子塑像，并存有上千册书籍。

【城乡环境明显改善】 2016年，临川区"两违"整治取得重大突破，拆除学府路两边以街为市的"两违"建筑146间，面积8600多平方米。章舍片区拆迁取得重大进展，拆除156户老房屋，面积近3万平方米。城乡面貌发生重大变化，累计投入1700多万元，对上顿渡城区环境进行综合整治，拆除各类违章建筑3.89万平方米，取缔无证、出店、占道经营1500余家；与此同时，敞亮的灯光风景线、美观的景观文化墙，成为上顿渡城区形象新的点缀。农村环境得到明显改观，率先在全省启动实施总投资4.8亿元的城乡环卫一体化PPP项目，对各乡镇实行全域境环境整治，拆除违章建筑5.25万平方米，清理陈年垃圾1.2万余吨。

【六千米特色文化墙扮靓城市传播正能量】 为提高城市品位，临川区在上顿渡城区主要路段新建、改建围墙，并充分利用这些资源，打造临川特色文化墙。该区在上顿渡城区的龙津路、五小路、广场西路、临川大道东段、学府路、玉茗路、才都大道、金山大道等13条主要干道以及26个乡镇的街道主要路段和乡村人口密集区域，新建、改建特色文化墙6000多米，通过图文并茂的形式传递孝廉文化、传统礼仪、临川文化，内容包括中国好人、时政、讲文明树新风、讲诚信、传统文化、新三字经、二十四孝故事和临川名胜、临川名人、临川诗词、临川好人等，将传统文化与农村自然景观结合起来，让一堵堵墙变成美观而又会"说话"的文化墙，传播正能量。

【打造生态特色景点提升乡村旅游品质】 临川区依托良好自然生态、丰富的山林水体资源，变生态优势为经济优势，大力推进生态体验、乡村休闲游、农业观光游等联动发展，高标准、全域境打造一批乡村生态特色景点，全区乡村旅游品质进一步提升。初步形成秋溪油菜花、七里岗栀子花、河埠香樟林、大岗无花果，秋溪灵隐山、湖南乡天义运动村、赣抚生态农庄等一批有活力、有竞争力的生态景点。天义运动村、赣抚生态农庄等7家乡村旅游点获评省AAA级乡村旅游点。年内，旅游接待总人数达445.27万人次，比2015年增长29.30%；旅游综合收入46.42亿元，增长31.20%。

【上海临川商会成立】 2016年12月4日下午，上海临川商会成立大会在上海举行。区委副书记、区长董东明出席并讲话，区委副书记杨党华，区人大常委会主任吴茂发，区政协主席江瑞庆，区领导章志芳、帅蓉晖、邓抚林、艾小飞、罗亦文、黄明清、邬丽梅以及100多位上海临川籍企业家和知名人士出席大会。区委常委、组织部长、统战部长章志芳宣读区委区政府贺信。会上举行了揭牌仪式。

【临川虎奶菇荣获中国国际农产品交易会金奖】 2016年11月5—8日，第十四届中国国际农产品交易会农产品地理标志专展在昆明国际会展中心举办。临川区江西金山食用菌专业合作社的临川虎奶菇荣获"第十四届中国国际农产品交易会参展农产品金奖"。交易会上，江西金山食用菌专业合作社与麦德龙超市、上海绿色食品贸易有限公司签订临川虎奶菇销售合同2000万元。江西金山食用菌专业合作社成立于2005年，其前身为临川区金山生物科技发展中心和临川区食用菌协会，已有20多年的发展历史。有社员161人，注册资金228万元。食用菌种植面积8公顷，种植的珍稀及常规食用菌品种20余个，年销售收入达1800余万元，合作社社员食用菌年纯收入达6.5万元，带动1000余户菇农走上发家致富路。

（肖玲芬）

【临川区主要领导名录】
区 委 书 记：胡领高
区人大常委会主任：吴茂发
区 长：董东明
区 政 协 主 席：江瑞庆

南城县

【概况】 位于江西省东部，辖10镇2乡，总面积1713平方千米，其中，城区建成面积16.8平方千米，耕地面积2.18万公顷，有林面积9.34万公顷，森林覆盖率62.5%。总人口34.36万人，其中，城镇人口16.47万人，乡村人口17.89万人，人口自然增长率7.65‰。2016年，全县生产总值115.93亿元，同比增长8.6%，其中，第一产业增加值17亿元，增长4.0%；第二产业增加值52.93亿元，增长8.7%；第三产业增加值46亿元，增长10.2%，一、二、三产业比为14.7 ∶ 45.6 ∶ 39.7。工业总产值217.1亿元，增长9.8%。规模以上工业增加值33.61亿元，增长9.3%，占GDP比重30.4%。主要工业产品有水泥65万吨、各类砖3.69亿块、饮料酒21.5万吨、服装2848.7万件（套）。农业总产值32.17亿元，增长3.9%。粮食总产量28.59万吨。主要农产品有：水产品产量4.35万吨、水果总产量9.74万吨、柑橘产量9.57万吨、稻谷总产量26.52万吨、家禽产量389.29万只、禽蛋总产量1.85万吨、生猪（出栏）23.52万头。固定资产投资151.12亿元，增长13.8%。财政总收入14.78亿元，增长2.6%；占财政总收入的比重82.1%；地方财政收入10.51亿元，下降2.1%；财政支出23.85亿元，下降1.4%。社会消费品零售总额43.76亿元，增长11.8%。实际利用外资4800万美元，增长26.4%。出口总额2.1亿美元，增长10.2%；万元GDP能耗0.38吨标煤，二氧化硫排放总量0.16万吨、削减率10.2%，氮氧化物排放量0.18万吨、消减率11.3%，城市污水处理率90.4%。

城镇居民人均可支配收入2.89万元，增长8.8%；农村居民人均可支配收入1.41万元，增长9.1%。住户存款储蓄余额78.96亿元，增长13.1%。

主要矿产资源有金、铁、硫铁、花岗石、煤、稀土、紫砂陶土、铀等。地方特产有麻姑米、麻姑米粉干、麻姑茶、麻姑酒、麻姑仙枣、麻姑茶油、池蝶蚌、五黑鸡、南城黑猪、鳜鱼、淮山系列产品等。主要旅游景区（点）有醉仙湖、麻姑山、从姑山、毕姑山、祥岗山、登高公园、滨水公园、双江公园、盱江书院、麻源三谷、太平湖、沸珠泉（天下第三泉）、潮音洞、明益王府遗址、明益王墓葬群、唐代宝方寺、南宋太平桥、活水亭桥、明代万年桥、聚星塔等。地方特产有麻姑米、麻姑米粉干、麻姑茶、麻姑酒、麻姑仙枣、麻姑茶油、池蝶蚌、南城黑猪、鳜鱼、淮山系列产品等。

【营造“亲商、爱商、兴商、护商”氛围】 1月9日，由中国江西网、中华赣商网等联合主办的“投资江西十大首选地”推选活动结束，南城县被评为“投资江西十大首选地”。该县营造“亲商、爱商、兴商、护商”的氛围。南城投资环境优越，全天候、全方位、全过程“保姆式”服务，让客商发展安心省心。围绕打造投资“洼地”、服务“高地”的目标，在抓好城南工业带、创业工业园建设的同时，投入近10亿元启动800公顷河东工业园建设，打造招商平台。机电、高档轻纺、循环经济、五金建材和食品医药五大产业园和配套的污水处理厂、自来水厂、110千伏变电站，以及与济广高速连接线相接的4.5千米工业大道、横跨盱江的河东工业大桥、园区自来水厂、园区综合大楼、公共租赁房、园区小学和幼儿园等基础设施全部建成。同时，出台一系列政策和举措，让软环境更优。该县还十分注重为客商企业培育产业“土壤”，专门规划建立食品深加工、机械制造等特色工业园区，实现“上下游配套企业在隔壁、商务成本优势进家门”的效应。

【“互联网+”升级社会服务】 2016年，南城县以互联网为支撑，构建县委书记实名博客、县长信箱、行风热线、党建微信群、QQ数字城管等平台，使它们成为群众的“倾诉站”“解难处”。同时通过媒体予以公告，群众可以随时通过发帖、拨打热线电话、编发手机短信等方式，在问政平台表达自己诉求。该县141个“连心”小分队、近1000名党员干部下到各村组进行精准扶贫，县委组织部门积极创新思维，引进微信功能，通过微信互相晒、互动学，实现党组织和党员、群众之间亲密、即时接触。与此同时，引导“连心”小分队成员对活动开展中存在的问题建言献策，及时建立处理和反馈机制，对群众及“连心”小分队成员的普通咨询事项和诉求，由专人即时在线解答；对较为复杂的事项，则转至分管领导或挂点领导批示办理，力求件件有答复、事事有回音，进一步密切了干群关系。

【移民脱贫工作】 南城县按照“迁得出、稳得住、能脱贫”的总体要求，坚持政府积极组织、群众主动参与的原则，对因资源、交通等硬件条件限制无法就地脱贫的群众进行扶贫移民搬迁，取得丰硕成果。2011年深山区和水灾害区群众生存状况调查统计，该县深山区和地质灾害区农户中95%的家庭人均纯收入低于3000元；2016年，已搬迁的659户搬迁户依靠较好的生产生活条件，发展产业，到外地务工经商，开辟新的增收渠道，人均纯收入增加到8000余元，100%的搬迁户实现脱贫，贫困面貌彻底改变。

南城县把扶贫移民搬迁规划纳入县国民经济和社会发展规划，强化规划的约束性和可操作性。以安置点为载体，以项目建设为支撑，由县扶贫移民搬迁领导小组统筹下达安置点住房、道路交通、农田水利、教育卫生、农村电力等生产生活性基础设施建设项目年度投资计划，切实解决搬迁群众的基本生产生活和后续发展投入问题。同时，加大科技培训和劳动力转移培训力度。充分发挥贫困地区劳动力转移培训和技术培训平台的优势，优先将移民对象纳入年度培训计划。搬迁移民户每户至少拥有1名“农技土专家”，掌握1～2门实用生产技术。

【特色果业呈规模】 南城县把果业作为富裕农民、扶贫攻坚的支柱产业狠抓，不断提升壮大南丰蜜橘、麻姑仙枣及板栗、梨、桃、李等特色水果种植优势，基本实现“人均一亩果”的发展目标，特色果业正成长为农业“当家树”、农村“致富树”和农民“摇钱树”。2016年，全县拥有果业面积2万公顷，其中，南丰蜜橘总面积达1.57万公顷，总产量30万吨，直接产值6亿元；麻姑仙枣面积1066.67公顷，产值2亿元，成为江南第一鲜食枣生产基地。

该县采取“示范带动、效益推动、贫困户联动”的办法，通过“农业龙头企业+贫困户”“专业合作社+贫困户”“党员种植大户+贫困户”模式，引导贫困户参与果业发展。到2016年，全县参与果业种植的贫困户有400多户，占贫困户总数的近六分之一，仅通过果业种植一项，贫困户户均增收6000多元。

该县围绕果业做足文章，发展各类专业合作组织194个，带动农民就业增收。不少农民从农业劳动中分离出来，从事果业信息、中介、农资、包装、加工、运输等行业，全县共有果品营销企业20多家，深加工企业3家，绿色果品基地认证1000公顷、无公害果品基地认证6666.67公顷，果业生产、储藏、加工、销售一体化的现代农业产业化格局逐步形成。

【朱博成为第二批国家“万人计划”领军人才】 7月12日，南城县农业科技型企业——江西博君生态农业开发有限公司法人代表、董事长朱博入选第二批国家“万人计划”领军人才。

朱博，博士研究生学历，江西农业大学硕士生导师，高级农艺师。

2001年，刚捧上“铁饭碗”的朱博离岗承包13.33公顷果园自主创业。到年底，共开发果树面积达200多公顷，建立6.67公顷的良种繁育苗圃、品种园、标准示范园、母本园。2010年，朱博投资3000多万元在南城县金山口工业园区建设以南丰蜜橘深加工为主的江西博君生态农业开发有限公司，生产果糕、果醋和蜜橘酵素系列产品。2016年，该企业已发展成为拥有30多项自主知识产权、总资产达1亿元的国家高新技术企业和省级农业产业化龙头企业。

【校具产业发展】 2015年，南城县获“全国校具生产基地”称号。2016年，该县不断加大校具加工企业科技创新投入，提升产品品质。全县拥有校具加工及相关企业140余家。其中，年主营业务收入上亿元企业9家、校具加工产业中拥有自主品牌的企业28家、上规模企业16家、省名牌产品企业4家、省著名商标企业6家，获得实用新型及外观设计国家专利9项。科技创新为该县校具加工产业提供技术支撑，已形成平面阶梯课桌椅、软座椅、排椅、钢木课桌椅、塑料课桌椅、木制课桌椅、餐桌、公寓组合床、学生床、讲台及阅览桌、体育器材等12个产品系列的规模化生产，产品畅销全国20多个省（市、自治区）。全县校具加工企业年生产各类校具可达1200余万套，占全国同行业总产量的35%以上；年创产值超30亿元，成为特色产业的一张“金名片”。

【生态种养】 南城县立足本地良好的气候环境、生态优势，积极引导农户搞生态种养产业，着力提升生态特色种养产业的规模和效益，生态种养产业蓬勃发展。一方面围绕产业结构和布局调整作规划，探索优良畜、渔资源开发利用，打造高效循环利用的富民产业。另一方面将生态种养产业列为项目建设重点内容，加强与上级部门的对接，在标准化生产、畜禽良种工程、动物疫病防控体系建设等方面争取项目数、资金量双增长。为提高广大农户的种养技术水平，该县注重强化培训体系建设，成立畜牧、水产科技推广专家组，对农村养殖协会、乡镇畜牧兽医站、产业户进行养殖知识和技能培训。

此外，把生态种养的格局进一步扩大，将其与现代农副产品加工产业、现代农业示范园区建设结合起来，加大生态种养推广力度，引导和支持“农业产业化龙头企业+现代农业示范园区+种养产业专业户”新型生态种养增收致富模式。

该县已规划并启动建昌、徐家1333.33公顷现代农业示范区建设，重点扶持麻姑实业、锦丰食品、博君农业等农业产业化龙头企业做大做强。2016年，全县有市级以上农业产业化龙头企业46家，其中，国家级2家、省级6家；“三品一标”认证企业达69个，其中，无公害产品认证21个、绿色食品认证13个、有机食品认证30个、国家地理标志产品5个。

【食品加工业】 依托深厚的产业基础和丰富的农产品资源优势，食品加工产业已成为南城县主导产业之一，形成行业齐全、产业链完善、产品品种丰富的产业体系，涌现出“锦丰方便面”“阿颖淮山”“洪门绿色食品”“麻姑米粉”“麻姑茶叶”“博君果醋”等一批有影响力的知名食品品牌，有力地带动了种植、包装、运输等相关产业的快速发展，对于调整和优化农村经济结构、增加农民收入和地方财政收入等起到积极推动作用，被省工信委授予“江西省农副食品加工产业基地”称号。经过多年的发展，基本形成与农产品资源相适应的食品加工体系。2016年，全县有食品加工类企业150余家，形成以饮料生产为主的基础食品工业，以淮山、麻姑茶叶加工为主的特色食品工业，以纯净水、食用油生产为主的新兴食品加工业，以麻姑米粉、麻姑米生产为主的粮食转化加工业，以鱼、蛋、鸡加工为主的畜禽加工业，以中草药炮制为主的中草药保健品加工业等。规模以上企业年完成工业总产值12亿元，完成工业增加值近3亿元，实现税金8016万元。

【打造园区建设】 南城县突出区域特色，在重点规划发展金山口二期、三期工业园区、城南工业带的基础上，重点开发800公顷河东工业园区，围绕项目、融资、服务、管理四个平台，助推园区上档升级。至2016年，园区经济成为该县集聚产业资源、优化产业结构的重要载体，县域经济增速的重要“引擎”。

扩容项目平台。该县重点推进园区基础承载能力，打造绿色生态园区，各项基础工程建设进度加快，园区基础功能有较大提升。已形成“一区一带两园”工业新布局及五大产业集群。

搭好融资平台。该县创新融资方式，通过土地出让、信托融资、土地捆绑项目等方式，争取社会资金进入园区重点项目工程，通过组建国有资产经营投资公司、城投公司等融资平台，完善中小企业信用担保中心，建立省信用担保公司南城分公司等担保平台，先后融资1.5亿元参与开发建设工业园区。

优化服务平台。该县积极谋划引进互联网电子商务入驻园区，重点发展销售服务、现货交易服务、物流专业服务、生活服务、信息资讯服务等平台，通过互联网将园区产业发展与市场有效接轨，提升园区产业聚集能力。投资1亿元的河东电子商务孵化基地项目“淘宝园”已破土动工，将形成4万平方米的厂房仓储能力。为了提升产业水平，还引进专业投资者，通过开辟“园中园”、委托开发等方式，把园区的配套服务推向市场。春喜集团在河东工业园打造空压机制造中心，“产业园”已集聚链条上下游配套企业6家，成为赣东南最大的空压机制造中心。

强化管理平台。该县进一步提升园区管理机构建设，组建专业化管理团队，协调解决涉及财税、融资、用地、环保、项目推动、优化服务环境等方面的问题，注重加强园区项目准入管理，严格项目环保关、投资容积率、亩均产出率等，保障园区经济持续稳健发展。

（熊春玲　吴云华　邓　迅）

【南城县主要领导名录】

县　委　书　记：王小林

县人大常委会主任：陈胜堂

县　　　　　长：汪华辉

县　政　协　主　席：过初良

黎川县

【概况】　位于江西省中部偏东，辖7镇、8乡、1个企业集团和1个垦殖场，总面积1728.56平方千米。耕地面积1.59万公顷，林地面积13.2万公顷，森林覆盖率68.65％。常住人口23.58万人，其中，非农人口5.6万人，人口自然增长率8.13‰。2016年，全县生产总值65.5亿元，同比增长9.3%，其中，第一产业增加值10.3亿元，增长3.9%；第二产业增加值32.7亿元，增长9%；第三产业增加值22.5亿元，增长12.2%。一、二、三产业比为15.7 ∶ 49.9 ∶ 34.4。规模以上工业增加值26.2亿元，增长9.2％。占生产总值的比重为40％。全年固定资产投资累计完成投资额81.9亿元，增长13.4%。主要工业产品有日用瓷、服装等，年产量分别为5.83亿件、226万件。农业总产值19.5亿元，增长8.9%。主要农产品及产量：粮食总产量16.5万吨，生猪出栏14.4万头，生猪存栏8.3万头，家禽出笼653.8万只，存笼175.5万只。财政总收入10.4亿元，增长2.6％，税收占财政总收入的比重为84%；地方财政收入7.8亿元，下降6.1%；地方财政支出20.3亿元，增长9.7%。农民人均可支配收入1.18亿元，增加892元。城乡居民年末储蓄余额53.34亿元，增长9.8%。

主要矿产资源有极具工业开采价值的瓷土、石英石、高岭土、钨、铜、铝等。地方特产有食用菌、日用瓷、工艺瓷、烤烟、香榧等。主要旅游景点有“红色”闽赣省委、省苏维埃政府、省军区旧址，第五次反“围剿”团村、洵口、资福桥等战斗旧址；“古色”福山寺、禄山寺、寿昌寺、禧山寺和江西第一屋——洲湖船形古宅108间、县城十里明清古街；“绿色”岩泉国家森林公园、龙头寨水库、玉湖景区、洲湖原始次森林等。

【森林防火】　2016年，黎川县全面实行森林防火工作主体责任制，防火工作取得显著成效，被省森林防火总指挥部评为2016年度森林防火平安县。该县认真抓好重点防火期防火宣传，进入重点防火期以后，县防火办组织防火宣传车和工作人员深入各乡（镇）开展防火宣传，张贴宣传标语、防火通告、散发宣传单，县电视台记者和防火办的人员一道下乡宣传，采访林农，在全县大力营造森林防火、保护森林资源的氛围，牢固树立林农森林防火与营林造林、合理开发、安全生产第一的思想。县林业局投入5万多元印刷森林防火通告，致广大林农的一封信、宣传年画，并制作大型不锈钢防火宣传牌发至各乡（镇）、国营生态林场等。此外，组织专业森林消防队开展大练兵活动，县防火办从1月份开始，在重点防火期间分阶段组织全体专业森林消防队员开展大练兵活动，春季期间组织开展两批次集中训练活动，参加集中训练的专业队人员共46人。在全国“两会”和春节、清明期间，县专业队全体队员集中训练待命，统一食宿，领导带班作业，全面进入防火战备状态。同时全面落实“五个禁止”规定，停止炼山审批，禁止一切野外用火，对一些易引发山火的坟山提前审批、砍杂，组织人员清理堆烧，实现确保不发生重大森林火灾，确保不发生人员伤亡事故，确保重点林区不发生森林火灾。

【知识产权工作】　2016年，黎川县被江西省知识产权领导小组评为“专利十强县”。该县高度重视知识产权工作，先后成立实施国家知识产权强县工程工作领导小组、黎川县知识产权局和知识产权服务站，设立知识产权专项资金（每年50万元），制定《关于提升企业自主创新能力的意见》《关于加强专利工作的实施意见及其奖励办法》《关于降低成本优环境全面推进实体经济健康发展的实施意见》等一系列政策措施，推进知识产权工作的开展。2016年，全县专利申请381件，授权261件，比2015年翻番，专利申请及授权位列全省前列。

【洲湖村入选中国传统古村落】2016年，华山镇洲湖村被住建部评为第四批中国传统古村落。该村位于黎川县东北部，辖11个村民小组，473户2176人。该村历史悠久，蕴藏着丰富的历史信息和文化景观。核心保护范围北至洲湖小学，南至何氏宅，西至山体，东至洲湖大夫第，面积约4.98万平方米。历史建筑和文物保护单位建筑有船屋古建筑群、黄家祠堂、红军标语墙，彭德怀、萧劲光、毛泽民故居，面积达1.29万平方米；还拥有形态完整、传统风貌连续的船屋、下陈及繁荣等历史古街3条共1449米。根据《洲湖历史文化名村保护规划》，该村立足“完整性、真实性、可持续”的原则，针对古村情况分类保护：一是保护“文物保护单位”、保护建筑等文物古迹与历史环境要素。二是保护洲湖周边的整体环境景观风貌，包括古村平面与空间总体格局、聚落特征。三是保护非物质历史文化遗产，包括历史事件、历史人物、历史变迁、民俗风情等。该村采取多种措施对传统建筑、地形地貌、河湖水系、农田、乡土景观、自然生态等各个方面实施严格保护，并遵循发展与保护相结合原则，创造一个人文与自然宜居的环境。

【新农村建设】　2016年，黎川县新农村建设一般村点28个（其中，省级一般村点11个、县级自建点17个），涉及农户828户，惠及农民2974人；继续实施日峰镇十里村、潭溪乡芦陂村、厚村乡厚村村等3个中心村16个点建设，涉及774户3215人，其中，潭溪乡芦陂村为省、市、县三级共建中心村示范点。至2016年年底，28个一般村点均完成村庄规划，组建成立村民理事会，完成拆栏、拆破旧“空心房”等拆旧工作，改水、改厕完成率达90%以上。日峰镇十里、潭溪乡芦陂2个中心村点的“七改三网”建设全部完成，改水、改厕完成率为100%。该县新农村建设工作得到上级的充分肯定，被省委、省政府评为2016年度全省新农村建设先进县，连续九年新农村建设工作被评为省市先进。

【陶瓷产业】 黎川县多举措努力做大做强陶瓷产业，按照好产业、好项目、好企业、好产品、好前景的要求切实抓好陶瓷产业招商引资工作。江西九州陶瓷有限公司和苏泊尔集团合作建设的家电陶瓷内胆生产项目，总投资5亿元，该项目一期2层厂房建筑面积10万平方米，占地面积5万平方米，至2016年年底已完成部分主体厂房、道路绿化等建设。实施科技兴瓷战略，12月16日县政府成功与景德镇陶瓷大学签订产学研战略合作框架协议，景德镇陶瓷大学（黎川）产学研基地集研发、培训、设计、中试、检测功能为一体，采取“企业主导、政府扶持、院校参与”运作模式，为该县进一步发展壮大陶瓷产业、加快培育百亿陶瓷产业规模注入强大动力。2016年，域内陶瓷产业体系从业人员1万余人，生产产品有中高档日用瓷、耐热瓷、卫生洁具瓷、陈设艺术瓷和酒店用瓷五大类型系列产品，花色品种达到近万个，全县陶瓷及上下游配套企业76家。陶瓷行业全年完成工业总产值28亿元，上缴税收1亿元，产值和税收均比2015年增长17%，各项指标均保持较快速增长，陶瓷产业逐步成为拉动该县经济增长的支柱性地标产业。

【工业经济提质增效】 2016年，黎川县拓展新思路，实施新举措，促进工业经济提质增效。主导产业不断壮大，陶瓷科技创新产业园（标准厂房）开工建设，九州—苏泊尔项目完成一期3万平方米的单体厂房建设，陶瓷及配套企业达76家，陶瓷、新型材料、鞋服纺织三大产业产值占园区工业总产值超过70%；全年新增规模以上工业企业6家、总数达65家，完成主营业务收入100.7亿元，比2015年增长9.5%。企业创新能力持续增强，与景德镇大学签订学研战略合作协议，全省首家水性树脂及合成革工程技术研究中心开工建设；新增国家高新技术企业6家、达10家，增幅居全市第一。园区平台更加完善，乡友陶瓷园污水处理设施加快建设；新铺设天然气管网15千米，通气企业达26家；盘活清理工业低效闲置用地37.33公顷。

【第三产业发展】 油画产业发展活力彰显。2016年，黎川油画创意产业园汇集油画公司23家、画师300余位，油画销售市场向北京、上海、深圳等地拓展，产值2亿元；油画创意产业园二期建设正在规划中，德胜油画写生基地基本建成；成功举办“相约黎川——中俄当代油画作品交流展”；与中国美院、中国人大画院、江西师大、西安美院等高校建立合作关系。

旅游产业取得突破。2016年投资5亿元的同胜文化休闲旅游度假区开工建设；厚村至洲湖旅游公路已完成可研评审，正在进行优化设计；与全球洪门文化基金会签约共同提升打造洲湖洪门文化；2016年先后获评国家AAA级景区1个，AA级景区2个，省AAAA级乡村旅游示范点2个，省AAA级乡村旅游示范点8个；到县景点旅游人数达60余万人次，创历史新高，新建成的潭溪新庄——芦陂乡村旅游景区游人如织，日峰镇被评为全省旅游风情小镇；古城老街、小吃“芋糍”亮相央视；京尚陶瓷奶锅荣获江西旅游产业博览会金奖，黎川灌芯糖被评为首届中国金牌小吃。

电子商务发展迅速。2016年，全县实体电商企业达60家，电子商务交易总额突破10亿元，同比增长38.9%；成功引进广东思埠集团、阿里巴巴农村淘宝和京东商城等电商巨头；电子商务进农村的步伐加快，被评为全市唯一的全国电子商务进农村综合示范县；江西开拓文化公司、东鑫电子商务园被评为省级现代服务业龙头企业。

（过印光）

【黎川县主要领导名录】

县委书记：聂仕雄（5月任）

县人大常委会主任：

黄小明（任至10月）

顾　波（10月任）

县　　长：聂仕雄（任至8月）

江志坚（8—10月代，10月任）

县政协主席：徐小明

南丰县

【概况】 位于江西省东部，辖7镇、5乡、1场，总面积1920平方千米，其中，城区建成面积14.5平方千米（城区绿化覆盖率43.4%），耕地面积1.73万公顷，林地面积9.56万公顷，森林覆盖率76.28%。总人口31.5万人，其中，非农业人口6.2万人，人口自然增长率8.02‰。2016年，全县生产总值115亿元，同比增长8.5%。其中，第一产业增加值32亿元，增长3.7%；第二产业增加值35.2亿元，增长8.5%；第三产业增加值47.8亿元，增长11.9%。一、二、三产业比为27.8∶30.6∶41.6。工业增加值30.39亿元，增长8.7%；规模以上工业总产值90.7亿元，增长7.7%；规模以上工业企业增加值22.5亿元，增长9.3%，占地区生产总值比重19.5%。外贸出口占生产总值8.02%。固定资产投资89.2亿元，增长12.7%。实际利用外商投资2650万美元。主要工业产品有中成药199.5吨、塑料制品20.38万吨、啤酒9680万升、饮料18.81万吨、布1909万米。农业总产值59.1亿元，增长3.5%。粮食总产量22.8万吨。主要农产品有南丰蜜橘120.2万吨、稻谷20.3万吨、蔬菜17.8万吨、西瓜5万吨、生猪（出栏）6.7万头。全县财政总收入11.97亿元，增长2.6%，人均4065元，税收占财政总收入的比重81.8%。地方财政收入8.9亿元，下降8.9%；财政支出21.8亿元，增长11.7%。万元GDP能耗340千克标准煤，二氧化硫排放量1120吨、削减率10.3%，氮氧化物排放量107.52吨、消减率12%，城市污水处理率92%。农民人均可支配收入1.85万元，增加1372元。城乡居民年末储蓄余额60.4亿元，增长13.9%。

主要矿产资源有瓷土、石灰石、铁、银、钨、锰、稀土、钾、黏土、矿泉水、辉绿岩、石英石等。地方特产有南丰蜜橘、南丰腌菜、甲鱼、豆腐皮、泥炉等。主要旅游景区（点）有："国家森林公园"军峰山，"国家湿地公园"仙人湖，"国家非物质文化遗产"南丰傩舞文化村（石邮古傩山庄），"全国农业旅游示范点"罗俚石蜜橘生态园，国家AAA级旅游景区潭湖生态养生岛、观必上乐园、国安风情园，国家AA级旅游景区戈镰石——仙人洞、曾巩纪念馆、南台寺，"省AAAA级乡村旅游示范点"前湖庄园、南湖农庄，"省AAA级乡村旅游点"梦缘山庄、洗马桥庄园、泸溪橘园、青源生态休闲农庄，爱国主义教育基地康都会议旧址、田东苏维埃旧址、醒依公园，琴城镇明清古街（地藏寺、寿昌寺等），洽湾船形古镇，白舍宋元古窑遗址及南丰橘温泉等。

【工业经济】 2016年，南丰县工业经济步入提速增效的快车道，呈现又好又快的发展态势，被省政府授予"全省加快工业发展加速工业崛起先进县"称号。该县集中精力构建以绿色食品、生物医药为主导的绿色工业体系，完成黄金工业园首期规划340公顷、土地平整93.33公顷，园区路网格局基本形成。工业污水处理厂、110千伏变电站建成运营。康缘橘都药业、博尔特电子、电子商务物流产业园等项目建成投产。速丰电子、奥恒达科技、中浦生物科技等新开工项目顺利推进。铭安铝业、伟隆科技、金吉尔实业等7家企业在"新四板"挂牌。累计投入技改资金5.5亿元，吉香林食品、盛业科技、瑞云汽配等企业技术升级改造加快，华夏五千年低醇蜜橘酒、蜜橘蒸馏酒及吉香林蜜橘芝麻糕、蜜橘酥获省级新产品认定，佰仕通电子、橘王药业等企业新增专利135件。服务软环境更优，全面落实"一个项目、一个责任单位、一名领导、一套班子、一个方案、一抓到底"的工作机制，为项目建设提供"保姆式"服务。在推进项目建设过程中，不断完善项目建设绩效考核内容，建立项目建设进度台账。同时，切实加强企业融资服务，分别落实"财园信贷通"、中小企业信用担保贷款2.1亿元、4839万元。规模以上工业企业达58户，工业主营业务收入90亿元，工业纳税2.8亿元，企业用电量突破5600万千瓦时。

【首届网络蜜橘节】 10月24—25日，"把脉南丰电商，共话未来发展"峰会暨首届中国——南丰网络蜜橘节在南丰举行。按照"互联网+"模式，拥抱电商平台，融合新老媒体，与《人民日报》、新华社、央视网、新浪、搜狐、腾讯、凤凰网、阿里巴巴官媒、网商在线等65家传统媒体和新兴媒体合作，以圆桌沙龙、线上线下互动、网红推介等形式，分析研讨县域电商发展趋势，搭建农村O2O体系，让南丰蜜橘产业、专业合作社、种植农户借助互联网提品质、扩品牌、强创业、促增收。

【"畅游南丰·乐享橘都"第三届橘园游活动启动】 11月5日，"畅游南丰·乐享橘都"第三届橘园游活动在南丰火车站站前广场启动。抚州市委常委、宣传部部长傅云，市政府副市长、市工商联主席蔡青，市旅发委主任陈素芳出席启动仪式。南丰县四套班子领导、向莆旅游专列的游客及南丰干群代表共计2000多人参加启动仪式。

南丰县立足资源优势，尤其是借助南丰蜜橘优势品牌和4.67万公顷橘海景观，推出数十个以"橘园游"为亮点的生态农业和休闲旅游示范项目。建成一批"生态观光、文化体验、休闲度假"三位一体的景区景点，不断完善旅游要素配套，推进"智慧旅游"建设，形成春赏花、夏避暑、秋采橘、冬泡泉的"四季游"格局。南丰开放繁荣，四季宜游，通过"橘旅融合"，全力推动"卖橘"向"卖园"转变、橘园向"游园、公园"转变，全面引爆"橘园游"活动，打造观必上乐园、潭湖生态养生岛、南湾农庄、泸溪橘村、国安风情商业街和橘温泉等30多个休闲旅游项目，逐步打响"世界橘都·休闲南丰"旅游品牌，创建全国首个旅游+地方特色文化产业集群，国家AAAA级旅游景区——橘文化旅游产业集聚区，创建省AAAA级乡村旅游示范点3个、省AAA级乡村旅游示范点8个，开设多条自驾游、亲子游、乡村游及橘园采摘体验游等10余条精品休闲游线路，成为首批国家全域旅游示范区创建单位。

【南丰傩舞首次亮相国家大剧院】 11月7日晚，由北京舞蹈学院青年舞团和江西省南丰县石邮村傩班联合主演的非物质文化遗产原创作品《傩·情》在国家大剧院演出。南丰傩舞，俗称"南丰跳傩"，因其动作简朴、刚劲，极具原始舞蹈风格，被誉为"中国古代舞蹈活化石"，深受中外专家学者和游客的喜爱。南丰傩舞首次亮相国家级大舞台，是抚州市继乡音版《临川四梦》晋京展演后的又一桩文化盛事。此次演出的舞蹈作品《傩·情》，由南丰石邮村的10名民间傩舞艺人和北京舞蹈学院师生共同完成。南丰傩舞艺人通过原始动作和敬拜神灵仪式，用最饱满的精神状态呈现出原汁原味的传统傩舞；而北京舞蹈学院的师生则通过舞台化、舞蹈化的再造，用想象力和创造力演绎出富有表现力的傩文化，形成传统与现代的完美结合。为时一个半小时的精彩演出，赢得全场观众的掌声。

【黄晓军获 2016“诺奖之星”】 11 月 22 日，由诺贝尔奖获得者、国内院士、国家有关部委管理专家组成的“诺奖之星”评审委员会经过层层选拔，最终评选出 2016“诺奖之星”，南丰人黄晓军因其在恶性血液病研究领域做出的重大贡献，获此殊荣。

“诺奖之星”由诺贝尔奖得主国际科学交流协会发起，中国诺贝尔奖得主国际医学交流基金支持，由国内外最权威科研机构和权威专家通过严格的考量，主要用于奖励在医学生命科学相关专业领域做出突出贡献、取得显著成果的中青年骨干专家。此次评选一共有 100 多位科学家入闱，经过院士两轮的遴选，最终选出 3 位诺奖之星。受此奖励的个人，将被选送至诺贝尔奖获得者实验室，得到世界顶尖科学家的指导。颁奖仪式上，诺奖得主理查德·罗伯茨为黄晓军颁奖。

黄晓军是土生土长的南丰人，高中在南丰一中就读。他是教育部长江学者特聘教授、国家杰出青年科学基金获得者、国家百千万人才工程“有突出贡献中青年专家”、科技北京百名领军人才、享受国务院特殊津贴专家。他竭力钻研白血病治疗领域，结合临床研究的项目单倍体移植，解决了中国大部分白血病患者的供者问题，为医学界做出了贡献。

【南丰蜜橘“果劲”品牌荣获国际金奖】 11 月，在第十四届中国国际农产品交易会展会暨第十二届昆明国际农业博览会上，南丰县选送的“果劲”南丰蜜橘获中国国际农产品交易会参展农产品金奖。南丰县因地制宜、科学规划南丰蜜橘种植规模，狠抓生产、管理、加工、运输、销售等关键环节，构筑南丰蜜橘质量安全追溯体系。持续实施南丰蜜橘提质、提效“双提工程”，加快改造老橘园，大力推广生态新型栽培，重点实施大枝修剪、高接换种、增施有机肥、病虫害绿色防治四大关键技术，使南丰蜜橘品质不断提升。南丰蜜橘先后获“A 级绿色食品”“中国名牌农产品”“中国驰名商标”；该县先后被评为首批全国绿色食品原料生产基地、全国农产品标准化示范县、首批国家级出口农产品水果类质量安全示范区。

【曾巩传世《局事帖》墨迹卖出 2.07 亿元】 5 月，曾巩传世孤本《局事帖》在中国嘉德“大观夜场”以 1.3 亿元起拍，经多轮竞价，最终以 1.8 亿元落槌，加佣金以 2.07 亿元成交。《局事帖》是迄今发现的唯一一件“唐宋八大家”之一曾巩的传世墨迹，为曾巩 62 岁那年写给同乡故人的一封信，共 124 字，距今已有 936 年，曾被历史上多位名人收藏，并经徐邦达考证著录于《古书画过眼要录：津隋唐五代宋书法》。

曾巩（1019—1083 年），字子固，建昌军南丰（今江西省南丰县）人，是北宋散文家、史学家、政治家。曾巩为政廉洁奉公，勤于政事，关心民生疾苦，与曾肇、曾布、曾纡、曾纮、曾协、曾敦并称“南丰七曾”。曾巩文学成就突出，其文“古雅、平正、冲和”，位列唐宋八大家，世称“南丰先生”。

【率先实施基层互联网慢病管理领航项目】 7 月 13 日，中华预防医学基层互联网慢病管理领航项目南丰启动会在南丰县人民医院举行，标志着该县人民医院成为全国首批、全省首个实施基层互联网慢病管理领航项目的县级医院。会议就全面全程慢病管理对县医院的意义、“领航项目实施与管理要点”以及如何落实“全程全面”慢病管理理念展开系列讨论。基层互联网慢病管理领航项目由中华预防医学会主办，旨在探索“互联网 +”模式下，建立更完善、有效的基层慢病管理体系，提高基层慢病管理能力。项目的实施使县级医院慢病管理的各个环节更加紧密准确地联系在一起，为患者提供有效的跟踪随访和持续管理服务，构建医生和患者院外的交流路径，更好地对慢病患者进行长期指导，让基层患者积极参与到慢病自我管理过程中。同时，该项目的实施，还有助于不同阶段的慢病患者匹配不同医疗资源，实现社会慢病管理体系的资源合理配置，积累大量数据，为科研和健康评估提供有力依据。

【南丰“蜜橘花茶”研制成功】 4 月，由江西山园农业科技开发有限公司历时两年研发的“蜜橘花茶”系列产品取得成功，填补全省无“蜜橘花茶”的空白。“蜜橘花茶”以南丰蜜橘花瓣为原料，因南丰蜜橘花期较短，采集工艺复杂，使得蜜橘花茶尤为珍贵。蜜橘花瓣经过必要的烹干和加工，即可直接用沸水冲泡，芳香四溢、口感纯香，具有清热解毒的功效。

【洽湾村入选中国传统村落】 11 月，南丰县洽湾村被列入第四批中国传统村落名录。该村以船型古镇最具特色，整个古镇建在沧浪河边，区域面积 1 平方千米，呈椭圆形，东西长，两头尖，犹如巨型船舱。洽湾船型古镇人文底蕴深厚，民俗文化丰富，极具观赏、研究价值。古镇现今保存明清古建筑 26 幢，有被誉为“江南第一祠”的胡氏宗祠，有造型奇特的大夫第、少爷府等古民居，也有省级文化保护单位宋代葛氏墓及关帝庙、福主殿等古寺庙，马口古街等。

【南丰县纳入国家重点生态功能区】 10 月，经国务院批准，南丰县被正式纳入国家重点生态功能区。该县高位推动生态文明建设，确立生态立县战略，实施绿色崛起。注重加强生态保护和修复，调控工业化、城镇化发展，提高生态产品供给能力。不断优化产业结构，做精做强蜜橘产业，大力发展绿色食品和休闲旅游业；开展“净空、净水、净土”行动，加强湿地保护，落实“河长制”，深入开展生态创建工作。同时，还把环境保护建设纳入政府公共预算支持范围，优先保证生态环境保护资金需求，设立生态县建设基金，加强城镇环保基础设施建设，推进城乡环境综合整治。

【第六个“中国旅游日”主题活动在南丰启动】 5月19日，抚州市第六个“中国旅游日”主题活动在南丰县正式启动。副市长刘菊娇出席启动仪式，市政府副秘书长杨青主持启动仪式。全市各县（区）政府分管领导及旅游部门负责人，市旅游协会和市旅行社分会负责人，市旅游志愿者代表，南丰县委各部门、县直各单位及该县各乡镇场负责人，新闻媒体记者，休闲骑行爱好者，共计2000多人参加启动仪式。

【全省首家“龟鳖产业协会”在南丰挂牌成立】 4月，江西省首家“龟鳖产业协会”在南丰挂牌成立。来自广东、广西、海南等多地的龟鳖养殖行业协会代表、专家学者以及该县450多名甲鱼养殖户参加揭牌仪式。作为全省首家龟鳖产业协会，“南丰龟鳖产业协会”是一家由龟鳖养殖、科研、流通等领域人员组成的专业行业协会，旨在为广大龟鳖养殖户、养殖企业提供技术、市场和培训等方面的服务。协会成立后，将凝聚会员合力，加强行业规范，提升甲鱼产业风险保障能力，促进龟鳖行业健康可持续发展。至2016年年初，该县甲鱼养殖面积达1200公顷，年产种蛋1.91亿枚；年产优质龟鳖种苗2亿尾以上；建成标准化水产健康养殖示范基地10个、建设面积333公顷，标准化环保型温棚151栋、建设面积10公顷；实现甲鱼产业经济总产值8亿元，成为全国最大、品质最好的种鳖（日本品系）养殖和种蛋供应基地。

【农民专业合作社注册资金首破10亿元大关】 南丰县按照“选好一个项目，确定一个品种，制定一套标准，发展一个龙头，建立一批基地，创立一个名牌，致富一方百姓”的“品牌助农”思路和运作模式，着力建设特色鲜明的优势产业带，推动农产品上规模、进档次、争品牌、创效益，农民专业合作社已成为引领农民致富、闯市场的好帮手。至2016年3月，该县农民专业合作社总数达到806家，其中，国家级优秀社2家、省级5家、市级4家，注册资金突破10亿元大关，达11.06亿元。

（李燕青）

【南丰县主要领导名录】

县委书记：祝宏根（任至7月）
　　　　　吴自胜（7月任）
县人大常委会主任：
　　　　　邓春水（任至10月）
　　　　　段云来（10月任）
县　　长：姚飞翔（任至8月）
　　　　　乐启文（8月代，10月任）
县政协主席：李履才（任至10月）
　　　　　邓　军（10月任）

崇仁县

【概况】 位于江西省中部偏东，辖7镇、8乡，总面积1520平方千米，其中，城区面积13平方千米，耕地面积2.62万公顷，有林面积8.39万公顷。森林覆盖率60.75%，城区绿化率34.8%。总人口38.49万人，其中，城镇人口14.92万人，人口自然增长率7.9‰。2016年，全县生产总值107.05亿元，增长9.2%。其中，第一产业增加值25.57亿元，增长4.4%；第二产业增加值50.11亿元，增长9.2%；第三产业增加值31.38亿元，增长13.1%，一、二、三产业比为23.9 ∶ 46.8 ∶ 29.3。规模以上工业总产值195.47亿元，增长6.3%；规模以上工业增加值43.33亿元，增长9.7 %；外贸出口2.1亿美元，增长10.5 %。实际利用外商投资4000万美元。主要工业产品有互感器5.9万台，变压器1224.8万千伏安，服装937.7万件，铜材0.6万吨，电动手提式工具61.10万台（均为规模以上工业企业的产量）。农业总产值39.32亿元，增长10.6%。粮食总产量31.1万吨。主要农产品有麻鸡饲养7433万只，棉花1410吨，油料17645吨，蔬菜3436吨，烟叶2004吨。财政收入10.8亿元，增长2.6 %；占地区生产总值的比重为10.1 %，其中，税收占财政总收入74.3 %；财政支出24.64亿元，增长12.0 %。城镇居民人均可支配收入2.47万元，增长8.9 %；农民人均可支配收入1.49万元，增长8.4 %。

主要矿产资源有原煤、石灰石、花岗石、钨、瓷土、石莹沙等。主要旅游景点有虎毛山风景旅游区、华山寺、龙济寺、观音岩、相山、相山石塔、汤溪宝塔、乐史墓、老虎港等。地方特产有麻鸡及其产品、蝎王酒、乌鱼块、变压器、互感器、铝合金锭、电动工具、机制纸、原煤等。

【首届中部地区变电产业高峰论坛在崇仁举行】 10月22日，由崇仁县政府主办的2016中国变压器技术发展论坛、首届中部地区变电设备产业高峰论坛在抚州市举行。国家能源局能源节约和科技装备司贺涛，中国电力科学研究院副院长高克利，中国电器工业协会变压器分会会长、沈阳变压器研究院院长刘杰等出席。国家、省、市单位领导以及来自全国各地的变压器技术专家，江西变电设备行业协会成员单位人员共260余人参会。参会人员交流发言，围绕变电设备产业发展进行研讨。该次高峰论坛的召开，将有利于崇仁县变电设备产业开拓创新，不断提升影响力和知名度。

【变电设备产业被定为全国产业集群区域品牌建设试点产业】 4月，崇仁变电设备产业被工信部批准为第三批全国产业集群区域品牌建设试点产业，是获批“国家新型工业化产业示范基地”后的又一国家级殊荣。

变电设备一直是崇仁的“拳头产品”。崇仁县围绕“变电设备五百亿工程”目标，不断壮大变电产业聚集优势，推动县域经济快速发展。积极引导资源、人才、技术、资金等要素，向变电设备产业和核心企业聚集，鼓励和扶持在外能人领头创办企业，同时实行链式招商。到年底，变电产业拥有企业105家，且以年均20%的增速快速壮大。为增强产业发展后劲，引进各类变电技术人才，设立产业发展专项基金，引导企业加强与科研院校合作，出台加快企业自主创新的实施意见。有变电产品达38大系列2000多种规格；拥有7家国家级高新技术企业、6个省级企业技术中心、3个省级工程技术研究中心；有2个中国驰名商标、8个江西省著名商标、98个国家专利产品。产品全省市场占有率达70%以上，全国市场覆盖面居同行第三，并出口至欧洲、非洲、东南亚等国、地区。

【崇仁麻鸡成为国家级农产品地理标志示范创建样板】 7月，崇仁麻鸡获“2016年度国家级农产品地理标志示范创建样板”称号，是全省唯一一个。

麻鸡是崇仁县地方鸡种，蛋肉兼用型，分黄麻与黑麻两类，具有显著的“三高一低”特点，为中国十大名鸡之一，2007年通过国家质检总局“地理标志产品保护”认证，2010年被农业部批准实施农产品地理标志保护。

崇仁县把麻鸡产业作为富民强县的主导产业和打好农业产业化升级战的头号产业狠抓，在政策环境、品牌建设、产业发展等方面综合施策。崇仁麻鸡已形成“大产业”，2016年，全县从事麻鸡产业达3万余人；有规模以上麻鸡加工企业6家，开发的麻鸡系列产品六大系列20多个品种；有麻鸡生产专业合作社22家；全县饲养麻鸡8100万只，出栏7500万只，实现产值18.9亿元，全县农民仅此一项人均增收1200元。

【深圳市崇仁商会成立】 5月8日，深圳市崇仁商会成立大会在深圳召开。崇仁籍在深圳企业家及全国各地商会300余人参会。

深圳崇仁商会的成立，为企业与政府之间、会员企业之间搭建起一个交流沟通的平台，进一步密切崇仁深圳两地经济文化交流与合作，对拓展合作新领域起到独特的促进作用。同时，扩大崇仁籍商企人士的影响力，打造崇仁商企品牌，提升商企价值和企业形象，增强会员的社会责任感和返乡创业热情。商会共有100多个会员单位，30多个理事会员成员单位，涉及房地产开发与装饰、LED产业、高科技芯片产业、金融投资、国际物流、文化教育、汽配维修等行业。成立商会理事会，李水保担任理事会会长，张帆为执行会长，甘万军为名誉会长。

【江西省变电设备行业协会在崇仁成立】 10月21日，江西省变电设备行业协会成立大会在崇仁县举行。中国电器工业协会变压器分会会长、沈阳变压器研究院院长刘杰，江西省社会组织党工委副书记王永，省工信委装备处副处长郭芳，市委常委、副市长董朝武分别讲话；中国电力科学院高压所变压器室主任高飞，县委书记程新飞等有关领导出席。协会成员单位共107家，由来自全省的变电设备公司及上下游配套企业组成，其中，崇仁县变电企业83家。成立协会理事会，中国人民电器集团董事长郑元豹担任会长，江西明正变电设备有限公司董事长孙建辉担任执行会长。

【电影《一树一树紫花开》在全国院线公映】 2月12日，由中共崇仁县委、县人民政府与上海逸亭文化传播有限公司联合摄制的电影《一树一树紫花开》在崇仁县百线影院举行首映仪式，并于同日在全国院线公映。首映仪式上，市委常委、宣传部部长傅云，县委书记程新飞，导演马俊凯分别讲话；市委宣传部常务副部长夏俊，县委副书记、县长周国华，市、县领导和剧组主创人员出席，并一同观看了影片。人民网江西频道、新华网、中国教育报等十多家媒体和众多摄影爱好者进行关注。

电影《一树一树紫花开》编剧为中国国土作家协会会员、崇仁作家方苹；2016年5月21日开机，6月11日影片杀青，时长93分钟；90%取景在崇仁。影片以男主人公吴桐回乡支教的故事为背景，借助写实手法，讲述女主人公李素的成长和蜕变，传达创作者对生命价值观和人生观的思考，折射当代年轻人的事业观、爱情观和人生价值观，充满了正能量。该影片受邀参加在京举行的北京国际电影节，作为剧情片题材入选故事片类别，英语片名《Purple Love》。

【举办首届江西崇仁旅游节】 11月11日上午，“相聚崇仁·揭秘相山”2016江西崇仁旅游节开幕式在相山景区游坊村隆重举行。游客、嘉宾、专家等近千人参加登山寻宝比赛，举办道教祈福法会仪式。

旅游节周期为10月16–11月12日，围绕“相聚崇仁·揭秘相山”主题，崇仁先后举办旅游形象大使选拔赛、旅游节新闻发布会及“最美相山”青年油画家、摄影师采风和青少年教育拓展大赛、民俗文化展演等精彩活动。11月12日晚，2016江西崇仁旅游形象大使总决赛暨颁奖晚会在崇仁精彩上演。旅游形象大使自10月16日开启之后，经过南昌站、抚州站报名、选拔赛，晋级选手参与网络人气票选，产生前20名进入初赛，通过专业技能培训进入最后评选。

此次活动，由政府、企业、媒体的联合推动，宣传崇仁相山景区生态人文休闲旅游文化，把相山打造成抚州市美丽乡村游重要旅游目的地。同时扩大崇仁旅游业与相关各界的交流与合作，凝聚多方力量，共同探讨、合力推进崇仁旅游文化事业发展，将崇仁打造成为“南昌大都市圈抚州休闲片区”。

【源野山庄成为国家AAAA级旅游景区】 12月27日，崇仁源野山庄成功创评为国家AAAA级旅游景区。源野山庄位于抚州、宜黄和崇仁的交叉路口，总面积100公顷，旅游资源丰富，体现崇仁深厚的文化底蕴和独特的自然风光。休闲农业方面，除常规现代农业外，还有传统农业、花卉欣赏、百果园、农耕文化等体验、观赏性项目；生态度假，有传统婚庆与民俗文化，有娱乐性垂钓、品茶、养生项目；综合素质拓展教育是一大特色，拥有生命安全教育等一批项目，可以为在校学生提供多方位拓展式训练。此外，9月30日，源野青少年生态文化教育基地还被江西省生态文明先行示范区建设领导小组授予“江西省生态文明示范基地”。

【相山被命名为省级风景名胜区】 8月，崇仁县相山被命名为省级风景名胜区。相山古称“巴山”，是历史上的道教圣地，位于崇仁县南部相山镇境内，面积35平方千米，主峰高1219.2米，为县内第一高峰，素有赣东名山之称。此山双峰对峙，崖、岩、湖、桥、瀑布一应俱全；香炉峰、梅仙峰、查峰、妙峰、着棋峰、龙石峰等怪石嶙峋，各逞秀姿；山中寺院林立，有新殿、老殿、梦山观、隐真观、土地祠、灵宝殿、广教殿、集仙观、四仙祠等寺观，其中，以建在峰巅的相山道观——四仙祠著称于世，该祠始建于汉建武元年（公元25年），祠内祀祭的仙人，是深受百姓爱戴的梅福、栾巴、邓紫阳和叶法善四位真人。

【江西省变电设备产业博物馆在崇仁开馆】 10月21日上午，江西省变电设备产业博物馆开馆仪式在崇仁县工业园区举行。该县拥有近百家具有比较优势、竞争力强的变电设备企业。为全面提升工业产业集聚度和知名度，全力建设好国家新型工业化产业示范基地，有效推动变电设备产业向集约化标准化发展，2015年8月始，崇仁县筹建江西省变电设备产业博物馆。总投资500余万元，建筑面积5000余平方米，分为变电设备发展历程展示区、变电设备实物展览区及未来展望区三个部分。馆内设计以记载历史、新旧结合、传承文明、独具特色为重点，通过文字、图片、多维影像、实物、数据等形式，记录崇仁变电设备产业半个世纪以来的发展历程，展现崇仁变电设备产业的辉煌成就。博物馆的建成，填补了江西变电产业博物馆的空白。

（杨文才）

【崇仁县主要领导名录】

县委书记：方百春（任至7月）
程新飞（7月任）
县人大常委会主任：龙雪荣
县　　长：程新飞（任至10月）
周国华（10月任）
县政协主席：魏友旗（任至10月）
高自辉（10月任）

乐安县

【概况】 位于江西省中部、抚州市西南部，东邻崇仁、宜黄连宁都，西南接永丰，北毗丰城，西北靠新干，全境南北长85千米，东西宽447.5千米，辖9镇、7乡（含1个农林垦殖场）。总面积2412.59平方千米，有耕地面积23262公顷，林地面积18.48万公顷，森林覆盖率69.7%。年末常住人口36.46万人，其中，乡村人口31.05万人，人口自然增长率为7.66‰。

2016年，全县实现生产总值567166万元，同比增长8.9%。其中，第一产业增加值104359万元，增长4.3%；第二产业增加值206929万元，增长7.4%；第三产业增加值255878万元，增长12.2%，第一、二、三产业比例为18.4∶36.5∶45.1。规模以上工业企业实现产值170554万元。农业总产值188154万元，增长4.2%。主要农产品有粮食281696吨、油料1762吨、烟叶6098吨、茶叶产量26吨，家禽出笼19696百只、肉类总产量10743吨、水产品8830吨。公共预算财政收入52936万元，增长1.3%。财政总收入7.03亿元，增长2.6%；支出230442万元，增长12.5%。全县从业人员年平均工资4.9386万元，增长8.3%。在岗职工年平均工资5.1386万元，增长11.6%。城镇居民可支配收入20672元，增长8.1%；农村居民人均可支配收入7898元，增长11.5%。住户年末储蓄存款926121万元，增长14.6%。

主要矿产资源有花岗岩、萤石矿、钨矿等。地方特产有竹笋、霉豆腐、茶油、蘑菇等。主要旅游景点有：胡耀邦祖籍地湴塘村，全国重点文物保护单位、首批中国历史文化名村、董必武祖籍地“千古第一村”流坑村，全国罕见第一古樟林，山势巍峨、奇峰独秀、素称“江南绝顶三峰”的大华山，气势恢宏兼有庐山瀑布之秀美和黄果树瀑布之雄奇的金竹26处的瀑布群，民族英雄文天祥幼时读书的石桥古寺，著名的明代董裕墓，红军第四次反“围剿”战役旧址——登仙桥，以及毛泽东、周恩来、邓小平旧居等红色、绿色、古色的旅游资源。

【乐安被授予全国残疾人工作先进单位称号】 9月，乐安县残疾人工作委员会荣获国务院授予的“全国残疾人工作先进单位”称号。乐安县以实施嘉道理社区康复项目为契机，围绕“康复一人，造福一家，影响一片，和谐一方”的目标，运用“参与式”和“康复+”全新工作理念，整合社会资源，精心组织，残疾预防、康复训练和康复救助等工作，逐步形成“政府主导、部门配合、社会参与”的残疾人康复工作长效机制。至年底，全县残疾人就业人数达4462人，建档立卡贫困残疾人实现脱贫517人，同比高出20%。公溪镇祝康工艺品厂厂长残疾人刘柱创办企业，安置20多名残疾人进厂就业，并自筹资金，创办全县第一家民办残疾人社区托养机构——公溪镇721社区残疾人托养中心，入选“中国好人榜”。残疾人张乐平创办金竹畲族乡众盛竹笋合作社，安置就业人员90人，其中，残疾人20人，贫困户35人。

【双拥工作实现10个全部到位】 2016年，乐安县在继承发扬双拥优良传统的基础上，以创建全省双拥模范县为动力，创新双拥机制，实现10个全部：一是转业干部全部安置到行政单位；二是城镇退役士兵全部按政策安置；三是随调、随迁的军转干部家属全部安置到位；四是驻军连以上单位全部配有电脑、图书室、室内训练场等科技拥军设施；五是驻县部队子女入学全部享有优惠；六是农村义务兵优待金全部按时按标准兑付；七是重点优抚对象全部纳入农村合作医疗或城镇居民医保；八是军警民共建单位全部被评为县、市级以上文明单位；九是重点优抚对象抚恤补助金全部实行“一卡通”及时发放；十是重点优抚对象全部纳入医疗救助范围，报销住院费用实行“一站式”服务。2016年，乐安县被省委、省政府、省军区命名为全省双拥模范县。

【国税局获国家税务总局表彰】 2016年，乐安县国税局被国家税务总局表彰为先进集体；乐安县国税局秉着“马上就办，办就办好”的工作态度，在组织收入上注重一个“优”字。运用涉及25个单位的网上综合治税信息平台，全年采集涉税信息11万余条，通过第三方信息平台征收建筑业及房地产税收3796万元。累计完成税收收入23.42亿元，增长3.68%；在便民办税上，注重一个“简”字。开展“将成本、有环境、促发展”专项行动，每个班子成员联系2家重点企业，累计带队46次深入企业调研，实行现场办公，帮助企业做大做强；在执行力度上，注重一个“干”字。以“忠诚、责任、敬业、务实、争先”为乐安国税职业操守，与省国税局扶贫工作组一起投入55.6万元，帮助93户296人脱贫致富，完成扶贫项目9个。金税三期、国地税合作高效推进，保质保量完成“营改增”税制转换工作，累计入库四大行业税款4203万元，全县456户营改增纳税人生产经营正常。

【《中国共产党乐安历史》（第一卷）出版发行】 2016年，由乐安县委党史办编纂的《中国共产党乐安历史》（第一卷）由中共党史出版社出版发行。全书共14万余字，记述1921—1949年中国共产党在乐安这片红色土地上开展的各项斗争活动，为乐安县第一部党史著作。全书分为中国共产党的创立至大革命时期的乐安，土地革命时期的中共乐安地方组织，乐安县苏维埃政权的建立和发展，乐安苏区反“围剿”战事，乐安苏区建设，抗日战争中乐安人民为支援抗日而斗争，解放战争中乐安人民迎接解放7章。前设前言，后加附录，收录图片50余幅。

【中国·流坑启动第八届全国网络媒体江西游活动】 5月6日，“乐游·乐安”——第八届全国网络媒体江西游活动在乐安县流坑古村启动。人民网、新华网、中国新闻网、中国网、新浪网、腾讯网等70余家全国各地的主要新闻网络媒体近百名记者走进乐安流坑，感受“千年古邑”深厚独特的民俗文化。此次“乐游．乐安”第八届全国网络媒体江西游走进乐安，活动内容丰富多彩，具有浓郁地方民俗特色。

【中国第一古樟树林获上海大世界基尼斯纪录】 5月6日，在乐安县牛田古樟林举行“规模最大的古樟林——中国第一古樟林”上海大世界吉尼斯纪录颁证仪式。古樟树群位于牛田镇水南村头，主要为香樟，夹杂少许青枫，总计有1万多棵，树龄大多在200～800年之间，其中，500年以上的有3000多棵，800年以上的有1400多棵，树龄最长的一棵围径6米多，树龄超过1000年。

【“千年乡愁·梦圆乐安”首届帐篷音乐节在中国第一樟树林举办】 9月9–11日，乐安首届户外帐篷音乐节在“牛田古樟林”沙滩盛大举行。活动以“千年乡愁·圆梦乐安”为主题，旨在通过绿色户外运动、特色旅游活动，引领健康的生活方式，全面展现乐安旅游的自然风采。活动有登山观江、乌江亲水、沙滩露营、书法名家、摄影作品，亦有篝火晚会、露天电影、河灯传情、音乐狂欢之夜、寻找中国最美千年古樟林、亲子活动、定向比赛等等。

【流坑景区被评为国家AAAA级旅游景区】 流坑古村位于乐安县牛田镇乌江河之畔，先后被列为省历史文化保护区，命名为“中国历史文化名村”，被评为“江西十大特色美景”；流坑村古建筑群还被公布为第五批全国重点文物保护单位。2015年，乐安县提升景区的旅游环境，启动流坑景区申报国家级风景名胜区和创建国家AAAA级旅游景区工作。加大投入，实施陈列馆展板更新、牌匾仿古制作等工程，启动村史陈列馆、流坑明代民居建筑博物馆、流坑农耕民俗博物馆等项目，以展示流坑古村的文化内涵。对景区内外交通标识、游客服务中心等场所按照AAAA级景区标准进行升级改造，启动和实施景区道路、巷道维修、游客服务中心续建、流坑景区旅游公路、龙湖截污治污、湖水净化和周边景观设计、景区自来水厂等一批工程项目。此外，还通过以点带面，激发村民参与旅游产品开发和销售。引导古村村民开发茶馆、竹编、乌江石雕、木雕、流坑“状元红”等旅游产品。2016年2月，江西省旅游景区质量等级评定委员会公告公布，批准乐安县流坑景区为国家AAAA级旅游景区。

（王国庆）

【乐安县主要领导名录】

县委书记：彭银贵
县人大常委会主任：
陈绍平（任至10月）
张乐明（10月任）
县　　长：吴宜文
县政协主席：李以庚

宜黄县

【概况】 位于江西省中部偏东、抚州中南部，辖8镇、4乡、1个工业园区、2个垦殖场，总面积1944.2平方千米。耕地面积1.93万公顷，森林覆盖率76.25%。总人口(公安年报数)23.79万人，人口自然增长率7.57‰。2016年，全县生产总值63.19亿元，同比增长8.8%。其中，第一产业增加值9.21亿元，增长4.3%；第二产业增加值35.11亿元，增长9.0%；第三产业增加值18.86亿元，增长10.6%，一、二、三产业比为14.6∶55.6∶29.9。工业总产值121.47亿元，增长8.3%，规模以上工业企业增加值26.21亿元，增长13.3%，占地区生产总值比重42.78%。主要工业产品有棉纱0.1万吨、有色金属1.4万吨、机制纸及纸板8.4万吨、化学药品原药0.3万吨、塑料2.5万吨。农业总产值15.61亿元，增长7.9%。主要农产品有稻谷15.12万吨、油料1689吨、烟叶3120吨、蔬菜7.95万吨、水果3929吨。固定资产投资73.31亿元，增长13.9%。社会消费品零售总额19.52亿元，增长11.7%。财政总收入9.12亿元，增长2.64%；税收占财政总收入的比重85.43%。公共财政预算收入6.93亿元，下降5.25%；支出19亿元，增长11.8%。城镇居民可支配收入2.31万元，增长8.3%；农村居民可支配收入1.19万元，增长8.3%。住户存款余额47.45亿元，增长10.94%。

主要矿产资源有钨、铁、水晶等。地方主要特产有薯粉丝、豆腐乳、水煮笋、黑木耳、百合粉、白莲、斗米壶水酒等。主要旅游景点有曹山寺、卓望山森林公园、棠阴古镇、谭公休闲山庄、太极岩、山前竹海、黄陂战斗遗址、东陂战役遗址、神岗大雄关战役遗址、军峰山、军峰湖、观音湖等风景区。

【宜黄县获评全国地质灾害防治标准“十有县”】 12月，宜黄县被列入国土资源部公布的2016年全国地质灾害防治高标准“十有县”名单。国土资源部于2014年启动地质灾害防治高标准“十有县”建设工作。宜黄县严格按照国家地质灾害防治高标准“十有县”要求，采取多种措施，不断强化地质灾害群测群防网络和监测预警体系建设等工作，着力推动地质灾害防治工作向高标准、高水平、科学化发展。通过不懈努力，达到地质灾害工作有制度、有机构、有经费、有监测、有预警、有评估、有避让、有宣传、有演练、有效果的“十有县”的建设标准。

【成功申报第二批徐霞客游线标志地名单】 5月18日，第二批徐霞客游线标志地寻找与认证行动现场评审暨相关研讨会在浙江宁海举行。经严格评审，专家组通过6个县市的徐霞客游线标志地，其中，宜黄县的军峰山、芙蓉山（棠阴古镇）、宜黄古城、玉泉山、石巩片区、曹山寺等被认定，宜黄县是此次江西省唯一入围的县。这些标志地都是徐霞客游线上的地标，有可靠资料证明是徐霞客游历考察过的文化或自然遗存点。这对于宜黄县徐霞客游线标志地加盟申世遗，促进标志地自然与文化遗产保护和开发利用，打造“风景宜黄”和推动旅游发展及精准扶贫有着十分重要意义。

【曹洞佛学院成立】 10月，曹洞佛学院经国家宗教事务局批准正式成立。曹洞佛学院是全国第三所、江西省唯一一所独立的尼众佛学院，院址位于宜黄县曹洞宗祖庭——曹山宝积寺。学院礼请中央美院院长王书杰为总指导师，由中央美院从事宗教绘画的教授、老师亲临学院教授书法、篆刻、线描花卉、线描佛像等课程，师资力量雄厚，受到学僧普遍欢迎。曹洞佛学院学制为本科，学期4年，开设专业有禅学、戒律学、佛教艺术、养生养护四类。立足江西，面向全国招生。

【发现渐危种野生植物短萼黄连和中华水韭】 2016年，宜黄县在开展重点保护野生植物资源调查时，先后发现渐危种野生植物短萼黄连和“活化石”中华水韭。短萼黄连属毛茛科黄连属植物，药用价值很高，为国家三级保护植物，零星分布于安徽、浙江、福建等华东南地区，主要生长于海拔600～1600米间的山地沟边林下或山谷阴湿处。由于过度采挖和旅游开发等因素大量破坏其生存环境，短萼黄连的野生资源已极为稀少，处于濒临灭绝的边缘。

中华水韭为中国特有野生植物种类，是经第四纪冰川后残存下来的孑遗植物，因为没有复杂的叶脉组织，在分类上被列为似蕨类（小型蕨），因此它在系统演化上具有很高的研究价值，属极度濒危野生植物种类，无比珍贵。中华水韭是中国第一批公布的50多种一级重点保护野生植物之一。

【打造“四个宜黄”成效显著】 宜黄县提出精心打造“风景宜黄、实力宜黄、创新宜黄、幸福宜黄”的奋斗目标，全县上下干事创业热情迸发。打造“风景宜黄”。该县围绕“大生态、大景区、大旅游”的发展目标，做好全县旅游多规合一的规划，推进曹山宝积寺、石巩寺、谭纶文化公园、默照禅庭樱花谷等重点景区建设，以重点突破带动全域景点开发。成为全省第二个、全市第一个徐霞客游线标志地。同时，做活乡村旅游，东陂镇江背村和南源乡夺中村被列为全国乡村旅游重点村。

打造“实力宜黄”。聘请浙江大学城乡规划设计院专家高标准、高起点规划设计面积达2平方千米的工业特色小镇，内容包括园区电商街、小镇客厅、民俗文化商业街、小镇商务中心、小镇公园、小镇展馆、医院、学校、金融、物流、集贸等配套设施，计划3年把县工业园区打造成产城融合的工业特色小镇。为做强主导产业，进一步打造“全省塑料制品产业基地”，积极引进新型高端塑料项目，提升产业层次，做大做强汽车部件产业及电子信息产业。积极打造新经济、新业态、新模式，培育电子商务产业，建设与淘宝、天猫、杭州聚贸等电商平台合作的园区电商街。2016年，该县已有博卡体育、森虎汽配、一毫密胺、华腾工艺、红妹子等23家企业入驻，实现线上销售近亿元，新增规模以上工业企业11家，总数达96家。

打造“创新宜黄”。全面深化行政审批制度改革，全面推行“三单一网”工作，大力简政放权，修订完善招商引资优惠政策，积极推进“大众创业、万众创新”，深入开展“双返双创”活动，与苏州大学、浙江大学加强产学研合作，倾力打造创新创业高地。为进一步深化体制创新、理念创新、科技创新、服务创新，“互联网+”理念创新干部工作方式、机制、思路，助力干部作风转变。在园区创新设立企业“110”服务平台，设立综合服务、国土、财政、房管等9个服务窗口。

打造“幸福宜黄”。针对民生领域群众反映的困难和问题，该县不断加大财政投入。2016年，民生支出达9.9亿元，占全县财政总支出的56%，解决一批就业、教育、住房、医疗卫生等关系群众切身利益的问题。提升群众的认同感和幸福感。以精准扶贫理念打好脱贫攻坚战，做到扶真贫、真扶贫，设立扶贫网上“爱心超市”，通过党员干部登录平台购买、机关单位食堂订购贫困户农副产品，带动社会各界人士帮助困难群众脱贫致富。积极探索“园区+精准扶贫”模式，结合搬迁扶贫工作，引导贫困户搬迁至工业园安置小区——幸福苑，鼓励和吸纳贫困户到园区企业务工，实现就业脱贫。2016年全县脱贫3436人。

【启动2亿元农田灌溉治理和污染源防治项目】 2016年，宜黄县积极发挥政策导向作用，根据国家“惠民生及精准扶贫”的战略部署，狠抓信贷投入，在信贷支农及精准扶贫方面成效显著。针对东陂、黄陂、二都、凤冈等主要产粮区内的农田基础设施陈旧、老化，陂坝、灌溉渠等农田基础设施损毁缺失，灌排设施不配套，灌溉保证率低，及水体受化肥农药污染致使粮食低产现状，严重影响周边村镇的农业生产和农民收入的实际情况。积极与银行进行营销对接，成功启动并发放2亿元农田灌溉治理和污染源防治项目，该项目区域涉及4个乡镇农业人口7.48万人，耕地面积0.79万公顷，园林地6.58万公顷，农作物年总产量达14.27万吨。项目建成后，不仅宜黄县宜黄水流域周边乡镇的农田将形成完整科学的灌溉体系，同时流域水质将大为改善，完全符合农业水作灌溉用水的水质标准，满足农业生产需要，而且通过涵养水源、保持水土，可调节流域小气候，改善耕作和流域周边生态环境，恢复原有自然生态，对农民脱贫增产增收有极大的帮助。

【首个PPP项目成功交易】 7月5日，G322宜黄黄陂至乐安鳌溪段（宜黄境内）新建公路PPP项目在县公共资源交易中心进行竞争性磋商。经过评委专家一致评定及结果公示，由江西省公路工程有限责任公司成功中标。项目总投资3.42亿元，其中社会资本占99%，政府委托机构出资1%。

【棠阴夏布织造技艺入选省级第五批非物质文化遗产项目】 12月，江西省文化厅公示江西省第五批省级非物质文化遗产代表性项目名录推荐名单，宜黄县棠阴夏布织造技艺项目榜上有名。

棠阴夏布织造技艺是一种民间手工织布技艺，流传于该县棠阴镇，并衍射至宜黄县中港、圳口、神岗、凤冈、南源、梨溪、新丰等乡镇。早在唐代，棠阴夏布就已盛行，至明清时期达到鼎盛。

据县志记载：该县夏布以上等苎麻为原料，经过缉麻、整经、过筘、上浆，然后用木织机织造。夏布品种，按纱号粗细分为400～500筘的麻袋布，600～700筘的粗布，800～900筘的中庄布，1000～1200筘的细布四种。按颜色分有本色布、漂白布、印花布三种。……所产夏布，特别是漂白细布，细嫩光洁，轻薄凉爽，刚柔互渗，吸湿易干，坚韧耐用，曾畅销南昌、九江、上海、武汉、山东、山西等地，并远销朝鲜、日本和东南亚各国，在国内外均享有盛誉。清末，县内夏布最高产量达40万匹左右。《江西近现代地方文献资料汇编》称：“江西夏布之出产，与苎麻同。亦各地有之，而以万载、宜黄及宁都所出者为最著。”“宜黄漂白为江西第一”。民国11年(1922)，细夏布在巴拿马博览会上展出，获优质纪念奖。棠阴镇为该县漂白夏布的最佳场所，又是最大的夏布集散地。

【宜黄县被列入国家重点生态功能区】 9月14日，《国务院关于同意新增部分县（市、区、旗）纳入国家重点生态功能区的批复》，宜黄县等被列入国家重点生态功能区。被纳入国家重点生态功能区，国家、省级有关部门将在财政、投资等方面加大政策支持力度，进一步增加相关预算规模，有利于促进纳入区域经济社会更快更好发展。

（罗来福）

【宜黄县主要领导名录】

县委书记：许中伟（任至7月）
　　　　　姚飞翔（7月任）
县人大常委会主任：
　　　　　万贻茂（任至10月）
　　　　　罗建顺（10月任）
县　　长：叶　峰（10月任）
县政协主席：谢光明

金溪县

【概况】 金溪县位于江西省东部，辖8镇5乡。总面积1358平方千米，其中，县城建成区面积14.8平方千米。有林面积6.61万公顷，森林覆盖率57.2%。总人口320218人，其中，城镇人口75182人。2016年，实现国内生产总值79.1亿元，比2015年增长9%，其中，第一产业实现增加值为12.6亿元，增长4.2%；第二产业实现增加值为35.6亿元，增长9.0%；第三产业完成增加值30.9亿元，增长10.9%，一、二、三产业比为15.9 ：45.1 ：39。主要工业产品：纱31259吨，化纤长丝机织物8196万米，化学试剂6463吨，化学药品原药131.57吨，蚕丝64吨，变压器1300509千伏安，精炼铜（电解铜）46234.5吨，铝材22343吨，大米20557吨。香料香精企业46家，实现主营业务收入80.6亿元。全县农林牧渔业总产值23.3亿元，比2015年增长8.41%。主要农业产品粮食总产37.4万吨，蔬菜及食用菌121109吨、西瓜31771吨、梨34209吨，柑橘57082吨、生猪（出栏）20.2万头。财政总收入10.4亿元，同比增2.7%；支出21.3亿元，同比增长7.9%。万元GDP能耗0.36吨标准煤，二氧化硫排放量462.531吨、削减率1.2%，氮氧化物排放量55.323吨、消减率1.2%，城市污水处理率62.8%。社会消费品零售总额27.1亿元，增长12.1%；城镇居民人均可支配收入25875元，增长8.2%；农村居民人均可支配收入12624元，增长9%。金融机构各项存款余额90.2亿元，增长12.87%。

主要矿产资源有石墨、铜、铅、锌、铁、高岭土、膨润土、建筑用石料、建筑用砂石、砖瓦黏土等。地方特产有藕丝糖、浒湾油面、方河米粉、金橘饼、蚕丝棉被、花炮等。主要旅游景区（点）有后龚红一方面军司令部旧址、金溪战役纪念碑、陆九渊墓、仰山书院、白马峰、翠云山、竹桥古村、东源古村、疏山寺等。

【金溪县获全国无障碍建设示范县称号】 2016年初，金溪县被住建部、中国残联等5部委授予全国无障碍建设示范县。“十二五”期间，金溪县坚持把无障碍环境建设作为一项重要的民生工作来抓，大力推进城市道路、城市公园、特殊设施等一系列硬件的建设和改造，着力为残疾人、老年人和全体社会成员创造一个安全、便利、舒适的社会生活环境。“十二五”期间，金溪县投入1000多万元，新建、扩建人行道48千米，新建盲道26.5千米，新建和改扩建城市广场7个、城市绿地3个、室外公共厕所5个；全县新（改、扩）建的养老机构和老年人服务设施，设置无障碍设施的项目所占比例100%；各类医院、居民小区、加油站等公共建筑都建有无障碍设施设置，完好率达100%。

【金溪获评全国双拥模范县】 7月29日，在全国双拥模范城（县）命名暨双拥模范单位和个人表彰大会上，金溪县被全国双拥工作领导小组、民政部、中央军委政治工作部命名为“全国双拥模范城（县）”，这是金溪县第二次获得该项殊荣。金溪县本着围绕发展抓双拥、抓好双拥促发展的原则，坚持把国防教育和双拥宣传作为提高双拥工作水平的基础性工作，通过不断拓宽宣传教育渠道，丰富活动内容，不断推动全县双拥工作向更高层次、更高质量跨越。

【八旬老人交2万元“特殊党费”】 “七一”前夕，金溪县退休老党员余元发把平时省吃俭用积累下来的2万元作为“特殊党费”，交到县委组织部。余元发，83岁，党龄56年，参加过抗美援朝，因立下战功受到嘉奖。老人始终牢记自己是共产党员，退休后，坚定理想信念、加强党性修养、严守党纪法规。他拿出1万多元用于本单位退休党支部开展活动。余元发还是远近闻名的“多管闲事”者，群众有困难找他，他尽力帮忙；邻里有矛盾纠纷找他，他出面调解。在力所能及的情况下，余元发坚持为居住的小区义务搞清洁。

【金溪县获评全国基层中医药工作先进单位】 2016年年初，金溪县被评为“全国基层中医药工作先进单位”。为加强中医药工作支持力度，该县先后出台《金溪县全国基层中医药工作先进单位复评工作实施方案》《金溪县“十二五”卫生事业发展规划》和《金溪县2013—2017年中医药事业发展规划》等一系列政策性文件，加快全县中医药基础设施建设、服务能力建设、中医网络建设和人才培养步伐。通过政策支持、资金扶持、完善人才培养、技术创新等多种方式的强力推动，中医药工作迈上新台阶。

【徐坊获评全国综合减灾示范社区】 12月7日，金溪县秀谷镇徐坊社区被国家减灾委员会、民政部评为“全国综合减灾示范社区”。该社区紧邻济广高速和206国道，交通便利，有原生态山林40公顷。社区以构建“和谐平安村”为目标，不断加强防灾减灾知识宣传教育、建立完善减灾救灾应急机制、定期开展防灾演练，提高灾害应急管理的水平和社区居民避灾自救的能力。

【15个古村入选中国传统村落名录】 12月9日，住建部、文化部、国家文物局、国家旅游局等七部门联合公布第四批中国传统村落名录，金溪县有15个古村入选：浒湾镇浒湾村、黄坊村，合市镇霞澌龚家村、大耿村、游垫村、戌源村、乌墩塘村，左坊镇后车村，对桥镇旸田村，陆坊乡下李村，陈坊积乡岐山村，琉璃乡谢坊村、蒲塘村、北坑村，石门乡石门村。这些村落历史悠久、文化底蕴深厚、有独特的民风民俗。金溪县一直高度重视传统村落保护，村民们自觉守护传统村落。11月22日，合市镇游垫村文保员胡庆华获评国家文物局和中国文物保护基金会颁布的“传统村落守护者杰出人物”。

【“党建＋现代农业”助力脱贫攻坚】 金溪县积极探索“党建＋现代农业”模式，采取单建、合建、联建方式，在浒湾镇下陈村蔬菜专业合作社、陆坊乡桥上村青田土地股份合作社、秀谷镇陶家村水产养殖协会等各类农村新型经营主体中组建产业党组织。产业党组织注重从返乡青年、大学生村干部、退伍军人中选拔带头人，孵化培养党员队伍，全面推广“党组织＋合作社（协会）＋基地＋农户”模式，通过组织牵动、制度推动、技术拉动、效益促动等多项举措，将党组织融入现代农业产业链和各类农村新型经营主体之中，使基层党组织成为带领群众脱贫致富的中坚力量，实现党建与富民的“双赢”。截至年底，全县各乡镇组建产业党总支11个、党支部49个，有党员2237人；建立农村党员创业示范基地61个，培育农村党员创业致富示范户196户，辐射带动周边1243户4312人实现致富增收。

【文化旅游产业呈现逆势上扬态势】 2016年，金溪文化旅游行产业蓄势待发，好事连连。成功承办数字遗产中国行金溪站、纪念汤显祖逝世400周年竹桥站等大型文化宣传活动，央视《国宝档案》专题播报该县古村落，湖南卫视品牌综艺节目在该县选址拍摄；15个古村入选第四批中国传统村落名录，总数量达21个，位居全省第二；水门巷、王家巷被认定为全省第二批14个省级历史文化街区；“手摇狮”走出国门在英国参加抚州文化活动周展演。乔治山庄二期、疏口古村整体保护开发等项目正式启动，香谷小镇一期、后龚红一方面军司令部旧址维修、竹桥古村提升工程等项目获得广泛好评，浒湾镇被列为江西省60个重点特色小镇，竹桥古村获评“中国100个最美古村落”，秀谷镇徐坊村获批国家AAA级景区，并获得“全国美丽宜居村庄示范点”称号，浒湾湾彭、洛城等生态文明示范村已成为新兴乡村休闲旅游点。

【新“十条”助推香精香料产业发展】 12月中旬，金溪县委、县政府出台《关于加快香精香料产业转型升级的意见》，明确打造“华夏香都”、发展香精香料产业十条优惠政策。为进一步推进香精香料产业升级发展，推动企业创特色、树品牌，该县在设立香精香料产业发展引导资金、支持平台建设、基地建设、科技创新和研发、人才战略、提高出口补贴、环保安全、精准招商、加强协会协调和鼓励现有企业做大做强等十个方面突出香料香精主导产业地位，做大做强产业链条，加速产业集聚，助推金溪香料香精产业发展，致力打造全球具有影响力的“世界香都”，使金溪成为全国最大的天然香料原料集散地、全国最大的天然香料生产基地，争创国家级特色产业示范园区。

【农村综合改革好戏连台】 2016年，金溪县认真落实省市改革试点工作，扎实推进农村综合改革，农村土地确权登记颁证工作取得“首批整村颁证、首家县级农村综合产权交易平台、首笔农村土地承包经营权抵押贷款”三个全省“第一”；林权流转改革试点工作、小型水利工程管理体制改革两项省级试点改革成效显著；乡镇财政管理体制改革、乡镇便民服务中心、农村“两权”抵押贷款等社会领域改革试点工作，均得到省、市充分肯定。获批“美丽乡村建设标准化试点县”项目，成为全市首个国家级农村综合改革标准化试点县区。在全市全面深化改革年度考核中，该县获得满分。

【金溪获评全省“专利工作进步十强县”】 2016年，金溪县知识产权工作以推进特色型知识产权强省建设为契机，深入实施知识产权战略，科技创新发展取得长足进步，科技进步水平由全市落后跃升全市前列，被评为2016年度全省“专利工作进步十强县”。近来，为加强创新研发和专利申请工作支持力度，该县先后出台《关于大力推进企业科技创新的实施意见》及《关于加快香料香精产业转型升级的意见》等政策措施，设立400万元科技研发专项资金，用于企业新产品、专利、科技项目的奖励和补助，大力实施以数量布局、以质量占优、以服务支撑的思路，积极鼓励园区企业开展专利申请，有效地推动企业创新升级发展。通过政策支持、资金扶持、技术服务以及重点企业带动等多种方式的强力推动，2016年，专利申请量达241件，授权量156件，同比分别增长193.9%、280.5%，跨入全市先进行列，取得比较明显的进步。

【“外媒看江西”采风团走进竹桥古村】 11月30日，中国历史文化名村、中国传统村落、中国最美古村落——双塘镇竹桥古村迎来“2016外媒看江西”采风团。采访团由拉丁美洲通讯社、墨西哥电视台、葡萄牙卢萨通讯社、美通社、韩国中央日报、韩国首尔新闻，以及人民日报海外版、中央电视台、中国国际广播电台、环球时报、人民网等媒体的40余名记者组成。竹桥古村走出“深闺”，向全世界展示它的娇容。为保护、传承和弘扬优秀古色文化，加快古色文化旅游资源开发步伐，金溪将乡村记忆、民俗文化、民间传说、特色产业等乡土元素巧妙地融入美丽乡村建设之中，最大限度地保护古风古韵，让村村都有村民认同的不可复制的文化标志，吸引大批游客前去科考、怀旧、游览。

（李山冕　曾　铭）

【金溪县主要领导名录】
县委书记：王成兵（11月任抚州市副市长，兼县委书记）
县人大常委会主任：
肖　奇（任至10月）
王树标（10月任）
县　　长：高连珠（7月提名县长候选人，10月任）
县政协主席：黄祖光（任至10月）
刘文波（10月任）

资溪县

【概况】 位于江西省东部，辖5镇、2乡、5场，总面积1251平方千米，其中，城区建成面积15平方千米。耕地面积0.63万公顷，有林面积10.19万公顷，森林覆盖率87.3%。总人口11.72万人，其中，非农业人口2.83万人，人口自然增长率7.46‰。2016年，地区生产总值33.95亿元，同比增长8.6%。其中，第一产业增加值3.77亿元，增长3.8%；第二产业增加值14.68亿元，增长7.6%；第三产业增加值15.5亿元，增长10.9%。一、二、三产业比为11.10 ∶ 43.25 ∶ 45.65。工业总产值11.07亿元，增长7.8%。规模以上工业企业增加值3.3亿元，占地区生产总值比重9.72%。主要工业产品有竹地板、细木工艺板、鞋帽、电子等。农业总产值6.74亿元，增长3.71%。粮食总产量3.51万吨。主要农产品有烟叶产量928吨、白茶产量70吨、水果产量368吨、西瓜产量1439吨、生猪（出栏）3.64万头、家禽（出栏）11.8万只。固定资产投资21.29亿元。财政总收入5亿元，税收占财政总收入比重86.6%。公共财政预算收入3.19亿元；财政总支出10.39亿元，下降1.43%。城镇居民人均可支配收入2.21万元，增长8.1%；农村居民人均可支配收入1.16万元，增长8.2%。

主要矿产资源有铜、铁、磁铁、铀、钨、花岗石、萤石、瓷土、稀土等。地方特产有面包、白茶、香菇、木耳、玉兰片、竹荪、鳗鱼、蕨菜、草莓等。主要旅游景区（点）有大觉山旅游区、马头山原始林区、尚莲清凉山庄、狮子山度假村、新月畲族村风情旅游、方家山龙潭瀑布群、北宋大思想家李觏故里、泰伯公园、泰伯楼、中央苏区纪念馆、田园书院和百越文化村等，其中，马头山林区为国家级自然保护区，清凉山为国家森林公园，大觉山景区为国家AAAA级旅游景区。

【资光高速公路资溪段竣工通车】 2016年年底，资（溪）光（泽）高速公路资溪段建成通车。该高速公路于2013年10月动工建设，全长38.58千米，总投资27.01亿元。全线按双向四车道高速公路标准建设，设计速度80千米/小时，主线路基宽24.5米。资溪高速是江西省高速公路网中的一条地方加密高速，起于资溪县鹤城镇花山界与福建省光泽县古城镇铁关村交界处，途经资溪县鹤城镇、高阜林场、高阜镇、嵩市镇、高田乡，终于鹰潭至瑞金高速公路，与金溪至抚州、抚州至吉安两条地方加密高速公路共同组成江西省S46高速交通干线，贯穿江西中部东西向，直通海峡西岸经济区，连接江西境内的济广、福银、大广“三纵”国家高速公路，把福建邵光高速、济广高速、抚吉高速连成一个整体，开辟出江西与海西经济区一条快速通道，对于促进沿线经济发展具有重大意义。

【资溪县被列为首批国家全域旅游示范区创建单位】 3月，资溪县被国家旅游局列为首批国家全域旅游示范区创建单位，标志着该县旅游将由“景区旅游”向“全域旅游”发展模式转变，最终实现旅游业全域共建、全域共融、全域共享的发展模式。围绕创建全国生态旅游胜地的目标，树立“全景资溪、全域旅游”发展理念，邀请国内旅游规划界知名团队进一步完善细化《资溪县生态旅游发展总体规划》，围绕“三线十景”，因山亮景、借水造势，融入鄱阳湖生态旅游示范区，成为赣北“五彩精华”旅游圈中的靓点；与三清山、龙虎山、武夷山、大金湖等著名风景名胜连为一体，全力塑造“纯净资溪”旅游品牌。全县拥有国家AAAA级景区1个、AAA级景区3个，省级AAA以上乡村旅游点达12个，发展乡村农家乐100余家。全年接待国内外游客300余万人次。

【资溪县获评全国计划生育优质服务先进单位】 12月，资溪县被国家卫计委评为2014—2016年全国计划生育优质服务先进单位。2014年以后，资溪县在计划生育优质服务创建活动中，围绕“创新”两字做文章，加强服务体系建设，提高服务质量，以群众满意为出发点和落脚点，构建依法行政、优质服务、科学管理、群众满意的人口计生工作新格局。创新利益导向机制，加大对计划生育家庭扶助力度，建立民政救助与计生帮扶联动机制，落实计划生育奖扶与公共卫生服务的共享服务，深入开展关爱女孩行动；创新管理服务，成立流动人口办公室，实行流入人口与常住户籍人口同管理、同服务。创新宣传教育载体，大力开展婚育新风进万家、婚育文化“三百工程”。创新健康教育平台，开设青春健康教育俱乐部。

【举办大觉山半程马拉松赛】 12月11日，2016乐跑中国·大觉山半程马拉松赛在资溪县大觉山景区开幕，来自国内外3000余名马拉松爱好者参赛。此次大觉山半程马拉松赛属于中国田协注册赛事，由资溪县政府主办，分为半程马拉松和5千米迷你马拉松，完赛的跑友可直通2017年年初的泰国清迈国际旅游马拉松。赛道沿大觉山景区公路而行，纵贯资溪新老城区。山东济宁的马正通和江西金溪的桂飞云分别夺得本届半程马拉松赛男女冠军。

【乌石镇新月村入选中国少数民族特色村寨】 10月，资溪县乌石镇新月村被国家民委命名为第二批中国少数民族特色村寨。乌石镇新月畲族村是资溪县唯一的少数民族村。该村通过发展苗木产业成为富裕村，先后被评为全国绿色小康村、全国文明村镇等多项荣誉称号。8月31日—9月1日，该村举办第二届资溪畲乡文化节，2000余名省内外游客、摄影爱好者和民俗文化爱好者前去感受独特的民俗文化与畲族风情。新月村被命名为少数民族特色村寨，将进一步扩大该县少数民族特色村寨品牌的影响力和辐射力，对村寨保护与发展起到重要的示范推动作用。

【《中国共产党资溪历史》第一卷（1926—1949）出版】 6月，《中国共产党资溪历史》第一卷（1926—1949）由中共党史出版社出版发行。全书分4章，前设概述，后缀附录，共16万字，图片60余张。该书全面、系统、科学、准确地辑录大革命时期、党组织初创和土地革命战争时期、抗日战争时期及解放战争时期资溪党组织创建和发展的历史资料。该书的编纂出版，填补资溪县党史正本的空白，丰富了党史征编研成果，资政育人，凝聚正能量，为资溪全县党员干部和群众提供一座紧接地气、集聚人气的精神宝库，也为开展青少年爱国主义和革命传统教育提供良好的乡土教材。

【主办抚州市首届旅游商品博览会】 11月29日，抚州市首届旅游商品博览会开幕式在资溪县大觉山景区广场举行。市委书记肖毅出席并授旗；市委副书记、市长张鸿星致辞，市领导魏建锋、谭小平、傅云、江玉兰、刘菊娇等出席；副市长徐国义主持开幕式。开幕式上举行了猴狮舞表演、抚州旅游歌曲《幸福梦乡》演唱和抚州优秀旅游商品展示秀。旅博会展会面积2000余平方米，市本级和全市各县（区）及南昌、鹰潭等地市、两家外省企业设置的21个参展区，展示了各地的风土人情、美食特色和秀丽风光。其中，极具抚州特色的各类旅游纪念品、旅游工艺品、地方名吃、名优特产等共计千余个品种参展，尤其是资溪面包、金溪藕丝糖、黎川灌芯糖、东乡神蛋等地方小吃受到游客青睐。此次旅博会充分展示抚州旅游商品的特色，并借此打造抚州旅游商品的品牌，让抚州旅游商品走出抚州、面向全省、享誉全国。

【举办资溪面包·白茶文化节】 3月26日，资溪县在嵩市镇逸沁茶园举行以“纯净资溪、文化之旅”为主题的资溪面包·白茶文化节开幕式。文化节旨在展示资溪丰富的生态资源和多彩的文化特色，进一步提升资溪面包和资溪白茶知名度，树立“纯净资溪”整体品牌形象，推动旅游产业与各大产业深度融合，率先实现绿色崛起。活动期间，举办首届江西省焙烤技能大赛、资溪面包论坛峰会、千人集体生日 Party 等活动。3月8—4月30日，又举办第二届“资溪白茶”踏青采茶节，包括首届资溪“白茶仙子”评选、“茶王”擂台赛以及白茶高峰论坛等系列活动，评选出资溪白茶“茶王”，并现场进行“茶王”竞拍。来自南昌的文莉夺得“白茶仙子”称号，成为资溪白茶的代言人。

（帅建忠　谢金凤）

【资溪县主要领导名录】

县委书记：徐国义（任至8月）
　　　　　吴建华（8月任）
县人大常委会主任：
　　　　　李莉华（任至10月）
　　　　　王　锋（10月任）
县　　长：吴建华（任至8月）
　　　　　黄智迅（8月任）
县政协主席：万　鸣

广昌县

【概况】 位于江西省东部，辖5镇、6乡、1场，总面积1603平方千米，其中，城区建成面积8.8平方千米，耕地面积1.48万公顷，有林面积9.99万公顷，森林覆盖率66.7%。总人口25.11万人，其中，城镇人口10.88万人，乡村人口14.23万人，人口自然增长率5.39‰。2016年，全县生产总值57.63亿元，同比增长8.7%，其中，第一产业增加值10.13亿元，增长4.5%；第二产业增加值24.99亿元，增长9.0%；第三产业增加值22.51亿元，增长10.2%，一、二、三产业比为17.6 ∶ 43.4 ∶ 39。规模以上工业企业增加值18.86亿元，增长9.8%，占全县生产总值比重32.7%。主要工业产品有纺织服装4741万件、食品加工9285.7吨、汽车配件610万件、发电量1.05亿千瓦时。农业总产值18.14亿元，增长4.3 %。主要农产品有稻谷、通芯白莲、烟叶。粮食总产量10.77万吨、通芯白莲总产量0.47万吨、烟叶总产量5.46万担、生猪（出栏）6.52万头。固定资产投资57.09亿元，增长14.1%。财政总收入8.43亿元，增长2.6%，税收占财政总收入的比重85.99%。公共财政预算收入5.95亿元，减少7.66%；财政支出19.14亿元，增长11.78%。万元GDP能耗259千克标准煤，下降2.33%；二氧化硫排放总量1450吨，下降2%；氮氧化物排放量98吨，下降57%；城市污水集中处理率81.33%。农村居民人均可支配收入8304元，增加874元，增长11.76%；城镇居民人均可支配收入2.25万元，增长8%。

主要矿产资源有高岭土、稀土、硅藻土、瓷土、萤石、长石、石英及金属钨、铜等，其中，硅藻土储量2700万吨，是全国四大矿点之一；瓷土蕴藏量达2～3亿吨，其质量可与景德镇南港、三宝莲媲美。地方特产有通芯白莲、晒烟、烤烟、泽泻、香菇、茶树菇、茶油等。主要旅游景点有百里莲花带、青龙湖、摩崖石刻、抚（河）源飞瀑、恐龙化石、千年古刹定心寺、明代古寺龙凤岩、驿前明清建筑群、宋代雁塔、义军抗清营寨、莲花科技博览园、毛泽东故居、《减字木兰花·广昌路上》雕塑公园、广昌战斗指挥部旧址、红军高虎脑阻击战遗址等。

【广昌县获评国家级电子商务进农村综合示范县】 6月4日，广昌县获评全国电子商务进农村综合示范县，为江西的7个全国示范县之一。广昌县紧抓“互联网+”发展机遇，加大政策扶持力度，着力推进电商产业迅速发展，先后出台《关于加快广昌县电子商务产业发展的实施意见》《关于加快推进服务业发展的实施意见》《广昌县促进电子商务产业发展扶持办法》等政策，启动电商产业园建设，并由县财政每年安排100万元电子商务发展基金用于扶持电商企业做大做强。同时，成立广昌县电商协会，开展电商人员培训，至2016年，累计培训5000余人次；在全县建立15家“农村e邮”电商服务站，积极探索O2O模式，整合“万村千乡市场工程”、电子商务服务中心、聚超网广昌县域网等资源，为农村电子商务提供良好的公共服务平台；依托广昌白莲、茶薪菇、油茶、泽泻等农业产业优势，引导农民通过“互联网+”平台不断拓宽农产品市场销售渠道。2016年，广昌县有电商个体户和电商企业450多家，从业人员4000多人，电子商务交易额逾8.52亿元。

【黄阳云家庭获第一届全国文明家庭称号】 12月12日，第一届全国文明家庭评选表彰活动在北京举行，广昌县黄阳云家庭获“第一届全国文明家庭”称号。

黄阳云是上堡村村委会主任，被誉为村民的“跑腿员”，随叫随到帮民解困；家庭成员5人，妻子吴淑梅是乡村医生，20多年如一日，为山区群众治病除疾。他们夫妻相亲相敬相爱，家庭幸福和谐美满。吴淑梅25年来，一年到头几乎没有休息日，黄阳云就主动担负起家庭责任，精心照顾体弱多病的岳父。夫妻俩不但互爱敬业，还重视对子女的思想教育，引导子女勤奋好学，乐施助人，3个子女均以优异成绩大学毕业并在各自岗位建功立业。

【“重走长征路·共铸中国心”启动仪式在广昌举行】 7月7日，为纪念红军长征胜利80周年和推动对口支援广昌振兴工作，由中央统战部、国家卫计委、国务院侨办指导，中国红十字基金会、“同心·共铸中国心”组委会举办的“重走长征路·共铸中国心”走进广昌活动启动仪式在广昌县举行。江西省委统战部副部长高鹰群、“同心·共铸中国心”组委会江西省副秘书长史帅伟以及116名来自北京、南京、武汉、西安等国内一线城市的医疗专家及志愿者参加启动仪式。“同心·共铸中国心”组委会向广昌县赠送价值100万元的药品和医疗设备；全体“共铸中国心”专家志愿者进行宣誓，专家志愿者分成“红一连”至“红五连”等5个连队，分赴广昌县人民医院及甘竹、头陂、尖峰等8个乡村卫生院或五保户家中开展义诊巡诊、捐赠药品、讲座培训和走访慰问等公益活动，共义诊服务4000多人次，走访慰问五保户39户。

【央视等多家媒体赴广昌拍摄纪念长征胜利80周年专题片】 2016年，为纪念中国工农红军长征胜利80周年，中央电视台、江西电视台、黄石电视台等多家媒体，先后10余次前往广昌县拍摄专题片。中宣部、国家新闻出版广电总局、中央军委政治工作部联合指导，中央电视台科教频道摄制的8集大型文献纪录片《长征》，于10月13日起在央视综合频道开播，随后在央视科教频道等多个频道和全国卫视相继播出；中共中央党史研究室、北京前锋视线国际文化传媒有限公司联合拍摄的8集历史纪录片《永远的长征》，于10月22日（红军长征胜利80周年纪念日），在中央电视台综合频道（CCTV－1）开播。中央电视台委托中央新闻纪录电影制片厂（集团）制作的《为了胜利的彼岸》，首站在广昌开机拍摄，于10月在中央电视台中文国际频道开播；中央电视台《焦点访谈》栏目摄制组拍摄纪念长征胜利80周年系列节目共12集，于9月底在央视新闻频道开播；中央电视台军事频道8集大型文献纪录片《震撼世界的长征》，于10月17日始在中央电视台、湖南卫视、湖北卫视、北京纪实卫视、金鹰纪实卫视及多个网络平台播出；中央电视台社会与法频道6集纪录片《长征谍报战》，于10月16日在中央电视台社会与法频道《见证》栏目开播；北京电视台60集大型系列报道《寻踪长征路》，于9月26日始在北京卫视和BTV新闻频道多档节目中连续播出；江西广播电视台摄制纪念长征胜利专题片在江西卫视播出；湖北省黄石电视台纪录片《丰碑·长征路上》于10月在黄石电视台播出。此外，还有众多的平面媒体、文艺创作者到广昌县进行纪念长征胜利方面的专题采访采风。

【首个原生态有机稻种植基地增收致富】 2016年，广昌县头陂镇亿豪粮食专业合作社利用当地优越的自然生态环境，引进种植全县首个原生态有机稻基地24公顷，严格按照有机水稻生产标准，在生产过程中不打农药、不施除草剂、不施化肥，使用山泉水灌溉，以绿肥、菜枯作肥料，采用“稻鸭共生”模式、配以灯光杀虫、人工除草等农业综合防治技术，生产出的有机稻米绿色安全健康，深受消费者青睐。年内，基地种植的有机稻亩产达到250～300千克，每千克市场价可达20多元，比普通稻米价格高出5～6倍，产值近200万元，实现增产增效，并带动当地近百名贫困村民在家门口增收致富。

【姚西景区创“世界最大莲池”吉尼斯世界纪录】 7月9日，“世界上最大莲池”吉尼斯纪录挑战活动在广昌驿前镇姚西景区举行。姚西景区测区总面积为114.73公顷，其中，莲池1.08平方千米，灌溉水渠5.15公顷，农村机耕道1.25公顷，各项指标符合挑战要求。在经过一系列的认证流程后，吉尼斯世界纪录大中华区官方认证官Maggie Lou女士代表吉尼斯世界纪录当场宣布：2016年7月9日，中国江西广昌创下新的吉尼斯世界纪录——最大的莲池面积为1.08平方千米，

【“2015泰豪杯‘同心共建·生态广昌’摄影展”在广昌县举办】 6月23日，由江西省委统战部、江西省文联以及民革江西省委会、民盟江西省委会、民建江西省委会等13家单位共同举办的“2015泰豪杯‘同心共建·生态广昌’摄影展”在广昌县莲花广场举办。该摄影展共收集到来自全省各地、社会各界近千幅作品，省摄影家协会组织专家评委从中筛选出200幅精美作品入围，内容涵盖领导关怀、扶贫新貌、慈善公益、山水生态、民俗文化等多个方面，全面展现国家、省、市各级领导不辞辛劳的深入广昌县调研慰问，各民主党派的倾情帮扶，莲乡大地发生的翻天覆地变化，广昌县城乡生活环境的改善和提升等内容出来，充分反映“同心·振兴赣南等原中央苏区广昌示范区”创建工作的阶段性成果。

【广昌旅游扶贫由“输血”变“造血”】 广昌县把农村扶贫工作与旅游产业发展巧妙结合，在旅游景区建设中，既按景区级格要求规划、建设和完善各种服务设施，满足景区发展的功能需求，同时，将其与加快农村基本公共服务的各项基础设施建设和提升村民的生活质量结合。姚西村在2012年入选中国“最美乡村（小镇）”百佳，2013年入选江西省AAAA级乡村旅游点，2014年入选“江西省休闲旅游秀美村庄”并成为国家AAA级旅游景区。通过扶持重点农家乐，引导当地农家餐饮及乡村民宿的标准化发展，保证乡村旅游发展朝着规范化、优质化而又不失乡村味道的方向发展。至2016年，姚西村中已有农家乐20多个。利用苏区振兴战略产业扶持的导向，把发展休闲农业与乡村旅游相结合，促进农民就业和增收，推行“公司＋合作社＋

基地+农户”等生产经营模式，引导鼓励当地群众将大棚蔬菜规模种植以及葡萄、草莓、火龙果等特色农产品种植与当地旅游资源开发相结合。投资1.2亿元建设青龙生态园，与青龙湖景点相结合，带动周边30余户贫困户就业增收，被评为省级休闲农业示范点。至2016年，该县各类休闲农业经营主体已超过30家，年接待游客30余万人次，实现营业收入上亿元，带动1000多户贫困户就业增收。

【广昌县被纳入国家重点生态功能区】 9月14日，下发《国务院关于同意新增部分县（市、区、旗）纳入国家重点生态功能区的批复》，广昌县被纳入国家重点生态功能区。入选的国家重点生态功能区在有望得到国家政策支持的同时，国家发展改革委员会也将会同有关部门对功能区的保护和建设情况开展定期监督检查，建立相应激励和惩戒机制，使此项工作制度化和规范化。广昌的入选，标志着该县对生态环境多年来的保护取得良好成效。

（钟立新 谢衔生 邱志强）

【广昌县主要领导名录】

县委书记：许爱军

县人大常委会主任：

符忠林（任至10月）

李广文（10月任）

县长：欧阳巧文

县政协主席：揭秉华

东乡县

【概况】 位于江西省东部，辖17个乡镇（场）和1个省级经济开发区，总面积1270平方千米，其中，建成区面积20.6平方千米（城区绿地率30.39%）。耕地面积5.02万公顷，林地面积5.13万公顷，森林覆盖率45.7%。总人口48.76万人，其中，非农业人口17.40万人，人口自然增长率7.36‰。2016年，全县生产总值145.49亿元，同比增长9.1%，其中，第一产业增加值21.73亿元，增长4.4%；第二产业增加值85.52亿元，增长9.2%；第三产业增加值38.24亿元，增长11.5%，一、二、三产业比为14.9 ∶ 58.8 ∶ 26.3。规模以上工业总产值237.43亿元，增长9.1%；工业增加值54.88亿元，增长9.4%，占地区生产总值比重37.71%。主要工业产品有大米、化学肥料和农药、瓷质砖、纱、蚕丝及交织机织物、铜材、饲料等。农业总产值40.21亿元，增长7.64%。主要农产品有稻谷、生猪、油料、甘蔗、水果等。粮食总产量32.31万吨，增长1.09%；全年生猪（出栏）114.66万头，减少2.21%，生猪存栏74.86万头。固定资产投资206.36亿元，增长13.9%。财政总收入22.65亿元，增长2.64%，税收占财政总收入的比重82.34%。地方财政收入16.13亿元，增长0.18%；财政总支出35.48亿元，增长6.08%。万元GDP能耗0.083吨标准煤，二氧化硫排放总量218吨、削减率9.08%，氮氧化物削减22.41吨、消减率1.57%，城市污水处理率70%。农民人均纯收入1.45万元，增长8.6%。城乡居民年末储蓄余额112.14亿元，增长13%。

主要矿产资源有铜、铁、铅、锌、金、煤、瓷土等。主要旅游景点有黎圩上池村王安石故里、黎圩省级历史文化名村浯溪、“龙山师水”石刻、“雄岚峰”古观、“金峰”虎岩泉、舒同博物馆，佛岭“吉和塔”、西隐禅寺、佛岭国际书法公园，珀干弄里艾家红军烈士墓以及烈士纪念塔等。

【东乡撤县设区】 11月24日，《国务院关于同意江西省调整抚州市部分行政区划的批复》同意撤销东乡县，设立抚州市东乡区，以原东乡县的行政区域为东乡区的行政区域，东乡区人民政府驻孝岗镇子山路188号。东乡建县于明正德七年（公元1512年），是北宋杰出的政治家、改革家、文学家王安石故里，孕育出明代开科状元吴伯宗、晚明“四大才子”之首艾南英、清代西江派著名诗人吴嵩梁以及著名书法家舒同等名人。

【整治城乡低保工作】 2016年，东乡县加大对城乡低保工作的整治力度，成立居民家庭经济状况核对中心，负责核实低保对象的家庭经济状况。推行县乡村“三级调查、三级评议、三榜公示”制度，使低保工作在阳光下操作。在上门入户实地调查的基础上，必须召开低保民主听证评议会，评议代表由乡村干部和在当地有声望的群众组成，享受低保资格的人员或其代理人在会上当众说明家庭情况后，评议代表无记名投票，当场计票，获得有效票的人员方可享受低保资格。2016年，共清理城乡低保对象838人，新增1055人。

【梁志强当选全国大学生村官十佳村民贴心人】 12月，东乡县大学生村官梁志强当选为全国大学生村干部十佳“村民贴心人”，系全省唯一当选者。此次评选活动始于9月2日，由全国大学生村干部论坛组委会主办。梁志强在担任大学生村干部并成为邓家乡嵇坊村党支部书记后，脚踏实地为群众办实事。成立大学生村干部创业示范基地，将百亩苗圃示范基地打造成集苗圃种植、观光、旅游休闲和农家乐为一体的综合示范产业基地，建成“四季有花、三季有果，常年有绿”的“花果山”生态园，并将其打造成为国家AAA级乡村旅游景点、省级AAAA乡村旅游景点。年接待游客15.8万人次，带动周边3个行政村、6个自然村、610户村民家门口就业。

【百辆新能源公交车投入使用】 2016年，东乡投入3150万元购置100辆新能源纯电动公交车，方便群众绿色出行。为推广使用电动汽车，县里在城南划拨1.33公顷土地，由盛星公交公司投资1000万元，于10月中旬建成全省最大的大型充电站投入使用。截至12

月底，全县纯电动公交车100辆投入使用，运营于县城的8条公交线路。

【470个视频探头赢得百姓满意】 1月底，东乡县多方筹集资金投入225万元，强力推进视频监控建设，在全县17个乡镇（场）的交通要道、主要街道、中小学、卫生院等重点部位、重要场所安装高清视频监控470个，城乡探头覆盖率达100%，增强了群众的安全感和满意度。县、乡镇（场）各出50%的资金安装视频探头，实行专款专用。为确保视频监控工程按时按质按量完成，县委综治委将公共安全视频监控建设工作列入社会治安综合治理暨平安建设检查考核内容，在成立督查组的同时，还成立工程验收组，及时开展督导检查。对按时完成公共安全视频监控工程建设任务的给予表彰奖励；对工作不力，不能按时完成建设任务的予以通报批评；对由于防范措施不落实，甚至失职渎职导致发生重大可防性案件，影响社会稳定的给予一票否决。

【全省首座高速公路快充站落户东乡】 11月22日，沪昆高速东乡服务区建成投入使用，成功接入国家电网公司"易充电"车联网平台，标志着江西省首座高速快充站正式投入运行，实现高速充电站建设"零"的突破。高速公路城际快充站，按照"统一标准、统一规范、统一标识"的原则，采取"一期两机四桩，远期四机八桩"典型设计，现每站安装2台分体式直流充电机、4台直流充电桩，可同时满足4辆电动汽车快速充电需求。每辆电动汽车充电时间20～30分钟，就可充满电池额定容量的80%，满足电动汽车城际出行需求。"易充电"是国家电网公司打造的车联网平台，拥有资源丰富、标准统一的充电服务网络与智能、高效、安全的互联网平台，用户可通过支付宝、购买售电卡、扫描充电桩二维码等方式进行充电。

【东乡被评为中国区域最佳投资营商环境城市】 12月中旬，2016中国区域协调发展与投融资创新论坛暨中国区域投资营商环境榜发布典礼在北京举行，东乡县荣获"2016年中国区域最佳投资营商环境城市"，成为全国11个获得该殊荣的县市（区）之一。东乡是江西省唯一入选国家首批APEC低碳示范城镇项目库的县，也是江西省改革创新先行区、抚州市县域经济引领区。该县开展"降成本、优环境"专项行动，千方百计帮助企业降成本、拓市场、增效益、强后劲，营造良好的投资与发展环境。此次获得"2016年中国区域最佳投资营商环境城市"表明该县在区域投资和营商环境上的做法与经验具有示范作用，彰显东乡的城市影响力。中国区域协调发展与投融资创新论坛是由新华社半月谈杂志社主办，旨在探寻区域经济协调发展与投资趋势，探索区域一体化协调发展新路径，分享各地创新投融资方式的新模式、新经验、新成果。

【明嘉靖版《东乡县志》点校注释本出版发行】 1月中旬，明嘉靖版《东乡县志》（点校注释本）由三秦出版社出版发行。东乡建县于明中晚期正德七年（1512），由当时临川县的东境和金溪、余干、进贤、余江四县分出部分境地合而建置，迄今已有504年的历史。此次点校注释的明嘉靖《东乡县志》为东乡建县后首部县域志书。该志起修于明嘉靖三年（1524），刊刻完成于明嘉靖五年，由当时代任东乡县令的通判秦镒，聘请临川饶文璧纂修而成。旧志藏于浙江宁波天一阁，本次校释依据1963年上海书店影印本。明嘉靖《东乡县志（点校注释本）》整理出版历时两年，由繁体字点校本和简体字译注本两部分组成，电子版另加影印本扫描，采用古籍线装。卷首由序、县表、绘图组成，分卷上卷下共28篇，约28万字。志书分建置区划、地理水利、墟市土产、户口力役、职制贡赋、武备风俗、名宦人物、古迹著述等篇，比较详尽地记述东乡县建县的历史原因、曲折过程以及明朝中晚期东乡县的地情、民情、政情，展现500年前11万人的新县郡的建设治理、人文经济以及社会风貌之全景。该志资料翔实，行文流畅，层次清晰，开创东乡县修志之先河，是了解东乡、认识东乡、建设东乡的珍贵历史文献。

【东乡通过国家知识产权强县工程试点县验收】 8月，东乡县顺利通过国家知识产权强县工程试点县验收。试点时限自2013年9月至2015年8月。自实施国家知识产权强县工程以后，东乡县成立知识产权工作领导小组，将知识产权（科技）工作纳入各乡镇和县直机关年终目标考核，出台《关于加强专利工作的实施意见》《东乡县知识产权战略纲要》。试点期间，东乡经济开发区被省知识产权局确定为"知识产权试点园区"，江西科伦药业和回音必（东亚）制药两家企业被国家知识产权局确定为"国家知识产权优势企业"。2015年，全县专利申请量达414件、授权量达367件，分别比2013年增长1082.8%和817.5%。

【投资4.3亿元风电场项目落户东乡】 12月18日，总投资4.3亿元的风电场项目在小璜镇破土动工，填补东乡风力发电产业的空白。东乡天润新能源有限公司为北京天润新能投资有限公司的全资子公司，是国内专业的风电场投资开发企业。项目永久用地面积约2公顷，总装机容量为50兆瓦，拟安装25台单机容量2兆瓦的风力发电机组，并配套新建一座110千伏升压站，风力发电机轮毂高度为80米。项目建成后，每年可提供清洁电量约1.2亿千瓦时左右，节约标准煤3.8万吨，减少二氧化碳（温室效应性气体）排放量10.2万吨。

【发展电子商务助推经济转型升级】 8月30日，东乡县电子商务协会正式成立，共吸收企业会员68家，标志着东乡电子商务发展进入加速阶段。据统计，全县从事电子商务人员达3000多人，个人网店和电商企业900余家，电子商务支撑配套服务企业30多家。全县物流快递的发单量达900多万件，电商交易额达19.32亿元。该县制定出台《关于加快建设江西（东乡）电子商务产业城的实施意见》，明确促进电商发展“四免费、三奖励、二优先”扶持政策。依托城东国际物流园，规划东乡县电子商务产业城，产业城内按“一园”（江西省大学生村干部暨阿里村淘电商创业园）、“一区”（电子商务结合实体企业形成专业的O2O市场区）、“一中心”（电子商务物流配送中心）三大板块建设，附有电商人才公寓、娱乐、休闲等功能齐全的配套设施，计划用3～5年时间，把电子商务产业城建设成华东地区保障体系健全、配套服务完善、产业集中度高、市场辐射能力强的区域电子商务中心。网络运营商加大对县域内网络铺设力度，在县城实现光纤网络架设至各个用户，并根据需求提供有差异化的电商增值服务，同时利用互联网、移动通信、广播电视、电话等多种手段，逐步建立起覆盖县、乡、村三级的信息网络。县电商创业园开设了“零成本电商创业孵化中心”，为电商创业者提供免费的工位、基本办公设备、电商产品数据包，还可以享受到专业的电商运营公司保姆式的技术指导和帮扶，创业者只需拎包便可直接入驻，期满后经考核合格优先入驻电商创业园或在创业园内的电商企业工作。此外，加快物流业发展，各行业都有相配套的物流运输企业，全县拥有物流企业228家，快递企业16家，快递网点覆盖100%乡镇（场）和80%的行政村，每天快递的发单量约4000件，进单量约12000件。

【王桥花果芋获得国家农产品地理标志登记】 1月，农业部公布“2015年第五批农产品地理标志登记产品”。王桥花果芋种植面积超过80公顷，平均亩产1500千克以上。此芋喜阴凉，得益于当地得天独厚的地理气候环境，整个生长期不用农药，是天然无公害产品，长期为浙江企业供货，加工成芋罐头，远销韩国、日本等地。

【施美药业成功登陆新三板】 6月30日，经证监会及全国中小企业股份转让系统批准，江西施美药业股份有限公司成功登陆新三板，并在北京举行挂牌仪式，成为东乡县首家上市公司。该公司拥有国家级创新平台——手性药物国家地方联合工程研究中心，是国内手性降“三高”药物的细分行业龙头，承担国家和省级科研课题13项并获发明专利13项，且连续5年纳税超过1000万元，年复合增长率超过50%，2015年创净利润近5000万元。

【东乡入选首批国家级农村职业教育和成人教育示范县】 12月13日，教育部、科技部、水利部、农业部、国家林业局、国家粮食局六部门联合发文，公布第一批国家级农村职业教育和成人教育示范县名单，东乡县赫然在列。此次入选是在各地自愿申报、省级评估、入围创建、省级复检的基础上，经教育部等相关部门商定，确定北京市房山区等59个单位为第一批国家级农村职业教育和成人教育示范县创建合格单位，东乡成为江西省唯一的县级入选。

（陈思东　饶裕民）

【东乡县主要领导名录】

县委书记：李茂荣（5月任）

县人大常委会主任：
陈　文（任至10月）
姚英华（10月任）

县　长：许萍乡（任至7月，主持县委工作至5月）
曾　春（7月代，10月任）

县政协主席：陈　勤（任至10月）
杨卫国（10月任）

本栏编辑　饶国旺

人物·荣誉

2016年新任市领导

黄晓波　男，汉族，江西东乡人，1960年4月出生，1978年12月参加工作，中共党员。抚州师专中文系中文专业，大专学历；华中师范大学在职教育，在职研究生学历，管理学硕士。

1978年12月至1979年7月，江西省东乡县化肥厂职工；1979年7月至1979年9月，江西省崇仁县文教局职工；1979年9月至1982年8月，抚州师专中文系中文专业学习；1982年8月至1984年10月，抚州师专团委干事；1984年10月至1984年11月，抚州师专团委副书记；1984年11月至1990年1月，共青团抚州地委青年部部长；1990年1月至1991年5月，共青团抚州地委副书记(其间：1991年3月至1991年5月，中央团校全国首期团地委书记培训班学习)。

1991年5月至1992年10月，江西省宜黄县委常委、宣传部部长；1992年10月至1993年1月，江西省乐安县委常委；1993年1月至1996年12月，乐安县委常委、常务副县长；1996年12月至1997年11月，乐安县委副书记、常务副县长；1997年11月至1998年9月，江西省抚州地区技术监督局党组书记、副局长(其间：1995年8月至1997年12月，中央党校函授学院政法专业本科班学习)；1998年9月至2001年2月，抚州地区体委党组书记、主任；2001年2月至2006年5月，江西省宜黄县委书记(其间：2001年9月至2003年6月，中国社科院研究生课程班经济法专业学习；2001年7月至2004年12月，华中师范大学网络教育学院情报学专业学习，获管理学硕士学位；2002年9月至2003年1月，中央党校县委书记进修班学习)；2006年5月至2006年11月，抚州市社会主义新农村建设领导小组副组长。

2006年11月至2011年8月，抚州市委常委、宣传部部长(其间：2007年5月至2007年7月，中宣部干部培训中心第32期地方党委宣传部长培训班学习)；2011年8月至2015年4月，江西省上饶市委常委、纪委书记；2015年4月至2016年9月，上饶市委副书记。2016年9月至2016年11月，江西省抚州市政协党组书记，政协主席候选人；2016年11月，任江西抚州市政协党组书记、主席。

刘海滨　男，汉族，1964年10月出生，籍贯江西省上饶，1981年10月参加工作，中共党员。江西师范大学政法学院思想政治专业在职教育，大学法学学士学位。

1981年10月至1984年3月，江西省军区独立团四营十连战士；1984年3月至1984年12月，武警南昌指挥学校学员；1984年12月至1987年7月，武警江西省总队二支队警通中队排长；1987年7月至1988年3月，武警江西省总队二支队警通中队副中队长；1988年3月至1993年10月，江西省公安厅警卫处副连职参谋；1993年10月至1995年10月，江西省公安厅警卫处副科长(正营职)；1995年10月至1997年12月，江西省公安厅警卫处科长(副团职)(其间：1994年1月至1995年12月，辽宁刊授党校理论版经济管理专业大专班学习)。

1997年12月至1999年3月，江西省公安厅警卫处一处处长(正团职)；1999年3月至2002年12月，江西省公安厅警卫局后勤装备处处长(其间：1998年9月至2000年7月，江西师范大学政法学院思想政治专业学习)；2002年12月至2005年5月，江西省公安厅警卫局后勤处处长(副师职)。

2005年5月至2008年12月，江西省南昌市公安局副局长(正县级)、党委副书记；2008年12月至2009年12月，江西省公安厅治安警察总队政委(副厅级)(试用期一年)；2009年12月至2010年3月，江西省公安厅治安警察总队政委；2010年3月至2010年5月，江西省国家安全厅党委委员；2010年5月至2014年5月，江西省国家安全厅副厅长、党委委员。

2014年5月至2014年7月，江西省宜春市委常委；2014年7月至2016年9月，宜春市委常委、政法委书记。2016年9月，任江西省抚州市委常委、纪委书记。

李建林 男，汉族，江西省抚州人，1963年11月出生，1982年8月参加工作，1986年12月加入中国共产党，毕业抚州师范专科学校物理专业，江西省委党校马哲专业在职教育获省委党校硕士。1979年9月至1982年8月，江西省抚州师范专科学校物理专业学习；1982年8月至1984年12月，江西省临川县湖南中学教师（其间：1984年9月至1984年12月借调临川县教育局工作）；1984年12月至1987年12月，临川县委宣传部干事；1987年12月至1989年7月，临川县委宣传部科员；1989年7月至1990年2月，临川县委办公室副科级秘书；1990年2月至1992年2月，临川县委办公室副主任；1992年2月至1993年9月，临川县委办公室副主任、机要科科长；1993年9月至1999年1月，江西省抚州地委宣传部秘书科科长（其间：1996年8月至1998年12月中央党校函授学院经济管理专业学习）；1999年1月至2003年4月，抚州地（市）委讲师团副团长；2003年4月至2007年2月，江西省抚州市委宣传部副部长、讲师团团长（其间：2001年7月至2003年12月江西省委党校马哲专业学习）；2007年2月至2011年7月，抚州市文化局党委书记、局长；2011年7月至2012年2月，抚州市委副秘书长、办公室主任；2012年2月至2015年7月，抚州市委秘书长。2015年7月至2016年9月，任江西省抚州市委常委、统战部部长、市委秘书长。2016年9月，任江西省抚州市委常委、市委政法委员会书记。

谭小平 男，汉族，江西省南丰县人，1965年7月出生，1986年7月参加工作，1985年12月加入中国共产党，江西农业大学植保系植保专业毕业，大学农学学士。1982年9月至1986年7月，江西农业大学植保系植保专业学习；1986年7月至1988年5月，南丰县莱溪乡政府干部；1988年5月至1991年2月，南丰县委对台办干事；1991年2月至1992年10月，南丰县委办秘书；1992年10月至1995年3月，南丰县政府办副主任；1995年3月至1998年4月，南丰县东坪乡党委副书记、乡长；1998年4月至2001年5月，南丰县白舍镇党委书记、人大主席；2001年5月至2002年2月，东乡县委常委、组织部部长（其间：1999年9月至2001年7月江西财经大学证券投资分析系统计专业研究生班学习）；2002年2月至2002年7月，抚州市委组织员办主任；2002年7月至2005年9月，抚州市委组织部副部长；2005年9月至2006年5月，抚州市委组织部副部长、市委先进性教育办公室主任（正县级）；2006年5月至2006年11月，金溪县委副书记、县政府代县长；2006年11月至2011年5月，金溪县委副书记、县政府县长；2011年5月至2014年1月，金溪县委书记；2014年1月至2015年9月，东乡县委书记；2015年9月至2016年7月，抚州市委常委、临川区委书记。2016年7月至2016年10月，江西省抚州市委常委。2016年10月，江西省抚州市委常委、秘书长。

韦　萍 女，汉族，1968年3月出生，籍贯江西铅山，江西宜黄出生，1983年12月参加工作，1993年4月加入中国共产党，江西省委党校研究生。1983年12月至1985年9月，江西省宜黄县食品厂工人；1985年9月至1988年6月，江西大学生物系食品科学专业学习；1988年6月至1993年3月，江西省宜黄县食品厂生产技术科科长，副厂长；1993年3月至1995年11月，江西省宜黄县食品酿造厂厂长；1995年11月至1998年11月，江西省宜黄县棠阴镇科技副镇长；1998年11月至2000年8月，江西省宜黄县棠阴镇党委委员、纪委书记（1997年8月至1999年12月，中央党校函授学院本科班经济管理专业学习）；2000年8月至2001年11月，江西省宜黄县潭坊乡党委副书记、乡长（2000年12月转为国家干部）；2001年11月至2002年12月，江西省宜黄县二都镇党委副书记、镇长；2002年12月至2005年5月，江西省资溪县政府副县长；2005年5月至2008年6月，江西省抚州市委副秘书长、市委市政府接待办公室主任（其间：2003年9月至2005年12月，江西省委党校中共党史专业学习）；2008年6月至2008年8月，黎川县委副书记、县政府代县长；2008年8月至2009年12月，江西省黎川县委副书记、县长；2009年12月至2011年5月，江西省黎川县委书记；2011年5月至2011年9月，换届待安排；2011年9月至2016年9月，抚州市人民政府党组成员、副市长。2016年9月至2016年11月江西省抚州市委常委、统战部部长、副市长。2016年11月，任抚州市常委、统战部部长。

魏建锋 男，1961年10月出生，湖北新州人，中共党员，1983年7月参加工作。江西大学哲学系马列理论专业毕业。1979年9月至1983年7月，江西大学哲学系学生。1983年7月至1984年11月，江西医学院团委干部。1984年11月至1988年12月，江西医学院团委副书记（正科级）。1988年12月至1995年5月，江西医学院团委书记（副处级）。1995年5月至1998年10月，江西医学院团委书记（正处级）。1998年10月至2000年11月，江西省鹰潭市月湖区委副书记（挂职锻炼）（其间：1997年9月至1999年3月参加南昌大学行政管理专业研究生班学习）。2000年11月至2002年8月，江西省鹰潭市月湖区委副书记（正县级）（其间：2001年11月至2002年3月参加江西省委党校中青年干部培训班学习）。2002年8月至2004年1月，江西省鹰潭市委组织部副部长（正县级）。2004年1月至2005年10月，江西省鹰潭市委组织部副部长（正县级，主持工作）。2005年10月至2006年11月至2012年7月，江西省鹰潭市委常委、组织部部长。2006年11月，江西省抚州市委常委、组织部部长。2012年7月至2015年12月，中共江西省抚州市委副书记。2015年12月至2016年1月，抚州市人大常委会党组书记；2016年1月，抚州市人大常委会党组书记、主任。

罗国良 男，汉族，1969年12月出生，籍贯湖南省祁阳，1986年7月参加工作，中共党员。中国政法大学诉讼法专业毕业，博士研究生，法学博士。1983年9月至1986年6月，湖南省邵阳师范学校学生；1986年7月至1992年8月，湖南省邵阳二纺机学校教师（其间：1987年4月至1989年4月，湖南师范大学中文专业学习）；1992年9月至1995年3月，中国政法大学刑法学专业硕士研究生；1995年4月至1998年8月，北京炜衡律师事务所律师；1998年9月至2001年7月，中国政法大学诉讼法专业博士研究生；2001年7月至2001年10月，最高人民法院干部；2001年10月至2002年8月，最高人民法院刑一庭干部；2002年8月至2002年11月，最高人民法院刑一庭干部（副处级）；2002年11月至2006年2月，最高人民法院刑一庭助审员；2006年2月至2006年10月，最高人民法院刑三庭助审员；2006年10月至2008年9月，最高人民法院刑三庭审判员（正处级）；2008年9月至2014年2月，最高人民法院刑三庭审判长；2014年2月至2016年3月，最高人民法院刑三庭副庭长。2016年3月至2016年4月，江西省抚州市委常委（挂职两年）；2016年4月，任江西省抚州市委常委、市人民政府副市长（挂职两年）。

董朝武 男，汉族，1966年6月出生，籍贯浙江省永嘉，1989年8月参加工作，中共党员。浙江大学工业电气自动化专业毕业，工学学士、工程师；浙江大学中国近现代史专业在职教育历史学硕士。1985年7月至1989年7月，浙江大学工业电气自动化专业学习；1989年8月至1990年11月，浙江省温州电业局从事送电工区工程施工和检修；1990年12月至1992年10月，温州电业局生技科从事生技管理；1992年11月至1993年3月，温州电业局电力设计所从事电力工程设计；1993年4月至1996年7月，温州电业局送电工区副主任；1996年8月至1999年9月，温州电业局送电工区主任；1999年10月至2000年12月，温州电业局平阳供电局局长、党委委员；2001年1月至2004年8月，平阳电力有限公司（供电局）总经理（局长）（其间：2000年8月至2001年3月，浙江大学中国近现代史专业学习，获历史学硕士学位）；2004年9月至2008年8月，温州电业局副局长、党委委员；2008年9月至2009年2月，浙江省电力公司发展策划部副主任（主持工作）；2009年3月至2012年3月，浙江省电力公司发展策划部主任；2012年4月至2016年3月，国家电网公司发展策划部副主任。2016年3月至2016年4月，江西省抚州市委常委（挂职两年）；2016年4月，任江西省抚州市委常委、市人民政府副市长（挂职两年）。

傅　云 男，汉族，1970年9月出生，籍贯江西省樟树，1992年8月参加工作，中共党员。江西大学法律系法律专业毕业、法学学士学位，高级记者。1988年9月至1992年7月，江西大学法律系学习；1992年7月至1992年8月，待业；1992年8月至1994年9月，江西日报社群工处见习记者（其间：1993年7月至1994年9月，江西省遂川县高坪镇扶贫，任镇长助理、镇团委书记）；1994年9月至1997年8月，江西日报社助理编辑；1997年8月至1998年8月，江南都市报社记者通联部主任；1998年8月至2002年8月，江西日报社政教部记者（其间：2000年9月至2002年6月，中国社科院研究生院法学系经济法专业研究生进修班学习）；2002年8月至2003年12月，江西日报社政教部负责人；2003年12月至2004年5月，江西日报社政教部副主任（内聘）；2004年5月2009年3月，江西日报社政教部副主任；2009年3月至2013年2月，江西日报社总编辑办公室主任；2013年2月至2016年9月，江西日报社副总编辑。2016年9月，任江西省抚州市委常委、宣传部部长。

许中伟 男，汉族，1963年10月出生，籍贯湖南省长沙，1984年8月参加工作，中共党员。抚州师专数学系数学专业毕业，大专；江西省委党校经济管理专业在职研究生学历。1981年9月至1984年8月，江西省抚州师专数学系数学专业学习；1984年8月至1985年8月，抚州师专数学系团总支书记；1985年8月至1988年5月，抚州师专组织部干事；1988年5月至1988年

12月，抚州师专生物系党支部副书记；1988年12月至1993年11月，抚州地委组织部正科级组织员［其间：1992年4月至1993年11月，江西省临川县鹏田乡党委副书记（挂职锻炼）］；1993年11月至1996年9月，抚州地委组织部干部科长；1996年9月至2000年6月，抚州地委副县级组织员、组织部干部科长（其间：1995年8月至1997年12月，中央党校函授本科班经济管理专业学习）；2000年6月至2002年12月，抚州地区（市）卫生局副局长、党委委员（其间：2001年3月至2001年6月，江西行政学院第五期公务员培训班学习）；2002年12月至2007年3月，南丰县委副书记（其间：2001年9月至2003年12月，江西省委党校经济管理专业研究生学习；2003年9月至2003年12月，江西省委党校第23期中青班学习）；2007年3月至2008年6月，抚州市委组织部副部长、正县级组织员；2008年6月至2010年8月，抚州市委组织部常务副部长；2010年8月至2010年10月，南丰县委副书记、县政府代县长；2010年10月至2012年10月，南丰县委副书记、县长；2012年10月至2016年8月，宜黄县委书记。2016年8月至2016年9月，抚州市委副秘书长（正处长级）；2016年9月至2016年11月，抚州市人大常委会副主任候选人；2016年11月，任抚州市人大常委会副主任。

许爱军 男，汉族，1962年2月出生，籍贯江西省黎川，1986年7月参加工作，中共党员。抚州师专中文系汉语言文学专业，大专；中央党校函授经济管理专业，中央党校大学学士；江西师大政法学院思想政治教育专业，法学学士。1983年9月至1986年7月，抚州师专中文系汉语言文学专业学习；1986年7月至1988年9月，江西省黎川县职业学校教师；1988年9月至1990年2月，黎川县体制改革委员会干部；1990年2月至1992年10月，黎川县社苹乡党委委员；1992年10月至1995年11月，黎川县社苹乡政府乡长；1995年11月至1997年7月，黎川县社苹乡党委书记；1997年7月至2001年10月，黎川县审计局局长（其间：1996年8月至1998年12月，中央党校函授学院本科班经济管理专业学习）；2001年10月至2003年1月，黎川县财政局局长；2003年1月至2004年2月，广昌县委常委、组织部部长；2004年2月至2007年4月，广昌县委常委、副县长（其间：2004年9月至2006年7月，江西师大政法学院思想政治教育专业学习）；2007年4月至2011年5月，广昌县委副书记、县长；2011年5月至2016年11月，广昌县委书记。2016年11月，任江西省抚州市人大常委会副主任、广昌县委书记。

宋东方 男，汉族，1964年10月出生，籍贯安徽省定远，1986年7月参加工作，中共党员。江西大学经济系政治经济学专业，经济学学士；江西省委党校经济学专业在职教育研究生，工商管理经济师。1982年9月至1986年7月，江西大学经济系政治经济学专业学习；1986年7月至1988年12月，江西省抚州地委党校助教；1988年12月至1993年6月，江西省抚州地委组织部科员［其间：1989年12月至1992年3月，江西省宜黄县城南乡党委副书记（挂职锻炼）］；1993年6月至1993年11月，抚州地委副科级组织员；1993年11月至1995年3月，抚州地委组织部干训科副科长；1995年3月至2000年8月，抚州地委组织部干训科科长（其间：1997年9月至1999年12月，江西省委党校研究生班经济学专业学习）；2000年8月至2000年10月，抚州地委副县级组织员、组织部干训科科长；2000年10月至2003年4月，抚州市委组织部副县级组织员、干部科科长；2003年4月至2007年6月，抚州市委组织部副部长；2007年6月至2011年7月，抚州市委组织部副部长、正县级组织员；2011年7月至2016年9月，抚州市委组织部常务副部长（其间：2014年4月至2014年6月主持抚州市委组织部工作）；2016年9月至2016年11月，抚州市人大常委会副主任候选人，市委组织部常务副部长。2016年11月，任抚州市人大常委会副主任，市委组织部常务副部长。

徐国义 男，汉族，1964年1月出生，籍贯江西省崇仁，中共党员，1985年7月参加工作。抚州师专英语专业，大专；华中师范大学网络教育行政管理学专业在职教育管理学硕士学位。1982年9月至1985年7月，抚州师专英语系英语专业学生；1985年7月至1989年7月，江西省宜黄县一中英语教师、教研组组长；1989年7月至1990年2月，宜黄县农经委工作；1990年2月至1992年12月，宜黄县政府办秘书；1992年12月至1996年2月，宜黄县政府办副主任；1996年2月至1997年12月，宜黄县政府办主任；1997年12月至2002年5月，宜黄县委常委、宣传部部长（其间：1996年3月至1999年10月，江西师大“三沟通”教育管理专业学习）；2002年5月至2006年5月，宜黄县委常委、副县长（其间：2000年9月至2002年6月，中国社科院研究生课程班经济法专业学习；2001年7月至2004年11月，华中师范大学网络教育管理专业学习，获经济管理学硕士学位）；2006年5月至2006年11月，江西省资溪县委副书记、县政府代县长；2006年11月至2011年5月，资溪县委副书记、县长；2011年

5月至2016年8月，资溪县委书记；2016年8月至2016年9月，抚州市委副秘书长（正处长级）；2016年9月至2016年11月，抚州市人民政府副市长候选人。2016年11月，任抚州市人民政府副市长。

王成兵 男，汉族，1975年11月出生，籍贯安徽省无为，中共党员，1996年9月参加工作。江西省团校文秘档案专业，中专；中央党校函授学院法律专业，中央党校大学在职教育；江西财大与澳大利亚南澳大学工商管理专业，在职教育工商管理硕士。1994年9月至1996年9月，江西省团校文秘档案专业学习；1996年9月至1999年5月，江西省永修县人事劳动局干部；1999年5月至2000年2月，永修县直机关工委干部（其间：1999年8月至1999年12月，江西省委组织部综合处借用；1999年6月获南昌大学法律专业大专学历）；2000年2月至2001年3月，永修县委组织部干部；2001年3月至2003年2月，永修县委组织部副科级组织员（其间：2000年8月至2002年12月，中央党校函授学院本科班法律专业学习）；2003年2月至2005年4月，永修县立新乡党委副书记、乡长（其间：2004年5月至2005年4月，主持乡党委工作）；2005年4月至2006年2月，永修县立新乡党委书记；2006年2月至2006年5月，永修县政府党组成员；2006年5月至2008年10月，江西省武宁县委常委、副县长；2008年10月至2009年3月，共青团江西省委组织部副部长（主持工作）（其间：2007年5月至2009年3月，江西财大与澳大利亚南澳大学工商管理专业学习，获工商管理硕士学位）；2009年3月至2011年1月，共青团江西省委城市青年工作部部长；2011年1月至2012年11月，共青团江西省委常委、城青部部长［其间：2009年7月至2012年11月，挂共青开发区（共青城市）党委副书记、管委会副主任］；2012年11月至2014年1月，共青团江西省委常委、组织部部长；2014年1月至2016年1月，江西省金溪县委书记；2016年9月至2016年11月，江西省抚州市人民政府副市长候选人，金溪县委书记。2016年11月，任抚州市人民政府副市长，金溪县委书记。

万　凯 男，汉族，1973年9月出生，籍贯江西省南昌县，中共党员，1994年9月参加公安工作。江西省公安专科学校刑事侦查专业，大专；南昌大学自学考试法律专业，在职大学学历；江西师范大学思政教育专业，在职教育学硕士。1991年9月至1994年7月，江西省公安专科学校刑事侦查专业学习；1994年7月至1994年9月，毕业待分配；1994年9月至1995年9月，江西省南昌市公安局东湖分局刑侦大队见习民警；1995年9月至1998年6月，南昌市公安局东湖分局刑侦大队科员（1997年9月转为国家干部）；1998年6月至2003年1月，南昌市公安局东湖分局刑侦大队四中队中队长；2003年1月至2006年4月，南昌市公安局东湖分局刑侦大队缉毒大队大队长（其间：2001年9月至2003年6月，中国社会科学院法学系经济法专业学习；2005年9月至2005年12月，江西省南昌市委党校第29期青干班学习）；2006年4月至2007年4月，南昌市公安局桑海经济技术开发区分局政委、党委副书记（其间：1997年4月至2006年12月，南昌大学自学考试法律专业学习）；2007年4月至2007年10月，南昌市公安局桑海经济技术开发区分局局长、党委书记；2007年10月至2008年8月，江西桑海经济技术开发区工委委员（副县级、试用期一年），公安分局局长、党委书记；2008年8月至2010年6月，江西省南昌市青山湖区委常委、公安分局局长、党委书记（其间：2006年7月至2008年12月，江西师范大学思政教育专业学习，获教育学硕士学位）；2010年6月至2011年6月，南昌市委政法委副书记、市维稳办主任；2011年6月至2011年7月，江西省进贤县委副书记、县政府代县长；2011年7月至2013年11月，进贤县委副书记、县长（其间：2012年2月至2012年6月，江西省委党校青干班学习）；2013年11月至2016年7月，进贤县委书记；2016年7月至2016年9月，南昌市人民政府党组成员；2016年9月至2016年11月，江西省抚州市人民政府副市长候选人，市委政法委副书记，市公安局党委书记、局长、督察长。2016年11月，任抚州市人民政府副市长，市委政法委副书记，市公安局党委书记、局长、督察长。

方百春 男，汉族，1963年8月出生，籍贯浙江省淳安，中共党员，1983年8月参加工作。抚州农校农学专业，中专；中央党校函授学院党政专业，在职中央党校大学文化。1981年9月至1983年8月抚州农校农学专业学生；1983年8月至1987年9月，江西省资溪县欧溪乡团委书记（其间：1985年9月至1987年7月，江西广播电视大学大专班学习）；1987年9月至1990年4月，江西省资溪县欧溪乡副乡长；1990年4月至1992年10月，资溪县嵩市镇党委副书记、镇长；1992年10月至1998年1月，资溪县嵩市镇党委书记；1998年1月至1998年10月，资溪县人大常委会副主任、嵩市镇党委书记；1998年10月至2001年8月，资溪县人大常委会副主任、高阜镇党委书记（其间：1996年8月至1998年12月，中央党校函授学院本科班党政专业学习）；2001年8月至2003年1月，资溪县人大常委会副主任、鹤城镇党委书记；2003年1月至2005年1月，江西省东乡县人民政府副县长；2005年1月至2007年9月，东乡县委常委、组织部部长；2007年9月至2010年7月，江西省南城县委常委、常务副县长；2010年7月至2011年6月，江西省抚州市临川区委常委、常务副区长；2011年6月至2011年9月，抚州市临川区委副书记、常务副区长、代区长；2011年9月至2013年6月，抚州市临川区委副书记、区长；2013年6月至2016年8月，江西省崇仁县委书记。2016年8月至2016年9月，江西省抚州市人民政府副秘书长（正处级）、办公室党组成员；2016年9月至2016年11月，抚州市人民政府副市长候选人；2016年11月，任抚州市人民政府副市长。

刘菊娇　女，1962年9月出生，江西崇仁人，民进会员，1982年7月参加工作。中央党校函授学院经济管理专业毕业。1979年9月至1982年7月，江西省抚州师专数学科数学专业学生。1982年7月至1994年11月，江西省崇仁一中教师。1994年12月至1997年2月，江西省崇仁县教育局副局长。1997年2月至1998年1月，江西省崇仁县教委副主任。1995年8月至1997年12月参加中央党校函授学院党政专业本科班学习。1998年1月至2002年12月，江西省崇仁县政府副县长。2002年12月至2006年12月，江西省抚州市教育局副局长。2002年9月至2005年6月参加中央党校函授学院研究生班经济管理专业学习。2006年12月至2012年5月，江西省抚州市人民政府副市长。2012年5月至2016年11月，抚州市人民政府副市长、民进抚州市工作委员会主委。2016年11月，政协江西省抚州市委员会副主席、民进抚州市工作委员会主委。

蔡　青　女，汉族，1968年6月出生，江西黎川人，1988年8月参加工作，无党派人士，抚州师专中文专业毕业，后获江西农业大学成人教育学院公共管理专业大学文凭（在职教育）。1985年9月至1988年7月，江西省抚州师专中文系中文专业学生；1988年8月至1997年1月，江西省黎川县职工学校教师；1997年1月至1998年3月，江西省黎川县总工会干事；1998年3月至2002年2月，江西省黎川县总工会副主席；2002年2月至2002年12月，江西省黎川县外经办副主任；2002年12月至2003年1月，江西省黎川县人民政府副县长候选人；2003年1月至2009年10月，江西省黎川县人民政府副县长（其间：2004年2月至2006年11月，江西农业大学成人教育学院公共管理专业本科班学习）；2009年10月至2009年12月，江西省抚州市工商联主席提名人选；2009年12月至2011年9月江西省抚州市工商联主席。2011年9月，江西省抚州市政协副主席、市工商联主席。2016年11月，任抚州市人民政府副市长、市工商联主席。

刘忠华　男，汉族，1965年8月出生，籍贯江西省崇仁，1987年8月参加工作，民革党员。宜春医学专科学校卫生系卫生专业毕业，大专；南昌大学继续教育学院医学部临床医学专业，在职大学医学学士学位。1984年9月至1987年7月，宜春医学专科学校卫生系卫生专业学生；1987年8月至1991年10月，江西医学院抚州分院教师；1991年10月至1993年11月，抚州地区医科所工作；1993年11月至1996年9月，抚州地区医科所副所长；1996年9月至1997年10月，抚州地区医科所所长；1997年10月至2003年4月，抚州地区（市）医科所所长、抚州地区（市）医疗器械所所长，民革抚州（临川）市委会副主委；2003年4月至2012年5月，抚州市卫生局副局长（其间：2004年2月至2007年1月，南昌大学继续教育学院医学部临床医学专业本科班学习）；2012年5月至2015年9月，民革江西省抚州市委会主委，市卫生局副局长；2015年9月至2016年11月，民革江西省抚州市委会主委，市卫生和计划生育委员会副主任。2016年11月，任江西省抚州市政协副主席，民革江西省抚州市委会主委，市卫生和计划生育委员会副主任。

戴晓文　男，汉族，1966年8月出生，籍贯江西省金溪，1987年7月参加工作，无党派人士。江西大学新闻系新闻学专业，法学学士。1983年9月至1987年7月，江西大学新闻系新闻学专业学习；1987年7月至1989年8月，江西省抚州地区广播电视局干部；1989年8月至1993年7月，抚州电视台干部；1993年7月至1997年4月，抚州电视台专题部主任；1997年4月至2000年12月，抚州有线电视台副台长（副科级）；2000年12月至2003年4月，抚州电视台副台长（正科级)；2003年4月至2010年4月，抚州市广播电视局副局长（2003年5月后任江西省抚州市党外知识分子联谊会会长）；2010年4月至2013年9月，抚州市广播电影电视局副局长；2013年9月至2016年9月，抚州市职业技术学院院长。2016年9月至2016年11月，江西省抚州市政协副主席候选人，抚州市职业技术学院院长；2016年11月，任抚州市政协副主席，抚州市职业技术学院院长。

赖彩明 男，汉族，1963年4月生，籍贯江西省龙南，1983年8月参加工作，中共党员。江西省人民警察学校公安专业毕业，中专；江西省委党校法学专业，在职省委党校研究生；武汉大学软件工程（电子政务）专业，在职软件工程（电子政务）硕士。高级检察官（三级）。1981年9月至1983年7月，江西省人民警察学校公安专业学习；1983年8月至1988年11月，江西省龙南县委政法委办事员、科员、秘书（其间：1984年10月至1986年12月，江西大学法律专业自学考试学习）；1988年11月至1991年1月，龙南县人民检察院经济检察科科长、副局级检察员、检察委员会委员；1991年1月至1992年12月，龙南县人民检察院党组成员、副检察长（副科级）（其间:1992年2月至1992年8月，龙南县东江乡中和组社教工作组组长）；1992年12月至1996年2月，龙南县人民检察院党组成员、副检察长（正科级）；1996年2月至2000年11月，龙南县人民检察院党组书记、检察长（其间：1996年9月至1998年12月，中央党校函授学院经济管理专业学习；1999年9月至2001年7月，江西财经大学金融学院财政专业研究生班学习）；2000年11月至2002年11月，江西省赣州市人民检察院党组成员、副检察长兼反贪局局长（其间：2000年9月至2002年7月，中国社科院法律专业研究生课程班学习）；2002年11月至2003年3月，赣州市人民检察院党组成员、副检察长；2003年3月至2008年11月，赣州市人民检察院党组成员、副检察长（正县级）（其间：2002年9月至2005年7月，在江西理工大学继续教育学院本科班学习，获法学学士学位；2005年9月至2007年6月，在武汉大学学习，获工程硕士学位；2006年11月至2007年11月，在最高人民检察院挂职锻炼，任办公厅人民监督工作办公室人大代表联络处副处长）；2008年11月至2011年8月，江西省赣州市纪委副书记；2011年8月至2011年11月，赣州市中级人民法院党组副书记；2011年11月至2016年9月，赣州市中级人民法院党组副书记、副院长（正处级）（其间：2013年9月至2015年12月，江西省委党校法学专业研究生班学习）。2016年9月至2016年11月，江西省抚州市中级人民法院党组书记，院长候选人；2016年11月，任抚州市中级人民法院党组书记、院长。

2016年受省（省委、省政府）部级以上表彰的先进个人

梁杏英 女，1964年出生。1998年成为环卫工人。在17年的环卫工作中，梁杏英除了兢兢业业做好本职工作，还常帮助街坊邻居义务清扫楼道、清运装修废料，不图任何回报。2016年1月梁杏英因劳累过度及低血糖引发脑疝致脑干出血去世。去世后其长年义务清扫楼道、清运垃圾的事迹传开。1月9日清晨她出殡时，周边邻居和其他数百名知情市民自发打出悼念横幅——“好邻居梁杏英一路走好”，为这位身边好人送行。2016年2月入选中国好人榜（助人为乐类）。

陈佩兰 女，1949年出生，政府市长热线退休干部、市慈善爱心超市经理、市扶贫助残义工协会主任，抚州市第二届道德模范。砥砺筹建爱心超市，自掏腰包补货垫资。6年时间里，向11000名救助对象发放了价值270万元的物资。为了给聋哑人士提供有效的义工服务，举办了三期手语培训班，动员500多名义工学习手语。鼓励22位家族成员加入志愿者，发动全家人投身社会公益事业。2016年获得全国“最美家庭”暨第十届全国五好文明家庭称号。

黄云辉 崇仁县石庄乡曾家墩上村人，1966年出生，小学就读曾家小学，中学读于崇仁一中。在2016年度国家科学技术奖励大会上，凭借“储能用高性能复合电极材料的构筑及协同机理”成果，获国家自然科学二等奖。他1984年进入北京大学化学与分子工程学院化学专业学习，先后在北京大学获理学学士学位、硕士学位、博士学位。2000年至2002年，在北京大学化学与分子工程学院稀土材料化学及应用国家重点实验室攻读博士后，从事磁电阻材料研究。现任华中科技大学材料学院院长。其获奖成果高效能量存储，是发展电动汽车、智能电网的关键技术，对新能源、新材料和新能源汽车国家战略新兴产业的发展具有重要意义；这一成果不仅可用在锂离子电池上，也可以用在超级电容器、锂硫电池和钠离子电池上，用于提高电池材料的容量，增加循环寿命，特别是采用界表面储能和电活性复合，电池的快速充电能力会得到大幅度提升。

李长秀 女，广昌县长桥乡株市村村民。经中央文明办筛选和群众投票评议，2016年4月，“中国好人榜”评选结果公布。抚州市第三届孝老爱亲道德模范李长秀榜上有名，她是抚州市第27位入选“中国好人榜”的人物。

吴军明 男，抚州市司法局副局长。2016年6月，被中共中央宣传部、司法部表彰为“2011—2015”全国法治宣传教育先进个人。

吴云瑛 女，抚州市司法局普法教育科科长。2016年6月，被中共中央宣传部、司法部表彰为“2011—2015”全国法治宣传教育先进个人。

段云来 男，汉族，1966年6月出生，江西永新人，1990年8月参加工作，1989年4月入党，大学文化。现任南丰县人大常委会主任。自分管司法工作以后，他始终把推进普法依法治理工作作为重中之重，在提升全县领导干部依法行政能力、提高执法队伍素质和增强群众法律意识方面发挥了重要推动作用。他注重制度完善，着力充实

依法治县“南丰智囊”。在抓好自身学习的同时，牵头组织法制、司法等部门，研究制定了《法治南丰建设规划纲要》《关于普遍建立法律顾问制度，全面推进法治南丰建设的实施办法》，建立健全了政府法律顾问、领导干部法律知识培训、任前法律知识考核等一系列规章制度，着力提高各级领导干部学法用法、依法行政、依法管理水平。做到靠前指挥，潜心打造普法宣传“南丰样品”。坚持深入一线宣传，带头普法。牵头举办了“诚信在心，法治在行”“12·4宪法日暨全国法制宣传日”等主题大型宣传活动，并结合地方产业实际，探索“法律进橘园”的普法路径，打造出南丰普法品牌，普法的广度和深度不断拓展。同时，还坚持把为企业经营管理人员和农民工提供法律服务作为普法工作的重点，组织相关部门开展了“法律六进”系列法制宣传活动达70余场次，举办大型街头法制宣传30场，散发宣传资料12万余份，解答群众法律咨询1.2万余人次。在此基础上，坚持普治并举，不断筑牢依法治县“南丰根基”。切实推进行政审批制度改革，组织相关部门编制完成了政府“权力清单”“责任清单”，规范政府部门行政执法程序。此外，他注重协调相关县领导，组织县公安、文化、卫生、工商、药监、质监、司法等部门依据相关行业法律法规，对文化市场、医药市场、蜜橘市场、农资市场等进行专项治理，规范市场主体，整顿市场秩序，切实保障和维护社会信用和市场公平竞争的经济秩序。2015年8月，南丰县市山镇包坊村被评为第六批全国民主法治示范村。2016年6月，段云来被中共中央宣传部、司法部表彰为“2011—2015”全国法治宣传教育先进个人。

余清理　男，1971年1月出生，安徽贵池人。现任南丰县委常委、南丰县人武部政委。多年来，他始终牢记宗旨，认真履职尽责，积极当好拥政爱民的带头人、抢险救灾的排头兵、服务群众的孺子牛。自2012年起，其所在单位连年被上级表彰为“全面建设先进单位”；个人荣立三等功1次，2016年被省委省政府省军区评为拥政爱民先进个人。他注重建立健全驻南丰部队联席会议制度，拥政爱民，积极参加地方经济社会建设。任现职三年来，他先后8次带领民兵1700人次，支援地方重要工程、重要活动，受到地方干部群众一致好评。在黎川、南丰两县抗洪抢险及驻地扑灭山火、清除污染等应急任务中，他身先士卒，始终奋战在第一线，确保人民群众生命和财产安全。在黎川和南丰工作期间，他积极协调地方制定下发《开展拥军优属“十个一”活动实施意见》，建立考评机制，营造“双拥”良好氛围，取得明显成效，深得人民群众赞誉。

黄　勇　男，中共党员，汉族，江西南城人。现任南丰县卫生和计划生育委员会团委书记。他工作认真负责，踏实肯干，任劳任怨，时时处处对自己高标准严要求。他深入乡村潜心调研，主动请缨，举办专业培训班，他的培训课目、内容、授课人选等得到领导高度重视和充分肯定，取得显著成效。此外，他工作中积极争取领导支持，在协会活动日、世界人口日、公开信发表日等重要节日中，他采用多种方式开展系列活动向群众宣传计划生育条例、保健知识等，增强活动的吸引力和感染力。通过活动进一步转变群众生育观念，使他们从思想意识上根本不想违法生育，进而使群众满意率和知晓率有了大幅提高。多年来，他不忘初心，尽职尽责，有声有色地把计划生育这一基本国策真正落到实处。2016年5月18日，中国计生协会授予他“全国计划生育先进个人”荣誉称号。

吴国辉　男，南丰县市山镇梅溪村村民。现任南丰县龟鳖产业协会第一届会长，江西添鹏生态农业有限公司总经理，法人代表。他一直致力于龟鳖养殖产业，狠抓池塘标准化水产健康养殖示范基地建设，积极探索标准化环保型温棚育苗＋外塘养殖“二段法”养殖模式，着力实施龟鳖种业提纯复壮工程，大力引进先进成熟的技术，助推当地龟鳖产业迅猛发展。2015年年底，他组织发起南丰县龟鳖产业协会的筹备工作，发挥自身条件优势，积极参与作为，并高票当选南丰县龟鳖产业协会会长。就任以来，他兢兢业业从事龟鳖产业的池塘标准化水产健康养殖示范基地、中华鳖良种扩繁场、设施渔业的建设，引导广大养殖户推行一体化健康养殖模式，承担种业提纯复壮工程示范试验，注重引进、提供新品种新技术，开展信息交流，倾力服务于协会，服务于广大养殖户，取得显著的社会效益和经济效益。2016年12月，他被江西省委、省政府授予“全省优秀农村专业大户”荣誉称号。

王云光　男，汉族，江西南丰人，现任南丰县农技中心主任。近20年来，他坚持学习并认真贯彻党和国家农业农村政策，以科学发展观为指导，积极开展调查研究，团结带领农业干职工共同努力，创新发展，多项工作获得上级的肯定与表彰。他常奔波于田间地头指导粮食高产创建、标准农田建设、水稻新品种示范、测土配方施肥、绿色防控统防统治等一系列农业技术的试验示范及推广工作，运用水稻集成生产技术提高粮食生产，促进粮食生产安全，确保全县粮食生产稳定。他参与或主持推广粮食稳产高产技术20余项，其中2004年主持的“早稻品质改良育种研究项目”获得江西省科技进步二等奖；其参加完成的“江西省南方水稻黑条矮缩病的发生与防控关键技术研究与示范推广”项目，经短期协同攻关，边研究边应用，破解了南方水稻黑条矮缩病在江西防控的难题，成果处于国际同类研究先进水平。先后在省级及省级以上刊物发表论文6篇。2006年、2015年两次获评“全省农技推广工作先进个人”；2009年获“全省粮油料生产先进工作者”称号。2016年12月，他主持的“双季稻双控施肥技术示范与推广”项目被农业部授予“全国农业技术推广成果三等奖”。

兰念瑛 女，1958年10月出生，中共党员，资溪县乌石镇新月村党支部书记。她带领村民致富，被誉为“畲族金凤凰”。新月畲族村是资溪县唯一的少数民族村，辖4个村民小组，共117户417人。兰念瑛20多年来奋战在绿化工作的第一线，一心带领村民发展苗木产业、打造生态示范新村、加快全县国土绿化，实干兴村，植绿富民。该村在兰念瑛的带领下，走上了特色产业发展路，成为闻名遐迩的“苗木花卉村”，村民过上幸福的生活。该村先后荣获全国民族团结进步先进集体、全国文明村等殊荣。兰念瑛先后获得全省农村基层干部、全省井冈之子、全国“三八红旗手”、全国民族团结进步模范个人、全国“双学双比”女能手、全国绿色小康获得者、全国绿色小康户、全国劳动模范等荣誉，当选为第十一届、第十二届全国人大代表。2016年2月，被全国绿化委员会授予全国绿化奖章。

余　虹 女，1979年1月出生，中共党员，现任资溪县公安局国保大队教导员。从警20年来，她被辖区百姓誉为“心中的温馨彩虹”。余虹保持低调谦虚的为人处事风格，服从领导，听从指挥，热情服务，一心为民，与同事和睦相处，充满热心爱心，热心公益事业。其先后荣获全省人民满意的政法干警、全省公安机关学习邱娥国先进个人、全省优秀派出所民警、全市为民服务标兵、全省公安机关为民服务标兵、全省公安机关爱民模范、全省首届女警之星提名奖、全市人民满意的政法干警、全市优秀人民警察、全市首届“十佳”最美警察、首届最美资溪人等荣誉称号，并荣立个人三等功5次。2016年7月，被江西省委授予全省优秀共产党员称号。

尹生林 男，1943年出生，资溪县高田乡许坊村大港组村民。他十年如一日精心侍奉瘫痪岳母，书写着一个女婿的孝道人生。1986年，尹生林岳父患病去世，家中只剩下60多岁的岳母一人，尹生林毫不犹豫地把岳母接回家一起生活。2003年，尹生林妻子突发脑溢血过世，身为女婿的他主动承担起照顾岳母的责任。2004年9月，岳母下床方便时不慎摔倒，右腿骨折。为了让老人身体更快恢复，尹生林买来田七、肉桂等通筋活血药，每天喂老人服下。12年来，岳母的床铺总是干干净净，房内没有任何异味，身上也从来没有生过褥疮、湿疹。百善孝为先，常存仁孝心，尹生林的这份孝心，也赢得身边所有人的尊重。2015年，其家庭被评为全省最美家庭。2016年5月，他家被全国妇联评为第三届全国最美家庭。

邓　正 男，1985年出生，江西黎川人。现为中科院物理研究所副研究员。2011年荣获北京市科学技术奖二等奖，2012年中国科学院博士研究生毕业，获2012年度中科院院长优秀奖。2014年至2015年在美国罗格斯大学攻读博士后。他为人诚恳，善于钻研，勇于创新，有极强的创新能力。在2016年度国家自然科技奖项中，其所在团队研究项目“磁电演生新材料及高压调控的量子序”荣获国家自然科学二等奖，该项目是中科院物研所靳常青教授团队的研究成果。

黄阳云 男，1967年11月出生，中共党员，现任广昌县千善乡上堡村委会主任。他被誉为村民的“跑腿员”，随叫随到帮村民解困；妻子吴淑梅是一名乡村医生，她精心为山区群众治病除疾。他们夫妻相亲相爱，家庭幸福和谐美满。夫妻俩互爱敬业，重视子女思想教育，引导子女勤奋好学、乐施助人。由于优良的家风、家教，黄阳云家庭荣获中央文明委授予的第一届全国文明家庭荣誉称号，并于2016年12月12日赴北京参加表彰大会，受到习近平总书记的亲切会见。

陈烈辉 男，1958年5月出生，大专学历，农艺师职称。现任广昌县农业技术推广服务中心土肥站站长。他从事农业技术推广工作41年，兢兢业业，任劳任怨，奔波基层，具有强烈“三农”服务意识和丰富工作经验。为《江西省水稻施肥关键技术集成与推广应用》主要完成人。2009—2011年，负责广昌县的项目土壤样品采集、土壤样品测试、水稻“3414”试验安排和落实、数据收集整理和上报工作。2012—2015年，负责广昌县的项目试验、示范、宣传培训、数据资料整理上报等工作，收集整理了广昌县土壤养分数据和水稻“3414”田间肥效试验结果，为项目开展基础性研究提供了数据支撑，并且在广昌县推广了水稻施肥关键技术，及时推动了技术成果转化和普及工作。2008—2015年，广昌土肥站承担了农业部《测土配方施肥》项目。他为该项目的技术指导组组长，负责该项目的田间试验示范、技术指导、宣传培训以及方案、技术材料、总结的撰写工作。项目实施七年来，全县农民因此增收节支人民币6080万元。2016年12月，他荣获农业部“2014—2016年度全国农牧渔业丰收奖”二等奖。

李剑平 男，在抚州市安全生产监督管理局工作12年。他以高度的责任感，爱岗敬业，研究和探讨安全生产的规律和特点，推动全市非煤矿山安全生产监督管理工作标准化、规范化建设，秉公执法，树立安监人员良好形象。因工作表现突出，2016年，被省安委会授予全省安全生产先进个人等荣誉，被江西省人民政府评为江西省“十二五”期间安全生产先进个人。

周　坤　女，1983年9月出生，中共党员，硕士研究生学历，2008年7月通过国家公务员考试进入原抚州市工商行政管理局，从事企业注册工作。周坤始终履行窗口工作职责，加强业务学习，树立服务意识，提高服务技能；工作中自觉遵守行为规范，做到仪表端庄、举止文明，办事公正、服务优质，热情接待每一位前来办事的群众；严格遵守各项工作纪律，不吃拿卡要，做到廉洁干事、清白做人；注重搞好各窗口之间的团结，始终以饱满的热情投入工作。2014年，商事登记制度改革全面实施后，她积极学习与商事登记制度改革相关的政策文件精神和业务知识技能，投身到商事登记制度改革工作中，奋战在企业注册登记窗口第一线。多次走上讲台，面向企业宣讲商事登记制度改革相关政策及知识，为推动抚州商事登记制度改革尽职尽责、尽心尽力。2016年她被国家工商行政管理总局评为商事制度改革先进窗口工作人员。

陈祖祯　男，抚州市人力资源和社会保障局主任科员，江西省第八批援疆干部，2014年2月至2016年12月，在新疆克孜勒苏柯尔克孜自治州阿克陶县人社局任副局长。3年援疆工作期间，他学习新疆维吾尔自治区相关的民族政策、地方性法律法规。对爆恐事件每次都能旗帜鲜明地积极主动亮剑发声。坚持立党为公、执政为民，认真履行职责，扎实开展工作。做好当地群众就业保障工作。拓宽视野，积极开展外联内引，大力推动江西和阿克陶县的技能培训与劳务输出合作，初步实现把江西的职业技能培训请进来、把本地的劳务人员引出去的目标，取得良好社会效应。推动建立江西援助阿克陶县技工院校建设合作机制，推动劳务输出管理机制，促进阿克陶县与福建晋江市建立长期劳务合作关系，开辟了阿克陶农村富余劳动力在赣务工实训基地。阿克陶县在江浙沪粤务工人数达3000余人，位居全疆第一，受到自治区领导好评。2016年12月，他被新疆维吾尔自治区党委、自治区人民政府授予“第八批省市优秀援疆干部人才”荣誉称号，并记二等功一次。

本栏编辑　饶国旺

2016年评定的正高级专业技术职称人员一览表

表 34-1

姓名	单位	专业名称	批准时间	资格名称	批准单位
黄晓云	临川第一中学	生物	2016.12	中小学正高级教师	省职称办
邓燕萍	抚州市第一中学	化学	2016.12	中小学正高级教师	省职称办
范筱云	临川第一中学	英语	2016.12	中小学正高级教师	省职称办
赵文生	南城一中	语文	2016.12	中小学正高级教师	省职称办
孙爱华	崇仁县第一中学	英语	2016.12	中小学正高级教师	省职称办
邱建华	金溪县第一中学	化学	2016.12	中小学正高级教师	省职称办
华小明	临川第二中学	化学	2016.12	中小学正高级教师	省职称办
黄书香	东乡县第一中学	英语	2016.12	中小学正高级教师	省职称办
陈旭煌	乐安县人民医院	神经外科	2016.11	主任医师	省职称办
胡　海	抚州市妇幼保健院	儿内科	2016.11	主任医师	省职称办
姜兆宏	江西弘泰电子信息材料有限公司	制浆造纸业工程	2016.11	教授级高级工程师	省职称办
张爱明	江西赣电电气有限公司	机电工程	2016.11	教授级高级工程师	省职称办
王曙萍	抚州市艺术创作研究所	艺术表演	2016.11	一级演员	省职称办
何淑琴	江西博雅生物制药股份有限公司	生物	2016.11	教授级高级工程师	省职称办
胥海燕	抚州市第一人民医院	神经内科	2016.12	主任医师	省职称办
雷荣福	抚州市第一人民医院	骨外科	2016.12	主任医师	省职称办
车建辉	金溪县人民医院	普通外科	2016.12	主任医师	省职称办
段传国	抚州职业技术学院	思想政治	2016.10	高职教授	省职称办
徐武生	江西省崇仁师范学校	语文	2016.10	中专教授级讲师	省职称办

2016 年受省（省委、政府）部级以上表彰的先进集体一览表

表 34-2

受表彰单位	先进年度或受表彰时间	荣誉称号	授予单位
抚州市	2016 年 4 月	江西省第五届文明城市	省委、省政府
抚州市	2016 年	全省公共机构节能工作先进市	省委、省政府
抚州市中级人民法院	2016 年	全国模范职工之家、全国法院党建工作先进集体	最高人民法院
抚州市食品药品监督管理局	2016 年	江西省第十四届文明单位	江西省人民政府
抚州市政府法制办	2014—2016 年	全省依法行政先进单位	江西省人民政府
抚州市安全生产监督管理局	2016 年	江西省“十二五”期间安全生产先进单位	江西省人民政府
抚州市审计局	2016 年 4 月	江西省第十四届文明单位	省委、省政府
抚州市市场和质量监督管理局高新区分局	2016 年 4 月	江西省第十四届文明单位	省委、省政府
抚州市教育局	2016 年 8 月	全国青少年科技创新大赛优秀组织单位	中国科协
抚州市教育局	2016 年 4 月	江西省第十四届文明单位	省委、省政府
抚州市教育电视台	2016 年 9 月	全国教育电视先进集体	中国教育电视协会
抚州市教育局	2016 年 8 月	全国“五好小公民”	教育部关心下一代工作委员会
抚州市政府法制办	2014-2016 年	全省依法行政先进单位	江西省人民政府
抚州市中级人民法院	2016 年 7 月	全国法院党建工作先进集体	最高人民法院
抚州市中级人民法院	2016 年 1 月	全国模范职工之家	全国总工会
抚州市中级人民法院行政庭	2016 年 1 月	全国法院先进集体	最高人民法院
抚州市文化综合执法支队	2016 年 10 月	全国“青少年维权岗”	共青团中央、文化部等 12 部委
抚州市公安消防支队	2016 年	江西省第十四届文明单位、全省拥政爱民先进单位	省委、省政府
抚州市人防办	2016 年 4 月	江西省第十四届文明单位。	省委、省政府
抚州市邮政公司	2016 年	江西省五一劳动奖状	江西省人民政府
抚州市行政中心	2016 年 4 月	江西省第十四届文明单位	省委、省政府
抚州市移动通信公司	2016 年	全国文明单位	中央文明办

续表 34-2

受表彰单位	先进年度或受表彰时间	荣誉称号	授予单位
抚州市移动通信公司	2016 年	全国“安康杯”竞赛优胜单位、“中国移动二星级企业文化示范单位”	中国移动公司
江西大唐国际抚州发电有限责任公司	2016 年	江西省五一劳动奖状	江西省人民政府
抚州市圣约瑟大教堂	2016 年	全国和谐寺观教堂	国家宗教事务局
国网抚州市临川区供电公司	2016 年 4 月	江西省第十四届文明单位	省委、省政府
国网抚州市临川区供电公司	2016 年 5 月	全国“安康杯”竞赛优胜单位	全国总工会和国家安全生产监督管理局
江西抚北工业园区管委会	2016 年 4 月	江西省第十四届文明单位	省委、省政府
江西新华发行集团有限公司临川区分公司	2016 年 4 月	江西省第十四届文明单位	省委、省政府
临川区财政局	2016 年 4 月	江西省第十四届文明单位	省委、省政府
临川区地税局	2016 年 4 月	江西省第十四届文明单位	省委、省政府
临川区法律援助中心	2016 年	全国法律援助工作先进集体	司法部
临川区公安消防大队	2016 年 4 月	江西省第十四届文明单位	省委、省政府
临川区供电公司	2016 年 4 月	江西省第十四届文明单位	省委、省政府
临川区国税局	2016 年 4 月	江西省第十四届文明单位	省委、省政府
临川区人民检察院	2016 年 4 月	江西省第十四届文明单位	省委、省政府
临川区教体局	2016 年 12 月	2016 年全国科普月特色活动优秀单位	中国科协、教育部
临川区科协	2016 年	全国科普月特色活动优秀单位	中国科协、教育部科技部、中科院
临川区人民法院	2016 年 4 月	江西省第十四届文明单位	省委、省政府
临川区人民法院	2016 年 8 月	司法宣传工作受全国通报表扬	最高人民法院政治部、人民法院新闻传媒总社
临川区人民检察院	2016 年	全省文明接待室	最高人民检察院
临川区人民检察院	2016 年	全省“青少年维权岗”	省委、省政府
临川区审计局	2016 年 4 月	江西省第十四届文明单位	省委、省政府
临川区嵩湖乡	2016 年 4 月	江西省第五届文明乡镇	省委、省政府

续表 34-2

受表彰单位	先进年度或受表彰时间	荣誉称号	授予单位
临川区太阳镇延桥村	2016 年 4 月	江西省第五届文明村镇	省委、省政府
临川区卫生局	2016 年 4 月	江西省第十四届文明单位	省委、省政府
临川区行政中心	2016 年 4 月	江西省第十四届文明单位	省委、省政府
临川区展坪乡	2016 年 4 月	江西省第五届文明村镇	省委、省政府
江西省高速集团抚州管理中心临川管理所	2016 年 4 月	江西省第十四届文明单位	省委、省政府
中国移动临川区分公司	2016 年 4 月	江西省第十四届文明单位	省委、省政府
中国移动南城县分公司	2016 年 4 月	江西省第十四届文明单位	省委、省政府
黎川县	2016 年	全省新农村建设先进县	省委、省政府
黎川县华山镇洲湖村	2016 年 12 月	第四批中国传统古村落	住建部
黎川县华山镇	2016 年 4 月	江西省第五届文明村镇	省委、省政府
黎川县国税局	2016 年 4 月	江西省第十四届文明单位	省委、省政府
黎川县地税局	2016 年 4 月	江西省第十四届文明单位	省委、省政府
黎川县人民法院	2016 年 4 月	江西省第十四届文明单位	省委、省政府
中国移动黎川县分公司	2016 年 4 月	江西省第十四届文明单位	省委、省政府
中国电信黎川县分公司	2016 年 4 月	江西省第十四届文明单位	省委、省政府
中国邮政集团公司黎川县分公司	2016 年 4 月	江西省第十四届文明单位	省委、省政府
黎川县国土资源局	2016 年 4 月	江西省第十四届文明单位	省委、省政府
黎川县农村信用合作联社	2016 年 4 月	江西省第十四届文明单位	省委、省政府
南丰县	2016 年	全省农业和农村工作先进县	省委、省政府
南丰县	2016 年	全省加快工业发展加速工业崛起先进县	江西省人民政府
南丰县	2016 年 8 月	江西省双拥模范县	省委、省政府
南丰县	2016 年 2 月	首批“国家全域旅游示范区创建单位”	国家旅游局

续表 34-2

受表彰单位	先进年度或受表彰时间	荣誉称号	授予单位
南丰县	2016 年 10 月	国家重点生态功能区	国务院
南丰县	2016 年 3 月	全国农村中医药先进县	国家中药局
南丰县	2016 年 12 月	全国义务教育发展基本均衡县	国务院教育督导委员会
南丰县人民法院	2016 年 4 月	江西省第十四届文明单位	省委、省政府
南丰县国税局	2016 年 4 月	江西省第十四届文明单位	省委、省政府
南丰县财政局	2016 年 4 月	江西省第十四届文明单位	省委、省政府
南丰县社保局	2016 年 4 月	江西省第十四届文明单位	省委、省政府
南丰县地税局	2016 年 4 月	江西省第十四届文明单位	省委、省政府
南丰县审计局	2016 年 4 月	江西省第十四届文明单位	省委、省政府
南丰县企业退休职工党委	2016 年 6 月	全省先进基层党组织	江西省委
南丰县社保局	2016 年 12 月	全国人力资源和社会保障系统 2014—2016 年度优质服务窗口	人力资源和社会保障部
农业银行南丰县支行	2016 年	“五一劳动奖状”	中国农业银行
南丰县市山镇卫生院	2016 年 12 月	2015–2016 年度群众满意的乡镇卫生院	国家卫计委
南丰县橘都小学	2016 年 1 月	全国青少年足球文化特色学校	教育部
南丰县美孙甲鱼养殖专业合作社	2016 年	全省优秀农民合作社、优秀新型经营主体	省委、省政府
崇仁县	2016 年	全省粮食生产先进县	省委、省政府
崇仁县工业园区	2016 年 4 月	第三批全国 38 个产业集群区域品牌建设试点单位	工信部
崇仁县国税局	2016 年 4 月	江西省第十四届文明单位	省委、省政府
崇仁县交警大队	2016 年 4 月	江西省第十四届文明单位	省委、省政府
崇仁县人民检察院	2016 年 4 月	江西省第十四届文明单位	省委、省政府
崇仁县地税局	2016 年 4 月	江西省第十四届文明单位	省委、省政府
崇仁县财政局	2016 年 4 月	江西省第十四届文明单位	省委、省政府

续表 34-2

受表彰单位	先进年度或受表彰时间	荣誉称号	授予单位
人民银行崇仁支行	2016年4月	江西省第十四届文明单位	省委、省政府
崇仁县公路分局	2016年4月	江西省第十四届文明单位	省委、省政府
崇仁县供电公司	2016年4月	江西省第十四届文明单位	省委、省政府
崇仁县气象局	2016年4月	江西省第十四届文明单位	省委、省政府
崇仁县马鞍镇马鞍村	2016年4月	江西省第五届文明村镇	省委、省政府
崇仁县红壤开发局	2016年6月	全省红壤农田长期施肥效应暨养分管理技术二等奖	江西省人民政府
乐安县	2016年	全省农业和农村工作先进县称号	省委、省政府
乐安县	2016年	全省双拥模范县	省委、省政府、省军区
乐安县	2016年	全国残疾人工作先进单位	国务院残疾人工作委员会
乐安县国税局	2016年	全国国税系统先进单位	国家税务总局
宜黄县	2016年12月	全国地质灾害防治高标准“十有县”	国土资源部
江西瑞博特生物科技有限公司	2016年11月	高新技术企业	国家科委
宜黄县南源乡夺中村	2016年8月	全国乡村旅游扶贫重点村	国家旅游局等12部门
宜黄县东陂镇江背村	2016年8月	全国乡村旅游扶贫重点村	国家旅游局等12部门
金溪县	2016年3月	2013—2015年被全省加快工业发展和加速工业崛起先进县	江西省人民政府
金溪县工商联	2015年	全国“五好”县级工商联	中华全国工商业联合会
金溪县	2016年	全省新农村建设工作先进县	省委、省政府
金溪县	2016年	全省农业和农村工作先进县	省委、省政府
金溪县	2016年	全省农村清洁工程工作先进县	省委、省政府
金溪县	2016年	全省“财政惠农信贷通”工作先进县	省委、省政府
金溪县	2016年3月	江西省森林城市	江西省人民政府
金溪县	2016年4月	江西省文明城市	省委、省政府

续表 34-2

受表彰单位	先进年度或受表彰时间	荣誉称号	授予单位
金溪县秀谷镇里艾家村	2016 年 4 月	江西省第五届文明村镇	省委、省政府
金溪县行政中心	2016 年 4 月	江西省第十四届文明单位	省委、省政府
金溪县人民法院	2016 年 4 月	江西省第十四届文明单位	省委、省政府
金溪县人民检察院	2016 年 4 月	江西省第十四届文明单位	省委、省政府
金溪县秀谷镇机关	2016 年 4 月	江西省第十四届文明单位	省委、省政府
金溪县国税局	2016 年 4 月	江西省第十四届文明单位	省委、省政府
金溪县地税局	2016 年 4 月	江西省第十四届文明单位	省委、省政府
金溪县供电公司	2016 年 4 月	江西省第十四届文明单位	省委、省政府
金溪县移动公司	2016 年 4 月	江西省第十四届文明单位	省委、省政府
金溪县新华书店	2016 年 4 月	江西省第十四届文明单位	省委、省政府
金溪县	2016 年 6 月	全国双拥模范县城	全国双拥工作领导小组、民政部、解放军总政治部
金溪县	2016 年 6 月	春季森林防火平安县	江西省人民政府
金溪县浒湾镇浒湾村、黄坊村，合市镇龚家村、大耿村、游垫村、戌源村、乌墩塘村，左坊镇后车村，对桥镇旸田村，陆坊乡下李村、岐山村，琉璃乡蒲塘村、北坑村、谢坊村，石门乡石门村	2016 年 12 月	第四批中国传统村落	住建部、文化部 国家文物局
金溪县双塘镇竹桥村	2016 年 12 月	全国第四批美丽宜居村庄示范	住建部
金溪县秀谷镇徐坊村	2016 年 12 月	全国第四批美丽宜居村庄示范	住建部
资溪县	2016 年 3 月	首批国家全域旅游示范区创建单位	国家旅游局
资溪县	2016 年 5 月	2015 年度科学发展综合考核评价先进县	省委、省政府
资溪县	2016 年 9 月	国家重点生态功能区	国务院
资溪县	2014—2016 年	全国计划生育优质服务先进单位	国家卫计委

续表 34-2

受表彰单位	先进年度或受表彰时间	荣誉称号	授予单位
资溪县	2016 年	全省新农村建设工作先进县	省委、省政府
资溪县	2016 年	计划生育工作先进县三等奖	省委、省政府
资溪县	2016 年	全省农村清洁工程工作先进县	省委、省政府
资溪县	2016 年	中国最具投资潜力特色魅力示范县 200 强	爱国华商投资促进机构美中经贸投资总商会等
资溪县花山界至里木高速公路建设项目办	2016 年 12 月	嘉奖	江西省人民政府
资溪县高阜镇	2016 年 9 月	全国重点镇	住建部、国家发改委等 7 部委
资溪县高阜镇	2016 年 4 月	江西省第五届文明村镇	省委、省政府
资溪县财政局	2016 年 4 月	江西省第十四届文明单位	省委、省政府
资溪县人民检察院	2016 年 4 月	江西省第十四届文明单位	省委、省政府
资溪县国税局	2016 年 4 月	江西省第十四届文明单位	省委、省政府
资溪县马头山生态公益林场	2016 年 4 月	江西省第十四届文明单位	省委、省政府
资溪县邮政局	2016 年 4 月	江西省第十四届文明单位	省委、省政府
邮政储蓄银行资溪县支行	2016 年 4 月	江西省第十四届文明单位	省委、省政府
资溪县农村信用合作联社	2016 年 4 月	江西省第十四届文明单位	省委、省政府
资溪县地税局	2016 年 4 月	江西省第十四届文明单位	省委、省政府
资溪县第一中学	2016 年 6 月	全国青少年校园足球特色学校	教育部
资溪县乌石镇新月村	2016 年 10 月	中国少数民族特色村寨	国家民委
资溪县工商联	2016 年 7 月	2015 年度全国“五好县级工商联”	全国工商联
资溪县一亩茶园	2016 年 8 月	“互联网 +”百佳实践案例	农业部
资溪县嵩市镇中心卫生院	2016 年 12 月	2015–2016 年度群众满意乡镇卫生院。	国家卫计委

续表 34-2

受表彰单位	先进年度或受表彰时间	荣誉称号	授予单位
广昌县	2016 年 10 月	国家重点生态功能区	国务院
广昌县	2016 年 7 月	全国电子商务进农村综合示范县	财政部、商务部 国务院扶贫办
广昌县	2016 年 3 月	2013–2015 年度全省加快工业发展加速工业崛起先进单位	江西省人民政府
广昌县驿前镇	2016 年 9 月	全国重点镇	住建部、国家发改委等 7 部委
广昌县工商联	2016 年 5 月	2015 年全国“五好县级工商联”	全国工商联
广昌县发改委	2016 年 12 月	2016 年全国优秀农村经济动态检测点	国家发改委
广昌县纪委（县监察局）	2016 年 4 月	江西省十四届文明单位	省委、省政府
广昌县供电公司	2016 年 4 月	江西省十四届文明单位	省委、省政府
广昌县委宣传部	2016 年 4 月	江西省十四届文明单位	省委、省政府
中国移动广昌县分公司	2016 年 4 月	江西省十四届文明单位	省委、省政府
广昌县人民检察院	2016 年 4 月	江西省十四届文明单位	省委、省政府
广昌县公安消防大队	2016 年 4 月	江西省十四届文明单位	省委、省政府
广昌县国税局	2016 年 4 月	江西省十四届文明单位	省委、省政府
广昌县第一中学	2016 年 4 月	江西省十四届文明单位	省委、省政府
中国电信广昌县分公司	2016 年 4 月	江西省十四届文明单位	省委、省政府
东乡县	2016 年 4 月	江西省第五届文明城市	省委、省政府
东乡润邦农业发展有限公司	2016 年	国家级循环农业示范区	农业部
东乡县	2016 年 3 月	2013–2015 年度全省加快工业发展加速工业崛起先进单位	江西省人民政府
东乡县	2016 年 5 月	2011–2016 年全国法治宣传教育先进县	司法部

主要统计资料

抚州市土地面积与乡镇名称

表 35-1

（2016 年）

县（区）别	土地面积（平方千米）	乡镇名称
抚州市	18799	
临川区	2126	青云街道办事处，六水桥街道办事处，文昌街道办事处，荆公路街道办事处，西大街街道办事处，抚北镇，上顿渡镇，唱凯镇，温泉镇，高坪镇，腾桥镇，龙溪镇，孝桥镇，罗针镇，云山镇，罗湖镇，大岗镇，青泥镇，太阳镇，秋溪镇，东馆镇，荣山镇，河埠乡，茅排乡，湖南乡，七里岗乡，鹏田乡，连城乡，嵩湖乡，展坪乡，桐源乡
高新区	158	城西街道办事处，钟岭街道办事处，崇岗镇
南城县	1713	建昌镇，上唐镇，洪门镇，株良镇，里塔镇，龙湖镇，沙洲镇，新丰街镇，万坊镇，徐家镇，天井源乡，浔溪乡
黎川县	1709	日峰镇，宏村镇，洵口镇，熊村镇，德胜镇，龙安镇，华山镇，潭溪乡，荷源乡，厚村乡，湖坊乡，中田乡，樟溪乡，西城乡，社苹乡
南丰县	1913	琴城镇，太和镇，白舍镇，洽湾镇，桑田镇，市山镇，紫霄镇，市山镇，三溪乡，东坪乡，莱溪乡，太源乡，傅坊乡
崇仁县	1520	巴山镇，相山镇，航埠镇，孙坊镇，河上镇，礼陂镇，马鞍镇，石庄乡，六家桥乡，白路乡，三山乡，白陂乡，桃源乡，许坊乡，郭圩乡
乐安县	2411	鳌溪镇，公溪镇，戴坊镇，牛田镇，招携镇，龚坊镇，山砀镇，增田镇，万崇镇，湖溪乡，罗陂乡，湖坪乡，金竹畲族乡，南村乡，谷岗乡，大马头乡
宜黄县	1937	凤冈镇，棠阴镇，黄陂镇，东陂镇，梨溪镇，二都镇，中港镇，桃陂镇，新丰乡，神岗乡，圳口乡，南源乡
金溪县	1353	秀谷镇，浒湾镇，双塘镇，何源镇，合市镇，琅琚镇，左坊镇，对桥镇，黄通乡，陆坊乡，陈坊积乡，琉璃乡，石门乡
资溪县	1248	鹤城镇，马头山镇，高埠镇，嵩市镇，乌石镇，高田乡，石峡乡
东乡县	1268	孝岗镇，小璜镇，圩上桥镇，马圩镇，詹圩镇，岗上积镇，杨桥殿镇，王桥镇，黎圩镇，珀干乡，邓家乡，虎圩乡，瑶圩乡
广昌县	1603	盱江镇，头陂镇，赤水镇，驿前镇，甘竹镇，塘坊镇，千善乡，水南圩乡，长桥乡，杨溪乡，尖峰乡

抚州市生产总值及构成

表 35-2　　单位：万元

指　标	2015 年	2016 年	2016 年比 2015 年增长(%)	2016 年生产总值构成(%)
总　计	**11051377**	**12109070**	**8.8**	**100**
第一产业	1818144	1970015	4.0	16.3
农林牧渔业	1863636	2021759	4.0	16.7
第二产业	5493022	5913387	8.9	48.8
工业	4498994	4844121	9.2	40.0
建筑业	994028	1069266	7.2	8.8
第三产业	3740211	4225668	11.2	34.9
交通运输、仓储和邮政业	672482	729229	6.5	6.0
批发和零售业	557133	594797	6.1	4.9
批发业	323833	341087	4.7	2.8
零售业	233300	253710	8.1	2.1
住宿和餐饮业	253948	278952	7.1	2.3
住宿业	31768	34116	5.7	0.3
餐饮业	222180	244836	7.3	2.0
金融保险业	175500	205793	16.1	1.7
房地产业	428187	492514	9.5	4.1
其他营利性服务业	510968	667683	27.7	5.5
非营利性服务业	1096501	1204956	9.9	10.0

抚州市国民经济

表 35-3

指　　标	单　位	1978 年	1980 年	1985 年	1990 年	1995 年
一、年末总人口(抽样调查)	**万 人**				**335.22**	**358.52**
年平均人口(抽样调查)	万 人	279.52			323.87	356.29
年末总人口(公安人口)	万 人	282.50	288.09	300.94	326.91	340.85
#农业人口	万 人	242.78	244.96	252.31	270.59	274.61
二、年末社会从业人数	**万 人**	**101.81**	**107.50**	**143.05**	**155.54**	**174.60**
#职工人数	万 人	12.38	15.33	23.63	25.87	27.89
三、生产总值	**亿 元**	**7.66**	**9.45**	**16.79**	**33.52**	**84.87**
第一产业	亿 元	4.00	5.28	9.48	19.10	40.22
第二产业	亿 元	2.24	2.67	4.69	7.58	25.89
第三产业	亿 元	1.42	1.50	2.62	6.84	18.76
四、农　业						
1. 农业牧渔业总产值	万 元	53351	161478	252326	333149	483116
农业产值	万 元	40397	111815	156443	176370	242140
林业产值	万 元	2055	12065	20172	23778	51664
牧业产值	万 元	6065	21560	46916	82653	164579
渔业产值	万 元	242	2450	4707	8225	24733
农林牧渔服务业产值	万 元					
2. 主要农产品产量						
粮　　食	万 吨	124.04	146.73	194.19	216.34	209.117
棉　　花	吨	1541	1651	1107	1930	5928
甘　　蔗	万 吨	4.87	6.02	17.05	17.19	4107
麻　　类	吨	5035	3436	8290	5394	3345
茶　　叶	吨	173	260	394	634	753
水　　果	万吨	0.6	0.9	2.6	4.8	3.6
#柑　桔	万吨	0.5	0.8	2.3	4.5	2.7
水 产 品	万吨	0.3	0.6	1.3	2.3	5.2
生猪年末存栏	万 头	126.09	115.29	144.11	183.59	237.18
生猪当年出栏	万 头	59.34	61.99	88.75	167.20	311.15

说明：1.1993 年 −2008 年 GDP 数据按 2008 年经济普查数据平滑调整（下同）

2. 根据《国家统计局关于布置 2007 年统计年报和 2008 年定期统计报表制度的通知》的要求，江西省取消了“农林牧渔业总的数据。

主要指标

2000年	2010年	2011年	2012年	2013年	2014年	2015年	2016年	2016年比2015年增长(%)
366.40	**391.66**	**393.78**	**394.89**	**396.24**	**397.66**	**399.28**	**401.08**	**0.5**
364.80	390.49	392.72	394.33	395.56	396.95	398.47	400.18	0.4
360.49	405.91	411.99	417.82	419.58	427.50	428.76	431.03	0.5
285.49	307.73	312.61	318.90	315.42	327.92	275.36	289.54	5.1
175.60	**208.71**	**212.36**	**215.82**	**218.63**	**221.89**	**224.64**	**227.13**	**1.1**
22.39	20.08	22.00	28.23	34.36	35.72	35.03	36.10	3.1
139.13	**630.01**	**742.51**	**825.04**	**940.64**	**1036.77**	**1105.14**	**1210.91**	**8.8**
49.15	119.84	136.89	152.00	163.48	173.73	181.81	197.00	4.0
51.92	314.74	395.61	435.93	489.02	534.89	549.30	591.34	8.9
38.06	195.70	210.01	237.11	288.14	328.16	374.02	422.57	11.2
550169	2193137	2527007	2813438	2962389	3131351	3283167	3564512	4.0
303852	1232744	1436911	1624611	1711992	1835592	1991916	2130326	4.9
53878	113145	110468	127741	137443	138793	156543	167171	6.9
138019	615122	729877	778662	806427	817166	758684	865654	2.1
54420	188203	206742	230866	248824	272578	310392	326505	1.2
	43923	43009	51558	57703	67222	65632	74857	5.9
192.58	262.82	268.49	283.7125	286.13	291.49	293.07	296.64	1.2
4974	4142	3858	3599	3685	3513	3065	2837	-7.4
37.2	18.98	19.79	19.0402	20.14	20.03	20.95	20.19	-3.6
1102	537	578	563	552	521	513	492	-4.1
626	2500	2456	2511	2619	2534	2573	2562	-0.4
6.4	82.2	139.17	121.4037	159.93	157.17	182.21	155.65	-14.6
4.4	76.4	133.6	115.4208	153.72	150.68	175.47	147.94	-15.7
9.0	15.5	15.99	16.835	17.56	18.47	19.38	19.65	1.4
164.42	166.04	172.56	176.34	181.42	183.56	174.45	167.38	-4.1
227.81	281.12	273.90	276.22	285.04	291.35	283.08	270.87	-4.3

产值和商品产值”中按1990年不变价格计算的总产值，所以本书中“农林牧渔业总产值”从2007年和开始为按当年价格计算

续表 35-3

指　　标	单　位	1978 年	1980 年	1985 年	1990 年	1995 年
五、工　业						
1. 工业总产值	万 元	40613	98615	154811	262624	540391
轻工业产值	万 元	27689	56678	95142	134933	293858
重工业产值	万 元	12924	21993	3620	92854	203237
2. 主要工业产品产量						
布	万　米	3355	5140	4946	5534	6526
饮料酒	千 升	3378	3161	9622	16680	19379
机制纸及纸板	吨	3537	7549	18600	15828	61769
水　泥	万 吨	5.17	5.24	12.08	13.3	25.6
3. 工业企业财务指标						
主营业务收入	万元					
利润总额	万元	3717	6266	7706	8686	18174
六、运输、邮电						
1. 公路货物周转量	万吨公里	7089	12164	9132	86235	87456
2. 公路旅客周转量	万人公里	14370	23077	50002	91867	107549
七、国内外贸易						
1. 社会消费品零售总额	万 元	25520	35137	71239	122785	335727
2. 实际利用外资	万美元			345	45	727

说明：2002 年及以后年份的工业总产值及分类是规模以上工业数据

2000 年	2010 年	2011 年	2012 年	2013 年	2014 年	2015 年	2016 年	2016 年比 2015 年 增长(%)
1151228	7364518	8139521	10283391	12479053	14641030	15645654	16944583	8.2
694214	3060681	3376380	4327288	5165396	6054209	6495828	7179682	7.8
402328	4303837	4763140.6	5956103	7313657	8586821	9149826	9764901	8.5
4503	7649	10157	20884	18095	25243	19567	24623	6.5
33324	332283	373110	191401	270970	277469	218179	169450	-22.3
	64035	86946	163847	130436	148067	180677	196873	9.0
53.3	122.6	176.0	245.3	231.2	257.9	258.2	263.0	1.8
374763	7316815	8068089	10151818	12453535	14733639	15399844	16485699	7.2
6590	543396	594677	692900	773790	888079	948208	1053512	11.1
210708	2986087	3226403	3871683	4646644	3848190	4194997	4368170	4.1
180678	256807	274213	281553	288141	228972	184288	182717	-0.9
636049	2271100	2661700	3022508	3414562	3794962	4303478	4802681	11.6
3323	20443	23123	26807	29149	33783	29313	32373	10.4

续表 35-3

指　　标	单　位	1978 年	1980 年	1985 年	1990 年	1995 年
八、固定资产投资额						
全社会固定资产投资	万 元	1811	4444	10483	25006	96307
# 房地产开发投资	万 元					8099
九、财　　政						
财政总收入	万 元	6366	9485	12630	26117	61570
财政支出	万 元	7058	9975	20482	34698	65867
十、教育卫生						
普通中学校数	所		283	244	249	246
普通中学在校学生	万 人	15.06	15.58	14.44	17.51	18.29
小学生在校学生	万 人	52.97	56.44	51.17	41.25	39.4
卫生机构数	个	5164	519	520	531	501
卫生技术人员	人	5702	6378	8483	9161	9262
# 医生	人	1498	2732	3605	4093	4149
病床数	张	5164	5757	6360	6511	6170
# 医院病床数	张	4920	5482	6087	6251	5551
十一、人民生活						
全部职工年平均工资	元	519	665	879	1549	3649
# 国有单位	元	519	675	921	1640	3798
集体所有单位	元	472	587	768	1239	2823
城镇居民人均可支配收入	元	206	244	535	999	2774
城乡居民储蓄存款余额	万 元	3610	8962	33196	125825	491749
农村居民人均可支配收入	元	132	266	478	728	1608

2000 年	2010 年	2011 年	2012 年	2013 年	2014 年	2015 年	2016 年	2016 年比 2015 年 增长(%)
231967	4798700	5720736	6614052	7915961	9392481	10996711	12513001	13.8
23790	746339	838684	660855	813592	988831	1100013	1115713	1.4
87643	740141	1001203	1122972	1305866	1500709	1651774	1716247	3.9
132668	1394453	1786658	2022092	2276705	2557888	2942955	3123357	6.0
248	213	202	209	212	218	221	221	
23.03	25.46	26.29	26.51	23.09	23.08	23.35	22.84	-2.2
39.01	40.7	41.52	41.38	34.29	34.10	34.92	35.26	1.0
·302	2282	2272	2281	2313	2310	2323	2334	0.5
11850	10887	11341	11827	12349	13068	13292	14376	8.2
4506	4202	4395	4582	4720	4980	4872	5308	8.9
6857	9419	7829	8642	9676	10318	10583	11973	13.1
4970	4956	5092	6069	6819	7352	7682	8774	14.2
6094	21426	26895	32642	40011	44832	48975	54060	10.4
6299	22964	27254	31692	37229	42507	49007	58580	19.5
4681	17551	22208	29874	27327	32519	42172	52883	25.4
5006	14445	16633	18932	20835	23101	25065	27195	8.5
1002499	4363029	5235260	6363271	7300573	8378951	9426320	10603220	12.5
2155	5848	7050	8095	9059	10410	11411	12447	8.8

抚州市主要年份生产总值

表 35-4　　单位：万元

年　份	生产总值	第一产业	第二产业	第三产业	人均生产总值(元)
1978 年	76600	39962	22427	14211	274
1980 年	94541	52800	26700	15041	330
1985 年	167900	94800	46900	26200	560
1990 年	335153	190989	75748	68416	1035
1995 年	848770	402188	258962	187621	2382
1997 年	1218302	513654	411636	293015	3007
1998 年	1287982	482832	468293	336857	3147
1999 年	1337819	495973	486090	355756	3234
2000 年	1391336	494524	519172	386040	3814
2001 年	1507831	511431	578535	417866	4096
2002 年	1658814	534860	666385	457569	4465
2003 年	1872403	535922	800511	535970	5003
2004 年	2270043	652101	875111	742831	6028
2005 年	2620040	701902	1058610	859528	6916
2006 年	3135607	746922	1388934	999751	8230
2007 年	3679225	800905	1719429	1158891	9602
2008 年	4396336	963536	2085900	1346900	11404
2009 年	5029103	1092340	2377582	1559181	12960
2010 年	6300124	1198396	3144701	1957027	16134
2011 年	7425067	1368900	3956089	2100078	18907
2012 年	8250400	1519973	4359294	2371133	20922
2013 年	9406413	1634797	4890218	2881398	23780
2014 年	10367713	1737371	5348925	3281417	26119
2015 年	11051377	1818144	5493022	3740211	27735
2016 年	12109070	1970015	5913387	4225668	30259

说明：1998 年 -2013 年 GDP 数据按 2013 年经济普查数据平滑调整

抚州市规模以上工业企业单位数、总产值和增加值

表 35-5　　（2016 年）　　单位：万元

指　　标	企业单位数（个）	工业总产值	比上年增长（%）	工业增加值	比上年增长（%）
总　　计	**943**	**16944583**	**8.2**	**3940004**	**11.0**
一、按登记注册类型分组：					
国有企业	4	17616	12.7	10852	13.4
集体企业	0				
股份合作企业	4	40549	19.7	8384	20.8
联营企业	1	32183	7.1	6948	8.3
有限责任公司	440	7848151	4.7	1830524	7.5
股份有限公司	19	501412	5.8	126944	9.2
私营企业	425	7422615	8.9	1651081	15.2
港、澳、台商投资企业	32	577028	4.7	148068	3.9
外商投资企业	16	505030	110.8	165224	181.0
二、按轻、重工业分					
轻工业	488	7179682	7.8	1706155	7.3
重工业	455	9764901	8.5	2233850	13.9
三、按企业规模分					
大中型企业	95	4421252	-1.7	1040275	1.2
小型企业	825	12523331	12.2	2888196	16.0
四、按工业行业分					
黑色金属矿采选业	4	23245	-29.9	5411	-25.0
有色金属矿采选业	4	52958	7.0	17563	11.3
非金属矿采选业	2	41058	28.6	10646	30.7
农副食品加工业	45	830247	7.2	166611	6.1
食品制造业	14	338659	19.6	85458	19.3
酒、饮料和精制茶制造业	8	119206	2.1	34287	2.9
纺织业	88	1085841	5.6	238090	6.4
纺织服装、服饰业	74	748413	-14.6	216106	-12.9
皮革、毛皮、羽毛及其制品和制鞋业	31	364780	16.5	107712	16.8
木材加工和木、竹、藤、棕、草制品业	32	328064	-3.0	74124	-1.9
家具制造业	11	159518	10.0	42796	10.5
造纸和纸制品业	37	443924	6.7	97021	6.9

续表 35-5 单位：万元

指　　标	企业单位数（个）	工业总产值	比上年增长（%）	工业增加值	比上年增长（%）
印刷和记录媒介复制业	8	90281	12.6	23498	13.3
文教、工美、体育和娱乐用品制造业	31	415798	27.6	84456	24.6
石油加工、炼焦和核燃料加工业	1	78201	5.0	3879	-8.6
化学原料和化学制品制造业	98	1674622	17.4	405869	18.1
医药制造业	34	765583	14.8	173028	15.1
化学纤维制造业	1	23157	8.4	5120	11.9
橡胶和塑料制品业	89	1357547	15.7	285600	18.3
非金属矿物制品业	64	980251	11.3	259889	9.9
黑色金属冶炼和压延加工业	4	167604	-12.3	33128	-14.3
有色金属冶炼和压延加工业	39	2561161	-11.1	519504	-6.4
金属制品业	33	422754	12.2	77731	14.3
通用设备制造业	19	234924	20.0	53272	22.8
专用设备制造业	14	304199	7.0	71010	4.6
汽车制造业	42	850736	14.6	170351	14.3
铁路、船舶、航空航天和其他运输设备制造业	6	72476	22.9	19273	23.9
电气机械和器材制造业	64	1439796	17.2	371147	17.7
计算机、通信和其他电子设备制造业	24	459112	8.5	121569	8.0
仪器仪表制造业	6	105745	21.4	25316	21.7
其他制造业	4	55096	34.1	11304	31.5
废弃资源综合利用业	1	39180	13.5	6157	13.0
电力、热力生产和供应业	4	265802	2251.8	105417	2605.2
燃气生产和供应业	4	29032	1.0	7188	9.8
水的生产和供应业	3	15614	14.5	10473	12.4

抚州市各级各类学校基本情况

表 35-6　　(2016 年)　　单位：人

指　标	学校数(所)	班级(个)	上学年初在校学生数	毕业生数	实际招生数	本学年初在校学生数	在校学生本学年比上学年	
							增减数	增减(%)
普通中学	**221**	**4237**	**233469**	**80621**	**80407**	**228417**	**-5052**	**-2.16**
完全中学	24							
高　中	35	1310	83276	30232	26415	78702	-4574	-5.49
初　中	186	2927	150193	50389	53992	149715	-478	-0.32
职业高中	**24**		**13772**	**4198**	**3160**	**7819**	**-5953**	**-43.23**
小　学	**707**	**10743**	**349180**	**53292**	**58212**	**352551**	**3371**	**0.97**
幼儿园	**764**	**4054**	**116851**	**39623**	**39191**	**108692**	**-8159**	**-6.98**
特殊教育学校	**10**	**53**	**1748**	**157**	**357**	**1983**	**235**	**13.44**

单位：人

指　标	上学年初教职工数	专任教师	本学年初教职工数	专任教师	本学年比上学年增减	专任教师
普通中学	**15188**	**14359**	**14671**	**14209**	**-517**	**-150**
完全中学						
高　中		4090		4084		-6
初　中		10269		10125		-144
职业高中	**844**	**751**	**661**	**594**	**-183**	**-157**
小　学	**20324**	**20169**	**20567**	**20456**	**243**	**287**
幼儿园	**8587**	**4964**	**7614**	**5345**	**-973**	**381**
特殊教育学校	**64**	**64**	**64**	**64**		

抚州市主要工业

表 35-7 （201

产品名称	单位	抚州市	临川区	南城县	黎川县
大米	吨	621582	16610	74421	
饲料	吨	337001	186505		
饮料酒	千升	169450	64693		
其中:白酒(折 65 度,商品量)	千升	397	397		
其中:啤酒	千升	161103	64296		
软饮料	吨	179184			
纱	吨	136300	15242	21875	
布	万米	24623	3943	7758	
其中:棉布	万米	6817	1449	5368	
丝	吨	1187			
服装	万件	5557	37	2849	180
人造板	立方米	393753	224200		169553
家俱	万件	240		203	31
机制纸及纸板	吨	196873	78414	26478	
纸制品	吨	61269		44301	
农用氮、磷、钾化学肥料	吨	32026			
化学农药	吨	6890	1281		
中成药	吨	6271	507	2467	
塑料制品	吨	346875		87976	20733
水泥	万吨	263	172	65	
十种有色金属	吨	186290	125949		
铜材	吨	491689	13534		
金属切削机床	台	1132	812		
变压器	千伏安	13548840			
铅酸蓄电池	千伏安时	732045	634235		

产品产量

6 年)

南丰县	崇仁县	乐安县	宜黄县	金溪县	资溪县	东乡区	广昌县	高新区
	198228			20557		311766		
						150496		
104757								64296
96807								64296
179184								
	11236		1108	31259		55580		15242
1909							11013	2811
								1449
		529		64		594		
	938					566	987	37
	5							
7610			84371					
11409							5559	
						32026		
						5609		
199		461			2637			98
203827			24607			9732		
6	20							
			14106	46235				
	6446		393			442453	28863	
	320							
	12248331			1300509				
						97810		

抚州市主要农作物产量

表 35-8　　单位：吨

指　　标	2015 年	2016 年	2016 年比 2015 年	
			增长数	增长(%)
一、粮食作物	**2930698**	**2966370**	**35672**	**1.2**
(一)谷　物	2770600	2800870	30270	1.1
其中:夏收谷物	17		-17	-100.0
秋收谷物	1670389	1699227	28838	1.7
1.稻　谷	2760757	2791461	30704	1.1
(1)早　稻	1100194	1101643	1449	0.1
(2)中稻及一季晚稻	354868	383850	28982	8.2
(3)双季晚稻	1305695	1305968	273	0.0
2.小　麦	17		-17	-100.0
(1)冬小麦	17		-17	-100.0
(2)春小麦				
3.玉　米	9647	9237	-410	-4.3
4.谷　子				
5.高　粱				
6.其它谷物	179	172	-7	-3.9
其中:大麦				
燕麦				
荞麦				
(二)豆　类	42334	43434	1100	2.6
1.大　豆	33943	34922	979	2.9
2.绿　豆	4002	4047	45	1.1
3.红小豆	230	227	-3	-1.3
4.蚕豌豆	4146	4225	79	1.9
(三)薯类(折粮计算)	117764	122066	4302	3.7
其中:马铃薯	4321	4819	498	11.5
红　薯	112121	117068	4947	4.4
二、油料作物	**59017**	**60148**	**1131**	**1.9**
1.花　生	38964	39366	402	1.0
2.油菜籽	18841	19597	756	4.0
3.芝　麻	1212	1185	-27	-2.2
4.胡麻籽				
5.向日葵籽				
三、棉　花	**3065**	**2837**	**-228**	**-7.4**
四、麻　类	**513**	**492**	**-21**	**-4.1**
其中:黄红麻	441	423	-18	-4.1
苎　麻	72	69	-3	-4.2
大　麻(线麻)				
亚　麻				
五、甘　蔗	**209483**	**201856**	**-7627**	**-3.6**
六、烟叶类	**16809**	**21640**	**4831**	**28.7**
其中:烤　烟	**16488**	**21331**	**4843**	**29.4**
七、药材类	**15616**	**15929**	**313**	**2.0**
八、蔬菜类(含菜用瓜)	**1448349**	**1445470**	**-2879**	**-0.2**
九、瓜果类	**669707**	**665759**	**-3948**	**-0.6**
其中:西　瓜	531491	533427	1936	0.4
甜　瓜	22320	23555	1235	5.5
草　莓	1353	1552	199	14.7
十、其他农作物				
其中:莲　子	7041	8424	1383	19.6
青饲料	119033	107214	-11819	-9.9

抚州市农林牧渔业总产值

表 35-9　　（按现行价格计算）　　单位：万元

指　标	2015 年	2016 年	2016 年比 2015 年	
			增加数	增长(%)
农林牧渔业总产值	**3283167**	**3564512**	**281345**	**8.6**
一、农业产值	**1991916**	**2130326**	**138410**	**6.9**
(一)谷物及其他作物	1018567	1072027	53460	5.2
1. 谷物	736689	752345	15656	2.1
其中:小　麦	5		-5	-100.0
稻　谷	732198	748316	16118	2.2
玉　米	3087	3344	257	8.3
2. 薯类	29365	33585	4220	14.4
其中:马铃薯	2421	2872	451	18.6
3. 油料	42517	47213	4696	11.0
其中:花　生	27491	30483	2992	10.9
油菜籽	13672	14534	862	6.3
4. 豆类	26165	28164	1999	7.6
其中:大　豆	20671	22420	1749	8.5
5. 棉花	4093	4255	162	4.0
6. 生麻	31	30	-1	-3.2
7. 糖类	31480	34706	3226	10.2
8. 烟草	40725	51516	10791	26.5
9. 其他农作物	107502	120213	12711	11.8
其中:饲料作物	3315	3296	-19	-0.6
(二)蔬菜、食用菌及花卉盆景园艺产品	437173	487374	50201	11.5
1. 蔬菜(含菜用瓜)	328524	371446	42922	13.1
2. 食用菌	48088	54510	6422	13.4
3. 花　卉	10051	8625	-1426	-14.2
4. 盆景园艺	50510	52793	2283	4.5
(三)水果、坚果、茶、饮料和香料	523230	557476	34246	6.5
1. 水果	516428	550052	33624	6.5
其中:梨	13058	16273	3215	24.6
柑桔	391283	421579	30296	7.7
2. 坚果	2441	2498	57	2.3
其中:核桃				
板栗	2104	1967	-137	-6.5
松子	30	45	15	50.0
3. 茶及饮料原料	4361	4926	565	13.0
其中:茶叶	4361	4926	565	13.0
4. 香料作物				
其中:花椒				
八角				
(四)中草药材	12946	13449	503	3.9

续表 35-9 单位：万元

指　　标	2015 年	2016 年	2016 年比 2015 年	
			增加数	增长(%)
二、林业产值	**156543**	**167170**	**10627**	**6.8**
(一)林木的培育和种植	46044	54282	8238	17.9
1. 育种育苗	2570	4187	1617	62.9
2. 造　林	19556	20219	663	3.4
3. 抚育和管理	23918	29876	5958	24.9
(二)竹木采运	51210	49639	-1571	-3.1
其中:村及村以下	25493	24014	-1479	-5.8
(三)林产品	59289	63249	3960	6.7
三、牧业产值	**758684**	**865654**	**106970**	**14.1**
(一)牲畜饲养	54352	67206	12854	23.6
1. 牛的饲养	33081	39018	5937	17.9
2. 羊的饲养	3308	1562	-1746	-52.8
3. 其他牲畜饲养	8037	15699	7662	95.3
4. 奶产品	7091	6564	-527	-7.4
其中:牛奶	7091	6564	-527	-7.4
5. 毛绒产品				
其中:羊毛				
6. 其他牲畜副产品	2835	4363	1528	53.9
(二)猪的饲养	475680	526415	50735	10.7
(三)家禽的饲养	214234	255230	40996	19.1
1. 肉禽	144637	177642	33005	22.8
2. 禽蛋	69597	77588	7991	11.5
(四)狩猎和捕捉动物	3052	4121	1069	35.0
(五)其他畜牧业	11366	12682	1316	11.6
其中:蚕茧	2825	2516	-309	-10.9
兔	288	321	33	11.5
四、渔业产值	**310392**	**326505**	**16113**	**5.2**
其中:养殖	265016	281926	16910	6.4
(一)鱼　类	232841	241801	8960	3.8
(二)虾蟹类	14480	14593	113	0.8
(三)贝　类	5747	6198	451	7.8
(四)其　他	57324	63913	6589	11.5
五、农林牧渔服务业产值	**65632**	**74857**	**9225**	**14.1**

抚州市农林牧渔业总产值

表 35-10　　(按可比价格计算)　　单位：万元

指　　标	2015 年	2016 年	2016 年比 2015 年	
			增加数	增长(%)
农林牧渔业总产值	**3283167**	**3415444**	**132277**	**4.0**
一、农业产值	**1991916**	**2090225**	**98309**	**4.9**
(一)谷物及其他作物	1018567	1064465	45898	4.5
1. 谷物	736689	748939	12250	1.7
其中:小　麦	5		-5	-100.0
稻　谷	732198	745596	13398	1.8
玉　米	3087	3343	256	8.3
2. 薯类	29365	33175	3810	13.0
其中:马铃薯	2421	3106	685	28.3
3. 油料	42517	45787	3270	7.7
其中:花　生	27491	29299	1808	6.6
油菜籽	13672	14542	870	6.4
4. 豆类	26165	27196	1031	3.9
其中:大　豆	20671	21481	810	3.9
5. 棉花	4093	4157	64	1.6
6. 生麻	31	28	-3	-9.7
7. 糖类	31480	33429	1949	6.2
8. 烟草	40725	50538	9813	24.1
9. 其他农作物	107502	121216	13714	12.8
其中:饲料作物	3315	3653	338	10.2
(二)蔬菜、食用菌及花卉盆景园艺产品	437173	454653	17480	4.0
1. 蔬菜(含菜用瓜)	328524	345443	16919	5.2
2. 食用菌	48088	48426	338	0.7
3. 花　卉	10051	10034	-17	-0.2
4. 盆景园艺	50510	50750	240	0.5
(三)水果、坚果、茶、饮料和香料	523230	557797	34567	6.6
1. 水果	516428	550471	34043	6.6
其中:梨	13058	15936	2878	22.0
柑桔	391283	419633	28350	7.2
2. 坚果	2441	2507	66	2.7
其中:核桃				
板栗	2104	2007	-97	-4.6
松子	30	30		
3. 茶及饮料原料	4361	4819	458	10.5
其中:茶叶	4361	4819	458	10.5
4. 香料作物				
其中:花椒				
八角				
(四)中草药材	12946	13310	364	2.8

续表 35-10 单位：万元

指　　标	2015 年	2016 年	2016 年比 2015 年	
			增加数	增长%
二、林业产值	**156543**	**167344**	**10801**	**6.9**
（一）林木的培育和种植	46044	54288	8244	17.9
1. 育种育苗	2570	4074	1504	58.5
2. 造　林	19556	20355	799	4.1
3. 抚育和管理	23918	29859	5941	24.8
（二）竹木采运	51210	49873	-1337	-2.6
其中：村及村以下	25493	23697	-1796	-7.0
（三）林产品	59289	63183	3894	6.6
三、牧业产值	**758684**	**774239**	**15555**	**2.1**
（一）牲畜饲养	54352	57527	3175	5.8
1. 牛的饲养	33081	32159	-922	-2.8
2. 羊的饲养	3308	1505	-1803	-54.5
3. 其他牲畜饲养	8037	14347	6310	78.5
4. 奶产品	7091	6426	-665	-9.4
其中：牛奶	6350	6426	76	1.2
5. 毛绒产品				
其中：羊毛				
6. 其他牲畜副产品	2835	3090	255	9.0
（二）猪的饲养	475680	474989	-691	-0.1
（三）家禽的饲养	214234	227073	12839	6.0
1. 肉禽	144637	159262	14625	10.1
2. 禽蛋	69597	67811	-1786	-2.6
（四）狩猎和捕捉动物	3052	3028	-24	-0.8
（五）其他畜牧业	11366	11622	256	2.3
其中：蚕茧	2825	2420	-405	-14.3
兔	288	312	24	8.3
四、渔业产值	**310392**	**314126**	**3734**	**1.2**
其中：养殖	265016	270345	5329	2.0
（一）鱼　类	232841	235546	2705	1.2
（二）虾蟹类	14480	14287	-193	-1.3
（三）贝　类	5747	5855	108	1.9
（四）其　他	57324	58438	1114	1.9
五、农林牧渔服务业产值	**65632**	**69510**	**3878**	**5.9**

抚州市畜牧业生产情况

表 35-11

指　　标	单位	2015 年	2016 年	2016 年比 2015 年	
				增加数	增长(%)
一、畜禽存栏					
1.猪存栏	头	1744525	1673795	-70730	-4.1
其中:能繁殖母猪	头	157408	156994	-414	-0.3
2.牛存栏	头	241142	236983	-4159	-1.7
其中:肉　牛	头	59271	72593	13322	22.5
奶　牛	头	3784	3673	-111	-2.9
其中:能繁殖母牛	头	82934	75754	-7180	-8.7
3.羊存栏	只	16784	17316	532	3.2
4.兔存栏	只	37530	46687	9157	24.4
5.家禽	百只	255135	297758	42623	16.7
二、畜禽出栏					
1.猪出栏	头	2830753	2708657	-122096	-4.3
2.牛出栏	头	50772	51503	731	1.4
3.羊出栏	只	15029	16118	1089	7.2
4.兔出栏	只	18271	48753	30482	166.8
5.家禽出栏	百只	882514	952693	70179	8.0
三、畜禽产品产量					
1.肉类总产量	吨	344817	348405	3588	1.0
猪肉	吨	233003	225856	-7147	-3.1
牛肉	吨	6188	6893	705	11.4
羊肉	吨	270	320	50	18.5
兔肉	吨	35	94	59	168.6
禽肉	吨	105007	115007	10000	9.5
其它肉产量	吨	314	235	-79	-25.2
2.禽蛋	吨	41860	45054	3194	7.6
鸡、鸭、鹅蛋产量	吨	38816	41595	2779	7.2
其他禽蛋产量	吨	3044	3459	415	13.6
3.牛奶	吨	15436	14576	-860	-5.6
4.其他奶产量	吨				
5.羊毛产量	公斤				
6.养蜂箱数	箱	33031	43554	10523	31.9
蜂蜜产量	吨	1303	1302	-1	-0.1
7.年末桑园面积	公顷	1115	1024	-91	-8.2
蚕茧产量	吨	894	785	-109	-12.2

抚州市渔业生产情况

表 35-12

指　　标	单 位	2015 年	2016 年	2016 年比 2015 年	
				增加数	增长(%)
一、水产品产量	**吨**	**193808**	**196484**	**2676**	**1.4**
(一)捕捞产量	吨	15525	15418	-107	-0.7
鱼　类	吨	12319	12260	-59	-0.5
虾蟹类	吨	870	875	5	0.6
贝　类	吨	1960	1895	-65	-3.3
其他类	吨	376	388	12	3.2
(二)养殖产量	吨	178283	181066	2783	1.6
1.按养殖品种分类					
鱼　类	吨	158526	160978	2452	1.5
虾蟹类	吨	2154	2114	-40	-1.9
贝　类	吨	2680	2688	8	0.3
其他类	吨	14923	15286	363	2.4
2.按养殖类型分类					
池　塘	吨	73043	76418	3375	4.6
湖　泊	吨				
河　沟	吨	2791	2775	-16	-0.6
水　库	吨	94025	93880	-145	-0.2
其　他	吨	8424	7993	-431	-5.1
二、水产品养殖面积	**亩**	**595388**	**537735**	**-57653**	**-9.7**
(一)池塘养殖	亩	165014	155387	-9627	-5.8
(二)湖泊养殖	亩				
(三)河沟养殖	亩	8746	8320	-426	-4.9
(四)水库养殖	亩	419395	371791	-47604	-11.4
(五)其他养殖	亩	2233	2237	4	0.2
附记:稻田养鱼面积	亩	96573	72069	-24504	-25.4

抚州市金融机构信贷收支情况

表 35-13　　　　　　　　　　　　　　　　　　　　　单位：万元

指　　标	2015 年	2016 年	比上年增长（%）
一、各项存款	**14320084**	**16456385**	**14.9**
住户存款	9426320	10603220	12.5
其中：活期存款	3634643	4246584	16.8
非金融企业存款	2383706	3055480	28.2
广义政府存款	2498347	2784375	11.4
财政性存款	182749	166745	-8.8
机关团体存款	2315598	2617630	13.0
非银行业金融机构存款	9085	9550	5.1
二、各项贷款	**9395807**	**11318147**	**20.5**
1. 住户贷款	5197321	6049455	16.4
（1）短期贷款	1756339	1991061	13.4
（2）中长期贷款	3440982	4058394	17.9
2. 非金融企业及机关团体贷款	4198454	5268663	25.5
（1）短期贷款	2137095	2109705	-1.3
（2）中长期贷款	1846325	2435091	31.9
（3）票据融资	191736	694143	262.0
（4）各项垫款	23296	29725	27.6
3. 债券投资	411194	232367	-43.5
4. 股权及其他投资	9322	492230	5180.3
5. 应收及预付款	62042	84018	35.4

抚州市全社会固定资产投资

表 35-14　　　　单位：万元

指　标	2012 年	2013 年	2014 年	2015 年	2016 年	比上年增长（%）
一、投资完成额（万元）	**6614052**	**7915961**	**9392481**	**10996711**	**12513001**	**13.8**
# 住宅	571069	671517	839482	910775	1042284	14.4
1. 按登记注册类型分						
内资	6487947	7739014	9271809	10915456	12345756	13.1
国有	1519674	1474672	2285809	2829756	3735944	32.0
集体	12786	16926	3745	1402	72720	5086.9
股份合作	16790	20950	16481	8445	9344	10.6
联营	5608	2072	9550	4251		-100.0
有限责任公司	1870464	2274248	2710636	2928258	3140672	7.3
股份有限公司	635276	731197	572740	492966	600051	21.7
私营个体	2224976	2908912	3502674	4452799	4437816	-0.3
其他内资	202373	310037	170174	197579	349209	76.7
港、澳、台投资	33054	55590	42900	24518	73540	199.9
外商投资	44000	41438	12742	30	27715	92283.3
2. 按构成分						
建筑工程	3814694	4869851	6389909	7642711	7973002	4.3
安装工程	455298	703343	845365	933965	1220432	30.7
设备、工器具购置	1211534	1363589	1221891	1358477	1732136	27.5
其他费用	1132526	979178	935316	1061558	1587431	49.5
3. 按建设性质分						
# 新建	4917754	6165245	7580711	8812945	10375445	17.7
扩建	1044628	1145441	1290451	1528870	1502950	-1.7
改建和技术改造	479261	422978	415702	618457	547810	-11.4
4. 按产业分						
第一产业	358317	306636	329327	435572	773610	77.6
第二产业	3831888	4942479	5427014	6264339	6306230	0.7
# 工业	3831888	4942479	5418654	6186342	6295618	1.8
第三产业	2423847	2666846	3636140	4296800	5433161	26.4

注：从 2011 年起，固定资产投资项目统计起点由过去的计划投资 50 万元及以上提高到计划投资 500 万元及以上，本篇章均为计划投资 500 万元及以上固定资产投资，不含跨设区市中央项目和 500 万元以下项目等其他投资。

续表 35-14

单位：万元

指　　标	2012 年	2013 年	2014 年	2015 年	2016 年	比上年增长（%）
5. 按行业分						
农、林、牧、渔业	387023	333976	378412	548560	824810	50.4
采矿业	111669	162571	132164	194116	180664	-6.9
制造业	3556901	4548410	4833125	5447290	5302122	-2.7
电力、燃气及水的生产和供应业	173118	236768	453365	544936	812832	49.2
建筑业			9660	87194	20212	
交通运输、仓储和邮政业	370771	356683	597578	756330	533933	-29.4
信息传输、计算机服务和软件业	6327	3244		11423	3214	
批发和零售业	129893	132806	168860	294215	565374	92.2
住宿和餐饮业	111621	118831	148108	211589	111372	-47.4
金融业			6752	16430	19594	
房地产业	784666	919230	1233280	1255871	1617187	28.8
租赁和商务服务业	87128	70854	41994	43555	382942	779.2
科学研究、技术服务和地质勘查业	30911	3639	3820	15689	11377	-27.5
水利、环境和公共设施管理业	530806	527344	738906	767834	1049374	36.7
居民服务和其他服务业	15039	2672	7877	27110	51177	88.8
教育	95270	182966	183590	153717	171924	11.8
卫生、社会保障和社会福利业	29734	51440	58819	106280	134814	26.8
文化、体育和娱乐业	112647	106359	134777	153727	227159	47.8
公共管理和社会组织	80528	158168	261394	360845	492920	36.6
二、资金来源合计（万元）	**7323092**	**9196188**	**10785890**	**12170043**	**13353497**	**9.7**
本年资金来源	7158954	8844708	10349382	11734082	13035186	11.1
国家预算内资金	233082	383641	407472	352737	916636	159.9
国内贷款	218703	402565	286396	421658	1108357	162.9
债券					3700	
利用外资	31265	41147	8787	1200	57446	4687.2
自筹资金	5000006	5926801	7170661	8197927	8674207	5.8
其他资金	1675898	2090554	2476066	2760560	2274840	-17.6
三、新增固定资产（万元）	**3630834**	**4208298**	**6960351**	**8818931**	**5353577**	**-39.3**
四、房屋建筑施工面积（平方米）	**12417353**	**14509492**	**15285517**	**14717131**	**16989770**	**15.4**
#住宅	7361538	8208516	8626455	9167718	9748030	6.3
房屋建筑竣工面积	3024999	3359294	4811696	3348771	3215872	-4.0
#住宅	1463930	1197309	1559769	1258207	739179	-41.3

抚州市财政收入

表 35-15　　　　单位：万元

指　　标	2015 年	2016 年	比上年增长（%）
财政总收入	**1651774**	**1716247**	**3.9**
公共财政预算收入	**1268197**	**1228002**	**-3.2**
增值税	227200	280571	23.5
营业税	324600	184975	-43.0
企业所得税	75485	76347	1.1
个人所得税	15163	18734	23.6
资源税	23822	20534	-13.8
城市维护建设税	44011	45661	3.7
房产税	26094	23416	-10.3
印花税	7467	8191	9.7
城镇土地使用税	56638	53134	-6.2
土地增值税	53623	50388	-6.0
车船税	7845	8878	13.2
耕地占用税	98634	98989	0.4
契税	63054	89931	42.6
烟叶税	8653	9694	12.0
非税收入	235908	258559	9.6
专项收入	41576	45502	9.4
行政性收费收入	119419	126097	5.6
罚没收入	40374	37141	-8.0
国有资源(资产)有偿使用收入	24058	31684	31.7
其他收入	10481	15810	50.8

抚州市财政支出

表 35-16　　单位：万元

指　　标	2015 年	2016 年	比上年增长（%）
公共财政预算支出	**2946833**	**3123357**	**6.0**
一般公共服务	**233524**	**266984**	**14.3**
国防	5231	5345	2.2
公共安全	129269	146627	13.4
教育	562209	571351	1.6
科学技术	50452	55699	10.4
文化体育与传媒	46096	53415	15.9
社会保障和就业	376831	416055	10.4
医疗卫生与计划生育	318347	338904	6.5
节能环保	83047	87722	5.6
城乡社区事务	159960	149076	-6.8
农林水	442997	469331	5.9
交通运输	50499	89301	76.8
商业服务业等	34707	45921	32.3
其他支出	22357	35072	56.9

附 录

文件目录

2016年抚州市委主要文件目录

文号	文件标题
抚发〔2016〕2号	中共抚州市委 抚州市人民政府关于打好三大攻坚战推进“13”工程的意见
抚发〔2016〕3号	中共抚州市委 抚州市人民政府关于落实发展新理念加快推进农业农村发展升级的实施意见
抚发〔2016〕4号	中共抚州市委关于加强新形势下统一战线工作的意见
抚发〔2016〕5号	中共抚州市委关于开展巡察工作的实施意见
抚发〔2016〕6号	中共抚州市委关于加强纪委监督同级党委落实全面从严治党主体责任的实施意见（试行）
抚发〔2016〕7号	中共抚州市委 抚州市人民政府关于印发《抚州市加快工业转型升级三年攻坚计划（2016–2018年）》的通知
抚发〔2016〕8号	中共抚州市委 抚州市人民政府关于推进全市乡村卫生计生服务能力建设的实施意见
抚发〔2016〕9号	中共抚州市委 抚州市人民政府关于大力开展“双返双创”活动的意见
抚发〔2016〕12号	中共抚州市委 抚州市人民政府关于表彰2015年度社会治安综合治理目标管理工作先进县（区）、公众安全感满意县（区）公众满意政法单位的决定
抚发〔2016〕13号	中共抚州市委印发《关于贯彻 < 党委（党组）意识形态工作责任制实施办法 > 的实施细则》的通知
抚发〔2016〕14号	中共抚州市委关于表彰全市优秀共产党员、优秀党务工作者和先进基层党组织的决定
抚发〔2016〕15号	中共抚州市委关于开展向傅淑清同志学习活动的决定
抚发〔2016〕16号	中共抚州市委 抚州市人民政府关于创建全省文明城市工作先进集体和先进个人的通报
抚发〔2016〕17号	中共抚州市委 抚州市人民政府关于深化国资国企改革的实施意见
抚发〔2016〕18号	中共抚州市委 抚州市人民政府关于加强和改进新形势下民族工作的实施意见
抚发〔2016〕20号	中共抚州市委 抚州市人民政府关于纪念汤显祖逝世400周年活动突出贡献单位和个人的通报
抚发〔2016〕21号	中共抚州市委关于进一步加强常委会自身建设的意见
抚发〔2016〕22号	中共抚州市委 抚州市人民政府关于印发《抚州市法治政府建设实施方案（2016–2020年）》的通知

续表

文号	文件标题
抚发〔2016〕23 号	中共抚州市委关于繁荣发展社会主义文艺的实施意见
抚字〔2016〕1 号	中共抚州市委 抚州市人民政府关于 2015 年度全市经济社会发展考核工作情况的通报
抚字〔2016〕2 号	中共抚州市委 抚州市人民政府关于印发《抚州市深化水利改革的实施方案》的通知
抚字〔2016〕3 号	中共抚州市委关于调整于秀明同志分工的通知
抚字〔2016〕4 号	中共抚州市委 抚州市人民政府关于表彰抚州市第八届文明单位、第五届文明村镇和第一届文明社区的决定
抚字〔2016〕6 号	中共抚州市委关于印发《中共抚州市委常委会 2016 年工作要点》的通知
抚字〔2016〕12 号	中共抚州市委 抚州市人民政府印发《抚州市关于降成本、去产能、优环境全面推进实体经济健康发展的实施意见》的通知
抚字〔2016〕13 号	中共抚州市委 抚州市人民政府 抚州军分区关于表彰党管武装暨国防动员工作先进单位和优秀个人的通报
抚字〔2016〕16 号	中共抚州市委关于认真做好县（区）党委换届选举有关工作的通知
抚字〔2016〕19 号	中共抚州市委 抚州市人民政府关于印发《抚州市生态文明先行示范市制度体系建设工作实施方案》的通知
抚字〔2016〕23 号	中共抚州市委 抚州市人民政府关于印发《抚州市深化供销合作社综合改革试点实施方案》的通知
抚字〔2016〕25 号	中共抚州市委关于做好中国共产党抚州市第四次代表大会代表选举工作的通知
抚字〔2016〕26 号	中共抚州市委关于成立市第四次党代会筹备工作领导小组的通知
抚字〔2016〕30 号	中共抚州市委转发《中共中央办公厅关于防止干部“带病提拔”意见的通知》的通知
抚字〔2016〕35 号	中共抚州市委批转《中共抚州市人大常委会党组〈关于抚州市第四届人民代表大会代表名额分配和常委会组成人员比例结构安排等有关事项的请示〉》的通知
抚字〔2016〕37 号	中共抚州市委关于成立政协抚州市四届一次会议临时党委的通知
抚字〔2016〕38 号	中共抚州市委关于市委书记、副书记、常委分工的通知
抚字〔2016〕39 号	中共抚州市委关于印发《市四套班子领导同志挂点县（区）安排》的通知
抚字〔2016〕40 号	中共抚州市委关于设立中共抚州市文昌里历史文化街区工作委员会等的通知
抚字〔2016〕45 号	中共抚州市委关于设立中共抚州市委非公有制经济组织与社会组织工作委员会的通知
抚字〔2016〕46 号	中共抚州市委关于印发《省委书记鹿心社同志在抚调研时讲话精神传达提纲》的通知
抚字〔2016〕47 号	中共抚州市委关于贯彻落实省委书记鹿心社同志在全省深化落实全面从严治党“两个责任”视频培训会上讲话精神的通知

2016年抚州市人大常委会主要文件目录

文件标题	说明
抚州市第三届人民代表大会第七次会议关于设立抚州市人民代表大会法制委员会的决定	1月21日抚州市第三届人民代表大会第七次会议通过
抚州市第三届人民代表大会第七次会议关于接受黄牡香辞去抚州市人民代表大会常务委员会主任职务的决定	1月21日抚州市第三届人民代表大会第七次会议通过
抚州市第三届人民代表大会第七次会议关于政府工作报告的决议	1月22日抚州市第三届人民代表大会第七次会议通过
抚州市第三届人民代表大会第七次会议关于抚州市国民经济和社会发展第十三个五年规划纲要的决议	1月22日抚州市第三届人民代表大会第七次会议通过
抚州市第三届人民代表大会第七次会议关于抚州市2015年国民经济和社会发展计划执行情况与2016年国民经济和社会发展计划的决议	1月22日抚州市第三届人民代表大会第七次会议通过
抚州市第三届人民代表大会第七次会议关于抚州市2015年市级总预算执行情况和2016年市本级预算的决议	1月22日抚州市第三届人民代表大会第七次会议通过
抚州市第三届人民代表大会第七次会议关于抚州市人民代表大会常务委员会工作报告的决议	1月22日抚州市第三届人民代表大会第七次会议通过
抚州市第三届人民代表大会第七次会议关于抚州市中级人民法院工作报告的决议	1月22日抚州市第三届人民代表大会第七次会议通过
抚州市第三届人民代表大会第七次会议关于抚州市人民检察院工作报告的决议	1月22日抚州市第三届人民代表大会第七次会议通过
抚州市人民代表大会常务委员会关于接受陈克辞去抚州市第三届人民代表大会常务委员会副主任职务请求的决定	3月25日抚州市第三届人民代表大会常务委员会第三十三次会议通过
抚州市人民代表大会常务委员会关于接受陈明华辞去抚州市第三届人民代表大会常务委员会委员职务请求的决定	4月22日抚州市第三届人民代表大会常务委员会第三十四次会议通过
抚州市人民代表大会常务委员会关于开展第七个五年法治宣传教育的决议	6月29日抚州市第三届人民代表大会常务委员会第三十五次会议通过
抚州市人民代表大会常务委员会关于设立抚州市“爱国卫生活动日”的决定	6月29日抚州市第三届人民代表大会常务委员会第三十五次会议通过
抚州市人民代表大会常务委员会关于批准2015年市本级决算的决议	8月23日抚州市第三届人民代表大会常务委员会第三十七次会议通过
抚州市人民代表大会常务委员会关于批准2016年市本级预算调整方案的决议	8月23日抚州市第三届人民代表大会常务委员会第三十七次会议通过
抚州市人民代表大会常务委员会关于接受柯军辞去抚州市中级人民法院院长职务请求的决定	10月12日抚州市第三届人民代表大会常务委员会第三十八次会议通过
抚州市人民代表大会常务委员会关于赖彩明代理抚州市中级人民法院院长职务的决定	10月12日抚州市第三届人民代表大会常务委员会第三十八次会议通过
抚州市人民代表大会常务委员会关于召开抚州市第四届人民代表大会第一次会议的决定	10月12日抚州市第三届人民代表大会常务委员会第三十八次会议通过
抚州市第四届人民代表大会第一次会议关于政府工作报告的决议	11月3日抚州市第四届人民代表大会第一次会议通过
抚州市第四届人民代表大会第一次会议关于抚州市人民代表大会常务委员会工作报告的决议	11月3日抚州市第四届人民代表大会第一次会议通过
抚州市第四届人民代表大会第一次会议关于抚州市中级人民法院工作报告的决议	11月3日抚州市第四届人民代表大会第一次会议通过
抚州市第四届人民代表大会第一次会议关于抚州市人民检察院工作报告的决议	11月3日抚州市第四届人民代表大会第一次会议通过

续表

文件标题	说明
抚州市人民代表大会常务委员会关于召开抚州市第四届人民代表大会第二次会议的决定	12 月 27 日抚州市第四届人民代表大会常务委员会第一次会议通过
抚州市人民代表大会常务委员会关于批准 2016 年全市收入预算调整方案的决议	12 月 27 日抚州市第四届人民代表大会常务委员会第一次会议通过

2016 年抚州市人民政府主要文件目录

文号	文件标题
抚府发〔2016〕1 号	关于进一步做好农村扶贫对象精准识别回头看工作的通知
抚府发〔2016〕2 号	关于进一步加强市中心城区城市建筑垃圾运输管理工作的通知
抚府发〔2016〕3 号	关于衔接省政府取消和调整一批行政权力项目的通知
抚府发〔2016〕4 号	关于加快推进企业上市和挂牌工作的意见
抚府发〔2016〕5 号	关于促进二手车行业规范有序发展的意见
抚府发〔2016〕6 号	关于加快发展现代保险服务业的实施意见
抚府发〔2016〕7 号	关于对市本级招投标有关规定清理结果的决定
抚府发〔2016〕8 号	关于加快推进物流业升级发展若干措施的通知
抚府发〔2016〕9 号	关于印发全面推进大众创业万众创新实施意见的通知
抚府发〔2016〕10 号	关于印发抚州市重点建设项目管理暂行办法的通知
抚府发〔2016〕11 号	关于印发抚州市水污染防治工作方案的通知
抚府发〔2016〕12 号	关于印发旅游产业跨越发展计划（2016—2018 年）的通知
抚府发〔2016〕13 号	关于印发抚州市地名管理办法的通知
抚府发〔2016〕14 号	关于印发国民经济和社会发展第十三个五年规划纲要的通知
抚府发〔2016〕15 号	关于开展河道采砂专项治理建立长效管理机制实施方案的通知
抚府发〔2016〕16 号	关于对应国务院决定取消一批行政权力事项的通知
抚府发〔2016〕17 号	关于印发抚州市养老服务业综合改革试点工作三年行动计划（2016—2018）的通知
抚府发〔2016〕18 号	关于印发 2016 年民生工程安排意见的通知

续表

文号	文件标题
抚府发〔2016〕19号	关于印发抚州市困难残疾人生活补贴和重度残疾人护理补贴制度实施细则的通知
抚府发〔2016〕20号	关于下发我市2016年国民经济和社会发展计划的通知
抚府发〔2016〕21号	关于建立健全依法行政与行政审判工作良性互动机制的意见
抚府发〔2016〕22号	关于清理规范市政府部门行政审批中介服务事项的决定
抚府发〔2016〕23号	关于2016年征兵的命令
抚府发〔2016〕24号	关于印发抚州市2016年推进简政放权放管结合优化服务改革工作方案的通知
抚府发〔2016〕25号	关于印发整合城乡居民基本医疗保险工作实施方案的通知
抚府发〔2016〕26号	关于印发农村环境综合整治行动计划的通知
抚府发〔2016〕27号	关于印发市中心城区完善停车场建设三年行动计划（2016–2018年）的通知
抚府发〔2016〕28号	关于印发市中心城区公共交通发展三年行动计划的通知
抚府发〔2016〕29号	关于印发市中心城区城市基础设施及市容环境提升三年行动计划（2016—2018年）的通知
抚府发〔2016〕30号	关于衔接国务院和省政府取消部分行政许可和其他行政权力事项的通知
抚府发〔2016〕31号	关于印发抚州市加快推进创新驱动“5511”工程工作方案的通知
抚府发〔2016〕32号	关于进一步加快中医药发展的意见
抚府发〔2016〕33号	关于公布规范性文件清理结果的决定
抚府发〔2016〕34号	关于加快云计算建设培育信息产业新业态的实施意见
抚府发〔2016〕35号	关于印发抚州市医养结合工作规划（2016—2020年）的通知
抚府发〔2016〕36号	关于对市政府部门行政权责清单进行调整的通知
抚府发〔2016〕37号	关于印发抚州市城乡居民基本医疗保险市级统筹试行办法的通知
抚府发〔2016〕38号	关于落实粮食安全省长责任制的实施意见
抚府发〔2016〕39号	关于印发临川温泉景区招商引资优惠政策的通知
抚府发〔2016〕40号	关于深入推进治超工作标本兼治长效治理的实施意见
抚府发〔2016〕42号	关于促进快递业发展的若干意见

续表

文号	文件标题
抚府字〔2016〕1 号	关于授予彭秋文等 10 名同志“第四届抚州市优秀高技能人才”荣誉称号的决定
抚府字〔2016〕2 号	关于抚州市保育院招聘合同制幼儿教师、生活教师和后勤服务人员有关问题的批复
抚府字〔2016〕3 号	关于临川等 9 个县（区）乡镇机关事业单位工作人员实行乡镇工作补贴的批复
抚府字〔2016〕4 号	关于表彰 2014–2015 年度优秀企业家
抚府字〔2016〕5 号	关于同意成立东莞市江西抚州商会的批复
抚府字〔2016〕6 号	关于同意申报公交城市试点创建工作的批复
抚府字〔2016〕7 号	关于同意江西金控抚州基金管理有限公司组建方案的批复
抚府字〔2016〕8 号	关于同意抚州市金融控股有限公司组建方案的批复
抚府字〔2016〕9 号	关于同意建立抚州市打击治理电信网络新型违法犯罪工作局际联席会议制度的批复
抚府字〔2016〕10 号	关于市政府领导分工的通知
抚府字〔2016〕11 号	关于变更抚州市远大投资建设有限公司法定代表人、总经理、董事、监事的批复
抚府字〔2016〕12 号	关于宜黄县乡镇机关事业单位工作人员实行乡镇工作补贴的批复
抚府字〔2016〕13 号	关于资溪县城区土地基准地价更新成果的批复
抚府字〔2016〕14 号	关于抚州文昌里历史文化街区保护规划的批复
抚府字〔2016〕15 号	关于对大亚木业（江西）有限公司 11·25 机械伤害事故结案的批复
抚府字〔2016〕16 号	关于崇仁县城区土地基准地价更新成果的批复
抚府字〔2016〕17 号	关于给予陈明华开除公职处分的批复
抚府字〔2016〕18 号	关于同意将市文广新局部分行政权力事项进行调整和下放的批复
抚府字〔2016〕19 号	关于 2015 年度市本级涉税信息交换共享工作考核结果的通报
抚府字〔2016〕20 号	关于抚州市户外广告设施设置规划的批复
抚府字〔2016〕21 号	关于第三届市长质量奖获奖单位的通报
抚府字〔2016〕22 号	关于同意将农村水电建设项目审批和验收权限进行调整的批复
抚府字〔2016〕23 号	关于全市土地开发整理项目实施情况的通报

续表

文号	文件标题
抚府字〔2016〕24 号	关于加强农村低保与扶贫开发制度衔接的实施方案的通知
抚府字〔2016〕25 号	关于廖坊水利枢纽灌区二期工程建设征地和房屋征收移民安置实施方案的通知
抚府字〔2016〕26 号	关于廖坊水利枢纽灌区二期工程 PPP 项目实施方案的批复
抚府字〔2016〕27 号	关于 2015 年度征兵检查考核情况的通报
抚府字〔2016〕28 号	关于同意市交通建设投资集团有限公司组建方案的批复
抚府字〔2016〕29 号	关于全市棚户区改造开工情况的通报
抚府字〔2016〕30 号	关于部分市政府副秘书长分工的通知
抚府字〔2016〕31 号	关于同意变更金山省级森林公园的批复
抚府字〔2016〕32 号	关于抚河流域生态保护及综合治理（一期工程）PPP 项目实施方案的批复
抚府字〔2016〕33 号	关于开通抚州至金溪城际公交的批复
抚府字〔2016〕34 号	关于表彰抚州高新区重大重点项目建设推进工作的通报
抚府字〔2016〕36 号	关于同意抚河下游段重点流域水污染防治总体方案的批复
抚府字〔2016〕37 号	关于金溪县城区土地定级与基准地价更新成果的批复
抚府字〔2016〕38 号	关于凤岗河以西区域控制性详细规划等五个规划的批复
抚府字〔2016〕39 号	关于东乡县城区土地定级与基准地价更新成果的批复
抚府字〔2016〕40 号	关于对东乡县 5·2 较大道路交通事故调查报告的批复
抚府字〔2016〕41 号	关于认真做好中央第十一巡视组巡视“回头看”反馈意见整改有关工作的通知
抚府字〔2016〕42 号	关于高速公路沿线广告设施专项清理整治工作考核情况的通报
抚府字〔2016〕43 号	关于印发全市安全生产大检查大排查大整治工作实施方案的通知
抚府字〔2016〕44 号	关于同意市属五户国有企业 2016 年经营业绩考核指标目标值的批复
抚府字〔2016〕45 号	关于 2016 年度抚州市科学技术奖励的决定
抚府字〔2016〕46 号	关于明确抚州市保育院作为崇仁师范学校附属幼儿园的批复
抚府字〔2016〕47 号	关于抚州市测绘地理信息“十三五”规划的批复

续表

文号	文件标题
抚府字〔2016〕48 号	关于给予市公安消防支队记集体二等功的决定
抚府字〔2016〕49 号	关于同意黎川油画创意产业园纳入抚州市文化产业示范园区的批复

2016 年抚州市政协主要文件目录

文号	文件标题
抚协发〔2016〕4 号	政协抚州市委员会 2016 年工作要点
抚协发〔2016〕8 号	关于市政协主席、副主席、秘书长工作分工的通知
抚协发〔2016〕9 号	关于市政协主席、副主席和办公室、各专委会联系界别分工的通知
抚协字〔2016〕10 号	关于印发《政协抚州市第四届委员会专门委员会组成人员名单》的通知
抚协字〔2016〕1 号	关于认真抓好“市长领办”提案办理落实工作的通知
抚协字〔2016〕2 号	关于报送市政协常委会议专题协商实施创新驱动、推动产业转型升级暨资政会建言的报告
抚协字〔2016〕3 号	关于报送市政协常委会专题协商绿色养生、健康养老的报告
抚协党发〔2016〕1 号	关于政协抚州市第四届委员第一次会议选举主席、副主席、秘书长的报告
抚协机党发〔2016〕3 号	关于市政协机关党组成员、副秘书长、办公室负责同志分工的通知
抚协办发〔2016〕5 号	关于关于印发《市政协办公室、专委会和市各民主党派、工商联、党外知联会联合督办提案实施方案》的通知
抚协办发〔2016〕10 号	关于开展“界别活动月”活动的通知
抚协办发〔2016〕11 号	关于举办四届市政协新委员培训班的预备通知
抚协办发〔2016〕12 号	关于市政协四届二次会议提案征集的通知
抚协办字〔2016〕5 号	关于报送《关于我市电子商务发展情况的调查报告》
抚协办字〔2016〕6 号	关于报送《加快构建覆盖城乡公共法律服务体系，推进依法治市战略实施——关于我市公共法律服务体系建设的调研与思考》的报告
抚协办字〔2016〕7 号	关于报送《关于推进我市农村公路建设改造升级的视察报告》的报告
抚协办字〔2016〕8 号	关于报送《做强中医医疗机构，提升中医药服务能力》的报告
抚协办字〔2016〕11 号	关于报送《推进精准扶贫实施脱贫致富》的报告

2016 年抚州市纪委主要文件目录

文号	文件标题
抚纪发〔2016〕2 号	关于印发《中共抚州市纪委常委会议事决策规则》的通知
抚纪办发〔2016〕1 号	关于印发抚州市纪委监察局抽调和上挂帮助工作人员管理暂行办法等三项制度的通知
抚纪办发〔2016〕2 号	关于在委局机关党员中开展“学党章党规、学系列讲话，做合格党员”学习教育实施方案
抚纪办发〔2016〕3 号	关于改进线索分流办法 加强信访线索管理的意见
抚纪办字〔2016〕1 号	关于召开中共抚州市第三届纪律检查委员会第六次全体会议的通知
抚纪办字〔2016〕17 号	关于调整市纪委监察局领导和纪检监察室分工的通知
抚纪办字〔2016〕20 号	关于印发《党员领导干部涉纪问题线索通报移送办法》的通知
抚纪办字〔2016〕30 号	关于进一步加强县（区）纪委监督同级党委督查、党政班子成员述责述廉、党风廉政建设责任制检查三项工作的通知

文章目录

2016 年抚州市在国家级媒体和江西日报头条采用的新闻报道目录

日 期	媒体	标题	作者
1 月 2 日	经济日报	江西广昌消费者选购鲜花（图片）（广昌）	曾恒贵
1 月 2 日	光明日报	江西元旦群众文体活动精彩纷呈（宜黄）	胡晓军
1 月 3 日	江西日报	南丰“橘园游”成为旅游新名片	程 鹃 颜国清 程 俊
1 月 5 日	中央电视台	2015：文化强国路上的新跨越（综合）	市 直 黎 川
1 月 5 日	光明日报	江西宜黄：让文化墙成为育人“磁场”（宜黄）	白 雪
1 月 6 日	江西日报	抢抓机遇深入推进昌抚一体化发展 走出具有抚州特色区域合作发展之路	李冬明
1 月 10 日	人民日报	肩扛稻谷 脚下生风（图片）（资溪）	吴志贵
1 月 10 日	经济日报	送春联送“福”给市民（图片）（市直）	陈 强
1 月 13 日	光明日报	中央歌剧院赴江西黎川县演出（黎川）	苏丽萍 费 斌
1 月 14 日	经济日报	“连心帮扶”莲田套养泥鳅（图片）(广昌)	李树贵

续表

日 期	媒体	标题	作者
1月17日	经济日报	产业扶贫形成发展新格局（南城）	赖永峰　彭国正
1月18日	中央电视台	江西抚州：今晨现浓雾 局地能见度不足50米	市　直
1月20日	经济日报	“四最”并举确保食药安全（图片）（广昌）	李树贵
1月20日	经济日报	找准扶贫门路 脱贫有了出路（图片）（崇仁）	崔　周
1月21日	经济日报	暖人心·接地气·共筑梦（黎川）	周　玮
1月21日	光明日报	暖人心 接地气 共筑梦（黎川）	吴佳佳
1月23日	新华每日电讯	南方人的保暖“秘籍”（崇仁）	屈凌燕　孙杨涛 沈　洋　周　楠
1月24日	经济日报	清廉传家（南城）	揭方晓
1月27日	光明日报	江西发挥投资对增长的关键作用（江西将开工建设广昌至吉安等高速公路项目）（广昌）	胡晓军
1月30日	光明日报	提速“大交通”破解“春运难”（南丰）	冯　蕾　钟　超
1月31日	经济日报	以德立家 以爱传家（崇仁）	吴佳佳
2月1日	人民日报	汤显祖国际研究中心成立（市直）	魏本貌
2月1日	光明日报	汤显祖国际研究中心成立（市直）	胡晓军
2月5日	新华每日电讯	汤翁故里，戏曲种子又发芽（市直）	袁慧晶
2月8日	经济日报	欢乐神州行 幸福中国年（图片）（南丰）	程　俊
2月8日	中央人民广播电台	猴年大年初一 全国各地过新年、庆新春活动拉开序幕（综合）	南　丰
2月9日	光明日报	欢欢喜喜文化戏（宜黄）	胡晓军
2月9日	中央人民广播电台	大年初一 各族群众红红火火闹新春 欢欢喜喜过大年（综合）	南　丰
2月11日	经济日报	节俭过年味也浓（图片）（广昌）	李树贵
2月13日	新华每日电讯	春运中那些爱意浓浓的岗位“二人转”（市直）	齐中熙　蔡久林
2月16日	经济日报	纺织企业转型升级（图片）（金溪）	邓兴东
2月20日	人民日报	江西广昌建好卫生所 小病不出村（广昌）	任江华
2月21日	经济日报	人勤春来早 苗圃农事忙（图片）（乐安）	曾文才
2月24日	人民日报	欢乐祥和闹元宵（南丰）	魏本貌
2月25日	新华每日电讯	“微笑宝宝”当家（图片）（金溪）	胡晨欢
3月1日	人民日报	扶贫移民搬迁需“搬扶相济”（南城）	揭方晓　罗会明

续表

日 期	媒体	标题	作者
3月10日	新华每日电讯	江西南丰：留得住青山绿水 记得住美丽乡愁（南丰）	记者站
3月11日	新华每日电讯	隆重纪念“东方莎士比亚”汤显祖400周年活动（市直）	记者站
3月20日	人民日报	花季采蜜人（图片）（资溪）	吴志贵
3月21日	经济日报	让耕地“歇歇脚”（南城）	彭国正
3月22日	江西日报	画出路线图 亮出组合拳——房地产去库存江西精准施策双向发力（图片）	林 君
3月22日	经济日报	江西金溪早稻育秧（照片）（金溪）	邓兴东
3月22日	中央人民广播电台	汤显祖逝世400周年纪念活动3月22日在北京人民大会堂启动（市直）	万 芳 汉 超
3月23日	光明日报	纪念汤显祖活动跨越亚欧美三大洲（市直）	牛梦笛
3月23日	人民日报	统一战线参与脱贫攻坚工作综述（广昌）	李昌禹
3月23日	人民日报	汤显祖逝世四百周年纪念活动将举行（市直）	刘天思
3月23日	新华每日电讯	向世界描绘好中国的“文化风景” 汤显祖逝世400周年，江西将在海内外举办系列纪念活动（文图）（市直）	新华社
3月27日	人民日报	体验采茶（图片）（资溪）	何江华
3月27日	经济日报	春天里的家常菜（南城）	揭方晓
3月29日	新华每日电讯	江西：生态与经济“琴瑟和鸣”（市直）	沈 洋 吴锺昊 秦 宏
3月31日	中央人民广播电台	抚州市南城县多举措加快麻姑山风景区开发（南城）	崔钟义 潘志文
4月2日	新华每日电讯	汤显祖逝世400周年 江西抚州举办公祭（市直）	袁慧晶
4月3日	人民日报	祭扫（图片）（广昌）	任江华 曾恒贵
4月6日	人民日报	红星前留影（图片）（广昌）	卓忠伟 曾恒贵
4月6日	经济日报	“四选”贫困户（南城）	赖永峰 彭国正
4月7日	江西日报	南丰产业扶贫拔穷根	陈青峰 颜国清 程 俊
4月10日	人民日报	抓农时 春耕忙（图片）（广昌）	曾恒贵
4月10日	人民日报	蜜橘吃上“营养餐”（图片）（南丰）	魏本貌
4月11日	人民日报	好家风治理修身治国（崇仁）	吴齐强
4月11日	新华每日电讯	汤显祖故里排演《临川四梦》纪念汤翁400周年（图片）（市直）	周 密
4月16日	经济日报	崇仁为农民脱贫致富尽一份心力（崇仁）	刘 慧
4月18日	江西日报	宜黄“四大战略”推动生态文明建设纪实	朱文泉

续表

日 期	媒体	标题	作者
4月21日	新华每日电讯	南丰：万亩蜜橘花飘香（图片）（南丰）	宋振平
4月21日	新华每日电讯	南丰傩面具走出国门（图片）（南丰）	宋振平
4月22日	经济日报	崇仁县农信社累计发放涉农贷款4183.4万元（图片）（崇仁）	崔伟群
4月22日	新华每日电讯	江西临川：汤翁故里寻“汤记”（临川）(宜黄)	袁慧晶 李美娟
4月24日	人民日报	江西崇仁：贫困户有了致富产业（崇仁）	崔伟群
4月24日	经济日报	挖掘分享经济的巨大潜能（图片）（广昌）	木 禾
4月24日	光明日报	纪念汤显祖和莎士比亚逝世400周年研讨会在英国举行（图片）（市直）	韩 岩
4月25日	人民日报	东西文化跨越时空的“邂逅”文图（市直）	黄培昭
4月25日	光明日报	金溪古村：尘封数百年如何拯救(组图)(金溪)	董 城 胡晓军 何 莉
4月26日	经济日报	江西崇仁为千年古樟“减负”（崇仁）	崔 周
4月26日	新华每日电讯	汤显祖戏剧选段在莎翁故乡上演（市直）	夏 晓
4月27日	人民日报	“世界知识产权日”东乡县销毁盗版的光盘和书籍（图片）（东乡）	何江华
5月22日	江西日报	抚州38条“干货”为实体经济降本减负	范 强 宁 璜
5月1日	江西日报	金溪香料香精产业活力迸发	陈青峰 王筱雄 邓兴东
5月19日	江西日报	金溪抢救正在坍塌的乡愁	邓兴东 陈青峰
5月26日	江西日报	广昌着力打造优美生态抚河源	李耀文
5月16日	江西日报	乐安构建大扶贫格局	赵 巧 曾文才
5月4日	人民日报	咬耳扯袖 抓早抓小（市直）	华春雨 胡锦武
5月1日	经济日报	江西广昌县甘竹镇制作工艺香木扇（图片）（广昌）	李树贵
5月8日	经济日报	宜黄神岗乡村教师背学生过河（图片）（宜黄）	程孝平
5月15日	经济日报	消融在宜水深处（宜黄）	揭方晓
5月15日	经济日报	健康服务业成新“蓝海”（图片）（广昌）	李树贵
5月19日	经济日报	乐安金融扶持产业升级（图片）（乐安）	邹春林
5月26日	经济日报	优厚待遇引人才（崇仁）	徐晓燕
5月11日	光明日报	神奇的表演温暖童心（黎川）	胡晓军 吴细兰
5月19日	光明日报	“口袋书”关键要“装进脑袋”（南丰）	完颜平

续表

日 期	媒体	标题	作者
5月4日	新华每日电讯	让咬耳扯袖、红脸出汗成为常态 从江西省探索与实践看运用监督执纪第一种形态推进全面从严治党（市直）	华春雨　胡锦武
5月9日	新华每日电讯	南方多地遭遇暴雨（黎川）	新华社
5月10日	新华每日电讯	多亏搬迁和建坝 雨情虽大人都平安（黎川）	高皓亮　吴锺昊
5月26日	新华每日电讯	推进农业供给侧改革，南丰书写“蜜橘＋”	胡　喆　陈子夏
5月5日	中央电视台	江西抚州：百元大钞从天降 写着“救救我”（市直）	抚　州
5月8日	中央电视台	南方局地雨势强劲 抢险救援一刻不停（综合）	广　昌
5月10日	中央电视台	江西抚州湖南乡渠堤决口	临　川
5月12日	中央电视台	江西抚州：渠堤封口开挖 排出村庄积水	临　川
5月29日	中央电视台	金融助力产业扶贫 打好脱贫攻坚战	宜　黄
5月9日	中央人民广播电台	南方六省迎来持续强降雨 部分地区出现滑坡等地质灾害（综合）	广昌　黎川
5月10日	中央人民广播电台	新一轮强降雨袭击南方多个省份 数十万人受灾（综合）	广　昌
6月2日	江西日报	抚州绿色生态农业生机盎然	陈青峰
6月23日	江西日报	抚州林业生态建设绿意盎然	陈青峰
6月11日	江西日报	资溪全力打造“五区”促绿色崛起	汤　民　徐新仁
6月4日	人民日报	杨梅种植富农家（图片）（东乡）	何江华
6月16日	经济日报	江西崇仁县利用无人植保机喷洒农药防治水稻（图片）	崔　朱
6月11日	光明日报	文化遗产技术应用应“不忘初心”（金溪）	董　城
6月13日	光明日报	中英将联袂演绎《仲夏夜梦南柯》（市直）	戴　军
6月15日	中央电视台	[新闻直播间]南方降雨持续 江西抚州：遭遇暴雨天气 排污涵管发生渗漏	市　直
7月24日	江西日报	抚州：生态文明先行示范市的担当（上）（文图）	鄢　玫　朱　彦　陈青峰　陈　强
7月29日	江西日报	解码《牡丹亭》（文图）	温　凡　刘　柳　张　雁
7月22日	江西日报	京师书坛群推第一——南丰先贤赵世骏其人其书法	吕作用
7月13日	人民日报	情系“三农”（图片）（资溪）	吴志贵
7月19日	人民日报	一丝不苟选精兵（图片）（南丰）	黎兴旺
7月19日	人民日报	关爱（图片）（乐安）	曾文才
7月27日	人民日报	江西广昌县精准扶贫（图片）（广昌）	曾恒贵

续表

日 期	媒体	标题	作者
7月10日	经济日报	清凉井水边（南城）	揭方晓
7月23日	经济日报	万亩荷塘采白莲（图片）（广昌）	曾恒贵
7月24日	经济日报	海绵城市建设刻不容缓（图片）（广昌）	李树贵
7月25日	经济日报	乐安县收割机收割早稻（图片）（乐安）	曾文才
7月29日	经济日报	“七下八上”度汛忙（图片）（崇仁）	崔　朱
7月11日	光明日报	乐享暑假（图片）（南丰）	袁　智
7月12日	光明日报	准爸爸学育婴(图片)(南丰)	袁　智
7月14日	光明日报	陪伴留守儿童(图片)(南丰)	袁　智
7月15日	光明日报	汤显祖和莎士比亚（文图）（市直）	廖　奔　刘彦君
7月18日	光明日报	看上昆《临川四梦》品汤显祖戏梦人生（文图）	叶长海
7月27日	光明日报	垃圾分类 从小抓起（图片）（南丰）	袁　智
7月29日	光明日报	黄花梨致富（图片）（广昌）	曾恒贵
7月11日	新华每日电讯	写在门板上的电话号码（资溪）	王　宇　程　迪
8月2日	江西日报	迪比科掌门人：磨砺出鞘 回乡续梦	钟秋兰　吴艳雯 詹临福
8月8日	江西日报	抚州有戏	钟秋兰
8月12日	江西日报	汤翁的江湖 临川的烟波	温　凡
8月26日	江西日报	大师的世界	温　凡
8月10日	江西日报	天然气助推黎川陶瓷发展	熊　云　吴艳雯
8月11日	江西日报	黎川“四轮驱动”加速绿色崛起	李耀文　熊　云
8月30日	江西日报	产业催生“幸福花”	王筱雄　章晋辉
8月30日	江西日报	产业催生“幸福花”	王筱雄　章晋辉
8月1日	人民日报	江西试点编制自然资源资产负债表（综合）（市直）	魏本貌
8月2日	人民日报	全国征兵工作开始（图片）（东乡）	何江华
8月7日	人民日报	多些“品茶举贺”（南城）	揭方晓
8月17日	经济日报	助学贷款助贫困学子圆大学梦（图片）（乐安）	曾文才
8月31日	经济日报	江西乐安县南村乡稠溪移民新村（图片）（乐安）	曾文才

续表

日 期	媒体	标题	作者
8月1日	光明日报	高龄津贴申请登记（图片）（南丰）	袁 智
8月15日	光明日报	抗战老兵圆婚纱梦（图片）（广昌）	曾恒贵
8月17日	光明日报	呵护古村落文脉的完整与延续（文图）（金溪）	董 城 崔雪放 邓兴东
8月18日	光明日报	舞龙庆“中元”（图片）（广昌）	曾恒贵
8月25日	光明日报	江西广昌一家文创企业员工专心制作产品（图片）（广昌）	曾恒贵
8月4日	新华每日电讯	治山理水 追新逐绿（市直）	李美娟
8月19日	新华每日电讯	在应对洪魔中迈向人水和谐（资溪）	王 宇 张兴军 林 晖 刘红霞
9月4日	江西日报	抚州完善资本投资运营平台提升经济效益	汤 民 周红晖
9月9日	江西日报	绽放国际舞台 传颂江西故事（文图）	江 宣
9月9日	江西日报	穿越400年的艺术魅力（文图）	陈 骥 杨淑玲
9月16日	江西日报	抚州工业经济提质增效	陈青峰
9月23日	江西日报	抚州一个有梦有戏的地方（文图）	江 宣
9月23日	江西日报	乡音无改梦依稀（文图）	万芸芸
9月30日	江西日报	抚州接地气治理基层“微腐败”	杨 茵 余红举
9月18日	江西日报	松树变成“摇钱树”	汤 民
9月20日	江西日报	东乡工业转型升级实现新跨越	汤 民 颜 萍 李辉明
9月29日	江西日报	资溪全力创建国家5A级旅游景区	汤 民 林 楠 余 进
9月5日	江西日报	乐安引入社会资金惠民生助发展	郭凌宇 曾文才
9月11日	人民日报	稻花落尽鱼儿肥（图片）（乐安）	曾文才
9月26日	人民日报	青荷古韵 耕读书香（文图）（金溪）	任江华
9月27日	人民日报	汤显祖故里纪念三位文学巨匠（市直）	魏本貌
9月11日	经济日报	打好降成本“组合拳”（图片）（广昌）	李树贵
9月20日	经济日报	融资“搭桥”助企业成长（图片）（南丰）	程 俊
9月27日	经济日报	猪交所落地江西东乡（图片）（东乡）	何江华
9月28日	经济日报	爱心书橱助成长（图片）（广昌）	曾恒贵
9月1日	光明日报	抚州国际太极拳大赛开幕（图片）（市直）	陈源茂

续表

日 期	媒体	标题	作者
9 月 1 日	光明日报	汤显祖《牡丹亭》中杜丽娘的生存场域（市直）	邹元江
9 月 8 日	光明日报	汤剧莎剧隔空牵手至情戏梦魅力无边（文图）（市直）	苏丽萍
9 月 10 日	光明日报	穿越时空的相互凝望（文图）（市直）	胡晓军
9 月 12 日	光明日报	《本草中国》：以中华文化传神（市直）	赵舒萌
9 月 14 日	光明日报	中英文化交流史上的“里程碑”（市直）	—
9 月 18 日	光明日报	高峰耸古今 星光耀中西（文图）（市直）	韩业庭　马　列
9 月 19 日	光明日报	世间奇才汤显祖 “临川四梦”真性情（文图）（市直）	苏丽萍
9 月 21 日	光明日报	曾巩《局事帖》认识误区盲区的几点正补（南丰）	孙继民　耿洪利
9 月 24 日	光明日报	观光农业带农富（图片）（东乡）	何江华
9 月 25 日	光明日报	领略巨匠不朽的艺术魅力（市直）	胡晓军
9 月 29 日	光明日报	板栗熟了（图片）（东乡）	何江华
9 月 25 日	新华每日电讯	汤翁故里江西抚州纪念汤、莎、塞逝世 400 周年（图片）（市直）	万　象
9 月 26 日	新华每日电讯	中西合璧：400 年的文明对话（文图）（市直）	余孝忠　郭远明 袁慧晶　万　象
9 月 25 日	中央电视台	汤显祖逝世 400 周年 江西抚州：音乐剧演绎《汤显祖》	市直
9 月 25 日	中央人民 广播电台	抚州举行汤显祖逝世 400 周年纪念活动	李　先　汉　超
10 月 10 日	人民日报	太空丝瓜络喜获丰收（图片）（东乡）	何江华
10 月 12 日	人民日报	南丰：人大代表换届选举（图片）（南丰）	黎兴旺
10 月 13 日	人民日报	当莎士比亚遇上汤显祖（市直）	何鼎鼎
10 月 20 日	人民日报	乡音演绎临川四梦（图片）（市直）	周　霖
10 月 6 日	经济日报	山村秋戏（南城）	揭方晓
10 月 7 日	经济日报	采摘乐（图片）（东乡）	何江华
10 月 24 日	经济日报	新能源电子产品走俏国际市场（图片）（南丰）	袁　智
10 月 28 日	经济日报	江西乐安县谷岗乡兴办竹子加工厂致富（图片）（乐安）	谭立华
10 月 2 日	光明日报	江西（宜黄）五彩缤纷游人多（综合）（宜黄）（乐安）	胡晓军
10 月 10 日	光明日报	金秋蜜橘迎丰收（图片）（南丰）	袁　智
10 月 12 日	光明日报	体验中医文化（图片）（南丰）	袁　智

续表

日 期	媒体	标题	作者
10月17日	光明日报	复现汤公的“情”与“梦”（市直）	胡晓军　李晋荣
10月18日	光明日报	乡音版《临川四梦》剧目评论座谈会举行（市直）	胡晓军　李晋荣
10月25日	光明日报	油茶富民（图片）（广昌）	曾恒贵
10月27日	光明日报	法治课（图片）（南丰）	袁　智
10月27日	光明日报	如何将一部戏打造成经典（文图）（市直）	胡晓军　陈　旭
10月13日	新华每日电讯	汤翁故里百花齐放（图片）(市直)	周　密
10月14日	新华每日电讯	惊情400：汤显祖于莎士比亚的远和近（文图）（市直）	白　旭　黄　燕　袁慧晶
10月21日	新华每日电讯	当汤显祖遇见莎士比亚（图片）（市直）	周　密
10月18日	中央电视台	《临川四梦》在国家大剧院上演	市直
10月18日	中央电视台	汤显祖乡音版《临川四梦》首演	市直
11月27日	江西日报	一河清水可鉴	鄢　玫　焦　芳
11月9日	人民日报	江西南丰傩舞晋京展演(南丰)	管璇悦
11月15日	人民日报	民宿走俏呼唤规范化经营（黎川）	邹智慧
11月21日	人民日报	音乐剧《汤显祖》沪上首演（市直）	曹玲娟
11月22日	人民日报	打通脱贫路（图片）（乐安）	谭立华
11月22日	人民日报	谁能吃低保群众说了算（图片）（乐安）	邹春林
11月24日	人民日报	音乐剧打通戏曲（市直）	陈　原
11月2日	经济日报	特色产业“拔穷根”（图片）（乐安）	谭立华
11月4日	经济日报	土地流转盘活了抛荒田（崇仁）	刘　慧
11月23日	经济日报	脱贫致富路（图片）（乐安）	谭立华
11月27日	经济日报	读书岩（南丰）	揭方晓
11月27日	经济日报	践行群众路线是关键(黎川)	吴细兰
11月28日	经济日报	返乡创业新意多（图片）（东乡）	万　象
11月5日	光明日报	唱响汤显祖这出大戏（市直）	肖　毅
11月5日	光明日报	文化部名家传戏在抚州展演（图片）（市直）	李　勇
11月7日	光明日报	蜜橘进入采摘期（图片）（广昌）	曾恒贵

续表

日　期	媒体	标题	作者
11月10日	光明日报	“南丰跳傩”舞进国家大剧院(南丰)	陈　旭
11月14日	光明日报	党员示范田引领脱贫路（广昌）	曾恒贵
11月16日	光明日报	公开民主评议低保对象（图片）（乐安）	邹春林
11月18日	光明日报	“莲中珍品”受青睐（图片）（广昌）	曾恒贵
11月20日	光明日报	党员志愿者为橘农服务（南丰）	袁　智
11月22日	光明日报	音乐剧《汤显祖》缘何火爆（文图）（市直）	颜维琦 曹继军
11月23日	光明日报	产业扶贫拔“穷根”(图片)(乐安)	曾文才
11月23日	光明日报	要想富先修路(图片)（乐安）	谭立华
11月8日	新华每日电讯	中国古舞“活化石”首进国家大剧院（南丰）	王学良
11月13日	新华每日电讯	东乡县的农运会（图片）（东乡）	万　象
11月23日	新华每日电讯	南丰蜜橘满枝头（图片）（南丰）	万　象
11月23日	新华每日电讯	返乡创业新意多（图片）（东乡）	万　象
11月3日	中央电视台	江西开展安全生产大检查(综合)	市直　南城
11月17日	中央电视台	世界濒危物种黑鹿活体影像被拍到	乐　安
11月18日	中央电视台	女子被撞卷车底 众人抬车救人	市　直
11月25日	中央电视台	形式多样生动 宣讲深入民心（综合）	市　直
11月28日	中央电视台	江西：电商助力精准扶贫（综合）	市直　南丰
12月4日	江西日报	崇仁变电产业长大了	罗云羽　崔伟群 陈胜孙
12月8日	江西日报	临川谱写美丽幸福新篇章	赵　巧　汤　民
12月2日	人民日报	身边有四风 就点一键通（市直）	吴齐强
12月7日	人民日报	江西南城：路灯杆变身报警神器(南城)	毛志刚
12月11日	人民日报	南丰蜜橘：可尝可采桔香浓（文图）（南丰）	魏本貌
12月12日	人民日报	大觉山半程马拉松赛举行（资溪）	林　楠
12月25日	人民日报	农家香扇香海外（图片）（广昌）	曾恒贵
12月28日	人民日报	品质分级促南丰蜜橘标准化发展(图片)(南丰)	魏本貌　程　俊
12月6日	经济日报	金融服务“零距离”（图片）（市直）	熊绍伟

续表

日 期	媒体	标题	作者
12月11日	经济日报	乐安建设垃圾填埋场（图片）（乐安）	曾文才
12月12日	经济日报	大学生返乡创业忙（图片）（乐安）	邹春林
12月19日	经济日报	信贷服务助力产业扶贫（图片）（乐安）	黄辉明
12月29日	经济日报	打好脱贫组合拳（图片）（乐安）	谭立华
12月30日	经济日报	抚州银行业为企业减负逾亿元(市直)	赖永峰　熊邵伟
12月1日	光明日报	种藕生金（图片）（东乡）	何江华
12月12日	光明日报	古镇油面香（图片）（金溪）	傅建斌
12月20日	光明日报	并世双星两重天（文图）（市直）	邹自振　陈歆耕 王兆胜　赵　勇
12月22日	光明日报	各剧种杜丽娘齐聚江西抚州（2张文图）（市直）	李　勇
12月25日	光明日报	“纪念汤显祖和莎士比亚逝世400周年”展览在巴开幕(市直)	贺　斌
12月25日	光明日报	2016年，中国文化闪耀世界舞台（图片）（市直）	新华社
12月26日	光明日报	安居扶贫（图片）（广昌）	曾恒贵
12月26日	光明日报	中国民乐经典在曼谷上演（图片）（市直）	马勇幼
12月28日	光明日报	气雾种菜（图片）（乐安）	曾文才
12月7日	新华每日电讯	喜收莲藕（图片）（东乡）	何江华
12月28日	新华每日电讯	秋沙鸭群“恋”宜黄(宜黄)	邓维娟　程孝平
12月11日	中央电视台	河长治河：让绿水常绿清水长清	抚州　南丰

（李　勇）

本栏编辑　傅长岭